新聞出版改革發展項目庫（項目號：0020121580）
財政部文化產業發展專項資金重點資助項目
天一閣藏古籍珍本數字出版工程

龔延明　主編

天一閣藏

明代科舉録選刊

鄉試録（二）

寧波出版社

本册目録

景泰元年應天府鄉試録

應天府鄉試録序

景泰初元庚午秋歲當大比凡太學與畿内之士來試于京闈者千六百餘人應天府府尹臣敏先期以聞皇上命臣節臣定之爲考試官如期往莅與同考官臣研臣擴臣瑜臣觀臣端弘監試官臣進臣弼以八月丁丑入院相與祇肅德意恪共乃務己卯出題以試次場三場咸如之於是嚴考其文之中式者得二百人蓋以公不以額遵明詔也試畢將次第其名氏與程氏之文書于小録臣敏拜手言兹選寔聖天子龍飛第一科不容無述臣惟天命聖君以爲天下主則必茂選賢才以爲國家輔蓋君者政治之所由出而臣者政治之所由成也聖君非得賢才則禮樂教化無自而施賢才非得聖君則經濟謀謨無從而展故有有天下之君斯能用天下之賢才能用天下之賢才斯能成天下之至治天工由之而亮庶績由之而凝群生之所以協和庶類之所以繁殖者皆君臣相濟上下宣力之所致也然在位之賢才有限而國家之政治無窮必有以預養之於前而後可以簡拔而任用之於後也觀於唐虞三代暨兩漢唐宋之建制育才可見已欽惟天朝太祖高皇帝誕膺天命以武功而混一海宇太宗文皇帝振揚洪業用文德以綏靖華夷列聖相承益隆繼述增崇學校賓興賢能是以八十餘年天下乂安世躋熙皡用賢圖治之效自三代以來於兹爲盛皇上以英睿之資負緝熙之學紹承歷數君主黔黎奬忠義以振朝綱制外夷以安中夏然猶夙夜弗遑圖惟治理慮教道之不嚴也則慎擇師儒以表之懼賢才之淹滯也則廣開解額以收之秉至誠以待臣民擴大公以臨天下譬之春陽一煦而品物皆亨龍德正中而萬方畢睹士生斯世得際文明之運瞻麗日之輝者何其幸歟諸君子生處南畿荷蒙樂育乘時奮身能以所學登名兹録至於薦進光榮如此行將上春官對大廷策名進士爲天子侍從有日矣然愚竊有勉焉先儒恒言科目之設豪杰之士由之以進耳然自唐宋而來榜登龍虎號稱得人匹休名世如陸如韓如富范歐馬諸公之濟於世用者代不數人何豪杰者之少而泯泯者之多也意者諸公之所以爲賢爲才者不偕於藝其必本於德乎本於德則無愧古人之賓興而於三代之佐其幾矣諸君

子如有志於追騁遐軌其亦務本於此庶上獲所資下副所仰將爲天下後世重慎無規隨以自失令名可也幸勖之哉

翰林院侍講吴節謹序

景泰元年應天府鄉試

提調官

應天府府尹李敏（好學直隸保定府新安縣人　甲午貢士）

考試官

翰林院侍講吴節（與儉江西安福縣人　庚戌進士）

翰林院侍講劉定之（主静江西永新縣人　丙辰進士）

同考試官

浙江紹興府新昌縣儒學教諭徐研（庭温浙江黄嚴縣人　儒士）

浙江衢州府西安縣儒學教諭黎擴（大量江西臨川縣人　儒士）

浙江紹興府蕭山縣儒學教諭商瑜（文玉湖廣黄梅縣人　乙卯貢士）

浙江台州府臨海縣儒學教諭鍾觀（尚賓江西興國縣人　乙卯貢士）

直隸真定府獲鹿縣儒學訓導許端弘（浙江天台縣人　辛酉貢士）

監試官

南京貴州道監察御史馮進（子健陝西西安府藍田縣人　乙卯貢士）

文林郎南京山東道監試御史李弼（廷臣山西澤州高平縣人　戊午貢士）

收掌試卷官

南京廣洋衛經歷司經歷姚徽（舜美四川瀘州人　監生）

印卷官

應天府府丞陳宜（公宜江西泰和縣人　壬戌進士）

應天府通判董貫（一之山東兖州府濟寧州人　癸卯貢士）

受卷官

南京府軍衛經歷司知事趙祐（承吉順天府永清縣人　監生）

彌封官

南京瀋陽左衛經歷司經歷任朝舉（大用四川瀘州合江縣人　監生）

謄録官

南京羽林前衛經歷司經歷施浩（弘濟浙江金華縣人　監生）

對讀官

南京鷹揚衛經歷司經歷李康（仕安江西進賢縣人　監生）

巡綽官

昭勇將軍南京豹韜左衛指揮使楊榮（宗仁順天府大興縣人）

明威將軍南京興武衛指揮僉事劉信（以誠江西南城縣人）

搜檢官

武德將軍南京留守後衛中千户所正千户王壽（景齡順天府房山縣人）

武略將軍南京留守右衛清江門千户所副千户劉傑（仕英江西豐城縣人）

昭信校尉南京留守後衛中千户所百户何亮（仲輝松江府上海縣人）

昭信校尉南京留守右衛中中千户所百户胡文（應奎江西建昌府南城縣人）

供給官

上元縣主簿夏鵬（騰霄山東濟南府章丘縣人　監生）

江寧縣縣丞鮑宗仁（浙江金華府武義縣人）

掌行科舉文字

應天府典吏徐輔仁　上元縣典吏李彬　江寧縣典吏余志常

第一場

四書

賢者識其大者不賢者識其小者莫不有文武之道焉夫子焉不學而亦何常師之有　詩云潛雖伏矣亦孔之昭故君子内省不疚無惡於志君子之所不可及者其唯人之所不見乎詩云相在爾室尚不愧于屋漏故君子不動而敬不言而信　使契爲司徒教以人倫父子有親君臣有義夫婦有别長幼有序朋友有信放勛曰勞之來之匡之直之輔之翼之使自得之又從而振德之

易

師貞丈人吉无咎　六四安節亨象曰安節之亨承上道也　斷木爲杵掘地爲臼臼杵之利萬民以濟蓋取諸小過弦木爲弧剡木爲矢弧矢之利以威天下蓋取諸睽　夫易彰往而察來而微顯闡幽開而當名辨物正言斷辭則備矣

書

禹曰於帝念哉德惟善政政在養民水火金木土穀惟修正德利用厚生惟和九功惟叙九叙惟歌戒之用休董之用威勸之以九歌俾勿壞帝曰俞地平天成六府三事允治萬世永賴時乃功　紹復先王之大業底綏四方　君惟乃知民德亦罔不能厥初惟其終祇若兹往敬　用治穆穆在上明明在下灼于四方罔不惟德之勤故乃明于刑之中率乂于民棐彝典獄非訖于威惟訖于富

詩

終南何有有紀有堂君子至止黻衣繡裳佩玉將將壽考不忘　有嚴有翼共武之服共武之服以定王國　信彼南山維禹甸之畇畇原隰曾孫田之我疆我理南東其畝上天同雲雨雪雰雰益之以霢霂既優既渥既霑既足生我百穀　明明魯侯克明其德既作泮宫淮夷攸服矯矯虎臣在泮獻馘

春秋

鄭人侵許（莊公二十九年）徐人取舒（僖三年）齊侯宋公江人黄人會于陽穀（同上）公會齊侯宋公陳侯衛侯鄭伯許男曹伯侵蔡蔡潰遂伐楚次于陘楚屈完來盟于師盟于召陵（僖四年）　齊仲孫來（閔元年）衛侯使甯俞來聘（文四年）吴子使札來聘（襄二十九年）晋侯使韓起來聘（昭二年）　公及齊侯宋公陳侯衛侯鄭伯許男曹伯會王世子于首止（僖五年）公會宰周公齊侯宋子衛侯鄭伯許男曹伯于葵丘（僖九年）晋侯齊師宋師秦師及楚人戰于城濮楚師敗績（僖二十八年）公會晋侯齊侯宋公蔡侯鄭伯衛子莒子盟于踐土（同上）壬申公朝于王所（同上）天王使宰周公來聘（僖三十年）　得寶玉大弓（定九年）公會齊侯于夾谷齊人來歸鄆讙龜陰田（定十年）叔孫州仇帥師墮郈季孫斯仲孫何忌帥師墮費（定十二年）公會吴于鄫（哀七年）公會衛侯宋皇瑗于鄖（哀十二年）

禮記

凡使民任老者之事食壯者之食凡居民材必因天地寒煖燥濕　是月也可以築城郭建都邑穿竇窖修囷倉　子云上酌民言則下天上施　温潤而澤仁也縝密以栗知也廉而不劌義也垂之如隊禮也叩之其聲清越以長其終詘然樂也瑕不掩瑜瑜不掩瑕忠也孚尹旁達信也氣如白虹天也精神見于山川地也

第二場

論

至誠得天

詔誥表（内科一道）

擬漢武帝求賢良方正直言極諫之士詔擬唐憲宗以韓愈爲京兆尹兼御史大夫誥擬唐李靖賀擒突厥頡利可汗表（貞觀四年）

判語五條

給没贓物　服舍違式　秋粮違限　奏對失序　盤詰奸細

第三場

策

問　三綱五常人道之首而治天下之大經也粤自堯舜禹湯文武聖聖相承繼天立極世致雍熙者率循用是道也欽惟我朝太祖高皇帝開創洪業御製大誥三編昭示臣民有申明五常諭官生身之條蓋以理論也至太宗文皇帝統馭華夷作爲爲善陰騭孝順事實二書頒布天下備列仁人孝子之行以著于篇蓋以事載也迨于宣宗章皇帝纂承大統益隆繼述復采輯經傳百家嘉言善行之有關於君臣父子夫婦兄弟朋友之道者類爲六十二卷名曰五倫書是又兼事理而論載者也使天下之人果能講求其義則凡所以施之於身行之於家達之於邦國者皆不越乎是矣其欲納民慈孝措世道於雍熙之意何其至耶諸士子莊誦制作已有年歲五倫一書與前之書誥弘綱要旨亦有相同者歟中庸曰君臣也父子也夫婦也昆弟也朋友之交也五者天下之達道也而五倫書所載嘉言有六順之説天屬二人屬三之論其目可得而聞歟中庸又曰君子之道四丘未能一焉蓋謙辭也今五倫所載善行之中於子臣弟友之行備矣亦果取何人爲法歟願聞其説以觀實踐之學

問　官制品級此士之所當知也古者因材以任官因德以詔爵材有大小故官有輕重德有淺深故爵有上下此官制品級所由別也稽之往古如三皇少昊以龍火雲鳥名官可謂善矣至顓頊何止以民事紀歟虞咨九官商司五衆可謂當矣至周六典之制何以又不同歟周爵五等其制甚簡也至漢爵二十級以公士爲首武爵十二級以造士爲先不亦過於煩歟唐文散官二十九階武散官三十一階固已過於詳矣至宋文資四十階始於開府儀同三司武資五十九階始於通侍大夫不亦過於泛歟我朝開國以來於官制品

級文武資階斟酌得宜煩簡適當官必称才爵必仿德然後授之可謂得古者命職之意矣然受職者不偕謹於操修往往有慎於始而惰於終隆乎名而鮮乎實者其故何歟此必有處之之道也諸士子漸將有爵禄之寄者幸備陳至公之説以對慎勿謙退而自菲也

問　國之大事莫重於兵不可不講也周制六軍皆因井田以出軍賦迨管子始有内政之作與周制同歟异歟漢置材官騎士於郡國京師有南北軍之屯至武帝又增置八校尉其制有可稽歟唐有府兵有彍騎有方鎮有禁軍又有三衛六軍十六衛之名宋以精兵内外相制又有禁兵厢兵鄉兵三衙四厢十衛之制亦可得而考歟至於練兵之説則黄帝有五陣風后孫子吴起諸葛孔明皆有八陣李靖又有六花十二陣之制可得而指陳歟迨夫臨敵之際孫子又有九地之辨晁錯有五技之言孔明有五習之論亦可得而考歟夫制兵之術不可以泥古而亦不可以不考乎古泥乎古則執而不通不考乎古則妄而無法惟酌古準今變通而行之則無不適乎宜也諸士子於先代之制聞之詳矣其亦有可取以行之於今者歟制兵教戰之善亦果敢何代何人爲最歟請詳陳之無諉曰未之學也

問　將相者國家倚重而古今共称也其有不知此而可爲士乎粤觀昔之爲相有貴老成者八十餘歲復唐祚然爲大司徒封高密侯年僅二紀爾何少而登庸歟有貴久任者二十四考中書令然清忠粹德配食哲廟相僅一年爾何暫而成功歟韋匡之迭爲漢相皆經術也然由蹶張者乃能勠文帝之幸臣燕許之迭爲唐相皆科第也然由蔭補出者乃能贊武宗之削平至於或善謀或善斷長於應變長於守文其人皆可得悉指歟昔之爲將有用步騎不曉水戰而滅公孫述有能憑城不善野戰而破史思明擊刁斗與不擊刁斗异而皆以守邊聞日增竈與日减竈异而皆剋敵顯至於縱火以攻冒雪以入乘霧以解圍逆風以决勝其人皆可得詳數歟夫將相之致用其難拘於迹若是則人主求材以何爲準則人臣受任以誰自期待雖云隨時而施豈不有要可執歟方今正文武并用之時也將稽諸士子之藴而以聞于上其言之毋讓

問　朱子之述作多矣姑言其宗經者焉作綱目以法春秋然春秋以事繫日以月繫時綱目事不繫於日月不繫於時則天道何以明春秋上尊一王下卑五伯綱目七國時當尊周然王不称天而列國俱称王三國時當帝漢然昭烈書帝而帝禪但書主則人道何以定注楚辭以續風雅然風出於里巷歌謡雅用於朝廷燕享而原之作果兼得乎離騷雖以沉身爲忠楊雄又以保身爲明而原之心果合道乎以至注易通以明周易然四十章之旨不專言易也而其發明果何

所要分禮記以合儀禮然十七篇之經不爲全書也而其編類果何所主夫不由考亭之蹊徑不足以窺洙泗之宮牆願與諸士子商之以求其至當

中式舉人二百名

第一名　章表　常熟縣學生　書
第二名　方暕　徽州府學生　春秋
第三名　章璧　貴池縣學生　易
第四名　羅義　金山衛學軍生　詩
第五名　沈清　山陽縣學軍生　禮記
第六名　徐溥　宜興縣學增廣生　書
第七名　劉觀　常州府學生　詩
第八名　江豫　太平府學生　易
第九名　吴維　應天府學軍生　禮記
第十名　彭盛　國子監生　春秋
第十一名　蔣紱　常熟縣學生　書
第十二名　高崧　松江府學生　詩
第十三名　徐毅　應天府學增廣生　書
第十四名　陳僎　吴縣儒士　易
第十五名　湯洪　常熟縣學生　書
第十六名　貢瑞　寧國府學生　詩
第十七名　杜冲　國子監生　易
第十八名　談經　無錫縣學生　書
第十九名　朱瓚　徐州學生　禮記
第二十名　程宗　常熟縣學生　詩
第二十一名　陸紱　華亭縣學生　書
第二十二名　伍福　國子監生　春秋
第二十三名　陸昶　常熟縣學生　易
第二十四名　徐鏳　常州府學生　書
第二十五名　陳禄　泰州學生　詩
第二十六名　吴慶　國子監生　詩
第二十七名　符俊　國子監生　禮記

第二十八名　趙昌　涇縣學生　詩
第二十九名　張雲　華亭縣學生　書
第三十名　任渼　江陰縣學生　易
第三十一名　胡介　當塗縣學生　書
第三十二名　劉瀚　蘇州府學生　易
第三十三名　楊永年　廣德州學生　書
第三十四名　周完　無錫縣學生　詩
第三十五名　李景修　六合縣學生　書
第三十六名　戴春　上海縣學生　詩
第三十七名　陳璣　國子監生　易
第三十八名　金鐸　臨淮縣學生　書
第三十九名　朱暟　高郵州學生　詩
第四十名　劉安　國子監生　易
第四十一名　高經　無錫縣學生　書
第四十二名　莊歙　徽州府學生　春秋
第四十三名　賀良　泗州學生　書
第四十四名　劉瑛　國子監生　詩
第四十五名　游貴　歙縣學生　禮記
第四十六名　程永　婺源縣學生　書
第四十七名　盛昶　吴江縣學增廣生　易
第四十八名　蘇慶　安東縣學生　詩
第四十九名　鄭珪　松江府學增廣生　書
第五十名　陳頎　長洲縣學增廣生　春秋
第五十一名　王欽　清河縣學生　詩
第五十二名　徐安行　國子監生　書
第五十三名　胡汝霖　舒城縣學生　易
第五十四名　齊諫　淮安府學生　禮記
第五十五名　孫鉉　松江府學生　書
第五十六名　陳旦　常州府學生　詩
第五十七名　王魯　溧水縣學增廣生　易
第五十八名　吴璘　應天府學生　書
第五十九名　陳穎昌　吴縣學增廣生　易

第六十名　張杰　松江府學生　詩
第六十一名　凌煜　國子監生　書
第六十二名　范澄　寳應縣學生　詩
第六十三名　葉淇　山陽縣學增廣生　禮記
第六十四名　杜立　國子監生　詩
第六十五名　吴賢　徽州府學生　春秋
第六十六名　俞誠　應天府學生　詩
第六十七名　趙繼先　霍丘縣學生　書
第六十八名　葉鸞　舒城縣學生　易
第六十九名　秦朴　泰州學生　詩
第七十名　蔣寛　池州府學生　書
第七十一名　康永韶　祁門縣學生　春秋
第七十二名　陳信　淮安府學軍生　書
第七十三名　高恒　江都縣學生　詩
第七十四名　許鑾　國子監生　禮記
第七十五名　孔宗顯　武進縣學生　詩
第七十六名　阮亨　國子監生　書
第七十七名　王誼　江陰縣學生　詩
第七十八名　黄文瑞　祁門縣學生　春秋
第七十九名　周崧　沛縣學生　書
第八十名　周敬　太倉衛學軍生　詩
第八十一名　劉浩　長洲縣學增廣生　易
第八十二名　李楫　松江府學增廣生　書
第八十三名　宋瑛　松江府學生　詩
第八十四名　沈譓　廬州府學生　易
第八十五名　王韶　句容縣學生　書
第八十六名　李鼐　太平府學生　詩
第八十七名　張城　泰興縣學生　春秋
第八十八名　郭禎　海州學生　書
第八十九名　孔彦綸　句容縣學生　詩
第九十名　王經　揚州府學生　易
第九十一名　史昱　关縣學增廣生　書

第九十二名　胡信　丹徒縣學增廣生　詩
第九十三名　鄭謹　武進縣學增廣生　易
第九十四名　吴遜　無錫縣學生　詩
第九十五名　鄭昇　山陽縣學生　易
第九十六名　王奎　如皋縣學增廣生　詩
第九十七名　李思聰　池州府學生　春秋
第九十八名　陳田　國子監生　詩
第九十九名　潘禎　六安州學生　易
第一百名　饒欽　祁門縣學生　詩
第一百一名　曹謙　吴縣學生　易
第一百二名　張銘　國子監生　詩
第一百三名　郭演　廬江縣學生　書
第一百四名　沈律　崑山縣學生　易
第一百五名　石正　應天府學生　禮記
第一百六名　余慶　國子監生　書
第一百七名　龔謙　高郵州學生　詩
第一百八名　于經　海州學生　書
第一百九名　尚忠　巢縣學生　春秋
第一百十名　凌文　應天府學生　易
第一百十一名　季芳　國子監生　書
第一百十二名　湯懋　國子監生　禮記
第一百十三名　管澄　應天府學生　詩
第一百十四名　顧珣　吴縣學增廣生　易
第一百十五名　夏璣　蘇州府學增廣生　書
第一百十六名　戴魯　太平府學生　詩
第一百十七名　徐鴻　蘇州府學生　易
第一百十八名　應暄　國子監生　書
第一百十九名　崔綸　淮安府學生　禮記
第一百二十名　戴曦　上海縣學增廣生　詩
第一百二十一名　陳杰　武進縣學生　書
第一百二十二名　李清　上海縣學增廣生　春秋
第一百二十三名　劉海　吴縣學軍生　易

第一百二十四名　繆樸　常熟縣學增廣生　詩
第一百二十五名　章度　常熟縣學增廣生　詩
第一百二十六名　劉永通　太平府學增廣生　書
第一百二十七名　李欽　五河縣學生　禮記
第一百二十八名　楊集　常熟縣學生　詩
第一百二十九名　徐春　崑山縣學增廣生　書
第一百三十名　趙博　崑山縣學增廣生　易
第一百三十一名　鄒謙　太平府學生　詩
第一百三十二名　姚旭　桐城縣學生　書
第一百三十三名　朱賢　六安州學生　易
第一百三十四名　沈鐸　泰州學生　詩
第一百三十五名　邢寬　太平府學增廣生　書
第一百三十六名　沈顯　常熟縣學生　詩
第一百三十七名　蔣鐸　國子監生　易
第一百三十八名　張珎　松江府學生　書
第一百三十九名　張厚　常熟縣學生　詩
第一百四十名　姚冕　松江府學生　易
第一百四十一名　吴宣　鎮江府學生　書
第一百四十二名　張禎　太和縣學生　春秋
第一百四十三名　李鏞　蘇州府學增廣生　書
第一百四十四名　曹瓚　宣城縣學生　詩
第一百四十五名　馮鉉　蕪湖縣學生　禮記
第一百四十六名　曹泰　松江府學增廣生　書
第一百四十七名　張鋼　蘇州府學生　易
第一百四十八名　楊璧　太平府學生　詩
第一百四十九名　吴璘　江都縣學生　書
第一百五十名　石澄　滁州學軍生　春秋
第一百五十一名　王璟　徐州學生　詩
第一百五十二名　沈瑄　武進縣學增廣生　書
第一百五十三名　儲理　太平府學生　易
第一百五十四名　管淳　南陵縣學生　禮記
第一百五十五名　龔禹　武進縣學生　書

第一百五十六名　張畹　松江府學生　詩
第一百五十七名　張銘　國子監生　易
第一百五十八名　李應　國子監生　書
第一百五十九名　唐濬　泰興縣學生　易
第一百六十名　鍾珹　太平府學生　詩
第一百六十一名　胡正　應天府學生　書
第一百六十二名　謝鵬　潁上縣學生　詩
第一百六十三名　吴節　山陽縣學生　禮記
第一百六十四名　夏雲　太平府學生　詩
第一百六十五名　王琮　應天府學增廣生　春秋
第一百六十六名　趙紳　無錫縣學生　詩
第一百六十七名　黄玹　崑山縣學生　書
第一百六十八名　羅瑄　應天府學生　易
第一百六十九名　黄孟麒　武進縣學生　詩
第一百七十名　朱允　上海縣學生　書
第一百七十一名　錢賓　應天府學生　春秋
第一百七十二名　朱佑　上海縣學生　詩
第一百七十三名　陳顗　崑山縣學生　書
第一百七十四名　張宸　淮安府學生　禮記
第一百七十五名　趙璿　太平府學生　詩
第一百七十六名　王璘　應天府學軍生　書
第一百七十七名　江淵　桐城縣學生　詩
第一百七十八名　江偉　巢縣學生　春秋
第一百七十九名　　盛謙　銅陵縣學生　書
第一百八十名　笪貴　桐城縣學生　詩
第一百八十一名　顧俊　應天府學生　易
第一百八十二名　朱弘　國子監生　書
第一百八十三名　馬顒　山陽縣儒士　詩
第一百八十四名　王濟　山陽縣學武生　易
第一百八十五名　張贇　六安州學生　書
第一百八十六名　謝潤　祁門縣學生　春秋
第一百八十七名　尤諤　無錫縣學生　書

第一百八十八名　張九方　無錫縣學增廣生　春秋
第一百八十九名　段璣　常州府學生　詩
第一百九十名　姚昇　吴縣學生　易
第一百九十一名　沈湛　上海縣學生　詩
第一百九十二名　高安　國子監生　易
第一百九十三名　靳敏　盱眙縣學生　詩
第一百九十四名　汪轍　蕪湖縣學生　詩
第一百九十五名　浦鏞　應天府學生　易
第一百九十六名　洪寬　徽州府學生　禮記
第一百九十七名　李春　桐城縣學生　詩
第一百九十八名　鄭時　舒城縣學生　易
第一百九十九名　曹暻　句容縣學生　詩
第二百名　李浩　蘇州府學生　書

第一場

四書義

賢者識其大者不賢者識其小者莫不有文武之道焉夫子焉不學而亦何常師之有

彭盛

同考官教諭商批（此篇發明題意辭理貫通首尾照應非老學不能也置之高選允合公論）

考試官侍講劉批（義理明潔文辭通暢宜在前列）

考試官侍講吴批（此發明聖人學無常師之意詞理精切佳作也）

惟前聖之道無往不寓故後聖之學無適非師蓋道之所在師之所存也前聖之道寓諸人者既無間於賢否則後聖之學又何嘗有一定之師哉且夫謨訓功烈文武之道也禮樂文章亦文武之道也然文武往矣而其道則流行於天下故在人之賢者有能識其道之大者焉文武遠矣而其道則灌溉於人心故在人之不賢者亦有能記其道之小者焉識其大則弘綱大旨有所據而賢者之身莫非文武之道之所寓記其小則千緒萬端有所考而不賢者之身亦莫非文武之道之所存是以吾夫子以天縱之聖雖曰生而知之而於文武之道未嘗不好古以敏求雖曰安而行之而於前聖之事未嘗不敎學而不厭

於賢者識其道之大則從而學之亦何常師之有乎不賢者記其道之小亦從而學之又何常師之有乎故老聃郯子其賢不及孔子也而孔子以其明於禮與官制而師之夫庸知其賢否乎萇弘師襄非有仲尼之智也而仲尼以其長於琴與樂舞而師之奚庸訝其智否乎是則聖人固無往不學而亦無所不師惟其無往不學無所不師此其所以不以一藝成名上繼文武道統之傳而下開來學於無窮也考之此章子貢因公孫朝有仲尼焉學之問而告以此然論夫子之學專言文武之道而不及於堯舜者蓋列聖道統傳在文武而文武之統傳在夫子故也吁文武之道無往不在夫子於文武之道無往不學惟善是主初無常師此所以備斯文之大全集群聖之大成也歟

詩云潛雖伏矣亦孔之昭故君子内省不疚無惡於志君子之所不可及者其唯人之所不見乎詩云相在爾室尚不愧于屋漏故君子不動而敬不言而信

江豫

同考試官教諭鍾批（此篇發明慎獨戒惧詞理切當結舉中庸全書本旨尤見學力）

考試官侍講劉批（此中庸要旨失者不少此篇得之高選奚忝）

考試官侍講吴批（融會省察存養之義組織成文佳作也）

既引詩而言君子省察之功爲難及復引詩而言君子存養之功爲甚密夫君子爲己之學其省察既在乎人之所不及見而存養尤在乎己之所不言動作中庸者安得不於末章兩引詩而申言之乎今夫詩小雅焉正月之篇言魚潛于淵若伏藏矣然伏藏者非終隱微也俯而察之則當見其甚昭著焉子思引之以爲君子内自省而無私欲之患然後不愧於心内自察而無私意之累然後不慊於志然則非行能之駭於衆目也以其莫見乎隱而能謹於隱暗不見之處焉非才藝之眩於俗見也以其莫顯乎微而能謹於細微不見之事焉豈非引詩而申言君子省察之功爲難及乎然而省察所以遏人欲於將動之際而非存養無以全天理於常静之域故詩大雅抑之篇言人在于室若静處矣然静處者非可放肆默而存之則尚不愧於屋漏焉子思又引之以爲君子非動然後敬也雖未動之先而常肅然其敬非言然後信也雖未言之先而常確然其信故敬寓於無形而即戒慎乎其所不睹信藴於無聲而即恐懼乎其所不聞又非引詩而申言君子存養之功爲甚密乎雖然省察者謹獨之事存養者戒懼之事首章先戒懼而後謹獨由静以之動也末章先謹獨而後戒懼由動以歸静也故曰始言一理末復合爲一理中庸之旨淵乎微哉

使契爲司徒教以人倫父子有親君臣有義夫婦有別長幼有序朋友有信放勛曰勞之來之匡之直之輔之翼之使自得之又從而振德之

羅義

同考官訓導許批（此題場中多混講無序於下節又或爲史臣贊之詞殊失本意惟此得旨遠勝諸作）

考試官侍講劉批（孟子篇豐贍得本旨宜表而出之）

考試官侍講吴批（聖人教人明倫復性之意此篇詳盡）

大賢既述聖君建官以掌乎教民之典復述聖君命官而詳乎施教之方蓋民生遂則貴乎有以教之也唐虞之世既建官以敷五教又可不舉施教之方以命之也歟思昔帝舜紹堯致治當水土既平六府孔修之日於是舉契以爲司徒俾教民以人道之常焉彼其父子之親君臣之義乃斯民之秉彝也但汩於利欲而不能行者多矣居是職者必有以教之使其於父子君臣之間極其有親有義可也夫婦之別長幼之序亦斯民之降衷也但昧於私意而不能盡者衆矣典是任者必有以誨之使其於夫婦長紉之際極其有別有序可也至於朋友之信已豈非斯民當然之理乎亦必因其固有者以導之而使之有信焉然大賢於帝舜建官之所掌者既有以述之矣於此又述帝堯命官之辭若曰彼勞而有功來而歸向者此急於彝倫爲善之民也汝則賞而勞之賚而綏之使有以安其生焉彼邪而縱欲枉而悖理者此違乎彝倫未化之民也汝則必匡而正之繩而直之使有以正其德焉至於柔而不能立昏而不能行者乃斯民之攸好德者也亦必輔以立之翼以行之可也若是者豈有他哉無非使得其性而已矣然而始勤終怠者乃斯民之常情也又必提撕警覺以加其惠而不使一時之放逸鼓舞作興以新其德而不使一時之遺忘如是則彝倫無不明而民性無不復矣聖君命官之意何其至耶大抵爲治莫先於養民亦莫重於教民聖人既有以養之復有以教之其用心也可謂至矣彼許行者乃欲賢君與民并耕而食饔飧而治豈足以知聖賢之大道哉

易義

六四安節亨象曰安節之亨承上道也

章璧

同考官教諭鍾批（此題六四安節本於九五所以能安而亨學者多浮說此作援引切行文沛其場中之超絶者乎）

考試官侍講劉批（節交象篇詳明切實深合經旨）

考試官侍講吴批（形容臣承君道之義他篇所不及）

爻以安於臣節而著其占象以順夫君德而申其義蓋爲臣者在於承君也苟能安於人臣之節而順夫人君之德則其亨通也宜矣爻象聖人得不交贊之乎且夫節之卦以止節爲義而四之爻以柔順爲德得位之正在上之下但見其雖居職任之崇而自然謙恭卑遜不過分限也雖享禄秩之豐而自然儉約減損不至侈靡也豈管夷吾之鏤簋朱紘而不知節者所可比哉豈臧文仲之山節藻棁而不能儉者所可侔哉蓋既有其節而又出於安無不亨矣無不通矣周公繫爻之旨如此至吾夫子傳象復申之若曰四之所以亨通者由於安節而四之所以安節者由於從上蓋五有剛中正之德以監其上而四欽承之也五有甘節吉之美以居其上而四仰承之也若舜帝之聖不漆其器不雕其俎而大禹承之以克勤克儉若武王之聖不寶遠物不貴异物而周公承之以不驕不吝主相之合志君臣之同道豈不於節而見之哉考之象傳曰天地節而四時成節以制度不傷財不害民然則節以制度其即四五君臣之謂也天地節以成其時君臣節以成其治天人之際其相爲流通者乎

斷木爲杵掘地爲臼臼杵之利萬民以濟蓋取諸小過弦木爲弧剡木爲矢弧矢之利以威天下蓋取諸睽

陳僎

同考官教諭鐘批（發明聖人制器尚象之事取業精切非稚筆所能也高擢何疑）

考試官侍講劉批（制器易言尚象難知此卷得之）

考試官侍講吴批（易義發明透徹佳士也）

聖人制器以精民食者取夫之卦之德而制器以除民患者取夫卦之名蓋聖人之制器固各有所用而於易尤各有所取也故杵臼之用於精民食取諸小過之德而弧矢之用於除民患豈非取諸睽之名哉思昔人文漸啓風氣益開民已知五穀之食矣而何以精之民亦憂四方之患矣而何以除之於是聖人思所以精食則制杵臼之利想其斷斯木也而以爲杵掘斯地也而以爲臼黍稷稻梁莫不於此變粗而爲精饔飧饋食莫不由此仰事而俯育人非一人類非一類接淅而炊也含哺而飽也蓋斯器也取諸易卦之小過誠以下艮之止爲臼上震之動爲杵豈非聖人制器以精民食者取夫卦之德乎若夫聖人思所以除民患則又制弧矢之器想其弦木而曲之以爲弧剡木而鋭之以爲矢引之有千鈞之勁發而莫禦也中之於百步之遠貫而破的也寇戎以之而遠去暴客以之而必克蓋斯器也取諸易卦之睽誠以上火下澤卦之所以

名夫睽乖而弦弧剡矢人之所服夫睽乖又非制器以除民患者取夫卦之名乎雖然耒耜之利益作於先而後杵臼之小過可施於後聖人之養民固自有其序也門柝之豫備嚴於内而後弧矢之服睽可制於外聖人之衛民亦自有其序也此蓋義農黄帝堯舜數聖人有資於易以濟斯世制用而謂之法利用而謂之神夫豈可以淺近窺哉

夫易彰往而察來而微顯闡幽開而當名辨物正言斷辭則備矣

章璧

同考官教諭鍾批（此以易之妙用全書講説詳明蓋深於易學者也）

考試官侍講劉批（此題以則備矣作下匕者得之此作尤高宜冠本經）

考試官侍講吴批（得潔净精微之旨）

聖人之易惟其有妙用是以有全書蓋書之全備者用之神妙所寓也苟不備其書亦將何以妙其用哉且夫易之作也彰已往之理則卦之德方以知知以藏往無不粲然而可稽矣察未來之理則蓍之德圓而神神以知來莫不昭然而可見矣至顯者人之事推之以合乎天則顯者微矣至幽者天之道闡之以示乎人則幽者著矣聖人莫不於此開明其道故即三奇而名以乾即三偶而名以坤以至君臣父子之分貴賤上下之等皆有以當其名而不遺乾陽物也而象以龍坤陰物也而象以馬以至碩果莧陸之類羸豕牝牛之屬皆有以辨其物而不差言不可不正故正陽之言則曰剛曰健正陰之言則曰柔曰順推而行之舉無邪詖之言也辭不可不断故断吉之辭曰利曰無咎断凶之辭曰悔曰有吝引而伸之舉無疑二之辭也蓋易之用無不妙者若是然則往也來也固無一而不備顯也幽也亦無一而不備名之與物未嘗舉此而遺彼也言之與辭未嘗具彼而遺此也易之書無不備者豈不然乎雖然此一節言理之妙於易者無不備也下文有曰其称名也小其取類也大其旨遠其辭文其言曲而中其事肆而隱因二以濟民行以明失得之報是言易之用於人者無不周也理有以備於易用有以周於人大哉易也斯其至矣

書義

君惟乃知民德亦罔不能厥初惟其終祗若兹往敬用治

章表

同考官教諭徐批（君奭吕刑篇内二題作者固衆或得於此則失於彼惟此卷旨意明暢文辭簡要允宜高薦）

考試官侍講劉批（辭簡理到夐异衆作壁經巨擘舍此其誰）

考試官侍講吴批（此卷諸篇皆善君奭吕刑篇尤高）

大臣之勉同列欲其因所能而深求于化民尊所聞而致謹于爲政夫民雖化於始矣而尤當謹其終臣既知民心矣而尤當謹其政大臣之勉留同列何其至哉昔者召公已留周公飭遣就職其意若曰不可知者民之心不可强者民之化尔召公踐歷諳練之久而國體民情之知觀之虞芮質成汝墳遵化民心歸于文王之世矣篚厥玄黄紹我周王民心歸于武王之世矣然而天下沐文王咸和之德今日之大順也而撫后虐讎當思乎終焉天下樂武王永清之化今日之丕應也而民罔常懷當圖乎遠焉雖然此固召公之所能知而亦我之所當告也向嘗告汝以六臣之輔商五人之輔周而召公當匹休之其敬斯言而無怠于心無荒于事以求順保乎民焉又嘗告汝以天命之去留民心之向背召公當謀圖之其敬此誥而罔游于逸罔淫于樂以求乂安乎民焉噫大臣之於同列不惟美其所能爲而尤勉其所當爲也宜哉抑又論之周公之與召公同爲文武親信之臣均有忠君愛國之誠者召公何獨拳拳于退周公何獨懇懇于留哉蓋成功欲去者召公之心盡職有終者周公之心惟聖人能明於去就之義不失其輕重之倫以盡大臣之職業天下後世無得而議焉者矣猗歟盛哉

穆穆在上明明在下灼於四方罔不惟德之勤故乃明于刑之中率乂于民棐彝典獄非訖于威惟訖于富

章表

君臣合德以感民而德所及者化大臣明刑以教民而刑所用者公夫導民以德必齊民以刑也導之以德而無不化齊之刑而無不公吾於有虞君臣見之矣思昔穆王訓刑之意若曰帝舜之爲君恭己南面穆穆而有和敬之容群后之爲臣同寅協恭明明而有精白之容同此盛德之光輝也昭灼于天覆地載之間同此盛德之光華也旁燭于日照月臨之下民之有聰明而得乎觀感者莫不知己德之當務與污染之當新也民之有知覺而囿于甄陶者莫不知善之當爲與惡之當去也夫君臣德容之著固足以化民矣其或有未化者可不假刑以輔之乎故士師明察而施爲威德者民皆知以蕩凌德之不可爲大臣弼教而加之義刑者民皆知怙侈滅義之不可作典獄而爲操縱尤得盡法于威者而不爲勢要屈也治獄而爲取舍尤得盡法于富者而不爲賄賂移也是則合德以感民而所及之無不化明刑以教民而所用之極其公有虞君臣致治之盛爲何如哉雖然刑之本必主於德而刑之用必合於中是篇之中曰惟克天德曰以成三德曰有德惟刑無非以德爲本也曰觀於王刑之中曰

罔非在中曰咸庶中正無非以中爲用也本於德而合乎於中是即虞舜之大德執中矣而穆王知之此夫子所以猶有取於其書也歟

詩義

終南何有有紀有堂君子至止黻衣繡裳佩玉將將壽考不忘

羅義

同考官訓導許批（風雅二篇甚得詩人称述之意佳作也）

考試官侍講劉批（文辭豐潤宜置優選）

考試官侍講吴批（詞贍理明可取）

詩人托興以美其君既称其服飾之備復願其福壽之隆夫服飾備而福壽隆人所同欲也詩人以是而称願其君忠愛之至何如哉在昔詩人托興以美其君之意若曰終南之山雍州之鎮也南山之上果何所有乎人徒見其維石巖巖而不知其有山之廉角曰紀者焉人但見其峻極于天而不知其有山之寛平曰堂者焉在山猶尔詩人得不托之以興吾君之至止于此而有黻衣繡裳之美乎衣而曰黻衣則華彩之美而非赤芾金舄之可比也可知裳而曰繡裳則錦綺之著而與衮衣繡裳爲不殊也可見是不唯有此衣服之美而所佩之玉則將將而有聲肅雝而和鳴焉服飾之美既如此苟不祝之以壽又何以居其位服此服於悠久哉故必願其壽年永固使人愈久而不忘眉壽萬年使人愈遠而愈慕詩人称願之意何其至哉大抵是詩二章皆秦人称美其君之詞即上章車鄰駟驖之意也但車鄰不過夸美其車馬駟驖亦止備言其狩獵孰若此詩首則幸其得睹服飾之榮繼而祝其壽考獲福之久則古人愛君之心藹然溢於言意之表吁盛哉

信彼南山維禹甸之畇畇原隰曾孫田之我疆我理南東其畝上天同雲雨雪雰益之以霡霂既優既渥既霑既足生我百穀地闢於前聖而後人得以盡其力澤降於上天而百穀有以遂其生夫後人得盡力於農功者由前聖有闢地之功也苟天澤之不降又何以遂百穀之生哉詩人推本而言之不亦宜乎今夫南山者終南之山也彼南山之地大禹未治之時信未可以耕也及神禹甸治之後故地之高平曰原者今則畇畇之墾闢而我後人得於此而田之矣地之下濕曰隰者今則畇畇墾治而我曾孫得於此而耕之焉是以畫其大界而所謂疆者無不明定其溝塗而所謂理者無不别其遂東入於溝則南其畝矣其遂南入於溝則東其畝矣田制之定如此苟天澤之不降百穀何以遂其生哉是故雲而曰同雲則將雪之候雲同一色雪而曰雰雰則降雪之際雰雰其盛然不惟冬而降之以雰雰之雪而春又益之以霡霂之雨由是既優既

渥其饒洽之深爲可知既霑既足其潤澤之遍爲可想天澤既順地利由興將見禾麻菽麥非一類而莫不遂與與翼翼之性黍稷重穋非一種而靡不有芃芃彧彧之盛百穀之生爲何如哉詩人言物生之盛而必有頼於天澤言地勢之闢而必推本於前聖忠厚之心至矣哉抑是詩大指與楚茨略同亦述公卿有田禄者力於農事以奉宗廟之祭而作也首章言闢地之功二章言澤物之盛三章以後言得地利以備祭祀之禮因祀神而獲諸福之隆一詩之中無不備述此有周之世道所以爲盛也歟

明明魯侯克明其德既作泮宫淮夷攸服矯矯虎臣在泮獻馘

劉觀

同考官訓導許批（通篇以修德服人爲主深得詩人頌禱之意）

考試官侍講劉批（意思春容文詞典雅允如初考）

考試官侍講吴批（頌題能發明魯君文德武功可嘉）

詩人既美賢侯能明德建學以化夫遠復願賢侯得武臣在學以獻其功夫興學以服遠乃文德之所敷得臣以獻捷又武功之由盛自非魯侯能明其在己之德其何以致詩人頌禱若是哉思昔詩人之頌魯侯意若曰德之具于己者人所同也而明之者鮮惟我明明魯侯則能明其德焉理之具于心者人所有也而昧焉者多惟我明明魯侯則能明其理焉魯侯德之明於己者如此可不興學以化夫人哉由是既作泮宫則講學行禮之地于焉而聿新泮宫既作則水環半璧之制于焉而鼎建則淮夷之人莫不聞其教以來歸而孔淑不逆矣遠方之衆莫不慕其化以來服而魯邦是瞻矣夫魯侯建學服遠之功如是詩人之意又以淮夷之心從違靡定或有不服者可不須矯矯之虎臣以致其討乎蓋古者出兵受成于學及其還也釋奠於學以訊馘告謂之在泮獻馘則不惟願虎臣聲罪致討而獻其左耳尤必欲其奔走在學以奏膚功焉噫始焉興學而致淮夷之服固可見賢侯文德之修終焉在學以獻其功又可見賢侯武備之盛詩人頌禱之意一何至歟抑是詩飲酒於泮宫而頌禱之詞也首章言其得人心之從二章言其有德教之善三章四章則言其飲酒頌禱之事孝祖享福之隆至此則願魯侯以德服人而獻功於學六章以後又極言其化服淮夷之效詩人之言切切有望於魯侯者其亦周公德澤之所感夫

春秋義

鄭人侵許（莊二十九年）徐人取舒（僖三年）齊侯宋公江人黄人會于陽穀（同上）公會齊侯宋公陳侯衛侯鄭伯許男曹伯侵蔡蔡潰遂伐楚次于陘楚屈完來盟于師盟于召陵（僖四年）

彭盛

同考官教諭商批（此題本平易場中作者多攘襲陳腐獨此篇語句新奇故取爲式）

考試官侍講劉批（理有發明文亦可觀）

考試官侍講吴批（論桓公攘夷由得人心之助深合經旨）

惟伯主得小國之助故能成攘夷之功蓋人之所助者功之所由建也齊桓既得諸小國之助其於攘夷何有且夫世入春秋荊楚之爲患也久矣齊桓主霸豈可不宅心以攘之哉一旦天厭夷氛人思中國懿親之鄭既潛師以侵黨楚之許小國之徐復用衆以取輔楚之舒及夫陽穀之會江黄復來則楚之羽翼無不隳矣桓公於是率八國之師旅仗大義以南征首事侵蔡所以撤楚人之藩籬也繼事伐楚所以搗楚之腹心也迨夫于陘有次而文告是宣屈完惠來而請盟有定桓公遂退舍召陵以禮楚使周旋於戰勝攻克之言雍容於徼與同好之語俾苞匭菁茅復責于王朝桃弧棘矢不及於諸夏而服楚之功成矣吁楚之所以服於齊者由乎黨與之隳也齊之所以服乎楚者由於得小國之助也此其所以爲好謀而成者歟雖然齊桓之服楚固由乎諸國之助矣厥後楚仇鄭徐桓公猶存纓冠之義及夫楚伐江黄則未嘗有引手之心始也欲得之於轂中終也遂置之於度外用人之力而弗克保終嗚呼齊真少恩哉

齊仲孫來（閔元年）衛侯使甯俞來聘（文四年）吴子使札來聘（襄二十九年）晋侯使韓起來聘（昭二年）

方暕

同考官教諭商批（春秋中二篇作者多分截不明講口鶻突此作理本胡氏事桉左氏立説正大場中之巨擘也）

考試官侍講劉批（能本相經傳立説得屬辭比事之旨）

考試官侍講吴批（間架齊整文詞壯觀宜置前列）

因列國使命之迭至見望國文獻之足徵此齊衛侯吴晋之來聘有以見魯爲當時之人望也且夫魯以周公伯禽之裔世守龜蒙鳧繹之邦其爲四方之具瞻也久矣今也閔公元年齊以甥舅之好遣仲孫來魯而有省難之舉迨

夫文公四載衛以兄弟之親復遣甯俞聘魯而有脩好之恭然仲孫之歸也則有魯秉周禮國未可動之語甯俞之來也則深有感於湛露彤弓之詩夫齊也衛也素未嘗遣使於魯也今乃見称於我如此豈非以魯文獻猶存足以感之也歟然不特此尔吴泰伯之邦也於襄之季年特遣季札而修玉帛之好晋二文之裔也於昭之初歲復命韓起而致聘問之儀然季札之至也則請觀周樂而發至矣哉之嘆韓起之來也則觀書於太史氏而有周禮在魯之辭夫吴也晋也久未嘗致問於魯也今也見嘆于我如此又非以魯猶存文獻足以動之也歟吁文獻之所在即世德之所在世德之所在即人望之所歸也此魯所以爲世守周公家法而异於杞宋者此歟雖然魯之文獻固足以張四方之觀望矣獨惜夫詩書在掌故而不能用其實禮樂在有司而不能踐於行使三桓得以斧斤公室而不自知此吾夫子所以有周公其衰矣之嘆也歟

公及齊侯宋公陳侯衛侯鄭伯許男曹伯會王世子于首止（僖五年）公會宰周公齊侯宋子衛侯鄭伯許男曹伯于葵丘（僖九年）晋侯齊師宋師秦師及楚人戰于城濮楚師敗績（僖二十八年）公會晋侯齊侯宋公蔡侯鄭伯衛子莒子盟于踐土（同上）壬申公朝于王所（同上）天王使宰周公來聘（僖三十年）

方暕

伯義明而王室有報功之典臣禮脩而王室有崇德之心于以見春秋之時君臣相與之盛也且夫桓文何爲而致王室之加勞乎蓋齊桓之時神器未安桓公大會首止以定儲君其義明矣迨葵丘之會天王特遣宰臣而有賜胙之榮晋文之時夷氛孛肆文公大戰城濮以遏荊楚其業茂矣迨踐土之盟天王乃命内史而有策命之寵然桓之下拜登受也人徒見其寵以加勞錫級以光伯舅而不知其所以致此者以其有安靖王室之功也文之出入三覲也人徒見其賜以彤弓玄衣矢以表叔父而不知其所來此者以其有糾敵王慝之績也桓文之奉揚王休也不其至歟若夫魯僖又何爲而來王室之聘問乎蓋踐土之役僖公既領袖列辟以行覲禮矣至是六飛寵臨光照河洛僖公復駉駉牡馬馳驅於乘輿之所環珮鏘鏘躬覲於輦輅之中其於臣禮可謂勤矣是以王所之清塵方息而宰閲之報禮鼎來衮衣繡裳周所重也而不知其所以特遣者爲有德之君也昌歜形鹽魯所貴也而不知其所以備物者昭文武之惠也魯僖之對答王命也不亦偉歟吁功懋懋賞者周之舊典也而桓文膺之德懋懋官者周之成規也而僖公受之當春秋之時而獲見先王儀文之盛者

其在此歟雖然桓文有功之伯也而不能佐周室建中興之業僖公有德之臣也而不能輔王室復禮樂之常桓也文也功止於伯不足議爲也魯僖以周公之後而先自昧昧於無逸之戒其亦可慨也夫

禮記義

是月也可以築城郭建都邑穿竇窖修囷倉

沈清

同考官教諭黎批（月令一題場中多爲其窘獨此得旨宜擢以爲是經之冠）

考試官侍講劉批（月令題雖偏豈宜全不知乎此卷可備高選）

考試官侍講吴批（宜允初考）

古者因斂藏之時脩斂藏之政蓋時以作事也斂藏之時已至而斂藏之政并脩豈非古者順天時以務民事之所爲乎今夫時之自夏而徂秋矣秋之自孟而至仲矣仰觀之則雷收聲而寂於天俯察之則水歸壑而涸於地蟄培其封而出者入焉鳥養其羞而鳴者止焉豈非斂藏之時乎然天爲萬物之祖則運其時而君爲萬邦之宗當修其政是故民之所賴以斂藏者城郭環於外而都邑聚於内也今則可以外焉築之而百堵皆興内焉建之而百室盈止矣物之所賴以斂藏者竇窖隱於下而囷倉峙於上也今則可以下焉穿之而陶複陶穴上焉修之而乃積乃倉矣豈非斂藏之政乎因其時而修其政人君所以奉天勤民之道不外乎是矣抑考月令吕氏之所集也當是之時夏正之不用已久矣而其紀月乃猶用夏正王政之不行亦久矣而其時令乃皆言王政于以見夏時之得天而王道之得民不可違也於乎豈非後世之法程哉

子云上酌民言則下天上施

吴維

同考官教諭黎批（題本無難作者於酌字天字上多欠發明此篇既得宜在所選）

考試官侍講劉批（坊記學者亦多未究惟此知旨故特取焉）

考試官侍講吴批（所作得旨可居選列）

聖人論君有以體夫民之心則民有以戴夫君之惠蓋君者民之所天也君既以民爲心而酌取其言矣則民豈不以君爲天而仰戴其惠哉昔坊記述吾夫子之所言其意曰凝旒負扆而端拱於上者君也君尊於上其視民漠然而不相接矣閭居族處而有生於下者民也民卑於下其仰君巍然而不相近

矣然而爲君者有所施其政事不自用而取諸輿論有所出其教令不自是而察諸衆議左右皆曰賢未可也必民皆曰賢而後用左右皆曰否未可也必民皆曰否而後去因謡誦而知民所欲則與聚之因慨嘆而知民所惡則勿施焉夫如是則其酌斯民之言猶水之在下而斟酌挹取之矣將見民之於君上也翹首以仰望傾心以尊親見其所用者而以爲天命有德非吾君之私賞見其所去者而以爲天討有罪非吾君之私罰雨露之澤未足以儗其恩惠也雷霆之威未足以比其懲戒也蓋其戴吾君之施猶天之在上而降鑒敷祐之矣君民相與之交孚豈不於斯爲至乎雖然人君之所當法者天也天視自我民視天聽自我民聽而入君法之故昔者帝堯之爲君既問於朝又問於野有取於康衢之歌有資於華封之言而孔子称之曰惟天爲大惟堯則之蕩蕩乎民無能名焉於乎帝堯遠矣今幸有聖人在上

第二場

論

至誠得天

章表

同考官教諭徐批（一論明快能講出聖人至誠得天之蕴有議論有關鍵作手也）同考官教諭黎批（措詞豐蔚立論正大論場之翹楚者也）

考試官侍講劉批（詳實明整得論之體）

考試官侍講吴批（文辭豐贍光采燁然非稚作者比也）

論曰上天眷佑聖人非私與也以其備至誠之德也蓋至誠所以得天眷之本也聖人之德既極誠而無妄又豈不有以獲上天之眷佑哉請申論之蒼然在上而覆幬萬物者天也巍然居中而奄有萬方者聖人也聖人與天若此其懸絶也果何而得天之眷佑乎殊不知聖人之生氣得其清理得其正性焉而能盡其性形焉而能踐其形實德流行既無一毫之僞至公無我亦無一息之私仁極仁義極義而仁義固無間於表裏也禮極禮知極知而禮知亦無間於内外也在庭如是深宫如是聖人之誠曷嘗有彼此之异乎大政若是微言若是聖人之誠何嘗有大小之分乎是以不顯亦臨而所以保此誠者無不在焉不言而信而所以守此誠者無不存焉謂之曰誠則聖人之德無往而不實也可知謂之曰至誠則聖人之實德極至而無以加也可見聖人之德既極其至誠也如此是以向也上天冲漠無朕若不相繫也今則眷而顧之使之乘六龍以御天居九重而凝命而尊爲天子焉向也天道坱圠無垠若不相關也今

則佑而命之使之舉萬邦而奄有罄九土以歸心而富有四海焉荷天之休而凡八紘之衆星羅棋布者無尺地而不籍於版圖之内承天之寵而凡九有之民林生總聚者無一民而不歸於統御之中仁聲洋溢施蠻貊而景仰國祚靈長并天地而無疆其所以得乎天者不其至乎然求所以得之者孰不本於聖人至誠之德之所致歟稽之往古若羲農之所以爲皇堯舜之所以爲帝禹湯文武之所以爲王皆能以至誠之德受上天之眷顧上是海内升平四方熙皞歷年悠永統緒相承何莫非至誠得天之效歟洪惟我朝聖神御極以聰明睿知之資履乾元九五之位禄位名壽咸備于躬麟鳳龜龍畢集于野此何哉莫非至誠得天而已矣則子張子之言奚得而略之哉

表

擬唐李靖賀擒突厥頡利可汗表（貞觀四年）

李景修

同考官教諭徐批（得唐表體）

考試官侍講劉批（表佳）

考試官侍講吴批（表典雅）

伏以天道貴華而踐夷故冠屨之分所當正聖世體仁而用義斯弓鉞之征所必加既獲渠魁誠爲大慶欽惟兼湯勇智齊舜温恭殄滅群雄築鯨鯢以爲京觀綏懷兆庶納魚爵以入淵叢故能登御洪圖并包區宇日本月氏之域冰天灾海之陬莫不解辮而襲冠帶革面以貢琛賨彼頡利者本突厥之酋擅可汗之號羌髳助武王以伐紂雖效微勞燕貊佐高帝以誅秦亦蒙寵報然而難饜溪壑之欲屢致邊陲之虞臣靖肅奉廟并屬當閑寄鼓三軍之鋭氣運萬全之奇謀兵威雷厲以風行虜陣雪消而凍釋狐狸命盡欲歸首於故丘鼷鼠技窮竟莫逃於走路縛諸鼓下獻于闕前是皆仰神筭之無方體聖仁之不殺而致然也修文偃武自兹歌七德而舞九功雪耻除凶真可酹百王而報千古邦家鞏固宗社尊安臣喜躍之情倍萬恒品謹奉表馳賀以聞

第三場

策

第一問

方暕

同考官教諭商批（融會當時制作有鋪叙有議論如江河沛然而條理分明真杰作也）

考試官侍講劉批（歸美忠厚之意形於言表）

考試官侍講吴批（敷陳得體文采雍容當爲諸作之冠）

神功聖德掀揭宇宙而治世之典著御翰宸章輝映日星而垂世之訓明蓋有一代之元聖斯有一代之治功有一代之治功斯有一代之制作故堯舜作而典謨之書見於雍熙之世湯武興而訓誥之書見於治平之時其所以昭當代之明盛垂萬世之矜式者古今如一日也欽惟我朝太祖高皇帝開創洪業於萬機之暇御製大誥三編昭示天下臣民中有申明五常諭官生身之條其理昭如也太宗文皇帝統御華夷於衆務之餘作爲善騭孝順事實二書頒布天下備列仁人孝子之行其事秩如也迨于宣宗章皇帝纂承大統益隆繼述采輯經傳百家之言關於人倫類爲六十二卷名曰五倫書使天下之人果能講誦其義則施之於身而身修行之於家而家齊達之於邦國而邦國治皆無難爲者矣其所以納生民於慈孝之區措世道於熙皞之意何其至耶以今孝之大誥之條所以論其理也爲善陰騭孝順事實二書所以載乎事也五倫之書則兼事理而論載者也然理者事之本事者理之實誥與書之弘綱要旨豈不同歸於一貫哉至若中庸引君臣父子夫婦昆弟朋友爲言者以達道而論也五倫所載嘉言前有六順之説豈非左氏所載君義臣行父慈子孝兄愛弟敬之理乎復有天屬二人屬三之論又豈非紫陽朱子以父子兄弟爲天屬以君臣朋友夫婦爲人屬者乎中庸書又引君子之道四爲言此蓋聖人謙己誨人之辭非真有所不能也若五倫於善行所載子臣弟友之行明問謂取何人爲法承學以爲時有所遭故行有不一惟當取其昭昭者以效之耳爲臣莫過於皋陶爲子莫逾曾參能以其所行爲法則雖不及其所成而亦不失爲忠孝矣爲弟莫賢於叔齊爲友莫良於鮑叔能以其立心爲法則雖不踐其故迹而亦不失爲恭敬矣孰謂古人之不可學而今人之不可及於古哉管見區區未知是否姑取所聞以對

第二問

沈清

同考官教諭黎批（此卷五策皆佳而官制一篇事既得實斷尤得當可羨可羨）

考試官侍講劉批（策有處置非泛論者）

考試官侍講吴批（歴陳制度而断以正理允称作手）

蓋聞爲治莫先於建官建官莫重於得人得其人則國有治平之效非其人則官有廢事之憂故歴代以來莫不以是爲急務也且夫古昔官人之法論

辨然後官之任官然後爵之材有大小故官有輕重德有淺深故爵有高下此官制品級所由辨也稽之往古如伏羲炎帝之以龍火名官黄帝少昊之以雲鳥紀職皆隨其時瑞而設之固可謂善矣至顓頊之時風氣漸開群務日滋於是備列五行以紀官爵豈非因乎民事使之各專其職歟虞咨九官有司空后稷司徒士虞共工禮樂納言之職商司五衆有司徒司馬司空司士司寇之名可謂當矣至成周之時則有冢宰司徒宗伯司馬司寇司空六典之制又非因時制宜而各專所務也歟周之公侯伯子男其爵五待制甚簡也至漢爵二十級始於公士而終徹侯武爵十二能始於造士而終於軍衛非過於煩也時不得不然也唐文攻官二十九階由特進以至文林武散官三十一階由驃騎以至副尉固已詳矣至宋文資四十階始於開府儀同三司終於登仕將仕武資五十九階始於通侍大夫而終於進義進勇副尉非過於泛也時不得不尔也我朝開國以來於官制品級文武資階酌古準今悉合乎時措之宜正名定分咸適乎類簡之當官必称其才而非才者不授爵必仿其德而非德者不除兹可謂得古者命官之意矣然授職者不偕謹於操修往往慎於始而惰於終隆乎名而鮮乎實豈官制之不得其宜哉良由始也選擇之不精終也考察之不審今欲處之有道是豈無其説歟必也嚴銓衡之任以核之於將用之日重風憲之職以糾之於既用之時俾恣肆貪虐者不得以久逞而廉慎慈良者各安於職守則可以盡激勸之方而用非其人者無有矣處之之道舍是其何以哉愚也妄陳鄙見惟執事恕其狂斐而進焉

第三問

高崧

同考官訓導許批（歷代用兵事實考據甚詳且有斷制視彼騁浮詞而演問目者异矣）

考試官侍講劉批（論兵頗詳實取太公孔明爲法亦有所見）

考試官侍講吴批（條答詳明末有證據可觀）

歷代之制兵既有不同而練習之法亦各有异惟能審其不同而究其有异則達乎變通用之以攘夷安夏無不利矣且夫國之大事莫重於兵不可以不究也周制六軍皆因井田以出軍賦此司馬一乘之數也迨管子佐齊作内政有軌里連鄉之法與周制始不同矣漢置材官騎士於郡國京師有南北軍之屯此高祖之制也至武帝又增置中壘屯騎步兵越騎長水胡騎八校尉與前制有异矣至李唐立府兵之法千二百人爲上府千人爲中府八百人爲下府其曰三衛者以貴戚大臣子孫爲之曰六軍十六衛者以左右羽林左右驍

衛武衛監門千牛别之厥後變而爲彍騎爲方鎮爲禁軍而唐制壞矣宋以精兵内外相制在内屯十萬足以制外患在外屯十萬足以制内憂其曰三衛者以殿前諸司而言曰十衛者以金吾諸司而論厥後復有班直之禁兵招募之廂兵諸州之鄉兵而宋制亦隳矣至於練兵之説則黄帝有五陣豈非直陣屬水鋭陣屬火與夫員陣方陣曲陣之屬乎風后有八陣豈非天地風雲龍虎蛇鳥之屬乎孫子八陣則方員牝牡衝方罘置車陣雁行之類也吴起八陣則曲直鋭卦車廂車□鵝鸛衝陣之論也至若孔明八陣又孰非龍蟠鳥翔連衝握奇虎翼折衝之謂乎迨夫李靖始爲六花陣則左右虞侯左右四廂而中軍實居其内也其後繼爲十二陣則以大赤大黑青蛇白雲以居子午卯酉而游奕實居其外也迨夫臨敵之際孫子有九地之辨即所謂自戰其地謂之散地入敵之地不深謂之輕地者也晁錯所謂五技亦即所謂平原易地輕車突騎勁弩長戰射疏及遠者也及夫孔明五習之法則一曰目習謂見旌旗之號而知指揮之變二曰耳習謂聽金鼓之聲而知動静之宜三曰習習謂會教令之事而知刑罰之巖之謂也此皆練兵之良法也夫制兵之術不可以泥古而亦不可不考乎古苟泥乎古則膠柱鼓瑟或執而不通不考乎古則鑿智自私或妄而無法必也酌古準今變通而行之則無不適其宜矣執事於終篇復謂今日制兵教戰當以何人爲法愚謂古之爲將莫善於太公莫宜於諸葛制兵能仿於太公則不失爲仁義之師教戰能效乎諸葛則不失爲匡時之佐如孫吴之流不過爲陰謀之術而已豈足爲君子道哉愚也於兵旅之事講之未詳姑述其概以對唯執事其擇焉

第四問

章表

同考試官教諭徐批（此篇詳贍無遺蓋熟於史而能言者起敬起敬）

考試官侍講劉批（將相事實詳答無遺蓋嘗留心於史學者也）

考試官侍講吴批（能以將相融會作史評非有學力者不能到也）

對持鈞軸以贊萬幾之務於内者莫要乎相秉旄鉞以寄三軍之命於外者莫要乎將然則國家之所倚重而屹乎侔柱石古今之所共称而焕乎輝竹帛者舍將相其誰而宜承學之所當素講以待明問矣夫古之不相若張柬之迎復中宗以黜武氏之僞時已八十餘歲可謂老成矣然鄧禹年方二紀而爲大司徒封高密侯君居光武功臣之首則少而登庸焉若郭子儀爲中書令以成興復之業至於二十四考可謂久任矣然司馬光相僅一年而措國若泰山下令如流水爲哲廟配食之臣則暫而成功焉韋賢匡衡之迭爲漢相皆儒術

也然由蹶張起者若申屠嘉乃能諫文帝以刼寵幸之鄧通張説蘇頲之迭爲唐相皆科第也然由蔭補出者若李德裕乃能贊武宗以平河北之强藩至於玄齡之善謀如晦之善斷姚崇之長於應變宋璟之長於守文夫亦各有所長也古之爲將若吴漢習用步騎不曉水戰而破公孫述於成都李光弼但能憑城不善野戰而破史思明於河陽程不識擊刁斗异乎李廣之不擊刁斗其能皆以守邊聞者程之嚴密虜所畏而李之寛厚衆所愛也虞詡日增竈异乎孫臏之日減竈其能皆以尅敵顯者虞方兵弱則示羌人以强孫方兵强則示齊人以弱也至於周瑜赤壁之縱火以攻李愬蔡□之冒雪以入霧不可乘而晋王存勖以之解梁人夾寨之國風不可逆而晋符彦鄉以之殲耶律德光之衆夫亦各有所取也蓋將相之致用其難拘於迹若是然則相也者年之壯老任之久暫發身之何所由才能之何所長皆不必拘惟在其謀謨之明尓將也者水陸之异戰守之殊人謀之何所用天時之何所乘皆不必拘惟求其知勇之全尓究而言之同歸於忠也相而忠焉則以其謀謨之明用於報國而不用於私將而忠焉則以其知勇之全用於報國而不徇夫已然則人臣之受任人主之求材惟忠爲要而已謹以是復明問惟進教之幸甚

第五問

任渼

同考官教諭鍾批（五策敷答皆善朱子著述一篇尤剖析無遺誠有學有識之士也宜置優選）

考試官侍講劉批（折衷所問得先儒之旨）

考試官侍講吴批（考永紫陽諸書底藴此篇得之）

對孔子集群聖大成故作述群經而爲斯道之宗主朱子集諸儒大成故羽翼群經而爲斯道之世嫡向使其不本於經不明於道則何以折衷後儒而紹續前聖哉夫綱目之作所以法春秋也春秋所載逾二百年其事少故時與日無不備綱目所載將二千年其事多故時與日皆不録然下書紀元上書甲子則歲周於上而天道明矣七國時周王不称天而僭國皆称王閔周綱之將替也三國時昭烈先書帝而帝禪後書主憂漢統之將盡也然周大書而戰國分注漢大書而魏吴分注則統正於下而人道定矣由是言之綱目豈不合於春秋乎楚辭之注所以繼風雅也國風好色而不淫小雅怨悱而不悖若離騷者可謂兼得矣屈原之忠忠而過者也屈原之過過於忠者也若楊雄者可謂遂非矣由是言之楚辭豈不合於風雅乎以至注易通以明周易雖四十章之旨不專言易然而論其大要則首章以誠爲聖人之本而誠即易之大極末章

以静爲聖學之要而静即易之艮止以至於五性即五常百行即萬物則易之旨何嘗不於此而該乎分禮記以合儀禮雖十七篇之經不爲全書然而論其所主則冠義昏義附於經之冠禮昏禮射義聘義附於經之射禮聘禮而此外有貴賤之通禮有國家之大制有論爲學精粗之异有論古今禮樂之説則禮之經豈不於此而可補乎究而言之有得於聖人之心斯可以言其道有得於聖人之道斯可以言其經此洙泗之宫牆所以雖遠而考亭之蹊徑可以上通也彼大玄準易元經續書之徒其爲學步邯鄲而失邯鄲效矉西施而失西施也不亦陋哉管見如斯未知是否惟進教之幸甚

應天録鄉試録後序

國家以文求士而用之蓋已久矣其所以輔翼列聖周施萬務持盈成以有爲蹈節義以不頗使當時後世曉然知聖賢之道足以用者何莫非由斯文出者歟惟皇上元年之秋属當大比臣節臣定之共承詔旨擇士子于南畿既夙夜駿奔往莅厥事罄竭思慮搜揚俊彦洎于撤棘以所得氏名具列等第復取其文之尤優异者著録于籍將以上塵乙夜之覽而下爲來科之式臣定之當秉筆序其末竊惟人才生於斯世與宇宙相爲無窮未有願治而才不給用者也特在乎作興之有術爾操作興之術非有賴於任君師之責者歟粤若今制肇新文化以提學昔有專官而去之使憲臣皆得督以發解昔有定額而開之使成材皆得薦蓋昔者豈以强教之文武所以張之道也今者弟以説安之文武所以弛之道也周之盛時作人之效歸於豈弟之君子而興賢之制由於文武之哲王豈非我朝所參稽而用者歟推於天道則若寒燠雨暘之迭用時至而使物得以成形遂性者也聖人稽古法天以善其作興之術若是故能使當是之時遠而海隅黎獻微而巖穴側陋莫不傾心以共爲帝臣翹首以來瞻國光而况京師化原學校育養宜其有出皆才矣雖然豈徒逢時而以其文得出爲可願哉將期報上之作興而以其實供方來無窮之用對清問列庶位扶景運於泰山磐石而垂休光於鍾鼎旂常乃可願也蓋非文無以求之而非實亦何所用之哉將用其實而先求以文如聽其鳴之中律吕以知爲鳳而鳳之德非盡於鳴固將見其儀韶樂睹其步之合規矩以知爲麟而麟之仁不專於步固將見其興風雅也爾多士之與兹選亦既若麟鳳之集郊藪矣其可不勉厥實以無負求者之意乎故序以待

翰林院侍講劉定之謹序

天順六年應天府鄉試録

應天府鄉試録序

列聖相承莫不以育賢爲首務故在唐宋盛時學制猶有州士不滿二百不得立學者今則自京畿以迄四海無地無學即古黨庠遂序之制矣科目有取辭章對偶至使豪杰顔忸怩而不屑就者今則學校既以經術教人科目亦以經術取士士非詩書禮樂之文不習非堯舜周孔之道不談修之於家者而可用之於國即古賓興賢能考其德行道藝之意矣肆惟皇上又慮學政久而怠弛也日者復設憲臣重加委任務在督興賢才俾底成效仁君之心無所不用其極如此以故賢才之出彬彬濟濟有卷阿棫樸所咏之盛選者如陟昆崙游鄧林萬金之璧千尋之名材隨所取而有焉於是豈不足以驗天眷之厚乎向若天眷我國家徒與之以祥瑞雖麒麟鳳凰甘露靈芝駢臻迭降何補於治惟賢才之盛則可以基億萬年之太平無疑矣雖然均是人也而以賢才稱豈徒負美名以動人觀聽哉必其德與能有以過乎人也今諸士子發身科目固皆勉於德而修其能矣行將入官效用有日思君上作養之恩體天眷之厚盍亦知所以圖報乎圖報何如古之君子有耻其君不爲堯舜者一夫不獲則曰時予之辜其意豈慕乎爵禄之崇功名之顯以爲不如是不足以盡吾爲臣之心爾噫士而知此則凡所以夙夜匪懈以事其君者自不容於不勉矣語云有君如此其忍負之詩曰不愧于人不畏于天敢預以爲諸士子誦亦竊願與有官者共相警勵焉

翰林院修撰儒林郎劉吉謹序

天順六年應天府鄉試

提調官

嘉議大夫應天府府尹王弼（廷輔江西鄱陽縣人　癸丑進士）

中順大夫應天府府丞劉洙（東周江西貴溪縣人　戊辰進士）

考試官
翰林院修撰儒林郎劉吉（祐之直隸博野縣人　戊辰進士）
翰林院檢討徵仕郎邢讓（遜之山西襄陵縣人　戊辰進士）
同考試官
浙江温州府瑞安縣儒學教諭譚經（常道廣東歸善縣人　辛酉貢士）
山東兖州府滕縣儒學教諭吴俊（士杰河南光山縣人　丁卯貢士）
浙江台州府臨海縣儒學教諭王文鳳（廷儀江西浮梁縣人　己酉貢士）
福建邵武府邵武縣儒學教諭蕭彪（亨仲江西廬陵縣人　儒士）
江西吉安府萬安縣儒學教諭周昌（世隆浙江臨海縣人　甲子貢士）
順天府永清縣儒學訓導許充（岳慶江西吉水縣人　己卯貢士）
福建泉州府德化縣儒學訓導潘嵩（希申浙江鄞縣人　癸酉貢士）
廣東南雄府保昌縣儒學訓導鄭玉（文亮福建懷安縣人　癸酉貢士）
監試官
文林郎南京雲南道監察御史熊俊（子英湖廣江夏縣人　甲戌進士）
文林郎南京河南道監察御史王齊（内肅江西安福縣人　甲戌進士）
收掌試卷官
奉議大夫應天府治中劉因（思政直隸鹽山縣人　監生）
印卷官
應天府通判蘭馨（景清四川簡縣人　監生）
受卷官
南京留守右衛經歷陳性（復初江西金谿縣人　監生）
南京天策衛經歷費敏（務學山東日照縣人　甲子貢生）
彌封官
南京虎賁右衛經歷舒恭（克讓江西玉山縣人　監生）
謄録官
南京神策衛經歷楊旭（克明四川夾江縣人　監生）
對讀官
南京龍驤衛經歷吕宗（思朝湖廣石首縣人　監生）
巡綽官
懷遠將軍南京興武衛指揮同知張鑑（啓明直隸滁州人）
明威將軍南京鷹揚衛指揮僉事韓雲（漢章嫣川州人）

搜檢官

武德將軍南京留守前衛鳳臺門千户所正千户劉瑄（俊珉直隸□□縣人）

武略將軍南京留守左衛中中千户所副千户傅榮(景華山東曲阜縣人）

昭信校尉南京水軍左衛百户劉珍（玉輝浙江龍□縣人）

昭信校尉南京留守中衛百户李通（明遠河南武□□人）

供給官

承事郎江寧縣縣丞芮琛（廷璧河南郾城縣人　監生）

上元縣典史滑智（景明直隸河間縣人）

第一場

四書

子之燕居申申如也夭夭如也　天地之道可一言而盡也其爲物不貳則其生物不測天地之道博也厚也高也明也悠也久也今夫天斯昭昭之多及其無窮也日月星辰繫焉萬物覆焉今夫地一撮土之多及其廣厚載華岳而不重振河海而不泄萬物載焉　聖人既竭目力焉繼之以規矩準繩以爲方員平直不可勝用也既竭耳力焉繼之以六律正五音不可勝用也既竭心思焉繼之以不忍人之政而仁覆天下矣故曰爲高必因丘陵爲下必因川澤爲政不因先王之道可謂智乎

易

嘉會足以合禮利物足以和義　當位貞吉以正邦也　在天成象在地成形變化見矣是故剛柔相摩八卦相盪鼓之以雷霆潤之以風雨日月運行一寒一暑乾道成男坤道成女　艮以止之兑以説之乾以君之坤以藏之

書

侯以明之　終始慎厥與惟明明后先王惟時懋敬厥德克配上帝今王嗣有令緒尚監兹哉若升高必自下若陟遐必自邇　汝劼毖殷獻臣侯甸男衛矧太史友内史友越獻臣百宗工矧惟爾事服休服采矧惟若疇圻父薄違農父若保宏父定辟矧汝剛制于酒　盟于新城（文公十四年）　楚子陳侯鄭伯盟于辰陵（宣公十一年）公及楚人秦人宋人陳人衛人鄭人齊人曹人邾人薛人鄫人盟于蜀（成公二年）叔孫豹會晋趙武楚屈建蔡公孫歸生衛石惡陳孔奂鄭良霄許人曹人于宋（襄公二十七年）叔孫豹會晋

趙武楚公子圍齊國弱宋向戌衛齊惡陳公子招蔡公孫歸生鄭罕虎許人曹人于虢（昭公元年）公會晋侯及吴子于黄池（哀公十三年）

禮記

習射上功習鄉上齒大司徒帥國之俊士與執事焉　使耳目鼻口心知百體皆由順正以行其義然後發以聲音而文以琴瑟動以干戚飾以羽旄從以簫管奮至德之光動四氣之和以著萬物之理　是故以四簋黍見其修於廟中也廟中者竟内之象也　儒皆兼此而有之猶且不敢言仁也

第二場

論

智者行其所無事

詔誥表（内科一道）

擬漢令群儒選高才生詔（建初八年）　擬唐以中牟丞皇甫德參爲監察御史誥（貞觀八年）　擬宋諫官謝置諫院表（明道元年）

判語（五條）

講讀律令　别籍异財　上書陳言　軍人替役　干名犯義

第三場

策

問　自古善治天下者必因民德之本而導之故不勞而王孔子所謂先王之教不肅而成其政不嚴而治其所因者本也是矣然則民德之本固不外於孝而先王教成政治之實果何自而見歟洪惟我太祖高皇帝創業垂統慮臣民未盡於孝也製大誥書以明孝之章示天下其間則以定省供奉爲未盡於孝欲人修其遠大者意果何在歟欽惟太宗文皇帝宣宗章皇帝又製孝順事實爲善陰隲五倫書以爲人能居家親其親則其出也必能仁乎民故有一人所爲既載於孝順又見於陰隲書者而其自親親推於仁民者何事人能事親盡其孝則其仕也必能忠乎君故有一人所行既行於子道又收於臣道篇者而其事親孝忠可移於君者何行可歷舉其人以實之歟爾諸生服膺聖訓有年於孝之道當修之熟矣他日如有官守則凡忠君仁民之事將以前所論諸君子自期乎抑等而上之别有所蘊乎願明言之以驗我聖治之所造就焉

問　曆書之傳尚矣説者謂古曆有六家而堯正曆象舜察璣衡何以不

預又謂魯曆置閏不正果何所見而言歟孔子嘗言吾得夏時又嘗作春秋假日月以定曆數後世儒者乃謂三代曆法不傳孔子之徒亦未嘗道其説然歟否歟自秦而後曆莫備於漢唐漢曆凡四變惟大初爲最唐曆凡八變惟大衍爲最二者不同其詳亦可得聞歟司馬遷著史記有律書有曆書以律爲萬事之根本曆法基於此也故兩漢晋隋書志皆兼律曆惟新唐書志曆而不志律又何歟夫曆有日躔月離氣盈朔虚日法斗分閏餘歲差皆儒者之所當考也後世上之人有改曆者然悦佞喜諛初不爲敬授而設下之人有造曆者然冒寵嗜利初不揆其法之是非兹固不足重矣自宋至元其以儒者精於曆法著名史册者誰歟方今聖人在上齊七政定四時凡敬天勤民之事靡不究心而於此尤惓惓也諸生抱藝而來將爲國用設有一之不知不亦爲儒者耻乎故相與講之

問　古者一道德以同俗士生其時所以居之者無异處所以養之者無异術所以取之者無异路是以人有定志而俗無异尚固不知所謂异端之名况有所謂异端之教乎自道術分裂之後异端并起韓昌黎所謂古之教者處其一今之教者處其三是也教而至於三道德之不一也甚矣風俗何由同乎雖然豈但异端爲然而吾儒之所謂學者亦自爲三焉吴臨川所謂記誦之學詞章之學儒者之學是也儒者之學有體有用其存之也有本其行之也有序异端則不然矣其不然者必有所以可指而言歟夫天下之道術既分裂而爲三而吾儒之學又不能統會以歸一在彼者固無如之何矣在我者必欲統宗會元以歸于一不淪于枝葉之華靡口耳之蕪陋使吾道既明邪慝自息而風俗自同必有其道矣二三子學儒者也是以敢質問焉

問　士學古以入官時務不可不知也姑商其要可乎考課所以廉吏治然今有司賢否不知其幾而毁譽多出徇情之好惡功過概試一日之議論何以使勞心撫字之儔不失於詢察迎合取譽之輩不得以倖進歟學校所以育賢才然今太學生徒無慮數千而精鋭罷於歲月之拘歷才智迫於資用之不給何以使長安困厄之賢皆有所激勵唱義仁勇之士不至於淹滯歟國家設立都司分遣邊將欲其保障一方也今遇一方小警輒勤王師遠征而西北用兵糜費尤甚何以使斡不庭方者悉能有備圖上邊奏者能省費而息患歟漕運取粟於民輸輓以兵欲其兵民兼濟也今值兑粟之際民既出其羸餘而輸納之時兵多窘於逋貸何以使沾體塗足者不至重困泛舟勞役者不至疲憊歟至於刑罰以謹民命朝廷每斷一獄必詳審而後行然窮鄉小民情弗上達者多矣何以使白日受誣者皆有所控訴科泒以資國用朝廷所需不能什一

然有司因而掊尅者夥矣何以使登壟罔利者不肆其侵暴歟兹數者皆時務之所當講者諸生能有以處之則他日從政可迎刃而解矣幸直言之毋隱

問　國家財賦所入者衆矣而浙右之田租淮南之鹽課幾當天下之半斯皆在今畿甸間乃古揚州之域也考之禹貢揚州之田下下而比他州爲最劣周禮職方氏所載其地宜稻而他種皆非所有夫田居九等之末而僅有五穀之一其地力薄矣乃今蘇松常鎮四郡封域之限較之他郡不加廣而歲輸數百萬石總天下之田租殆居十四五焉民力無乃困歟不幸而水旱頻仍粒米匱乏不知何以裕國用而安民生也管子海王之篇煮海止於齊地漢之鹽官在會稽者唯海鹽有之皆非今淮地也夫土地生殖古今所同古既無有今亦宜然矣乃今維揚淮安兩郡濱海之民比之他郡不加多而歲課數十萬引舉天下之鹽利殆居十五六焉民力無乃竭歟不幸而雨水不常亭户流徙不知何以通商旅而給民食也雖然事之所起必有所因弊之所生必有其故聞之不若見之之切言之非若行之之艱諸士子或生長於斯或密邇其地積學待問天下之事展轉於其心也久矣况其切近者乎將必有善處之術

中式舉人一百三十五名

第一名　任彦常　應天府學生　詩
第二名　程宏　祁門縣學增廣生　春秋
第三名　何恂　桐城縣學生　書
第四名　於弼　當塗縣學生　易
第五名　胡熙　武進縣學生　禮記
第六名　張文輝　婺源縣學增廣生　書
第七名　江漢　旌德縣學生　詩
第八名　戴仁　句容縣學生　易
第九名　石淮　江浦縣學生　禮記
第十名　汪進　婺源縣學增廣生　春秋
第十一名　姚光顯　旌德縣學生　詩
第十二名　姚倫　常州府學生　書
第十三名　王庭　崑山縣學生　易
第十四名　夏瓛　高郵州學生　詩
第十五名　談綱　無錫縣學生　書

第十六名　劉傳　蘇州府學生　易
第十七名　陳賓　無錫縣學生　詩
第十八名　徐淳　武進縣學生　禮記
第十九名　胡漢　句容縣學生　詩
第二十名　丁璿　廣德州學生　書
第二十一名　汪貴　徽州府學生　春秋
第二十二名　趙岳　浙江臨海縣人監生　詩
第二十三名　李塾　高郵州學生　書
第二十四名　楊霖　浙江嘉善縣人監生　易
第二十五名　汪現　太湖縣學生　詩
第二十六名　繆昌　無錫縣學生　書
第二十七名　陳章　華亭縣學增廣生　詩
第二十八名　張玉　祁門縣學生　春秋
第二十九名　張華　應天府學生　書
第三十名　李聰　安東縣學生　詩
第三十一名　鄒本淳　金山衛學軍生　書
第三十二名　胡匡　壽州學增廣生　詩
第三十三名　劉愷　滁州學增廣生　易
第三十四名　汪正　徽州府學增廣生　春秋
第三十五名　徐旭　涇縣學生　詩
第三十六名　王昶　靈璧縣學生　禮記
第三十七名　吴璟　無爲州學生　書
第三十八名　葉珎　常熟縣學增廣生　詩
第三十九名　徐震　應天府學生　易
第四十名　汪直　祁門縣學生　春秋
第四十一名　達毅　鎮江府學生　詩
第四十二名　陳鏡　南京太醫院儒士　書
第四十三名　周冕　太平府學生　易
第四十四名　曹瀾　句容縣學增廣生　詩
第四十五名　程奇　婺源縣學生　書
第四十六名　尹珎　山陽縣學軍生　禮記
第四十七名　華秉彝　江陰縣學生　詩

第四十八名　費誾　鎮江府學生　書
第四十九名　瞿俊　常熟縣學生　詩
第五十名　林符　吴縣儒士　易
第五十一名　許潛　池州府學生　詩
第五十二名　李昌隆　應天府學生　書
第五十三名　李蕙　太平府學生　詩
第五十四名　蘇鏞　應天府學生　書
第五十五名　黄文琰　祁門縣學增廣生　春秋
第五十六名　孫珩　徐州學生　詩
第五十七名　金忠　浙江雲和縣人監生　易
第五十八名　徐綬　浙江山陰縣人監生　詩
第五十九名　王瀚　宜興縣學生　書
第六十名　朱輔　懷遠縣學生　禮記
第六十一名　蕭貴路　涇縣學增廣生　書
第六十二名　曾長　江浦縣學生　詩
第六十三名　聶敏　六安州學生　易
第六十四名　吴凱　廬州府學生　書
第六十五名　周紹榮　常熟縣學增廣生　詩
第六十六名　楊淮　淮安府學軍生　禮記
第六十七名　柳淳　松江府學生　書
第六十八名　俞俊　江都縣學生　詩
第六十九名　夏賓　鎮海太倉衛學民生　易
第七十名　昌旺　江西廬陵縣人監生　書
第七十一名　王瑞　望江縣學增廣生　詩
第七十二名　楊瓚　廬江縣學增廣生　書
第七十三名　蔣琛　無錫縣學生　詩
第七十四名　吴善　六合縣學生　書
第七十五名　馬岱　揚州府學生　易
第七十六名　凌杞　常熟縣學增廣生　書
第七十七名　楊惇　六安州學生　春秋
第七十八名　李昊　應天府學生　書
第七十九名　姚春　上海縣學生　詩

第八十名　方陟　廬州府學生　書
第八十一名　徐忭　嘉定縣儒士　易
第八十二名　董育　寧國府學生　書
第八十三名　洪溥　福建莆田縣人監生　詩
第八十四名　徐博　嘉興縣學生　易
第八十五名　陳瓛　應天府學生　書
第八十六名　王達　寧國府學生　詩
第八十七名　馮鉽　崑山縣學生　易
第八十八名　陳紋　應天府學生　書
第八十九名　謝黼　松江府學增廣生　詩
第九十名　靳璽　揚州府學生　書
第九十一名　張珂　太平府學增廣生　書
第九十二名　陳易　常熟縣學生　詩
第九十三名　詹熙　歙縣學生　春秋
第九十四名　沈倫　蘇州府學生　易
第九十五名　張瑛　應天府學增廣生　書
第九十六名　沈瓚　鎮海太倉衛學軍生　詩
第九十七名　陸廷玉　華亭縣學生　書
第九十八名　吴璋　常熟縣學增廣生　詩
第九十九名　歐陽明　廣東南海縣人監生　禮記
第一百名　顧欽　上海縣學生　易
第一百一名　蔡久　常熟縣學生　詩
第一百二名　袁嵩　武進縣學增廣生　書
第一百三名　陶永淳　松江府學增廣生　詩
第一百四名　康塀　祁門縣學增廣生　春秋
第一百五名　王綸　松江府學生　詩
第一百六名　張暄　松江府學生　書
第一百七名　貢武　寧國府學生　詩
第一百八名　方進　徽州府學生　禮記
第一百九名　吴憲　徽州府學生　春秋
第一百十名　沈秩　崑山縣學增廣生　詩
第一百十一名　崔誠　鎮海太倉衛學軍生　易

第一百十二名　湯全　松江府學增廣生　書
第一百十三名　周洪　上海縣學增廣生　詩
第一百十四名　顧禎　長洲縣學生　易
第一百十五名　黄瑜　無錫縣學生　書
第一百十六名　魏奇　寧國府學生　詩
第一百十七名　吴鉉　吴江縣學生　易
第一百十八名　洪漢　徽州府學生　禮記
第一百十九名　聞鑑　常熟縣學生　詩
第一百二十名　姚昺　松江府學生　書
第一百二十一名　孫綱　江西豐城縣人監生　春秋
第一百二十二名　王鑑　崑山縣學生　詩
第一百二十三名　沈鎣　嘉定縣學生　易
第一百二十四名　李澄　句容縣學生　書
第一百二十五名　王耕　淮安府學生　詩
第一百二十六名　張善　無錫縣學生　書
第一百二十七名　薛穮　浙江鄞縣人監生　詩
第一百二十八名　徐瓚　寧國府學生　易
第一百二十九名　黄著　吴江縣學生　詩
第一百三十名　唐韶　常熟縣學增廣生　書
第一百三十一名　余衍　黟縣學生　春秋
第一百三十二名　陳道　盱眙縣學生　易
第一百三十三名　沈瑄　常熟縣學生　詩
第一百三十四名　方佐　徽州府學生　禮記
第一百三十五名　蔣輅　溧陽縣學生　詩

第一場

四書義

子之燕居申申如也夭夭如也

任彦常

同考試官教諭蕭批（此題作者不失之泛則失之略惟此篇詞意舂容筆力高古一以中和貫之誠有學之士）

同考試官教諭王批（此題似平易寔難措辭故□者少見偶得此篇詞既暢達又講歸盛德之㢠一薦何黍）

考試官檢討邢批（能形容聖人燕居氣象得當時門人之意矣）

考試官修撰劉批（視他作騁浮語者不同）

觀聖人在閑暇之時其容色一中和之著夫聖人之德盛於内則雖閑居之時自有中和之氣著於外也門人特記以示人詎無意乎思昔弟子形容聖人有言其盛德光輝接於人者矣有記其容色言動著於事者焉今而曰子之燕居申申夭夭何也蓋燕居乃閑暇無事之時非接人待物之際斯時也常人不失□怠肆必入於嚴厲欲其容色一適於中和不可得□惟聖人盛德之至隨寓而安不怠肆也而亦不嚴厲其容之見於身者則動静舒徐而迫遽之不形四體展布而局促之無有此非有意於舒展乃中和之氣自然發見爾其色之著於面者則油然愉悦不啻春風之和藹然怡樂有若朝陽之煦此非有意於愉樂亦中和之氣自然呈露爾門人有見乎此而難於言不徒曰申申而又曰夭夭以申申之意有未盡故更著夭夭字也不徒曰申申夭夭而又一則曰如二則曰如以自然之妙尤非言語能形容也意亦可謂善觀聖人而用心於密者歟雖然人徒知聖人燕居之時其容舒其色愉而不知由其中和之發見也人徒知聖人中和之發見而不知本其盛德之至也考之他章有曰子温而厲威而不猛恭而安又曰望之儼然即之也温聽其言也厲斯皆盛德自然之符爾有志於學者宜於是潛心焉

天地之道可一言而盡也其爲物不貳則其生物不測天地之道博也厚也高也明也悠也久也今夫天斯昭昭之多及其無窮也日月星辰繫焉萬物覆焉今夫地一撮土之多及其廣厚載華岳而不重振河海而不泄萬物載焉

於弼

同考試官訓導潘批（始終貫以誠字意足而詞暢非深於理學者不能也允宜録出）

同考試官教諭吴批（中庸一篇惟一誠足以貫之場中作者多泛而不切此篇獨能融會傳注成文較之稚筆大有徑庭矣歆羡歆羡）

考試官檢討邢批（通暢）

考試官修撰劉批（辭意簡明可嘉）

造化一於誠而功用爲莫測故能各極其盛而著夫生物之功也夫天地之道一誠而已苟非其誠何以能各極其盛而著夫生物之功哉子思言此以

明至誠無息之功用宜矣且夫確然而位乎上者爲天天之道雖大而可一言盡之者不越乎誠而已隤然而位乎下者爲地地之道雖大而可一言盡之者亦不越乎誠而已誠則不貳不雜運行不息是以大哉乾元萬物資始者人莫得以測其機緘至哉坤元萬物資生者人莫得以窺其珁朕由是博極其傳厚極其厚地之所以爲地也高極其高明極其明天之所以爲天也悠而極其悠久而極其久非天地之所以爲天地者乎夫地之道各極其盛如此故指天之一處而言之則見其耿耿之小明而已及舉全體而觀則凡日月之運行星辰之布列皆懸之于上而萬物無不覆焉指地之一處而言之則見其一撮土之多而已及舉全體而觀則華岳載之而不重河海振之而不泄而萬物無不載焉天地妙生物之功如此苟非至誠無息其何以致是哉考之中庸此章言天道也上文既言聖人至誠之功用與天地同其體用矣此則又即天地之道以明聖人至誠無息之功用下文又引詩以明天道聖人同一至誠之妙以見天與聖人一而二二而一者也夫何□然之有

聖人既竭目力焉繼之以規矩準繩以爲方員平直不可勝用也既竭耳力焉繼之以六律正五音不可勝用也既竭心思焉繼之以不忍人之政而仁覆天下矣故曰爲高必因丘陵爲下必因川澤爲政不因先王之道可謂智乎

石淮

同考試官教諭周批（孟子題頭緒頗多最難收拾此篇講貫詳明文理接續异於諸作是宜録出）

考試官檢討邢批（立意高遣詞古殊勝他作）

考試官修撰劉批（能發明聖人立法與後世當法古之意允宜中選）

大賢既詳言聖人立法有由而所及爲無窮必證言人君治不遵古而其心爲不智夫聖人既盡己力而又續爲法度者無非欲被天下後世也後之爲政者苟不遵而用之又豈得爲智乎大賢欲勉人而必引古語以證其言其意深矣昔孟子之意若曰古之聖人視遠惟明而方員平直莫能逃固已盡其目力矣然猶以爲未足以遍天下及後世故制爲規矩準繩以繼之則天下欲爲方員平直者莫不取法而其用不窮焉聽德惟聰而五音要妙無不審固已盡其耳力矣然猶以爲未足以遍天下及後世故制爲六律以續之則天下欲正五音者莫不取則而其用無盡焉至如懷保小民惠鮮鰥寡亦既盡其心思之力矣然猶以爲天下之大後世之遠吾心之仁不能遍及也故又制爲不忍人之政以繼之如井田學校之類則政之所存即仁之所寓天下雖大而圣澤霑

被爲有餘後世雖遠而仁恩所及爲無間矣是則聖人立法之意如此後之爲政者顧可不因而用之乎於是復引古語而言彼爲高者必因夫丘陵何也以丘陵本高因之則用力少而成功多也彼爲下者必因夫川澤何也以川澤本下因之則用力省而獲效廣也先王之道即聖人所立之仁政也規矩準繩六律皆仁政之不可闕者苟徇己私而不因則無以制器審音是爲高者之不如謂之明理不可也井田學校尤仁政之所先務者苟執己見而不遵則無以教養天下是爲下者之不若謂之有識又可乎哉孟子言此欲人以仁心仁聞行先王之政至矣大抵此章之旨以仁心仁政不可偏廢故前既言徒善不足以爲政徒法不能以自行至此又本先王立法之意以勉人噫使當時之君有能行其言者則戰國可轉爲三代之盛惜乎其不能用也

易義

嘉會足以合禮利物足以和義

於弼

同考試官訓導潘批（此題利物一段人人能言之嘉會字多體認不真此作講貫明白且以先儒由用及理之説爲一篇血脉視彼瑣瑣者無足論矣）

同考試官教諭吴批（題有關鍵作者漫不知省故多失旨理明詞達而有的然之見者其在此作乎）

考試官檢討邢批（本程朱之説而以意貫通之甚合經旨）

考試官修撰劉批（體認親切深得題意）

惟有以周於用斯足以會夫理蓋嘉會利物用之見於事者也禮義理之具於心者也體乾之君子既有以周於用則豈不足以會夫理乎文言聖人釋乾之亨利而推之人事者如此蓋嘗觀之禮者人心所具之理也君子之爲禮果何如邪俾凡綱常倫理皆有以盡其道動容周旋皆有以中乎節舉天下之事無一而不致其美焉是則所謂嘉會矣君子之嘉會如此故身之所履者皆天理之節文心之所安者亦人事之儀則豈不足以合禮乎禮而謂之合非勉强以合之也蓋禮所以嘉會而嘉會即禮之見於用者也若夫義者亦人心所具之理也君子之爲義果何如邪俾凡尊卑大小之各安其位洪纖高下之各適其宜舉天下之物無一之不得其所焉是則所謂利物矣君子之利物如此故泛應曲當者皆天理之所宜曲成不遺者亦人心之裁制豈不足以和義乎義而謂之和非矯揉以和之也蓋義所以利物而利物即義之見於用者也曰嘉會曰利物非所謂周於用乎曰合禮曰和義非所謂會夫理乎文言此節上文言天德之自然而寓之於人者也君子體仁及此以下則又言人事之當然

也人能盡人事之當然則有以合天德之自然故下文又曰君子行此四德者故曰乾元亨利貞讀者宜合而觀之

在天成象在地成形變化見矣是故剛柔相摩八卦相盪鼓之以雷霆潤之以風雨日月運行一寒一暑乾道成男坤道成女

戴仁

同考試官訓導潘批（近時學易者詞尚奇僻而於本旨多泥而不達此作能本朱子本義以爲説發明孔子傳易之意殆無餘藴健羡健羡）

同考試官教諭吴批（作大傳題者多蹈襲陳言令人厭觀此作能化腐爲新足見筆力實易經中之翹楚者）

考試官檢討邢批（始終以實體言之允當允當）

考試官修撰劉批（講造化易書之理明殆熟於易者）

因陰陽之實體有以著乎易書推易書之變化有以見於實體夫陰陽變化無往而不在也苟徒知實體著於造化而不知實體具於易書又烏足以言易哉蓋嘗觀之易書不外乎陰陽而陰陽不外乎變化方易之未畫也則變化見於天地之象形焉觀夫天之日月星辰之屬懸象以著明凡在於上者皆成象也地之山川動植之屬流峙而生成凡在於下者皆成形也成象屬乎陽而易中蓍策卦爻之陰變爲陽者於此而可見矣成形屬乎陰而易中蓍策卦爻之陽化爲陰者於此而可見矣所謂因陰陽之實體有以著乎易書者如此至若易之既畫也則變化又有以成夫象形焉是故卦畫之初剛柔兩畫而已兩相摩而爲四四相摩而爲八八相盪而爲六十四則變化不窮而生生不已此則易卦之變化也由是震離相交而坎巽相次則雷霆鼓而風雨潤離坎相推而乾坤相易則日月運而寒暑行此變化之成象也非即在天之成象乎由是坤索乎乾而得震坎艮之三男乾索乎坤而得巽離兑之三女此變化之成形也非即在地之成形乎所謂推易書之變化有以見於實體者又如此大抵易以道陰陽而已大傳此章言天尊地卑而至變化見者乃舉造化之明易也言剛柔相摩而至於成男成女者乃舉易以明造化也然皆不外乎陰陽而已易與造化夫豈二乎哉

書義

俟以明之

何恂

同考試官訓導許批（此題本難發揮獨此篇措辭不苟反覆議論深得帝舜以禮爲教之意置之前列孰曰不宜）

同考試官教諭譚批（場中作此題者詞多艱澀惟此篇語新文暢非學充才富者不能表而出之允以爲當）

考試官檢討邢批（通篇以教爲説不悖蔡傳）

考試官修撰劉批（得聖人以禮爲教之意）

舉觀德之藝而明夫不善之人此聖人以禮爲教也夫不善之人在所當弃而聖人猶舉觀德之藝以明之其以禮爲教而不輕於弃人也爲何如哉在昔帝舜之時四方風動萬邦咸寧雖有庶頑讒説之不忠不直棄而不教似無害於治者舜之心則以爲天下無不可化之人人亦無自絶於爲善之理乃命伯禹明之以射侯焉明之何如蓋欲驗其果頑讒與否也射侯之禮本以觀德頑讒之人何有於德哉舜之舉此蓋將以寓夫旌别之典所謂以禮爲教也夫射之中否判於此而人之善惡分於此故當射禮方行之時彼所謂庶頑者甘心於庶頑則已使其有向善之心也内焉必正其志外焉必直其體持弓引滿發而中焉謂之有德可也否則雖滿鏃叩弦决無中鵠之能其於德也何取是其爲庶頑也果矣彼所謂讒説者甘心於讒説則已使其有遷善之念也其容體必欲比於禮其節奏必欲比於樂持弓審固發而中焉謂之有德可也否則雖張弓挾矢必無中的之巧其於德也何觀此其爲讒説也審矣一射禮之講而人之不善者亦有所化焉此聖人以禮爲教而非後世之所能及也歟噫斯旨也即成周之考藝在於秋合射之後也雖其所考者在國子非可以與有虞之頑讒例論然觀德以射則一而已毋容以差殊觀

天齊于民俾我一日非終惟終在人

何恂

同考試官訓導許批（場中多爲此題所窘是作辭理渾融説出上天立刑之意人君用刑之公遠超群議必嘗究心於是經者）

同考試官教諭譚批（作此題者於非終惟終處不能發明此作剖析精詳得當時訓刑之意可取）

考試官檢討刑批（吕刑義頗有發明）

考試官修撰劉批（平順可觀）

賢王之訓刑既原上天立刑之意必言在己用刑之公夫刑由上天之所立法必因罪而异施一至公之道耳則夫王者之告同姓諸侯得不舉之以爲言哉昔穆王訓刑之意若曰五刑之設非人君所恃以爲治也蓋天以是而整乎民之不治者于焉以服民心而率於治化之中使我爲一日之用以輔治之

所不及耳五罰之設亦非人君所恃以爲威也蓋天以是而齊乎民之不一者于焉以棐民彝而歸於德教之内俾我爲暫時之用以弼教之所未備耳然主刑雖在於君而服刑則在乎民如人或無意而罹於刑也我則核實其罪無簡不聽而輕以宥之焉其輕也特視乎人之所犯何如耳非我所得而輕也人或有意而犯乎法也我則惟察惟法其審克之而重以刑之焉其重也亦視夫人之所犯何如耳非我所得而重也是則刑出于天而爲君所用罪係乎人而非君所私穆王以是爲言何其忠厚之至哉雖然吕刑一書專爲訓刑而作觀其所載曰今天相民曰天齊于民以見刑之所自出者天也曰朕敬于刑曰俾我一日以見刑之所以用者君也自然之理出於天而當然之責在乎君穆王此言猶有唐虞忠厚之遺意此夫子所以録之於書也

詩義

媚兹一人應侯順德永言孝思昭哉嗣服昭兹來許繩其祖武於萬斯年受天之祜

任彦常

同考試官教諭蕭批（詩卷不下九百作此題者多不可人意初得此篇形容武王之孝殆無餘藴取之以冠本房孰曰不宜）

同考試官教諭王批（此篇理明而暢辭富而葩可取可取）

考試官檢討邢批（形容武王之孝光前裕後下武詩人之意正如此）

考試官修撰劉批（辭暢達而理不失亦善於作義者）

天下化而聖孝昭然有以繼其先聖道明而後王繼之永以獲乎福蓋天下之歸化即聖孝之所由明也後王苟能繼其迹而不違焉又豈不永獲上天之福哉是詩美武王能纘大王王季文王之緒以有天下而作也謂夫武王德足以成王者之信孝足以爲天下之法是以普天率土非一姓也莫不愛戴武王以爲天子而所以應之者維以順德焉群黎百姓非一人也靡不親媚武王以爲元后而所以化之者亦維以順德焉蓋順德即孝也武王長言孝思而天下化於孝是能以一人之孝爲千萬人之孝其孝之昭然能嗣其先世之事者不可掩矣以一身之德爲天下之德其孝之明哉能繼其先王之緒者不可昧矣武王之道昭明如此爲後王者苟能繼其迹而愈光焉又豈不獲乎福哉是故法武王之信必天命之永配而無頃刻之或違可也法武王之孝必世德之是求而無一息之敢忘可也誠如是將見雖於萬斯年之久子子孫孫亦永荷天禄而不替所謂邦國是有者有焉雖萬有千歲之遠本支百世亦久獲天眷而無窮所謂百禄是遒者有焉噫繼三后於已往開後嗣於方來非武王之達孝其孰能如是哉抑下武一詩所

以咏嘆武王者不一而足要之武王之道不過信與孝爾故於此又即其孝之著者以勉其後人然武王之孝豈一朝一夕暫行復輟者所能至哉必常永不已盡誠無間而後可庶幾也此又讀者之所當知

在彼無惡在此無斁庶幾夙夜以永終譽

江漢

同考試官教諭蕭批（此詩乃周王期勉二代之後作者多爲稱美之詞殊失本旨惟此篇體認真切筆勢滔滔誠有學之士也）

同考試官教諭王批（此篇筆力蒼古矗矗如泰華之峰層見疊出非深於經者其能言之若是耶高薦允宜）

考試官檢討刑批（詞氣舂容寫出詩人忠厚之意可嘉）

考試官修撰劉批（得温柔敦厚之旨）

惟能得人心而無間斯可保聲譽於無窮夫人欲保其聲譽者固難而得人心則保聲譽之本也王者於先代之後而以是勉之其欲修德以保譽之意爲何如哉昔杞宋二國助祭於周周人作詩謂夫爾二王之後來助祭於我周也我既尊之曰客以罄其敬待之心比之以鷺以見爾修整之容矣然爾之有此譽也豈可不思有以保全於無窮哉其必在彼封國也質爾人民謹爾侯度俾民有所倚賴有無憎惡之心纘乃舊服無忝祖考使人有所親愛而無疾弃之意可也其必在此王國也淑慎爾止不愆于儀有以爲人之瞻仰而人無或厭憤乃服命率由典常有以爲人之崇重而人無或斁可也爾既能得人心如此將見自今以往尊之爲我客則人將不以我爲溢美爾庶幾夙夜無間得以保此聲譽於無窮焉比之以振鷺則人將不謂汝爲過情爾庶幾朝夕不懈得以長有此聲譽於後日焉謂之以永終譽吾知其令聞之施愈遠而益隆廣譽之著愈久而不替矣吁王者於先代之後不惟勉之切而又望之深其忠厚之意何其至哉抑考杞宋二國乃夏殷之後周人以客禮遇之者也故其來助祭也敬愛之心勸勉之意無所不至書微子之命亦曰與國咸休又曰俾我有周無斁合而觀之則有周公平正大愛人以德氣象可見矣

春秋義

蔡人衛人陳人從王伐鄭（桓公五年）遂會晋侯齊侯宋公衛侯鄭伯曹伯邾人滕人伐秦（成公十二年）

程宏

同考試官訓導鄭批（作者多知上一截變以而書從少知下一截變□

而書會此卷經旨分明措詞典雅得聖人尊君抑臣之旨矣）

考試官檢討刑批（以聖人書此爲立意最是）

考試官修撰劉批（以尊君抑臣立論允合經旨）

王室以諸侯討罪春秋既變文以著尊君之義諸侯從王臣討强春秋復變文以示抑臣之雚此桓王率諸侯則書從諸侯從劉成則書會春秋正名分之意爲何如哉慨自周轍既東侯度日肆王室之不尊也久矣有如桓王在位怒鄭伯之不朝率三國以致討雖曰躬率諸侯嚴號令於桓武之國而無以抑鄭伯之抗衡雖曰親冒矢石施天討於不臣之邦而無以止祝聃之遵節故傳稱王以諸侯伐鄭其與宋以四國伐鄭無异矣聖人脩經至此意謂周室雖衰非可與列國等也故變文書三國從王伐鄭示君行而臣從也非所以著尊君之義乎自是而後王室益微臣職之有乖也甚矣有如晋厲世伯憾秦人之不道從劉成以致伐徒知陳師鞠旅奮威武於西戎之境而不□□侯不可以俯從王臣徒知稱戈比干振兵力於氐之邦而不知王臣不可以統合列國故傳稱公會諸侯從劉成伐秦其與三國從王伐鄭無异矣聖人修經至此意謂劉成雖貴非可與至尊比也故變文書遂會諸侯伐秦若劉成無與焉者非所以示抑臣之雚乎吁以天子而以諸侯則變文而書從以諸侯而從王臣則變文而書會春秋於名分之際嚴矣雖然伐秦之役固不足論伐鄭之舉君子不能無慨焉戰於繻葛而不書戰王卒大敗而不書敗春秋所以存天下之防也是故伐鄭不服而後王命不行於天下至使諸侯大夫得以專盟會征伐之柄未必不由此以啓之也讀經至此不能不爲之三嘆

楚子陳侯鄭伯盟于辰陵（宣公十一年）公及楚人秦人宋人陳人衛人鄭人齊人曹人邾人薛人鄫人盟于蜀（成公二年）叔孫豹會晋趙武楚屈建蔡公孫歸生衛石惡陳孔奂鄭良霄許人曹人于宋（襄公二十七年）叔孫豹會晋趙武楚公子圍齊國弱宋向戌衛齊惡陳公子招蔡公孫歸生鄭罕虎許人曹人于虢（昭公元年）公會晋侯及吴子于黄池（哀公十三年）

程宏

同考試官訓導鄭批（場中作此題者多昧本旨間能知之而又不能發現惟此卷經旨詳明措詞雄健非熟於麟經者不能也）

考試官檢討刑批（春秋於内外名實之分甚嚴此作能發揮之是可尚也）

考試官修撰劉批（聖人謹名實之辨正以内夏外夷此作得之矣）

盟會迭講於内外春秋始紀其實而終正其名好會特講於内外春秋既

存其名而復著其實此可見聖人内夏外夷之旨矣夫自晋伯不競楚勢復張辰陵有盟楚莊之竊伯也陳鄭從之猶幸晋人之未從于蜀有講嬰齊之主盟也列国與之猶幸晋人之不與迨夫于宋之會争先晋畝而中國之君分爲交見之從于虢之會仍讀舊書而天下之伯遂成南北之勢楚人至是益横矣故春秋於辰陵于蜀之盟每先楚以紀其實于宋于虢之會但先晋以正其名所謂盟會迭講於内外春秋始紀其實而終正其名者如此自是厥後晋伯益衰黄池之會吴晋争長彼吴子以文身之裔恃戰勝之威稱爲周室之長偃然而不怍争先中國之盟侈然而不憚彼向也楚雖主盟不過列國從之而已今則魯哀以秉禮之望亦聽命於號令之下昔也楚雖先晋不過大夫同之而已今則晋定以奕世之伯遂俯首於壇坫之間吴勢至此亦張矣故春秋於黄池之會既先晋以存中國之名復書及以著兩伯之實所謂好會特講於内外春秋既存其名而復著其實者又如此嗟夫晋之爲國天下莫强焉晋文繼伯一戰勝楚晋襄嗣伯三强息退奚有吴楚之横哉奈何文襄不作伯業陵夷而楚吴之横固其所矣此世道所以卒流於戰國而春秋不得不絶筆於獲麟也噫

禮記義

使耳目鼻口心知百體皆由順正以行其義然後發以聲音而文以琴瑟動以干戚飾以羽旄從以簫管奮至德之光動四氣之和以著萬物之理

胡熙

同考試官教諭周批（題本正大人多忽略或專以樂之效驗爲言或獨以樂之器數爲説令人厭觀忽得此卷詞順理明歆羡歆羡）

考試官檢討刑批（發明君子興和樂以極功用之妙皆本之自養必深於禮者）

考試官修撰劉批（文贍意足可以備選）

惟君子能自養以修其身斯可興和樂而著其用夫和樂由人順氣而興也苟君子無自養之功則身且不修又何以著樂之功用哉記樂者謂夫人感於聲而氣之應者有順有逆則氣成於象而樂之興者有和有淫是以君子不可無自養之功焉自養何如彼耳目鼻口四肢百體皆身之運於外者而心則主乎内者也君子必奸聲亂色不留於聰明飲食臭味不溺於外誘使耳目鼻口皆由順正而所行一合乎天理之宜淫樂慝禮不接於心術惰慢邪僻之氣不設於身體俾心知百體皆由順正而所爲不悖乎當然之則内外交養頃刻不間如是則身無不修而氣無不順矣吾身既修然後和樂可興焉故單出爲聲雜比爲音發以聲音而清濁之有倫五弦爲琴二十四弦爲瑟文以琴瑟而

高下之適調干戚武舞所執之器也動之以干戚則屈伸俯仰之容見焉羽旄文舞所持之物也飾之以羽旄則綴兆舒疾之儀著焉不特此也又從之以簫管之音兼備夫聲容之盛和樂之興如此殆見聖人至德之光樂足以奮發之而莫能掩天地四時之氣樂足以感動之而無或乖至於飛潛動植之各遂其生尊卑大小之各安其分又何往而非樂著其理哉樂之功用如此苟非盡自養之功極吾身之和又何以致是哉大抵樂記此章蓋因上文倡和有應而發也故於此言君子必内外交致其功使己身一由於順正然後奸聲逆氣不得以犯之而和樂可從而興故先儒謂自反情比類至此行義一節爲修身之要法顔子四勿之功可以庶幾厥旨深矣學者勉之

是故以四簋黍見其修於廟中也廟中者竟内之象也

胡熙

同考試官教諭周批（此題專言餕以示惠士子不知多駕空妄説殊無快人意者忽得此篇深合本旨取之以掇魏科孰云不可）

考試官檢討刑批（説出餕禮寓施惠及行於廟象竟内之義甚佳）

考試官修撰劉批（經旨既明文不窘滯必嘗用心於禮者）

餕必有物以見施惠之禮舉於廟禮行於廟而象施惠之政遍於國夫餕本以行禮也然施惠之禮既舉於廟中則施惠於境内之象又豈外是哉見於祭統之篇其旨如此謂夫餕之爲禮所以餕食鬼神之餘也諸侯宗廟之祭黍用六簋今言四簋者蓋留二簋爲陽厭之祭以四簋爲餕禮之用且簋以盛黍稷舉黍則稷可知也是故四簋之黍未爲多也何以見其修於廟中乎觀其餕禮之行君臣上下咸在於廟君起而大夫餕則臣餕君之餘大夫起而士餕則賤餕貴之餘又士起以至百官餕則下餕上之餘尊卑有序禮之所行無不周衆寡雖殊惠之所施無不及是則物雖薄也所致重者在於行禮豈貴乎多哉然宗廟之惠未爲大也又何以言象於竟内乎觀夫諸侯受封有國則廟有竟内之象宗廟之中賤餕貴之餘即與國惠下之法不殊矣下餕上之餘即與國澤民之政不异矣禮行於奉神祀先之所而政之施於四境者由此而形餕舉於君臣交際之間而澤之被於庶民者即此而見是則惠雖未大也所取象者在於一國豈嫌於小哉噫四簋之黍人但知其爲餕食之用一餕之禮人但知其爲祭末之事爾抑孰知政之所關象之所見者如是先王制禮精微之意何其至哉考之上文有曰餕者祭之末也不可不知也古之人有言曰善終者如始餕其是已蓋以祭之爲禮始焉既盡其敬則終亦當盡其敬況餕爲施惠之

術可以觀政苟不能謹則不能慎終如始矣孔子嘗言祭極敬不繼之以倦其亦謂此類也夫

第二場

論

智者行其所無事

同考試官訓導許批（得駢儷體）

同考試官教諭譚批（典雅可嘉）

考試官檢討刑批（得體）

考試官修撰劉批（表可觀）

伏以重華開泰運聿興圖治之規率土著鴻休廣啓進言之路惟獻替臣工之有托斯雍熙化理之可成億姓騰歡百僚胥慶恭惟聰明肅乂文武聖神義制事而禮制心懋成湯之大德民如傷而道未見懷姬文之小心恒宵旰以進賢每昃中而聽政有言必納無善不從矧兹諫諍之司實切彌縫之任基垣鼎建棟宇維新美奂美輪傍宸居於咫尺爲霖爲礪彰盛美於無窮故觀設進善之旌知帝堯之所以聖頌受丹書之戒見武王之所由興斯乃古今而同符先後之一揆也顧惟臣等草茅賤士樗櫟微材章服藤幭幸霑恩於治世皂囊白簡愧厠迹於榮班敢不罄其忠誠竭其駑鈍事有關於政教疏悉上聞道有切於君身言無不盡輕塵足岳爲懼可勝墜露添流虚慚無補伏願皇仁溥覆聖度恢弘廣虞舜之聰明同大禹之不伐天涵地負允不棄於芻蕘日照月臨特寬容於斧鉞宗社衍無疆之慶聖壽躋萬年之休臣等無任瞻天仰聖激切屏營之至謹奉表稱謝以聞

第三場

策

第一問

徐淳

同考試官教諭周批（古人忠孝具載群書平昔不經於目今日何知於心此策條答無遺足見常識）

考試官檢討邢批（能答所問可取）

考試官修撰劉批（能記事實文足以發之足見策手）

對聖王之教民必因其本臣子之立身莫先於孝蓋孝者百行之本萬善之原也人能事親盡於孝則德行之本以立由是推之上而忠君下而仁民配前賢於既往垂令譽於方來何往而不善哉此古先聖王之導民以孝及我朝列聖製書以示天下亦惟惓惓以孝教民者意有在矣請因明問而陳之自古帝王之治天下其政教亦多矣然其要不過欲使民各全其性耳蓋天經地義莫尊乎親降衷秉彝莫先於孝先王之治民不强牽而力制必因其本以導之是以其教不肅而成其政不嚴而治觀夫堯親九族而黎民有於變之風舜盡大孝而四方有風動之效三代之時司徒之教民孝首六行則治隆於上俗美於下頌聲并作者何往而非教成政治之實哉洪惟我太祖高皇帝創業垂統一惟古帝王之道是循是用故製大誥書以明孝之章示天下其間則以定省供奉爲未盡於孝欲人修其遠大者如所謂事君以忠莅官以敬之類是也大哉王言其所以嘉惠天下臣民者至矣欽惟大宗文皇帝嗣大歷服宣宗章皇帝丕纘令緒一惟高皇帝之志是崇是繼故又製孝順事實爲善陰隲五倫書而併著其實蓋人能居家親其親則其出也必能仁乎民如黄香孝著於扇枕及後爲尚書令活東平清河逮繫之人甚衆狄仁傑思切於望雲及後爲豫州刺史申理越王支黨餘二千人至若宋查道之獲鱖柔以天地之二終紀閏餘以卦氣定七十二候以合朔正日月之會以日度正周天之數而其章蔀紀元皆有合於易也惟大初以律起故司馬遷著史記本之有律書有曆書而兩漢晋隋書志皆兼律曆惟大衍以數起故新唐書因之志曆而不志律然以歐陽子數無所不通之説觀之則二書亦未甚相遠也至若日躔者日之行次一歲而與天一會者也月離者月之行度一月而與日一會者也氣盈者積二十四氣於一歲日數之外盈五日也朔虚者積十二朔於一歲之中虚五日也日法者分一日爲十二辰又分爲百刻也斗分者分斗柄指十二辰又細分爲二十四氣也閏餘者氣盈朔虚之所致歲差者天運日躔之所爲九此皆曆法之所當考者苟非素學之明而欲强爲之説難矣且北齊文宣欲改曆而悦佞喜諛是不爲敬授而設也隋張胄元不容劉焯之推占而冒寵嗜利是□揆其法之是非也操是心以往又奚以議□□哉若乃自宋至元儒者精於曆法著名史册者如竇儼之預測五星聚奎康節邵子之立差法皆其表然者雖然三代以上之曆法子丑寅迭建不一至秦以建亥爲正則謬亦甚矣向非吾夫子行夏之時一言則萬世何所取正愚所謂三代以上之曆法非聖人不能定此也後世曆法不一先儒程子有言曆象之法大抵主於日日一事正則其他可推朱子亦言曆家要當先論太虚以見三百六十五度四分度之一一一定位

然後論天行以見歲分歲分既定然後七政乃可齊耳斯皆至當不易之論愚所謂三代以下之曆法非儒者不能明此也方今聖人在上齊七政定四時敬天勤民之意無所不至而曆象之書與堯舜之推測不异是以三光平而寒暑時五穀熟而人民育雍熙泰和之治又有見於今日矣愚生學不足以知此今承明問强摭拾以對惟進教之幸甚

第三問

張文輝

同考試官訓導許批（知以正學爲務則道德自一風俗自同异端自息又且援引切實敷答詳明筆勢滔滔略無凝滯誠策中之巨擘也）

同考試官教諭譚批（答此策者多直述問目令人厭觀此獨能以明正學爲同風俗息邪説之本其所養可知矣）

考試官檢討刑批（允如初考）

考試官脩撰劉批（策善於推題意）

正學明則道德一而風俗有可稱正學晦則异端起而風俗有可議甚矣正學之明晦而風俗美惡异端興衰係焉古之王者建國君民而以教學爲先者蓋必有所見矣三代盛時聖賢繼作家塾黨庠術序無處而不教王宫國都閭巷無地而無學教本於人君躬行心得之餘而不出乎民生日用彝倫之外學自於洒掃應對之節以馴致夫明德新民之方下焉之所學者在此上焉之所用者亦在此故司徒之所賓興者皆服教之人司馬之所論定者無不學之士是以當時士皆務學固不知有异尚民知務本亦無事乎他求道德之一風俗之同誠非後世之所能及也周室衰微聖賢道否學校之政不舉先王之道不明邪説誣民者亦得以售其奸淫詞害道者亦得以容於世浸淫至於漢而老氏之術遂盛延蔓至於梁而佛氏之教大興談空寂者援吾儒爲鼎立之勢言清浄者引正道爲瓜分之形治其心而外天下國家潔其身而遺父母妻子自謂其心無主而足以應變自謂其能明德而不屑以新民顛拂我大經蓁蕪我正路斯所以啓昌黎韓子之論而必欲極其抵排之力也雖然豈但异端爲然而吾儒之所謂學者亦自有旁蹊曲徑之异焉事多聞者雖充棟汗牛之典籍猶能誦説而於吾儒之所謂誠意正心者獨無實踐之功務華靡者雖駢四儷六之文詞猶能鵬鶚而於吾儒之所謂格物致知者獨無真知之驗此所以來臨川吴氏之議而必欲致其統會之功也學者誠能明德以立其體新民以達其用自格物致知以至於平天下由親親仁民而推以愛物存之有其本行之有其序雖從事乎記誦而所謂記誦者適足以爲吾考古之資留意於詞章

而所謂詞章者亦足以爲吾載道之器由是推吾明德新民之學由一身一家而至於天下俾綱常明倫理正上焉而忠君孝親下焉而仁民愛物施之政事行之天下俾凡有血氣之類皆有所觀感而化焉則道德烏有不一風俗烏有不同彼二氏之徒雖欲談空寂而言清净將誰從而信之邪蓋不必火其書廬其居而自入吾教化之内矣豈可謂無可柰何而置之不問哉孟子曰經正則庶民興庶民興斯無邪慝矣愚生之言實本於此執事先生幸無以爲妄

第四問

任彦常

同考試官教諭蕭批（時務一策政欲觀士子之才識場中作者但敷演問目而已惟此篇隨事剖析無不可□者篇末盡心之説尤爲有見可敬可敬）

同考試官教諭王批（斟酌得宜甚切時弊非有識之士不能也一薦何忝）

考試官檢討刑批（道故實而不迂陳時務而有據策場多士當以子爲白眉矣）

考試官修撰劉批（奉法體意盡心之説皆他卷所不到其真知時務而不遺本領者歟）

對奉朝廷之法當有以體朝廷之意居人臣之職當有以盡爲臣之心夫朝廷立法之意無有不善所貴奉行之者何如耳爲人臣者苟能盡其心體而行之則何爲而不當何往而不獲其效哉知此則可以復明問之萬一矣且士學古以文官無非欲推所有以見用爾欲見用而於時務有不知不可也請得舉今時務之要者而言之考課所以廉吏治朝廷立法本欲得人如知其人果能也表而出之何恤乎徇情之好惡如見其人果賢也察而用之何嫌於議論之不足如是則雖有司賢否之多而勞心撫字如陽城者必不失於詢察迎合取譽如阿大夫者必不得以倖進矣學校所以育賢材朝廷立法本欲選賢誠使賢者拔用於已存雖有歲月之拘不至於罷敝使不肖者不得濫進於方來雖有資用之迫不害乎才知如是則雖大學數千之衆何患如漢長安困厄之賢不有所激勵如唐倡義仁勇之士不至不淹滯也朝廷設立都司分遣邊將欲其保障一方也夫何承平日久武備漸弛故有一方小警輒勤王師遠征又西北用兵糜費尤甚者誠使受分閫之寄任邊隅之責者果能體朝廷設遣之意居常或修武備而勤撫循或興屯田而練土著有事則倡勇敢之氣盡禦遏之方如是則方岳有備邊鄙患息不啻斡不庭方者之足以輔於周圖上屯田奏議者之足以稱於□□漕運取粟於民輸輓以兵欲其兵民兼濟也夫何事久弊生爲患非一故有兑粟之際民既出其贏餘輸納之時兵多窘於逋貸者

誠使司出納之任備率領之職者果能體朝廷兼濟之意不厚斂以戕其生不侵削以肥於己又或相水道之險易謹舟楫之往返如是則民不重困兵無疲憊將見沾體塗足者咸有含哺鼓腹之樂泛舟勞役者得免去土出息之憂矣至於刑罰以謹民命朝廷每斷一獄必詳審而後行然窮鄉小民情弗上達者由壅遏之弊多也誠使任刑憲者體朝廷欽恤之意盡詢咨仲理之勞則何有白日受誣無所控訴如蘇子之所云者乎科泒以資國用朝廷所需不能什一然有司因而掊剋者由貪墨之風行也誠使首民牧者體朝廷節用之意嚴獎廉黜貪之政則何有登壟罔利肆其侵暴如孟子之所譏者乎兹數者皆□於之所當講者愚生既略言之矣雖然自古奉法易而體法難非體法之難能體法之意爲難也自非勉乎在己者何足以與此是必公而不惑於私明而不昧於事勤而不懈於位廉而不繫於外誘誠而不飾於矯僞然後可行愚生竊以爲居人臣之職當有以盡爲臣之心者此也狂斐之言不勝瀆冒執事幸恕而教焉

第五問

陳宏

同考試官訓導鄭批（不拘問目直以古人行事處置時務皆鑿鑿可行者能言之士有用之才也）

考試官檢討刑批（初考之云信非溢美）

考試官修撰劉批（區處財賦在養民擇人甚當）

財賦者國用所資食貨者民生是賴國與民爲一體未始不相須也故爲國莫要於生財而生財莫先於養民古之善爲國計者唯事乎此而擇人以理之耳浙右田租淮南鹽課國家倚以爲經費誠不可不究心者執事先生發策秋闈詢以禹貢海王諸篇以證田租古少而今多鹽利古無而今有且諭以聞見言行之异蓋誘之盡言乎積習之弊救弊之方愚生不敏亦有以識此矣然誦故實而不切今日之急務亦非愚生之素志也請以積習之弊得於耳目之見聞救弊之方出於心胸之揆度者爲執事先生道之國家之得天下江淮先附田租鹽利皆因前代雖公田之租頗重而亦不至於厲民鹽課之額稍增而亦不至於虐下故洪武永樂之間蘇松常鎮之田租歲輸數百萬石與今無异也維揚淮安之鹽利歲課數十萬引與今不殊也蓋當時爲守令者皆賢能之士職鹽司者盡通變之才下至州縣之佐皆遴選以充場務之官亦精擇而授是以能竭忠奉職以效規措之方而凶年飢歲亦無虧損之弊夫何近歲以來爲守令者固嘗有人而重内任者則以專城爲遠謫因而廢職居鹽司者亦嘗

得士而喜清宦者則以理財爲濁流遂以曠官况乎州縣之佐多苟延歲月之庸才場務之官盡奔走公門之猾吏是以掌田租秪肥家而不爲國董鹽課徒規利而不報公農夫田婦困於徵求竈户鹽丁被其侵削粥妻貨子曾無惻隱之心椎髓剥肌何有憐恤之意官租未入倉而賄賂已充於其室官鹽未上場而苞苴已滿於其家豈待水旱頻仍而後粒米匱乏亦非雨水不常而後鹽利消耗用度不給民生不安商旅不通民食不給職此之由也昔劉晏任轉運於江南也田租鹽利每增數倍而民不病考其行事乃以養民爲本擇人爲要嘗謂生財之道在於養民户口蕃息則財自足每遣官屬舉察州郡將有不稔即時申報州郡之申未至賑恤之典即行又其所辟寮屬皆經學之士嘗謂士流贓污終身不齒以其有所顧忌也至於胥吏奉行文書而已是以當晏之時户口蕃滋而田租歲增數十萬斛鹽課歲至七百萬緡豈非養民之效歟异時稱善理財者皆晏之故吏又非擇人之效歟國家命風憲大臣以總江南財賦與晏之所職等矣然猶有未同者异時有薦人爲郡守者矣而談者或以爲非有更賢育民者矣而當道勉强以從欲望如晏之增利數倍未敢必也愚謂今日之田租鹽課須擇清慎有幹局之人以任守令運使凡合干官屬亦以士流爲之許從各司保舉又考其所舉之多寡得失與其課額之增損而定其殿最黜陟之等一以憲臣總領之則官得其人而弊無不去矣不幸有水旱之灾亦當如晏所爲使斯民無流殍之虞而户口有日滋之盛則裕民即所以足國而未必非經久之良圖矣抑大學有云生財有大道生之者衆食之者寡爲之者疾用之者舒則財恒足矣愚生平日之所學者在此故敢以復明問惟執事先生進而教之幸甚幸甚

應天府鄉試録後序

國家承平百年于兹矣其間名臣碩輔率皆科目中人信無愧乎唐人所謂文武全才宋人所謂豪杰之士者迹其所以良由我列聖相承所以鼓舞作興之者無所不極其至是以士之已用者既彬彬然其盛而未用者復顒顒然以起也於乎盛矣今歲當大比皇上命臣吉臣讓擇士於南畿既得士如額登名小録僉謂讓宜序其後竊聞古之人有言（此處底本殘缺——編者注）

成化四年應天府鄉試録

應天府鄉試録序

應天府府尹臣亨府丞臣哲以大比届期豫遣人馳奏請考試官於翰林上以命臣鑑臣直往焉翼日陛辭上特寵之以异數臣等受恩激切益危益懼以爲上之所以异待臣工者豈不欲臣等旌別异同求淂异才以稱任使也謹志之不敢忘於是不復有所宿留即日以行數犯危險不暇顧恤旬再浹而至既至則同考官臣彪臣麟臣克謙臣璧臣輔臣謙臣諲臣藴各已應聘畢集府中監試官臣楷臣進則以都臺遴選而來百凡執事之臣亦必懋簡以充而提調則臣亨臣哲焉既入院乃爲陳説聖意聞者咸欣歡鼓舞而相告曰聖天子所以异其禮者示崇重科目之意也臣等可不知所欽承願以尋常眎之乎罔不潔心澡德圖以共事既而同事者乃以詰之臣等曰明目張膽竭精盡瘁以從事於兹固知所敬共矣然何以知其爲异才而能淂焉臣應之曰傳有之形體色理以目异聲音清濁調竽奇聲以耳异甘苦鹹淡辛酸奇味以口异香臭芬鬱腥臊奇臭以鼻异疾養滄熱滑鈹輕重以形體异説故喜怒哀樂愛惡以心异人莫不有耳目口鼻形體心知也彼紛糾萬殊皆藉是以別其同异獨於才焉而不能別其异乎抑不聞乎多言則文而類終日議其所以言之千舉萬變其統類一也是聖人之知也少言則徑而省論而法若佚之以繩是君子之知也其言也謟其行也悖其舉事多悔是小人之知也齊給便敏而無類雜能旁魄而毋用折速粹熟而不急不恤是非不論曲直以期勝人爲意是役夫之知也聖人君子此其所以自异於常人也小人役夫此其所以自同於庸衆也於是乎辯异而不過推類而不悖聽則合文辯則盡故正道而辯奸然□隨而命之同則同之异則异之猶引繩以持曲直是故邪説不能□百家無所竄若然無异才則已有之曷逃焉衆皆首頷而退乃合璧雍及畿甸之士與夫都邑游居之良而群試之其文凡二千卷有奇會其同而辯其异淂百三十有五人才雖羸不敢妄有所增入遵定制也乃會稡其氏名并簡其充异者之言而爲之録將以獻諸天府以聽采於禮闈以視則乎來學録必有序鑑敢以齒爵而先焉竊惟諸士子嚮也居于鄉混然塗之人也無以异也既而以良才异資簡

置學官今又以樸學异能拔之科目是固有以异也要將捷春官敷廷對褎然脱穎而出是豈特异乎鄉之人哉抑固异於天下之人矣兹异也朝廷以其异而异之諸士子不是之圖以究其實是小人役夫不若也顧欲假其名而不歸是猶伏而咶天救經而引其足也吾知俞務而俞遠矣於乎琁玉瑶珠弗知佩也雜布與錦弗知异也哀哉其必忠信以爲質端慤以爲統禮義以爲文倫類以爲理喘而言臑而動而一可以爲法則斯亦可以言异矣雖然堯舜與人同耳何以异哉奈何今之人不皆同也有同焉者斯异矣各焉夔焉稷焉契焉斯其同於堯舜者有若人焉淂不謂之异乎諸士子尚思同乎古而异於今也則甚善矣毋徒諉曰古之人何可及哉非所望也非所望也

成化四年歲次戊子秋八月丁未翰林院侍讀學士奉訓大夫陳鑑謹序

成化四年應天府鄉試

提調官

嘉議大夫應天府府尹畢亨（文亨河南河南衛人　甲戌進士）

中順大夫應天府府丞冉哲（尚彝四川内江縣人　甲戌進士）

考試官

翰林院侍讀學士奉訓大夫陳鑑（緝熙直隸長洲縣人　戊辰進士）

翰林院侍讀承直郎尹直（正言江西泰和縣人　甲戌進士）

同考試官

浙江温州府儒學教授羅虒（巽章江西南昌縣人　乙卯貢士）

直隸河間府滄州儒學學正朱麟（麟應浙江天台縣人　丙子貢士）

江西南昌府南昌縣儒學教諭王克謙（克謙福建莆田縣人　壬午貢士）

山東濟南府章丘縣儒學教諭徐璧（信夫浙江開化縣人　庚午貢士）

山東東昌府冠縣儒學教諭侯輔（廷翊河南洛陽縣人　庚午貢士）

河南河南府陝州靈寶縣儒學教諭陳謙（益之四川江津縣人　丙子貢士）

湖廣黄州府麻城縣儒學訓導朱諲（元肅浙江會稽縣人　丙子貢士）

河南彰德府湯陰縣儒學訓導葉蘊（廷玉福建候官縣人　己卯貢士）

監試官

文林郎南京四川道監察御史洪楷（學膺福建莆田縣人　庚午貢士）

文林郎南京浙江道監察御史方進（秉善湖廣武昌縣人　庚午貢士）

收掌試卷官

奉議大夫應天府治中葉泰（世安湖廣江陵縣人　監生）

印卷官

承德郎應天府通判林春（孟陽浙江寧海縣人　庚午貢士）

承務郎應天府推官彭龍（世瑞廣西宣化縣人　庚午貢士）

受卷官

南京龍虎左衛經歷姚盛（景茂浙江永康縣人　監生）

南京金吾左衛經歷姜英（育初江西金谿縣人　監生）

彌封官

南京虎賁左衛經歷游鎬（從周河南新安縣人　監生）

謄録官

南京羽林右衛經歷趙綸（大經湖廣湘潭縣人　監生）

對讀官

南京龍江左衛經歷劉鴻（季賓湖廣江華縣人　監生）

巡綽官

昭勇將軍南京留守中衛指揮使鄭瑄（廷璋山後人）

懷遠將軍南京神策衛指揮同知甘雲（景龍直隸合肥縣人）

搜檢官

武德將軍南京留守後衛正千户陳福（景昌直隸泰州人）

武略將军南京留守左衛副千户朱鎧（□威順天府武清縣人）

昭信校尉南京留守前衛中中千户所百户劉政（以德順天府寶坻縣人）

昭信□□□□□□□□□□□□□□□（□□浙江鄞縣人）

供給官

應天府上元縣知縣王憲（大章直隸晉州人　監生）

應天府江寧縣知縣程紀（公理四川墊江縣人　監生）

應天府江寧縣縣丞扶忠（良佐湖廣鄢縣人　監生）

應天府上元縣主簿宋寧（德安順天府武清縣人　監生）

掌行科舉文字應天府禮房令史周倫（四川慶符縣人）

第一場

四書

中人以上可以語上也中人以下不可以語上也　博學之審問之慎思之明辨之篤行之有弗學學之弗能弗措也有弗問問之弗知弗措也有弗思思之弗得弗措也有弗辨辨之弗明弗措也有弗行行之弗篤弗措也　人之於身也兼所愛兼所愛則兼所養也無尺寸之膚不愛焉則無尺寸之膚不養也所以考其善不善者豈有他哉於己取之而已矣體有貴賤有小大無以小害大無以賤害貴養其小者爲小人養其大者爲大人

易

終日乾乾行事也或躍在淵自試也飛龍在天上治也　田獲三品有功也　六爻之動三極之道也是故君子所居而安者易之序也所樂而玩者爻之辭也是故君子居則觀其象而玩其辭動則觀其變而玩其占是以自天祐之吉無不利　是故變化云爲吉事有祥象事知器占事知來

書

五刑有服五服三就五流有宅五宅三居惟明克允　修厥身允德協于下惟明后先王子惠困窮民服厥命罔有不悦并其有邦厥鄰乃曰徯我后后來無罰王懋乃德視乃烈祖無時豫怠奉先思孝接下思恭視遠惟明聽德惟聰　萬年厭于乃德殷乃引考王伻殷乃承叙萬年　爾惟風下民惟草

詩

豈曰無衣與子同袍王于興師修我戈矛與子同仇豈曰無衣與子同澤王于興師修我戈戟與子偕作豈曰無衣與子同裳王于興師修我甲兵與子偕行　之子于狩言張其弓之子于釣言綸之繩其釣維何維魴及鱮維魴及鱮薄言觀者　孝子不匱永錫爾類其類維何室家之壼君子萬年永錫祚胤其胤維何天被爾禄君子萬年景命有僕其僕維何釐爾女士釐爾女士從以孫子　匪且有且匪今斯今振古如兹

春秋

祭伯來（隱公元年）祭叔來聘（莊公二十三年）公會王人齊侯宋公衛侯許男曹伯陳世子欵盟于洮（僖公八年）　考仲子之宫初獻六羽（隱公五年）公會齊侯于夾谷（定公十年）　王人子突救衛（莊公六年）齊人救邢（閔公元年）晋趙盾帥師救陳（宣公元年）晋郤缺帥師救鄭（九年）晋欒書帥師救鄭（成公六年）　齊侯宋人陳人蔡人邾人會于北杏（莊公十三年）單伯會齊侯宋公衛侯鄭伯于鄄（十四年）齊侯宋公陳侯衛

侯鄭伯會于鄄（十五年）公會齊侯宋公陳侯鄭伯同盟于幽（二十七年）冬十月不雨（僖公二年）春正月不雨夏四月不雨六月雨（三年）

禮記

五岳視三公四瀆視諸侯　仁者義之本也順之體也得之者尊　先王之立禮也有本有文忠信禮之本也義理禮之文也無本不立無文不行禮也者合於天時設於地財順於鬼神合於人心理萬物者也　邇臣守和宰正百官大臣慮四方

第二場

論

明主尚賢使能而饗其盛

詔誥表（内科一道）

擬漢令郡國求遺賢詔（高帝十一年）　擬唐以陸贄同平章事誥（貞元八年）　擬宋以錢若水爲翰林學士謝表（淳化四年）

判語（五條）

制書有違　荒蕪田地　朝見留難　鋪舍損壞　造作過限

第三場

策

問　嘗讀虞廷賡歌之辭有曰股肱喜哉元首起哉百工熙哉又曰元首明哉股肱良哉庶事康哉未嘗不嘆君臣明良千載一遇也既而伏讀我太祖高皇帝大誥首篇有曰昔者人臣得與君同游者其竭忠成全其君飲食夢寐未嘗忘其政所以政者何惟務爲民造福拾君之失撙君之過補君之缺身名流芳千萬載不磨則又稽首頓首颺言曰大哉皇言乎一哉皇心乎其即賡歌之遺意也歟繼之以太宗文皇帝之孝順事實爲善陰隲宣宗章皇帝之五倫書雖專主於勸善然亦無非祖述聖訓詳紀其實而已其間所載有協于誥詞者誰歟其人其行可以追配於賡歌之人否歟諸士子游歌泮庠是訓是行必能熟複而詳識之矣請陳於篇毋泛毋隱

問　天下治忽係宰相君德成就責經筵此二者天下之重任歷代所體貌者也然世殊事异不可概論夫輔君以致治者宰相之職也若伊周之輔相尚矣漢稱蕭曹爲冠以開創之功也然誅吕安劉擁昭立宣者不與焉豈刀筆

黄老之流反賢乎唐稱房杜爲首以貞觀之治也然再造唐室係國安危者不與焉豈傳無可載之功者顧優乎宋之韓范富歐世固以并稱然亦有優劣可議歟其有與富韓齊名者果誰歟既云齊名而世不并稱之何歟講學以輔德經筵之職也若説旦之啓沃卓矣漢自石渠白虎稱制臨決經筵始有定所也然君德果有成乎其視講論經理夜分不寐與夫樸學不好博士不講者孰賢唐自馬褚入内集賢置官經筵始有常職也然君德果有益乎其視討論古今夜艾忘倦與夫留意典墳書史自娱者孰優宋之經筵無常所講官無定員然其詳可得言歟其有特誦三句而君興嘆再誦六句而君首肯果得於何書歟既有所得而亦嘗見推於行歟洪惟我朝不設宰相政柄一出於上矣然居輔弼之地者亦可以安危責之歟聖德天繼□若無待於學矣然當勸講之任者亦果有裨於萬一歟諸士子皆有志於堯舜君民者他日柄用效職而於古人何所法歟願備陳之以觀所藴

問　兵戎國之大事將帥兵之要樞天下國家安危係於一舉六師萬衆之命懸于一人故兵不可輕舉尤不可授之非人然兵必練而後精將必選而後得練兵之方選將之道何者得其要歟試以古之善將者與二三子商其可否夫爲書十三篇微妙深密變化不窮善矣何又謂其不由其道歟著書六篇智通萬物拓地千里似矣何又謂其難行於世歟扁舟五湖辟穀弃事其功成身退一也何又有優劣之論歟不學兵法然六出匈奴所向輒克其故何歟能讀父書然一爲趙將輒破趙軍其失何歟兵法果不可學歟戰國西漢勇將多矣所稱者胡止二人歟豈其能勇於義歟果可取否歟久處富貴功名始終若無所爲矣何以謂其有君子之道其道果何道歟長轡遠御縻以歲月坐失事機矣何以謂其得禦戎之術其術果何術歟未嘗妄殺一人詐坑降卒十萬其立心何殊天之報施亦有异乎結吴抗魏擁蜀稱漢稱王佐之才者古今一詞其人可謂偉矣何以不能成功再造王室勛業巍然以身爲天下安危其人可謂烈矣何以不可爲法是皆爲將之良光昭簡册者夫有文事者必有武備他日倘有閫外之寄如宋韓范諸公則於前數君子誰可爲法誰可爲戒尚當疏其人究其實而詳論之以觀二三子用世之志

問　民惟邦本本固邦寧然歲有豐凶物有盈縮而民之安否係焉民之安危邦之寧否關焉善爲政者不可不致慮於此也今之爲歲春夏則恒暘秋冬則恒雨豈政教失道有以致之歟抑陰陽自有定數歟昔尭之水湯之旱或九年七年二聖人豈失道者歟然其民不聞有菜色果何道以致之歟周禮荒政十有二可謂善矣或者乃小之何歟大者果何在歟兹欲均歲功於豐凶救

人命於凍餒抑别有其術歟世之爲政者不此之慮方且爬梳宿逋久負以爲聚斂之能嚴刑酷法以爲征輸之善其果何心歟方今皇上視民如傷從諫弗咈何故都無一人以此言於上歟豈以爲細故而不足言歟兹欲沮其聚斂之謀省其征輸之酷使瀕危之民轉之於衽席之上飢餒之衆置之於饜飫之中必有善處之道明以告我將以聞於上而行之毋徒辭出位之嫌而有所吝也

問　孔子曰善人爲邦百年亦可以勝殘去殺矣又曰王者必世而後仁甚矣教化之洽非一日積也洪惟我朝列聖相承施政設教百有餘年王者之化宜乎浹於世矣豈特善人之效而已哉然當時之務尚有可議試與諸君商其一二今之任賢去邪非無法也然每有刺舉賢否同科將欲銓選精而黜陟當其道何由今之足國裕民非無制也然一有調發公私皆困將欲國用充而民食足其計何出軍功不一也升賞有差然冒濫者衆何以使賞必當功歟刑罰未允也審録有詔然幸免者多何以使罰必當罪歟學校人材所出也然所習或遺本而逐末若何而使本末俱習賢才不乏歟言路耳目所寄也然所陳多舍大而遮小若何而使大小畢陳言路無壅歟舉行鄉飲所以教民睦也然告訐之風紛如今欲使民知孫弟争訟不興果有方歟申明禮制所以定民志也然奢僭之俗靡然今欲使民循禁章服色不亂亦有道歟之數者皆當今之已行而未效者也將襲而行之歟則法日以弊將變而通之歟則法固具在古人有言識時務者在俊傑諸士子皆負俊杰之名應興賢之詔於當今之世故必反覆熟之矣其爲我處之以俟出而行焉

中式舉人一百三十五名

第一名　賀恩　蘇州府學生　易
第二名　鄧存德　南京欽天監儒士　詩
第三名　吴寬　長洲縣人監生　書
第四名　許瑢　祁門縣學生　春秋
第五名　陳謨　浙江餘姚縣人監生　禮記
第六名　胡超　浙江龍游縣人監生　詩
第七名　俞經　應天府學軍生　書
第八名　龍延　江西永新縣人監生　易
第九名　汪璪　祁門縣學生　春秋
第十名　顧佐　鳳陽府學生　禮記

第十一名　邵賢　宜興縣學生　詩
第十二名　陳瓊　蘇州府學生　書
第十三名　朱鷹　應天府學軍生　詩
第十四名　左慶　江西星子縣人監生　書
第十五名　張稷　寶應縣學生　易
第十六名　儲材　宜興縣學生　詩
第十七名　江寯　徽州府學生　書
第十八名　蔣琮　山陽縣人監生　詩
第十九名　張衍　松江府學生　書
第二十名　周儀　嘉定縣學生　易
第二十一名　董彜　常熟縣人監生　春秋
第二十二名　危隆　鳳陽府學生　禮記
第二十三名　陶端　太平府學生　詩
第二十四名　沈鎧　應天府學生　書
第二十五名　李良　嘉定縣學生　詩
第二十六名　王鋭　蘇州府學生　書
第二十七名　葛鏞　嘉定縣學生　詩
第二十八名　陳璲　蘇州府學生　易
第二十九名　沈恭　浙江蕭□縣人監生　書
第三十名　韋斌　淮安廣□□□□□□　□
第三十一名　汪山　歙縣學生　春秋
第三十二名　魯昂　應天府學生　詩
第三十三名　張浩　松江府學增廣生　書
第三十四名　瞿明　常熟縣學生　詩
第三十五名　孫榮　淮安府學生　禮記
第三十六名　吴瑞　崑山縣學增廣生　易
第三十七名　潘理　浙江餘杭縣人監生　詩
第三十八名　白玢　常州府學生　書
第三十九名　宣杲　嘉定縣人監生　詩
第四十名　巫儼　儀真縣學生　書
第四十一名　申屠達　福建懷安縣人監生　春秋
第四十二名　謝崇德　四川内江縣人吏　詩

第四十三名　俞雄　應天府學生　書
第四十四名　吴愈　崑山縣學生　易
第四十五名　邵珪　宜興縣學增廣生　詩
第四十六名　陳鯉　福建莆田縣人監生　書
第四十七名　張璽　常州府學生　詩
第四十八名　金源　應天府學增廣生　書
第四十九名　沈環　宿遷縣學生　詩
第五十名　胡俊　舒城縣學生　易
第五十一名　金莊　黟縣學生　春秋
第五十二名　高雲　山陽縣學生　詩
第五十三名　俞瑛　浙江山陰縣人監生　禮記
第五十四名　錢中　松江府學生　書
第五十五名　羅繹　來安縣學生　詩
第五十六名　趙錡　松江府學生　書
第五十七名　余善　江西新喻縣人監生　詩
第五十八名　李景華　揚州府學生　書
第五十九名　李濬　常州府學生　詩
第六十名　張穀　上海縣人監生　易
第六十一名　汪堅　婺源縣學生　春秋
第六十二名　金淮　浙江鄞縣人監生　詩
第六十三名　杜瀚　宜興縣學生　書
第六十四名　華山　無錫縣儒士　易
第六十五名　潘京　嘉定縣學增廣生　詩
第六十六名　孟武齡　浙江烏程縣人監生　書
第六十七名　沈縯　山陽縣學生　禮記
第六十八名　王嶽　靈璧縣學生　易
第六十九名　雷翀　常熟縣學生　詩
第七十名　李雲　宜興縣學生　書
第七十一名　吴湜　歙縣學生　春秋
第七十二名　顧博　松江府學增廣生　詩
第七十三名　吕炯　浙江鄞縣人監生　書
第七十四名　陳洵　嘉定縣學增廣生　易

第七十五名　胡昂　貴池縣學生　詩
第七十六名　李大本　懷寧縣學生　書
第七十七名　朱本　江西樂平縣人監生　詩
第七十八名　劉海　長洲縣人監生　易
第七十九名　張本　江西餘干縣人監生　禮記
第八十名　周安　鎮海太倉衛學武生　詩
第八十一名　丁鏞　上元縣人監生　書
第八十二名　周天民　浙江定海縣人監生　易
第八十三名　沈純　淮安府學生　詩
第八十四名　張鑾　松江府學生　書
第八十五名　吴琳　吴縣學生　詩
第八十六名　張洪　江西新淦縣人監生　春秋
第八十七名　陳效　南陵縣學生　詩
第八十八名　張習　吴縣儒士　易
第八十九名　張佶　徐州學生　詩
第九十名　方賢　崑山縣人監生　書
第九十一名　潘容　儀真縣學生　詩
第九十二名　胡承　鎮海太倉衛學武生　易
第九十三名　吴淑　宜興縣學生　書
第九十四名　湯魯　常州府學生　詩
第九十五名　樊錡　山陽縣學生　禮記
第九十六名　薛承學　武進縣學增廣生　詩
第九十七名　周鑾　山陽縣學生　書
第九十八名　邢春　無爲州學生　詩
第九十九名　李宗祐　嘉定縣學生　易
第一百名　鈕天錫　常熟縣儒士　詩
第一百一名　唐佐　徽州府學生　春秋
第一百二名　趙祥　鎮江府學生　書
第一百三名　高巽　常熟縣學生　詩
第一百四名　文林　長洲縣學增廣生　易
第一百五名　葛暄　江陰縣學生　書
第一百六名　奚昊　松江府學增廣生　詩

第一百七名　王欽　應天府學生　書
第一百八名　蔣岳　常熟縣學生　詩
第一百九名　張鑑　應天府學軍生　易
第一百十名　朱文昌　如皋縣學生　詩
第一百十一名　潘清　宿遷縣學生　春秋
第一百十二名　葉相　徽州府學生　禮記
第一百十三名　姚源　應天府學生　書
第一百十四名　楚禎　太平府學生　詩
第一百十五名　莊溥　應天府學生　書
第一百十六名　施裕　太倉衛學軍生　易
第一百十七名　楊纓　常州府學生　詩
第一百十八名　張昞　江陰縣學生　書
第一百十九名　李鼎　崑山縣學生　易
第一百二十名　艾能　金壇縣學生　詩
第一百二十一名　陳愷　鎮海太倉衛學民生　易
第一百二十二名　鄭膏　崑山縣學增廣生　詩
第一百二十三名　顧源　長洲縣學生　書
第一百二十四名　宋驥　舒城縣學增廣生　詩
第一百二十五名　吴澤　吴縣學生　易
第一百二十六名　張超　臨淮縣學生　詩
第一百二十七名　謝瑩　祁門縣學增廣生　春秋
第一百二十八名　王纓　宜興縣學生　詩
第一百二十九名　程丕才　婺源縣學生　書
第一百三十名　顧景昌　應天府學增廣生　禮記
第一百三十一名　汪勉　太平府學生　易
第一百三十二名　廖中　福建順昌縣人監生　書
第一百三十三名　鄭循　徽州府學生　詩
第一百三十四名　王冕　祈門縣學生　春秋
第一百三十五名　胡愈　績溪縣學生　禮記

第一場

四書義

中人以上可以語上也中人以下不可以語上也

賀恩

同考試官教諭侯批（此題蓋聖人論教人之法而高下兼資稟學力言場中作者多得此失彼體認親切發揮詳盡僅見此篇）

同考試官學正朱批（題本平易但作者於可以不可以處多欠發明令人悶悶此篇措辭條暢説理詳明殊勝他作）

考試官侍讀尹批（本朱子注而不泥於張氏説得聖人意出）

考試官學士陳批（平實得旨）

惟人之才學不能無高下故人之教人當隨其高下蓋才質之稟學問之功人人殊也教者不隨其高下而概語之其何以淑人哉昔吾夫子論教人之法意若曰道無精粗人有高下而教獨可無差等乎今有人焉資稟雖過於中人而未及乎上知學問雖愈於中人而未造乎至理所謂中人以上者也斯人也質焉有聽受之地故可以語性命道德之懿使之優入於聖域學焉有造詣之功故可以語精義入神之妙使之日進於高明夫所以語之以上者非私厚之也因其可語而語之耳又有人焉資稟不及於中人而或優於戆愚學問未至於中人而或流乎庸懦所謂中人以下者也斯人也質焉無領悟之由固未可强而語之以微妙之説使之茫然無所喻學焉無進修之力尤不可驟而告之以精深之理使之惛然無所得夫所以不語之以上者非吝教之也因其不可語而弗之語耳吁可以語而不語則彼無由以入道不可語而語之則彼將妄意而躐等雖然聖人無弃人豈終不語之哉亦因其所至漸而語之耳君子之教焉可誣也抑嘗因是言而徵諸聖門之教矣克己復禮惟顔淵得聞之主敬行恕惟仲弓得聞之至於司馬牛樊遲之問仁或告以其言也訒或告以先難後獲而克復敬恕之説弗及焉是知迴也雍也中人以上者也牛與遲其中人以下者乎聖人教人各因其材於斯可見不然一貫之旨性與天道之言何子貢必至晚年而始得聞乎

博學之審問之慎思之明辯之篤行之有弗學學之弗能弗措也有弗問問之弗知弗措也有弗思思之弗得弗措也有弗辯辯之弗明弗措也有弗行行之弗篤弗措也

鄧存德

同考試官教諭徐批（此題頭緒頗多作者多冗雜無倫殊乖本旨此作

鋪叙有法囊括無遺蓋嘗留心於本領之學者得此於淘汰沙礫之餘不失爲良金也見者不能不爲之刮目）

同考試官教授羅批（此中庸誠之之事於智仁勇處發明精切必深於理學者也）

考試官侍讀尹批（詞理詳明允如初考）

考試官學士陳批（理明詞暢佳作也）

中庸論誠之者有學知利行之事有困知勉行之事蓋學問思辯所以擇善而爲知篤行所以固執而爲仁皆學知利行之事也然爲之必要其成者豈非因知勉行之勇乎誠之之功無以逾此今夫人性雖同氣禀或异故凡誠有未至者其可不學知而利行乎是故學不博則無以備事物之理故必博而學之焉學博矣然後能參互之以得所疑而有問問不審則無以盡師友之情故必審而問之焉問審矣然後能反覆之以啓其端而可思而思之必謹焉思之謹則精而不雜故能有所自得而可施於辯而辯之必明焉辯之明則斷而不差故能無所疑惑而可見於行也既學問矣而不施之踐履則是徒取於人無益也既思辯矣而不措諸躬行則是徒求於心無得也故必躬行實踐不使一毫人欲之私得以奪乎天理之正此學知利行知仁之事也誠之之功可謂至矣然如是而猶有未能可不加困知勉行之勇乎是故不學不問則已然既學之問之而有弗能弗知則豈可舍之而弗理必學而至於能問而至於知而後已焉不思不辯則已然既思之辯之而有弗得弗明則豈可措之而弗治必思而至於得辯而至於明而後止也不以學問見於行則已行之則必極其篤不可半途而廢也不以思辯見諸行則已行之則必要其成不可中道而止焉此困知勉行勇之事也誠之之功何有加於此哉後之欲誠其身者可不於此而求之抑考此章聖人答哀公之問政上文既曰誠者天之道誠之者人之道誠者固生知安行之聖而誠之者則賢人之事此其實也人果能此則愚可明柔可强矣使哀公能因聖人之言而服行之文武周公之道亦不過是惜乎其不悟也子思引之以繼文武周公之後得無意歟

人之於身也兼所愛兼所愛則兼所養也無尺寸之膚不愛焉則無尺寸之膚不養也所以考其善不善者豈有他哉於己取之而已矣體有貴賤有小大無以小害大無以賤害貴養其小者爲小人養其大者爲大人

吴賓

同考試官訓導葉批（本房連日閲卷作此題者多煩言碎詞令人厭觀

晚得此篇破既簡明講亦條達青燈之下讀之心目頓覺灑然所宜録出以式後學）

同考試官教諭王批（題長破難概括講多繁冗惟此作一破略無滲漏講中節節詳明誠本房之佳作也健羨健羨）

考試官侍讀尹批（場中作孟子題似此篇者絶少故表而出之）

考試官學士陳批（孟子義殊無佳作此篇獨優與瑣瑣掇拾者异矣）

體皆愛養無所遺而養之善否當自反體分輕重有可戒而人之賢否所由係夫人之愛其身者固無所不養也然體有重輕而養有善否則夫人之賢否有不係於所養哉昔孟子之意謂夫人之一身百體皆具愛則兼愛而所愛無不周既知所愛則養必兼養而所養無不備彼盈尺之膚至微也皆天地之委和固所當愛則亦無尺膚不養矣方寸之膚尤小也皆父母之遺體均所當愛則亦無寸膚不養矣愛養雖同而養則有擇故所養有善者焉有不善者焉欲知其善豈用他求哉惟反諸身以審其所重者耳欲知其不善亦豈俟他圖哉惟取諸已以審其所輕者耳重莫重於心志心志則能思慮而爲口腹之主非體之貴而大者乎輕莫輕於口腹口腹則有嗜欲而爲心志之役非體之賤而小者乎苟養之者使以心志從口腹則是小害大矣固不可也以飢渴爲心害則是賤害貴矣尤不可也惟小不可以害大故專以飲食養口腹者則人心以危道心以微得不謂之小人乎惟賤不可以害貴故專以義理養心志者則道心爲主人心聽命得不謂之大人乎吁大人小人相去甚遠而其分乃在所養善否之間然則欲爲大人之歸者其可不審而專事口腹邪抑考之孟子他日答公都子之問又曰從其大體爲大人從其小體爲小人則又以耳目心志爲小大蓋溺於口腹之欲固足以害其心志汩於耳目之私尤足以蔽其心思此其言雖殊而實互相發也遏人欲而存天理蓋惓惓焉此孟子所以有功於前聖也歟

易義

終日乾乾行事也或躍在淵自試也飛龍在天上治也

賀恩

同考試官教諭侯批（此題本孔子歷舉周公係爻之詞而各申其義場中作者非瑣瑣不倫則混混無别殊失題意惟此篇脉絡貫通文詞瑩潔優於他卷多矣）

同考試官學正朱批（本房易義可觀者多獨文言一題難於鋪叙貫串求其措詞整□説理明白莫逾此篇參之後場宜在高選）

考試官侍讀尹批（此義絶佳前列無參）

考試官學士陳批（易義如此登進何疑）

聖人三舉乾卦爻辭而釋之以見聖德以漸而顯也夫聖德以漸而顯者因時位以漸而進也文言聖人於乾卦爻詞三舉之而各申其義得無意乎且乾之諸爻皆有聖人之德也而九三之爻周公係以終日乾乾矣而夫子又申之以行事何耶蓋以九三居下之上重剛不中所當事者進德而已故終日憂勤行夫進德之事而不息所當行者修業而已故終日惕厲行夫修業之事而無間此其所以行事也夫行事猶未見於用必於九四之時而後試焉九四之爻周公係以或躍在淵矣而夫子又申之曰自試也蓋四當進退未定之時有龍或躍在淵之象故德已進矣而未遽有爲姑自試其德可行則行焉業已修矣而未始有用姑自試其業可用則用焉此所以爲自試其可也夫自試猶未及於行必於九五之時而後行焉九五之爻周公係以飛龍在天矣而夫子又申之曰上治也蓋以九五得時得位有飛龍在天之象故昔之所進修者今則大行於天下而無不漸被矣向之所自試者今則大布於四海而無不覆冒矣此所以爲居上治下也夫三也四也五也其位以漸而尊行事也自試也上治也則德以漸而顯吾夫子歷舉而申之周公係爻之意不既明矣乎大抵乾之一卦皆以聖人明之有隱顯而無淺深特内卦以德學言外卦以時位言九四之待時備九三之學也九五之上治出九四之時也孰謂乾乾之君子而非利見之大人乎吁學易者宜潜心焉

六爻之動三極之道也是故君子所居而安者易之序也所樂而玩者爻之辭也是故居則觀其象而玩其辭動則觀其變而玩其占是以自天祐之吉無不利

賀恩

同考官教諭侯批（三極之理通貫一題作者間知此意而於君子身心動静處多欠發明體認真切講説精到僅得此篇必邃於是經者）

同考官學正朱批（場中作此題者或分三截或兩載繁則失之冗簡則失之晦殊無可喜惟此篇以聖人作易君子學易立説前後鋪叙詞理俱到優於他卷佳作也）

考試官侍讀尹批（詞理縝密非深於學易者不能）

考試官學士陳批（説易到此可謂得其旨趣者矣）

卦畫變化具三才之理君子學易獲自然之福蓋三才之理具乎卦畫變

化之内也則夫君子身心動静既不外乎卦之理又豈不獲乎天之福哉昔者聖人之作易始畫内體之三爻重畫外體之三爻爻之奇者爲剛剛極而趨於柔爻之偶者爲柔柔極而趨于剛此六爻之變化也六爻之變化三極之理具焉是故爻之初二地也初爲地之剛二爲地之柔而初二之變化一地之道焉爻之三四人也三爲人之仁四爲人之義而三四之變化一人之道焉爻之五與上非天乎五爲天之陽上爲天之陰是五上之變化一天之道也六爻之動具三極之理如此向非君子又豈能學之乎是故易之所著無非事理當然之序君子身之所居而安者則惟循其序焉爻之所係無非吉凶悔吝之辭君子心之所樂而玩者則惟在其詞焉此其身心之所契者不外乎三極之道也卦有象而後有辭君子静而學易則既觀其象而又玩辭以考其所處之當否筮有變而後有占君子動而諏蓍則既觀其變而又玩占以考其所值之吉凶此其動静之體夫易者亦不外此三極之道也是以自天降康而動罔不吉申命自天而行無不利蓋天者理而已矣君子體夫易即所以體夫天此其所以獲乎天之福也歟抑觀易之爲易不外乎辭變象占而已然非聖人作易於前則辭變象占之體無由而立非君子學易於後則辭變象占之用無由而行于以見聖人之作易無非成天地之能君子之學易有以與天地之能大哉聖人作易之功乎至哉君子學易之功乎

書義

脩厥身允德協于下惟明后先王子惠困窮民服厥命罔有不悦并其有邦厥鄰乃曰徯我后后來無罰王懋乃德視乃烈祖無時豫怠奉先思孝接下思恭視遠惟明聽德惟聰

俞經

同考試官訓導葉批（破長題貴簡而盡而講不貴瑣屑故場中作此題多爲所窘不冗則拘惟此作破簡講明能發伊尹忠愛之意使太甲聞之能不拜手乎）

同考試官教諭王批（題雖冠冕學者多體認不真惟此卷講修身允德協下爲一意末以孝恭聰明爲懋德仍歸之明后先王誠他卷所不能到置之前列孰曰不宜）

考試官侍讀尹批（詞意完整當是作者）

考試官學士陳批（理能得旨詞不襲陳可取）

大臣期君以脩身之效而徵諸先王所已然勉君以法祖之功而詳夫事爲所當然蓋修身而使實德孚於民者明君之能事先王所已然也後王欲法

先王之勉德可不隨事致思而盡其所當然哉昔伊尹敬復太甲之意若曰人君一身萬化之原其可以不修乎是故檢身不可無法度也必省察吾身不以欲敗度使實德孚契于人心可也治身不可無禮儀也必克治吾身不以縱敗禮使實德協和于民心可也身修德誠而協下如此豈庸君暗主所可能必既明且哲之君斯能爾也然古之明君孰有過于先王成湯乎先王於困窮之民也愛之如子而一出於誠心故近而商邑之民也服其命令無不咸得其歡心不但近者悦而已遠而鄰國諸侯之民亦皆仰之以爲君而曰待我君父矣我君來其必除其邪虐而出我於水火乎代虐以□而□我於塗炭乎先王之德協于下如此今王可不法先王之德乎彼日新又新先王所以懋昭大德也王之懋德必視法先王而不使有須臾之佚豫可也昧爽丕顯先王所以顧諟明命也王之勉德必觀法先王而不使有頃刻之怠惰可也然亦何所當從事乎夫德不外乎孝恭必也奉先思孝接下思恭焉思孝則不敢違於祖思恭則不敢忽於臣德不外乎聰明必也視遠惟明聽德惟聰焉惟明則不蔽於淺近惟聰則不惑於憸邪王能懋德如此則德豈有不合於先王而不足爲明君哉抑觀當太甲不惠阿衡之時伊尹之言惟恐太甲不聽及太甲改過之後太甲之心惟恐伊尹不言是以此篇上文太甲既拜稽而以圖終之道責之伊尹至此尹復拜稽而以明君之事望之太甲君臣相責望如此此太甲所以爲商令王伊尹所以爲商賢佐也歟

萬年厭于乃德殷乃引考王伻殷乃承叙萬年

吴寬

同考試官訓導葉批（此題本祈禱責難兩意而作者多串説間知之又詭厭飽乃德之旨疏無定見此作一出群疑破矣）

同考試官教諭王批（本房書經餘六百卷窘於此題者比比晚得此卷上以爲周公致禱先王下以爲責難成王破既典雅而講亦匀稱誠璧經中巨擘也録之以示後來）

考試官侍讀尹批（發揚周公忠愛之意藹然可見）

考試官學士陳批（作是篇者多戾旨此作得之而詞足以達佳製也）

大臣致禱前王以垂德澤於無間責難後王以致治化於無窮蓋德澤被于子孫殷民者此大臣所以爲君禱也而欲君化服殷民於萬年又非大臣所以責難於君乎周公爲國家長遠之慮蓋如此昔周公不敢當成王命寧之禮而以祭于文武遂爲成王禱故當使歸之日述其祭祝之辭若謂昔汝文武之

創業固欲傳之於萬年不但傳之成王而止也今汝於昭於天可不默相之乎要必永錫祚胤使億萬斯年本支百世者皆得厭飽乃德而穆穆皇皇宜君宜王也昔汝文武之受民固欲躋之於壽域不徒澤及一時而已也今爾在帝左右可不陰佑之乎要必相協厥居使侯服我周膚敏祼將者亦得各全性命而資富能訓惟以永年也周公既述祭祝之辭以復成王矣而又致夫責難之意焉蓋謂誕保受民王嘗命予旦矣然化殷之本得不在於王身乎王必于棐民彝次第其教條使以蕩陵德者莫不承服我周之教條而式化厥訓萬年猶一日也承保受民我固嘗許王矣然治化之原有不係於王躬乎王必繼天立極序秩其教令使怙侈滅義者莫不聽受我周之教令而臣服多遜萬載如一時也是則始而曰萬年禱于文武之意深終而曰萬年期諸成王之意遠自非周公之忠愛其孰能與於此哉雖然周公致禱於先王責難於成王若自諉矣殊不知殷民未服王業未安周公幽則祈之神明則望之君忠誠迫切自不容已於言也异時殷民允升大猷有周歷年八百謂非周公輔導之力可乎

詩義

豈曰無衣與子同袍王于興師修我戈矛與子同仇豈曰無衣與子同澤王于興師修我戈戟與子偕作豈曰無衣與子同裳王于興師修我甲兵與子偕行

鄧存德

同考試官教諭徐批（此題本言秦人能赴義以見秦俗之美作者多反之而於無衣處講多直致殊無意味忽得此篇詞婉順而意春容説出秦人相結相許之情宛然在目而他篇亦詳雅可觀詩經當以此卷爲最）

同考試官教授羅批（詩卷不下八百有奇作者多不能委曲形容以盡詩人之意殊不足觀此作題能體貼而文有發揮本房之傑然者也）

考試官侍讀尹批（專説秦俗美處得温柔敦厚之意必佳士也）

考試官學士陳批（是卷一洗陳腐奇氣英英蓋不特此篇之善而已）

詩人公所有之服而恩愛之相結也爲益親念從王之義而意氣之相許也爲甚至蓋同袍同澤而同裳可見其相結之親同仇偕作而偕行尤見其相許之至然又能不忘從王之義此秦人之俗猶有西周之遺風也歟昔者秦俗强悍樂于戰鬥故暇日以恩愛相結而相謂曰我豈以子之無衣而思與子同袍乎袍乃枲著之所成賤者之常服爾今與子而同之所以冀爾志之吾合也他日倘有王者之命興戡亂之師則將修我之戈矛敵王之所愾實欲與子同仇而毋舍焉同袍之恩至親矣然猶未也故又曰我豈以子之無衣而顧與子

同澤乎澤乃近膚之所服垢澤之微衣爾今與子而共之所以望爾情之吾洽也他日脱承天王之命舉禦侮之旅則又將整我之戈戟揚國之威武實欲與子偕作而弗忘焉同澤之情亦已篤矣猶未已也故復相謂曰我豈謂子之無衣而與子同裳乎裳實下體之衣亦衣之賤者爾然裳服之是同則恩義之愈密又擬肅將乎天威修飾乎甲兵一有所征伐也固欲與子偕行而不𣦸違矣吁秦人於一詩之中以稠叠之辭致諄複之意恩愛意氣藹然溢於言表何其俗之勇於義哉抑考之當是時也國有大耻而莫知爲之雪王有大讎而莫知爲之復可見諸侯無意於王室也至矣而秦人毅然以天下大義爲己任其心忠而誠其氣剛而大其詞壯而直吾乃知岐豐之地被文武周公之化最深故雖久而不能忘先王之遺澤也歟噫厚矣

匪且有且匪今斯今振古如兹

胡超

同考試官教諭徐批（場中作此題者多以下二句接講殊失傳意故詞多重複而理亦齟齬令人厭觀此作釋群疑於一破覺今是而昔非可謂善説詩者矣）

同考試官教授羅批（此題作者往往蹈襲故常晦於經旨故分截不明講説多舛此作融會傳注濟以健詞讀之使人稱愜視彼誦陳言以塞責者有徑庭矣）

考試官侍讀尹批（不蹈陳襲誤必嘗究心於葩經者）

考試官學士陳批（必依傳注立説非傳于理者不能）

穡事不止於此豐年不止於今其所由來者遠也甚矣有周農事之遠也然則稼穡之事豐年之慶豈一朝之故也哉宜詩人推而咏歌之也昔有周以農事開國而詩人之意謂夫務芟柞於墾闢之初播百穀於耕種之際人力齊而饁餉勤苗生盛而收成富則稼穡之事非惟此處而有之也獲美利而至萬億及秭之多爲酒醴而供以洽百禮之用燕賓而爲邦家之光養老而致胡考之寧則豐年之慶非獨今時而得之也蓋自我周家開國以來皆以務農爲本遡文武而上及於太王所傳非一世也而此稼穡之事如茨如梁已無一處而不如此矣豈但今時而已哉推公劉而上至於后稷所歷非一君也而此豐年之慶自天降康已無一時而不若是矣又豈徒今日而已哉謂之振古如兹信乎所從來者遠也吁言農功之盛則曰非自我始推田事之來則曰率由古先周家忠厚之意一咏歌間未嘗舍置先王德澤之深寧不於斯而可見乎不特

此也觀其歷序夫墾闢播種之勤詳述夫饁餉耘治之悉與夫烝畀祖妣燕賓養老無不周至讀之者宛然想見盛時太平氣象載芟詩人可謂善於咏歌者矣

春秋義

王人子突救衛（莊公六年）齊人救邢（閔公元年）晋趙盾帥師救陳（宣公元年）晋郤缺帥師救鄭（九年）晋欒書帥師救鄭（成公六年）

許瑢

同考試官教諭陳批（七篇之作一氣呵成此篇以王伯救患立説誠是然於題短處則演之使繁長處又約之使簡初無刻舟膠柱者之爲風簷寸晷有此奇作本房諸卷風斯下矣）

考試官侍讀尹批（春秋凡書救皆予之之詞也此作得之而他篇皆佳宜置前列）

考試官學士陳批（恤患一題予奪紛紛靡有定見至是篇而論始定矣）

王室恤患以討不正春秋特筆以著其善伯國恤患以攘外夷春秋屢書以著其美于以見春秋書救雖同而立義則异也何則誅亂討簒九伐之法也以諸侯奬亂之日而能舉是職者誰耶所幸莊王有見於此當夫五國興伐衛之師遂命子突爲救衛之舉拯黔牟之難於列國黨簒之秋顯衛朔之惡於搆陷天倫之日雖未有功於衛亦足以振綱常於不臣之邦雖或無補於牟亦足以伸王命於被患之國乃一經之最善也春秋不予之可乎故子突以下士之微趨從大夫之例而書字其予其恤患以討不正也爲何如至若安夏攘夷伯者之義也以外夷迭張之時而能興是役者誰耶所幸伯國有志於此邢被狄雖也齊桓既仗義以救之矣晋以楚子侵陳而命趙盾又帥師以救陳焉鄭被楚患也郤缺既舉兵以救之矣已而楚又伐鄭而復遣欒書興師以恤鄭焉分灾救急之義迭著於遠邇安夏攘夷之功屢見於後先撲楚人之烈焰於方張解列國之倒懸於幾殆乃用兵之合宜也春秋不美之可乎故於齊晋恤患之事屢以救書而不削其予其恤患以攘夷狄也爲何如大抵齊晋恤患固可予矣獨子突救衛不能無議焉蓋以雖奉王命無功而還卒致衛朔終入於國黔牟終失其位而王室之制命不行於天下諸侯之黨惡日熾於列國讀經至此尚當掩卷

齊侯宋人陳人蔡人邾人會于北杏（莊公十三年）單伯會齊侯宋公衛侯鄭伯于鄄（十四年）齊侯宋公陳侯衛侯鄭伯會于鄄（十五年）公會齊侯宋公陳侯鄭伯同盟于幽（二十七年）冬十月不雨（僖公二年）春正月不雨　夏四月不雨　六月雨（三年）

許瑢

同考試官教諭陳批（此桓之示重三會僖之勤厲三時皆有傳可據初無甚難而作者往往蹈襲陳腐如出一軌此作立義嚴正而造語清新譬之騍騏驥於康莊越國過都略無窘步伯樂一過能不爲之注目乎）

考試官侍讀尹批（持論謹嚴措詞奇偉其麟經中之巨擘者歟）

考試官學士陳批（春秋佳卷絶少不意樗櫟之區而有此楩楠也可喜可喜）

伯主慎以講好而致人心之自同望國勤以閔雨而感天心之自應此于幽之盟所以見於三會講好之餘六月之雨所以著於三時不雨之後春秋備書而意自見矣何則齊桓自入國以來無日不以合諸侯爲事是以北杏之會方罷而于鄄之禮文荐至于鄄之會甫畢而再鄄之好禮復臨勤勤不已以謀國是孜孜不倦以收人心齊桓之圖伯可謂慎矣人心感慕安得而不從乎未幾齊仗尊周之義而講于幽之盟宋公在列固其宜也而疑二之魯莊亦莫不雲集於載書之側陳侯與會固其所也而反覆之鄭伯亦靡不雷同於拄歃之頃人心之同如此非由齊桓講好之慎何以致此故曰伯主慎以講好而致人心之同者此也若夫魯僖自即位以來無日不以修德爲務當夫旱暵之際由冬徂春而雨澤之不施僖也不事雩禱而惟以天灾爲懼由春及夏而雲霓徒仰僖也不遑他務而惟以民隱爲恤心在於務農故其憂之也深志在於省己故其閔之也至僖之閔雨可謂勤矣天心仁愛豈有不答之耶故當六月之時而有甘雨之應昔之枯槁者賴之而實函斯活矣向之荒蕪者賴之而驛驛其達矣天心之應如此非魯僖閔雨之勤曷以臻兹故曰望國勤以閔雨而感天心之應者此也抑考齊桓慎以感人心固可予矣然後日緣陵城而王禁犯于淮會而王爵紊獨不可譏乎魯僖勤以感天心固可喜矣然後日弃夏盟而即楚非其所而朝王獨不可責乎吁齊以五伯之盛僖以秉禮之賢其得失尚如此吾於他公何尤

禮記義

五嶽視三公四瀆視諸侯

陳謨

同考試官訓導朱批（題本平易作者於牲器籩牢之數多不能記憶能

之而詞語又玉石相半殊無足觀迥出倫輩者僅得此篇欣羡欣羡）

考試官侍讀尹批（禮經幾二百卷純者頗少似此佳製真所謂空谷足音）

考試官學士陳批（詞能達理旨不背經其優於説禮者歟）

人君祀山川牲器之數視公侯籩牢之數蓋山川公侯皆有功於民者也則夫祀山川之牲器其可不視公侯之籩牢以爲差等哉先王制禮其意如此且夫天下之山莫名於五嶽若泰若華若嵩若衡若恒是也天子祭之其禮果何所視乎彼三公燮理陰陽固有功於民而五嶽則財用所出亦有利於民也故牲器之多寡必視三公焉蓋三公饗籩九牢而五嶽之祭牲亦九也三公十有六豆而五嶽之祭豆亦十有六也以五嶽而視三公則禮之豐儉適乎中也可知矣天下之川莫大於四瀆曰江曰河曰淮曰濟是也天子祭之其禮亦何所視乎彼諸侯維藩維垣固有功於民而四瀆則寶貨所殖亦有利於民也故牲器之多寡必視諸侯焉蓋諸侯饗籩七牢而四瀆之祭牲亦七也諸侯十有二豆而四瀆之祭豆亦十有二也以四瀆而視諸侯則禮之厚薄得其中也可見矣吁明而享三公即幽而祭五嶽之禮幽而祀四瀆即明而待諸侯之禮因人神之尊卑爲禮數之隆殺先王制禮豈苟焉而已哉抑考上文既曰天子祭天地諸侯祭社稷天子祭天下名山大川以及此矣而下文又曰諸侯祭名山大川豈諸侯得同天子之所祭乎蓋天地有域之最大者天子則域中之所尊其所報者衆故祭天地及名山大川之在天下者也若諸侯則守土之臣其所報者寡故祭社稷及名山大川之在其境者也吁祭雖報本反始之禮然上可以兼下下忠後之事君者不可不勉

第二場

論

明主尚賢使能而饗其盛

邵賢

同考試官教諭徐批（此論專主聖朝尚賢使能而饗其盛立説運思高遠錬語瑰奇如八寶珠五色間錯使人眩心駭目不意文場中有此奇遇也）

同考試官教授羅批（錦綉藴於胸中珠璣燦於筆下南畿得此佳士亦足以見我朝作人之效愈久而愈盛固如此也）

考試官侍讀尹批（揄揚□厲詞氣雄偉合命題之意故首録之）

考試官學士陳批（雄詞健筆鋪張配天之洪休不啻良工模擬乾象宿曜森羅河漢橫亘無物不歸照臨之下信奇矣□得之最後録必宜先）

皇仁敷洽萬國清寧當聖作物睹之時正世泰文亨之日雲龍風虎之相會水濕火燥之相就上下協和明良交慶苹野食呦呦之鳴鹿桐岡集噦不得以兼上名分所由判也禮嚴矣哉

邇臣守和宰正百官大臣慮四方

陳謨

同考試官訓導朱批（邇臣守和一句本言近臣職在輔德當守己和以爲輔德之本先儒張子嘗曰近臣守和和其心以備顧對不可徇其喜怒好惡與本題方氏注合而場中作者多惑於應氏先君德之言誤爲守君德之和亦非應氏初意間不戾旨又欠發明獨此篇組織傳注成文足袪群或宜冠本房）

考試官侍讀尹批（此義融會集注意完語足傳訛襲疑者觀之得不釋然乎）

考試官學士陳批（經注貴貫通執一者泥而多鑿此篇脱然於群噪中而獨立不倚者乎）

命於君者异其名盡於己者有其序蓋自邇臣以至大臣皆命於君者也命於君者其名雖异然先君德而後朝廷而後天下者又豈非己職之所當盡哉表記君子記此謂夫人臣居其位必思盡其職位既不同職亦有异是故旦夕承弼左右納誨此邇臣也邇噦之鳳凰肆文教於至治之區洽禮樂於太平之境化通夷夏道塞堪輿今日之盛豈偶然哉此蓋由我聖天子德邁羲皇學宗周孔英資駕一世之才神用妙萬幾之運卓卓乎帝趨而皇步蕩蕩乎天寬而地容以圖治必基於賢能乃宵旰皇皇惟賢是尚而已惟能是使而已彼釀仁而蓄義耕道而獵德可以柱石吾廟廊可以股肱吾元首則敦延厚聘俾爲吾天機之燮理也忠信重禄使爲吾天工之寅亮也知周而才博謀訏而識遠可以掌吾鈞衡可以分吾綸綍則量能授任收之以依日月之光也分職授政用之以補衮職之闕也貴而重之於焉賴以涵養吾氣質消鎮吾邪躁信而任之於焉賴以疏附而先後奔走而禦侮黼黻不嫌於韋布聖明不廢於芻蕘與之陶冶天下以爐以錘與之薰融斯民以橐以籥由是語治效則上恬下熙矣語天下則水清砥平矣河海晏然揚波不驚於臣寵昵君德係焉豈可不守和乎蓋過於和則流而爲同不可也吾則守和而以可濟否使拾遺補過之各中其節不及於和則乖而爲异亦不可也吾則守和而以柔濟剛使婉詞諷諫之皆適其中如是則君德正矣先君德而後朝廷朝廷庸可不正乎是故百官庶僚之具瞻者宰之職也吾居宰輔之職必正色立朝進退賢否使百僚有師師

之風表儀朝著黜陟幽明使庶位有明明之美如是則朝廷正矣朝廷固先於天下而天下容可不慮乎是故生民休戚之所関者大臣之位也吾處大臣之位必安不忘危惟恐四方有一民之未遂其生思患預防惟恐天下有一物之不得其理如是則天下平矣吁由君德以及朝廷由朝廷以及天下無不各盡所當爲則人臣事君之道豈復有加於此哉雖然不特此也緇衣有曰故大臣不可不敬也是民之表也邇臣不可不慎也是民之道也合而觀之爲君者不可不慎擇其人爲臣者不可不各盡其職君臣兩盡其道何患國家天下之不治哉孟子曰有官守者盡其職有言責者盡其重譯邊境肅然風塵不灑於外夷大化播於村謡野歌之聲皇道談於樵童牧孺之口是蓋不過端拱於穆清之上而自雷動八荒優游於宮庭之間而自風行四表無爲之治誠振古而莫逾於今矣然愚竊惟今日所以饗致治之盛者固成於聖天子重光累洽之功而實本於祖宗神化積累之久乃我聖祖天戈一揮而腥穢掃蕩太宗内難削平而綱常屹立之二聖人者固未嘗不重賢能之用而賢能之佐於其間亦未嘗不成非常之烈此今日所以饗致治之盛而曠古莫加也於戲明主之紹承重華而協德賢能之功業前輝而後映欲形容國朝之盛吾恐若穹壤之難測日月之難繪矣然太陽之升不期乎葵藿之傾而葵藿自傾和氣之至不期乎倉庚之鳴而倉庚自鳴則甄陶聖化者豈能自已於言哉愚請假高岡鳴鳳之歌以誦於鳶飛魚躍之下

又

賀恩

同考試官教諭侯批（議論反覆文思波瀾新意雅詞層見疊出如入鄧林之野前瞻後顧莫匪良材如登崑崙之岡近取遠求無非美玉論場如此自當斂衽）

同考試官學正朱批（筆力勁健文勢浩瀚不啻大川長江平鋪滂流莫知底極觀者無不起望洋之嘆且末引孔孟不得用爲説讀之使人躍然真傑作也）

考試官侍讀尹批（此論超今軼古英氣逼人令人一見自當刮目蓋場中之空群者高薦向忝）

考試官學士陳批（論作四書義者多矣求其□迹凡近接軫古作如此篇者可多見乎）

天生賢才豈偶然哉將以爲世之人主共理以致治也然其生也固本於

天而其出而爲世用也則不在於天焉故必有非常之主而後有非常之人有非常之人而後有非常之治也苟世之人主不能順乎天而使賢才之虚生則無以爲致治之本矣其欲享夫非常之治也豈不甚難矣乎愚嘗伏讀宣宗章皇帝御製五倫書所載荀况之言而有以知其旨矣請申論之世之論治者孰不曰號令嚴明法度修舉可以致治矣若此者以爲飾治之末則可而致治之本則不在於此焉孰不曰勞心焦思宵衣旰食足以致治矣若此者以爲致治之本固可而其致治之盛則不全以此焉使徒以法爲足以致治則秦政之苛刻非無法也何天下二世而已使徒以勤爲足以致治則隋文之傳餐非不勤也何天下再傳而已夫天下之治既不在法又不在勤爲人君者將欲饗其至盛之治也抑何從而得乎其必有本也盍亦觀夫技藝者焉夫規矩者成方圓之器也不以規矩則雖巧如公輸而無以成方圓矣六律者正五音之器也不以六律則雖聰如師曠無以正五音矣技藝且爾况天下乎蓋賢才者治天下之利器也不以賢才則雖聖如堯舜而無補於治焉故明君之治乎民也聰明而睿知體天以行道其意以爲賢而有德者足以尊主而庇民乃天之所以與我共理天下者也使我而不尚之則褻乎天矣能而有才者足以修政而立事亦天之所以與我共理庶事者也使我而不使之則逆乎天矣褻天不可也逆天亦不可也於是賢而有德者則尊而尚之尚不徒尚而必與之共天位焉能而有才者則任而使之使不徒使而必與之治天職焉建官惟賢位事惟能不才者不得以幸進賢者在位能者在職不肖者不得以苟禄夫賢者尚之則賢者樂於進用而咸有帝臣之顧能者使之則能者勤於吏事而咸有效力之心内而朝廷之上有都俞吁咈之風外而州郡之間有慈祥豈弟之政措國家於泰山之安躋斯民於仁壽之域君之黎民無不安君之子孫無不保由是人君之居上端冕凝旒不待有所作爲也而海宇自成雍熙之治垂衣拱手不待有所經營也而天下自成咸和之俗不必嚴刑峻法而求一梗化敝俗者無有焉不必宵衣旰食而求一妨政害治者無有焉但見皇風宣布於六合而乾清坤寧萬物勃勃然也但見王化漸被於四表而鳶飛魚躍品彙熙熙然也仰之爲父母戴之爲元后不以遠近而殊不以華夏而异所謂凡有血氣莫不尊親者此也萬壽無疆福禄攸宜不啻如日升而月恒不啻如山峙而川增所謂自天祐之吉無不利者此也明主饗其盛也何如哉向使褻天而不尚賢逆天而不使能是猶爲方圓而不以規矩正五音而不以六律也其欲天下治且不可况望於饗其盛乎故人君不患不饗其盛而患天下之未治不患天下之不治而患賢才之未用爲人君者不欲饗其盛則已欲饗其盛而不尚賢使能何以哉

若賢才者其治天下之本乎其爲明主之所以饗其盛者乎或曰賢才之生不世出也幸有唐虞三代之人才則爲之君者足以享唐虞三代之盛矣其不幸而僅止於漢唐宋之人才則其治止於漢唐宋而已欲享其盛得乎噫不然也賢才之生何代無之但其生也不偶生故其出也不輕出使世無人君尚而使之則寧考槃澗阿栖遲巖谷必不爲之用而成其盛治矣故非尭舜禹湯文武之君則亦何以尚賢使能而享唐虞三代之盛乎不然春秋之時非不有孔子也而春秋之君不能饗其盛戰國之時非不有孟子也而戰國之君亦不能饗其盛所以然者其於尚賢使能之説漠乎其無聞也方今天下蠻夷率服四海一家聖天子在上端拱無爲以饗至盛之治實以體天行道尚賢使能之所致也豈特唐虞三代之君專美於前哉愚也何幸躬逢其盛

又

陳瓊

同考試官訓導葉批（此篇僅千餘字文勢變化略無定蹤而卒澤於理譬之齊氣方至千葩萬卉殊形异狀皆造化中物且讀之無一字凝滯自不覺其詞之繁也論場如此豈易得哉）

同考試官教諭王批（一論自肺腑中沛然流出殊不見斧鑿痕讀之剩有奇味可隽永也取之爲專事造語者之式）

考試官侍讀尹批（南畿人材淵藪摛詞立論鮮有弗能求其脱夫場屋陳腐之氣駸尋古作如此篇者指未許多屈也可以得之脱而不録乎）

考試官學士陳批（既得前論已爲奇矣此篇復出尤覺有味商敦復彝不能舍此取彼故并録之）

論曰穀與粟飢者皆欲食而致之者必先事乎耒耜布與帛寒者皆欲衣而致之者必先事乎機杼至治馨香君人者皆欲饗之也然不先乎尚賢使能又何以致之哉何也工欲善其事必先利其器賢能者國家之利器穀粟之耒耜布帛之機杼也穀粟而非耒耜一腹之飢且不能充而欲儲偫之盈可乎布帛而非機杼一身之寒且不能禦而欲帑藏之溢得乎君而舍賢才以治亦猶是耳此明主所以尚賢使能而後克饗其盛歟荀子之言厥有旨矣請發其旨而論之天下如此其大也兆民如此其夥也庶政如此其繁也人君一身如此其眇也欲饗其治兹亦難矣禮樂刑政闕一職則天工廢矣未可以饗其盛工虞教養無其人則天職弛矣未可以饗其盛智巧相攻勇力相抗失其治未可以言饗富者吞貧辯者惑衆失其治未可以言饗善治者則有致饗之道德之

盛者則折節以下之而不肖者弗禮人之能者則分職以布之而不才者不任禮樂刑政工虞教養充之者惟賢才也籠智巧挫勇力鋤富强闢邪説充之者惟賢才也吾見其刑政禮樂燦然而修明工虞教養秩然而振舉曰修明曰振舉皆賢才之所致也吾見其智如良平失其智勇如賁育失其勇富如晉楚不能施辯如儀秦不能逞勇與智皆失富與辯莫逞皆賢才之所致也豈惟得此隨事致功之賢才而安於小成耶明君推是心而上之尊德樂道以爲不如是不足以有爲由是將必有大臣者出焉是以震撼擊撞而鎮定者有其人辛甘燥濕而調齊者有其人盤錯奓結而解紓者有其人黯闇污濁而茹納者有其人得是人而處之朝廷之上譽望足以弭人之邪心容色足以消人之逸志如泰山喬嶽雖無運動之勞不疾而速不行而至靡然從風矣明君於此其責始盡其欲始遂但垂衣拱手而已耳端冕凝旒而已耳天地自位萬物自育四靈畢至而卷阿之鳳凰不得專美於周鳥獸之蹌蹌不獨見頌於虞易曰見龍在田天下文明詩曰無競維人四方其訓之可誣乎哉孟子有見於此而曰君用之則安富尊榮周子有見於此而曰賢才輔則天下治理固然矣吾嘗悲夫人君負於賢才而賢才負於人君者皆不能無議也觀夫秦始用斯高秦何負於斯高而斯高誘以刑名濟之暴虐卒使六國亡秦孔孟仕於齊魯孔孟無負於齊魯而齊魯不克終用卒使終身不遇人君負於賢才而欲饗其盛則猶烏之白馬之角固不可得賢才負於人君而欲饗其盛則猶蜀之日越之雪亦可得乎故曰上下交而德業成如此些明主之欲饗其盛必自賢才始猶飢者之穀粟寒者之布帛必于耒耜必于機杼也論而至是則知治其事者必先得其本得其本必先善其具古之饗盛治者莫尭舜若也觀其比屋可封而黎民有於變之風四方風動而萬國有咸寧之美迹其所由則在朝者皆三德六德之賢曰俊曰乂之士向非賢才輔可以一人而獨治乎古之饗盛治者亦莫禹湯若也觀其山川鬼神亦莫不寧鳥獸魚鼈咸若受天明命以有九有之師迹其所自則在職者皆惟賢惟能之士克宅克俊之賢向非賢才輔可以一人而獨理乎噫尭舜禹湯善其具者然也下而漢唐宋莫不由此以饗其治夫何疑乎方今聖人在上萬方率服四夷咸賓雍熙太和之盛曠漢唐宋所未有而實所以駕尭舜邁禹湯皆尚賢使能之所致也愚何幸身親見之

詔

擬漢令郡國求遺賢詔（高帝十一年）

賀恩

同考試官教諭侯批（詔有古法）

同考試官學正朱批（能作漢人語）

考試官侍讀尹批（詔擬漢得其彷彿）

考試官學士陳批（詔如式）

朕稽唐虞之治必以得人爲盛故元愷舉而庶績熙黎獻臣而九功叙朕以菲德受天明命夙夜祗懼思得吉士以與共理咨爾在位蓋已有年而賢才未盡登用豈貢舉之條未至歟抑奉行之人弗虔歟兹特申命爾其清乃心恪乃事職郡國者務求遺逸司貢舉者毋事虛文如或安常習故邦有常刑欽哉毋替

表

擬宋以錢若水爲翰林學士謝表（淳化四年）

鄧存德

同考試官教諭徐批（造語精緻用事切實佳）

同考試官教授羅批（簡潔得體）

考試官侍讀尹批（組織事實成駢儷語近世科場中所僅見者）

考試官學士陳批（麗則可觀）

臣若水言今月某日某官某奉宣詔旨以臣若水爲翰林學士者臣誠惶誠懼頓首頓首上言金華省白玉堂素重北門之選紫微垣芸香閣式崇東觀之嚴高虛近枕於斗魁邃密時聞乎天語倘非碩彦有玷清階大鈞誕錫於陶鎔小器實艱於負荷捫心知愧拊已若驚兹蓋伏遇

神武聖文沈謀英斷開誠納諫聿追好問好察之風節用愛民允協克儉克勤之道削平海内功業炳然其孰倫崇重儒先道德巍乎其莫及首專相業衆正足以勝憸邪日御經筵一性不移於近習人皆滿望史不絶書誠太平有道之君真端拱無爲之聖是以海隅日出之地悉仰帝德之光於凡際天所覆之邦咸有尊親之顧臣若水材猶樗櫟學本荒蕪蹈腐襲陳繆哉鉛槧之薄習循行數墨猥矣章句之陋儒方自憐襪線之短才何以塞絲綸之重任玉音面諭謂清要貴重朕不得爲斧扆口宣謂拖紫紆朱族皆延賞既遭時而得位當報國以竭誠以臣之愚於心猶歉竊惟高尚之士固不以名位爲寵榮忠正之流亦不以窮達易志操寔惟素藴况值清時必資寵遇於身方欲效忠於上是特中人以下之事固非忠正高尚之爲臣當日就月將非堯舜之道不敢溷冕旒之聽内謀外度非伊周之訓不敢干綸綍之光爲上爲德爲下爲民竭愚衷於方寸如岡如陵如山如阜祝聖壽於萬年臣不勝感激負荷之至謹奉表稱謝以聞臣誠惶誠懼頓首頓首謹言

第三場

策

第一問

鄧存德

同考試官教諭徐批（條答詳明揄揚切當蓋嘗留心古今而深契焉者他日發揮所藴必不負明良之際遇矣吾於是策見之）

同考試官教授羅批（此策歷述列聖訓誥之詳有合虞庭賡歌之意極爲明白而文有發揮真策手也）

考試官侍讀尹批（策詞俊偉可觀）

考試官學士陳批（策善答所問）

對神龍興而雲從感召之機速矣實足以見君臣之際遇朝陽升而鳳鳴瑞應之祥至矣猶有以著明良之相逢蓋聖君不世出而賢臣不恒有也故慶風雲之會而極賡歌之美聽律□之音而遂同游之歡者一見於舜典而萬世想虞廷之高再見於誥編而四海仰皇明之盛此明良載賡之歌君臣同游之訓所以間見而同符异趨而合轍將欲睹聖祖於帝舜之上接都俞於奎章之末嘆千載之一遇慨萬古之不磨而深致欣仰景慕之私也歟竊嘗伏讀君臣同游之章而拜手稽首颺言曰大哉皇言乎一哉皇心乎其即賡歌之遺意乎然而神祖作之於前列聖述之於後文皇帝之紹統而有孝順事實爲善陰隲之書章皇帝之繼序而有五倫書之製皇心默契純一乎於穆之天也皇言誕敷昭晰於涣汗之餘也其三書之作雖主於勸善而亦無非祖述聖訓之淵源詳記其事實而已其間所載如考叔遺羮而克悟君心閔損留毋而能諫長府尤見於孝順事實者然也非有協于誥詞補君之缺者乎叔敖埋蛇而身都楚相丙吉不伐而卒致封侯此見於爲善陰隲者然也非有協于誥詞君臣同游者乎若夫五倫書之所載如伊尹訓于太甲周公輔相成王此其君臣同游而足媲美于賡歌之人矣如夏書五子之歌周著箕子之嘆此其拾君之失而亦足以匹休于賡歌之人矣至于召伯巡行南國而有甘棠之思子産爲政於鄭而致輿人之誦又豈非爲民造福而足以并駕於賡歌之人者乎愚生竊伏士林沐浴清化瞻寶笈琅函之製睹龍翔鳳翥之文是訓是行于兹有年矣謹因明問而復其萬一惟執事恕其狂瞽幸甚

第二問

賀恩

同考試官教諭侯批（此策歷舉漢唐宋宰相經筵之建置得失考據詳

明議論切當且措詞雄健高古蓋嘗留心於策學者科目取士誰謂乏人）

同考試官學正朱批（古昔名臣所以匡弼治化輔成君德者條答無遺終則以伊傅目期志趣高尚必一佳士非拘拘於科舉之習以圖幸進者比也得人如此可謂無負矣）

考試官侍讀尹批（策有考究有斷制文法章法井井有條辟之老將行師軍容整飭號令嚴明而朝氣凜然勍敵望之自當退避誠异□也况三場俱優允宜首選）

考試官學士陳批（引援古今抑揚高下非胸中素有定論者不能秋闈得子魁選有所屬矣）

調元贊化以成一代之治者莫重於宰相啓心沃心以成一人之德者莫要於經筵蓋非經筵無以輔德而立乎治之體非宰相無以輔治而達乎德之用宰相經筵實相體用天下之重任孰有過於二者哉先儒程子有言曰天下治忽係宰相君德成就責經筵良以此也請因明問而條陳之夫輔君以致治者宰相之職也若昔伊尹之相商而堯舜君民周公之相周而制作禮樂卓乎不可及矣其後漢之相有若蕭何之畫一曹參之守法雖起自刀筆學尚黄老然當時之治清净寧一蓋可與也彼誅吕安劉之陳平擁昭立宣之霍光可謂易亂爲治矣然一則挾知任詐一則陰妻邪謀能不爲功名之損乎此蕭曹所以爲冠也唐之相有若玄齡之善謀如晦之善斷雖史傳所載無他政績然貞觀之治庶幾成康固可稱也彼再造唐室之仁傑身係安危之子儀可謂撥亂反正矣然一則失於□□一則侈於聲樂能不爲盛德之累乎此房杜所以爲首也至於有宋名相非一人所稱非一事如韓魏公之光輔二朝大濟艱難故重厚如勃可屬大事之美非溢也而慨然以整飭紀綱爲任寧薄任子之恩而謗不恤寧密磨勘之法而毁不顧則有范文正富鄭公之奉使北虜折以片言故億萬維生公手撫摩之頌非諛也而使天下争自濯磨以通今學古爲高以救時行道爲賢以犯顔敢諫爲忠則有歐陽子之四人者雖位有正副時有久近而立心行己則無不同此世所以并稱之而不爲异歟其他受遺輔政與韓公齊名者曾公亮也然惟務雷同一切規隨不免見譏於介甫拜麻相賀與富公齊名者文彦博也然以燈籠錦取媚貴妃不免見劾於唐介此其雖與二公齊名而不得與四人并稱者又何怪歟至若講學以輔德者經筵之職也若昔傅説之告高宗而德修罔覺周公之傅成王而日就月將巍乎不可幾矣其後漢自宣帝會召諸儒蕭望之等講經石渠經筵始有所也而章帝又會講於白虎觀稱制臨决一如石渠於是有常所矣然望之名儒出補外郡石顯憸人專

政中庭果常如講學時乎其視光武之講論經理夜分不寐武帝之樸學不好安帝之博士不講雖學有勤否而格心之益則概乎其未聞也唐自玄宗選馬懷素褚無量等入内侍讀侍讀始有名也而開元中又置集賢書院侍講學士侍讀學士於是有常職矣然黎園之樂汨亂聰明寧王之笛轉移心術果常如集賢時乎其視太宗之討論古今夜艾忘倦憲宗之留意典墳文宗之書史自娱雖功有高下而踐履之實則蔑乎其未有也宋之諸君或講於崇政或講於資善或命直禁中或僝直秘閣此固講學之所也然宫中消日惟是觀書居常禁中亦有日課則無適而非學矣經筵何常所乎翰林既有侍讀而又有崇政殿之説書翰林既有講讀學士而又有著作佐郎兼侍講者此固講讀之官也然太師得赴經筵而僕射亦有與焉史官得侍經筵而處士亦有召焉蓋無賢而不講講官何常員乎其間如孫奭講説命三篇而特誦三句曰事不師古以克永世匪説攸聞太宗聞之而思得良弼可謂美矣然寵任盧多遜果良弼乎范祖禹講五子之歌而再誦六句曰内作色荒外作禽荒酣酒嗜音峻宇雕牆有一于此未或不□哲宗感之而□肯者三可謂善矣然祖禹終見黜果能聽乎此二君雖能得書之詞而無踐履之實則又何足議歟洪惟我朝太祖高皇帝革宰相任六卿使之不相統而相制所以懲臣下專政之患也然政務一出于上萬幾不免叢脞矣故我太宗文皇帝又妙選翰林儒臣處之内閣以參决機務與謀密勿則隱然内相之職也天下治忽合此其誰責然必君臣相得委任責成而不間以憸人可也列聖相承御經筵親儒臣俾之紬經繹史于以究帝王傳心之學也然聖德雖出於天縱而聖學亦不容廢矣肆惟皇上體道謙虚鋭意經筵自震繼离日單厥心初不以寒暑而暫輟也勸講儒臣舍此其奚補然必不時召對從容詳延而不事虚文可也愚生幸逢聖明倘見録用則當以伊周傅説自期待而以尭舜禹湯望吾君執事幸毋誚其□妄而進教焉

第三問

鄧存德

同考試官教諭徐批（此策於歷代諸將行事得失隨問隨答詳瞻無遺文勢滂沛筆力老健浩浩乎如長江大河沛然莫禦参之他作亦皆表然也類秋闈如子豈多得哉）

同考試官教授羅批（此篇言練兵選將之方最爲切要而又歷數□賢否之詳數千百年之□□□諸掌且文勢滔滔圓融無滯真策手也本房八百餘卷無出其右）

考試官侍讀尹批（一見初場已知奇士策復如此高薦奚疑）

考試官學士陳批（策能纖悉無遺予奪有法末復以方召紀律伊吕仁義爲師可謂得所宗矣异才之選其在兹乎）

截奔浪而泛濤江者必資乎舟而舟之運也在乎舵飛金鏃而飲鵰羽者必假乎弩而弩之發也在乎機戡禍亂而靖國家者必恃乎兵而兵之用也由乎將此兵戎所以爲國之大事而將帥所以爲兵之要樞一舉而係天下國家之安危一人而懸六師萬衆之軀命夫豈可以輕舉而妄授也哉是宜執事以國家大計而下詢承學也且夫兵貴乎能練練之而後可精將貴乎慎擇擇之而後可得故教之以坐作進退之方所以作其勇誨之以孝弟忠信之道所以結其心之類則兵可精矣醉之以酒以觀其態使之以遠以觀其勞之類則將可得矣練兵選將之方此其要歟姑稽之載籍驗之往古以與執事商確之斯可見矣夫孫武爲書十三篇微妙□密而變化不窮可謂善矣柰何譎詐之謀有□仁義之武不足故謂其不由於道而無功也吴起著書六篇智通萬物而拓地千里可謂似矣奈何有才無行所至怨謗故謂其難行於世而保身也范蠡之平吴伯越而扁舟五湖張良之蹴秦蹶項而辟穀謝事其功成身退之迹雖同然蠡則斥君之短良則知足自持此其心術之微自不能無優劣之分也霍去病之不學兵法而六克匈奴者雖曰顧方略之何如亦天幸焉爾趙括之徒讀父書而覆軍長平者易言兵法之所致法果何罪乎是兵法固不可以不學而用法又不可以不知變也戰國之虎鬥西漢之龍興勇將雖多求其勇於義者何人觀夫澠池之會而怒髮上衝於張目瞋視之頃卒之國□九鼎名高太山非藺相如之勇於義能之乎□門之會而持盾直入於舉玦拔劍之時卒之高皇龍蜕漢祚雲興非樊噲之勇於義能之乎若夫衛青久處富貴功名始終或稱其有君子之道三謂其待人也恕好賢也誠臨事也謹也充國長轡遠御糜以歲月疑其坐失事機矣或稱其得禦戎之術謂士卒不勞而羌戎自破能用常勝之兵也當師行関西而未嘗妄殺一人此鄧禹立心之仁也玉牒聯姻貂蟬奕葉天報之厚爲何如師勝長平而詐坑降卒數萬何白起立心之慘也杜郵之禍伏劍知悔天報之顯爲何如諸葛亮之結孫吴而抗曹魏跨荆益而隆漢業偉哉王佐之才也胡乃祁山之捷未收而營中之星已墜功之不成非天意歟郭子儀之掃腥羶而復唐祚鎮中國而係安危巍然勛業之盛也若其免胄而見迴紇赴燕而感朝恩事不可法非幸成歟是皆爲將之光昭簡册功載祈常者矣嗟夫文事武備固經生之所當講□轂閫外亦丈夫之所當爲苟或濫剖兵符猥□虎節則當考韓范諸公之餘烈酌漢唐諸將之事功以好生爲心以全勝爲策者則取之以爲法以好殺爲念以輕動取衄者則因之以

爲□等而上之又宜師方召之紀律宗伊吕之仁義矣豈徒扭一勝而啓國家之釁哉管見如斯未知是否惟執事其鑒而采焉幸甚

第四問

吴寬

同考試官訓導葉批（此作超然於問日之外而自立一説亦已奇矣且議論正大切中時弊又皆鑿鑿可行非古今萃於胸中者不能爲此言也）

同考試官教諭王批（救荒一策正欲觀士子濟時之學此作以爲備於未然救於已然俱不若知致荒之由而更革之爲大其言精確切中當世之務斷斷乎如玉穀之必可療飢如藥石之必可愈病使出而從政吾知其必不負所學矣）

考試官侍讀尹批（不爲問目所拘而有探本之論詞簡意深識高志遠吾於斯策見之矣健羡健羡）

考試官學士陳批（範我馳驅而不爲羈靮所縛非善於步驟者不能其老於場屋者歟）

論救荒之法當論備荒之政論備荒之政當論致荒之由蓋救者救之於已然能知所以備之則不必救矣備者備之於未然能知所以致之則不必備矣此愚之論荒政必欲推原其由也且世之凶荒固出於天而亦未嘗不由乎人洪範所謂曰肅時雨若曰乂時暘若可見矣然以堯湯之時亦有水旱之灾則音由於天時而不由乎人事其卒不能水旱堯湯之民者以能修人事而勝天時耳蓋古者三年耕必有一年之積九年耕必有三年之積及其久也蓄積既多□□灾荒亦不爲害也方今恒雨恒暘天時之變屢矣啼飢號寒小民之窮甚矣此無他朝廷之糜費日甚於一日小民之供需日益於一日是以公私兩困財力俱盡而又重以州郡之催科爬梳宿逋久負以爲聚斂之能嚴刑苛公以爲征需之善此豈獨可以咎天時乎今也試知荒之所致在此莫若省糜費節供需任寛厚温良之吏而施之以慈祥豈弟之政則灾荒且無由而起又何必救之於已然而備之於將然哉所謂荒政之大計不出此若夫周禮荒政十有二是皆救之於已然特可拳一時之宜而已故或人小之者以其大者或不在此非不善之也敢以是爲對

第五問

吴寛

同考試官訓導葉批（時務一策正以觀士子明體適用之學答者殊無卓見獨此作以政教本於得人爲主曲盡所蘊於言外誠策乎也）

同考試官教諭王批（此策歷述我朝立法之善與今日所行之弊且楞古證今而一歸之得人非熟於時務者不能允宜高薦）

考試官侍讀尹批（隨問而答皆切時宜知古知今卓有定見舉而措之事業必有可觀得士如此當爲科目出色）

考試官學士陳批（答時務者多牽合傅會掇拾成章而已求其高才卓識善謀能断如此篇者不易得也）

蓋聞世久而化洽固今日之所當頌時平則政玩亦古人之所深慮甚矣因循廢弛之弊每見於重熙累洽之日使君臣上下之間咸加維持振舉之力則何患政教之不修明德化之不浹洽也哉洪惟我朝列聖繼作仁漸義摩百有餘年德化洋溢於四方協氣充周於六合孔子所謂善人爲邦之效王者必世之仁於斯驗矣然博施濟衆堯舜猶病儆戒無虞伯益嘗陳此所以廑執事之問也且以俊傑待承學愚雖不敏敢不略陳所知以爲明問萬一之復乎古者量能授官歲計吏治今審試於初授黜陟於九載所以酌古法而任賢去邪也何比年賢者未悉登而奔競矯激者累見驟遷貪者未盡黜而廉静寬厚者已或見汰賢否同科如此其何以别之乎要必嚴連坐之法采輿論之公而典銓者又擇品裁清允如楊綰則銓選自公黜陟自當矣古者田以井授税以十一今征民以兩税賑民以社倉所以仿古意而足國裕民也何近歲郎階胄監皆粥於錢虜白丁糶穀賣絲恒苦於窮檐蔀屋公私皆困如此其何以濟之乎惟節浮冗之費嚴出納之令而掌賦者又擇經畫有方如劉晏則國用自充民食自給矣今之軍功以首虜爲差而升賞則每浮於其實即古者功疑惟重之意也然捷音恒賫於傔從功載或專於史胥赴敵捐生有徒委鋒鏑高枕肆志者坐享功勛不實多矣其必革隨征傔從之名重紀功風憲之柄而又有若賞罰明信之孔明不賞邊功之宋璟則賞豈有不當乎今之刑獄以律例爲准而恩詔則每恤於疑情即古者罪疑惟輕之意也然讞議或不訖於威强而惡者幸免原釋多及於資富而死者何辜不當甚矣其必杜請托之私重出入之條而又有若蘇忿生之司寇張釋之之廷尉則罰豈有不當乎若夫學校育才以德行爲本古今不异也然今之所習詞章之末藝師儒以得科貢爲最提督以應故事爲名其視六德六行爲何物故必嚴師儒之選重提督之責察孝友於鄉閭審言行於師友如此則爲師生者必有如安定之道義范純仁之直温者出又何患賢才乏用乎憲臺給舍以進言爲責者古今一致也然今之所陳經生之恒談或駁簿書以塞責或托忠厚以養交而視國家大計爲何事故必廣聽納之恩召已黜之言官重親擢之例革啖餌之私情如此則任言責者必

有如汲黯之忠直魏徵之諫諍者出又何患言路壅塞乎古者飲射揖讓民用和睦而今之鄉飲非此意乎然豪悍之民鼠牙易起犴獄無虚違玩甚矣苟能導之以禮義率之以遜讓而守令有若孫叔敖令楚施教導民則民豈有不興孫弟而爭訟息乎古者九章之服上下截然而今之禮制非此意乎然富室之民車服第宅僭擬王侯奢僭甚矣苟能倡之以儉朴申之以禮制而守令有若子産治鄭都鄙有章則民豈有不循禁章而服色不亂乎是知任人也理財也賞功罰罪也皆政之所寓也學校也言路也民嚚俗敝也皆教之所係也政教之敝如此襲而行之固不可變而通之亦未易易曰神而明之存乎人孔子曰爲政在人司政教者各得其人而行之則但見其法之善而不見其不善矣所謂善人王者之效豈不見於今日哉夫言及之而不言君子不爲也兹因明問敢以已意塞白倘得轉而上聞則豈獨愚生之幸哉惟恕其狂妄而教之

應天府鄉試録後序

孟子曰君正莫不正一正君而國定矣禮曰教尊而官正官正而國治蓋自古國家所以長治久安者固本乎君心正于上官守正于下而官守所以咸克以正自處者則又繫乎上之人之教何如耳肆我太祖高皇帝應天啓運撥亂反正其貽謀燕翼也咸以正罔缺其育士也以經術爲正學而一切術數功利之習絶口不談其取士也以科目爲正途而近代詞賦明法諸科悉屏不用列聖相承世益崇尚百有餘年于兹矣前後得人敷施中外所以彌綸化原恢張治功以隆熙洽之運於億萬載之久者率由正學之所薫陶正途之所拔擢也如稼于田而必獲五穀之正味定于鍼而必獲子午之正方夫豈無自而然哉恭惟皇上協德重華體元居正嗣豐芑之澤收化成之效衆正集于朝群才列于位旦夕承弼罔匪正人蓋自朝廷至四方萬民無不一出于正雖軻書戴記之所稱蔑以加矣方宵旰勵精側席賢才圖裨化理而以育才論秀爲正務尤加意焉乃成化戊子又當鄉闈大比之期應天府府尹臣亨府丞臣哲預請翰林儒臣爲正考官上命臣鑑臣直往涖其事而於陛辭之旦特賜珍膳示寵异也臣等拜稽受命益增感激乘傳偕往星馳飆駛涉險蹈危甫兼旬而至既鎖院矢諸執事毋以私廢公毋以邪妨正期因醇正之辭以得醇正之士以報稱聖天子崇正黜邪之德意於萬一也合太學諸生洎畿甸秀俊凡若干人三試其文多彪炳可觀僅拔其尤醇正者百三十有五人遵正額也然視諸方岳所取數幾倍之於戲盛矣臣直因竊嘆曰士生於今日際平康正直之時聖明

興賢致理之秋可謂時得其正矣且樂育於學校薰陶於聖化以儒爲名以經爲學而出辭吐氣粹然仁義之正理可謂學得其正矣迄兹以賢能賓興歌鹿鳴而與計偕發軔斯途視僥幸他岐者光榮倍蓰又可謂出得其正矣自兹以往騤騤嚮用其毋修于家而壞于天子之庭毋曲學阿世以取側目之譏毋昏暮求哀而以驕人於白日必正其誼不謀其利如漢董子必上不負天子下不負所學如唐陸敬輿必先天下之憂而憂後天下之樂而樂如宋范文正夫然則上足輔正於一人下足表正於萬民而遠足□休於先正使天下後世之人咸知正學陶士之功如此正塗得士之盛如此聖天子作興正人端士之效如此不其韙歟直等忝主司亦幸不失其正矣故因録成敬序于左以與諸士子相規正云

翰林院侍讀尹直謹序

成化七年應天府鄉試録

應天府鄉試録序

百無异

訓導臣詳

官御史臣燮臣昭□百執事在遂

□梓爲録蓋古者

行年之署猶□録

且驥雖一蹶何累

三北竟收大勛故

（此處底本殘缺——編者注）

謹序

成化七年應天府鄉試

提調官

□□府府尹畢亨（文亨河南河南衛人　甲戌進士）

（此處底本殘缺——編者注）

文林郎□□□道監察御史陳昭（育民□　甲申進士）

（此處底本殘缺——編者注）

收掌試卷官

□府□張春（時□直隸真定縣人　□進士）

（此處底本殘缺——編者注）

□縣知縣唐詔（廷宣山東陽信□　監生）

巡綽官

南京驍騎右衛指揮使趙璽（天章河南宜陽縣人）

□留守左衛指揮僉事歐陽昇（啓東江西萍鄉縣人）

（此處底本殘缺——編者注）

應天府

（此處底本殘缺——編者注）

第一場

四書

所謂誠其□旨毋自欺也如惡惡也

（此處底本殘缺——編者注）

益損上益□民説無疆自上□光利有攸往中正有慶利涉大川木道乃行益動而巽日進無疆天施地生其益無方凡益之道與時偕行　易與天地準故能彌綸天地之道□　於天文俯以察於地理是故君子萬年

（此處底本殘缺——編者注）

福乘馬在□□之秣之君子萬年富禄艾之乘馬在厩秣之摧之君子萬年福禄綏之 □□飛翽翽其羽亦傅于天子命

（此處底本殘缺——編者注）

亳（并莊公二十□年）荆伐鄭（莊公二十九年）齊人降鄣（莊公三十年）齊侯宋公江人黄人盟于貫（僖公二年）諸侯盟于葵丘（僖公九年）楚人伐黄（僖公十一年）諸侯城緣陵（僖公十四年）公孫敖帥師及諸侯之大夫救徐（僖公十四年）夫人姜氏會齊侯于卞（僖公十七年）齊侯來獻戎

（此處底本殘缺——編者注）

子嬰齊于

（此處底本殘缺——編者注）

之卵胎皆可俯而闚

（此處底本殘缺——編者注）

能修禮以達義體信以達順（此處底本殘缺——編者注）也 （此處底本殘缺——編者注）卒朔然後服之 □成復綴以崇天子席小卿次上卿大夫次小卿士庶子以次就位於下獻君君舉旅行酬而后獻卿卿舉旅行酬而后獻大夫大夫舉旅行□□獻士士舉旅行酬而后獻庶子□□□□皆有等差所以明貴賤

（此處底本殘缺——編者注）

林學士誥

（此處底本殘缺——編者注）

佑謝真宗謁文宣廟表

（此處底本殘缺——編者注）程

（此處底本殘缺——編者注）斛斗稱尺（此處底本殘缺——編者注）瀆神明（此處底本殘缺——編者注）津留難　造作不如法

第三場

策

自古帝王必有訓典以貽天下後世至□我則有大誥三編在則有爲善陰隲孝順事實在□□有五倫書皆萬世之大訓也比□□載萬國之幅員兼百代之文獻□邇鉅細翕然可指廢興善惡炳然可□雖曰儒臣所輯而□親定其綱□雄冠于首其可與前四書同垂于萬世歟竊嘗伏觀其略自兩京暨十三布政司皆首圖而次志圖則郡縣棋布志則山川風俗人物名宦之屬綱舉目張旴如也夫談今者必證古舉遠者必先近圖之與志兩京與十三布政司之制在古亦有之乎山川以下在布政司者固博乎難以議爲也其在南畿者諸生□所見聞可舉其尤歟且義卦禹疇异□□書也尚相表裏況我相表裏者乎堯言萬世如見主其敬對無忽大下未嘗亡惟托於人絶故其行於世者有明有晦□□天命之所爲非人知力之所能及也論者堯舜禹湯文武周公生而道始行孔子孟子生而道始明前此三皇繼天立極何云至是始行歟帝王於道未始不明何云至是始明歟有謂天不生仲尼萬古如長夜何人有此的見歟有謂使孔孟同時將并駕其説於天下此果定論歟有謂秦漢以下諸儒説道理直是説夢若晁錯田生申公高堂生鄭玄王肅孔穎達之從宜乎其然矣然則董子楊子文中子世稱名儒其亦見道之未真歟又謂只有韓文公説得略□□□□又有謂孔孟之道周程張□□□□□□□之道朱子又継之朱□□□□□□□歟其所継者何歟□□□□□□□續既晦而復明端在於今□□也諸士子應賓興而來行且觀之光將何道以輔文明之治願紬繹以對

問　余讀易至于豐之繇未嘗不嘆聖人之爲世慮深且至也夫世之所憂者屯耳否耳蹇耳剥耳幸而豐焉世所樂也而聖人乃謂其可憂援日月之

中旲盈食以爲喻必欲王者尚大而照天下斯可無虞其爲世慮何其深且至耶今天下承平百年犁鋤尋於遐僥雞犬囂於窮□□□□人墻屋被文繡而婢僕厭粱□□□□豐矣

（此處底本殘缺——編者注）藉者如雨内外之閑厩□□□□矣文辱鱗崪壅□□□□□□□□弗能給皆患無術□□□□□□□豐矣普天率土凡百□□□□□□□唐宋之盛弗能踰也然民□□□□□水旱則窮者流亡富者乏匱兵馬豐矣而一有征伐則精卒勁騎俱不給於營陣人材豐矣而庶官之員恒闕緩急輒有乏材之嘆其故何也豐之可憂者其謂此耶非耶抑又有大於此者耶天下之可憂者其詳有幾憂而圖之計將安出凡天下之事與其貽悔於後孰若預憂於先前數者預憂而爲之計則可以保豐於悠久否則能無悔乎今聖天子臨御正如日中之照天下有司欲秉炬以佐其光也故咨於諸生范文正公有□□當先天下之憂而憂後天下之樂□□諸生豈無憂天下如文正者乎其□□人三才也三才之道有天下者所□□理焉古者作蓋天以定氣敬乎天□□制莫善於羲和之造璣衡仰觀以□七政作曆以授人時即渾天儀也厥後或經營之量度之鑄銅爲之儀象又有爲内外之儀曰六合曰三辰曰四游其法制果沿於古乎抑有所增損乎古者畫野分州經土設井因乎地矣然功莫盛於神禹之平水土成五服以封建則三壤以井田詳于禹貢也繼是或郊□□□鄙之辨土以任土事又有分天□□□十三部爲十道爲十五路其□□□於古乎抑各因其形勢乎禮□□□□隆古不宜有詳略之异何□□□□而略於政王者詳於政而□□□□樂之從先進夫子也然愛□□□□是崇本原器數之咸備其得□□□□以仁義爲本先王也然鞭□□□□寬嚴莊密之兼致其幾□□□□人所以理三才者果出於□□□□因其自然歟其亦有所爲歟□□□□亦足以致治歟諸生生長首□□□□涵　□□□□之道追配古昔之盛必講之□□□□爲我一陳之

問　人心不同有如其面行治所由异也古之人若堯桀凱凶較然霄壤天下萬世所知矣若夫聖之清和伯主之正譎大夫之濫隘士之拯溺受牛與贖人辭金□隣之婺與嫗不建門之女孔孟有定□□他若相之或通或介將之或寬或□□刑之或恕或刻以至立教之或以□□以剛克守郡者或以術破奸黨□□□寇讐治邑者或戴星而勞或選者或嗔而與人官或笑人官治兵者或不戮一人或鞭三人耳至於同仕宦也有苦身有放意自恣同奏事也有力争有同侍講也有爲元老而恭有起布□同爲直指使也有多誅殺有多

使□□□秦也有專美本朝有微説國弊同致師也有右入壘有左射以蒧同在軍見君使也有納不納者矣同除喪鼓琴也有和不和者矣同鋤地見金也有擲不擲者矣若此者孰優孰劣疇是疇非九原可作其誰與歸夫論別人物者大學格致之一端也毋從諉諸不暇

中式舉人一百三十五名

第一名　濮晉　常州府學生　詩
第二名　卜同　宜興縣學生　書
第三名　易
第四名　春秋
第五名　禮記
第六名　詩
第七名　書
第八名　易
第九名　春秋
第十名　禮記
第十一名　詩
第十二名　書
第十三名　葉頍　太倉府□□　詩
第十四名　薛端　應天府學軍生　書
第十五名　秦瓛　崑山縣學增廣生　易
第十六名　陸鑾　興化縣學生　詩
第十七名　張汶　上海縣學生　書
第十八名　周怡　鎮海衛學軍生　詩
第十九名　虞臣　崑山縣學增廣生　書
第二十名　左然　涇縣學生　易
第二十一名　唐相　徽州府學生　春秋
第二十二名　黄肅　六合縣學生　禮記
第二十三名　吴綸　崑山縣學增廣生　詩
第二十四名　劉溥　廬江縣學生　書
第二十五名　馬湘　徐州學生　詩

第二十六名　李琨　江陰縣學生　書
第二十七名　李鐸　蕪湖縣學生　詩
第二十八名　姜昂　鎮海衛學民生　易
第二十九名　曹畧　吴縣儒士　書
第三十名　朱鑾　江西宜春縣人監生　詩
第三十一名　王沂　武進縣學增廣生　春秋
第三十二名　胡英　浙江秀水縣人監生　詩
第三十三名　卞詳　徐州學生　書
第三十四名　白坦　武進縣學生　詩
第三十五名　趙沄　山陽縣學生　禮記
第三十六名　劉纓　吴縣學軍生　易
第三十七名　錢潤　浙江慈
第三十八名
第三十九名
第四十名　書
第四十一名　春秋
第四十二名　詩
第四十三名
第四十四名　詩
第四十五名　易
第四十六名　詩
第四十七名　書
第四十八名
第四十九名　張
第五十名　詹華　江西
第五十一名　汪浩　徽州府學生　春秋
第五十二名　徐信　江都縣人監生　詩
第五十三名　潘洪　宿遷縣學生　禮記
第五十四名　曹鑰　清河縣學生　詩
第五十五名　俞綸　應天府學軍生　書
第五十六名　□坤　常熟縣學增廣生　詩
第五十七名　□　長州縣學生　書

第五十八名　常熟縣學增廣生　詩
第五十九名　所學增廣生　書
第六十名　府學生　詩
第六十一名　易
第六十二名　祁門縣學生　春秋
第六十三名　崑山縣儒士　詩
第六十四名　懷寧縣學生　書
第六十五名　縣學增廣生　易
第六十六名　人監生　詩
第六十七名　縣學生　書
第六十八名　黄□　穎上縣學生　禮記
第六十九名　蔣陽　福建龍巖縣人監生　易
第七十名　阮宗　武進縣學生　詩
第七十一名　黄瓚　鳳陽府學生　書
第七十二名　何勝　歙縣學生　春秋
第七十三名　王楫　虹縣學生
第七十四名　陸易　栗陽
第七十五名
第七十六名
第七十七名
第七十八名
第七十九名
第八十名
第八十一名
第八十二名
第八十三名
第八十四名
第八十五名
第八十六名　趙溥
第八十七名　莊英　徽州府學生　春秋
第八十八名　項孔恂　浙江麗水縣人監生　詩
第八十九名　華珏　無錫縣學生　易

第九十名　曾彦　江西泰和縣人監生　詩
第九十一名　芮稷　宜興縣學生　書
第九十二名　金璪　常州府學增廣生　詩
第九十三名　張武　當塗縣學生　易
第九十四名　盛廣　松江府學增廣生　書
第九十五名　任順　常熟縣增廣生　詩
第九十六名　陳軒　山陽縣學生　禮記
第九十七名　周珙　松江府學生　詩
第九十八名　王進　應天府學生　書
第九十九名　錢昆　常熟縣學生　詩
第一百名　范昕　當塗縣人監生　易
第一百一名　王皋　華亭縣學生　詩
第一百二名　姚昺　應天府學生　春秋
第一百三名　陸銍　松江府學增廣生　書
第一百四名　張鼎　徐州學生　詩
第一百五名　孫霖　蘇州府學生　易
第一百六名　黄謙　應天府學生　書
第一百七名　沈景　應天府學增廣生　詩
第一百八名　王升　銅陵縣學生　書
第一百九名　陳　州學生　詩
第一百十名　易
第一百十一名
第一百十二名
第一百十三名
第一百十四名
第一百十五名
第一百十六名
第一百十七名
第一百十八名
第一百十九名
第一百二十名
第一百二十一名

第一百二十二名　易
第一百二十三名　葛洪　銅陵縣學生　詩
第一百二十四名　王晟　壽州學生　書
第一百二十五名　吴璡　浙江烏程縣人監生　詩
第一百二十六名　胡岩　徽州府學生　春秋
第一百二十七名　高鼎　常熟縣　詩
第一百二十八名　程　春秋
第一百二十九名　增廣生　詩
第一百三十名　學生　書
第一百三十一名　溪縣人監生　詩
第一百三十二名　禮記
第一百三十三名　詩
第一百三十四名　春秋
第一百三十五名　易
（此處底本殘缺——編者注）

第一場

四書義

所謂誠其意者毋自欺也如惡惡臭如好好色此之謂自謙故君子必慎其獨也小人閑居爲不善無所不至見君子而后厭然掩其不善而著其善人之視己如見其肺肝然則何益矣此謂誠於中形於外故君子必慎其獨也曾子曰十目所視十手所指其嚴乎富潤屋德潤身心廣體胖故君子必誠其意

蔣廷貴

同考試官教授韓批（大學一題場中多不能悉自欺自謙之意獨此篇說理詳明行文條暢故表而出之）

同考試官監丞閻批（大學此題頭緒雖多已有定說場中作者非混而無别必析而不精唯此作體認明白而措辭典雅蓋嘗留心於誠意之學者歟臨筆三嘆）

考試官侍講徐批（此作識理既精文足以發之是宜録出）

考試官洗馬楊批（凡作義講理難而增損傳注爲文尤難場中如此作

者鮮矣）

大學釋誠意之詳無非戒人自欺而勉人自謙也夫誠其意者自修之首也毋自欺而必自謙則意誠矣大學得不反覆詳言以示人哉傳者之意蓋曰經所謂誠其意者在禁止其自欺也人知爲善以去惡而心之所發有未實是之謂自欺必實用其力以禁止之使惡惡也如惡惡臭之實而務決去好善也如好好色之實而求必得皆以快足於己而不可徇外爲人是之謂自謙然其實與不實蓋有他人所不及知而己獨知之者故君子必謹之于此以審其幾也彼小人獨處爲惡固無所不至矣然其心亦知善當爲而惡當去也故既見君子而後消沮閉藏掩覆其實惡表著其虚善殊不知人已洞視其善惡如灼見其肺肝惡卒不可掩善卒不可詐何益之有此謂誠於中則形於外故君子重以爲戒而必謹其獨也曾子嘗謂幽獨之中無一人指視之者而善惡之不可掩炳然十目所共視森然十手所共指可畏之甚也人可自欺而不誠其意乎彼積財成富則能華澤其屋矣積善成德則能華澤其身矣德之澤身者一心無愧而廣大寛平四體無累而安舒康泰此則自謙而意已誠矣是故君子必毋自欺求自謙以誠其意也傳者兩言慎獨而旨益明三言君子而意彌切欲誠意者可不詳玩而猛省乎抑嘗味之大學之道蓋莫要於誠意者矣前乎格致之理待誠意而行之也後乎正修齊治平之道由誠意而進之也故傳者於此獨詳悉而痛切焉先儒謂此章爲大學一篇之要有旨哉

人人親其親長其長而天下平

卜同

同考試官教諭李批（場中作此題者多失本意惟此篇明白條暢故用録出）

同考試官教授方批（此題本平易而作者有以治化言有以推行言殊失集注之意意得而文足以□□□惟見此篇）

考試官侍講徐批（通篇以近易之道立説深得本旨非老學不能也）

考試官洗馬楊批（此篇有警省人處）

衆皆爲近易之道則世自無□治矣夫親親長長道之近且易者但人皆□□道則世自無不治矣而可求之遠且難哉今夫天性之親天倫之長在人爲甚邇有親而親之有長而長之在人爲甚易而道初不外是也舍此而他求則遠且難而反失之但人人親其親長其長則天下自平矣夫人皆有親也而或不親焉今曰人人親其親則是若貴若賤皆克循天性而致其愛無一夫之

不親其親矣人皆有長也而或不長焉今曰人人長其長則是無小無大皆克念天倫而致其敬無一夫之不長其長矣夫如是天下其不平乎蓋人不皆親親而長長甚至悖父而傲兄天下所以不平也既人人親親而長長則仁孝大同而悖逆之風泯友義均一而傲慢之俗微非天下之平乎夫以天下之平惟在親親長長而已則求道者烏可舍親親長長而他求哉噫是道也愚不肖者固失之矣賢智者求遠且難而又失之此聖賢之所深慮也故孟子於上文既曰道在邇而求諸遠事在易而求諸難又言此以繼之蓋使賢智者毋以是道爲近易而忽之又使愚不肖者知是道爲近易而及之也其旨不亦深哉

易義

益損上益下民説無疆自上下下其道大光利有攸往中正有慶利涉大川木道乃行益動而巽日進無疆天施地生其益無方凡益之道與時偕行

蔣廷貴

同考試官教授韓批（彖傳明白簡易初無難作而士子反皆陳言是襲令人厭觀此篇濯舊爲新理明詞健發出聖人傳益之意宜置優選）

同考試官監丞閻批（題本平易而作者多分□不明講貫戾旨平正通達僅見此篇）

考試官侍講徐批（講不費詞理自明白可謂作者）

考試官洗馬楊批（理明詞健尤如初考）

彖傳釋卦名而廣益之義釋卦辭而申益之道尤極言贊益之大也夫益非可以一言盡也彖傳廣其義申其道而贊其大不既盡矣乎昔犠皇畫益之卦文王係益之辭吾夫子作彖傳以釋之蓋謂卦之所以名益者以卦體損上卦初畫之陽益下卦初畫之陰是在上損己以益民則其民感悦無窮蓋若天澤之下注而悦物也陽自上卦而下於下卦之下是自上降己以下賢則其道顯著無外蓋若天道之下濟而光明也此皆釋卦名而廣益之義者若夫卦辭所謂利有攸往者以卦體九五居中得正爲君六二居中得正爲臣君臣具中正之道以益天下有福被於民矣往何不利哉所謂利涉大川者以卦象震位東方屬木巽於易象爲木二木爲舟楫之利以濟不通其道行於世矣涉何不利哉此皆釋卦辭而申益之道者又卦德震以陽起而德爲動也巽以陰伏而德爲巽也是人之益道動而巽其日進廣大何有疆限哉卦體乾以陽下施而成震也坤以陰上生而成巽也是天地之道施而生其益物溥博何有方所哉是知凡益之道皆視當益之時時未至也不先之時既至也不後之惟與時而偕行耳此又極言贊益之大者聖人彖傳之意可謂無餘藴矣考之損益二卦

義相對而序相承者彖傳於損則曰損益盈虚與時偕行於益則曰凡益之道與時偕行蓋當損而損當益而益各有其時時者其損益之準也然豈特是哉六十四卦三百八十四爻舉不越乎時也孟子曰孔子聖之時然則傳易之聖人其即易乎

易與天地準故能彌綸天地之道仰以觀於天文俯以察於地理是故知幽明之故

蔣廷貴

同考試官教授韓批（題有定説而作者紛紜舛錯殊無定見唯此篇説彌綸天地之道極爲明白詳盡蓋嘗潛心於易者是用録出以示來學）

同考試官監丞閻批（此題首二句實一章綱領與下文三節相應而天地之道本義已明言矣學者率不究心故作此義者陳腐相襲首尾衡决殊無照應唯此篇深合本義之旨且辭理焕然讀之令人心開神聳高薦何疑）

考試官侍講徐批（易道之大聖人用之此作發揮盡矣其深於易者乎）

考試官洗馬楊批（此題多程文矣見是篇洗舊説故録之）

易道之大聖人用之窮乎理焉夫易準天地而彌綸天地之道則易道可謂大矣聖人用之豈不窮乎理哉何則易之爲書也卦爻既立而理道咸具是故天地大矣而卦也具有天地之道而與之齊爻也亦具有天地之道而與之準惟易準天地也故能彌綸天地之道焉彌如彌縫之彌蓋卦爻於天地之道若幽明死生鬼神之變知仁萬物晝夜之理皆併包揔括渾然無所遺漏若彌縫之終竟聯合而無罅是能彌也綸如絡絲之綸蓋卦爻彌縫之内若幽明死生鬼神之殊知仁萬物晝夜之辨皆條分縷析粲然不可殽亂若絡絲之選擇條理而無類是能綸也準天地而彌綸天地之道此易道之大矣聖人用之何如耶蓋晝夜上下者天之文也天之文在上且易見故聖人仰而以易觀焉南北高深者地之理也地之理在下且難知故聖人俯而以易察焉仰觀天文則晝明而夜幽上明而下幽知天文幽明之所以然矣俯察地理則南明而北幽高明而深幽知地理幽明之所以然矣此聖人窮理之一端而窮理亦聖人用易之一事耳暨乎盡其性至於命則聖人用易之事盡而易道之大益可見矣抑考説卦有曰窮理盡性以至於命而此言仰觀俯察以知幽明乃窮理之事下文言知周萬物道濟天下則盡性之事又言範圍天地曲成萬物則至命之事也但彼以聖人之作易言而此以聖人之用易言耳然則作易用易者皆窮理盡性而至命者也先聖後聖其揆一也豈欺我哉

書義

曆象日月星辰

卜同

同考試官教諭李批（此篇説理明行文暢得帝堯命官之意）

同考試官教授方批（此題乃欽若昊天之事作者蓋多知之而發明透徹文詞雅潔如此篇者則亦不多得也是宜録出）

考試官侍講徐批（能寫帝堯敬順乎天之實）

考試官洗馬楊批（此篇獨异衆作）

以在人之天而合在天之天此聖君命官所以敬順乎天也蓋曆象在人之天日月星辰在天之天也聖君命官以在人之天而合在天之天何莫欲盡敬順天之實哉昔帝堯之意若曰君道莫重於敬順乎天所以敬順乎天莫先於曆象曆所以紀數之書非曆無以紀天之數象所以觀天之器非象無以觀天之象汝羲和可不造曆制象乎夫日月星辰繫于天日月星辰之數天之數也造乎曆則日月之遲速星辰之順逆皆於是乎可考日月星辰懸于天日月星辰之象天之象也制乎象則日月之運行星辰之次舍皆於是乎可審以曆所紀之數與在天之日月星辰而無差焉則一展手也可以得其遲速順逆之詳不必推測於范昧之際以象所觀之象與在天之日月星辰而吻合焉則一舉目也可以得其運行次舍之悉不必審察於輕清之表以在人之天而合在天之天非所以敬順天乎能如是則汝羲和之職亦於是乎盡矣抑論帝堯之敬天無非欲造曆以勤民也故下文曰敬授人時造曆之前以敬乎天是先天而天弗違造曆之後以勤乎民是後天而奉天時聖君於事何往非敬而况於敬天治民之大者乎吁帝堯之急先務於此亦可見矣

天壽平格保乂有殷

王□

同考試官教諭李批（場中多爲此題所窘於天壽字直以爲眷壽六臣令人厭觀此作能敷衍傳注爲文宜在所録）

同考試官教授方批（作此題者多以平格字分講大失經旨此篇□既不失文又簡古必是有學之士）

考試官伺侍講徐批（此篇以保乂有殷爲壽國以下文有殷嗣天滅威天曾不以壽之説證之無疑矣）

考試官洗馬楊批（短題貴豐贍此作得之）

大臣之留同列既論上天壽人之無私必舉前臣壽國之有實夫天無私壽惟平格者則壽之商之諸臣能盡平格之實豈不有以壽其國也哉周公以是勉留召公意有在矣公意若曰天人之際感應甚速天以至平爲必豈有私壽於人哉惟人之至平通格于天者而後壽之焉善者福之一天道之自然爾天以無私爲心豈有於人而私壽之哉惟人之無私通徹于天者而後壽之焉栽者培之一天理之當然而爾是豈無徵之言哉觀諸有商六臣可見矣若伊尹佐成湯以聖輔聖其治化格于皇天伊陟臣扈佐大戊以賢輔賢其治化格于上帝以至巫咸巫賢甘盤之爲佐莫非能盡平格之實故能保乎休之治于有殷多歷年所而眷命之無疆非天壽之而何保嘉靖之治于有商惟有歷年而申命之無已又非天壽而何是殷得天之壽由乎六臣之所致六臣心在王室推欲殷壽豈計其私哉殷之六臣壽國之實若此今汝召公曾不以此爲念以圖匹休何汲汲以求去哉抑觀周公之留召公首言憂國之心非人所知次言天民可畏惟人是賴又次言殷先王與文武得人之助然文王時五人至武王時四人今惟我二人而已君若以盛滿求去豈我一人所能戡哉蓋其憂之深是以留之切留之切是以言之詳召公同功一體均有忠君愛國之心能不有感於其言而留哉

詩義

鴛鴦于飛畢之羅之君子萬年福禄宜之鴛鴦在梁戢其左翼君子萬年宜其遐福乘馬在廄摧之秣之君子萬年福禄艾之乘馬在廄秣之摧之君子萬年福禄綏之

濮晉

同考試官訓導鄭批（場中作此題者率多不能形容反覆頌祷之意惟此篇春容老健一洗陳腐當時諸侯祝君氣象殆無餘蘊是宜録出）

同考試官訓導鄭批（此題本房作者多不見臣子祝頌不已之意晚得此卷措詞蒼古真杰作也一薦何忝）

考試官侍講徐批（人臣頌禱之情宛然可見）

考試官洗馬楊批（深得詩人本旨）

詩人屢托興惟頌禱其君壽考福禄之無已也夫臣之敬君必極頌禱之情詩人屢興而以壽福頌禱之無已其情不亦至乎是詩諸侯所以答桑扈也蓋感天子之德而極頌禱之情故托物以起興曰鴛鴦于飛則執畢張羅以取之矣吾願君子萬年則福禄自宜之焉繼而興曰鴛鴦在梁則戢起左翼以并棲矣吾願君子萬年則宜其享遐福焉夫萬年則黄髪兒齒而壽考無疆矣福

禄謂之宜則福禄享之而適當所謂俾爾戩穀罄無不宜者矣福謂之遐則福禄宜之而久遠所謂降爾遐福惟日不足者矣壽既萬年又宜福禄而福又遐久以此頌禱似亦至矣而情猶未足又託一物以起興講夫乘馬在厩則不但摧之以芻而又秣之以粟矣吾願君子萬年則福禄有以艾之焉繼又謂夫乘馬在厩則不但秣之以粟而又摧之以芻矣吾願君子萬年則福禄有以綏之焉夫至壽莫過萬年屢言之而不易矣福禄謂之艾則福禄養之若江海之涵育而不竭也謂之綏則福禄安之若岡陵之鞏固而不變也艾則不止於宜綏則不止於艾頌禱之詞於是乎至矣吁鴛鴦也乘馬也屢托之以起興萬年也福禄也屢頌之而不已蓋臣之於君不敢擬議其德而惟極頌禱之情敬之至也頌禱而極言其壽福之無已愛之至也非周之諸侯孰能爾耶抑觀上篇天子燕諸侯則極言其德之盛此篇諸侯答天子則極頌其福之隆上之美下以德者愛其下也下之頌上以福者忠其上也上下交而德業成矣有周享八百年之盛有以夫

商邑翼翼四方之極

馬□

同考試官訓導鄭批（本房詩經九百餘卷作此題者浮藻駁雜戾厥本者惟此篇精純典雅商人歌頌高宗中興氣象宛然可見必當用心於本領者）

同考試官訓導鄭批（作者多以建都立言殊失本者惟此篇獨得詩人之意寫出一段中興之氣象健羨健羨）

考試官侍講徐批（高宗中興氣象此作獨能形容之）

考試官洗馬楊批（此卷七篇皆嘉商邑其尤也）

惟王都之整敕為天下之儀表此高宗中興而然也夫有商之都舊矣至於高宗而整敕焉豈不足以爲天下之儀表乎此詩舊説以爲祀高宗之樂也商自成湯都亳至盤庚殁而殷道衰王都之勢委靡陵夷人慢易之也久矣高宗出焉上敬天命下畏民嵒其賞也不僭其罰也不濫庶政振舉於邦幾千里之間百度修明於景山維河之域故商邑翼翼整敕而起人之敬畏非若昔之委靡而人慢視之矣肅肅嚴正而動人之瞻仰非若向之陵夷而人易視之矣由是自西自東小大之國政教皆于是乎取法豈但歲事來辟以祈不譴乎自南自北遠近之邦政教皆於是乎取正豈但稼穡匪懈以冀不咎乎是則商邑之翼翼良爲四方之極矣高宗中興之氣象如此宜乎詩人頌之以爲奉祀之樂歌也抑又考之商高宗周宣王皆樹中興之業者也然宣王之政衰於暮年

故一傳而幽王大壞周轍遂東高宗則由傅説而聞聖人之學始終一德嘉靖殷邦再世且有祖甲保惠庶民不侮鰥寡非宣王所可倫矣嗚呼盛哉

春秋義

春王正月師次于郎以俟陳人蔡人甲午治兵夏師及齊師圍郕郕降于齊師秋師還（並莊公八年）

鄭達

同考試官教諭陳批（題甚明白傳□□□認或以重師立説不知胡氏之旨無治兵或以特筆立説不知陳氏之旨無圍郕體認真切措詞簡古僅見此篇）

考試官侍講徐批（行文老健非尋常作四六句者可比）

考試官洗馬楊批（此老筆也宜録之）

春秋紀望國用師之詳以著望國非義之甚此魯莊八年之師無名黷武無功害民春秋備書之以示貶也夫師者聖人不得已而用之奈何莊公不守聖謨罔知師律乃於八年之春一歲之首親率三軍出駐于外蓋以陳蔡將過而欲邀之也躬提大衆次止于郎惟以陳蔡未至而且俟之也既非折衝禦侮之舉又非除暴禁亂之爲是無名矣既而陳蔡不至師旅久暴乃申軍法以整饬之俾無失伍離次之患也嚴號令以齊一之俾無逃亡潰散之虞也然既非大易以律之師又非司馬四時之教是黷武矣逮夫是年之夏又及齊以圍郕齊仇讎也乃比而親之郕同姓也乃忍而伐之故郕忿魯之暴而甘齊之降疑不納於曲阜之師俘不獻於東蒙之廟不謂之無功可乎至於兹歲之秋爰下令以班師歷三時矣始返旆而休幾一歲矣方解甲而息則暴師已久而勞民已甚戰鬥廢耕耘之業供億空杼柚之貲不謂之害民可乎夫不惟無名黷武而尤無功害民此莊公之師非義之甚矣春秋詳而書之其爲世戒也不亦深切著明矣乎抑莊公之失蓋不止此觀其乾時有戰而納讎人之嗣如齊觀社而結讎人之婚雖曰以德報怨於齊厚矣然而忍心害理於君父不亦薄乎噫魯以秉禮之國而所行尚如此吾於他何尤

齊人伐山戎（莊公三十年）齊侯來獻戎捷（莊公三十一年）　公會楚公子嬰齊于蜀公及楚人秦人宋人陳人衛人鄭人齊人曹人邾人薛人鄫人盟于蜀（并成公二年）

吴□

同考試官教論陳批（本傳注而發揮書法此作得之）

考試官侍講徐批（深得本傳之旨）

考試官洗馬楊批（辭□而已矣此作庶乎）

春秋譏伯主伐遠而尤抑其誇責外臣凌内而復貶其僭此齊桓之伐戎獻捷嬰齊之會蜀盟蜀春秋致謹於書法也且齊桓中國之伯主也今因北戎病燕職貢不至乃提一國之師越千里之險爲燕闢地以伐戎人是不務德而勤兵遠伐也春秋書人以譏其非矣既而以其所獲躬示于魯蓋誇其德雋之績而耀其用武之威也殊不知諸侯不相遺俘可以方伯之貴而行奉商之禮於鄰國乎春秋書曰來獻抑其誇也前書人則疑微者故後書侯以見伐戎之人即獻捷之侯耳若夫嬰齊者荆楚之大夫也今因郤克戰鞍齊師撓敗乃假救齊之名爲陽橋之役因魯請平會公于蜀是脅衆威魯而以臣抗君也春秋書名以著其實矣既而列卿匱盟詔神于蜀蓋乘其勝魯之勢而肆其駕晋之謀也殊不知裔夷不當謀夏可以楚臣之賤而主禮樂之權于中國乎降而稱人貶其僭也前稱名氏則疑褒辭故後書人以見會蜀之公子即盟蜀之人耳即是而觀齊桓之過楚人之罪昭昭於筆削之間矣雖然齊桓之伐山戎固可貶矣後日服楚召陵其不可予乎楚之公子主盟中國固可責矣使中國力足以制之其有是乎此齊伯之所以猶盛而晋伯之所以日衰也歟

禮記義

故天不愛其道地不愛其寶人不愛其情故天降膏露地出醴泉山出器車河出馬圖鳳皇麒麟皆在郊棷龜龍在宫沼其餘鳥獸之卵胎皆可俯而窺也則是無故先王能修禮以達義體信以達順故此順之實也

□□

同考試官訓導羅批（此題天地人物同一大順已有定説場中作者素虧講究不浮於辭則昧於理惟此卷體認親切辭簡理明其必深於禮者可羡可羡）

考試官侍講徐批（先王大順之實此作能發之）

考試官洗馬楊批（發明大順之旨繁而不亂作手也）

觀天地人物之協應由先王盛德之感召此大順之實也蓋修禮達義體信達順此先王之盛德也盛德感召而天地人物無不協應焉豈非大順之實哉記禮運者若謂先王大順之世三才爲之協應是故道原於天天不愛道賦予盡其所有而不秘矣寶興於地地不愛寶發育盡其所有而不蓄矣情發於人人不愛其情盡所有而發之矣故膏露降于天也其澤如膏之濃而异乎常露醴泉出乎地也其味如醴之甘而异乎常泉山出乎器車爲稀世之物河出

乎馬圖爲文明之瑞鳳皇麒麟世不常有也今皆在於郊内之椒靈龜神龍人不常見也今皆在於宫中之沼其餘鳥之卵獸之胎皆可俯而窺而無獝狘之患天地人物同一大順如此豈無故而然哉由先王能修此禮以爲教而達之天下無不宜反身而誠而達之天下無不順也順理淵微初無形象今天地人物無不協應昭然可見非大順之實乎吁先王大順之實著于天地人物之間其功至此已極矣抑考上文四體既正以下極言大順之事也故事大積焉而不苑以下極言大順之理也故禮之大同以下又言順道之應也至此又極言其大順之實中庸所謂致中和天地位焉萬物育焉即此意矣有天下者其可忽諸

六成後綴以崇天子

林昂

同考試官訓導羅批（此題學者往往蹈襲陳言連日厭觀晚得此卷辭理俱優况一結尤妙讀之令人心目豁然連城之璧照乘之珠何寶焉是用□刻以冠本經）

考試官侍講徐批（講得象成親切）

考試官洗馬楊批（論象成之旨明且盡矣）

即武舞大成而復初位象聖人歸國而居至尊夫樂者象成者也聖人武功之成而歸國以居至尊樂舞六成之復綴豈非象乎此哉昔孔子與賓牟賈論樂而告之若曰武王之樂也舞之位有六樂之成亦有六而其成有所象焉方其再成三成象武王之滅商而南還矣至於六成則舞者從第三位而復于南頭之初位非象武王大勛之成而歸于鎬京四海尊之爲天子乎四成五成象武王之疆理南國而周召分左右矣逮乎六成則舞者由第三位以還于南方之第一位又非象武王大定之後而反于西土天下皆崇之爲皇王乎夫武王之歸鎬京非徒三千師旅同心以尊之也而四海仰其永清之功莫不尊之爲天子以撫綏乎方夏矣武王之反西土非徒八百諸侯同會以崇之也而四方服其寵綏之德莫不崇之爲皇王以奄甸乎萬姓矣樂舞之六成而復初位不象乎此而奚象哉孔子以是告賓牟賈其發明武樂之義至此可謂盡矣抑不特此上文既曰總干而山立武王之事也下文又曰夾振之而駟伐盛威於中國也分夾而進事蚤濟也久立於綴以待諸侯之至也蓋武王以征誅而得天下故其樂如此若舜之樂則奏諸朝廷而庶尹允諧百獸率舞奏諸廟堂而祖考來格鳳凰來儀矣孔子謂韶盡美矣又盡善也武盡美矣未盡善也良有

以夫

第二場

論

國家一統之盛

濮晉

同考試官訓導鄭批（發揮一統之盛有考據有議論如長江大河一瀉千里真有學士也）

同考試官訓導鄭批（此卷初場七篇俱粹二場獨壓衆作表而出之其容疑議）

考試官侍講徐批（議論正大文辭蒼古趋出衆作）

考試官洗馬楊批（文章先體製而後工拙場中論作表體義體者至衆此篇庶得論體而敬君之誠尤至非獨其辭之偉也可以式矣）

天下之勢或渙而萬或萃而一自開闢以來能萃天下於渙合萬而一之者僅可僂數然皆未有若我大明一統之盛者也愚嘗讀九丘誦禹貢覽周職方考兩漢以下之圖志質之經訂之史信乎一統之莫盛於今也自周之衰判而十二併而爲七三國鼎分南北瓜裂秦晋及隋雖幸一之而電起漚滅曾何足齒至于灞上真人戲秦誅項則一統而爲漢也龍姿日表濟世安民又一統而爲唐也聖人應祝而生受周之禪又一統而爲宋也人嫚書之遺椎髻之侵改爲周國離爲列鎮北藩無燕雲中世有金元若此而謂之一統之盛可乎元以腥羶汙我華夏天寔厭之肆命我太祖高皇帝以大聖之德乘飛龍之運左伊而右仲前旦而後望天戈一揮四方響應奮自歴陽飛渡天塹定鼎于金陵於是殲强漢殪僞吴帖荆楚服閩廣輯山之東西與河之南北既拔元都遂擣關陝以掃巴蜀以拾滇南萬方來同四夷來王合天下之疆土而郡縣之合天下之塞徼而城溝之合天下之農而畎畝之合天下之士而庠序之合天下之商工而市肆之合天下之夷狄而冠裳之賞善有爵罰惡有刑而天下不敢玩也足國有賦衛民有兵而天下不敢違也會同有禮婚喪有儀章服有等器用有式而天下不敢越也豈特車同軌而書同文哉又豈特國不异政而家不殊俗哉聖子神孫重光繼照丙魏在廷孫吴在邊龔黄卓魯在郡縣至于今百年之間土宇加闢政教益宣但見室宇華麗人物阜蕃天下之城邑皆同百貸山積貿易成群天下之闤闠皆同大衫峨冠談道德而服仁義者林立天下之學皆同桑穀奮張牛羊茁壯雲布而霧散天下之野皆同舟艫銜車轂擊人肩摩

而踵接天下之道路皆同刁斗不鳴士馬精强而不試天下之邊皆同東之夷西之戎南之蠻北之狄山梯海航以獻方物于殿陛之下者視國初尤衆一統之盛若此豈漢唐宋所可伍哉抑不惟漢唐宋雖三代以前或未之逮也何則有苗荆蠻今郡縣也犬戎玁狁今臣妾也若今雲貴之藩璚儋之郡安南日本琉球占城之封國以至奴兒干都司之衛所一百八十四烏思藏都司之衛所三十三暹羅麻剌蘇禄彭亨等來朝之國三十七速温河昏地迷河等入貢之地五十八此皆三代以前杳乎未之聞者用是觀之古今一統之盛信乎莫盛於我國家者矣昔我英宗睿皇帝嘗命儒臣采天下之圖志而萃之名曰大明一統志聖藻天葩序其首簡謂昭我一統之盛而且望天下之士出庸于國以維持一統之盛於無窮於乎皇天眷命奄有四海其我高廟之謂乎聖謨洋洋嘉言孔彰其我睿皇之謂乎愚也嘆洛水咏卷阿鋪張對天之宏休揚厲無前之偉績不自知其賤且愚也雖然終始典學旁招俊乂高宗所以固六百年之商也祇勤于德克用常人成玉所以永八百年之周也區區負日之暄深欲獻之明天子

表

擬宋奉禮郎孔聖佑謝真宗謁文宣廟表

馬□

同考試官訓導鄭批（得駢儷體可嘉）

同考試官訓導鄭批（典而有則可觀）

考試官侍講徐批（表得體）

考試官洗馬楊批（表佳）

臣聖佑言今月某日某官恭承車駕謁文宣廟者臣誠惶誠懼稽首頓首上言聖帝運昌一統配乾坤之大素王道顯五星焕奎壁之光萬國歡欣六經宣朗兹蓋伏遇湯敬日躋堯仁天覆減膳弭灾於齊魯招隱咨政於殿廷作養賢才賜九經于學校保全民命班六師于澶淵特降九重封泰山而禪社首載勤萬乘幸曲阜而如孔林鸞輅雝雝光啓宮墻之數仞龍顏穆穆躬親宗廟之百宫赫然玄聖之謚增尊逾唐帝盛矣太牢之祀舉禮重漢高恩被室家封加考妣筐篚重錢帛之賜雲仍優雨露之霑自古以來未有盛於今日也臣聖佑詩禮粗聞博約未領喜際盛時之崇德深慚往哲之象賢幸沐洪休用官奉禮臣敢不夙夜敬恭以副朝廷寵命誠傾葵藿報乏涓埃尚願河出圖洛出書人文載盛行同倫車同軌國統益弘聖壽天長皇圖山固臣不勝感激之至謹奉表稱謝以聞臣誠惶誠恐稽首頓首謹言

第三場

策

第一問

濮晉

同考試官訓導鄭批（□對列聖訓典天下山川風俗人物名宦略無滲漏參之前場俱優擢魁多士允協輿情）

同考試官訓導鄭批（條答詳明筆力雄健較之衆作無出其右可謂騏驥出而馬群空矣）

考試官侍講徐批（五策條答無遺才氣俊邁况前場俱出人表宜冠京闈）

考試官洗馬楊批（五策文勢若懸河注海而辭皆化腐成奇蓋老學也聖製道學品評三策尤詳實參之前場義明而暢論贍而老可以弁多士矣）

九丘與八索而并垂禹貢偕二典而不朽何者立文异而垂訓同也我國家列聖重光作典垂訓太祖高皇帝之大誥三編所以爲天下戒也太宗文皇帝之爲善陰隲孝順事實與宣宗章皇帝之五倫書皆所以爲天下勸也至我英宗睿皇帝乃命儒臣編輯大明一統志所以載萬國之幅員而兼百代之文獻然山川古迹之内人物名宦之中所載有惡者焉蓋使人視之以爲戒亦大誥之旨也所載有善者焉蓋使人視之以爲勸亦爲善陰隲孝順事實與五倫書之旨也况夫折衷嘗出于聖心序首寔形於天語得非與前四書相爲表裏而可同垂於萬世者乎愚嘗伏而讀之首南北兩京次江浙閩蜀兩山三廣以及乎河陝雲貴之十三布政司皆首圖而次志蓋周官職方氏掌天下之圖而後世若山海圖若輿地圖者夥矣小史掌邦國之志而後世若十道志九域志者繁矣合圖與志此一統志所以善也周之時文武宅鎬京以處上游周公營洛邑以宅土中而宋亦有東京西京之建舜之時分天下爲十二州而其後有漢之十三部唐之十道宋之十五路即今兩京十三布政司之制也志之所載概而論之若五岳之高大四瀆之深廣雲夢望諸之浩博則天下之山川也如唐之勤儉魏之鄙嗇陳之奢侈鄭衛之淫靡則天下之風俗也若二程之出河南三蘇之出眉山韓范之鎮陝右趙張之治京兆則天下之人物名宦也固不能毛擧而縷數矣就南畿而舉其尤若應天帝都其山川則鍾山大江也其風俗則英毅清邁也紀瞻社稷之臣弘景山中之相何式刺揚州而政平程顥簿上元而民善非人物名宦之尤乎鳳陽帝鄉其山川則荆塗淮淝也風俗則淳厚儉勤也范滂著清裁於有漢徐達樹大功於皇明九江宋均之化虎壽春時苗之留犢非人物名宦之尤乎淮揚江淮之雄鎮俗偕剛勁而淳質也若徐有

功之仁胡安定之教汲黯卧治於東海張綱弭盗於廣陵又非人物名宦之尤乎蘇松江湖之奥區俗偕文雅而奢麗也若范仲淹之相陸遜之將鄧攸飲水於吴郡丘峦捍海於華亭又非人物名宦之尤乎至於徐之蕭曹興王之佐固人物之尤也徽之朱晦庵父子道學之宗其又尤之尤者耶即是以觀亦足擴慕遠之懷示爲善之規矣况其詳乎然欲盡書其詳則豈風簷寸晷之可能哉嗟夫列聖之典同天地之教也語天而不遺一星談地而不遺一石其疇能之執事取其大而略其細可也

第二問

道學之傳有自來矣愚嘗稽諸渾渾之書灝灝之書噩噩之書與夫經傳之所載諸子百家之所傳而知其詳矣蓋道之在天下也不可一日而不明亦不可一日而不行其明也以言其行也以政羲軒同仁而异化道非不行也然斯時也其民顓蒙其俗朴略蚩蚩蠢蠢而羲軒無所用其政至於堯舜以下則不同矣是故於變於堯風動於舜永賴於禹允殖於湯咸和於文永清於武而制作大備於周公其經營措置莫非惟精惟一之緒餘其運量酬酢莫非建中建極之推本此道見於治而行也帝王德教而功成道非不明然斯時也百姓太和萬物咸若蕩蕩平平而帝王無所容其言至於春秋戰國又不同矣是故一貫之旨孔子發之性善養氣之論孟子發之惟精惟一之道徒托諸空言建中建極之理不見於行事此道形於言而明也萬古長夜之語見諸郵亭此雖莫知其人然的有所見者也乃若孔子之在當時亞聖如迴猶摳衣趨隅以領博約之誨而不違况孟子大賢又下於回一等者使在當時亦安得并駕其説於天下乎秋陽薄蝕泰山其頽漢以下諸儒説經若伏生之書以晁錯之授而失於訛田何之易申公之詩以編次易置而失於紊高堂生之禮失於雜王肅鄭玄之訓詁互有异同孔穎達之正義雜於讖緯何足言哉董子醇儒也而流於縱陰閉陽之説楊雄大儒也而昧於善惡混之説王通亦河汾間之夫子而溺於續經之罪惟韓子之在唐也迴瀾於東揭斗於北原道一篇幾似矣然其謂博愛之謂仁行而宜之之謂義則又舉其用而遺其體是以振鄒魯之遺風而接孔孟之墜緒者卒有待於濂洛關閩之數君子焉今即其所言以究其所行莫不先致力於窮理次存心於持敬而後體驗於躬行之間擴充於事爲之際其與舜典之精一丹書之敬義論語之博約孟子之知言養氣一律也而道統先後相繼矣元儒若許衡學宗朱子窮理以致其知反躬以踐其□□澄自致聖賢之道其教人刻意究精□□藴反身踐進修之□然則可以繼朱子者非二子其誰歟嗚呼文將喪天道未隊地或者非人爲耶抑愚因執事之發策

而有感焉聖賢達而在上則爲君爲臣而其道見於治如堯舜如禹湯文武周公者是也聖賢窮而在下則爲師爲友而其道著於書如孔孟如周程朱者是也叔世以來聖學寥寥經生舉子則辭章記誦以爲工此口耳之學明之者昧之也賢士大夫則權謀術數以爲尚此功利之學行之者塞之也又烏知有所謂聖賢大學之道哉惟我聖明紹洪圖之宥密撫文運之亨嘉六經既纂其道明矣猶御經筵以求斯道之形於言者四海既治其道行矣猶廣言路以求斯道之推於治者玉堂鴻儒鸞坡宿學必有道以輔之然莫要乎聖賢大學之道愚也亦竊有志執事倘不鄙而與其進也則當挾是以往

第三問

賀元忠

同考試官教授韓批（條答詳明可以措諸行事有用之材也）

同考試官監丞閻批（當豐之時而能言保豐之道必識時務者歟）

考試官侍講徐批（此篇所論時務鑿鑿可行必有學識者）

考試官洗馬楊批（所答皆可見諸行事豈徒言哉）

惟時惟幾舜以儆其臣無怠無荒益以戒其君夫有虞之時雍熙泰和之治也其君臣尚相儆戒若此然則有天下國家者當豐亨豫大之時可無維持經久之慮乎謹因明問而陳之夫百口之家歷數世之久則養必有所不贍事必有所不齊況今天下之大當百年之治則夫民物雖豐而或病於水旱兵馬雖豐而或乏於營陣文武之選雖豐而或庶員多□緩急無裨者亦其勢然也爲政者任其勢而不思所以善之則其後必有不勝其患者可無慮乎夫民之所以病於水旱者以農穀稀而儲積寡也今宜驅游惰以服田禁奢侈以歸儉重官吏侵漁之刑謹義倉預備之政如古者三年耕有一年之食九年耕有三年之食則歉歲其有困乎兵之所以乏其精者以較閱不嚴而尺籍多虚名也今宜申私役之令革月錢之弊老弱者盡汰之慵惰者嚴練之如古者戎車三百咸若熊羆虎賁三千盡如虓虎兵其有不精乎馬所以乏其壯者以濫收曠養而閑厩多虚數也今宜監牧必揮其善攻駒必收其良借乘者有罰盜菽者無宥如古者驌皇騂騏莫非減材驒駱駰騢無不徂作則馬其有不壯者乎至若文武之臣則官以雜襲功以冒進而武不皆才也資格有限門徑無窮而文不皆賢也今宜黜幸人飭世冑練之成其材鼓之作其氣功不容妄奏罪不至輕原如古者君必知將將必知兵則武臣其有不才乎革冗濫却奔競有闕隨注而勿稽有賢輒用而毋緩考課嚴明舉選公正如古者建官惟賢莅事惟能則文臣其有不賢者哉此五者天下之事之大者也而執事復疑有大焉是

非愚生所敢知也其他若鹽利入於勢家宜出之以惠商也工匠役於私門宜檢之以歸公也馬船横於河路宜禁之以恤民也刑罰弛於姑息宜飭之以禁奸也百事替於因循宜作之以除弊也若此者安能悉數之哉今聖天子如舜恒懷惟時惟幾之儆賢大臣如益屢進無怠無荒之戒制治保邦將垂之億萬世而無疆矣尚俟愚言之贅哉

第四問

卜同

同考試官教諭李批（答此策者多爲問目所窘此篇事實不遺詞語簡古讀之令人起敬）

同考試官教授方批（五策文采爛然而三才一篇尤雄壯明白較之前二場其書經中之巨擘歟）

考試官侍講徐批（策有考據）

考試官洗馬楊批（論聖人處三才之道詳悉無遺策手也）

人君以一身出而爲天地人之宗主惟欲盡其裁成輔相之道以立人極之則也三才之責既盡則聖人之能事畢矣粤稽邃古黄帝始作蓋天以定氣敬乎天矣然其制未詳也至唐虞命羲和以造璣衡仰觀以齊七政作曆以授人時斯術不違天而政不失時矣嗣是漢落下閎乃經營之鮮于妄人又量度之耿壽昌始鑄銅爲象宋錢樂又鑄銅作渾天儀厥後宋又因之爲儀三重其在外曰六合儀次其内曰三辰儀其最在内曰四游儀其法雖有所謂損至此爲益精矣是其觀天之象雖益精而欽若昊天窺璣齊政何在也果能如唐虞理天道者乎黄帝始畫野分州經土設井因乎地矣其法未備也至帝堯命神禹以平水土弼成五服以建諸侯咸則三壤以制井田斯官有分封之土民有衣食之仰矣繼是周公之營洛國有郊甸縣有者鄙大司徒又以土宜之法辯十有二土以任土事至漢又分天下爲十三部唐分爲十道宋分爲十五路其疆理皆不合乎古亦各因其形勢而已是其土宇之域不加小而祇台德先敬天之休何有也又能如帝王理地道者乎人處乎兩間古聖人制禮樂之教兵刑之政以治之聖者之世尚乎教故唐虞伯夷典禮后夔典樂而兵刑臯陶兼之王者之世崇乎政故成周司寇掌刑司馬掌政而禮樂宗伯兼之此帝王之所以不同也夫子之從先進以禮樂文質之適中彼玉帶孝孫之禮樂有是乎惟宋朱子家禮愛敬本質之是崇蔡元定律吕新書本原噐數之咸備乃得其遺意矣先王之用兵刑無非仁義之所在彼八衛九章之兵刑有是乎惟宋太祖慮法網太密鞭笞殿陛之不施漢太祖制兵有其道寬猛嚴密之兼致亦有

可取矣是其政教非虞周之政教又能如虞周之理人道乎噫三代以上之君因三才之道而理之有其制而有實三代以下之君循先王之迹而理之有其制而無實無其實亦虚器耳我聖明在上因唐虞三代之制體唐虞三代之實嚴恭寅畏對越上帝于宸極包涵遍覆運量四海于淵衷萬邦之民又皆欲囿於政教之中然萬幾之繁不能獨理故立欽天監以典曆象建司空以掌邦土禮樂典於宗伯太常兵刑掌於司寇司馬由是人時授而歲功以成四民居而地利以興神人治而上下以和暴亂刑而邦國以平其裁成輔相之道直與唐虞三代匹休而漢唐宋風斯下矣愚生斯世何幸躬逢其盛

第五問

濮晉

觀古人之行治而議其是非評其優劣皆反諸身而戒之勉之此亦格物之學進德之功也執事舉以教之敢不敬承乎請得陳之伯夷聖之清柳下惠聖之和皆百世之師也文彦博侍朝以臣道而恭程頤侍講以師道而莊各得其當矣樂伯之左射以菆攝叔之右入壘各行所聞於致師耳無足論也若夫子路受牛而勸德子貢讓金而止善皆聖門之高弟也而止善不如勸德齊桓公正而不譎晋文公譎而不正皆五伯之雄也而譎不如正姚崇之通宋璟之介皆爲名相也而璟優於崇文翁之柔常爽之剛皆善立教也而爽劣於翁李廣郭子儀之寛程不識李光弼之嚴皆爲漢唐之良將然不識子儀非二李可擬其賢也趙廣漢以術破奸黨韓延壽以禮和寇仇皆爲穎川之名守也然用術何如用禮巫馬期任己而勞宓子賤任人而逸皆爲單父之賢令也然任己豈如任人魯男子拒隣之嫠婦而不納雖未若柳下惠之嫗不建門之女而不亂然亦善學柳下惠者也管寧與華歆同鋤地見金也寧視與瓦石無异歆取而擲之寧豈不優於歆乎是皆優劣之可見者至於帝堯之聖如天而桀則地也八凱之善如薰而四凶則蕕也子文之治兵非子玉之剛而無禮者可比鞭戮不必計也仕宦者當如陳遵之苦身自約而毋放意自恣如張竦焉奏事者當如韓休之力争而毋順旨如蕭嵩焉司刑者當如于定國徐有功之恕而毋刻如張湯來俊臣焉奉使者當如梁琛之專美本朝而毋微説國弊如郝晷焉軍門夜閉者當如段志玄之不納君使而毋納之如宇文士及焉則是非皆可見矣至若禮貴得中則子張除喪鼓琴而和子夏除喪鼓琴而不和過不及均失中也管仲鏤簋朱紘而難爲上晏嬰豚肩不掩豆而難爲下濫與隘均失中也天命有德則顔峻之嗔而與人官謝莊之笑而不與人官者皆非矣天討有罪則暴勝之多所誅殺王賀之多所縱舍者皆非矣夫即前數十人之是非優

劣而論别之亦格物之事也其是者士所當勉而其非者士所當戒取其是而優者尢加勉焉亦進德之功也學伊川睎廣平以上企乎八凱之勛聖堯之德豈非愚之志哉雖然定輕重者衡也别妍蚩者鑒也愚何足以别古人之是非而定其優劣也哉執事人物之衡鑒也幸進而教之

應天府鄉試録後序

上天眷命人君必篤生賢才以遺之天能遺之而不能成之而成之則在於君必躬行以表正之學校以作養之及其道明則又設科目簡用之以圖治化斯天意之所在而亦君道之所當盡也故重華正德以闢四門建極敷言以宅三俊虞周於斯爲盛矣我祖宗奉天撫運立極敷文以開億萬年之鴻業何莫不由於斯欽惟皇上以至聖大德重光烈祖嗣統以來兩科于兹矣成化辛卯之秋復當大比應天府府尹臣亨府丞臣哲先期奏請考試官例應文學侍從之臣上命臣守陳臣瓊往莅其事臣等欽承制命夙夜祗懼入院考較惟慎惟公時合太學畿内之士暨庶人在官者奇二千三百取其文足以顯道者百三十有五人遵故典也臣竊惟朝廷今日所用亮天功熙庶績之賢才亦惟上天純佑皇上以啓文明之盛治而畀列聖成之於前日也今日所成之賢才極藹藹濟濟之盛於是簡其尤者而升用之又將資其相與保鴻休荅天眷於無疆此臣等所以不敢不慎簡以副聖意也凡與賓興之士可不知所自重乎継自今當激昂奮發增益其所未至期策名禮闈進而對揚清問蔚然起而爲名進士其服列爲臣尤當弘惇厚溥博之德量操光明正大之心術以爲之本爲直而不爲佞爲良而不爲憸以德輔世而不阿世以公奉法而不蠹法致君爲堯舜禹湯文武之聖化民底唐虞三代之隆戒敕維持用洽雍熙於悠久奠宗社於不拔斯不負聖天子成之以道而資之所以保所以荅也而前日賢才輔成之偉績豈得專美乎諸士子尚勵翼焉豈惟不負於天而有耀於科目矣

翰林院侍講徐瓊謹序

成化十年應天府鄉試録

應天府鄉試録序

昔我太祖高皇帝誕膺天命奄有萬方以賢才爲致治之本而科目乃得賢之階肆詔天下三年一賓興賢能用勵相我國家列聖相承胥此是重故百有餘年士之由此出以建勛業揚休光者不可勝紀昔人所謂豪杰之士由之而進者蓋於今日尤盛乃成化十年復當大比之秋應天府尹臣崇志府丞臣昂先期奏請考試官上以命諭德臣一夔修譔臣環臣等既受命夙夜兼程而往至則同考試官教授臣英學正臣淵教諭臣瑄臣惟恭臣敏臣必顯臣宗禮臣宗本監試官監察御史臣謙臣祐與凡内外諸執事皆極一時所聘選而提調則臣崇志焉既鎖院臣等暨同考官誓之而后從事蓋欲各公厥心以共厥事期必得豪傑之士以弼成昌明之治用不負朝廷之所簡命時太學洎畿内士就試者二千三百有奇比撤棘得中式者百三十有五人遵定制也爰次第其氏名并采其文之尤醇粹者鋟梓爲録進之天府傳之海内士之登名于是者亦榮矣哉行將捷春闈奉廷對鴻漸之羽翺翔于天矣可不以豪杰自期待乎夫豪杰之士必以天下爲心身天下之責者也堯舜吾君唐虞吾民耻一夫之不獲正已而物正如古所謂大人者其上也贊襄謀謨黼黻政令朝廷倚爲重輕天下繫其安危如古所謂社稷臣者其次也其或當一面守一郡典一邑勤勞宣於方岳愷悌洽于閭里如古所謂王之藩屏民之父母者又其次也隨所任使要皆殫厥心力有益於國家有益於生民而后可若乃僉爵食禄而徒庸庸碌碌無所爲於時與夫衔衔焉營營焉以圖其私便是皆不恤瘝曠之誚負乘之譏爲庸俗所鄙陋而可謂士乎哉諸士子平居讀書問學於古豪杰光昭簡策者莫不有嚮往之心於不肖者則相與排斥而訾毁之矣乃今出自科目而是録之傳异日人亦將指其名而議之其可不思自奮勵以匹休前聞而貽科目羞哉小録既成敬序此於篇端爲諸士子勖

左春坊左諭德謝一夔謹序

成化十年應天府鄉試

提調官

嘉議大夫應天府府尹魯崇志（懋功浙江天台縣人　甲戌進士）

考試官

奉訓大夫左春坊左諭德謝一夔（大韶江西新建縣人　庚辰進士）

翰林院修撰儒林郎鄭環（瑶夫浙江仁和縣人　庚辰進士）

同考試官

將仕佐郎江西瑞州府儒學教授林英（文華福建莆田縣人　丁卯貢士）

山西太原府岢嵐州儒學學正胡淵（仲深江西南城縣人　乙酉貢士）

浙江嘉興府嘉興縣儒學教諭張瑄（廷獻江西永新縣人　癸酉貢士）

江西贛州府贛縣儒學教諭陶惟恭（子莊湖廣公安縣人　庚午貢士）

直隸河間府故城縣儒學教諭毛敏（子聰山東掖縣人　庚午貢士）

山東濟南府武定州海豐縣儒學教諭鄭必顯（恒中福建閩縣人　癸酉貢士）

河南開封府陽武縣儒學教諭原宗禮（惟敬山西陽城縣人　丙子貢士）

浙江台州府天台縣儒學教諭李宗本（孝思廣東新會縣人　丙子貢士）

監試官

文林郎南京四川道監察御史朱謙（益之浙江鄞縣人　甲申進士）

文林郎南京山西道監察御史戴祐（元吉浙江嘉興縣人　丙戌進士）

收掌試卷官

承直郎應天府通判宋珩（大器陝西安塞縣人　己卯進士）

印卷官

承務郎應天府推官王淵（志默浙江山陰縣人　丁丑進士）

受卷官

南京虎賁右衛經歷邵曦（宏文浙江餘姚縣人　儒士）

南京神策衛經歷余慶（宗善湖廣漢川縣人　監生）

彌封官

南京旗手衛經歷陸銓（文衡山東兗州府沂州人　監生）

應天府溧陽縣知縣靳璋（廷用順天府順義縣人　己卯貢士）

謄録官

南京留守左衛經歷周員（惟方江西寧都縣人　監生）

應天府溧水縣知縣燕壽（本仁陝西咸寧縣人　癸酉貢士）

對讀官

南京廣洋衛經歷姚瑾（廷玉湖廣辰州府沅陵縣人　監生）

應天府六合縣知縣唐詔（廷宣山東陽信縣監生）

巡綽官

南京鷹揚衛指揮使陳暹（景陽直隸安慶府宿松縣人）

南京瀋陽右衛指揮使僉事崔鈺（守義山東章丘縣人）

搜檢官

南京留守中衛中中千户所正千户孫弘（仕毅浙江會稽縣人）

南京留守後衛中中千户所副千户龔鍾（廷用湖廣黄梅縣人）

南京留守左衛中中千户所百户黄銘（德新浙江鄞縣人）

南京留守中衛神策門千户所百户李芳（文實河南武安縣人）

供給官

應天府經歷邢曙（克明河南臨穎縣人　丙子貢士）

應天府上元縣知縣邊寧（靖之山東歷城縣人　己卯貢士）

應天府江寧縣知縣胡鄘（子厚直隸睢寧縣人　監生）

應天府上元縣縣丞魯文（道顯陝西岐山縣人　監生）

應天府江寧縣主簿王佐（良輔山西馬邑縣人　監生）

掌行科舉文字本府禮房令史孟綱（四川新寧縣人）

第一場

四書

畏天命畏大人畏聖人之言　武王纘大王王季文王之緒一戎衣而有天下身不失天下之顯名尊爲天子富有四海之内宗廟饗之子孫保之武王末受命周公成文武之德追王大王王季上祀先公以天子之禮　文王我師也周公豈欺我哉

易

初筮告再三瀆瀆則不告利貞　剛上而尚賢能止健大正也　八卦而小成引而伸之觸類而長之天下之能事畢矣　聖人以此洗心退藏於密吉凶與民同患神以知來知以藏往其孰能與於此哉古之聰明叡知神武而不殺者夫是以明於天之道而察於民之故是興神物以前民用聖人以此齋戒以神明其德夫

書

明于五刑以弼五教期于予治刑期于無刑　敢對揚天子之休命　皇天既付中國民越厥疆土于先王肆王惟德用和懌先後迷民用懌先王受命已若兹監惟曰欲至于萬年惟王子子孫孫永保民　庶政惟和萬國咸寧

詩

淑人君子其帶伊絲其帶伊絲其弁伊騏　四鍭如樹序賓以不侮曾孫維主酒醴維醹酌以大斗以祈黄耇黄耇台背　穆穆皇皇宜君宜王不愆不忘率由舊章威儀抑抑德音秩秩無怨無惡率由群匹　有截其所湯孫之緒維女荆楚居國南鄉昔有成湯自彼氐羌莫敢不來享莫敢不來王曰商是常天命多辟設都于禹之績歲事來辟勿予禍適稼穡匪解天命降監下民有嚴不僭不濫不敢怠遑

春秋

鄭伯逃歸不盟（僖公五年）公會宰周公齊侯宋子衛侯鄭伯許男曹伯于葵丘（僖公九年）　公會晋侯齊侯宋公蔡侯鄭伯衛子莒子盟于踐土　公會晋侯齊侯宋公蔡侯鄭伯陳子莒子邾子秦人于温　天王狩于河陽（并僖公二十八年）　宋人及楚人平（宣公十五年）　公會晋侯齊侯宋公衛侯鄭伯曹伯邾子杞伯同盟于蟲牢（成公五年）晋欒書帥師救鄭（成公六年）公會晋侯齊侯宋公衛侯曹伯莒子邾子杞伯救鄭（成公七年）公會晋侯宋公衛侯曹伯齊世子光莒子邾子滕子薛伯杞伯小邾子伐鄭會于蕭魚（襄公十一年）楚公子午帥師伐鄭（襄公十八年）楚子蔡侯陳侯許男伐鄭（襄公二十四年）

禮記

申嚴號令命百官貴賤無不務内以會天地之藏無有宣出　然後立之學等廣其節奏省其文采以繩德厚律小大之稱比終始之序以象事行　齊者精明之至也然後可以交於神明也　工入升歌三終主人獻之笙入三終主人獻之間歌三終合樂三終工告樂備遂出一人揚觶乃立司正焉知其能和樂而不流也

第二場

論

君子務引其君以當道

詔誥表（内科一道）

擬漢文帝弛利省費以賑民詔　擬唐以裴度爲中書侍郎同平章事誥　擬宋司馬光謝賜資治通鑒序表

判語

舉用有過官吏　私役部民夫匠　術士妄言禍福　公侯私役官軍　官司出入人罪

第三場

策

問　自古聖帝明王之治天下必有訓飭臣下之詞以勸其善戒其惡而冀其弼成一代治化之盛若成湯之誕告萬方成王之訓迪百官是已鴻惟我宣宗章皇帝萬機之暇采輯東周以降人臣之善可爲法惡可爲戒者類爲歷代臣鑒一書用錫群臣俾時省覽蓋與商周之君訓飭之詞异世而同符其有益於臣工大矣諸士子莊誦聖訓蓋亦有年姑舉其一二相與講明之如憂國奉公守正不何集中惟圖書衣衾胸中有數萬甲兵是皆善可爲法者其人可得而悉數歟深文舞智口蜜腹劍謬爲豐亨豫大之説倡有天書雲篆之符是皆惡可爲戒者其人可得而詳言歟四方灾變郡未及上而輒以聞與中外所陳利害一切報罷者何以概謂之善力主和議而沮北伐之兵與密謀行軍而爲恢復之計者何以均謂之惡大臣不當親細事而竹頭木屑之必計者果在所當戒乎人臣貴盡言無隱而柴鹽利害之悉上者果在所當法乎方今内外百辟服膺聖訓而勇於爲善者固多其間敢於爲惡者亦不少兹欲盡化挾奸縱私者惟忠貞之懷盡革傷仁敗德者惟循良之尚其道何居諸士子行將效用于時其於惡可爲戒者灼知必不爲矣至於善可爲法者孰在所願學歟幸盡言之以觀所志

問　先儒有云寬猛相濟政是以和斯不易之論也然考之古人言論政績有不盡同者周禮曰刑新國用輕典刑平國用中典刑亂國用重典蓋因其時而施之如此或者曰寬以待良民嚴以馭奸民又曰撫民當寬束吏貴嚴則又因其人而施之何歟公孫僑曰有德者能以寬服民崔寔則曰嚴之則理寬之則亂其言之不同又何歟由數説觀之則寬猛相濟之論非歟然諸葛治蜀刑法峻急裴度平蔡反其苛政何輕重异施而皆治歟薛奎居蜀以惠稱其尹開封也則治以嚴肅蘇頌守杭以寬稱其爲京兆也則嚴以鞭朴何前後异施而皆善歟欲如僑言則有萑苻之咎如寔言則有蒼鷹之誚如之何而後無弊

也我國家垂統于兹餘百年深仁厚澤洽于民心而紀綱法度粲然具備猶一日也然行之既久施爲緩急寧無太過不及之弊其所以弛張損益得無可議者乎古之人有窮居而言天下之事者矣諸生應賓興而來皆懷通變之才者試爲我言之以俟君相采焉

問　賞罰人主之大柄也賞當其功則天下勸罰當其罪則天下懼蓋理之必然者三代而上無容議矣姑舉漢唐諸君賞罰言之如不以舊怨而不封不私恩而不戮或徵以寛和或誅以殘酷高祖宣帝賞罰之公固矣然孌倖之侯元功之誅與夫户口僞增者旌之干犯之數者誅之其亦公歟不歟用之不念仇讎斥之不私故舊討積年之叛相鯁直之臣太宗憲宗賞罰之公然矣然佞人之擢讖言之誅與夫事聚斂者相之詆异端者竄之其亦公歟不歟之數君者皆漢唐之英君誼辟而賞罰如此治之所繇不三代若也鴻惟皇上自即位以來勵精圖治論功行賞而無不稱之賞因罪施罰而無濫及之罰故治化之盛足以媲美三代而非漢唐所可及也奈何近年爲將帥者或縱士卒而濫殺無辜以要功或昵親舊而妄作功次以申請於是無功受賞者不能無矣欲悉疑之而不予則使邊將難於用人以成武功欲悉予之而不疑則使奸巧得肆欺罔僥幸然則如之何而後無弊歟典刑獄者或妄有比附而傅致其罪或意有偏徇而高下其手於是無罪受罰者容或有矣欲霈施矜恤則有戾於勿誤之訓欲如所論列則有乖於好生之德然則如之何而後斯中歟二者必有至當之論二三子幸明以告我我將轉而聞於上

問　儒者之用大矣施之政事則曰儒吏施之軍旅則曰儒將三代而上臯夔即吏也伊吕亦將也何嘗岐而二耶後世吏以刀筆爲事而三尺是持將以馳射爲能而一丁不識於是皆與儒爲二矣考之載籍如弦歌之化武城彈琴而治單父固儒吏也彼興學於蜀而文風比齊魯經學飾吏而非俗吏所及守弘農而虎北渡河刺潮陽而鱷不爲暴者亦可謂儒吏歟亦有優劣之可言歟他如論湯旱爲桀之餘烈以天變爲神怪不語者皆世所謂儒也其爲吏而奸欺乃爾儒者固如是歟才全文武而北伐□□説禮敦詩而一戰伯晋固儒將也彼雅歌投壺不忘俎緩帶輕裘不被戎服出師有表而以復漢爲心左傳有癖而收平吴之績者亦可謂儒將歟亦有得失之可議歟他如作文賦而有河橋之敗學春秋而有陳濤之奔者亦世所謂儒也其爲將而憒事如此儒者果無用歟方今科貢取士百辟皆儒而功利之徒不能無武學有制介胄知書而文武之才猶未見伊欲吏先教化將務韜略一洗習俗之弊而使儒者之效暴於天下是必有道矣諸士子以儒爲業講之有素其悉陳之以觀明古識今

之學

問　朝廷設科取士而策以時務者蓋欲觀士子有用之實學也時務可言者多矣姑舉一二切於今日者試相與商確之古者鄉舉里選賓興賢能固未始限其人數也今科舉取士不論人才之多寡一惟解額之是遵數有夫盈雖庸劣在所必取數苟充足雖豪杰亦所必弃兹欲言之于上而不解額之拘則任情濫取之患又有不可勝言者矣果何法得其要歟古者建官惟賢位事惟能固未嘗論其年資也今銓部選官以歷年久近爲轉遷以名姓先後而銓注年限未至雖英才亦不庸資歷既深雖駑鈍亦必予兹欲請之于朝而不年限之論則奔競躁進之弊尤有不可紀極者矣果何道得其善歟古者三年耕則餘一年之食積三七年之久雖有水旱灾傷民無菜色今天下郡邑皆設社倉似足以爲備荒之策矣何一旦小遇水旱之灾輒有請發京儲之疏欲靳之而不發歟則有乖一視同仁之心欲隨所請而發之歟則不惟京儲有限抑且有轉徙挽運之勞兹欲使郡邑之粟自足賑恤其民無豈無其法歟古者鄉遂丘甸皆有甲兵故雖有外侮自足以捍禦之今沿邊衛所各屯重兵宜足以爲禦侮之計矣何一旦卒遇寇虜之侵即有乞調大軍之請欲拒而不遣歟則恐遺一方生靈之害欲如所請而調撥歟則不惟裹糧跋涉抑恐有老師挫鋭之患兹欲俾邊衛之兵自足保障一方是豈無其道歟此皆今日時務之切者諸士子强學待問必有善處之術言及之而不言聖人所不取也

中式舉人一百三十五名

第一名

第二名

第三名

第四名

第五名

第六名

第七名

第八名

（以上底本有殘缺——編者注）

第八名　陸琪　吴縣學生　易

第九名　程寛　歙縣儒士　詩

第十名　向明　巢縣學生　春秋
第十一名　徐傑　繁昌縣學生　書
第十二名　胡綱　通州學生　禮記
第十三名　楊洪　常州府學生　詩
第十四名　徐欽　應天府學生　書
第十五名　吴謙　長洲縣學生　易
第十六名　劉忠　福建浦城縣人監生　詩
第十七名　陳鉞　溧陽縣學生　書
第十八名　徐誥　常州府學生　詩
第十九名　尹鎰　金壇縣學生　書
第二十名　楊楷　崑山縣學生　易
第二十一名　賀俊　歙縣學生　春秋
第二十二名　白晟　武進縣學生　詩
第二十三名　王鑨　犧牲所軍餘　書
第二十四名　陳亮　廣德州學生　禮記
第二十五名　管琪　崑山縣學增廣生　詩
第二十六名　繆樗　溧陽縣學生　書
第二十七名　馬永賢　和州學生　詩
第二十八名　龔弘　嘉定縣學增廣生　易
第二十九名　金楷　嘉定縣學生　書
第三十名　周木　常熟縣學增廣生　詩
第三十一名　汪璽　婺源縣學生　春秋
第三十二名　陳粟　松江府學生　詩
第三十三名　馬英　溧陽縣學生　書
第三十四名　冒政　泰州學生　詩
第三十五名　馮瑢　績溪縣學生　禮記
第三十六名　沈林　長洲縣學生　易
第三十七名　朱稷　常熟縣學增廣生　詩
第三十八名　楊理　江都縣學生　書
第三十九名　顧綸　松江府學生　詩
第四十名　劉鎡　鎮江府學生　書
第四十一名　劉源　徽州府學生　春秋

第四十二名　張鉞　太倉衛學軍生　詩
第四十三名　許禮　無錫縣學增廣生　書
第四十四名　過鶴　無錫縣學增廣生　詩
第四十五名　張敬　鎮海衛學民生　易
第四十六名　張黼　松江府學生　詩
第四十七名　歸鳳　崑山縣學增廣生　書
第四十八名　王勛　應天府學生　詩
第四十九名　王槩　嘉定縣學增廣生　易
第五十名　陳謨　建德縣學生　詩
第五十一名　江昌　歙縣學生　春秋
第五十二名　王廷　華亭縣學生　詩
第五十三名　謝瑄　六合縣學生　書
第五十四名　韓暉　和州學生　詩
第五十五名　陳渭　浙江餘姚縣人監生　禮記
第五十六名　林濟　松江府學生　詩
第五十七名　舒忠　江西靖安縣人監生　書
第五十八名　賈宗錫　常熟縣學生　詩
第五十九名　沈綬　浙江平湖縣人監生　書
第六十名　王傑　桐城縣學生　詩
第六十一名　王朴　應天府學生　易
第六十二名　馮玘　鳳陽縣學生　春秋
第六十三名　徐澤　常熟縣學生　詩
第六十四名　周誠　績溪縣學生　書
第六十五名　許璛　江都縣學生　易
第六十六名　汪成　安東縣學生　詩
第六十七名　林鳳　嘉興千户所監生　書
第六十八名　鄭莊　徽州府學生　禮記
第六十九名　孫裕　崑山縣學增廣生　易
第七十名　耿銓　當塗縣學生　詩
第七十一名　鄭昕　吴江縣學生　書
第七十二名　王恩　華亭縣學增廣生　春秋
第七十三名　林奇　福建浦城縣人監生　詩

第七十四名　袁清　邳州學生　書
第七十五名　徐濂　欽天監儒士　易
第七十六名　葉巒　常熟縣學生　詩
第七十七名　葉縟　吴江縣學生　書
第七十八名　葉昶　華亭縣學增廣生　詩
第七十九名　王璣　鎮海衛學武生　易
第八十名　史效　淮安府學生　禮記
第八十一名　李忠　宣城縣人監生　詩
第八十二名　程經　金山衛監生　書
第八十三名　杜啓　吴縣學生　易
第八十四名　劉福　臨淮縣學生　詩
第八十五名　張魁　浙江平湖縣人監生　書
第八十六名　張价　蒙城縣學生　詩
第八十七名　吴裕　徽州府學生　春秋
第八十八名　魯達　應天府學軍生　詩
第八十九名　張光　浙江仁和縣人監生　易
第九十名　鄒魯　太平府學生　詩
第九十一名　鄭鏞　含山縣學生　書
第九十二名　莫驄　無錫縣學增廣生　詩
第九十三名　馬越　揚州府學生　易
第九十四名　極忠　安慶府學生　書
第九十五名　袁宏　桐城縣學生　詩
第九十六名　王屏　華亭縣學增廣生　禮記
第九十七名　張地　松江府學生　詩
第九十八名　王謙　應天府學增廣生　書
第九十九名　宗鉞　宜興縣學增廣生　詩
第一百名　商清　揚州府學生　易
第一百一名　蔡宥　常熟縣學生　詩
第一百二名　張綱　來安縣人監生　春秋
第一百三名　陸廣　無錫縣學增廣生　書
第一百四名　陳榮　應天府學增廣生　詩
第一百五名　劉杲　長洲縣學生　易

第一百六名　於琮　當塗縣學生　書
第一百七名　許慶　常州府學生　詩
第一百八名　許璘　華亭縣學生　書
第一百九名　湯鑑　太平府學生　詩
第一百十名　陳洪謨　長洲縣學生　易
第一百十一名　江曜　徽州府學生　詩
第一百十二名　李鳳翔　福建南平縣人監生　春秋
第一百十三名　汪瀅　績溪縣學增廣生　書
第一百十四名　曹祥　徽州府學增廣生　禮記
第一百十五名　宣澤　浙江東陽縣人監生　詩
第一百十六名　潘杲　宜興縣學生　書
第一百十七名　丁璣　鎮江府學生　易
第一百十八名　顧達　淮安府學生　詩
第一百十九名　顔信　丹徒縣學生　書
第一百二十名　陳教　吴縣學生　易
第一百二十一名　皇甫福　安東縣學生　詩
第一百二十二名　姚鏽　應天府學生　易
第一百二十三名　陳釗　蒙城縣學生　詩
第一百二十四名　吴崇嶽　浙江桐廬縣人監生　書
第一百二十五名　張剛　吴縣學生　詩
第一百二十六名　葉鼐　祁門縣學生　春秋
第一百二十七名　朱軒　徐州學生　詩
第一百二十八名　陳陬　浙江樂清縣人監生　易
第一百二十九名　朱恩　松江府學生　詩
第一百三十名　楊琛　宜興縣學生　書
第一百三十一名　沈淮　涇縣學生　詩
第一百三十二名　洪遠　徽州府學增廣生　禮記
第一百三十三名　張汝舟　崑山縣學增廣生　易
第一百三十四名　汪洪　祁門縣學生　春秋
第一百三十五名　周楷　常熟縣學增廣生　詩

第一場

四書

畏天命畏大人畏聖人之言

張旭

同考試官教諭李批（題本平易而場中佳作不多見是篇理到而詞工宜録出以式來學）

同考試官教諭張批（知畏天命則不得不畏大人聖言集注明矣作者多體認不真是篇析理詳明措詞典雅讀之令人心目豁然）

考試官修撰鄭批（詞理明暢）

考試官左諭德謝批（得集注本旨）

君子畏夫理之賦於已者而又畏夫理之所當畏者蓋天命在己唯君子知而畏之也大人聖言皆天命之所當畏者君子又烏得不畏之哉聖人言此以勉人厥旨深矣且夫天之生人必賦之理以爲性性之所在天命之所在也人知而畏之者鮮矣君子人歟知斯理爲天命之性不畏則弃天矣必兢兢戒謹于以存之於未發之時不啻若介圭之執惟恐其弗□也知吾性爲帝降之衷不畏則褻天矣必慄慄恐懼于以保之於至静之頃不啻若盤水之奉惟恐其或傾也如是則付畀之重可以奉承之而不失矣君子既知畏天命則於大人聖言之所當畏者烏能已乎蓋大人德位俱尊天命之所存也君子則恭敬而景仰之在坐必作過之必趨何敢狎慢之乎畏大人政所以畏天命也聖人之言布在方册天命之所發也君子則莊誦而佩服之信之如蓍龜遵之如指南焉敢戲玩之乎畏聖言亦所以畏天命也天命之所在君子之所畏也此君子所以爲君子也歟雖然三畏者君子脩已之誠當然也下文又曰小人不知天命而不畏也狎大人侮聖人之言蓋其不務修身誠己則何畏之有噫一畏不畏之間而君子小人所由分然則學者其可忽諸

武王纘太王王季文王之緒一戎衣而有天下身不失天下之顯名尊爲天子富有四海之内宗廟饗之子孫保之武王末受命周公成文武之德追王大王王季上祀先公以天子之禮

王鏊

同考試官教諭原批（場中作此題者多冗泛厭觀此篇體認真切措詞簡明非講貫有素者不能到）

同考試官學正胡批（此武王周公繼志述事之大諸作多昧此意是篇

得之且詞簡理明佳作也）

考試官修撰鄭批（題長而詞不費當是作手）

考試官左諭德謝批（理明詞簡非稚筆可及）

前聖繼先緒而極功業之盛後聖承先德而隆追崇之典皆繼述之大也夫孝莫大於繼志述事也觀二聖之事則繼述之大可見矣中庸十八章引夫子之言如此且以武王之事言之大王王季肇基而勤家文王三分天下而有二而所以纘其緒者不有待於武王乎於是一着戎衣天下以之而大定順天應人令名以之而不失尊爲天子而一民莫非其臣富有四海而尺地莫非其有上焉宗廟有以享其祀則功光祖宗矣下焉子孫得以保其緒則業垂後裔矣武王繼述之大爲何如以周公之事言之方文王天下之未一而禮文不敢爲也及武王既老而受命而禮制不暇爲也而所以成其德者不有在於周公乎於是推文武之意以及乎王迹之所起則追古公爲大王追季歷爲王季而文武之德於是乎成矣又推大王王季之意以及於無窮則自組紺以上至於后稷皆祀以天子之禮而大王王季之意於是乎慰矣周公繼述之大又何如吾夫子歷言之以示人厥旨深矣抑考下章又曰武王周公其達孝矣乎夫孝者善繼人之志善述人之事者也蓋承是章而言而所謂繼志述事孰有大於此者乎此武王周公之孝所以通稱於天下也子思子引之以明費之大宜哉

文王我師也周公豈欺我哉

陳賓

同考試官教諭毛批（場中作此題者多不能説出公明儀以文王爲必可師之意令人厭觀惟此篇發明親切且筆力雄健宜表而出之）

同考試官教授林批（此題言人性皆善聖人可學而至作者多失本旨是篇體認明白發揮切當宜置高選）

考試官修撰鄭批（以性善立説得旨）

考試官左諭德謝批（通篇敷暢）

賢者誦後聖之言而嘆其不已誣者以前聖爲必可法也蓋人性皆善故聖人可學而至也周公以文王爲可師公明儀安得不誦其言而嘆其不我誣哉昔公明儀之意若曰周公有言爲君而仁爲臣而敬文王之爲聖人固極其至矣然仁也敬也豈非我之儀刑乎爲父而慈爲子而孝文王之盡人道固止於善矣然慈也孝也豈非我之軌範乎周公之言如此誠以聖愚同一性古今無二道文王此性也我亦此性也我能儀刑不怠則文王之仁敬可馴至矣周

公之言誠至當之言也使性有善惡而聖愚不可移周公肯爲此言以欺我後人乎我此道也文王亦此道也我能軌範弗失則文王之慈孝可企及矣周公之論誠不易之論也使道有二致而古今不相同周公肯發此論以誣我後人乎公明儀之言如此則人必皆善可知矣宜乎孟軻氏引之以釋滕世子之疑也抑論之性之本善文王無异於衆人所謂堯舜途人一也行之不力則人自异於文王所謂上智下愚不移也世子聞性善之言而有疑於心故孟子引成覸颜子公明儀之言以明之蓋欲其篤信力行以師聖賢不當復求他説也噫旨哉

易

初筮告再三瀆瀆則不告利貞

陸琪

同考試官教諭李批（拈書出題固非難者人多忽之亦爲所窘認理分明措詞醇正如此篇者不多得也健羨健羨）

同考試官教諭張批（此題作者體認不真多肆臆説是篇說出發蒙養蒙之義明白簡當且筆力老健允爲佳作宜置高選）

考試官修撰鄭批（講用本義占法得稽實待虛之意）

考試官左諭德謝批（發明蒙卦意盡可取）

有發蒙之道有養蒙之道此彖辭之旨也夫告而有□者發蒙之道而正者養蒙之道也非彖易聖人明其占以示人其孰能知之昔文王係蒙卦之辭謂夫人之蒙昧不可不有以發之而發之之道可無節乎如筮者明則人爲蒙而求於我矣我則於其致精一之意者告之有初筮之誠者發之而再三煩瀆者則不告也筮者暗則我爲蒙而求於人矣我則致精一以扣之極誠意以求之而不可有再三之瀆也發人者當酌可否之宜發於人者當致求道之篤此蒙之所以亨歟然蒙既發矣尤不可不有以養之而養之之道可不以其正乎故明者之養蒙也宜示之以仁義之道授之以聖賢之學于以陶鎔其德性而异端邪説不可以罔人也蒙者之自養也宜仁義之道是行聖賢之學是學于以涵養其良心而淫辭詖行不可以自陷也養人者必以正自養者亦以正此蒙之所以利歟彖易聖人因占以示人厥旨深矣抑考乾坤之後繼之以屯蒙屯之彖曰利建侯以君道言也此曰初筮告曰利貞以師道言也天地定位人物肇□而繼天立極之責舍君師其誰與聖人序易彖易之旨淵乎微哉

八卦而小成引而伸之觸類而長之天下之能事畢矣

張旭

同考試官教諭李批（定吉凶爲易之能事今學者指爲人事誤矣此篇獨有所見非造理深者不能宜爲本房之冠）

同考試官教諭張批（場中作此題者於能事處多無灼見殊失本旨求其説理精切遣詞暢達僅見此篇是宜録出以範後學）

考試官修撰鄭批（能不惑於衆説蓋嘗究心本領者）

考試官左諭德謝批（簡潔如此方是易義）

畫成於以九變而易之内卦立變極於無窮而易之妙用備夫九變而成三畫内卦立矣由是推之無窮以定吉凶則天下之能事豈不畢於此乎且夫揲蓍求卦之法四營而成易三變而成爻今也由三變而至於九變由一畫而至於三畫則乾則兑离震之卦立矣巽坎艮坤之體備矣然三畫之所成者内卦之貞而已而外卦之悔未有也九變之所得者八卦之畫而已而六十四卦未備也故曰八卦而小成夫三畫既立由是再營九變而又得三畫則是引其端而伸之由内卦而得外卦由三畫而得六畫斯大成矣六爻既成然後視其爻之變與不變以爲動静則是觸其類而長之一卦可變爲六十四卦而六十四卦可變爲四千九十六卦於是定其占以示人吉未萌也使人趨之無疑凶未見也使人避之無患于以開物而成務于以通志而定業易之能事於是乎備故曰天下之能事畢矣吁妙卦變於無窮極天下之能事易之用其大矣乎抑考大傳此章首論天地之數次論蓍策之數此論卦畫之數上文有曰四營而成易十有八變而成卦蓋言揲蓍求卦之法于以總一章之事此言引伸觸類則占象推演之法下文所謂酬酢佑神則又蓍卦之用而易之能事備矣吁旨哉

書

明于五刑以弼五教期于予治刑期于無刑

范誧

同考試官教諭毛批（作此題者多於期于予治刑期無刑處泛講不切詞簡勁而意融貫者僅見此篇非究心本領之學者不能到是宜録出爲學者矜式）

同考試官教授林批（本房作此題者多不能體認章旨不浮泛則拘束讀之令人悶悶惟此篇發出舜美臯陶之意辭理俱到奏黄鍾於瓦缶之餘自不能爲之躍然）

考試官修撰鄭批（發明刑期無刑處甚佳）

考試官左諭德謝批（舜美皋陶明刑之功篇中發明盡矣）

大臣盡職以期夫人君之治而實期至於刑措之美蓋刑者輔治之法也大臣明刑弼教以期人君之治豈非實所以期至於無刑之地哉昔帝舜推用刑之功以美皋陶若曰五刑有輕重也爾皋陶能明其輕重之等以輔五品以教期予從欲以治使天下之爲父子君臣者皆蔚然於綱常倫理之天而所謂百姓不親者無有焉五刑有取舍也汝皋陶能明其取舍之用以弼五常之教期予德治民心使天下之爲夫婦長幼朋友者皆怡然於民彝物則之域而所謂五品不遜者無有焉是始之父子不親君臣不義固不免用刑以一之矣然爾之心非淫刑以逞也惟欲期父子親君臣義使刑雖具而無所用焉耳始之夫婦不别長幼不叙朋友不信固不免用法以齊之矣然爾之心非倚法以削也實欲期夫婦别長幼叙朋友信使法徒設而無所施焉耳皋陶明刑之功如此帝舜安得不稱美之歟抑考此章帝舜既以刑措之美歸之皋陶明刑之功下文皋陶不敢以爲己功而歸之帝舜好生之德噫君不自以爲功而歸之臣臣不敢以爲功而歸之君君臣交致其美明良相逢千載而下猶可想見一時氣象

皇天既付中國民越厥疆土于先王肆王惟德用和懌先後迷民用懌先王受命已若兹監惟曰欲至于萬年惟王子子孫孫永保民

陳賓

同考試官教諭毛批（此題頗長作者多分截失旨而詞又冗泛令人厭觀惟此篇形容有周大臣告君之意無遺且詞氣動蕩發越讀之如親見當時真杰作也宜録以冠本房）

同考試官教授林批（説出周家臣下責難祈祝君上之意忠誠懇切宛然當時氣象讀之令人一唱三嘆）

考試官修撰鄭批（周家大臣忠愛之心藹然言表）

考試官左諭德謝批（理明詞贍可取）

大臣告君既言天眷前王而勉以繼述之責復欲監己所陳而祈以天命之永蓋上天重其托於先王後王當明德化民以盡繼述責也苟不能監大臣之所陳戒則亦何以保天命於有永哉昔有周大臣進戒其君之意若曰中國人民吾不知其幾千萬姓也今焉一民莫非先王之臣者孰畀之哉天監厥德而畀之也中國疆土吾不知其幾千萬里也今焉尺地莫非先王所有者孰與之哉天監厥德而與之也然上天付托固在於先王而先王付托則在於後王是故迷惑之民

先王蓋嘗化之有未遍今王必明德以和悦之使皆歸于德化之中以慰其受命之心可也染惡之民先王蓋嘗新之有未周今王必以德而勞來之使咸囿於倫理之内以悦其受命之心可也大臣既以此而勉其君於是復告之以爲我所陳明德得天之説誠致治之格言王當監之而不可忘也我所陳用德化民之訓乃保邦之要道王當視之而不可忽也然我進告之言雖有盡而祈祝之意則無窮蓋欲祈之以貴吾王貴爲天子不待吾之祈矣惟願綿曆數於萬有千歲而王之子孫是繼是承者皆有以永底烝民之生焉欲祈之以富吾王富有四海不待吾之祈矣惟願享國祚於億萬斯年而王之子孫以嗣以續者咸有以永康四海之民焉噫大臣以是而責難祈祝於君其忠愛之心爲何如哉抑斯言也乃有周大臣之告君者而簡編錯於梓材篇末觀其進戒之詞誠切懇至祈祝之意忠愛無窮求之當時非篤棐周召其孰能與于斯

詩

四鍭如樹序賓以不侮曾孫維主酒醴維醹酌以大斗以祈黄耇黄耇台背

徐寬

同考試官教諭原批（本房詩經九百餘卷而佳作甚少此卷七篇皆平整而此篇尤純雅可録佳作也置之高選孰曰不宜）

同考試官學正胡批（題本平易作者非泛則略不慊人意晚得此篇明白純正有周王者篤親親之意宛然可見）

考試官修撰鄭批（遣辭温潤善説詩者也）

考試官左諭德謝批（詞氣春容得温柔敦厚之體）

王者之燕所親也射於終而尚乎德飲於終而祝乎壽夫親親之恩不可不厚也今王者之燕親射飲雖終而猶論德祝壽之無已其親厚之意不其至歟是詩爲祭畢而燕父兄耆老而作也謂夫侍御獻酬既有節矣飲食歌樂亦盡禮矣而賓主之情尚未洽也可不較藝以爲樂乎斯時也四鍭遍釋而皆中乎□如手就樹堅而不欹也四矢既均而皆貫乎革如手就樹正而不偏也省括于度藝固精矣猶必無憮無傲不以己之中而驕者爲可尚焉發彼有的射固善矣猶必無偝立無逾言不以人之不中而傲者爲可貴焉非射於終而尚德乎夫既射以爲樂矣而燕猶未終也曾孫爲主復登筵焉可不酌酒以爲頌乎斯時也獻爵尚多則旨酒思柔而汁滓維厚也舉觶無筭則大斗是酌而器用如式也然飲此旨酒豈爲口腹之飫而已于以頤養天和願髮白復黄面如凍梨而獲壽之徵焉酌此大斗豈爲飲食之具而已于以保養天倪願黄耇既介背有台文而得壽之兆焉又非飲於終而祝壽乎吁射雖終而禮猶飭飲將終而祝益隆王者之於父兄耆

老何其情有加而意無窮也歟抑王者之燕親親既曰以祈黄耇黄耇台背又曰以引以翼以介景福是不徒有福而有德以享其壽也及既醉之荅君既曰君子萬年介爾景福又曰高朗令終令終有俶是不徒有其始而又有以善其終也上以是施之下以是報之忠厚之意溢於言表此有周之所以爲盛也歟

有截其所湯孫之緒維女荊楚居國南鄉昔有成湯自彼氐羌莫敢不來享莫敢不來王曰商是常天命多辟設都于禹之績歲事來辟勿予禍適稼穡匪解天命降監下民有嚴不僭不濫不敢怠遑

王鏊

同考試官教諭原批（此題頗長本難包括作者多失旨是篇辭語圓活理脉亦貫説出尚宗所以中興之義詳悉無遺必老學之士也宜冠本房）

同考試官學正胡批（此題前三章言高宗中興之業後一章所以致中興之道作者往往分截無定見是篇深合題意而詞足以發之葩經之翹楚也）

考試官修撰鄭批（發越詳盡）

考試官左諭德謝批（長題貴該括是作得之）

商人頌先王能振中興之業必推其所以致中興之道蓋伐遠而諸侯服此高宗中興之業也自非畏天人而公刑賞奚能然哉詩人頌高宗中興之盛如此是詩以爲祀高宗之樂歌蓋謂高宗憤荊楚之叛奮神武之威盡平其地截然齊一而不得以紊我疆土者果誰之功歟皆我湯孫神武之功也盡平其民斬然整齊而不得毒我人民者伊誰之力歟皆我湯孫罙入之力也既伐之以威必責之以義意謂維汝荊楚之遠亦居吾國之南昔我成湯之世遠如氐羌之夷亦莫敢不獻琛而來享莫敢不稽首而來王曰此有商之常禮也况汝荊楚曷敢不至哉荊楚既平諸侯自服由是天命諸侯各建都於禹所治之地莫不三年一聘以祈王之不譴五年一朝以祈王之不謫曰我之稼穡不敢解也庶可以免咎矣夫以夷夏同心歸服如此果何自而然耶蓋以天聰明自我民聰明是天命降監在民則下民亦有嚴矣天明畏自我民明畏是天命下視在民則下民亦可畏矣尚宗知其然故於賞也則奉天命而不僭於刑也則奉天討而不濫既不僭矣而兢惕之心不敢遑不私喜而移也既不濫矣而恭嚴之心不敢怠不以私怒而渝也高宗畏天人而公刑賞如此則其所以平遠人服諸侯也宜哉嗟夫王業之興非偶然也創業固難守成不易况中興之君承衰弱之餘未有不由武德以勝之者故高宗赫赫濯濯而再造殷邦信乎其無愧湯之孫矣其無愧中興之主矣宜後人立百世不遷之廟以是美盛德告成

功而祭之也吁盛哉

春秋

鄭伯逃歸不盟（僖公五年）公會宰周公齊侯宋子衛侯鄭伯許男曹伯于葵丘（僖公九年）

向明

同考試官教諭鄭批（此題本制命以義不以義立意作者多昧乎此是篇體認既真詞亦簡嚴聖人筆削之旨凛然予奪間也可取可取）

考試官修撰鄭批（褒貶允□）

考試官左諭德謝批（文有斷制）

從私命而不制以義者爲可譏違寵命而能制以義者爲可美此可見鄭文之從命有愧於齊桓之從義也春秋得不備書而予奪之哉且夫惠王命鄭伯以從楚鄭文承王命而逃歸春秋若何而責其不審於義耶蓋惠王有易子之心桓公有首止之猷君子於此必曰子鄭吾君之子也且爲世子吾君之命也諸侯盟首止以定其位實所以尊王命而定王儲也奚可昧厥義耶夫何鄭伯徇撫汝之私命弃儀衛而逃歸彼徒知王命之當從而義之可否不能審也春秋得不深貶之哉故曰從私命而不制以義者爲可譏以此至若周公承命以賜級齊桓違命而下拜春秋若何而美其能制以義耶蓋襄王有惠養老臣之恩周公將加勞賜級之命常人於此必曰下拜禮也無下拜命也從寵命而不下拜未爲泰也孰克制以義耶幸而齊桓則凛然天威咫尺之敬慄然下拜登受之恭彼惟知臣節之不可虧而王命之違否不暇顧也春秋得不深美之哉故曰違寵命而能制以義者爲可美以此吁命從楚而從楚者君驕而臣諂也命無拜而下拜者君仁而臣敬也春秋君臣之賢否得失不亦於此可見乎雖然鄭伯逃歸未幾而有乞盟之舉則其悔悟深切可知矣桓公葵丘無何而有緣陵之專封則其不能終守臣世可見噫鄭文之庸陋固不足責齊桓五伯之盛而始終相戾如是良可慨夫

公會晋侯齊侯宋公衛侯鄭伯曹伯邾子杞伯同盟于蟲牢（成公五年）晋欒書帥師救鄭（成公六年）公會晋侯齊侯宋公衛侯曹伯莒子邾子杞伯救鄭（成公七年）公會晋侯宋公衛侯曹伯齊世子光莒子邾子滕子薛伯杞伯小邾子伐鄭會于蕭魚（襄公十一年）楚公子午帥師伐鄭（襄公十八年）楚子蔡侯陳侯許男伐鄭（襄公二十四年）

湯鼐

同考試官教諭鄭批（題本平易場中於晋救鄭楚伐鄭無功處多説不

親切殊戾本旨此篇詞理俱到春秋二百餘卷無能出其右矣）

考試官修撰鄭批（善發明題意）

考試官左諭德謝批（能融會傳意成文録之）

二國服而不能示之以義故恤患之兵徒勤於内二國服而能感之以誠故争二之兵徒勤於外此蟲牢之後晋再救鄭而無功蕭魚之後楚再争鄭而無功於此可以見伯事之得失矣且夫義者服人心之本也晋景何爲率鄭而不以義耶蓋鄭自戰邲以來反覆無常非一日矣今也以訟于楚而弗勝歸而請成于蟲牢鄭之從晋誠可喜矣然當是時天王之訃告已在諸侯之策使景公能率蟲牢之諸侯以奔國恤於京師則尊王之義以明而鄭人之心服豈不固乎夫何景公不明乎此雖王室之訃音久聞而九國之盟誓不廢晋之服鄭而昧於義如此故鄭人知其終不足以庇己也於是楚始伐鄭而晋救以欒書之兵惠非不施也而鄭人之反覆自如楚再伐鄭而晋援以四國之師恩非不加也而鄭人之携二自若揆厥所自豈非景公義不足以服其心而何患所謂二國服而不能示之以義故恤患之兵徒勤於内者以此若夫誠者感人心之機也晋悼何爲服鄭而能以誠耶蓋鄭自侵蔡以來服役于楚非一年矣今也因晋悼之謂會遂請成于蕭魚則鄭之服晋誠可嘉矣然當是時晋雖得鄭安保其不叛耶使悼公虞其叛復之無常而要以向日之盟誓則牲幣二境之念不已而良霄之告絶未可必也幸而悼公有見於此去乎盟誓之煩感以由中之信晋之服鄭而待以誠如此故鄭人知其終有可恃也於是楚始加兵欲以得鄭之從而鄭人向晋之心不渝楚再加兵欲以脅鄭之服而鄭人背楚之心愈固推厥砖百豈非悼公诚之足以感其心而何患所謂二國服而能感之以誠故争二之兵徒勤於外者以此雖然景公之昏懦不獨服鄭爲然觀其汶陽之歸不足以固諸侯伐郯之舉不足以令列國果何足論獨惜乎晋悼之服鄭雖可美矣厥後于向之通吴人于戚之黨衛臣又可美乎噫悼公以君子之資而所爲尚如此吾於他伯何尤

禮

申嚴號令命百官貴賤無不務内以會天地之藏無有宣出

葉孟

同考試官教諭陶批（月令此題作者多昧分截甚至不知爲季秋月者駕空臆説殊失章旨此篇體認親切行文簡當誠所謂空谷足音者取之以冠本經）

考試官修撰鄭批（不爲此題所窘熟於禮者也）

考試官左諭德謝批（遣詞平整視他卷獨優）

人君因時而申明其令既命臣下必斂物以順乎時復戒臣下無出物以悖乎時夫爲治貴乎能順時令也人君於萬物斂藏之際安得不命臣下務收斂而勿宣出以順時哉記者謂夫收斂之令王者於孟秋之月已布之矣今也季秋之日天地之氣已藏其可不申嚴其令乎積蓄之令王者於仲秋之月已布之矣今也建戌之月萬彙之藏已畢可不申重其命乎是以百官有司非一職也必命之莫不務收斂諸物於府庫之内于以合天地閉藏之令焉貴賤上下非一人也必命之莫不專心積聚百穀於倉廩之中于以合造化歸藏之義焉彼諸物之當收者深藏之勿出可也苟開府庫以宣出於外則悖乎時令矣百穀之當斂者謹收之而勿散可也苟開倉廩以施散於人則悖乎天道矣王者之命如此爲臣下者可不尊其命而順其時乎抑考前章季春之月既言天子事德行惠命有司發倉廩開府庫以周天下至此乃命百官貴賤無有宣出何也蓋彼之所發乃順陽氣之宣泄此之不出乃順陰氣之收斂先王一斂一發何莫而非順時令歟此又不可不知

齊者精明之至也然後可以交於神明也

胡綱

同考試官教諭陶批（此題本不難而作者皆蹈襲陳言可厭此卷獨异衆作讀之令人起敬）

考試官修撰鄭批（詞無陳腐可觀）

考試官左諭德謝批（詞温雅而意融貫作手也）

惟能致齊以誠其心斯能奉祭以格乎神蓋祭固不可不致其齊而齊又不可以不極其誠也苟舉祭而不能致齊以極精明之誠又何以格乎神明哉記禮者知其然謂夫禮有五經莫重於祭及時將祭君子乃齊是以散齊七日以定之致齊三日以齊之于以心不苟慮必依於道身不苟動必依於禮所以心乎道而身乎禮者豈故爲是矯飾耶無非專致其德之精不爲外物之所二耳不爲外物所二則祭之心爲精意精志而無一毫之不誠其精之至也爲何如于以不備樂以爲樂不飲酒以爲歡所以不樂不歡者豈故爲是虚文耶無非致其德之明不爲外物之所蔽耳不爲外物所蔽則祭之道爲明禋明享而無纖芥之不潔其明之至也又何如德既極其精矣由是奉灌獻而交乎神明則神明雖曰視之弗見今則格於冥冥之中而如在其上矣曾何神明之不我交乎德既極其明矣由是具牲幣以事乎鬼神則鬼神雖曰聽之不聞今則感

於昭昭之際而如在左右矣又何鬼神之不我接乎是知齊者致誠之道誠者格神之本記者言此其示人之意深牟抑又論之君子之祭七日戒三日齊必見所祭者誠之至也是故郊則天神格廟則人鬼享皆由己以致之也傳曰有其誠則有其神無其誠則無其神誠之至與不至而神之感不感係焉有如此可不謹諸

第二場

論

君子務引其君以當道

陳賓

同考試官教諭毛批（此論一寫數百言而議論反覆譬諸泰華峰巒層見疊出見者自不能不爲之駭目欣羡欣羡）

同考試官教授林批（此篇發明引君當道明白痛快况文氣蔚然有開闔有抑揚有波瀾如駕輕車馳騁康莊折旋羊腸無窘步矣録之以示後學）

考試官修撰鄭批（立論正大措辭雍容不爲奇怪雕琢之語觀此可知其爲人矣）

考試官左諭德謝批（論場逞辭者失之浮冗好奇者失之穿鑿妄希古作者則又爲險怪語此俗尚之弊皆抑之惟此卷措詞典雅筆力老健故置前列）

論曰人臣之事君有本焉有末焉不于其末而于其本者其唯君子乎何謂本道是也是道也統繫人心綱維世道人君之治天下不可一日而無者也君子之所以事君不可一日而舍之者也君一日而無此則無以治天下君子一日而舍此則無以事其君舍此以事君則功利智謀之末小人之事君也君子肯以此自處而導其君於不善之地哉孟子曰君子務引其君以當道如此戰國之時王道之荊棘也甚矣人心之榛蕪也極矣在上者惟知功利是圖而不知道爲何事在下者惟知智謀是尚而不知道爲何物故管商之徒引其君以利申韓之徒引其君以刑孫吴之徒引其君以戰儀秦之徒引其君以縱横而引君當道者廖廖乎未之見也夫利也刑也戰也縱横也彼孰不以爲引君之道乎由君子觀之乃事君之末耳小人之爲耳何足以言道君子人歟心之所志者此道□之所談者此道身之所踐履以酬酢乎萬變者此道故其事君也以責難爲恭以陳善閉邪爲敬道莫先於仁君心有未仁也則引之志於仁以立其體道不外乎義君心有未義也則引之由於義以達其用聲色貨利戕君心之斧斤也則引之當道使不邇聲色不殖貨利焉游田觀逸蠹君心之蟊

賊也則引之當道使罔淫于觀于逸于游于田焉君未恭儉也引之以恭儉而恭儉非道乎君未學問也引之以學問而學問非道乎君未納諫也引之以納諫而納諫非道乎君未愛民引之以愛民君未用賢引之以用賢而愛民也用賢也又非道乎以堯舜之道引其君君不堯舜不止也以文武之道引其君君不文武不止也君子之事君如此國未富也非所憂兵未强也非所憂法令未行也非所憂諸侯未服也非所憂而所憂者惟恐吾君之未至於道耳蓋吾君所存念念乎道吾君所行事事乎道則心以正身以修家以齊國以治紀綱以立制度以明禮樂以興教化以行而天下自平無事乎利而國自富矣無事乎戰而兵自强矣無事乎刑而民自化矣無事乎縱横而諸侯自服矣雖不求利而自無不利是何也由吾之所以事君者以其本耳視彼小人汲汲以功利智謀事其君其心惟欲富其國而已强其兵而已威乎民而已服乎諸侯而已殊不知所欲未得而害已隨之是何也徒知事君之末而不知吾君子之道故也是知君子事君以其本故君德益盛而獲莫大之福小人事君以其末故君欲益熾而致無窮之禍此君子所以善於事君而大有益於國家夫豈小人所可同年語哉孟軻氏以此爲慎子告其曉之之意深矣惜乎慎子不足以語此我思古人伊尹以堯舜之道引湯而湯爲堯舜之君周公以文武之道引成王而成王爲文武之君夫以湯之聖成王之賢而所以成其德者不能不有資於伊周大臣如此方今聖天子在上聰明睿智文武聖神德已盛矣道已至矣化已成矣然而贊襄密勿補衮職萬一之闕者能不有望於今日大臣

又

王鏊

同考試官教諭原批（論以志守立説而文有氣焰有發越非學博才充者不能商鼎夏彝識者皆知爲古器也）

同考試官學正胡批（此篇説出人臣事君之道議論層出而文勢滔滔如長江大河奔放蕩激浩乎莫之能禦杰作也）

考試官修撰鄭批（論場非無豐贍葩藻之作然皆時文耳晚得此卷文詞蒼古議論激烈而英氣崢嶸蓋駸駸乎古作者烏可目之爲科場文耶故不厭其重而録之）

考試官左諭德謝批（通篇議論皆自胸中流出而詞嚴誼正足見平日抱負予於初場之夕蓋嘗夢得奇士矣非子其誰）

人臣事君之法其始也必有一定之志而其後也必有一定之守志定於

先則必以道望其君而覇功异術不能惑守定於後則必以道正其君而毁譽得失不能移而所以堯舜其君者在是矣志不立則將以術爲道守不定則將以道徇君而何以引其君於當道哉故志有立於先守無變於後必以道者此萬世事君之法也亦萬世臣子之心也孟子曰君子之事君也務引其君以當道是心也愛君者知之有志者知之有守者知之彼慎子者何足以知此古之人有欲其君王者矣有欲其君覇者矣有欲其君强者矣志固各有在也以强者務引之强而止欲進而覇不可得也以覇者務引之覇而止欲進而王不可得也君子所務則异於是其存也有所本其發也有所歸其講貫於乎昔也有所得其藴蓄於胸中也有其具其經綸也何道其調燮也何爲其寅亮也何説蓋必有定志矣此志一定恪守不移逆鱗可批而此志不可渝也鼎鑊可蹈而此志不可奪也務引之道而止蓋君子之愛君也深故其憂君也至其憂君也至故其告君也切誠以天下之本在於一人一人之主在於一心人君於深宫淵默之際發一念而正焉則天下蒙其福發一念而雜焉則天下受其害爲之臣者得不以爲憂耶是故不待其發於政而後諫也不待其萌於心而後諫也未萌而導焉務欲其天理之常存既發而導焉務欲其人欲之盡去人曰太平矣而君子常若有厝薪之憂人曰聖神矣而君子猶或以桓靈爲喻其憂君之心蓋無時而不存也進而思曰吾何以正君退而思曰吾何以正君左納言亦思曰吾何以正君右納□亦思曰吾何以正君端士輔君心者也吾則引之以親賢臣憸人蠧君心者也吾則引之以遠小人學問養君心者也吾則引之以經史奢侈誘君心者也吾則引之以節儉論道德必稱堯舜引之於堯舜也論征伐必稱湯武引之於湯武也論好貨也引之於公劉論好色也引之於太王好兵也引之於干羽兩階好田也引之於車攻吉日君曰是臣曰非君曰可臣曰不可所謂直諫直諫引之於道也君曰是臣亦曰是君曰非臣亦曰非所謂諷諫諷諫亦引之於道也左而左導焉右而右導焉無一念而不以正君爲務者是豈有所爲而爲耶抑豈有所畏而不爲耶有爲而爲則可以利誘也君子禄之以萬鍾有不受有畏而不爲則可以威讋也君子怵之以斧鉞有不懼其或不從雖引裾可也其又不從雖析檻可也其又不從雖碎首玉階可也是非好名也是非矯激也誠愛吾君之心之無已也若夫君未有好也而以南威之色儀狄之酒啓之君未有欲也而以上林之侈長楊之獵啓之天旱則啓之曰意乾封乎霖雨則啓之曰不害農也德如堯舜矣何爲不樂世已太平矣何欲不遂若是者惟小人能之君子不能也疇昔所志何若所守何在而乃如此乎伊周所以引君者尚矣彼多欲之矺汲長孺所以引武帝也而有淮陽之行佛

骨之諫韓昌黎所以引憲宗也而有潮陽之貶愚以是知引君者固臣之義而納諫者尤君之明蓋小人之事君順其欲者也君子之事君拂其欲者順其欲者似愛君拂其欲者似忤旨而天下之治忽實於是乎分君天下者尚鑒兹哉

表

擬宋司馬光謝賜資治通鑒序表

賀俊

同考試官教諭鄭批（表有事實可觀）

考試官修撰鄭批（典雅）

考試官左諭德謝批（得宋表體）

伏以仿麟史以編年用助九重之鑒焕龍章而假寵式昭百世之光乃儒者之極榮誠斯文之盛事伏念臣光性識愚魯學術荒疏粗涉春秋以降之書窮探理□□□之蹟□□□繁撮要筆之汗青顧薄力艱成行將髪白伏遇先皇帝臨政思治稽古右文俾纂新編獲伸初志假圖書於三館給筆劄於尚方錫賚洊加臣鄰鮮及恭惟皇帝陛下聖敬日躋聰明天縱祇服駿命紹一祖四宗之洪基大闡皇猷致二帝三王之盛治圖惟先輯成編輒封進覽上下搜羅千三百載之事出入將隨十有九年之勞少攄一得之愚仰副兩朝之命第撰次無法牴牾多端方將待罪闕庭詎意蒙恩褒飾詔經筵以進講揮宸翰以賜名兹又序其本原弁諸篇帙焜煌有耀如奎壁之麗層霄渾噩無涯若江漢之行大地上繼商周之訓誥下陋漢唐之咏歌典刑總會之褒冊櫝淵林之譽榮逾華衮臣實汗颜彼馬遷史才揚芳百祀董狐直筆獨步千秋皆未嘗親屈鴻藻曲賜揄揚如臣今日之榮者也遂使螢爝之照依日月而長明草木之微附天地而不朽寵光優渥喜愧交并伏願鑒前代之興衰考當今之得失安汝止以安百姓正朝廷以正百官萬福攸同固皇圖於磐石三呼致祝願聖壽以齊天臣無任瞻天仰聖激切屏營之至謹奉表稱謝以聞

第三場

策

第一問

王鏊

同考試官教諭原批（善答五問文詞滂沛事實瞭然時務一篇尤有斷制真策手也宜魁多士）

同考試官學正胡批（條陳五策事核而詳非淹貫經史識達時務者不能魁薦無忝）

同考試官教授林批（策場士子多爲事實時務所窘惟此五篇考究詳明處置得當夐异衆作其崑山片玉桂林一枝歟可嘉可嘉）

考試官修撰鄭批（五策條答無遺不爲問目所制其積學有素之士乎良金美玉自有定價擢冠秋闈宜矣明春南宫之捷大廷之對裦然出色者予端有望於子）

考試官左諭德謝批（該博之學政事之才昌大之氣於五策發之得士如此自信可少副朝廷之簡命矣他日效用范文正之功業幸毋負此志）

聖人作之君而賞善罰惡之令行聖人作之師而勸善懲惡之典著蓋藋賞罰以治天下者君道之當然也示勸懲以化天下者師道之當然也聖人盡君師之道如此爲人臣者可不勉其善戒其惡以弼成一代治化之盛哉昔我宣宗章皇帝以聖人之德在天子之位賞罰之令既行乎一時乃於萬幾之暇采輯東周以降人臣善可爲法惡可爲戒者類爲臣鑒一書頒示群臣俾時省覽其有益於臣工信大矣愚嘗拜手稽首莊誦聖訓而嘆曰大哉皇言乎其即成湯告諸侯以各守爾典無即慆淫之語乎其即成王訓百官以恭儉惟德無載爾僞之義乎宸翰汪洋未易備舉姑因明問所及而陳之如祭遵之憂國奉公而興光武安得之思韓休之守正不阿而啓玄宗安寢之嘆舟中惟圖書衣衾而江南幹事以回曹武穆之清慎爲第一名將可敬也胸中有數萬甲兵而西夏聞之膽破范文正之功業爲第一流人物可慕也臣鑒載此豈非欲爲臣者讀之爲祭爲韓爲曹爲范歟張湯之深文舞知而致海内之騷動李林甫之口蜜腹劍而致胡雛之唱逆謬爲豐亨豫大之説而視官爵財物之弃如糞土蔡京啓君侈心之罪可誅也倡有天書雲篆之符而致神霄玉清之祠遍天下蔡□引君异端之罪可戮也臣鑒載此得非欲爲臣者讀之毋湯毋林甫毋京毋攸乎魏憲侯爲相而四方灾變輒以上聞李文靖爲相而中外利害一切報罷似不同也然一則恐人主逸欲而不知□□□□恐少變舊制而所傷實□□不同而忠同也秦檜力主和議竟沮北伐之兵韓侂胄密議行兵欲爲恢復之計似有异也然一則當恢復之際甘心事□一則當和議之後而邀功生事事雖异而惡不异也竹頭屑雖曰細事而陶侃綜理之周如此可以親細務而少之乎柴鹽利害雖曰盡言而丁謂謟佞之罪如此可以能盡言而與之乎嗟夫聖人之制昭乎與日而并明蕩乎惟天地之爲大宜天下之皆化矣而挾奸縱私傷仁敗德猶有厪執事之憂得非以臣工徒能口聖人之書而不能心

其書乎愚願公卿之間不寳烏號之弓而寳此書不藏曲阜之履而藏此帙申明其制須示中外使天下家讀其書人曉其義如聽屬車之音望旄頭之塵自卓然興起其好善惡惡之心又何不忠貞之懷循良之尚之足慮乎臣鑒所載善者皆可法也乃所願學則范文正其人乎惟執事進而教之幸甚

第二問

論天下之事無一定之勢處天下之事有一定之理蓋不同者勢也所同者理也君子持至一之理御不一之勢此所以或寬或猛而同歸於道也歟且讀捕蛇者説而知猛之不可觀蔓草之戒又知寬之不可然則宜何如夫寬猛相濟政是以和先儒許衡嘗有是言矣誠不易之論也然其勢又有不同者明問謂周禮之用刑或以輕或以重疑非相濟之道愚則曰政所以相濟也彼因時而施者以教化有行否之异耳其即吕刑世輕世重之典乎然孔明治蜀宜用輕典也方承劉璋之暗威刑不肅蜀人自恣苟以寬濟之是以水濟水也故頗尚嚴峻而蜀中以治裴度平蔡宜用重典也時當元濟之虐偶語有禁過從者死苟以猛救之是以火加火也故去其苛政而淮西以安是則輕重异施而皆治者非相濟而然歟明問又謂或者之論治或以寬或以嚴似非相濟之道愚亦曰政所以相濟也彼因人而施者以其人有淑忒之别耳其即虞書刑故宥小之義乎是以杭蜀之地號稱良民急之則怨矣所謂保小民如保赤子故薛奎蘇頌皆以寬稱開封京兆號爲難治寬之則弛矣所謂馭悍吏如馭悍馬故薛奎蘇頌皆以嚴著是則前後异施而皆善者又非相濟而然歟至若子産之告大叔以水狎則民玩火烈則民畏故曰有德者能以寬服民其次莫如猛然時乎嚴亦嚴豈可一於寬耶崔寔之論東漢謂四牡横奔皇路險傾故曰嚴之則治寬之則亂然時乎寬亦寬豈可專於嚴耶使寬也有嚴以濟之則大叔之悔可無也使嚴也有寬以濟之則郅都之譏何有哉此寬猛相濟所以爲不易之常道也洪惟我朝紀綱法度井然而有條禮樂刑法四達而不悖皆祖宗之制垂憲萬世而無弊者也列聖相承勵精圖治其大經大法一惟成憲之是遵矣而小節細務施爲緩急之間或因其寬而濟之嚴以示戒懲或因其嚴而濟之寬以廣矜恤固隨時制宜之道也然一法立則一弊生不能無小過不及之可慮而弛張損益愚何人斯而敢僭議乎雖然愚聞之書曰監于先王成憲其永無愆詩曰不愆不忘率由舊章蓋遵先王之法而過者未之有也政無小大亦惟成憲之是法則寬猛自得其中而治化益臻於盛又何過與不及之足患哉敢以是復明問惟執事進教之

第三問

讀洪範惟辟作福作威之言則知人君之大柄固在於賞罰誦商頌賞不

僭罰不濫之語又知人君之賞罰尤在於至公甚矣賞罰者人主之大柄也苟賞不當功罰不當罪則無以示勸懲然則人君賞罰何可以不公哉思昔三代以上之聖人何其刑賞之公如天地之無私覆也如日月之無私照也此所以致治化之盛而非後世所可及也三代以下君學不傳倏而公倏而私而公私之相勝暫而明暫而晦而明晦之相剥於是刑賞之得失相半矣漢之高帝宣帝七制之優也怨雍齒而什方以侯戮丁公而人臣無效黄霸以寛和而拜相嚴延年以殘酷而弃市此亦一時之天理也然審食其以嬖幸而封韓彭以元功而戮王成僞增户口而侯以關内蓋寛饒數犯上意而剄於闕下其心又蔽矣唐之太宗憲宗三宗之主也知魏徵之賢不以仇讐而不用知裴寂之貪不以故舊而不斥討李錡積年之叛相李絳鯁直之臣此亦一時之天理也然宇文士及以諛佞而見擢李君羨以讖語而見誅皇甫鎛事聚斂而至相位韓文公諫佛骨而貶潮陽其心則又蔽矣故先儒論漢唐之君以爲有一分之天理固足以立一分之事功有一分之私欲亦足以召一分之事變殆謂此也洪惟聖天子即位以來奉三無私以一有衆未明求衣惟刑賞是公丙枕不寐惟刑賞是明是心也非即大舜功疑惟重之心乎非即文王勿誤庶獄之心乎然日月之明也照有不及天地之大也人猶有憾故濫殺無辜以要功冒作功次以申請而賞或不能無失矣愚以爲若此者不與之固不可遂與之尤不可惟當申重總督之任嚴敕紀功之官考其某處也有某功某功也有某驗必驗功得實而後賞加焉其不然者則有殺降之罪有面欺之誅人其敢乎羅織成罪上下其手而刑或不能無失矣愚以爲若此者遂宥之固不可遂殺之尤不可惟當申命典獄之官戒飭廷評之職使推鞫窮詰以原其情詳明法意以定其罪必情罪相應而後罰加焉其不然者正以故出故入之條律以受囑枉法之罪刑其濫乎草茅有懷思欲獻之吾君吾相而無由執事先生倘有取於負暄之愚上裨廟謨之萬一亦豈非仁人君子之心哉

第四問

有儒者之學術必有儒者之事功儒者之道其大矣哉詩書禮樂其業也仁義禮智其蘊也齊家治國平天下其用也以之爲上則爲德以之爲下則爲民以之爲天下則無所不宜而况於爲吏乎况於爲將乎自儒學不明俎豆軍旅分爲二途俗吏迂儒互相攻呵將之鄙儒則曰措大吏之鄙儒則曰迂腐噫儒道果若是小耶儒道與天地并而不行則非一日矣彼子游學道愛人而弦歌以化武城子賤尊賢取友而彈琴以治單父儒者之效亦略見於吏已若文翁治蜀郡而首興學校兒寛以經術而潤飾吏事劉昆之仁及猛虎韓愈之信

乎鱷魚則儒者之粗迹而韓愈道濟天下之溺其優者歟文武吉甫而著北伐之功詩書郤縠而成伯晋之績儒者之效亦略見於將已若祭遵之雅歌投壺而漢祚中興羊祜之輕裘緩帶而吴人自懷孔明表出師而敵畏如虎杜預注春秋而敵破如竹又儒者之緒餘而孔明有儒者氣象其尤者歟彼公孫弘之曲學以湯旱歸之桀張禹之奸佞謂聖人不語怪此儒吏之罪人也陸機嘲弄文賦而大敗河橋房琯好談釋老而喪師陳濤此又儒將之罪人也其所守何道所讀何書而奸欺憒事如此尚可謂之儒乎宜爲武夫俗吏小之也噫儒之道豈易言哉通天地人之謂儒必達而爲堯爲舜窮而爲孔爲孟斯無負於儒矣方今文教誕興群才效用而執事尚嘆夫功利之徒不能無文武之才猶未見然則如之何而後可愚請於士也慎科貢之選先德行而後文藝重考課之法先教化而後政刑如是則吏皆儒矣於將也設武舉以羅韜略之士而世□不論也嚴推選以求文武之將而行伍不計也如是則將皆儒矣殆見在廷也則一夔一契有文章焉有政事焉在邊也則一韓一范有文事焉有武備焉亦莫非吾儒分内事而儒者之效又豈不暴於天下哉謹以是爲執事復

第五問

論天下之事者固當達古之制尤必酌今之宜泥於今而不達於古俗吏之見也滯於古而不通乎今迂儒之論也徐庶有言識時務者在俊杰愚非俊杰也何足以當執事之問然亦安敢自弃於明教之外乎夫周人之鄉舉里選也有閭師焉以書其德有族師焉以月其能論定然後官之任官然後爵之固未嘗限其數也自隋唐以科舉取士而此意泯矣故前輩嘗有欲廢之者而愚以爲不可廢且不必廢也惟當於科舉之中寓里選之法鄉考其德而後升之學學考其才而後升之有司主司又察言以觀其行因文以考其心期必得乎名實相須之士使有學者不至遺弃無學者不至幸進則解額之拘正所以嚴去取又何必廢之以啓任情濫取之弊哉三代之建官也□置爲公侯之仇鷹揚居尚父之任爵罔及惡德惟其賢官不及私昵惟其能固未嘗論其年資也自裴光庭以資格銓選而此制泯矣故先正嘗有欲去之者而愚以爲不必去且不可去也惟當於年資之中兼考課之法審其事之難易别其人之賢愚方其選也才者常於其難不才者常於其易及其擢也難者常速而易者常緩間又簡拔茂才异等之人使有才者知所勸不才者知所警則雖年資之論亦足以定人心又何必去之以開奔競躁進之途乎飢民之患極矣計將安施古人三年耕必餘一年之積九年耕必餘三年之積其法不可復矣而欲都邑之粟自足賑恤其民莫若仿李悝平糴之法豐年增價以糴凶年減價以糶小飢則發小熟之所藏中飢則發中熟之所藏大飢

則發之大熟之所藏而又謹其出納無爲吏胥之所竊時其收獲無爲鳥鼠之所耗則荒其有不備乎調兵之患久矣謀將安施古者成其地則乘其地之馬戰其野則食其野之粟其制不可復矣而欲邊衛之兵自足保障一方莫若仿蘇洵權書之策興屯田之利嚴斥堠之警未戰養其財方戰養其力既戰養其氣而又四時閲武無忘不虞推轂命將勿從中制則兵其有不備乎雖然此四者又皆在得人而行之所謂任法不如任人是也愚也一介草茅何敢言天下之事然嫠緯之於周涞室之於魯亦情之不能自已也惟執事亮其心而進之教之幸甚

應天府鄉試録後序

成化十年秋時維大比應天府尹臣崇志府丞臣昂請合太學畿甸之士試之如故事於是上詔臣一夔臣環爲考試官臣等祇奉明命夙夜懔焉惟以不得實學真才副國家求賢之意是懼試已得文之中式者百三十有五人噫盛矣哉惟昔我太祖皇帝肇造區夏統御萬邦將貽聖子神孫億萬載無疆之業必立法制垂成憲以開億萬載太平之治惟賢爲治本乃設進士科取之經術蓋非科目不足以得才而經術之外皆非學也故前代取士之別塗詞賦之末習一切罷黜明詔有曰務在經明行修博古通今文質得中名實相稱大哉責實求賢之意乎其法周其制一其爲治道計宏且遠矣列聖相承祇若祖訓俊乂登庸用熙庶績駸駸乎虞周之盛非漢唐宋可擬也皇上以聖繼聖心其心法其法崇奬儒術鼓舞而造就之者益至于時海内之士争自磨濯而文風丕振倍蓰于昔蓋上有好者下必争先趨之有不期而然也况治化百年之久聖德感人之易而太學賢關畿甸首善之地得之尤先者乎宜其得士獨最諸藩皆英英乎氣之充也彬彬乎才之碩也卓卓乎論議之確而非章句口耳之空言也噫盛矣哉雖然所貴乎學者明體而適諸用也士窮年占畢夫豈利禄圖固將以行之也國家求賢抑豈爲觀美哉無非欲得天下才爲天下用焉耳諸士子所學何如所負何如而策名是録其榮且幸又何如能不思所以自振也哉行與天下士角進而對揚清問以有官序尚展所抱藴見諸事功之實著忠義於朝廷霈膏澤於黎庶益隆我國家億萬載太平之治庶幾上不負天子下不負所學而環等之責亦少塞萬一其或選耎而無爲跅弛而無不爲欺世盗名舉平生而弃之皆非所謂才也皆非所謂學也嗚呼是豈直諸士子之羞

翰林院修撰鄭環謹序

成化十三年應天府鄉試録

應天府鄉試録序

成化十三年秋八月當鄉試之期應天府府尹臣崇志先期集太學及畿甸之士二千五百有奇于府而遣人請官考試上以命左庶子臣健侍讀臣經臣等祇奉明命兼程而往至則同考官教授臣綱臣璘教諭臣洪臣冀臣文臣初訓導臣琰臣堅監試官御史臣成臣英及諸執事畢集府中遂以是月七日偕之入院合所集之士如舊規凡三試之而防範校閲惟公惟慎比撤棘得中式者一百三十五人遵制額也故事試畢列諸執事及中式者氏名并擇其文之尤純者爲録進呈既成臣健以次當序諸首竊惟古者取士先德行後文藝而後世專以文藝取之雖若有异然其立法之初蓋□未甚相遠焉何則天以是理畀之人人得之而具于心爲德行于身爲行發于言論之餘爲文藝其名固异然要其實皆根本乎是理耳是故唐虞三代盛時語德行若聖若賢語文藝若六經之言皆卓乎不可尚且其時選舉以鄉里不以科目故治隆于上俗美于下蓋有由然也隋唐而下科目取士雖專以文藝然其初猶知崇尚經術根本是理及其終也正學不明世道益降於是始弃根本務枝葉而艶麗奇巧之作世遂靡然趨之殆於所謂買櫝還珠者類焉士習如此欲其治之古若烏可得哉欽惟我太祖高皇帝一天下於胡元壞亂之餘制度之立悉法諸古雖科目一事尚仍於近代然純用經術不雜他道則有非近代所能及矣太宗文皇帝繼體守成益隆文教嘗親正五經四書性理諸書頒之學官使天下之士非此不得以爲學而有司非此不得以取士列聖相承至於今日詩書之道性理之學涵育薫陶百有餘年俗化之美超今軼古蓋亦非偶然也而南畿尤高皇帝興王之地維新之化首先被之士習之正文藝之純宜有非外藩可比者臣等奉命選士于兹於是悉以此意命題發策既而閲之佳士果衆譬之鄧林之木崑山之玉鬱然瑩然可以柱岩廊而禮郊廟者比比而是因仰而嘆曰我皇明文教之隆億萬年無疆之休端在是矣唐虞三代之盛且不足言區區漢唐以下因陋就簡之治豈能擬其萬一哉諸士子際此亨嘉之會登名選列固可以自幸矣然先正有言學貴力行不貴空言諸士子今日所事者猶空言也

繼自今宜反而驗之是理之得于吾心者果能真知歟行于吾身者果能實踐歟發于吾口者果能彷彿六經之言歟誠如是則德行文藝兼而有之庶幾古人希聖希賢之學他日由兹而第進士擢顯官建功于時垂名于後不惟可以無負聖天子可以無負所志而今日主司以言取人之失亦可以少逭矣諸士子其勖之

左春坊左庶子劉健謹序

成化十三年應天府鄉試

提調官

通議大夫應天府府尹魯崇志（懋功浙江天台縣人　甲戌進士）

應天府府丞談倫（本彝直隸上海縣人　丁丑進士）

考試官

左春坊左庶子劉健（希賢河南洛陽縣人　庚辰進士）

翰林院侍讀周經（伯常山西陽曲縣人　庚辰進士）

同考試官

直隸保定府儒學教授羅綗（憲維河南羅山縣人　庚午貢士）

浙江嘉興府儒學教授裴璘（子玉直隸清宛縣人　癸酉貢士）

江西臨江府清江縣儒學教諭趙洪（世範浙江臨海縣人　庚午貢士）

廣東雷州府徐聞縣儒學教諭李冀（乾望福建龍溪縣人　癸酉貢士）

江西南昌府新建縣儒學教諭馬文（應奎浙江奉化縣人　壬午貢士）

浙江台州府太平縣儒學教諭黄初（明復福建莆田縣人　壬午貢士）

福建漳州府儒學訓導戴琰（廷珪江西浮梁縣人　己卯貢士）

江西吉安府廬陵縣儒學訓導林堅（叔玉福建候官縣人　乙酉貢士）

監試官

文林郎南京湖廣道監察御史楊成（成玉福建閩縣人　甲申進士）

文林郎南京山西道監察御史任英（光弼浙江錢塘縣人　丙戌進士）

收掌試卷官

應天府治中來文（載道山西平定州人　庚午貢士）

印卷官

應天府通判宋珩（大器陝西安塞縣人　己卯貢士）

應天府通判李文（宗質雲南金齒司人　丙子貢士）

受卷官

儒林郎應天府推官王淵（志默浙江山陰縣人　丁丑進士）

徵仕郎南京豹韜衛經歷徐善（原性浙江永康縣人　監生）

彌封官

徵仕郎南京天策衛經歷劉岳（彦喬廣東新會縣人　監生）

徵仕郎南京府軍後衛經歷楊循（從道四川定遠縣人　監生）

謄録官

徵仕郎南京金吾後衛經歷姜洹（公濟浙江嘉興縣人　監生）

太平府當塗縣知縣黄寯（世周福建閩縣人　丙戌進士）

對讀官

徵仕郎南京羽林左衛經歷許翀（鴻高直隸崑山縣人　監生）

應天府溧水縣知縣王弼（存敬浙江黄巖縣人　乙未進士）

巡綽官

懷遠將軍南京興武衛指揮同知蔡芳（伯遠直隸吴縣人）

懷遠將軍南京江陰衛指揮同知張祚（天賦直隸臨淮縣人）

搜檢官

南京水軍左衛中千户所正千户顧輔（良佐浙江嘉興縣人）

南京留守右衛清江門千户所副千户劉紹（承祖江西豊城縣人）

南京興武衛中千户所百户裴厚（景和江西分宜縣人）

南京留守後衛中中千户所百户趙敏（志學山東武定州人）

供給官

應天府經歷司經歷邢曙（克明河南臨潁縣人　丙子貢士）

應天府六合縣知縣唐詔（廷宣山東陽□縣人　監生）

應天府江寧縣知縣劉傅（師正直隸嘉定縣人　乙未進士）

應天府上元縣縣丞魯文（道顯陝西岐山縣人　監生）

應天府上元縣主簿王玉（國璽陝西鄜州人　監生）

應天府江寧縣主簿王佐（良輔山西馬邑縣人　監生）

掌行科舉文字

應天府禮房令史鄧昶（廣東南海縣人）

第一場

四書

古之學者爲己今之學者爲人　忠恕違道不遠施諸己而不願亦勿施於人　君子深造之以道欲其自得之也自得之則居之安居之安則資之深資之深則取之左右逢其原故君子欲其自得之也

易

夫大人者與天地合其德與日月合其明與四時合其序與鬼神合其吉凶　天地感而萬物化生聖人感人心而天下和平觀其所感而天地萬物之情可見矣　歸奇於扐以象閏　黄帝堯舜垂衣裳而天下治蓋取諸乾坤

書

允迪厥德謨明弼諧　淮沂其乂蒙羽其藝大野既豬東原底平　以至于有萬邦兹惟艱哉敷求哲人俾輔于爾後嗣制官刑儆于有位　武王惟兹四人尚迪有禄後暨武王誕將天威咸劉厥敵惟兹四人昭武王惟冒丕單稱德

詩

緇衣之宜兮敝予又改爲兮適子之舘兮還予授子之粲兮緇衣之好兮敝子又改造兮適子之舘兮還予授子之粲兮緇衣之蓆兮敝予又改作兮適子之舘兮還予授子之粲兮　維其有之是以似之　鳳凰鳴矣于彼高岡梧桐生矣于彼朝陽菶菶萋萋雝雝喈喈　無競維人四方其訓之不顯維德百辟其刑之

春秋

齊師宋師次于郎　荆敗蔡師于莘以蔡侯獻舞歸（并莊公十年）
宋人伐鄭圍長葛（隱公五年）鄭人來輸平宋乂取長葛（并隱公六年）
公會齊侯于防（隱公九年）翬帥師會齊人鄭人伐宋公敗宋師于菅　辛未取郜　辛巳取防（并隱公十年）秦人入滑　齊侯使國歸父來聘　晋人及姜戎敗秦于殽　晋人敗狄于箕　公如齊　晋人陳人鄭人伐許（并僖公三十三年）　公會齊侯宋公陳侯鄭伯同盟于幽（莊公二十七年）
公會宋公陳侯衛侯鄭伯許男曹伯晋趙盾癸酉同盟于新城（文公十四年）
晋人宋人衛人曹人同盟於清丘（宣公十二年）　公會齊侯宋公鄭伯曹伯邾人于檉　公敗邾師于偃（僖公元年）晋侯使士匄來聘　杞伯來朝　邾子來朝（并成公十八年）

禮記

凡居民量地以制邑度地以居民地邑民居必參相得也無曠土無游民

食節事時民咸安其居樂事勸功尊君親上然後興學　先定準直農乃不惑　故聖人耐以天下爲一家以中國爲一人者非意之也必知其情辟於其義明於其利達於其患然後能爲之　君子之所謂孝者非家至而日見之也合諸鄉射教之鄉飲酒之禮而孝弟之行立矣

第二場

曾子之學專用心於内

詔誥表（内科一道）

擬漢令丞相列侯吏二千石博士議佐百姓者詔（後元年）　擬唐加左僕射房玄齡太子少師誥（貞觀十二年）　擬宋以程顥爲通直郎崇政殿説書謝表（元祐元年）

判語（五條）

同僚代判署文案　器用布絹不如法　見任官輒自立碑　隱匿孳生官畜産　常人盜倉庫錢粮

第三場

策（五道）

問　先儒有言堯舜所以爲萬世法亦率是性而已自古聖帝明王君臨天下所以修身齊家治國平天下者固不能外是性矣其垂世立教之言見於經傳之紀載者可舉而言之歟欽惟我國家列聖相承立綱陳紀純用是道以化成天下太祖高皇帝創業垂統之初即有申明五常之誥太宗文皇帝繼之重熙累洽文教遂大行即命儒臣纂集五經四書大全矣又彙萃諸儒性理格言名曰性理大全發至綱挈領以嘉惠天下後世蓋與前代帝王垂世立教之意誠异世而同符也書之首卷備載宋儒周張邵子全書曰太極圖曰通書曰西銘曰正蒙曰皇極經世書之數子者之立言究其旨歸當與前代帝王性理之訓我太祖高皇帝五常之誥無以异矣亦可舉其實而言之歟近世儒者沉酣口耳枝葉之學以性理之論爲迂闊之談至有謂聖人之教人性非所先者不知有天下國家者外是性而所以修己治人亦果别有其道否歟諸士子佩服聖訓有年於是説也講之必素其具工之毋讓

問　易書詩春秋禮記皆載道之經自漢以來儒者之傳注多矣何宋儒傳注一出而前此者俱廢歟然即宋儒之傳注論之亦有可疑者焉易傳作於

程子朱子嘗稱其義理精字數足無一毫欠闕矣何以又有本義之作其所謂本義者果能出程傳之外歟書傳朱子門人蔡氏所作序稱二典禹謨朱子蓋嘗是正乎澤尚新其未是正者亦有可議歟朱子作詩傳自以爲無復遺恨矣何以又言易與詩中所得似鷄肋焉然則其所得者何書爲多歟程子作春秋傳以微辭隱義時措從宜者爲難知故不爲决然之論胡氏傳則據孟子例以天子之事斷之朱子謂其以義理穿鑿可指言歟禮記一書或者以爲漢儒之説其信然歟今所取陳氏集説果能盡得記禮者之意否歟程子嘗曰學者當以論語孟子爲本論語孟子既治則六經可不治而明矣夫六經皆聖人妙道精義之所在學者皓首窮之有不能造其閫奥何以有待於論語孟子爲之本歟且二書者之所載皆孔孟言行及與其門人問答之辭又何以與六經之言相入歟諸士子窮經有年會其异而歸諸同以待主司之問正今日事也其悉心以對

問　人君所以致天下之治無他術在天下之吏各稱其任而已然位公卿者不能皆咎夔列庶職者不能皆宅俊親昵者顯則疏遠者隱矣便佞者進則方正者退矣其流至於官冗政貪吏怨民弊而不可止此考課之法所由立也稽之於古三載考績三考黜陟幽明唐虞之制也何鯀九載弗成而始罪禹九州攸同而始賞不其簡歟三歲計吏治九年大明黜陟成周之制也何又日月歲終之有正六計八職之旁稽不其煩歟然後世稱人才之盛致治之美必曰唐虞成周豈聖王之御世固自有其要而不在於煩簡歟周之後有漢説者謂其考課猶有古意何以見之其得人致治可指議歟漢之後有唐有宋殿最益密其視古固有間然亦嘗得人致治歟至若臣下建明京房專欲任法崔林專欲任人劉邵七十二條杜預六優六劣其説然歟否歟亦可行之於今歟方今考課既有三載九年之考又有朝覲會同之汰蓋優劣本於長吏而當否察於憲臺核實總於吏部而予奪制在朝廷蓋即唐虞成周之遺意也然是非或出於妬口好惡或匪其公心微瑕或至於被斥而臣蠹或得以幸存所以又厪九重今日之慮也伊欲使吏職克稱士風以淳治效如唐虞成周之盛如之何則可諸士子强學待問議之必熟矣願紬繹以對

問　朝廷設科求賢固欲得真才以資化理也然真才之成必由學問之正所謂正學者聖賢之學是已其工夫次第可得而詳言歟今之學者大率有二博記誦工文辭由是二者而不已焉聖賢之學果不外是而可以得真才歟古之真才見用於世者在唐虞三代若皋陶伊傅周召諸君子今即其言行之存尚可考見其學問之正歟自是而下曰漢曰唐曰宋才不古若矣而隨世以

就功名之士若漢之蕭曹丙魏唐之房杜姚宋宋之韓范富歐者亦可因其人而概言其學問之非正歟孔孟既没正學寥寥至宋而始續其最著者周程張朱數子學問之正無愧古人而不得見用於世然使之得用其措諸事業果能追配唐虞三代之諸君子歟近世儒者有言傳記中人才杰然可觀以道理觀之只是偏才聖人則圓融渾全百理皆具夫人之才一也何以有二者之分歟且圓融渾全百理皆具蓋即所謂真才也人能由聖賢之學亦可馴致之歟諸士子生長畿甸涵育聖化最先且久不知今日之所以學問者果聖賢之學歟抑猶未免記誦文辭之習也願明以告我兹將考其真才以仰副聖天子設科求賢之盛意焉

問　漢之賢君莫賢於文帝而賈誼當其盛時上策治安乃至流涕太息誼豈固爲是矯激之語哉亦獻忠報國之心耳欽惟皇上至仁大德遠同堯舜文帝蓋不足以擬之矣而求言願治之心方拳拳焉天下之士孰不願獻其芹曝之愚哉故即今日有司之務試與諸士子商之夫理國在人才掄才在銓選今之銓選非無法也然拘資格則賢愚以混進事保薦則名實或未符足國在財賦理財在會計今之會計非無制也然征輸之力亦已竭而調發之用恒不足邊防威虜選將練兵其術也今將多出於膏粱而兵多歸於私役刑罰輔治專人明法其道也今政或分於多門而罪或失於不中學校本以明教化而异端之徒尚嘘誣世之焰鄉飲本以興禮讓而奸宄之輩猶扇訐上之風以至士風之弊廉耻不顧有乞墦拜塵者矣民俗之弊奢侈無節有帝服后飾者矣凡若此者未易遍舉皆今之執政者所欲願聞也變通張弛不失今日之法舉行禁厲有合古人之意殆必有要道焉諸士子欲行義以達道者也可無賈誼之爲心乎願著于篇將以爲還朝之獻

中式舉人一百三十五名

第一名　劉繼武　江陰縣學生　書

第二名　蕭鋭　福建建陽縣人監生　易

第三名　董傑　涇縣學生　詩

第四名　芮鑑　應天府學生　春秋

第五名　姜溥　廣德州學生　禮記

第六名　倪黻　松江府學生　書

第七名　林霄　浙江太平縣人監生　詩

第八名　潘密　嘉定縣學生　易
第九名　李用文　南京京衛武學生　書
第十名　唐欽　常州府學生　詩
第十一名　程玠　歙縣學生　春秋
第十二名　林芳　應天府學生　書
第十三名　吴景　桐城縣學生　易
第十四名　劉德　江西興國縣人監生　禮記
第十五名　楊觀　太平府學生　詩
第十六名　趙寛　吴江縣學生　書
第十七名　陳延　定遠縣學生　詩
第十八名　楊循吉　吴縣學增廣生　易
第十九名　達洪　溧陽縣學生　詩
第二十名　吴瀚　徽州府學生　春秋
第二十一名　沈智　應天府學軍生　書
第二十二名　張寧　無爲州學生　詩
第二十三名　陳筐　宣城縣學增廣生　禮記
第二十四名　潘行健　六安州學生　易
第二十五名　沈希達　應天府學生　書
第二十六名　朱應祥　華亭縣人監生　詩
第二十七名　全英　泰州學生　書
第二十八名　褚垠　常熟縣學增廣生　詩
第二十九名　朱文　蘇州府學生　易
第三十名　程倫　太湖縣學生　詩
第三十一名　汪嵩　婺源縣學生　春秋
第三十二名　陳質　金山衛學武生　書
第三十三名　茹昂　蘇州府學生　詩
第三十四名　顧雄　通州學生　禮記
第三十五名　陳璘　常州府學生　詩
第三十六名　蔣苓　浙江長興縣人監生　易
第三十七名　周郁　應天府學生　詩
第三十八名　浦應祥　蘇州府學增廣生　書
第三十九名　張宏宜　松江府學增廣生　詩

第四十名　俞弼　太倉衛學民生　易
第四十一名　王靖　祁門縣學生　春秋
第四十二名　周磨　常州府學生　詩
第四十三名　史晞　浙江嵊縣人監生　書
第四十四名　胡璉　宜興縣學增廣生　詩
第四十五名　林鈺　江浦縣學生　書
第四十六名　施璟　松江府學生　詩
第四十七名　蕭鉷　宜興縣人監生　書
第四十八名　談容　嘉定縣學生　詩
第四十九名　陳周　無錫縣學生　易
第五十名　傅謐　崇明縣學生　詩
第五十一名　孫儒　鳳陽縣學生　春秋
第五十二名　舒偉　貴池縣學生　詩
第五十三名　李蕙　無爲州學生　書
第五十四名　劉漢　高郵州學生　詩
第五十五名　戴初　建平縣學生　禮記
第五十六名　楊舫　常熟縣學增廣生　詩
第五十七名　陳言　應天府學生　易
第五十八名　何義　常州府學生　詩
第五十九名　張愷　無錫縣學增廣生　書
第六十名　周彬　常熟縣學生　詩
第六十一名　范祺　溧水縣學生　書
第六十二名　張敏　祁門縣學增廣生　春秋
第六十三名　金琇　江都縣學生　詩
第六十四名　黄暐　吴縣學生　書
第六十五名　夏瓚　英山縣學生　易
第六十六名　張縉　華亭縣學增廣生　詩
第六十七名　方印　桐城縣學生　書
第六十八名　楊春　淮安府學生　禮記
第六十九名　袁文紀　六合縣學生　易
第七十名　劉瓏　建德縣學生　詩
第七十一名　李永亨　句容縣學增廣生　書

第七十二名　黄尚禮　祁門縣學增廣生　春秋
第七十三名　何右　江西樂安縣人監生　詩
第七十四名　周楫　無錫縣學生　書
第七十五名　朱瑭　崑山縣學生　易
第七十六名　胡玉　泰州學生　詩
第七十七名　韋經　高郵州學生　書
第七十八名　劉溥　安慶府學生　詩
第七十九名　□□　吴縣學生　易
第八十名　□□□　武進縣學生　禮記
第八十一名　周□　太平府學生　詩
第八十二名　湯冕　華亭縣學增廣生　書
第八十三名　華烈　無錫縣儒士　易
第八十四名　孫昊　南陵縣學生　詩
第八十五名　諸禴　松江府學增廣生　書
第八十六名　姜煦　宿遷縣人監生　詩
第八十七名　汪舜民　婺源縣學增廣生　春秋
第八十八名　王純　浙江僊居縣人監生　詩
第八十九名　胡珙　浙江金華縣人監生　易
第九十名　萬琛　寧國府學生　詩
第九十一名　袁翱　松江府學生　書
第九十二名　方天然　揚州府學生　詩
第九十三名　梅純　應天府儒士　書
第九十四名　朱栻　崑山縣學生　易
第九十五名　楊錦　嘉定縣學生　詩
第九十六名　殷鎰　常州府學生　禮記
第九十七名　朱玉　華亭縣學增廣生　詩
第九十八名　李濬　鳳陽府學生　書
第九十九名　李直　嘉定縣學生　詩
第一百名　楊浩　浙江鄞縣人監生　易
第一百一名　朱廣　華亭縣學生　詩
第一百二名　柏昂　浙江餘杭縣人監生　書
第一百三名　程文　祁門縣學生　春秋

第一百四名　馬鉉　山陽縣學增廣生　詩
第一百五名　吴欽　蘇州府學增廣生　易
第一百六名　李萱　松江府學增廣生　書
第一百七名　薛悦　安東縣學增廣生　詩
第一百八名　魏祥　蕪湖縣學生　書
第一百九名　朱大用　應天府學生　詩
第一百十名　朱木　蘇州府學生　易
第一百十一名　聞釗　常熟縣學增廣生　詩
第一百十二名　施堯臣　應天府學增廣生　書
第一百十三名　朱希古　常熟縣學增廣生　詩
第一百十四名　黄玭　宜興縣儒士　書
第一百十五名　孫怡　祁門縣學增廣生　春秋
第一百十六名　胡申　宜興縣儒士　詩
第一百十七名　張昂　浙江桐廬縣人監生　書
第一百十八名　趙瑞　宣城縣學生　易
第一百十九名　陳軏　華亭縣儒士　詩
第一百二十名　高璘　浙江黄巖縣人監生　禮記
第一百二十一名　吴傑　滁州學生　易
第一百二十二名　邊文顯　無錫縣學增廣生　詩
第一百二十三名　朱訥　寶應縣學生　書
第一百二十四名　達雲　溧陽縣學生　詩
第一百二十五名　姚明　吴江縣學生　易
第一百二十六名　岳山　松江府學生　春秋
第一百二十七名　高以政　崑山縣學增廣生　詩
第一百二十八名　徐�　應天府學生　易
第一百二十九名　江吉　浙江嘉善縣人監生　詩
第一百三十名　張杲　海門縣學生　書
第一百三十一名　陶鸞　常熟縣學生　詩
第一百三十二名　吴鋆　吴江縣學生　書
第一百三十三名　祝富　舒城縣學生　易
第一百三十四名　韋顯　丹陽縣學生　書
第一百三十五名　范昌齡　浙江天台縣人監生　詩

第一場

四書義

古之學者爲己今之學者爲人

潘密

同考試官教諭馬批（此題似易而難學者率不究心故場中逞辭而無倫者比比求其理致純粹文辭明整者僅見此篇宜録之以爲學者式）

同考試官教諭李批（此題場中作者多泛泛立説殊無歸宿而此篇詞簡理明獨超衆作宜表而出之）

考試官侍讀周批（以學當謹於立心之始可謂有識）

考試官左庶子劉批（分析爲己爲人語精而意到）

古今之人爲學雖同而用心則异夫人必有學古今一致固無不同也然或以之爲己或以之爲人其用心之得失豈不有异哉今夫天賦人以性均善而無惡但人於形生神發之後欲動情勝而失之者衆非學則無以復其初也是故古之人知其然以吾性之未復也格物致知而□之於事物之間誠意正心而驗之於躬行之□理有未合孳孳焉益精其慮必使性之體與吾心相涵也事有未當勉勉焉益致其力必使性之用與吾身相安也古之人學欲得之於己如此非爲己而何今之人則不然以吾名之未立也學雖事於致知不急乎性情之得功雖用於力行徒以爲利禄之資善有未箸蚤夜而思之務表白于人焉行有未聞旦暮而慮之務昭彰于外焉今人之學欲見知於人如此非爲人而何吁學一也爲己爲人之間而得失之迹于焉以分立心之始學者可不致其謹歟抑又論之春秋之時去古未遠學者猶知致力于心身性情之間但其用心有爲己爲人之别耳聖人對舉而警戒之猶如此其至乃若後世學者務爲入耳出口之學有不識性情爲何物者宜何如其警戒哉

忠恕違道不遠施諸己而不願亦勿施於人

劉繼武

同考試官訓導戴批（場中作此題有分講忠恕近道者有即指忠恕爲道者俱失旨惟此篇狀出道根人心由忠恕可至明白簡當宜録爲式）

同考試官教授裴批（中庸一題場中作者多體認不真殊無可觀而此篇獨能發明親切且文詞典實蓋嘗究心於本領之學者）

考試官侍讀周批（講忠恕近道親切）

考試官左庶子劉批（得朱子或問之旨）

中庸論忠恕不遠於道必示人以忠恕之事也夫道切於人忠恕違道固不遠也然不舉其事以示人則所以不遠於道之意抑何以見之哉中庸推言不遠人以爲道之事謂夫道者當然之理而已雖曰根於人心不待勉而能然固衆人之所能知未嘗遠於人也苟能以忠恕行之父子君臣之間有以得其當然之實而施無不當則違是道也不遠矣雖曰本於人性不可易而至然固衆人之所能行未嘗離於人也苟能以忠恕推之夫婦長幼朋友之際有以得其當然之則而施無不宜則去是道也爲近矣忠恕之違道不遠如此而其事果何如哉是故如人以無禮之事施諸己己所不願也則必以此度人之心亦勿以此無禮施之焉人以不忠之事加諸我我所不欲也則必以此度人之心亦勿以此不忠加之焉吁盡己之心而推以及人如此雖未可遽謂之道然亦道之勉然者耳自是而往其相違也夫何遠哉抑聖賢於忠恕言之不一有以學者事言者有以聖人事言者中庸之言下學工夫蓋學者事也故曰違道不遠論語之言即誠即仁蓋聖人事也故曰夫子之道忠恕而已矣其分固截然不同然學者誠能由下學之忠恕而勉之工夫既至涵養既深何聖人之忠恕不可及乎

君子深造之以道欲其自得之也自得之則居之安居之安則資之深資之深則取之左右逢其原故君子欲其自得之也

林霄

同考試官教諭黄批（此題作者於功效相因處多講貫不明間有能講者文又枯澀求其得旨通暢僅有此篇是宜録出）

同考試官教諭趙批（題本平易場中作者多繁碎不貫令人厭觀後得此篇文理精緻筆力簡健録示學者孰曰不宜）

考試官侍讀周批（必如此作始合集注之意）

考試官左庶子劉批（自得處體貼明白）

論君子力學以方而欲得之於己必序其效而原其意也夫學固貴乎自得於己也然非深造以進爲之方抑何以致自得之效哉宜乎孟子始終言之以示人也今夫人之爲道莫先乎學學必以方斯爲善學君子有見乎此故進進不已惟博文約禮是循不皮膚之用力也孳孳不息惟擇善固執是務不旦夕之責效也是豈徒然哉蓋欲有所持循以俟夫默識心通自然而得之於己有所依據以待夫真積力久豁然而會之於心耳君子之學如此是以向也昏蒙無得今則心與理融無所不得由是所以處之者安固而不摇矣向也杌隉

不安今則物與性合無所不安由是所以藉之者深遠而無盡矣所藉既深則日用之間取之於左也而左無不逢其所資之本取之於右也而右無不值其所藉之原夫學至自得而其效以序而見有不待於安排布置者如此此君子之學所以必欲其自得之也哉大抵理不可以淺迫求學不可以妄意進深造之而必以道此孟子教人之至意也學者從事於斯而有得焉則七篇之旨一以貫之凡夫性善養氣之言知天事天之論皆默會于不言之表矣先儒所謂德性之知不萌於聞見者其謂是歟

易義

夫大人者與天地合其德與日月合其明與四時合其序與鬼神合其吉凶

蕭鋭

同考試官教諭馬批（此篇能體貼本義成文見理精切措辭雅健非深於易者弗能是宜録出）

同考試官教諭李批（此題本平易學者多忽略故佳作絶少惟此篇講貫詳明措詞允當特表而出之）

考試官侍讀周批（説大人德合造化詞理精到非有見者不能）

考試官左庶子劉批（大人能與造化合以其無私耳此作得之）

大人之心純乎道故與造化之理無不合夫人與造化之理不相合者以人有私焉耳大人之心無私而純乎道豈不與之相合而無間哉文言聖人釋乾九五之大人謂夫人與天地日月四時鬼神本無二理特蔽於有我之私是以梏於形體而不能相通大人之心至公無私以道爲體曾何彼此之可言哉是故天覆于上地載于下天地之德覆載無私也大人則高明配天博厚配地與之合其德焉日生于東月生于西日月之明照臨無私也大人則智周萬物光被四表與之合其明焉至若春夏秋冬流行于四時陽舒陰慘未嘗失其序而大人則仁育義正之公一四時舒慘之公也序其有不合乎陰屈陽伸運用於鬼神福善禍淫未嘗乖其理而大人則賞善罰惡之公一鬼神禍福之公也吉凶其有不合乎吁大人至公無私之心與天地日月四時鬼神無往而不合如此此所以尊居九五而爲天下之所利見也歟抑又論之聖人傳乾文言於九五聖人屢有以贊之既擬以雲龍風虎之盛復稱以位乎天德之尊至此又言其與天地日月四時鬼神有合焉其贊之也至矣他日稱堯亦嘗曰大哉堯之爲君也巍巍乎惟天爲大惟堯則之蓋天者理之盡而誠之至者也贊聖人而擬之天名言之妙豈復有加哉學易者宜合而觀之

黄帝堯舜垂衣裳而天下治蓋取諸乾坤

同考試官教諭馬批（題本冠冕場中作者多體認不真但言聖人垂拱無爲而不及通變或間□□□□又冗泛不切惟此作説出聖人所以通變無爲之旨極爲明白而辭亦簡勁可嘉可嘉）

同考試官教諭李批（場中作者多於垂衣裳處泛然立説殊失本旨獨此一篇發出聖人取法乾坤通變無爲之意深合題意允宜録出）

考試官侍讀周批（聖人變民所不能變所以天下自治此篇盡之矣）

考試官左庶子劉批（以垂衣裳爲聖人通變之事蓋素有講貫者）

群聖通變無爲之治疑取變化無爲之象夫乾坤變化而無爲者也黄帝堯舜通民俗之變而致無爲之治豈非有取於易之乾坤也哉何則上古之時風氣未開人文未著民皆草木其衣而尊卑之分有不明羽皮其裳而貴賤之等有莫辨然行之既久而益厭積之既深而益弊欲變之不能以自變也於是黄帝堯舜三聖人者出因時制宜而衣裳作焉垂綃爲衣其色玄而象道襞幅爲裳其色纁而象事尊卑貴賤之分截然以明章服等威之制秩然以辨時雍之治自爾而臻有不待於施設也文明之化自爾而成有不待於教令也夫群聖通變無爲之治如此豈無所自哉疑有取於易之乾坤焉是故乾者易中純陽之卦陽極於九則化而爲陰其化也有莫測其化之之迹坤者易中純陰之卦陰極於六則變而爲陽其變也有莫究其變之之故黄帝堯舜通衣裳之變而化成俗美民不知誰之爲功者疑其有象于是夫豈無謂歟雖然伏義神農皆以聖神之德居制作之位而衣裳之制何有待於黄帝堯舜三聖人歟蓋聖人主化如禹之治水順則當順之治則順治之因時而已否則古今器用以一聖人制之而有餘矣固無待於歷世之聖人也吾夫子傳乾文言嘗曰先天而天弗違後天而奉天時驗諸此而益信

書義

淮沂其乂蒙羽其藝大野既豬東原底平

倪瓛

同考試官訓導戴批（通場書卷七百餘發明水土平治相因言簡而意足無逾此篇者故表而出之）

同考試官教授裴批（題本明白場中作者多浮冗不切惟陳言是蹈此篇詞不費而意以盡故録之）

考試官侍讀周批（序大禹徐州之功明净可嘉）

考試官左庶子劉批（禹貢義簡潔明白僅見此篇）

流水治而地之高者其利興止水治而地之平者其害除夫水土之功相因而成者也水之流者不治則高地之利何由而興止者不治則平地之害何由而除哉昔史臣紀大禹之治徐州也謂夫徐之川浸莫大於淮沂蓋水之流者也向也洪水懷襄淮沂二水瀰漫而無所歸不得其治也甚矣今而疏鑿之功既成則二水之流各順其道無復向日瀰漫之患焉淮沂既治由是地之高者若蒙羽二山亦可以載耕載耘而施種植之功載芟載柞而興樹藝之利矣若夫徐之澤藪莫大於大野蓋水之止者也昔也洪水横流大野之波泛濫而無所止不得其治也極矣今而濬導之力既至則大野之水蓄而復流無復昔日泛濫之虞焉大野既治由是地之平者若東原之地亦無卑濕之患而得底於平無沮洳之慮而得復其舊矣吁淮沂乂而後蒙羽藝大野豬而後東原平水土之功相因也如此非大禹聖人其何能若是哉雖然大禹之功不獨著於徐州而已觀夫九川滌源何有於淮沂九山刊旅何有於蒙羽九澤既陂四隩既宅又何有於大野東原也哉大禹之功於是乎不可及矣此其所以與天地相爲悠久而萬世永賴也歟

以至于有萬邦兹惟艱哉敷求哲人俾輔于爾後嗣制官刑儆于有位

劉繼武

同考試官訓導戴批（連日閲卷皆蹈襲陳腐令人厭觀忽得此篇説出成湯創業裕後處明白無藴刊範後學允協輿論）

同考試官教授裴批（伊訓一題場中類能作之但繁瑣不可人意求其簡明典實如是篇者不多見也）

考試官侍讀周批（文字詳整得伊尹勸戒太甲之意）

考試官左庶子劉批（伊尹之言誠切如此此太甲所以克終允德也）

聖君得天下之難也不惟求賢以輔乎後而又立法以戒乎臣夫得天下固難保天下亦不易也成湯之得天下既難矣得不求賢立法以爲保天下之慮哉想夫伊尹訓導太甲之意若曰先王成湯肇修人紀之常克盡孝敬之實是以德日以盛業日以廣天命歸之人心戴之由七十里而至于有萬邦自諸侯而升爲天子積累之勤兹亦難矣締造之功兹亦艱矣夫成湯之得天下也如此其難則其慮天下而保之也豈肯苟焉而已哉是故賢才輔治之本也必廣求賢哲之士旁招俊乂之人以列于庶位使左右贊襄以夾輔爾後嗣朝夕納誨以開啓爾後人承統緒于無窮焉法令輔治之具也必制爲官府之刑列爲風愆之訓以儆于有位使知所警戒而皆匡其君之所不及知所畏慎而皆

弼其君之所不逮保基業于無疆焉吁成湯得天下之難而慮天下之遠如此伊尹舉之爲太甲告其忠愛之意何如哉考之太甲他時欲敗度縱敗禮其於先王創業之難垂統之慮蓋懵然而不知也伊尹先見其微故於嗣位之初拳拳預以爲言而下文又以天命人事禍福申戒之可謂切至矣厥後太甲果能克終允德爲商令主孰謂非伊尹訓導之力歟

詩義

緇衣之宜兮敝予又改爲兮適子之館兮還予授子之粲兮緇衣之好兮敝予又改造兮適子之館兮還予授子之粲兮緇衣之蓆兮敝予又改作兮適子之館兮還予授子之粲兮

董傑

同考試官教諭黄批（作者多指司徒爲大夫以衣食對講殊失傳意此篇獨能形容好賢無已意思宛然在目且詞語簡當視諸他作瞠乎其後矣宜在高選）

同考試官教諭趙批（此題一意屢詞在觀遣語場中非冗則略此作語簡意明若騏驥就羈逸氣自挽不住者）

考試官侍讀周批（程子曰好賢無已之意當就敝予還予二字上看此作得之）

考試官左庶子劉批（委曲詳盡得詩人之意）

周人屢美司徒之服而致夫無已之愛焉夫服非可美也愛司徒而及於其服耳愛之而至於無已則司徒之賢何如哉此鄭桓公武公相繼爲周司徒周人愛之而作是詩也吾想其愛之之意若曰司徒者王朝之卿也緇衣者王卿之服也是服也他人固不得以輙服而服之者未必其無愧惟我桓公克修王臣服是服也而甚宜曁我武公不忝父德衣是衣也而甚稱服既宜矣使或敝焉我則改爲之使是服之常美衣既稱矣使或舊焉我則更爲之使是衣之常新更其衣而不親幾乎慢矣故復適其所居之舘焉適其舘而無惠幾乎簡矣故既還而授之以粲焉周人之情可謂厚矣然必再言之曰公之服緇衣也甚好矣敝則可不改造之乎不但如此且將候公于私朝以親道德之光華既還也更以粲奉庶盡吾心焉周人之情可謂篤矣然必三言之曰公之服緇衣也甚大矣敝則可□改作之乎不但若是且將拜公于燕居以覲之義之軌範既還也更以粲獻庶竭吾誠焉吁□好愛無已之意致重叠不一之辭周人之於□武至矣哉抑考桓武爲周司徒當幽平之末也是時也政教衰禮義廢尊君親上之俗淪矣而緇衣詩人乃諄諄乎好善之誠不异文武之代固由桓武

父子之德之致然周都士人出言有章于兹可見所謂先王之澤也豈不信哉

無競維人四方其訓之不顯維德百辟其刑之

唐欽

同考試官教諭黄批（場中能體貼王者戒勉諸侯意蓋不多見惟此作深合題意詞理俱優蓋葩經中之翹楚者也一薦何忝）

同考試官教諭趙批（閲卷千餘鮮可人意此篇辭約理足儼乎周王之對文辟録之以武）

考試官侍讀周批（士子於是題多鑿故録此篇以示）

考試官左庶子劉批（周王戒勉諸侯之意宛然可見）

人道之强也天下無不法君德之著也諸侯無不法夫道德人心同有之理也備道德於己極感化於人則其所以强且顯也豈不可見哉昔周之王者獻助祭諸侯而戒勉之若謂天下有威力焉人孰不謂之强然有不藉乎威不煩乎力而强莫强之者維人道乎誠於人道焉是盡則五品之倫無不正萬事之理無不立由是雖無心於人之訓也而嵎夷之西昧谷之東莫不於我乎是訓矣雖無意於人之法也而南交之北朔方之南莫不於我乎是法矣然則人道之强也何如哉若夫天下有勢位焉人孰不謂之顯然有不假乎勢不賴乎位而顯莫顯之者維君德乎誠於君德焉是修則仁義禮智之性于以全修齊治平之道于以具由是自侯甸以至于綏要荒九州之國何遠也而德吾德者不以遠而或殊自公侯以至于伯子男四國之君何衆也而心吾心者不以衆而或間然則君德之顯也何如哉吁王者告戒諸侯而形之咏歌如此則當時諸侯豈有不惕然感動而惟道德之是勉乎雖然有周盛時賢才衆多若藩屏王室皇皇宜君者有焉肅肅助祭者有焉人道君德宜無不備矣而王者猶必戒勉之拳拳何哉蓋怠荒宴豫之心常生於功烈盛滿之日雖虞庭君臣亦以儆戒無虞爲言烏乎此其所以隆雍熙泰和之盛而非後世之所及也歟

春秋義

齊師宋師次於郎　荆敗蔡師于莘以蔡侯獻舞歸（并莊公十年）

程玠

同考試官教授羅批（此卷七篇文理通暢講貫明白是篇尤能發揮聖人憂世之意深合傳義宜在所取）

考試官侍讀周批（伯圖夷禍皆始于魯莊此年春秋蓋傷之也是作儘有發揮）

考試官左庶子劉批（發明王伯□□之消長非他卷所及）

大國謀内以圖伯春秋既爲王道慮外夷猾夏以争强春秋復爲中國憂此齊桓次師于郎荆楚敗蔡于莘春秋備書而王伯夷夏之消長見矣慨夫王道流行侯伯受職未聞有圖伯者也今也齊桓偕宋人之師爲于郎之次將以謀魯以圖伯於東當是時也魯無可聲之罪致師之由齊桓何爲而次師于郎耶誠以魯爲人望之國秉禮之邦諸侯所觀望而從違者也不得魯不可以集事是以按兵不進駐師不前欲脅之以從己焉夫魯爲周公之後而所遇如此則伯主之聲焰自是而日著文武之恩澤自是而日泯矣春秋得不爲王道慮乎若夫周室未衰荆楚帖服未聞有争强者也今也楚人因息嬀之故舉虐蔡之兵遂執蔡以争强於南當是時也蔡無致釁之由取伐之道楚人何爲而加兵於蔡耶誠以蔡爲要領之國喉襟之地諸侯所恃以爲藩表者也不敗蔡則不可以窺内是以敗衂其師執辱其君欲籍之以爲援焉夫蔡爲文昭之裔而所遇如此則蛇豕之毒自是而浸長諸姬之國自是而靡寧矣春秋得不爲中國憂乎吁天下無王者齊爲之也天下無中國者楚爲之也春秋傷世變之大而致謹於齊楚夫豈無意哉抑又考之王者不作而後齊晋興苟有王者作則文武之業可興而齊晋息矣伯者不作而後吴楚横苟有伯者起則桓文之盛可復而吴楚息矣噫王降而伯伯降而夷天理民彝惡乎是賴可慨也夫

公會齊侯宋公陳侯鄭伯同盟于幽（莊公二十七年）公會宋公陳侯衛侯鄭伯許男曹伯晋趙盾癸酉同盟于新城（文公十四年）晋人宋人衛人曹人同盟于清丘（宣公十二年）

芮鑑

同考試官教授羅批（題本家氏之傳學者往往記此遺彼惟此作得之所宜録出）

考試官侍讀周批（以伯業盛衰立論深合傳意）

考試官左庶子劉批（齊晋三盟盛衰不同蓋世道之益降也讀此篇爲之慨然）

因人心之合散見伯業之盛衰此于幽新城清丘之同盟雖同而齊晋伯業之盛衰則异也春秋得不備書之哉且夫世入春秋諸侯無統所賴以維持世道者不能不望於二三伯主也是故齊桓主伯仗尊王之大義講于幽之再盟斯時也若宋若魯皆從事載書而罔敢差池若陳若鄭皆奔走牲歃而罔敢違越内外大小翕然來同此齊伯之方盛故春秋美其績特書曰同盟以予之

也若夫晋靈主伯因諸侯之外楚講新城之同盟斯時也從楚諸侯改轅而來同輔外友邦執圭而在列諸侯之散者復合此晋伯之漸衰故春秋致其意亦書曰同盟以予之也至於晋景主伯復因討二之役同講清丘之盟斯時也諸侯之叛晋者紛紛而勉從外楚之舉列國之從晋者落落而强爲同盟之歃异者衆而同者鮮晋不復可言伯矣而春秋猶以同盟書者蓋嘉其不以勝負爲從違舍燎原强盛之楚從喪敗方新之晋是故猶以同盟許之然迴視新城之役且不能及于幽之盟又安可同日而語哉愚故曰即人心之合散見伯業之盛衰者其以是夫大抵自于幽觀新城則于幽盛之始而新城衰之始也自新城觀清丘則新城衰之始而清丘衰之極也自春秋之世觀之則于幽也新城也清丘也猶爲衰世之小康也自先王之世觀之則桓文之盛亦三王之罪人耳俱無足取也噫此仲尼之門所以羞稱之也歟

禮記義

凡居民量地以制邑度地以居民地邑民居必參相得也無曠土無游民食節事時民咸安其居樂事勸功尊居親上然後興學

姜溥

同考試官訓導林批（作者多兼養民立説不切題意獨此篇詞簡旨明優於他作其熟於禮經者歟）

考試官侍讀周批（善説先王立制之意他卷罕及）

考試官左庶子劉批（敷析先王居民教民之制有條而不紊）

惟居民盡道而有以安其生斯致民向義而可以立其教夫有恒産而後有恒心民之情也苟居之無法而使之失所則何以致其向義而立學以教之哉王制記此謂夫有土不可以無民有民不可以無居先王於此果何如哉誠以邑以地制地之多寡未易知也必量其所容而四井之邑制焉民以地居地之長短未易見也必度其所至而萬井之民居焉然地也邑也必相其宜以制之不多寡之有偏可也邑也居也必量其稱以居之不長短之有失可也地邑民居既參相得由是田必事農而閑曠之土無矣人必授田而游惰之民鮮矣食焉有度而無不足之患事焉以時而無不及之務居民之道如此則天下之民豈有不安其居者哉民居既安殆見役之則樂其事而不至勞苦也動之則勸其功而不由勉强也知君之當尊尊之而有遜志知上之當親親之而無離心夫如是則禮義之心萌矣于焉設爲學校而使之有以明乎善于焉建立庠序而教之有以復其性吁先王之於民不惟居之而又教之如此宜其治化之盛而非後世之所及也歟抑又論之人形天地之氣而性天地之理其尊君親

上蓋其良心也獨安養不足而禮義不興由是良心陷溺而爲非耳聖人制爲安養之術禮義之教則民之陷溺者皆可化而爲善所謂裁成天地之道此之謂歟

故聖人耐以天下爲一家以中國爲一人者非意之也必知其情辟於其義明於其利達於其患然後能爲之

姜溥

同考試官訓導林批（題本冠冕塲中多不知人情爲重分截不明惟此作發明簡當包括無遺禮中之巨擘也録之何忝）

考試官侍讀周批（以順人情爲聖人致治之要得旨）

考試官左庶子劉批（詞理整然禮經諸卷中此篇最佳）

聖人能大一統之治不由於私而有其要焉蓋治天下莫要於人情也聖人順人情而不由己私則豈不能大一統之治也哉且夫一統之盛固聖人之所欲盛治之成則聖人之能事是故井聚廬分天下之家非一家也聖人能合天下之异而歸諸同與一定也不殊肩摩車擊中國之人非一人也聖人能會中國之衆而合于一與一人也無間夫聖人之所以能一天下中國者豈私意億度之哉亦惟因人情爲之而已喜怒哀懼愛惡欲者人之情也聖人能知其情故不拂其好惡焉是故人情所好莫好於義也則闢其十義之途使天下中國之人皆知義所當行而莫不由於義焉人情所欲者莫欲於利也則達夫人利之域使天下中國之人皆知利之所在而莫不趨於利焉至若争奪相殺人之患也人之所惡莫甚於此則又明示其患之所在使皆知所避而不至相害焉夫如是吾見天下雖非一家也而遂其由義趨利之情者猶一家中國雖非一人也而遂其趨利避患之情者猶一人聖人之能事至是畢矣愚故謂聖人能大一統之治不由於私而有其要焉不其信歟雖然一統之治固由乎情而治情之具又在乎禮有禮以治之則義利由之生而患息矣禮苟廢焉則患由之起而義利亡矣是知禮者又聖人所以維持天下之大柄也

第二場

論

曾子之學專用心於内

蕭鋭

同考試官教諭馬批（此篇説理則原始而要終措詞則化腐而爲新有

條理有關鎖皆自胸中流出奚可以尋常科場文字目之録以示人是所宜也）

同考試官教諭李批（題意以復性爲主而工夫在於知行作者往往泛然立説殊無歸宿此篇體認親切詞氣整然講出曾子傳道之要可嘉可嘉）

考試官侍讀周批（近時士子競爲葩藻之學詞以險怪爲奇此歐陽永叔之所深惡也故刻此平正之論以爲之式）

考試官左庶子劉批（論曾子之學本于心身有源委有發越殆必有所見者也）

論曰人非聖人不可以不學學非專用心於内不可謂善學何也夫人之學所以學爲聖人也學不專用心於内以聖人爲歸與不學者等耳安在其爲善學也惟專用心於内一本之心身不至聖人之域不止焉則爲善學此曾子之學所以异於衆人而不可及歟先儒謝氏謂曾子之學專用心於内愚請繹其説夫天之生人均成之以形賦之以性初無彼此厚薄之殊但形之成也本乎氣質氣有清濁質有美惡而不能皆全乎是性此智愚賢不肖所由分焉彼氣之極清質之極美心之知自與性會身之行自與性合無所間隔不待勉强所謂聖人者固有不待乎學矣自是而下則清濁美惡有多寡而智愚賢不肖有等差氣質既偏物欲易蔽非學則不能復其初也學之道奈何澄其濁汰其惡勉而知勉而行以復乎是性之初如聖人而已矣孔子生于東魯雖曰轍環天下卒老于行然其所得乎天者生而知安而行從容中道而全盡是性則聖人也當時從游之士三千其衆畏于匡微服于宋困厄於陳蔡之間而不去孰非欲學聖人者何獨曾子之學爲善耶夫聖人之道大而能博諸弟子不能遍觀而盡識也故各隨其氣質之所近而學焉有學其文學者有學其政事者有學其言語威儀者固皆非衆人之所能及然於聖人之道抑爲末耳外耳專用心於是而欲歸宿於聖人之域是猶欲適越而比其轅雖終身由之有不能至者烏得爲善學哉曾子之學則不然惟專用心於内焉内者何本之心身而已彼見聖人之心知無不至而我之心方懵然于知於是即事即物而求知是理于心不如聖人之至不已焉聖人之身行無不當而我之身方錯然于行於是隨時隨處而求行是理于身不如聖人之當不止焉觀其自省也爲人謀恐其有不忠與人交恐其有不信受之師恐其有不熟之已省身之外無他念教人也動容貌斯遠其暴慢正颜色斯近於信出辭氣斯遠其鄙倍修身之外無餘功則專用心於内而不外也可見矣夫惟其用心也專爲力也久如此是以氣之未清者日以澄而性之本體呈露質之未美者日以汰而性之大用流行此一貫之告一唯之對所以不在彼而在此而卒以傳聖人之道也歟自是而後

承其學者有子思焉明善誠身之要一皆本之於内子思之後有孟子焉知言養氣之功未嘗施之於外萬世之下使聖人之道一心相傳若合符節而無弊曾子之功於是爲大視彼諸子之學愈遠而愈失其真有不可同日語者謂之善學也夫奚疑哉雖然豈特曾子爲然若顔子從事博文約禮之誨而至欲罷不能如有所立卓爾之地亦可謂專用心於内而善學焉者异乎天不假年守而未化故聖人嘆其進而未止也噫聖門學者固云衆矣而卒傳其道者顔曾之外無聞焉後之欲學聖人者可不以之爲法乎是爲論

表

擬宋以程頤爲通直郎崇政殿説書謝表

楊觀

同考試官教諭黄批（頌美中萬忠悃意可嘉）

同考試官教諭趙批（表典實）

考試官侍讀周批（表間用程子語豈嘗讀其書而欲學其學者乎）

考試官左庶子劉批（能道程子之意可取）

伏以允執厥中神聖之傳已遠會歸其極皇王之治方隆睹五星光聚於奎文合四海人蒙於離照聿興求道之謀載啓親賢之典宣布絲綸俊乂宜膺乎簡拔搜揚巖穴愚庸乃荷以登崇寵命有嚴惭懷是切兹蓋伏遇皇帝陛下睿姿天稟俊德日躋靈承烈祖之洪圖恪致慈宫之大孝一新政事首及人才謂輔養君德莫尚乎經筵謂恢弘化理必資乎儒術遂俾草茅之賤士獲瞻咫尺之天顔聳動一時輝光千古臣敢不勵精所學益善其身徯交發志之孚用進沃心之論期有傳於後世以無負於深恩竊惟帝王之道莫備於經人主之學惟在於敬陳聖學端緒至道淵微固小臣之深願念天維顯思命不易哉實明后之良規伏望心易書詩禮春秋之言體堯舜禹湯文武之德海晏河清宵旰常存乎寅畏刑威賞慶起居尤謹於怠遑如成王之倚周公所用罔匪正人如高宗之用傅説厥陳惟師古訓將見不傳之統復開於今日作聖之效遂繼於先王日照月臨有血氣者咸起尊親之願天覆地載凡動植者同歸化育之仁宗社萬年乾坤一統臣無任瞻天仰聖激切屏營之至謹奉表稱謝以聞

第三場

策

第一問

倪巘

同考試官訓導戴批（答出前聖垂世立教我朝化成天下諸儒著書立言皆本乎是性明白簡當本房無逾此篇者非留心於性理之學者能之乎高薦無忝）

同考試官教授裴批（本房策場好卷固多求其斂華就實者亦少此篇原性之根於人心見諸行事議論正大詞氣充實非素有蘊蓄者不能宜置前列）

考試官侍讀周批（此卷三場之文皆温潤縝密而是作尤能揚厲我聖祖神宗以性化成天下之意其士之佳者歟）

考試官左庶子劉批（敷析性理之説明白條暢亦積學有待之士也）

聖君垂世立教之典不外乎是性諸儒著書立言之旨亦不外乎是性蓋性者人所得以生之理也人而失其性則失其所以爲人之理非特上無善治而天下亦將貿貿焉莫知所之矣此古之聖帝明王我朝之聖祖神宗垂世立教之典有宋諸儒著書立言之旨所以必以是爲首務也先儒楊氏謂堯舜所以爲萬世法亦率是性而已者其有見於是歟請因其言而推之是性也具于人心爲五常曰仁義禮智信見諸行事爲五倫曰君臣父子夫婦長幼朋友古之君臨天下者帝莫聖於堯舜堯曰以親九族舜曰慎徽五典所以親族徽典者皆是性之見諸行事者也王莫聖於禹湯文武禹曰彝倫攸叙湯曰肇修人紀文武曰重民五教所以叙倫修紀重教者亦是性之見諸行事者也聖有先後而治無先後之殊人有古今而性無古今之异堯舜禹湯文武之爲君既本是性以爲治矣則我朝之列聖豈能外是性以爲化成天下之具哉欽惟太祖高皇帝以聖神之德除胡元之亂慮斯民未復乎是性也創業垂統之初即有申明五常之誥太宗文皇帝繼體守成重光協德既命儒臣纂集五經四書大全矣慮斯民猶未明乎是性也復有性理大全之編我聖祖神宗嘉惠天下後世之意其與堯舜禹湯文武本是性以垂世立教之意真异世而同符矣然書之首卷所載太極圖通書濂溪周子之所作也圖言中正仁義書言五常百行非是性之根于心而見諸事者乎西銘正蒙横渠張子之所作也西銘言天地之帥吾其性正蒙言性者萬物之一原非是性之出于天而賦于人者乎至於皇極經世書康節邵子之所作也其言曰命之在我之謂性性之在物之謂理又非是性之根于心而見諸事者乎之數子者之立言固各有攸當然究其旨

歸其與前代帝王性理之訓太祖高皇帝五常之誥亦豈不同條而共貫哉聖君之所以爲治諸儒之所以立言皆不外乎是性如此而宋儒歐陽修乃有聖人教人性非所先之言夫性之於人與生俱生不可一日離者也有天下國家者外是性以爲治則將弃仁義禮智之常理而從事於异端邪説矣舍君臣父子夫婦長幼朋友之常道而從事於拳謀術數矣堯舜禹湯文武之所以垂世立教我祖宗列聖之所以化成天下者固如是哉愚生佩服聖訓有年矣性理之説猶未造其閫奥姑摭所聞如此執事其進而教之

第二問

劉繼武

同考試官訓導戴批（首試經書認理真切本房以子爲最及觀策場文辭雄健滔滔無滯該博之學經濟之才昌大之氣於是可見而此篇條對經賴聖賢真儒以明尤無遺失秋闈高擢舍子其誰）

同考試官教授裴批（此策事核而辭豐氣充而理直末以論孟爲六經之本尤條析明白讀之可愛真有學有識之士也）

考試官侍讀周批（剖析經疑灼有定見士之負才積學者也况前場之作通暢無疵魁選之擢吾有所歸矣）

考試官左庶子劉批（經疑一策場中士子多爲所窘惟此隨問隨答略無留滯非素有抱負者疇克爾耶參之前場詞理明暢才氣充蔚足知爲佳士矣置之首選當合輿論）

諸經之傳注經真儒之手而後定諸經之義理本聖賢之書而後明蓋經以載道聖賢真儒皆是道之所賴以明者也傳注不經真儒之手固無自而定義理不本聖賢之書亦何自而明哉請摭所聞以復執事之問夫易書詩春秋禮記皆聖人載道之經也自漢以來易也有京房之學有焦延壽之學書也有伏生之今文有孔氏之古文詩則有齊魯韓毛之殊其家春秋則有左氏公穀之异其傳以至禮記亦有大戴小戴之分其派焉專門名家師异旨殊而各爲傳注也多矣然見道不明臆説紛起本以傳經而經反爲之鑿本以明經而經反爲之晦迨至有宋隆興真儒輩出痛削傳注之舛訛丕振斯文之氣脉迂生陋儒之穿鑿一掃而空之而聖經賢傳如日麗天如水行地似無可疑者矣執事尚以所疑教諸生愚敢合其异而歸之同焉夫程子易傳朱子嘗稱其義理精字數足矣雖以其未及卜筮而復有本義之作然亦足其所未盡補其所未圓何嘗出於程傳之外乎蔡氏書傳二典禹謨朱子蓋嘗是正矣其未及是正者亦皆引用師説得之指授何有於罅隙之可議乎詩傳朱子雖嘗以爲無復

遺恨然義理之所得孰如論孟之多故復有鷄肋之喻焉春秋傳程子以辭微義隱不爲決然之論而胡氏則以天子之事斷之不疑如以一字爲褒貶日月爲義例之類或恐非聖人之意故朱子有義理穿鑿之論焉至於禮記一書雖曰雜出於漢儒然其間格言至論有非漢儒所能及者或以爲漢儒之説者誤矣陳氏集説雖間用己意然於宏綱大指多證以名儒之言亦未嘗不得記禮者之意也由此言之宋儒之傳注夫何疑哉雖然六經皆聖人妙道精義之所在學者固有皓首窮之而不得窺其閫奥者矣然求其要則有本焉故程子曰學者當以論語孟子爲本論語孟子既治則六經可不治而明矣蓋六經之理統於論孟論孟之理貫乎六經論孟既治則其本正以之而治六經思過半矣况治論孟而有得於時字之義則韋編可不絶也而大旨在是焉有得於中字之義則壁經不必窮也而精義在是焉思無邪則三百十一篇之詩皆糟粕矣毋不敬則三千三百之禮皆糠粃矣以至知貴王賤伯則春秋之旨亦豈有外於是哉管見如斯願就正於明執事

第三問

董傑

同考試官教諭黄批（策答詳整而立論切當有稽古之學有濟用之才佳士也）

同考試官教諭趙批（策學正以觀士子有用之才通場殊不愜意此篇能斷古人立法之善否終以德法兼任爲獻且措辭詳整立意不群蓋負學之士也一薦何忝）

考試官侍讀周批（詳古法而達時宜足見所學）

考試官左庶子劉批（條答古今考課之法無遺策手也）

純於任德者考課之法善純於任法者考課之法弊夫任德者非無法也以德爲之先耳此唐虞成周所以盛也任法者非無人也以法爲之先耳此漢唐宋所以不古若也然則考課之法必德法并任斯爲美乎請以是爲明問復夫天生兆民不能自治而必樹之君君主兆民不能獨理而必付之臣使天下之臣各稱其任則矢下自治雖不俟於考課可也奈何位公卿者不皆賢也列庶職者不皆善也便佞倖進之門闢而疏遠方正之途塞官冗政貪吏怨民弊勢所必至考課之法奚容以不立哉是故唐虞成周亦必恃此以爲治三載考績三考黜陟幽明唐虞考課之大綱也蓋其居位久而受任專立法寬而責效遠故鯀之罪不在方命圮族之日而在九載弗績之時禹之賞不在九河既道之際而在九州攸同之後豈云簡哉三歲計吏治九年大明黜陟成周考課之大綱也蓋其自下考其屬

而總之於太宰太宰第其功過而後詔王廢置故日成月要歲會正以見其功過之漸小宰之六計宰夫之八職正以析其善惡之詳豈云煩哉故夫庶政惟和而萬邦咸寧推賢讓能而萬邦無斁所謂純於任德者如此豈後世所可及哉繼周之後曰漢考課之行於當時則郡守得課令長刺史得課守相丞相考其計天子受其要周之意猶在也觀夫蕭曹開基于前丙魏有聲於後則其所得之人也黎民醇厚天下富庶則其致治之效也繼漢之後曰唐曰宋唐有四善二十七最之考宋有三格七事之評比漢固爲密視古則相遠矣而其得人之效則房杜姚宋也韓範富歐也致治之盛則貞觀斗米之十錢也慶曆之君子滿朝也然暫得而即失暫盛而即衰所謂純於任法者如此豈能比隆於前古哉至若京房陳任法之説劉邵功次補郡守似當矣而失之太煩崔林上任人之論杜預優劣定去取若審矣而失之太簡其在當時且不能行而可行之於今乎洪惟我朝稽古建官法制精密蓋與唐虞成周异世同符行之萬代而無弊者也然而是非好惡或不能盡出於公黜陟予奪或不能舉得其當此豈法之過哉奉行者之未至耳故聖天子爲天下慮重下考察之詔天下之吏宜知有所勸懲矣而執事又以下詢承學不揣狂妄以德法兼任爲獻誠使今日司考課者惟成憲之是遵惟聖意之是體必公以存心而拳勢所不屈明以照物而清濁之不淆果賢耶從而陟之果不賢耶從而黜之由是奔競者無所容性感退者日以進公卿于以得人庶職于以稱任士風之淳治化之美唐虞成周豈得專其美於前哉謹對

第四問

同考試官訓導戴批（人才偏全由於學術正否而治道隆替所攸繫此篇條答詳明辞氣整密其策中之杰然者）

同考試官教授裴批（人才一策敷答詳明才思沛然終以聖賢自期待可謂有志之士矣）

考試官侍讀周批（以古人言行治道論其學術正否有講貫者也真才之學尚其勉之）

考試官左庶子劉批（論正學真才語意分明殆嘗留心於是者）

欲致天下之治當求乎真才欲求人才之真當考乎學術蓋學術者人才之本而人才者致治之原也學術正則人才真真才出則天下治此執事發策秋闈所以拳拳於真才之訪也夫人之才雖禀于天而才之成亦由于學學之正否人才之真不真繫焉古之有天下國家者養育人才蓋有道矣是故始之以格物致知使求知是理于心繼之以誠意正心修身使求行是理于身終之以齊家治國平天下使推行是理于人其序之不可亂功之不可缺也如此是以當時聖賢之

真才胥此焉出而雍熙泰和之善治胥此焉成也苟或不此之務而從事于記誦焉爲口耳之贅文辭焉爲枝葉之末則其學也愈博愈工而愈去聖賢之道遠矣若是而望其真才之成烏可得哉古之真才見用於世者在唐虞三代若皋陶伊傅周召以其言行之存者考之皋陶有慎厥身修之謨伊尹有修身允德之訓傅説有惟學遜志之言以至周公之所其無逸召公之王敬作所其言行之正如此則其學問之正也從可知矣世道既降才不古若隨世以就功名之士在漢若蕭何曹參丙吉魏相在唐若房玄齡杜如晦姚崇宋璟在宋若韓琦范仲淹富弼歐陽脩以其事功之成者觀之漢之治雜於伯唐之治雜於夷宋之治雖差盛於漢唐而不能比隆前古事功之未正如此則其學問之非正也概可見矣孔孟既没正學寥寥千載之下至宋而始續若濂溪周子河南兩程子横渠張子考亭朱子乃其尤箸者學問之正人才之真無愧于皋陶伊傅周召矣而不得見用於世徒見于著書立言講明斯道而已然使其得用則唐虞三代之治將復見於後世宋之治豈直止於宋而已哉元儒魯齋許氏謂傳記中人才杰然可觀以道理觀之只是偏才聖人則圓融渾全百理皆具者蓋以蕭曹丙魏之流其才固傑然可觀特血氣用事一偏之才耳而皋陶伊傅周召諸君子則德性用事故圓融渾全百理皆具蓋即所謂真才也夫希聖希賢吾儒分内事耳苟能於此奮然從事于聖賢之正學則何聖賢之真才不可及哉愚也生長畿甸之間涵育聖化有年矣聖賢之正學固未能窺其閫奥至於記誦文辭之末習則亦未敢從事以負朝廷養育之深恩也謹以是爲明問復

第五問

劉繼武

同考試官訓導戴批（時務一策正以觀士子才識此篇酌古準今條對合宜誠有才有識之士也他日效用尚异據忠報國無徒托諸空言以負所志）

同考試官教授裴批（策答時務論議區畫皆鑿鑿可行者末復歸之君人者之一心尤爲究本之論可嘉可嘉）

考試官侍讀周批（時務策條答明暢又足以見其濟用之才不但文彩之美而已）

考試官左庶子劉批（此卷五策皆佳而經疑時務尤能出人意表故特録之）

當無虞之日而陳儆戒之謨當有道之世而思保邦之策此治不忘亂安不忘危唐虞成周明君賢相之所用心也恭惟聖天子至仁大德如堯如舜漢文雖賢固不足以擬之矣而世道熙洽天下治安亦豈有事之容議哉執事奉

明詔秉文衡而以時務詢諸生且欲生效賈誼獻忠報國之心而不嫌於流涕太息之説生有以窺見執事忠愛之心矣顧生無誼才何以應明問雖然不敢負也夫理國在人才掄才在銓選今之銓選固有定法矣然資格一拘則賢愚不能不混進保薦一舉則名實容或有未符昔人嘗欲革之愚以爲資格所以待常流不必革也惟如古建官惟賢陟之不嫌於越級莅事惟能用之不避乎驟進保薦所以奬恬退不必廢也惟如古舉能其官則有薦賢之賞稱匪其人則受連坐之罰夫如是則賢愚何至於混進而名實何至於未符哉足國在財賦理財在會計今之會計固有常制矣然借撥預征之頻加糴穀賣絲之迫切民力已竭調發恒闕昔人蓋嘗傷之愚以爲借撥非法也預征弊政也皆不可用也惟驅游手之民以服田罷不及之務以省費其轉運也必稽簿書之實使奸盜不至於侵漁出入也必量其盈朒之數使用度不至於無節夫如是則征輸何患於困竭而調發何患於不足哉將出於膏粱兵歸於私役誠非威虜之術也苟嚴武舉之選將惟才謀是用雖膏粱行伍也亦在所必取申政令之重兵惟訓練之歸雖拳門勢家也亦在所不容則邊防不備非所慮矣政分於多門刑失於不中誠非輔治之道也苟循定制而專人以司法使有罪者必致之刑官體欽恤而罪人必以律使無辜者不至於濫及則刑罰不中也非所憂矣教化不明而异端起理固然也必條學校之制以隆仁義之道使民知所以教則誣世之談能不滅乎禮讓不興而奸軌横勢固然也必詳鄉飲之制以盡禮讓之節使民知所以養則訐上之風能不息乎至若乞墦拜塵士風之污甚矣此在重清節焉誠使清節之士處於顯位而諛佞之徒屏之遠方則士風不期厚而自厚矣帝服后飾民俗之僭極矣此在謹好尚焉誠使君子皆崇節儉之德小人申以違犯之禁則民俗不期美而自美矣然嘗聞之表正則影隨風行則草偃綱紀天下之治固在乎得賢而取賢之道則本乎君人者之一心耳君心一正則賢才效職法度修明而天下無不正矣所謂正心以正朝廷正朝廷以正百官正百官以正萬民此之謂也唐虞三代之盛其要亦不過此變通張弛如斯而已矣執事倘有取焉還朝而以爲吾皇獻則豈特愚生之幸哉

應天府鄉試録後序

皇上勵精圖治思得天下才以理天下事於是用科舉取士一遵成憲而加慎焉詩所謂古之人無斁譽髦斯士此之謂也乃成化十三年秋應天府復當鄉試府尹臣崇志豫以考試官請上命臣健臣經偕往臣等受命祇懼不敢

宿留亟乘傳而南比至重相戒飭務秉至公以奉德意越三試得其文之明於理而足以適諸用者如制額故事有録臣經當序諸後竊惟天之生才固將以爲世用也然不有以養之則奚以成不有以試之則奚以知有國者亦奚從而用之是故三物有教三年大比自成周爲然矣我國家稽古建學遍天下柬擇俊秀以充生員飾其冠衣豐其廪餼導以師儒董以憲臣非易書詩禮春秋之經不讀非孔曾思孟濂洛關閩之學不講此養才之法也教養既久才無弗成於是自一邑一郡以達于藩省自藩省以達于禮部自禮部以進于大廷初試以義再試以論詔誥表判三試以策終奉天子之詢治道賜出身此選才之法也夫養之於未選之前者如此其至選之於既養之後者如此其嚴然後論辨而官之或德進或事舉如鄧林之材雖小大長短不一而取之以爲東爲梁爲榱爲桷無弗可者矣然則我祖宗列聖所以奉天而治天下也豈不追儷隆古也哉故百餘年來得才以亮天工熙庶績者極濟濟藹藹雖棫樸卷阿之盛奚以過焉京畿首善之地士生其間沐聖化而荷教養尤非他方可同固宜登名兹録者郁郁乎文之盛也碩碩乎氣之充也英英乎可以進於仁義道德之區也雖然文固人心術之所寓而選才者姑藉之以觀人耳科舉之所以取士士之所以爲才直文乎哉孔子云文莫吾猶人也躬行君子則吾未之有得夫孔子大聖也而猶云然則諸士子烏可恃此而畫乎其尚以聖賢之學自勵必益㢈於格物致知誠意正心以修其身以齊其家以需聖天子他日之用由是推之治國平天下豈不誠豪杰之□□若然則於天與我之才聖朝養我之恩斯不負矣而今日與選才者不亦有光乎是用書以爲勸

翰林院侍讀周經謹序

成化十六年應天府鄉試録

應天府鄉試録序

天眷皇明全付以唐虞三代聲教所漸被之舊疆禅聖子神孫萬世□治之選賢舉能以共治天職祖宗具有成法皇上憲天法祖嗣登寶位以來天下凡五舉矣乃成化十六年庚子又當賓興之歲應天府府尹臣崇志循例馳奏請考試官上以命洗馬臣璟侍講臣東陽臣等面辭黼扆之下恭承賜饌之恩并載驛舟晝夜遄往至則同考試官學正臣通臣蘭臣黄蘭教諭臣臨臣濬訓導臣璇臣勉臣潔監試官監察御史臣舜賓臣珣暨内外諸執事皆聘選以充提調則臣崇志焉八月甲寅鎖院與同事者共誓務竭心力以圖爲國得賢丙辰試以經義七題已未參以論表諸體壬戌咨以五策時南畿就試之士總二千七百有奇前此之所未有議論彬彬多可觀者猗與盛哉遵定制選百三十五人第書其氏名及三場文字之尤粹者爲録録首當有序臣璟謹拜稽言曰唐虞三代所以爲盛者三綱五常之道明而已矣漢唐宋之善政亦多然於三綱五常之道未盡明是以治不古若洪惟我太祖高皇帝繼天立極肇分華夷滌宇宙之腥羶扶綱常於既墜申明堯舜禹湯文武治天下之大法三綱五常之道昭如也列聖相承所以維持天下者咸用斯道皇上近命儒臣續資治通鑒綱目又所以續明斯道也蓋綱常之道既明則萬事可隨而理百官萬民由此而正忠直回邪由此而辨誠爲政之首務有志者之所當深察焉者也今日之土地即唐虞三代之土地今日之人心即唐虞三代之人心上有堯舜禹湯文武之聖君下必有唐虞三代之賢臣諸士子皆國家根本之地之所産毓山川之靈秀荷仁義之漸摩際亨嘉之會而出平生所學有大於扶植綱常者乎家居則以此自考從政則以此爲先爲臣必忠爲子必孝卓卓乎必為一時偉人以壯我國家之元氣使天下後世稱我朝人才真可擬唐虞三代失然後不辱賢科苟曲學阿世若漢平津之爲者國家何賴焉孔子曰臣事君以忠又曰事君敬其事而後其食此萬世爲人臣者之律令也敢申告於被薦之初

奉訓大夫司經局洗馬羅璟謹序

成化十六年應天府鄉試

提調官

通議大夫應天府府尹魯崇志（懋功浙江天台縣人　甲戌進士）

考試官

奉訓大夫司經局洗馬羅璟（明仲江西泰和縣人　甲申進士）

翰林院侍講李東陽（賓之湖廣茶陵縣人　甲申進士）

同考試官

順天府通州儒學學正梁通（貴用江西泰和縣人　己卯貢士）

河南開封府鄭州儒學學正童蘭（斯馨四川銅梁縣人　己卯貢士）

陝西西安府乾州儒學學正黄蘭（世芳四川富順縣人　甲午貢士）

山東濟南府章丘縣儒學教諭方臨（子大福建莆田縣人　己卯貢士）

山東兖州府鄒縣儒學教諭劉濬（廷哲浙江永嘉縣人　庚午貢士）

江西瑞州府儒學訓導鄺璇（振華廣東新會縣人　辛卯貢士）

江西廣信府儒學訓導陳勉（希勉浙江黄巖縣人　戊子貢士）

四川嘉定州峨眉縣儒學訓導范潔（宗器湖廣巴陵縣人　辛卯貢士）

監試官

南京湖廣道監察御史何舜賓（穆之浙江蕭山縣人　己丑進士）

南京四川道監察御史王珣（德潤山東曹縣人　己丑進士）

印卷官

應天府治中王淵（志默浙江山陰縣人　丁丑進士）

應天府通判宋珩（大器陝西安塞縣人　己卯貢士）

收掌試卷官

應天府通判王章（明憲順天府保定縣人　監生）

應天府推官歐陽伸（允直廣西馬平縣人　癸酉貢士）

受卷官

南京金吾左衛經歴馮曦（景暉福建順昌縣人　監生）

南京驍騎右衛經歴鄒勝（允中直隸合肥縣人　監生）

彌封官

南京留守中衛經歴易龥（鳳章湖廣巴陵縣人　監生）

直隸太平府蕪湖縣知縣劉憲（廷式湖廣益陽縣人　戊戌進士）

謄録官

南京龍虎左衛經歴劉潔（達用江西安福縣人　監生）

應天府句容縣知縣徐廣（居仁山東曹州人　壬辰進士）

對讀官

南京旗手衛經歷曹瓚（宗器湖廣安仁縣人　監生）

應天府六合縣知縣周南（文□浙江□雲縣人　戊戌進士）

巡綽官

南京留守右衛指揮使趙佐（汝威山西懷仁縣人）

南京留守後衛指揮同知史瑄（彦璋陝西安定縣人）

搜檢官

南京留守前衛江東馴象所正千户陳憲（德明直隸徐州人）

南京豹韜衛右所副千户蕭晞（景暘山後人）

南京留守左衛中中所百户孔福（景申浙江仙居縣人）

南京留守右衛右所百户蔡勇（廷盛江西豐城縣人）

供給官

應天府經歷司經歷楊淳（彝善貴州永寧衛人　壬午貢士）

應天府上元縣知縣蕭謙（子豫陝西長安縣人　乙未進士）

應天府江寧縣知縣劉傅（□正直隸嘉定縣人　乙未進士）

應天府上元縣縣丞馬良（□善山西岢嵐州人　監生）

應天府江寧縣縣丞胡溥（□□四川富順縣人　監生）

第一場

四書

孝者所以事君也弟者所以事長也慈者所以使衆也　仁以爲己任不亦重乎　由堯舜至於湯五百有餘歲若禹皋陶則見而知之若湯則聞而知之由湯至於文王五百有餘歲若伊尹萊朱則見而知之若文王則聞而知之由文王至於孔子五百有餘歲若太公望散宜生則見而知之若孔子則聞而知之

易

飛龍在天乃位乎天德　或益之十朋之龜弗克違永貞吉　動静有常剛柔斷矣　履和而至謙尊而光復小而辨於物恒雜而不厭損先難而後易益長裕而不設困窮而通井居其所而遷巽稱而隱

書

肇十有二州封十有二山濬川　乃審厥象俾以形旁求于天下説築傅巖

之野惟肖　王命子來承保乃文祖受命民越乃光烈考武王　穆穆在上明明在下

詩

樂只君子福履成之　如山如阜如岡如陵如川之方至以莫不增　君子萬年景命有僕　古帝命武湯正域彼四方方命厥后奄有九有商之先后受命不殆在武于孫子武丁孫子武王靡不勝龍旂十乘大糦是承邦畿千里維民所止肇域彼四海四海來假來假祁祁景員維河殷受命咸宜百禄是何

春秋

州公如曹（桓公五年）公會宰周公齊侯宋子衛侯鄭伯許男曹伯于葵丘（僖公九年）　齊人伐衛（莊公二十八年）齊高子來盟（閔公二年）城楚丘（僖公二年）諸侯城緣陵（僖公十四年）　楚人伐徐公會齊侯宋公陳侯衛侯鄭伯許男曹伯盟于牡丘遂次于匡公孫敖帥師及諸侯之大夫救徐（并僖公十五年）　吴子使札來聘（襄公二十九年）

禮記

三年耕必有一年之食九年耕必有三年之食　禮之以多爲貴者以其外心者也德發揚詡萬物大理物博如此則得不以多爲貴乎故君子樂其發也禮之以少爲貴者以其内心也德産之致也精微觀天下之物無可以稱其德者如此則得不以少爲貴乎是故君子慎其獨也　故德輝動於内而民莫不承聽理發諸外而民莫不承順　唯賢者能備能備然後能祭

第二場

論

德爲聖人

詔誥表（内科一道）

擬漢拜張佚爲太子太傅桓榮爲少傅賜輜車乘馬詔擬唐以韓愈爲國子祭酒誥擬狀元率進士謝恩表

判語（五條）

漏使印信　隱蔽差役　把持行市　關津留難　侵占街道

第三場

策（五道）

問　建萬世不拔之業者必有萬世可守之法三代之法可謂備矣嬴秦既起破壞無餘自是稱善治者曰漢唐宋漢高祖規摹宏遠矣然不事詩書制度草率其法之未善者有可陳歟唐太宗貞觀之政偉矣然十漸不終其法之不善者亦可言歟宋太祖更革五代之弊政殆盡矣然幽燕之地未復終貽後人之憂豈其法固亦有未盡善歟洪惟我太祖高皇帝奉天明命肇造寰宇聖神文武冠絶百王其治天下也大綱既正萬目畢舉自有書契以來帝王之善政史傳所稱美者無不斟酌時宜慮自聖衷内外本末鉅細精粗咸著令典以貽萬世可謂集帝王之大成者矣復於萬幾之暇條成大誥三編資世通訓十四篇以訓飭臣民諄諄懇切無非天地生物之心其與唐虞三代典謨訓誥之旨合者可指而言歟漢唐宋創業諸君亦有優裕若此者歟萬世聖子神孫守聖祖之成法九州四海萬世無虞萬世臣民欽服聖祖之訓辭亦永享太平之福此有志於世用者不可不知也諸士子生長帝畿父祖老長必有能誦聖祖創業之惟艱聞之稔矣尚敬述于篇以觀平日究心當代之學

問　人之所以參天地而爲三才者惟一心耳古聖賢之論心多矣試舉其一二相與講之曰人心惟危道心惟微人心道心果有二乎曰盡心知性存心養性盡心存心有先後乎同一聖人也或小心翼翼或從心所欲果同乎同一君子也或謂其夕惕若或謂其坦蕩蕩果异乎惻隱羞惡辭讓是非之心人所必有也何知之而多不能充忿懥恐懼好樂憂患人所不能無也何有之即不得其正大人之心何以同於赤子告子之不動心何以先於孟氏既曰天地以生物爲心又曰天地無心而成化何相戾歟既曰心有所主則虚又曰心有所主則實何不一歟養心莫善於寡欲與養心莫善於誠者何殊以心使心與以心觀心者何别天理之心當純何亞聖之資猶不能不違仁於三月之後私欲之心當克何大賢之學猶不能去獵心於十二年之久今日之有志心學者果將何所師而何以致其力乎若是者皆不能無疑惟知言之士必有以辨之願聞其詳也

問　天下之事處之必有攸當嘗觀古人之行而有疑焉錢穀問内史決獄問廷尉善論相者也而吏禮委延賞刑法委□者則以爲不可分載其清静府中無事善爲相者也而自校簿書流汗終日者則知之而不能變白去副封者有矣而以瓦壺焚疏者乃蔽之而不聞不用密啓者有矣而以啓事選官者固先擬而後奏或曰願從逢干也或曰願爲皋夔也或薦賢爲國非爲私也或

明揚士類獨少此也是何其事之异耶有入定大政雖大臣莫知者矣而兄弟燕語不及政事者有之有佐君獨斷雖舉朝莫奪者矣而力主新法不恤人言者有之有十説玄宗而後拜相有三奏高宗而後議和有不欲補外入守少府者有被罷願留自至中書者布被之誚則曰黯忠政府之短則曰準直登聞之命則曰頤入恐其不静也諫官之舉則曰介入恐其責難也是何其事之同邪夫人皆賢也而所施异其事事相似也而所出异其人不可以不辨也是將以一言蓋一人一事蓋一時者非邪抑猶有同而异异而同者存乎其間邪即已行之事以求當然之義則其言也非出位之言也試爲我言之

問　以學校育材以科目取士此國朝斟酌三代漢唐宋之良法而行之者也今日輔理承化庶司百府之賢胥此焉出可謂盛矣然古今事宜亦有所當知者夫建學明倫教養之法以行成周之爲教有所謂小成大成而屏其不率教者其法何如漢唐之教在於儒師有明辨經義諸儒莫及者有解經不窮召爲侍中者有進退作則言動是效者有扶善遏過恂恂愷悌者其人爲孰優宋儒之教蘇湖分置經義治事諸齋其説可得聞乎今日學校既專之以師儒又董之以憲臣設置科條皆先德行後文藝之事然勸懲於筆札記誦之間果足以盡教之之道乎舍此則又何以驗其進修賓興論秀豪杰所由以出成周以鄉三物教萬民而興其賢者能者其制何若漢唐諸賢出自科目有説詩解頤抗疏陳事者有經明持重材任宰相者有排斥佛老文章山斗者有論諫仁義不負所學者其人爲孰勝宋儒之議貢舉欲分經史爲諸科其議可得詳乎今日科目雖嚴于防範去取之法實隆夫勸駕續食之禮文移保核亦先里選後考校之意然選擇於風檐寸晷之作果足以盡取之之方乎舍此則又何以爲之衡度爾諸士皆育秀學校兹將籍科目以出矣必有至論以助所司

問　古之論爲國者曰食與兵此二者相須而不可闕者也夫兵民之判久矣今不暇遠引姑以時之切務言之南畿多良田而賦亦仍舊宜其足供也而往往有闕賦之夫北畿多閑田而賦又甚薄宜其足耕也而在在有無田之室賑貸美意也而貧民或不蒙其惠勸借權法也而富室或并受其葅儲蓄長計也而有司或虚有其籍此又天下之通弊也兹欲使民之家必給人必足雖有水旱不足爲害何道而宜嶺海之間蠻夷之率服久矣然必有區畫之方關塞之外戎虜之挫衄屢矣然必有備禦之策肄練有法而作止或有未齊勾稽有籍而什伍或有未實禀給有制而衣食或有未充此亦天下之恒事也兹欲使兵之戰必勝守必固雖有外警不足以爲患何施而效夫水旱者堯湯之所不能免也夷狄者三代之所不能無也然則先事而爲之慮及時而爲之圖以

求所謂久安長治者苟有經濟之志宜於此焉熟矣其悉陳之毋隱

中式舉人一百三十五名

第一名　貢欽　寧國府學生　詩
第二名　吴鳳鳴　華亭縣學生　書
第三名　徐元獻　江陰縣學生　易
第四名　王弘　六合縣學生　禮記
第五名　談詔　上海縣學生　春秋
第六名　吕卣　常州府學生　書
第七名　蘇信　福建永安縣人監生　詩
第八名　邵寶　無錫縣學增廣生　書
第九名　王秩　崑山縣學增廣生　詩
第十名　徐津　蘇州府學生　易
第十一名　黄瓚　儀真縣學生　詩
第十二名　鮑楠　徽州府學增廣生　春秋
第十三名　朱昕　江陰縣學生　書
第十四名　夏易　揚州府學生　詩
第十五名　俞世德　無錫縣學增廣生　禮記
第十六名　葉□　吴江縣學生　書
第十七名　徐瓚　無爲州學生　詩
第十八名　王鸞　安慶府學生　易
第十九名　蔣浤　應天府學生　書
第二十名　魯敏　懷寧縣學生　詩
第二十一名　韓鼐　松江府學生　書
第二十二名　高綬　淮安府學生　詩
第二十三名　郭説　寧國府學生　易
第二十四名　喬衍　南京京衛武學生　春秋
第二十五名　曹廉　上海縣學生　詩
第二十六名　劉子順　應天府學軍生　書
第二十七名　張瓛　福建浦城縣人監生　詩
第二十八名　潘珩　應天府學生　易

第二十九名　張宗政　武進縣學生　禮記
第三十名　孫元□　徐州學生　詩
第三十一名　薛□　江陰縣學增廣生　書
第三十二名　陸昇　嘉定縣人監生　詩
第三十三名　陳大章　盱眙縣儒士　易
第三十四名　馮盛時　無錫縣學生　書
第三十五名　盧翊　常熟縣學增廣生　詩
第三十六名　瞿霆　上海縣人監生　春秋
第三十七名　戴恩　安慶府學增廣生　易
第三十八名　汪瑛　歙縣人監生　詩
第三十九名　孫昆　金壇縣儒士　書
第四十名　邢曰　無爲州學生　詩
第四十一名　周亮采　蘇州府學增廣生　書
第四十二名　王鈞　揚州府學生　易
第四十三名　王琚　望江縣學生　詩
第四十四名　沈木　浙江嘉善縣人監生　書
第四十五名　施釴　崇明縣學生　詩
第四十六名　黄金　定遠縣學生　禮記
第四十七名　吕鴻　蘇州府學增廣生　易
第四十八名　汪璿　黟縣學生　詩
第四十九名　潘文　丹陽縣學生　書
第五十名　李環　歙縣學生　春秋
第五十一名　丁友禎　常州府學生　詩
第五十二名　朱杲　溧水縣學生　易
第五十三名　沈鼎　常熟縣學增廣生　詩
第五十四名　方向　安慶府學生　書
第五十五名　虞賓　溧陽縣學生　詩
第五十六名　金麒壽　上元縣儒士　書
第五十七名　陳大經　盱眙縣學生　易
第五十八名　程玉　江西上饒縣人監生　詩
第五十九名　陳瀚　松江府學生　書
第六十名　張仁　當塗縣學生　詩

第六十一名　沈杰　蘇州府學生　易
第六十二名　康彬　福建懷安縣人監生　禮記
第六十三名　吴宗儒　寧國府學生　詩
第六十四名　陶纘　崑山縣學增廣生　書
第六十五名　倪鉞　松江府學增廣生　詩
第六十六名　王春　嘉定縣學生　易
第六十七名　紀鏞　太和縣學生　詩
第六十八名　陳德　高郵州人監生　書
第六十九名　胡崋　常州府學生　詩
第七十名　丘鎬　蘇州府學生　易
第七十一名　陸里　宜興縣學生　詩
第七十二名　汪宗器　繁昌縣學生　書
第七十三名　沙立　徐州學生　詩
第七十四名　戴壐　丹陽縣學生　易
第七十五名　陶奎　松江府學增廣生　詩
第七十六名　侯直　松江府學生　書
第七十七名　沈鶴　華亭縣儒士　詩
第七十八名　冒鸞　如皋縣學生　禮記
第七十九名　徐雲　應天府學生　易
第八十名　胡孝　宜興縣學增廣生　詩
第八十一名　吴愷　徽州府學生　春秋
第八十二名　徐源　吴江縣人監生　易
第八十三名　徐相　歙縣學生　詩
第八十四名　吴璨　桐城縣學生　書
第八十五名　趙容　和州學生　詩
第八十六名　佘以能　銅陵縣學生　書
第八十七名　薛英　蘇州府學生　易
第八十八名　湯佐　應天府學軍生　詩
第八十九名　孫世欽　寧國府學生　書
第九十名　梁德宏　應天府學軍生　詩
第九十一名　茹鑾　無錫縣儒士　書
第九十二名　鄭欽　浙江諸暨縣人監生　禮記

第九十三名　楊塤　常州府學增廣生　詩
第九十四名　蘇璉　當塗縣學生　易
第九十五名　張時　邳州學生　詩
第九十六名　熊宗德　江寧縣儒士　書
第九十七名　程迪　徽州府學生　春秋
第九十八名　沈誠　太倉衛學民生　易
第九十九名　曹文　常熟縣學生　詩
第一百名　張舫　松江府學生　書
第一百一名　陳霖　華亭縣學增廣生　詩
第一百二名　唐弼　徽州府學生　春秋
第一百三名　史經　吴縣儒士　易
第一百四名　張約　長洲縣學生　詩
第一百五名　蕭時　江西龍泉縣人監生　書
第一百六名　王敞　應天府學生　詩
第一百七名　李贇　蕪湖縣學生　易
第一百八名　谷誠　□縣學生　詩
第一百九名　康廉　淮安府學生　禮記
第一百十名　王益謙　安東縣學生　詩
第一百十一名　周詔　蘇州府學生　書
第一百十二名　章頎　浙江山陰縣人監生　春秋
第一百十三名　李貢　蕪湖縣學生　易
第一百十四名　錢宗廣　常州府學增廣生　詩
第一百十五名　王傅　銅陵縣學生　書
第一百十六名　童瑾　應天府學軍生　詩
第一百十七名　陳昌　無錫縣學生　書
第一百十八名　吴山　高郵州學增廣生　詩
第一百十九名　陳輔　浙江樂清縣人監生　易
第一百二十名　李富　淮安府學生　詩
第一百二十一名　黎獻　江西萍鄉縣人監生　書
第一百二十二名　邵溥　江都縣學生　詩
第一百二十三名　吴懷　宿松縣學生　春秋
第一百二十四名　鄧澤　應天府學增廣生　易

第一百二十五名　劉剛　太和縣學生　詩
第一百二十六名　林文孟　福建福寧州人監生　禮記
第一百二十七名　朱華　來安縣人監生　詩
第一百二十八名　盛端　通州學生　書
第一百二十九名　吴彦華　應天府學生　易
第一百三十名　胡璟　應天府學生　詩
第一百三十一名　錢鑑　江寧縣人監生　書
第一百三十二名　王世禎　應天府學生　詩
第一百三十三名　周佐　吴縣學生　易

第一場

四書

孝者所以事君也弟者所以事長也慈者所以使衆也

貢欽

同考試官訓導范批（大學一題不過言家國一道耳作者體認不真或以推言或以效言殊戾厥旨是作一破既佳且講貫明白允宜録出）

同考試官學正黄批（此篇説出三所以字親切有味蓋嘗究心於經傳視場中泛泛者不侔矣）

考試官侍講李批（文能説理集注意正如此）

考試官洗馬羅批（得旨）

舉身教之三端明家國之一道蓋孝弟慈三者人道之大端也君子以之修身而教於家則國之所以事君事長使衆之道又豈外於是哉昔曾子傳大學釋治國必先齊其家者謂君子不出家而成教於國遂以其身教者言之蓋曰家之有親所當孝也君子之夔夔齊慄竭力以事親者惟知盡吾孝以教於家耳然而國之所以夙夜匪懈致身以事其君之道即此而在孰謂事君之道而有外於孝乎家之有兄所當弟也君子之必恭敬止以事兄者惟知盡吾弟以教於家耳然而國之所以謙卑遜順以事其長之道即此而在孰謂事長之道而有外於弟乎至若家之有幼所當慈也君子之撫□□□提携保抱以恤乎幼者亦惟知盡吾慈以教於家耳然而□之所以惠鮮鰥寡懷保小民以使衆之道亦即此而在矣又孰謂使衆之道而有外於慈者乎吁曾子於此不曰孝所以事親而曰所以事君不曰弟所以事兄而曰所以事長不曰慈所以恤

幼而曰所以使衆者正以明夫家國之一致齊治無二道此所以家齊於上而教成於下也歟抑此章釋齊家治國既以孝弟慈爲言矣下章釋治國平天下又以老老長長恤孤爲言皆始於修身者蓋必先修其身而後家可齊國可治天下可平也身之不修欲齊其家且不可況國與天下乎經曰自天子以至於庶人一是皆以修身爲本有國有家者宜深體之

仁以爲己任不亦重乎

談詔

同考試官學正童批（此題作者多體認不真鑿空妄説令人厭觀此篇融會傳注成文明白切當讀之愈有餘味非真能以仁爲己任者不能也録之）

考試官侍講李批（看用意用字處皆不苟）

考試官洗馬羅批（體貼得任重二字出）

以心之全德任諸身其所任者重矣夫仁也者心之全德也以吾心之德必欲吾身體而力行之豈不爲任之重也哉且仁之爲德首四端統萬善天之所以賦我而我之所以爲人者也然有之而不能知知之而不能任則仁自仁而我自我矣惟士也者知天之所以賦我者在是則是仁也非我之任而誰任乎我之所以爲人者在是則是仁也非我之責而誰責乎必也體驗於心思之間而允蹈於庸行之際動静語默必於仁苟吾仁有毫髮之不盡則吾心歉然若有所負必求其盡而後已焉造次顛沛必於仁苟吾仁有纖芥之未至則吾心惕然若有所失必求其至而後止焉士之以仁爲己任也如此抑何以見其重耶蓋仁之爲德大莫有大焉者也以吾之一身任其大而不辭可不謂之重乎爲仁之功難莫有難焉者也以吾之一身責其難而必盡又可不謂之重乎彼事之細者亦必有所任而後能成今以仁爲任則天下之善皆於我乎統會何重如之德之小者亦必有所責而後能舉今以仁爲責則天下之理皆於我乎承載何重如之士之任之重也如此然則惡可以不弘哉抑考之詩曰德輶如毛民鮮克舉之書曰克堪用德古聖賢之學未有不以德爲任者曾子有得於此則曰士不可以不弘毅任重而□□又推其論至於死而後已焉故自三省一□至於得正而終其任重道遠皆可知矣後之用力於仁者舍曾子其誰與歸

由堯舜至於湯五百有餘歲若禹皋陶則見而知之若湯則聞而知之由湯至於文王五百有餘歲若伊尹萊朱則見而知之若文王則聞而知之由文王至於孔子五百有餘歲若太公望散宜生則見而知之若孔子則聞而知之

吴鳳鳴

同考試官教諭劉批（是篇詞理明達深得孟子立言之意佳作也）

同考試官教諭方批（題□頭緒作者得無條理繁而不亂者僅見此篇）

考試官侍講李批（疏剀明潔亦善作者）

考試官洗馬羅批（文有□□）

聖人之生有常期或傳其道於同時或傳其道□异世蓋聖人之生即道之所在也非見之者之在當時聞之者之在後世則斯道也孰從□傳之哉孟子於此而歷叙之意有在矣蓋嘗論之道之在天下必待聖人而後傳然其生也不數故率以五百年而一見堯舜者道之所由以傳者也自堯舜以至於湯以其年計之則五百有餘也當是時見而知其道者禹得之於執中之命皋陶得之爲典禮之謨若湯之生也則聞其道而知之焉觀於上帝降衷之言則斯道之統在於湯矣自湯至於文王以其年計之亦五百有餘也當是時見而知其道者伊尹得之而爲一德之輔萊朱得之而爲建中之誥若文王之生也則聞其道而知之焉觀於緝熙敬止之詩則斯道之統在於文王矣自文王至於孔子亦五百餘年猶湯之於堯舜文王之於湯也當其時見而知其道者得之爲丹書之戒則有若太公望焉得之爲彝教之迪則有若散宜生焉若孔子之生也則聞其道而知之賢者識其大不賢者識其小無所不學即文王之道也斯道之統不又在於孔子乎□世雖有先後也而□無先後之殊傳雖有遠近也而道無遠近之异然則斯道之在天下曷嘗一日而無哉抑考孟子此章歷叙群聖之統而憂斯道之失其傳乃所以自見其有不得辭者故他日又曰五百年必有王者興其間必有名世者當今之世舍我其誰也數百年之後有韓子者曰孔子傳之孟軻夫豈不信

易

飛龍在天乃位乎天德

徐津

同考試官訓導鄺批（場中作此題多認象不真惟此篇得旨宜表而出之）

同考試官學正梁批（文言□□□□意作者灑而□别是篇體□義□剖析分明而文詞精粹讀之令人□□）

考試官侍講李批（□□簡□）

考試官洗馬羅批（整潔可觀）

文言申乾九五之象明聖人以至德而居尊位也蓋有天德而後可以當天位之尊乾之九五既有其象矣文言安得不申言以發其藴哉昔孔子作乾之文言舉周公繫九五之辭謂夫龍者陽物之靈聖人至德之象也龍而飛焉則其變化莫測有非初潛二見之可倫矣天者至高之處人君尊位之象也飛龍而在天焉則其雲行雨施有非在淵在田之可擬矣孔子既舉周公之辭又從而贊之曰是象也乃聖人之有是德而宜居是位者也蓋其剛而不屈健而不息德極乎剛健之純無過不及不偏不倚德極乎中正之粹以是德而尊居九重以君臨乎天下深仁厚澤遍覆於斯民則是位也非泰也宜也以是德而升躋大寶以統御乎萬方盛德至善丕冒於斯世則是位也非過也宜也謂之乃位乎天德亶其然乎抑論之乾之六爻皆天德也惟五爲天位則天德之得位者也孔子既象之曰大人造也而於文言又曰聖人作而萬物睹也曰上治也曰乃位乎天德也反復□之而不已焉蓋天也聖人也一而二二而一者也非天德之至其孰能知之

動静有常剛柔斷矣

徐元獻

同考試官訓導鄺批（此題理雖易見而難於發揮此篇論議反復理明而意足真作手也）

同考試官學正梁批（連日閲卷本房作此題者多爲所窘惟此篇有發越有抑揚不待再誦而理自明蓋深於易者也）

考試官侍講李批（有辭如此可以達意矣）

考試官洗馬羅批（講動静□他卷所無）

惟造化之陰陽有定故耳□之陰陽以定蓋動静者造化陰陽之有定者也因造化之動静而定卦爻之剛柔聖人作易之妙如此哉且夫太極動而生陽静而生陰盈天地間不過陰陽二者而已惟陽之生於動也故凡陽之在□下爲□舒爲開闢爲須盪爲循環者萬有不齊也而皆主於動焉惟陰之生於静也故凡陰之在天下爲收斂□閑藏爲凝滯爲渟畜者萬有不一也而皆主於静焉動者常動而不入於静其所以動者非强之也一陽之自然也静者常静而不汩於動其所以静者非梶之也一陰之自然也是非造化陰陽之有定者乎及夫聖人作易因夫陽之動也則有奇以象之而奇者皆剛則剛於是而斷焉因夫陰之静也則有耦以象之而耦者皆柔則柔於是而斷焉目一爻之

陽推之至於百九十二之陽爻凡所謂陽者皆謂之剛矣自一爻之陰推之至於百九十二之陰爻凡所謂陰者皆謂之柔矣剛者常剛而不雜於柔一定而不可易也柔者常柔而不雜於剛一成而不可變也是又非卦爻陰陽之有定者乎大抵易與天地準者也故天尊地卑則乾坤以定卑高以陳則貴賤以位方以類聚物以群分則吉凶生在天成象在地成形則變化見皆因陰陽之實體爲卦爻之法象所謂易以道陰陽者此章盡之矣而下文又以易之見於造化者實之故欲知造化之妙者必觀諸易知易則知造化矣

書

乃審厥象俾以形旁求于天下説築傅岩之野惟肖

吴鳳鳴

同考試官教諭劉批（形容當時求賢得賢之事宛然如見蓋妙於文者也故録之）

同考試官教諭方批（題雖易作而難於典雅如此篇者宜録以爲經義式）

考試官侍講李批（經義中亦有叙事法此作得之）

考試官洗馬羅批（辭氣老成可嘉）

賢君因所夢而求賢也其意勤賢人在所居而應兆也其事异甚矣君臣相遇之難也求之者如此其勤而應之者如此其异豈偶然之故哉昔有商高宗當恭默思道之時有帝賚良弼之夢冀天下之有是人也乃追想於寤寐之□□詳審其獨見之形彰施於繪畫之間而昭示乎衆目之表庶得之於茫昧者有所據而求傳之於疑似者有所從而驗求之一方而不得則使之旁求於四方雖道里之遠不恤也訪之一國而不得則使之遍訪於天下雖時月之久不計也於是有傅説者焉隱居於虞虢之墟卜築於傅岩之野以言其地地之至僻者也以言其人人之至微者也向也抱道藴德而世莫之知今取其圖而驗之則是形也儼乎其是人也向也晦迹韜光而人莫之識今即其人而觀之則是人也宛乎其是圖也其事之异也一至此哉噫睽兆於念慮之微而感通於精神之妙天人之相應若聲響之隨君臣之相遇若魚水之得此所以成一代中興之盛也歟考之夢説之事説者或以爲疑然載諸經傳卓有明據蓋高宗之心上合皇天生賢之心下合賢人用世之心所□至誠而不動者未之有也文王之得太公於卜也亦然然必君如高文臣如傅吕而後可也嗚呼天下未嘗無賢苟有求賢之誠斯得賢矣亦奚必以夢卜爲哉

王命予來承保乃文祖受命民越乃光烈考武王

吕卣

同考試官教諭劉批（洛誥一題本以保民爲意作者欠明甚至以光顯武王功業焉説此作體認明白而文又足以發之是宜録出）

同考試官教諭方批（題本正文場中忽略尤多此篇獨能寫出周公許成王留洛之意明而□□非稚筆可到）

考試官侍講李批（講王命天命甚明後數語尤警切）

考試官洗馬羅批（道盡盛時君臣之意）

大臣述賢王留後之意正以安前王所受之民蓋民者君相之所治者也而况受之於前王受之於天者大臣安得不以君命而自任也哉昔者洛邑既成成王留周公治洛欲其誕保文武受民於是周公許之若曰夙夜毖祀王欲爲之矣而命我以來此洛邑焉即辟于周王固任之矣而命我以留此洛邑焉公無困哉之言懇懇乎其不我釋而明農之志不敢以自遂也公勿替刑之戒拳拳乎其不我置而留後之責不得以自辭也王之所以命我者豈無故而然哉誠以誕受多方文王之受命於天者今洛之民即文王之民也不有以承保之不幾於負文祖之托乎蓋必和輯愛養囿之於綱常倫理之天而所謂萬民咸和者累世如一日也及夫奄甸萬姓武王之受命於天者今洛之民即武王之民也不有以承保之不幾於遏烈考之光乎蓋必綏柔撫定陶之於禮樂教化之域而所謂四海永清者歷世如一時也然則是民也天以之而命文武文武以之而命於王王以之而命於□者如此其重敢不思所以無負於王無忝於極考以無愧於天哉抑嘗觀周公之欲歸於周者聖人知退之心復留於洛者老臣體國之義蓋成王不徒以己留之而以文武留之天命留之宜周公之許之也厥後誕保文武受命七年而終身焉式化厥訓效亦盛矣成周八百年之治其有以也夫

詩

君子萬年景命有僕

蘇信

同考試官訓導范批（大雅一題場中不冗則滯殊無發揚敷衍經義辭理俱勝宜録此作）

同考試官學正黄批（詩卷不下千餘作此題多爲景命有僕所窘冗泛不切能形容詩人述嘏辭以祝君久膺天眷爲裕後之本者僅見此篇）

考試官侍講李批（優柔不迫作詩義固當如此）

考試官洗馬羅批（意因辭見必善説詩者）

詩人述嘏辭以祝君惟欲其膺曆數之久而爲天命之所附也蓋爲天命所附而至於萬年之久此錫胤之本也詩人述嘏辭以是而祝君忠愛之意爲何如哉昔有周盛時父兄耆老承行葦之燕賦此詩以答其君至是蓋曰公尸言將使爾有子孫者先當使爾被天禄而爲天命之所附屬焉其必俾吾君之永膺乎曆數萬有千歲綿綿不絶而非月日之可期其必俾吾君之永受乎天禄於萬斯年勿替引之而非歲時之可計惟曆數之永膺則假哉天命降于冥冥之中以附集吾君者亦萬年而無疆寧有一特之暫離乎惟天禄之永受則有命□天運于蒼蒼之表以附属吾君者亦萬年而無邑寧有一時之暫舍乎夫以天命而附集於萬年之永則所謂錫之以胤者蓋非一朝一夕之故矣吁周之父兄亦可謂善於祝頌者歟□□是詩此章既曰景命有僕下章申所謂僕者□□□□士從以孫子蓋言天命之所附屬不遇子爾以賢女使爲之妃又隨之生賢子孫焉耳合行昔而觀之則周王頌□於父兄□父兄□□於周王者盛時相與之氣象宛然在目於戲休哉

古帝命武湯正域彼四方方命厥后奄有九有商之先后受命不殆在武丁孫子武丁孫子武王靡不勝龍旂十乘大糦是承邦畿千里維民所止肇域彼四海四海來假來假祁祁景員維河殷受命咸宜百禄是何

貢欽

同考試官訓導范批（連日閲卷多陳腐可厭是篇獨繁簡得得中且有新意必精於講貫者）

同考試官學正黄批（商頌一破已新講亦收拾簡明一洗場中之冗泛佳作也）

考試官侍講李批（語意周備非草草者比）

考試官洗馬羅批（文敷暢而不冗可取）

商人之奉祭必詳言前王有以開一代之命而後王所以承一代之命也夫一代之命豈偶然哉既有以開之於前必有以承之於後商家先後受命獲福之盛如此詩人安得不詳述之以美盛德而告成功也哉此商人祭祀宗廟之樂謂夫昔者上帝之命眷我武德之湯何天之龍治封域於四方何天之休正疆境於四海由是四方之諸侯無不服我商而受命九州之土地無不爲我商所奄有商有天下實始於此惟我商之先王歷世受命既不危殆矣故今武丁孫子嗣守天位猶賴其福焉武丁孫子果何如哉□湯□而其武無所不勝稱武王而其德靡有所愧是以諸侯無不建龍旂之十乘而來觀於王畿奉黍

稷之惟馨而助祭於祖廟王畿之内雖不過千里爲斯民所止之都封域之廣則極乎四海皆商家統理之地由是自西自東祁祁然來格者莫不仰景山之崇峙而懷率服之心自南自北祁祁然至止者莫不睹大河之四周而興朝宗之念是何也誠以殷之受命非一世而前後受天之命無有不宜者焉殷之何禄非一君而前後負何百禄無有不能者焉吁不有武湯以開之於前則一代之命何所始不有武丁孫子以繼之於後則一代之命何所承今商人以是而奏於登歌之頃祖考其有不來格而享者乎大抵禮莫重於祭祀尤莫重於得人心以助祭蓋觀人心之從違可以驗天命之從違也商人祭宗廟而曰大糦是承四海來假周人祭文王而曰相維辟公於薦廣牡皆此意也夫不貴於儀物之盛而貴於人心之歸此商周之所以爲有道之長也歟

春秋

齊人伐衛（莊公二十八年）齊高子來盟（閔公二年）城楚丘（僖公二年）諸侯城緣陵（僖公十四年）

談詔

同考試官學正童批（揭書命題一以傳注爲主故場中識題者多然求其辭語精健一氣呵成若此篇者亦不多也故録之）

考試官侍講李批（辭嚴義正）

考試官洗馬羅批（有斷制有筆力）

霸主每昧於義而立功春秋皆略其功以正義夫尊王賤霸春秋正例也齊桓之行事每□乎義如此春秋安得不略其功以正義哉昔周室既東齊桓主霸或討罪而恤鄰或存亡而繼絶名雖是而義則非也有如衛立子頹義所當討桓則奉王命以討之魯有内難義所當恤桓則遣高子以省之其伐衛也數之以王命以聲立頹之罪迹則是矣然罪不可縱而敢縱賂不可受而遽受奉命之不終其如大義何其來魯也將南陽之甲以定僖公之位事則美矣然兼國廣地之謀窺覘虚實之計來意之不誠其如大義何故春秋於伐衛則貶爵而書人於高子則不稱使非所以略其功乎若夫衛被狄難野處於漕公則城楚丘以封之淮夷不道肆毒於杞公則城緣陵以遷之城楚丘也從簡書之義使衛之宗社既危而復安功則偉矣然策命不作於内史儐相不掌於宗伯於義可乎城緣陵也致安攘之勞使杞之人民將亡而復存績則著矣然不稟命於王朝遂專封於下國於義得乎故春秋於楚丘則没諸侯而不書於緣陵則書諸侯而不序又非所以略其功乎大抵春秋之法正其義不謀其利明其道不計其功略小惠而存大節以正待人而已矣若齊桓者語其功利固高於一時律以道義則豈能盡得其正哉

誠三王之罪人也噫此儒者之所以羞稱之歟

楚人伐徐公會齊侯宋陳侯衛侯鄭伯許男曹伯盟于牡丘遂次于匡公孫敖帥師及諸侯之大夫救徐（并僖公十五年）

鮑楠

同考試官學正童批（作此題殊少强人意者披沙揀金僅得此卷筆勢森嚴詞氣蒼古宜録之以示來學）

考試官侍講李批（得胡傳本意）

考試官洗馬羅批（命辭有法篇末抑揚得是）

遠人興虐小之師霸主失恤患之義春秋備書以責之也此楚人伐徐而桓公救之不力春秋書伐書盟書次書救責之之意何如哉且徐之爲國弃夷而即華以小而附大齊之與楚之仇也當夫楚人懷取舒之憾涉江淮之險而肆彼狼貪越陳蔡之遠而逞其蠶食雖曰虐徐之國也而實以震齊之鄰雖曰掠徐之疆也而實欲造齊之鄙蓋其爲謀也深而其爲罪也大矣齊桓者以天子之命侯爲中國之盟主以封境言則關唇亡齒寒之慮有當救之義以形勢言則無餽糧越險之難有可救之理攘夷安夏此其時也拯焚援溺容可緩乎胡乃先會牡丘以爲尋盟之舉繼次于匡以爲頓兵之計而但遣列國之大夫爲三軍之主將以從事焉名曰攘楚也未嘗爲必勝之圖名曰救徐也曾何有實惠之及蓋不惟失徐之望而亦以失天下之望不惟損齊之威而亦以損中國之威矣恤患之義固當如是邪故春秋書楚人伐徐則其暴横憑凌之罪著矣書盟于牡丘見諸侯救患之不協矣書次于匡見霸主號令之不嚴矣書大夫帥師而諸侯不行見桓德益衰而攘夷狄安中國之志怠矣夫以一徐之利害而荆楚之强弱繫□齊霸之盛衰關焉此聖人所以反覆而加之意也歟吁自召陵之後桓霸漸衰楚力浸强伐國必書皆以累齊桓也而於此尤致詳焉楚之惡固不待言矣霸主之任其責也亦豈聖人之得已哉然終桓之世楚不書爵則桓之功在當時亦不可誣也

禮記

禮之以多爲貴者以其外心者也德發揚詡萬物大理物博如此則得不以多爲貴乎故君子樂其發也禮之以少爲貴者以其内心也德産之致也精微觀天下之物無可以稱其德者如此則得不以少爲貴乎是故君子慎其獨也

王弘

同考試官訓導陳批（題本正大作者多以率易失之是篇一本陵氏説

立言簡當可觀□异衆作）

考試官侍講李批（原外内一致最當）

考試官洗馬羅批（辭義俱到）

禮貴於備物必原其所以貴乎物禮貴於存誠必原其所以貴乎誠夫大祭之禮所貴不同由聖人所見於造化者不同也記者於此得不兩原其意而申言之哉且夫祭天饗地禮之大者也是禮也有品具水陸物兼陰陽而以多爲貴者豈以美没禮哉以其主於備物而外用其心焉耳何也聖人蓋見夫天地之德發楊昭著盛大溥遍於萬物是其理之所該者大故其物之所成者博如此不大其報弗稱也得不貴於多乎此制禮君子所以樂其用心於外以致備物之饗貴其多而不以爲侈焉是禮也有特牲是尚明水是薦而以少爲貴者豈以菲廢禮哉以其主於存誠而内用其心焉耳何也聖人蓋見夫天地之德所以發生萬彙者其流行□予之理密緻而精微縱使遍取天下之物終難以爲功德之報如此雖極其備弗稱也得不貴於少乎是以行禮君子唯謹其一念之微以致夫神明之交貴其少而不以爲儉焉吁始也以天地之德之大而禮以外心爲敬終也以天地之德之妙而禮以内心爲敬一外一内何莫而非欲其稱哉大抵祭祀之道以誠爲本以物爲用盡誠於内者其物必備徒備乎物者誠或未之盡也祭而不誠神必不饗矣祭何益哉書曰黍稷非馨明德惟馨易曰東隣殺牛不如西隣之禴祭實受其福并此以觀聖人議禮之微意可想見矣

故德輝動於内而民莫不承聽理發諸外而民莫不承順

王弘

同考試官訓導陳批（場中多爲德輝理發處所窘至講聽順亦不過援引上文爲説見理明而詞足以發之無如此作者）

考試官侍講李批（形容禮樂之化辭氣盎然若有所得於此矣）

考試官洗馬羅批（春容雅則諸卷類此者絶少）

樂之著也有以感乎人禮之著也亦有以感乎人蓋禮樂之效著於身者盛而感乎人者深也向非君子致其道以自治而有得焉曷克以臻此哉樂記之士謂夫君子致樂以治心而極其和則一心之天無非樂矣是以天神渾融燁然德輝之内動和順充溢藹然英華之外見樂之著也一自然而然耳初豈有心於民之聽之哉但見普天之下陶鎔乎大樂之化莫不翕翕然躁心平欲心釋尊奉以聽命而罔有一人之暴戾者焉所謂至樂無聲而天下和也何瞻

其顔色而弗與争之足云乎致禮以治躬而極其順則一身之用無非禮矣是以一動容也而皆有以中乎節一周還也而皆有以中乎禮禮之□也亦自然而然耳初豈有意於民之順之哉但見率土之濱範圍乎大禮之化莫不帖帖然敬心生慢心窒祗承以順令而罔有一人之悖違者焉所謂至禮不讓而天下治也何望其容貌而不生易慢之足云乎民之感於我者如此亦莫非自然而然耳禮樂之效不其大矣乎大抵禮樂之道與治道相關民之心與吾心無异君子患不能致其道以自治耳苟致之而内外動焉則一心之和足以和天下之情一身之順足以順天下之德推而極之可以動天地感鬼神育萬物亦將無所不至聖帝明王之所以治者此道也故曰致禮樂之道舉而錯之天下無難矣

第二場

論

德爲聖人

□□□□吴鳳鳴

同考試官教諭劉批（論場□無能言之士然□□□□□□□□□論義理者當以此篇爲法）

同考試官教諭方批（□言中□所以贊美虞舜□□□□□□□□□□□□□□無□□論場之□□也）

考試官侍講李批（□□乎理而氣以□之於此亦□以觀□□□）

考試官洗馬羅批（議論□□□□□□□成不費斧鑿必一佳士也）

觀孝者必於其所自立德而至於聖則其爲孝也大矣人之所自立者孰有大於德哉人子之所以顯其親者亦孰有大於德哉聖人德以立其身顯其名以及乎其親德愈至名愈顯而親愈尊矣天下之孝孰大於此然則孰能之舜能之孰能言之吾夫子之言也德爲聖人請言舜所以爲孝之大夫孝亦一德也以孝言德可也而曷爲以德言孝也曰此有所主言之也人之德非止乎孝而孝其先也聖人之德非止乎孝而益足以見其大也人之所以有身者非親乎人之所以爲人者非以其德乎惟不知以德事其親也於是有欲貴其親者有欲富其親者有欲其親之名與壽者是可以爲孝乎曰此孝之小者也非聖人之所謂孝也聖人之所謂孝者德也今以一藝自立者謂之才人則稱之曰是才子也尚足以顯其親而况德乎以一行自立者謂之賢人則稱之曰是賢子也尚足以顯其親而况德之至者乎舜之德何德也俊哲而文明温恭而

允塞明於庶物察於人倫德之生知者也由仁義行非行仁義德之安行者也合天下之善以爲善無一行之不備集天下之才以爲才無一藝之不周非聖人而能若是乎夫聖也者人之至者也天下之所取法焉者也耕于歷山漁于雷澤陶于河濱山澤之人皆知之曰是聖人也所居成聚二年成邑三年成都都邑之人皆知之曰是聖人也慎徽五典而五典克從納于百揆而百揆時叙賓于四門而四門穆穆天下之人皆知之曰是聖人也夫□一人之身居于天下之大而天下稱之無异辭非聖人而能若是乎蓋不惟知其爲聖人也是從而稱其鄉曰此聖人之鄉也稱其聚曰此聖人之□也稱其親曰此聖人之所自出也夫使其身爲聖人而其父爲聖人之父聖人之爲孝何如哉居天子之尊而尊其親爲天子之父尊之至也有四海之富而奉其親以四海之養養之至也上而宗廟饗其祀則由其親以至於祖考其隆也孰加焉下而子孫□其業則由其親以及於後世其遠也孰加焉噫聖人之孝其大一至此哉或者乃曰夫所謂富貴名壽者孝之小者也而聖人以之何哉曰聖人之所謂禄位名壽者皆德之致者也非苟焉而得者也德盛於身而禄位名壽至焉德及乎其親而禄位名壽萃焉聖人之孝之大何如哉或者又曰德存乎人者也禄位名壽繫乎天者也存乎人者可勉而能繫乎天者不可必而至必待是以爲孝則人之爲孝亦難矣吾夫子之於舜則以爲大德之所必得何哉曰天人一理也聖人之德德之至者也天道福善理之至者也事事而求之屑屑而論之若有不同及其至則未有不合者也聖人豈有心於禄位名壽之間哉觀人之所必歸與天之所必應則聖人之孝之大益可見矣豈可以天下之所謂德所謂孝者概論之哉子思子作中庸引此以明道之費此可與知道者言也抑夫子嘗以孝稱武王矣蓋其所得於天者皆同獨不稱其德而稱其名稱其達而不稱其大武王獨非聖人哉於是見舜之德雖武王不能以同也武王且不能同况後世乎况天下之所謂德所謂孝者乎然則德爲聖人而得禄位名壽於天如舜者幸復見聖天子于今日

表

擬狀元率進士謝恩表

貢欽

同考試官訓導范批（麗而有則四六中之翹楚也健羨健羨）

同考試官學正黄批（造語精嚴叙事周悉諸作鮮有及者）

考試官侍講李批（能備述當代典禮可録）

考試官洗馬羅批（豐縟得體）

臣某等誠惶誠恐稽首頓首上言伏以河馬洛龜文運際天開之兆雲龍風虎聖人當物睹之期叨賢俊之登崇荷恩榮之次第士林稱慶吾道增輝玆蓋伏遇皇帝陛下文武聖神聰明睿智乾剛獨運離照旁通膺湯命之九圍播堯光之四表垂衣黼座舞干羽于虞階聽政明堂布象魏于周闕表經史於萬幾之暇收英雄於一彀之中除唐詞賦之科試先經術舉漢賢良之策禮進儒生御衮冕以臨軒降絲綸而賜問玉堂黃閣列侍公卿素卷朱書親題甲乙陛嚴法駕仰瞻鹵簿之具陳名徹清班俯聽鴻臚之傳唱錫宴則給以大官之饌歸第則導以京府之儀頒進士之中袍或存古制賜状元之□□□明時成禮於釋菜之辰通籍於趨朝之日蓋自廟廊而下罔不是觀謂有科目以來於斯爲盛臣伏念状元乃文章之極選進士實豪杰之正途臣等葑菲下材蒭蕘末論章尋句摘寧能免挂一漏萬之譏并蓄俱收幸已備拔十得五之選衷腸内激愧汗交并敢不效後樂而先憂誓相與夙興而夜寐心同鄭㶊懼莫副忠孝之求學企王曽願不忘温飽之戒涓埃是竭海岳何裨賡帝舜之歌慶主聖臣良於千載效嵩人之祝祈天長地久於萬年臣等無任瞻天仰聖激切屏營之至謹奉表稱謝以聞

第三場

策

第一問

貢欽

同考試官訓導范批（是篇備述聖祖創業垂統之大遠過前代有識之士也）

同考試官學正黃批（此篇敷陳治道非通今博古者不能且文辭浩瀚若不可窮允稱前場高薦何忝）

考試官侍講李批（莊誦此策足□我朝教養之士其深於化者如此）

考試官洗馬羅批（初問正欲觀諸士誦□聖明之盛德大業此篇雄偉詳悉宜録示學者）

定天下有創業之規治天下有守成之法蓋善創業者必使其守之之易而善守成者必知其創之之難非天下之至聖固不足以創業非天下之至仁又安足以言乎守成也哉愚畿甸士也蓋嘗誦訓典之格言聆父老之□論而□□我太祖高皇帝創業之大也猗□盛哉粤稽諸古有有典有則之禹而後有能敬承繼之啓有肇修人紀之湯而後有嗣有令緒之太甲有丕顯之文王

丕承之武王而後有嗣守大訓率循大下之成康觀其所創而所守者可知已若漢高帝之定天下史稱其規摹宏遠矣然而禮樂之不作井田之不復挾書之禁不除萬目未舉故其後世皆雜霸以爲制唐太宗之定天下史稱其典刑粲然矣然而彝教之未純夷夏之未正學校之未備大綱不正故其後世亦雜夷以爲治宋太祖之定天下史稱其五代弊政多所更革矣然靈夏之地不收幽燕之疆不復武略不競故其後世終以中原爲憾夫以創之之未善而欲責其守之蓋亦難矣此我高皇帝之創業所以爲大也歟夫以天所全予之大德成開闢以來所未有之大功建億萬載不拔之大業蕩蕩乎巍巍乎不可得而擬議矣姑舉數者言之家法之純正朝政之嚴肅學校有制科目有式祭祀有名義禮儀有節目刑法有律令而軍旅有紀綱以至於居室冠服之制聲音文字之書農工商賈之業凡聖賢所行書契所載莫不斟之酌之與時宜之合之乎衆理之中斷之以聖心之一内外本末兼舉而無遺巨細精粗并存而不闕誠如執事所謂集帝王之大成者矣若大誥所謂君臣同游者即尤首股肱之義也所謂申明五常者即惇典庸禮之教也資世通訓所謂君道十八事者非克艱厥后之心乎所謂臣用十七事者非儆于有位之訓乎其與典謨之制异世而同符訓誥之文殊言而合轍殆不可以一二陳也豈漢唐宋之君所能彷佛其萬一哉列聖相承繼遵鴻業威靈炳赫昭乎聖祖之在天大道流行燁乎聖訓之垂世皇上以仁聖之德當守成之運若啓若太甲若成康者蓋不□言矣今朝廷之上官署之間典章文物惟成法之是遵禮樂政刑惟明訓之是守此萬世之治也天下之爲臣者惟忠惟孝不敢作聰明以亂舊章天下之爲民者遵道遵路無有作好惡以倍皇極此萬世之化也宗社之大可以保之於泰山之安海宇之廣可以措之於磐石之固此萬世之業也愚也管窺蠡測固亦覆載中之一物耳顧奚足以知之而又奚足以仰贊其萬一哉書曰我受命無疆惟休亦大惟艱又曰監于先王成憲其永無愆謹以是爲明問復

第二問

貢欽

同考試官訓導范批（心學一篇止欲觀士子窮理之學場中作者多不知聖賢并説本旨惟此篇明白精當積學有素吾於此驗之矣）

同考試官學正黄批（探聖賢心學之典而皆有發明此得於口耳者所不能道也是用録出）

考試官侍講李批（觀所論心學精甚豈嘗致力於此者乎）

考試官洗馬羅批（剖析詳明足見所學）

虞廷禪受而心學之源肇啓宋儒繼出而心學之論益詳然不考其衆論之不同則無以知夫理之一不知夫理之一則又何以辨夫异學而知所用力之地哉□□□所以拳拳於心學之問而亦愚之所願承學焉者也愚雖不敏敢不誦所聞以就正乎夫心者人之神明所以具衆理而應萬事者也天雖高此心之運可以與之同其高地雖遠此心之運可以與之同其遠天地高遠此心既有以同之此人所以能參天地而爲三才者不越乎一心而已昔帝舜之命禹有曰人心惟危道心惟微蓋以人莫不有天賦之形心之發由於形氣之私者是爲人心亦莫不有天賦之性心之發由於性命之正者是爲道心其初固渾然在中未嘗判而爲二也孟軻氏之示學者有曰盡心知性存心養性蓋以其能極此心之全體而無不盡故曰盡心屬知之事以其能操持此心而無一時之或舍故曰存心屬行之事知行并進之工夫不可以先後論也文王小心翼翼者聖人之一於敬也孔子從心所欲不逾矩者聖人之純乎理也言之不同者所指之事不同也以君子之處危地而言故知其日夕之憂懼以君子之循理而言故知其胸次之寬廣言之有异者所論之意异也惻隱羞惡辭讓是非四者皆善端之發見固人所必有然知之而不能充者私欲間之耳忿懥恐懼好樂憂患四者皆心之用固人所不能無然有之即不得其正者欲動情勝耳大人之心所以同於赤子者通達萬變一純一無僞之本然而已告子之不動心所以先於孟氏者未嘗知義特强制其心使之不動而已自一陽之初動觀之故曰以生物爲心自造化之本然論之故曰無心而成化此皆程子各有攸當之言也豈自相背戾邪以明鑒照物言之故曰心有所主則虚以弊屋禦□言之故曰心有所主則實此皆程子各有所指之言也豈故爲不一邪孟子養心莫善□寡欲之説深有功於學者比之荀卿所謂養心莫善於誠蓋不惟不知養心且不識所謂誠霄壤不侔矣程子以心使心則可之説體用之謂不欲學者縱其心之自由也較之釋氏所謂以心觀心蓋欲以此一心觀彼一心冰炭不相同矣顔子之違仁微有間斷耳豈私意未忘者可擬倫哉明道之獵心偶然之喜耳豈玩物喪志者可同語哉愚也潛心孔孟之學反復經傳之旨蓋亦有年矣心齋坐忘固未敢上希於顔子涵養用敬願致力於程子之言以終身焉若夫心通乎道然後能辨是非如持權衡以較輕重是則所謂知言愚生何足以與此惟執事先生幸進教之

第三問

吴鳳鳴

同考試官教諭劉批（答古人行事得失异同有證據有斷制隨問隨答

略無阻滯策場之錚錚者也三嘆之餘爲之拭目）

同考試官教諭方批（此策善論古人夷考其行事之迹而原其心術之微□□皆當士之博洽而有衡度者也他日立朝其肯負所學乎）

考試官侍講李批（子之論事正矣嚮用有日人亦將於子乎觀勉之哉）

考試官洗馬羅批（評□古人歸於至當□□中有史學者）

事之在天下有异勢而同理者有同行而异情者惟在公私之間焉出於公則雖异不害其爲同出於私則雖同隨所以爲异比事而觀之據理而定之而君子小人之情見矣執事發策諸生詢以古人之事皆有官守者之職而愚也非其職也然言及之而不言可乎陳平錢穀决獄之對非以宰相爲無所爲也總其大而不侵其細耳而德宗以吏禮委張延賞刑法委柳渾是分之也故李泌以爲不可分曹參清静寧一之治非以宰相爲無所事也守其成而勿失其舊耳而昭烈在蜀漢草創之時吴魏未平之日是無所承也故諸葛亮雖勞而不爲變白去副封者非魏相之防壅蔽乎而疏有不可輒焚之而不上聞趙普之身任天下殆不可與壅蔽者同科也不爲密啓者非李沆之惡讒佞乎而才有可爲必先啓而後顯奏山濤之擇才授任固不可與讒佞者例論也願從逢干朱雲之直諫不顧身也魏徵之願爲皋夔者則以成其美於君徵豈不能諫諍者哉桃李在門狄仁杰之薦賢非爲私也王曾之未嘗顯拔則以歸其恩於上曾豈不能薦賢者哉之數人者以愛君憂國爲心不必其言言之皆合以居官盡職爲務不必其事事之皆類豈非所謂异而同者乎張安世每定大政雖大臣莫知其與議其慎密可重也而孔光兄弟燕語不及朝省政事彼固持位保禄之人耳何取焉裴度之獨定大策雖舉朝莫能奪其果斷可稱也而王安石力主新法謂人言不足恤者彼固愎諫遂非之人耳何責焉姚崇之拜宰相也以十事堅玄宗之志其意則主於得行若秦檜三奏高宗而後議和者適以成天下之患而已蕭望之爲郡守以一疏而還少府之官其意則主於重内若丁謂入謝願留而復入相者徒以固一時之位而已公孫弘爲汲黯所論乃服罪於布被之詐而反稱其忠取重武帝者愈足以見其詐王旦爲寇準所短乃引過於政府之闕而益稱其直取重真宗者愈足以彰其美朝廷欲用程頤則曰頤入恐不肯静□蘇轍之言非所以快私忿乎洛蜀之辨轍蓋有不能容頤者矣諫官欲引石介則曰介必以難事責君也范仲淹之言非所以顧國體乎伏閤之諫仲淹固有不得已於介者矣之數人者或委曲以成事或假借以濟私觀其迹若朱紫之相疑察其心則冰炭之相反是非所謂同而异者乎噫甚矣君子小人之難辨也曲直之不易分也彼以爲是此以爲非彼以爲邪此

以爲正非天下之公論其誰能定之雖然後數人者其曲直不待論矣愚於前數人者竊有見焉蓋君子必知李泌之相職而後可論陳平之大體必知諸葛之盡瘁而後可論曹參之守成寧爲魏相之忠不可效趙普之爲以至於拒諫寧爲朱雲之直不可因魏徵之論而流於失身能如山濤之所啓皆當然後可以不泥於李沆之言能如狄仁傑之所薦皆賢然後可以不拘於王曾之戒惟求吾心之不移而不論其外惟求吾理之不失而不計其他孔子曰擇其善者而從之其不善者而改之是數□者皆我師也愚於執事之問而得師焉輒復盡其狂斐惟與其進也而教之幸甚

第四問

徐元獻

同考試官訓導鄺批（本房能經義論學者固多策場可觀者尠學校科目一策此篇條答詳贍故録之）

同考試官學正梁批（觀子今日之答足見子之所負矣雖非伯樂寧不爲子一顧邪）

考試官侍講李批（策數百言理明義正孰謂風簷寸晷之下不足以得士乎）

考試官洗馬羅批（答既無邊辭亦□□置之前列足以自見矣）

沐菁莪教雨之化者知學校爲育材之盛地聽鹿鳴燕饗之歌者知科目焉取士之正途然必考於古乃可見古人之盛不詳於今又何以知今日之尤盛邪此我朝所以崇重儒術建學設科斟酌三代漢唐宋之良法而行之有以也今日輔理承化庶司百府之賢胥此焉出誠有如執事之言也請條陳之學校之建所以明人倫而教養英才也昔成周之教自一年視離經辨志及乎論學取友是之謂小成至九年知類通達强立不反是之謂大成而其不率教者初則移之郊次則移之遂又次則屏之遠方終身不齒其法至矣後世若漢唐宋雖不及此然善教者亦代不乏人若漢則有桓榮之辨明經義儒者莫及戴憑之解經不窮召拜爲郎唐則有進退作則言動是效之陽城扶善遏過恂恂愷悌之竇牟皆儒師之表表君子所推者榮之稽古城之抗節而已宋之安定胡先生其教授蘇湖也有經義齋以教□體之學有治事齋以成適用之才□□□之儒宗乎科目之設所以羅人□□□□□是出也昔成周三物之教一曰六□□仁聖義忠和二曰六行孝友睦□任□□曰六藝禮樂射御書數而賓興其賢能□所謂造士有所謂選士又有所謂進士而辨論其才其制備矣後世若漢唐宋雖不逮此然亦科不乏人若匡衡説詩解頤抗疏陳事蕭望

之經明持重材任宰相之顯於漢排斥佛老文章山斗如韓昌黎論諫仁義不負所學如陸敬輿之名於唐皆賢科之卓卓君子所服者韓之原道陸之忠君而已宋之晦庵朱夫子其貢舉私議也欲以諸經分年試之欲以諸史參經習之非科貢之至論乎洪惟我朝稽古右文崇儒重道其立學也遐方遠邑無不建之學窮檐蔀屋無不學之人既選師儒專任其教復命憲臣總□其綱設置科條誠先行而後文之美意也使任是□者惟月書而已季考而已齋規而已以□事于占畢豈足以教士然則一於此固不可遂舍此亦不可惟當申明人倫率先禮義弱者養之以至於剛虚者養之以至於充伸於久屈之中而用於至足之後流於既溢之餘而發於持滿之末又時放乎安定蘇湖之教焉則雖勸懲於文藝亦足以驗進修將不有明體適用者興於其間乎其設科也當三年而大比有司爲之勸駕諸藩則分聘儒學之官以司試事兩京則特命翰苑之臣以重文衡登進考校亦鄉舉里選之遺意也使司此法者但糊名而已易書而已解額而已以取人於一日之試豈足以待士然則一於此誠不可遂舍此亦不可惟當試之以法言考之以實學博通經術者雖樸不廢稍涉浮誕者雖工必黜則風俗雅厚學術近正又兼取乎晦庵□舉之議焉則雖校量乎文墨亦足以爲□度將不有茂才异等者出於其中乎此則今日執事之所宜留意也若學校育才有司已素教而預養之矣今豈無昂然冀北之群以俟伯樂之一顧者驪黄牝牡惟所擇焉謹對

第五問

韓鼐

同考試官教諭劉批（答時務者多汎然無所主此卷以得人爲説長篇滔滔理明意達必一瑚璉之器也）

同考試官教諭方批（兵食一策卓有定見識時務者在俊杰子其是邪）

考試官侍講李批（議論平正有用之才也得此於策場之未爲之喜而不寐矣）

考試官洗馬羅批（有老成之見無輕率之言抱負若此堪一薦矣）

箕子傳道而有曰食曰師之疇孔子論政而有足食足兵之訓兵食者國之大政不可以不講也爲國者講之於治平之時則可以臻久安之治爲士者講之於窮居之日則可以爲待用之資凡天下之事皆然而况其大者乎愚非經濟才也然於此亦嘗究心焉耳矣執事不以爲愚而問之願陳其説古者寓兵於農其後寓農於兵又其後也籍農以爲兵國朝酌古定制民出食以養兵而兵無不足兵出力以衛民而民無不安誠萬世不易之法今版圖之内黔黎

極總總之繁囷庾之間穀粟有陳陳之積食非不足也被堅執鋭者洸洸乎江漢之英折衝禦侮者赳赳乎燕趙之杰兵非不足也於其足而益求其足則亦有説焉蘇松之郡舊多良田而賦固加厚故常賦之外猶有餘資今耗數之加至於倍蓰私貸之息復累歲年何怪乎民之闕賦也使糧耗有定制而不浮貸息有常數而不過困者其少蘇乎滄瀛諸郡舊多閑田而賦又甚薄故恒産之外猶有餘地今雜泛之役丁口無遺兼并之家阡陌相望何惑乎民之無田也使用有節則徭役可以少减籍有定則兼并可以浸消貧者其少安乎今朝廷之於民也有賑貸之法有勸借之法有儲蓄之法所以念之者至矣然里胥黠賄則貧者不得以自通官吏刻深則富室因之而俱敝考核未實則簿籍雖有而徒存具在郡縣愚不敢謂無也是非奉法者之或非其人乎使守令皆賢則政務畢舉不但此三者而已然就三者論之則儲蓄爲尤重蓋必積之於充溢之餘而後可濟之於闕乏之際不必賑貸也而上下皆足不必勸借也而貧富自均民益足矣雖有水旱之至不足以害吾治况未必有乎蠻夷之在嶺海者固已革心向化於聖治之中無復向之睢盱矣然欲使之萬世而無虞者則治之有若稂莠然勤耕耘保稼穡在我有以擇之而已夫何憂戎虜之在沙漠者固已破膽喪氣於天威之下無敢昔之洮□矣然欲使之萬世而無警者則馭之有若禽獸然嚴藩籬備械器在我有以制之而已夫何慮今朝廷之於兵有肄練之法有勾稽之法有給賫之法所以重乎兵者至矣然玩愒於恬熙之化者作止或未齊逋亡於掊克之私者行伍或未實侵削於并緣之弊者衣食或未充其在邊鄙愚不敢謂無也是非奉職者之或非其人乎將領皆賢則兵政悉備不止此三者而已然就三者言之則給賫爲尤重蓋必使安於食飽力足之娱而後可倡其投石超距之勇由是而肄練其所未習則人懷敵愾之心由是而勾稽其所未實則士知行伍之樂兵益足矣雖有外警之至不足以妨吾治况不足慮乎然堯之水湯之旱周之玁狁皆不能無故當烝民乃粒之時而大禹陳艱食之戒當九功惟叙之日而皋陶□屢省之言則兵食之政正聖世之所當講也愚不敢自弃敢因執事之問以守令將帥爲言若黜幽陟明勸勤懲惰則廟堂之事非草茅之賤可得而與也倘因執事而有聞焉亦豈獨斯言之幸也哉謹對

應天府鄉試録後序

成化十六年庚子秋八月癸酉應天府鄉試録成蓋自奉詔以來凡二十

有六日而試越三日再試又三日三試既試之十有一日而畢録諸中外臣名在執事者三十有六人士之中選者百三十有五人文之尤粹者二十篇而成臣璟既序於前矣臣東陽謹再拜序其後曰昔人有言大哉中國五帝三王所自立衣冠禮義所自出也王畿者中國之中尤教化所由始堯始百姓舜始五服文王始周南者地之近也近必先人則益以深故天下莫加焉臣嘗以爲西北之人才京畿爲盛東南之人才南畿爲盛蓋嘗觀于南矣仰惟我太祖高皇帝盛德大業之所興一時雄才杰士建功立名之所起靈氣在山川風霆雨露在萬物仁聲義烈之在遺民故老者昭然如一日太宗文皇帝定都于北宫闕臺署兩存而并置以爲億萬載太平之業故人物之魁杰文章之深厚論議之宏偉其視沛豐汾晉弓矢甲胄之雄者相萬也於戲休哉士之才猷德器必造而後成今國監在兩京府州縣學遍天下冠裳絃誦者彬彬輩出非孔孟之學不講非堯舜之道不求非皋夔伊傅之功業不言志孚氣感上求而下應取之乎筆札文字之間而得其精神心術之妙有不謀而合者觀于近而天下可知也是又非累朝列聖偃武修文之化暨我聖天子甄陶樂育之明效哉然益以見皇祖之澤遠矣夫自科舉之法行天下之願仕者挾經而抱藝雖遐陬僻壤衡鑒所在皆起而趨之况教化所始王畿之近地哉况天子所命左右侍從之臣以莅乎其事者哉大則公卿輔相經邦弘化之功小則諸司百執事稱德宣力之寄天下所厚望焉者也蓋必保名檢樹功業而後可稱盛世之才奮志倍力以率先天下而後可稱王畿之秀不徒爲富貴利達以爲身羞以貽爲國者之憂而後可以稱學校科目之士然則士之自負于天下亦重矣故相與勖之以觀其成

翰林院侍講李東陽謹序

正德二年應天府鄉試録

應天府鄉試録序

皇上臨御之二年爲正德丁卯適天下賓興賢能之歲先是禮部臣以故事聞上若曰惟天惟祖宗所以眷命垂裕者實在於此其亟行之毋忽至是應天府臣請官主試事而左諭德臣珪侍讀臣清則被命而往至則挾藝而就試者已雲集矣提調則有府尹臣鋭府丞臣堂監試則有監察御史臣昊臣郛所以戒其事於外同考試則有學正臣异教諭臣幹臣思禮臣進臣德器臣孔清訓導臣儀臣彛臣積中所以分其事於内小大百須罔不具備臣等何所庸其力哉惟精白一心詳校閲嚴去取而已三試既畢如式取百三十五人并刻其文之優者二十篇爲録以獻其限於式而不能盡取不能盡刻者亦多矣録成臣珪當叙諸首簡竊惟天既全以其所覆之天下畀我太祖高皇帝我高皇帝受之思所以保眷命於無窮者惟在求賢以爲助故於建元洪武之三年即詔行科舉以起懷才抱德之士其略云朕方與斯民共享升平之治所慮官非其人有殃吾民蓋深有以見夫治道之要未有能易此者列聖相承恪遵不替得人輔治日盛一日迨我皇上繼之尤加之意故凡郊天享廟耕藉視學開史局御經筵祖宗列聖所必行而不可廢之禮既以次舉行所謂求賢爲助祖宗列聖之所慎重焉者則尤慎之重之不敢少忽於是冗官則汰之小大百司之不職者則罪之黜之其賢能過人者則超擢而顯用之國家閒暇文恬武嬉誠有因循玩愒者矣至是悉惴惴供事惟不稱厥職以負上意是懼蓋當泰亨熙洽之余一旦出其振迅奮厲之偉烈以赫然震耀於天下而不使其有怠廢不舉之患固宜中外臣工丕應傒志之若是也雖書之所稱率作興事詩之所稱薄言震之莫不震疊亦何以過是哉今爾諸士之出適際其時幸以其平日之所懷蓄所抱負者形之乎言語文字之間藹然德義之所呈露曄然才美之所著見以見知於主司以登名是録使主司者讀其言而可以概得其爲人曰此蓋有德者之言其所抱負者何如也曰此又有才者之言其所懷蓄者何如也彬彬濟濟誠無忝乎聖詔之所云者則古人所謂實之美者其發也不掩蓋亦庶幾矣行將捷春官奉大對進而與在位臣工并列於中外以今日之所言者舉

而措之施爲建立之間務俾斯民得以享升平之治而不罹其殃豈非聖心之所致望於天下者矧諸士爲畿甸之英先天下而興尤聖心之所厚望者哉蓋皇上求賢圖治之心即祖宗垂裕之心亦即上天眷命之心也今之中外臣工固莫不心皇上之心矣爾諸士顧獨不知所以心皇上之心以求無負哉果無負焉則皇上必將是信是使漸以進于大僚之列他日豈無樹芳勛揚偉績隱然爲國名臣者否則黜罸之加如今日亦恐或不能免矣蓋奉天法祖實

皇上今日惓惓意也臣故懇懇爲諸士道之願相與共砥礪焉奉直大夫左春坊左諭德兼翰林院侍講傅珪謹序

正德二年應天府鄉試

提調官

應天府府尹尹沈鋭（文進浙江仁和縣人　己丑進士）

中憲大夫應天府府丞李堂（時升浙江鄞縣人　丁未進士）

考試官

奉直大夫左春坊左諭德兼翰林院侍講傅珪（邦瑞直隸清苑縣人　丁未進士）

翰林院侍讀顧清（士廉直隸華亭縣人　癸丑進士）

同考試官

順天府通州儒學學正洪异（大同福建龍溪縣人　乙卯貢士）

浙江衢州府西安縣儒學教諭羅幹（定本江西永豐縣人　辛酉貢士）

直隸真定府無極縣儒學教諭甘思禮（秉節廣西蒼梧縣人　戊午貢士）

四川順慶府西充縣儒學教諭趙進（登遠湖廣漢陽縣人　乙卯貢士）

江西廣信府上饒縣儒學教諭蔡德器（用之浙江黄巖縣人　辛酉貢士）

山東兖州府鄒縣儒學教諭劉孔清（濬源福建閩縣人　乙卯貢士）

江西臨江府新喻縣儒學訓導廖儀（彦正福建侯官縣人　甲子貢士）

山東東昌府臨清州儒學訓導黄畀（御民江西豐城縣人　甲子貢士）

江西吉安府儒學訓導王積中（德夫福建閩縣人　壬子貢士）

監試官

文林郎南京山西道監察御史王昊（汝欽湖廣衡陽縣人　癸丑進士）

文林郎南京河南道監察御史郭郛（子蕃直隸肥鄉縣人　丙辰進士）

收掌試卷官

奉政大夫應天府治中劉奎（翰章順天府昌平州人　甲午貢士）

印卷官

應天府通判郭濬（舜德直隸平山縣人　庚戌進士）

應天府推官徐海（伯容浙江常山縣人　丙辰進士）

受卷官

應天府句容縣知縣張瓛（□□四川郫縣人　己未進士）

南京虎賁左衛經歷司經歷王心（公正四川大足縣人　監生）

彌封官

應天府溧水縣知縣張天錫（惟範順天府霸州人　壬戌進士）

南京留守左衛經歷司經歷王術（安正江西廬陵縣人　監生）

謄録官

應天府高淳縣知縣熊吉（伯修江西臨川縣人　丙辰進士）

南京旗手衛經歷司經歷鄧禄（天錫江西浮梁縣人　監生）

對讀官

應天府江浦縣知縣秦鋭（克進浙江會稽縣人　庚戌進士）

南京府軍右衛經歷司經歷徐禄（□用浙江東陽縣人　監生）

巡綽官

懷遠將軍南京留守前衛指揮同知趙山（仁甫直隸豐縣人）

明威將軍南京鷹揚衛指揮僉事薛麒（延瑞山後人）

搜檢官

武略將軍南京廣洋衛副千户劉蒼（伯春江西安仁縣人）

武略將軍南京留守右衛副千户王瑄（宗器直隸常熟縣人）

昭信校尉南京留守左衛百户孔喜（延颜浙江僊居縣人）

昭信校尉南京留守前衛百户陳端（本正湖廣長沙縣人）

供給官

應天府經歷司經歷俞椿（延壽浙江鄞縣人　監生）

應天府江寧縣主簿周和（介夫江西樂平縣人　監生）

應天府上元縣典史胡敏學（宗賢湖廣麻城縣人　吏員）

應天府江東馬驛驛丞梁大中（嘉正四川巴縣人　承差）

應天府江寧縣江寧馬驛驛丞姚帥（一正陝西澄城縣人　承差）

應天府江浦縣江淮馬驛驛丞楊鈺（延美雲南太和縣人　承差）

應天府句容縣龍潭水馬驛驛丞楊應賢（□文雲南太和縣人　承差）

第一場

四書

子謂韶盡美矣又盡善也　思知人不可以不知天　未有仁而遺其親者也未有義而後其君者也

易

元者善之長也亨者嘉之會也利者義之和也貞者事之幹也君子體仁足以長人嘉會足以合禮利物足以和義貞固足以幹事　解利西南往得衆也　是故君子所居而安者易之序也所樂而玩者爻之辭也　介如石焉寧用終日斷可識矣

書

予欲聞六律五聲八音在治忽以出納五言汝聽　德懋懋官功懋懋賞　冢宰掌邦治統百官均四海司徒掌邦教敷五典擾兆民宗伯掌邦禮治神人和上下司馬掌邦政統六師平邦國司寇掌邦禁詰奸慝刑暴亂司空掌邦土居四民時地利　惟文王武王敷大德于天下用克受殷命

詩

淑人君子其儀一兮其儀一兮心如結兮　濟濟蹌蹌絜爾牛羊以往烝嘗或剥或亨或肆或將祝祭于祊祀事孔明先祖是皇神保是饗孝孫有慶報以介福萬壽無疆執爨踖踖爲俎孔碩或燔或炙君婦莫莫爲豆孔庶爲賓爲客獻酬交錯禮儀卒度笑語卒獲神保是格報以介福萬壽攸酢　干禄百福子孫千億穆穆皇皇宜君宜王　允也天子降于卿士實維阿衡實左右商王

春秋

冬十月不雨（僖公二年）春王正月不雨夏四月不雨（僖公三年）　秋八月諸侯盟于首止　鄭伯逃歸不盟（俱僖公五年）八月甲戌同盟于平丘　公不與盟（俱昭公十三年）　吴子使札來聘（襄公二十九年）　三月公會劉子晋侯宋公蔡侯衛侯陳子鄭伯許男曹伯莒子邾子頓子胡子滕子薛伯杞伯小邾子齊國夏于召侵楚　冬十有一月庚午蔡侯以吴子及楚人戰于柏舉楚師敗績（俱定公四年）

禮記

帥三公九卿諸侯大夫躬耕帝籍天子三推三公五推卿諸侯九推反執

爵于太寢三公九卿諸侯大夫皆御命曰勞酒　故君子在車則聞鸞和之聲行則鳴佩玉是以非辟之心無自入也　大樂必易大禮必簡樂至則無怨禮至則不争　温良者仁之本也敬慎者仁之地也寬裕者仁之作也孫接者仁之能也禮節者仁之貌也言談者仁之文也歌樂者仁之和也分散者仁之施也

第二場

論

古人明德新民之實學

詔誥表（内科一道）

擬漢選高才生受學詔（建初八年）　擬唐以宋璟爲黄門監蘇頲同平章事誥（開元四年）　擬今上皇帝萬壽聖節群臣賀表

判語（五條）

禁止迎送　鄉飲酒禮　私借驛馬　官吏詞訟家人訴　囑托公事

第三場

策（五道）

問　治天下者必以教化爲首務我太祖高皇帝受命之初他政未遑惓惓以學校爲先教民爲急爲是故也故大誥之制教民榜之制學規之制卧碑之制聖意蓋深遠矣賈誼嘗有教民遠皋之疏董仲舒亦有使民不犯之策今其言固在求之我聖祖之意有相合者歟古帝王所以憂其民而教之者王倫而已周禮大司徒又有十二教之施而歲首又有縣教象之舉何歟當時所以治隆俗美者果教法之善所致歟抑别有所自歟自是而後若漢唐宋之君有正坐自講者有盡召師儒者不可謂不能教也而論者以爲未有始立太學者有始立州郡學者不可謂不重學也而論者以爲遲自我聖祖施教之本立學之年言之則可見矣方今學校之制天下皆同教之之法遠邇無异矧聖祖學制教法之立昉自南都又爲諸士子所飫聞而樂談久矣其備述聖祖所以教者質諸帝王以見我聖祖所以比隆帝王所以垂裕後聖者以詔萬世可也

問　自濂洛關閩諸儒出而道學明其説布於天下父兄以之教子弟學校以之作人材科目以之取士章甫縫掖之流非是莫之講者不知於所謂道者果真見其全體大用之所在而不差而所謂學者果諸儒之成法而不謬耶其所講明果可以措諸行事而不爲空言耶昔之大儒若荀况氏揚雄氏韓愈

氏猶不免於擇焉不精語焉不詳之病今之學者何談之易也無亦其間有雷同而附和者歟然吾觀于今文治蔚興賢才輩出其間豈無溯濂洛之波踵關閩之迹而興者是又不可以概論也請著其平日之所切磋與所得於心者以對庶有考於他日

問　作史之難尚矣司馬遷之作史記而先儒有疏爽之稱班固之作前漢書而先儒有密塞之語二子何修何爲而能至是豈其天資學力有過人者歟抑家庭之間授受有所自歟史記所載有所謂六家之論者其要指何歸漢書所載有所謂六子之薦者其推奬何爲史記有本紀有表有書有世家有列傳其篇目大略始終大義可得聞歟二書俱有缺略之處而補之者何人所補者亦有得失之可議歟固稱遷有良史才矣然又謂其論大道則先黄老而后六經叙游俠則退處士而進奸雄述貨殖則崇勢利而羞貧賤有所指歟范曄稱固有良史才矣然又謂其論議常排死節否正直而不叙殺身成仁之爲美有所見歟其文其事之評具有成説保身之道亦有定論諸士子讀史之時自概於胸中久矣豈無優劣之分歟自今有作當以何者爲溼幸盡言之

問　國家之馭臣下勸與懲而已爵賞所以勸之而使勉于爲善刑罰所以懲之而使憚于爲惡二者人主之大權也然世降風移則有非爵賞所能勸刑罰所能懲者書之旌别淑慝禮之節惠尊名所以輔二者之不及而施之無窮也試與諸生論之旌别之令先儒以爲仁之至義之盡又以爲善善長惡惡短漢唐而下嘗仿而行之矣故有爲郡守而賜金百斤下詔稱揚者有爲刺史而被以三公之服者有居喪哀毁而璽書降問旌其門閭者有九世同居而累朝旌表乘輿臨問者有兄弟同居六十餘年而改鄉爲義感里名和順者有宗族七百口同居共爨而旌爲義門者其流風何美也今可指而言之歟節惠之典爲説不同取義亦异史册所載其法甚嚴春秋以降蓋或爽其實矣故有自憂謚傳而終得令名者有忠孝無聞而卒蒙美謚者有謚曰文貞中被浮言而卒不可易者有謚爲文正中遭駁議而卒從改易者有始謚曰肅請益以忠而弗得者有始謚曰文有司建請而益以忠者其持論何嚴也今可舉而陳之歟我國家旌别贈謚具有彝典聖天子勵精初政動法祖宗近者既敕有司申明黜陟而於贈謚尤以濫予爲禁蓋欲使恩威所加人知勸沮以復治古之規也諸生抱藝而來適際斯會有可以爲新政助者尚無訥于言

問　農天下之大本也自古帝王之治天下未有不以是爲重者人時之授百穀之播溝洫之力仇餉之征九一之耕見於載籍者可考也□□遂人匠人之所掌其即九一之法否歟先儒井田之説亦有合於周禮者歟井田之壞

或謂魯宣公或謂秦商鞅孰任其咎其流之弊何所止極歟漢初乏用上下困矣文帝何得與成康并稱或謂能用鼂賈務農之言不知其所言者果何謂歟武帝之初可謂庶而富矣何至與始皇并列當時之賢亦有以農事説者而或未盡用不知其所説者果何指歟魏孝文之均田唐太宗之世業皆留心農事者也而其法又何以不行歟洪惟我太祖高皇帝天縱聰明深知稼穡其聖政之見於養民者雖不拘拘於既往之迹而常吻合乎帝王之道蓋嘗有勸農之言屢播於詔令税田之法特著於令甲固萬世臣民所宜遵行而佩服者也爾諸士子明習國家之務能不究心於此乎幸敬陳之以觀用世之學

中式舉人一百三十五名

第一名　吴仕　宜興縣學增廣生　易
第二名　蔡昂　淮安府學生　書
第三名　陳寰　常熟縣學附學生　詩
第四名　曹深　徽州府學生　禮記
第五名　汪恩　婺源縣學附學生　春秋
第六名　梅鶚　旌德縣學生　詩
第七名　余翱　定遠縣學生　書
第八名　陸埜　吴縣學生　易
第九名　張楠　滁州學生　春秋
第十名　王文傑　臨淮縣學生　詩
第十一名　顧可適　無錫縣學生　書
第十二名　李漢　應天府學生　易
第十三名　陳璦　常州府學生　詩
第十四名　凌楷　通州學生　禮記
第十五名　何鉞　應天府學生　詩
第十六名　酈塤　丹陽縣學生　書
第十七名　祝鑾　太平府學生　詩
第十八名　金約　休寧縣學生　易
第十九名　田秀　霍丘縣學生　詩
第二十名　王臬　金壇縣學生　書
第二十一名　張聽　泰興縣學生　詩

第二十二名　俞燦　鎮江府學生　易
第二十三名　梅珊　池州府學生　詩
第二十四名　李紹賢　盱眙縣學生　書
第二十五名　陸巽章　常州府學生　詩
第二十六名　劉宗啓　京衛武學生　易
第二十七名　夏麟　鳳陽府學生　詩
第二十八名　史臣　吴江縣學生　易
第二十九名　楊中　無錫縣學生　詩
第三十名　浦瑾　無錫縣學生　書
第三十一名　白謨　武進縣學附學生　詩
第三十二名　余珊　桐城縣學生　書
第三十三名　徐之鸞　桐城縣學生　詩
第三十四名　吴富　應天府學增廣生　易
第三十五名　王舜漁　常熟縣學附學生　詩
第三十六名　史鸞　丹陽縣學生　書
第三十七名　汪瑄　婺源縣學生　春秋
第三十八名　潘塤　淮安府學生　詩
第三十九名　狄冲　溧陽縣學附學生　書
第四十名　秦璽　金壇縣學生　詩
第四十一名　王經　太倉州學生　易
第四十二名　唐鵬　丹徒縣學生　詩
第四十三名　孫芝　當塗縣學生　書
第四十四名　聞東昌　常熟縣學附學生　詩
第四十五名　吴泮　桐城縣學生　書
第四十六名　楊秉義　華亭縣學生　詩
第四十七名　陶麟　吴縣人監生　易
第四十八名　趙鎜　常州府學增廣生　詩
第四十九名　楊谷　山陽縣學生　禮記
第五十名　胡德　婺源縣學生　詩
第五十一名　袁秦　蘇州府學增廣生　書
第五十二名　伊伯熊　應天府學生　易
第五十三名　孫漢　江陰縣學附學生　詩

第五十四名　張賢　無錫縣學附學生　書
第五十五名　屈儒　崑山縣學增廣生　易
第五十六名　梁幹　武進縣學生　詩
第五十七名　聶瑩　潛山縣學增廣生　書
第五十八名　洪儒　太平縣學生　春秋
第五十九名　程淳　常熟縣學附學生　詩
第六十名　蔣　愷　松江府學附學生　書
第六十一名　秦表　豐縣學生　詩
第六十二名　孔彦亮　蘇州府學生　易
第六十三名　陶震　崑山縣學生　詩
第六十四名　陸卿　常州府學生　書
第六十五名　浦旒　常熟縣學附學生　詩
第六十六名　李謨　休寧縣學生　易
第六十七名　朱洸　太倉州學增廣生　詩
第六十八名　張汝欽　無錫縣學生　書
第六十九名　張璠　溧水縣學生　易
第七十名　張其協　華亭縣儒士　禮記
第七十一名　倪容　無錫縣學生　書
第七十二名　蕭瑞　涇縣學生　詩
第七十三名　章彬　青陽縣學生　書
第七十四名　儲洵　泰州學生　詩
第七十五名　吴巖　吴江縣學增廣生　易
第七十六名　周珏　鳳陽縣學生　詩
第七十七名　金師古　華亭縣學增廣生　書
第七十八名　劉贇　宣城縣學生　易
第七十九名　承天秀　靖江縣人監生　詩
第八十名　胡文祥　歙縣儒士　春秋
第八十一名　陸遠　淮安府學□　詩
第八十二名　路逵　建德縣學監生　易
第八十三名　干良相　松江府學增廣生　詩
第八十四名　方鐸　廬州府學生　書
第八十五名　尹京　淮安府學生　詩

第八十六名　吴繼隆　徽州府學生　易
第八十七名　周南　羽林右衛儒士　詩
第八十八名　周箕　長洲縣學生　書
第八十九名　沈高　吴江縣學生　詩
第九十名　袁澤　寧國縣學生　易
第九十一名　趙相　淮安府學生　禮記
第九十二名　丁奉　常熟縣學生　詩
第九十三名　程禎　婺源縣學增廣生　書
第九十四名　魏脩　興化縣學生　詩
第九十五名　羅輅　江寧縣儒士　易
第九十六名　葛恒　無錫縣學增廣生　詩
第九十七名　王相　宜興縣人監生　書
第九十八名　甘永昂　溧水縣學生　詩
第九十九名　潘鋭　六安州學生　書
第一百名　俞璉　休寧縣學附學生　詩
第一百一名　張南升　松江府學附學生　易
第一百二名　華湘　泰州學生　詩
第一百三名　江琇　歙縣學生　春秋
第一百四名　高獻　太倉州學生　詩
第一百五名　沈壁　嘉定縣學附學生　易
第一百六名　張鵠　上海縣學附學生　詩
第一百七名　陳言　揚州府學生　書
第一百八名　王岷　潛山縣學生　詩
第一百九名　朱觀　崑山縣學附學生　易
第一百十名　瞿奎　蘇州府學增廣生　詩
第一百一十一名　祝續　常州縣學附學生　書
第一百一十二名　曹驄　霍丘縣學生　詩
第一百一十三名　劉尚　山陽縣學生　禮記
第一百一十四名　方瓊　太平縣學生　詩
第一百一十五名　錢憲　無錫縣學附學生　書
第一百一十六名　張孟周　豐縣學生　詩
第一百一十七名　陸亜　應天府學附學生　易

第一百一十八名　余信　無錫縣學附學生　詩
第一百一十九名　吴鑄　鎮江府學生　書
第一百二十名　王木　南陵縣學生　詩
第一百二十一名　陳忠　吴縣学附学生　易
第一百二十二名　谷遷　太平府學生　詩
第一百二十三名　葉永春　巢縣學生　春秋
第一百二十四名　韓選　安慶府學生　詩
第一百二十五名　蕭佐　鎮江府學生　易
第一百二十六名　袁焕　江浦縣學生　書
第一百二十七名　曹濛　句容縣學生　詩
第一百二十八名　褚嵩　松江府學生　書
第一百二十九名　姜芳　儀真縣學生　詩
第一百三十名　王浩　應天府學生　易
第一百三十一名　徐昌　浙江歸安縣人監生　詩
第一百三十二名　陸翱　華亭縣學附學生　書
第一百三十三名　徐度　江陰縣學附學生　詩
第一百三十四名　汪本　徽州府學增廣生　禮記
第一百三十五名　申惠　吴江縣學附學生　詩

第一場

四書

子謂韶盡美矣又盡善也

吴仕

同考試官訓導廖批（場中作此題者於美善字多欠體貼是篇理致明白而詞亦婉暢宜録以式）

同考试官學正洪批（説聖樂盡美盡善處殆無余藴三復之餘恍若履虞廷而聞遺響真仕作也）

考试官侍讀顧批（不爲功德二字所纏繞而意思自足）

考試官左諭德傅批（文亦有雍容氣象）

聖人贊有虞之樂文備而情亦備焉夫樂乃功德之形容也大舜之樂有以極情文之備如此豈復有過之者哉夫子稱而贊之其所惑深矣且一代之

興必有一代之樂羲黄以降作者非一人矣而舜之韶一何其盛乎蓋其本也藴蓄於升聞韶位之初而其制也大備於治定功成之日笙鏞琴瑟有以極音律之和而聞之者心融干戚羽旄有以備物采之華而觀之者忘□歌九德而間九功雍雍乎鳳鳥之和鳴也而聲孰尚之舞九韶而協九奏蹌蹌乎百獸之率舞也而容孰尚之謂之盡美信乎其文之備而無以復加矣然又豈知其盡善乎蓋其聲之美不止于音律之和也而咸寧之化實洋溢乎其中其容之美不止乎物采之華也而至德之光實交暢于四表揄揚咏嘆依稀乎文明濬哲之風音有盡而意無窮也俯仰周旋想像乎揖遜雍容之狀心悦之而口不能言也謂之盡善則美之中又有實焉而非徒以其文矣韶之爲樂其盛也一至此哉嗟夫唐虞之運中天地而興者也前乎此者有所未至後乎此者有所不及舜以大聖之德興于其間而地平天成萬世永賴其治功又如此宜乎其制作之盛曠古而無倫也夫子於此既極稱之而异時樂則韶舞又實欲見諸行事則聖人之情可見矣然則後之□制作之任者烏可以不考于斯

思知人不可以不知天

蔡昂

同考試官教諭甘批（説理明而遣詞順風簷之下而有是作平日造詣可知矣高薦何忝）

同考試官教諭羅批（士子講知人處多涉上文而知天處又發揮不透此篇隨題生意而理亦完足可以式矣）

考試官侍讀顧批（講知人知天甚明白）

考試官左諭德傅批（説理之文發揮至此亦佳矣）

人之品類固君子所欲知理之自出尤君子所當知夫親親由於尊賢君子固欲知夫人也然其理皆出于天又烏可以不知也哉昔夫子推修身之要以告哀公及此謂夫人君之修身固本於親親之仁而欲親親又必由尊賢之義君子於此寧不思所以知人乎思知夫人蓋必籌度於應接之間而鑒别之惟精不使以賢爲不肖而失其所宗也審察於群衆之中而采擇之惟謹不使以不肖爲賢而昧於所從也夫思知人固所以爲親親之助而要其理則皆出於天也不知夫天又可哉蓋惟親親之殺出於天也有不知焉則本原不徹而所以爲降殺者莫識其所從恩或至於倒施矣窮理盡性以求至于命也非君子所當盡心乎惟尊賢之等出於天也有不知焉則體統不貫而所以爲等級者莫原其所自禮或至於泛加矣極深研幾以求達於上也非君子所當致力

乎夫苟能知天則尊賢親親各得其理而身於是乎修矣推之政事亦安有不舉哉抑斯言也夫子所以答哀公之問政而中庸引之以明費隱也論政而至於修身可謂探其本矣而復推極于知天蓋本原之地實在於是不如是不足以言聖賢之學也哀公徒能問之不能行之而明訓格言因是以垂之萬世君子於此亦重爲吾道幸而惜當世之不逢也噫

未有仁而遺其親者也未有義而後其君者也

陳寰

同考試官訓導黄批（辭嚴意切深合孟子開導之旨宜録之以範來學）

同考試官教諭蔡批（發明仁義自然之利委曲詳盡當時孟子告君之意宛然可想）

同考試官教諭趙批（場中孟子義務華靡者則理晦尚雅淡者則辭澀晚得此篇見理透徹措辭純正而孟軻氏救世之意著于言表是可以爲文矣）

考試官侍讀顧批（孟子言仁義之意此作盡之）

考試官左諭德傅批（能提掇未有字出）

大賢原仁義有利於君親見人君當行乎仁義蓋仁者必愛親義者必急君未嘗無所利也人君於此顧不思所以化導之者哉昔孟子以仁義答梁惠王利國之問而言此以明之若謂人惟不仁也則本心梏亡而不知所愛或有遺其親者矣若夫仁者心之德以全愛之理以備未有遺其親者焉吾知德必先於行孝愛必切於□□就養無方而明發即懷之明發不能忘也承歡惟謹而終身常慕之終身不能置也所謂不顧父母之事何有乎人惟不義也則本心錯亂而不知所宜或有後其君者矣若夫義者心之制以具事之宜以明未有後其君者焉吾知制必先於制忠宜必重於尊君公爾忘私而惟正之供是急翼翼乎其小心也國爾忘家而靡監之義是上蹇蹇乎其盡節也所謂疾視長上之事何有乎夫仁必愛親是仁之利於親也義必急君是義之利於君也人君躬行仁義而無求利之心則其下化之自親戴於己矣而何嘗不利哉吾所謂亦有仁義而已者意蓋如此抑孟子止惠王之言利則告以仁義可矣而必及未嘗不利之説者何也蓋惠王所謂利富國强兵以利而爲利者也孟子所謂利則仁義行而民自歸之自然之利也故從孟子之説則不求利而自無不利從惠王之説則利來得而害已隨之七篇之中無非此理此則其托始也先儒曰求觀聖人之道必自孟子始愚亦曰求孟子之道必自此章始

易

元者善之長也亨者嘉之會也利者義之和也貞者事之幹也君子體仁足以長人嘉會足以合禮利物足以和義貞固足以幹事

吴仕

同考試官訓導廖批（簡當條暢僅見此耳）

同考試官學正洪批（此題場中作者率多破碎爲未了得天人一理處此篇意思通貫而文氣渾融是宜録出）

考試官侍讀顧批（文詞平正可誦）

考試官左諭德傅批（題目道裡本大而文能發之可録）

德運乎天而體備於人事人體乎德而用周於萬事文言申乾彖傳之意也夫天人一理人之德皆天之德也體之而周於萬事非君子其孰能哉且元亨利貞文王繫乾卦之彖辭也夫子傳之既析爲四德矣而文言復申明之謂夫彖之所謂元者生物之始也天地之德莫先於是故於時爲春於人則爲仁而萬善統焉是元所以爲善之長也亨者生物之通也物生至此莫不嘉美故於時爲夏於人則爲禮而衆美聚焉是亨所以爲嘉之會也生物之遂謂之利物各得宜不相妨害時之秋人之義也而得其分之和矣利非義之和乎生物之成謂之貞實理具備隨在各足時之冬人之智也而足以幹乎事矣貞非事之幹乎天德之備乎人者如此蓋無有一毫之欠闕也體而行之豈非君子之事哉故自其體乎仁也則德性寬裕天下之物悉歸吾涵育之中而足以長乎人矣嘉其會也則品節詳明日用所行悉會於粹美之地而足以合乎禮矣公其利而施之使事事物物各得其宜則分以之安而利物不足以和義耶知其正而守之使是是非非確乎不易則事以之立而貞固不足以幹事耶是則天德運而合乎人人體之而致于用無非乾之蘊也文言申明至此□所以開示後世者何深哉大抵古聖人之作易本爲卜筮斷吉凶以前民用而已至孔子作翼始以義理發揮經言而乾坤二卦之文言則又純乎義理而不雜以象數者若夫析元亨利貞爲四德以配仁禮義智而萬世之言性者必宗焉則又不止發卦爻之蘊而已先儒謂易萬世斯文之鼻祖此亦其一驗云

介如石焉寧用終日斷可識矣

陸埜

同考試官訓導廖批（發揮題意詳盡蓋深於易者）

同考試官學正洪批（發明幾學之妙無逾此篇可取可取）

考試官侍讀顧批（是有得於静而明者）

考試官左諭德傅批（用上下爻辭相□講之意甚明）

既堅於守德自遠於知幾蓋守定則明生也君子之介既如石矣豈用終日而後知夫幾哉大傳釋豫六二爻義如此謂夫事之已形者易見幾之方萌者難知六二君子所以能知幾者果何自邪蓋人之處豫也多耽戀而無特立之操故其於事也常迷惑而無識微之明今君子也不鳴不盱獨守其道而有中立之介弗疾弗冥自持乎正而有永貞之節石至安静也其德之安静如之凝然不可動焉石至堅確也其德之堅確如之屹乎不可轉焉是以光明發於艮止之余不必自朝至暮而動之細微者斷可知矣思慮明於安定之後不必自辰至酉而吉之先見者斷可識矣諂上瀆下之幾莫不察之於先若蓍之索隱也何終日之用乎微彰柔剛之幾莫不辨之於早若龜之前知也何終日之俟乎由是觀之則知見幾非難守德爲難守之既堅又何患幾之難識哉抑論之天下之理未有誠而不明者六二君子以如石之介而有不終日之知固其宜也子思嘗曰至誠之道可以前知周子亦曰誠精故明豈皆學易而有得者乎何言之吻合而無間也故他日朱子於周子之論則曰即至誠之道可以前知之意而黄氏洵饒之釋前知又引易知幾之言以爲證非無謂也學者求六二之義而參以子思周子之言則益信

書

予欲聞六律五聲八音在治忽以出納五言汝聽

蔡昂

同考試官教諭甘批（六律五聲八音五言意緒繁矣而分析成文整整可誦善作者固如此）

同考試官教諭羅批（據經立義深得審音知樂審樂知政之意非潛心本領者不能宜取前列）

考試官侍讀顧批（寫汝聽處精束可觀）

考試官左諭德傅批（文字典重）

聖君欲審樂以知政而必委其責於大臣甚矣知樂之難而因樂以知政者尤難也聖君以是而命大臣其任之也重矣昔帝舜責大禹以臣鄰之義而釋之及此謂夫天下之政本出於朝廷而聲音之道實通乎政事予於汝而有所屬焉彼六律以節五聲而政之得失於是乎形也予欲盡聞之以察吾治之成與未成五聲被於八音而政之善否於是乎徵也予欲兼聽之以察吾功之著與未著朝廷之制作協於五音而可爲法程也出而布之使作樂者有所本

焉里巷之歌謡比於五聲而可觀民風也采而納之使審音者有所據焉凡此皆所以考吾之治也然豈能一一而自爲之哉亦惟禹也竭耳力之至聰爲朕躬之司聽精以察之而識其始終條理之全審以求之而測其聲氣感通之妙聽之而其聲和以順歟則政之治可知當相與慎之而保其終焉而予之聞惟汝之聞矣聽之而其聲乖以逆歟則政之忽可知當相與更之而圖其始焉而汝之聽即予之聽矣吁舜之所以責禹者如此臣鄰之義豈不益見其爲重哉嗟夫有虞之時何時也百獸舞而鳳凰儀萬國寧而蠻夷服泰和盛治蓋亘古而一見者也而舜之命禹惓惓以審音察政爲言乃若其政之多辟而懼於不終者聖人之心其不自滿假固如此也即是而觀則夫致貞觀之小康而以禮樂無關於政治者其何止天地之相遠哉噫此古治之所以不復也

惟文王武王敷大德于天下用克受殷命

余翱

同考試官教諭甘批（凡作文認理不真雖成章亦不足觀矣此篇獨异衆作録之非特以其辭也）

同考試官教諭羅批（得殷之雖七子類能言之而於敷德處多欠條暢且克受殷命或偏重武王令人厭觀辭理俱到惟此篇爲最）

考試官侍讀顧批（鋪張文武受命氣象偉然）

考試官左諭德傅批（篇末發揮雜學殊有意味）

惟前王遠布乎大德故大命始歸於前王甚矣受命之難也自非文王武王敷大德於天下又何以能受殷命而有天下也哉昔康王命畢公保釐東郊首告之以此若謂今日之化殷民也固難而先世之受殷命也尤難獨不觀諸文武乎惟我文王以大德而創之於前武王以大德而成之于後是故徽柔懿恭文王之大德也有以誕敷於天下而無遺執競維烈武王之大德也有以遍布於天下而無外觀夫惠鮮懷保而咸和乎萬民有德有造而譽髦乎斯士其德之誕敷也可知散財發粟而四海爲之永清惇信明義而萬姓爲之悦服其德之遍布也可見文開之武承之用是有殷之大命不能舍之而他歸父作之子述之用是有商之大統不能外之而他往故誕膺天命以撫方夏人徒知文王之能受殷命也而不知其大德之敷非一朝一夕之故矣豈易得者邪崇德報功垂拱而治人徒知武王之能承商統也而不知其大德之布非一日二日之積矣豈易致者邪曰敷大德私恩□□不足言也曰於天下一家一國不足言也文武得殷之難如此爾畢公之臨殷民也庸可不念之哉抑論畢公東郊

之行所當務者保釐之政耳而康王告之必先於文武受命之難者何邪蓋凡事知其難則處之必不易故周詩曰命之不易又曰天難忱斯皆此意也彼夏癸殷受之所爲抑豈知禹湯創業之難哉此康王所以拳拳致望於畢公而亦因以自警也厥後畢公果克成厥終而康王亦有潤澤生民之美其皆不負今日之言也夫

詩

干禄百福子孫千億穆穆皇皇宜君宜王

陳褱

同考試官訓導黄批（説當時公尸答君之意最爲切當子必精於葩經者一薦何恭）

同考試官教諭蔡批（詩人從容忠愛之意溢於言表場中諸作不逮遠矣）

同考試官教諭趙批（寫出周臣愛君之意於千載之下讀之令人興起）

考試官侍讀顧批（詳雅有味）

考試官左諭德傅批（用字造語有斟酌非苟作者）

詩人願王者得於天者盛而備故衍其後者多而賢夫子孫之多賢人君之盛福也詩人以是而願王者其忠愛何深哉假樂之詩公尸答鳧鷖而作及此謂夫吾王以顯德而宜夫民人固無心於干禄也然上天眷吾王而降以百福不待其有所求焉高麗九重位已極矣而所以培植之者方深撫有萬方業已厚矣而所以敷佑之者方篤洪休繁祉畢萃于王躬凡人之望於天者無一之弗備焉茀禄純嘏駢臻于五位凡天之厚乎人者無一之弗有焉然此孰從而見之彼嗣胤不昌王之祚薄矣今也慶衍岐邠而宗英爲之日茂秀鍾豐鎬而支庶爲之日蕃麟趾振振由千而至於萬也瓜瓞綿綿由萬而至於億也而何其多也哉繼承弗類王之禄微矣今言其敬歟則穆穆然威儀之肅整言其美歟則皇皇然體貌之端莊胙茅土而典藩維宜乎其爲君也御離明而宰方夏宜乎其爲王也而何其賢也哉凡此皆人情所深願而不可必得者而吾王悉有之天之降福尚有加於□□公尸以是而答其君意亦至矣大抵富貴尊榮一身之福也子孫多賢萬世之福也周之盛時武穆文昭布列中外畢原豐郇之屬無非賢者而其不見於載籍者尚多矣蓋文武之盛德其及於後者如是也□樂之詩雖主於稱願而一時屬籍之盛實□此見之屏翰維持歷歲八百要亦非偶然也讀是詩者尚無以爲誇

允也天子降于卿士實維阿衡實左右商王

梅鶚

同考試官訓導黄批（連日閲卷類以配享爲主而歸重伊尹有戾本旨此作獨能頌美成湯其於得尹而有天下之意發明詳盡足破衆惑）

同考試官教諭蔡批（題本正大場中作者多務牽合之説惟此作深得本旨脱去舊格其於前世君臣相遇之故後世祫祭之倫兩無遺矣宜表而出之）

同考試官教諭趙批（摹寫明良胥慶之象宛然在目）

考試官侍讀顧批（得商頌文字體）

考試官左諭德傅批（講阿衡左右非他卷可及）

商人頌聖祖爲興王之君得聖臣爲興王之佐蓋王業之興不偶然也有商王業既衰而復振者豈非以□□□聖得伊尹之所致乎此宜爲祫祭之詩□□□之意若謂當商室中衰之余正夏業將傾之日我祖湯也聖敬日躋而九圍之法式以具勇智天錫而萬邦之表正以成天心眷之人心歸之久矣其昊天之子也三蘖畏之兆民懷之展矣其天下之君也既有是興王之君自得夫興王之佐於是乎有卿士曰伊尹□焉不先時而出也出焉適當乎其時蓋天實降之而豈人力之所及乎不後時而出也出焉適逢乎其會是天實賜之而豈人謀之所致乎湯既得夫尹矣於是尊而任之而號其官□阿衡政之可否以之爲倚任也事之輕重資之以取平也秩崇望尊凡百司庶府咸屬其統理焉尹既相夫湯矣於是以身任之而盡其職於天子或左焉而翊贊其謨謀也或右焉而匡救其闕失也任大責重凡大綱小紀悉歸於總理焉所以敷政優優者在是所以敷奏其勇者在是此其救民於塗炭之中伐夏於昏亂之後而天下所由歸也歟詩人於宗廟之祭本其事而歌之其意深矣抑序以此爲大禘之詩爲其所及者遠也説者謂大禘不及群廟之主而此詩及之其爲祫祭之詩無疑矣一時之中於王業之興必推其始生之祖而於其成也必及其佐命之臣成湯之事又特反覆之而不厭美德告功始終有序輕重有倫商詩義古而文詳此亦其一也當時季札觀樂聞歌頌則曰其至矣哉見大濩之舞則又以聖人之弘贊之札固博物君子也彼謂商頌爲宋人所作者奚足以知此

春秋

冬十月不雨（僖公二年）春王正月不雨夏四月不雨（僖公三年）

汪思

同考試官教諭劉批（魯僖勤恤民□□□人皆知之發明透徹如是作者不可多得）

考試官侍讀顧批（終篇筆力尤健）

考試官左諭德傅批（紀叙詳整）

觀春秋於天灾也書之詳見賢君於民隱也憂之切此僖公閔雨之勤乃君國子民之道也春秋每時而一書宜哉今夫食之所仰在穀穀之所仰在雨當魯僖之初胡不雨之久歷冬春夏之三時妨藏耕耘之三事自常情處之孰不曰天澤不降則百穀不生雖不書可也旱既太甚則饑饉薦臻咸略之亦可也春秋以爲足用愛民僖之惠政舊矣而飾過求已又有銷變之誠不書則何以示勸務農重穀僖之善政久矣而理冤放佞又有應天之實略之則何以示法故冬十月不雨書之春王正月不雨又書焉夏四月不雨又書焉詞繁而不殺于以著其勤雨之心詞複而不厭于以表其憂民之志使其緩於政事不以民之憂爲憂則將歷時而總書以志其慢如文公二年之例矣奚其詳荒於政務不以國之事爲事則將併時而一書以紀其怠如文公十年十三年之例矣奚其備是則僖公隨時憂之春秋則隨事筆之後之遇天灾而不懼視民隱而不恤者不有所鑒乎聖人垂世之意遠矣嗟夫桑林以六事自責湯之閔雨也言未已而大雨千里遇灾而雲漢仰訴宣王之閔雨也百姓卒喜於王化復行僖公之閔雨如此下文所書六月雨亦其效也由是僖公勤民之心可以上希宣湯矣矧泮水之教閟宫之孝又春秋諸侯所不能彷彿者其足爲魯之賢君無疑也第南門有作民力告疲未免爲白璧之玷惜哉

吴子使札來聘（襄公二十九年）

張楠

同考試官教諭劉批（融會胡傳組織成文有抑揚有斷制所以責於季札者凛凛使札復生恐不能不心服也）

考試官侍讀顧批（詞嚴理正春秋義僅見此篇）

考試官左諭德傅批（春秋責備賢者之意無以加矣）

賢者辭其位以致亂春秋因其來以示貶此吴國之禍季札不得辭其責而使札之書春秋不得以其賢而恕之也想當其時臣衰道微暴行交作三綱淪而九法斁人欲肆而天理滅季札於是辭吴子之位四與而不取就延陵之封□去而弗顧使貪夫以廉有益於斯世也大矣使争夫以讓有補於名教也多矣春秋於其來聘之日著其公子之稱可也乃書名以貶之何歟蓋受命以安社稷者父兄之志也而札則違之争位以刺王僚者子光之亂也而札則階之哀死事生以待天命自爲則便矣其如國家之大計何立名全身以附子臧

自牧則可矣其如聖王之大道何彼夷齊嘗遜其位矣顧孤竹之意出於私而今日父兄之心則出於公也何可同乎太伯嘗奔於吴矣顧嗣位有季歷之賢而今日王僚則非季歷之比也何可效乎故書族書字春秋雖多變例也而札不得援以名紀之用比於楚椒之流耳書子書氏聖筆雖有特書也而札不得與以名録之特方於秦術之儕耳噫世之君子盛稱季札之賢略其生亂之失此春秋所以望之深而責之備也歟大抵道以中庸爲至不及非中太過亦非中也季札之事所謂賢智者之過擇乎中庸而不得時措之宜爾春秋名以貶之非過也非不及也亦中而已矣先正曰惟與天地同德而達乎時中者然後能與於此又曰非聖人莫能修之詎不信夫

禮記

帥三公九卿諸侯大夫躬耕帝籍天子三推三公五推卿諸侯九推反執爵于太寢三公九卿諸侯大夫皆御命曰勞酒

曹深

同考試官訓導王批（純正之氣詳雅之詞此其人必温然可愛者）

考試官侍讀顧批（語義參錯處可觀）

考試官左諭德傅批（時出新意此其動人者）

王者率群臣以親農方事而施功也其等异既事而燕勞也其惠均夫農一歲之先務也王者率群臣以親之而功以位差勞以燕報其奉乎天也何至哉見於月令者如此想夫時方孟春農事將作天子既以元辰祈穀于上帝矣於是載其耕具率彼群臣有三公焉有九卿焉而公卿之畢從有諸侯焉有大夫焉而諸侯大夫之咸集于以躬耕夫千畝之帝籍而將收之以供郊廟之粢盛於斯時也青旂鑾路参錯於天田黻冕朱紘三推夫□耜蓋以天子至尊取於成禮而不可以重勞也帝籍之耕將以率衆而非期於致力也天子耕矣次及三公論道經邦至尊之陪二也故三公則益以二而五推焉三公耕矣次及九卿又次諸侯分職殿藩台司之亞列也故卿諸侯則益以四而九推焉貴處其逸賤任其勞而終其事則委之庶人也所謂方事而施功之异其等也蓋如此及夫九推既畢甸徒即事屬車參乘旋軫於南郊清道鳴鑾至止於太寢宰夫陳饗而授几以設於兩楹膳宰贊王而執爵以饗夫群后三公侍矣而九卿之執事者從焉太牢之具於是乎班嘗也諸侯侍矣而大夫之陪列者從焉鬱鬯之尊於是乎交酌也功有勞逸恩無不霑而名其燕則謂之勞酒焉所謂卒事而燕勞之均其惠也又如此嗟夫萬民之業以農爲本五禮之行維祭爲大故以天子之尊親執耒耜所以勸農業也祭之所奉必曰己力所以敬明神也

月令之書出於吕氏而三代聖王所以敬天勤民之政粲然具在籍田其一事也是故詩歌載芟傳譏不籍後之有天下者尚毋以其人而忽之

故君子在車則聞鸞和之聲行則鳴佩玉是以非辟之心無自入也

凌楷

同考試官訓導王批（聖道之言家數白□未可以時義目也）

考試官侍讀顧批（以敬字收束最是）

考試官左諭德傅批（難講處更有意趣）

古人隨寓有以養其心故外誘無以干其心甚矣心之不可以無養也古人之心所以不奪於外誘者不以其養之有道哉記玉藻者之意如此且人之一心萬事之主誠不可以或放也而古之君子則隨寓而有所養焉以乘車言之車行則鸞鳴鸞鳴則和應行止疾徐有自然之節奏也君子之在車也則肅容正立而所聞者惟鸞和之聲焉以行步言之右佩夫徵角左佩夫宫羽進退抑揚有自然之音律也君子之行步也則張拱徐趨而所聞者惟佩玉之聲焉在車而聞鸞和則方寸怡然一至樂之充周不啻春陽之遍於宇内也彼非心之逐於物者雖欲復入以亂我天君亦何間之可投乎行布而鳴佩王則本心融然一至和之動蕩不啻元氣之塞於兩間也彼僻心之馳於外者雖欲復還以闞吾靈府亦何隙之可乘乎此可見理欲存亡之幾而君子養心之功爲不可缺也矣雖然此古之制也三代以還禮樂之廢久矣而欲持是以養心不幾於迂遠乎先儒之論學固有所謂持敬之説矣和鸞佩玉養其心而非僻不能入者此敬也端莊静一檢其身以正其心者亦此敬也誦玉藻之文而兼考先儒之説則養心之功備矣志于學者勉之

第二場

論

古人明德新民之實學

吴仕

同考試官訓導廖批（根理之言滔滔不滯非氣充才贍而筆端有力者何以及此録而薦之知其馳名久矣）

同考試官學正洪批（近來科場文字多尚浮靡此篇斂華就實順理成章且詞語舂容一自胸中流出若江河然縱横曲折而其勢之必東者不可禦有士如斯高薦宜矣）

考試官侍讀顧批（吾道异端之辨學者皆能言之至于下筆鮮能舉其要者此論根極理致而於二氏又能指其學術之偏與吾儒之言反覆參究黑白瞭然而氣定語和不動聲色此其人必充養之有素者秋闈高薦非特以其文也）

考試官左諭德傅批（叠叠千餘言随筆寫去而引物連類無不中節場屋中有此超逸之作且得之於窮搜渴望之餘能不爲之喜邪矧表判俱精切亦復稱是參之初終二場諸作又皆豐腆潤健卓然不群南畿首選知無以易子矣）

儒者之道合内外而一之論者不可以一偏之説亂之也夫世之爲异端之説者言内而不言外言體而不言用以爲中不足事也而求之高以爲正不足事也而求之异甚而至於擿□索塗而莫知反焉彼其意以爲道在是矣而道果若是之謬妄者乎聖人之道有内必有外有體必有用中也而非异也正也而非邪也因天下之物求天下之理而未始離乎物也彼謂必去物而可以求道是則异端一偏之説而豈知吾聖人之道古人之學哉古人明德新民之實學請因朱子之言而申之天下之道一也而後世之爲學者不一工於詞章者自以爲學矣然而浮華織縟之文虛文也專於訓詁者自以爲學矣然而尋章摘句之説贅説也爲管商之術者又自以爲學矣然而權謀功利之習陋習也學而至是無足較者君子不論也乃若所謂釋氏之學老氏之學者吾憂焉彼其於吾儒之學如陰陽晝夜之相反如美玉碔玞之不同科而其言近理惑之者衆雖賢者或不免焉是則深可憂者然其所以辨之亦曰實與不實而已何者天下之道極於一本而散於萬殊有一物則有一物之理有一事則有一事之理有所當然之則則必有所以然之故若是者固非有假而爲之也是故相生而爲父子則親之理寓而所謂親者皆實也相臨而爲君臣則義之理寓而所謂義者皆實也相伉儷而爲夫婦則別之理寓而所謂別者皆實也相後先而爲長幼相與而爲朋友則序與信之理寓而所謂序與信者又無不實也大而天地而健順相承之理寓是天地之理實也微而鬼神而屈伸往來之理寓是鬼神之理實也内而一心而具衆理之體應萬物之用者吾心之理實也外而一身而耳目之聰明手足之持行者吾身之理實也非特微而一物爲然衆而萬物亦莫不然非特近而一事爲然遠而萬事亦莫不然□□之理無不實也如此奈之何异端者不以實求之也求之於幽深恍惚之表而不於綱常倫理之中索之於窈冥昏默之區而不於大中至正之域究之於窮高極遠之鄉而不於民生日□之際舍父子以爲不必親則親之實亡矣舍君臣以爲不

必義則義之實喪矣舍夫婦長幼朋友以爲不必别也不必序與信也則别序與信之實熄滅無餘矣求天地之理不於天地而曰天地以無爲本也求萬物之理不於萬物而曰萬物以無爲宗也求吾身之理不於吾身而曰墮體黜聰焉求吾心之理不於吾心而曰離形去智焉甚而至於荒唐幽昧而恍惚不可以爲象者是則所謂釋氏寂滅之學也老氏虚無之學也豈聖人之所謂道而古人之所學者乎何則古人之學曰明德必推於新民其體皆實體也曰新民必本於明德其用皆實用也曰明德新民必止於至善其效皆實效也即其相生也而求所以親之理其親皆實親也即其相臨也而求所以義之理其義皆實義也即其相配也而求所以别之理即其相與而相後先也而求所以序與信之理其所以爲别序信者皆實理也即天地而求之則知其健順之理寓焉而非揮斥八極之誕□也即萬物而求之則知其化生之理寓焉而□□□萬物之浮談也求吾身之理於吾身□非四大各離之説求吾心之理於吾心而非槁木死灰之説由是而誠意則所謂毋自欺必自謙而非苟且徇人之爲由是而正心則所謂敬直内義方外而非冥行妄作之爲以之齊家則倫理正恩義篤而見之家庭之間者皆實也以之治國則立標準胥教誨而見之四境之間者皆實也以之平天下則好惡同風俗齊而見之四海之治者皆實也理無不實而古人之學亦無不實如此是故由克明峻德而黎民於變人知堯之聖而不知堯之所以爲學者此實也由精一執中而四方風動人知舜之聖而不知舜之所以爲學者此實也由克勤克儉而兆民允殖由制事制心而四海閲服人知禹湯之聖而不知禹湯之所以爲學者皆此實也文王之學也緝熙敬止爲之文此實而已武王之學也敬怠義欲之辨爲之武此實而已帝得之而帝王得之而王伊周得之而相孔孟得之而師古人之實學如此异端之學乃欲以去物求道之説亂之不亦誤乎雖然儒者之説亦有之窮神知化之言無方無體之贊若涉於幽深玄遠之爲者何哉噫窮神知化自下學之功言無方無體以用易之極言是豈無謂若异端之説者學者其尚考之

表

擬今上皇帝萬壽聖節群臣賀表

曹深

同考試官訓導王批（讀此則皇上聖孝之篤臣子稱賀之誠皆可見矣其妙於言哉）

考試官侍讀顧批（有忠愛之意）

考試官左諭德傅批（表典則）

具官臣某等言正德二年九月二十四日恭遇皇帝陛下萬壽圣節者臣等誠歡誠忭稽首頓首上言伏以八荒開壽域當鎬京訪落之年萬寶呈歲功正華渚流虹之日真元會而成聖華夏合以來王凡在臣工豈勝慶忭恭惟皇帝陛下睿哲性成英明天禀青宫毓德商宗之典學惟勤皇極建中周武之彝倫攸叙肆離明之繼照體乾健以偕行帝籍躬耕嚴九廟百神之禋祀慈闈孝養合九州萬國之歡心方鼎盛於春秋宜天賜於壽祉維遺大投艱之念重故秋霜春雨之感深遂使華封久虚堯頌嘉此季秋之月載逢降聖之期禮制久終在彌文而宜舉孝思罔極如下情之久違乃以昌辰式備彝典賓來闕里有嚴敦琢之容貢旅辰韓并引兜離之隊拂清塵於玉座奉翠輦於丹霄韶樂乍陳焕千戚羽旄之美衮衣新御炫龍山藻火之輝此我皇上聖壽萬年之第一會也臣等樂逢熙運獲展舊儀班合廷趨侈玉帛衣冠之盛句傳臚奏聞簫韶鸞鳳之和念明時不易於遭逢惟盛德永膺乎佑命輒因稱慶莫既傾心伏願帝學日新聖躬天保合兩儀而并壽長開堯室之尊作萬世之大君永寶唐臣之鏡臣等無任瞻天仰聖激切屏營之至謹奉表稱賀以聞

第三場

策（五道）

第一問

同考試官訓導廖批（□能揄揚我聖祖立學施教之意有以媲美帝王垂裕後聖歷歷可誦其被菁莪之化有素者乎）

同考試官學正洪批（聖祖建學君民良法美德此作鋪叙盡矣非學優才贍而通達國體者能如是耶）

考試官侍讀顧批（興學化民是聖祖創業垂統一大事子盡能言之而又有以處之所謂識時務者其子也耶）

考試官左諭德傅批（以天手筆鋪張我聖祖之大制作固宜文從事□之若是也篇末以興滯補弊望諸今日忠愛之情切矣）

教化之有益於人主也大矣立標準胥訓誨機發於一心之微效著於民物之廣綏之斯來動之斯和舉一世而甄陶之天下不足平矣否則任智術尚苛刻禁之益嚴犯之益繁徒弊精神勞筋力欲求一家一國之治且不可况天下乎此古之帝王所以不圖治於其難於其易我太祖高皇帝不禁之於已然禁之於將然也故於國學也有學規之制於郡縣學也有卧碑之制於官民也有大誥之制教民榜之制無非欲絶惡於未萌起教於微眇使民日遷善遠罪

而不自知如賈誼之所云也漸民以仁摩民以義節民以禮使刑罰甚輕而禁不犯如董仲舒之所云也請先以古帝王之所行者言之舜嘗憂民矣使契爲司徒教以人倫而已無他術也夏殷周之王嘗憂民矣設爲庠序學校以明人倫而已無他務也人倫有五而周禮大司徒之教又十有二者先儒吴氏澄曰五舉其綱十有二詳其目也所謂十有二者曰祀禮教敬也陽禮教讓也陰禮教親也樂禮教和也以儀辨等也以俗教安也以刑教中也以誓教恤也以度教節也以世事教能也以賢制爵以庸制禄也教之之詳如此當正月之吉縣教象之法教之之豫又如此教法詳矣必縣教象者先儒朱氏申曰以教法畫之爲象使民觀而則之乃施之也蓋當是時家有塾而黨有庠術有序而國有學天子公卿躬行於上言行政事師法於下此所以治隆俗美而非後世之所能及也彼袒割辟雍正坐自講如漢明帝者教亦至矣然而不知所以修身之義其如無施教之具何盡召師儒增廣學舍如唐太宗者教亦行矣然而不能正閨門之行其如無立教之本何若我聖祖以神聖之資爲綱常之主宫闈肅而家法正立教之本端矣嗜欲寡而義理明施教之具備矣用能憂勤治道於未登極之三年即立國子學於金陵視漢歷五世至武帝始立太學者果孰爲得既登極之二年即立郡縣學於天下視宋歷四世至仁宗始立州郡學者果孰爲遲至於八年以鄉社之民樂教化之及則又有社學之建焉學校之設之廣何以异於帝王之世乎其所以教之也孝弟忠信禮義廉耻之規及申明五常之誥即所以教人倫也祭祀不敬鄉飲酒禮之誥婚姻之誥京民同樂居處僭分之誥即所以教敬讓親和辨等也和睦鄉里毋作非爲之榜鄉民除患民擅官稱之誥互知丁業之誥面試録用之碑即所以教安中恤節能及制爵禄也不特此也規則講讀有期教以勤也飲饌有節教以儉也碑則毋輕至公門教之自重也毋建言越訴教之不出位也不遵論以違制縣教象也誥則以有减罪以無論遷施教法也教之之詳之豫又何以异於帝王之世乎夫是以當時之民去兵戈之險而即衽席之安革舊染之污而被維新之澤父子上下各安其位夫婦朋友各止其所熙熙乎皡皡乎不自知其身之在於帝王之世也聖祖教化之功一至此哉列聖相承守其道而不變如即位之初必視行釋奠必賜坐進講必降敕戒諭之類不一而足是以百四十年以來民風益淳民俗益厚至是我聖祖教化之功真足以比隆帝王真足以垂裕後聖矣於乎盛哉愚於是不能無慮焉蓋事久而滯法久而弊亦理勢之必然者聖祖之時若此其遠也聖制之行若此其久也條約制度之詳機括根本之大豈能無所滯無所弊歟安於因循不可也决於更張不可也何以處之亦惟興其滯補其弊而

已矣然所以興之補之其道何由亦惟我皇上法聖祖之憂勤崇聖祖之教化而已矣執事者儻不以愚言爲迂轉而達之亦弼教贊化之一助也

第二問

吴仕

同考試官訓導廖批（道學大□□蓋□養於心久矣不然何以風簷寸晷之下而能敷答詳明如此可取可取）

同考試官學正洪批（理學之策皆自得於心者發出親切有味未可但以□給□□□之）

考試官侍讀顧批（科舉之文所陳者皆聖賢道理顧行之何如耳此策歷言時學之弊而欲即其中加實踐工夫蓋善學之士也）

考試官左諭德傅批（議論證據所涉多矣然必以誠敬踐履爲歸宿之地可謂博而知要者）

古人之論學也皆實見後世之論學也多空言惟實見也故凡所論著皆寫其胸中之所得而或不能以無差惟空言也故誦昔人之成説以爲文而皆可以不謬能於衆論同然之中而出其卓然一定之□□前説已然之迹而有脱然融會之真此豈非所謂豪傑之士哉嗚呼習之弊也久矣執事以道學策諸生而及於荀揚韓子之論性意者其有先進之思乎然愚生於此亦有概於中久矣請爲執事陳之夫道之在天下非獨其行之難而知之亦難也非獨其得於心者難而言之亦難也荀卿之博辨揚雄之深沈可以謂之儒矣然一則曰人之性也惡而以善爲僞一則曰人之性也善惡混修其善者爲善人修其惡者爲惡人則荀揚之於道概乎其未聞也韓愈之抵排异端攘斥佛老可以謂之儒矣然其著書也以博愛言仁而昧乎仁之體以三品論性而不知性之原則愈之於道亦有所未至也故韓譏荀揚擇焉而不精語焉而不詳而朱子謂其自不免於二者□□□道之難言如此也至於今之學者非性命則不談非道德則不言誦之於口犁然而有條書之於策斐然而成章豈其真有過於古人哉吁吾知其故矣仲尼没而微言絶异端起而大義乖是三子者生于其時既各自以其所見而爲學又各自以其所見而爲言見有不同故言隨以异然皆其胸中之實得而不苟同於衆人也若夫今之學者則异於是矣蓋自宋德隆盛真儒迭興主張斯文闡發幽秘太極有圖而造化陰陽之理明易通有書而道德性命之微著程子之定性張子之西銘又皆以著心學之原廣仁孝之理而考亭夫子又會萃而發明之於是聖人之道粲然如日月之明而有目者共睹轟然如雷霆之震而有耳者共聞士而生乎諸子者之後也宜不昧於

所從矣然而步亦步趨亦趨日誦其緒言而不知反之身以踐其實所謂造化陰陽之妙道德性命之微知禮成性之學居敬窮理之方不過書之簡策著之文辭曰此道學之説也而何有於真見其體用之全與躬蹈其規矩繩墨之實乎其所以爲學者如此則亦何益於身心何關於政治而望其不爲空言耶執事謂方今文治蔚興賢才輩出宜必有溯濂洛之波踵關閩之迹而興者而不可以概論且欲使之誦平日之所切磋與所得於心者以考于他日此執事以豪傑而待諸生也愚也固不敢以此自負然亦安敢盡誣一世而以爲無人哉若夫所得於心則有不能以自言者蓋愚生之所誦者諸儒之書也所講而論者諸儒之説也所紬繹而爲文辭者又諸儒之義理也是固衆人之所同而無俟乎言者至於誦焉而必求其習也講焉而必求其明也紬繹之以爲文辭而不敢詭其説以追時好也主敬以立其本窮理以致其知克己反躬以踐其實而外不爲是名焉此則愚生方有志焉而未敢爲執事道也惟與而進之幸甚

第三問

蔡昂

同考試官教諭甘批（史策一題士子每爲窘筆蓋考據事實固難而論究其人心尚尤難也是卷確有定見而不遺不□其必深於史學者宜録以爲讀史者式）

同考試官教諭羅批（鋪敘二家述作而斷以定見非心體之明學術之正者不能爾自今論遷固者當有所考矣）

考試官侍讀顧批（論史而歸之學問心術之正固非直誦前人之説而贅以爲博者他日有作其信可觀乎吾執此以俟）

考試官左諭德傅批（史記漢書奔走天下學者久矣與之商略者冀有所觀法也而乃謂皆無足取信有據矣不幾於過乎雖然論事不可不盡擇理不可不精吾於子之言固不能易也）

讀其書必欲知其人知其人必欲究其業蓋讀其書而不能知其人則無尚友之志知其人而不能究其業則無深造之功此所以讀史記漢書必欲考司馬遷班固之爲人而又因以得作史之法也請條陳之國家之有史也書言動以示實録紀善惡以志鑒戒蓋是非之權衡公議之所繫也禹不能褒鯀管蔡不能貶周公趙盾不能改董狐之書崔氏不能奪南史之簡以孔子之聖猶兢兢焉曰其義則丘竊取之其難可知矣漢有司馬遷者年始十歲即誦古文二十而游於江淮之間講業於齊魯之都有班固者年始九歲即能屬文長遂博貫乎載籍而有兼通乎百家二子之天資學力蓋如此遷之父曰談嘗爲太

史公矣學天官於唐都受易於楊何雖執手永訣之言無非作史之教固之父曰彪嘗續遷史矣沈重而好古才高而有文專心史籍之間尤篤義方之論二子所得於家庭者又如此是以各形於著述之間一則指意遠而寄興長一則辭不繁而事不遺朱子曰遷之史記疏爽固之漢書密塞良有以也故自史記言之六家之論蓋謂殊塗而同歸陰陽儒墨名法道德是已自漢書言之六子之薦蓋爲殊行而絶才桓良晋馮李育郭基王雍殷肅是已史記十二紀以叙帝王十年表以貫歲月八書以紀政事三十世家以叙公侯七十列傳以志士庶必始終黄帝者以漢繼五帝之末流也必止於武帝獲麟者亦猶春秋止於獲麟之意也豈泛然者邪漢書帝紀十二而高祖以下載焉表八而异姓諸侯王以下載焉十志以叙天人七十傳以列臣子必始於高祖者以史記編漢於百王之末厠於秦項之列也必止於孝平王莽之誅者以史記太初以後皆闕而不録也豈徒然者邪景紀以下十篇史記之所缺也褚少孫補之其辭鄙陋非遷之本意矣八表及天文志漢書之所未就也曹大家踵成之其意精切得固之本旨矣故之稱遷也謂其有良史之才當矣第於黄老也則頌其指約而易操事小而功多於六經則以博而寡要勞而少功以後之於季次原憲也則謂其終身空室蓬户褐衣於奸雄則以言必信行必果以進之於執利也則稱其本富爲上末富次之於貧賤則以無岩處奇士之行好語仁義以羞之此其所蔽也指其蔽則其明者尚多也范曄之稱固也亦謂其有良史之才是矣第論議之間於死節者常排之如王章爲鳳所舉非鳳專恣而不幸瘦死乃以不量輕重自陷刑戮爲其過京房宴見元帝反覆幽厲而不幸弃市乃以不量淺深不密失身爲其罪於正直者常否之如何武之沮王莽可謂大臣矣而乃有一簣障江河之譏諸葛豐之劾外屬可謂敢言矣而乃有狂瞽之誚於殺身成仁者常略之如紀信以焚死解滎陽之圍而乃不爲傳忠義孔休以稱疾避王莽之亂而乃不以首清節此其所短也數其短則其長者尚多也遷也其文直其事核固也其文贍其事詳遷之序事辨而不華質而不俚固之序事贍而不穢詳而有體以彼較此則遷似爲優或欲弃遷而用固誤矣遷文義之妙有若魚龍之變化固制作之工有若咸韶之超詣自此視彼則固似爲劣或欲尊班而抑馬謬矣固譏遷曰博物洽聞不能以智免極刑曄又譏固曰陷於大戮智能及而仁不能守由是觀之保身之道概乎其未有聞也雖然論其文不若論其行齊其末不若揣其本其行駁而文純者鮮矣其本亂而末治者否矣孔子曰如有周公之才之美使驕且吝其余不足觀也已然則二子大行已虧大本已失雖有良史之才何足道哉朱子他日又曰遷固之史大抵計較利害蘇子

由曰馬遷淺陋而不學疏略而輕信鄭漁仲曰班固浮華之士專事剽竊誠如其言則併其所謂文所謂末者亦不足觀矣又何優劣之較哉然則作史之人當如何曰必如劉知幾所謂兼才學識之三長曾鞏所謂明足以周萬物之理道足以適天下之用智足以知難知之意文足以發難顯之情此猶非其本也若推其本必得如元揭傒斯所謂有學問文章知史事而心術正者然後能堪其任若其作之之法必紀叙如書褒貶如春秋然後能盡其妙彼二子者惡足以與此

第四問

陳寰

同考試官訓導黄批（條答精詳文亦明整而篇末所陳尤切時事斷知爲有用之才也）

同考試官教諭蔡批（□策議論識見迥出人表此作敷陳勸懲之典精切無遺該博之學於斯見矣）

同考試官教諭趙批（旌别贈謚行於爵賞刑罰之外先王馭下之深意也此作考據既詳發揮殆盡其留心當世之務者歟）

考試官侍讀顧批（策目所舉蓋事所由起及嘗經議論之人不然殆不止此事詳贍而不泛及無逾此篇余策皆佳惜不能盡刻耳）

考試官左諭德傅批（我聖朝法古爲治以旌别贈謚馭臣下其意微矣是作能援古證今以示天下詞旨燦然使聞者足以興起蓋有關世教之作也健羨健羨）

有一時之榮辱有萬世之榮辱明爵賞王刑罰一時之榮辱也樹風聲舉贈謚萬世之榮辱也有一時之榮辱以驅之於先有萬世之榮辱以懼之於後夫然後善者長有勸而不怠惡者長有警而不爲而天下之俗成矣人主馭臣之道備矣執事發策秋闈詢當世之務而及於書之旌别淑慝禮之節惠尊名且謂二者所以輔爵賞刑罰之不及而施之無窮也執事其有感而言乎夫旌别之令夏商以前未有也蓋始於畢公保釐東郊而康王命之其曰表宅里樹風聲所以旌夫淑也其曰殊井疆俾畏慕所以别其慝也善者旌之惡者别之所謂釐也義之盡也俾其畏慕而同歸于善則仁矣樹之風聲使百世之下知此人之爲賢善善之長也使惡者畏慕而不及於後則惡之也短矣東郊之政所以化浮薄爲忠厚革舊染而維新用此道也斯意也漢宣知之故賜黄霸以黄金百斤下詔稱揚而爲郡守者勸明帝知之故賜郭賀以三公之服使吏民見之而爲刺史者勸田德懋居喪哀毁負土成墳隋文帝璽書存問旌其門閭

而爲孝者勸矣徐承珪兄弟三人同甘藜藿四十餘年宋藝祖改其鄉爲義感里名和順而爲友者勸矣九世同居者張公藝也北齊隋唐皆旌其門高宗東封至親幸其第宗族七百口同居共爨者江州陳競也宋太宗歲貸粟帛號爲義門則敦睦宗族者又不爲之勸乎之數予者行義修於一時休聲播於萬世讀其書想其人猶能使人感發而興起而况在當時乎是皆有得於旌别淑慝之功也節惠之典夏商以前亦未之有也蓋始於周公之謚文武而記者述之其法散見諸書若司馬遷之史記蔡雝之獨斷而後世諸儒又各取古法以己意而釋之詳略不同爲説亦异至有一謚而兼數義者然而行之大者受大名行之細者受細名得失一朝榮辱千載是則不可以容私也且魏之賈充何人也自憂謚傳其本心之明乎秦秀請謚曰荒於充幸矣而武帝以武易之然是非久自見賈謨之對帝亦不能文也唐之許敬宗又何人也忠孝無聞况閨門之多累乎袁思古請謚曰繆於敬宗幸矣而高宗以恭易之然首列奸臣史官之筆帝亦莫能隱也謚楊綰以文貞而蘇端沮之端小人也故梁肅之議出而端逐矣綰之大節豈浮言之可動乎謚夏竦以文正而司馬光争之光正人也故仁宗幡然改圖而光之論申矣竦之奸邪豈舊恩之可假乎歐陽修之文擬唐韓愈謚之曰文足矣李清臣議益以忠而上即從之以安社稷之功大也唐吕諲志行整飭治尚威信謚之曰肅宜矣嚴郢請益以忠而衆弗予以爲相之望輕也是數公者或不求而自得或欲蓋而彌彰因其名以考其實蓋儼乎斧鉞華衮之在前而况其當之者乎是皆有得於節惠尊名之助也洪惟我□□□□□□□凡天下孝子順孫義夫節婦□有司舉覆旌表門閭穿窬之民收充警□是即古旌别淑慝之意永樂以來文官三品武職勛臣皆得請謚是又古節惠尊名之義典章具在恩數有加宜乎百僚砥礪群下嚮風日趨於隆古之治矣然法久弊滋恩多則濫臣下之于請有司之舉行或不能如制令者此我皇上所以赫然勵精思□其弊以復祖宗之舊也夫旌表將以厚民風則所以旌之者非爲一人也贈謚將以勸有位則所以謚之者亦非爲一人也而今高閎麗榜不及於寒微縟典美名多俟於謁請勸懲之道果若是乎誠能稽治古之良規法祖宗之美意明飭有位務遵至公苟法所當旌無間幽隱禮所當贈不俟請求如此則得之者以爲榮而有所勸不得者以爲辱而有所懲幸途塞而公道行風俗淳而政化美三代盛王之治復見於當今矣狂斐之見不識執事以爲何如謹對

第五問

汪思

同考試官教諭劉批（農事有關於治道誠吾儒所當講也場中答者多敷演問目令人厭觀惟此篇條答無遺蓋嘗究心於用世之學者録之）

考試官侍讀顧批（農事之重論治者皆知之求如此策之詳盡者絶少子其知務本者乎）

考試官左諭德傅批（帝王重農之意聖祖愛民之心子能發之筆下沛然有余博古通今之學如此）

自斫木爲耜揉木爲耒之教興而知農不可以不務自畫野分州經土設井之制作而知農不可以徒務農之有關於國本也大矣聖王知其然以謂天下之土地我之區宇也天下之人民我之赤子也一民之饑誰饑之我饑之也一民之寒誰寒之我寒之也可辭其責哉故帝堯於受命之初一則曰敬授人時一則曰平秩東作他固未遑也帝舜於受終之日一則曰黎民阻饑一則曰播時百穀他固未暇也禹八年於外所盡力者溝洫之功耳湯一征之始所問罪者仇餉之事耳文王治岐其惠政多矣九一之耕獨爲之先焉故稱年豐民樂必曰唐虞三代稱惠化流洽亦必曰唐虞三代是豈偶然之故哉周禮井田之制遂人所掌朱子所謂鄉遂用貢法十夫有溝者是已匠人所掌朱子所謂都鄙用助法八家同井者是已即九一之法也是法也豪强不得以兼并貪暴不得以多取雖行之萬世可也迨魯宣公倡履畝之税而多取之端開矣秦商鞅廢阡陌之制而兼并之害成矣由是富者累鉅萬而貧者食糟糠强者連阡陌之多而弱者無置錐之地遂成春秋戰國之亂亦豈偶然也哉漢承其弊民失作業家無蓋藏天子不能具鈞駟將相或至乘牛車民貧國亦貧矣文帝者立本以恭儉之資而又有納諫之美感賈誼著本之論即開藉田而躬耕以率下用晁錯貴農之説即減田租而示朴以先民繼以孝景遵業黎民醇厚幾致刑措故班固曰周云成康漢言文景非溢美也武帝因之財粟充溢家給人足京師之錢貫朽阡陌之馬成群民富國亦富矣帝本以雄才大略而又好功利戰伐之事民皆去本費出無經賢如仲舒非不有宿麥之勸也用度不足無能爲矣能如趙過非不有代田之舉也虚耗已成無能及矣末年海内多故雖悔何追故司馬光曰其所以异於秦始皇者無幾矣非過評也後魏孝文有均田之法男子婦人受田有差身没則還官宰民之官給田有等更代則相付公私便之誠可謂留心民事矣顧無繼述之人行之未遠而即廢何益乎唐太宗定授田之制以八十畝爲口分二十畝爲世業寡妻十畝老疾四十畝上下賴之

亦可謂留意農事矣顧無恭儉之實行之未久而即罷何補乎洪惟我太祖高皇帝以天縱之聖主知稼穡之艱難其聖政之見於勸農者雖不拘拘於既往之迹而常吻合乎帝王之道嘗諭中書省臣有曰食之所恃在農農之所望在歲則於敬授人時之説夫何殊諭宋國公馮勝有曰中原民食所恃者二麥耳豈可當播種之時而役之則於播時百穀之旨夫何异諭河南官吏有曰朕日夜究心河水爲患是即盡力溝洫之意也諭户部臣有曰農桑衣食之本然弃本逐末鮮有救其弊者是即征葛伯之意也所畫田賦之制田以户分税以田定勒之版籍責之有司傳之萬世而不可易苟有兼并取正而已是即成周田有定分賦有定法之意也二帝三王各行其一我太祖則兼之是不惟吻合而且遠過之矣漢唐諸君何足論也然則斯民所以安居樂業如處隆古之世者豈可不知所自而聖子神孫守鴻業而致盛治又可不知所法哉古人有言曰道民之路惟在務本又曰爲政在人取人以身敢以是爲聖祖頌又曰不愆不忘率由舊章敢以是爲今日聖天子獻焉謹對

應天府鄉試録後序

正德二年應天府鄉試録成臣清以職事當序其後乃拜稽首而言曰惟我國家之養士百四十年於此矣高皇帝始宅金陵戎馬未息而興學設科惓惓以求賢才成天下之治爲務一時武烈文謨巍然焕然照映今古雖曰帝之神聖而諸賢之助亦多矣豐芑之詒於今益盛聖子神孫所以翕受敷施以光高皇帝之業垂無疆之休誠不可謂無所自也夫人材惟其盛則其擇之也難精而其取之每患於不能盡譬則沙中之金千百一二則光彩照耀易以掇拾璚林大盈珍貝溢目應接不暇則挂一漏萬亦勢使然也臣嘗聞之前輩之司文衡者則已病其然矣而臣生長畿甸蓋四舉於是而後乃得之故信其難爲尤真乃今奉命而來以校文爲職凡前日之所謂盛者今皆得以接于目前而惟吾之所擇而前輩之所以爲難者亦無所辭焉蓋喜幸之心不能勝戰兢之念而披閲之勤不足以釋瘝曠之憂至於所謂公無私者則臣之分内而在所不論也今撤棘有期録既成矣二旬之間搜珠于淵采玉於山亦自竭其力矣而臣之心猶未敢以釋然者高皇帝之作人材始基於是皇上即位求賢輟儒臣以司校理亦首及於是是固望其率先四方羅真才以爲新政助也而南畿之士其文章又若是其盛也則臣安敢謂所取之必得而遺珍墜寶果無一二

於山海之間乎雖然登名是録者百三十有五人亦不謂之少矣臣又安敢謂無奇傑之才數人焉出其間以應上之求者顧嘗聞之文之盛者實之衰而天下之事類非一於文而無實者之所能辨諸生之文盛矣聖賢經世宰物之學概於此具焉舉而措之成天下之治不難也其信皆所得乎故臣序録之終篇而三致意焉諸生者尚勉於其實而無徒以文爲則有司其有望焉矣場屋執事諸氏名臣珪之首序詳之兹不複

翰林院侍讀顧清謹序

正德五年應天府鄉試録

應天府鄉試録序

國朝三年一開科以取士而於兩京尤重必命翰林儒臣二人爲考試官蓋祖宗成法著之爲令者也乃正德五年秋八月適維其期應天府臣先事以請侍讀學士臣冕侍讀臣希周寔奉命而來至則與提調官府尹臣鳳府丞臣玉

同考試官學正臣銘臣思教諭臣尚忠臣春臣源潔臣棻臣墇臣暘訓導臣偉監試官監察御史臣和臣沾暨諸執事更相戒誓而後就列乃窮日夜精校閲慎去取之於四千一百四十卷中拔其文之優者得百三十有五人其卷若是乎其多也而所拔乃僅止此非士之可取者止於此也遵制額而不敢過也文則録而刻者二十篇亦間舉其一二以例之録何能盡也然即其所已録者而觀之雖一出於風簷短晷倉卒督迫所成率皆明於理而達於辭蔚然鏘然有可誦而傳者其平日從容展布之作將不有大且深於此焉者乎即其在録中者而推其遺於録外者使非限於制額則人之見取文之見録雖或倍蓰於此亦無不可然而有所不敢者法之所在不容以己意參乎其間也仰惟皇上嗣大歷服以來無一政一事不遵祖宗成法至於試事尤切惓惓屢涣大號戒飭所司申條格謹防範於凡徇情干正假公售私者尤嚴其罰必如古所云無情如造化至公如權衡者而後已焉皆法之爲也若乃解額之在鄉試者則間增於北卷額之在會試者則去中數而以分屬於北南是雖法外之意抑亦因時損益以至於此蓋我祖宗之法本之於身以達之家國天下無一政一事不以公天下之處之萬世守之萬世所不能易也豈獨試事爲然哉然姑即試事求之則凡法之所在雖朝廷之一亦未嘗輒以己意參之也况有司乎有司之奉法雖遠而蕃服猶凛然如在朝廷也况畿甸乎法以嚴於畿甸以率乎天下務期所取之士無不得焉以取重於天下以無負乎朝廷所尤重之意此臣之志也而士之所以自重則又係乎士之所自立者何如是豈臣之所能與哉士之所自立凡處己待物事君治民之道亦豈無成法哉自昔聖賢其載於經其本末次第可考而知者士當敬以守之隨其職守才力所至而皆求以不悖

不以利害爲趨舍不以毁譽爲前却如此而始如此而終如此而貧賤如此而富貴其有所當爲也如水之必寒如火之必熱其有所不爲也如騶虞之不殺如竊脂之不穀有斷斷乎其不可易者非可視時高下而爲之損益者也使或悖乎此則非士之所以爲士者矣凡天下之士皆然而況畿甸之士乎哉試事既畢例有録以獻臣敢謹序于其首且用以爲諸士告云

翰林院侍讀學士奉訓大夫蔣冕謹序

正德五年應天府鄉試

提調官

應天府府尹丁鳳（應昭直隸蠡縣人　丁未進士）

應天府府丞陳玉德（卿直隸沂州衛官籍癸丑進士）

考試官

翰林院侍讀學士奉訓大夫蔣冕（敬之廣西全州人　丁未進士）

翰林院侍讀朱希周（懋□直隸崑山縣人　丙辰進士）

同考試官

直隸永平府灤州儒學學正韓銘（一新山東章丘縣人　丁卯貢士）

廣東高州府化州儒學學正徐思（啓之廣西洛容縣人　丁卯貢士）

山西澤州陽城縣儒學教諭耿尚忠（宗夏山東鄒平縣人　戊午貢士）

河南汝寧府確山縣儒學教諭蔡春（仁甫浙江西安縣人　壬子貢士）

河南開封府原武縣儒學教諭趙源潔（鑑之湖廣麻城縣人　乙卯貢士）

江西瑞州府新昌縣儒學教諭姚世棻（廷芳福建閩清縣人　辛酉貢士）

山東濟南府章丘縣儒學教諭田墇（獻卿河南登封縣人　丁卯貢士）

浙江台州府天台縣儒學教諭黄暘（子和福建南安縣人　戊午貢士）

山東濟南府新城縣儒學訓導陸偉（俊卿錦衣衛匠籍甲子貢士）

監試官

文林郎南京江西道監察御史陳和（廷雍福建龍巖縣人　己未進士）

南京廣西道監察御史何沾（宗澤廣東順德縣人　壬戌進士）

收掌試卷官

奉政大夫應天府治中劉奎（翰章順天府昌平縣人　甲午貢士）

印卷官

應天府通判周京（文都廣東新會縣人　丁酉貢士）

受卷官

應天府高淳縣知縣閻茂（希卓河南洛陽縣人　戊午貢士）

南京驍騎右衛經歷黄裳（元吉河南淇縣人　監生）

彌封官

應天府句容縣知縣王汝舟（濟川四川華陽縣人　戊辰進士）

南京水軍右衛經歷暨坤（世貴福建崇安縣人　監生）

謄録官

應天府溧水縣知縣陳銘（文彝浙江會稽縣人　戊辰進士）

南京豹韜左衛經歷梁韜（用奇廣東高要縣人　監生）

對讀官

應天府溧陽縣知縣張行甫（子先順天府大興縣人　戊辰進士）

南京金吾前衛經歷鄧璿（文璣直隸□定中衛人　監生）

巡綽官

明威將軍南京天策衛指揮僉事童弼（良佐直隸安豐縣人）

明威將軍南京江陰衛指揮僉事張林（朝用直隸定遠縣人）

搜檢官

武德將軍南京濟川衛正千户李欽（宗堯順天府霸州人）

武略將軍南京龍驤衛副千户張佐（舜卿直隸通州人）

昭信校尉南京牧馬千户所百户俞泰（定之直隸吴縣人）

昭信校尉南京留守前衛百户張策（邦正直隸海州人）

徵仕郎應天府經歷司經歷朱重元（繼文江西浮梁縣人　監生）

應天府上元縣縣丞張璿（廷器遼東前衛人　監生）

應天府江寧縣縣丞汪濂（□清直隸歙縣人　丙午貢士）

應天府江寧縣主簿鄭賢（邦用四川岳池縣人　監生）

應天府上元縣典史胡敏學（宗賢湖廣麻城縣人　吏員）

應天府龍江水馬驛驛丞李華（世榮四川瀘州人　承差）

應天府江浦縣東葛城驛驛丞吴明（視遠江西南昌縣人　承差）

應天府句容縣龍潭水馬驛驛丞楊應賢（尚文雲南太和縣人　承差）

應天府江浦縣江淮驛驛丞閔文（純質江西南昌縣人　承差）

第一場

四書

上好禮則民易使也　誠之者擇善而固執之者也　舜發於畎畝之中傳説舉於版築之間膠鬲舉於魚鹽之中管夷吾舉於士孫叔敖舉於海百里奚舉於市

易

美在其中而暢於四支發於事業美之至也　君子以正位凝命　是故四營而成易十有八變而成卦　天地定位山澤通氣雷風相薄水火不相射八卦相錯

書

日宣三德夙夜浚明有家日嚴祗敬六德亮采有邦　有言逆于汝心必求諸道有言遜于汝志必求諸非道　人無於水監當於民監　旌别淑慝表厥宅里彰善癉惡樹之風聲弗率訓典殊厥井疆俾克畏慕申畫郊圻慎固封守以康四海

詩

躋彼公堂稱彼兕觥萬壽無疆　民之質矣日用飲食群黎百姓遍爲爾德　文王孫子本支百世凡周之士不顯亦世　駿發爾私終三十里亦服爾耕十千維耦

春秋

公及邾儀父盟于蔑（隱公元年）　齊師宋師曹師次于聶北救邢（僖公元年）遂伐楚次于陘（僖公四年）　晋人宋人衛人陳人侵鄭（宣公二年）　初税畝（宣公十有五年）作丘甲（成公元年）用田賦（哀公十有二年）

禮記

故禮也者義之實也協諸義而協則禮雖先王未之有可以義起也　君子如欲化民成俗其必由學乎　窮本知變樂之情也著誠去僞禮之經也　禮有五經莫重祭

第二場

論

聖人經世大法

詔誥表（内科一道）

擬漢賜今年田租之半詔（文帝□年）擬唐以裴度爲中書侍郎同平章事誥（元和十年）擬進玉牒表

判語（五條）

漏使印信　荒蕪田地　失占天象　私借驛馬　盗決河防

第三場

策（五道）

問　我太祖高皇帝嘗命儒臣纂集存心省躬二録凡歷代帝王祭祀而有感於灾祥及漢唐宋以來灾祥之應於臣下者皆載焉其指授一出於聖心其命名悉發於天語行之當時傳之後世無非欲君臣上下同其警畏以致力於身心于以變灾而爲祥也豈徒致謹於祀事之間而已哉然竊嘗仰窺二書命名之意於警乎君者則以心言而欲其存於警乎臣者則以身言而欲其省豈君固無與於身而臣則無與於心邪抑君臣之間亦有可以互相致力者乎三代而上無容議矣漢唐宋以來其君臣之間亦有能弭灾致祥者豈亦有得於身心存之力乎國家列聖相承同一警畏至我皇上尤隆繼述頃因灾异示戒特勤播告之修仁恩惠政洽于海内而又戒諭群臣俾加修省蓋仰遵祖訓而欲上下協德以益嚴於身心存之功也其所以弭灾致祥者端有在於是矣敢問諸士子不知今日尚有可以益紓宵旰之憂以爲召和之助者乎有則請敬陳之將轉以獻之于上

問　我聖祖嘗讀尚書至敬授人時章語侍臣曰敬天一事後世人主猶能知之敬民一事則鮮有知者蓋彼自謂爲崇重而視民輕故也惟知民與己相資則必無輕視之弊故曰可愛非君可畏非民大哉皇言蓋自舜禹面相授受以來數千百年所僅見也試與諸士子論之不知我聖祖所謂畏民者豈真以民爲可畏邪抑姑論其理如此邪今天下之民比之國初其亦足畏邪其亦無足畏邪且在國初干戈□定當時之民容或有可畏者今承平既久天下之民無一不涵泳鼓舞於深仁厚澤中尚何可畏之有而我皇上乃夙夜惓惓不遑寧處一聞四方水旱寇盗之警輒下所司俾其悉意區畫形之詔旨者不一而足自非以古帝王畏民之心爲心而欲上以仰繩祖武其何能及此夫何楚蜀之間民之淪於盗賊者尚未聞其有還定閭里之期蘇松之境民之傷於水潦者尚未聞其無凍餒田野之憂此其故何也豈上有畏民之君而下無畏民之吏邪夫以前代之臣尚有渤海亂繩廣陵單車化□劍而爲犁鋤者亦有京

東安撫秀州從事變灾沴而爲豐穰者而可謂聖世之無其人乎此二者皆今日之急務諸士子得於見聞之間其必有概於中久矣苟有可以仰裨當宁畏民之政者其尚無訥于言

問　孟子有言自有生民以來未有孔子也故伯夷伊尹皆以聖稱而不敢比德於孔子至論其事功則堯舜猶或弗逮而三代以下顧有以之自擬者觀其言曰十載而下有紹宣尼之事業者吾不得而讓也而其徒稱之則曰仲尼没而文在兹若人也其果宣父之儔歟其所以擬諸孔子者亦嘗托之著書以自見矣不知其所著者果有合於六經之指歟孟子闢楊墨不遺餘力以爲能言距楊墨者即聖人之徒而其於墨氏也闢之尤甚後之儒者乃謂孔子必用墨子墨子必用孔子何其言之矛盾一至是乎使是言也而出於庸人則無待於辯矣然其人固嘗以抑邪崇正爲己任而推尊孟氏者也是豈無所見而鑿空妄説哉然則孔墨之道同乎异乎是不可得而知也夫孔子萬世之師遵之則儒者悖之則异端而能與之比迹者則亦聖矣趨舍予奪之間誠不可不審也諸生皆誦法孔子於此必有定論其爲我析焉

問　人君所恃以治天下者曰民財曰民力曰民情斯三者而已使於斯三者而不監焉則經費何由而足工役何由而給奸慝何由而詰乎雖使堯舜三王亦無以治天下矣然宋儒之論顧以不盡人之財不盡人之力不盡人之情者爲賢而以歸於漢世之君且慨其繼治者之不能然何也然則治天下者於斯三者果可以盡歟果不可以盡歟抑宋儒之論雖曰論漢其實又借漢以論宋也宋世之君於斯三者亦固有盡不盡焉者矣果孰賢而孰非賢歟夫治道莫要於斯三者漢宋諸君同以之治天下也而其所行之得失乃不同如此庸可不求其故歟諸士子皆明於古今之故者是固不容默矣

問　士之窮理於古昔人物臧否皆所當知然欲知其臧否者亦惟考其行事之實焉耳大抵君子之所爲必當於理者也小人之所爲必背於理者也然或忠貞鯁亮勛德著聞而其所行亦有不愜於公道者或憸邪讒慝人品污下而其所建白者乃有公平正大之論則賢否曷從而定乎史所載賢者之過有説其君背約而擊楚者有從其主背義而取益州者疑不得爲正有舍陸贄而薦竇參者人舍李泌顔真卿而薦楊炎者疑不得爲明有殺張曇而僚佐多求去者有殺曲端而軍士或叛去者則幾於暴矣之數公者皆善之著者也而其所行顧若是可謂當理乎史所載小人之善或因贜吏之誅而諫陷人於法或論官冢之害而并憂及他州似得乎匡救之義或以絶邪佞爲太子箴或以預外事爲太子戒似得乎輔養之道或請蠲負而釋繫囚或請罷兵而撫蠻寇

則疑於仁矣之數人者皆惡之尤者也而其所見乃如此可謂不當理乎夫君子未必無小疵而小人未必無寸善固也由前所云者而觀之則君子之過或不止於小疵而小人之善顧有關於大體不亦异乎然則君子將不足盡取而小人亦未可盡非邪諸士子讀史之餘必嘗擬議於斯矣請詳言之以觀窮理之學

中式舉人一百三十五名

第一名　孫繼先　浙江餘姚縣人監生　禮記
第二名　顧彦夫　無錫縣學生　詩
第三名　喻義　無錫縣學附學生　書
第四名　華金　常州府學生　易
第五名　唐侃　徽州府學生　春秋
第六名　吴闇　常州府學增廣生　詩
第七名　王遵　寧國府學生　書
第八名　惲□　武進縣學增廣生　詩
第九名　童楷　應天府學生　易
第十名　王鋐　金壇縣學生　詩
第十一名　于湛　金壇縣學生　書
第十二名　毛憲　武進縣學生　禮記
第十三名　胡統　武進縣學生　詩
第十四名　柴太　崑山縣學生　易
第十五名　韓鸞　泰州學生　詩
第十六名　陳應武　高郵州學生　書
第十七名　韋松　常熟縣學附學生　詩
第十八名　沉樌　太倉州學生　易
第十九名　程鋭　祁門縣學生　春秋
第二十名　丁延年　無錫縣學生　書
第二十一名　李翔　上海縣學生　詩
第二十二名　戚濟　宣城縣學生　易
第二十三名　馮純　浙江金華縣人監生　詩
第二十四名　周鰲　江陰縣學生　書

第二十五名　王留　常熟縣學附學生　詩
第二十六名　吴文之　吴縣學生　易
第二十七名　姚相　常州府學增廣生　詩
第二十八名　曹祥　崑山縣學增廣生　易
第二十九名　李元祥　華亭縣學生　詩
第三十名　郁山　華亭縣學生　書
第三十一名　周鳳鳴　崑山縣人監生　易
第三十二名　趙守　應天府學增廣生　詩
第三十三名　沈本　興化縣學生　易
第三十四名　周埜　太倉州學生　詩
第三十五名　陳世輔　鳳陽府學生　春秋
第三十六名　李鼐　常州府學生　詩
第三十七名　唐濂　徽州府學增廣生　春秋
第三十八名　孫峻　高郵州學增廣生　詩
第三十九名　王鑾　南京錦衣衛人監生　易
第四十名　李儒　華亭縣人監生　詩
第四十一名　許繼　儀真縣學增廣生　書
第四十二名　蔣嶽　應天府學生　詩
第四十三名　劉羽　江陰縣學生　書
第四十四名　章棟　青陽縣學生　詩
第四十五名　方節　合肥縣學生　書
第四十六名　鄭賓　武進縣學增廣生　詩
第四十七名　王崑　靈壁縣學生　易
第四十八名　顧康　江陰縣學生　詩
第四十九名　蔣同仁　武進縣學生　禮記
第五十名　吴鯉　安慶府學生　詩
第五十一名　汪溱　祁門縣儒士　書
第五十二名　龔儼　太倉州學生　易
第五十三名　俞召　常州府學生　詩
第五十四名　韓恢　應天府學生　書
第五十五名　盛應望　蘇州府學附學生　易
第五十六名　王堅　山陽縣學生　詩

第五十七名　史篚　溧陽縣學生　書
第五十八名　王卿　霍丘縣學生　春秋
第五十九名　黄訓　吴縣學生　詩
第六十名　馮祥　績溪縣學生　書
第六十一名　張参　華亭縣人監生　詩
第六十二名　熊威　福建將樂縣人監生　易
第六十三名　白繒　靈壁縣學生　詩
第六十四名　李葵　上元縣儒士　易
第六十五名　喻智　當塗縣學生　詩
第六十六名　張明儒　應天府學附學生　易
第六十七名　楊璡　松江府學生　詩
第六十八名　林倌　盱眙縣學生　易
第六十九名　都咨　蘇州府學生　書
第七十名　陳續　石埭縣人監生　易
第七十一名　周衝　宜興縣學附學生　書
第七十二名　戴恩　松江府學生　詩
第七十三名　沈存肅　上海縣學生　書
第七十四名　張淵　江浦縣學生　詩
第七十五名　吴文獻　歙縣學生　禮記
第七十六名　徐旒　華亭縣學附學生　詩
第七十七名　胡岳　華亭縣學生　書
第七十八名　朱鴻漸　蘇州府學附學生　易
第七十九名　顧溱　蘇州府學生　詩
第八十名　吴迪　休寧縣學附學生　春秋
第八十一名　龔大有　常州府學生　詩
第八十二名　范汝輿　蘇州府學增廣生　易
第八十三名　江一桂　婺源縣學附學生　詩
第八十四名　王以旂　應天府學生　書
第八十五名　周震　崑山縣學增廣生　詩
第八十六名　金寵　休寧縣學生　易
第八十七名　瞿祥　太倉州學附學生　詩
第八十八名　張寰　崑山縣學生　書

第八十九名　蔣洽　武進縣學生　易
第九十名　孔欽　武進縣人監生　詩
第九十一名　張烈　應天府學增廣生　易
第九十二名　丘節　通州學生　詩
第九十三名　鄒經　無錫縣學附學生　書
第九十四名　簡佐　江西新喻縣人監生　詩
第九十五名　陸鰲　崑山縣學附學生　易
第九十六名　□□□　華亭縣學附學生　詩
第九十七名　馬惠民　揚州府學生　易
第九十八名　嵇兀鳳　常熟縣人監生　詩
第九十九名　陳輔　儀真縣學生　書
第一百名　葉明　儀真縣學生　詩
第一百一名　劉紀　南京旗手衛儒士　易
第一百二名　王欽　無爲州學生　詩
第一百三名　彭昉　吴縣學生　易
第一百四名　蘇驥　建德縣人監生　詩
第一百五名　陸乾元　寧國府學生　易
第一百六名　魏應召　吴縣學生　詩
第一百七名　裴居易　五河縣學生　書
第一百八名　高鳳　武進縣學附學生　詩
第一百九名　蔣益　武進縣學生　禮記
第一百十名　方遠宜　徽州府學增廣生　詩
第一百十一名　周懋文　崑山縣學生　書
第一百十二名　黄永椿　江都縣學生　詩
第一百十三名　徐晉　揚州府學生　易
第一百十四名　唐珁　常州府學生　詩
第一百十五名　潘錡　婺源縣儒士　書
第一百十六名　俞敦　江都縣學生　詩
第一百十七名　鮑鳳　安慶府學生　易
第一百十八名　江涯　徽州府學生　詩
第一百十九名　沈俊　廬州府學生　書
第一百二十名　唐周　上海縣學生　詩

第一百二十一名　盧雍　蘇州府學附學生　易
第一百二十二名　王紀　泰州學生　詩
第一百二十三名　馮冠　常熟縣人監生　春秋
第一百二十四名　蔣貫　祁門縣學生　詩
第一百二十五名　陳桓　定遠縣學生　禮記
第一百二十六名　蔡元用　常州府學生　易
第一百二十七名　周懋　常熟縣學附學生　詩
第一百二十八名　戴吉　婺源縣學生　書
第一百二十九名　余琛　歙縣人監生　詩
第一百三十名　俞璋　太倉州學生　易
第一百三十一名　周儀　南陵縣學生　詩
第一百三十二名　方紀遠　歙縣學生　書
第一百三十三名　陳堯恩　吴江縣人監生　詩
第一百三十四名　俞瓚　蘇州府學增廣生　易
第一百三十五名　黄海　壽州學生　詩

第一場

四書

上好禮則民易使也

沈櫝

同考試官教諭田批（題本冠冕場中士子類能發揮及細加檢閱未免□□□晚得此篇詞語切當趣味悠然夐出人表用録士以範來學）

同考試官教諭蔡批（論語題似易實難連日閱卷□意者殊少此篇就題寫爲辭不費而理獨到故録之）

考試官侍讀朱批（體貼易使二字明白）

考試官侍讀學士蔣批（辭順理明優於衆作）

治人者能尚乎理之自然事人者斯安於分之當然蓋禮出於自然之理而莫大乎分也上好乎禮則禮達而分定矣又豈有難使之民哉昔吾夫子之意若曰安上治民莫乎禮君子之居上而臨下也不以禮爲尚可乎必也出入起居悉由乎矩範之中而惟禮是好于以踐履於一身俾民有所式焉設施措置不出乎儀則□外而所好惟禮于以綱維乎庶政俾民有所守焉莅之以莊

未也而所以動斯民者必於禮乎是崇道之以德未也而所以齊斯民者必於禮乎是尚上之好禮也如此則禮教達於下矣焉有禮達而分不定分定而民不服者乎故凡民之在所統者是惟無使也一有以使之則莫不曰上之所以使我者分也分所當爲吾何敢愛其力邪民之在所治者是惟無役也一有以役之則莫不曰我之所以爲上役者職也職所當盡吾何敢顧其私邪使之興作也則趨事赴功之恐後而勞非所辭不徒貌之從也而實安於心焉使之攻守也則折衝禦侮之争先而危非所避不徒法之畏也而實勇於義焉是則爲人上者不患民之難使而患禮之不達盍亦知所務哉雖然上之好禮豈以欲民易使而然亦惟盡其道之當爲而其應有必至耳若子犯之告晋文公則曰民未知禮未生其共於是乎大蒐以示之禮而後用之是豈真能好禮者哉特以是爲誘民之具耳吁此伯者之術所以异於王道也與義利之分學者不可以不辨

誠之者擇善而固執之者也

王鋐

同考試官教諭黄批（此作於擇善固執處講得親切有味讀其文可以知其藴矣）

同考試官學正徐批（誠之者功夫在擇善固執作者多不能體認此篇議論精到文字典雅蓋學而有所得者也録之）

同考試官學正韓批（場中作此題者大率多同求其就擇守中而能發出新意者僅見此篇讀之令人起敬）

考試官侍讀朱批（體認真切而辭不泛蓋嘗究心理學者）

考試官侍讀學士蔣批（文能説理雖多不厭也）

欲實其理者在乎擇之精而守之篤也夫理貴乎擇而守之也擇之不精守之不篤而欲望乎理之實於己也不亦難哉中庸引孔子□哀公之問政言誠者誠之者有天道人道之分而此則釋誠之之事何則誠之原於天也本無不同而其在乎人也不能無异誠之者知理之間以欲也欲變其异求與誠者同歸知理之雜以人也欲反其同求與天道一致是果何如其用力哉以爲擇之不精則天下理必將錯雜於是非之間而心體終於昏昧矣何以知其善之所在而詣之哉於是辨真僞於疑似之間務求何者爲是何者爲非不底於至當之歸不已也審取舍於隱微之際務求何者爲真何者爲妄不造於至善之地不已也今日格一物明日格一物凡天下之理皆有以究析其幾微今日致

一知明日致一知凡天下之理皆有以窮極其蘊奥夫然則有以真知善之所在而有誠之地矣以爲執之不固則所擇之理必將得失於苟且之余而表裏終於扞格矣何以得其善於吾心而安之哉于是擇之於始者執之於後而持守之也堅務使心與理融不隨□□□□□□□於昔者執之於今而操持之也篤務俾理與心契不或在而或亡也時有久暫而執之之功不以久暫而或殊事有常變而守之之力不以常變而或异夫然則有以造詣乎善所歸而入誠之域矣誠之者而能至是焉則與誠者同其歸而與天道無二致矣反其异以歸於同擇善固執之功焉可誣哉大抵聖賢之學未有不以知行爲要者虞書之惟精惟一大易之學問寬仁颜子之博文約禮曾子之格致誠正孟子之盡知存養皆是物也然則吾夫子擇善固執之説豈獨哀公之所當知哉宜子思引之以明道之費隱也歟

舜發於畎畝之中傳説舉於版築之間膠鬲舉於魚鹽之中管夷吾舉於士孫叔敖舉於海百里奚舉於市

惲庵

同考試官教諭黄批（叙舜説講人亨困之由宛若親接其人詳其事而爲之紀述焉佳作也）

同考試官學正徐批（於聖賢亨困事發揮明盡一□尤有學識其殆尚論古人而能自得師者乎）

同考試官學正韓批（此題發揮二字本文甚明但作者一概混説殊爲可厭能融會題意而措詞雅馴若此篇者可多得邪）

考試官侍讀朱批（孟子義詳雅整潔當是作手）

考試官侍讀學士蔣批（説得孟子意出）

大賢述古人之亨於困有統治於上者有輔治於下者蓋舜以聖人治天下而傅説諸賢則皆隨時輔治之臣也其亨皆未始不由於困何莫而非天意之所在哉孟子之意如此誠以富貴福澤固天所以厚乎人而困窮拂鬱天亦何嘗薄於人邪是故舜聖人也爱堯禪而膺歷數之歸之中國而踐天子之位人知舜之登庸也而不知四岳之舉實始於歷山之耕側陋之揚實□□□□之日舜蓋發於畎畝之中焉傅説身□□□□□陋矣高宗則舉之以作相舟楫資之以作也鹽梅資之以和也則救度之處□其夢弼之地乎膠鬲身鬻魚鹽其事汙矣文王則舉之以爲政或藉之以先後也或藉之以疏附也則貿易之場非其奮迹之所乎齊桓公以管夷吾爲相國舉之果何所自邪則拘於士

師之官而縲紲方且困繫也楚莊王以孫叔敖爲令尹舉之抑何所從邪則困於隱處之地而海濱且將終身也以至百里奚之賢而爲秦穆公之舉得非混迹商賈之區屈志於懋遷之市而始出哉是則亨不遽於亨也而必始於困困不終於困也而卒至於亨古之聖賢大率類此謂非天意可乎雖然舜大聖人也以傳説膠鬲執之固已非其倫矣况夷吾輩區區霸者之佐哉而孟子乃一律言之何也蓋雜舉小大之成就皆出於困窮憂患中用以示學者堅志熟仁之一助耳然則有志之士其可以憂患而自沮哉

易

君子以正位凝命

華金

同考試官教諭田批（詞理精緻深得夫子象傳之旨可嘉）

同考試官教諭蔡批（命乃君子所已受於天者但欲其凝之耳作者多體貼欠明此篇獨能發揮本旨宜在所録）

考試官侍讀朱批（明贍可取）

考試官侍讀學士蔣批（講正位凝命處非他卷可及）

君子體鼎之象必端其身之所履以承乎天之所祐蓋位者身之履而命則天之所祐也天位正則天命有歸矣豈不足以凝之哉且下巽上離卦名曰鼎吾夫子係之以象蓋謂木上有火鼎象也鼎之爲物非安重而不動者乎有天下之君子觀斯象而體之必也齊莊中正端居乎五位之尊嚴肅整齊高拱乎矣九重之上大寶至貴也正以持之而不敢慢所以爲天下之大觀者屹乎其鎮重而有威之可畏焉神器至重也正以守之而不敢忽所以爲萬物之利見者儼乎其恪恭而有儀之可象焉夫位之所存□之所存也正其位非所以凝其命乎蓋命本不易也惟鎮重足以勝之而凝集於穆清之地命本靡常也惟恪恭足以膺之而萃聚於淵默之中大寶之貴實天所眷佑者于以承而安於磐石豐亨之治可常保也神器之重實天所付托者于以受之而固於苞桑豫大之慶可常享也夫位之正也猶鼎之正其器也命之凝也猶鼎之凝其實也君子其善於體易者與抑又論之君子之正位非以致飾也蓋其敬德之容發於外者然耳夫子於大有舜嘗以恭己正南面贊之是恭己者即舜之所以正位也然而禄位名壽咸萃于厥躬則凝命之驗信不誣矣爲人君者其可不以舜爲法乎

是故四營而成易十有八變而成卦

童楷

同考試官教諭田批（大傳一題似易實能場中士子下筆便錯此篇從容數語而理趣自見其因難見巧若歟）

同考試官教諭蔡批（説理文字如菽粟然其味雋永愈咀而愈不厭此作得之）

考試官侍讀朱批（辭簡而意足）

考試官侍讀學士蔣批（講策法詳密非素究心於本領者不能）

大傳論揲蓍之法原其變之所由生要其畫之所由備蓋揲衆所以求其卦也然不究其成變之始則卦何自而出乎且夫大衍之數五十其用四十有九而用之之序當何如邪蓋其經營之法始焉而分二次焉而挂一繼之以揲四則三營矣終之以歸奇則四營矣夫如是則參伍之法由是而可據多寡之實由是而可徵或五與四也成其一變之奇或九與八也而成其一變之偶蓋揲蓍之事於此乎更端而節目具矣使有一營之未備其何以成易乎若人一變之後歷三變而一爻乃成歷九變而内卦始得積之以七十二營營斯備矣計之以十有八變變斯周矣夫如是則内外之卦由是而始合貞悔之體由是而始全由初及上而本末具陳自始主終而承乘有序蓋揲蓍之事於此乎一終而體質備矣苟有一變之未具其何以成卦乎夫揲蓍求卦之法以漸而成也如此二篇之策豈不由是□積哉不特此也引而伸之觸類而長之則一卦之中可變爲六十四卦其變無窮而天下之能事畢矣蓍之功孰大焉然非人之智力所能損益□一自然之神耳或者以卜筮爲小吾易不亦謬乎微小筮則聖人之精藴殆不可見矣

書

日宣三德夙夜浚明有家日嚴祗敬六德亮采有邦

陳應武

同考試官訓導陸批（文理明暢能寫出皋陶陳謨之旨是宜録之）

同考試官教諭耿批（題雖明白亦難發揮此作宛然之際虞廷而親聆謦欬于皋陶者用録以式）

考試官侍讀朱批（意思周密）

考試官侍讀學士蔣批（平順可觀）

能常其已然之德必利夫將然之用此知人之事也蓋成德貴彰而有常也苟未能然何以利家國之用而成浚明亮采之治哉皋陶陳謨於舜而此則

言知人之事意豈不曰成德之人固足以圖治而成德之著尤貴乎有常九德之中有三德者焉是三德也不日宣之則成於三德者亦止於三德矣以之而爲大夫有家之事伊何而浚明乎殆必日新月盛而使修爲之功有加無已日增月益而使擴充之力有隆無替得之於身者昭之而愈光也見之於行得張之而愈大也如此則三德著之於身而有常矣斯人也用之而爲大夫吾見其坐以待旦益隆乎政教之休夜以繼日丕顯乎精明之治三德之運用有以增一家之輝光用三德而必如是常德之可用者不在兹乎九德之中有六德者焉是六德也不日嚴之則成於六德者亦終於六德矣以之而爲諸侯有邦之政伊何而亮采乎殆必檢束而不敢肆素有者保守不遑而未至者恒拳拳也矜持而不敢放夙成者操執匪懈而有歉者每切切也如此則六德著之於身而有常矣斯人也用之而爲諸侯吾見邦圻之内燦然德教之流行邦域之中蔚然治化之浹洽以六德之戒嚴足以表一邦之有乂用六德而必如是常德之可用者不在是乎是則謂之曰日宣日嚴則彰而有常謂之曰浚明亮采則吉而可用人君欲盡知人之事其可忽於此哉雖然知人則哲惟帝其難皋陶陳知人之謨推而至於官人之要似不以為難者豈皋陶之明顧有出於帝堯之上哉蓋帝之所難難於心也皋陶之所易易於事也體堯之難其心而法皋陶之詳於事知人之道其庶矣乎

旌别淑慝表厥宅里彰善癉惡樹之風聲弗率訓典殊厥井疆俾克畏慕申畫郊圻慎固封守以康四海

喻義

同考試官訓導陸批（題本冠冕作者類於旌别彰癉處概□□□□□□篇剖析明盡得□王化殷固本之意用録之以式治經義者）

同考試官教諭耿批（辭約意盡深得命臣之體敬羨敬羨）

考試官侍讀朱批（善敷演康王告畢公之意）

考試官侍讀學士蔣批（文有關鎖）

賢王命大臣既欲明勸懲之政以化殷民尤欲嚴根本之地以安天下蓋勸懲既明則民之區别者未必皆能自安也使非嚴根本之地亦何以防未然之釁以安天下哉康王命畢公保厘東郊而勉之以此若謂子命公以周公之事者豈有他哉亦惟望公盡保厘之責耳彼商民之中不有淑者乎則旌之而不没其善不有慝者乎則别之而不宥其惡旌淑何如蓋率汝訓典而不違民之淑者也則表其宅里于焉顯其善以病其惡使爲善之風聲聳然而樹挺然

而立有以播今而傳後也別慝何如蓋違汝訓典而弗率民之慝者也則殊其井疆于以區其惡不雜於善使爲惡之頑民畏禍於己慕福於人莫不警悚而悔悟也然既兼舉夫旌別之政則當潛消其覬覦之心故郊圻之制昔固規畫矣公必思其歲久則易湮而申明之有章封域之險昔固有守矣公必念其時□則易玩而戒嚴之有備王畿既尊則居重以馭輕而四海之遠可康乂也況商民之見旌者寧不益勉於善乎京邑既嚴則宅中以制外而天下之大可寧謐也況商民之見別者安敢復肆其惡乎吁既明勸懲以化殷民又嚴根本以防殷民保厘之政尚有要於此哉大抵旌別不明則善惡必至於混淆根本不固則奸宄必至於窺伺是以古之人君未有不以勸善懲惡修内攘外爲治道之要者康王生重熙累洽之後能不以宴安自怠保厘之命拳拳以是望之畢公蓋非徒以警畢公實欲以之而自警也此其所以爲守成之賢君也歟

詩

躋彼公堂稱彼兕觥萬壽無疆

韓鸞

同考試官教諭黄批（此題頗難下筆文者傷於詞質者病於野惟此作就豳人口氣説去紓徐曲折有許多忠愛不盡之意真是佳作）

同考試官學正徐批（文無浮艷而風致自別作葩經義者當如是矣）

同考試官學正韓批（豳人忠君愛國之真此作形容盡矣高薦何忝）

考試官侍讀朱批（豳民祝頌之意不啻若自其口出可謂善説詩者矣）

考試官侍讀學士蔣批（詞不費而意足）

升君所而舉酒以祝其壽豳民之厚然也夫有愛君之心而後有敬君之禮也豳民升君之堂而舉酒以祝其壽焉一何愛君之至哉昔周公追述后稷公劉風化之所由以告成王□此意謂豳民當農功既畢之餘而備夫獻□之禮豈用其物而不用其情邪於是罄一念之誠饗朋酒於豳公之堂不以□分之□而遂□□□□心之愛獻羔羊於國君之所□□□□□隔而弗登也睹君顔於咫尺□上愛下媚熙熙乎一父子之相親表芹曝之勤渠而君□臣恭藹藹乎一家庭之無間然豈徒愛之而不有以祝之哉稱兕觥以盡獻君之禮惟眉壽之是期舉兕器以將奉君之誠惟遐福之是祝意以福莫大於壽也自兹以往願吾君焉首五福而萬有千歲其必有以永阜吾民之財乎壽爲福之先也自今而後願吾君焉等三壽而於萬□年其必有以恒足吾民之食乎□□□□□□□近君之時敬君之誠寓於□君之□豳民□□□□君上之至哉抑報施之道甚有可畏□上下之交愛必皆有以來之也使豳公不□□

民爲心民豈肯以愛君爲心哉此固成王初政□所當知而周公不容於不告也厥後成王撫盈成之運大文武之業謂非有得於周公之訓可乎

文王孫子本支旨世凡周之士不顯亦世

顧彦夫

同考試官教諭黄批（大雅題不難於成篇而難於脱俗有規戒意此作獨於百世不顯處發揮甚是警策深得周公當時戒成王意）

同考試官學正徐批（題本平易作者類以浮詞失之偶得此篇精爽動人脱去塵習允宜高薦）

同考試官學正韓批（此作就題生意無一陳語而語亦未嘗出於意外當是老手）

考試官侍讀朱批（得詩人和平氣象）

考試官侍讀學士蔣批（氣和語莊與場中務聘詞者异矣）

上天命周之福不惟及於聖人之後而又及於群臣之後甚矣天命福周之遠也使聖人群臣之後而皆有以蒙其庇焉非聖德垂譽之久曷克致哉此周公追述文王之德明周家所以受命而代商者皆由於此以戒成王此則言大命福周之遠其意謂夫我文王以亹亹之德膺天心之眷豈徒尊榮其身而已哉是故麟趾振振衍瑞慶於無窮何者非我文王之孫子瓜瓞綿綿垂休禎於不竭何者非我文王之子孫有宗子焉莫不出震繼離而統馭乎萬方將使歷百世之遠永傳帝王之曆數也有支庶焉莫不分茅胙土而君臨乎一國將使歷千載之久永爲三室之蕃衛也豈但己哉彼疏附先後我文王有一代之臣也濟濟乎其多矣奔走禦侮我文王有一代之士也藹藹乎其衆矣今皆自天佑之使周士之後昆亦顯顯乎世修其德上有是君下有是臣將永保至治之休而與周家媲美於無疆焉自天申之使周士之後嗣亦昭昭乎世濟其美君明於上臣良於下將永綏太平之盛而與我周匹休於無窮焉是則本支百世固福周也不顯亦世亦福周也文王盛德格天之至有如是哉大抵帝王大業未有不由於祖宗盛德得之亦未有不由子孫驕奢失之也周公戒成王一則曰聿修厥德一則曰無□爾祖惓惓以法祖爲言者何哉蓋天命無常惟德是與祖宗以盛德得之於前無非欲子孫以盛德保之于後也噫周公之心一何忠愛之至哉

春秋

齊師宋師曹師次于聶北救邢（僖公元年）遂伐楚次于陘（僖公四年）

唐侃

同考試官教諭趙批（此題胡傳甚明不難於體認但場中作者不失之腐則失之巧惟此篇意到語新用録以式）

考試官侍讀朱批(二事似同而實异是篇剖析詳盡深得聖人褒貶之旨）

考試官侍讀學士蔣批（於齊桓功過不□□處發得明白）

伯主恤患而不勇於進兵春秋之所譏討罪而不輕於進兵春秋之所美此見齊桓始而救邢之次失恤患之禮繼而伐楚之次得愛民之仁春秋得不一譏之一美之哉慨昔邦被狄難齊桓公帥三國之師以救之於是乎聶北有次焉夫春秋於後此陘亭之役嘗以次爲美至而此則譏之者何耶蓋以邢人之難朝不及夕桓欲救之不可以不速也使公也邊塵既警而倍日以兼行則春秋何譏焉夫何徒張□患之聲實懷養亂之志偕宋及曹力非不足也乃逗遛而不前攘外安内事非可疑也乃玩寇而待斃及夫邢勢日促幾不能存始徐起而城之其不勇於恤患也有如是哉聖人修經以爲救患分灾於禮爲急而桓之救邢乃當速故□□□欲不譏之可乎故先書次而後書救者傳曰救而書次以次爲譏是矣至若楚爲鄭患齊桓公帥□國之師以伐之於是□陘亭有次焉□□□□先此聶北之役嘗以次爲譏矣而此□美□□何耶蓋以楚人之心難以力服桓欲□之□□以不慎也使公也懸軍深入而必欲以□□□春秋奚美焉幸而謀欲出于萬全志不快于一逞嚴兵固圉非畏縮也將以慎用乎民修詞問罪非迂緩也將以柔服乎遠逮夫楚人震恐遣使如師即退舍以禮之非有志於愛民者能如是哉聖人修經以爲好攻樂殺於罪爲大而桓之伐楚能全師愛民如此欲不美之可乎故先書伐而後書次者傳曰伐而書次以次爲美是矣是則救邢不譏則凡怠恤患之義者無所懲伐楚不美則凡存愛民之仁者無所勸褒貶在一人而無窮之勸懲以寓然則聖人之義其可以一端求之哉抑救邢之役始之次也固可罪矣而終之城也亦可罪乎伐楚之役終之次也固可美矣而始之專也亦可美乎故觀夷儀之後而繼有三師之城侵蔡之一而敢專八國之伐則桓公之功過得失當相準矣噫□不足以掩過得不足以救失伯者之事大抵皆然吾於桓公乎何尤

晋人宋人衛人陳人侵鄭（宣公三年）

唐侃

同考試官教諭趙批（場中作此題者往往以胡傳理曲正本之説析而二之惟此篇渾融説去而傳意自見宜表而出之）

考試官侍讀朱批（聖人惡黨惡之義發明盡矣）

考試官侍讀學士蔣批（文有斷制）

伯國討二而歉於理春秋直書以致其譏此見鄭人爲楚討宋之詞直而晋人黨宋虐鄭之理歉春秋得不深責乎晋哉何則大棘敗宋鄭實附楚晋欲報楚會師伐鄭則是歸生之敗宋者從夷狄也趙盾之討鄭者存諸夏也晋師既出三國從行春秋於是役也曷爲卿書人而師書侵耶蓋義者天下之公理利者人欲之私情彼宋鮑之惡王法不赦何晋之君臣不爲討賊之舉而特講成亂之盟則固已弃大義於天下矣歸生之奉楚伐宋雖曰導夷以殘夏也不知大逆之賊人皆得而討之而楚則討之矣趙盾之爲宋伐鄭雖曰責夏之從夷也不知元惡之邦義不容於黨之而晋則黨之矣夫師必理之直而氣始壯事必始之慎而終斯善晋之始也以貪利而廢天討之刑則何有於慎繼焉以黨惡而發憑弱之旅又何有於直惟理不直而曲故師雖盛而老是以溱洧之侵天克稱兵討罪而鬥椒之來遽爾卷甲旋師向使盟扈無貪賂之失則晋師方强何乃至於畏楚向使侵鄭非黨惡之行則列國咸在何以不能服鄭君子作事謀始謀始所以慮終晋君休有焉故春秋於此列卿特以人稱討鄭又以侵録蓋因其本不正而深譏之以爲末流之戒也吁一書法間而討賊之義貪利之戒謹始之訓正本之道咸寓焉春秋謂非聖人莫能修信夫抑晋之罪固不可逭而鄭之所行要亦非盡善者彼晋靈貪污誠不足與而楚莊裔夷是豈宜從而且今日動衆以虐陳明日勞師以掠宋既不免犯□華之愆亦不能成討賊之義鄭之所行果何爲者哉春秋於侵鄭責晋者特爲黨惡而然耳非謂鄭本無罪而晋不當討也此又讀經者所當知

禮記

故禮也者義之實也協諸義之實也協則禮雖先王未之有可以義起也

毛憲

同考試官教諭姚批（此題作者率多於禮義處分别欠明有得之者則又詞失之腐讀之令人悶悶晚得此卷説理詳明措詞切當是宜録出）

考試官侍讀朱批（發揮禮以義起之意親切有味）

考試官侍讀學士蔣批（意與衆同而文與衆异是之取）

論禮爲義之定制而必著其義之所以成禮也夫禮雖有一定之制而亦有變通之宜也義無害於可爲則禮不妨於創矣奚必嫌於古制之未有哉記禮運者謂夫先王以治情爲急治情以修禮爲先彼經禮三百固所以防範乎人情者也然經制一定孰得而逾其規程曲禮三千固所以綱維乎人情者也然法制一定孰得而越其矩度曰親曰疏隨事順理有知其爲義矣而不知親疏之禮實確乎其有定則焉曰貴曰賤因時制宜人知其爲義矣而不知貴賤之禮實卓乎其有定制焉是果何自而見之□以禮非可以自起然揆之度之以事而合義則禮雖先王未之有亦可酌諸義而創爲之制曾何拘乎禮非可以自作然斟之酌之以義而協事則禮雖先王未之立亦可權諸義而創爲之法曾何嫌乎如禮之尚質夏未有也商以協於義而起之固未始拘於忠焉禮之尚文商未有也周以協於義而起之亦未嘗泥於質焉禮以義而起義因禮而行則禮爲義之實也可見矣先王治情而必先於修禮者夫豈無謂哉大抵禮義也者可相有而不可相無也義非禮則無以體其常禮非義則無以通其變以先王之治人情所以必禮義以爲紀而未有不由者也有志於制禮者尚其考於斯

窮本知變樂之情也著誠去僞禮之經也

孫繼先

同考試官教諭姚批（題本明白正大但作者率務爲枝辭曼説於本文意思反離而去之此作獨文根於理句句切實非究心於經學者不能也本房多士無出此卷右矣）

考試官侍讀朱批（辭贍而不覺其繁佳作也）

考試官侍讀學士蔣批（文能融會傳意非苟作者）

治情而情無不同者樂化之自然治情而情無不善者禮制之當然夫禮樂之有關於人情也大矣則夫治情而情無不治者謂非禮樂之用乎樂記君子意謂人知禮樂之攝乎人情孰知禮樂之治乎人情彼人之情自其理而言初無不同同則本一也自其氣而言不能無异异則變多也樂以統同故能窮其本之同而使理之原於心者皆全其降衷之初知其變之□而使性之失於情者皆復其本體之善夫窮本知變則情無不同矣此豈强之使然哉蓋統同者樂之用也情不與樂期而樂自妙於情之中樂不與情會而情自得於樂之化凡所以安久天神一皆感通之自然者耳謂非樂之情而何人之情理存於中而甚微微則誠隱也欲動於物而甚危危則僞生也禮以辨异故能著其理

之誠而使微者以顯純乎天理之流行去其欲之僞而使危者以安絶無物欲之留滯夫著誠去僞則情無不善矣此豈事之可已哉蓋辨异者禮之用也禮必達於情而後情之發始著其誠則著誠之功何可無情必治於禮而後情之用始去其僞則去僞之功何可少凡所以莊敬嚴威一皆修爲之當然者耳謂非禮之經而何是則禮樂之能治乎人情如此此其所以不可斯須去身也歟雖然禮樂一道也而以爲有情有經若不同焉何也蓋自天地之高下散殊周流合同而禮主於收斂樂主於發達固已有不同者此禮所以能修外而樂所以能修内也至其交錯於中而發形於外恭敬而温文焉則又何可以异視哉學者析其异而會其同則得之矣

第二場

論

聖人經世大法

華金

同考試官教諭田批（立意高古措辭典雅殆論場中之尤者）

同考試官教諭蔡批（有議論有典則寄豐潤於古雅中譬若大美玄酒而調和自別較之馳騁浮艷者异□□之謂論歟）

考試官侍讀朱批（此題作者動輒千餘言但辭多泛而不切□□□事就實而體認真切無贅語是故録之）

考試官侍讀學士蔣批（理有發明而文無浮語論之佳者也）

法立於一時而可傳之萬世聖人以何術而能然邪亦惟本諸心而已矣心之所存道之所存也立法而本之於心此所以爲經世之大法也此所以傳之萬世而無弊者也聖人往矣而其法之著於簡册者則固可考也後之人君如不欲平治天下則已苟有志於治而舍聖人之大法亦何足以言治哉子程子論帝王之學而曰聖人經世大法備在方册苟得其要舉而行之無難也美哉言乎請繹其説夫天佑下民必生聖人焉作之君師以治而教之聖人承天意以從事則其責有不得而辭者矣於是乎裁成天地之道輔相天地之宜以經綸乎斯世而立之大法慮斯世之無養也制井田以養之慮斯世之無教也立學校以教之慮斯世之無勸也章五服以勸其善慮斯世之無禁也明五刑以禁其惡慮斯世之相欺也爲之符爾權量以信之慮斯世之相侵也爲之城郭甲兵以衛之在璣衡以齊政而天道明於世矣治曆象以授時而人事修於世矣以八柄馭群臣而世之爲臣者率從其令無敢有作福作威者焉以八統

馭萬民而世之爲民者悉遵其道無敢有作好作惡者焉至於朝聘會同之有儀冠婚喪祭之有式輿馬宫室之有等凡所以爲經世之大法□□往而不備乎夫如是則仁義禮樂四達而不□而天下萬物咸囿於大法之中矣奈何世不常治法不常守而聖人之生或不得其位則其於天下獨能恝然矣乎於是舉先王經世之大法托之經以詔後世則法雖不行於時而皆具於方策之中矣是故贊易自羲軒而下則羲軒之經世大法寓於易序書自堯舜而下則堯舜之經世大法寓於書删詩自文武而下則文武之經世大法寓於詩修春秋自桓文而下時雖無聖人之治而吾夫子則假魯史之文寓經世大法焉夫聖人之法無一而非心之所存無一而非道之所寓所謂建諸天地而不悖質諸鬼神而無疑百世以俟聖人而不惑者也後之君天下者不於此而求之可乎夫人之一心廣大無垠萬善咸備盛德大業皆由此出聖人之法所以傳之萬世而無弊者固此心之推也然則欲傳聖人之道而行聖人之法者可不思所以擴充其心乎欲充是心必自學始而帝王之學非尋章摘句之爲務也亦在乎得其要耳苟得其要也而充是心以行之則吾之德即聖人之德吾之業即聖人之業而二帝三王之治孰謂其不可復哉嗟乎三代而下人主好學者蓋有之矣若魏文隋煬之流馳騁乎詞章翰墨者固不足與論聖人之道至於漢武帝之表章六經明帝之講經辟雍若有志乎聖學矣而其治終不古若者何哉由其心之不充而學之無其要故也故欲行先王之大法者其心從事於精一執中之訓而後可苟無是心則雖舉是法而行之亦徒法耳又安能比隆於唐虞三代哉程子他日又云必有關雎麟趾之意然後可以行周官之法度其推本之論深矣

表

擬進玉牒表

于湛

同考試官訓導陸批（作駢儷語而不失之浮靡可嘉）

同考試官教諭耿批（表能發題意而詞氣渾厚蓋熟於四六者）

考試官侍讀朱批（麗而有則）

考試官侍讀學士蔣批（表得體）

伏以德成重華接璇源而詒燕書嚴大典續寶牒以垂鴻於昭帝繫之尊濬發皇宗之盛光揚先緒垂裕後昆臣等誠歡誠忭稽首頓手竊以建邦啓土胄本出於神明扶世導民德實參於化育厚裔苗之憑藉培運歷之靈長垂光厚被於雲來流澤涵濡於億兆發揮昌緒見大宗小宗之蕃申載宏綱示特書

屢書之重奕奕瓊瑶之刻洋洋軌範之言繄日繄時有倫有要申命纂修於秘閣有嚴論述於史筵昭穆泒分咸星羅於紫極戚疏區別實日靖於洪圖振振仁厚之風皡皡泰和之治銀潢滉漾玉版閟嚴千八百國之封先乎异姓五三六經之籍展也同符烈祖文孫一本纘承之懿皇支帝載萬年基業之隆歡洽臣民光生海宇恭惟皇帝陛下隆恩睦族駿惠紹基世胄綿延監枝葉本根之輔皇猷渾灝思規矩矱之遵既蕩蕩以無名實親親而有序本宗繼體爲天子一統至于萬年支庶分土爲親藩永命兼乎三代對越光華之旦昭宣丕大之彝典册崇成天人交慶臣等叨官侍從備職編摩才愧柳芳陋唐室新圖之日録識慚班固鄙漢家世譜之歲修幸琬琰之在陳仰殿廷而上進伏願一人有慶萬方共仰乎休明四國于蕃九有同躋於嘉靖臣等無任瞻天仰聖激切屏營之至謹以所修玉牒若干卷隨表上進以聞

第三場

策（五道）

第一問

顧彦夫

同考試官教諭黄批（此策備述天人相與之際及古昔君臣弭灾致祥之由詳悉無遺而於終篇論召和之道尤爲懇切皇祖垂訓之意當不出此子蓋服膺聖訓而有得焉者也他日幸奉臨軒之對尚執是説以獻）

同考試官學正徐批（聖祖垂訓惟欲上下交修以盡敬忠之道所以弭灾致祥隆億萬載太平之業者端有在於此此策鋪張揚厲援古證今而於今日所以益□聖慮處尤宛曲説密且□□之意此於□□得士如此良可爲賢科慶矣同考試官學正韓批此策於古人弭灾之道條答既懇至論今日上下協德修省之□尤爲有見非負才積學之士而能若是乎）

考試官侍讀朱批（皇祖存心省躬二録誠萬世君臣□龜鑒□中士子類能言之求其深究省□□此篇者絶少末復以存□二事爲今日召和之助其意尤切他日有□于朝必能持省躬□戒以事上矣）

考試官侍讀學士蔣批（此策窺見聖祖□録垂訓之意發而爲忠愛之言委曲懇到有有余不盡之意其可敬也夫）

人君有奉天之道人臣有事君之道奉天之道在乎敬事君之道在乎忠君焉而不致力於身心則無以盡其敬臣焉而不致力於身心則無以盡其忠如是而欲望夫弭灾致祥以回天意亦何可得哉此我太祖高皇帝存心省躬

二録所以不容於不作而萬世聖子神孫與夫佐理承化者皆所當深合而不可忽焉者也仰惟聖祖在御之時嘗命儒臣編葺存心録一書凡歷代帝王祭祀而有咸於灾祥者皆載焉既而又命儒臣編葺省躬録一書凡漢唐宋以來灾祥之應於臣下者皆載焉二書雖皆主於祀事而作然究其宏綱大義凡指授出於聖心者則拳拳乎天人之理懇懇乎灾祥之應無非欲天下後世之爲人君者知天心之仁愛也一遇夫日月之薄蝕星辰之凌犯山崩川竭水涌地震與夫恒雨而恒暘恒燠而恒寒凡人事乖於下而天變應於上則必專精礪志察事求端思所以致感之由求所以消復之道誠知夫吉凶不僭在人而天降灾祥在德禍福無不自己求者必六事自責如成湯必遇灾而懼如周宣應之以實不以文感之以誠不言敬天之怒無敢戲豫其必曰未有不召而自至之祥亦未有已至而不應之變一以天之心爲心所以變灾而爲祥轉禍而爲福者無所不用其極而爲之臣者亦莫不以君之心爲心四方灾异郡未及上也而輒以聞如魏相之於漢諸路水旱衆以爲無徵也而輒以奏如李沆之於宋必不敢以湯旱歸之桀如公孫弘也必不敢以天變爲不足畏如王安石也所以輔君以事天者亦無所不用其極焉此則聖祖垂訓之深意豈徒致謹於祀事之間而已哉然竊嘗伏而窺之二書之爲灾祥作也則一而其命名也則不同於警乎君者則以存心言非緩於身也心者身之主言心則身在其中矣於警乎臣者則以省身言非略乎□□□身者□□□言身則心在其中矣聖祖之徵意豈非又欲使後之君臣思而得之以交致其力哉三代而上固無容議若漢之光武因讁見日月而恐懼避殿矣尤詔百官封□皆無所諱焉蓋其時上言灾异者不獨輔弼之臣爲然也唐之太宗以彗見五車减膳停樂矣□尤詔内外無間極言得失焉蓋其時得言灾异者又不獨在廷之臣爲然也此其所以皆能弭灾而致祥也雖其身心存省之功有不可知而上下之間協德求治亦自有不可誣者國家列聖相承同一警畏至我皇上尤隆繼述頃因灾异之警特勤播告之修蠲逋負賑饑饉寛獄日理冤抑益無所不至矣兹乃欲思所以益紓宵旰之憂以爲召和之助者愚竊以爲無事於他求也亦惟仰遵聖祖之訓而上下協德以其所以存心者存心以其所以省躬者省躬如是而已蓋人君一心甚微而攻之者甚衆必念念皆純而後可以言存否則一念未純亦足以違天而戾政是可以一警懼而遂已乎群臣庶政甚多未必一皆無失必事事皆修而後可以方省否則一事未修亦足以害民而病世是可以一祗畏而遂已乎故必慎之於紀綱法度之間審之於賞罰予奪之際必敬畏之是崇必逸欲之是戒如是則心以存而身亦無不修所謂奉天之敬在是矣爲

上爲德爲下爲民知有其君而不知有其身知有其國而不知有其家如是則身以修而心亦無不存所謂事君之忠在是矣殆見人和德於上群臣和德於下心和則氣和氣和則形和形和則天地之和應矣尚何災變之不可弭而天意之不可回哉蓋必如是而後可以慰聖祖在天之靈而國家靈長之祚殆將與天地同其悠久矣

第二問

喻義

同考試官訓導陸批（策有斂華就實之意）

同考試官教諭耿批（詞氣從容中有警策豈務爲炳炳琅琅者哉）

考試官侍讀朱批（論畏民之道切實可用非泛言者）

考試官侍讀學士蔣批（策善敷答）

爲天下者必有畏民之心亦必有畏民之政畏民之心惟一曰敬而已畏民之政有二曰弭盗賊拯水潦是已使無是心固不能以行是政使無是政又安能遂是心哉請敬陳之福善禍淫天固爲可畏矣然敬則親之誠則輔之雖有可畏之實未嘗無可親之理焉畏威易役民若無可畏矣然順之則服逆之則去非但有可畏之理固自有可畏之勢焉天之可畏人孰不知之而民之可畏則溺於世主崇高富貴之情而知之者鮮矣此我聖祖所以闡其微旨而懇懇於可愛非君子可畏非民之戒也大哉皇言其與舜之所以授禹者夫豈异致哉方今承平既久天下之民無一不涵泳鼓舞於深仁厚澤之中較之國初干戈甫定之秋宜若無足畏者然國初之民此心也今日之民亦此心也豈前日之民可畏而今日之民獨不可畏乎聖祖所謂畏民者豈徒以干戈甫定之際謂民有可畏之勢哉蓋民心之向背係天命之去留謂爲可畏者實以其理之可□□今日之當畏者亦豈特以安養既久□□謂民將有可畏之機哉蓋防微杜漸之念實致治保邦之要所以畏之者非過慮也亦以其理有可畏焉耳此我皇上所以仰繩祖武而夙夜惓惓不遑寧處誠有在乎是也故一聞四方寇盗之警輙下所司俾圖其弭盗之方其畏民可謂勤矣然而楚蜀之間民之淪於盗賊者尚未聞其有還定閭里之期是蓋非有他故也良由下無畏民之吏饑饉荐臻恬不加意倉庾無顆粒之儲而虚張斂散之數胥徒以點視爲名而因行漁獵之計民安得不淪於盗賊乎爲今之計莫若求其人如龔遂之在渤海而寬以亂繩之治張綱之在廣陵而服以單車之誠則可化刀劍爲犁鋤矣豈不足以紓皇上憂盗賊之心或一聞四方水旱之虞輒下所司俾議其攘灾之策其畏民可謂切矣然而蘇松之境民之傷於水潦者尚未聞其無凍

餒田野之憂是亦非有他故也良由下無畏民之吏變异屢見漫不知省禱神祈請應行故事而初無感格之誠徵科輸發仍行督責而初無矜恤之意民安得不傷於水潦乎爲今之計莫若求其人如富弼之在京東勸民出粟以活飢民洪皓之在秀州鎖截綱運以濟流亢則可變灾沴爲豐穰矣豈不足以紓皇上憂水旱之念哉雖然此非其本也若論其本則又在於君民一體上下交孚澤必下究情必上通寬恤之令行矣不視之爲虚文蠲貸之詔頒矣不應之以故事實心必存於中實政必達於外如此則即古所謂養民如子蓋之如天容之如地而民之愛戴亦將如赤子之於慈母戀戀然而不忍去惟見其可愛不見其可畏矣雖時有盗賊水旱之警亦奚足爲吾慮哉謹對

第三問

柴太

同考試官教諭田批（據程朱之□辨諸子之是非得失□□□兼愛二事又能發儒先□言之蘊具亦可謂善學者矣）

同考試官教諭蔡批（文中子之僭經及韓昌黎之孔墨□論作者皆知議其失至其所論孔墨同處則鮮有韓者此作獨能舉其□而折之然後曉然明其□□爲异□朱紫之□□不容□矣豈孟子所謂聖人之徒者與）

考試官侍讀朱批（墨子之道與孔子不相爲謀若文中子則慕聖人而失之僭者此篇既各議其失而抑揚輕重有乎其間可謂審於權度者矣）

考試官侍讀學士蔣批（河汾墨翟事據先儒成説斷之况文勢□□讀之可敬非博學高識者安能有是哉）

據淺見以擬聖學者君子斥其僭肆横議以背聖道者君子正其非斥其爲僭則不可比而同也正其爲非則不可推而附也此墨子之横議所以得罪於名教而文中子之僭擬孔子其不知量亦甚矣哉大哉孔子之聖開闢以來所未有也夷尹不敢比其德堯舜不能擬其功而况於他人乎夫何隋之王通講學河汾偃然有自儗之意一時學者翕然以聖人歸之故其自言曰紹宣尼之事業吾不得讓而董常之尊其師也則曰仲尼没而文在兹其師弟子之間僭妄極矣噫通之學非無可觀也然其於聖人之道僅識其用而未嘗深探其本由孔門視之殆未能升其堂者而敢以之自擬乎彼見夫子之述六經也以爲後之六經舍我其誰於是乎續書以存漢晋之實續詩以辨六代之俗修元經以斷南北之疑贊周易以申先師之旨正禮樂以旌後王之失凡以擬諸孔子之制作云爾今其遺編雖不可見然考之中説而可知其概也其謂續詩之化猶先王之有□□詩之政猶列國之有風則其自比於□□之删詩明矣又

曰春秋作而典誥絕元經興而帝制亡則其自比於夫子之春秋而書亦在其中矣然高文武宣之制豈有精一執中之傳書何爲而續也曹劉沈謝之詩豈有物則秉彝之訓詩何爲而續也其所贊之易於先天後體用之妙何在其所述之禮樂視伯夷後夔周公之懿何如至於宋魏而下南北并峙校功度德未有以相君臣也則其天命人心之向背統緒繼承之偏正亦何足論而必欲奪彼予此以自列於孔子之春秋哉此通之僭妄所以見闢於朱子而直謂其不足以供兒童之一戲則其斥之也深矣若夫孟子之於墨翟一則責其無父二則惡其賊道距之何嚴也而昌黎韓子乃有孔墨相用之説謂孔子畏大人不非其邦之大夫春秋譏□□□□之尚同泛愛親仁以博施濟衆爲聖猶墨之兼愛以四科進褒弟子疾没世而名不稱猶墨之尚賢有祭如在之誠有祭則受福之語猶墨之明鬼韓子之所以推墨而附於孔子者其説如此然謂墨之尚賢明鬼有合於孔子者猶之可也謂孔子尚同兼愛與墨子同則謬甚矣自今觀之孔子之畏大人不非其邦之大夫乃用下敬上之義而其所以譏專臣者則至公之道存焉夫豈同乎流俗者哉孔子之泛愛博施濟乃一視同仁之心而其所謂親仁者則親疏之别在焉夫豈愛無差等者哉蓋聖人之道匪立异也而不主於苟同聖人之愛無不周也而不容以混施乃概以尚同兼愛目之不亦謬乎程子謂退之斯言有樂取人善之心而失之持教不嚴誠哉是言也使韓子之説行得無立异端之赤幟乎夫孔墨之殊固不待辨而言出於退之則有可疑者退之嘗作原道以抑邪崇正爲己任又嘗推尊孟氏闢楊墨之功以爲不在禹下矣今乃儕墨於孔子何其言之自相牴牾若是邪蓋由其因文以見道而無身體力行之學故其論道也或明於此而不明於彼其語聖也或知其一而不知其二無惑乎其言之失也意者讀墨之篇乃其少作而原道之著尊孟之言則其晚年所自得乎不然休一人之身而向背之頓殊也今夫學不可不慎也墨子蓋學爲仁者而毫厘之差其流遂至於無父不有孟子起而攻之則世之墮其術者將接迹於後矣若文中子則庶乎知道者也程子固嘗稱其極有格言矣采其言之善者而用之則亦豈不足爲身心之助顧不可安於小成而以之自處耳管見如斯未知是否惟與其進也而教之幸甚

第四問

王導

同考試官訓導陸批（治道一策能悉内東萊之説以糾騭漢宋□□□□覆辨論意尤懇至其識蓋如於人一等矣）

同考試官教諭耿批（此策於民財民力民情盡不盡處敷演詳悉斷制

明白蓋士之積學而有識者）

考試官侍讀朱批（策有考據有斟酌有議論非識學兼備者不能及此）

考試官侍讀學士蔣批（東萊所以論漢事者具有成説此策能悉□且又□□論宋事尤得東萊不盡之意其殆善於讀書而能推類者乎）

有天下者欲建萬世不拔之業必爲萬世可繼之政使行之於我而不可繼之於人行之於今而不可繼之於後則雖足發取快於目前而終不免貽患於身後治天下者能不去彼取此而顧以一時之快貽無窮患哉是故不能不用民之財也使經費不虧足矣不敢盡其財也不能不役民之力也使工役不乏足矣不敢盡其力也不能不求民之情也使奸慝不滋足矣不敢盡其情也是三者非不可盡也可盡也而不可繼故不忍於盡也使可盡也而又可繼焉則盡之可也然既盡矣必不可以繼可一而不可再也是徇目前者之計也非長顧却慮以爲其子孫之計也彼治天下者豈苟爲目前之計而已哉固將爲子孫千萬世之計也欲爲子孫千萬世之計而於財於力於情皆使之不可繼焉曷若以其所余者留之於民俾其源源相繼以供吾子孫無窮之用乎此東萊吕氏所以有慨於宋之神宗而因追慕乎仁宗故因論漢之文帝而深致憾於武帝豈不以文帝仁宗之所爲爲有合於此乎觀夫露臺惜百金之費後宫曳地之衣固可謂不敢輕用天下之財矣若夫帷帟不衾裯多用繒絁不索燒羊慮戕物命未嘗不惴然恐民財之或匱也匈奴三入而三柜之不肯窮兵出塞固可謂不敢輕用天下之力矣若夫夏人犯邊禦之出境契丹渝盟增以歲幣未嘗不凛然恐民力之或竭也至於吴王不朝賜以几杖張武受賂加賜愧心固不敢輕索天下之情矣若夫於死罪失入者則終身不遷於大辟可疑者則皆令上讞又未嘗不惕然恐民情之或究而民命之或戕也凡若此者豈非欲以其所余留之於民以爲子孫無窮之用乎是以文帝在位雖止於二十三年而寬仁一脉自有以衍而爲四百年之漢仁宗在位雖止於四十二年而仁厚一脉自有以衍而爲三百年之宋使文帝之後而有文帝者繼焉則漢雖至今存可也使仁宗之後而有仁宗者繼焉則宋雖至今亦可也夫何文帝再傳而爲武帝筭舟車榷鹽鐵而弘羊之徒進絶大漠開朔方而衛青之徒顯窮根柢究黨與而張湯之徒用則發財於力於情皆無不盡焉者矣以武帝之雄才使不雜於多欲則亦何至是哉仁宗再傳而爲神宗散青苗錢立手實法而利路開以王韶經略熙河以章惇經略荊湖而邊釁啓置大理獄置京城邏卒而法網密則於財於力於情亦無不盡焉者矣以神宗之勵精使不誤於安石則亦何至此哉此文帝仁宗所以爲漢宋守成之賢君而非武帝神宗之所能及

也然則後之有天下者可不以文帝仁宗爲法而以武帝神宗爲戒乎方今聖明在上節用愛人省刑薄斂方將法堯舜三王以爲治彼漢宋二君固不足爲今日道然聖不自聖則在二君者寧能無一二足以上契聖心者乎有以契之則必思有以行之草茅微賤之臣又何足以知之哉執事幸恕其狂瞽而進之

第五問

孫繼先

同考試官教諭姚批（此策正欲觀士子格物窮理之學是卷條答不遺而評品是非確有定見且篇末數語特爲三君子詳辨尤見待人之恕與善之公其亦知言之士乎）

考試官侍讀朱批（論古昔人物賢否事理得失瞭然如□諸掌可以見窮理之學矣）

考試官侍讀學士蔣批（品評人物一一切當策手也）

觀人者不可以一事而蓋其平生論事者不可以平生而略其一事蓋君子雖有一眚不能掩其德然論事者亦不以其人之賢而文之也小人雖有片善不能救其惡然論事者亦不以其人之惡而泯之也執此以論則人之賢否事之是非皆可得而識矣請因明問所及而條陳之三代而下所謂忠賢者若張子房之爲人程子嘗稱其有儒者氣象矣夫何滅項之謀背鴻溝之約而不顧於理直乎斯謀也陳平寔共之然平非子房比也故君子獨於子房而責備焉諸葛孔明之爲人程子嘗許其有王佐之心矣夫何取蜀之事弃劉璋之好而不恤於義得乎斯謀也法焉寔倡之然正非孔明比也故君子獨於孔明而責備焉相業如崔祐甫善矣顧乃薦楊炎爲同列當時可相者不有李泌顔真卿乎而何取於忮害用私之楊炎也相業如李泌偉矣顧乃舉竇參以自代當時可相者不有陸贄乎而何取於峭刻任數之竇參也郭子儀之至公無我其心廓然也惜乎信吴曜之讒而殺張曇過矣又逐高郢而箝口焉寧免爲盛德之累乎張浚之忠義自奮其節凜然也惜乎聽吴玠之譖而誣曲端冤矣又使康隨而甘心焉寧不致軍士之憤乎之數公者立身之大節卓乎其可尚而窮理之學或有未精謀國之大猷炳然其可觀而克己之功或有未盡故一念之差或不協於公道一事之誤或不愜乎輿情固不能以是而累其人也然即其一事而論之亦安得不謂之過哉所謂小人者若裴矩以諛佞誤隋煬罪莫大焉及其事唐也乃能諫贓吏之誅而直以陷人於法爲不可孰謂諛佞如矩而能持此論哉盧杞以奸邪誤德宗惡莫甚焉然其守虢也乃能論□豕之害而又以移患同州爲不可孰謂奸邪如杞而能建此議哉李義甫之事太子獻承

華之箴而以絶邪佞爲言知養正之義矣然義甫之諂得非所謂邪佞者與王叔文之事太子因宫市之論而以預外事爲戒知爲子之道矣然叔文之譎夫豈真能輔導者與王欽若何如人也而有蠲負釋囚之請异乎剥民奉上者矣使其每事皆然亦何訾焉豈謂政府一入而遂縱其惡哉丁謂何如人也而建罷兵撫蠻之議异乎開邊起釁者矣使其終身若此亦何責焉孰知相位一得而遂肆其奸哉之數人者雖立心之頗僻也而其才則有可用雖制行之汙下也而其識則有可取故一言之善或合乎天理之公一行之美或得乎君子之道固不能以是而許其人也然即其一事而論之亦安得不謂之善哉抑小人之善固無足深論矣而明問所指諸賢之過則其中蓋有不可盡非者何則子房之出本以爲韓項羽不滅則韓成之讎不可復蓋自間行歸漢之日固已蓄是念矣至是而始快其忿耳孔明之出將以扶漢益州不取則興復之業無所資蓋自昭烈枉駕之時固已定斯計矣至是而始成其謀耳二公之過其孔子所謂觀過知仁者乎郭子儀之爲人其責己也厚其待人也恕惟張曇高郢之事乃其終身之一失耳然其因僚佐之求去而悉薦之悟吴曜之誤己而遽逐之不旋踵而反其所爲何其改之易也郭公之過其孟子所謂如日月之食者乎程子有言君子當於有過中求無過仁夫大賢之用心也愚也敢誦斯言而爲三君子析焉

應天府鄉試録後序

我太祖高皇帝定鼎金陵以江之南北爲畿甸聲教所被獨先天下士生於斯者其漸摩培養之功有自來矣列聖相承至我皇上文明之化萬方攸同而南畿之内由漸摩培養之最久者其化之浹也滋甚故人才莫盛焉乃正德庚午式當鄉試之期臣冕暨臣希周寔欽承上命職應天試事竊念臣昔嘗就試于兹目睹人才之盛若駑駘之處于冀北之群未嘗不自歉也乃今謬膺校選之任視今之人才則又盛於昔所見者顧臣之愚何足以甄别之哉則惟夙夜戰兢竭力從事必求無遺才以爲慊然才之可取者何限而制額弗敢過也故不難於取而難於去其有欲取而不能欲去而不忍者必爲之校閲數四不得已而置焉試事既竣然後列中式者氏名及其文之尤者彙次成編曰鄉試録凡就試之士登名録者率三十而得一其間以文録者又不過十之一焉文之録者何如粹乎理而蔚乎其辭者也曷爲録之少也舉其尤以例其余凡中式之士雖文有等差固皆辭理兼備者耳竊嘗論人之爲文工於辭而背於理

者往往有之理到而辭不工者未之有也蓋惟精於理則所見必瑩所得必深故其發爲文章有明暢者有雄健者有方嚴縝密者有汪洋浩蕩者不患乎辭之不工也其或淺陋粗略不達於辭者則其於理必無所得焉耳理到者辭固足以發之寧有是病哉故取士於辭未必其合乎理也取士於理辭在其中矣夫浮華之辭非不足膾炙人口而君子病之爲其無實也由今所取之士而觀乎其言其於道德仁義之實固皆的然有所見矣其平居之所以修身及其出而有位所以措諸事業者果能皆踐其言否乎苟或行與言戾而徒以是爲青紫之媒則其弊與浮辭等爾而何理之足云豈惟有負於聖明求賢之意抑亦有玷於兹録矣今夫試必有録録必梓行固將昭示於無窮也然歷年既久則世罕有見者而宋紹興戊辰進士之録迄今幾四百年乃盛行於世一時名第後先及其家世邑里之詳歷歷可考豈不以登名録中者有朱晦庵其人乎鄉舉之視甲科雖試有小大録有詳略而其傳一也苟有接朱子之武者登名録中則斯録之傳雖百世可也諸士子生長畿甸涵育聖化既深且久宜必有若人焉出乎其間寧獨文之盛而已哉晦庵新安人也新安爲今南畿之地故於應天試録之成特舉以爲諸士勖而兼以自厲焉

翰林院侍讀朱希周謹序

正德八年應天府鄉試録

應天府鄉試録序

比以方隅嘉靖皇上勵精有爲思得才俊以自輔適届癸酉秋賓興鄉賢之期爰命右諭德臣文叙左中允臣咏往司應天府試事雖按常式舉行而聖心視前則特至也雖與他政均一而聖知則以此爲先務也故綱無不舉有提調考試同考試監試諸官之别焉目靡不張提調則應天府府尹臣旦府丞臣梅焉同考試則教授臣德明臣大有學正臣天祥教諭臣華臣大用臣璧臣大厦訓導臣塤臣大韶焉監試則御史臣鳳臣英焉暨諸執事罔不咸備是以二旬而竣事不爲日薄務叢所縛得士百三十有五人遵定制也謹集爲録以獻兼傳示遠邇而臣文叙當序諸首惟漢孔融曰聞延陵之理樂觀虞翻之治易乃知東南之美非徒會稽之竹箭也臣謂于時陸贄未出而范仲淹尚遠隔世數耳使融見贄之論諫仲淹之萬言書當必舉二子與季札并稱而翻在所略矣我太祖高皇帝龍飛淮甸一時里閈元臣若徐達之克成駿功常遇春之平定中原是皆升陑鷹揚之佐使融獲見二臣之勛列當盡置諸子而獨舉之以激當時詔後世也今去聖祖之興已百餘年東南清淑之氣磅礴鬱積復鍾于人易武奮而爲儒進將尋國初之□有年矣故頃者禮闈遴選是邦之士恒居十二先帝開進士科得廷試第一人六是邦之士乃居其四且秉鈞軸掌綸翰者仍後先相望使融復見其然抑不知若何而爲揚搉也今兹奉命而來道徐歷揚以入龍江目長淮南北及大江東南第見土壤沃衍峰巒秀拔洪流巨浸浩渺無際前此觀覽之臣已極狀夫形勢風物之優不俟重加興嘆而後知其爲譽髦之淵藪也比即場校藝篇牘鬱然或吐芳潤於簡古或出清麗於醇雅或含質淡於藻繪玉暉金銑不一而足前此校閲之臣已盛稱夫文章之瑰瑋不俟繼爲誇詡而後知其爲東南之精華也夫大厦云構非一木之枝帝王之功非一士之略諸士今歌鹿鳴而計偕也仰值我皇上啓聖興邦之會廣資毗贊以成化理如金之惟礪濟川之惟舟楫然將必有梁百尺之觀航千仞之淵者于以并驅我元臣而嗣徽前修者矣則夫賁芬邦邑昭見美實前此登薦之彦已咸其然是又豈俟覼縷祝望而後建夫儁偉光明之事功哉惟念天之相

人君莫大於以人遺之近臣之效職莫要於簡賢而進之顧慚謭薄謬竽文柄每以不獲真才爲懼兹覽諸士之文以占素藴闇然德行之休志義之宏政事之達舉於是乎在竊惟所以仰承天意而稱愜上心者端藉乎是庶幾蚤夜兢惕之心差可以少釋焉或乃曰兢惕之持自兹方日甚何則拔士以用世猶導泉以澤物也使流不以時或爲風日所薄炙而失其紺寒之性或爲塵泥所淆混而喪其潔洌之真寧不深孤物望而遺導者之咎乎於乎有是哉諸士其識之行選部廷而躋華密也慎毋失其性而變其真焉

奉訓大夫右春坊右諭德兼翰林院侍講倫文叙謹序

正德八年應天府鄉試

提調官

應天府府尹歐陽亘（于相江西安福縣人　辛丑進士）

中順大夫應天府府丞尹梅（調元直隸靈壽縣人　己未進士）

考試官

奉訓大夫右春坊右諭德兼翰林院侍講倫文叙（伯疇廣東南海縣人　己未進士）

左春坊左中允兼翰林院修撰賈咏（鳴和河南臨潁縣人　丙辰進士）

同考試官

江西南昌府儒學教授王德明（克明浙江慈谿縣人　癸卯貢士）

浙江杭州府儒學教授曾大有（子順福建仙游縣人　甲子貢士）

湖廣德安府隨州儒學學正陳天祥（景楨福建閩縣人　甲子貢士）

江西贛州府興國縣儒學教諭鍾華（美彰廣東順德縣人　戊午貢士）

湖廣岳州府華容縣儒學教諭徐大用（喬用福建莆田縣人　乙卯貢士）

浙江杭州府仁和縣儒學教諭李璧（白夫廣西武緣縣人　乙卯貢士）

江西南昌府豐城縣儒學教諭梁大厦（景庇廣東新會縣人　戊午貢士）

福建泉州府儒學訓導李塤（用和江西鄱陽縣人　戊午貢士）

湖廣衡州府儒學訓導李大韶（紹和四川成都縣人　乙卯貢士）

監試官

文林郎南京浙江道監察御史楊鳳（文明府軍前衛人　丙辰進士）

文林郎南京湖廣道監察御史顧英（順中浙江慈谿縣人　壬戌進士）

收掌試卷官

奉議大夫應天府治中謝驥（元良江西新建縣人　官生）

印卷官

承直郎應天府通判吾翕（廷順浙江開化縣人　戊辰進士）

應天府推官王昂（仲顒四川廣安州人　乙丑進士）

受卷官

應天府高淳縣知縣頓鋭（叔養直隸涿鹿左衛人　辛未進士）

南京旗手衛經歷文郁（宗美湖廣湘潭縣人　監生）

彌封官

應天府句容縣知縣簡佐（廷臣江西新喻縣人　辛未進士）

南京龍江右衛經歷陳夔（一甫福建永福縣人　監生）

謄録官

應天府溧水縣知縣陳憲（伯度江西余干縣人　辛未進士）

南京府軍右衛經歷譚清（源潔廣東曲江縣人　監生）

對讀官

應天府溧陽縣知縣嚴時泰（應階浙江余姚縣人　辛未進士）

南京龍虎左衛經歷史書（載道四川蒲江縣人　監生）

巡綽官

懷遠將軍南京留守右衛指揮同知王禄（天爵山東齊東縣人）

明威將軍南京留守中衛指揮僉事賈隆（世興直隸和州人）

搜檢官

武略將軍南京留守左衛副千户石泰（大亨湖廣黄梅縣人）

武略將軍南京留守前衛副千户陸厚（希載直隸吴縣人）

昭信校尉南京留守前衛百户徐宗（承之直隸懷寧縣人）

昭信校尉南京留守後衛百户楊欽（敬之順天府平峪縣人）

供給官

應天府照磨所檢校曹洋（伯大錦衣衛人　儒士）

應天府上元縣知縣余韶（鳳儀江西南昌縣人　乙卯貢士）

應天府江寧縣知縣王文麟（廷瑞陝西秦州人　乙卯貢士）

應天府江寧縣縣丞汪濂（一清直隸歙縣人　丙午貢士）

應天府上元縣主簿侯大用（邦獻山西靈丘縣人　監生）

應天府句容縣雲亭驛驛丞丁祐（天申江西豐城縣人　承差）

應天府句容縣龍潭水馬驛驛丞楊應賢（尚文雲南太和縣人　承差）

應天府江寧縣江寧馬驛驛丞王淹（宗范浙江慈谿縣人　承差）

應天府六合縣棠邑驛驛丞李弼（名卿河南登封縣人　承差）

第一場

四書

道盛德至善民之不能忘也　學而時習之不亦説乎有朋自遠方來不亦樂乎人不知而不愠不亦君子乎　我知言我善養吾浩然之氣

易

無所往其來復吉有攸往夙吉　改邑不改井无喪无得往來井井　君子居其室出其言善則千里之外應之况其邇者乎　子曰書不盡言言不盡意然則聖人之意其不可見乎子曰聖人立象以盡意設卦以盡情僞繫辭焉以盡其言

書

迪朕德時乃功惟叙　以義制事以禮制心　惟先王建邦啓土公劉克篤前烈至于太王肇基王迹王季其勤王家我文考文王克成厥勛　明王立政不惟其官惟其人

詩

七月流火九月授衣一之日觱發二之日栗烈無衣無褐何以卒歲三之日于耜四之日舉趾同我婦子饁彼南畝田畯至喜　比物四驪閑之維則維此六月既成我服我服既成于三十里王于出征以佐天子　質爾人民謹爾侯度用戒不虞　古帝命武湯正域彼四方方命厥后奄有九有商之先后受命不殆在武丁孫子武丁孫子武王靡不勝龍旂十乘大糦是承邦畿千里維民所止肇域彼四海

春秋

蔡侯鄭伯會于鄧（桓公二年）秋七月上辛大雩季辛又雩（昭公二十五年）　楚子入陳（宣公十一年）楚子圍鄭夏六月乙卯晋荀林父帥師及楚子戰于邲晋師敗績（俱宣公十二年）晋欒書帥師救鄭（成公六年）夏五月甲午遂滅偪陽（襄公十年）　公會晋侯宋公衛侯曹伯齊世子光莒子邾子滕子薛伯杞伯小邾子伐鄭秋七月己未同盟于亳城北楚子鄭伯伐宋公會晋侯宋公衛侯曹伯齊世子光莒子邾子滕子薛伯杞伯小

邾子伐鄭會于蕭魚（俱襄公十一年）　宋華亥向寧華定自宋南里出奔楚（昭公二十二年）

禮記

命大師陳詩以觀民風以四時爲柄故事可勸也以日星爲紀故事可列也月以爲量故功有藝也君子於是語於是道古心莊則體舒心肅則容敬心好之身必安之君好之民必欲之

第二場

論

守太平之業

詔誥表（内科一道）

擬漢遣使行郡國舉賢良問民所疾苦冤失職者詔（始元元年）　擬唐以中書侍郎蘇頲同平章事誥（開元三年）　擬唐秘書監魏徵進群書理要表（貞觀五年）

判語（五條）

私借官車船　宿衛人兵仗　官馬不調習　屏去人服食　老幼不栲訊

第三場

策（五道）

問　輔治之法刑莫尚焉所以禁奸慝而杜禍亂自虞廷命士夏制常刑於是邦刑之重掌于卿士而歷代之興率藉以助理若成周五刑五禁之屬尤爲明備而當時致治之迹可考也洪惟我太祖高皇帝改元之初以律令雖行而慮民易犯乃制大明令一書以詔告天下明民之道可謂至矣迨七年之際再命緒正復加裁決集成大明律一書以整齊宇内繩民之矩可謂嚴矣不識於舜禹成康之制作其亦吻合否乎以故百五十年于兹刑有所不用威有所不施不識於唐虞三代之治效其亦間篴否乎漢之禁網或前疏闊而中嚴酷或初峻急而後寬縱固不足舉似若唐之律令格式宋之敕令格式君子容或有取焉然其先後之序輕重之等間亦有合於我聖祖之制否與且聖祖之法固善而後世守之亦有其術否與夫歷代典章暨國朝律令二書皆備藏學宫而流布坊市者也諸士子少而習之行且推以致用其敬陳之以占及物之學

問　人君之決計用言若臣下之圖事揆策其或識度淺劣謀用不臧則

不免自貽禍敗而坐受噬臍之悔斯理之常無足咤者如之何負誠信好謀之資者亦誤行撓楚之計抱沉幾先物之知者亦幾聽西還之議神武明略殊不世出一則有郭奉孝若在之思一則有魏徵若在之悔英武明睿根於天性或必於石堡之攻取或昧於靈州之弃守其意何爲與沉毅多大略胡卒聽三征之請將略爲舉首胡繼有彭城之敗神識沉敏爲政有實一則敢用諸桓一則輕召内史知略足任經濟自許或勸假荆州之地或輕弃河東之界其計安出與億萬人之命匪輕也乃懸於一介之區畫千百年之業匪細也乃本於一時之指揮是不容以不慎重焉慎之重之豈無其術與抑别有其説與

問　聖經賢傳之訓廣博淵深後之求道於微言者必稽之有以極其大而不遺體之有以極其量而無外其庶矣乎然究觀往哲迹其修己治人之端事君輔友之實乃有不盡然者如孔門之教有四或乃曰聖人教人只此二字大學之目有八或乃曰平生所學惟此四字誠自我存何俟七年之力行而後成信自我發何須五年之積久而後孚持官之法果盡於勤謹和緩四字乎勖勵僚屬果限於廉仁公勤四字乎歷相兩朝悉分用魯論之全帙夫何其易輔君數載猶未服行魯論之二言抑何其難指資父事君一語爲讀書之事他篇獨非事乎揭三代直道而行一句爲仕學之要餘章獨非要乎夫士之學古所以爲身心家國之用也與其擇善於簡册孰若取則於古人之爲要也既取則之可於我乎隱而不之告邪

問　君子之有爲於世也其功用同其效當亦不遠其位遇同其趨當亦不殊若其始同而終异始异而終或同或不同者特十之一二而已然亦不可不辨也是故列國用兵勝負立异究其實皆犯塟以怖圍城中人耳吴下典計顯晦後殊原其始皆舉資以應少主之求耳須籍更始已敗乃自分歸國數窘之與不時至一耳用舍胡乃不倫行人計畫已行而襲兵卒至説齊之于突厥等耳死生何爲頓分職掌選曹多擢故舊方諸身爲掌輔自以薦賢爲任乃却友之求而不許其義曷據官爲防禦内舉其子較諸位至司空自謂廣收人才顧知子之賢而不舉者其見何居朝政未協密啓以聞名執政以之或乃以爲不乘輿臨幸徐啓壁門真將軍以之或乃以爲好名凡此皆當悉其肯綮而究其會通者也析之究之舍格物窮理之士其疇克之

問　傳曰憂危之言不聞於朝廷非治世之象方今四海無虞百度咸貞正致治之時也然憂危之言與其遽達於廟堂孰若且舉一二與諸士子商較之可乎夫内建百官以善政也而政或有所未善外設牧守以弘化也而化或有所未弘疆埸之鎮戍相望而内訌猶莫寧戢方夏之屯營相屬而椎剽猶或

磐牙古之所患將悍卒驕今則不然古之所禁民并俗侈今則异是輕徭所以逸民而重難弗見損薄賦所以厚下而蠲符莫或給冒濫之賞何以矯之以循格令之舊脱漏之辜何以裁之以適刑罰之中兹皆治世所憂而安邦所危也憂之必有所以弭憂之道危之必有所以持危之方蓋不可一日不之講也先憂後樂正韋布之志其敬悉之行將具以聞于上

中式舉人一百三十五名

第一名　王大化　儀真縣學生　書
第二名　唐皋　徽州府學生　春秋
第三名　尹賢　應天府學附學生　易
第四名　薛蕙　亳州學生　詩
第五名　程旦　徽州府學生　禮記
第六名　王庭　長洲縣學增廣生　易
第七名　潘照　徽州府學增廣生　書
第八名　徐著　高郵州學生　詩
第九名　馮玠　崑山縣學增廣生　易
第十名　萬雲鵬　鹽城縣學生　詩
第十一名　華諫　無錫縣人監生　書
第十二名　黄傑　淮安府學生　禮記
第十三名　王用　長洲縣學附學生　易
第十四名　姚儒　常州府學生　詩
第十五名　張翊　太倉州學增廣生　易
第十六名　毛經　江浦縣學生　詩
第十七名　王濂　金壇縣學生　書
第十八名　張琦　浙江監海縣人監生　詩
第十九名　顧瓌　應天府學生　易
第二十名　茅貢　常熟縣人監生　詩
第二十一名　吴昌齡　六安州學生　書
第二十二名　唐侃　鎮江府學增廣生　易
第二十三名　黄文光　休寧縣學增廣生　詩
第二十四名　顧磐　通州學生　春秋

第二十五名　吴仲　武進縣學增廣生　詩
第二十六名　何遵　應天府學生　易
第二十七名　王舜耕　常熟縣學生　詩
第二十八名　楊綱立　六安州學生　書
第二十九名　江元輔　徽州府學生　詩
第三十名　王鵬　安慶府學生　易
第三十一名　秦璧　松江府學附學生　詩
第三十二名　吴邦祐　歙縣學生　春秋
第三十三名　孔蔭　江浦縣學生　書
第三十四名　宋邦輔　東流縣人監生　詩
第三十五名　吴襄　宜興縣學附學生　易
第三十六名　柯相　貴池縣學生　詩
第三十七名　邊崳　無錫縣學附學生　書
第三十八名　董紹　常州府學增廣生　詩
第三十九名　馬騆　揚州府學生　易
第四十名　王洪　華亭縣學生　詩
第四十一名　方潤　歙縣學附學生　禮記
第四十二名　金藻　潛山縣學生　詩
第四十三名　馬駙　揚州府學生　易
第四十四名　胡松　績溪縣學增廣生　書
第四十五名　李應虞　常熟縣學生　詩
第四十六名　查應兆　蘇州府學增廣生　易
第四十七名　李崧祥　池州府學生　詩
第四十八名　李德霖　滁州學生　書
第四十九名　高廉　崑山縣學生　易
第五十名　方榘　巢縣學生　詩
第五十一名　鄭佐　徽州府學生　春秋
第五十二名　周在　太倉州學生　詩
第五十三名　吴弼　宜興縣學增廣生　易
第五十四名　鄭恭　績溪縣學生　書
第五十五名　貢汝成　寧國府學生　詩
第五十六名　沈潫　吴縣學增廣生　易

第五十七名　江淇　徽州府學生　書
第五十八名　武旹　溧水縣學生　詩
第五十九名　張愷　六合縣學生　易
第六十名　沈觀　應天府學生　詩
第六十一名　戴嘉猷　績溪縣學增廣生　書
第六十二名　陳府　應天府學生　詩
第六十三名　王應宿　太倉州學增廣生　易
第六十四名　查仲道　江西寧州人監生　詩
第六十五名　張國紀　定遠縣學生　禮記
第六十六名　孫悦　金壇縣學增廣生　書
第六十七名　汪如珍　休寧縣人監生　詩
第六十八名　王問　吴江縣學附學生　易
第六十九名　張眴　壽州學生　詩
第七十名　陳永芳　石埭縣學生　書
第七十一名　葉澤　崑山縣學附學生　詩
第七十二名　周恕　揚州府學生　易
第七十三名　王欽　泗州學生　詩
第七十四名　馮鼐　松江府學生　書
第七十五名　嚴瀾　吴縣學生　易
第七十六名　楊珙　溧陽縣學生　詩
第七十七名　莫愚　松江府學生　書
第七十八名　葉林　常州府學生　詩
第七十九名　顧昺　吴江縣學附學生　易
第八十名　江文中　旌德縣學生　詩
第八十一名　戴静夫　徽州府學生　春秋
第八十二名　蔣山卿　儀真縣學生　詩
第八十三名　徐九經　江寧縣儒士　易
第八十四名　汪昉　徽州府學生　詩
第八十五名　張綖　高郵州學生　書
第八十六名　張澈　湖廣永興縣人監生　詩
第八十七名　董騫　婺源縣學生　易
第八十八名　舒經　徐州學生　詩

第八十九名　莫同　無錫縣學生　書
第九十名　沈雲　上海縣學增廣生　詩
第九十一名　楊壁　嘉定縣學增廣生　易
第九十二名　王應思　上海縣學增廣生　詩
第九十三名　周音　金山衛學軍生　書
第九十四名　焦□　太平縣學生　詩
第九十五名　徐九疇　應天府學生　易
第九十六名　王惠　無錫縣學附學生　詩
第九十七名　朱希皋　崑山縣學附學生　易
第九十八名　黄絅　歙縣學生　詩
第九十九名　方明育　徽州府學增廣生　禮記
第一百名　丘峻　嘉定縣人監生　易
第一百一名　張緯　寧國府學生　書
第一百二名　梁承　常熟縣學生　詩
第一百三名　劉炯　蘇州府學增廣生　易
第一百四名　陳紹宗　應天府學附學生　書
第一百五名　王萬年　盧江縣學生　詩
第一百六名　周易　蕪湖縣學生　易
第一百七名　曹錦　松江府學生　書
第一百八名　陳鐸　宿州學生　詩
第一百九名　丁瓚　鎮江府學生　易
第一百十名　曹懷　無錫縣學附學生　書
第一百十一名　朱豹　上海縣學生　詩
第一百十二名　侯泰　嘉定縣學生　易
第一百十三名　韓鼎　合肥縣學生　書
第一百十四名　陳鈇　池州府學生　詩
第一百十五名　趙時勉　歙縣學附學生　春秋
第一百一十六名　王儒　蕪湖縣學生　詩
第一百一十七名　張辰　太倉州學附學生　易
第一百一十八名　夏敖　太平府學生　詩
第一百一十九名　汪遵　績溪縣學生　書
第一百二十名　王瑭　虹縣學生　詩

第一百二十一名　陸冕　崑山縣學生　易

第一百二十二名　梅鷟　旌德縣學生　詩

第一百二十三名　楊淮　無錫縣學附學生　書

第一百二十四名　程達　婺源縣學附學生　易

第一百二十五名　孫昺　太平府學生　詩

第一百二十六名　顧可久　無錫縣學生　書

第一百二十七名　王宗　江寧縣儒士　詩

第一百二十八名　孫存　滁州學生　易

第一百二十九名　周潮　太倉州學生　詩

第一百三十名　吴稷　松江府學生　書

第一百三十一名　王世禄　廣德州學生　禮記

第一百三十二名　鄭琦　應天府學增廣生　詩

第一百三十三名　蔣詔　吴縣學生　易

第一百三十四名　盧昂　亳州學生　書

第一百三十五名　李僑　江寧縣儒士　詩

第一場

四書

道盛德至善民之不能忘也

薛蕙

同考試官訓導李批（盛德至善議論不同此作灼有定見詞亦渾融是用録出）

同考試官教諭梁批（君子先得人心同然之理而極其至故人心自不能忘也是作發揮殆盡）

同考試官教授王批（此作深得當時咏嘆之意非熟玩此書者不能）

考試官左中允賈批（盛德至善處發得透徹）

考試官右諭德倫批（得傳者本旨）

傳者釋詩言君子德極其至而天下感之深也夫德足以感人也尚矣孰謂君子德極其至而天下感之有不深乎大學傳之三章釋止於至善此則以明明明德之得所止言之謂夫詩所謂有斐君子終不可喧兮者非以其盛德至善民之不能忘乎何則德曰盛德以身之所得而言其必知致于問學之後

而講習討論之功熟行力于自修之餘而省察克治之功深是以涵養真切而嚴敬爲之常存已克而禮無不復渾然天理之充周也踐履篤實而光輝爲之宣著和積而體無不順藹然天理之流行也善曰至善以理之所極而言其必涵養真切之地一皆義理之精微醇乎其醇無復能加有不可得而名之者踐履篤實之境一皆事理之極致粹乎其粹無復少駁有不可得而擬之者夫盛德不出乎至善而至善乃所以爲盛德如此故雖無心於民之仰也但見得於觀感之間者莫不曰德所同也君子得之極其盛矣吾何幸而獲庇焉雖無意於民之懷也但見得於聞見之末者莫不曰善所同也君子由是詣其極矣吾何幸而有依焉是以餘光所照率皆尊親舉一世而無外蓋同德之應有必然也雖欲忘其能忘乎餘風所被靡不傾企合四海而皆同蓋同善之召一自然也雖欲忘又能忘乎吁知行并進表裏交修君子之所以明明德者如此民不能忘固其所也傳者以之釋詩何其深切而著明哉不寧是也下引烈文即以新民之實言之蓋大學之綱領有三莫要於至善而至善之止必由知而後得故章首三詩備其理此引二詩道其實咏嘆淫逸而始終本末兩無不盡推之天下之事豈有以异此乎

學而時習之不亦説乎有朋自遠方來不亦樂乎人不知而不慍不亦君子乎

尹賢

同考試官教諭鍾批（此題首一節乃後二節之本首句尤重是學之用力處學者不察往往三節平作殊無意味此作深得朱子發明之旨且文詞爾雅有足式者刻子之文將以破群疑乎）

同考試官教授曾批（此是吾夫子教人爲學開卷第一義也學者以其近而忽之故場屋紛紛殊無的見此作以自得爲主而分演功效處深合本傳是亦學之有得之君子毋謂人不知也）

考試官左中允賈批（聖人立言之旨此殆近之）

考試官右諭德倫批（通篇健暢且協朱傳意）

聖人之論學也原所得不已之功列所得不已之效夫功立而效自見也學之不已而有得焉則其及人之樂成德之地亦豈能自已哉記魯論者述夫子之言如此意謂人性皆善而覺有先後後覺者不有待於學乎是故善有未明必效先覺之知者求以明之使天之賦於我者無少昏初有未復必效先覺之能者求以復之俾我之得於天者無少歉既知矣而復繹之益續夫明善之

力既能矣而復敦之益崇夫復初之功如是則事理熟于積習之後喜意油然而進進不已蓋有不能以語人者存焉身心裕於從容之餘悦意勃然而駸駸不息蓋有人所不及知者寓焉夫學之功立而自得不已如此故其及於人也同類是從無遠不至皆以我爲先覺而知能之是求善未明也與之以明初未復也與之以復獨得之妙沛而爲同得之美矣歡忻之情物我無間不亦可樂矣乎其或不盡然也人不我知置之不校一以名爲外物而知能之是力善吾明也愠何自而生初吾復也心何自而動在己之學委之於在人之病矣德器之成聖賢與歸不亦君子矣乎吁學本時習而所進不已一至於是然則學者其知所務也哉抑學之義大矣始見於商書再咏於周頌斯固聖學之所由啓也迨是書所記夫子之言復示學者以入道之門積德之基要之卒歸於君子而能事以畢斯又聖學之所由續也下而颜子之所好曾子子思之所授皆不外此噫道學之傳有自來矣合而觀之益信

我知言我善養吾浩然之氣

王大化

同考試官教諭李批（能體認孟子知言養氣之意且詞贍氣充其學孟而有得者邪）

同考試官教諭徐批（場中作此者類能成篇求其詞語正大而氣又克者僅見此篇録之以式文字之務奇者）

考試官左中允賈批（此等文字非淺學可到）

考試官右諭德倫批（絶似孟子語）

大賢自言其所長异乎時人之所學而已蓋知言養氣大賢之所長也其不動心而异於時人者非以是歟昔孟子因公孫丑有不動心之疑异于告子之問故曉之以此謂夫人各有心心各有主我之所以不動心者亦惟知言養氣焉耳何則人之有言皆出于心是非得失各有攸當不有以知之可乎我則隨其所在而深究之一入乎耳即知其中之所存因其所形而深察之一接乎聽即知其心之所藴言有是非有以識是非之所以然如曰詖淫則蔽陷乘之昭然錙銖之不爽也言有得失有以識得失之所以然如曰邪遁則離窮因之炳然毫髪之莫違也我之知言蓋如此人之有氣皆本諸天盛大流行乃其本體不有以養之可乎我則積義以培其根無所庸於揠拔蓋不以力而以理焉遵道以豐其源無所事於正助蓋不于末而于本焉氣本至大直以養之而弗害與吾俱生者以全浩然天地之可塞也氣本至剛正以伸之而弗撓與吾俱

形者以充烈乎金石之可貫也我之養氣又如此是惟知言則有以明夫道義而於天下之事無所疑養氣則有以配夫道義而於天下之事無所疑養氣則有以配夫道義而於天下之事無所懼其當大任而不動心者夫豈有他道哉雖然孟子之不動心异于告子之冥然無覺悍然不顧如此者然豈無所自耶蓋盡心知性之學開于前善養擴充之功繼于後而傳受本原亦已遠矣公孫丑不知擬諸告子告子豈軻之倫耶學者能於此而求之回視告子之學得失相反大有径庭疑懼之説將自得之公孫丑烏足以知此也噫

易

無所往其來復吉有攸往夙吉

尹賢

同考試官教諭鍾批（所往處殆非一事作者唯以兵戰立説殊覺粗淺是篇含蓄不露而意目足蓋深於易者與）

同考試官教授曾批（題本平易場中士子競逞浮詞少當意者此作依題平平敷演詞理俱到且春容雋永令人讀之愈嚼愈覺有味誠佳作也）

考試官左中允賈批（題王安静爲説是篇得之）

考試官右諭德倫批（得潔静精微之體）

聖人繫解之辭必兩著夫安静之占焉甚矣動息之宜貴乎與時推移也時無所往固宜於安静矣若猶有往又可不以亟濟爲安静之吉耶昔伏羲畫卦交震坎上而名曰解迨文王繫辭至此若謂解之爲卦變自升來三往居四入於坤體二居其所而又得中故其占不惟利於平易抑亦利於安静何則蹇難既平四海初離荼毒莫不憚於勤動也坎險既出兆民方脱艱苦莫不戒於煩擾也當此之際宜審厥宜若亂流盡殄無一介梗治之夫厲階悉除靡撮爾不貢之土斯則無所往矣既無所往顧得妄開釁隙以逞分外之欲乎亦惟來復其所安常處順與斯民休息於恬養之區返適厥居守貞履素與斯世嬉游于富壽之域夫然則衆志堅定而邦本以固國勢尊安而主威以强豈非處解之吉乎若遺孽猶存懼微蔓之復滋余燼未滅慮虐焰之再然斯則有攸往矣雖有攸往顧得久事行役以召意外之變乎亦惟籌謀及早不俟終日即收蕩滅之功弛罷孔亟曾靡逾時頓還安平之地夫然則往克有濟咸忘羈絷之勞亂庶遄沮于食泰寧之福又非處解之吉乎如或不爾非多事以自疲則無事以自怠矣其不生患而長亂也幾希嗟夫世至於解乃亂而復治擾而復定之時也是雖天運使然何嘗不本諸人事也故作易聖人不諉諸天惟權時義以爲萬世告而已於乎以是爲訓猶有勤遠略以虚耗海内忽徙戎以貽雲擾之

禍者其亦弗思甚矣可不戒哉

君子居其室出其言善則千里之外應之况其邇者乎

王庭

同考試官教諭鍾批（誠信所感無往不通是篇得之且不專主人君立説尤爲灼見録之爲傳義式）

同考試官教授曾批（誠信是感人之本子獨能言之句句精爽可愛而一結核所未發尤愛出人意表足見學識）

考試官左中允賈批（據題説理而文自暢）

考試官右諭德倫批（通篇無冗句）

論君子之言發於私居而有孚動乎人心爲無間甚矣誠信之能動人也尚矣君子發言而善則有孚矣遠近應之又何私居之擇哉大傳八章發擬議之全首舉中孚九二爻義而釋之謂夫人心莫速於感通感通莫要於誠信是故君子之居其室第步仞之隙耳非若大庭廣厦之閎邃可以起遐邇之瞻仰也第燕閑之所耳非有臨民誓衆之威嚴可以聳内外之聽聞也然言出諸口純乎善而不雜如言君而實仁言臣而實敬則誠信之本於我乎立矣言發乎中一於善而不妄如言父而實慈言子而實孝則誠信之道於我乎得矣是雖因事觸發非爲感人計也然好爵同靡千里之外如彼其遼邈也自不能已其聲應氣求之篤莫不以君子之言爲夫人之有中初不以私室而或异也雖因事宣達非爲感人謀也然懿德同好千里之外若彼其遐逖也自不能遏其心孚意契之誠莫不以君子之言爲嘉言之孔彰初不以私居而或間也遼邈尚爾况邇而比閭其人久狎君子之忠誠吾知聞言之際其應也殆若江河之决矣且私室之内反以易私屬之聽德也哉遐逖且然况近而族黨之衆素稔君子之忱恂吾知聞言之頃其應也殆若桴鼓之捷矣且私居之間反以便朋比之屬耳也哉是則君子所居雖非公所一言而善感通猶如此使持是道而揚于王庭所感抑又何如邪雖然自其感而言之特言焉而已孰若行之爲大乎自其應而言之特人焉而已孰若天之爲至乎故曰動民以行又曰惟德動天然則擬議君子固可安於言人之近而不求造其極乎

書

迪朕德時乃功惟叙

王大化

同考試官教諭李批（講迪德處明白非他卷可及蓋邃于壁經者宜置高選）

同考試官教諭徐批（典謨文字最難得體此作備之是宜録出）

考試官左中允賈批（講惟叙處婉曲有味）

考試官右諭德倫批（有虞讓能氣象宛然在目）

舉天下之從化由大臣之成功蓋天下之大未易使之皆從化也苟非大臣成功之有叙焉又安能致若是之盛哉昔帝舜因禹戒以當念三苗之未化而答之若曰教化之本固在於予而教化之行實由於汝是故納斯民於皇極吾固□德教之施也今者師牧承宣于五服而各迪有功□迪乎朕德矣引斯民於至善我固有德□之布也今者五長奉行于四海而蹈行有功□□德是迪矣若華若夷翕然於變之同風有是地則有是德教之洋溢也何有於弗從者耶若遠若近熙然敏德之成俗有是地則有是德化之流通也何有於弗率者耶夫天下化成如此豈我之所能自致哉良由汝禹贊襄左右竭八年之勞土功度矣即繼之以弼五服秩秩然乃功惟叙而吾德教之施始有其地焉宣力四方勵克勤之節五服弼矣即繼之以立師長井井然乃功有叙而我德化之行始有其人焉文命之誕敷雖曰吾主之而師牧宣之然其所以致是者實汝之功也豈吾所得專哉聲教之四訖雖曰我出之而五長行之然其所以臻兹者亦汝之功也豈我所敢居哉夫汝之功叙既已如此則夫未化之苗民固付之臯陶之刑也何足慮乎大舜以是歸美於禹其謙德讓善之心於斯可見矣抑論自古及今稱治世者必以唐虞爲首而虞廷無爲之治猶不能無三苗之逆命蓋至化不以是而有加損而不治之治又帝王待夷狄之常經也然舜德誕敷而不自沮禹謨入告而不少嫌其君臣都俞吁咈之敢象何如耶噫此所以來孔子巍巍之贊於千載之下也

惟先王建邦啓土公劉克篤前烈至于太王肇基王迹王季其勤王家我文考文王克成厥勛

潘照

同考試官教諭李批（有周興王之由至文王而益盛是篇歷叙世德舂容雅健令人起廣哉熙熙之嘆經義如此可以式矣）

同考試官教諭徐批（鋪叙周家前後創繼由當事迹輕重風簷中得此亦足多矣）

考試官左中允賈批（善叙周家興王之漸而文亦整然）考試管右諭德倫批（節序昭晰而詞理簡當）

聖君之告諸侯必歷叙王業之所由興而及王業之所由成焉夫王業之

成有所自也聖君推本而詳叙之豈非所以昭大公而一衆志也哉昔武王克商之後而告諸侯如此謂夫我周之業人知其成矣曾知其所以成乎昔我先王后稷當唐虞之世爲農師之官功懋相天而有部之邦以建德粒烝民而百里之土以啓斯固有國之所由始也后稷之孫不有公劉乎匪居匪康而民人是和乃積乃倉而國家是顯蓋至是而前烈益以篤焉然猶未也迨我古公太王以九世之孫起公劉之後避狄遷岐而有來如市之衆修德服遠而奔喙載路之夷斯則王業之所由基也太王而下不有王季乎克明克類而周慶是篤克順克比而帝祉是承蓋至是而王業益以勤焉然亦未也自時厥後文考嗣興備緝熙敬止之德而姬運爲之益昌敷懷保惠鮮之政而周業爲之浸廣九州土地已有其六而民心之歸也衆祖宗建篤之勛不于是而集乎三分天下已有其二而天命之眷也隆先世基勤之績不于是而成乎夫以我周之業積於累世而成於文考者其漸如此則夫我今日大統之集非所以承先志耶抑嘗因是而知有周世澤之深且長也文武而上開其源者非一人文武而下浚其流者非一世歷年之永遠超夏商要之積功累仁之故耳先儒謂其植本固而發源深者詎不信夫

詩

七月流火九月授衣一之日觱發二之日栗烈無衣無褐何以卒歲三之日于耜四之日舉趾同我婦子饁彼南畝田畯至喜

薛蕙

同考試官訓導李批（題本冠冕學者類易視之殊無佳制求其用功真切措詞婉順鋪叙先公風化之由而默寓周公忠愛之意者此篇其最乎葩經首選諒不逾子矣）

同考試官教諭梁批（邠人圖事之預先公風化之深周公忠愛之篤藹然畢露於文字間而紆迂有味録以式學詩者）

同考試官教授王批（説出當時憂勤之意如親見豳國之俗者讀之令人灑然）

考試官左中允賈批（七月義如此作者絶少）

考試官右諭德倫批（有風人意思）

大臣陳豳俗於王有以衣之預而言者有以食之預而言者甚矣豳俗之厚也衣食是重而爲之之預有如是哉昔周公以成王未知稼穡之艱難故作此詩使人諷誦以教之謂夫王知夫豳乎本夏之列國爲周之舊宇先公之風化也遠民俗之憂勤也切自其爲衣言之豈寒至而始索耶時維七月斗柄建

申仰而觀之大火西流暑退而將寒矣故九月授以衣焉蓋一陽之日既至風變而觱發二陽之日載臨氣凝而栗烈斯時也使女不服内而衣之成于蠶績者有所未備則公子無裳而吾民之幼者不免於寒矣何以卒是歲乎男不服外而裼之出於狩獵者有所未具則公子無裘而吾民之老者不免於凍矣何以終是歲乎衣之預也蓋如此自其爲食言之豈飢至而始索耶時維正月斗柄建寅俯而察之土膏將動田器而往修矣故二月舉以耕焉蓋南畝之方有事壯者皆出在田老者率婦子而來饁農官適因之而至止斯時也但見治田早則東作之效可收不惟君祀有所需而吾民之幼者亦無飢矣田畯得不喜耶用力齊則西成之利可獲不惟君燕有所賴而吾民之老者亦無餒矣田畯又何怒耶食之預也又如此吁大寒之候在丑月而圖之於建申之時收成之候在酉月而慮之於建寅之日憂勤忠愛之情舉皆見之先公風化王可以不知耶雖然周公之戒成王不特此耳無逸之書一皆帝王之心法惓惓言之無非欲知王業之難與小人之依而已故□世儒臣有欲繪爲圖作爲歌詩揭之宫掖布之戚里以爲式者矣噫由前言之則爲訓由後言之則爲經然後知周公之所以告其君者又將以告後世之君臣歟

質爾人民謹爾侯度用戒不虞

徐著

同考試官訓導李批（本上章説良是作者多不之察茫無定見此篇一依傳注而詞足以發之殆邃於經學者高薦何忝）

同考試官教諭梁批（立説有據行文有法括盡武公自警之意讀之亦可以興）

同考試官教授王批（題本平實作者多無定見惟此篇體貼傳意而字字句句皆有證據真究心於經學者故録之）

考試官左中允賈批（詩旨渾然讀朱傳當自得之）

考試官右諭德倫批（武公自警之意是如此）

賢侯之自警惟欲修其道之常而防其事之變焉夫常道不可忽而事變所當防也賢侯自警而交修之其得君國之道歟昔衛武公作抑戒之詩致自警之意及此蓋曰人民者所與以守此國者也人民不質則本搖而守弗固如國何爾爲君者必揭以道德之訓使閭閻有式而熙然之風成示以威儀之則使都鄙有章而淳然之俗定俯仰有賴皆納于平康之域狡詐不生舉席于恬淡之場而後可焉侯度者所受以治此國者也侯度不謹則法弛而治弗張如

國何爾爲治者必罔顛厥德惟先王之法是求而耽樂者有戒罔迷厥政惟明王之刑是共而逸欲者有節典章文物之彝每憚夫慾忘流連荒亡之行不萌于念慮而後可焉夫□民守法常道修矣然不虞弗戒而變或乘之又如國何必也身處乎庭除之近慮及乎蠻方之遠車馬以修謀焉必訏于以防患於未危而先事之有備事在乎寢興之常心關乎戎兵之變兮矢以調猶焉必遠于以保治於未亂而臨事之無失耳目不加之地或爲禍機之所伏思之必至計出萬全方泰而切復隍之憂者有矣意料不及之境□□釁端之所起見之必預筭無遺策既濟而□衣袽之戒者有矣夫事有常變而慮無不周備無不飭如此君國之道尚何以加之哉大抵此二言者皆所以爲修身齊家治國之道而下文復以成慎恐懼爲言則又正心誠意之學而武公及之斯固聖賢之徒歟况進德之功老而未倦則其生以文稱没以武謚睿聖之德非獨衛人思之三百篇之諷咏相與無窮噫武公國君□而自修若此君天下者其知所鑒哉

春秋

蔡侯鄭伯會于鄧（桓公二年）秋七月上辛大雩季辛又雩（昭公二十五年）

唐皋

同考試官訓導李批（題有明傳場中作者不馳於意外則入於陳腐令人厭觀惟此篇説理詳明引證切當而文亦有法是究心麟經者故録之）

考試官左中允賈批（斷例明而詞鋒峻得謹嚴筆法）

考試官右諭德倫批（據傳成文而義例自見）

懼患而忘自强者春秋之所傷弭灾而忘自省者春秋之所惡此蔡鄭于鄧之會魯昭再雩之舉皆見譏於春秋也慨夫楚自西周志存猾夏周既東遷始竊僭王肆强蠶食其來遠矣伊昔殷武興師高宗獲既平之緒釆芑命將宣王收來威之功修攘之效蓋昭昭矣今三國之君懼憑陵之勢兢業徒集於好會之時而不知天下莫大於理循天理則無不勝憂慑并形於禮文之際而不知天下莫强於信義敦信義則無不克如是荆楚雖大不足畏矣夫何計不出此顧欲較勝負於地之大小决雌雄於力之强弱先王修攘之實果安在哉卒使好講未幾鄧先見滅蔡亦被虜鄭雖王室之懿終蒙服役之耻楚勢益張中夏陵遲而不振者非三國所自啓乎春秋於鄧書會蓋傷之也至若昭公嗣魯季氏專國异呈於鸜鵒之來巢灾仍於雲漢之爲虐雨雹地震其變多矣伊昔祖已詢謀高宗消雉鴝之异側身修行宣王回藴隆之灾感應之效蓋彰彰矣今七月之秋爲再雩之舉盛樂徒設於上辛之日而不知天不易勝人則可勝

况忠賢在位國有人耶大雩尋舉於季辛之日而不知變不易消德則可消敬畏咎己天猶春耶如是灾异雖頻有可禦矣夫何道不由此徒欲焚巫尪於戲舞之餘而反身之不務黷祀典於僭妄之末而自省之不知先王感召之誠又安在哉卒使僭禮虚行天不魯應釋甲執冰終亡儆戒之心不免遜齊之誚三家益强公室愈弱而不競者非昭公所自致乎春秋大雩書再蓋譏之也吁三國畏人而不務其本昭公畏天而徒事其末聖人立文示貶亦精且嚴哉大抵春秋正名以謹華夷紀變以詳灾异故乎鄧書會則知三國外制於荆楚夷狄盛而中國微矣再書大雩則知魯昭内制於强臣人事乖而天道悖矣嗚呼使當時諸侯舉能以仁自强應天以實斯可以繼商周之志矣春秋豈復作乎

楚子入陳（宣公十一年）楚子圍鄭　夏六月乙卯晋荀林父帥師及楚子戰于邲晋師敗績（俱宣公十二年）晋欒書帥師救鄭（成公六年）夏五月甲午遂滅偪陽（襄公十年）

顧磐

同考試官訓導李批（本傳觀釁制属之旨了然明白作者殊多混惑戰邲處間能道之於救鄭偪陽第以進退强言之耳是篇組織傳文發揮殆盡故宜録出）

考試官左中允賈批（律用兵得失處雖起三子亦當心服）

考試官右諭德倫批（辭健意足僅見此篇）

春秋於霸臣用兵而兩失其道者可責用兵而兩得其道者可子蓋用兵之要惟觀釁制屬而已今林父交昧之以取敗書瑩用之而克濟春秋子奪宜矣且夫春秋中葉楚莊竊霸陳鄭受兵是時晋景主霸林父救鄭于邲交鋒春秋何爲釋楚而專罪晋耶蓋用兵必先於觀釁禦敵尤□於制屬今楚討賊滅陳而尋復封陳恃强入鄭而旋即平鄭是楚人理直不可敵也三帥及河而定計欲還先縠逞忿而違命先濟此副屬輕逞所當誅也使林父苟能獨斷於衷諸帥信然其策不遷戮而班師按軍法而行辟夫豈不可奈何惑於分惡竟亦蹈危賞令一聞遂掬舟中之指三軍半踣大剿奕世之民喪師僨事於誰責手故春秋以晋主此戰而獨罪林父者以此迨夫成襄嗣世楚再伐鄭偪陽附强於時景悼命將欒書救鄭瑩下偪陽春秋何爲深許書瑩之用兵耶蓋長於料敵者見可而進善於戰陳者御下必嚴今晋軍繞角楚人已退移師侵蔡桑隧復來是晋師遷戮不可逞也許滅偪陽恐違亂命功能旦夕遽請班師是佝偃逗遛所當罪也使書瑩稍蓄狐疑於心必失兵機之會乃從三帥而旋師尅期

七日而必取事適其可夫復何疑於時利害甚明左右惟命全師以退欲戰之帥不敢過投机奮怒勾偃親督而成功□師有紀不亦偉歟故春秋於此書欒書救鄭□滅偪陽者以此大抵克敵制勝固在乎兵兵之進退惟繫乎將用將賢否尤繫乎君也林父非不賢也使剛愎不仁者參焉是景公任將之不專也書罃亦豈賢於林父哉景悼特任之專耳故有全師取地之效夫用將之專否成敗有如是後之命將者觀諸

禮記

命大師陳詩以觀民風

程旦

同考試官學正陳批（君上所化謂之風先王巡守觀風正以驗諸侯政令得失而爲之勸懲耳場中士子多昧此又有專以東方巡守言者殊失之拘此作考據精審筆力雄深是用録出）

考試官左中允賈批（發明先王考治之意詳盡可式）

考試官右諭德倫批（省方觀民所以自觀是篇得之）

先王之巡守也命述夫民之言因察夫君之化蓋君之化寓於民之風而風之寓於言也尚矣非命官述而觀之抑何所知哉記王制者之意以爲昔我先王建萬國親諸侯當五年之期舉巡守之禮豈不以民習之繫於一國者爲風民言之形於一時者爲詩欲觀其風必陳其詩是詩也雖曰閭里童稚之言而上之所感者深雖曰民俗歌謠之詞而化之所被者遠是以因所歷之地命大師之官采而録之如春之東夏之南凡東南之所咏者自闉門以及鄉黨言有是非悉陳於岱衡之下不以鄙俚而或遺焉秋之西冬之北凡西北之所歌者自國都以及閭巷言有邪正舉列於華恒之間不以俗陋而或隱焉夫民言之所在即民風之所在蓋志形於言者有是非則風之正變關焉故即岱衡所陳者而觀則東南之民風可知而政令得失亦因以覘而爲黜陟之地矣民詩之所存即民俗之所存蓋志發於詩者有邪正則俗之美惡寓焉故即華恒所述者而觀則西北之民俗可知而故令善否亦因以考而爲慶讓之所矣夫風以化而成化以言而知此巡守觀風所以爲王者之制歟抑考古者天子之詩立之樂官用之閨門鄉黨邦國而化天下矣至於諸侯之詩亦必采之以貢于上則亦領在樂官以時存肄此觀風之典所由興也後世巡守禮廢采詩這官不設所幸存者惟述職耳猶不失先王考治之意奈何又降而使人懷懼自危趑趄不進者何哉王制之難復也如此夫

君子於是語於是道古

黄傑

同考試官學正陳批（題意重在古樂之正作者多就君子知樂上講蓋未之思也旨明辭暢無逾此篇）

考試官左中允賈批（道古處的有所見子可以語樂矣）

考試官右諭德倫批（善究古樂可語之藴無亦於見遠古者歟）

君子於古樂既作之終而有可言之道焉甚矣樂莫逾於古也君子於既作之終而語之其道曷有既乎昔子夏因魏文侯厭古樂而好鄭衛之音告之蓋謂君之厭古樂者以其無可好之音耳孰知古樂之中有可言之道乎是故君子之於古樂方其未作之先固無得而語之也迨其正作之際亦無暇而語之也八音既闋矣得之於心者自不能不形於言萬舞既畢矣會之於神者自不容不宣於聲不曰進旅退旅則曰和正以廣與夫會守拊鼓皆亹亹於議論焉不曰始奏以文則曰復亂以武與夫治亂訊疾皆諄諄於答述焉所以語者豈有他哉誠以古樂之正初非鄭音好濫淫志之可倫也亦非衛音趨數煩志之可擬也肅乎其敬有雍乎其和者在味之而有無窮之趣本之以仁有制之以義者存究之而有益深之藴修身以之齊家以之君子心得其道焉得不於樂終而道之邪治國以之平天下以之君子神會其妙惡得不於樂終而論之邪是則古樂之中有可言之道如此文侯端冕聽之而唯恐卧亦獨何歟抑考古樂之正莫盛於韶孔子在齊聞之三月則曰不圖爲樂之至於斯也季札聘魯得於一觀則曰如天之無不覆如地之無不載焉蓋惟知之深故好之切自不覺其嘆美之至矣若夫文侯安足以及此故曰惟君子爲能知樂

第二場

論

守太平之業

王大化

同考試官教諭李批（論場作者類多拘泥浮泛殊不快人意此篇議論辯博發明所以守太平之道委曲詳盡尤爲奇拔矧表判精當而初終二場亦皆雄深雅健其素抱經濟之具者乎允宜首薦）

同考試官教諭徐批（是論矩度森嚴文彩涣發且抑揚起伏步驟不凡中場士無出子之右矣）

考試官左中允賈批（文勢滔滔悉自胸中流出而議論起伏變態不窮

且通篇忠愛獻之當中可爲守成之規矣）

考試官右諭德倫批（豪宕逸發奇變捷出真是作論手筆佳士佳士）

嗣大業者當念成之之難而盡守之之道焉夫大業不易成而亦不易守也業不易成而不知所以念之則必不以守爲難而易之矣不知守爲難而易之則敬畏日弛逸豫無期雖有成業而未敢言烏在其能守乎惟夫知業之大也成非遽成而成之也難故夫知業之嗣也守非徒守而守之不易惴惴焉盡其道而不敢違修其德而不敢逸守其法而不敢失此所以久安長治卒饗太平於無疆也司馬文正公之言如此真萬世嗣大業者之永鑑哉請試論之莫爲於前而不足以傳諸後者不可以言業莫爲於後而不足以承夫前者不可以言守業其所業凡垂統緒而爲詒孫燕子之謀者皆業也守其所守凡纘先緒而爲繼志述事之舉者皆守也夫業無所成固難於責守業成而不知所以守之者抑人何耶況太平之業業之大也開之有自致之有道成之非一人積之非一日君人者惟不知創之之難則曰自我受之自我由之而已守將何哉不知守之之難則曰自我有之自我爲之而已守復何哉謂天下一家也中國一人也作威作福惟辟而已誰敢侮予不惟不庸守而亦不必守矣萬方一統也萬姓一心也有罪無罪惟我而已誰敢過予不惟不必守而亦不假守矣謂逸欲爲無傷而宴安之氣勝謂奢泰爲無害而儆戒之志微謂太平何時也以三光則得其明以四時則得其序以五辰則得其正以庶類則得其所是業也確乎泰山之安夫焉慮乎以九州則得其貢以四海則得其心以九夷則得其賓以八蠻則得其臣是業也巍然磐石之固夫何虞乎殊不知可樂者莫如太平而可慮者亦莫如太平無虞者莫如太平而可虞者亦莫如太平一日不謹或以貽四海之憂一念不謹或以致千百年之患彼般樂之易於荒珍奇之易於侈蠹太平之業者莫甚焉我其除之聲色之易於惑貨利之易於溺戕太平之業者莫大焉我其杜之甘言之來夫諛泛恩之啓夫僭摧太平之業者又孰甚耶我其抑之故嗜欲之必節好尚之必謹一念之萌罔有弗欽不如是恐蠹吾太平之業也喜怒之必中愛惡之必正一心之動罔有弗敬不如是恐戕吾太平之業也聽納之必審勸懲之必嚴一政之施罔有弗虔不如是恐摧吾太平之業也世已治矣洞屬之心視若未治治已成矣戰慄之心視若未成念創造之難必曰開之者誰歟而敢易耶天命之奉蓋不敢不謹也懼嗣守之難必曰成之者誰歟而敢忽耶天討之行蓋不敢不恭也守誠難矣獨不觀諸巨室乎前人遺之將爲無窮之規必植其堂基壯其柱石强其棟梁厚其茨蓋高其垣墉嚴其關鍵既成而復得人以守之日省月視欹者正之敝者補之危者持

之顛者扶之如是則亘千百年而無壞矣守太平者寧异是耶民者國之堂基也我其植之禮法者柱石也我其壯之所以奠吾太平之業也公卿者棟梁也我其强之官吏者茨蓋也我其厚之所以輔吾太平之業也將帥者垣墉也我其高之甲兵者關鍵也我其嚴之所以衛吾太平之業也由是天下一家推之則準中國一人動之則化萬方一統無分崩也萬姓一心無離二也天位乎上天道以之而清也地位乎下地道以之而寧也萬物位乎中萬物以之而育也三光明四時序五辰正庶類蕃九州貢四海服九夷賓八蠻臣諸福之物可致之詳駢臻畢備史不絶書而混一靈長之統保合太和之治將衍之萬世而無斁矣如此而曰守太平之業信乎其能守矣抑稽諸古太平之盛莫如帝王若堯之萬邦協和舜之四方風動禹之黎民敏德湯之兆民允殖文武之天下咸和四海永清皆是業也致之未必無本而守之亦未必無要溯而求之放勛之言方形於書而精一之心法已見於授受之際而爲帝舜之兢兢重華之語方播爲典而執中之正統已見於咨爾之時而爲大禹之孜孜建中之德既肇有商之業而説命伊訓之書又懇懇乎交陳文武之德既成有周之業而七月無逸之篇又諄諄乎夾輔萬世之下誦二帝之功想三王之治康衢之謡擊壤之歌四百載之曆六百祀之統八百年之籙卒爲有道之長者雖皆德盛而元勛佐命之功亦不可誣也下逌漢唐宋之君德有未純而所以開太平之業者未盡善嗣世之君輔世之臣亦未能盡如帝王之世故其所守猶可疵議而終不古若有由然也洪惟我祖宗聖聖相承以開鴻業輔世之臣又皆矢心協力以爲太平之佐而聖子神孫咸有一德以法祖任賢敬天勤民爲心此所以嗣太平之業于今日而追帝王之盛于隆古也愚何幸身親見之

表

擬唐秘書監魏徵進群書理要表（貞觀五年）

唐皋

同考試官訓導李批（駢儷文字不難成篇而能總括當時體要之爲難也是篇叙事詳贍措辭典則寓意忠懇使文貞可作當亦爲之首肯云宜録以爲標式）

考試官左中允賈批（典贍有則足見學識）

考試官右諭德倫批（四六體不當如是邪）

貞觀五年九月二十七日秘書監臣魏徵等謹以所撰群書理要進呈者臣等誠惶誠恐稽首頓首上言伏以丕迓商休克邁多聞之訓懋弘武烈遹求大法之篇乃公逮訪前聞命編新語元康疇咨大道涣下詔書講經不覺疲勞

濟中興大業何物可增神智爲曠世名言兹欲有爲之君必勤稽古之治恭惟英明豁達神武聖文應天順人取孤隋攘群盜僅逾六祺篤近舉遠撫萬邦來四裔奚翅一堂謀謨集十八俊之長勛烈配六七君之盛猶張弘文舘之幄如渴如飢特置内學士之員或師或友慨前朝之得失實後代之箴規顧群籍紛綸而百家踳駁欲强探力取懼勞而少功將周覽泛觀奈博而寡要爰命臣等採摭諸書凡子民君國之議言精粗備録參諸子而本六經若濟世康時之故實優劣兼收訖晋年而原五帝弃華剟實肯抽鸞鳳之羽毛舉要删繁詎截象犀之牙角馳雲車於文苑轍迹可尋張天網於書林綱目自舉有倫有緒越公理之昌言不矯不偏陋子真之政論經時裒次五帙彙成邈乎數千載治忽之端派分鱗萃富矣億萬言聖賢之藴星麗河明豈俟收籍關中乃悉秦亡之故奚庸觀典魯國始知周道之興蓋生人育物之良劑而濟理致平之令典也念禹俞益贊矧帝拜陶歌陳述雖職於臣鄰允迪類存乎元首悦而知繹但從寬問一篇此自足用泛矣無歸徒使俊陳三易多亦奚爲伏願游心於螻濩之常垂情于綜理之隙洞究三千年之終始何爲否而何爲通覽察十四代之興衰孰可師而孰可戒躡明王芳躅上泝三聖授受之淵源緣百氏正途統會六經致治之成法如魚得水而游泳豈徒展玩前編若鳥有翼以拼飛務必措諸行事庶集大成之德業而堅有永之基圖臣等無任瞻天仰聖激切屏營之至謹以所集群書理要五十卷隨表上進以聞

第三場

策（五道）

第一問

薛蕙

同考試官訓導李批（五策俱豐贍可愛而聖制一策尤爲明備不惟見我聖祖仁天下之心著於立法之初抑以見我列聖仁天下之心寓於行法之際噫子殆誦習之有素矣高薦何忝）

同考試官教諭梁批（皇祖立法令以教民於先律以一民於後有以仰追舜禹成康之遺制而非漢唐宋所能及也列聖嗣守良法克臻治效此策援古證今鑿鑿有實蓋服習聖制而有得焉者推以致用權度自不忒矣）

同考試官教授王批（發問之旨具有乎聖制序文教齊二字中作者多昧之是篇序述詳明而詞致沉着豈邃於古今訓典者與）

考試官左中允賈批（我聖祖律令之設真有符於慮周制刑之意子能仰窺而會其指歸豈嘗究心而服膺者與宜冠本房）

考試官右諭德倫批（説出教之不改而後誅之之意坦然明白真得古今制刑之旨可獨以常式文字觀之邪）

治民之道將有以齊之必先有以教之教之弗豫而遽一之虐之肆也齊之無本而驟論之忍之爲也此有天下之君撫億兆之衆威制非所先而軌訓爲尚法禁非所急而播告惟勤其猶弗率乃致辟焉則民與我皆無憾而仁與義亦并行矣詎非經邦之令猷御世之大防與愚於是有以知有虞成周制刑之意我太祖高皇帝立法之旨暨歷代興辟陳臬之端矣夫天地化生萬物既舒之以陽不能不慘之以陰聖人子育黎庶既煦之以和不能不肅之以威然其好生之德未嘗不行于明罰敕法之先不忍之心未始不著于鈇鉞鞭扑之外故有虞之時雖命伯夷播刑之迪然三禮之典實先降之于以折民邪妄之心使之入禮而不入於刑禮之弗率而後戮辱加之是豈帝舜之本心哉不得已而用耳成周之時雖命司寇掌五刑之政然五禁之法實隨布之于以嚴民未然之防俾之遠罪而不犯禁之弗戢而後剪伐及焉是豈成康之所願哉不得已而施耳洪惟我太祖高皇帝撫有華夏思滌夷風乃仿有虞成周遺意爲大明律令二書其大明令之頒布在改元之正月大而紀綱倫理之重小而器用輿服之差凡律令所張弛罔不具載爲條一百四十有五兼他訓誥率亦稱是則聖制所謂令以教之於先之旨可謂周盡而懇切矣大明律之删定在七年之二月揭名例六曹爲綱列職制以下爲目統括事類惬比情理爲條四百有六十視諸舊律倫要獨全則聖制所謂律以齊之於後之義可謂審慎而昭晰矣由是畫一良規迄今率由重以欽恤之厚培諸列聖審克之於嗣以群賢於是四方風動之休萬邦刑措之美真無愧於有虞成周之世矣是豈漢唐宋諸君所能及哉何以明其然也唐之制刑以尊卑貴賤之等爲令百司所常行爲格所常守爲式三者有違始一斷以律其教刑之序亦得矣然□官衣服高下之式待馬周而始建白隋季明輕明重之弊至永徽猶未刊除節目之脱略若此果可以望我聖祖憲度之藩籬邪宋之制刑以設於此而待彼之謂格使彼效之之謂式禁於未然之謂令禁於已然之謂敕其齊導之倫亦著矣然嫡孫承祖之服至宋敏求而始定大中故殺之令至杜曾而始厘疵纇之猥多如此果可以窺我聖祖法理之堂奥邪無怪乎中葉叔世科條屢增法守浸奪紀綱因而隳廢鼎祚遂以顛隕是固作者之過然繼統承序之君亦豈能辭其玩忽之咎哉由是觀之則夫爲□之計欲維持百年無弊之法以衍萬世不拔之

基者亦惟人法□任持之以簡以有限治無窮不使比議繁滋以啓二門之奸如桓譚所疏可也上下一心莅之以公絶疵於五過明清于單辭不令曲當妙鑒奪徵文之直準如劉頌所啓可也然皆聖哲之上明察之官之任也愚生何爲者邪

第二問

尹賢

同考試官教諭鍾批（古人行事得失昭然莫掩然非億説所能斷述也是篇援據詳悉評議切當且他篇稱是擢子於衆中以冠本房非獨見子學問之該博而已它時進用廟堂人事决大疑吾知迎刃而解必矣）

同考試官教授曾批（此策正欲觀士子平日胸中權度而此篇能歷歷剖析明白無毫髪疑滯他日倘謀王斷國知其必出人一頭地而王謝之流豈足言哉甄拔之際百□此差亦足以報上矣）

考試官左中允賈批（鋪叙三代而下君臣投機之會得失成敗之迹如指諸掌末復舉經訓以爲準的非素有定見者不能膺薦明時若子者豈多得耶）

考試官右諭德倫批（通篇援據精確議論且出人意表末復歸宿於三代而上之聖賢□學有識而志且不凡如此子殆加人數等矣）

欲集天下之大事當决策於兩端欲攘天下之大患當定計於衆人一概之説不得而偏聽也一曲之見不得而擅用也判是非之兩端於毫厘而惟善是師析衆論之可否於杪忽而惟可是從則大事不難集而大患不難攘矣古之英君誼主克成創業守成之美固不出此而碩輔良將懋建補天浴日之功者亦豈有外於是哉其或不爾寧能逭夫噬臍之悔亡身僨國之慘乎愚嘗讀歷代史述及諸傳記有以悉夫君臣決計用言之略圖事揆策之大較於指常問矣請得而陳之方漢祖之圖滎陽也酈生一鼓撓楚權之舌遽命刻印立國以時莫有争之者耳迨聞張良借箸之言遂立罷之雖幾敗乃公事亦豈害其爲誠信好謀邪世祖之困於薊北也群議一倡還長安之便即欲卷甲西歸以時未有規之者耳及聽邳彤廷對之言遂立止之雖瀕失事機亦豈害其爲沉幾先物邪魏武乘破荆之威欲怙江東舟師熸潰顛沛而還始興郭奉孝若在不使孤至此這思愚以爲使奉孝果可作决不能善赤壁之役何則恐喝之初周瑜已策其有四敗之形矣唐文皇矜中國之盛親征高麗鞑鞨犯陳幾陷不測尋發魏徵若在吾豈有此行之思愚以爲使魏徵果無恙斷莫能遏佳兵之鋒何則議討之初褚遂良已極夫支體之諫矣二君之自用而不悟其非亦何貴乎神武謀略爲哉石堡城之攻取所得不酬所失正忠嗣籌之熟矣唐玄宗

乃眩於庸將之請勤兵吐蕃久無成功繼命哥舒翰拔之士卒果死亡略盡一何忍人也靈州之孤危可弃而不可守楊億論之確矣宋真宗惑於中外之説仍命關中飛輓不絶卒爲李繼遷據之兵民陷没殆億計一何後時也二君之聽言而不訂其是亦奚貴於英武明睿爲哉司馬師之東圖孫亮也惑三征謬請而黜傅嘏之昌言猥致關東之敗夫師之沉毅大略豈忽於料敵者邪幸速成功以基簒業而已不然何蜀捷交至而昭之九錫即加也吴明徹之北伐彭城也適王軌濟師而拒摩訶之請擊遂爲周人所執夫以明徹之將略人才豈昧於决機者邪坐狃常勝輕視敵人而已不然何伐齊之役而陳之北境盡復也桓温不臣其親從豈宜居位謝安乃舉諸桓而用之用之未必是也然衆翕然樂之安亦豈能違衆而廢黜之邪權以濟事國用乂安不亦得乎蘇峻懷逆其萌櫱豈宜久稔庾亮則稱詔旨以召之召之未必非也然勢廆然可憂亮亦豈能違勢而誅鋤之邪剛愎自用國反危辱不亦傎乎二臣經邦一臧一否安之沉敏足稱而亮之政實則未之或徵也玄德之假荆州也吴之宿將咸以爲非宜而魯肅獨勸其主曰帝王之興皆有驅除卒爲關羽所資真内不能辨而外爲大言耳仲謀評之當矣蕭禧之來求分水嶺界也宋之故相皆以爲不可而王安石獨違衆議曰將欲取之必固與之卒中遼人之計誠莫知所却而謬爲大言耳洪邁譏之是矣二臣行事异世同符肅之知略少損而安石之經濟則未之或聞也是則臨大事遇大患率以用人□□自用而敗從衆則安違衆則危如此然則後世作事之君獻計之臣惡可不知所法哉亦惟以高帝爲階世祖爲蹊而馴至乎舍己從人改過弗吝之盛德可也必以謝安爲勸安石爲戒而謹守乎主善爲師大猶是經之明訓可也夫然則勛烈如之何不俊偉民物如之何不審阜宗社如之何不靈長也何以見其然哉亦惟驗諸今日而已

第三問

王大化

同考試官教諭李批（首閲初場旨趣深長文詞雅健心固奇之及觀此策歷論昔賢學于古訓所得淺深之等無不切當其學識所造可概知矣畿甸之士若此豈非涵濡聖化之深而既然顯出者乎健羡健羡）

同考試官教諭徐批（先哲格言至論散于子史中句句可以爲身心之資惟與意於爲它者則覩若長物而忽之者多矣此篇隨答無遺□□平日潛心於理學者也且他策皆善參之初中二場文字又皆淡而旨正而華簡而徹是知明理之學無所施而不可以之試春官與天下士較其袞然而穎出者吾端有所望焉）

考試官左中允賈批（理道之言儒先類有所得而程朱爲統會此篇的有所見而條答無遺謂非潜心之久者能之乎）

考試官右諭德論批（賢哲學力所造自有等級非私意淺見可得而軒輕之也稱量當而去取公無如此作是用録之以爲稽古者勸）

甚矣古訓之富而有待乎人也大用之則大有所立小用之則小有所成殆無施而不可無修而不善無推而不準焉是豈局於一偏狃於一曲宜於甲而乖於乙通乎近而泥乎遠也人之資禀不同而位遇亦异故隨其流品而取則有廣狹因其素位而擬議有時宜譬猶群汲江河器珠巨細而濟生人之用則一而已何則道之大原出於天而備載於六經闡明於大學論語諸書孔曾思孟傳之于前周程張朱繼之于後是故博我以文約我以禮顔子稱孔子教人語也作聖之功莫切乎此故程伊川指博約而言曰聖人教人只此二字誠孔門闡教之的焉自格物致知以至治國平天下大學中綱領之條目也告君之言莫先乎是故朱晦庵聞正心誠意之語而應曰平生所學惟此四字真大人格君之應曰平生所學惟此四字真大人格君之事焉盡心行已莫要乎誠是以劉器之服膺師訓力行七年而誠之爲德始成然猶惑於司户不貪之對至讀楊子避礙通理之言而意乃釋其篤信好學者與理郡專城莫尚乎信是以張忠定再領益州拊循五載而信之一字始成然猶不免外間背服之疑至聞李畋何待今日之語而心始安其善政得民者與士之守官勤則下無壅滯謹則行罔玷缺和則與物無忤緩則處事精當人能持此四字職業蔑不舉矣張思正道之以教新進其知言哉州縣之職一吏軌民非廉弗率愛人利物非仁弗濟决獄齊衆非公弗服剸煩治劇非勤弗辦舉能行此四字化理罔不振矣真西山以之勖勵僚屬其名言哉趙中令歷相兩朝自謂以半部論語佐太祖半部論語佐太宗其功烈有足稱者然海物之惠涪陵之獄果公綽不欲以道事君似乎亦幾於侮聖言矣宜其晚節之不醇李文靖輔相真宗自謂如論語節用而愛人使民以時尚未能行其語緒若自謙者然遼夏未附息肩無期欲節勞損費施舍已責得乎誠篤於畏聖言矣宜其相業之終偉于仲文對主讀書之問謂資父事君忠孝而已忠孝豈能括夫讀書之事然乃臣子立身之大節也大節不虧而後百行始得而修焉有子以孝弟爲仁之本斯言其近之廖德明語人仕學之要惟用三代直道而行一句直道豈能盡仕學之方然乃有司應務之宏幹也宏幹不撓而後衆事始依以立焉孟子謂枉己不能直人斯言其庶矣夫伊川之立教晦庵之格君得經傳之綱要而聖賢之道在是矣器之之力行西山之忠告得經傳之旨趣而聖賢之道庶幾矣余則或□夫杯

勺或慕夫高美東涉夫近似而已雖於斯道邈乎其未聞然視既其文而不既其實聞其號而未燭其理者寧不大有間邪愚生幼味糟魄嘗出入乎諸子而未始有得伊欲窺西山門户以企及乎程朱之堂室不知執事其肯進教否

第四問

程旦

同考試官學正陳批（事實散見諸史答者多不能悉此策不獨於古人同异之迹歷歷能述之且究其本末孝其是非區别其成敗得失昭如指掌先正論凡讀史不徒要記事迹正謂此也其必積學待問有素之士乎得士如此校文之責可少逭矣行將捷南宫對大廷而措諸用亦何疑於天下之理何難於天下之事哉余策稱是异不能盡録）

考試官左中允賈批（古人心迹异同自有確論求其評品精當而詞氣春容者僅見此篇噫胸中無尺度而欲較物之短長其不謬者幾希子殆有窮理之學乎）

考試官右諭德倫批（是策乃比類體其間曲折殆難折衷此篇抑揚進遲各當其歸非貫穿經傳低昂權衡者不能也得士如子亦可以自慶矣）

事之同其迹者不可不究其本末事之异其迹者不可不考其是非甚哉迹之不可徇而亦不可弃也徒因其同而不究夫事之本末則眩於疑似彷佛而不準其實者多矣徒信其异而不考夫事之得失則拘於界分形迹而不核其當者衆矣故欲究觀往事而區别其成敗得失必極盡古人之底藴披拓古人之心胸庶持諸已有定論施諸用有成轍俟諸後世將亦占其必信而不惑矣夫明問舉此以策末進意獨至矣如學未足以通方何哉粤昔成周之季晋文騎劫之伐齊曹也咸用犯墓之謀以怖敵人然晋但稱舍於墓若將發塜然故曹入懼而晋遂入曹燕則實發之以激怒齊人故齊反乘衆忿擊敗燕軍其本實不同也無怪其末之不同焉吕範周谷之奉孫權也咸用所掌之財以應私求然範每遇權索取必關白于策故權後以爲忠實而任之谷則慮抵譴每爲之掩焉故權後以爲欺妄而黜之其本蓋有异也無怪其末之亦异焉項籍已滅季布懼嘗窘高祖滕公待間爲言之即召拜郎中更始已敗馮衍始幅巾河内世祖以衍不時至遂終身擯弃夫不時至者人臣盡忠民事之大節非觀望之爲也衍亦布同耳顧不得如布詎非命邪唐儉説頡利歸款李靖乘虜懈弛潜兵赴之儉以脱身走免酈食其説田廣稱藩韓信掩齊無備渡師襲之食其坐賣故見烹夫掩不備者乃謀將幸隙貪功之譎計非行人之罪也食其亦儉侔耳顧不得如儉詎非數邪何晏典選曹諸與有舊者多擢用之裴垍爲宰

相故人求除判司拒不之許謂不敢傷朝廷至公孰不以爲晏厚於垍也殊不知任官惟賢才非其人而私之如名器之濫何垍得之矣尹勛爲防禦以子才可用特薦進之吕公著爲司空自謂當世善士收拾略盡乃置子之賢不試孰不謂公著愈於勛也殊不知内舉不避親惟其才是視耳何浮議之足恤公著失之矣趙抃爲參知政事遇朝政有未協者必密啓聞李沆爲相則否真宗嘗問之沆對曰公事則公言之人臣有密啓者非讒即佞夫事涉機要慮防宣泄則權用密啓以杜猜嫌無易由言之戒不可忽也若中外公共之政自宜宰執僉議揚于王庭以聽君命不得與機要例也又惡用密啓爲哉周亞夫屯兵細柳適文帝乘輿臨幸入不以時王猛伐燕圍鄴苻堅遠赴之猛迎曰業夫前却人主以求名臣竊少之夫文帝之來勞軍而已則閫以外亞夫專之其却天子先驅軍令當爾若堅率十萬衆赴鄴時乃天子自將閫外之事堅實兼之不得與細柳比也猛安得不潜謁之哉然豈特數子爲然禹稷救世顔子修己其迹异矣然處之各當其理故孟子曰禹稷顔回同道季文子妾不衣帛公孫弘身服布被其迹同矣然心之所存不同故史謂其有體之與利之之异若但概其迹而不究其實是爲魏晋之禪受可以□唐虞秦隋之征伐可以擬湯武惡乎可哉

第五問

唐皋

同考試官訓導李批（策本人情政務以求今日之弊場中士子類能以除弊用人立説殊無定見令人厭觀此篇不腐不迂區畫允當非志於經世者類弗能及此明春大廷獨對裒然出色端有望於子矣當拭目以俟）

考試官左中允賈批（時務策隨問敷演不别創意一轉語間而政即可興弊無不祛見之施爲鑿鑿可行殆非俊傑不能也秋闈得之良以自多）

考試官右諭德倫批（經有率由舊章之訓觀子之文不爲無本誠有裨于時者是用□出）

保治之道無他焉惟在去其弊以振其法而已我祖宗之法極古今之備而兼古今之良也兹欲維持致治俾與天壤始終非剔抉蠧警丕振祖宗之法殊未見其有濟也人蓋有善居室者矣棟欹則正之榱敝則易之斯屋宇常固而風雨非所憂亦有善養身者矣否則通之鬱則散之斯血氣常和而寒暑非所慮保治之道亦何异於是哉國朝法古爲理内而百官之政外而兵民之司大而爵賞刑獄之務次而徭役度數之繁莫不有不易之規畫一之度存焉故百五十年于兹守而勿失兩畿十三省之民帖然以寧執事猶以爲政或有未

善化或有未洽内訌未盡寧椎剽未盡息爲今日之憂危者豈非以賈誼之痛哭而發於文帝康乂之世乎夫政或有未善者非輕變以失初意則遷就以徇時好耳化有未弘者非官使多邪僻則生養未完復耳長技不修師律不肅能免内訌之警乎材武不振尺籍徒存能禁椎剽之奸乎斯皆目前之弊也蒐其弊則法可得而復焉執事又以爲民徭未輕民賦未薄賞間失重刑間失輕爲今日之憂危者豈非以鮮于侁之大息而發於神宗勵精之日乎夫徭有未輕者他籍日增見户日減耳民賦未薄者度支寖廣科泒轉滋耳功序弗明希求弗抑賞能不失於重乎守文不確權斷太寛罰能不失於輕乎斯皆近日之弊也薅其弊則法可得而舉焉若謂將悍卒驕民并俗侈古以爲病今也則無者愚竊以爲未盡然也何則徒以目之所接偶見夫畏懦蹴踖無介胄不可犯之色羸憊剽輕乏山嶽不可撼之威遂以爲惜其不悍不驕得驕悍者挫折磨礪而用之猶勝於筋骨委頓而銜勒靡所施者也是固或然然安知熊羆之將貔貅之旅不混於尋常士伍中邪其弊則坐乎鋭氣不作勇力不完之故耳求其所以不作不完者而去之良將勁卒不於此而在乎是乃立法之本意也第見夫閭閻下户瓶盎無宿舂之儲聚落窮民居服罕圬涅之飾遂以爲惜其不并不侈得并侈者節約限制而使之猶勝於皮毛不攝而繭絲無所著者也是固或爾然安知蓋藏之積貲筭之厚不本於身佚力舒乎其弊則坐夫本不獲以盡務用不由以自節之故耳要其所以不獲不由者而除之豪家富室不即此而有乎是乃立法之初旨也兹又伯益陳游逸淫樂之戒于虞廷之比焉顧豈有是哉特過防之計耳雖然堤决蟻孔氣洩針芒誠有天下國家者之所深慮也是以怨豈在明不見是圖夏后氏未始不爲未然之防也惟事事乃其有備有備無患殷人未始不爲未然之防也徹彼桑土綢繆牖户周人未始不爲未然之防也誦詩書之言則三代之訓于以制治于未亂保邦于未危使釁孽不萌而宗社永底苞桑之固者端有望於今日之明良焉若夫滯而不舉矯而或過之偏雖三代之法所不能免是又俟夫規措已定乃徐議之兹未得以并告也惟執事恕其狂而擇焉

應天府鄉試録後序

我國家以南北兩京爲根本畿服之地特置兩鄉試科三歲一開取士偕藩省而額加廣惟校文之任則簡法從之臣主之蓋以其重而异之也乃正德

癸酉秋八月式當取士之期應天府臣舉如制先以考試官請臣文叙臣咏實輟講事而被命焉夙夜祗懼仰承休德敢不以异而致重乎用是兼程至如故事鎖院而三試之旬再浹訖事撤棘合中式士與文之可式洎諸執事者姓氏貫址之异裒刻成録登諸天府傳之天下以風厲焉者也咏當序諸末曰士之進也以科科之取也以文文之主也以理理之充也以氣故理邃則氣昌氣昌則文粹而士之才美畢見由是拔之于科貢之于上用圖化理以臻至治此聖天子汲汲求賢之意亦咏等司校閲者之愚悃也苟文焉而不根于理空言而不達諸用競爲浮誇靡麗乖舛怪誕之説以鬥纖富爲工夫然氣雖昌而實無補如文何易曰觀乎天文以察時變觀乎人文以化成天下是也夫文以時而變化以文而成唐虞三代之文尚矣秦漢而下文不逮古唐襲八代之衰韓愈氏變之終唐之世三變而後定宋襲五代之衰歐陽子變之歷宋之運再變而始一一時豪傑争自奮厲以名科目猗歟盛哉肆我祖宗開基應運以來右文弘化遠軼前軌近剗胡元而上之陋設科取士百有余年文之體裁蓋嘗屢變而盡無不純矣咏嘗兩同校禮闈士之文而得其概兹又謬主是考則南畿士之文含英咀華以自見其才美者益得遍觀而盡識之况諸士子生當根本之地幸而膺崇重特异之典又幸而際文明之運睹文物之美漸文化之先其必有首藩省而特出焉者今觀其文之沉浸醲鬱雖風檜寸晷不足盡見殆極所養而後發理邃氣昌渾厚典則絶無浮誇靡麗乖舛怪誕之習而纖富之工一切不校煒乎炳然信一時之盛而亦信乎其异哉名登兹録行將與藩省士會比南宫進明天子之廷奉清對而躋膴仕其思德意之所以重且异者而益勉之植特立之操尚以文經邦國潤太平期收化成之效于（此處底本殘缺——編者注）

正德十一年應天府鄉試録

應天府鄉試録序

粵自天厭胡元之穢以天下全畀我聖祖拓帝王之舊□太平之原于兹有國蓋亦遠矣自我聖祖洪武甲子參酌成周選舉之意爰定鄉試之科詔天下凡三歲一舉行焉豐茂世之規闢延英之路于兹得人蓋亦盛矣而南畿視天下尤先焉維是金陵諸郡渾淪靈淑之氣始祕于一隅偏安之陋繼熏于百年腥羶之阸而不得不濬發于我聖祖龍興之地其勢然也乃正德丙子秋八月復當天下鄉試之期應天府臣先事以考試官請上特命侍講學士臣廷相左諭德臣仁和往柄其事臣等祇奉明命兼程而南至則府臣所聘同考諸臣咸集暨臣等偕之入院精白將事罔敢怠遑於是合諸士之須試者凡二千六百五十人恪遵故事而三試之拔其尤者一百三十有五人并刻其文之純者爲録以獻增朝廷之榮華昭聖德之風化傳示四方嘉勵來學蓋我祖宗圖治之典莫大于是而臣等所以區區勉圖報稱于萬一者亦孰有過于此哉録成臣廷相當序諸首簡竊嘗究觀篇籍凡唐虞三代以上先正之所以流榮顯號于世者遐哉邈乎不可得而班已蓋自吾夫子删述六學之後爲士者始知修其經術殊師异習各蘄表見于世而一切縱横捭闔刑名之學大氐皆寢而弗舉抑而靡揚矣然夷考顓門之學莫盛于漢建元以後蓋其去古未遠先王遺風餘澤猶有存者而上之人又規恢而作厲之故在當時疇人子弟各守一經終身誦習靡不安焉如魏相以易禮輔孝宣董仲舒以春秋匡孝武王式以三百篇箴昌邑夏侯勝以尚書授東宫口誦心惟率皆是物故其所成卓然爲□□焉逮及隋唐始依緣古道設科取士然亦不能純用經術詞華是競心耳淺薄六學從此微矣有宋百有余年群儒輩出講明羽翼而後吾先王所以治天下之大經大法焕然以明矣顧其時甫好而輒疏方崇而遽禁君子不無遺憾焉施我明興聖祖神宗所以尊重經術嘉禮學士大夫之意又過前代遠甚今上皇帝篤于繼述尤惓惓焉兹爾諸士裒然爲有司舉首值文教攸先之所有同升諸公之期其尚豫思行其所學以答我列聖殷勤期待之厚望也

哉是故治易及禮必如相若京房以術數取敗戴聖以不法見尤吾無望焉治春秋必如仲舒若公孫弘之欺世吕步舒之慘刻吾無望焉治詩必如式若申公之無益治亂匡衡之持禄保位吾無望焉治尚書必如勝若歐陽歙之受賕而敗李尋之嗜灾而流吾無望焉若然庶不負我國家開科之意而臣等奉命求賢之責亦或可以少塞于他日矣爾諸士其尚勖之哉或者謂今治化隆盛遠配唐虞三代而皇上特輟經帷法從之臣不遠數千里而來者亦惟豫求所謂唐虞三代之佐焉耳矣是奚取于炎漢諸臣若彼云云而已哉噫不然凡臣之所論蓋就其所業者云耳若繇此而進之與咎繇稷卨伊傅周召之儔齊隆等盛固諸士子之趨向若何而非臣等之所敢知也然自今日稽古右文而觀之則唐虞三代之佐臣等詎敢謂必無其人哉是舉也提調則應天府尹臣宸府丞臣斌監試則監察御史臣珮臣崧同考則教授臣昆學正臣麟臣惟遠臣維新教諭臣甫山臣坤臣鳴鳳臣應禎臣朝穀其諸執事姓名已具載録中故不著

翰林院侍講學士奉訓大夫李廷相謹序

正德十一年應天府鄉試

提調官

嘉議大夫應天府府尹王宸（具瞻神武右衛官籍　庚戌進士）

中順大夫應天府府丞趙斌（時憲陝西平涼衛官籍　己未進士）

考試官

翰林院侍講學士奉訓大夫李廷相（夢弼山東濮州人　壬戌進士）

奉訓大夫左春坊左諭德兼翰林院侍讀温仁和（民懷四川華陽縣人　壬戌進士）

同考試官

河南南陽府儒學教授劉昆（裕夫貴州衛人　甲子貢士）

直隸真定府定州儒學學正蕭麟（乃禎河南新野縣人　甲子貢士）

廣東肇慶府德慶州儒學學正羅惟遠（明之福建閩縣人　辛酉貢士）

山東兖州府東平州儒學學正鄭維新（敬甫廣東歸善縣人　甲子貢士）

河南衛輝府淇縣儒學教諭楊甫山（德静直隸清苑縣人　丁卯貢士）

直隸大名府魏縣儒學教諭蕭坤（茂貞廣東順德縣人　乙卯貢士）

河南彰德府安陽縣儒學教諭趙鳴鳳（于岐陝西咸寧縣人　庚午貢士）

江西南昌府豐城縣儒學教諭高應禎（貞甫福建閩縣人　丁卯貢士）
江西廣信府上饒縣儒學教諭何朝穀(廷善廣東海陽縣人　丁卯貢士）

監試官

文林郎南京湖廣道監察御史王珮（朝鳴四川南充縣人　戊辰進士）
文林郎南京廣西道監察御史王崧（維嶽山東臨清衛官籍戊辰進士）

收掌試卷官

承直郎應天府通判張海（兀宗福建閩縣人　乙卯貢士）

印卷官

承直郎應天府通判秦偉（國瞻直隸無錫縣人　丙午貢士）

受卷官

應天府句容縣知縣簡佐（廷臣江西新喻縣人　辛未進士）
南京府軍後衛經歷蔡謨（廷言湖廣漢陽縣人　監生）

彌封官

應天府溧陽縣知縣周宗本（立之廣東瓊山縣人　甲戌進士）
南京金吾左衛經歷鞠海（朝宗直隸天津右衛人　監生）

謄録官

應天府溧水縣知縣陳憲（伯度江西餘干縣人　辛未進士）
南京驍騎右衛經歷李寵（幼光江西上高縣人　監生）

對讀官

應天府江浦縣知縣魏頲（麟之湖廣蒲圻縣人　乙卯貢士）
南京龍江左衛經歷李昉（啓之廣東高要縣人　監生）

巡綽官

明威將軍南京留守左衛指揮僉事倪英（世傑直隸江陰縣人）
明威將軍南京留守前衛指揮僉事楊璽（廷玉直隸昌黎縣人）

搜檢官

武德將軍南京留守中衛正千户房灝（景弘直隸山陽縣人）
武略將軍南京留守後衛副千户翟繼祖（宗本山西大同縣人）
昭信校尉南京留守前衛百户吴源（大本湖廣安陸州人）
昭信校尉南京留守後衛百户劉昱（用昭山西保德州人）

供給官

從仕郎應天府經歷司經歷史伯敏（學之浙江餘姚縣人　官生）
承直郎應天府上元縣知縣李壕（衛之山西潞州人　壬子貢士）

應天府江寧縣知縣吴時俊（世英廣東南海縣人　乙卯貢士）
承仕郎應天府上元縣縣丞王昌（世榮山東萊陽縣人　監生）
承仕郎應天府江寧縣縣丞秦鴻（九霄湖廣歸州人　監生）
應天府江東馬驛驛丞閆瀾（汝觀山西絳州人　承差）
應天府龍江水馬驛驛丞張槐（朝用山東武定州人　承差）
應天府江寧縣大勝驛驛丞張琦（廷珍山西朔州馬邑縣人　承差）
應天府句容縣龍潭水馬驛驛丞施經（廷表陝西咸寧縣人　承差）

第一場

四書

述而不作信而好古竊比於我老彭　故至誠無息不息則久久則徵徵則悠遠悠遠則博厚博厚則高明　布帛長短同則賈相若麻縷絲絮輕重同則賈相若五穀多寡同則賈相若屨大小同則賈相若曰夫物之不齊物之情也

易

顯比之吉位正中也　九三井渫不食爲我心惻可用汲王明并受其福　易者象也象也者像也　變動不居周流六虛上下无常剛柔相易

書

食哉惟時柔遠能邇惇德允元而難任人蠻夷率服　惟尹躬暨湯咸有一德克享天心受天明命以有九有之師　弘于天若德裕乃身不廢在王命　惟敬五刑以成三德一人有慶兆民賴之其寧惟永

詩

有杕之杜生于道左彼君子兮噬肯適我中心好之曷飲食之　維南有箕不可以簸揚維北有斗不可以挹酒漿維南有箕載翕其舌維北有斗西柄之揭　匪手携之言示之事匪面命之言提其耳　明明魯侯克明其德既作泮宫淮夷攸服矯矯虎臣在泮獻馘淑問如臯陶在泮獻囚濟濟多士克廣德心桓桓于征狄彼東南烝烝皇皇不吴不揚不告于訩在泮獻功角弓其觩束矢其搜戎車孔博徒御無斁既克淮夷孔淑不逆式固爾猶淮夷卒獲翩彼飛鴞集于泮林食我桑黮懷我好音憬彼淮夷來獻其琛元龜象齒大賂南金

春秋

初獻六羽（隱公五年）春王正月作三軍（襄公十一年）　夏六月

公會齊侯宋公陳侯鄭伯同盟于幽（莊公二十七年）冬十有二月公會齊侯宋公陳侯衛侯鄭伯許男邢侯曹伯于淮（僖公十六年）春王正月宋公曹伯衛人邾人伐齊　五月戊寅宋師及齊師戰于甗齊師敗績（俱僖公十八年）五月癸丑公會晋侯齊侯宋公蔡侯鄭伯衛子莒子盟于踐土　冬公會晋侯齊侯宋公蔡侯鄭伯陳子莒子邾子秦人于温（俱僖公二十八年）春王二月秦人入滑　夏四月辛巳晋人及姜戎敗秦于殽（俱僖公三十三年）　楚子伐鄭晋郤缺帥師救鄭（宣公九年）　吴伐我（哀公八年）

禮記

是故治世之音安以樂其政和　張而不弛文武弗能也弛而不張文武弗爲也一張一弛文武之道也　師乎前吾語女乎君子明於禮樂舉而錯之而已　君子隱而顯不矜而莊不厲而威不言而信

第二場

論

聖人鼓舞萬民之術

詔誥表（内科一道）

擬漢使謁者陳農求遺書于天下詔（河平二年）　擬唐以同州刺史姚元之爲兵部尚書同中書門下三品誥（開元元年）　擬輔臣謝賜縄愆糾繆銀圖書表（永樂二十二年）

判語（五條）

同寮代判署文案　私造斛斗秤尺　收藏禁書及私習天文　宿衛守衛人私自代替　在官求索借代人財物

第三場

策（五道）

問　有一代之興必有一代之典以維持人心昭視久遠如唐虞有典謨夏禹有典則商有謨言周有禮制尚矣降及漢唐宋元亦有三章六典會要經世等作君子不能無議焉恭惟我孝宗敬皇帝嘗命儒臣纂輯累朝典制勒成一書名曰大明會典今上皇帝又命儒臣重加是正刊示中外甚盛典也不知與典謨典則諸書同歟异歟抑是書六氏準諸司職掌而作而御制諸書附焉中間損益因革之大亦有可得而言者歟夫職掌一書乃我太祖高皇帝斟酌

周禮而作者規模宏遠品式精詳治天下之大經大法蓋靡不具焉而又奚待于會典之作歟説者謂事更數聖世更數代會典一書有不容不作者其果然歟否歟先朝亦嘗有志纂述而事弗克竟意者天將有待於二聖人歟夫莫爲于前雖美弗章莫爲于後雖盛弗傳我聖祖神孫先後一心創守一道皆於是乎見焉爾諸士子其鋪張揚厲之以見我明之治之所以盛

問　官多則民擾省則賦輕其理有不可易者唐虞稽古建官惟百夏商官倍亦克用乂不可尚矣説者謂成周官制最爲詳備今周禮一書其迹固在考其六官之屬每事必設畿甸之内衆至五萬余人不知當時官何以給民何以堪歟兵多則財耗少則勢分其勢有必至者咎繇佐舜五服攸明公旦輔周六軍是作不可復矣説者謂西漢兵法最爲近古今班固一書其制固存考其征伐之將因事而置京師之兵纔盈萬人不知當時國胡以强民胡以安歟夫周之制善矣而未免有民擾之慮漢之法良矣而未免有兵弱之虞諒兹俊髦必有讜論

問　君子論天下之事與天下之人蓋亦難矣然亦顧其時勢與其所自处何如爾姑以史册所疑數事與爾諸士子商之夫匈奴未滅何以家爲是也而或乃多請田宅何歟入府端坐召斬弄臣是也而或乃望塵下拜何歟詩書禮樂足以强晋矣而作文賦者何以有河橋之敗禮義廉耻足以霸齊矣而作四維論者何以有伾文之附蕭曹舊隙胡何卒而参相張陳舊德胡耳王而余戮記書三篋與藏書萬卷者其事君孰優教子以諂與遺子以經者其傳家孰善或以布被而取譏或以布被而見美孰得乎或用鉤距而得事情或用鉤距而固君寵孰賢乎或勸舉進士而不應與勸無舉進士而不從者其故何歟或勸見宰相而不肯與上書宰相而不嫌者其故何歟從帝至咸陽而獨收圖籍與從主征伐而獨收人物者其見孰高大將軍尊重而獨長揖與相王尊重而輒下拜者其爲孰是不從三國之言而竟達漢天子之命與不從楚子之令而卒致晋君之語者其忠同歟异歟不受故人之請而竟却其金與雖受府丞之餽而輒懸其魚者其廉同歟异歟免胄見回紇與去兜鍪見突厥者其事奇矣而或者未免有輕身損威之懼矯命破莎車與矯命誅郅支者其功偉矣而議者未免有邀功生事之嫌或天下無冤民或天下無冤獄何所爲而若是或民不能欺或民不忍欺奚所事而臻兹耻其君不爲堯舜老臣自任之重也而後世有美其君爲堯舜者然乎不然乎諫人主不當觀史史臣所守之職也而异時有録上其書者可乎不可乎凡此之類難以一二數記願聞所以折衷之道毋徒誨曰夫我則不暇

問　生民之休戚係守令之賢否國家重守令之選必取於科目之傑其雄郡巨邑畿甸内輔之地尤加之意非敏鋭通達豈弟樂易者不以輕授而荷兹任者亦往往感激思奮勉稱上意若皆足以副牧民之責者而今之民日益窮訟日益繁轉徒流亡者日益衆何歟豈墨吏未盡去考課之法未盡嚴歟考課之法古人有行之者其得失异同可考也然有謂歷六代而考績之法不著闕七聖而課試之要未立者何歟有官必有課有課必有賞罰有官無課是無官也有課無賞罰是無課也顧其法在人用之何如耳方今聖明在上賢宰輔在下銓衡公而考課嚴百司庶府黽勉奉職惴惴焉唯恐清議之或及課試之失最者蓋不獨守令爲然也而民生未安固自守令之不得人始豈考課之法果不足賴歟抑别有其故歟願詳言之以爲當道者助

問　財賦者邦國之大本生人之喉命天下治亂輕重繫焉而不可忽也理財之道莫詳於周官説者謂周官爲致太平之書信則然矣後世亦有用之而不效者何歟不知由周以前周官未作其理財之道何如也由周以後歷秦漢唐宋之世其理財之道何如也嘗考前代創業之君恭儉愛下財用不期足而自足至於中世則侈費而用乏物理人事消息盈虚亦自有然者當時喜事之臣有歲進有月進有日進有刺史之進奉有判官之進奉而其時人主亦有内藏如瓊林大盈是也亦每每乏用何歟然亦有置封樁庫景福内庫更景福殿庫名自製詩以揭之者而不聞乏用何歟宋蘇軾曰爲國有三計有萬世之計有一時之計有不終月之計蘇轍曰事之害財者三曰冗吏曰冗兵曰冗費信若二子之言去三冗而審三計不知亦可以足用否歟方今萬姓百官六軍仰賴於計相者甚急而水旱之變盜賊邊陲之擾又百出而莫爲之虞不知古人所謂不加賦而用足者果何道以致之歟顧詳言之將轉聞之於上

中式舉人一百三十五名

第一名　崔桐　海門縣人監生　詩
第二名　仲選　沭陽縣學生　春秋
第三名　黄魯曾　吴縣學增廣生　易
第四名　程然　徽州府學生　禮記
第五名　晋憲　崑山縣學生　書
第六名　馬津　徐州學生　詩
第七名　高瀹　揚州府學生　易

第八名　王洓　合肥縣學生　書
第九名　顧濟　太倉州學生　詩
第十名　盧襄　蘇州府學生　易
第十一名　張真　南陵縣學生　詩
第十二名　黄玠　廬州府學生　書
第十三名　袁翼　蘇州府學生　易
第十四名　馬坤　通州學生　詩
第十五名　鄭建　祁門縣學生　春秋
第十六名　徐嵩　泰州學生　詩
第十七名　方明顯　徽州府學生　易
第十八名　曹弘　江陰縣學附學生　詩
第十九名　劉霽　徐州學生　禮記
第二十名　徐夔　吴江縣學生　詩
第二十一名　伍餘福　蘇州府學生　易
第二十二名　姚介　泰州學生　詩
第二十三名　張寅　華亭縣學增廣生　書
第二十四名　程資　婺源縣學生　詩
第二十五名　周振　常州府學生　易
第二十六名　汪堅　旌德縣學生　詩
第二十七名　沈漢　吴江縣學生　書
第二十八名　許寰　鎮江府學生　易
第二十九名　朱侃　蕪湖縣學生　詩
第三十名　唐仕　徽州府學生　春秋
第三十一名　孫益　常州府學生　詩
第三十二名　顧純　臨淮縣學生　書
第三十三名　鄭濂　應天府學生　易
第三十四名　沈紹　武進縣人監生　詩
第三十五名　沈椿　蘇州府學生　易
第三十六名　邵思忠　贛榆縣學生　書
第三十七名　甘元雋　嘉定縣學增廣生　詩
第三十八名　彭謙　溧陽縣人監生　禮記
第三十九名　沈人傑　松江府學生　詩

第四十名　周鏜　長州縣人監生　易
第四十一名　周土　太倉州學生　詩
第四十二名　程霆　婺源縣學生　易
第四十三名　胡宗華　績溪縣學增廣生　書
第四十四名　張應瑞　松江府學生　詩
第四十五名　高桂　寶應縣學生　易
第四十六名　王暐　句容縣學生　詩
第四十七名　孫舟　常熟縣學生　書
第四十八名　沈珠　揚州府學生　易
第四十九名　李勛　常熟縣學增廣生　詩
第五十名　汪峻　祁門縣學生　春秋
第五十一名　龔犬稔　武進縣學生　詩
第五十二名　曹邦彦　金壇縣學生　書
第五十三名　端廷赦　太平府學生　易
第五十四名　錢文　應天府學生　詩
第五十五名　鄔紳　鎮江府學生　易
第五十六名　楊森　京衛武學生　詩
第五十七名　邢霖　當塗縣學增廣生　書
第五十八名　金洲　嘉定縣學生　易
第五十九名　陳璟　浙江山陰縣人監生　禮記
第六十名　顧中立　華亭縣學生　詩
第六十一名　俞玘　浙江永康縣人監生　易
第六十二名　董威　廬州府學生　書
第六十三名　朱深　松江府學增廣生　詩
第六十四名　古梁　丹陽縣學生　易
第六十五名　白經　儀真縣學生　詩
第六十六名　孫崇德　太和縣學生　書
第六十七名　費坤　吴江縣學增廣生　易
第六十八名　沈暄　華亭縣學生　詩
第六十九名　郘周先　高郵州學生　書
第七十名　馬致遠　丹陽縣學生　易
第七十一名　朱衮　無錫縣人監生　詩

第七十二名　章秀　應天府學附學生　易
第七十三名　趙默　無錫縣學附學生　詩
第七十四名　胡宗明　績溪縣學增廣生　春秋
第七十五名　吴大本　寧國府學生　詩
第七十六名　周冕　滁州學生　易
第七十七名　盛鳳　合肥縣學生　書
第七十八名　張鵬　鳳陽府學生　詩
第七十九名　魏景星　寧國府學生　易
第八十名　張鳴謙　松江府學增廣生　詩
第八十一名　程煌　婺源縣學附學生　書
第八十二名　楊儀　常熟縣學附學生　禮記
第八十三名　嚴肅　常州府學附學生　詩
第八十四名　丁暘　應天府學生　易
第八十五名　吕大綸　華亭縣學生　書
第八十六名　何桐　泰興縣學生　詩
第八十七名　顧夢圭　崑山縣學生　易
第八十八名　劉守良　贛榆縣學生　詩
第八十九名　方克　安慶府學生　書
第九十名　張玠　太倉州學生　易
第九十一名　吕朋　常州府學生　詩
第九十二名　鄭道　江都縣學生　書
第九十三名　成舉　興化縣學生　易
第九十四名　江曙　徽州府學生　春秋
第九十五名　章琥　石埭縣學生　詩
第九十六名　楊偉　崑山縣學生　易
第九十七名　許廷桂　蒙城縣學生　詩
第九十八名　張袞　江陰縣學生　書
第九十九名　□槮　蘇州府學增廣生　易
第一百名　費曾　泰州學增廣生　詩
第一百一名　王召　無錫縣學生　書
第一百二名　陳玠　常州府學附學生　詩
第一百三名　陸恩　太倉州學生　易

第一百四名　朱象賢　無錫縣學生　詩
第一百五名　婁偉　江西上饒縣人監生　書
第一百六名　汪居安　桐城縣學生　詩
第一百七名　吴蘭　霍山縣學增廣生　禮記
第一百八名　楊沔　句容縣學生　詩
第一百九名　施一德　崇明縣學生　易
第一百十名　劉玘　浙江平湖縣人監生　書
第一百十一名　夏玉麟　常熟縣學生　詩
第一百十二名　沈大楠　崑山縣學生　易
第一百十三名　許承厚　通州學生　詩
第一百十四名　江軾　徽州府學附學生　書
第一百十五名　陳悦　吴江縣學附學生　詩
第一百十六名　徐行健　鳳陽府學生　易
第一百十七名　王表　無錫縣學生　詩
第一百十八名　汪玩　徽州府學生　春秋
第一百十九名　夏津　崑山縣學附學生　詩
第一百二十名　蔣偁　宜興縣學生　書
第一百二十一名　鄧韍　常熟縣人監生　詩
第一百二十二名　張淮　太倉州學生　易
第一百二十三名　泰霆　太倉州學附學生　詩
第一百二十四名　江鋭　應天府學附學生　易
第一百二十五名　陸金　吴江縣學生　詩
第一百二十六名　王確　穎上縣學生　書
第一百二十七名　吴鵬舉　宣城縣學增廣生　易
第一百二十八名　胡效才　淮安府學生　禮記
第一百二十九名　何昜　湖廣枝江縣人監生　詩
第一百三十名　王勛　寶應縣人監生　書
第一百三十一名　葛豫　無錫縣學增廣生　詩
第一百三十二名　汪屺　祁門縣學生　春秋
第一百三十三名　陳逅　常熟縣學生　詩
第一百三十四名　葉觀　江都縣學生　易
第一百三十五名　□忠　鎮江府學生　詩

第一場

四書

述而不作信而好古竊比於我老彭

崔桐

同考試官教諭蕭批（此題上二句士子類能發揮至于不爲竊比二字所纏繞僅見此篇）

同考試官學正鄭批（傳述由於信古操筆輒能言之脱去陳俗而發揮明盡舂容周匝趣味悠然如此篇者殆未多見是用録之）

同考試官教授劉批（題本平易作者非浮冗無實則散漫無歸獨此篇體認親切造詞雅健聖人謙下氣象宛然在目可取可取）

考試官左諭德温批（論語義最難得聖人口氣而謙抑之詞尤難也如此作亦可録矣）

考試官侍講學士李批（模擬聖人之言如出諸口發明聖人之意如出諸心佳作也）

聖人自言所以遵乎古道因言欲以學乎古人甚矣聖人之聖不自聖也不惟不敢當作者之聖而亦不敢自附於古之賢人其謙己誨人之意何其切歟昔吾夫子當吾道既絀之余退而立言之後修近聖之事而無自聖之心其意若曰制作之道有二有述者焉有作者焉作者聖人之事則吾豈敢當述者賢人之事在人皆可企是故吾嘗删詩書矣吾嘗定禮樂矣詩書則首乎周南斷于堯典禮樂則問于老聃訪于萇弘删之定之猶夫舊也吾嘗修春秋矣吾嘗贊周易矣春秋則因魯史之文次桓文之事易則明三聖之心附一己之見修之贊之無所創也夫我之所以述而不作者何哉誠以詩書也禮樂也皆古道之所存焉所以立倫彝者在是所以通神明者在是吾固信而好之不啻若自其口出焉其奚敢作乎春秋也周易也皆古道之所寓焉所以繩後王者在是所以明天道者在是吾固信而好之不知老之將至焉斯其所以述乎然此抑豈無所自哉古之人有行之者其惟我老彭乎老彭者何商之賢大夫也彼嘗述而不作而無自專之心吾何爲而敢專焉彼嘗信而好古而無自用之意吾何爲而敢用焉蓋我老彭之所爲有以先獲我心于数百載之前而我之所爲欲以竊比我老彭于數百載之後曰竊比以致其尊之之意曰我以致其親之之心聖人德愈盛而心愈下不自知其辭之謙也有如此乎抑嘗考之大戴禮矣孔子嘗稱老彭之教大夫教士教庶人抑揚德行之語不一而足合論語而觀之則老彭者其真賢大夫也乎不然何吾夫子之亟稱之若是雖然彭豈

若是班乎蓋吾夫子謙□誨人之心固有不得不然者焉後有僭擬聖經侈然自足者非惟孔子之罪人亦老彭之罪人也歟

故至誠無息不息則久久則徵徵則悠遠悠遠則博厚博厚則高明

高淪

同考試官教諭高批（中庸義士子多不能體貼題義草草説過殊厭人觀此作敷腴明暢無一字懈怠讀之風味自别也）

同考試官學正羅批（理學文字作者病於浮泛不切如此作精當老成場中亦未易得也録之）

考試官左諭德温批（平實雅健是亦善説理者）

考試官侍講學士李批（中庸義語意閎闊而段落完好可録也）

中庸於至誠之德必敘其積中發外之盛焉蓋聖人之德無乎不誠也則夫所以積諸中而發於外豈不各極其盛哉中庸二十六章言聖人之德以明天道謂夫德之在人者惟誠爲難況誠而極於至乎夫惟聖人之德原於性命之初得於秉彝之正渾融於一心而不間以人欲之虚假純粹至善舉天下莫能加也和順於道德而不參以私僞之錯雜真實無妄亘古今莫能尚也至誠如此吾知誠本諸性自有以貫始終而不替德根于心自有以歷少壯而無間非不息乎夫既不息則天理流行而實德之渾於心者優游涵泳而自不能已德性安固而和順之藴於中者日新月盛而物莫能遷何其久耶惟其久也將見睟於面盎于背而動容周旋莫非至德之光發乎邇見乎遠而上下四方莫非至誠之著非徵乎惟其徵也則氣象之在外者優優乎寬緩而不急迫施之堂陛而實有保天下之勢也功業之在天下者恢恢乎久遠而不局促行之一時而實有裕萬世之規也非悠遠乎惟悠遠也吾見盛德豐功所以漸涵乎人心者無所不至深仁厚澤所以覆冒乎天下者無所不周納八荒於度内也歷萬世如一日也何博厚如之惟博厚也吾見巍乎成功而治化格于上下焕乎文章而聲光燭于無疆峻極于天也光被四表也何高明如之夫以至誠之德積中發外者其盛如此子思子以之明天道其旨深矣抑考中庸一書誠爲樞紐言聖人則曰至誠言天地則曰不二若所謂至誠之道可以前知至誠盡性可以參天地贊化育固皆聖人之事也而至誠無息之功用未有若此章言之親切而明著者故必以天地不二并舉而互見焉説者謂非天地不足以見聖人聖人與天地合德信矣

布帛長短同則賈相若麻縷絲絮輕重同則賈相若五穀多寡同則賈相若屨大小同則賈相若曰夫物之不齊物之情也

晋憲

同考試官教諭楊批（此題不難於説物情而難於説物賈盖陳相之言曲説也既代陳相又代孟子辨析明白語意渾厚其自得之學也録之）

同考試官學正蕭批（講同字須看若字講情字須勝同□獨此篇體認親切辭氣爾雅驟讀之或未足以孟子之意也）

考試官左諭德温批（聖賢常以人情物理爲訓細讀此作亦可以觀物矣）

考試官侍講學士李批（講同處絶不類衆作）

時人即物賈之同以見其道之行大賢指物理之實以明其物之异蓋物之不可同正以其有自然之實理也苟徒以物賈之同爲足以齊物是豈知物理者哉昔陳相自信其師許行之道足以治國家故舉物賈之同以見國中之無僞其意若曰物賈之不同者人心之多僞也許子之道則不然彼用物有布帛焉有麻縷絲絮焉而布帛有長短麻縷絲絮有輕重也使道不行於國中則長短以度争輕重以權争其賈固相懸而不侔矣今也長者與短者之度不甚遠則其賈相若矣輕者與重者之劑不甚遠則其賈相若矣何彼此之有争乎用物有五穀焉有屨焉而五穀有多寡屨有大小也使信不孚於闤市則多寡以量争大小以形争其賈固隔絶而不一矣今也多者不甚加於寡者則其賈即同矣小者不甚損於大者則其賈即同矣何僞妄之可入乎陳相之言如此孟子曉之若曰物之不固者乃其自然之理夫豈可以强乎彼天下之物凡用於人者不特布帛麻縷也就此而論之固自有長短有輕重而長短輕重之中又自有精者有粗者其精粗之相去萬有不齊蓋物各付物而實有自然之理爾不相假借也不相陵奪也吾豈可得而同邪天下之物凡用於人者不特五穀與屨也即是而論之固自有多寡有大小而多寡大小之中又自有美者有惡者其美惡之相判萬有不一蓋物以群分而實有本然之則爾好同者不能使之同也好异者不能使之异也吾豈可得而亂邪由是觀之則市賈不二之説秖見其妄而許子之道實長亂啓僞之階也惡足以治國家也哉雖然是義也豈但足以破陳相闢許行而已哉天下萬物之情盡在於是而莫能違也故不過乎物聖人成身之道也因材而篤天地成物之義也天地聖人曾不能於此而加損哉亦曰物各有分焉耳是知親疏貴賤之等不可以强同而修齊治平之序不可以雜施其與老莊之所謂齊物者异矣嗚呼彼陳相之所謂許行者其神農之徒歟亦老莊之徒歟

易

易者象也象也者像也

黄魯曾

同考試官教諭高批（以易爲象以像明象外求象者固爲不可别就一重説像則亦非經旨矣此作意貫而詞不複故録）

同考試官學正羅批（此題最難發揮精瑩無疵僅見此作耳）

考試官左諭德温批（不浮於辭不嗇於理擬易意不當如是耶）

考試官侍講學士李批（發揮象像二字無餘藴矣）

大傳論易卦皆陰陽之形必言形之所以爲形也蓋易之所以爲易陰陽而已然所以爲陰陽豈非理之似也哉且夫易有象焉有理焉其實陰陽兩端是已然易何以爲象哉蓋卦之爲陽者其畫則一而實其數則九與七陽之象也如三奇爲乾乃純陽之象一奇二偶者爲震爲坎爲艮則雜陽之象與凡卦之大者何莫非陽象乎卦之爲陰者其畫則二而虚其數則六與八陰之象也如三偶爲坤乃純陰之象一偶二奇者爲巽爲離爲兑則雜陰之象與凡卦之小者何莫非陰象乎擬議以極天下之賾而形容物宜以明觀察以成天地之文而老少動静以寓故曰易者象也然是象也何以爲像哉蓋至著者爲象焉至微者爲理焉陽本不可得而盡也爲純陽雜陽以名之故畫之一而實也數之九與七也特理之彷佛者耳陽豈止於是邪陰本不可得而形也爲純陰雜陰以該之故畫之二而虚也數之六與八也特理之肖似者耳陰豈盡於此邪以其至難形者而著之於有形之文舉其不可盡者而括之於有限之畫故曰象者像也吁極理象之妙見作易之原大傳之旨精矣嗟夫聖人作易凡以爲民也何後世民僞日滋而學易者愈不古若也古之君子居則觀象觀此象也得意忘象忘此象也今有畫有文尚不能曉其意甚則悖之而凶焉聖人作易之意不幾於泯乎大傳言此蓋傷之深矣然則學者當何如亦曰因言以求象得象而忘言可也

變動不居周流六虚上下无常剛柔相易

盧襄

同考試官教諭高批（此題變動周流剛柔上下處人多不能了了獨此篇詞不費而理自明蓋亦難矣）

同考試官學正羅批（易義明白精確如此篇者絶少）

考試官左諭德温批（筆勢活動不滯其亦自得於屢遷之道者歟録之）

考試官侍講學士李批（寫卦畫之變處無一長語其深于易者乎）

大傳詳言卦畫之變所以見易道之屢遷也蓋易之變不外乎爻畫之間也非觀夫剛柔上下之變動何以見其爲屢遷也哉且夫易之不可□固以其道之屢遷也何以見之彼陽一也有老少焉少者固不變動也而陽之老者則變而爲陰初不居於一焉陰一也亦有老少焉少者固不變動也而陰之老者則變而爲陽殆不止於所焉故卦之貞有初二三之虚位也是陰與陽則迭居於貞體之中而名無所定稱卦之悔有四五上之虚位也是陰与與陽則流於悔體之上而質無所固滯彼陽當上而陰當下天地之常也今屢遷焉則四五上之上而六或居之初二三之下而九或居之貴賤雖列而柔剛迭用觀于柔上剛下剛上柔下之變可見矣何有常耶陽居陽而陰居陰不易之理也今屢遷焉則初三五之陽而亦常用乎六二四上之陰而亦常用乎九陰陽雖分而數則錯綜觀于柔來文剛剛上文柔之變可見矣何相易耶吁一陰一陽之分而不居周流無常相易之屢遷如此人豈可以遠之哉大抵道不可離可離非道矧易道乎使其止于一物而無變易則術數耳何以不可遠耶後之擬易者乃有太少孟仲以爲變動而有卦無爻已無以見其用矣何以言易哉學易而觀變者尚其察諸

書

食哉惟時柔遠能邇惇德允元而難任人蠻夷率服

晋憲

同考試官教諭楊批（養民之政本爲中國蠻夷率服持通其理耳作者皆知之但文思淺□殊不滿意此作獨不類是之取爾）

同考試官學正蕭批（議論正大詞氣簡古虞廷命官之意宛然在目書義似此者場中蓋不多得也）

考試官左諭德温批（語意平正而率服處與他卷更别經義之最優者）

考試官侍講學士李批（舜命州牧之言雖治天下之道亦不過此當時君臣圖治之切可想見也是作乃能發揚其意而詞足以達之宜取以冠本房）

惟能修夫内治自能化夫遠人聖人命官之意也蓋化不難於及遠而内治之修爲難也内治既修則遠人不期服而自服矣史臣記帝舜命州牧之辭如此其意若曰爲政莫先於養民養民莫要於足食足食之道豈必家給人益之哉惟在不奪其時耳耕耘之時食之所賴以生也凡有興作而不敢違焉刈穫之時食之所須以入也凡有工役而不敢妨焉則民得盡力於農畝而食可足矣常情每忽近而遺遠而遠猶難治也故先於其遠者撫之以仁而漸摩之

以歲月懷之以寛而矜恤其所不能而後於其近者匡之直之而使之安吾教勞之來之而使之閱吾德則所以處遠邇者有道矣治道莫嚴於進賢退不肖而不肖猶難去也故必於有德者尊其位重其禄而不敢慢於仁厚者諫斯行言斯聽而不敢疏而於壬人也杜之以漸而彼不得售其計絶之以義而彼不得肆其惡則所以待君子小人者有道矣凡若此者皆所以安吾民耳豈有意於服遠哉吾見聲教所暨而八蠻自□是乎格心道化所及而九夷自於是乎歸德雖不必稽首稱藩也而志皆鄉乎中國服吾之義萬國同風矣雖不必修職奉貢也而心咸在乎王室服吾之教四海皆準矣牧民之事舉而遠人自服如此可見中國爲四方之極也十二牧可不加之意哉抑考聖人之治莫詳於其内而感人之道莫先於其本故萬邦協和必本之以睦親之化四夷來王必始之以儆戒之道中庸推之而爲九經大學衍之而爲八條目皆是義也後世不知此義内治不修而乃欲勤兵以服遠於乎其亦异乎虞廷之訓矣

惟尹躬暨湯咸有一德克享天心受天明命以有九有之師

王洓

同考試官教諭楊批（眷求啓迪四字是一章大旨作者多不能體認晚得此作説理既明詞亦鬯達且得伊尹受君之心佳士也）

同考試官學正蕭批（文有典則氣亦宏博只此數言寫出當時告君意思其亦忠愛溢發者歟宜録爲業經者式）

考試官左諭德温批（老臣愛君之意發揮明白一結猶有佳思非稚筆可到）

考試官侍講學士李批（能發明伊尹所以佐湯及厚望太甲之意）

惟君臣有格天之德自能得天人之歸也蓋惟德足以格天也天既享君臣之一德則天人之歸有不能自已者矣昔伊尹將歸陳戒於太甲其意若曰天人有感應之符一德有格天之理昔尹之相湯湯之有尹也適當啓迪有命之時眷求一德之際于其時而君臣之德有一之不協則天命去矣而尹也以一德而事乎上湯也以一德而臨乎下純一不雜而實天下之至德其在湯也猶其在尹也至誠不息而實古今之恒德其在尹也固實得之於湯也咸有一德如此故天之啓迪者保之佑之而引翼之有加天心昭假自不能舍有商之君臣矣天之眷求者申之重之而意嚮之不二帝心簡在自不能舍君臣之一德矣一德格天如此吾知天命雖靡常也今則眷命用懋申命用休而赫赫然如有臨天休滋至帝命不違而昭昭乎其如在有不受天之命者乎九有雖嘗

屬於夏也今則民罔常懷懷于有仁合億兆而歸心誕受多方式于九圍撫方夏而咸有有不得民之歸者乎夫天佑民歸咸於一德如此嗣王可不自純其德以答天人之望也哉伊尹以是爲言其所以陳戒之者至矣嗟乎伊尹之所以事太甲者即其所以事成湯也日新又新湯之所以聖也時乃日新尹之所以望太甲爲成湯也而一德之訓主善克一之説又實本於精一之傳尹既以堯舜之道相湯故又以相湯之道相太甲蓋前聖之心法有商之家法人臣事主不二之道咸具於一德篇而惓惓不忍去之意具見於反覆陳戒之辭於乎老臣愛君憂國之心豈獨於居位之時爲然哉

詩

匪手攜之言示之事匪面命之言提其耳

崔桐

同考試官教諭蕭批（題本平正作者率多掇拾陳言可厭獨此篇明白簡當而武公自警之意宛然可想噫聞之者足以戒其此類也夫）

同考試官學正鄭批（大雅題不難於作而難於切當是篇獨能於示事提耳處敷衍明白委典詳備且儆戒之誠溢于言表録之非徒以其文也）

同考試官教授劉批（武公自警之意發揮殆盡）

考試官左諭德温批（語和而意嚴日三復之亦進德之助也）

考試官侍講學士李批（詩可以興此作其殆庶矣乎）

賢侯托人之喻已有使之易悟者有使之易聽者蓋示之事則易悟而不惑提其耳則易聽而不忘賢侯托人之喻己如此其亦可謂詳且切矣昔衛武侯作詩使人日誦于其側以自警若謂爾小子以一人之身臨萬民之上苟臧否之罔知則理忽之攸繫故我之于爾小子也朝夕教誨之有加惟欲其得夫師資之益前後告詔之無已惟欲其審夫趨避之宜手以携之若可止矣猶慮夫謨雖矢而或不能究其意言雖切而或不能强其從喻猶弗喻也故我不但手携挈之而已而又言示之事焉俾知某事爲臧可以利國而康民某事爲否足以蠹政而僨治爰稽成敗之由用作監觀之地蓋凡吾之所當言者懇懇指陳之間而不嫌於瀆庶其睹之而易悟乎面以命之若云足矣猶慮夫出于驟而或不能契其深悦于暂而或不能持于久告猶弗告也故我匪徒面命語之而已而又言提其耳焉俾知若何爲政之臧而所當從若何爲政之否而所當戒儻或聞之于耳將必警之于心蓋凡爾之所宜知者諄諄提撕之際而不厭於煩庶其識之而弗忘乎是則示之事則視手携之者爲益詳提其耳則視面命之者爲益切我之所以告乎爾小子者亦無余蘊矣若復不知謂之何哉吁

武公自懲自艾之意深矣抑是道也雖古聖賢之撿身亦不過是而衛武公乃能身體而力行之至使人直呼爲小子而無一毫自恃自高之意於乎其亦有得於切磋琢磨之力而然歟後之君天下者疾人之規已至使之無所容乃己况能自警之若是也哉讀詩至此不能不三嘆焉

明明魯侯克明其德既作泮宫淮夷攸服矯矯虎臣在泮獻馘淑問如皋陶在泮獻囚濟濟多士克廣德心桓桓于征狄彼東南烝烝皇皇不吴不揚不告于訩在泮獻功角弓其觩束矢其搜戎車孔博徒御無斁既克淮夷孔淑不逆式固爾猶淮夷卒獲翩彼飛鴞集于泮林食我桑黮懷我好音憬彼淮夷來獻其琛元龜象齒大賂南金

馬津

同考試官教諭蕭批（頌題本易作而亦不易於作蓋能收拾如此篇者儘難得矣）

同考試官學正鄭批（題旨明白正大但作者自難爲工惟此篇文法嚴整語意邃密且歸重於明德尤爲有見蓋善於説詩者宜録以式）

同考試官教授劉批（作長題能斂束就簡當是作乎）

考試官左諭德温批（以明德服遠爲頌禱辭能達意詩卷中僅得此耳）

考試官侍講學士李批（題目長而結構頗密頭緒多而歸宿極當頌義之最佳者也）

魯人因賢侯之在學也屢願其有以服乎遠人焉甚矣淮夷之爲魯患也久矣魯人之所以願其君與夫君之所以自願者舍是其奚釋也哉昔魯侯飲于泮而詩人頌禱之至此若謂淮夷之强弱視我魯之盛衰惟願我明明魯侯克明峻德而上天之所賦者無一之不全既作泮宫而淮夷之爲患者無一之不服我之反而釋奠□安得武勇之臣有如虓虎者在泮以獻馘乎彼之服而歸罪也又安得淑問之臣有如皋陶者在泮以獻囚乎自其兵士言之凡我濟濟多士莫不克廣德心而無一毫固蔽之私桓桓于征用以狄彼東南而雪累世寇攘之耻兵進而合有烝烝皇皇之盛師出以律有不吴不揚之肅戰勝而和不告于訩焉功成而還争獻于泮焉又自其武備言之角弓則觩然體之健也可知束矢則搜然聲之疾也可和戎車孔博而有如霆如雷之勢徒御無斁而有同心同德之良是固既克淮夷孔淑而不逆矣蓋能審固謀猶則蠢兹淮夷豈終不獲也哉於是即物以興之曰翩彼飛鴞顧泮林而萃止食我桑葚猶好音之是懷况憬彼淮夷有不來獻其琛者乎吾知曰元龜曰象齒盡异物以

來輸曰荆金曰揚金望我邦而大賂則其土地之所出固無有不獻焉者矣由是觀之凡臣士之所以獻其功與夫淮夷之所以獻其琛者由我侯之能明其德耳蓋能明其德則所以作泮宫者在是所以固謀猶者在是而淮夷自無不服焉矣魯人以是願其君其亦可謂善頌善禱者乎然規戒之意陰寓於言辭之表而忠愛之情不忘乎歆讌之間語雖稍涉于誇道寔不外乎是志謂魯爲能守禮義之國觀于此詩豈不益信其然哉

春秋

初獻六羽（隱公五年）春王正月作三軍（襄公十一年）

仲選

同考試官教諭何批（題本冠冕傳亦明白場中作者不泛則稚晚得此篇融傳會理而詞鋒凛然用録以式）

考試官左諭德温批（初字作字不容易説過是有筆力者）

考試官侍講學士李批（能櫽栝傳注成文可取）

樂制復春秋因以正天下之大典兵制變春秋因以謹天下之大權此六羽獻而舊僭斯明三軍作而舊法遂廢矣春秋致意於魯事也宜□且古者舞佾之數天子八諸侯六大夫四吾□魯以諸侯而僭八佾舊矣是成王過賜伯禽過受非所以康周公也及隱之身初獻六羽者何蓋仲子有别宫之祀問之衆仲而降用之耳奏文樂於新庭損舞列於常數尊卑之制定降殺之等明非復前日之故轍矣故春秋書曰初初者事之始若曰八佾之舊以臣僭君想夫用之太廟以祀周公用之列廟以祀群公其習爲非禮可知也噫禮樂之在天下不容一日紊也諸侯僭於上大夫僭於下故季氏舞八佾于庭三家歌雍詩于堂上下之辨何有哉聖人書之所以正天下之大典也如此若古者制軍之法大國三次國二小國一吾聞魯封大國其有三軍舊矣故公車千乘公徒三萬詩所以頌僖公也迨襄之世復作三軍者何蓋季氏以私門之强謀之叔孫而更置之耳毁私乘以盡征析公室而專有地皆三家之土民皆三家之兵非復先王之成法矣故春秋謂之作作者不宜作也若曰三軍之舊名存實亡觀夫命救台而季孫有入鄆之行享范鞅而公臣無三耦之具其民不屬公可知也噫兵權之在公室不可一日去也威福移于上黨與成于下故昭公次陽州以出定公待壞隤而入廢置之事何如哉聖人書之所以謹天下之大權也如此吁明君之僭也而馭臣之道以存惡臣之專也而戒君之意有在春秋于魯君臣之際其嚴矣乎嗟夫天下之事未始不積于微而成干著蓋寵斯僭僭斯專專斯逼逼斯危矣故諸侯僭而後大夫强大夫僭而後家臣强門觀大閲有

重祭也三桓强盛縁世卿也南蒯侯犯據强邑也以此坊民猶有輕授節鉞如唐藩鎮之禍者其亦可慨也夫

楚子伐鄭晋郤缺帥師救鄭（宣公九年）

仲選

同考試官教諭何批（認傳明白叙事詳整春秋義當如是）

考試官左諭德温批（簡而嚴得書爵書救之意）

考試官侍講學士李批（春秋謹華夷之辨其旨蓋如此）

春秋直紀外夷重兵虐二之非故特紀霸國用兵恤二之善觀諸楚書爵而晋書救可見矣春秋善善惡惡皆致謹于華夷之辨也歟嘅自鄭與楚平逃歸于厲斯時也楚未得志久矣使不肆力一逞忿怒之心豈遂已歟于是再率方城之旅伐我懿親之邦歸生告斃曾無討罪之可名戎馬戒嚴亦惟服鄭之爲事國君自將大衆悉行桓武之宗社幾危矣視昔頻年之役豈不爲尤甚哉在常情觀之恃强壓弱春秋之弊轍耳聖人以爲用夷猾夏之師世道之大變于此乎攸係故不稱人举號而書爵者蓋君將不言帥師書其重者也則陵暴中華重兵臨鄭之罪不于是而可見乎夫楚既陸梁憑陵上國斯時也晋主夏盟舊矣使不引手一援荆尸之暴誰其遏之幸而遂遣郤缺之師往解鄭人之厄念彼無辜横罹蛇豕之憂恤我同盟聿申簡書之義拯焚救溺去危即安柳棼之聲勢遂張矣視彼楚人之虐豈不大相遠哉自常情言之救患分灾霸者之常職耳聖人以爲攘夷安夏之師天下之大防賴此以不潰故不没其實而書救者蓋凡書救未有不善之也救者善則伐者之罪不于是而亦著乎是則楚可惡也而其君之暴必書爵而後見晋可善也而於楚之罪則書救而亦顯春秋之微詞奥義有如是夫抑考詳内略外先自治而後治人春秋之法也故楚討鄭亂則予楚以治亂賊之黨鄭無罪見伐則予晋救以謹華夷之辨自是徵舒不道辰陵受盟責楚益輕罪在晋矣吁觀春秋進退抑揚之旨則知安中國待四夷之道也歟

禮記

是故治世之音安以樂其政和

劉霽

同考試官教諭趙批（作者多於治世處着意而政和處則又短於措辭冲淡含蓄宛然寫出太平氣象其亦得政和之涵養者歟宜取以冠本房）

考試官左諭德温批（和平可讀）

考試官侍講學士李批（有藻思有關鎖）

論盛世有至和之音由盛世有善感之政蓋音生於人心之所感也盛世之政既和則音之發於人心豈有不和者哉記樂者謂夫人心不能無所感聲音不可以僞爲彼其形於詩歌而雜出於閭閻里巷之情著於諷誦而不失乎清濁高下之節者音也惟治世之音發乎性情止乎禮義凡其抑揚咏嘆之詞莫不各中乎聲律之度而無所謂怗懘者焉嘽諧而慢易繁文而簡節凡其紆徐委曲之際莫不各得乎和順之正而無所謂乖戾者焉有優柔平中之趣而無哀怨之聲有欣喜歡愛之情而無哀思之態治世之音如此豈非政事之和有以感動之乎是故有禮樂以道志以和聲而爲用不同有政刑以一行以防奸而其極則一皆先王感人之政也惟治世之政出於君臣之所講畫而有以即乎人心之所安則所謂禮者序也樂者和也薰蒸浸漬乎人心而不可易矣惟治世之政本於天下之所願欲而不失乎慎感之意則所謂政以行之刑以防之流動充滿於天下而無所拂矣保合天下而天下咸囿於樂利之中安養斯民而人心悉歸於和平之域治世之政如此則音之發於人心者豈有不和者哉夫以政和則音和有不可僞爲如此先王慎其所以感之者有由然矣抑因是而知先王作樂之本矣采詩觀風先王實欲求知夫天下之心也心和則聲和聲和則樂和所謂本之情性稽之度數制之禮義其制雖出於先王而實本於天下人心之和之所被也然非善政養之於平時其能驟得於一旦哉說者謂禮樂積德百年而後興又曰六律五聲八音在治忽信矣

張而不弛文武弗能也弛而不張文武弗爲也一張一弛文武之道也

同考試官教諭趙批（以弓喻民特借此以明治道耳作者於弗張弗弛處語意繁複而於一張一弛處却晦而不揚間有專説文武事業而不顧本文者獨此作明白條暢而於治道處甚詳故録）

考試官左諭德温批（自是説治道文字）

考試官侍講學士李批（講張弛處非他卷所及）

論民之勞息當以其時唯聖人爲能得其道也蓋民力易使而亦易憊也張弛之得其道非文武聖王其孰能哉昔子貢觀蜡祭而不知其樂夫子曉之若曰蜡祭有恤民之義民樂實君上之澤賜也知之乎彼弓之爲用久張而不弛則其力必絶民之勞其弓之張乎勞而不暫息焉則筋力憊於勤苦精神憚於役作雖有文武之君以倡率於上民將改易而弗從矣文武愛民之君也豈能强之乎弓之爲器久弛而不張則其體必變民之息其弓之弛乎弛而不知

勞焉則勤苦不習於素養心志或逸於怠惰雖有文武之君以鼓舞於上民將散亂而弗收矣文武教民之君也忍能爲此乎是以於一歲之中而必勞之於三時凡其率作興事以盡力於田畝者吾弗得而奪也於三時之勞而必息之於終歲若其蜡畢醉飽以盡歡於一日者吾弗得而禁也所以勞之者非厲民也使之足食利用以厚生耳然有時而息焉則所謂説以使民民忘其勞者也文武之道不其在兹乎所以息之者非縱民也使之節力養鋭以俟用耳然有時而勞焉則所謂佚道使民雖勞不怨者也文武之道不其如是乎由是觀之則百日之蜡一日之澤其義固有攸在賜也顧不達於此乎雖然是道也亦民之所自有者文武付之無心焉耳觀天地動静闔闢之義則天地亦不能違也而况於人乎况於聖人乎是故張弛之道聖人馭民之術也闔闢之義天地養物之宜也動静失宜天地不能以生萬物張弛失道聖人不能以成化功後之勞民動衆久而不息者亦可以鑒矣

第二場

論

聖人鼓舞萬民之術

崔桐

同考試官教諭蕭批（題本正大士子類能發揮但少有歸重聖人慎重之意者此作援古證今詞意簡當能發元城之意是用録之）

同考試官學正鄭批（亹亹千余言無一語襲舊涉怪而開闔縱横舉合繩度紆徐圜轉意味悠長可以一倡而三嘆矣）

同考試官教授劉批（論場刻削者失之嗇馳騁者失之泛此作考據精確議論純正有太羹玄酒之味而人自不厭也况前後兩場俱稱秋闈高薦無以易子矣）

考試官左諭德温批（華實相稱語意兩足舉業文字似此亦工矣）

考試官侍講學士李批（論涉治道便易剿説脱去故習卓爾不群僅見此篇取冠南畿諒符衆望）

論曰聖人有風天下之道而天下不倦此天下所以養于善而不自知也天下之心涣而不一也天下之情靡而未易以起也非得其道以風之則涣者將至於無所收拾靡者或至於無所振立驅天下之人心之風俗於無所依藉揚厲之地而始罪天下曰何其無法守也是誤天下也故善理天下者必有立頽起懦之道而民不倦必有勝殘去殺之道而民不知以此而制馭群動以此

而整齊六合以此而始以此而終而後天下之志定而後天下之化成於乎此豈可以易言哉元城劉安世當宋哲宗時有言曰命令者聖人所恃以鼓舞萬民之術其亦有所警矣命令何爲者也書曰猷告爾四國多方禮曰王言如絲其出如綸王言如綸其出如綍皆是也虞夏殷周有典則有訓誥有誓命漢唐宋有約法有詔令蓋一王有一王之法雖損益沿革繁簡文質之不同而同於軌衆率物以一天下之心志以新天下之耳目也天下如彼其大也智者愚者勇者怯者貴者賤者遠者邇者親者疏者其趨其習又如彼其不同也故必有大君焉以主宰之而後天下始定於一大君者豈必家喻户曉而後天下乃一哉故必有命令焉布告於立國之初而持循於經世之遠洋溢乎封牧之域而咸暨乎蠻貊之地使天下咸知有君咸知有朝廷而民始不犯其勢蓋有不得不然者易曰天下有風姤后以施命誥四方又曰隨風巽君子以申命行事風之爲物也流行四時周旋八極吹號萬籟無物不遇無物不動者也聖人觀風之象體巽之義有命令焉呼天下之昧而以起天下之仆伸天下之氣而以厭天下之心如風自天而下觸之者折被之者立雨露滋息之所不能遂日月照臨之所不能及妖氛鬱抑之所不能破水火燥濕之所不能運者而惟風得以蕩之闢之而有除穢布新之象也是故風者天之命也命令者聖人之風也而實天下後世之法也法苟立矣令苟行矣吾見勇者奪其氣智者奪其謀貴者奪其僭親者邇者奪其貪而怯者愚者賤者疏者莫不有所憑而爲善有所制而不爲惡如六軍之行而有耳目旗鼓以爲之令如舟車之用而有師工以爲之導如醫藥之用而有法案以爲之方由此者安不由此者危用此者生不用此者死所以奔走天下之豪傑所以制伏天下之奸回所以感激天下之忠義所以嘘拂天下之晦潛鼓之舞之其機在我而彼自不識也有天下者亦豈好爲是改作以求勝於下哉蓋無令是無法也無法是無君也故法爲上君位次之君與法固不可一曰而離者是法也其始也爲天下立之其既也君亦不得而逾焉故賞罰以法予奪以法廢置以法禮自我議也而法之所在則等威由之而立度自我制也而法之所在則界限由之而明執法之吏曰以法告我而吾自不敢過效法之子孫曰以法視我而吾自不敢違前疑後丞左史右書曰以法事我而吾自不敢亂愆忘之訓得於詩涣汗之説得於易儆戒無虞得於書如神物之不敢侮如天墜地設而不敢犯以之而制馭群動以之而整齊六合以之而安人心以之而定天下天下之人相安於法守之中而無倍叛侵陵之禍如陰陽异位而不瀆如萬物長養而不殈此之謂風天下之道而民不倦天下養於善而不自知聖人之道大矣哉自古有天下者不患無法而患法立

而不能久不患法不行而患法行而或變誠能訏謨遠猶而不爲一時之計詢謀用中而不出於一己之私是惟無發發而必信是惟不行行之必堅不朝令而夕改不既舉而復墜則何患其不能久然而復有變焉者何哉變者變其所以害吾法者耳若法善可久而妄者或欲有所改易是之謂亂法亂法者不容於堯舜之世此秦皇漢武之所以自斃□祖宗不足法之説安石以之而誤神宗也當哲宗時宋家法度不知其幾變而安世爲是言於乎其亦有所警矣

同前

黄魯曾

同考試官教諭高批（論場佳士固多而此卷議論自出一家奇特爽偉取自胸臆之見且詞在題外意溢詞中而理亦精到宜録之以範乎隨俗而不能自拔者）

同考試官學正羅批（一論奇氣溢發而開闔抑揚又自不出乎繩尺之外雖謂之擅場亦可也噫吾知子之所養亦深矣）

考試官左諭德温批（語意跌宕精采焕發晚得之殊爲爾奪目也）

考試官侍講學士李批（偶得此論命意閎深造語奇崛若天馬行空而步驟自爾不凡也是用□録之）

論曰聖人有言以及天下乃神之之術而非愚之也夫聖人以言及天下則其所及亦若淺者然勢分懸殊不能以曰與天下遇故用乎言以及之也及之也者神之也非愚之也外於言而欲假術以神之則天下之人翕翕訾訾疑于所從其視聖人不啻如神明在上莫敢仰視駭而弗安涣而弗一而聖人之所以建法設教以爲圖治之道者亦將沮格而莫之信矣於乎曾謂聖人神天下之術而有出于言之外者乎元城劉氏論聖人鼓舞萬民之術而歸于命令此愚所謂神之説而非□之者也請申其意今夫聖人之心之於天下之民道始欲其變也德始欲其漸也禮始欲其飾倫節行也樂始欲其平欲釋躁也刑始欲其不干也賞始欲其感受也然天下若是其大也生民若是其衆也廣谷大川通衢巨邑若是其异域也嗜欲言語習俗好尚若是其不齊也不能一一盡如聖人之願徒使聖人鬱紆其心而下平也不平非尤之也尤之則將弃之矣聖人弃其民者乎聖人不弃其民不得已而假命令以爲鼓舞之術焉于以新天下之耳目定天下之心志同天下之習尚自朝廷遍於田野自天門敷於日出偃者起之退者進之弱者强之畏者閲之洽比其懸絶之勢和同其疏遠之情道大如天因令之發而變於道也德輶如毛因令之發而漸於德也禮如

履守禮於發令之余樂如豫陶樂於發令之後刑如秋之肅殺惴惴聽罪而惟令之畏也賞如春之熙和亹亹若德而惟令之悦也改更之均齊薫染之神速趨向之□决不以高下如天地而息流通之美也不以貴賤如冠屨而絶融貫之妙也夫聖人之所以爲術者亦神矣非申韓之刻非黄老之深非儀秦之詐揆之於人情本之於天道參之於群議决之於一心温良而有制簡肅而有和厚重而有變渾涵而有方用無窮乏意無津涯推無滯凝出無疑謗公卿之所厲翼郡縣之所欽承綴□虎賁之所密觀吉士正人之所樂遇懸之於并觀之地而無所訾議傳之於無窮之世而無所改遷問之於所甚不屑之人而無所誹間堅如金石信如寒暑著如日月驚如雷霆沛如江河詩之所謂遐不作人書之所謂四方風動孔子之所謂綏來動和者皆是術也故聖人有是術焉則耀衮垂旒非歉也承大任艱非孤也納琛受金非虚也蓋聖人之於民不啻如家人父子然而不起民幽隱難知之疑而民之於聖人亦習其所圖惟熟其所經畫而向之駭者以安涣者以一矣於乎聖人之術之神一至此乎而豈愚之也哉可見聖人爲天下之主命令爲聖人之主而聖人之心又命令之主矣抑嘗因是考諸古之帝王矣堯舜如天如神而詢岳訪牧命元官愷亦皆有令以及其臣至於湯武則令之所及反覆丁寧委曲詳盡至再三而弗置蓋湯武之於堯舜征誅揖遜其事不同性之反之其德不同故其時有順逆令有繁簡而要其爲術則同也於乎此亦勢之使然而豈聖人之所願哉謹論

表

擬輔臣謝賜繩愆糾繆銀圖書表（永樂二十二年）

程然

同考試官教諭趙批（善發揚輔臣忠愛之心且造語老成用事簡當不特駢儷而已可録）

考試官左諭德温批（陳謝中有規諷駢儷中有典則四六之最佳者）

考試官侍講學士李批（表能道當時老臣意中事可嘉）

具官臣某等言永樂二十二年九月某日伏蒙聖慈俯賜臣某等繩愆糾繆銀圖書各拜受者龜馬協靈吾道遹先於晋接錫金懋學聖德丕著於謙亨蓋朝廷崇鼎鉉之資故章甫切彌綸之志臣等誠懽誠忭稽首頓首竊惟人君之好惡四方治忽所關大臣之賢愚一人安危是寄詩嘉補衮書重從繩唐堯詢事以考言虞舜達聰而明目禹懸鐘鼓蘄以道而教寡人説作舟霖冀同心以匡乃辟粤自三代以往重于一德之成願逐龍干屈意師臣之辱顧求匕樒甘心少主之疑僅止輦以受言勞牽裾而進諫免冠宗廟温言偶戒于乘危置

笏□階怒色遂形于顧命蓋望臣者固重言或未必盡從待下者雖周中亦不能無愧兹蓋伏遇皇帝陛下運膺千載德配兩間誠孝因心監國却千秋之賀寬仁爲度閲奏原一字之差夙侍高皇暨承文考便宜發廪洞察民心嚮背之機閔免求賢深知王業艱難之自率由舊典載飾洪圖頃因踐阼之余焕有圖書之賜謂毫厘之謬或遺患于歷年而晷刻有愆將致弊于環海聖心不憚于改過治道亦謹乎防微顧取涓埃奚禆海嶽慨銅尊之寵徒耀觀瞻彼金箸之褒何關獻納自有君臣以來所未見雖或帝王之聖無以加臣等叨遇先朝置諸輔弼逮事陛下過於尊崇荷造化之陶鎔敢自忘於百煉冀鬼神之呵護庶以永于斯傳伏願體周文未見之心緝熙敬止法商湯不吝之德終始念兹宫中府中之相符君道治道之并建出入神聖隆億萬年社稷之休延攬英賢爲千萬世人君之法臣等無任瞻天望聖激切屏營之至謹奉表陳謝以聞

第三場

策（五道）

第一問

崔桐

同考試官教諭蕭批（經生能究心聖制而援古證今組織成文如此對者風檐短晷之下蓋不多得也擢冠秋闈輿論允協）

同考試官學正鄭批（昭代制作之盛士子類能言之至於鋪張揚厲而氣昌詞偉者獨此篇爲最蓋服膺聖訓而有得焉者也且忠愛之意復拳拳於終篇之獻其可敬也夫）

同考試官教授劉批（我朝會典之作超越千古垂憲萬世士子類能揄揚獨此對於因革損益之大考據精詳敷析明暢况參前二場亦皆雄偉不凡秋闈首選舍子其誰）

考試官左諭德温批（立法以成一代之治守法以弘萬世之業古今論治未有如此者子能條對明白而忠愛之誠獨拳拳於守成望焉是豈可以科場文字盡子哉）

考試官侍講學士李批（會典一書具載我國朝禮制識其大者固能鋪張揚厲之而此策獨能悉我聖祖創制之善列聖繼述之宜篇末數語尤見忠愛之意噫主司得子可以藉手見上矣）

對一代之制創于前聖而萬世不可易成于後聖而萬世所當守蓋制之不可易即道之不可易也制之所當守即道之所當守也於乎此我朝會典一

書所以參造化之妙合今古之宜非我聖祖不能創於始非我敬皇帝及今上皇帝不能成於後也歟猗與懿哉請敬陳之夫有一代之興必有一代之典所以維持人心者在是所以扶植國脉者在是故唐虞之世而有典謨之作夏禹之世而有典則之貽商有謨言周有禮制蓋皆本之躬行心得之余而形于法度事爲之表施之家國廊廟之間而及乎四海九州之外故當時堯舜之有天下幾及百年夏有天下四百余年商有天下六百余年周有天下八百余年所以克享天心永綏後禄者殆以此耳以至漢有三章之約雖若簡易而未及化理之方唐有六典會要之頒雖若詳備而非成周之制宋之會要則因唐而爲之也而當時已有本于時好止于三門之議元之經世則參唐宋而爲之也然夷狄□羶之風而可以與聞我先王之大道也哉洪惟我太祖高皇帝以聖神文武之資值天與人歸之會故能得天下於非我族類之手而上接夫帝王所自立之家邦蓋自開闢以來所未有之事功也問嘗命製諸司職掌一書備載當時官制條格稽古建官分任六卿睿謀神算夐出千古真不刊之盛典也顧其書作于洪武之中歲而末年所更蓋亦多矣施我列聖相承益隆繼述第重熙累洽之後不能不無因革損益之殊時也亦勢也然於我聖祖創制之意固無有不同焉者矣英宗睿皇帝復辟之時嘗欲纂輯條格以續職掌之後而未底于成天蓋有待夫豈偶然孝宗敬皇帝臨御之十年慨然以繼述爲念爰命儒臣采輯累朝典制勒成一編名曰大明會典其制一以聖祖爲法其義一以職掌爲主類以頒降群書附以歷年事例使官領其事事歸于職然後我明一代之制大之無不具纖之靡所遺如日星之照臨如天地之覆燾真與典謨典則謨言體制异世同符而下視漢唐宋所作不亦惡乎今上皇帝登極之四年復命儒臣重加是正刊示中外俾知遵守則我一祖二宗在天之靈所以拳拳于是書者庶其少□也乎執事又以因革損益之大者下詢承學顧草茅之賤何足以知廟堂之議乎姑舉一二言之國初親王嘗領宗人府矣今特用勛戚大臣一人而已而官固不備也國初嘗置三公府矣今特爲大臣加贈而已而府亦不建也革吏部主事之印而事多歸重于郎中裁禁門待詔之員而職惟兼統于翰苑詹事之設舊固無有也後設詹事少詹事府丞等官以分掌其事重宫寮也科道之官舊嘗類選也今必試其才與其貌而後授之職重臺諫也其他如儀禮司之改爲鴻臚寺回回監之附于欽天監五軍罷斷事之司六部增主事之額不可以一二類記損之益之與時宜之而亦何嘗有戾乎我聖祖之意也哉於乎會典之作創于聖祖而所以佑啓我聖子神孫者良亦至矣成于我敬皇帝及今上皇帝而所以承藉乎我聖祖者不亦深乎蓋聖祖之心即

二聖人之心也二聖人治天下之道即聖祖治天下之道也故曰先聖後聖其揆一也然則萬世聖子神孫宜何如而守之邪故凡一政一令之更張必曰我祖宗畫一之法具存不敢以己私而壞之一官一吏之變革必曰我祖宗貽燕之謀具在不敢以人言而隳之夫然則天必饗其無私民咸歸于有德而我明之天下當傳之億萬斯年而無弊矣謹對

第二問

黄魯曾

同考試官教諭高批（成周建官之善西漢治兵之良歷歷條答如探囊取物末復有所言而不盡具辭噫識時務者在俊傑子豈其人邪）

同考試官學正羅批（建官治兵國家重務子能歷舉以對豈亦嘗有希文布衣之志者乎諸對皆善不能盡録姑録其□以爲籌國者助）

考試官左諭德温批（官制沿周官我朝參酌古今已有定制至於兵制陋漢法而又謂非大有更張則不可意子必有獨得之見洋洋如董賈以爲大廷之對者乎吾固有望於子矣）

考試官侍講學士李批（成周建官先儒固已疑之兼官之論良亦有見西京兵法散見班史會□而言如指諸掌非素庸心卒亦難悉篇終所論尤爲卓偉噫子之所負則大矣如有用我者請執此以往）

對治天下必資于官建官惟其賢而不必備其人威天下必資于兵治兵惟其要而不必論其勢此成周建官之制所以名雖存而實不具事雖瑣而規實閎西京治兵之法所以内若輕而實則重外若重而實則輕者有以也哉今夫無曠庶官天工人代官之不可不建也其昉于庖羲之代乎唐虞之疇咨夏商之用乂一皆祖述其道云耳降及于周監觀二代文治蔚興建官之制始爲備矣今周禮一書固可以覽其切焉天生五材誰能去兵兵之不可不設也其肇于軒轅之世乎虞廷之命士成周之詰兵一皆依緣其法云耳下至于漢甫離戰國去古未遠治兵之法猶有存者今班固一史固可以考其凡焉雖然周禮作而冬官失其傳班史修而兵制失其紀是亦豈非宇宙間之一大缺典也哉且執事之所以疑于周之制者謂其官多而民擾也愚則以爲六官之屬雖衆至五萬余人大氐多兼官也何以言之周公以三公而兼冢宰召公以三公而兼宗伯蘇公以三公而兼司寇畢公毛公以三公而兼司馬司空夫其大者然且兼之而況于百官群有司于故三公或兼卿老如二卿則公一人是已六卿或兼卿大夫如一卿則卿一人是已六卿或兼六軍之將如軍將皆命卿是已甚者太公以太師而兼司盟之職所謂載在盟府太師職之是已蘇公以三

公而兼太史之職所謂太史司寇蘇公是已以主掌茶掌葛之屬無事則不置也行司馬輿司馬之類臨事而後設也矧又以成王之賢輔以周公之聖論定而官而官不及私昵位定而禄而爵罔及惡德而焉至如執事之所慮也哉愚所謂建官惟其賢而不必備其人者良以是耳執事之所以疑於漢之法者謂其將不專而兵不衆也愚則以爲兵制之善自三代以還莫漢若也何以言之民年二十始傅二十三爲正卒五十六免爲庶人是調民有限也每歲戍邊不過三日至于治城郭築堤防轉輸力役皆官予□直是□民有限也其調發也率皆近地而無遠征之勞其繇役也率皆自悉而無供億之費有事則檄召而官無困于贇食事已即罷歸而民亦得以力作將帥奉朝請而無擁兵專制之虞都試課殿最而無驕蹇難用之患兵農未分内外相制故當時兵之隸于南北軍者雖僅盈萬人而不聞有單弱之虞蓋兵不常役則佚而不怨在官之日少則有餘力而不疲矧又上有仁明之主下有晝一之臣公卿子弟咸備宿衛材官騎士遍滿郡國而亦焉至如執事之所云也哉愚所謂治兵惟其要而不必論其勢者職此之繇耳於乎由西周之制觀之使其子孫能守而勿失則天下至今猶存可也惜也穆王耄荒而周之道缺焉陵遲至于幽厲極矣由西京之法觀之使其子孫能守之弗忘則天下至今猶存可也惜也武帝紛更而漢之業衰焉因循至於哀平蕩矣然則後之君天下者必欲盡行周禮固不能也姑取其遺訓而斟酌之師其意而不師其迹可也必欲盡行漢法亦不能也姑取其遺制而參會之損其過而益其所不及可也不然則亦奚足以爲治也哉今國家建官仿于周禮而適夫繁簡之宜治兵陋乎西漢而得夫輕重之要固無容議矣第百余年來不能不少變于初者亦其勢之使然也爲今之計官有定員職有常守因仍舊貫亦無不可至于兵制非大有所更張則愚未見其可也執事儻與其進尚當以三代治兵之法爲當宁獻

第三問

晋憲

同考試官教諭楊批（人物一策非素有學識者莫能品其高下場中作者互有异同殊無定見是篇有藻鑒有斷制其亦尚友千古而當仁不讓者歟）

同考試官學正蕭批（擬人於疑似論事於彷佛正欲觀士子窮理之學也此對事核而詳言博而約使千百年上下人物心迹隱微低昂輕重錙銖不爽他日所就當大有可觀者矣）

考試官左諭德温批（平易近人而語自不亂知子之所藴豈但論人於千載之上哉）

考試官侍講學士李批（古人事迹散見諸史舉而論之一一帖當如漢廷老吏坐斷疑獄片言之出是非自不能逃也敬服敬服）

嘗謂論事於已然當考其時勢之難易論人於既往當究其心術之邪正夫天下之事無常苟不考其時勢之難易則宜于此未必宜於彼得其一而未得其二非善論事者也人之處事無定苟不究其心術之邪正則暴於顯者或得以掩其微形於外者未必能保其内非善論人者也知此則所謂折衷之道夫豈外是也哉請復執事之問今夫霍去病之無以家爲爲將之道得矣而王翦因伐荆之舉顧乃多請田宅非翦之貪去病之潔也漢武之志狃于征伐秦王之心過于疑忌故爾然翦之失亦不能無焉蓋成敗利鈍非人所能爲則亦何可過爲身後之慮也哉申屠嘉之召斬鄧通爲相之道得矣而孔光以丞相之尊顧乃下拜董賢非嘉之過光之恭也文帝之優禮相國故嘉得以行其志哀帝之昵比匪人故光諂之而固其寵耳然嘉之賢誠不可少焉蓋小臣矜寵汙衊王章則將焉用彼相哉詩書禮樂唯却縠可晋之强疆之力也然能作賦如陸機者乃有河橋之敗晋史譏其志不逮言宜矣禮義廉耻爲國四維齊之霸仲之功也然能作論如柳宗元者乃有伾文之附韓愈譏其僥幸速進當矣蕭何卒而曹參相蓋大臣薦舉之公而何舊隙之有張耳王而陳餘戮蓋小人勢利之交而何舊德之云張安世之事君以謹厚聞李泌之事君以謀略著鈞之爲賢相也然薦人而却其謝履道而懼于盈優于好談神仙詭怪爲世所輕者多矣陳萬年之教子以諂韋長□之遺子以經其優劣不待言矣然萬年廉平内行甚修咸亦言事抗直刺譏近臣蓋亦或有足取者而非專於諂也公孫弘以布被而取譏蔡遵以布被而見美一爲相而矯詐一爲將而儒雅弘何敢望遵乎趙廣漢善爲鉤距而得事情裴延齡廣爲鉤距而固君寵一猶能以民爲念一獨知以己爲念延齡豈廣漢之儔乎李賀以父名晋肅故不舉進士桑維翰以主司惡其姓而卒不改業二子之見審矣然賀以少年英鋭之資而所志若彼君子嘉之崔隱甫不欲見牛仙客韓昌黎三上宰相書二子之心异矣然愈以平生山斗之望而所爲若兹君子羞之蕭何從高祖而獨收圖籍房玄齡從秦王而獨收人物蓋非圖籍則無以知天下厄塞户口强弱之處非人物則無以爲平定海内之資要之何知天下之勢玄齡其知天下之本乎衛青威震朝廷汲黯獨違衆而長揖司馬昭位極人臣荀顗獨違衆而下拜蓋揖之所以明折其驕踞之勢拜之所以陰示其諂屈之心要之黯守人臣之節顗其奸人之雄乎不從三國之言而俾齊堅守者路中大夫也不聽楚子之令而俾宋不下者解楊也其忠不亦同乎然佯從之以餌敵國不若不從之爲全也郤金

以杜故人之請者楊震也縣魚以章府丞之饋者羊續也其廉不亦同乎然面受之以愧寮友不若不受之爲高也郭子儀之見回紇薛仁貴之見突厥苟非吾之恩信素有以結其心吾之兵威素有以奪其氣則亦安得不如或者之所慮也哉史臣之稱許是矣馮奉世之破莎車甘陳之誅郅支大抵皆乘危徼幸之謀而非中國之利啓釁招禍之漸而生夷狄之心則亦安得不如議者之所云也哉劉向輩之論建非矣張釋之爲廷尉而天下無冤民戴胄居大理而天下無冤獄史之所稱豈無見乎夷考其時如渭橋犯蹕之議如選人詐冒之争舉一以例其余則亦何冤之有子産治鄭國而民不能欺子賤治單父而民不忍欺傳之所稱豈無謂乎夷考其政一則仁而且明一則清静無欲執此以臨其民則亦何欺之有耻其君不爲堯舜伊尹之所以任天下之重蓋如此而唐臣周墀乃以堯舜美文宗於乎文宗豈堯舜之匹哉墀之諛甚矣人主不當觀史褚遂良之所以對太宗之言蓋如此而异時房玄齡乃録而上之於乎史豈人主之所宜觀者哉玄齡之罪大矣此愚所謂論事當考其時勢之難易論人當究其心術之邪正者蓋以此也此亦執事之所謂折衷之道者也雖然是二者又有本焉窮理是已蓋天下之理散于事天下之事原于理苟理有未窮則凡事之來紛紜迷繆卒無一定之歸而又奚足以知人也哉管見如此未知是否惟執事進而教之

第四問

程然

同考試官教諭趙批（守令親民固宜慎選然任法既久得人爲難不專倚之考課而兼行久任之法區處有方不迂不略此策亦庶幾有禆於今日乎經生而能留意世務固當爲得人慶矣）

考試官左諭德温批（考課當嚴而倚之不專久任當行而行之不驟論時務而得通融之術主司固爲子拭目也）

考試官侍講學士李批（久任守令士子固有及之者至于守令之難與夫考課之不足倚則此對言之詳矣噫子豈不識天下事者邪）

對設官以爲民也課功以爲官也而實以爲民也夫官爲民而立又爲民而課試焉固宜其無不愛民之官無不可行之課試其或不盡然者是必有所以然之故矣今夫以一郡一邑之民而寄之於人牧猶以牛羊之群寄於受牧之人也求牧與芻而不得將反諸其人歟抑亦立而視其死歟天下之民望於群牧如父母然飢寒困踣賦役昏訟苟可以告之父母者即赴愬於有司故非豈弟樂易敏鋭通達者未可輕授非真知子民之義者未必能稱守令之任也

我國家重守令之選率取諸科目之傑其才有小大其歷世有淺深其資性有迂速其喜好有内外輕重之不同者必擇焉其郡邑有南北燥濕其風俗有剛柔强弱之异劑者必擇焉因人而授因地而官使之一志畢力以福斯民意至渥也故被兹選者既欲副科目之名之榮人欲稱守令之責之重其肯偷惰委靡自取課殿也哉國家考課之法行於貴近者既嚴而於外守令之遠者尤備郡守古諸侯也觀察者一不滿意即劾去之矣縣令有不待言者故考課之法主之銓衡主之内臺參之觀察而又博訪於士論疇咨於數歲之升達覲廷之敷奏而其議始定其偷惰委靡法當速去者不與焉則其法固得於黜陟幽明之意爲多而豈若京房劉邵之煩碎晋魏唐宋之失實哉夫守令既責之重考之嚴而其人又自欲勉副意不爲偷惰委靡之習固宜其百姓富庶政平訟理者而今之民日益窮訟日益繁轉徙流亡者日益衆近自畿輔重地已有然者他藩可知矣是獨無其故哉愚不識天下事竊謂久任之法不行也孔子曰善人爲邦百年亦可以勝殘去殺矣又曰苟有用我者期月而已可也三年有成子産爲政累年而後化成伯禽治魯三年而後報政今之人未必皆聖賢也聰明得於簡册之緒言志力奪於舉業之舊習一旦寄以民牧之任上而監臨觀察責其成下而府史胥徒伺其隙其奮翼策步不安小成者必一二年治乃有緒焉彼方有治緒可尋也而旁郡别邑已有遷陟内拜者矣於是而速進之念生速進之念生則爲民之意短而求上之意急謀身之術巧而取民之計多百姓固何利於是哉下之人知其意欲速也吏胥得以肆其謾豪猾得以窺其弊上下之間一切苟且而已雖考課日嚴賞罰日加彼速進者固不俟是而已有岐路可卿矣其不畏刺舉者又或中有所倚焉如是則信有如杜子恕所謂歷代累聖而考績之法不著課試之要未立也蘇軾曰有官必有課有課必有賞罰有官無課是無官也有課無賞罰是無課也天下之吏不可勝考必剌舉於其所屬之長而賞罰得以加焉其意以爲守令之賢否考於職司而於御史臺别立一司中丞舉其綱屬官之强明者治其事彼蘇軾固爲宋言也今始於觀察升於銓衡内臺内臺銓衡又第其品而黜陟於其上此亦軾之意而益加詳者也夫久任之意不堅而專倚之考課則所課者時日之近效而其所以爲最者又或得於悦上僞增之私當道者亦何所按哉其拙於逢迎篤意撫字而上不之知者又非考課之所能得也夫有志者拜一命之寄亦欲展布以爲久圖而速進者得以惑其意是使天下無誠心爲民者矣然轉移之機豈一言之所能悉一日之所能變哉愚請試行之數人可也蓋人之材智器局大略相同唯有志者率其力之所不及以趨其志之所欲就故其受若直也恒勉勉焉惟恐

或負則其所望寧小無大寧卑無崇而其所爲也寧拙無巧寧久無速誠得是人而任之則所謂悃愊無華歲計有余者於是而久任焉秩當遷也不移其地禄當益也不奪其官過可略也不拘以文法之細人可諒也不間以毁譽之言或璽書慰勉以新其意或就加服命以旌其能若果有效也破格用之异待之終身焉彼速進者曰吾所進者在於格之内而彼乃獨超于格之外則彼之所謂遲者速而吾之所謂速者遲矣故速不必沮也自有權以遲之不必遍行於郡縣而獨行之數人而亦已化矣於乎於上下相安之時而輒倡以久任之説故必有駭視改聽不安其位者愚請得以意而試行之可乎今天下仕者水陸舟車之用不同遷轉調更其喜好不同彼方與民相安於北而復任之於南其不願必矣故於此亦必有調停之法不拂其情而俾彼得以終其惠此亦久任之意也雖然久任之事在上不在下在近不在遠唯執事擇焉

第五問

仲選

同考試官教諭何批（財賦國家大計也古人制賦有成法節財有定論子能舉以爲今日足國裕民之助而辭意和厚區處的確必有用之士也敬服敬服）

考試官左諭德温批（用古人意思處今日時務一一若出自其口而讀之不厭者此對是也昔有補綴疏草而復以上者子其得之乎）

考試官侍講學士李批（理財之道人人知之人人能言之有考據有斷制有歸宿若此對者蓋亦鮮矣敬録以獻）

對天下之計一家之計也天下之財吾與天下共理之也故上不必益而下不必損君不必富而民不必貧如家人父子然父有之將以遺其子也子有之將以致之父也而後天下之情一而天下之用足百志成而禮俗刑矣古之人所以大過人者理天下之財而天下不疑其利擅天下之有而天下不疑其貪家人父子之謂也唐楊炎言於德宗曰財賦者邦國之大本生人之喉命天下治亂輕重繫焉而不可忽也蓋自古有天下者未有不善理財而足國裕民者獨怪夫儒者諱言利而聚斂之臣乃竊善理財之名卒使民日益窮而用日益蹙古今之禍可鑒也孔子罕言利而損上益下自易發之孟子不言利曰無政事則財用不足大學生財之道固即周官理財之道也周官理財之道固即利用厚生之説也聖賢何嘗不理財乎爲民理之爲天下理之而不爲己也嘗考周官以九賦斂財賄以九式均節財用以九貢致邦國之用冢宰制其出司徒制其入其出也固以稽其入也其入也固以稽其出也上無侈心下無蔽奸

法莫有善於此者彼安石何人乃欲傚之而行新法其意不過爲人主斂財耳然卒以之而禍國家蓋非周官之過用之者之過也彼周官未作之前禹貢任士作貢田賦什而税一公田藉而不税制用必於歲杪夏殷之制可考也周官既作之後一變而爲春秋再變而爲戰國理財之法雖不可得而詳而有若對哀公之數語孟子與齊梁君之問答而其時可知矣秦孝公開阡陌盡地力至始皇而其賦益重蓋二十倍於周矣漢懲秦弊田租什五而税一加以高惠之寛仁文景之恭儉固宜有錢朽而不可校粟腐而不可食矣奈之何武帝好大喜功有以盡耗之哉隋文帝躬修節儉益免田租至煬帝而賦役繁重百姓始不勝怨矣唐承隋後口分世業租庸調之法府衛兵之制無不善者永淳以後賦役并起又繼以天寶之驕奢如之何其不壞哉宋之理財也版部有左計有右計有總計其後三司有使度支有使磨勘有司會計有録祥符天禧之時可謂盛矣然一壞於熙寧君臣之變更再壞於紹興以後之妄費而用不可支矣抑愚嘗有考焉三代授人以田而未有户賦兩漢不授人以田而輕其户賦魏至唐中葉則因授田之名而重其户賦至宋熙寧以後則日新月盛賦日益增而民日益困國日益危矣其間喜事之臣如王鉷有歲進韋皋有日進李兼有月進裴肅有刺史□進蕭綬有判官之進蓋唐元宗德宗方□意於聚財故鉷皋兼肅之徒得以利而誘之其後兵革繼起禍亂相仍朱泚之難竟不能以内藏而助一雖有瓊林大盈之積何益哉宋亦有之封樁庫置於太祖景福庫置於太宗其後神宗又更景福庫名自製詩以揭之是亦内藏也然軍興賞賚則用之水旱灾傷則用之三司用乏則助之諸路用乏則助之宋太祖嘗曰俟錢滿五百萬緡當問契丹贖幽薊又曰用絹二十疋募一胡人首其意如此是非若唐人之私用矣然以愚言之天子者有天下際天薄海莫非己有而又何必以内藏爲哉惟其目爲内藏也宰相不得以式貢均節其出入版曹不得以簿書勾考其在亡本爲燕私之奉日消月耗而自奉亦不足矣蓋人君之於天下廣取以給用莫若節用而取廉譬之小民之家方其平時所望不過十金計其衣食妻子之費出入於十金之中而亦已足矣及其稍富也意之所欲者日以漸廣所入日益衆所欲日益不足不知罪其用之不節而獨以爲求之未至也是以富而愈奢奢而愈貧嗚呼此愚所謂天下之計一家之計也天下之財吾與天下共理之而已善乎蘇軾之言曰爲國有三計三年耕必有一年之蓄以三十年之通計可以九年而無飢歲之所入足用而有余是以九年之蓄常閑而無用此萬世之計也其不能者一歲之入纔足以供一歲之出天下之産僅足以供天下之用比一時之計也其最下者量出以爲入用之不給取之益多

天下晏然無大患難而盡用衰世苟且之法不知有急何以加之此不終月之計也以愚言之自古人君何嘗不欲爲萬世之計哉自井田之法壞寓兵於農之意失而養兵之費多矣自封建之法壞郡縣天下之制立而供官之費多矣况兵養於平時者不可得用而所費以給之者又非可用之兵官建於制額者其禄有常而所費以給之者率非有制之設故蘇轍有曰方今之計莫如豐財非求財而益之也去其害財者而已曰冗官也曰冗兵也曰冗費也朱子有曰天下國家之大務莫大於恤民恤民之實在省賦省賦之實在治軍治軍省賦以爲恤民之本則又在人君正心術以立紀綱蓋心術正紀綱立則大學之生財周官之理財大易損上益下之説特有天下者治用之一事耳雖有水旱盗賊邊防之擾又何足爲意哉書生與聞邦國之大計嫌於出位唯執事進教之幸甚

應天府鄉試録後序

今天下士苟以材藝自見者即有志於選舉其父師之所訓詔州里之所需儲亦往往在是焉我國家待士之禮厚矣選舉之法專矣固宜其士心定而習俗同者選舉之法成周責之于鄉里鄉里者公論之所自出也漢或責之於郡國列侯二千石或責之於三公光禄勛御史司隷州牧其舉也或以茂才以孝廉以明經以賢良極諫逮至隋唐又有明經俊士進士制舉諸科宋亦有明經詩賦進士制科其舉也或間歲一行之或三歲一行之或因灾异而舉或遣使循行而舉其在當時固已患乎多岐而莫之鄉矣我國家選舉之法獨仍成周之意其在諸藩以諸藩舉在兩畿以兩畿舉其期必以三歲其取也必先經術他如賢良方正經明行修諸舉亦皆興廢不常而亦不能有加乎常舉之右夫法專則士有恒業舉之者按業而考焉用之者因所舉而上下焉上以時求下下以時應之是故我國家待士之禮取士之制監于前代而可傳者也臣仁和有説焉天下古今之才不甚相遠也昔孔子嘆才難必取唐虞人才以見周室之盛今日之才因皆唐虞三代之盛也顧竊自愧仁和之材識弗逮鑒别弗精有負今日選舉之意耳三代以下之人才不得於茂才則得於孝廉不得於郡國則得於公卿今所舉者固將合前代所求而一之者也士苟不得於此有自悔而終廢者是曷敢弗慎且懼乎不惟負今日之人才抑恐有負他日之任用凡臣等今日之責固皆以人事君之事也舉既得矣録既成矣春官得而試焉臨軒得而試焉用人者得以次而舉焉是今日之文字固他日之課績今日

之名氏固他日之勛階爵里也其屢試弗舉自悔而終廢者國家固弗得而用之矣是曷敢弗慎且懼乎夫以群材衆藝千百其多獨寄去取於數人焉此上以精擇責我也精擇之固欲得人有效於世也是凡有我之責固皆諸士子之責也仁和於録之成能勿以此意爲諸士子勖哉

奉訓大夫左春坊左諭德兼翰林院侍讀温仁和謹序

正德十四年應天府鄉試録

應天府鄉試録序

正德己卯秋寔惟天下舉士之期應天府臣疏請考試官上以命侍讀學士臣俊右諭德臣時既至則同考爲教授臣神甫學正臣鳳教諭臣紀臣奇臣廷美臣鳴鸞臣汝登監試爲御史臣必進臣時通暨内外執事皆聘選以充而提調則府尹臣宗道府丞臣庭光焉就試之士凡二千有奇先是言者請減入場之數以省費上重之詔仍舊而有司之奉行者不一或嚴取以便簡閲或博收以俟采擇蓋皆期干得士以承德意費非所計也於是臣等得竭其駑鈍以從事凡得士一百三十五人并刻其文之優者凡二十篇以爲録而獻焉俊既被命從舟而南也秋水時至百川沸盈沿白以泝于衛則見夫二水之相嚮而馳以赴于海者若争先而莫之敢後顧瞻京邑翼然天表誠足爲四方之極萬世之業也已既而歷汶濟以達於徐泗之間水之用壯益甚則又見夫黄河之會渡淮陰入邗溝以臨真揚則又見夫長江之險江河之經流于中國殆不下萬里而其委皆在於南服俊於是得巨觀焉南望群山扶輿磅礴迴翔飛翥若自天而降者蟠而爲龍踞而爲虎以開帝王之真宅而我高皇帝之基命實肇於此夫豈偶然之故哉東南之人物與其財賦并稱甲於天下其地産有固然歟俊未及供事而知其文章之鉅麗必將大有發於其心者既而連叩之以觀其所應則或鏘然而鳴或幽然而光或沛然而流若向之觀于河于江者謂非得於氣化之全也殆未可乎抑建康之勝舊矣吴及六朝下逮南唐皆嘗用之卒偏安于一隅而混一之盛始發於今日固我高皇帝用夏驅胡功超千古足以當夫氣數之隆實又以我文皇帝移駐于北盡據中國之厄塞而南嚮以聽治於是兩都之雄屹然對峙於朝宗之會海内帖然以就撫馭籍其財賦以制用收其譽髦以佐理所以爲詒燕之圖者可謂宏且遠矣丙子之秋俊執事于北見才焉雄深博大往往有奇氣今兹之南也見才焉如前所云率皆稱其山川至其尊王而賤伯崇經而黜子則又未嘗有二説也蓋道德之一而風俗之同也久矣俊既以得士爲朝廷賀而於其始進也張之以昌其志俾其知所生之地所際之時如是之不偶也他日效用無違其所言無弃其所學平時則名

檢自飭臨事則忠義奮發曰上之人於我乎求佐理焉非苟以榮其身家而已則於國家化成之厚山川孕毓之勤爲不負矣是舉之興也適南方有兵事倥偬不給卒獲如期而集者諸司有貞固之幹焉苟後之議者曰是科蓋得人爲多則俊等皆可以忘其勞矣

翰林院侍讀學士奉直大夫汪俊謹序

正德十四年應天府鄉試

提調官

嘉議大夫應天府府尹胡宗道（守正陜西扶風縣人　辛丑進士）

中順大夫應天府府丞許庭光（本謙河南河陰縣人　己未進士）

考試官

翰林院侍讀學士奉直大夫汪俊（抑之江西弋陽縣人　癸丑進士）

奉直大夫右春坊右諭德兼翰林院侍講李時（宗易直隸任丘縣人　壬戌進士）

同考試官

浙江衢州府儒學教授趙神甫（苦愚福建莆田縣人　辛酉貢士）

山東兖州府濟寧州儒學學正唐鳳（子翔廣東曲江縣人　辛酉貢士）

湖廣武昌府崇陽縣儒學教諭緒紀（肇脩廣西馬平縣人　甲子貢士）

湖廣長沙府醴陵縣儒學教諭劉奇（啓衷江西南昌縣人　癸酉貢士）

湖廣衡州府耒陽縣儒學教諭魏廷美（士彦福建閩縣人　丙子貢士）

河南開封府鈞州新鄭縣儒學教諭趙鳴鸞（于庭陜西咸寧縣人　庚午貢士）

湖廣岳州府澧州安鄉縣儒學教諭陰汝登（民獻四川内江縣人　癸酉貢士）

監試官

文林郎南京山東道監察御史楊必進（抑之江西吉水縣人　辛未進士）

文林郎南京廣東道監察御史陸時通（行之江西豐城縣人　辛未進士）

收掌試卷官

奉政大夫應天府治中楊廷用（惟賢四川宜賓縣人　乙卯貢士）

印卷官

承直郎應天府通判張海（元宗福建閩縣人　乙卯貢士）

承務郎應天府推官趙儀（廷表雲南太和縣人　辛酉貢士）

受卷官

應天府上元縣知縣白思齊（希之山西平定州人　辛酉貢士）

南京府軍右衛經歷辛康（靖之湖廣鈞州人　監生）

彌封官

應天府六合縣知縣林幹（克貞福建懷安縣人　甲子貢士）

南京鷹揚衛經歷傅翱（騰霄四川岳池縣人　監生）

謄録官

應天府溧陽縣知縣周宗本（立之廣東瓊山縣人　甲戌進士）

南京府軍衛經歷陳文繡（道美廣東瓊山縣人　監生）

對讀官

應天府溧水縣知縣何東萊（希賢四川瀘州人　甲子貢士）

南京龍江右衛經歷漆書（載道四川巴縣人　監生）

巡綽官

懷遠將軍南京水軍右衛指揮同知蔡儒（原道直隸吴縣人）

明威將軍南京留守後衛指揮僉事陳琥（廷瑞直隸江陰縣人）

搜檢官

武略將軍南京留守後衛副千户龔仝（汝一湖廣黄梅縣人）

武略將軍南京瀋陽左衛副千户姚經（大經浙江嘉興縣人）

昭信校尉南京留守中衛百户李珊（朝用陝西渭南縣人）

忠顯校尉南京龍虎左衛試所鎮撫周瓚（宗獻山西雲内縣人）

供給官

徵仕郎應天府經歷司經歷史伯敏（學之浙江余姚縣人　官生）

文林郎應天府上元縣縣丞王昌（世榮山東萊陽縣人　監生）

文林郎應天府江寧縣縣丞秦鴻（九霄湖廣歸州人　監生）

迪功郎應天府上元縣主簿戴鑑（□明江西德化縣人　吏員）

迪功郎應天府江寧縣主簿張綸（□之山東靈山衛人　監生）

將仕佐郎應天府上元縣淳化鎮巡檢司巡檢孫維（持之直隸新城縣人　知印）

應天府句容縣龍潭巡檢司巡檢陳玉（廷器河南温縣人　吏員）

將仕佐郎應天府常平倉大使崔鳳（來儀直隸霸州人　吏員）

應天府龍江宣課司大使李肅（敬夫福建莆田人　吏員）

應天府江寧縣大勝驛驛丞張琦（廷珍山西馬邑縣人　承差）

第一場

四書

可與言而不與之言失人不可與言而與之言失言知者不失人亦不失言　踐其位行其禮奏其樂敬其所尊愛其所親　人皆有所不忍達之於其所忍仁也人皆有所不爲達之於其所爲義也

易

大觀在上順而巽中正以觀天下　繻有衣袽終日戒　君子上交不諂下交不瀆其知幾乎　坤也者地也萬物皆致養焉故曰致役乎坤兑正秋也萬物之所説也故曰説言乎兑

書

禹曰都帝慎乃在位帝曰俞　嗚呼先王肇修人紀從諫弗咈先民時若居上克明爲下克忠與人不求備檢身若不及以至于有萬邦兹惟艱哉　我聞吉人爲善惟日不足　皇帝清問下民鰥寡有辭于苗德威惟畏德明惟明

詩

迨天之未陰雨徹彼桑土綢繆牖户今女下民或敢侮予　有嚴有翼共武之服共武之服以定王國　有馮有翼有孝有德以引以翼豈弟君子四方爲則　天命降監下民有嚴不僭不濫不敢怠遑命于下國封建厥福

春秋

公會齊人宋人陳人蔡人伐衛（莊公五年）王人子突救衛（莊公六年）　公會齊侯宋公鄭伯曹伯邾人于檉（僖公元年）齊侯宋公江人黄人會于陽穀（僖公三年）遂伐楚次于陘楚屈完來盟于師盟于召陵（僖公四年）　莒去疾自齊入于莒　莒展輿出奔吴（昭公元年）　晋趙鞅歸于晋（定公十三年）

禮記

知爲人子然後可以爲人父知爲人臣然後可以爲人君知事人然後能使人　樂者天地之和也禮者天地之序也和故百物皆化序故群物皆别樂由天作禮以地制　求以事君得之自是不得自是以聽天命　臣儀行不重辭不援其所不及不煩其所不知則君不勞矣

第二場

論

君子和而不同

詔誥表（内科一道）

擬漢遣博士循行江南吏民有捄振飢民免其厄者具以名聞詔（元鼎二年） 擬唐以郭子儀爲中書令李光弼爲侍中誥（乾元元年） 擬唐新定大唐雅樂成群臣賀表（貞觀二年）

判語（五條）

事應奏不奏　丁夫差遣不平　主將不固守　決罰不如法　失時不修堤防

第三場

策（五道）

問　三代而下漢得天下最正我太祖高皇帝奮迹淮甸不階尺土驅胡漠北以□帝王所自立之中國議者謂漢頗近之其功果若是班乎漢大綱正萬目未盡舉又安於馬上之習不事詩書□□祖勘定之後身致太平品式備具有司世守之至其發詞垂訓一言一義炳若六經雜出於父老之所傳誦儒臣之所纂輯者亦不少矣諸士子涵濡聖化最先且久其具以所習對不得借漢爲喻

問　詩曰勉勉我王綱紀四方記曰紀綱既正天下大定則紀綱固有國者所不可一日而亡焉者也稽之于古若漢宣帝之綜核名實信賞必罰唐太宗之刻勵矯揉萬目畢舉宋太宗之沉謀英斷考功慎刑紀綱未爲不立矣至于嗣世之君或以不振而微或振之而反衰何也我太祖高皇帝驅逐胡元平一海内懲弊立法兼統百王百五十年來人知法守上安下順熙然大同可謂盛矣然邇者驗之風俗紀綱之行似有非其舊者何邪兹欲飭治振起以復祖宗之盛其道何居昔荀悦作申鑒謂人主政治之術先屏四患乃崇五政固紀綱之説也其論然歟抑可行于今歟五政之中何者爲最要歟朱子又謂綱紀在于辯賢否以定上下之分核功罪以公賞罰之施於悦之言亦有同歟請詳著于篇以爲皇上勵精之助

問　經以載道史以載事固也然則道與事果有二乎孔子因魯史作春秋與易詩書禮樂并爲六經論者謂聖人述史三焉書也詩也春秋也三者同

出於史而不可雜是蓋有説矣可得聞歟劉歆叙七略王儉撰七志史記以下皆附春秋其亦有見歟經史之分始於何人至於爲學遂有以經稱者有以史稱者若宋司馬氏王氏其最著也得失之故亦有可言者歟諸士子學於斯二者久矣其所得何者爲多請遂言之毋讓

問　西漢之士尚經術東漢之士崇節義儒先有是言矣自今觀之有不盡然者如直諫守節而淮南寢謀持節虜庭而名標麟閣借劍尚方折檻大呼職在師傅不肯就吏或印綬加身輒推不受或安車再迎堅卧不起却牛衣之言甘心于擊獄拒□氏之譬負直以自斃解劍細故也不從以請退免冠隨俗也堅執以去官此皆士之著名西漢者也不崇節義歟篤信好古經爲人師遍習經書剖析疑异或删定春秋而號樊侯學或考論圖緯而嘆吾道東兄弟習魯詩爲學士所歸父子明左氏爲諸儒所法隱居教授而名重關西正定五經而學宗當代此皆士之著名東漢者也不尚經術歟乃遍言之何也西漢之經術尚矣何授易者有持禄之譏擬易者有劇秦之作博學經書者引申伯以阿鳳洽聞廣見者獻符命以附新安在乎經術之尚邪東漢之節義崇矣何有清世之志者功隳于群小負王佐之才者身殘于余孽破柱戮奸者名陷黨議登車攬轡者禍及友朋安在乎節義之崇邪夫非經術無以致用非節義無以勵俗崇之尚之又各有其弊如此殆難乎其爲士矣然則必何如而後可試言之以觀其嚮

問　天下之事有不可勝論者聊與爾諸士子論學術可乎自宋大儒出謂爲治必法三代爲學必宗孔孟申韓老莊之説無所干於其間學者守爲家法學術可謂明矣然枝葉盛而本根隱其弊日滋顧有病之者乃欲脱略文字以求徑截其所立亦或有可觀者徐考其歸乃佛老□□餘耳仁義之效遠而難見於是有專事法術權操切以爲治其效亦赫然有稱徐考其歸則申商之粗迹耳夫竊而用其似已足以取名而動衆使獲用其全則舉世慕而趨之矣然儒者必斥之不少假借亦有其説歟彼之所謂法所謂術其用蓋异也亦嘗考其言歟儒者亦豈得而盡廢之至若無爲無不爲之説則益與吾道幾矣將無同歟秦嘗用商鞅以收富强之效漢嘗用黄老以成清净之化然文具而無惻隱之實秦以亟亡清談盛而晋衰謂非老莊之罪不可盍究言之

中式舉人一百三十五名

第一名　潘潢　徽州府學生　書

第二名　吴淮　鎮江府學生　易
第三名　楊春芳　宿松縣學生　春秋
第四名　張鳳來　常熟縣學生　詩
第五名　吴廷翰　無爲州學生　禮記
第六名　李時芳　揚州府學生　易
第七名　繆尚志　常熟縣學附學生　詩
第八名　趙欽　江陰縣學生　書
第九名　殷輅　華亭縣學生　詩
第十名　王守　蘇州府學生　易
第十一名　曹珂　宜興縣學生　書
第十二名　朱節　吴縣學附學生　詩
第十三名　謝應龍　祁門縣學生　春秋
第十四名　李松　長洲縣學附學生　易
第十五名　盧淮　淮安府學生　禮記
第十六名　劉登　嘉定縣學增廣生　詩
第十七名　朱隆禧　崑山縣學附學生　易
第十八名　朱軏　泰州學增廣生　詩
第十九名　潘英　徽州府學附學生　書
第二十名　褚寶　鳳陽府學生　詩
第二十一名　楊琬　鎮江府學生　易
第二十二名　曹嗣榮　松江府學生　書
第二十三名　張翀　全椒縣學生　詩
第二十四名　沈應徵　嘉定縣學生　易
第二十五名　黄炳　歙縣學生　春秋
第二十六名　方雲鶴　浙江余杭縣人監生　易
第二十七名　吕章　徽州府學生　詩
第二十八名　王問　無錫縣學附學生　書
第二十九名　吴琳　徽州府學增廣生　詩
第三十名　周冕　浙江鄞縣人監生　易
第三十一名　許道隆　懷寧縣學生　詩
第三十二名　方廷璽　歙縣學增廣生　書
第三十三名　馬舜民　揚州府學生　易

第三十四名　胡道芳　歙縣學增廣生　詩
第三十五名　馬紳　如皋縣學生　禮記
第三十六名　潘楷　鎮江府學增廣生　書
第三十七名　曹卿　武進縣學生　詩
第三十八名　高相　江都縣學生　易
第三十九名　孫本　通州學生　詩
第四十名　沈啓　吴江縣學增廣生　易
第四十一名　錢鐸　海門縣學生　書
第四十二名　吴環　常州府學增廣生　詩
第四十三名　張寅　太倉州學附學生　易
第四十四名　朱良訓　松江府學增廣生　詩
第四十五名　汪堯卿　徽州府學生　春秋
第四十六名　陳　倜　江陰縣學增廣生　書
第四十七名　孫時勉　常州府學增廣生　詩
第四十八名　陸期范　興化縣學生　易
第四十九名　丁梲　懷寧縣學生　詩
第五十名　張京安　常熟縣學生　書
第五十一名　薛璠　江陰縣學生　詩
第五十二名　楊雷　吴縣學生　易
第五十三名　丁礦　六安州學生　書
第五十四名　趙鏜　潁上縣學生　詩
第五十五名　樊希雍　山陽縣學生　禮記
第五十六名　陳周　崑山縣學附學生　易
第五十七名　馬節　通州學生　詩
第五十八名　張羽　崑山縣學附學生　易
第五十九名　吴九華　徐州學生　詩
第六十名　程澤　徽州府學生　易
第六十一名　陸南　長洲縣學生　詩
第六十二名　李芳春　無錫縣學附學生　書
第六十三名　陳中立　祁門縣學附學生　詩
第六十四名　王同祖　崑山縣學生　易
第六十五名　范慶　壽州學生　春秋

第六十六名　薛昕　武進縣學附學生　詩
第六十七名　陸爵　金壇縣學生　書
第六十八名　楊經　臨淮縣學生　詩
第六十九名　洪忠　徽州府學生　易
第七十名　周伯孝　來安縣學生　詩
第七十一名　高遷　揚州府學生　易
第七十二名　段藻　金壇縣學生　書
第七十三名　吴篚　青陽縣學生　詩
第七十四名　王金　蘇州府學生　易
第七十五名　胡效忠　淮安府學附學生　禮記
第七十六名　王評　常熟縣學生　詩
第七十七名　程輅　績溪縣學生　書
第七十八名　錢卿　吴江縣學生　詩
第七十九名　沈恩　應天府學生　易
第八十名　黄鏜　徽州府學增廣生　詩
第八十一名　管禄　鹽城縣學生　書
第八十二名　盛應陽　蘇州府學增廣生　易
第八十三名　顧經　華亭縣學增廣生　詩
第八十四名　張代　霍山縣學生　書
第八十五名　謝霖　祁門縣學生　春秋
第八十六名　劉鳳　句容縣學生　詩
第八十七名　司馬泰　應天府學附學生　易
第八十八名　楊科　華亭縣學生　詩
第八十九名　吴檄　桐城縣學生　書
第九十名　李夢周　海門縣學生　易
第九十一名　何鉞　舒城縣學生　詩
第九十二名　潘鈺　婺源縣學生　書
第九十三名　朱紈　蘇州府學附學生　易
第九十四名　沈奎　涇縣學生　詩
第九十五名　胡有恒　山陽縣學生　禮記
第九十六名　陸經　松江府學增廣生　書
第九十七名　潘鎰　婺源縣學生　易

第九十八名　段儒　懷遠縣學生　詩
第九十九名　錢籍　常熟縣學增廣生　書
第一百名　黄鉞　江西寧州人監生　詩
第一百一名　王堂　應天府學生　易
第一百二名　王涣　長洲縣學生　書
第一百三名　孫鑾　常州府學生　詩
第一百四名　王積　太倉州學生　易
第一百五名　鮑象賢　歙縣學生　春秋
第一百六名　張鳴岐　松江府學附學生　詩
第一百七名　孫雲　崑山縣學附學生　易
第一百八名　吴惠　應天府學生　詩
第一百九名　方岑　揚州府學生　易
第一百十名　連璧　常熟縣學增廣生　詩
第一百十一名　楊復春　吴縣學生　易
第一百十二名　顧文隆　華亭縣學生　書
第一百十三名　虞仲恭　浙江義烏縣人監生　詩
第一百十四名　胡思忠　桃源縣學生　易
第一百十五名　曹完　華亭縣學生　禮記
第一百十六名　華胄　無錫縣學附學生　詩
第一百十七名　王文光　應天府學增廣生　易
第一百十八名　趙綸　上海縣學增廣生　詩
第一百十九名　祁澎　寶應縣學生　書
第一百二十名　王佐　上海縣學附學生　詩
第一百二十一名　蔣繼蕃　應天府學生　易
第一百二十二名　張鴻　上海縣學增廣生　詩
第一百二十三名　裴近　江西貴溪縣人監生　書
第一百二十四名　王瑩　潜山縣儒士　詩
第一百二十五名　胡明善　霍丘縣學生　春秋
第一百二十六名　王臣　興化縣學生　詩
第一百二十七名　吕綸　江都縣學生　易
第一百二十八名　何唐　桐城縣學生　書
第一百二十九名　柯熹　建德縣學生　詩

第一百三十名　吴商　常州府學生　易

第一百三十一名　程文　太平府學生　詩

第一百三十二名　張仁　六安州學生　書

第一百三十三名　高逦　華亭縣學增廣生　詩

第一百三十四名　朱伸　蘇州府學增廣生　易

第一百三十五名　唐伯健　泰州學生　詩

第一場

四書

可與言而不與之言失人不可與言而與之言失言知者不失人亦不失言

潘潢

同考試官教諭陰批（文字簡勁而理亦精到他卷所不逮也）

同考試官教授趙批（言語最難中節易得有失此作極其形容而嚴重不苟其知慎於用言者乎）

考試官右諭德李批（論語義善體貼當是作者）

考試官侍讀學士汪批（是殆可與言者）

論人於語默動有所失惟和者能無所失蓋語默而非其宜不失人則失言矣自非知者豈能致决於此而兩無所失哉夫子之意蓋謂人之相與固不能以無言然不可以不擇是故有可與言者焉有不可與言者焉彼其中虚而能受初筵而可告此人之可與言者也今乃邈焉而不啓其端語焉而不竟其説則是道有可傳而我自靳之志有可繼而我固遺之非失人乎其或語之而未達成拒之以不受此人之不可與言者也今乃手携而示之事面命而提其耳則是諄諄雖切投諸無用之地喋喋雖勤徒爲無益之談非失言乎夫惟知者則不然蓋其藻鑒清明既别於賢否之辨權度精切復審於應接之機苟其人之可與言也則與之言識大之賢語上之才皆於我乎收矣曷嘗至於失人乎苟其人之不可與言也則不與之言傷易之誕傷煩之支皆於我乎免矣曷嘗至於失言乎是則語默之間而得失所係有如此者君子可不致謹於斯哉考之夫子不失言於陽貨而終日之言獨盡於颜子孟子不失言於王驩而好辯之稱不得已於公都夫固有攸當也知柔知剛知微知彰所謂知幾其神而聖賢之妙用存焉又豈特以知者稱而已哉

踐其位行其禮奏其樂敬其所尊愛其所親

楊春芳

同考試官教諭魏批（題本正大作者往往掇拾陳言令人厭觀晚得此卷能道人所不能道其詞旨暢達讀之鏘然有余韻噫子之所養其殆與人殊乎）

考試官右諭德李批（語有所見場中似此者絶少）

考試官侍讀學士汪批（其□先王也詞不費而義足其詳見廟議可考是作蓋得其説故録）

承先王之所貽者而仁先王之所厚者此聖人之孝也蓋先王之所以貽後人者甚備也既承其所貽矣而於其所厚者豈容有所薄哉中庸論武王周公之孝既詳其所制之禮而又結之如此謂夫聖人之孝繼述爲大繼述之善愛敬爲先彼負扆而朝卓乎大觀之在上嚮明而治巍乎飛龍之在天人見聖人踐天子之位矣不知垂創本于先王而我則纘其緒者也所踐者非先王之位而何郊社禘嘗而禮無不具與天地同其節雲咸韶濩而樂無不備與天地同其□□□聖人用天子之禮樂矣不知制作出於□□而我則紹其傳者也其所行者非先王之□所奏者非先王之樂而何若夫先王之所尊□祖考也吾獨弛其所尊可乎於是致孝享於假廟之時嚴對越於昭格之頃修廟陳器而報本追遠之意不少衰焉設□薦食而尊祖敬宗之禮不少替焉是則先王雖往而其尊尊之義□與之而俱往矣先王之所親者子孫臣庶也□獨遺其所親可乎於是惇親睦之情於九族隆手足之愛於群工序爵序事而禮敬之施無不備焉逮賤序齒而恩義之推無不周焉是則先王雖遠而其親親之惠不與之而俱遠矣位也禮也樂也先王之所貽者自我承之至於尊也親也先王之所厚者我則篤之而不敢薄焉則其繼述之善也爲何如哉此武王周公所以爲孝之至歟嗟夫人之情所賴乎其後者無貴賤無大小欲其有所繼述而已故繼志述事謂之達孝然而克盡其道者其惟聖人乎故特舉而加之武王周公仁人爲能饗帝孝子爲能饗親知其説則事天之道亦不外是矣

人皆有所不忍達之於其所忍仁也人皆有所不爲達之於其所爲義也

吴淮

同考試官教諭趙批（諸卷於達處多以充字破講殊戾本旨此篇以推字立説深得孟子立言之意且措詞簡當而文采蔚然蓋嘗用心於求仁義者宜在所録）

考試官右諭德李批（孟義不難作然明切如此篇者場中亦不多得也）

考試官侍讀學士汪批（孟子開口説仁義平實如此而作義者類失之推衍泛濫此篇精密有條可以觀矣）

大賢言人能推其所有則仁義在是矣蓋不忍不爲仁義之端人之所必有也苟能自此而推之則仁義豈外是哉昔孟子之意以爲人知仁義之難全而不知求之爲至易在識其端而推□之耳是故惻隱形於見聞所及孰無不忍之心乎不忍者仁之端宜念念之皆仁矣然或拘於氣禀之偏奪於物欲之蔽而於他事有忍之者心雖暫忍而其本然之天猶夫故也于焉驗所感之不殊思所發之頓异推不忍而達之於所忍使所忍者亦不忍焉則一心之内渾然天理之周流情得其正而慈惠無窮何往而非仁邪羞惡著於行己之際孰無不爲之心乎不爲者義之端宜事事之皆義矣然或局於禀賦之凡移於私邪之誘而於他事有爲之者事雖暫爲而其全體之正未嘗息也于焉審事理之無二思從違之罔同推不爲而達之於所爲俾所爲者亦不爲焉則萬感之間粹然天德之呈露心得其職而愧耻常存何往而非義邪是則仁義之用甚廣而其端之推也其易如此人亦何憚而不爲哉嗟夫戰國之時上下馳騖於功利知所謂仁義者鮮矣矧能擴而充之邪孟子七篇之作拳拳於四端之論而此章指言仁義之端尤爲明切下文又獨以義反復言之蓋□之不仁非義害之也非義絶□後仁可存□□道人欲而存天理孟子之功不在禹下者其此類也夫

易

大觀在上順而巽中正以觀天下

吴淮

同考試官教諭趙批（中正雖指九五其實德也作者不察俱以道言則非亦認理真切而措詞雅實者無逾此篇録之以釋群疑）

考試官右諭德李批（典重不浮是之取爾）

考試官侍讀學士汪批（簡而明是作易義法）

爲觀于上而德足以副其觀此觀之所由名也蓋觀之爲道不徒以其位而貴有其德也即卦之所具者而觀之則觀之爲觀徒可知矣彖傳以卦之體德釋卦名義如此意謂坤巽合體卦名曰觀伏羲義豈無所取邪誠以卦體九五一陽在上四陰仰而觀之則是人君出震繼離興□於大寶群黎百姓頼之以安養以一人而撫萬邦也握乾□坤端拱於南面九州八荒藉之以統治以四海而仰一人也其位固足以爲觀矣然使德有未備何以副海内之望邪卦德内坤外巽爲順而巽是乃積於中者有從容和順之美施於外者無驕矜

凌厲之失温柔寬裕粹乎可親其所以爲人之利見者蓋不獨其位之尊矣五居上之中得陽之正是乃無過不及而建中于民不偏不倚而表正于下齊莊中正儼然可像其所以爲人之瞻仰者蓋不但其勢之崇矣是則位足觀也而必本於德德能觀也而實資於位卦之德位兼隆如此名之爲觀良有以哉抑伏羲名卦之義可謂精且盡矣文王繫辭又有所謂盥而不薦有孚顒若者何邪蓋君者民之表一身之小而四方刑焉使輕於自用則於觀之道有歉臣下將何所儀法哉此所以必貴乎有始盥之誠而後觀之道可庶幾也噫□心翼翼萬邦作孚文王其殆以心易而明易書之易也歟

君子上交下諂下交不瀆其知幾乎

王守

同考試官教諭趙批（不諂不瀆夫人能言之至知幾處則寂寥數語豈幾微未易形容邪此篇獨能發揮是可以占子之藴矣）

考試官右諭德李批（講知幾處與人异）

考試官侍讀學士汪批（得旨）

大傳即君子交際之審著君子見幾之明蓋交際之間幾之所寓也非君子見之之明抑安能審所處之各當哉大傳釋豫六二爻義如此且天下之事未嘗無幾而見幾之明則唯君子盍於交際觀之乎是故人之所與其交不能無在上者也上交不諂者鮮矣君子於趨承之間唯持當行之禮雖曰秪畏之克盡而大節之罔虧貌當恭也不足恭以取容言當遜也不甘臨以希悦未嘗至於諂焉人之所接其交不能無在下者也下交不瀆者寡矣君子於接引之際常存禮遇之心雖曰詞色之是假而禮貌之不衰敬之如賓而簡傲不事也待如長者而惰慢不施也未嘗至於瀆焉若是者不其知幾乎蓋上交貴恭遜恭遜一形而不加察焉諂斯至矣事在毫忽之間而得失所由分也今於易流之地乃有特立不移之節非其明炳幾先而燭理之微者安能不諂邪下交貴和易和易一生而不知省焉瀆斯蹈矣心在擬議之頃而當否所由判也今於可忽之時不失當然不易之則非其聰明先物而見事幾之審者安能不瀆邪是則一交際之間而能知幾若此所貴於君子者有如是夫抑幾之爲説其義廣矣周子曰幾善惡又曰誠神幾夫子乃獨以交際言之何邪蓋事之最近而幾之易忽者莫如交際苟于斯審焉則餘可以類推矣然非有安静之德則亦莫之能也故曰介于石不終日貞吉有事于知幾者當自謹德始

書

禹曰都帝慎乃在位帝曰俞

曹珂

同考試官教諭陰批（通場多以蔡傳一日一念不謹等語於首句業已先入則講俞字少味此卷甚有格力脱去雕麗虞廷明良氣象形容殆盡噫南畿士如子吾知指亦不可多屈也置之高列允愜輿論）

同考試官教授趙批（有虞君臣保治之心均爲切至此禹曰都而舜即俞之捷如影響此篇模寫得出且詞氣春容可以想見虞廷氣象讀之令人躍然起敬）

考試官右諭德李批（言約而意該）

考試官侍讀學士汪批（有發明）

大臣有陳而舉其要聖君有感而契之深蓋君道莫要於慎位也大臣特舉以爲言而聖君然之其君臣之相契也一何至哉昔大禹欲陳謨於帝舜而必先之以都所以嘆其美也繼而曰帝所以起其聽也於是謂夫高居九五而對越乎上天若可逸也然去留無常天命之難諶□此位也豈可以不謹乎端拱穆清而撫臨乎兆庶若可肆也然從違靡定而民心之難保者此位也豈可以不慎乎地平天成已治矣而制治于未亂者一念不可以自遑焉民給邦乂已安矣而保邦于未危者一日不容以少間焉於是帝舜一聞于耳即契于心而應之曰俞蓋以非常之位則有非常之責而我實其任之汝之言其我之龜鑒乎無疆之休亦有無疆之恤而我無以堪之汝之謨其我之藥石乎一念不謹則四海之憂以貽慎位之戒制治之良圖也一日不謹則千百年之患以致慎位之制保邦之要道也吁虞廷君臣都俞一堂之上而其所言者不出於此是亦可以爲鑒矣嗟夫天下重器也聖人無所不用其慎而況於臨天下乎禹以慎位陳謨而復推其説曰安汝止惟幾惟康必嚴諸一心之微而後已厥後舜禪禹而命之曰慎乃有位敬修其可願與禹蓋一説也其道同故□言同聞人之言若出於己都俞氣象猶可想見於千載之下嗚呼希矣

我聞吉人爲善惟日不足

潘潢

同考試官教諭陰批（周書一題士子類能言之第不拘則泛鮮可人意澹而腴簡而明無逾此作刻之以示遺理致而崇浮豔者）

同考試官教授趙批（惟日不足最難發揮此篇文從理順明白簡當出

人意表其邃於經學者歟）

考試官右諭德李批（明健可録）

考試官侍讀學士汪批（其詞達）

爲所當爲而勇於有爲惟君子然也蓋人之所當爲者善而已君子爲所當爲而無自足之心焉其勇於有爲也何如哉武王誓師將言紂力行無度而先以古人之語發之其意蓋謂在人有吉凶之稱以所爲有善惡之异彼吉人也知善之在我無一之不備也凡存於其心見於其行者惟恐不合於天理知善之及人無一而可□也凡發於其政見於其事者惟恐不當乎人心非仁無居非義無行形於一身皆天下之度□無賢不親有罪必斥垂於後世皆永久之圖也其爲善也如此豈容有自足之心哉是故夙而興夜而寐凡分之所當爲者靡不盡也而心猶不敢以自慰晝有爲宵有得凡力之所能及者無不周也而意猶不敢以自慊仁未能存歟義未能徒歟而日月之逾邁若弗云來也賢未及舉歟邪未及遠歟而歲月之遷逝若不我與也夫爲善而惟日不足則其善也寧有既哉非吉人其孰能與於此大抵陰陽晝夜每每相反吉人之於善猶凶人之於惡也吉凶其所致者而遂以目其人古人垂訓之意不其至哉彼凶人者移其惟日不足之心轉而之善則亦孰能禦之故曰惟狂克念作聖惜乎紂不足以語此而孟津之師有不容己者可慨也夫

詩

有馮有翼有孝有德以引以翼豈弟君子四方爲則

殷輅

同考試官教諭緒批（召公矢音其忠盛矣子乃能得其心于千載之上卷阿氣象宛然在目且文詞雅贍詩卷中之最優者）

同考試官教諭劉批（正而葩者詩也場中士子多涉浮靡所謂正者亡之而葩亦非其葩矣此作純正詳雅自性情上寫出非有抱負者不能宜録以式）

考試官右諭德李批（諷而不激得詩人之意）

考試官侍讀學士汪批（老臣忠愛之情備見言表）

人君得賢以自輔則可爲法於天下矣蓋人君之德需賢以成也苟能得賢以自輔焉則天下豈不以之爲法哉昔召康公從成王游於卷阿之上作詩以戒之至此謂夫王之能游固有以享壽考福禄之盛矣然致此豈無其由邪是故思皇多士生此王國忠信誠慤挺乎國之貞幹而爲王之可依者獨無其人乎直諒端方凛乎□之拂士而爲王之可輔者豈無其人乎能事□親之謂孝天倫克盡而爲宗族所稱又有所謂能孝者矣得於己者之謂德善體諸身

而爲國人所賢又有所謂有德者矣以斯人也使之立于王朝導之於前不惟能陳善閉邪而醇德懿行自有薰陶漸染之益俾之居于王所相厥左右不惟能忠告善道而容色聞望自有潛移默化之功由是王之性日進於高明而厥德爲之允修王之心日歸於廣遠而其身以之克正凡我黎民瞻王之度者自然取法之不遑群黎百姓仰王之儀者翕然是效之恐後遠之有望近之不厭慕豈弟之風者合遠近而一轍何也王之善集衆人之善也在彼無惡在此無射企樂易之休者齊彼此於一揆何也衆人之賢爲王之賢也夫然則天位可以居之而無忝天禄可以受之於無窮而王之游日益休矣得賢之助如此奭敢不以爲吾王陳哉嗟夫太和極治之時正上下交警之地以虞廷之盛而有皋陶之賡歌古之人所以慎乎其微者蓋未嘗少忽也成王以幼冲之年承文武之緒當卷阿之游召公不乘間以規何取於師保之任邪故上章既以福禄歆動於前而此後又以人才之盛告之其開導誘掖之者至矣厥後成王任賢使能卒爲有周之令主謂非有得於召公之戒可乎

天命降監下民有嚴不僭不濫不敢怠遑命于下國封建厥福

張鳳來

同考試官教諭緒批（商人頌高宗中興之由總在不僭不濫一句作者不知歸宿冗泛可厭有典有則若此篇者可多得邪）

同考試官教諭劉批（題本冠冕作者類能成篇至於高宗所以合天人而一之處殊欠提掇觀此篇可以見大方家矣）

考試官右諭德李批（頌義貴□□此篇獨得其肯綮蓋善於説詩者）

考試官侍讀學士汪批（亦善言天人之際者）

知天之不能外乎民則知聖人之所以得□□蓋天因於民得民斯得天矣然則高宗受□□之隆者豈無自而然哉此商人祀高宗之樂□謂我高宗之中興也外服遠夷内懷諸夏天實命之而致此者豈無其道乎誠以仰瞻彼天蒼蒼之表有予有奪而每鑒觀乎萬方者非自用其聰明也惟我是托焉耳冥冥之中有禍有福而每照臨乎下土者非自役其視聽也惟民是寄焉耳是則俯視斯民其微若可忽矣而天實在焉可忽之而不敬乎其近若可狎矣而天實寓焉可狎之而不畏乎我高宗知其然賞一人也必民心之所共好奉天之命何有於僭差然尤不敢以自怠焉罰一人也必民心之所共惡致天之討何有於濫及然尤不敢以自遑焉由是克享天心集此大命合人心於已離而天下爲之大定保佑之命方申而無窮也振王綱於既墜而商業爲之再興隆

昌之運自是其有永也謂之大建厥福信乎其福之無以加矣吁上□因民以爲命而高宗因民以得天天人之際其微矣哉抑考周公作立政以戒成王曰其克詰爾戎兵以覲耿光而揚大烈武之不可以已也如是況中興之若繼衰亂之後未有不以武德勝者若殷之高宗周之宣王是已然詩頌高宗之功而卒歸之於不僭不濫之一言則其所以用武者亦必有道矣後世徒以窮黷爲事者其未可輕以藉口哉

春秋

公會齊人宋人陳人蔡人伐衛（莊公五年）王人子突救衛（莊公六年）

謝應龍

同考試官教諭魏批（春秋義貴謹嚴此篇予奪明白而鋒穎森然視他卷瞠乎其後矣）

考試官右諭德李批（春秋變例非聖人莫能裁於是作見之）

考試官侍讀學士汪批（得謹嚴體）

諸侯黨惡春秋削爵以致貶王臣恤患春秋稱□以致褒此可見聖人予奪之公不以諸侯之貢而少徇不以王人之卑而有遺也且春秋何爲而作也爲正名分而作也爲正名分而作則尊卑之叙宜無所苟矣魯莊公即位之五年嘗會齊宋陳蔡之君以伐衛四國諸侯也聖人書經侯之公之可也乃各以人稱何邪蓋衛朔以麀聚之孽構二兄之禍簒居其位而見逐於國人出奔於外而獲罪於天子是嘗以王命絶之矣魯力不能誅遠之可也今乃連四國之師爲納朔之舉興兵動衆肆意於抗王拂義亂常甘心於黨惡天理絶而人心亡故聖人於四國各削其爵以稱人人諸侯所以人莊公也其義何嚴乎明年王人子突救衛子突下士也聖人書經人之名之可也乃獨以字稱何邪蓋黔牟之立出於天王之命諸侯無故興師而欲墟其國納亡助虐而敢放於周是蓋天討之所必加矣子突雖微王命所能申也于是提一旅之師赫然爲救亂之舉誅逆朔之惡而宗社是圖摧五國之兵而王法是正功雖不就而志則可尚故聖人特變其例以書字嘉王人所以嘉王命也其義何精乎是則黨惡之戒明則世無背公之臣恤患之功録則人有赴義之志聖人垂訓立教之意其深矣哉抑不特是朔之復國書名書入莊公歸魯書至春秋大義在於天下爲公選賢與能而不拘大人世及之禮雖以正取國猶未之貴況殺其兄又逆天王之命者乎是以前後書法皆以著朔之惡凛乎斧鉞之誅而有不容逭者儒先謂春秋非聖人不能作信夫

公會齊侯宋公鄭伯曹伯邾人于檉（僖公元年）齊侯宋公江人黄人會于陽穀（僖公三年）遂伐楚次于陘　楚屈完來盟于師盟于召陵（僖公四年）

楊春芳

同考試官教諭魏批（念深禮謹乃齊桓安攘之善子發明之於筆端恍若桓仲商謀於其間者焉閲之令人躍如有是哉子之奇也）

考試官右諭德李批（事核而慮周得傳意）

考試官侍讀學士汪批（趣完詞健非稚筆可到）

春秋有予於伯國其制外也有謀其服外也有禮甚矣楚之未易帖也自非桓仲制之有謀而服之有禮其何以成攘外之功哉僖公之初楚始書人浸强也幸而齊桓主伯管仲佐之君臣合謀力以遏楚夫伯圖方新何往不利桓仲意以楚勢方盛難以直搗念苟不深則不足以語好謀而成者於是乎大會于檉勤鄭人之救以□中國之威再會陽穀結江黄之心以懷遠國之信□豈不欲遂逞哉蓋威未振則不足以褫其尚往之志遠不交則不足以奪其右援之力是故檉大會焉陽穀再會焉則厚集者可舉而掎角者可恃矣其念之深至於如此楚將謂吾中國之有備而不容以輕肆其力也如之何其敢抗此桓仲之才識優於制楚者不亦可取乎夫伯謀既定何功不克桓仲又以楚勢可屈猶慮有變禮苟不謹則不足以語臨事而懼者□□諸侯伐楚而特次于陘將以修文告之詞屈□惠來而退舍召陵用以結會盟之禮桓豈不欲大逞哉蓋以吾之詞未修則不足以懾其服罪之誠吾之禮不結則不足以慰其服義之懇是故于陘次焉召陵盟焉則名義伸於我而反側安於彼矣其禮之謹至於如此楚將謂吾中國之有交而不容以不安於陋也如之何其不服此桓仲之才識優於服楚者不亦可取乎雖然使其存此心以進善則桓可以王而管氏爲王佐矣召陵以後執伐於陳者紛紛焉志驕意滿不能上進君子於此蓋深惜其器重之不足云

禮記

知爲人子然後可以爲人父知爲人臣然後可以爲人君知事人然後能使人

吴廷翰

同考試官學正唐批（題本平易甚有關涉場中作者不腐則冗此篇寫出豫教之意冲澹中自有不盡之味烏乎不録）

考試官右諭德李批（交有締構非苟作者）

考試官侍讀學士汪批（體貼精緻）

□所以承乎上斯可以臨乎下矣蓋上下各有其道然下難而上易也自非嘗爲其難亦何以能盡道於上哉今夫人之相與而欲盡其道者亦奚以他求爲哉於己取之而已矣彼内則父子所主者恩也吾爲人子凡職之所當盡者既竭其力而所願於其父者蓋有在矣於是而爲人之父則所求乎子者不遠於我而得之將見幾諫之誠發而爲義方之訓定省之禮形而爲顧復之恩父道有不盡乎外則君臣所主者義也吾爲人臣而凡分之所當爲者既效其誠而所賴乎其君者蓋有在矣於是而爲人之君則所求乎臣者不遠於我而得之匡救之忠轉而爲從諫之聖將順之敬發而爲委任之專君道有不盡乎至若以少事長倫不可廢也吾能畢己而事人小心而畏義知事人之難也於是□□□□役于我則所求乎人者又豈遠於我而□□哉是必隨器而使不責其所不能因材而□不强其所不及使人之道有不盡乎吁道盡於下而後可以爲人上如此則夫欲善世子者其教豈有要於斯哉大抵天下之事豫則立不豫則廢教世子爲天下之豫也蚤諭教教世子之豫也然則子其父之豫臣其君之豫少其長之豫乎周公相成王抗世子法於伯禽欲令知父子君臣長幼之義而記者有發於此其知聖人之用豫矣吁旨哉

臣儀行不重辭不援其所不及不煩其所不知則君不勞矣

盧淮

同考試官學正唐批（它卷講君不勞處不泛則鑒義理精當而語意明潔者無如此篇刻之以式夫讀禮者）

考試官右諭德李批（文以足言可取）

考試官侍讀學士汪批（能悉見可而進之義）

人臣知所以事君則君逸於上矣蓋人臣事君之道在乎忠也忠則易知而君有不逸者哉緇衣載孔子之言如此謂夫下難知則君長勞固矣誠使爲人臣者道積厥躬而形於外者公正不頗偉然德行之可尊善有諸己而見諸事者純明有執凝然丰範之可則容色足以消其逸志而所以正乎其君者不規規於諫諍之間聞望足以弭其邪心而所以匡乎其上者不拘拘於言詞之末君之力所能及也則因其所及者而輔之不擾其所不及而强之使從君之智所能知也則就其所知者而導之不煩其所不知而勉之使聽夫然則凡有所行者行無僞行睹之而易知凡有所言者言無虚言聆之而可信心有感通之誠事無捍格之患謨無不明弼無不諧展轉反覆所以疑乎其臣者可無矣

政有可托安然其自適也諫焉而行言焉而聽疲神焦思所以憂乎其治者可免矣臣有可憑□然其自遂也夫君不勞由於臣之易知如此然則欲逸其君者可不知所從事哉大抵臣之於君堂陛之分嚴而上下之情易以疏苟非忠信誠慤之臣秉直諒忠貞之節則猜嫌猬生君鮮有不勞於上者古之人若伊尹之於太甲周公之於成王可謂能盡是道者後世乃取辦於頰舌之間亦末矣易曰有孚在道噫必如是而後無愧於臣道哉

第二場

論

君子和而不同

潘潢

同考試官教諭陰批（此卷筆勢渾浩流轉沛若江河曲折變化頃刻萬狀而□趨於海不失故道觀此作可見低頭東野之拜吾當爲子望風而先矣）

同考試官教授趙批（和同二字最難發昧者肆筆成篇漫無歸着稍加認理又窘束不前此篇起伏□□波瀾橫溢而理致有餘讀之令人爽然自失南畿固多士敢有先子者乎）

考試官右諭德李批（述經叙理曰論豈容概以浮詞敷衍簡而盡直而不肆如此作者决非時文之士所能到也）

考試官侍讀學士汪批（此卷初場文義精到特然迥出及得此論快讀數過猶天馬行空不施控馭而步驟不凡疾徐中度意所欲往無不能達似非止南畿之奇才而已擢冠多士當愜輿論）

君子之處人也有道亦惟不以己與之而已夫人亦我也我亦人也人我一致廓然大公而惟理是視夫安往而不和是故以之爲己則順而祥以之爲人則愛而周以之爲天下國家則無所處而不得其當嗚呼此和也非同也彼以己與之者知有己而已以人而狥己曰彼於我有合也以己而附人曰我於彼有合也其意自以爲和之道在是矣然而曰同可也曰和不可也君子和而不同聖人之辨嚴矣哉且和同之名何始乎書曰同寅協恭和衷哉禮曰樂文同則上下和和同之名立而未始分也自晏子遄臺之對始有其辨矣曰五味之相濟五聲之相成和也以水濟水而不可食琴瑟之專一而不可聽者同也其説幾矣然而未盡也夫天下之情萬殊理則一而已君子求同於理而不求同於人之情是故天下有公是焉人之所是君子亦是之天下有公非焉人之所非君子亦非之吾何异於人哉可謂和矣而非同也彼人之所同是者或未

當於理歟君子以一人而非天下之所是者有之矣人之所同非者或未當於理歟君子以一人而是天下之所非者亦有之矣非求异於人也求同於理而不求同於人之情耳亦何害其爲和哉君子之不求同於人之情者非獨於人爲然也於己亦然是故聖人之喜以物之當喜聖人之怒以物之當怒不以己爲喜怒也堯老而舜禪不敢用其私愛也鯀殛而禹興不敢用其私怨也夫惟不以己也而後能用其情非情也理也聖人以其情而爲和常人以其情而爲同此無他公私□□□□矣□小人烏足以及此所比則爲同所惡則爲异以一己之好惡帥天下以一己之同异爲是非彼視理爲何物是烏得而和哉君子以其一心之和布而爲天下之和施於其家則父子親兄弟宜而孝弟之實著焉施於其鄉則長幼序鄰里睦而任恤之行成焉施于朝廷上大夫則誾誾下大夫則侃侃同列則濟濟而禮讓之風行焉日月之所以明江河之所以流者此和也天地之所以變化草木之所以蕃育者此和也彼徒知以同爲和者視此何如哉易曰同人于野亨又曰同人于宗吝君子之和于野之同也小人之同于宗之同也雖同爲同而其所以爲同者不同公私之間而已矣大抵天理人欲同行异情愛人一也君子爲周小人爲比自樂一也君子爲泰小人爲驕與人一也君子爲和小人爲同世之儒者未嘗從事於克己之學而每竊其近似以自名而不自知其卒陷于小人之歸也可不戒哉

表

擬唐新定大唐雅樂成群臣賀表（貞觀二年）

吴廷翰

同考試官學正唐批（表場巧者事尖新誇者聘浮泛體裁失矣莊重典則寓理道於駢儷此作得之）

考試官右諭德李批（鏗鏘中律雅樂表不當如是邪）

考試官侍讀學士汪批（贍麗有體庶乎大雅之作）

貞觀二年某月某日臣等伏睹新定大唐雅樂成者臣等誠歡誠忭稽首頓首上言伏以聖德配兩儀丕顯文明之化天王大一統聿宏制作之施矧治功之既成宜聲音之是正神人胥暢海宇均歡臣等竊惟雅樂義本諸天道關于政情發有喜□□樂之异物感有噍殺嘽緩之殊聲相□而變生變成方而音著聖人博采風俗□比律聲流動精神消融邪穢表萬物之理動四氣之和舜制簫韶斯道大闡奏極九變鳳凰來儀克諧八音百獸率舞嗣是以後代有作興雖義意之相因各名稱之不襲莫不事與時并名與功偕慨三代之既還遭嬴秦之絶學王風載熄聲器斯淪漢魏繼興亦勤修制芝房寶鼎之什昭武

正世之歌雖曰徒事鏗鏘猶知希踪雅頌及夫晋季大雅云亡陳競後庭詞流侈靡齊倡伴侣人事淫哇秖以導欲增悲安能移風易俗隋常厘正訖無成功蓋分裂之既深宜中和之難復是不能不有待于今日也欽惟□□□□德性夙成聰明天授民安物阜協氣薰洽于兩間治盛功隆化澤涵濡于九有聲爲律而身爲度導斯行而動斯和七政光華三靈太定擴齊宣之好樂陋漢文之未遑鋭意典章留心禮樂上承先皇之志下簡侍從之臣寛以歲時俾其考定臣孝孫準十二月以爲旋宫之法臣文收協十二律而調五鍾之聲因變宫爲清宫緣變徵爲正徵取法于歲定名曰和曲有四十八更調凡八十四節始終相禪大小咸明宫重商輕君臣之分以顯羽清徵濁事物之用斯彰八風從律而不奸五色成文而不亂盡善盡美纍纍然若貫珠純如皦如洋洋乎其盈耳一洗齊梁之習盡消吴楚之風薦之郊廟而神鬼歆施之朝廷而天人應一朝之典有在百王之制無逾昔孔子耳聞于齊不知肉味况臣等□擊其盛敢忘德音沉酣大化之中莫罄名言之妙伏願審音以知樂致樂以治心心和則氣和成四海無爲之化今樂猶古樂同三代有道之長天地位而一人安陰陽和而萬物育臣等無任瞻天仰聖激切屏營之至謹奉表稱賀以聞

第三場

策（五道）

第一問

潘潢

同考試官教諭陰批（聖製一策士子類能揄揚然多泛略獨是篇隨問而答極其形容詞與事稱結末歸重於吾聖祖心學尤見卓識洋洋董賈之文吾尚有望於大廷之對）

同考試官教授趙批（我聖祖功業文章可以比隆唐虞三代之盛士子類能言之然不免掛一漏萬獨此條答詳明如指諸掌其得於涵濡聖化之深者歟）

考試官右諭德李批（我聖祖創業垂統夐出千古置漢於不論者政有所在子既能言之且文詞古雅才識不群得士如此可以復上命矣）

考試官侍讀學士汪批（五策皆善答有故實有議論而於我聖祖功德之盛能以雄詞健筆鋪張無遺尤見學識特録此以例其余）

嘗謂聖人之德無方而聖人之用有迹無方者難名而有迹者易見善觀

聖人者因其可見以名其不可名則庶乎得其髣髴矣孔子曰巍巍乎唯天爲大唯堯則之又曰巍巍乎其有成功焕乎其有文章蓋成功文章不足以盡堯猶日月星辰不足以盡天而善觀堯與天者於此亦可以見其大知此則我聖祖平定之偉績與夫垂創之宏規經緯之大訓皆有可言者矣請因明問而對揚之三代而下説者謂漢高帝得天下爲最正蓋以其誅無道秦討逆賊羽而寬仁大度又足以開四百年之基但大綱雖正猶不免於萬目之遺倡義有名特假爲執言之具他如馬上之習終身不改挾書之律再世始除至其子孫自甘於雜伯之陋夫以開基之初而其規模之所貽者如此尚何望於繼體守成之嗣主哉洪惟我太祖高皇帝以神聖之資當貞元之會應天順人變夷用夏滌開闢所未有之污復帝王所自立之地興王起事固已軼迹湯武矣至其經營規畫而見於聖政者又足以爲萬世之法程姑舉其大者言之若作諸司職掌以定職官之名更定大明律以正條格之濫尊號未上也而宗社先建戎務方殷也而學校即設蓋凡聖政之見於天下者本末兼該巨細畢舉固有不可以一二數者要皆以爲叙彛倫明禮義之本使綱常已淪而復正九法既斁而復舉其規模之宏遠固已比隆於唐虞三代而區區之漢尚何足較論哉至其發詞垂訓或見於議論或宣於詔令或筆諸著述一言一義炳若六經如講家人之卦則有以闡誠實威嚴之道而羲文之藴以明注洪範之篇則有以發皇極彛倫之秘而箕武之疇以顯開天一詔即春秋内夏外夷之森嚴也大誥三編即周誥殷盤之温厚也他如論禮樂則曰禮以道敬樂以宣和不敬不和何以爲治斯言也雖有子之論禮樂無以過之論學校則曰爲治之要教化爲先教化之道學校爲本斯言也雖孟子之論王政無以易之論前代興亡之事則曰喪亂之源由於驕佚論方今輿地之廣則曰地廣民衆正當戒懼是又兢兢業業惟時惟幾之戒也至謂帝王之治莫盛於堯舜觀其授受惟在一中又曰人君一心治化之本存於中者無堯舜之心而欲施於政者有堯舜之治決不可得也大哉皇言乎雖唐虞神聖之傳咨爾丁寧之命不過如此足以仰見聖人心法之妙上繼數千百載不傳之緒矣夫以心法之妙既有以續神聖之傳則所存者莫非二帝三王之心是以言則爲經即二帝三王之言動則爲憲即二帝三王之政而垂諸聖子神孫之繼述者莫非二帝三王之治矣□也徒見百物之生而不知化工之所以□徒見容光之必照而不知日月之所以□徒見□祖之所立者有邁古之迹而其無方之妙用蓋未能仰窺其萬一也惟執事進而教之幸甚

第二問

張鳳來

同考試官教諭緒批（紀綱之要在審好惡明賞罰荀朱之言未始有二也子能言之其見審矣且文氣昌大有一瀉千里之勢策場之翹楚也高薦允宜）

同考試官教諭劉批（策有經緯酌古準今皆可見諸行事匪徒浩博而已昔人謂識時務者在俊傑子豈其人邪）

考試官右諭德李批（該洽之學適治之才俱於論對間見之體用之士也視練治而寡文工文而疏治者异矣）

考試官侍讀學士汪批（古今論治不出於此子能悉之可以占他日之用矣□□□□□□□□□□宜冠本房）

維天下之勢存乎法持天下之法存乎人甚矣天下之大也非法以維之則無以一衆心統萬事而將有涣散潰亂之憂有其法而無人以持之則徒法不能以自行抑何以收治平之效也哉紀綱者維天下之法也而常藉于人人君者主天下之治也而必資于法有其法而又有人以持之則治之成也無難矣請試陳之紀綱之説其來尚矣見於五子之歌咏於棫樸假樂之詩一家有一家之紀綱一國有一國之紀綱天下有天下之紀綱存之則治失之則亂如天之有日月星辰地之有山岳河海所以經緯乎上下不可一日而亡者也韓愈氏曰善醫者不視人之肥瘠察其脉之病否而已矣善計天下者不視天下之安危察其紀綱之理亂而已矣嗚呼紀綱之理亂而天下安危隨之然則有國者可忽乎哉古之君天下者若漢宣帝綜核名實信賞必罰紀綱一振是以成中興之美夫何孝元以降政令浸衰貂璫放恣外戚專柄延及哀平疏斥英良而紀綱敝矣非紀綱之敝也有所以敝乎紀綱者也唐太宗刻勵矯揉萬日畢舉紀綱一布是以躋貞觀之治夫何肅代以後政尚姑息舉措失當藩鎮不庭至于懿宗堂陛陵夷而紀綱壞矣非紀綱之壞也有所以壞夫紀綱者也宋太宗沉謀英斷考功慎刑其紀綱可謂過于近古子孫雖世守之可也夫何神宗狹小制度妄意紛更任用匪人新法一行海内騷動卒遺靖康之禍紀綱非不振也失其所以振之之道也國之微也安足怪乎洪惟我太祖高皇帝天授聖神奄有海宇懲胡元之亂紀綱之立兼統百王慶賞刑威之布禮樂法度之施自輦轂以及海徼由王公以逮甿庶事爲之制人爲之防可謂至精至密而無以復加矣百五十年來人知法守海内晏然俗美風醇臻于至治有由然矣承平既久人懷玩愒法弛弊生執事謂紀綱有失其舊者愚不敢謂其無也昔荀悦著申鑒論政治之術有曰先屏四患乃崇五政所謂四患者一曰僞二曰

私三曰放四曰奢五政者興農桑以養其性審好惡以正其俗宣文教以彰其化立武備以乘其威明賞罰以統其法悦之意以爲僞亂俗私壞法放越軌私敗制四患不除則五政不行故亟去之去之誠是矣愚則以爲紀綱風俗相因者也紀綱弛于上斯風俗敝于下四患風俗也五政紀綱也能行五政則四患自除而何先後之云朱子謂綱紀在於辨賢否以定上下之分核功罪以公賞罰之施固悦審好惡明賞罰之説也自今觀之孰有要于二者乎蓋好惡審則聽言責事舉名察實善無不顯惡無不彰而民志平矣賞罰公則賞不僭刑不濫善知所勸惡知所懲而國法立矣由是農桑可興文教可宣武備可立紀綱振而民風善尚何政治之不成邪雖然朱子又嘗言之矣紀綱之所以振則以宰執秉持而不敢失臺諫補察而無所私人主又以大公至正之心恭己于上而照臨之愚之所謂存乎人者此也執事倘于經幄一陳焉則所以復祖宗之舊而臻至治之風者在是矣豈非宗社無疆之休哉

第三問

吴淮

同考試官教諭趙批（經與史本一道此策歷歷能言且於治經作史者之得失剖析明備非胸中會經史於一貫者不能噫脱穎而出者子其人乎）

考試官右諭德李批（此卷初二場已知其□□□策皆沉着藴藉不事馳騖經史一對尤爲精純佳士也□華崇實者惡得而弗録）

考試官侍讀學士汪批（此卷三場粹然一出于正而金玉之光自有不可掩者其所養厚矣策末數語自負亦良不淺佳士佳士）

論經史於未分之前而天下之學一論經史於既分之後而天下之學二蓋古者寓史於經而經史之名未立經史之名立而二者始分矣此古之學者所以出於一而後之學者不免岐而二之歟執事發策京闈而舉此以下詢承學此正愚生朝夕之所講習今日之所抱負而來試者也其敢無辭以對蓋經以載道史以載事昔人嘗有是言矣然天下未嘗有道外之事而經即史也亦未嘗有事外之道而史亦經也二者固未始不合而一也孔子因魯史以作春秋與易書詩禮樂并爲□□□□□子謂聖人述史三焉其述書也帝王之制備故索焉而皆獲其述詩也興衰之由顯故究焉而皆得其述春秋也邪正之迹明故考焉而皆當此三者同出於史而不可雜也故聖人分焉蓋以尚書紀言春秋紀事而詩明得失之故雖均爲史而其體有三者之异故曰不可雜者此也是固然矣然而書者二帝三王之史也詩者周與列國之史也春秋者東遷以降列侯五伯之史也是其紀載之迹又有不同者焉斯時也固未嘗有經

史之名而亦安有所謂經史之學哉故劉歆叙七略王儉撰七志史記以下皆附春秋蓋亦不爲無見是則漢魏以前經史猶未分也其後荀勖分四部史記舊事入丙部阮孝緒七録經典録六藝紀傳録史傳而經與史至是始分矣後之以學名者遂有二者之异若王安石以經學稱司馬光以史學著是以三經字義作於介甫而通鑒編年成於温公豈非各因其學之所長以自見歟然王雖以經學稱而所行亦何得於經假周官經世之名以文管商功利之術而又擯斥忠讜引用凶邪卒以開宣和之釁宋之不競議者至今有遺憾焉司馬雖以史學著而所得不專在於史吾觀其平生所行不外一誠救焚拯溺勞瘁不懈卒成元祐之治宋之不遽亡識者以爲猶有賴焉則其人品之高下又豈待較而明哉執事又欲聞諸生之所得者晚生末學豈足以及此然竊嘗聞之善學者必本之經以究作史之原參之史以廣明經之用使考事者必據經以爲之權衡窮理者必觀史以驗其實迹則經學不失之迂而史學不失之陋矣愚也有志願學而未能方趨下風而有請焉執事以爲何如

第四問

楊春芳

同考試官教諭魏批（經術節義策場中士子博者失於斷制佚者拘於所聞是篇識見卓偉抑揚予奪曲中事理且歸重於節義而又要以至當之論子殆經術中之有節義者歟）

考試官右諭德李批（評騭兩漢諸子得失皆爲確論蓋有得於春秋之學者是可以知子之所嚮矣）

考試官侍讀學士汪批（此卷前二場超然不群策皆善答而此篇尤贍整有條其學識之最優者乎）

談經者貴有明道之功勵節者貴能見幾之審見道不明則誦説雖勤徒事占畢而無益于實用知幾不審則忠憤雖切徒騰論議而無補于國家持此可以論兩漢之士矣請條陳之夫三代之後漢稱得士西漢自武帝表章六經一時之士争尚經術然秉操履正以節義自勵者亦不能無焉觀汲黯數好直諫而淮南爲之寢謀蘇武持節虜庭而匈奴以之奪氣朱雲借劍尚方攀檻大呼蕭望之識居師傅不肯就吏印綬加身輒推不受龔勝耻事乎二姓安車再聘堅卧不起薛方日托于巢由王章却其妻牛衣之言抗疏下獄蓋寬饒拒友人蓬氏之喻上書自殞解劍無傷也雋不疑則曰君子武備以衛身請不解而退免冠隨俗也貢禹則曰冠一免安復可冠願不免以去官之數子者清風勁節蓋凛凛乎其不可犯矣人惟見夫仲舒京房匡衡更生之流懷經挾術所在

霧滃遂以經術歸之不知經術豈足以盡西漢之士邪東漢自光武率興教化一時之人競崇節義然負笈抱策而經術是事者亦未嘗少焉觀伏湛之篤信好古經爲人師桓譚之遍習五經剖析疑异樊儵删定公羊嚴氏春秋章句世號曰樊侯學鄭玄因考論圖緯請益辭歸其師嘆曰吾道東兄弟習魯詩而爲學士所推者則魯恭魯丕父子明左氏而爲群儒所宗者則鄭興鄭衆絳帳設教生徒千人馬融名重于關西正定五經刻石太學蔡邕儒崇于靈帝之數子者博古名家蓋彬彬乎其盛矣人唯見夫八俊八顧八及八厨之輩危言激論所在風生遂以節義許之不知節義豈足以盡東漢之士邪經術所以致用明易如張禹藉經飾詐來持禄保位之譏擬易如揚雄畏禍取容有劇秦美新之作谷永欲阿王鳳則引申伯以稱其忠劉歆欲附新莽則獻符命以逢其惡數子非不經術之是究也然出口入耳無講學明道之功繪句摘章乏體驗擴充之實是以諛佞成習風節罔聞規避苟安士氣掃地豈經術之罪哉節義將以建功有清世之志如陳蕃幾事不密而功隳群小負王佐之才如王允氣溢志驕而身殘餘孽李膺破柱戮奸其事偉矣無何而名陷黨議范滂登車攬轡其志雄□□幾而禍及友朋數子非不節義之是崇也然圭角炫露既昧處困之方勇往直前又失亨屯之道是以撩蛇踐虎毒流縉紳嘘枯吹生殃遺黎庶豈節義之過哉夫經術者學問之功也節義者天資之美也有天資而又加以問學則行無不周施無不利出則行道以濟時處則隱居以求志不幸而際非其時則殺身以成仁斯無愧于士矣善乎張子有曰昔之儒者學問素充其施于用隨時著見不蕲於立節而其節不可奪不蕲于徇名而其名隨之嗚呼盡之矣兩漢之士其有歉于是乎此所以千載之下不能無遺憾也雖然天地之正氣賦于人而爲節義孟軻氏曰其爲氣也至大至剛以直養而無害則塞于天地之間東都諸君子奮迅感慨視死如歸激素行以耻威權立廉隅以震貴勢雖於中庸之道有未盡然能維持漢祚而賴以不墜其功亦豈小哉噫後之君子唯勿曰有節義之名則善矣管見如此執事其進而教之

第五問

李時芳

同考試官教諭趙批（經書文字已知非凡及觀中後場才氣雄隽如入武庫戈戟森然觀者奪目噫孰謂科目不足以得士邪）

考試官右諭德李批（此卷五策俱可録但録學術者要其終也要其終則餘畢見矣易房固多士子其奇特者乎主司得之良以自慰）

考試官侍讀學士汪批（才氣逼人鋒穎屢出而志鄉甚正於此策見之

吾將拭目以觀其成）

爲學有正途厭煩喜約者必流於异端爲政有大體見小欲速者多安於小成士之無志者不足道矣志於學而入於异端志於政而安於小成則不講之過也執事發策將欲明學術以進士子使不迷於鄉方惠甚渥也愚也敢不悉心以對夫學必師孔孟治必法三代自宋儒著爲定論學者守爲家法而國朝養士於學校取士於科目尊崇六經罷黜百家一以程朱之説爲主其道德固已一而風俗固已同矣執事過慮恐爲學者有近於佛老而爲政者或流於申韓愚也亦不敢謂無其人也夫自王者之迹熄而聖人之道不明於是申韓于秦黄老于漢而大壞于晋宋齊梁之間彼秦用法令以收富强之效而遂并天下申商若可用矣然徒文具而無惻隱之實二世之敗天下土崩以爲可用者見其利未見其害也漢用清净以修玄默之化而致黎民醇厚黄老若可用矣然禁綱疏闊豪强莫制七國之變漢事幾殆以爲可用者見其得未見其失也儒者必深斥之不少假借者非以此歟韓非論法術謂人主之大物非法則□□者編著之圖籍設之於官府而布之於百姓者也術者藏之胸中以偶衆端而□御群臣者也法莫如顯而術不欲見又曰申不害言術公孫鞅爲法則其爲用有异矣儒者雖或有所不廢而所謂以不忍人之心行不忍人之政者彼蓋未之聞也道家稱無爲又曰無不爲以虚無爲本以因應爲用其言似亦幾矣然大易不言有無言有無者皆諸子之陋也今之學者溺於訓詁詞章之習既不足以知大道之要而脱去凡近以求高明者又多流於异學而不自知爲政者玩於苟且偷惰之風既不足以宣至治之澤而專事操切以急近功者又多傷於刻核而不之反執事之憂非過也愚也不敏請熟誦伊洛關閩之書而敬守之則庶乎其不悖矣

應天府鄉試録後序

正德己卯秋八月天下當鄉試之期應天府臣請舉行如故事上命侍讀學士臣俊右諭德臣時往主試事越一日陛辭越二十有五日而至則士之抱負墳策就試者雲集都下遵制三試之中式者百三十有五人刻其名氏與夫文之優者若干篇爲録以獻臣時當序于其後時唯我聖祖高皇帝膺天景命奄有中夏金陵實肇迹之地二時佐命武臣瑰奇偉雋又皆東南之英得人之盛靡可及矣聖子神孫飾治弘化保有丕基則唯文儒是賴而東南之才亦往

往過於他省顧創業之時其用也出于招延守成之際非科舉則有莫能得者科舉之設其來尚矣成周以三物賓興賢能後之選舉實昉焉然其爲法或廣而靡精或狹而近陋或繁而過猥或泥而難通是以得才之效代有不同而政治因之□□法創制損益百王雖當干戈倥傯之際其所以爲燕翼之謀者尤爲切至嘗曰舉賢任才立國之本又曰自古有國家者未有不資賢才而能獨理嗚呼宏哉故求士之制盡善盡美獨爲詳備建學立師明倫惇化士唯五經四書諸史是習昔之所謂縱横虚無刑名功利之書一切屏去其養士之道正三年一大比糊名易書分經而校主試者加黜陟焉機緘之密鬼神莫測其取士之法公進士大廷服有官序公孤保傅省寺臺諫方伯牧守股肱之任民社之寄非士弗假其用士之典重百五十余年治隆化洽海内乂安有由然哉諸士解維發軔所謂股肱民社皆將有事焉者其亦有思乎上之養我者正莅官受任言必正言行必正行勿曲學以阿世上之取我者公必國爾忘家公爾忘私勿黨同以背公上之用我者重必靖共爾位勿侵欲勿崇侈勿避難勿尸禄以取輕夫然則於國家作養選舉之意庶幾其不負矣俾我朝文德與武功并稱守成與創業同美曰唯東南之才豈不休哉諸士生長王化首被之地漸漬涵濡于斯三者必概于其中矣時于其始進也故特言之若夫援經述史形諸較論渢渢乎昭代之風一洗六朝之舊固諸士之所優爲而或藉以爲它日希崇陟峻之階者又諸士之所不屑爲也時皆得而略云

嘉靖七年應天府鄉試録

應天府鄉試録序

嘉靖戊子秋八月天下各鄉試應天府臣先具疏以考試官請上命臣潮臣澤輟講事濫竽文柄既陛辭兼程以南比至諸内□□事咸集而府尹臣錫實綜理加密同考試則南曹署郎中臣民範主事臣胤緒臣金臣度評事臣以朝奉新制也外庠學正臣鳳臣一溥教諭臣國輔臣松臣椿臣倫臣啓臣綸訓導臣岳循舊典也監試則御史臣繼先臣世爵偕入鎖院臣僭申告之曰聖天子鋭精圖治渴于求賢乃用大臣議兩畿諸省参置京朝之臣悉力考校且限之文體務得真材而罔遺滯蓋自國朝設科以來至是益加重矣吾儕其何以仰稱德意惟公惟慎庶幾夙夜乃罔罪愆既合提學御史臣劉隅暨六館諸曹所簡士凡三千一百有奇如故事三試之臣與諸臣日夕披閲獲盡觀東南之美瑰麗如珍奇華耀如綺繡和適如五味其冲淡隽永可饜飫者如嘉穀美實臣作而言曰文其在兹乎乃擇其精者遵制額僅百三十有五人其不能盡取者多矣於戲盛哉臣謹次第名氏并録其文以獻臣惟成周賢能之書及民數穀數皆登天府其重一也昔禹别九州任土作貢田賦是先其他珍産錫納無常豈非以日用飲食有益生民固家國所常須乎且南畿諸郡古揚州域厥田下下漢魏以還中原多事衣冠文物浸轉東南至晋隋唐宋之間積壤流膏號稱陸海况我太祖高皇帝龍飛定鼎溉植益勤我太宗文皇帝卜世冀方匹休并重一如甸服歲漕供御泝觀有夏遠矣惟金三品瑶琨篠簜齒革羽毛織貝橘柚之産固所不較爾臣因是以驗昭代才美之盛華實兼茂遠過古昔厥亦有由哉夫自皇祖啓配天之業及列聖紹作人之功其開先培息非一日矣幸際聖明參化斂福加意元元而又緝學崇本建極海内萬幾之暇躬御宸藻闡明理道詔示膠庠惟以敬一四箴心學爲訓吁皇極敷言之妙固作新化導之機哉臣竊聞言從而行之則言不可飾也行從而言之則行不可飾也故曰君子言有物而行有恒諸士佩服聖化既以精切之文見録有司則亦以慤實之行施于有政先事後食必思所以膏澤天下如古之不忍一民之饑耻一夫之有不獲者以無忘我國家養賢及民之意斯聽言者亦與有榮且以追不明之

咎於戲士之未用恒慮不見用既用矣將益考其行業不獨以言而已則可慮者尤大也夫致用而慮之大者實自今日始可不慎哉臣不佞敬序首簡且以告諸士焉

翰林院侍講學士奉直大夫張潮謹序

嘉靖七年應天府鄉試

提調官

嘉議大夫應天府府尹陳錫（祐卿廣東南海縣人　乙丑進士）

考試官

翰林院侍講學士奉直大夫張潮（惟信四川内江縣人　辛未進士）奉議大夫右春坊右諭德彭澤（仁卿廣東南海縣人　丁丑進士）

同考試官

承德郎南京兵部職方清吏司署郎中事主事丘民範（汝中江西貴池縣人　癸未進士）

承直郎南京户部四川清吏司主事余胤緒（思孝湖廣應城縣人　丙戌進士）

承直郎南京刑部湖廣清吏司主事秦金（國声癸未進士承直郎南京工部屯田）

清吏司主事王度（律生浙江臨海縣人　癸未進士）

南京大理寺左寺左評事江以朝（于春江西貴溪縣人　丙戌進士）

河南河南府陝州儒學學正陽鳳（明儒湖廣麻城縣人　己卯貢士）

湖廣襄陽府均州儒學學正錢一溥（可學浙江山陰縣人　己卯貢士）

浙江金華府金華縣儒學教諭林國輔（思貞福建莆田縣壬午貢士）

福建建寧府松溪縣儒學教諭操松廷（□□江西浮梁縣人　丙戌進士）

江西袁州府分宜縣儒學教諭林椿（□□福建候官縣人　己卯貢士）

福建建寧府建陽縣儒學教諭潘倫（公序廣東高要縣人　壬午貢士）

廣東肇慶府四會縣儒學教諭林啓（仲鎮福建龍溪縣人　己卯貢士）

河南南陽府鄧州内鄉縣儒學教諭王綸（君言直隸滄州人　壬午貢士）

江西饒州府儒學訓導蘇岳（喬仲廣西陽朔縣人　庚午貢士）

監試官

文林郎南京福建道監察禦史戴繼先（承緒營州前屯衛籍浙江海鹽

縣人　丁丑進士）

文林郎南京貴州道監察禦史王世爵（君列直隸開州人　辛巳進士）

收掌試卷官

奉議大夫應天府治中陳嘉謀（仲詢福建長樂縣人　丁丑進士）

印卷官

應天府通判張弁（□□山西代州人　癸未進士）

承務郎應天府推官陳廷璉（華甫廣東增城縣人　癸酉貢士）

受卷官

直隸鎮江府金壇縣知縣戴璟（孟光浙江奉化縣人　丙戌進士）

南京府軍後衛經歷吴芳（孟陽四川行都司越嶲衛官籍監生）

彌封官

直隸太平府蕪湖縣知縣王德溢（懋中福建連江縣人　丙戌進士）

南京水軍右衛知事侯冕（宗周陝西郃陽縣人　監生）

謄録官

應天府溧陽縣知縣郭廷臣（調元山西蒲州人　癸酉貢士）

南京留守後衛知事吴紘（時儀浙江長興縣人　監生）

對讀官

應天府六合縣知縣何宏道（充廣東順德縣人　丁卯貢士）

南京羽林右衛知事路達（成章直隸新樂縣人　監生）

巡綽官

懷遠將軍南京鷹陽衛指揮同知李震（東之順天府寶坻縣人）

懷遠將軍南京留守前衛指揮同知趙彬（希文直隸豐縣人）

搜檢官

武德將軍南京留守後衛正千户劉昇（□高順天府香河縣人）

武德將軍南京留守右衛正千户汪倫（天叙江西德興縣籍直隸婺源縣人）

昭信校尉南京留守後衛百户任昱（彦明應天府句容縣人）

昭信校尉南京留守左衛百户劉文（時從直隸徐州人）

供給官

從仕郎應天府經歷司經歷王文炳（尚絅直隸武進縣人　官生）

修職佐郎應天府經歷司知事符節（守信遼東□嶺衛人　監生）

承德郎應天府上元縣知縣陳瓚（宗器浙江天台縣人　庚午貢士）

承德郎應天府江寧縣知縣湯時來（應之湖廣澧州人　癸酉貢士）
應天府上元縣主簿安磐（德堅陝西耀州人　監生）
迪功郎應天府江寧縣縣主簿孫文山（世瞻直隸桐城縣人　監生）
應天府上元縣淳化鎮巡檢司巡檢郭琰（廷用湖廣宜城縣人　吏員）
應天府龍江水馬驛驛丞甘俸（貞禄江西豐城縣人　承差）
應天府江東馬驛驛丞陳朝舉（七亨山西蒲州人　承差）
應天府句容縣雲亭驛驛丞蓋相（世卿山東博興縣人　承差）
應天府句容縣龍潭水馬驛驛丞朱鳳（鳴岐廣西臨桂縣人　承差）
應天府江浦縣東葛城驛驛丞傅汝舟（時濟河南湯陰縣人　承差）

第一場

四書

殷因於夏禮所損益可知也周因於殷禮所損益可知也　柔遠人則四方歸之懷諸侯則天下畏之　成覸謂齊景公曰彼丈夫也我丈夫也吾何畏彼哉顔淵曰舜何人也予何人也有爲者亦若是公明儀曰文王我師也周公豈欺我哉

易

知終終之可與存義也　涣有丘匪夷所思　通乎晝夜之道而知　化而裁之存乎變推而行之存乎通神而明之存乎其人默而成之不言而信存乎德行

書

予違汝弼汝無面從退有後言欽四鄰惟后非賢不乂　惟賢非后不食其爾克紹乃辟十先王永綏民　平康正直彊弗友剛克燮友柔克沉潛剛克高明柔克　爾尚式時周公之猷訓惟日孜孜無敢逸豫

詩

被之僮僮夙夜在公被之祁祁薄言還歸君子萬年宜其遐福　媚兹一人應侯順德永言孝思昭哉嗣服　鞉鼓淵淵嘒嘒管聲既和且平依我磬聲於赫湯孫穆穆厥聲庸鼓有斁萬舞有奕我有嘉客亦不夷懌

春秋

三月鄭伯使宛來歸祊庚寅我入祊（隱公八年）鄭伯以璧假許田（桓公元年）　春王三月甲寅齊人伐衛衛人及齊人戰衛人敗績（莊公

二十八年）丁亥楚子入陳（宣公十一年）楚子圍鄭（宣公十二年）晋伐鮮虞（昭公十二年）吴伐我（哀公八年）

禮記

百官各以其成質於三官大司徒大司馬大司空以百官之成質於天子百官齊戒受質　故經禮三百曲禮三千其致一也未有入室而不由户者君子之於禮也有所竭情盡慎致其敬而誠若有美而文而誠若　寬裕肉好順成和動之音作而民慈受　夫孝置之而塞乎天地溥之而横乎四海施諸後世而無朝夕

第二場

論

聖人能立無過之地

詔誥表（内科一道）

擬漢增置易書尚春秋三經博士詔（甘露三年）　擬唐以李靖爲右僕射誥（貞觀四年）　擬宋侍讀學士晏殊等暑月請宫中視學表（天聖八年）

判語（五條）

濫設官吏　荒蕪田地　服舍違式　優恤軍屬　盗决河防

第三場

策（五道）

問　自古帝王化成天下皆有禮樂然樂莫盛於韶舞禮莫備于成周豈帝王之不相及歟抑三代而下其制作因革何如也洪惟我太祖高皇帝用夏變夷蕩清海宇禮樂之大有同天地其本諸身心達之天下者雖古帝王莫加焉而漢唐宋不足言矣亦可鋪張揚厲之歟且御極之初首開禮樂二局徵天下耆儒宿學講求參訂既又命官分掌典章文物彬彬如也今所輯禮儀諸書傳布已久惟樂律之制未有纂述俾天下誦習而歌舞之竊聞聖祖嘗曰古之律吕協天地自然之氣後世律吕出人爲智巧之私宸慮淵微固未易測然莊誦祖訓大誥二書首以慎兵刑造福正倫爲急他日閲漢史又深惜孝文令主不能因時損益以復三代之舊聖謨宏遠豈非有待而然歟今我皇上稟聖神之資乘熙洽之運奉天勤民惇典敬德善繼善述兹其時矣諸生其悉古今之

藴敬著于篇爲聖孝萬一之助

問　天人相爲流通感應之際不可誣也乃稽載籍則若有可疑者試相與論之灾祥之説并見于經春秋何以不書慶祥漢儒通陰陽之理以陳時事者衆矣春秋何以不著事應堯湯大聖水旱不免而麟鳳龜龍之出歐陽氏且力辨之然河圖洛書非瑞歟至鄭夾漈則又疑于五行之説何也文景漢之令主灾异頻仍無損于治而武宣之世芝房寶鼎神爵甘露至形于歌咏或以改元其與龍師鳥官儀鳳嘉禾之紀有不同歟開元咸平非不抑祥瑞後乃致天寶祥符之紛紛其何故歟皇上臨御以來厲精圖治允協天心邇者郡國上河清甘露之瑞詔勿稱賀一遇水旱風霾之异則敕諭群臣同加修省是即古帝王憂勤惕厲之心雖有懷芹曝無所用獻且于灾祥之本反覆求之而未得也夫言及之而不言謂之隱願直陳之將以轉聞于上

問　周禮一書周公致太平之迹也昔人指之爲經而禮記爲傳今傳與諸經并行而是書疑者紛紛不一或謂成於既黜殷命之餘或謂作於既營成周之後以今考之來於何時書何從而始出抑何人而後傳周禮周官何自而分博士學官何故不列分土何以异於王制班爵何以不合軻書考工記果足以續冬官五官中果何見其殘闕設官分職何數倍於周官遂人匠人何不同於溝洫内宰之掌有不可通者三三物之法有不能行者三屬民讀法近於擾廛人五布近於苛國服爲息近於利載師何以及于賈田賓客何以屬于司寇王府内府供貢之非執璧致飲屈伸之亂甚則内小臣掌好命於四方媒氏男女奔者不之禁尤爲傷悖之極皆吾儒舊所未信安得無十論七難之排六國陰謀之詆而行之者一敗於新室再敗於熙寧爲惑所以滋甚也或以爲非周全書而秦漢諸儒多所損益者歟抑思兼不合故於夏商岐周之制更有所斟酌歟豈孟氏之所未見而漢人乃得以表章之歟探本伺末之説不無穿鑿□甚歟然隋之名儒慕其爲王道之極唐之英主嘆其爲真聖作者是豈無所據歟抑信之篤乃所以過致其疑歟夫聖人之經未敢輕議而朱子爲世大儒考據精詳凡所論著不一而足其必有以折衷者矣請致析于篇以觀究心之學

問　知人難矣知而薦之以登於用不愈難乎守一節者虞未善其後敦久要者慮或變其初不知所謂郡守公府皆得舉士直指金吾咸可薦賢其能無誤否也況如王介甫過信惠卿吕微仲首引楊畏豈直貽一身之戚將以釀國家無窮之憂不亦大可懼乎然嘗聞晏元獻之與范文正一問　答之間而萃四相張忠定之與范延貴一邂逅之頃而授二士似甚易易焉者不知以何爲取人之則也又如窘辱備嘗自叙卑矣有違衆舉之亦成一匡之功剛褊有

名非汪度矣有矯俗薦之竟著澶淵之烈若是取材又與常情异者將用其長而略其短歟抑論人者當以大節爲先歟或時之所需於材有相宜不暇計其他歟昔人謂於不已若者不比之一聞人過終身不忘爲不可以理國何邇來群議乃大异於是歟一時士習之趨嚮所係亦其重焉如何而盡明揚之道如何而得變動之機願聞其説

問　真西山讀史嘗載吕氏之言曰當漢之治用人必先曰長者舉事必先曰大體其人若事可指而言歟且獨謂漢何也夷考其時風移俗易吏稱民安要之不爲無自及觀洛陽太息之書膠東勞來之詔則又有异焉者可得聞其故歟我朝垂百六十年于兹紀綱正于上風俗厚于下區區漢治不足言矣顧承平日久漸以玩弊吏或苛細而少循良之風士或憸邪而寡廉静之節貴賤或逾而訟訐者無已兵將或驕而猖狂者不戢此有識者不能無隱憂也今思所以通變之術必用皆得人而事合體要其何以行之求之前代亦或類是而有可法者乎願毋諱焉以觀平居用世之志

中式舉人一百三十五名

第一名　許仁卿　浙江臨海縣人監生　詩
第二名　皇甫涍　蘇州府學生　易
第三名　程烈　徽州府學附學生　禮記
第四名　程尚寧　徽州府學附學生　春秋
第五名　浦應麒　無錫縣學生　書
第六名　唐順之　常州府學增廣生　詩
第七名　潘滋　婺源縣學生　易
第八名　吴藩　全椒縣人監生　詩
第九名　蔣信　湖廣武陵縣人監生　書
第十名　康載　祁門縣學生　春秋
第十一名　周相　吴江縣學生　易
第十二名　陸應寅　鬆江府學生　詩
第十三名　顧明　常州府學生　詩
第十四名　邢址　太平府學生　詩
第十五名　王大度　黟縣學生　易
第十六名　史伋　溧陽縣學生　詩

第十七名　李參　蘇州府學生　書
第十八名　潘鉉　婺源縣學生　易
第十九名　柯喬　青陽縣學生　詩
第二十名　包節　華亭縣學增廣生　禮記
第二十一名　趙秉謙　常熟縣學附學生　詩
第二十二名　皇甫冲　蘇州府學生　易
第二十三名　楊沛　松江府學生　易
第二十四名　胡介　通州學生　詩
第二十五名　危岳　湖廣黔陽縣人監生　春秋
第二十六名　劉鈺　蕪湖縣學生　易
第二十七名　趙憲　上海縣學生　書
第二十八名　劉昺　鳳陽縣學生　詩
第二十九名　陸奎章　武進縣人監生　詩
第三十名　張溪　壽州學生　易
第三十一名　王心　天長縣學生　易
第三十二名　姚文誥　武進縣學增廣生　詩
第三十三名　胡川楫　徽州府學生　易
第三十四名　周乾　崑山縣學生　書
第三十五名　吴旦　休寧縣學生　詩
第三十六名　顧聞　蘇州府學生　易
第三十七名　楊樞　松江府學生　詩
第三十八名　謝鎰　祁門縣學增廣生　春秋
第三十九名　徐梗　浙江海鹽縣人監生　書
第四十名　楊金　太平府學生　詩
第四十一名　楊啓芳　寶應縣學增廣生　易
第四十二名　徐世用　宿州學生　易
第四十三名　沈良才　泰州學生　詩
第四十四名　翁璨　松江府學生　詩
第四十五名　尤存周　吴縣學附學生　易
第四十六名　胡琦　婺源縣學生　易
第四十七名　錢邦彦　吴縣學增廣生　詩
第四十八名　陳津　長洲縣人監生　易

第四十九名　鮑冕　歙縣學增廣生　詩
第五十名　汪楠　婺源縣學附學生　書
第五十一名　張鐸　應天府學增廣生　易
第五十二名　方瑜　歙縣學附學生　春秋
第五十三名　曾銑　揚州府學生　易
第五十四名　葉天榮　婺源縣學增廣生　禮記
第五十五名　沈九錫　崑山縣學附學生　易
第五十六名　汪佐　徽州府學生　詩
第五十七名　馬章　溧陽縣學生　書
第五十八名　王教　松江府學生　詩
第五十九名　陳如綸　太倉州學附學生　易
第六十名　薛良輔　上海縣學生　詩
第六十一名　張誥　南京京衛武學生　書
第六十二名　黄瑚　浙江義烏縣人監生　易
第六十三名　萬鳳　寧國府學附學生　詩
第六十四名　周麟　吴江縣學生　易
第六十五名　馮焕　淮安府學附學生　詩
第六十六名　袁衮　蘇州府學生　易
第六十七名　沈瀚　吴江縣學生　詩
第六十八名　曹邦奇　金壇縣學附學生　書
第六十九名　林春　泰州學生　詩
第七十名　周訓　江西寧州人監生　春秋
第七十一名　沈煉　嘉定縣學增廣生　易
第七十二名　江校　徽州府學生　詩
第七十三名　徐宗魯　華亭縣學附學生　書
第七十四名　曹察　無錫縣學附學生　詩
第七十五名　陳椿　蘇州府學生　易
第七十六名　胡廷玉　寧國縣學生　書
第七十七名　王鑄　華亭縣人監生　詩
第七十八名　胡松　滁州學生　易
第七十九名　錢嶫　通州學生　詩
第八十名　張翼翔　鳳陽縣學生　詩

第八十一名　張鶚翼　上海縣學生　易
第八十二名　吴崑　吴江縣學生　書
第八十三名　濮漢　廣德州學生　禮記
第八十四名　盧璧　應天府學生　詩
第八十五名　方介　廬州府學生　書
第八十六名　陳潛　常熟縣學增廣生　詩
第八十七名　王輔　江都縣學增廣生　易
第八十八名　顧名　儒　上海縣學生　詩
第八十九名　吴文亨　江陰縣學附學生　書
第九十名　汪景　南陵縣學生　詩
第九十一名　陳鴻　吴江縣學增廣生　易
第九十二名　薛如淮　江陰縣學生　詩
第九十三名　何澄　徽州府學生　春秋
第九十四名　徐麒　泰州學生　詩
第九十五名　胡雲　常州府學生　書
第九十六名　詹敬　休寧縣學附學生　詩
第九十七名　潘子正　六安州學生　書
第九十八名　朱默　太倉州學生　易
第九十九名　邢大道　揚州府學增廣生　書
第一百名　章允賢　青陽縣學生　詩
第一百一名　吕高　鎮江府學生　易
第一百二名　齊傑　桐城縣學生　詩
第一百三名　徐貢元　繁昌縣學增廣生　書
第一百四名　周冕　上海縣學生　詩
第一百五名　高遠　應天府學生　易
第一百六名　劉衮　鹽城縣學生　詩
第一百七名　張選　無錫縣學附學生　書
第一百八名　張鶚　泗州學生　詩
第一百九名　王涵　太倉州學附學生　易
第一百一十名　姚廉能　常州府學增廣生　詩
第一百十一名　眭燁　丹陽縣學生　書
第一百十二名　施仁　蘇州府學生　春秋

第一百十三名　張廷臣　崑山縣人監生　詩
第一百十四名　童吉　江陰縣學附學生　易
第一百十五名　胡弘緒　銅陵縣學生　詩
第一百十六名　陳璧　江都縣學增廣生　書
第一百十七名　黄正色　江陰縣學增廣生　詩
第一百十八名　謝少南　應天府學生　易
第一百十九名　蔣雲　松江府學生　詩
第一百二十名　張遜　高郵州學生　書
第一百二十一名　姚本　旌德縣學生　詩
第一百二十二名　張恕　應天府學生　易
第一百二十三名　丘□　武進縣學附學生　詩
第一百二十四名　汪大受　婺源縣學生　書
第一百二十五名　唐音　武進縣學附學生　詩
第一百二十六名　王三錫　太倉州學附學生　易
第一百二十七名　汪天錫　婺源縣學生　春秋
第一百二十八名　張意　嘉定縣學附學生　詩
第一百二十九名　潘相　丹徒縣學附學生　書
第一百三十名　施雨　常熟縣學生　詩
第一百三十一名　相楝　淮安府學生　禮記
第一百三十二名　袁株　興化縣學增廣生　易
第一百三十三名　尹燦　金壇縣學生　書
第一百三十四名　金淳　應天府學生　詩
第一百三十五名　沈愷　華亭縣學生　詩

第一場

四書

殷因於夏禮所損益可知也周因於殷禮所損益可知也

許仁卿

同考試官訓導蘇批（刊落繁詞而理致精到論語義似此作者絶少）
同考試官教諭王批（盡略浮詞深得聖人之旨）
同考試官教諭操批（論語義固不易作是篇詞簡意盡録之以示天下

之尚彌文者）

同考試官主事王批（簡而不遺質而成章其復古之文乎）

考試官右諭德彭批（是善變時習者）

考試官侍講學士張批（得聖人言禮之意）

聖人言三代之道不可易而宜于時者有可見也蓋道不可易而有所异者時之宜也觀諸三代可見矣何後世之不可推哉夫子告子張以比意謂世不能外禮以爲治亦不能外綱常以爲禮三綱天所叙也五常天所命也故殷繼夏而王嘗因之而不變矣非不變也道之所在不可得而變也然或裁其有餘或補其不足亦斟酌其會通品節乎典禮者爾如忠質之异尚也寅丑之迭建也雖杞宋無徵吾嘗學之而能言之有不可知者乎周繼殷而王亦因之而不變矣非不變也以本乎道自不容于變也然過者則損之不及則益之亦變通以趨時神化以宜民者爾如質易而文也丑易而子也今方策具存吾嘗學之而固從之有不可知者乎因往推來百世從可知已抑夫子爲下不倍故曰吾從周其弊也則欲從先進而有志三代之英故惓惓致意焉惜乎有德無位爾雖然斯禮之在萬世如一日垂訓之功大矣哉

柔遠人則四方歸之懷諸侯則天下畏之

蔣信

同考試官教諭潘批（措辭簡確作中序義當如是）

同考試官教諭林批（作此題多引用或問牽綴成文明而盡者僅見此篇）

同考試官署郎中丘批（精健簡明）

考試官右諭德彭批（整潔）

考試官侍講學士張批（詞不費而意自足）

中庸言政有及于天下則各有其效矣甚矣政難于及天下也夫既感于遠人若諸侯焉非有其政能然哉中唐明道之費隱引孔子告哀公問政及此若曰九經之效豈特自身而家朝廷及國而已哉且天下有遠人焉患吾待之未盡其道爾誠知所以柔之而往來之不滯去留之自適則澤之所被者衆而風之所動者遠賓至如歸咸樂使于其國也行旅皆悦固願出于其塗也四方之歸孰禦焉有諸侯焉患吾處之未盡其道爾誠知所以懷之而休戚之與同財力之不匱則德之所施者博而威之所制者廣懷德惟寧藩垣屏翰罔弗忠也德威惟畏朝覲會同恐或後也天下之畏孰加焉吁隨政之及而效以類應如此有天下者其亦知所務哉抑魯是時以顓臾之近不能來季孫之强不能

制哀何如者而夫子告以是邪吁惟不得人焉耳三田之歸三都之墮固已試之效也柰之何東周之志弗終也

成覸謂齊景公曰彼丈夫也我丈夫也吾何畏彼哉顔淵曰舜何人也予何人也有爲者亦若是公明儀曰文王我師也周公豈欺我哉

程尚寧

同考試官學正錢批（作此者類多冗俗或抑揚太過不似古賢人之言孟子意愈晦是篇詞氣和平義理自見録之）

同考試官主事秦批（理明詞暢深得孟子告世子之意）

考試官右諭德彭批（性同處説得分曉）

考試官侍講學士張（批能約衆言可録）

大賢歷引古人自勵之言欲世子之信乎道也夫性道之同聖賢固可及也觀諸古人之言豈不益信矣乎孟子言滕世子之意如此且天下無性外之道亦無不可盡性之人吾言性善而道一者非無徵也不聞成□之告景公乎聖賢于我鈞丈夫也亦是性也豈在彼之有餘在我之不足吾能自强而彼可及矣尚何畏哉不聞顔淵之自謂乎大舜與予猶夫人也亦是性也雖爲法於天下可傳於後世人能有爲則亦若是矣豈有异哉不惟是也公明儀亦曰周公有言文王我師斯言也蓋有感于性善之同而自切夫儀刑之念殆非以誣我也我固以爲然也由是觀之則吾言亦足信而世子可力行矣行之而有弗至者哉雖然世子可謂賢矣一聞善言遂有志于古道而問禮問井地者相繼也其弗克振者勢爾吁可慨夫

易

知終終之可與存義也

皇甫涍

同考試官教諭林批（易義難作無過此題是篇體認精切詞意俱足用録以式多士）

同考試官教諭林批（潔静精微之意類難著語子能發之筆端字字有下落學易者可以式矣）

同考試官主事余批（此聖學着實工夫難以言盡子能言之其或有志於聖學者乎録之以驗踐言）

考試官右諭德彭批（説理精到）

考試官侍講學士張批（精義如此絶少）

知理之極而致其力則理之用可存矣甚矣理必有所終也能知其終而終之居業之事盡矣義其有不存乎文言申乾九三爻義如此意謂修辭立誠固所以居業矣然其事果何如哉彼君子有得於知至之餘而思繼夫不息之用故灼見夫理之極至爲吾之所當終也于是嚮往之篤而行必如其言修之身者無不實的見□理之會歸爲吾之所當終也于是操持之定而言必顧其行見於事者無不誠即其所真知而施之素履知先而行實赴焉因其所心得而守之終身志而力必至焉夫如是而不可與存義乎蓋有其理之致一者曰終自其一之散殊者曰義不得其終則億見者無所定而變賾者難於恒未可與存義也惟知終終之吾知誠則自明而一以制天下之動安而能慮而簡以御天下之煩雖時宜未措所以裁酌而協中者無不具矣雖事幾未來所以權宜以濟變者無不備矣君子之修業其事如此所以終日乾乾而夕猶惕若者自由然哉抑知至至之知終終之知行并進聖學也是即惟精惟一之傳博文約禮之教也然知行二而聖學晦也久矣故程夫子歸之聖智之事而以爲學之始終也吁後之有志者尚無忘於此致力歟

通乎晝夜之道而知

潘滋

同考試官教諭林批（場中作者説晝夜處多茫昧令人厭觀此篇義精而辭確蓋深於易理者乎敬服敬服）

同考試官教諭林批（能於奥妙處發揮至命事瞭然在目因文可以占所學矣）

同考試官主事余批（晝夜之道上最要理會毫厘之差即入异端之説此篇明白是用實録）

考試官右諭德彭批（非究心於理者不及此）

考試官侍講學士張批（性命之文甚難爲言是作發明殆盡）

兼陰陽之道而契於心聖人至命之事也夫晝夜一陰陽也道寓于陰陽而不倚於陰陽非聖人其孰能通而知之哉大傳論聖人至命之事如此意謂維天之命運於陰陽而有晝夜焉凡幽明死生鬼神皆是也聖人通而知之洗心於易也而妙動静之幾準易於天地也而究陰陽之奥彼知晝者疑于動矣然物而不化道滯於動乎是知幽也死也鬼也晝矣而有夜動無動也會一神於兩在蓋不惟知夫晝焉知夜者疑于静矣然往而不反道淪於静乎是知明也生也神也夜矣而有晝静無静也昭至微于至著蓋不惟知夫夜焉寂感之

至神一晝夜之推蕩道之所寓而存存不已者自與之渾融也顯微之無間一晝夜之循環道之所在而生生不息者自爲之默契也夫謂之通知信乎命自我立亦自我行範圍曲成皆由此出而非聞見之知矣聖人用易至命一至是乎抑此言聖人至命之事實則窮理盡性而至命非可以先後判也其云用易以窮之盡之至之者見易道之大而聖人盡之亦自夫人所同者極之焉耳矣卑之者失之泛高之者失之虚其於易何吁玩孟子脩身立命之説則於易也幾矣

書

平康正直强弗友剛克燮友柔克沉潜剛克高明柔克

浦應麒

同考試官教諭潘批（發三德之用明盡不遺且典則可誦允宜録出）

同考試官教諭林批（精切古雅無一冗語深得箕子衍疇之意）

同考試官署郎中丘批（此經世之道而子能言之亦可與言治矣）

考試官右諭德彭批（洪範義當如此作）

考試官侍講學士張批（詞約義明）

君子推三德之用亦因人治人而已人爲治當因人而成也三德各適于所用其大矣乎此箕子衍疇以告武王者蓋以六三德有曰正直焉剛克焉柔克焉抑何以達之天下耶如時乎平康人心安於無事治道歛於無爲所由皆正路何有於邪乎惟以正待之而已矣所行皆直道何有於曲乎惟以直待之而已矣是正直之用則一也然人情不齊豈可以一律視哉有剛之過而爲强戾弗順者必至于梗化其威以奪之使之懼惡而不爲有弱之過而爲和柔順者必無以自立其福以予之使之慕善而勇爲一以剛克剛一以柔克柔隨其人而政以治之者有二也亦有沉深潜退者狃于狹小而不及乎中矣則激勵振拔進之於正大之體亦有高亢明爽者騖于虚遠而過乎中矣則丁寧告戒退之於近易之歸一以剛克柔一以柔克剛隨其人而教以化之者亦二也是則三德并持而施之各當其可所操者約所制者廣聖人納天下民俗于皇極有以哉嘗觀有虞之世可謂平康矣而猶以不親命契猾夏命皋陶則正直剛柔之爲用其可缺一乎故立皇極以示其路達三德以要其歸若八政之目皆其所顯設者也操之有本施之有方化成天下周家有所效矣後世徒把持以一切之法而三德亡噫王覇之辨治忽之分其在兹歟

爾尚式時周公之猷訓惟日孜孜無敢逸豫

蔣信

同考試官教諭潘批（成王告君陳欲其感格殷之頑民意有所在此作足以發之宜録以式夫騁浮辭者）

同考試官教諭林批（講中舉君陳孝友之德而益勉焉當時策命之意宛然在目）

同考試官署郎中丘批（得成王命君陳本意）

考試官右諭德彭批（知重德字良是）

考試官侍講學士張批（婉曲有味）

賢王勉大臣法明德之訓而必示其功也蓋德者爲治之本也况有常訓而可不知所用力哉昔成王命君陳意謂東效之民周公所治之民也東郊之政周公所行之政也然其所以感格而維持之者惟本之德焉耳烏可不以之爲法邪嘗聞之以至治馨香而歸于明德矣本諸身徵諸民有所以洞達無間者在何至精也爾其尚由是訓而以慎德爲大要根諸心形諸事有所以變化不測者寓何至微也爾其尚遵是訓而以修德爲先務孝雖美行無以爲已至也惕勵其志務求敬典在德而無一行之不美友雖善事無以爲已能也懋勉其力務求克施有政而無一事之未善位周公位也盍反之于身厥德有弗替于前人矣乎蓋日惟不足而祇勤之不忘治周公治也盍驗之於己厥德有或歉于往訓矣乎蓋日如不及而進修之不暇若游于逸則宴安之氣勝而德荒矣其無敢少自逸焉可也若溺于豫則悦樂之情恣而德塞矣其無敢少自豫焉可也逸豫不生而功力不隳德于是明矣推之爲政則君陳亦周公也其於至治也何有嗟夫殷民爲梗相繼而治之者以周公以君陳又終之以畢公世變風移式化厥訓有周深仁厚澤之施於此可想見矣然先後元勛也君陳獨中處而與之并雖不得與十人之列猶及同事於二公之間嗚呼賢哉

詩

媚兹一人應侯順德永言孝思昭哉嗣服

許仁卿

同考試官訓導蘇批（凡講媚應孝思處類多陳俗至嗣服又無定見率浮泛不切是作理精辭雅可以爲式矣）

同考試官教諭王批（贊美武王之孝即采用興周事實及他處互見者入講皆合本章詩意場中可多得哉高薦允稱）

同考試官教諭操批（意見精當措詞古雅觀結中數語或不可以舉業

視子也）

同考試官主事王批（組織一詩之意爲文而自從容於尺度之中得雅義矣）

考試官右諭德彭批（寫武王達孝感應意思明盡）

考試官侍講學士張批（能檃括一章本旨）

聖人之孝極天下之感昭先人之功甚矣武王之達孝也一孝立而天下應之此其所以纘先□哉下武之詩美武王繼三后而有天下也意謂和武王之孝即爲法於天下矣天下之人敬而知愛咸欲作之君以蒙其休是雖鎬京之未宅而先已攸同矣觀法之下信而後從咸欲作之師以率其教是雖辟雍之未啓而先已思服矣感之斯應理有固然況立愛惟親適以觸其秉夷之懿則不徒十人之同德而已也應之斯媚情有固然況道之以德適以啓其良知之性間不徒東征之見休而一陁此豈武王之襲取哉亦曰孝思不忘念恒存於陟降以求世德以配天命而其心純矣夙夜敬止誠弗間於始終以成王孚以式下土而其孝永矣自太王而王季而文王王迹由微而漸著武王繼之則人心合而國勢尊不爲尤著也哉自肇基而勤家而撫夏天命由晦而漸明武王繼之則王業成而天下一不爲昭明也哉是則信從徵諸庶民繼述光于前烈武王達孝之稱有以夫雖然孝之道大矣在三后謂之德是以求也在天謂之命是以配在武謂之孚是以成也合而言之孝也求德者孝之積也配命者孝之純也成孚者孝之實也合而言之敬也敬其孝之聚乎

鞉鼓淵淵嘒嘒管聲既和且平依我磬聲於赫湯孫穆穆厥聲庸鼓有斁萬舞有奕我有嘉客亦不夷懌

唐順之

同考試官訓導蘇批（竹樂始終士子類能言之至湯孫句遂無着落不知首言奏假思成至此乃嘆其美未可略也是竹得之故録）

同考試官教諭王批（前後論樂處甚難整潔完美子獨能發事成文音節歷歷可聽讀之令人忘倦）

同考試官教諭操批（叙論縝密聲韻和平其一唱三嘆而有遺音乎）

同考試官主事王批（爲文亦有條理）

考試官右諭德彭批（曲盡商人嘆美之意）

考試官侍講學士張批（讀其文即如聞樂者）

商人之祀先樂盛而歸之主祭者樂成而感乎助祭者甚矣商之重祭也

作樂之美至于感神人而孝敬之道昭矣此蓋祀成湯之樂至此意謂我商以思成爲孝而作樂以尚聲爲恭方其三闋正稀廣牡初薦而始作之也八音備矣小而鞉鼓其亦淵淵乎衆樂陳矣微而管簫其亦嘒嘒乎作于堂下而有既和且平之休其相濟如五味也協之堂上而有依我磬聲之美其有序象四時也主是祭者伊惟乎於赫哉此湯孫也而制禮作樂之得其情穆穆哉此樂聲也而美德告功之有其具所謂思成之賚而有不在是哉殆夫十倫既備九獻以畢而其成終也洪鍾既宣而條理爲之不濫楹鼓交作而音節爲之常明奏以文也則飾以羽旄而有綴兆舒疾之度亂以武也則動以干戚而有發揚蹈厲之風助是祭者何如乎蓋雖先代之後作賓于王而皆以聞樂爲喜矣在位之士讓德于廟而忘其异代之悲矣况於烈祖之神而顧不我格哉是則始終咸備而神人胥悦商之樂可謂至樂也苟非誠孝亦烏足以與此抑考記曰禮樂明備天地官矣那之詩迎牲以鼓始祭以鞉以管以磬祭成以庸鼓萬舞豈一事自爲一成乎然味其詞乃若互見而有餘音者此商頌所以簡古而曾子歌之也雖然濩固武也季札曰聖人之弘也而猶有慚德夫子論韶武而不及者殷人也故諱之也

春秋

三月鄭伯使宛來歸祊庚寅我入祊（隱公八年）鄭伯以璧假許田（桓公元年

程尚寧

同考試官學正錢批（胡傳首謂鄭伯欲以祊易許叙論至末即以我入祊爲書法不然夫子豈恕鄭文定豈有遺邪作者紛紛子獨有定見且事實明備是必邃於經學者）

同考試官主事秦批（歸祊書法全在入祊上見傳意本明作者率多昧之此篇體認真切文字謹嚴可以爲明經者式矣）

考試官右諭德彭批（深得仲尼書法）

考試官侍講學士張批（能會傳意）

分地委于内春秋貶惡之意深分地易于外春秋諱惡之意深此祊許之易鄭魯之惡均也春秋各寓意于書法宜哉祊者何鄭湯沐之邑也蓋宣王以母弟懿親賜之方岳以備時巡之朝者然他國未有是也鄭宜何如其世守邪莊也謂若無所事祊而且利魯許之近况子馮之釁方欲結之爲援乎前此輸平雖以言請未入地也于兹宛使特遣魯籍既收蓋以天王巡狩不復舉先世分土不足重而無君親之心見矣天下之惡孰大于是且使魯昧于義利得非

所有豈不由請釋泰山而託周公之祀乎聖人若曰歸祊鄭志也直録可也但書我入見本非我有義不可而强之爲不順者所以罪鄭之意如此許者何魯朝宿之地也蓋成王以周公大勛賜之畿内以供入覲之需者然他國未有是也魯宜何如其世守邪桓也謂若無所事許而且利鄭祊之償况子羽之難亦欲結之爲援乎先世歸祊雖納其地未與易也至是鄭璧甫加魯田遽授蓋廢朝覲之禮弃先祖之地而無君親之心亦見矣天下之惡孰大于是然使魯明于義利過而知改豈不可請于王畿而復周公之宇乎聖人若曰易許國惡也直録不可也故諱易言假若暫從彼請義可得而復之以自新者所以諱魯之意如此是則一書法隱顯之間而君親之重義利之防内外之辯咸寓矣抑莊桓之惡不特是耳繻葛鍾巫之禍可勝誅哉然忽儀亹突彭生之報亦宜矣因是而讀緇衣之詩周禮之書固深慨二君之愧于先德也

晋伐鮮虞（昭公十二年）吴伐我（哀公八年）

康載

同考試官學正錢批（傳意明整似易成文但求詞義簡嚴曲盡斷制如此作者亦少録之可以祛牽合强比之議矣）

同考試官主事秦批（此題以信義禮義立説士子類皆知之能組織傳意成文如此篇者絶少是宜録出）

考試官右諭德彭批（辭義謹嚴）

考試官侍講學士張批（據事剖析而義例自見）

春秋有深貶伯惡以明乎信義者有深諱國辱以明乎禮義者此晋伐鮮虞失于用兵魯盟吴師失于謀國也考諸書法聖人之訓大矣慨昔晋懷啓疆將有事於鮮虞也乃爲假道之謀而有昔陽之入春秋不稱爵號止以國書狄之也夫晋獻滅虞稱師與人此其爲諼一爾狄之不已過乎蓋所貴乎中國者信義而已失之則與夷狄异類奚擇焉彼楚虔滅陳奉孫吴也尋復滅蔡誘蔡般也恃威行詐信義俱亡固夷性之常矣今鮮虞何罪而晋欲爲荆楚之計乎噫伯主攘夷者也楚横至此既不能却而且效之庸何愈于彼哉故略而稱國所謂中國而夷狄則狄之示人必以信義爲貴不可變詐如晋以致傾危成俗而不可救爾若魯以入邾嘗挑釁于强吴也乃因東陽之克而有萊門之盟春秋不言四鄙及與吴盟諱之也夫三國戰朗直書來戰此其受禍均爾諱之一何深乎蓋所恃以立國者禮義而已失之則與弃國無人奚异焉彼國斃不從宋革光也背城借一齊國佐也執詞却敵禮義自斃皆諱國之良者今國勢未

虧而曾遽爲誠下而盟乎噫國卿謀國者也吴釁至此既不能敵而且辱焉猶謂國有人哉故略而書伐所謂内以諱爲貶示人必以禮義自强不可偷懦如魯以至侵削陵遲而莫之耻爾吁晋以世伯至於效夷魯以人望至於辱國聖人至是亦有甚弗獲已者矣嘗考季孫專魯故微虎景伯冉有之忠及踊幕庭者七百人類擯不用固也獨惜叔向知楚不信天將斃之荀吴他日不受鼓人之叛乃亦至是何歟豈晋昭之弗信用乎雖然晋魯自是日微矣君臣用舍可不慎哉

禮記

寬裕肉好順成和動之音作而民慈愛

程烈

同考試官學正陽批（音生于人心人皆知之能言之至形容寬裕肉好順成和動處難得親切是篇獨優衆作故録之）

同考試官左評事江批（六音之作惟此爲盡美亦其所感之善故也作者殊不究心又慈愛處講語多襯貼陳冗略不相涉獨是篇深得此旨而詞復雅澹結意尤明白可會蓋邃于經學者）

考試官右諭德彭批（講慈愛處佳）

考試官侍講學士張批（似得心聲之妙）

即樂音之無患而民之良心見矣夫慈愛者民之良心也以其音之和柔而無患者見之則樂非人心之所由生乎記樂記者謂夫人心之微而可以樂觀豈惟哀樂敬怒爲然哉雖愛猶是也故嘗求諸其音矣寬而不迫裕而有容音之從容條暢有以盡其餘何志微唯殺之有肉爲璧地好爲璧孔音之圓瑩通滑爲能得其妙何繁文簡節之有至于粗厲猛賁不可謂今其成也小大既律終始既比所謂無相奪倫也非順乎廉直勁正近于未知今其動也倡和有應清濁有經所謂八音克諧也非和乎夫如是故其之慈愛可得而觀矣誠以其中心慈者其聲之寬裕肉好則可謂柔矣□□□□□之下者固皆其心聲也其愛則應者其聲和順成和動則可謂和矣藹然于搏拊之間者固皆其德音也情見而義立非但其聲足樂也蓋雖愉色婉容如將見之憂思康樂云乎哉樂終而德尊非但其文足論也蓋雖下氣怡聲若或聞焉剛毅肅敬云乎哉是則樂本于人心而可以觀德如此謂樂不可以爲僞者詎不信然抑論凡民之善慈愛爲本是謂不忍之心仁之發也故哀而非此則傷于怨怒而非此則近於暴以敬行此□□□□□也淫亂以爲喜惟不知仁也故惟□□能樂且不淫也不然何以曰人而不仁如樂何

夫孝置之而塞乎天地溥之而横乎四海施諸後世而無朝夕

程烈

同考試官學正陽批（祭義中此題最難發揮辭健理精無逾是作矣）

同考試官左評事江批（此孝之大原作文入事親常行不知如何盡得録此以示夫學而不本者）

考試官右諭德彭批（理明辭暢）

考試官侍講學士張批（是善論孝者）

大賢推言孝之爲道至盛而莫有窮焉夫孝德之本也至於克塞横布而後世同之豈非其道體之本然耶曾子之意謂夫天下之道而孝莫尚焉言乎其至而物莫遺焉吾何以知之今夫天地設位高卑之極也孰能立而參之乎是孝也蓋即其生物之德而流行以爲命凡所以敦化顯仁盈兩間者皆是也所謂發育萬物峻極于天直而立之不有以塞于天地乎四海亘隅廣遠之極也孰能散而周之乎是孝也蓋即其太和之運而保合以有生凡所爲慈愛惻怛者舉天下皆然也所謂天下雷行物與無妄敷而散之不有以横于四海乎然事有久而或弊故勢有泥而不行皆小道爾今也屹然貞觀之道歷萬世而無弊蓋同此兩儀即同此太極置之而塞焉者無間也純然貞一之義迄終古而常行蓋同此人即同此生理溥之而横焉者無極也施諸後世而何朝夕之有乎是則曾子之有得於此而指其全體不息者語人也意深遠矣抑孔子曰孝天之經也地之義也民之行也天地之經而民實則之蓋兼天下之理通天下之情本其所得于天者然也以此博施濟衆位天地而育萬物其孰能與此哉其古之盡性至命之聖者歟

第二場

論

聖人能立無過之地

許仁卿

同考試官訓導蘇批（作論易得敷衍而難警拔至言心學尤難是篇獨意見超出辭氣古雅可謂擅場者矣）

同考試官教諭王批（作者多爲本章言語束縛甚至觀物諸篇皆獵用之而正義反晦晚得此卷辭古理精讀者三復文體當爲之一變）

同考試官教諭操批（於繩尺文字中而奇氣雄才居然可見視纏繞於陳俗議論及浮泛不切者遠矣）

同考試官主事王批（閲論凡千三百卷是篇尤爲議論根據出入心性惟所欲言而矩度不廢是必積養有用之士不徒文也況其文之美乎）

考試官右諭德彭批（庶幾得聖人之心者）

考試官侍講學士張批（辭確義精蓋嘗究心於理學者）

聖人所以大過人者無他焉亦惟心之純乎天而已矣蓋人生而静天之性也動而未形幾也幾弗審焉則天人判而過始萌矣聖人之心固與夫人同也夫人救過且弗暇而聖人則粹然以無疵何也蓋極深研幾主乎静而慎乎微其寂也誠其感也神動静無間天者弗違而渾然無迹可見斯其所以大過于人而能立於無過之地也聖人之能固夫人之所不能也蓋亦淆於静而動以妄故失之遠復之難也是故言行之過聖人弗憂也一念之微毫髮未盡有弗同乎天者聖人之心缺然矣聖人之所以善事乎心所以善事乎天也今夫過言由弗思也過動由弗謀也顔氏弗貳不遠復也恒人過而知知而悔悔而改者難矣而況於無過乎言行之無過鮮矣而況於心乎且天下之事隱顯常變至不一也而理則一理出於天而具於心者也使聖人不求之心而徒從事乎外則千蹊萬徑馳騖不暇而吾身之過且叢然生矣所拂者益多所補也益微吁聖人不若是之勞也所主一心也心之静而動天也天者理而已矣昔魯哀問成身孔子曰不過乎物夫所謂物者心之實理也是故寂然不動萬理具焉感而遂通萬理形焉顯仁藏用善應而不窮曲成而不遺言而民莫不信行而民莫不敬蓋有不言而信不動而□者尤之□曰是德紀天地□□日月序協四時道通鬼神故已訴神幾曰聖人曰聖人能立無過之地惟善事於心也嗚呼邵子之言也有自來矣□□之也曰執中曰人心惟危道心惟微惟□□間萬世無過之地也是故若湯若高宗若武王若伊傅周公處時之迹雖异而天下後世無异議焉者而論其治皆莫可及吁盡其心純乎天而已矣至孔子從心不逾矩夫不逾矩云者無過之謂也雖然衆人人矣聖人之心純乎天矣未至聖者則天人之岐而聖賢之限正有過無過之間也故不違三月顔之所以希聖也惜乎至矣而立之未終也然欲求至乎此者如何周子曰主静程子曰敬朱子曰審幾固用力之地也能力乎是而無過之地亦於我乎立矣聖人异於人哉

表

擬宋侍讀學士晏殊等暑月請宫中視學表（天聖八年）

皇甫涍

同考試官教諭林批（駢儷中婉曲陳請忠愛之情溢於言外使當時宋

君讀之豈不一動念乎）

同考試官教諭林批（用事造語俱精到有法度殆非淺學可及）

同考試官主事余批（人主之心不容一息少懈惟無時無地而不學則天德純天德純則王道易晏殊所請意蓋如此此篇發揚曲折擴殊之所未發不可以四六論矣用録以備聖學采焉）

考試官右諭德彭批（語類元獻而忠愛之情益篤）

考試官侍講學士張批（温厚懇切得告君之體）

具官臣殊等伏奉聖旨以時暑暫輟講書至秋凉仍舊者高明履順涣從月令之宜宥密居安彌切時幾之切義存張弛學有緝熙仰晋接之非遥願離明之繼照臣等誠勤誠懇稽首頓乎竊以義畫乾元運法天而不息湯盤顧諟命維日以俱新欲閑出入之無時尚資瞬息之有養故忠謨謹無怠無荒之戒而聖學開惟精惟一之傳兹蓋伏遇恭儉性成寬仁天縱統承三聖澤被九垓奉長樂之慈顔懋隆舜孝敞金華之講席丕闡文謨聽覽惟勤擴善端於火然泉達進修匪懈崇至德於日就月將既弘作聖之功共仰惟皇之極炎蒸甫屆憫會并之增勞恩遇加優輟經緯之進講臣等官聯册府學愧通儒何知何能旅進旅退暫違顔於咫尺思效力於涓埃恐一暴之易寒念寸陰之可惜蓋志嚴慎獨憂勤爲逸欲之防而業貴專攻游息乃藏修之助豈以燕門之適坐消駒隙之光昔皇祖修御覽於太平日呈三卷暨真考録遺編於崇政歲遍群經訏謨將啓乎後人盛事尚傳於中禁及春秋之鼎盛寧夙夜之豫康朝野無虞封章稀簡穆清多暇散帙煇煌兹歌愠解於薰風道義味延於永日况睿資之天授一覽盡乎精微方聖敬之日躋百物絶乎玩好開卷自知其有益建事惟求於多聞伏願俯納輿言式遵懿範勤望道而若渴懷慎德以如冰温故知新餘事或兼乎翰墨精義致用往言必體諸心身取左右逢其原資深經史念終始典於學同古帝王由兹不已之純漸造無爲之治王猷允塞丕圖永保於萬年帝德罔愆鴻號獨熙乎千古臣無任瞻天仰聖激切屏營之至謹奉表以聞

第三場

策（五道）

第一問

許仁卿

同考試官訓導蘇批（考論前代及述我皇祖功德制用之懿層見叠出條理不紊其真悉古今之藴者矣）

同考試官教諭王批（學有根據而昌大之氣雄偉之辭足以發之三場俱優高薦允稱）

同考試官教諭操批（出入經史叙論昭代制作之盛浩博無涯如長江巨川奔赴於海波瀾疊起自然成文信東南奇士也）

同考試官主事王批（我朝世□中和禮樂有本而鍾律未講若有待然于能下上今古備極情文以俾大業則其志識已非恒品矣參前二場與後四策俱各精博氣昌例無盡録也）

考試官右諭德彭批（歷代禮樂之制與我聖祖所深望乎繼述者能鋪叙不遺且意見切當可備聖明制作之助矣）

考試官侍講學士張批（能揄揚我聖祖禮樂之盛且援古制作評品精當未懇懇致望於今日似有欲言未盡之意其嘗究心禮樂者乎）

帝王之道大矣本之心身達之天下因天地自然之序而禮以行因天地自然之和而樂以作蓋志氣天人交相感應而雍熙泰和之治所由成也苟推之無本行之非時徒區區從事於儀文器數之間抑末矣此我皇祖禮樂之大同天地匹帝王而卓越之見尤慨漢文不能復古以寓貽謀之深意也愚讀史記律書其始不言律而言兵又於漢文加詳焉蓋偃兵息民天下安樂斯可言制律爾班志曰至治之世天地之氣合以生風風氣正十二律定非獨遷固言之子夏曰紀綱既正天下大定然後正律和聲弦歌詩頌此之謂德音周子曰聖王制禮法修教化三綱正九疇叙一姓大和萬物咸若乃作樂以宣八風之氣以平天下之情由斯言之在漢文亦未足語此其唐虞三代乎蓋自伏羲至黄帝而五禮始備乃命伶倫制十二箫以聽鳳鳴是爲律本堯德甚盛乃作大章然猶洪水之方割也四凶之未去也及舜受禪重華熙載岳牧九官奮庸寅亮夔乃作樂神人格鳳凰儀百獸率舞庶尹允諧垂二千載且有觀於魯而興嘆聞於齊而忘味者吁何盛哉大夏濩武固未逮也三代相因禮可知已周公成文武之德監夏商之中二千三百無不備焉夫樂盛於虞非德不同時未極也禮備於周非本之异文有加也自魯兩生不行而漢之禮多襲秦陋藏於理官雖高光功業庶幾可觀然詒謀未善而治雜霸故制氏所傳鼓舞鏗鏘焉耳河間所獻歲時備數焉耳况楚聲趙謳則益侈矣所惜孝文謙讓未遑而仲舒王吉□向且汲汲於煩苛衰弱之世何益哉自房杜不能對而唐之禮亦因隋舊雜以令式雖貞觀開元庶幾乎治閨門慚德而治雜夷故七德武舞魏徵不視九代遺音鄭衛不遠至霓裳羽衣則益荒矣蓋太宗以治忽不在樂而李義府許敬宗之徒又多附會其何怪乎至宋大綱亦未見其能正雖開寶而下言

禮者莫不有撰述而郊廟終未能一建隆之後制樂者非不求鍾律而元聲迄未能定和峴以表定尺阮逸以量求音胡瑗司馬光以尺生律而鑄工受賂李照莫之辨房庶劉几以律生尺而身爲之度魏漢津尤可哂焉是皆出人爲智巧之私不協天地自然之氣誠有如我皇祖所言者欲以動天地感鬼神豈不能難哉嗚呼道喪千載胡元僭華自古所未有之大變也重以大德泰定天曆之間綱常墜地生民塗炭極矣洪惟我太祖高皇帝膺天眷命用夏變夷恢復文明之統蕩除腥穢之風易冠裳於在衽拯水火而謳吟斯禮樂之同天地者雖隆古莫及也况嚴郊廟之祀肅宫闈之禁觀心有亭精誠有録君臣同游即虞廷都俞之風學士醉歌即成周鹿鳴之雅斯禮樂之在心身者與古聖一揆也由是達之天下正神祇之號均父母之服禁兄弟之婚定上下之式采周官讀法以行鄉社遵朱子家禮以令民間而禮行矣大祀樂章則親御宸藻大成樂器則頒習庠校命令謙正舞佾之位諭詹同製燕享之辭厭前代鄙陋容悦這聲禁胡虜諠爲舞隊之戲而樂正矣蓋自開國已列局徵儒考訂於前繼又命牛諒陶凱分掌於後今所輯大明集禮洪武禮制諸書傳布服習已久惟鍾律之制聲容之盛則未有纂述如虞之勸以九歌周大司樂之教國子者豈聖慮未暇及乎蓋樂不可無因而强作氣必待積久而後和伏讀祖訓禁用肉刑戒伐遠夷重民命也載觀大誥首叙同游申明五常崇政教也合而觀之豈能無深意於斯哉伏願聖天子乘德位之隆弘繼述之孝由格致誠正以爲修齊治平之本由喜怒哀樂以致中和位育之盛然後遍訪草澤大集文雅如蔡元定之律吕新書朱子之通解鍾律可考而知也如吕氏春秋通鑑外紀及隋志所載黄鍾含少之數與朱蔡异者可按而校也參度數之變求聲氣之元則與古帝王异世同符而我皇祖在天之靈所望於聖子神孫者亦可慰矣抑古者修禮樂以造士教中和以防民誠不可一日廢者朱子嘗謂宜立樂學久之則自有精通者出是亦一説也愚敢以爲聖明獻

第二問

浦應麒

同考試官教諭潘批（義嚴辭正末復歸重於民而援引古君臣數語可以占所藴矣）

同考試官教諭林批（祥异之策正以驗忠悃爾是篇歷歷言之不矯不諛佳士也）

同考試官署郎中丘批（休咎雖殊惟修德爲本蓋以人事天者當然也此作歷有發明而忠愛之心溢言外矣）

考試官右諭德彭批（灾祥之對能究極天人之微略無諛辭而儆戒交修之意懇至是可録也）

考試官侍講學士張批（能道數千年灾祥得失之故又惓惓以上下交儆爲言其有忠君愛國之忱者乎）

人君之事天也猶事親也人臣之事君也猶事天也知所以事親則知所以事天矣知所以事天則知所以事君矣蓋親有喜怒皆不爲不愛其子天有祥异皆不爲不愛其君君以是修德而飭乎下臣以是修職而弼乎上皆無所不用其誠敬斯交儆相成之道祈天永命之本也是故祥多而未必不危异衆而戒未必不安顧人應大何如耳此張子西銘所謂大君吾父母宗子大臣吾宗子家相真西山所謂知父母之心可以知天心知人君之道可以知天道之説也執事豈不有見乎此而猶下詢承學無亦因事納忠以寓持盈保終之意歟雖然天人之際未易言也稱洪範庶徵則堯湯有水旱之灾稱禮運四靈則五代之麟鳳龜龍之屬以文景之賢而彗孛地震山崩水潰之异史不絶書以武宣之世而芝房寶鼎神爵甘露往往紀年而歌咏是誠不可一端求也故漢儒向歆仲舒京房翼奉之徒或采春秋以附時事或析福極以配五行皆未免旁引曲證而失之鑿顧以啓人主不足信之疑如歐陽氏鄭夾漈之論則又以四靈爲非瑞以五行爲妖妄亦未免矯枉過正而失之疏適以導人臣不足畏之佞惟孔子作春秋不書慶祥則懼夫人之偶同而或恃以驕也其紀灾异不著事應則懼夫人之偶异而或忽以怠也稽之往古伏羲龍師而龍名少皥鳥師而鳥名民事尚略取諸遠爾至於受河圖而八卦畫受洛書而九疇叙蓋仰觀俯察因象數以成天下之務以冒天下之道非有言語文字如後世也洚水儆予堯以爲憂而舜禹是用萬世且永賴矣桑林□儒湯以爲憂而君臣一德六事且自責矣若虞稱儀鳳而敕天之歌懇懇乎時幾之謹周載嘉禾而無逸之訓惓惓乎稼穡之難則上下之交儆可知也文景承干戈甫定之餘躬修玄默敦尚儉朴其臣又多重厚長者故今年詔敕農□明年詔減田租陳武征伐之請賈生禮樂之議皆有未遑雖少杯寶鼎晚年少惑而新垣平之誅其復不遠是以户口蕃息斷獄數百灾异雖衆亦何足累哉武宣當國家富庶之後才高志廣好大喜功其臣類多文過其實以一物之异即升樂府一瑞之上輒用改元仲舒正心之策汲黯多欲之戒皆不見用雖白四方灾异可謂賢相而宋疇之衆亦不能救是以海内困窮幾續亡秦祥□之集其矯誣也哉玄宗初年鋭意於治觀其獻瑞應圖則曰春秋不書祥瑞惟記有年一何明也曲江罷而靈符出天寶之號侈矣雖漁陽之變不克有終説者謂自封禪之請日食

不虧之賀其漸已久末流尚可防乎真宗初年政從簡易觀其獻嘉禾則曰天下豐稔即爲祥瑞又著論以示群臣一何慎也文靖没而天書下祥符之事多矣雖澶淵之耻有爲口實説者謂美珠之賜乾佑之進賢者且然其他又修責乎由是觀之君臣交修雖灾亦治君臣少肆雖祥亦亂天豈遠乎人哉方今聖天子憂勤于上同符帝王而諸大臣將順於下遠鑒唐宋是以聞祥瑞而不賀遇灾變而致謹是深有得於春秋之義自足以折諸儒之論矣抑愚竊謂敬天之實豈有他哉無亦盡心於民斯可矣觀禹陳吉□影響之謨而曰善政養民□□□聰明明畏之謨而曰安民則惠天命降監下民有嚴商之所以頌高宗也上下勤恤欲王以小民受天永命召公之所以告成王也何者君受命於天臣受命於君凡以爲民而已舍人事而徵天道有是理哉一得之愚誠無出此惟執事教之幸甚

第三問

皇甫涍

同考試官教諭林批（五策至周禮率難分析是篇獨條答且折衷以朱子之論故録之）

同考試官教諭林批（議論辨析皆有根據如子言周禮可行矣不但博洽而已也）

同考試官主事余批（周禮一書綱目畢舉非聖人莫之作答者殊無定見子能悉之可與言治矣）

考試官右諭德彭批（周禮之疑對者未半率騁浮辭填塞此卷五策出入經史已迥出人右録此則餘可知矣）

考試官侍講學士張批（世之談經者往往致疑周禮故大經大法率廢而不講是作獨以聖人之心爲言可謂知本之論矣）

知聖人之心於千載之上而後可以談經得聖人之心於千載之下而後可以致治夫不得其心而徒泥其迹則言之者失之固固則廢行之者失之疏疏則弊其廣大之規精微之藴乃始弗見於天下矣况未經孔子之論定孟子諸儒之弼承而後世之疑愈甚吁疑小而并廢其大豈不深可慨哉執事以周禮下策承學愚也非敢自謂知聖人之心而有得也然亦嘗致力於是矣請試陳之夫王者之制莫備於周禮蓋周公成文武之德而晝爲萬世之經其建官以三百六十其兵農以井田其取民以什一其教民以鄉遂其養士以學校其治天下以封建其威民以肉刑大本既立然後隨而增益之上則六典八法八則九柄九貢九賦九式之序次則祭祀朝覲冠婚喪紀師田行役之詳下至車

旗圭璧之器梓匠輪輿之度與夫畫繢搏埴之法又其細及魚虫之微至纖至悉無不畢具而意之所在雖六卿各分其職而大宰得總其權維時道洽政治四方無虞固本於關雎麟趾之化而法度之維持者亦不可誣也故鄭玄以爲周公致大平之迹仲長統亦謂周禮爲禮記之經皆有見矣若考其時則賈公彦以爲六年所制得之而鄭衆謂作之於豐者失矣挾書之律既除河間獻王得之李氏乃始入於秘府劉歆見而重之鄭緱杜賈各爲疏解乃遍授於諸儒即設位言之謂之周官即制作言之謂之周禮劉歆嘗奏置博士矣而因格於兵荒武帝嘗欲設學官矣而爲群疑所沮其與王制不合者蓋王制之言出漢儒掇拾之餘與軻書不同者蓋孟氏之論在諸侯去籍之後冬官之屬雜見於五官之中要之本全若强續所不類猶以羔補狐以縞補緇適所以致疑凡可疑者皆此類也五官之缺如嗇夫司商之類本見亡於秦火若强以爲全不知儀禮所載國語所録自足以相證凡所闕者亦此類也設官分職周書舉其概周禮盡其詳内事以存名要之分攝者多固不一一求備爾□人匠人一以長言之一以方言之因地以順其勢故其縱橫有不同均之以便民爾内宰之掌固有寺人女史之屬凡奔走趨事與教法之備者皆其爲之宰特主其職耳而六宫嬪御裸獻瑶爵佐后立市皆禮之宜有者也豈若後世之婦無功事而祭獻不聞者乎三物之法求其德行道藝之全鄉大夫受教法於司徒退而頒之於鄉吏使各以教其所治登其夫家之衆寡三年大比賓之於王所謂使民興賢出使長之使民興能入使治之而亦未嘗求備也豈若後世之徇名取士而行業無聞者乎屬民讀法非擾也於民彌親故教彌數而民日遷於善矣廛人五布非苛也抑其逐末作之務本而民浮僞自消矣以圖服爲息如農以粟米工以器械隨所有以爲便非稱貸以取償亦何近利之有賈田掌於載師者蓋吏爲縣官所鬻而非商賈所受四民不相易業若以爲商賈之田則工亦當有田矣賓客屬於秋官者蓋諸侯朝覲會同之禮畢則降而肉袒請刑屬之司寇所以威懷諸侯矣王府共王之獨用内府待邦之大用亦猶古有世藏而豈以致之四方乎三公北面執璧后致飲而降醫酏原其禮意自備而豈謂不與尊敵乎内小臣之掌蓋親族之在四方婚姻之所往來固以君命行之非外交也媒氏之所判蓋男女昏姻以時娶乃爲配奔乃爲妾由禮之殺□恣亂也夫聖人周天下之慮事爲之制曲爲之防無一而不講求無事而不精備彼林孝存十論士難之詆何休六國陰謀之排不足爲此書之累自取侮聖之罪耳後世行之者如攘竊之新莽在禮之所必誅而堅僻之安石固已深病乎太宰之規模矣所可惜者篤好如王通而當時無願治之主深信如唐太宗而諸臣非

王佐之材於戲豈周禮之不幸殆天未欲使斯人蒙致治之澤歟若謂秦漢諸儒以意見多所損益則朱子嘗有言矣周公立許多條貫皆從廣大心中流出又謂周禮畢竟是出乎大綱却是周公意思然則秦漢諸儒之意見果又此乎者執孟子未見而漢儒何以表□則諸侯去籍非若秦火之酷而五經□□□也遂謂周禮無存得乎聖人以□□□□□何末有本有末未嘗偏廢此□□□□□備而亦何穿鑿之有哉抑諸儒之疑吾嘗於朱子而取衷矣其語□所載師友之講劘門人之論著不一而足未嘗不以□禮爲聖人之經故其言曰周禮一書□□廣大精密周家法度在焉但未敢令初學者看學有先後耳又曰理會周禮非位至宰相不能行若至宰相亦須上遇文武之君始得行其志斯言也愚嘗三復之矣可以破群疑而一衆志者乎學而躐進終無所得苟非其人道不虚行故疑周禮者欲學而未知聖人之心者也行周禮者有志而未得聖人之心者也我祖宗稽古建官多采周禮今公孤并列而六卿分職宫府相維而内外相制載之祖訓者甚詳而列於官制者可考也方今聖明天子在上賢輔理在下正可行之時矣師其意而不泥其迹又求周公深智遠慮所在而致意焉則周家化成之效端在今日敬因明問爲執事告之幸轉而聞之於上

第四問

程烈

同考試官學正陽批（考據精當議論宏博參之三場俱優因言知人當不負所舉矣）

同考試官左評事江批（知人之道在明薦人之道在公士子類能言之至論古人成敗言事失得昭然若懸寓其餘力逸氣若縶馬而止之有不盡其才之意則子之所學於是乎不可及矣其餘策皆然獨録此者亦以薦人而得爲當寧賀也）

考試官右諭德彭批（五策皆議論英發此篇於知人用人慮尤見精審不可以科舉文字目之）

考試官侍講學士張批（歷衆薦舉往事出入子□□□恃態而所歸宿惟公與明此□卓然□□□□四策俱博洽有斷制豈獨以文薦子）

辨天下之人者存乎智用天下之材者存乎公夫不患人之難知患吾心之有未明不患才之不足患吾心之有未公明則不欺於人公則無累於己此古之人所以善於取才而足以成天下之務者乎甚矣知人之難也庸違象恭堯之所嘆巧令孔壬禹之所憂兼之外雖朴拙而内實不欺迹若可遺而志有

足諒列是數者紛於吾前而吾不能先立所主亦隨衆好惡而因時异同於是賢不肖始混淆而無辨矣將含己以爲賢則小人側媚或以中其欲將附己以爲私則小人機阱或易至於離是故以惠卿之儉邪而介甫信之則熙豐新法之變固有自也以楊畏之詭秘而大防引之則紹聖群奸之禍不可悔也吾惟挈吾智焉操吾公焉則如賈誼王褒之文學辛湯段會宗之政事孰非才乎雋不疑之經義暴勝之之高潔孰不可用乎是故郡守公府皆可舉士直指金吾亦得薦賢而何守節之不善後久要之變其初之足慮哉昔范文正攝教西監晏元獻出判西京問其人物范以二舉子對則富文忠張文定也説者謂一問答之頃萃四相焉張忠定守金陵遇殿直范延貴詢其所見范以張希顔對即日并薦于朝説者謂一邂逅之間獲二士焉夫文正取士以忠孝爲大節以不欺爲根本忠定亦嘗言問君子得君子問小人得小人則公與明者二公之素定矣故得士之易其即堂下一言而知醱明野中一見而知冀缺者乎彼一匡之功天下賴矣而實出於窘辱備嘗之士澶淵之役所濟危矣而奚嫌乎好剛使氣之疵蓋鮑叔牙有見於管仲足興霸圖而王旦畢士安亦知西北跳梁非寇準莫能制其亦明而公矣故語其常惟大節之觀也□於用惟才之宜也古人之應變從權有□以一律拘者如此故過可用也孟明不見廢於秦伯毀可用也陳平不見弃於魏無知不然則濟河之師造漢之業其孰與成哉雖然且有説也明揚之下士風係焉變動之機世道由焉故俗敝易於尚同而毁譽增於附和管氏所以短鮑叔而右隰朋者豈無見乎故知人而明矣用人而公矣若可盡矣而周天下之慮示轉移之妙廟堂之上必自有斟酌者而非區區之愚所能與也惟執事進而教之

第五問

程尚寧

同考試官學正錢批（策問雖以漢言猶有不足於漢之意子能發之而於時弊叙論剴切區畫精當可以驗用世之志矣）

同考試官主事秦批（時弊一策正欲觀士子才識此作歷舉漢事纖悉無遺至篇末通變之術又皆鑿鑿可行是誠達於治體者矣謂爲豪杰之士也耶）

考試官右諭德彭批（裁酌時宜切於救弊非識見素定而有志經世者不能也）

考試官侍講學士張批（時務人人能言類迂腐不切此策斟酌低昂有可行者非豪杰也耶）

善爲治者固不可無明作之功亦不可無惇大之化蓋明作有功紀綱所

由正也惇大成裕風俗之所由醇也紀綱正於上風俗醇於下天下有不善治者乎然所以致是者亦不過用人行政二者之間而已執事發策以真西山所載漢治爲問若有激于目前浮薄之習而思以矯之者愚惟聖朝方建長策舉三代之隆區區漢治奚足擬哉然明問所及亦不敢不對如文帝問田叔長者叔乃舉孟舒張釋之問周勃張相如上因止嗇夫不拜直不疑張歐處官世以是予之襲遂有對宣帝説之皆用人以長者爲言也何也懲秦之刻核世以爲忌而云然也如袁盎慷慨引大體汲黯不拘文法郅都伉直争是非丙吉問牛喘爲掾史所服皆舉事以大體爲言也何也亦懲秦之苛細世以爲重而云然也是以稱其治曰少文多質告訐之俗易曰人人自愛而重犯法先行義而後詘辱曰吏安其官民樂其業自今觀之俗尚薄惡如賈誼有太息之言吏且欺謾如王成蒙僞增之賞則亦豈盡然哉蓋文帝之世雖務寬厚而紀綱或未振宣帝之世雖務綜核而風俗或漸漓是故二者誠不容以偏廢也我朝積累垂百六十年法久必弛物刓則弊理之常也今在郡縣者化刀劍務本業豈謂無若人乎有之或未必舉爾而緩下亟上競私廢公飾逢迎以賈譽謹簿書以程能者皆是矣服衣冠者耻言人過不拜貴幸豈謂無若人乎有之或未見信爾而萋斐爲計苞苴是營見王公以自鬻勤職事而□知者亦有矣禮式有禁誣越有刑所以律民者至嚴也然好相仇訐或流言道路如司馬文正所疏小者及縉紳大者及公卿矣冠履之分漸可長乎制以復領優之廪餼所以治軍者甚密也然少有不副遂譟呼轅門如蘇文忠所論其始在邊鎮今且在畿甸矣肘腋之虞患可養乎爲今之計無亦振紀綱于上厲風俗于下用人以長者非欲爲姑息蓋革薄從忠反兹憸巧之徒耳矣舉事以大體非欲爲疏闊蓋略細圖遠反兹因循之政耳矣必重循良而久其任仿漢之增秩賜金唐之疏名坐卧宋之帶御京朝增郡守之藋并監臨之法疏其節目慎於黜陟若是而吏不稱未之有也吏稱則俗化矣必奬廉静而核其實如雨及門三上書必抑之同巷不見十年不調必進之先器識後文藝布公誠舍私昵若是而士不厲未之有也士厲則政行矣於民則降典以折刑明刑以弼教嚴等列崇體貌如賈生所謂豫遠不敬辨等威明物采如程子所謂體險之大用庶其塞告訐之門乎於兵則核屯田以實儲蓄練民兵以省浮冗主餉必公如寇潁川之迎賈復張益州之給屯軍將閫必嚴如韓魏公鎮北門戮犯縣令者王德用師定州禁喧廪庾者庶其削跋扈之階乎凡此皆在上者因勢輕重而變通之耳抑愚聞朱子有言紀綱之振以宰執秉持而不敢失臺諫補察而無所私人主又以大公至正之心恭己於上而照臨之賢者必上不肖者必下有功必賞有罪必罰則

天下之人更相勸勉夫惡從善而禮義之風廉耻之俗變矣草茅之言不識忌諱惟執事擇焉

應天府鄉試録後序

嘉靖戊子秋八月應天鄉試録成臣潮既書首簡臣澤當序成事乃閱諸所梓作而嘆曰彬彬乎盛哉不可尚已其初試精而朴奥而顯勁徹而醇正其析理之文乎其再試信而通典而則婉切而疏暢其體事之文乎其三試博而核腴而檢明物而達政其經世之文乎夫文安從生哉惟天有文垂諸象矣惟地有文顯諸形矣人之文鳩天地之英者也周人營洛邑曰陰陽之所會也風雨之所交也中天下而立定四海之民是故亘古獨盛孔子曰周監於二代郁郁乎文哉吾從周夫文天地聖人所不能違也我聖祖肇都金陵跨江南北以爲甸服朔南暨皆四千餘里江淮河漢天下之名川也江出西南北會漢南會洞庭彭蠡岷峨以西五嶺以北川流以萬數皆合于江環繞鍾山以東之海河緯西北岍岐之南太華伾岳之間川流以萬數皆會于河入于淮朝宗畿甸亦以東之海陰陽之會風雨之交將不在兹乎百餘年來人文克蔚甲於四方固文明之化使然亦其所乘者然也故觀夫江以北之人文其氣廓廓爾其辭卓卓爾北方之長材大器在焉觀夫江以南之人文其氣烈烈爾其辭燁燁爾南方之奇珍麗藻在焉天下之文具體于是矣抑諸士者其嘗求夫文之全體矣乎夫言文者有與質并有與行并有與禮并有與實并不配質則本有不敦矣不孚行則言有不掩矣不約禮則學有不至矣不副實則用有不周矣若是者豈徒偏之爲小雖謂之虚文可也孔子以斯文自任豈是謂哉其將經緯天地裁成化育彌綸萬變而後可以言文之全體諸士無亦於此是務乎天地流精山川炳靈臻是人文造物之始爲之也良亦勤止若顧以虚文終之無乃不可乎故惓惓於終篇也亦莫之敢以虚文相告也

奉議大夫右春坊右諭德彭澤謹序

嘉靖十三年應天府鄉試録

應天府鄉試録序

嘉靖甲午秋右諭德臣以訓左贊善臣治恭承上命來主應天鄉試臣以訓竊伏自念臣海濵之野人也敢與知都人士之文事矧進退是司或則譬之曰延陵季子之聘上國也□四代之樂與諸國之風而能□言其故子自越觀于江淮其諸吴之之魯也乎勉之何辭臣曰諾哉如期而至提調則府尹臣奇府丞臣登庸院宇廓新百需整裕臣曰僉其樂有寧宇以共夙夜乎監試則御史臣英臣宜綜練周防豫事有嚴臣曰士其獲見所長乎同考試則教授臣軒學正臣淮教諭臣瑞葵臣祚臣子麒臣獻忠臣永壽臣煦訓導臣鵬先期應聘至皆四方之良也臣曰重任其有所分乎提學御史臣聞人詮暨六館諸曹之長各慎擇所莅士以待事凡三千六百有奇臣曰士其既簡矣乎乃如制三試三校之録士百三十有五人梓其文二十篇登于天府臣惟樂者聲諸器者也言者聲諸心者也聲諸器傳諸人聽之而得其情與其風之美惡祚之升降况夫聲諸心者由中應外誠之不可掩也孰謂聽焉而無得也哉彼都人士出言有章是我國家百餘年豐芑之遺而我聖天子作人之功之所先施嚮明之化之所先被故夫睹山川之巨麗而占靈秀之委閱人文之炳蔚而仰聖澤之深治世之聲其將是在乎或則又曰聲之未被於樂者自然之聲也節奏短長之而大音或幾乎散矣言之未約於文者由衷之言也組繪離合之而心聲或幾乎隱矣是故知言知樂古人難之子既有得矣乎臣不佞乃何敢望古人亦惟仰體聖天子崇雅抑浮之德意推而行之惟其明理致用無或騖於玄虚惟其通古今之宜無或眩博以逞惟其深厚爾雅無或夸毗儇佻徒取觀聽以若所言揆若所志持吾鑒空衡平之心以順應乎其間雖不悉中亦思過半焉視諸審樂知德者不既有間矣乎臣今也幸而蒙成於百執事且將億之曰庶幾其有名世者出是舉焉俾臣幸復蒙成于將來如其無幸焉臣獨且奈之何人亦有言實中其聲者謂之端實不中其聲者謂之款款言不用奸乃不生嗚呼懋戒哉孰知聲實之不中其究爲奸也哉惟昔先臣嘗典文于兹蓋思延陵之理

樂而嘆東南之美也臣於是重有感而述焉以告諸賢以對揚聖天子休命

奉訓大夫右春坊右諭德倫以訓謹序

嘉靖十三年應天府鄉試

提調官

通議大夫應天府府尹柴奇（德英直隸崑山縣人　辛未進士）

中順大夫應天府府丞郭登庸（自徵山西山陰縣籍長子縣人　甲戌進士）

考試官

奉訓大夫右春坊右諭德倫以訓（彦式廣東南海縣人　丁丑進士）

左春坊左贊善張治（文邦湖廣茶陵州人　辛巳進士）

同考試官

河南開封府儒學教授高軒（文載直隸遷安縣人　丁丑進士）

山東東昌府濮州儒學學正陳淮（東之福建閩縣人　戊子貢士）

湖廣岳州府澧州安鄉縣儒學教諭劉瑞葵（原向廣東潮陽縣人　庚午貢士）

福建福州府長樂縣儒教諭儒學教諭楊祚（永錫江西泰和縣人　乙酉貢士）

山東萊州府掖縣儒學教諭王子麒（仲郊河南儀衛司人　乙酉貢士）

福建汀州府寧化縣儒學教諭顏獻忠（言可廣東順德縣人　乙酉貢士）

河南開封府許州襄城縣儒學教諭王永壽（體仁陝西南鄭縣籍咸寧縣人　辛卯貢士）

湖廣武昌府嘉魚縣儒學教諭覃煦（時和廣西平南縣人　壬午貢士）

廣東廣州府新會縣儒學訓導王鵬（漢興福建平海衛官籍□江寧波府辛卯貢士）

監試官

文林郎南京浙江道監察御史喬英（伯城直隸□□人　癸未進士）

文林郎南京山西道監察御史宋宜（獻可陝西鄜州人　丙戌進士）

收掌試卷官

奉政大夫應天府治中章諍（直言直隸太湖縣人　戊午貢士）

印卷官

承德郎應天府通判于淳（世熙河南洛陽縣人　癸酉貢士）

儒林郎應天府推官郭重（自脩河南武安縣人　己卯貢士）

受卷官

應天府句容縣知縣陳文浩（子川福建閩縣人　壬辰進士）

南京金吾前衛經歷劉錦（在中山西聞喜縣人　監生）

彌封官

應天府高淳縣知縣祝廷玉（汝成福建侯官縣人　乙酉貢士）

南京龍江右衛經歷王璋（宗獻順天府通州武清縣人　監生）

謄録官

應天府溧水縣知縣杜朝聘（莘夫山東阿縣人　己丑進士）

南京錦衣衛經歷莫駿（克超廣西平樂縣人　丙子貢士）

對讀官

應天府江浦縣知縣劉縉（朝儀廣西桂林右衛官籍□縣人　壬午貢士）

南京鎮南衛經歷居仁（安之陜西寧□衛人　監生）

巡綽官

南京濟川衛署指揮同知王元泰（應階山東濵州人　武舉）

直隸建陽衛指揮僉事孫光（汝學直隸定遠縣人）

搜檢官

南京留守右衛副千户殷泰（世亨直隸嘉定縣人）

直隸新安衛副千户孫源（國用直隸宣城縣人）

南京留守中衛百户劉進（天注順天府遵化縣人）

直隸宣州衛百户甯權（大用山西忻州人）

供給官

應天府經歷司經歷李世慶（天錫直隸藁城縣人　監生）

應天府經歷司知事吴軿（汝秉直隸無錫縣人　監生）

應天府照磨所照磨畢世臣（元勛山西應州人　監生）

應天府江寧縣知縣崔尚義（子由直隸長垣縣人　丁卯貢士）

應天府上元縣丞潘彦富（大有湖廣監利縣人　監生）

應天府上元縣主簿劉熙載（舜鄉江西永新縣人　監生）

應天府江寧縣主簿洪猷（獻之浙江壽昌縣人　監生）

應天府龍江遞運所大使李崑（仁美江西雩都縣人　吏員）

應天府龍江水馬驛驛丞貢承宣（汝化湖廣麻城縣人　承差）
應天府江東馬驛驛丞龍廣（博文貴州省溪長宫司人　承差）
應天府江浦縣東葛城驛驛丞婁漢（宗大直隸獻縣人　承差）

第一場

四書

古之學者爲己今之學者爲人　故君子之道本諸身徵諸庶民考諸三王而不繆建諸天地而不悖質諸鬼神而無疑百世以俟聖人而不惑　五畝之宅樹墻下以桑匹婦蠶之則老者足以衣帛矣五母雞二母彘無失其時老者足以無失肉矣百畝之田匹夫耕之八口之家可以無饑矣所謂西伯善養老者制其田里教之樹畜導其妻子使養其老五十非帛不暖七十非肉不飽不暖不飽謂之凍餒文王之民無凍餒之老者此之謂也

易

泰小往大來吉亨則是天地交而萬物通也上下交而其志同也内陽而外陰内健而外順内君子而外小人君子道長小人道消也　九二利貞中以爲志也　一陰一陽之謂道繼之者善也成之者性也仁者見之謂之仁知者見之謂之知百姓日用而不知故君子之道鮮矣　有父子然後有君臣

書

念哉率作興事慎乃憲欽哉屢省乃成欽哉　聖有謨訓明徵定保先王克謹天戒臣人克有常憲百官修輔厥后惟明明　慮善以動動惟厥時明作有功惇大成裕

詩

十月蟋蟀入我床下穹窒熏鼠塞向墐户嗟我婦子曰爲改歲入此室處六月食鬱及薁七月亨葵及菽八月剥棗十月穫稻爲此春酒以介眉壽　心乎愛矣遐不謂矣中心藏之何日忘之昊天曰明及爾出王昊天曰旦及爾游衍　我將我亨維羊維牛維天其右之儀式刑文王之典日靖四方伊嘏文王既右亨之我其夙夜畏天之威于時保之

春秋

五月癸丑公會晋侯齊侯宋公蔡侯鄭伯衛子莒子盟于踐土公朝于王所（俱僖公二十八年）　齊侯使其弟年來聘（隱公七年）鄭伯使其弟語來盟（恒公十四年）冬公子友如齊（僖公十三年）秋公子遂叔孫得

臣如齊（文公十八年）公子遂如齊（宣公元年）夏仲孫蔑如京師（宣公九年）季孫行父如齊冬公孫歸父如齊（俱宣公十年）　十有二月乙丑季孫行父及晋郤犨盟于扈（成公十六年）　夏公至自晋（昭公十六年）吴伐我（哀公八年）

禮記

天子犆礿祫禘祫嘗祫烝諸侯礿則不禘禘則不嘗嘗則不烝烝則不礿諸侯礿犆禘一犆一祫嘗祫烝祫　及日中又至亦如之及莫又至亦如之　其言也約而達微而臧罕譬而喻可謂繼志矣　民以君爲心君以民爲體

第二場

論

民心悦而天意得

詔誥表（内科一道）

擬漢命御史大夫魏相給事中詔（地節二年）　擬唐以右僕射李靖等爲黜陟大使誥（貞觀八年）　擬駕幸無逸殿命輔臣進講御豳風亭賜從官以上宴謝表

判語（五條）

市司評物价　乘輿服御物　宿衛人兵仗　依告狀鞫獄　斷罪引律令

第三場

策（五道）

問　諸士子生長太平游觀都邑國之故宜知之建康形勝自古不以爲進取之資我聖祖實自淮右渡江而基迹於是以定四方其何以歟至我太宗則以江淮爲根本而定鼎燕山亦古帝王所未嘗宅中之地又何取歟以創業言之商周之後漢得天下最正其於我朝若是班歟漢高帝以五年我聖祖以十六年成功遲速之不同若是何歟以纘服言之北剿强胡六飛三駕不法文景之休息而法武帝之經略何歟永樂庚子既定都于北而洪熙宣德間行在南京之稱乃互有更革然而至于今卒定萬世之基者是誰之功歟請條别著于篇詩云敷時繹思我徂維求定

問　人才盛衰關乎氣運唐虞三代不暇言矣春秋而降上下二百餘年雖元氣之全散於光岳之分裂而其間人才之生未嘗乏絶如齊之鮑叔管仲

晋之舅犯先軫郤克趙衰宋之華元楚之子文蔿賈秦之百里奚鄭之子産吴之季札之數子者皆能尊社稷庇人民杰然一代也然考其事功大者僅能輔其主以主夏盟餘皆保全境土而已或者乃謂春秋陰陽氣運之厄有以成吾道之厄雖偉人特起其才亦無所施然歟否歟漢唐全盛之際其氣運昌矣而人才之名者曰蕭曹丙魏曰房杜姚宋不知諸人當時所建立者視春秋數子高不何如耶又不知春秋數子復生其時其功烈所就當何如耶或者乃謂春秋數子非漢唐諸人所及當歟否歟孔子曰如有用我吾其爲東周孟子曰以齊王猶反手又不拘拘於氣運何歟諸葛亮志决身殲不能一鼎分之勢狄仁杰秉彝向晦乃能成取日之功其成敗不同豈亦氣運爲之歟願究極柢之論毋徒騁浮詞侈然曰博洽

問　三代之後帝王之治不復見矣世儒每致意焉董仲舒以漢武帝王心未加也對策曰設誠於内而致行之則三王何异哉王吉言於宣帝思建萬世之長策舉明主於三代之隆程伯子勸宋神宗行王道期致治如三代之隆而後已邵子論皇極經世曰苟有命世之人與焉則雖民如夷狄三變而帝道可舉信斯言也行王道者何先建長策者何術帝道若爲而舉王心若爲而加其言皆可底績而时弗之庸耶抑否也方今聖明在上志復隆古興道致治千載一時子諸子其酌先民之論商帝王之略以佐下風於萬一不亦可乎

問　周禮以鄉三物教萬民而賓興之而後世取士惟以經義夫經義特三物之一爾豈亦可兼其二歟王制執左道亂民者有禁而今之老佛亦左道也何蔓衍而不能去歟六經之道甚明而易行窮經者乃支離於章句文詞之末而不復究心聖賢之旨豈詞章亦可謂道歟學春秋者知正朝廷以正百官之理而以經術爲帝師何不能止外戚之强長易學者知論帝王舉賢之法而以巨儒位台輔何不能正清河之位豈經術不足盡用歟佛老之書惑世誣民先儒排之甚嚴且力何亦與六經并傳歟學黄老者可致清净之治而身稱道君何爲釀靖康之亂知禪宗者可明死生之際而舍身事佛何不救臺城之危豈其術亦有可用而人之用有善不善歟兹欲抱經義者兼乎德行而才皆體用之實執左道者皆知禁絶而世無崇信之非果何術以致之歟請詳言之以占子趨向之志

問　今天下之名存而實亡者莫如屯田而其利久而弊滋者莫如鹽法僉議之所講明專使之所督理亦既詳且勤矣或以爲二事立法甚周爲利甚博二事既舉軍國無餘計其信然耶或又以爲經費在田糧鹽法乃其百一則屯田又不足言矣其又信然耶或欲先懲奸商之罔利或欲先恤竈户之流亡

或謂邊儲不納本色則鹽法終無補是三説者孰急或言屯軍病民可罷或言清查擾民可已或謂不如姑緩其舊而增置其新是三説者孰近諸君子究心斯世奚啻熟講此耶願聞之具以質言

中式舉人一百三十五名

第一名　鄭維誠　祁門縣儒士　書
第二名　陳鎏　吴縣學附學生　易
第三名　鄭莊彦　福建永春縣人監生　詩
第四名　鮑道明　徽州府學生　春秋
第五名　潘理　建平縣學增廣生　禮記
第六名　王之省　應天府學生　易
第七名　李未　丹徒縣人監生　書
第八名　郭來朝　江西峽江縣人監生　詩
第九名　王會　太湖縣學教諭　詩
第十名　楊時秀　懷遠縣學生　春秋
第十一名　李憲卿　崑山縣學附學生　易
第十二名　馬錫　祁門縣學生　詩
第十三名　駱騰霄　浙江諸暨縣人監生　禮記
第十四名　周彦能　廬州府學生　書
第十五名　李楨　江西新昌縣人監生　易
第十六名　陶澤　武進縣人監生　詩
第十七名　施大觀　青陽縣學增廣生　詩
第十八名　鄔克忠　崑山縣學生　易
第十九名　吴仲禮　貴池縣學生　詩
第二十名　吴炳　福建莆田縣人監生　書
第二十一名　陳諫　常熟縣學生　詩
第二十二名　宋賢　華亭縣學附學生　春秋
第二十三名　李重　嘉定縣學生　易
第二十四名　吴性　宜興縣人監生　詩
第二十五名　莊天恩　松江府學生　書
第二十六名　徐栻　浙江鄞縣人監生　易

第二十七名　陳燁　靖江縣學生　詩
第二十八名　蔣珊　常州府學生　詩
第二十九名　游肇紀　婺源縣學附學生　禮記
第三十名　董子策　合肥縣人監生　書
第三十一名　沈察　吴江縣學生　易
第三十二名　王立道　無錫縣學增廣生　詩
第三十三名　章時鸞　青陽縣儒士　春秋
第三十四名　高冤　浙江孝豐人監生　易
第三十五名　陳崇慶　常州府學增廣生　詩
第三十六名　余世儒　婺源縣學附學生　書
第三十七名　劉佩　亳州學生　詩
第三十八名　徐二南　江陰縣學增廣生　易
第三十九名　汪伊　徽州府學生　詩
第四十名　金九齡　武進縣儒士　詩
第四十一名　甯璉　青陽縣學增廣生　易
第四十二名　陳瀚　浙江秀水縣人監生　詩
第四十三名　王禮　婺源縣學附學生　書
第四十四名　施譓　浙江鄞縣人監生　易
第四十五名　龔愷　松江府學生　詩
第四十六名　張桀　儀真縣人監生　詩
第四十七名　徐津　武進縣人監生　書
第四十八名　阮鶚　桐城縣儒士　易
第四十九名　金九成　武進縣學附學生　詩
第五十名　黄鎜　儀真縣學生　書
第五十一名　陸鵠　吴縣學增廣生　禮記
第五十二名　張旦賓　應縣學增廣生　易
第五十三名　畢鍯　徽州府學增廣生　春秋
第五十四名　丁一敬　丹陽縣學生　易
第五十五名　陳應　鹽城縣學增廣生　詩
第五十六名　吴瓊　祁門縣學生　詩
第五十七名　成恩　湖廣荆門州人監生　書
第五十八名　徐泳　宣城縣學增廣生　詩

第五十九名　陸儀　吴縣學生　易
第六十名　錢泮　常熟縣學增廣生　詩
第六十一名　何格　浙江瑞安縣人監生　禮記
第六十二名　睦鑒　浙江蘭溪縣人監生　易
第六十三名　方繼仁　徽州府學生　書
第六十四名　徐甸　常熟縣學附學生　詩
第六十五名　吴恩　常熟縣學附學生　詩
第六十六名　王三接　太倉州學生　易
第六十七名　胡文孚　休寧縣人監生　春秋
第六十八名　芮亥　宜興縣學附學生　書
第六十九名　余繼學　滁州學生　易
第七十名　成堯儒　定遠縣監生　詩
第七十一名　陳國光　儀真縣學生　詩
第七十二名　裘邵　蘇州府學增廣生　易
第七十三名　趙大河　江陰縣學附學生　詩
第七十四名　羅雲漢　寧國府學生　書
第七十五名　勞珊　吴縣人監生　易
第七十六名　鄒絢　浙江餘姚縣人監生　禮記
第七十七名　朱才就　蘇州府學附學生　易
第七十八名　張爵　福建浦城縣人監生　詩
第七十九張選　高郵州學生　書
第八十名　程燮　休寧縣學增廣生　春秋
第八十一名　皇甫濂　蘇州府學增廣生　易
第八十二名　姜堂　吴江縣學生　詩
第八十三名　谷鳳喈　當塗縣學生　詩
第八十四名　鄒克　興化縣學生　易
第八十五名　徐夢朱　繁昌縣學生　書
第八十六名　張體乾　宿州學生　詩
第八十七名　鄒子進　無錫縣學生　書
第八十八名　李□　徽州廣學增廣生　易
第八十九名　程模歙　縣學生　春秋
第九十名　薛應旂　武進縣人監生　詩

第九十一名　王相　鎮江府學生　易
第九十二名　張僖福建永定縣人監生　書
第九十三名　周怡太平縣學生　詩
第九十四名　陳芹應天府學增廣生　易
第九十五名　余意　安慶府學生　詩
第九十六名　潘鏊　婺源縣人監生　書
第九十七名　薛應元　揚州府學附學生　易
第九十八名　徐履祥　長洲縣學附學生　禮記
第九十九名　徐桂　潛山縣學生　詩
第一百名　胡宗憲　績溪縣學附學生　書
第一百一名　張鉞　應天府學生　易
第一百二名　潘忠　上海縣學增廣生　詩
第一百三名　華圻　常州府學生　詩
第一百四名　汪湧　婺源縣學增廣生　春秋
第一百五名　柴應賓　浙江鄞縣人監生　書
第一百六名　盧翰　穎州人監生　易
第一百七名　張應元　淮安府學生　詩
第一百八名　陳珪　浙江西安縣人監生　易
第一百九名　丘玳　六安州學生　書
第一百一十名　王夢龜　淮安府學生　詩
第一百十一名　吴節　江陰縣學生　春秋
第一百十二名　徐元善　太倉州學生　易
第一百十三名　汪廉　徽州府學附學生　詩
第一百十四名　杜璁　合肥縣人監生　書
第一百十五名　吴察　吴縣附學生　易
第一百十六名　顧子望　太倉州學附學生　詩
第一百十七名　麻瀛　寧國府學生　詩
第一百十八名　趙祚　吴江縣學生　易
第一百十九名　沈棠　鎮江府學生　書
第一百二十名　臧珊　山陽縣學生　禮記
第一百二十一名　李裕　松江府學增廣生　詩
第一百二十二名　王鼎　廣德州學生　易

第一百二十三名　曹本　巢縣學生　春秋
第一百二十四名　馮有年　常州府學附學生　書
第一百二十五名　舒還　黟縣學生　易
第一百二十六名　徐槩　江都縣學增廣生　詩
第一百二十七名　華治隆　無錫縣學附學生　易
第一百二十八名　陳時萬　應天府學生　詩
第一百二十九名　楊垚　福建建安縣人監生　易
第一百三十名　馮蘭　績溪縣學生　書
第一百三十一名　虞儼　丹陽縣學增廣生　詩
第一百三十二名　郎湘　浙江臨安縣人監生　詩
第一百三十三名　龔庶　長州縣學生　易
第一百三十四名　厲深甫　無錫縣學附學生　詩
第一百三十五名　陸子明　無錫縣學生　詩

第一場

四書

古之學者爲己今之學者爲人

王之省

同考試官訓導王批（此題作者類不責心顧以世變爲諉惟此篇辭嚴義精發出聖人警教深旨豈亦爲爲己之學者與）

同考試官教諭楊批（古今學者爲己爲人之分决於用心得失之際説得親切令人省惕無逾篇是用録之）

考試官左贊善張批（真切之語可讀）

考試官右諭德倫批（是有關繫文字）

聖人言古今之學者其立心有内外之异焉夫學始諸立心也爲己爲人之間而古今因之學者可不知所審歟聖人憂世之意深矣且夫天下之事固有出於一念之微而繆以千里之遠者心實爲之耳君子不容以不慎也吾嘗求乎古之人矣於文而博焉於辭而修焉於前言往行而多識之焉固嘗敬孫時敏以從事乎學矣然博文以致道也修辭以立誠也多識前言往行又以畜德也其念慮之所存初無有苟焉以自欺之意是何也其心之所務者内也蓋曰吾性分之所固有與職分之所當爲有弗盡焉則人之道缺矣哉兹幸焉惟

日不足凡所以求盡乎此者無所不用其極也由是而之焉至於盡人物之性以參天地贊化育亦其己立而立人己達而達人者爾夫豈有所加哉今之人則不然文非不博也辭非不修也前言往行非不多識也亦嘗呻吟占畢以從事乎學矣然文之博以玩物也辭之修以飾僞也前言往行之多識又以誇多鬬靡也其念慮之所存初無有暗然以自慊之實是何也其心之所務者外也蓋曰吾善是是亦足矣吾能是是亦足矣有一間知恐人不知其有也故孳孳焉亦惟日不足凡所以遷己徇人者將無所不至矣由是而之焉至於違道以干百姓之譽咈百姓以從己之欲亦其計功謀利欺世盜名者爾夫豈有所得哉是則爲己者其終至於成物爲人者其終至於喪己如此學者於此而弗知所審焉亦惑之甚矣嗟夫此義利誠僞之辨也而世道之盛衰國家之治亂係焉他日子思推衣錦尚絅之心其極則至於篤恭平天下之盛孟子言好利之弊其極則至於遺親忘君之大用心得失之際而利害相懸不啻千里其可畏也哉此聖人所以拳拳於天下後世也

故君子之道本諸身徵諸庶民考諸三王而不繆建諸天地而不悖質諸鬼神而無疑百世以俟聖人而不惑

王會

同考試官教諭王批（作此題者不腐則雜唯是篇辭理醇正讀之令人竦敬）

同考試官教諭顔批（此題作者類以身對民説殊失輕重獨此作歸重身上且詞不浮而理自透可以爲式矣）

同考試官教諭王批（本□□□□□□道來作者類以六事平解殊無輕□□□説理精詳造語渾厚始終歸重於德真杰作也敬羡敬羡）

考試官左贊善張批（重本諸身説最是）

考試官右諭德倫批（善知制作之本）

中庸言君子之制作出於有本而達於無間也蓋合天人通古今而無間焉君子制作之善也非天下之至德其孰能與於此中庸論居上不驕之意至此若曰君子之王天下也其議禮制度考文以大同乎天下之政者豈徒然哉以有本焉爾蓋其脩德凝道之功已至而性之盡於己者有以合天人而一之其達之順者皆本於體之信而誠之立者自發於用之利也由是其道之通於天下者皆得乎人心之同然而民之國於神化者蓋有順乎帝則而不知矣有弗信徒者乎不寧爾也前而三王其因革損益之迹雖則异宜而理之所在則

有不可得而變者其在周者猶夫在殷也其在殷者猶夫在□□□考之則先後一揆矣夫何繆大而天地其覆我生成之功雖則异形而理之所同則有不可得而違者其確然者其易也其隤然者其簡也以建之則上下同流矣夫何悖至若鬼神者用妙乎萬物之内若幽而不測也然其所以運行於造化者則不能外理以自神焉君子通變之宜固其屈伸之機也質之奚疑哉後聖者生乎百世之下若遠而難知也然其所以建立於异世者則不能違理以自法焉君子斟酌之權固其推行之準也俟之奚惑哉吁一德立而制作之達於無間如此然則君子之身其萬化之原而王道之紀者歟抑考程子之言曰有天德便可語王道其要只在謹獨夫獨者存於一念之微而天地萬物舉不能違焉者性命之同也而其始則由於學故不知學而能知性命之理者鮮矣故不知性命之理而能謹獨者鮮矣不能謹獨而可與語王道者未之有也後世徒以私意小智紛更於天下自謂足以通時之變而不知其擾天下也已甚矣嗚呼以此爲訓猶有變法賈禍如宋熙豐之所爲者悲夫

五畝之宅樹墻下以桑匹婦蠶之則老者足以衣帛矣五母雞二母彘無失其時老者足以無失肉矣百畝之田匹夫耕之八口之家可以無饑矣所謂西伯善養老者制其田里教之樹畜導其妻子使養其老五十非帛不暖七十非肉不飽不暖不飽謂之凍餒文王之民無凍餒之老者此之謂也

鄭維誠

同考試官教諭劉批（周文善養老意體貼得出）

同考試官教授高批（王道養民善處不過因其自然之利而已是作得旨用録）

考試官左贊善張批（詞約而理明）

考試官右諭德倫批（勁徹）

大賢詳聖人養老之政言其爲因民之利而利之也夫王人者將以導利而布之上下者也而文王之所以利乎民者皆因之民焉此其爲善養老歟孟子之意若曰王道之行必始諸仁政而仁政之施莫善於文王吾嘗考而知其政矣彼患夫老者之不足於衣食也於是乎有樹畜之教焉五畝之宅樹墻下以桑而匹婦蠶之則杼軸有餘帛五十者可以衣之以卒歲矣五母雞二母彘而以時育之則孕字有常候七十者可以不至於徒食矣彼患夫黎民之累於俯仰也於是乎有常産之制焉授一夫以百畝之田而使之盡耕斂之力則穀不可勝食而八口之家不至於有饑矣文王之政如此然而天下之人自北海

而來焉自東海而來焉莫不曰是善養老者夫所謂善者豈有他哉亦惟因其田里而制之因其樹畜而教之因其妻子而導之使自相爲養爾矣豈必家賜而人益之耶五十必帛而後暖七十必肉而後飽不暖不飽於是有不得其養而凍餒者矣文王之民亦惟以其所制者而養之以其所教者而養之以其所道者而養之斯無凍餒之老爾矣曷嘗利之以爲庸耶夫利不外於民而愛則周民皆被其澤而惠不費其曰善養老者非此之謂歟向使文王求一國之老而人爲之所焉則其爲惠也亦淺矣是豈聖人之所謂政哉雖然文王何以得此耶書曰克明德蓋明德則仁仁而後能愛人明德則公公而後能處物此絜矩之道而平天下之本也不然則田齊之惠可以言仁而管仲之知比迹湯武矣而何功烈如彼其卑耶故觀於孟子之論則王霸之辨昭矣

易

泰小往大來吉亨則是天地交而萬物通也上下交而其志同也内陽而外陰内健而外順内君子而外小人君子道長小人道消也

同考試官訓導王批（通篇圓粹明確□一常語愛君憂國之意充溢於言外保泰之功愚端有望於子矣）

同考試官教諭楊批（世道之泰本於君臣之志同而其所以同者係於理欲邪正之分場中士子知此者絶少子能言之可以薦矣）

考試官左贊善張批（是知致泰之理者結更有味）

考試官右諭德倫批（發揮融暢）

聖人傳泰之彖而推言乎世道之所由泰也夫泰不生於泰而必有所由致也聖人傳泰之彖而推言之無餘藴矣伏羲畫卦而名之曰泰以乾下而坤上也文王繫辭而曰小往大來吉亨以卦體卦變而要其占也夫子釋之以謂啓泰之運者存乎天而成泰之治者存乎人夫乾天道也君道也夫坤地道也臣道也乾下坤上則是天地相感而泰和之氣充塞化機流通而萬物之性咸若非復屯難之時也君不苦於臣之難知下不苦於上之難達上下交孚而咸有一德非復睽隔之患也夫天地啓其端而君臣昌其會焉則世道之泰其一機矣然而君臣之志所以能交而同者則又係於理欲邪正之分爾夫乾爲陽爲健爲君子夫坤爲陰爲順爲小人内乾外坤則是君心之所主者皆天理之至公而人欲之私不以雜於念慮君道之所尚者皆天德之至健而柔僻之非不以汨其聰明由是邦國之所登用者皆君子而九德咸事俊乂在官也王庭之所失去者皆小人而官罔及私昵爵罔及惡德也君子用則師師之風日升於天下小人退則諂諛之習日順以從君矣夫然後君臣相與之至而小人無

所參於其間上下德業之盛而邦其永孚于休矣否則讒説殄行一或有間而君子之交弗克有終國家之事且日非矣雖有泰可得而長保耶雖然世之否泰固繫於上下之交否而交之道亦難矣相知之深而相濟之不足者君子弗貴焉武王曰予有亂臣十人同心同德同也魏相之甚稱上意介□之以王道相期亦同也而其治效之甚相遠者何哉公私之异也故以道同者罔不典以欲同者罔不亂然則人君之願圖治於天下與人臣之願求事乎君者亦惟慎其所同而已

一陰一陽之謂道繼之者善也成之者性也仁者見之謂之仁知者見之謂之知百姓日用而不知故君子之道鮮矣

鄔克忠

同考試官訓導王批（道未易言也子乃能發聖人論道之旨而尤惓惓焉引人以體道之要章句云乎哉得子良用自慶）

考試官教諭楊批（君子之道即一陰一陽之道可見道之大原出於天而人所不能無也人有之而自不察爾此作説理詳明真得大傳之旨録之）

考試官左贊善張批（理氣不相離子能□之可與語道矣）

考試官右論德倫批（有見者語自别）

大傳言道之體必原其所本全而著其所由偏也蓋道不外乎陰陽即其具於天人者可見也自非聖人指而言之則道幾乎隱矣且夫道之名何始乎即一陰一陽而名之也蓋道大極也言乎其本然之妙也陰陽動静也言乎其所乘之機也溺於無者固不可以言道而滯乎一偏者亦豈道之全哉惟其一陰也一陽也而合一其德陽動焉陰静焉而互爲其根斯大極之本然而道之全體也夫是之謂道焉是道也其本於天也於穆之命流行而不已無妄之真誠實而不一純粹以精無少間雜也不謂之善乎其具於人也乾道變化而物各一其理不相假借而小大之有定渾然完具無少欠缺也不謂之性乎夫性命雖同而氣禀或异是故有得乎氣之偏而爲仁者矣仁則行之過而不復以道爲足知有得乎氣之偏而爲知者矣知則知之過而不復以道爲足行至於百姓則貿貿焉行而不著習而不察蓋囿於斯道之中而知行之不及也夫性立於氣滯於氣則偏矣道寓於形膠於形則蔽矣是以君子之道終身由之而能知其全者不亦鮮乎是則陰陽合一者其本體也陰陽各偏者其氣禀也君子知其所以偏而能會其全焉則道不遠矣蓋嘗言之動静合一存乎道仁知合一存乎聖性與天道合一存乎誠夫聖誠之地不易及而道則不假於外求

善學者亦反而求諸吾心足矣蓋心者道之所具也故盡心知性而知天存心養性則命自我立而聖誠之道亦豈外於此哉故不知心而可與語道者寡矣

書

念哉率作興事慎乃憲欽哉屢省乃成欽哉

鄭維誠

同考試官教諭劉批（得皋陶作歌本旨宜録）

同考試官居教授高批（念敬是一意此作忠愛委曲夐然出衆）

考試官左贊善張批（宛然虞廷氣象）

考試官右諭德倫批（春容可誦）

大臣勉君致念於所當敬之事所以起賡歌之端也蓋與事省成無往而不在敬也於是而加之意焉其於保治也何有哉昔者皋陶拜帝舜敕天之歌而自述其賡載之意始之曰念哉者良以敬心之難持而盛治之易恃也一息弗念則非所謂惟時而敕天之功問矣一事弗念則非所謂惟幾而敕天之道虧矣念之何如莫匪天事也天工之亮臣之職也而所以率先之者將不在於君乎必也作其勵翼之心俾知功崇之惟志淬其奮庸之氣俾知業廣之惟勤稽式彝章而不改其度修明體要而慎守其常是蓋因夫治具之已張者而董振飭厲之于以立事立功初非紛更之爲也夫事弗興則非可大之業憲弗慎則非可久之規於此處之而可以無敬乎哉莫匪君事也百工之熙臣之責也而所以考厥成者將不在於君乎必也日以省月以試而勤惰得有所稽言以考事以詢而廢置得有所詔底可績者無以蔽其善奏罔功者無以售其欺是蓋因夫分職之已定者而程督勸課之于以善始善終初非操切之爲也夫功之弗核或至於害成核之弗審或至於滋僞於此處之而可以無敬乎哉是則保盈成之治固在於敕天而竭股肱之力尤資於元首皋陶責難之意既發端於此矣抑考舜之初政載在典謨不無事矣皋陶勸之率作而遽以慎憲繼之勸之屢省而又終之以叢脞之戒然則孔子稱舜無爲而治非耶蓋握其機於上而久其道於天下在勿忘勿助之間者也勿忘勿助之問者允執厥中也是君道之恒也

聖有謨訓明徵定保先王克謹天戒臣人克有常憲百官修輔厥后惟明明

李未

同考試官教諭劉批（講君臣交修意明白）

同考試官教授高批（讀未終篇即令人警可以風矣乎）

考試官左贊善張批（詞婉而意盡）

考試官右諭德倫批（明切）

聖王保邦之訓惟上下交修以有成也夫上下交修所以格天也而保邦之道在是矣聖王之訓豈欺我哉胤侯以王命討羲和誓師之意如此夫所貴乎君人者以天心爲己心也所貴乎臣人者以君心爲己心也古我聖王謨訓存焉大猷經始乎一心鑒戒昭垂乎萬世以其言則興替之要機而實事可徵也如其道則制治之良圖而邦家可保也訓何以言之君職道揆揆諸天而已矣天戒之弗謹則將徇情恣欲上失天心何所不至哉故先王不以灾變委之數必思天戒之孔昭也審幾於一念之微而省括于庶政之際凡所以修德弭灾者無所不用其極惑風職法守守夫常憲而已矣常憲之弗有□將招權擅政上于天和何所不至哉故人臣不以灾變委之國必思天職之弗恭也恪遵乎憲度之常而率由乎典章之舊几所以奉公守法者無敢有越厥志焉然人臣豈徒守常之爲貴哉其必振師師之風以匡其君之不逮躬蹇蹇之節以效其職之當爲補察之益盡于臣鄰修省之誠協于上下夫然後爲之君若内無失德而聽斷益精外無失政而照臨益廣兼天下之視聽以作哲作謀憲皇天之聰明以克明克類信乎爲明明后可以回天眷而定邦家矣大以聖王之畏天若此其至而著之謨訓者若此其嚴羲和之玩天戒而侮聖言尚何以容於斯世哉抑愚觀羲和之職蓋唐虞命宫之世而顓頊氏重黎之遺也啓征有扈亦以威侮五行怠弃三正言之古人重天事尚矣後是羲和無問周爲馮相保章列於天官之屬漢以太史兼掌天官事守益微豈胤征之後則遂削其世而貶其傳耶世變愈降古人精意蕩無復存尚論天人惟有聖王之謨訓在爾可不念哉

詩

十月蟋蟀入我床下穹窒熏鼠塞向墐户嗟我婦子曰爲改歲入此室處六月食鬱及薁七月亨葵及菽八月剥棗十月穫稻爲此春酒以介眉壽

鄭莊彦

同考試官教諭王批（豳人仁義之俗周公諷君之忠宛然在目且温柔敦厚深得葩經之旨宜録此式）

同考試官教諭顔批（温厚爾雅殆深於詩教者録之）

同考試官教諭王批（此詩見周公忠君之意不一而足作者知爲王道之端他日憲天之功已預見矣録之允宜）

考試官左贊善張批（典而雅）

考試官右諭德倫批（寫事中殊有風致）

豳人以時豫事而長少交致其愛焉夫長者□下以即安而少者備物以致養豳俗之厚也詩人咏之豈徒以其豫事之時耶且自後稷公劉以來而豳之風化遠矣故即其居室飲食之間而豳人之用情密矣自今觀之驗時物之變自五月以至于十月則蟋蟀依人而寒氣總至矣禦寒之備所宜周也修我墻屋穹斯窒之又從而熏鼠焉塈茨其益完乎避彼北風向斯塞之又從而墐户焉外寒其少障乎室既葺矣而歲事亦且改矣綏我婦子即我室家環堵之官於是乎胥宇三時之勤於是乎燠休一咨嗟之頃而慈幼之仁不亦藹然可見哉興嗣歲之功自正月以至于六月則二陰用事而百物嚮成矣取物之節所宜知也六月而食鬱及薁七月而烹葵及菽羞其新也而旨蓄因以具焉八月而剥棗十月而穫稻薦其成也而蓋藏因以廣焉稻既穫矣而釀事亦可給矣旨酒思柔嘉薦令芳畀我尸賓而景福之是介寧我胡考而黄耇之是祈一頌禱之間而老老之敬不亦油然可想哉夫以豳人之敏於趨時而勸於篤親如此此以見先公之德與周之所以王而凡嗣服者所宜知也愚又以爲七月之篇大義數十而老老也幼幼也王道之大端亦略備於斯二者矣故孔子言志以此曾子言絜矩以此孟子言天下可運於掌亦以此後之以詩論王道者試於是約焉求之

昊天曰明及爾出王昊天曰旦及爾游衍

陶澤

同考試官教諭王批（周之臣工相戒持敬以回天監以靖天下作者殊昧此義唯此作善體貼昊天明威凛然在前讀之自然起敬是用録出以爲事天者法）

同考試官教諭顔批（場中作者往往窘於明旦二字非冗則晦是篇簡古明快迥异衆作宜録以式多士）

同考試官教諭王批（此篇言有盡而意無窮詞不繁而旨自見老作家也宜録之以洗士習之陋）

考試官左贊善張批（是善言天者）

考試官右諭德倫批（甚是委曲）

詩人言天監之有當所以示人當敬也夫人者囿於天者也則夫日監在兹其孰能違之今夫人之視天也以爲有所及有所不及故其事天也則謂可以敬可以無敬是豈知天者哉夫天有象而無體惟其無體故能無物不體蓋

不惟有以一萬物之形而實有以一萬物之情者也夫天有運而無爲惟其無爲故能無乎不爲蓋不惟有以宰天下之動而實有以效天下之動者也人之有時而出王不過跬步之間宜若天無與事焉然而天降明威非因出王而後有也爾之出王而昊天之明其不隨在而見耶蓋日與周旋有不自覺者矣人之有時而游衍不過游動息之間宜若天無聞知焉然而天有顯道非待游衍而後彰也爾之游衍而昊天之旦其不即目而存耶蓋日與對越有不能外者矣人見其昭昭之多也而不知其臨下之有赫也動與之動焉静與之静焉而敢以馳驅爲也所以敬忌天威者當何如哉人見其高高在上也而不知旁燭之無疆也善必先知之不善必先知之而敢以戲豫爲也所以奉若天道者當何如哉夫以天人之不相離如此而天之方蹶乃若無意於斯人夫亦斯人之自叛其天耳矣疾敬德以回天監非吾人所當自力歟周之臣工以是相戒其意忠厚惻怛而詞嚴誼正凛然可思使閭井小民而知此猶將日兢兢焉如雷霆鬼神之臨乎其上推其極則聖人之無貳爾心上帝臨汝亦若是而已矣聖澤未熄而詩人之言每每近道吾是以知板之後猶有雲漢烝民也

春秋

五月癸丑公會晋侯齊侯宋公蔡侯鄭伯衛子莒子盟于踐土公朝于王所（俱僖公二十八年）

鮑道明

同考試官學正陳批（畫而□切而規昌豁而有文其思深哉）

考試官左贊善張批（兩傳意本相貫此作得之）

考試官右諭德倫批（傳意正如此）

春秋於王室之下勞既隱詞以全其名復顯詞以正其本夫舉動人君之大節也此周襄下勞晋侯之非而聖人於踐土王所之書所以深致意歟且夫禮莫大於分分莫大於名古今之通訓不容僭差也晋文城濮之功雖偉然皆臣子之當爲周室之勢雖弱則猶天下之共主也若謂敵愾有錫爲周之典則因其獻俘而賜之弓矢可也何至於屈萬乘之尊而親勞之耶聖人脩經蓋謂居尊臨卑天地常經不可易也夫自周轍不西而王室之存僅如綴旒晋伯之强幾於改物所恃以鎮服其心不敢逞跋扈之威者以天子之名尚在耳此而夷之則君臣之大倫不幾於滅息乎其何以教天下哉故特削其勞伯之迹若曰襄未嘗與所以全名也此義行則贵賤之志定而上下辨矣十二年王乃時巡諸侯各朝于方岳周之常制不可違越也周襄踐土之行實以勞晋之故諸侯衡雍之朝則非方岳之禮也若謂江漢朝宗爲臣之義則脩我王章飭其侯

度可也何至於舉享禮之嘉而野合之耶聖人脩經蓋謂位乎天德王者大閑不可失也夫自夫王綱解紐而黍離東楚變爲國風防邑許曰聘覲盡廢甚至於下堂而禮非復有先王之舊者以天子之本弗正耳此而恕之則堂陛之大體不幾於廢墜乎其何以訓方來哉故特書曰朝于王所若曰所非其所所以正本也此義行則人君之道修而鑒戒昭矣噫去實若不貶矣然言所者不貶而貶自見言所似不諱矣然去實者不諱而諱猶存一諱一貶微而晦志而婉夫子有心於周至是哉抑自弱之襄固無望焉耳晋文賢伯也所望罄忠藎以扶其衰也寵光之臨□偃然受策而不辭其與休命不敢貪恐隕越于下者相越何如耶未幾而請隧焉則無其上耳又何怪於有鼎之問耶故弱周者襄也而所以弱周者晋也安周室者晋也而所以衰周室者亦晋也譎而不正可勝非哉

夏公至自晋（昭公十六年）吴伐我（哀公八年）

畢鏓

同考試官學正陳批（詞峻而氣逸結尤雋永讀之亦足以起懦者）

考試官左贊善張批（□嚴）

考試官右諭德倫批（雅德）

君處困而自弃也可譏臣謀國而弗善也可責夫國之所以能國者以有君有臣也匪是之選胡然而君胡然而臣哉此夫子所以不滿於魯昭季孫也易有之困而不失其所亨言自强耳是故甲矢弗競漕邑之處所以興衛禮幣行成會稽之棲所以昌越也夫何魯昭之弗能自强耶蓋魯之於晋三見郤於河上兩拘留於國中窘辱備至其日中之無魯也亦既已久矣使昭而文公焉而勾踐焉則興憂啓憤之餘魯國其將有振乎胡爲泄泄然甘耻辱而不辭徒能從事於威儀之末而不知立身之大本之不可緩也發聲徵色而弗喻困心衡慮而弗作欺則下愚而已爾其於大易之訓何如耶他日乾侯之孫亦其自貽之戚也德則弗競其誰之尤哉故夫子書至晋而諱見止者其貶之深矣詩有之子曰有奔奏予曰有禦侮言得人耳是故國斃不從華元之義所以平楚背城借一國佐之忠所以强齊也夫何季孫之無益於人國耶彼吴師之至雖進次於泗上猶一夕而三遷四鄙甫侵其患之在魯也猶未及虧矣使季孫而華元焉而國佐焉則忠詞真氣之發吴兵其敢自久乎胡爲瑣瑣然盟城下而不耻徒知偷安於息肩之圖而罔識辱國之大之爲可羞也宵攻之計弗之從弃國之言弗之聽斯則具臣而已爾其於周詩何如耶他日於越之適亦其貽

主之憂也謀之弗臧其何能淑哉故夫子書伐我而諱與盟者深責之矣是故觀于斯者可以起懦可以長節可以爲有君有臣天下無廢國矣聖訓其大哉雖然昭固非也然所以辱昭者信蠻夷之诉絶兄弟之好晋之昭猶魯之昭也其何以復文襄之盛耶季孫固罪也然所以納侮者聖門諸賢顧不庸專恣三桓而是聽季之君猶哀之臣也其何以康周公之魯耶此中庸之貴主讒大學之貴用人良有以也

禮記

天子犆礿祫禘祫嘗祫烝諸侯礿則不禘禘則不嘗嘗則不烝烝則不礿諸侯礿犆禘一犆一祫嘗祫烝祫

潘理

同考試官教諭覃批（不鑿不浮理致精到杰作也宜録）

考試官左贊善張批（文有條理結中用敬意尤善）

考試官右諭德倫批（整潔）

記者詳言時祭之隆殺所以辨尊卑之分也夫天子諸侯之分不同而祭亦因之以异也隆殺之辨其可弗慎矣乎且夫禮有五經莫重於祭而礿禘嘗烝則時祭之行乎宗廟者也自其主之各享於本廟也而犆斯名焉自其主之合食於太廟也而祫斯名焉由天子而視諸侯上則七廟之流光下則萬邦之助祭宗廟之禮得以自盡其所欲爲者矣是故礿非不可以祫也順發生之時無取於備物致精禋之薦不嫌於儉親故省而從犆非薄也禘嘗烝則皆祫矣物以漸而成見天時之咸若享以漸而豐昭民力之普存故歲而三祫非侈也夫祫之爲體重矣三時用之犆之爲事輕矣歲一行之天子之禮之致隆夫豈强爲哉其分則然也由諸侯而視天子内崇五廟之親外謹維藩之度宗廟之禮時有所屈而不容僭差矣是故有事于夏秋之朝則礿可以無禘而禘可以無嘗也有事于冬春之朝則嘗可以無烝而烝可以無礿也歲事其能以畢修乎礿與嘗烝隨時而犆祫焉天子所同也夏祭之禘間歲而犆祫焉天子所异也品節其能以無别乎夫廟祀有國之重也急王事而有所缺禘祭三時之始也避王尊而有所間諸侯之禮之降殺又豈强爲哉其分則然也夫以孝享之典而尊王之教寓焉仁之至義之盡非先王其孰能盡制如此者乎雖然夫祭與其敬不足而禮有餘也不若禮不足而敬有餘也心之能敬雖殺隆也犯分以爲悦瀆祀以爲勤暴殄天物以爲美觀而敬心益微神之願享未可必也烏在其能隆是故敬者仁義之維而禮之實也

其言也約而達微而臧罕譬而喻可謂繼志矣

何格

同考試官教諭覃批（發揮善教者能使人繼志之妙精切有味場中如此作者絶少敬羡敬羡）

考試官左贊善張批（此非專事於言語者）

考試官右諭德倫批（贍而不蕪）

惟教者盡善誘之方斯學者獲其益矣夫斆學之間心相遇之爲難也心悟之益豈待多言而獲哉記稱善教者使人繼其志然志若何而可繼也教固不能不待於言而亦不專恃乎言言之詔者其入淺心之遇者其契深心傳而志可繼矣是故約言以析理會之以心而無事乎詳説則雋永之味存焉而意之所指可得而領略也不既約而達乎婉辭以明善覺之以心而無事乎强聒則活潑之機啓焉而善之所在可得而繹思也不既微而臧乎至其有所引譬也比方之辭少而感動之意深即其比物醜類之中足爲曲暢旁通之地罕譬而喻亦惟以心沃心因其明而牖之耳是何以能使人之繼志耶蓋多訊失之煩則學者之志亂惟夫約而達也不費辭而意足焉體諸心而知其要自不鶩於多岐矣高論失之峻則學者之志沮惟夫微而臧也不下帶而道存焉明諸心而知所往自不苦於難入矣廣譬失之誣則學者之志荒惟夫罕譬而喻也引而伸之足以滿其所欲聞迎而解之足以發其所深省此以心感彼以心應蓋有涣然水釋而怡然理順者繼志之學不於此而得之乎否則諄諄以誨而心之扞格者自如也烏得爲善教哉雖然此聖門教人之法也夫子未嘗無言乃曰予欲無言蓋不得已而言其言曲而中矣啓憤發悱反三隅則復之此其節度也後世儒者授受言益多道益隱其心固未嘗有以自得而學者又曷從而求之彼异端乃竊聖門之緒餘而用之曰正容以悟之使人之意也消再變而爲禪解機鋒之學則又似是而非所當辭而闢焉者也

第二場

論

民心悦而天意得

同考試官教諭王批（王嘉之意正欲引君當道以回天變作者殊失本旨惟此作得之是用録出）

同考試官教諭顔批（説天人感應之機甚悉豈嘗究心於天人之學者乎録之匪以文焉而已）

同考試官教諭王批（說天人相與之際痛快人意其應天者又出於人君爲政之常不乏不迂得規諷意非言說文字之學也久冠諸子）

馬錫

考試官左贊善張批（文厚而不庬思深而不晦可以占所藴矣）

考試官右諭德倫批（乃似猶有餘論）

天人相與之際何其遠而近微而彰疏而不漏善應而不宰耶遠而近故民有俟也微而彰故民有明也疏而不漏故民有稽也善應而不宰故民有恃也彼其俟之而未至明之而弗徵稽之而弗究其竟恃之而莫之能必也則以夫未定之天而忽其昭示之變非所與論於天人之際也且夫三才奚自而立耶根諸鴻濛而判焉者也天地之大德曰生而其所欲生者蓋莫甚於人是萬物之靈而天地所依以立焉者也天地不能自主其民而付之大君大君者天地人之間者也是其類不離乎形化而其威命靈爽侔乎造化者也苟克奉天子民則薄海内外戴之如天地如其不然則天人亦將交去之是天地也人也大君也相依爲命焉者也人銷物盡天地且迹熄焉高而無民於君人奚有哉凡君民之交也以言而天人之交也以意天無心亦無言而意安從生蓋聞之曰天視聽自我民視聽天明畏自我民明威欲知天意之所在其惟民心乎夫天居高聽卑是故遠而近也體物而不遺是故微而彰也陟降厥士是故疏而不漏也因材而篤是故善應而不宰也故自其大者觀之則興替之命間不容髮而仁愛之警常見於事兆之先自其小者觀之則匹夫匹婦鞠冤號籲天且爲之震風爲之隕霜況倍蓰什百千萬此者乎其油然而翕天下之愛者和之至也其焦然而叢天下之怨者戾之至也和之至天地之協氣應焉戾之至天地之舛氣應焉易曰大垂象見吉凶灾祥之故豈偶然耶蓋嘗論之京星慶雲醴泉芝草是祥之文也時和歲豐民物康阜是祥之實也天鳴地動物怪人妖是灾之文也水旱不時民窮盜起是灾之實也有祥之實無祥之文不害爲治世況文與實兼至者呼有灾之實無灾之文不害爲咎徵況文與實兼至者乎夫民生有欲而不能自遂乃至積失其所而不賴其生則以其愁苦之氣薄陰陽之和汩天地之精鬱而爲沴厲蕩而爲氣祲此其感召之機有必然者昔者周公作周則使庶人謗且曰小人怨汝詈汝則皇自敬德周公何樂乎謗且詈爲也爲將求過而改也民謗且詈是怨咨猶有泄也後世有□謗焉者有嚴刑峻法使民敢怒不敢言焉者夫蓄毒於腹心而無异故此其爲變必不爲恒證而遂爲癰疽亦明矣爲國者將銷患於未形而可使厚蓄之毒而濵於潰决也

哉君人擅國之名寵居可致之位操可致之權朝令而夕化夕禁而朝戢修之乎廟廊之上動之乎氣機之間於以銷未形之患宜無難者是故省刑罰薄稅斂恤煢獨雪冤抑罷興作蠲煩苛戮含酷進忠良釋逋負綏携貳問民疾苦布德行惠此數者仁民之政之大端也推誠而行之核其實而致之民使夫困者蘇踣者起流離瑣尾者還定而安集瘡痍殄悴者完好而充悦和氣融浹天心克享變灾爲祥易危爲安在及覆掌間耳孔子稱一日克己復禮天下歸仁焉宋景公三善言而熒惑退舍况善政實及民者哉故曰動民以行不以言應天以實不以文側身修行之君率曰此道故能白求多福而統會天人也世主不知出此往往玩天之威而愚民以逞失苟玩天之威而愚民以逞則必有慢易之心入之夫苟有慢易之心入之則必有諂諛傾險辯慧深刻之説應之諂諛之説行而上德虧深刻之説行而下情隔辯慧之説行而正道破傾險之説行而權變設夫苟由是四者將虐政日滋而矯證日甚民生日蹙而天心之仁愛日孤幾何而不淪胥以敗也嗚呼天樹后王君公承以大夫師長大之將使之代天理物小之亦將使之擾馴其民以聽其自生自息縱不能然而乃離其民以自絶予天亦將如之何哉雖然董子有言自非大無道之世天欲盡扶持而全安之故夫一覺悟之間而治亂之機可轉此又天人之際微乎微者也此忠臣志士之所以惓惓而不能自己者也

表

擬駕幸無逸殿命輔臣進講御豳風亭賜從官以上宴謝表

李重

同考試官訓導王批（臣子對君之辭最不易言是作頌而諷典而不俗麗而不縟可録也）

同考試官教諭楊批（寫無逸豳風之意宛然可見真得人臣告君之體非但工於四六者）

考試官左贊善張批（興揚君臣相悦之意殆盡旦麗而有則其盛世之音乎）

考試官右諭德倫批（典實中有餘味得體）

伏以諏經下學日隆晋接之規稅駕西成天普需雲之惠動遵軌物義表明良拜手同游顧省循而易稱捫心飫賜知踴躍以奚勝恭惟皇帝陛下欽明文思安安敬止緝熙穆穆無偏無黨建極錫民惟時惟幾敕天基命念王業艱難之自知小人稼穡之依先天下以憂民後日中而旰食惟周公之進戒悉心于無逸一篇迨孔子之删詩正變于豳風七月其效極於祈天永命其事詳於

育物授時蓋帝王之道在憂勤率先民務故詩書之言相表裏妙契淵衷南郊屢詔於勸耕西苑肇修於觀稼緊彼官壖之隙實惟鉤盾之遺建帝社帝稷之壇春秋躬祀集侯疆侯以之衆遠近子來我理我疆力盡南東之畝時游時豫民無警蹕之勞爰開絳節之朝少便翠華之駐殿名無逸躬夙夜以勤民亭扁豳風順陰陽而布今北館毖蠶桑之事西亭臨總秸之場禹洫常通堯茨未剪邦家締構地隣文祖之舊宫經訓菑畬壁揭獻皇之睿藻惟聖學之後先一揆垂裕有光故宸章之左右兩碑對揚無極眷此九秋之候降觀萬寶之成法從駿奔農人望幸慶雲扶輦聞清道於九重湑露霑鑾覲龍光於咫尺傳宣宰輔坐講詩書隆體貌於細旃究心原於古訓慮深根本信周家卜世之長聽徹班行睹漢室臨雍之盛金根雷轉寶樹星臨廣座宏筵上切天容之睟穆大烹醇醞中涵至道之芳腴鴻逵自得於漸磐魚水同處於□鎬旌旆焕采感俊乂以旁招徵角諧聲見君臣之相悦深惟睿眷匪飾美觀肅肅乎旅命同廷雍雍乎稱觴豳雅儒紳增重群工樂育於望風德意潜孚萬姓咸趨於力本臣等清班久玷寵數均優席敞金華延登跼蹐尊盈玉醴退食從容依古陳詞深愧老成之忠告御恩作頌庶同民俗之游歌伏願養賢以及萬民乾坤交泰繼照而臨九有日月貞明飶其香椒其馨洽豐年之百禮醉以酒飽以德介景福於萬年臣等無任瞻天仰聖激切屏營之至謹奉表稱謝以聞

第三場

策（五道）

第一問

鄭維誠

同考試官教諭劉批（此策能贊揚我祖宗開創嗣服之懿忠愛有足占者）

同考試官教授高批（我祖宗創業之鴻圖遠略夫人能言之至于述所以定鼎燕都爲萬世計者則人人未之能及末復獻所以保業之思其忠愛無窮名士也廷對有盟焉良爲主司得人慶）

考試官左贊善張批（我朝南北并建之盛乃祖宗神謨略所在而萬世攸賴者也子能詳著于篇其亦知國之故者歟）

考試官右諭德倫批（此策於聖神謨烈可謂識其大者篇末尤忠款可嘉）

聖人有神武以濟不世之功有神謨以定不拔之業皆非淺見陋聞所得而窺測贊揚者也蓋嘗誦典謨而思堯舜歌雅頌而慕商周古之忠愛之臣務贊揚其君之美凡以爲後王後賢告俾其習於耳浹於心以無忘厥初也愚生

雖不及此安敢無有以就正乎天將弭非常之變則必授之於非常之才我聖祖不階尺土提三尺劍汛掃彌天之虜此豈籍形勝爲憑資者耶然而鍾山龍蟠石頭虎踞俯扼天塹自古以爲帝王之居南朝諸將亦嘗十取勝於江北金陵地埶豈可少耶偏安之餘氣奪志衰其强易弱天據在人非地之罪也聖祖嘗有意乎都大梁矣是以鳳陽爲中都也民勞甫定深慮而中止竊觀漢代秦唐代隋宋代周皆即故地而居之元氏之都乃爲太宗封邑豈非天乎中人之説起於周而西都實在豐鎬堯舜禹□□□□□□之□□海遠河今京師右太行左滄海背負□□閭囊括宇内蓋自軒轅邑于涿鹿之阿及今始再爲畿甸不亦宜乎昔者秦人流毒於民數百載漢高帝起布衣而代之湯武夏商之建國也以獨夫之罪而遷其數百年之統雖曰順天應人而名義所值漢實爲優我聖祖收復五帝三王之中國本非元氏所宜有殷周漢皆下風矣秦亂已極漢適承其敝元氏承乎百年失職之民方興思亂我聖祖適當□難又誠不忍殘民棘欲徐觀天命之集耳此孟子所以不敢望周文王也及夫下未之冬天戈北指則凡漢氏五年百戰之區大將軍數月平定之矣豈以遲速爲優劣哉元承遼金而遼襲河北之亂巢穴相因幾世幾年一旦空之蛟困涸溪虎號中野豈一日忘故意哉太宗六飛三駕躬御戎焉暴露風沙不以耀兵爲諱蓋爲中原千百世計耳武王滅國五十成王猶不免四征不庭此召公所以進張皇六師之戒於康王也漢三君之事姑未論矣永樂己丑肇建北京置行在諸司庚子定都于北備置諸司罷行在之稱而以故都爲南京洪熙乙巳以後故都去南京之號而北京復稱行在蓋皆委曲遷延其間以聽人心之自定及夫正統辛酉始復降南京府部諸印而京師定于北矣未及十年而有己巳之變人心動摇卒協廟廊之謀底寧中外之難北辰奠極海宇會歸是四宗之勤而景皇帝實成之者也夫以我祖宗之創造如此其難而列聖之所以恢弘而補苴之者如此其至聖武之布昭固高出乎宇宙之上而廟謨之深遠又默傳於宥密之中是宜威靈震遠邇緒業垂無疆者也繹思求定亦豈在多説乎哉念王業之惟艱也則從而思曰櫛風沐雨以定之俾我垂衣以治乎念民力之當重也則從而思曰輸將大廣不可弛以與民乎念定都之勿亟也則從而思曰舉大事可無僉謀而緩圖乎念守成之不可忘武也則從而思曰謀臣猛將可一日而不備乎念猾夏之謀未殄也則從而思曰三陲防禦可一日而不飭乎念南畿之爲兩界奥區也則從而思曰根本重地可無□爲之封殖乎念北畿之隣于邊也則從而思曰繭絲保障其可并用以困民乎動無遺慮則燕翼之謀可得而講也行無越思則仁民之政可得而舉也有以光於前有以裕於後

則休聲宏烈可得而嗣傳也如其不然則雖□張揚厲瑰偉鏗鏘以美觀聽則有之於治道奚益哉是則愚生之所不敢聞也

第二問

鄭莊彦

同考試官教諭王批（人才一策正欲觀士子博古之學心術之辨作者殊無定見此作心術正大品第允當用録以式）

同考試官教諭顔批（義利王霸乃古人心迹异處子能言之可以占所趨矣）

同考試官教諭王批（策體大而蓄辭博而雅氣實而充有根據有斷制有抑揚雖數賢聖復出亦當面服其議子之藴積可知矣）

考試官左贊善張批（内外合一之謂道子能於古人心術功業异同處而斷之以道他日致用知必不謬於所趨矣）

考試官右諭德倫批（商略終古人才非魯中銖兩素定者不能也吾子其可與言已夫）

知義利之分可與語道矣知王霸之辨可與語用矣知得失之理可與語政矣知盛衰之端可與語天矣如治亂之機可與語時矣故其道得者其用備其政一其端實其機張其道失者其用偏其政二其端虚其機弛故道其本也用其紀也政其實也端其徵也機其成也君子道以爲經用以爲則政以爲質端以爲量機以爲符道以爲經故其本可立也用以爲則故其紀可興也政以爲質故其實可守也端以爲量故其徵可測也機以爲符故其成可睹也是以君子欲正天下不知其機不能正天下知其機不知其端不能正天下知其端不知其政不能正天下知其政不知其用不能正天下知其用不知其道不能正天下故道者理萬物達天道順人情之大端也故惟君子爲知道之不可以已也至道之世渾渾爾噩噩爾其政悶悶其民醇醇君臣相忘合天履中通貫萬化不言而信不辯而理生民宜焉萬物順焉如天地□所勞於物而物各得其性物雖各得其性而不知其爲天地之功也不知其功孰爲其端不知其天孰爲其機哉及其季也義不勝其利而道之本喪矣王不勝其霸而用之紀偏矣得不勝其失而政之實二矣盛不勝其衰而端之徵虚矣治不勝其亂而機之成馳矣不反其原而乃咎其流之滔滔也亦惑哉三代之得天下也以仁其失天下也以不仁仁不仁人實爲之也於天何尤乎故曰知盛衰之端可與語天矣知治亂之機可與語時矣春秋之世臣弑其君子弑其父非一朝一夕之故也所賴以撥亂而反之正者獨存乎君子爾然不能使春秋之不爲春秋者

愚於當時數子則不能無憾焉齊之賢莫鮑叔管仲也晋之賢莫舅犯趙衰先軫郤克也宋之賢莫華元也楚之賢莫子文蔿賈也秦之賢莫百里奚也鄭之賢莫子産也吴之賢莫季札也然夷考其事曰翊謀定國知人則多也曰九合諸侯一匡天下也曰贊定王室宣信諸侯也曰深智遠謀也曰報施定霸也曰伐齊威衆也曰執詞却敵宣力靖難也曰治兵之善楚以浸强也曰料事之識幼而克哲也曰知先虞亡猷克秦乂也曰善辭振國平政惠民也曰慕義見徵閎覽博物也而聖賢脩身治人之道初不之講焉故以管仲之仁猶不免器小之病以季札之賢尚不明達節之權二子且然其餘尚何足論哉朱子曰五霸竊仁義之號以令諸侯使有王者作而以仁義之實施之則爝火之光其息久矣是也許氏謂春秋氣運之厄有以成吾道之厄殆亦未盡之論歟漢興去古未遠而高帝開之以寬仁唐則戡隋之亂而太宗行之以仁義此興治之一機矣所望以翊亮元化以復先王之政者則存乎輔弼耳然其治卒不免於雜霸雜夷者愚於當時諸人則不能無恨焉漢之賢莫蕭何曹參也莫丙吉魏相也唐之賢莫房玄齡杜如晦也莫姚崇宋璟也然夷考其事曰與民更始講若畫一也曰市獄勿擾清净不事也曰深厚不伐不親小事也曰條奏便宜數稱上意也曰明達吏事也曰遇事善决也曰應變成務也曰守法持正也而大人格心之學初未之聞焉故蕭何以沛邑故人不能定天下之本魏相以嚴明相濟不能抑許史之權推刃同氣至慘矣何取於謀寵移婦寺至惑矣何取於正其大如此其小者又何足言哉朱子曰後來英雄未嘗有精一工夫但在利欲場中頭出頭没其贊美者乃能有所暗合而隨其分數之多少以有所建立者是也許氏謂春秋人才雖非王者之佐而皆漢唐所不能及者其或有見之言歟至若孔子生乎春秋之世其却萊夷□□都誅少正卯駸駸乎帝王之業使能久於位如數子焉則吾其東周豈虚語哉孟子丁乎戰國之時其仁義之言性善之説井田之對鑿鑿乎王道之大使得措之行如數子焉則齊王反手豈欺我哉道既不行則退而托之著述以教萬世雖不能挽春秋戰國而唐虞三代也然使唐虞三代之人心不盡亡於春秋戰國者則孔孟之功耳胡安國曰聖人以義立命而不委於命以人勝天而不任於天宇宙在其手者其善論聖賢者哉諸葛亮炎祚不振之時乃能明討賊之義不以利害二其心蓋三代之佐矣狄仁傑於革唐爲周之日乃能秉□向晦以成取日之功蓋社稷之臣矣雖成敗不同皆非有所爲而爲庶幾乎王者之心使君臣父子之倫不盡壞於盗賊女主者則二子之力耳張敬夫曰武侯鞠躬盡瘁雖不幸中道而殞然其扶皇極正人心挽回先王仁義之風垂之萬世與日月同其光明楊中立曰狄梁

公撥亂反正然亦何嘗挾數任術觀史氏所載其議論未嘗不以正其深知二子者哉夫春秋數子處其順而孔孟處其逆漢唐諸人處其常而武侯梁公處其變順逆常變之間而事之難易心之是非君子可以概見也故曰知義利之分可與語道矣知王霸之辨可與語用矣雖然塗有餓莩而五穀無全功元氣潰决而參苓無全力然君子終不以荑稗易五穀以烏喙易參苓者誠以荑稗非養生之具而烏喙之烈不可常試也夫義譬則五穀也利譬則荑稗也王譬則參苓也霸譬則烏喙也人徒見夫荑稗之易成而烏喙之得乎近效也遂從而嗜之不厭而不知其身之元氣已索然而不可起矣人見其索然而不可起也則諉曰是歲也命也豈非愚之甚哉或者曰天下之事有幸不幸其理之是者或屈於勢之難而理之非者或徇於勢之易故君子每不得其常焉噫事勢無一定之形而道則不可易焉者也如道焉勢雖難君子弗避也非道焉勢雖易君子弗爲也苟枉其道以幸必成之功則一時雖甚快而禍之貽於天下者必多矣愚又悲夫世之爲義者鮮不爲利而爲之也夫爲利者人皆知其爲小人也而爲利以爲義者彼方侈然自是而舉世譽以爲功不知其爲害於國家之深也故曰知得失之理可與語政矣狂瞽之言不知所裁惟執事進而教之

第三問

同考試官訓導王批（治道一策欲探士子用世之藴是作揚推古今言有體要高薦夫何疑）

同考試官教諭楊批（人臣進言必欲感悟以底于行忠君之心也此策委曲於聽言之喻且撮四子之要以備采擇子之心可識矣）

考試官左贊善張批（帝王之道不外乎此心而已子能於四子之言而揭其至要以著千篇則他日成格君之功者非子也耶）

考試官右諭德倫批（庶幾言近而指遠者）

人君之興道致治其於古訓必有所稽也人君之稽于古訓也其於心必有以自得也人求多聞時惟建事學于古訓乃有獲夫非心得焉惡能推而行之以爲建事之本哉夫苟有得于心則雖詢于芻蕘察于邇言固吾益也而况古訓乎况古訓之出于儒先賢聖者乎如其不然日取三王五帝之典謨而左右陳説之豈能有濟哉昔者劉元城問學於温公而聞不妄語之教非异人見也而元城之得益在是則必有會干其□□□也昔參問政於蓋公而聞清净自定之教非异人見也而參之得益在是則亦必有會于其心而然也人至于今以温公爲善教以蓋公爲善言何則以夫聽言者擇善之有術而亮乎其心之所安也夫惟亮乎其心之所安則其信之必深赴之必勇守之必固而授之

言者不爲徒説矣夫以賓友之間而言之不可取必也如是况夫人臣之進言于其君者哉人臣進言於君蓋莫敢不自盡焉而况將以帝王之道致主者則其竭底裹效衷赤宜何如也然其言之用與不用蓋有數存焉言之而是也用之爲天下福言之而非也用之爲天下禍人臣進言豈徒不用之爲戚耶漢之武帝宣帝皆有帝王之才而董仲舒王吉皆有致君之志者也武帝方事夷狄求神仙欲敗度縱敗禮不可枚舉而宣帝正武帝之流亞耳二子之説惡能用之宋之神宗刻意王道而程子因以啓告焉具自藝祖以來世濟仁厚邵子有感於百年勝殘之運深有望于繼世之君豈知神宗信任失人祖宗之澤頓熄而後此亦無可爲之時矣一子之説又惡能用之此無他不得乎其心言雖善無益也洪惟昭代當重熙累洽之時仰值我皇上赫然中興思濟大業百辟承德海内鄉風所以贊襄萬一者詎謂無四子其人乎而何俟乎草茅之贅論乎無已則愚姑繹四子之言以備執事者之采擇也蓋董子之言曰正心以正朝廷正朝廷以正百官正百官以正萬民正萬民以正四方吉之言曰聖主獨行於深官得則天下稱誦之失則天下咸言之故謹選左右慎擇所使左右所以正身也所使所以宣德也夫正心慎獨之説自曾子子思之後知講之者鮮矣而二子能言之其所謂加王心舉明主於三代之隆者凡以是爲之根柢也豈非西京諸儒之卓然有見者乎程子論行王道以定志爲本君志定而天下之治成矣必以聖賢之訓爲先當從以先王之治爲必可法不爲後世駁雜之政所牽滯不爲流俗因循之論所遷改信道極於篤自知極於明去邪勿疑任賢勿貳此定志之説雖聖人復起不能易也邵子之於帝道蓋未嘗言之而其所恒言則曰天下將亂則人必尚言也天下將治則人必尚行也尚行則篤實之風行焉尚言則詭譎之風行焉推是言也詭譎之流則霸圖之下衰也篤實之崇則王治之上隆也教化浹而人情變於是乎三變而帝道可舉使有聖人繼世而興焉安知其言之不遂有徵乎道不行百世無善治學不傳千載無真儒世之論者必以爲帝王之治有卓絶殊尤之迹而商帝王之略者亦必有幽深玄遠之論嘻惑也久矣孔子答顔淵爲邦之問終之以放鄭聲遠佞人孟子勸齊梁之君以行王道惟制民恒産是急自今視之皆以爲迂且淺而不知道固如是也然則四子之言有能舉而措之其可勝用乎約而言之取諸邵子則尚行其要也取諸程子則定志其要也取諸西京二子則謹獨正心其要也苟有會于吾心吾擇善而從之夫庸知四子者學之純駁與其見之淺深耶彼固有不量其君不察其時而强聒以進者彼其遺恨於當時固將有望于百千載之後耳若其條件節目之詳施爲緩急之序則所謂正其本萬事理未容以遽及

也擇言之道其博而取之如千蹊萬徑皆可適國并存而無廢焉其約而會之如庖丁解牛得其族則衆解理矣不然吾未見其爲學古訓而有獲也漢申公有言爲治者不在多言顧力行何如耳請以是言終四子之志執事以爲何如

第四問

同考試官學正陳批（渾雄之氣宏博之詞根極之論通變審機執此以往道德一而風俗同矣）

楊時秀

考試官左贊善張批（此策發問之意正欲以端士習善民俗而已子能推其得失之故而歸宿以根本之論有識之士也）

考試官右諭德倫批（識尚堅正而辭氣浩然是摧陷廓清手段）

六經非他也吾心之常道也是道也其原於天之謂命其具於人之謂性其主於人之身之謂心其藴而爲智仁聖義中和也之謂德其發而爲孝友睦婣任恤也之謂行其形而爲君臣父子夫婦長幼朋友也之謂倫其散而爲絲麻宫室粟米之利也之謂物由是而之焉之謂道積於中而暢於外也之謂文舉而措之於齊家治國平天下也之謂政推而範之天下之民使無過不及焉之謂教合天地古今人物而無有乎或异焉者之謂常聖人者全體乎此心者也懼斯道之不明而或以晦焉懼斯道之不行而或以塞焉是故取而筆之於書以傳之天下後世俾皆由是而學焉以得其本心故易者言乎其心之時也書者言乎其心之中也詩者言乎其心之性情也禮者言乎其心之序也樂者言乎其心之和也春秋者言乎其心之變也故因其時而行焉則易之道得矣即其中而施焉則書之用昭矣約其性情而發焉則詩之義興矣本其序而履焉則禮之理章矣由其和而樂焉則樂之情著矣推其變而通焉則春秋之意明矣故經也者聖人教人以學乎其本心者也堯以是傳之舜舜以是傳之禹禹以是傳之湯湯以是傳之文武周公孔子而無或改焉者也火于秦黄老于漢佛于晋宋齊梁之間而無或喪焉者也非不能喪也心之根於人人者自不能喪也故學者由是而學焉以得乎其本心之正則理常矣而弗邪教貞矣而弗异政達矣而弗悖文粹矣而弗雜道一矣而弗二物治矣而弗亂倫若矣而弗拂行昭矣而弗違德備矣而弗賊由是盡性以至於命而天下之能事畢矣自夫經殘教弛而心學不講徒求之於言語之粗而不知其爲明德之實功濟之以功利之私而不知措而爲躬行之實事是故拘之名數則有若王弼泥之訓詁則有若鄭康成孔穎達擬而續之則有若王仲淹因文説理則有若蘇軾陳少南語涉空幻則有若張子韶夫空幻妄也文詞藝也擬而續僭也訓詁淺

也名數末也五學出而六經之道晦矣董仲舒明於春秋天人之對似矣而縱陽閉陰之説則失之誕京房長於易學舉賢之論似矣而不密失身則失之愚張禹爲帝師而不能抑外戚之專卒成王氏之禍何取於經術乎胡廣位台輔而不能正清河之位遂養閹竪之亂何取於巨儒乎夫失之誕者其心罔失之愚者其心蔽而張禹胡廣則患得患失而溺焉者也三患生而六經之道塞矣鄭夾漈曰秦火焚書而書存諸儒窮經而經絶豈非有感而言者歟自夫經學不明民心易惑於他岐風俗不淳异端遂起而鼓之是故李耳著道德經以倡清净之教而迂誕譎怪之徒競爲异説以濟其妄故言煉養則有若赤松子魏伯陽言服食則有若盧生李少君言符籙則有若張道陵寇謙之言經典科教則有若杜光庭林靈素轉相流布而其説始蔓衍無極矣漢明帝遣蔡愔使天竺求佛經以倡釋氏之教而迷惑昏昧之輩靡然景慕以習其法故楚王英之於沙門吴孫權之於僧會苻堅之於衛道安魏□□之於永明間居競相傳述而其書始百倍於六經矣曹參事黄光之術以致清净之化而宋徽宗身稱道君卒不能救靖康之禍蓋老氏清净已非聖賢中正之道而徽宗所學又并老氏之旨而失之者也設幄講經玉清賜號此何爲乎劉器之得機解之旨以明死生之際而梁武帝舍身事佛乃不能免臺城之危蓋佛氏寂滅已非先王心性之理而武帝所學又并佛氏之旨而謬焉者也道高魔盛行善障生此何説乎韓愈曰人其人火其書廬其居庸非以其誣民惑世而闢之也歟仰惟我太祖高皇帝干戈倥偬之中即命有司訪求古今書籍謂侍臣詹同曰三皇五帝之書不盡傳於世故後世鮮知其行事方士獻道書則郤之謂左右曰朕所用者聖賢之道所需者治人之術將躋天下生民於壽域豈獨一己之長生久視哉苟一受其獻則迂誕怪妄之士必争來矣此其崇正闢邪以立萬世之極者至矣我皇上明物察倫優入聖域垂敬一之訓衍四箴之義以布之學宫正孔子先師之號抑廣孝配享之非禮樂之舉天地爲昭此其明道弘化以續帝王之統者至矣天下之士若民亦罔不曉然趨經術之正而知异端之弊也夫何鉛槧之士抱藝以進者乃弗良於經世緩急之際尚或有乏才之憂緇黄之流規利而食者乃攘臂於四方明哲之賢猶不免尊信之失有識者所以隱憂而浩嘆也愚則以爲士之所以不獲實用者其病有三曰詞章也富貴也功利也而三者之中詞章之害爲先民之所以趨於异端者其病有三日惑也懼也貪也而三者之中惑之害爲先何也古者以鄉三□教萬民而賓興之而今之科目則惟以文藝故童而習焉長而學焉父兄之所教焉師友之所講焉有司之所取焉非是弗趨是故學者涉經傳裂章句以藻飾組繪曰是足以取青紫矣

曰是足以致顯名矣而不復致力於身心道德之理及出而服諸官政也則所用非其所學見之不明不能不移於功利守之不定不能不流於富貴矣噫聖人作經所以教人淑諸身心而達之用也顧以爲利禄之資哉古者析言破律亂名改作執左道以亂政者則誅而今之异教罔知禁絶故荒幻之説得以塗民耳目佛氏曰世界爲幻性命爲欲秉彝爲妄老氏曰無爲爲宗慈儉爲行虚無爲用於是不知者從而惑之故報應影響幽冥刑獄之説得以懼之而後有禮土木以祈免禍患者矣超凡入聖飛昇變化之術得以誘之而後有罄囊橐以徼福利者矣噫聖人綱常之道所以扶持人紀計安天下也顧可違之以自入於夷狄禽獸之域哉曰然則科目可盡廢乎曰何可廢也君子在道不在制曰然則將盡比今之异端而誅之乎曰何可誅也百姓從好不從令夫道者制之本也苟用之以道則今之制猶古之制也又何患乎人才之不足而詞章之爲病耶朱子曰非是科舉累人自是人累科舉耳夫好者令之本也苟率之以正則上有如者下必有甚焉者矣又何患乎民俗之未善而异端之爲害耶孟子曰君子反經而已矣經正則庶民興庶民興斯無邪慝矣然則道豈多乎哉好豈遠乎哉亦曰明乎六經之常而不失其本心之正焉爾雖然操轉移之機以神天下之化則固有聖君賢相在也

第五問

駱騰霄

同考試官教諭覃批（二法一立兵農兩得其利誠王政急務也但對者多剿陳言不顧問意是作獨能發之且識見高議論確深得謀國之道可以觀子用世矣）

考試官左贊善張批（屯田鹽法國之大利出焉而今日之弊則不可言矣是作能究悉弊端而興利之術鑿鑿可行其經世之才也歟）

考試官右論德倫批（此議行則立事立功者無嫌於自力矣録之）

一言而王霸异者功利是也書稱利用厚生九功惟叙先王治天下豈以功利爲諱哉而後世儒者則始羞稱之夫所惡乎言利之臣者爲其蔑弃政教而顓以剥下媚上爲也飲食之人則人賤之矣而天下豈有不飲不食之人哉舉天下飲且食焉而斯人者獨謂之飲食之人其必有謂矣却曰生財有大道又曰不畜聚斂之臣聚□之臣霸之下者也生財之道王道也不□生財之道其勢必至於畜聚裒斂之臣夫既不畜聚斂之臣而又不講夫生財之道則吾未知其何以爲國也王者以民爲天民以食爲天王政之所當厚者莫先於農而費農以養者莫甚於兵兵不可去則凡可以爲兵食地者莫不爲之周慮而

遠圖之故夫屯田鹽法之始興也凡以厚農也蠻夷猾夏寇賊奸宄自唐虞不能免而秦漢盛時邊郡轉輸之費或三十鍾而致一石生民之病不亦大可哀耶鹽之領於官也以杜兼并之源也其通之於商也以布上下之利也其中之于邊也以省任載之煩也山陜之民僦牛車具徒伍奔走顛蹟於風雪山谷之中而無救於待哺之期會平時豐歲室家不梢保一有兵荒之警上□宵旰之憂亟發内帑以濟之乃至無從得□則知實邊貴豫濟變貴急而飛輓之林□莫過於鹽糧也鎮守之兵遍天下屯田亦遍天下諸軍更番迭休率以十分之三服農畝之事二人受田四十畝歲入十二石足供一兵而自食其餘餘丁則亦以差受田而歲課其入立法之初以爲承平日久則餘下益多而地利益盡充拓得人則增屯益廣而歲入益增如是而兵無加額焉行之百年舉天下之屯糧足以盡廪天下之兵而民糧之上供者惟上之所用之耳乃今升丰之給盡出民力一兵以上悉仰縣官然後知屯田之不可以已也漢文帝所以能賜民田租者徒以募民入粟實邊次實郡縣而京師自有餘耳然而酬民以爵啓鬻官之漸孰若開中之法酬商以鹽使民得食味商得取贏兩利而無害乎唐府兵之所以稱近古者徒以兵皆土著而不廪於官也然而籍農爲兵或至業務交廢孰若屯田之法兵以餘九治農服勤譽惰自食其力兩利而無害乎二法立而□國無餘計豈不誠然乎哉夫不知立法之源則不知行法之委不知立法之利則不知廢法之害夫鹽者以竈爲本以商爲用二者皆優恤所當加也今郡縣無勸農之政則鹽司豈復有恤竈之實哉商人罰賑而費出無經草蕩之弗清流亡之不復則給散亦豈能均適哉姑如河東顆鹽幾年而遇時風結花倍常乃亦拘守常額不聽撈辦是猶粒米狼戾而封其倉庾俾之弃於塗泥之中曾不得爲遺秉滯穗其於勸相阜康之道從可知矣國初征商甚薄而酬估甚厚是以商人樂趨邊而無變計以其家衆占閑田稍役屬其民而耕之以待國之開中之事故私積亦富而粟价亦平邇者粟貴徵粟粟賤徵銀重之以勸借之科罰困之搭配之守支展轉折閲業荒衆散一有控訴則有司且以奸商罔利罪焉商固四民之一而職利之趨也將使皇皇求仁義乎商不追利是農不望秋也且買窩者奸商也而賣窩者誰耶不誅怯將而誅怯兵兵益不精不誅賄吏而誅賄民賄益不止法弊而售奸良商亦奸奸懲弊革奸商亦良人才與時奸良而况商乎别奸恤良無以掊克之政一施之則善矣若夫括餘鹽之利則京帑雖實而邊郡增運糴之煩加引目之數則商利益微而勤竈夫補恤之惠若是者無乃論列愈詳而鹽法愈不通耶屯政之不綜也始傷於嚴而卒壞於寬也因習之故非一日矣自父祖侵而有之而子孫固以爲己世業

也雖左驗甚明至死不心服若是則雖有必行之政安得而加哉富豪乾没而告許横行雖明者或不能辨則仁者固不欲棘之也番休之法不行兵久駐屯依憑威虐兵實病民田屯相遠形禁勢格兵不得田民亦病兵當事者徒見其相戕而不見其相濟則謂屯田可罷清查可已殊不知天下無不弊之法可有善通變之人宜早爲之科制年以久□定限屯以遠近遞遷見存之田履畝而世界服農之兵間歲而代更則亦庶乎其可也張横渠議井田朱考亭定經界今之敬實屯田不猶差易於彼乎新屯之增置立法之初固將有待于後來觀其分數有□而置屯無限則可知矣其在南方則凡□山斥鹵之可墾者淫祠毁寺之可收者奸豪欺隱之可没入者宜盡以爲屯田大江之北至於畿甸蓋有不可勝用者焉不然則近臣貴戚競請莊田於何取之遠至子諸邊又有不可勝用者焉不然則趙充國田金城韓重華田振武於何取之且今兵籍向虚患人力之不足不患增屯之無所田既增兵亦可□姑緩其舊而新是固不亦可乎夫科制不阜定則將與見存之額而并失新屯不增置則是弃可興之利而他求若是者無乃清查愈密而屯政愈不修耶嗚呼謀國之道何异理家理家以衣食爲先而謀國以功利爲諱是心也王耶霸耶談王而不知所以王及其無策雖用霸術以救之亦無及矣我祖宗勤民甚至而慮民甚深建置規畫損益近代而良法美意三代同符是故食貨與師八政之終始也山澤供賦地官之事守也兵農兼務井地之遺教也且周人九職九賦之法與夫任土之征取民之制甚輕而斂財之途甚廣豈必取給於什一之税哉惟其廣斂財之途以寬經常之税是以什一行而頌聲作然則屯田鹽法之爲王者之政可以灼然自信而無疑也彼以霸叻小視之者始而訹人終而誤國謀王斷國者尚慎所决擇哉

應天府鄉試録後序

嘉靖甲午秋八月維應天府鄉試臣以訓臣治受上命往柄厥事既行乃相與語曰兹知人之哲也維艱哉曷弗懼既至適貢院落成制宏而麗森而有域復相與語曰兹有司之理也維共哉曷弗敬既事事再旬而竣録成復相與語曰兹人文之萃也維盛哉曷弗慶臣治敬稽首拜言於其後曰夫録有八徵焉見昭代之盛焉見聖神之化焉見王制之善焉見根本之重焉見都會之美焉見道德之同焉見是非之公焉見賓興之隆焉周公而下道莫明於孔子而

其學獨盛於北其世運亦從而北時南有荆楚之强孟軻而下道莫明於周朱而其學獨盛於南其世運亦從而南時北有胡元之亂至於我朝文教誕敷訖於四海詩書禮樂蠻服咸暨履中撫運自生民以來未之能過焉斯昭代之盛也祖宗所以建極作則以基丕大之化至精且密百六十餘年于兹□有休嘉治理用張而我皇上弘猷懿矩式勤作率黎獻承德罔弗自奮效用共于臣有菁莪棫樸之風焉斯聖神之化也選舉之政先王所重也後世損益各殊制要以得人才同政治爾而國家科目之設雖若非古然士之志於是者不見异物而遷焉故瑰奇之才胥此焉出昌言遠猷夾輔于理而社稷賴之斯王制之善也昔文王伐崇居豐天命用新而武王宅是鎬京四方攸同乃昌燕翼以延八百之祀我太祖肇基金陵以混一海宇太宗卜世于冀居天下之重定萬世大業而豐芑之懿寔首于兹土故三歲取士之額南北均隆焉斯根本之重也跨淮吞舒控引荆越山江環匯沃衍千里鳩靈孕英積而彌光故其才郁郁乎如照乘木難之媚於重淵大澤也弗可能掩焉斯都會之美也士之言典以蓄朴以貞信以通物明志以達政性命王道之紀彬彬爾非聖弗言焉斯道德之同也詩弗愚者録之易弗賊者録之書弗誣者録之春秋弗亂者録之禮弗煩樂弗奢者録之文浮罔實弗録也滯罔達弗録也僻罔正弗録也故可以獻可以傳可以程焉斯是非之公也維皇上懋學飭治以敬禮于邦國之賢百辟祇若休命修乃役罔有弗寅供億百陳燕饗蠲備千夫馳庶工趨有司程能咸曰兹政務之大斯賓興之隆也然臣竊有憂焉録公□庸有澤鞭以幸售者乎文同矣庸有静言而庸違者乎才美矣庸有恃之而作狡者乎制善矣庸有藉之以媒利者乎有一於此將不重戾聖王之教以自負明時哉何以當畿域之勝耶其無亦愧於有司之良爾矣是故君子會盛以昌也淑化以養也軌善以光也襲重以强也珍美以章也若同以廣也篤公以揚也昭隆以臧也察於此八者而主之以道焉其用諸天下昭諸萬世將無適而不宜夫是之謂才之真爾多士懋哉

左春坊左贊善張治謹序

嘉靖十六年應天府鄉試録

應天府鄉試録序

應天府鄉試録録嘉靖丁酉秋應天府所貢士若文以獻者也先是府臣疏請考試官上以命左諭德臣汝璧洗馬臣衢臣既被命兼程而南也胥飭以規曰休兹知恤哉敢告執事比至則同考試爲學正臣文奎臣舉教諭臣尚志臣烈臣士翹臣州臣隆盛臣禹卿訓導臣忠乎皆應聘以待矣又胥飭以規曰艱兹協恭哉敢告同事比入院則規條整豫式廓奕新爲監試御史臣宏臣應陽之所擘畫提調府尹臣懋之所恢拓者業有成勞矣而府丞臣麒寔繼之則又胥飭以規曰允迪兹恤且恭哉敢藉以告成事乃合六館諸曹暨提學御史臣馮天馭之所簡士凡四千五百有奇三試而三校之遵制額斂其才一百三十有五人其限於額而不能畢斂者亦多矣於戲盛哉臣惟才之需於世也猶諸嘉穀美植然顧地有宜焉以産也時有候焉以成也壤積而膏流氣暢而實遂其盛乃臻也二者間一弗值焉於是乎均是需也而墳壚而華離則無必産矣均是産也而游息而朘薄則無必成矣幸而成焉遷乎其性而索乎其爲利世之需之者固亦微云尔已矣于戲才之盛也其難矣乎臣觀於是而有以知今日之才盛之繇矣蓋南畿之勝啓自六朝然卒偏安一隅而光岳之氣亦因之以分惟我高皇帝龍飛淮甸肇迹是都遂用之以混一海宇而東南諸郡皆進爲畿輔其磅礴鬱積之氣蓋蓄之久矣我文皇帝則又奠鼎於北南嚮而聽治焉於是兩都對峙而豐芑之仁視外服寔先首被則所以封殖而浚發之者抑又獨至矣詩曰思皇多士生此王國其地産有固然與列聖紹休益勤溉息至我皇上涵濡振率風行海流蓋又十有六年於兹矣其間明倫盡制稽古右文卓乎中正以觀天下間嘗躬御宸翰詔迪膠庠則又粹乎精一執中之微言是以神化之妙潛乎默奪雖夫人而皆興至於士則可知矣至於首善之地之士則又可知矣易曰聖人久於其道而天下化成兹又其時也非與用是敦龐純固之氣不鍾于物而鍾于才蓋有弘者毅者馮者翼者雝以肅者奇以正者褒而實者淵邃而敷達者而崇經黜子尊王賤伯上義下利之趨靡不於文乎见之即其委和之液滲而爲嘉穀爲美植流衍四出亦足以衣被乎天下則今日之才之盛也豈偶然而致哉雖然産才者地也惟才也斯成地

之能成才者時也惟才也斯翊時之運交相贊者也故臣於是舉以告成事既以得才爲朝廷賀以端始進則以究才爲諸士期俾其知所生之地所際之時如是之不偶也庶幾出而效用也必樹勛流聲俾時運爲之益重必奮庸熙載俾時運爲之益隆庶於皇上求才之意爲不負而東南得才之盛將益光昭于無窮臣等區區掄才之忠庶亦賴是以少效也已嗚呼諸士其懋諸其亦胥飭以規諸

奉直大夫左春坊左諭德江汝璧謹序

嘉靖十六年應天府鄉試

提調官

通議大夫應天府府尹孫懋（德夫浙江慈谿縣　辛未進士）

應天府府丞楊麒（仁甫江西上饒縣人　辛巳進士）

考試官

奉直大夫左春坊左諭德江汝璧（懋穀江西貴溪縣人　辛巳進士）

奉直大夫司經局洗馬歐陽衢（崇亨江西泰和縣人　丙戌進士）

同考試官

湖廣辰州府沅州儒學學正舒文奎（道光廣西全州人　乙酉貢士）

河南河南府陝州儒學學正錢舉（玄才四川江津縣人　辛卯貢士）

山東東昌府聊城縣儒學教諭唐尚忠（堯臣廣東順德縣人　戊子貢士）

山東青州府安丘縣儒學教諭歐陽烈（懋之江西泰和縣人　壬午貢士）

福建建寧府甌寧縣儒學教諭梁士翹（元表廣東南海縣人　乙酉貢士）

河南汝州伊陽縣儒學教諭徐州（邦采雲南前衛籍浙江仁和縣人　甲午貢士）

湖廣德安府隨州應山縣儒學教諭周隆盛（道亨廣西平樂縣人　辛卯貢士）

福建延平府尤溪縣儒學教諭張禹卿（子益廣西護衛官籍湖廣武陵縣人　戊子貢士）

廣東肇慶府儒學訓導楊忠孚（主信福建莆田縣人　辛卯貢士）

監試官

文林郎南京江西道監察御史何宏（道克廣東順德縣人　丁卯貢士）

文林郎南京雲南道監察御史沈應陽（肇升浙江慈谿縣人　庚午貢士）

收掌試卷官

奉政大夫應天府治中王卿（用卿直隸定州衛人　丙子貢士）

承德郎應天府通判楊自勤（克修河南新鄭縣人　癸酉貢士）

印卷官

承德郎應天府通判于淳（子野河南洛陽縣人　癸酉貢士）

承務郎應天府推官胡洲（登之河南潁川衛官籍　庚午貢士）

受卷官

應天府六合縣知縣周薇（惟翰浙江鄞縣人　己卯貢士）

南京武德衛經歷徐梁（時用浙江常山縣人　監生）

彌封官

應天府江浦縣知縣高祉（用介江西宜春縣人　壬午貢士）

南京府軍衛經歷司知事黄紹俊（國英廣東連州人　監生）

謄録官

應天府上元縣知縣程爀（文纯江西南城縣人　丙子貢士）

應天府溧陽縣知縣吕光洵（信卿浙江親昌縣人　壬辰進士）

應天府溧水縣知縣陳光華（道蘊福建莆田縣人　己丑進士）

對讀官

應天府江寧縣知縣楊京（汝大福建建安縣人　己卯貢士）

應天府高淳縣知縣陶秀（子實江西南城縣人　壬午貢士）

南京留守左衛經歷司經歷李應登（試舉直隸武邑縣人　監生）

巡綽官

昭勇將軍南京留守後衛指揮使李杲（東明河南光山縣人）

懷遠將軍直隸新安衛指揮同知張紳（佩之宣府人）

搜檢官

武德將軍南京留守左衛正千户浩學（文儒直隸泰州人）

武略將軍直隸建陽衛副千户劉九疇（定範直隸巢縣人）

昭信校尉南京留守左衛百户楊舉（進之山東膠州人）

昭信校尉南京留守後衛百户金輔（良佐直隸華亭縣人）

供給官

應天府經歷司經歷戴冠（從周浙江昌化縣人　監生）

應天府經歷司知事吴輅（汝乘直隸無錫縣人　監生）

應天府江寧縣主簿洪猷（獻之浙江壽昌縣人　監生）

應天府上元縣主簿暢忠（時臣山西河津縣人　監生）
應天府上元縣主簿李奇章（公甫四川合江縣人　監生）
南京牧馬千户所吏目王玄（微之浙江慈谿縣人　知印）
應天府上元縣典史周琳（希玉浙江鄞縣人　吏員）
應天府江寧縣典史藍璞（在京江新喻縣人　吏員）
應天府龍江遞運所大使李崑（仁美江西雩都縣人　吏員）
應天府龍江水馬驛驛丞蔡文盛（抑甫福建候官縣人　承差）
應天府句容縣龍潭驛驛丞熊秉圭（崇信湖廣麻城縣人　承差）
應天府江浦縣東葛城驛驛丞顔允謙（吉夫廣東南海縣人　承差）
應天府江寧縣大勝驛驛丞胡延齡（永年山東武定縣人　承差）

第一場

四書

詩云樂只君子民之父母民之所好好之民之所惡惡之此之謂民之父母　子曰回也其心三月不違仁其餘則日月至焉而已矣　必有事焉而勿正心勿忘勿助長也

易

無妄剛自外來而爲主於内動而健剛中而應大亨以正天之命也
六五貞吉無悔君子之光有孚吉　是以明於天之道而察於民之故是興神物以前民用聖人以此齊戒以神明其德夫　聖人之大寶曰位

書

帝庸作歌曰敕天之命惟時惟幾乃歌曰股肱喜哉元首起哉百工熙哉臯陶拜手稽首颺言曰念哉率作興事慎乃憲欽哉屢省乃成欽哉乃賡載歌曰元首明哉股肱良哉庶事康哉　以義制事以禮制心　亦越文王武王克知三有宅心灼見三有俊心以敬事上帝立民長伯　用賚爾秬鬯一卣彤弓一彤矢百盧弓一盧矢百

詩

樂只君子福履成之　神之吊矣詒爾多福民之質矣日用飲食群黎百姓遍爲爾德　無競維人四方其訓之有覺德行四國順之訏謨定命遠猶辰告敬慎威儀維民之則　自堂徂基自羊徂牛鼐鼎及鼒

春秋

夏城中丘（隱公七年）冬築郿（莊公二十有八年） 秋公子遂叔孫得臣如齊（文公十有八年）歸父還自晋至笙遂奔齊（宣公十有八年）三月取鄆（昭公元年）叔孫舍至自晋（昭公二十有四年） 公會晋侯宋公衛侯曹伯莒子邾子齊世子光滕子薛伯杞伯小邾子伐鄭（襄公十年）公會晋侯宋公衛侯曹伯齊世子光莒子邾子滕子薛伯杞伯小邾子伐鄭公會晋侯宋公衛侯曹伯齊世子光莒子邾子滕子薛伯杞伯小邾子伐鄭（俱襄公十有一年） 春王正月作三軍（襄公十有一年）春王正月舍中軍（昭公五年）

禮記

刑者侀也侀成也一成而不可變故君子盡心焉 樂著太始而禮居成物著不息者天也著不動者地也一動一静者天地之間也故聖人曰禮樂云 饗者鄉也鄉之然後能饗焉 天子者與天地參故德配天地兼利萬物與日月并明明照四海而不遺微小

第二場

論

極高明而道中庸

詔誥表（内科一道）

擬漢求直言省京師屯罷郡國宫館假貸貧民詔（地節三年） 擬唐以韓休爲黄門侍郎同平章事誥（開元二十一年） 擬賜御製皇叓宬記廷臣謝表

判語（五條）

上言大臣德政 檢踏灾傷田糧 術士妄言禍福 關防内使出入 失時不修堤防

第三場

策（五道）

問 自古帝王建極垂統類有謨訓以衍無疆之休若唐虞之禪位命官三代之傳緒敷訓固已列諸典謨訓誥炳然垂之萬世而爲經嗣是以還雖有法術帝範要略之詒理人訓廉謹刑之式然其爲訓則寖以微矣洪惟我宣宗章皇帝典學之餘有得于我祖宗資世通訓聖學心法之書之旨作爲帝訓官

箴以對揚二聖之光訓誡萬世聖子神孫及我臣工所當佩習而服行之者也顧其間微辭精義上與典謨訓誥相表裏者可得而頌述之歟二書之類例編目與夫淵衷述作之本意宸翰已序諸篇端矣亦可得而繹言之歟夫訓藏天府誠未易仰窺然當時儒臣固嘗纂而爲御製集至於箴則勒在諸司夫孰不習而知之且爾諸士行且有致君服官之責矣請敬述以對

問　劉子曰國之大事在祀與戎有志於經國者不可不知而孔子亦曰我戰則克祭則受福則非有得其道者亦不可以與知也今試舉其大且要者相與揚確之可乎以祀事言之頃者皇上厘正郊廟之禮誠所謂建諸天地而不悖質諸鬼神而無疑者矣然稽諸古周人郊祀後稷以配天宗祀文王於明堂以配上帝不知我祖宗分配之儀亦可準是而行之否乎間嘗伏讀聖諭謂於歲首仍祀上帝於大祀殿以文皇帝奉配乃今稍异焉豈以祀殿明堂制不可以相準已乎至於大禘大祫之祭皇上亦既親定而舉千有餘年之廢矣顧祔食從享之節亦無有待於裁定者乎以戎事言之頃者皇上撤毁佛寺議欲改制以閲武事是將布昭聖武以覲耿光以揚大烈矣然觀諸今武學有肄會選有條武舉有科祖宗之令甲具設矣及至分閫置帥輒廑當寧乏材之嘆果何繇歟祖宗時弛備有罰亡伍有讁團練有法令品式固在也而頃遇有警又勤募兵之令豈所養者舉不足用歟兹於二者欲一飭而振之又何道歟夫秩祀修戎經文緯武之理也非豪杰士可易易而談哉惟無效書生之常談斯可矣

問　漢儒有云人君所爲美惡之極與天地相爲流通而往來相應其見卓矣今姑就漢論之孝文之時灾异疊見乃無損於其治孝武之時祥瑞日至竟不能救海内之虚耗豈天道深遠難見而感應有不足信歟宋儒有三不盡之説謂爲享國長久之道深取於文而不足於武似有所見抑於灾祥之理有相關歟我太祖高皇帝創業艱難克謹天戒凡遇灾祥一切警懼不知於斯三者嘗加之意否歟方今聖明在上懋德建中修政導和諸福之物莫不畢至已禁天下勿復以聞頃因後殿之灾罷安南之征停沙河之工詔三大臣審録繫囚誠不忍盡是三者之仁心也固不啻弭灾致祥而已宗社億萬年無疆之休端有賴焉吾曹百執事祗承德意思以補裨於萬一不知交修之道其實果安在歟爾多士明於當時之務幸有以告我

問　有國則有用雖堯舜不能不取諸民禹貢之差田賦周禮遂人匠人之所掌其法尚矣秦廢井田取民無制漢承其後悉除秦法而井田獨未之復何歟漢初十五税一其後三十税一又其後筭舟車榷鹽鐵竟不聞有加賦之議何歟唐初以租庸調取民其後也變爲兩税陸贄諸人極言其非而亦有謂

未可盡非之者何歟宋初取民多因唐制其後也變更修復亦有彼善於此者可得而悉言歟我朝田賦之制監於三代而損益之百七十年國富民裕然江南之地取給什九昔人謂之陸海信矣邇來逋負日甚征斂日急加之水旱凶荒民不聊生議者或曰不減田額不均田則不可以善其後或曰國用有經民習有常其孰執紛更怨訕之咎或曰先朝嘗減額矣今亦須視其時或曰治道去其太甚均則今當有漸是四説者將安取衷哉諸士子生長於斯其於利病因革之宜必有至當畫一之論幸詳言之以觀先憂之志

問　昔人有云禦戎無上策當以氣勝之若今北圉告警南交不庭不可不思所以禦之者將務以氣勝歟試借往事與諸君一籌之彼漢高帝之困白登也時則威加海内矣氣顧弗勝歟三傳而至武帝威行匈奴氣則勝矣乃不免於輪臺之悔何歟若閉關謝虜之光武則論者方有取焉豈氣固不足事歟宋藝祖之志複幽燕蓋思一作其氣矣繼之者如真宗仁宗志不足以帥氣論者是以有武事不競之譏則氣也誠不可不有所事歟然神宗思一作之而卒蒙釀亂之名抑又何歟豈所謂氣勝云者治之固别有道歟仰惟聖祖高皇帝汛掃胡元廓清函夏中原氣盛之説嘗自揭於北征之檄矣是固天之所畀而我聖祖之所以持志治氣之道尤無不至也今亦可以頌言其萬一歟至於祖訓一書又爲千萬世聖子神孫而作者有曰胡元必謹備之則今三邊六鎮之險亦有當修復之者歟將務蓄材養氣以需之歟有曰安南不征則宣廟誠得不治之治矣或謂文廟固嘗治之又將安所適從歟其亦善持吾志無動於氣歟且今南北之勢緩急堅瑕有當權焉者執事者所願有聞也幸極言之將以轉聞于上

中式舉人一百三十五名

第一名　王諷　祁門縣學增廣生　書
第二名　須道　靖江縣學附學生　易
第三名　徐燦　江西奉新縣人監生　詩
第四名　陳濡　福建甌寧縣人監生　春秋
第五名　李崇謙　廣德州學附學生　禮記
第六名　葉麟　福建懷安縣人監生　易
第七名　許瀚　江西吉水縣人監生　書
第八名　孫滋　貴池縣人監生　詩

第九名　顧奎　通州學附學生　詩
第十名　廖文光　湖廣藍山縣人監生　春秋
第十一名　汪鴻儒　婺源縣學附學生　易
第十二名　沈寵　寧國府學增廣生　詩
第十三名　俞治　蕪湖縣學生　禮記
第十四名　朱承祖　華亭縣學附學生　書
第十五名　徐霈　浙江江山縣人監生　易
第十六名　曹巽學　太倉州學附學生　詩
第十七名　袁趨庭　江陰縣人監生　詩
第十八名　丘鵬　蘇州府學生　易
第十九名　余漢　徽州府學生　詩
第二十名　姚臣　華亭縣學增廣生　書
第二十一名　周興東　武進縣人監生　詩
第二十二名　仲承祚　寶應縣學增廣生　春秋
第二十三名　韓叔陽　高淳縣學生　易
第二十四名　陳文昌　浙江象山縣人監生　詩
第二十五名　吴浩　浙江雲和縣人監生　書
第二十六名　宋璘　來安縣學生　易
第二十七名　張拱辰　常州府學生　詩
第二十八名　劉會　江西寧州人監生　詩
第二十九名　濮涞　廣德州學附學生　禮記
第三十名　戴章甫　休寧縣學附學生　書
第三十一名　全美　蘇州府學生　易
第三十二名　沈明經　福建長汀縣人監生　詩
第三十三名　李一元　建德縣學增廣生　春秋
第三十四名　甘節　京衛武學生　易
第三十五名　楊豫孫　華亭縣學附學生　詩
第三十六名　陸隅　浙江烏程縣人監生　書
第三十七名　宦煛　丹陽縣學生　詩
第三十八名　濮樟　浙江海寧縣人監生　易
第三十九名　梅守德　宣城縣學生　詩
第四十名　周乾　沛縣人監生　詩

第四十一名　周士淹　崑山縣學生　易
第四十二名　黄相　常州府學生　詩
第四十三名　吴勛　徽州府學生　書
第四十四名　徐綱　浙江會稽縣人監生　易
第四十五名　崔錦　太平縣人監生　詩
第四十六名　吴文奇　池州府學生　詩
第四十七名　王録　華亭縣學生　書
第四十八名　高履謙　寶應縣學生　易
第四十九名　李彬　泰州學生　詩
第五十名　萬士亨　宜興縣學生　書
第五十一名　鄭綺　徽州府學生　禮記
第五十二名　張楙　嘉定縣學附學生　易
第五十三名　葉宗春　祁門縣學附學生　春秋
第五十四名　郭文涓　福建古田縣人監生　易
第五十五名　劉文玉　太倉州學增廣生　詩
第五十六名　蔡錞　宿州學生　詩
第五十七名　陳言　浙江海鹽縣人監生　書
第五十八名　駱任遠　浙江武康縣人監生　詩
第五十九名　陸彬　應天府學生　易
第六十名　王之臣　徽州府學附學生　詩
第六十一名　黄湖　六安州人監生　禮記
第六十二名　徐禾　浙江海寧縣人監生　易
第六十三名　胡尚志　徽州府學生　書
第六十四名　王景象　徽州府學增廣生　詩
第六十五名　周崇儒　泰興縣人監生　詩
第六十六名　徐元策　宣城縣學附學生　易
第六十七名　余世英　浙江僊居縣人監生　春秋
第六十八名　程廷佐　歙縣學生　書
第六十九名　姜周　太倉州學生　易
第七十名　朱銓　太倉州人監生　詩
第七十一名　王曾可　武進縣人監生　詩
第七十二名　王宇　崑山縣學附學生　易

第七十三名　葉鳳儀　松江府學增廣生　詩
第七十四名　吕烈　婺源縣學生　書
第七十五名　張建　浙江餘姚縣人監生　易
第七十六名　彭若龍　溧陽縣學生　禮記
第七十七名　徐文和　浙江嘉興縣人監生　易
第七十八名　申思夔　吴江縣學附學生　詩
第七十九名　孫濟美　太平府學生　書
第八十名　康學詩　松江府學附學生　春秋
第八十一名　華舜欽　無錫縣學生　易
第八十二名　陸從大　華亭縣學附學生　詩
第八十三名　戴于飛　霍丘縣學生　詩
第八十四名　王臣　常州府學生　易
第八十五名　鄧植　金壇縣人監生　書
第八十六名　方敏　祁門縣學附學生　詩
第八十七名　吴鎬　績溪縣學附學生　書
第八十八名　王廂　鎮江府學增廣生　易
第八十九名　張昴　華亭縣學附學生　春秋
第九十名　保嶔　通州學生　詩
第九十一名　孫偉　崑山縣學生　易
第九十二名　汪垍　休寧縣學增廣生　書
第九十三名　鄒性　江西臨川縣人監生　詩
第九十四名　葉祥　浙江蘭溪縣人監生　易
第九十五名　嚴訥　常熟縣學生　詩
第九十六名　錢貞　浙江嘉善縣人監生　書
第九十七名　吴宗周　懷寧縣學生　易
第九十八名　陳遴　吴縣人監生　禮記
第九十九名　程鳴鶴　休寧縣學附學生　詩
第一百名　盛汝謙　桐城縣學增廣生　書
第一百一名　金榜　寧國府學增廣生　易
第一百二名　張文光　常熟縣學附學生　詩
第一百三名　尹應奎　桐城縣學生　詩
第一百四名　陳應信　丹陽縣學附學生　春秋

第一百五名　陳應遷　泰興縣學生　書
第一百六名　丘履中　太倉州學生　易
第一百七名　孫燿　太倉州學附學生　詩
第一百八名　施霖　長洲縣學增廣生　易
第一百九名　俞文進　婺源縣學附學生　書
第一百一十名　章士元 崑山縣學附學生　詩
第一百十一名　武鉞　來安縣學生　春秋
第一百十二名　戚慎　寧國府學生　易
第一百十三名　齊遇　桐城縣學附學生　詩
第一百十四名　林一鳳　應天府學生　書
第一百十五名　龔有成　嘉定縣學附學生　易
第一百十六名　李昭祥　松江府學生　詩
第一百十七名　孫濰　松江府學生　詩
第一百十八名　章炫　績溪縣學生　書
第一百十九名　王會　華亭縣學生　易
第一百二十名　孫鎬　太平縣學生　禮記
第一百二十一名　程大經　常熟縣學附學生　詩
第一百二十二名　陸邦教　太倉州學生　易
第一百二十三名　汪全　南陵縣學生　春秋
第一百二十四名　金汝礪　常熟縣學附學生 書
第一百二十五名　吴禎　無錫縣學附學生　易
第一百二十六名　段治　常州府學生　詩
第一百二十七名　時守中　吴縣學附學生　易
第一百二十八名　章世仁　青陽縣學生　詩
第一百二十九名　許鵬南　崑山縣學附學生　易
第一百三十名　王之楨　江陰縣學生　書
第一百三十一名　郭仁　長洲縣學附學生　詩
第一百三十二名　黄鶚　泰州學附學生　詩
第一百三十三名　徐材　常州府學增廣生　易
第一百三十四名　王鑑臣　嘉定縣人監生　春秋
第一百三十五名　萬瑞　廬州府學生　詩

第一場

四書

詩云樂只君子民之父母民之所好好之民之所惡惡之此之謂民之父母

汪鴻儒

同考試官教諭歐陽批（是善言父母斯民之心者）

同考試官教諭徐批（辭不費而意自足可以式矣）

考試官洗馬歐陽批（純正）

考試官左諭德江批（典雅）

傳者釋言君子之能子乎民以見其能絜矩也蓋子民之道同其好惡而已矣自非絜矩之君子其能然哉傳者釋詩之意蓋如此今夫尊莫如君親莫如父母詩云樂只君子民之父母者何哉誠以民生有欲孰無所好民好之而君不之好則民亦安得而遂其所好乎亦孰無所惡民惡之而君不之惡則民亦安得而違其所惡子爲民父母者必不若此也絜矩君子知民之所好在是也則欲與之聚利與之開真若有益於我者而求必得之焉知民之所惡在是也則事爲之制曲爲之防真若有損于我者而求必去之焉導之於生殖之間而施無不宜公之於舉錯之際而處無不當若是者不謂之民之父母而何哉誠以父母於子愛心真切志固未始有弗同天性至親情亦未始有弗合君子有以通天下之志而好其所好則民之遂其好者亦不忍以其所弗好者及之矣是雖分相遠也而相親何以异於一體者乎有以順天下之情而惡其所惡則民之違其惡者亦不忍以其所可惡者及之矣是雖分相懸也而相愛有不同於相生者乎所謂民之父母信然矣此道行而天下有不平也哉抑是道也豈自外至而强爲之耶亦曰物格知至而明無不照故能通天下爲一身意誠心正而公無不溥故能以一人利天下蓋操之至約而施之則至博也夫子所謂終身可行程子所謂充拓得去則天地變化云者皆是道耳有父母斯民之責者宜知所務云

子曰回也其心三月不違仁其餘則日月至焉而已矣

許瀚

同考試官教諭張批（深得夫子策勵諸賢爲仁之意）

同考試官教諭周批（説得顔子不違仁處親切蓋嘗用力於仁者）

考試官洗馬歐陽批（體認真切）

考試官左諭德江批（是説理文字）

聖人與大賢久於仁而因勵夫群賢焉甚矣仁之難成也聖人與大賢之能久則群賢之未逮焉者可以勵也矣吾想聖人之意以爲仁者人心之全德心與仁未始有違也然而違焉者欲累之也惟我回也心乎仁也至明焉有以察其幾至健焉有以致其决是以克復之功至而天理爲之常行歸仁之效不徒有見于一日博約之才竭而德性爲之常用依仁之美蓋已不違於三月吾知其寂然不動心之體也而其仁之體固渾然而相涵其守矣而需於化矣乎感而遂通心之用也而其仁之用亦犁然而具足其復矣而需於純矣乎蓋其能久固已幾於安仁矣過此以往將與天道之不息者而同運焉自回之餘非不知爲仁也然擇焉而未極其精執焉而未要於固是以或日至焉而日新之幾未必緝熙於不已或月至焉而月盛之益大抵作輟於方來吾知其天理亦嘗發見矣而所以存養之者無成功蓋禮雖復而未純也能無頻復之厲乎德性亦嘗流行矣而所以省察之者無定力蓋已雖克而未盡也能無半塗之廢乎是其所造殆亦知夫利仁矣作之不已庶乎三月之不違者而可幾焉是則夫子之與顔子也思見其止也勵群弟子也思見其進也教亦多術也如是夫抑論仁之爲德也一也其不一者存乎其人也故群弟子之於仁當其至焉之域何异於顔子然至矣而弗久也若顔子不違之域亦何异於聖人然入矣而未優也假之以年則不日而化矣化則優入矣雖然語有之顔子優於湯武而爲邦之問聖人且斟酌四代禮樂以告之是又可以觀其用矣

必有事焉而勿正心勿忘勿助長也

沈寵

同考試官訓導楊批（題本難作此作若不見其難者足占所養矣）

同考試官教諭梁批（場中作者體貼欠明往往漫講獨此爲得故録之）

同考試官教諭唐批（理明辭暢子其善養氣者）

考試官洗馬歐陽批（精確）

考試官左諭德江批（平實）

論集義養氣之功在順而無害焉蓋集義以生氣順之道也苟義襲而取之斯害矣養之不可以不慎也如是夫孟子告公孫丑意謂氣也者塞天地而配道義者也其養之節度當何如哉彼氣由義生而義則無所爲而爲者也必也精義於念慮之微而無欲其所不欲充義於應酬之著而無爲其所不爲蓋亹亹焉惟知夫義之當事而果確其功焉義固生氣而生則不可以力焉者也

必也安以俟之無見小以覬其大寛以居之無欲速以必其剛蓋休休焉罔知夫效之攸獲而静定其心焉夫如是氣宜充矣苟猶未焉可但已乎彼勿正易流於忘也必也由不欲達諸所欲而精義之功爲益密由不爲達諸所爲而充義之力爲益周庶幾畜極而通而果確者由之亨斯可焉然勿忘易繼以助也故或天幾未暢也而用罔以動曰吾以廓吾大也本體未復也而用壯以逞曰吾以伸吾剛也則是義襲以取而静定者爲之累矣豈可哉吁有事勿正而養之直勿忘勿助而養之深此之謂順也何天地之不可塞何道義之不可配哉抑孟子前以持志無暴其氣并言矣此獨曰養氣何也蓋持志者養氣之本也勿正勿忘勿助者居敬以持志也合内外之道也彼告子外義者也徒知强制其心而勿求於氣何足以幾孟子若孟子則有得於孔子敬直義方之旨者也而其知言養氣之交進則又子思子明善誠身之傳也故曰予私淑諸人也乃所願則學孔子也

易

六五貞吉無悔君子之光有孚吉

須道

同考試官教諭歐陽批（是精緻文字宜録）

同考試官教諭徐批（語意渾成了無斧鑿痕迹服敬服）

考試官洗馬歐陽批（明整）

考試官左諭德江批（潔精稱易義）

聖人於未濟六五既與其正而復嘉其明焉蓋中正文明君道未易以全也聖人於六五而嘉與之良有以哉且未濟六五以柔居尊本非正矣然文明之主居中應剛是能虛以受人資啓沃以補其不足偏陂好惡不作于心而念念合天理之公中以行願賴臣隣以匡其不逮偏黨反側不施於政而事事即人心之安夫然則慮罔不臧觀我生而無咎天德以純而敬勝之吉可必矣動罔或愆履帝位而不疚王道以行而小疵之悔自無矣其得正之應有如此且交修之極德容表裏之俱盛出乎身加乎民何者非和順之英華蓋復而至於無妄矣緝熙之餘誠明内外之并進發乎邇見乎遠何者非篤實之光輝蓋孚而至於盈缶矣夫然則明德之昭格大命自爾其維新典章文物焕然一代之盛也耿光之覆被民風自爾其丕變禮樂教化蔚然一時之治也其文明之應又如此是則始而曰吉者美其德之全也終而曰吉者美其功之成也然非六五之善變則悔且不免况能吉而又吉乎抑氣禀之蔽小學問之功大君德以剛爲主五以柔順之資當未濟之時鮮不及矣惟其識之早而反之力是以

人定勝天而吉從之焉觀之高宗成王其嘉靖迓衡之治盛矣而孰非恭默納誨宥密訪落之道有以致之哉由是觀之則六五之義益明矣

是以明於天之道而察於民之故是興神物以前民用聖人以此齊戒以神明其德夫

葉麟

同考試官教諭歐陽批（齊戒神明處能發聖人精藴）

同考試官教諭徐批（理本精微非淺淺者可道得到是篇得之故録）

考試官洗馬歐陽批（圓融）

考試官左諭德江批（渾粹）

大傳言聖人驗天人以作易極誠敬以用易夫易莫大乎卜筮也聖人之作也驗於天人而其用之也得不極其誠敬乎且卜筮未立聖人之心易具矣然欲制之以利民夫豈自恃其聰明哉是故陰陽變化天道固云幽矣則神與天運而命之於穆者有以悉其幾焉事物云爲民故亦云賾矣則患與民同而動之貞勝者有以盡其詳焉惟明也故知神物之生於天也所當興惟察也故知民用之冒於幾也所當前於是興蓍以筮而用之四十有九使夫將有爲者揲蓍以求卦而遠近幽深遂知乎來物矣興龜以卜而鑽之七十有二使夫將有行者灼龜以審兆而失得憂虞皆可以前知矣夫卜筮既立聖人之功業見矣然欲用之以教民又豈不自知所敬信哉故無射未嘗不保也而於此尤齊焉湛然純一之無二不睹未嘗不慎也而於此尤戒焉肅然警惕之無怠務使内外昭融而虚靈不測觀變之下合諸蓍龜而無間不然則深有未極而欲以通志也聖人亦罔敢以自信矣表裏澄徹而妙應無方考占之際質諸鬼神而無疑不然則幾有未研而欲以成務也聖人亦有所不能矣夫易作於聖人而其用尤不敢以易如此則夫以卜筮尚其占者又當何如耶抑蓍龜者至公无私故能紹天之明卜筮者亦必至公无私而後能傳其意通於此者斯可語聖人之齊戒矣秦火之餘易以卜筮獨存而世遂因以小之嗚呼彼豈知其不可遠而道不虚行也哉

書

以義制事以禮制心

王諷

同考試官教諭張批（内外交脩聖學心法成湯聞而知之正惟有得於此子能發其藴殆嘗究心法之妙者與）

考試官教諭周批（理明意足可以爲式矣）

考試官洗馬歐陽批（辭達）

考試官左諭德江批（明爽）

大臣告君以方外直内之道所以示建中也蓋中存於心而見於事也然非禮義以交修之焉則中亦何自而建哉仲虺釋湯之慚而此因以勸勉之也意謂吾王以一人而爲天下之主當以一身而建天下之中何則中散於事有萬殊也非制以義焉則物得以眩或失則過或失則不及矣必也精吾心之權衡研諸慮焉而是非確乎其攸當絜吾心之矩度效諸動焉而可否截乎其有方處經事歟則觀會通以行其典禮惟幾惟康以成務也即諸人心而皆安處變事歟則妙擬議以成其化裁或損或益以從道也揆諸天理而皆順夫然則義形而外無不方中之用於是乎行矣心具乎中本一致也非制以禮焉則欲得以蔽或失則偏或失則倚矣必也齊戒以神明其德約吾禮焉而微者以之著恂慄以省察其獨復吾禮焉而危者以之安起知于意也則誠之於思而非僻不得以或干凛乎天命之自度也應感于情也則止之以正而淫佚不得以少肆儼乎天則之惟閑也夫然則禮立而内無不直中之體於是乎存矣是則德修而中道斯建中建而君道斯全垂諸後昆且有餘裕矣況於當時哉抑中一也自其制事之謂義自其制心之謂禮蓋人受天地之中以生而禮義者中之所出也所以貫體用合内外而一之道也虞廷精一執中之傳要不出此仲虺之所得者亦邃矣孟子叙道統及湯謂伊尹萊朱爲見而知之者而説者以萊朱爲促虺其信然哉

亦越文王武王克知三有宅心灼見三有俊心以敬事上帝立民長伯

許瀚

同考試官教諭張批（文武迪哲根於正心之學故宅俊以心相孚爲克知爲灼見古君臣相與夫豈偶然知此者僅見此作宜録以爲官人之則）

同考試官教諭周批（周家致治之道惟在得宅俊之賢而其知宅俊之賢又在於君身以爲之本此作能悉此深得周公告成王知恤之意）

考試官洗馬歐陽批（古雅）

考試官左諭德江批（簡約）

大臣舉前聖迪哲於官人以見其知恤也夫官人匪哲弗能也自非前聖之知恤安能迪之而無遺哉宜周公舉以爲成王告也意謂用人知恤在禹湯固有然者矣亦越我周不有文武之家法矣乎觀其當純佑之隆秉明哲之迪

於三宅也則有以克知之蓋考迹以觀其衷稽實以驗其蘊於凡牧民任事守法之有成者莫不洞然畢察其幾微不徒貌之稽焉而已矣於三俊也則有以灼見之蓋叩擊於敷言之時劑量於待用之日於凡牧民任事守法之攸宜者莫不炳然預燭其底裏不徒面之謀焉而已矣是其德意相孚而宅者得以效其職俊者得以著其才矣又將何以官之哉彼我文武眷命嘗受之帝矣而敬事之責寔於宅俊乎是資天民牧焉天工理焉天法齊焉自爾成能於率作之下矣仰焉尚何所愧乎寵綏嘗繫之民矣而長伯之寄亦於宅俊乎是托牧之安焉理之乂焉齊之協焉自爾奏功於總理之餘矣俯焉又何所怍乎是則位天人之兩間一知恤之承藉文武之家法誠美矣爲後王者惡可不知所法哉雖然文武之所以知恤者其本尤在於正心蓋其緝熙敬止敬義夾持則本源澄澈而知人官人之極已先定於已矣其信之深而任之篤也固宜然哉若後世則以察爲明而以欲相比卒致用舍倒置天人且胥而去矣用人者監諸

詩

神之弔矣詒爾多福民之質矣日用飲食群黎百姓遍爲爾德

徐燦

同考試官訓導楊批（言有盡而意無窮讀之者自當灑然）

同考試官教諭梁批（辭意簡古宜録之以式多士）

同考試官教諭唐批（以天下化成爲祝君之福深得詩意是宜録之）

考試官洗馬歐陽批（質而文）

考試官左諭德江批（敷蔚）

臣子托神之福君而歸於天下之化成焉蓋化成天下王者莫大之福也臣子以是而願其君焉忠愛之意何如哉意謂吾君以一心之孝敬嚴四時之祭祀馨香始達而祖考爲之居歆臨之在上若有以見乎其位矣芳臭初升而神明爲之來格質之在傍若有以聞乎其聲矣陟降之際純嘏於焉而永錫自一身以驗於國家皆簡簡之休也肸蠁之下繁祉於焉而畢集由一家以達於天下皆穰穰之慶也是果何以見之哉彼民性不淳君德之累非福也今則智巧不作咸悃愊以無華日莫不飲也惟知鑿而飲焉耳舍是何所庸其心大朴無僞舉質實以相尚日莫不食也惟知耕而食焉耳舍是何所庸其力然民習未一王化之偏亦非福也今則四海同風以其導於上者興於下是黎民之敏德即帝德之廣運也豈非不求助而助之也哉萬民一心以其建諸極者淑諸身是百姓之昭明即帝德之克明也豈非無所爲而爲之也哉是則福及一身則其福也有限德及天下則其福也無窮臣子以是答君宜矣抑善觀天下者

必觀之民俗民俗之厚薄國家之治忽關焉太古沕穆不言而化惟數聖人能享其盛世變日趨政教日繁然後知民之質也其人君之福哉天保臣子深達乎此後世乃有以豐亨豫大訑其君而於民之治忽若罔聞知者非惟視民之薄而望君之意亦异乎古人矣噫

無競維人四方其訓之有覺德行四國順之訏謨定命遠猶辰告敬慎威儀維民之則

孫滋

同考試官訓導楊批（大雅義如此明暢莊重者絶少）

同考試官教諭梁批（武公自儆之意正如此子能發之足占所學矣）

同考試官教諭唐批（武公儆戒正在反己自修作者類多兩年平殊失輕重此篇體認親切措詞簡當取之）

考試官洗馬歐陽批（縝密）

考試官左諭德江批（簡素）

賢侯舉道德之應而欲盡其事以求之焉蓋道德之感人也尚矣非賢侯知之以自求亦焉能盡其事哉意謂天下有當然之理則必有自然之應爲其事而無其功者吾未之見也是故天地之性人爲貴孰有强於人焉者人惟自視其小耳能盡其道則無競者在我矣將見以心感心四方于是乎訓也況其邇者乎亦孰有大於德行焉者人惟自畏其難耳能脩其德則有覺者在我矣將見以德感德四國於是乎順也況其小者乎夫道德之應之速也如此而可不知以自求之乎殆必脩之於政也爲謨廣大利户下而不利一身命令有定勿妄動以疑衆焉爲猷弘遠計萬世而不計一時播告以辰勿慢令以致期焉其政之所達罔有不臧者矣又必脩之於身也瞻視尊嚴儼然有威之可畏而暴慢之斯遠容止端莊肅然有儀之可象而非僻之不干其身之所履罔有不欽者矣由是大觀在上行而爲天下則矣所謂四方訓之者不在是乎皇建有極動而爲天下道矣所謂四國順之者不在是乎否則有一未盡即道德之累其何以爲民表哉抑武公年逾於耄矣夫豈好如是之過勞耶書曰惟聖罔念作狂惟狂克念作聖一息尚存此志不容少懈道固然也然此猶其脩諸顯者耳若夫不愧屋漏則其功愈密而德愈深矣睿聖之稱豈偶然哉後世有身未老而衰功未成而怠者烏足以與此

春秋

秋公子遂叔孫得臣如齊（文公十有八年）歸父還自晋至笙遂奔齊（宣公十有八年）三月取鄆（昭公元年）叔孫舍至自晋（昭公二十有四年）

陳濡

同考試官學正錢批（題本平易作者往往致詳於聖人不没人善而於公選之意殊欠發明此作得之故録之式）

考試官洗馬歐陽批（是善屬辭比事者）

考試官左諭德江批（傳意提掇甚明）

春秋示官人之法有不以父故廢者有不以世故疑者蓋任官惟賢也則夫歸父蓋父之愆昭子濟父之美春秋得不備書之以示法哉且夫譏世官者春秋法也今而奔齊之歸父乃嗣興於仲遂而返魯之昭子寔繼作於叔孫春秋又胡爲而美之耶蓋遂之臣於文也如齊一行倚強援而子惡弑恣逆謀而出姜歸天下之惡莫大矣使歸父而亦遂仍焉世官之害其曷窮乎而父則謀國以忠雖家遣而志弗亂復使以禮雖君薨而節愈明可謂克蓋乎遂之愆者矣故經於遂出則書父還則書若曰遂之惡誠可誅也而父之賢誰能廢之是故崇伯殛而禹興蔡叔囚而仲命昔之不以父故廢者蓋如此此義行則公選以明而植黨之私庶其用沮矣至若豹之臣於昭也取鄆一執秉直節以衛弱君仗忠言而紓外患魯國之良莫尚矣使昭子而弗豹若焉世官之敗其能免乎而舍則以禮立身不屈志於强國以忠事主不阿意於權臣可謂克濟乎豹之美者矣故經於豹執則書舍至則書若曰豹之良誠可任也而舍之賢人其舍諸是故丁公世美而典兵伊陟象賢而繼相昔之不以世故疑者又如此此義行則公選益明而延世之賞庶其用勸矣噫聖人經世之用維世之防不亦具見哉雖然歸父昭子之賢誠可用矣然昭子之執非意如之私乎歸父之遣非季氏之讒乎詩曰讒人罔極交亂四國成昭又何爲而莫之察乎蓋魯之權在二氏也久矣揚州之孫其及也固宜此中庸之貴去讒而大學之貴好賢有以也夫

公會晋侯宋公衛侯曹伯莒子邾子齊世子光滕子薛伯杞伯小邾子伐鄭（襄公十年）公會晋侯宋公衛侯曹伯齊世子光莒子邾子滕子薛伯杞伯小邾子伐鄭公會晋侯宋公衛侯曹伯齊世子光莒子邾子滕子薛伯杞伯小邾子伐鄭（俱襄公十有一年）

廖文光

同考試官學正錢批（叙悼公用謀處甚悉且筆力老健非邃於經學者

不能故録之）

考試官洗馬歐陽批（發揮融暢）

考試官左諭德江批（易簡而嚴）

伯主駕外之功由得用謀之善也甚矣謀之利於人國也晋悼三駕伐鄭而楚不能與之争不由善用魏知之謀哉且襄公之世主伯者晋也撓伯者楚也而依違於晋楚之間者則鄭也是故鄭不伐則無以駕楚而攘外之績微楚不駕則無以服鄭而安内之功闕於是合十一國之師而三爲伐鄭之役焉始也師於牛首我雖陣而不戰也繼也師于北林楚欲戰而不得也又繼也師于鄭之東門則鄭服而楚且就屈矣斯時也孰不曰悼之能駕楚也如此悼之能駕楚以服鄭也如此不知息民之謀得之魏絳則國無積滯公無禁利而有以伏至險於大順善陣之謀得之知罃則三分四軍以逆來者而有以摧逆鋭於方張其息也先爲不可勝以待敵之可勝所謂善養其財也非耶其陣也常形人不形於人所謂善養其勇也非耶是以在彼者乘我雖急也而三合三沮卒弛而屈於我矣在我者遇彼若怯也而三駕三守卒張而震於彼矣向使魏知無謀國之忠晋悼無用謀之善則夷夏之争何時而已哉春秋詳紀而弗殺若曰諸侯而有攘夷狄安中國如晋悼者雖與之可也雖然晋楚之争一也而聖人之與奪如此何哉蓋僭王之夷漸不可長而中國之重輕固鄭乎在也是蓋有不得已焉者矣惜夫楚敝鄭服之後驕逸生而政柄移且貽權臣竊命之釁矣是故君子所無逸而大居敬

禮記

樂著太始而禮居成物著不息者天也著不動者地也一動一静者天地之間也故聖人曰禮樂云

李崇謙

同考試官學正舒批（此題士子類能敷衍至於推原禮樂所以合造化之由聖人揭出示人處則多欠明惟此作得之用録之式）

考試官洗馬歐陽批（語和而莊）

考試官左諭德江批（辭理融暢）

記者贊禮樂合乎造化而必原其所由名焉蓋禮樂所以與造化合者一動一静之妙也聖人名之以示人有以哉且聖人之作禮樂也其效法既本乎天地其成功自配乎天地故其無高深之不屆且入也無幽顯之不格且至也則是大哉乾元物資以始也而大樂之和有以發達其所生至哉坤元物資以終也而大禮之序有次安定其所成是何也昭著不息而合同之化浩乎無停

機天之所以爲天也昭著不動而辨异之質截乎有定體地之所以爲地也夫惟不息也是以一動也而鼓萬物之出機天之道動其盡之矣夫惟不動也是以一静也而鼓萬物之入機地之道静其盡之矣知天地則知禮樂矣故聖人者察於地之静也而揭之以示人則曰禮無體之序將假有體者以昭之也是雖謂之地制亦可也明於天之動也而揭之以示人則曰樂無聲之和將托有聲者以顯之也是雖謂之天作亦可也是則禮樂之功其大有如此豈徒强世而已哉雖然天地之動静聖人固達之爲禮樂矣然必聖人法天地之序而履以中正法天地之和而樂以和平夫然後禮樂一舉而天地將爲昭焉不然則儀節雖繁聲容雖盛抑末矣有志於復古禮變今樂者尚知所本云

天子者與天地參故德配天地兼利萬物與日月并明明照四海而不遺微小

濮淶

同考試官學正舒批（王者奉三無私故德配天地明并日月作者往往於首句截斷非是間有知者又多陳言惟此作易簡而明白故録之）

考試官洗馬歐陽批（清潤）

考試官左諭德江批（冲淡）

記者擬□道於造化而深贊其盛焉夫德與明君道莫大焉者也自非各極其盛焉何以參天地而并日月哉其意蓋謂法象莫大乎天地也德之小者奚足以參之惟天子也大觀在上卓乎與貞觀者而同體則與天地乎參矣故其德之所極何高明也建諸天焉而與其覆燾者無弗同德之所積何博厚也建諸地焉而與其持載者無弗同民吾仁也則自親親之恩而及之蓋合萬民而在容保之中矣物吾愛也則自仁民之恩而推之蓋合萬物而在曲成之内矣其參於天地固如此著明莫大乎日月也明之小者又奚足以并之惟天子也清明在躬昭乎與貞明者而同體則與日月乎并矣故其明之所照普四海而有融極其深矣而志自通照之所及周四海而無外研其幾矣而務自成非惟不遺夫顯也雖微而側陋之情亦在所旁燭矣非惟不遺夫大也雖小而叢曲之故亦在所畢察矣其并於日月又如此是則非造化之大不足以擬人君而非人君之聖又安足以擬諸造化哉雖然人君既聖矣而其自治之功又有不容少息者何也造化之誠則然也是故在朝廷則道仁聖禮義之序在燕處則聽雅頌之音而環佩鸞和之節又無往而不密其防焉蓋必如是而後可以法天行之健躋日新之盛也嗚呼君道其艱矣哉

第二場

論

極高明而道中庸

王諷

同考試官教諭張批（高明中庸即是一貫之道學者工夫須是動静交養内外夾持乃爲不偏二場不困士子以難揭書出此正欲觀其所養何如此作體認真切詞氣渾融似非徒事口耳之學者故録之）

同考試官教諭周批（此題最難形容且文法開闔亦難布置場中作者鮮得盡善是篇體認親切詞氣春容非積學有得者不能南畿首選 無以易子矣）

考試官洗馬歐陽批（論入性理最難精當是作語意渾成而文采蔚然體用之學吾於子見之矣）

考試官左諭德江批（近時舉業文體好怪至於體認之功則疏此作只平平説去而認理精切必嘗潛心是學者録之不徒以其文焉爾）

聖人之道公而順君子之學之也動静之定也内外之合也體用之一原也何也道一也言乎其静則曰高明而中庸之體立言乎其動則曰中庸而高明之用行蓋至虚也而至實也至神也而至易且簡也是之謂體用之一也聖人者斯道之管也其存心也極其公公則上達而高明之德崇其處事也極其順順則時措而中庸之業廣是之謂内外之合也夫惟是内外之合也是以其静也以高明之心而涵中庸之實理静固定也其動也以中庸之事而運高明之虚心動亦定也然其動也必主乎静則又聖人之所以一天下之動而立人極也故君子而弗聖人之學也則已矣君子而學夫聖人也非内外之交修動静之相養則亦何以立體達用而凝夫道也哉是故君子之爲學也其静也必敬以直内也其動也必義以方外也敬則不爲物淆不爲利疚直達天德而高明之體立矣義則擬之而言義之而動各止其所而中庸之用行矣故曰敬義立而德不孤德不孤而道斯凝矣甚矣子思子之善言學也今夫心之所謂高明者其體何如也吾嘗驗諸吾心矣其冲然虚也天下之至一也其穆然神也天下之至不一也蓋其大則流行充塞極乎天而蟠乎地而發育乎萬物其小則茂密宛至而貫徹乎經禮曲禮之中莫不斂而歸之乎一心雖不離于形也而實不滯于形雖不外于器也而實不囿于器非天下之至高明者孰能與於此及夫有感而通也則其冲然者於是乎有當然之則焉其穆然者於是乎有燦然之文焉以成天地以利萬物以秩物軌莫不有天然自有之中無太過焉

無不及焉引之而不能使之高焉抑之而不能使之卑焉此則所謂中庸之道也心之迹也體用一原焉者也然而或不能一者人有以間之也夫惟人有以間之也是以動静弗定也内外弗合也虚者塞而無有以受天下之有也神者滯而無以妙天下之賾也而其去聖道也將益遠而益不可幾也此君子之學所以貴於極高明而道中庸也曰然則高明之極之也奈何曰居敬夫欲之交於氣也爲聲色爲臭味蓋日新而無窮也而氣質之性亦有非吾之所能脱去者非居敬以節之則氣爲欲動而性獨不爲之累乎必也存之於虚明之天慎之於隱微之地養之於勿忘勿助之間敦艮之止也而適得吾體也安咸之貞也而不失吾常也修之損裕之益而致養吾内也游之乎天地而同其量觀之乎萬物而同其適通之乎古今而同其運則吾之静亦定而高明之心可以常存矣曰然則中庸之道之也又奈何曰窮理夫中之散於事也有經權有常變蓋隨在而不可執也且似是之非又有足爲吾之惑者非窮理以制之則知爲物淆事何由而中乎必也擇善焉以開其端也固執焉以致其力也井以辨義中立而不倚也巽以行權旁行而不流也乾坤焉以知以能易簡而不失之鑿也由是而成能天地則不過由是而兼利萬物則不遺由是而秩叙物軌則愚夫愚婦可知可能而聖人有所不違也蓋雖酬酢萬變而吾高明之心固行乎其間而已不與焉則動亦定而中庸之用可以常行矣夫然則大本立而達道行而聖人之能事畢矣顧其功豈有外于内外交修之間哉故曰子思子之善言學也嗚呼後子思而言學者吾惑焉老佛之言曰吾離形也吾去智也吾以極吾高明也不知其敝也空而不足以經世則乖异之行戾之也管商之言曰吾程功也吾計能也吾以道吾中庸也不知其敝也術而不足以敦化則卑污之心累之也且其離器求道而曰高明也是自私者之爲也其遺道徇器而曰中庸也是用智者之爲也非吾之所謂高明而中庸也吾之所謂高明而中庸者道器無間也請以吾聖賢之學驗之彼充詘於富貴者視富貴不勝其高也而舜禹者則巍巍乎有天下而不與其心何高明也然而諸難之試也四岳九官十二牧之率也洪水之抑也六府三事之修且和也則又不曰吾可以藐天下而漫然不爲之所也其道中庸如此孰非其高明之心爲之哉豈惟是哉彼隕穫於貧賤者必且屈志乎貧賤矣而孔顔者方且充然自得曰樂在其中曰不改其樂其心何高明也至其庸德之行庸言之謹博文約禮之竭才小試之而爲乘田爲委吏爲魯司寇大而發其兆於爲邦無不時措之宜也其道中庸如此亦孰非其高明之心爲之哉又豈惟是哉彼湯武之放伐伊周之攝辟犯天下之不韙而冒爲之人孰不曰大過之舉也而其心固高明也初非有所爲

而爲之也故其大過之行也亦卒歸於中庸也不然則利天下之疑流言之謗四聖人者亦何以自解也嗚呼是豈可以易易而言哉彼其自治之功曰精一曰禮制心義制事曰樂堯舜之道曰敬義夾持曰思兼曰無意必固我曰四勿請事所以交修而互養之者蓋已獨至矣由是以言則高明之極必湛一如太虚中庸之行必順動如天地而後可以語吾聖人大公至順之道也不然即幾微之際少有正助之私則應感之間亦忽不自知其墮於過不及之偏矣豈必滯於欲而後足爲吾之累乎哉嗚呼是可以觀聖學矣

表

擬賜御製皇叟宬記廷臣謝表

孫滋

同考試官訓導楊批（稱謝中具見忠愛之意不徒工於四六而已）

同考試官教諭梁批（藻麗淵博）

同考試官教諭唐批（典則宏麗）

考試官洗馬歐陽批（典雅）

考試官左諭德江批（得體）

嘉靖十六年三月二十日臣某等伏蒙聖恩頒賜御製皇叟宬記謹拜受者奎璧昭文聖制遹光乎世德圖書啓運皇言丕式乎臣隣方驚鼎觀於中天遽辱晋頒於書日榮逾琬琰喜溢縉紳臣某等誠惶誠忭稽首頓首竊以勛華協德唐虞之帝載維熙謨烈重光文武之王猷允塞睹河山而慕禹副在羽陵歌雅頌以思湯較存象魏慨秦灰之既燼幸周澤之未湮天禄石渠兩漢之簡書具在集賢麗正在唐之載筆斯存迨趙宋之嗣興蔚崇文之繼述然皆隨時有作未必傳信無窮相古已然於今爲盛恭惟皇帝陛下天啓離明日新賁飾操三重以御世議禮制度考文秉一德以宅尊敬天勤民法祖開天立極羹墻儼聖祖之儀刑定鼎奠基夙夜凛文皇之陟降法昭帝之敦仁撫運崇章皇之宣哲持盈義問懋昭于裕陵大卞率循于憲廟欽孝宗則中和具體承武穆則智勇兼資大成允集夫先猷至性寔鍾于獻考睠惟九帝神功彌宇宙以常新尚溯八朝治績焕日星而并曜顧表章之力雖已殫於校讎而尊閣之圖尚未期於久大乃除内苑特構崇宬盤厚土以築基摩層霄而作極規天矩地閎謨創出神衷剸陰割陽曠制駭觀人世嘉名肇錫蠲吉斯藏石室清嚴應天上文昌之府金縢秘密异人間武庫之儲彼東觀之書林富矣靡切監觀即西崑之册府奇哉猶懸絶遠詎若介龍游鳳覽之域巋然成鴻詒燕翼之基仰丕造之無前信大君之有作然而皇心冲抑托彤管以撝謙是以聖製焜煌擬丹書而

作戒鍥諸燕石對峙唐隅揆叙乎郊禋廟饗之儀志明復祖丕厘乎秩祀尊師之禮義表應經念王業之艱難風動以先蠶先籍達尊親之孝理日承乎慈慶慈寧提綱裁數百言炳若天經地緯垂憲殆億萬世卓乎帝驟王馳是將昭國叟而彌光鞏皇宬於不拔者也臣某等俯慚石畫仰荷珍謨寶重百朋芳聲流而動地珍藏什襲榮光起而燭天敢不刻以銘心期遠垂於竹帛佩之宣力謝近取於韋弦伏願滌垢清心居敬務德内基允蹈乎微言力學脩身親賢遠佞外踐茂昭乎大訓天子躬行於上臣工式而百志熙聖人允執厥中天地位而萬物育臣等無任忻惶感戴之至謹奉表稱謝以聞

第三場

策（五道）

第一問

王諷

同考試官教諭張批（連日閲卷恒以失士爲懼及得此前二場才氣俊逸雄深迥然獨异五策又復善答録此者以其於鋪張揚厲之表而尤思自致其忠也得士如此可以自慶矣）

同考試官教諭周批（五答有故實有才思而於我章皇帝製作之美尤能服習而對楊之必積學士也録此以例其餘）

考試官洗馬歐陽批（聖製一策所答類非所問子能條悉無餘可謂識其大者録之）

考試官左諭德江批（此策能揄揚帝訓官箴之善而又以乾道贊其大以坤道責其成足占忠愛之意廷對吾有望矣）

天何爲而立君也以出治也君何爲而立臣也以輔治也是故剛健中正運行而不息者乾道也君也必體乎乾而後君道全柔順利貞承天而時行者坤道也臣也必體乎坤而後臣道舉君臣交盡其道而天下之治成此我宣宗章皇帝帝訓官箴二書之所由作也大哉皇言乎承天而立道體道而經世非天下之大聖孰能與於此蓋嘗嘉唐虞慕商周而有以知其功用之盛矣請得而敬陳之今夫唐虞之時何時也其君之相禪也則堯舜禹天下之大聖也其臣之相師也則義和四岳九官十二牧亦皆聖人之徒也夫以聖而爲君宜無待於告戒也然而執中慎位之要每叮嚀於授受之間至其率作興事以先諸臣也則又諄諄焉各舉其職以爲之訓是何其慮之遠而説之詳也哉誠以爲君難爲臣不易儆戒相成之道不敢以既聖而輒懈也是以當時德業之盛高

明配天博厚配地而人至於今頌之不衰有以哉三代相因其慮益遠而其爲訓也益也詳其治功之成曰文命四敷曰兆民允殖曰萬邦作孚卓乎上繼唐虞而非後世所可得而及亦豈偶然哉自周以還此意則微矣洪惟我宣宗皇帝睿資天縱聖學日新念太祖太宗締造之惟艱思後聖後賢守成之不易乃於萬幾之暇製爲帝訓以示神裔洋洋乎精一執中之格言其視禹有典則之詒湯有風愆之儆文武有謨烈之啓佑不啻匹休而已是誠萬世爲君者之蓍蔡也又製爲官箴以示百工鑿鑿乎吁咈疇咨之至訓其視夏有定保之謨商有官刑之制周有周官之誥飭又不啻媲美而已是誠萬世爲臣者之准繩也自今觀之帝訓之爲目凡二十有五首之以君德所以脩身也終之以藥餌養身所以養德也諸如奉天法祖之訓正家睦親之訓仁民經國勤政之訓恭儉儆戒之訓用賢知人之訓去邪防微之訓重農興學之訓祭祀恤刑之訓賞罰黜陟之訓文治武備之訓馭夷之訓蓋不一而足也是其爲書統會乎天人參稽乎今古以俟來聖則不惑以考前聖則有徵夫豈漢文之法術唐太宗之帝範真宗之承華要略或舉用而遺體或崇利而薄義者可得而擬哉官箴之爲目凡三十有五首之以督府所以經武也終之以儒學修文所以偃武也諸如六部都察院之箴太常大理通政之箴詹事翰林之箴春坊經局之箴光禄鴻臚太僕之箴國學欽天京府之箴六科行人之箴錦衣留守之箴都司諸衛之箴藩臬守令之箴王官鹺使之箴蓋秩然具設也是其爲書合内外而揆叙舉文武而并苞以令則爲象魏之布法以教則爲皇極之敷言夫豈漢續虞人之箴唐試理人之策宋賜訓廉謹刑之銘或假手於臣下或蹈迹於古人者可得而班哉夫二書之綱領者蓋如此而聖意之淵微則又於二序見之則愚於前既發其端矣請遂得而究言之可乎彼訓之序有曰天心仁愛下民爰命君以主之故君行必如天之健斯言也即乾之日乾夕惕之義也夫人君而苟以體乾爲心則必憂勤兢業一念不謹恐貽四海之憂一時不謹恐致千百年之患是故朝以聽政也必公卿訓告諫諍陳列而無敢怠於朝晝以訪問也必揚確古今周諏民物而無敢怠於晝夕以修令也必慎而後出奠而後發而無敢怠於夕推是心也以往則於前之所謂二十有五事者將恐恐然體之弗遑矣而暇逸乎是則訓之精意也於我文皇聖學心法所謂君道之旨蓋闡明而無遺矣箴之序有曰隆古盛時君臣交儆而卒期於謀猷之樂聞斯言也即坤之含章從王之義也夫人臣苟以從王爲心則必鞠恭盡瘁一日立乎其位則一日業乎其官一日不得乎其官則不敢一日立乎其位是故大而服休也爲阿衡之任爲赤舄之恭而不敢以爲忠次而服采也爲匪躬之節爲幹蠱之共而不

敢以爲功又次而服役也爲采薇之戍爲胥靡之築而不敢以爲勞推是心也以往則於前之所謂三十有五職者將翼翼然試之思效矣而又敢怠乎是則箴之精意也於我聖祖資世通訓所謂臣用之旨蓋對揚而無斁矣嗚呼訓昭于上而出治者有所持循箴行于下而輔治者由之警動是以百餘年來上而勛華纘序下而謨弼奏功蓋已燦然畢睹其效矣今聖天子在上又從而振揚光大之昭德建中本之以敬一之學明法飭令申之以久大之規上下交而泰道新明良會而庚歌作蓋不出善繼善述之孝而有以溥會極歸極之化矣詩不云乎世德作求永言配命成王之孚下土之式愚請誦此以獻

第二問

陳濡

同考試官學正錢批（祀戎一策場中諸士類能敷演成文至酌古準今確有定論如此作者絶少且他作才氣浩博亦復稱是獨對大廷蓋于子有望矣）

考試官洗馬歐陽批（處置曲當議論英發豈嘗慮及廟堂者耶他日事業于此乎占矣）

考試官左諭德江批（此問關涉理道最大非有志經世者則漫不知省矣子能商確古今以求是當將不謂俊杰士耶）

帝王之理天下也有報本之大禮有經武之大政蓋禮莫重於祀也而郊禋廟饗所以報本尤爲禮之大政莫重於戎也而選將治兵所以經武尤爲政之大政成而保大定功天下無不威禮行而體信達順天下無不化此古先帝王致理之大經而我皇上之所獨造而優爲之者也蓋常聞諸奉常質諸本兵而有以得其概矣請敬述以對今夫二郊分祀古禮也自夫同牢之儀黷於漢而此禮湮蓋二千餘年于兹矣惟我皇上聰明聖知上達天德卓然起而修復之而精義妙用則又發之於聖論有曰南北二郊俱以高皇帝奉配言有尊也有曰歲首仍祀上帝於大祀殿以文皇帝奉配言有親也大哉皇言乎唯仁饗帝唯孝饗親真言而世爲天下則矣乎然而歲首奉配之儀兹若小异於聖諭者其諸將事之臣庸有執其咎者乎嘗聞諸經周人郊祀後稷以配天宗祀文王於明堂以配上帝而先儒陳氏亦曰郊而曰天所以尊之也配以后稷亦以尊后稷也明堂而曰帝所以親之也配以文王亦以親文王也尊尊而親親周道備矣此聖論之精所以妙契周公之心也且禮有之有其舉之莫敢廢也所謂大祀殿者巋然於南郊則與大戴禮韓詩傳諸説靡有不同而吕氏考功記區區制度之辨固在所略者也誠如聖論則不煩更制之勞而周道燦然復興矣是豈惟處禮之精而制義之妙不亦行於其間乎九廟异制亦古禮也自夫

同堂之儀淆於漢而此制湮蓋亦二千餘年于兹矣惟我皇上仁孝誠敬洞契古始慨然起而修復之而鴻彝曠軌則又斷之於神衷肇舉大禘之典尊祀皇初祖而配以太祖裁定大祫之圖尊祀德祖而合以列祖至哉皇猷乎以作則謂聖以述則謂明真行而世爲天下法矣乎然而諸王祔食勛臣從享之節尚若有待于聖裁者其諸節目之微固亦在所略矣乎嘗聞諸禮殤與無後者從祖祔食而伊川亦曰祭終兄弟之孫之身蓋從祖而祔則亦從祖而毁也惡有正享之祖已祧而諸王之以班祔食者乃顧獨存耶此其存罷之節有可得而裁者矣周禮司勛凡有功者書於太常祭於大烝而書盤庚亦曰兹予大享於先王爾祖其從與享之言祫烝也其礿祀嘗則固弗與也惡有世室之王歲凡五祀而諸臣之以功從享者顧等而上之耶此其疏數之節有可得而裁者矣於戲禮行於廟而孝慈服禮行於郊而百神受職焉帝王化成之道孰有大於此是惡得而弗慎矣乎以選將言之古者因六鄉而置帥其擇吏也固所以擇將也自夫世禄任而文武分於是有紈袴之將矣儲材待用其惟武舉乎然而試之以騎射末技也固有絶藝如陵而終則爲虜者試之以策論空文也固有知書如括而用之輒敗者安得不廑當寧拊髀之嘆哉頃者皇上講武之議蓋誠有意於是矣愚則曰蓄材靡豫也制用靡慎也舊敝未芟而新敝吾恐其復滋也何也祖宗之於武臣也勛裔則養之國學世胄則肄之衛學其在天下則又育之於各學所以需其材而用之者未嘗不至也顧漢法酎金逮於徹侯今則貂蟬骫罰矣何以破其苟且之心城旦附於介胄今則節鉞安土矣何以作其激昂之氣自非一大振厲之則亦何以成其材而舉之哉是故舟書之信誠不可渝矣而保禄之誥則宜從而飭之矢石之勞誠不可負矣而比試之條則宜從而核之蓋必有以怵其舊而後韜略可課也治兵可嘗也蓄之既豫而羅之庶乎可得也何謂制用蓋將材既得矣任之弗專不可也則操斧以授而間色無可窺流言無可動也任之既專矣待之弗厚不可也則豐犒以賚而養士爲之資内顧爲之恤也不幸而罹胜也則姑略之雖謗書盈篋而不惑何也小廉細謹非所以繩武弁也又不幸而失律也則必懲之雖揮淚臨刑而不恤何也信賞决罰所以振吾之紀綱也如是則制用惟慎而御將之道斯得矣以治兵言之古者因井田而制兵其容民也固所以蓄衆也自夫井田廢而兵農分於是有坐食之兵矣寓兵於農其惟府兵乎今之兵既不可轉而之農矣而農之廪於兵者日益增今之農既因於兵矣而兵之力日益以不足是惡得而不遺九重宵旰之慮哉往者皇上募兵之令蓋亦有意於是矣愚則曰冗兵弗汰也虚兵弗祛也吾恐兵益增而民益以困也何也祖宗之於兵政也七十二衛

嘗敝矣則救之以三大營三大營又敝矣則又救之以十二團營所以閱其實而練之者未嘗不備也顧法以久玩而羸病之卒率縻廩於轅門政以賄成而影射之徒又納貲於奸橐自非一大簡稽之則亦何以剔其蠹而養之哉必也責之臺諫行視於教閱之地則老壯勇怯既可以概見責之本兵檢括於司籍之人則死生存亡又可以周知由是而太祖弛備之律可行也由是而太宗失伍之令可行也而冗兵庶乎可汰矣若夫所謂虛兵者則有其名而無其人也無其人而有其食也夫無人而有食則其食也誰食之是必有私之者矣彼執籍以責吾之食也而吾亦按籍而餽之食是私之者誠利也而民則不勝其病矣於是乎悉核之而以其食廩乎代補之新兵則投石拔距之勇可致也射麋麗龜之巧可致也庶幾虛者祛而實者見而治兵之道斯得矣於戲師中吉而萬邦懷兵克詰而海表服帝王戡定之道又孰大於此是惡得而弗重矣乎雖然此亦就明問之所及者而言耳若夫始祖特廟之義禘祫疏數之期修屯田以爲復府兵之地則愚亦有概於中而未之能悉也執事倘與其進尚當爲聖天子陳之

第三問

須道

同考試官教諭歐陽批（此策敷陳天人相與之際今日修省之實至爲諄切他日爲德爲民可以上之矣敬服敬服）

同考試官教諭徐批（是策以恤民爲應天之實我皇上敬一修省之誠正在乎此末論交修之道惓惓于堯舜所以事君治民者可謂恭敬之大矣願子執此以往）

考試官洗馬歐陽批（天人一策士子類能言之求如此明白切實者絶少謹録之以獻）

考試官左諭德江批（以恒理語感應之際士子類能至條悉修省之實契切時務僅見此篇大廷之對尚有望於子矣）

善言天者徵諸民而已矣善事天者恤夫民而已矣蓋天人一道君民一體論天而不徵諸民則索之於冥漠其究也誕應天而不恤夫民則索之於儀文其究也僞是尚足與語天人相與之際也哉是故异衆而戒未必不安戒之云何憂其民也民安而國亦安矣祥多而恃未必不危恃之云何忽其民也民危而國亦危矣皋陶以天之聰明明威達于上下召公以諴小民爲祈天永命之本道有二乎哉愚也嘗讀甘石巫咸之書正之以洪範春秋之傳而又旁觀乎漢儒陰陽之説於其所不知蓋闕如矣請即其所明者以復明問可乎夫一

陰一陽之謂道天地間盡之矣試觀之陽一舒焉則天地萬物不約而皆喜陰一慘焉則天地萬物不約而皆戚夫物則亦有然者矣而况人與天地本同一體其精神有以相蕩其志氣有以相召者乎夫衆人則亦有然者矣而况大君天地之宗子大臣宗子之家相其威命靈爽與造化相出入者乎蓋嘗觀董仲舒曰人君所爲美惡之極與天地流通而往來相應是若不及於民矣然所爲之美惡即民心之向背未有天地位而萬物不育者又嘗觀吕祖謙曰治天下者不盡人之財不盡人之力不盡人之情是若不及於天矣然民心之好惡即天心之從違未有民心悦而天意不得者二子之見其有异乎哉故漢文之時以長星則出天也以大水則潰地也以日食旱蝗則常常而見也然恭修玄默力行恭儉露臺惜百金之費後宫無曳地之衣可謂不盡人之財者矣匈奴三出於塞外霸陵一因其山制可謂不盡人之力者矣吴王不朝賜以几杖張武受賂遺以金錢惴惴然恐人情之或盡也使能納禮樂之疏其治之所就豈可量乎漢武之時以天馬則升歌也以狩獸則紀元也以寶鼎芝房則紛紛而是也然雄才大略好大喜功錢幣取極於錙銖糜費用同於泥沙財盡有不勝其求者矣票騎雲擾於狼胥烏孫日通於酒泉力疲有不勝其役者矣湯禹之刻深連根抵淮衡之慘究極黨與汲汲然恐民情之不盡也是雖有輪臺之悔其國之所存亦云幸耳由是言之有灾之文無灾之實不害其爲休徵有祥之文無祥之實不害其爲咎徵其理益以明矣洪惟我太祖高皇帝奮起布衣登臨大寶畏天戒而晝曝於日夜卧於地悲人窮而軫其饑寒恤其老幼講洪範庶徵之應則曰天道微妙難知人事感通易見修德則灾害不生不修德則灾异疊見斯言也其何由於丹書之戒乎拒甘露頌歌之獻則曰凡人懼則戒心常存喜則侈心易縱聞灾而懼或皆蒙休見瑞而喜或皆致咎斯意也其何待於旅獒之訓乎定賦節用以安民生崇本祛末以紓國計其諭於太史令起居注者詳矣乘輿服御皆以銅代宫室締構一朴素其諭於中書省有司者明矣以欽恤二字爲用刑之本頒律令二書革奸吏之弊其諭諸内外法司亦嚴且切矣盛德大業高冠百王深仁厚澤培植萬世真有以陋成周於不居者矣列聖相承率循是道及我皇上天縱聖明日隆繼述懋德建中則見於敬一之箴欽天之記者可誦也脩政導和則見於郊廟之正權幸之革者可徵也諸福之物可致之祥又禁天下勿復以聞頃因後殿之灾斷自宸衷罷安南之征停沙之工詔三大臣審録繫囚是心也即古帝王之心也祖宗列聖之心也而豈漢文可同日語哉一時臣民歌舞載道宗社億萬年無疆之休端在是矣而執事乃欲問道於盲有君如此其忍負之毋亦至情之不能已耳夫君代天以理物者

也臣承君以行令者也故元首明則股肱良而庶事康股肱喜則元首起而百工熙交相成者也伏願聖天子終始一德常以天之心爲心賢公卿精白一心咸以上之憂爲憂安南固罷也而宣大之擾陝西三鎮之患密雲遼東之時警其將何以禦之沙河固停也而諸工之興竹木磚瓦之取物料百需之徵派其將何以已之京師之繫囚固審録也而天下之大一夫積忿一婦含冤亦不敢謂其盡無也又將何以矜之癢疴疾痛舉切于身經營節省一如其家有所謂可而有否焉則獻其否以成其可有所謂否而有可焉則獻其可以去其否都俞吁咈真若堯舜禹皋交會于一堂迪畏棐恭真若文武周召相際于一時恤煢獨釋逋負薄税斂務有以厚之而不困蠲煩苛黜貪酷時工作務有以生之而不傷雪冤抑議功能省刑罰務有以通其情而不盡如是則政何有不善民何有不安而天變何有不弭也哉若夫百祥日降四靈畢至此固體信達順之道然有之靡益無之靡補亦豈有職者之樂道哉孟子曰欲爲君盡君道欲爲臣盡臣道二者皆法堯舜而已矣不以舜之所以事堯事君不敬其君者也不以堯之所以治民治民賊其民者也愚也敢誦斯言以爲今日之君相獻

第四問

徐燦

同考試官訓導楊批（綜括古今取民之制如指諸掌而匡時宏議尤協人情程子曰一命之士苟存心於愛物於人必有所濟率斯言也所濟豈少哉）

同考試官教諭梁批（觀此一策古今事宜歷寫殆盡該博之學經綸之才於此乎見矣）

同考試官教諭唐批（足國裕民之道商確古今不迂不漫謂子爲俊杰士非耶）

考試官洗馬歐陽批（憂深言切事肆理到希文之志于子乎占矣行將爲朝廷得人慶）

考試官左諭德江批（江南時務此爲最急子以真切之見而發感慨之辭其抱先憂之志者耶録之以爲當事者告）

守天下之法者有天下之慮也救天下之敝者相天下之時也蓋法常期於可久而敝每生于偏重故有天下之慮者然後能通其意而罔有輕變之患相天下之時者又不幸而夷簡秉政事多報罷□□□□既不能贊成於西歲幣之遺又不免有增于北志沮氣索咎當誰執哉神宗有見于此厲精講武準周官以飭邦計此其志即藝祖之志也志偶不終而卒蒙釀亂之名則安石作氣之過不免於助長之敝焉爾矣於帝乎何尤洪惟我大祖高皇帝掃胡塵於

中國以大一統之基太宗文皇帝建神都於上游以扼三邊之吭則漢高躬百戰之威而不能伏藝祖竭終身之謀而不能取者我朝獨得而享其盛矣然而神謨聖慮著之祖訓一則曰胡戎必謹備之一則曰安南不征所以爲億萬世聖子神孫計者又何其深哉蓋嘗自謹備之訓而繹思之今之三邊六鎮大抵皆周秦漢唐之畿輔而燕晋之故都也當時以國爲守即有虜患譬之蚊虻驅之耳慨自石晋失險之後而世之責宋者概曰聲容盛而武備衰議論多而成功少不知大阿倒持且授之柄矣又何施於登龜伐黿之時乎由是觀之則六鎮之險尺寸皆金湯也而可不謹備之哉是故太寧之遷宜復也是山後之阨塞而遼陽宣大之掎角也不然則如丘文莊之議移之永薊内拱都城而外護陵寢亦可也東勝之守宜復也是河套之控阨而黠虜之甌脱也不然則如李文正之議阻河爲固東連大同而西接寧夏亦可也至若哈密之失守亦不剌之竄據則又甘肅藩籬之隱憂也彼馬端肅之績張兵侍之策既不復尋矣無已姑亦收復海西諸番置之哈密近境西制土番北制瓦剌又不亦可乎三險既復而後於聖祖謹備之訓嗣服有光矣或乃曰今日之□力方屈事勢難爲而顧爲是闊論哉則愚既曰志定而氣自勝文武之聖天保采薇之治亦自一念之憂勤成之耳况以皇上大有爲之資爲聖子神孫千萬祀之計又何所撓而不可哉所願定志於上責成于下制閫任韓范之良分麾擇趙辛之略修屯政以備軍儲整鹺法以佐邊計而朝廷之上於德業則益以修於紀綱則益以振必使吾之氣勝浩然而塞乎兩間則無所爲而弗利矣不然則宋之敝亦誠已可監矣又嘗自不征之訓而繹思之安南者秦漢以來郡縣之故地固也然歷代羈縻叛服靡常實未有能食其土之毛者至宋則封王稱國不復爲中國之郡縣矣我聖祖開國之初其王陳氏首先納欵是以特懷之而有不征之訓焉若我太宗所以奮討黎季犛者以其簒主殺使不得已而用兵也時則爲陳氏立後也我宣廟所以繼討黎利者以其據地殘民亦不得已而用兵也時則爲我之郡縣也今安所爲而可勤吾之王師哉將謂推亡固存如太宗耶則莫登庸者賊也而黎利者固亦逸賊也利既幸而得國又幸而傳且數世矣天道好還今乃從而報之則吾亦安從而推之而固之哉將謂保大定功如宣廟耶則交故瘴鄉也山菁之深阻蝮虺之藴生兵有不戰而死者若我永樂之執黎季犛也未幾而叛者繼起迄宣德而莫定頻年宿兵魯不得馘利首以奏凱而利且挾陳暠請封矣是交之亂亦豈可以率爾而定哉將謂中國故地欲乘其亂而復之耶則自漢馬伏波之標銅柱交已委之炎荒矣及我張輔之取之也提師數十萬轉輸三省閲兩載而後平既而郡且縣之矣撫之以黄忠宣矣既

十年而計其歲徵魯不足以償所亡之萬一則區區數年郡縣之虚名又何有於我哉或則曰大聖人之撫世附夷之告變義必有處也可遂但已乎曰語有之帝王之待要荒也有威讓之令有文告之辭言未邃勤兵於遠也乃者聖天子發論音定廟謨委經略於撫臣責整備於制帥先聲後實以德爲威持志養氣之善雖古帝王以全取勝之道不是過矣所願石畫之臣卒有以贊其成耳不然則漢武窮兵之悔非聖治之所樂聞矣抑夷狄之爲中國患也其運有盛衰其勢有堅瑕其時有緩急其幾有利害而吾之御之也要貴有權焉若今之虜運則寢盛矣勢則堅而時則已急矣其幾則也先火篩之釁已爲之履霜矣若南夷之患則异于是且自古用兵如宋如元皆未得志於南者而北則漢武之遺烈可想而見也是北雖形難而實則可圖也况一大創之即有百十年之利乎南雖形易而實則不可以嘗試也萬一衄焉不有逆顔行之辱乎是經國者權之既審矣藿食之慮何足以與知之

應天府鄉試録後序

我皇上御極之五年策士大廷臣衢被恩賜及第甫十年臣被命偕臣汝壁來主應天鄉試始進以文而遂以文進諸士於朝于人臣之榮遇亦殊矣雖然臣不能無懼國家之興受命於天其發也視地人才之生鍾靈於地其盛也視君東南王氣始發於豐沛肇漢四百年之業猶未足以當其盛而停蓄汪濊积千百餘年我太祖高皇帝起義定遠定鼎金陵以混一天下此固貞元會合然一時勛臣出於東南者爲盛亦既漸漬百五十年矣我皇上起自江漢入正大統而名臣碩輔出於南國者後先相望亦既涵泳十有六年矣地之靈也上之化也其弗信矣乎顧臣未之能報也其將曰藉手豪杰以幾萬分一而或有不得若人焉臣於是有餘懼矣臣聞之萬物出乎震齊乎巽相見乎離皆自東而（此處底本殘缺——編者注）

嘉靖二十二年應天府鄉試録

應天府鄉試録序

嘉靖癸卯秋八月應天府鄉試府臣先期疏請考試官上以命侍讀臣察中允臣如霖至則同考爲學正臣琮臣廷琮教諭臣彦錦臣密臣繼英臣鑰臣仲玉臣薇監試爲御史臣存誠臣驗提調事則屬之府丞臣學益而府尹臣瀚繼至亦與有勞焉維時士之就試者合六館諸曹暨提學御史臣楊宜所選凡四千五百有奇如故事三試之拔其尤得百三十有五人録其姓名若文之優者以獻臣竊惟今南畿於古爲吴楚之境當周之中世二國號稱多士其疆域雖介在一隅而文物之盛則已抗衡中夏由漢以來作者代興所謂東南之美不徒竹箭而已者乃自古記之矣我高皇帝創業建都金陵盡江淮之地東濱於海晝爲畿甸文皇帝紹統定鼎於北而宮府兵衛之設於南者如故兩都并峙比周豐鎬一時佐命元勛大抵出於豐沛徐揚間至於館閣侍從之臣亦南産居多相與作爲文章以黼黻治功其播於絲綸著於賦咏渢渢乎典謨雅頌之遺矣人材之盛蓋與周人所稱思皇多士生此王國者寔相媲美彼區區偏方之習不論也百七十餘年聖化涵濡雖場屋程試之文亦月异歲改有獨盛於天下者臣頃承乏乃獲寓目焉以極夫瑰瑋閎肆之觀詎非幸歟雖然臣竊有慮焉國家以經術取士其習甚正洪武永樂間士爲文簡而暢質而□如大匠制器不事雕琢而渾樸之意獨存其見於猷爲以經世宰物者亦皆敦厚博大稱其所言文之實用於是乎在今海内之文非不富且麗矣顧其間或衒奇務博力去陳言而意不免於晦僻甚者離弃傳注逾越繩檢以浮艷相高而不概於理及其出而致用雖議論藻飾克蔚可觀而夷考其實則視前輩或劣焉昔之君子論文以慕遠忽近貴華賤實爲世道慮真知言哉聖天子勵精圖治稽古右文而尤屬意選舉屢詔所司以端士習正文體爲先務識者知淳風之回而斯文之復於古也臣等被命夙夜兢惕惟不得人以仰副聖心是懼用敢竭其愚以從事今兹所取惟理明詞達而晦僻浮豔如前所云者弗與焉蓋將示之意嚮使知夫文之實用在此不在彼也庶其有益乎抑聞昔王之制治也以質文相變質勝則濟之以文文勝則矯之以質南畿之文盛矣臣懼其質之

未至也庸申是説以告與選之士又以戒夫嗣進者

翰林院侍讀華察謹序

嘉靖二十二年應天府鄉試

提調官

應天府府尹吴瀚（受夫河南河南衛籍直隸吴縣人　辛巳進士）

中順大夫應天府府丞王學益（虞卿江西安福縣人　己丑進士）

考試官

翰林院侍讀華察（子潛直隸無錫縣人　丙戌進士）

右春坊右中允兼翰林院修撰閔如霖（師望浙江烏程縣人　壬辰進士）

同考試官

湖廣岳州府澧州儒學學正王琮（廷器福建長樂縣人　甲午貢士）

四川重慶府涪州儒學學正周廷琮（國用湖廣郴州人　庚子貢士）

福建汀州府上杭縣儒學教諭梁彦錦（絅夫廣東東莞縣人　乙酉貢士）

廣東韶州府翁源縣儒學教諭蔡密（孔彰江西進賢縣人　丁酉貢士）

江西南安府崇義縣儒學教諭陳繼英（用明廣東海陽縣人　甲午貢士）

湖廣岳州府臨湘縣儒學教諭陳鑰（啓時廣東潮陽縣人　甲午貢士）

山東兖州府曹州曹縣儒學教諭王仲玉（于成江西安福縣人　丁酉貢士）

河南河南府新安縣儒學教諭劉薇（益卿山西代州人　丁酉貢士）

監試官

文林郎南京山東道監察御史張存誠（體實廣東饒平縣人　壬午貢士）

南京福建道監察御史符驗（大克浙江黄巖縣人　戊戌進士）

收掌試卷官

南京錦衣衛經歷司經歷歐禮（汝和湖廣郴州人　乙酉貢士）

印卷官

承德郎應天府通判張珊（良夫江西吉水縣人　乙酉貢士）

承務郎應天府推官陸應寅（虎臣直隸華亭縣人　戊子貢士）

受卷官

應天府江寧縣知縣甘應禎（貞夫直隸真定衛籍江西豐城縣人　辛

卯貢士）

南京留守右衛經歷司經歷阮勣（立志江西龍南縣人　監生）

彌封官

應天府高淳縣知縣胡儒（原真廣西儀衛司籍浙江慶元縣人　乙酉貢士）

謄録官

應天府溧水縣知縣鄧巍（惟成湖廣瀏陽縣人　辛丑進士）

應天府溧陽縣知縣姜博（約父江西南昌縣人　辛丑進士）

對讀官

應天府江浦縣知縣黄昭（懋賢江西廣昌縣人　乙酉貢士）

南京金吾右衛經歷司經歷滕沔（信民福建甌寧縣人　監生）

巡綽官

新安衛指揮僉事倪明（惟遠直隸合肥縣人）

安慶衛指揮僉事劉英（世傑直隸望江縣人）

搜檢官

南京留守前衛正千户董鋭（進之山後人）

南京留守中衛副千户吴子敬（宗魯直隸高郵州人）

南京留守前衛百户徐隆（盛之直隸當塗縣人）

南京留守左衛百户金恩（天澤浙江定海縣人）

供給官

應天府經歷司知事秦環（君佩山西忻州人　監生）

應天府照磨所照磨丁朝宗（希洪山西萬泉縣人　監生）

應天府照磨所檢校戴景賢（思齊江西金谿縣人　監生）

南京天策衛經歷司經歷徐鍔（元脩浙江鄞縣人　吏員）

應天府上元縣縣丞黎良（汝善廣東博羅縣人　吏員）

應天府溧水縣縣丞俞慎（思之浙江仁和縣人　吏員）

應天府江寧縣主簿馬應祥（伯圖陝西榆林衛人　監生）

應天府上元縣典史周敬中（景容福建莆田縣人　吏員）

應天府江寧縣典史吴賞（承之湖廣黄岡縣人　吏員）

應天府高淳縣典史楊禎（瑞卿浙江鄞縣人　承差）

應天府溧陽縣典史錢廷瓚（世美浙江新城縣人　吏員）

應天府都税司大使李一經（大綸雲南安寧州人　知印）

應天府龍江宣課司大使劉模（廷範江西豐城縣人　知印）
應天府石灰山關大使王琮（汝器山東安丘縣人　吏員）
應天府江東馬驛驛丞張槐（汝榮福建閩縣人　承差）
應天府句容縣龍潭驛驛丞賴瑞（廷祥江西豐城縣人　吏員）
應天府江浦縣江淮驛驛丞韋金（于珍山東曹縣人　承差）
應天府江浦縣東葛城驛驛丞全倖（良爵江西南昌縣人　承差）

第一場

四書

仁者先難而後獲可謂仁矣　今夫天斯昭昭之多及其無窮也日月星辰繫焉萬物覆焉今夫地一撮土之多及其廣厚載華岳而不重振河海而不泄萬物載焉　武王不泄邇不忘遠

易

乾始能以美利利天下不言所利大矣哉大哉乾乎剛健中正純粹精也　王假有廟利見大人亨利貞用大牲吉利有攸往　備物致用立成器以爲天下利莫大乎聖人　二與四同功而异位其善不同二多譽四多懼近也柔之爲道不利遠者其要无咎其用柔中也

書

戒之用休董之用威勸之以九歌俾勿壞帝曰俞地平天成六府三事允治萬世永賴時乃功　慮善以動動惟厥時　今民將在祗遹乃文考紹聞衣德言往敷求于殷先哲王用保乂民汝丕遠惟商耇成人宅心知訓别求聞由古先哲王用康保民弘于天若德裕乃身不廢在王命　拜手稽首后矣曰宅乃事宅乃牧宅乃準兹惟后矣

詩

麟之趾振振公子于嗟麟兮麟之定振振公姓于嗟麟兮麟之角振振公族于嗟麟兮　以我齊明與我犧羊以社以方我田既臧農夫之慶琴瑟擊鼓以御田祖以祈甘雨以介我稷黍以穀我士女　矢詩不多維以遂歌　明昭有周式序在位載戢干戈載櫜弓矢我求懿德肆于時夏允王保之

春秋

冬十有二月齊侯鄭伯盟于石門（隱公三年）宋公陳侯蔡人衛人伐鄭（隱公四年）邾人鄭人伐宋（隱公五年）　春王正月城楚丘（僖公

二年）夏四月己巳晋侯齊師宋師秦師及楚人戰于城濮楚師敗績（僖公二十有八年）　冬十有一月晋侯使荀庚來聘衛侯使孫良夫來聘丙午及荀庚盟丁未及孫良夫盟（成公三年）　秋晋荀吴帥師伐鮮虞（昭公十有五年）八月晋荀吴帥師滅陸渾之戎（昭公十有七年）

禮記

五行之動迭相竭也五行四時十二月還相爲本也五聲六律十二管還相爲宫也五味六和十二食還相爲質也五色六章十二衣還相爲質也故人者天地之心也五行之端也食味别聲被色而生者也　動則左史書之言則右史書之御瞽幾聲之上下　揖讓而治天下者禮樂之謂也　是故君子不以其所能者病人不以人之所不能者愧人

第二場

論

孔子欲行周公之道

詔誥表（内科一道）

擬漢令禮官勸學興禮詔（元朔五年）　擬唐命馬懷素褚無量更日侍讀誥（開元三年）　擬唐中書侍郎顔師古進王會圖表（貞觀三年）

判語（五條）

漏用鈔印　轉解官物　奏對失序　驛使稽程　盜決河防

第三場

策（五道）

問　王者統理天下敬天法祖君道莫要焉洪惟我太祖高皇帝即位之初告祀南郊戒飭百官執事其言嚴恭寅畏與古帝王欽若之心寔同一揆敬天之實無以加矣皇上建德中興丕隆禮樂比者發自淵衷恭上皇天上帝册表帝鑒居歆群臣表賀皇上聖不自居乃於郊祀慶成之日特下敕宣諭群臣其微詞奥旨表裏六經嗣徽烈祖敬天法祖蓋兩盡焉是二制者頒自天府播之臣民諸士蓋熟誦而精思之矣能篇舉而繹其義乎夫所貴乎士者不徒談經稽古已也舉一代之典章以昭我聖明之謨訓肆對揚之無讓

問　古之有國家者必置祕書以備典籍之藏而設史官以任紀載之事事莫有重焉者也後世有建藏書之策下求書之詔又有四庫之目三館之儲者其爲史有起居注有時政記有日曆者此其浅果皆盡善歟我太祖高皇帝

立國之初嘗下令以求遺書及天下既定即命官以修日曆聖謨之弘遠可概見矣諸生亦能言其大略否歟今國家重熙累洽文治日興顧於是二者乃若有未暇焉蓋中祕之圖籍藏之有年或虞其不免於散逸累朝之實録充棟而議者猶病史文之疏略也兹欲悉舉而正之以還國初之盛若之何而可聖天子法古右文爲治矧此又關於繼述之大者而可無以處之歟諸生苟有所見願極言之將以轉聞於上

問　經傳之微詞奧□義□夫大儒而析□明白無餘藴矣然前乎此者未嘗無近道之言而後乎此者亦多自得之見是固學者所當知也試舉數端與諸士揚確之如表中庸爲道統之傳卓識也然蕭梁之世有述其義者矣指清心爲出治之本至論也然宇文周之時有爲此説者矣敬之一言心法也而魏人已論於法象之篇權之一字絶學也而唐臣已辨於易鎮之疏漢詔之敕東平傳相者或謂此等語有所自來晋人之序左氏春秋者或謂循其言可以入道以至圖書經緯之言陰陽九六之義五聲六律十二管還相爲宫之説君子皆有取焉之數人者未嘗聞道於大儒而其言之相契如此亦有所本歟又如大學格致之傳補之者當矣而或謂本無所闕周禮冬官之文不傳久矣而或謂實未嘗亡論詩者則謂召南之篇有他詩之錯簡言易者則云諸卦文言多散逸而僅存著日抄者有疑於先天之圖作通考者有取於小序之説若本朝諸名卿之著述亦有曰私抄曰意見曰詩考是果有所見而言之歟今程朱之學天下宗焉而彼諸儒之説則往往置之不省或譁而攻之蓋雷同相從隨聲是非乃衆庶之所爲耳非所望於豪杰之士也請悉言之以觀所藴

問　有一代之興必有一代之史詳則文繁略則事遺作史之難尚矣姑以唐宋論之唐有天下歷年不及三百而宋僅過焉其間所可紀者宜與漢不甚相遠也何唐書既倍於漢而宋史復倍於唐夫豈時之使然耶抑亦作者不得其法也唐書成於石晋而重脩於宋遂有新舊之分不知新書之作果勝於舊否乎當時表奏之語謂事增於前文省於舊作史之法果若是乎其所增所省亦可指而言歟或取乎舊或病乎新又何所見歟宋史成於胡元泛濫猥俗視舊唐書尤甚矣然則刊正之舉豈容已哉邇歲皇上有詔欲删繁舉要以成新史不知删繁舉要與所謂事增文省者同乎异乎何者爲繁何者爲要繁何以删要何以舉豈無其説乎幸詳陳之以爲載筆者之一助

問　今百姓乂安海内無事治之極也而北虜擾我邊鄙則不能免焉此不可不豫爲之備者然其道莫要於足兵足食二者而已矣往歲俺答入寇流毒三晋邊臣輒諉於兵食之不足不其然乎夫沿邊諸鎮伍籍有定數餽饟有

常額國初之制可謂極善矣乃今兵之所以弱食之所以匱豈無其故耶夫食以養兵量兵而後制食也若食不足則兵必多矣兵不足則食必有餘矣二者并耗其故又何歟皇上軫念邊防嘗調客兵以援之發内帑以濟之邇者又命廷臣集議以圖惟後備誠慮之周而備之豫矣不知客兵之調内帑之發可以爲常否乎建議者無慮數十其大端則曰招募曰團結曰鹽法曰屯田是四者果皆得其要否歟古之人有行之者其利害成敗可舉而言歟即行是四者而兵食可遂足歟抑别有其道歟諸士咸有先憂之志者也言及之而不言可乎

中式舉人一百三十五名

第一名　尤瑛　無錫縣學生　書
第二名　朱大韶　松江府學生　詩
第三名　陳時　蘇州府學生　易
第四名　錢用商　吴江縣學生　春秋
第五名　曹三暘　宜興縣學生　禮記
第六名　施宗誼　青陽縣學生　詩
第七名　柳應聘　泗州學生　易
第八名　孟羽正　華亭縣學生　詩
第九名　袁福徵　松江府學生　書
第十名　蔡焕　崑山縣學訓導　易
第十一名　凌雲翼　太倉州學生　詩
第十二名　江一鵬　徽州府學增廣生　書
第十三名　李延存　宜興縣學生　春秋
第十四名　張任　嘉定縣學附學生　詩
第十五名　蕭可教　揚州府學生　易
第十六名　瞿景淳　常熟縣學生　詩
第十七名　周應祥　吴縣學附學生　禮記
第十八名　葛綸　長洲縣學生　易
第十九名　唐自化　華亭縣人監生　詩
第二十名　崔縺　江都縣人監生　易
第二十一名　沈應乾　五河縣人監生　詩
第二十二名　童如淹　浙江永康縣人監生　易

第二十三名　秦寀　華亭縣學附學生　詩
第二十四名　高尚文　當塗縣學增廣生　春秋
第二十五名　龔一鵬　江西清江縣人監生　易
第二十六名　張柟　山陽縣學生　詩
第二十七名　方邦慶　婺源縣學附學生　書
第二十八名　徐學詩　嘉定縣學附學生　易
第二十九名　倪潤　大河衛人監生　詩
第三十名　蔡券　泰興縣學生　易
第三十一名　于業　金壇縣學生　禮記
第三十二名　周思兼　松江府學生　詩
第三十三名　胡曉　績溪縣學增廣生　書
第三十四名　徐敦　太倉州學增廣生　詩
第三十五名　殷正茂　歙縣學生　春秋
第三十六名　馬汝僑　應天府學附學生　易
第三十七名　張書紳　常熟縣學生　詩
第三十八名　吕欽　浙江永康縣人監生　書
第三十九名　徐爌　太倉州學生　詩
第四十名　鍾秀　吴江縣學附學生　易
第四十一名　袁尊尼　蘇州府學增廣生　書
第四十二名　凌汝志　蘇州府學生　詩
第四十三名　沈晃　鎮江府學生　易
第四十四名　王道充　太倉州學附學生　春秋
第四十五名　徐希周　涇縣學生　詩
第四十六名　沈伸　浙江仁和縣人監生　易
第四十七名　衛國　合肥縣學生　禮記
第四十八名　沈希皋　上海縣學生　詩
第四十九名　周紳　績溪縣學生　書
第五十名　張梅　句容縣學生　詩
第五十一名　陸梓　崑山縣學附學生　易
第五十二名　唐繼禄　上海縣學附學生　詩
第五十三名　周後叔　崑山縣學附學生　易
第五十四名　朱纁　溧陽縣學生　詩

第五十五名　成相　海門縣學生　春秋
第五十六名　李續　崑山縣學附學生　書
第五十七名　查秉直　浙江海寧縣人監生　詩
第五十八名　王世貞　太倉州學附學生　易
第五十九名　朱大器　江西南城縣人監生　書
第六十名　劉崙　無爲州學生　詩
第六十一名　狄斯彬　溧陽縣學生　易
第六十二名　蘇檢　石埭縣學生　禮記
第六十三名　沈積　嘉定縣學增廣生　詩
第六十四名　繆俊　江陰縣學生　書
第六十五名　陳大清　長洲縣學附學生　春秋
第六十六名　程嗣功　歙縣人監生　詩
第六十七名　劉光濟　江陰縣學增廣生　易
第六十八名　朱笈　桃源縣學生　詩
第六十九名　沈九思　應天府學生　書
第七十名　鄒夢桂　無錫縣學附學生　詩
第七十一名　劉鳳　蘇州府學生　易
第七十二名　楊應鱗　浙江秀水縣人監生　書
第七十三名　裴天祐　贛榆縣學生　詩
第七十四名　韓詩　吴縣學附學生　春秋
第七十五名　張楝　靈璧縣學生　易
第七十六名　繆宣　常熟縣人監生　詩
第七十七名　趙中行　嘉定縣學附學生　易
第七十八名　柳希玭　廬江縣學增廣生　詩
第七十九名　裘仕濂　浙江嵊縣人監生　書
第八十名　凌邦奇　蘇州府學增廣生　禮記
第八十一名　文惠　江西高安縣人監生　詩
第八十二名　蔡瀛　無錫縣學生　易
第八十三名　周頌　華亭縣學附學生　春秋
第八十四名　惲紹芳　常州府學生　詩
第八十五名　俞鍊　徽州府學附學生　書
第八十六名　顧柄　常熟縣學生　詩

第八十七名　皇甫泮　吴江縣學附學生　易
第八十八名　吕程　浙江秀水縣人監生　書
第八十九名　盧應坊　吴縣人監生　易
第九十名　盧圭　浙江東陽縣人監生　詩
第九十一名　戴完　桐城縣學生　書
第九十二名　吴德元　徽州府學附學生　禮記
第九十三名　顧允揚　太倉州人監生　詩
第九十四名　盛時春　應天府學生　易
第九十五名　何璿　泰興縣學生　春秋
第九十六名　江文式　婺源縣學增廣生　詩
第九十七名　洪範　徽州府學生　易
第九十八名　孫應魁　上海縣學增廣生　詩
第九十九名　秦梁　無錫縣學生　書
第一百名　許從龍　崑山縣學附學生　易
第一百一名　焦烺　泰興縣人監生　詩
第一百二名　季德甫　太倉州人監生　易
第一百三名　宛嘉祥　廬江縣人監生　詩
第一百四名　畢鏘　石埭縣學生　春秋
第一百五名　祝舜齡　無錫縣學生　書
第一百六名　李邦憲　海門縣學生　詩
第一百七名　邵齡　休寧縣學生　易
第一百八名　江時鳴　徽州府學附學生　書
第一百九名　吴士進　應天府學生　禮記
第一百十名　金燕　潛山縣學附學生　詩
第一百十一名　陳坊　浙江鄞縣人監生　易
第一百十二名　江泓　旌德縣學增廣生　春秋
第一百十三名　查天民　涇縣學附學生　詩
第一百十四名　張萃　廣德州人監生　易
第一百十五名　陳節　合肥縣人監生　書
第一百十六名　方究　江陰縣學附學生　詩
第一百十七名　陳皋謨　江陰縣學增廣生　易
第一百十八名　周鏜　邳州學生　書

第一百十九名　朱霑　吴江縣人監生　詩
第一百二十名　時亨　太倉州學增廣生　易
第一百二十一名　何燵　南陵縣學生　詩
第一百二十二名　趙鏞　崑山縣學生　易
第一百二十三名　胡應奎　長洲縣人監生　春秋
第一百二十四名　凌儒　泰州學增廣生　詩
第一百二十五名　朱鳳　金山衛人監生　易
第一百二十六名　俞燿　浙江秀水縣人監生書
第一百二十七名　張憲臣　崑山縣學附學生　禮記
第一百二十八名　田佐　鳳陽府學生　詩
第一百二十九名　余惟弘　蘇州府學生　易
第一百三十名　周文　上海縣人監生　詩
第一百三十一名　邵棠　江陰縣學生　書
第一百三十二名　龔元成　高郵州學生　詩
第一百三十三名　吴嘉賓　上海縣學生　春秋
第一百三十四名　黄甲　應天府學附學生　易
第一百三十五名　朱朴　桐城縣學附學生　詩

第一場

四書

仁者先難而後獲可謂仁矣

陳時

同考試官教諭劉批（場中作者類以爲仁説先難後獲殊非本旨此篇獨就應事上發揮得之矣故録以式）

同考試官教諭梁批（説得仁者之心出）

考試官右中允閔批（詞意精確是論語義）

考試官侍讀華批（可與言仁矣）

聖人即仁者之心以言仁欲賢者之知所求也蓋先難後獲仁者之心也外是心以求仁夫豈知仁者哉昔夫子因樊遲問仁而告之若曰仁體萬事而統於一心求仁者亦惟因其事而察其心耳是故天下之事凡職分之所當爲者豈無所難乎仁者則以事之不可已也而先焉果確之志克勵於向往之初

人之於事凡躬行之所已及者寧無所得乎仁者則以效之不可必也而後焉歆羡之情不萌於率履之際道之所在有人所不能爲者而爲之自强不息未嘗或急於近利也責之所在有人所不敢爲者而爲之獨立不懼未嘗豫計其成功也夫曰先難則易不足言矣曰後獲則失亦勿恤矣仁者之心如此而何以謂之仁乎蓋仁與不仁之分公私理欲之間而已苟未事而先畏其難方事而遽期其效則立心之始已涉於私而充類之盡必縱夫欲去仁也遠矣今惟先其所難而後其所獲則道心爲主私不得以滅公德性用事欲不至於間理廓然大公全體於是乎呈露矣物來順應大用於是乎顯行矣謂之曰仁不亦可乎須也有志於仁亦求之吾心而已矣大抵學莫先於義利之辨二者間不容髪而王伯之途君子小人之類所由以判其幾甚微而其究甚大故夫子他日於樊遲崇德之問復致意焉蓋雖因病藥之而聖門之教端不外是後世學術既湮而董子正誼明道之説庶幾近之論者謂三代而下惟仲舒爲漢醇儒詎不信夫

今夫天斯昭昭之多及其無窮也日月星辰繫焉萬物覆焉今夫地一撮土之多及其廣厚載華岳而不重振河海而不泄萬物載焉

朱大韶

同考試官教諭蔡批（題長不難於敷演而難於收拾此作詞不費而意自足取之）

同考試官學正王批（不泛不冗善言天地之道者也）

考試官右中允閔批（典雅）

考試官侍讀華批（精切）

中庸極言天地生物之功一誠之所爲也夫天位乎上地位乎下其生物可謂盛矣然非誠何以能之哉中庸二十六章發明天道至此謂夫天地聖人一而已矣欲知至誠無息之功用盍觀天地之生物乎今夫天確然而在上也自其一處觀之斯昭昭之多耳昭昭之多固莫非天也而天豈止於是乎由是而及其全體之大穹窿浩蕩推之莫窮其際也而生物之功顯矣但見日月之著明也一往一來繫之以久照焉星辰之森列也或隱或見繫之以成章焉以至物類之繁雖以萬計也無不肖形於丕冒之下資之以始者其資之以覆乎是繫之覆之者天也而所以繫所以覆天不得而尸之也必有主宰於其間者矣今夫地隤然而在下也自其一處觀之一撮土之多耳一撮土之多固莫非地也而地豈止於是乎由是而及其全體之大廣博深厚探之莫究其垠也而

生物之功著矣但見峙而爲華岳也載之而不重恢恢乎有餘力焉流而爲河海也振之而不泄優優乎有餘量焉以至物類之繁雖有萬殊也無不呈象於大受之上資之以生者其資之以載乎是載之振之者地也而所以載所以振地不得而尸之也必有綱維於其間者矣吁天地以誠而生物如此至誠無息之功用豈不可見也哉抑論之聖人之功用固與天地并矣然天地有所不能盡非聖人其孰賴之是以聖人作而王道行則三辰順其軌也山不崩而川不溢也黎民於變而鳥獸魚鱉咸若也裁成輔相豈特與之合德而已哉故曰天地設位聖人成能嗚呼斯可謂善言聖人者矣

武王不泄邇不忘遠

尤瑛

同考試官教諭陳批（聖人憂勤惕勵之心發揮殆盡）

同考試官教諭陳批（不泄不忘處體貼得明白）

考試官右中允閔批（詞理俱到）

考試官侍讀華批（得武王之心）

聖人之心隨所在而無不敬焉夫近易狎而遠易忘也隨遠近而一於敬其斯以爲聖人乎孟子歷叙群聖之統而此以武王言之謂夫制治之道本於心制心之道本於敬匪獨禹湯文王爲然而武王則亦有然者矣彼天下之事有邇者焉人情藐於不足畏而泄之者多矣武王則以邇者勢也無邇而不存者道也道之所在其容以或泄乎故情雖甚親也而臨之以莊地雖甚密也而居之以慎小物必勤動息其有養也細行必矜周旋其無虧也蓋其寅恭之誠每嚴於耳目之所常接而無一毫之敢泄焉是何以聖人之心入於無内其視邇也猶其視遠也邇焉不泄出於邇者又可知矣天下之事有遠者焉人情置於不暇慮而忘之者多矣武王則以遠者勢也無遠而不存者道也道之所在其容以或忘乎故幾雖未形也而不見是圖迹雖未涉也而無疆是恤擴四海之度訏謀以定其命也建萬世之策先憂以豫其防也蓋其深長之思恒周於經歷之所不及而無一息之敢忘焉是何也聖人之心極於無外其視遠也猶其視邇也遠焉不忘未至於遠者又可知矣夫不泄可能也不泄於邇不可能也不忘可能也不忘於遠不可能也此武王所以爲德之盛仁之至而上繼群聖之統歟雖然夫有所受之也丹書之戒洪範之陳武王所以務學者至矣故其誓衆也以比昵淫酗爲訓而貌言視聽恒致慎焉行政也以逸民廢官爲急而九夷八蠻必通道焉要皆能敬作之所耳故曰敬者聖學始終之要有天下

之慮者其如此哉

易

王假有廟利見大人亨利貞用大牲吉利有攸往

柳應聘

同考試官教諭劉批（題本不難而作者多失之雜亂此篇平正無疵是用録出）

同考試官教諭梁批（萃之時義子能發揮可見素養矣）

考試官右中允閔批（意周而語健）

考試官侍讀華批（整潔）

聖人擊萃之辭有所以事神者有所以事君者蓋君之事神臣之事君各有其道也聖人歴舉以示占其有取於萃之時乎且萃之爲卦以萃聚爲義時至於萃無所不聚矣占者值此當何如哉亦曰君臣各盡其道耳是故宗廟者祖考所依也王者求聚於涣而况處萃乎于以假之感通妙於幽明之際孝孰大焉是蓋聚其精神而非漫焉以從事如在之誠斯庶幾耳否則七暢之重誰其主之大人者民物所歸也君子求濟於蹇而况處萃乎於以見之德業成於上下之交亨孰加焉然必守其正道而不苟焉以求合如石之介斯可貴耳否則比周之黨誰其與之夫假廟固所以致吾之享而禮有弗備神其來歆耶故二簋之用在損可也在萃不可也必牲牷肥腯以昭民力之普存則祭而受福其吉大矣不然不幾於以天下儉其親乎見大人固所以行吾之義而道有弗達身非徒出耶故儉德之辟在否可也在萃不可也必興道致治以慰民生之素望則往而有尚其利博矣不然不幾於懷寶以迷其邦乎是何也君道莫大乎事神時可豐而豐非爲侈也臣道莫大乎事君時可行而行非爲邪也文王擊萃之辭如此戒占之意有在矣雖然要亦有本焉夫民神之主也聖王先成其民而後致力於神則聚人以財其體萃道於民乎夫身道之管也君子素豫吾内而後利用乎外則多畜其德其體萃道於身乎噫此事神事君之本也亦聖人擊辭之旨也

備物致用立成器以爲天下利莫大乎聖人

蔡煥

同考試官教諭劉批（潔净精微作易義當如是）

同考試官教諭梁批（作者之文可以式矣）

考試官右中允閔批（簡而文）

考試官侍讀華批（語意明確）

大傳以作者之事而獨歸諸聖人焉夫作者之事未易能也然則備物制器非聖人其孰與於此哉大傳贊蓍龜之功用而此以聖人言之謂夫天地設位聖人成能觀其制作之大而功用可知矣是故天生時而地生財有物必有用也用不致不能無弃物矣於是隨其材質之宜而百物爲之備精粗美惡雖其情之不齊而法制品節使其用之各適焉朝信道而工信度有器斯有利也器不立不能無遺利矣於是成於尚象之餘而百工爲之勸奇技淫巧不得以亂其政而民生日用皆可以與其能焉夫若此者其孰能之哉彼智者創之業非不精也而可繼則難巧者述之道雖可觀也而致遠則泥惟聖人者聰明睿知之資縱之於天耳目心思之力繼之以政行三重之道而通變以宜民會極歸極四海皆準也大一王之治而修道以立教有典有則萬世永賴也謂之曰莫大乎聖人信乎聖人之制作非智巧所能及矣蓍龜功用之大豈不因可見哉雖然蓍龜物也卜筮器也聖人明天道察民故而神物興則民用之前一聖人之能事耳向使制用之法不立亦將局於物而囿於器所以酬酢佑神者不幾於息乎是故探賾索隱鈎深致遠以定天下之吉凶成天下之亹亹者莫大乎蓍龜亦莫大乎聖人

書

慮善以動動惟厥時

尤瑛

同考試官教諭陳批（發明善字時字親切如此篇者殆不多見）

同考試官教諭陳批（通篇無一長語蓋書義之佳者）

考試官右中允閔批（爾雅詳盡）

考試官侍讀華批（瑩粹可誦）

大臣告賢王以圖事在揆其理而協其宜焉夫人君圖事不可以不慎也既揆其理而又協其宜所以憲天者得矣傅説之告高宗意蓋如此今夫天者理而已矣自其渾然者謂之善自其適然者謂之時人君求盡憲天之道而可不知所從耶是故吉凶悔吝生乎動而公私義利起於思使動不慮善其動也妄矣王其獨觀萬化而研夫可否之幾精察一心而謹於危微之辨弗慮胡獲匪可以成心與也則方物出謀而道必稽於無弊屢省乃成匪可以疑謀參也則視履考祥而政必期於有恒事有兩端而惟執其中善無常主而求協於一非慮善以動乎然不可易者理也而不可齊者時也使動不以時其動也滯矣又必觀天下之變而會通以酌其宜達天下之權而推移以濟其用治以道舉

而道有升降則隨時以爲汚隆政由俗革而俗有從違則因時以爲損益時未至也不先天以開人時既至也不後期而失事非動惟厥時乎吁方動而慮乎善則心與天一矣已動而合乎時則行與天一矣人君能盡憲天之道如此而臣民有不欽從者哉大抵天不能外理而理不能違時人君奉若天道不過順之而已傅説之告高宗曰善曰時者蓋言順也順則天地位萬物育而天道在我矣然高宗肜日猶有雊雉之祥此不順之應也於乎以高宗之恭默思道而少有不順即致應焉人君舉動可不畏哉

拜手稽首后矣曰宅乃事宅乃牧宅乃準兹惟后矣

江一鵬

同考試官教諭陳批（詞氣昌大而理致精密佳作也）

同考試官教諭陳批（夏臣告君之誠讀此宛然可見）

考試官右中允閔批（是善言君道者）

考試官侍讀華批（文有關鍵）

大臣述前臣致敬於君而因勉其所以爲君也蓋用賢圖治人君之道也前臣致敬以勉其君忠愛之意至矣宜周公述之以爲成王告也若曰惟昔有夏君有知恤之心而臣盡薦賢之道其言以爲九德之行臣既知矣乃進而薦之也先之拜手以致其恭繼之稽首以成其禮非以導安也蓋將啓其聽德之聰以致吾忠告之益耳誠以我后出震繼離巍乎爲上天之子體元居正赫然爲下民之王可謂尊矣居其位盍思所以盡其道乎乃復言曰君道以事天爲先而事天以求賢爲要彼九德之人知而弗用可乎必宅乃常任使掌事典以經邦國者有其人焉宅乃牧夫使掌教典以安邦國者有其人焉宅乃準人使掌刑典以平邦國者有其人焉量才以授之而詔爵詔禄推誠以任之而弗貳弗疑夫如此則衆賢盈於朝而下之所圖莫非協恭之誼官聯會其要而謀之所建一皆熙載之忠贊襄乎萬幾而天工得其理矣撫綏乎萬邦而天民得其所矣欽恤乎五刑而天討得其宜矣爲君之道庶幾克盡而循名責實夫復何忝乎吁夏臣之告教其君如此其君之知恤可見矣吾王可弗念哉抑考臨九五曰知臨大君之宜吉朱子釋之以爲不自用而任人智之事也夫亶聰明作元后而顧以不自用爲智何哉蓋一人之知識有限而以人之所及濟吾之所不及則兼聽并觀聰明莫大焉此明四目達四聰舜之所以致治也雖然苟非聰明實有諸已亦何以辨賢而用之乎故人君貴豫養聰明之德而其功則自務學始

詩

以我齊明與我犧羊以社以方我田既臧農夫之慶琴瑟擊鼓以御田祖以祈甘雨以介我稷黍以穀我士女

孟羽正

同考試官教諭蔡批（穀士女有養善二義遺者多矣此作獨説得明悉且通篇華采典則雅義之最佳者録之）

同考試官學正王批（盛世事神重農之意溢於言外矣）

考試官右中允閔批（華實并茂）

考試官侍讀華批（得温柔敦厚之體）

觀公卿事神之詳而重農之意可見矣夫力田而獲有年神之賜也報於既往而祈於將來其重農之意何如哉此公卿有田禄者力於農事以奉方社田祖之祭至此若曰有國家者致力於民所以植厚生之原也致力於神所以爲稔成之利也我今場功甫畢而報成之典行焉使物有弗備則不足以達誠欲神之享得乎故潔齊盛於豆其臭則亶時也登犧羊於俎其色則從宜也于以祀后土之神而四方之咸遍萬寶告成之秋肅然靈貺之是答矣若此者果何爲哉誠以田之既臧也吾固得以享其利矣田之所以臧也吾不得而與其力焉蓋三時之勞有以通神明之感而十千之取遂以蒙敷錫之恩以神之慶及乎農以農之慶及乎我報其可容已耶歲事方報而祈年之意寓焉使樂有弗盛則不足以宣和欲神之歆得乎故拊我琴瑟合之升歌而不亂擊我土鼓比於衆音而克諧于以迎田祖之神而甘雨之豫祈農祥晨正之日沛然天澤之是降矣若此者而豈徒哉庶其□膏之沃也有以暢黍稷之性地利之豐也有以遂士女之生居有積倉養道於是而備焉人知禮節善俗由是而興焉以神之休及乎我以我之休及乎農祈其可少緩耶吁報今歲而功必歸於民祈來歲而惠不私於已有周公卿其賢矣哉抑論周家重農其從來遠矣始於后稷篤於公劉而纘承於文武蓋未嘗一日忘焉誠以國依於民民依於食也故天子躬行於上而公卿無不化之祈報之禮不違其時則民和而神降之福海内極治也有以哉後世舍其穡事而周遂不振嗟乎農政之廢興治亂之機也可不慎歟

明昭有周式序在位載戢干戈載櫜弓矢我求懿德肆于時夏允王保之

施宗誼

同考試官教諭蔡批（講保之處親切明白頌義無逾子矣）

同考試官學正王批（善形容周王保命之道）

考試官右中允閔批得頌體）

考試官侍讀華批（葩而正）

詩人美盛世之行王政而信其能保乎天命也夫人君代天理物者也能行王政於天下則天命可保矣詩人述而頌之也宜哉此巡狩而朝會祭告之樂歌也謂夫王業不易成也所以眷之者賴乎天天命不可常也所以保之者存乎政今我王順天以革命而海宇清明應運以時巡而人文宣朗昭哉有周非復商季之穢濁矣然一代更化之初正人心改觀之際我王果何所爲乎誠以萬國來朝臣職固已述矣於是序公侯伯子男而旌別焉以振威福之權有德有功者我其慶之加地進律之賞行矣不順不敬者我其讓之削地黜爵之罰舉矣又以四方既平兵器可弗用也於是收干戈弓矢而斂藏焉以示休息之意洪範之疇訪於箕子而陳之彝倫惇叙於天下也丹書之戒訪於太公而布之敬義彰著於中國也王政之行如此吾知福善禍淫天之道也今也賞善而罰惡則欽崇乎天道者至矣天欲治乎斯世寧不永付吾王以序位之柄哉好生惡殺天之心也今也偃武而修文則奉若乎天心者至矣天不遺乎吾人寧不永托吾王以肆夏之任哉赫赫之命信乎其能保之而不失也吁詩人以是頌武王亦可謂善言人君事天之道者矣抑嘗考虞周巡狩之典雖詳略不同然皆爲民而出非慢游也故車旗所至之地人心無弗畏且愛焉畏之而不敢背愛之而不忍離祈天永命之道在是矣此所以爲太平有道之盛而周之享國尤過其歷歟後世若封泰山幸汾陰者縱其侈心以勞民其治之不古若何怪哉

春秋

春王正月城楚丘（僖公二年）夏四月己巳晋侯齊師宋師秦師及楚人戰于城濮楚師敗績（僖公二十有八年）

李延存

同考試官教諭王批（組織傳意成文而聖人之書法具見殆讀春秋而得其要者歟）

考試官右中允閔批（詞嚴義正）

考試官侍讀華批（有斷制）

春秋有明道義以略安内之功者有明道義以略攘外之功者蓋楚丘之役失之專城濮之役失之譎功雖多而不足尚矣聖人略之也宜哉衛自狄氛惡而載馳賦康叔廟祀已絶矣于時齊桓主伯因文公之徙居于楚丘也而合

諸侯以城之是存衛也存衛所以安夏也或以爲功莫大於此矣而春秋略之者何蓋天子操興滅繼絶之權而萬國之封建所自出焉桓苟以衛爲念而請命於周則城之也不亦善乎今乃黼扆無設策命無作車服之餽輒委於無虧甲士之戍徒勤于漕邑以諸侯之職而行王朝之典律之以道義其專也甚矣噫葵丘之盟固曰無有封而不告而桓自犯之於誰責乎經故略桓公諸侯不序而無一美辭以揚之若曰天下可無存衛之功而不可以無君臣之名分耳楚自宋業隳而熊頵横漢陽諸姬寔盡矣于時晋文主伯因得臣之請戰于城濮也而合三國以敗之是制楚也制楚所以攘夷也或以爲功莫懋於此矣而春秋略之者何蓋王者有聲罪致討之師而一時之詐謀所不屑焉文苟以楚爲慮而出師以律則勝之也不亦善乎今乃伐木益兵皋比蒙馬始則携其黨而激其怒繼則誘其趨而攻其怠以中國之兵而弃司馬之法律之以道義其譎也甚矣噫三駕之役猶知待以誠而不亟而文乃愧焉謂之何哉經故於晋侯書及而亦無美辭以揚之若曰天下可無制楚之功而不可以無中國之信義耳夫罪齊桓則尊王之道昭矣罪晋文則禦夷之道著矣聖人筆削之意不亦嚴乎雖然不予桓文者正也而不能不賴於桓文者時也何則夷之横者莫若楚而强國之君皆狡焉有啓其封疆之心不獨滅一衛而已也使無桓之救文之攘則小國漸爲丘墟而夷勢益烈矣吾不知世道之潰决將何如也况夫包茅之責桓猶知義大搜之役文猶知禮吁可盡非之哉

冬十有一月晋侯使荀庚來聘衛侯使孫良夫來聘丙午及荀庚盟丁未及孫良夫盟（成公三年）

錢用商

同考試官教諭王批（專抗二意體貼明白詞氣嚴整而末復責魯之君臣尤爲有見）

考試官右中允閔批（以忠敬立説良是）

考試官侍讀華批（謹嚴）

春秋紀外卿之交内特罪其專而抗焉比事以觀則知庚與良夫之因聘而盟也聖人於惡之中又有惡焉者矣且晋卿有曰荀庚衛卿有曰孫良夫者始焉受命而來聘于魯矣既則遂要我公各日而盟焉是惟邦交之常耳而君子則曰專而抗曷言乎其專也蓋有聘無盟諸侯之禮而專命生事非人臣之操也方二卿之來魯夫亦思曰吾固修禮以聘也非爲作誓以盟也敬共玉帛以敦行使事斯已矣今乃庭實甫獻牲歃遽陳弃信以爲明神之要徇欲以干

先王之典果何爲者耶是其徒知境外可專而不知盟必由主君之命無命是無君也此之謂犯義犯義則非忠矣罪可逭乎故春秋不擊之國以罪其專焉此義行則臣必聽於君子必聽於父而上下之義正矣曷言乎其抗也蓋天尊地卑君臣之分而越禮凌節非居下之道也方二卿之欲盟夫亦思曰五等之君皆君也三揖之臣皆臣也恪守職位以要結同儕則可耳今乃屈我邦君共兹盟事班列偃然其上侵等威岌乎其下替又何爲者耶是其徒知外君可要而不知魯實爲晋衛之敵卑敵是卑主也此之謂犯禮犯禮則非敬矣法可宥乎故春秋諱不言公以罪其抗焉此義行則大夫不得僭諸侯諸侯不得僭天子而上下之禮立矣是則罪其專雖爲晋衛也所以教天下爲臣者之忠也罪其抗雖爲魯也所以教天下爲臣者之敬也先儒謂春秋以道名分詎不信夫抑二卿不足責矣魯秉周禮乃不能陳大義以却之何其弱乎傳稱二卿將尋盟公疑其位次而臧宣叔爰稽古制以對其言辨矣而獨於諸侯大夫之不可同盟卒無一言及之察於節目而昧其大體甚哉其不知務也嗟乎吾於魯之君臣不能無憾

禮記

動則左史書之言則右史書之御瞽幾聲之上下

曹三暘

同考試官學正周批（王者檢身若不及之意此作盡之）

考試官右中允閔批（婉曲有味）

考試官侍讀華批（詳贍明白）

備官以爲周身之防天子之禮也蓋人君一身萬化之本也則夫備官以周其防者豈容已哉玉藻記天子之禮如此且天子者天下之表也敬肆之間治忽繫焉固不可以不慎也然修之雖存乎己而所以防之者不能不賴乎人是故自出入起居以至賞罰用舍天子不能無動也動而弗書則以動莫予制而不幾於過則乎故載筆而侍於其左者有左史焉史在於左所以紀其動也不動則已動則無不書之發乎邇而見乎遠者將美惡之具陳也而所以慎其動者弗能已矣自命令訓辭以至詢謀論議天子不能無言也言而弗書則以言莫予違而不幾於過辭乎故載筆而侍於其右者有右史焉史在於右所以紀其言也不言則已言則無不書之出乎身而加乎民者將是非之具見也而所以慎其言者弗能已矣乃若自閨門燕息以至朝廷郊廟天子不能以無樂而樂之道與政通者也不有以幾之則以政莫予議而肆焉以任情者有矣故典樂而侍御者有工瞽焉工瞽之設所以幾其聲也其政和者其聲安以樂其

政乖者其聲怨以怒即其聲音之間察其高下之節而政之施於天下者或得或失居然其可知矣所以致樂以治心而修政以圖治者又焉能以弗慎乎夫知動之必書而慎焉動爲道矣知言之必書而慎焉言爲則矣知聲之必幾而慎焉聲爲律矣天子檢身之道其嚴矣哉嗟夫此制作之本也身之言動禮之謂也聲之上下樂之謂也先王有史書之箴者防非僻之干履中正也有工瞽之誦者防乖戾之漸樂和平也同民心而出治道舉而措之無難矣故曰天子建中和之極

揖讓而治天下者禮樂之謂也

周應祥

同考試官學正周批（立意平正而詞復雅馴蓋有得於揖讓之道者）

考試官右中允閔批（充蔚可嘉）

考試官侍讀華批（明暢）

記者舉聖世無爲之化而歸諸制作之極功焉夫致禮樂之道則無爲而天下化矣非古之聖人其孰能與於斯記者論禮樂之至則無怨争而徵諸古如此以爲天下至大也治天下至難也固有竭心思之力而未得夫小康之效者况可揖讓而治乎乃若古之聖人元首股肱揖遜於殿陛而已矣未嘗見其作爲之勞也而自成風動之休都俞吁咈雍容於廟堂而已矣未嘗睹其經綸之迹也而坐致時雍之盛化隆俗美而四海各安其分蓋不疾而速也不行而至也治道沛乎其莫禦矣風移俗易而萬物各得其所蓋不見而章也不動而變也治功巍乎其有成矣若此者豈大順大化之妙徒在於揖讓之間哉亦由體信達順之方有得於禮樂之用耳何則制作之道本諸身則建諸天地而不悖中和之極立於上則達之天下而同歸故大禮之制與天地而同序也聖人致禮之道則以序召序而民咸納於規矩準繩之中彝倫攸叙秩秩然自安其分而無所争矣揖讓而治者非此禮至之謂哉大樂之作與天地而同和也聖人致樂之道則以和召和而民皆囿於欣喜歡愛之内協氣周流熙熙然自得其所而無所怨矣揖讓而治者非此樂至之謂哉由是言之天下雖大也運之禮樂而有餘致治雖難也本之禮樂而自裕此聖人之治所以爲盛而非後世之可及歟抑觀自古作禮樂者莫盛於周公然周公之相成王也每丁寧於無逸之戒而兼三王施四事則日夜不遑暇焉所謂揖讓而治者豈虚語耶蓋不敢逸者聖人求治之心也揖讓而治者聖人功化之極也其初固甚勞而其終則甚逸矣然則舍無逸之道以求揖讓之治不亦難乎

第二場

論

孔子欲行周公之道

陳時

同考試官教諭劉批（氣象宏闊思致雋永滚滚千餘言操縱闔闢動中矩度而孔子行道之心溢於言外可謂一倡三嘆有遺音矣）

同考試官教諭梁批（論不事馳騁亦不事刻削而立意措詞非稚筆可到豈亦有志於周公之道者耶）

考試官右中允閔批（議論疊出意味無窮場屋中乃有此作哉）

考試官侍讀華批（寓意感慨可與論周公孔子之際矣）

聖人之心其以天自處乎是故曠世而相爲感也夫周公聖人也達而在上孔子亦聖人也窮而在下若不能以相及矣而聖人則以道之所在天之所在自任之重不以窮達而有异焉是故周公往矣而其道之未墜者孔子則欲舉而行之以挽斯世於成周之盛終其身有不能一日忘諸懷者聖人之心何心哉夫亦以天道在我不容自諉焉爾於乎此孔子之於周公所以曠世而相感也歟今夫天之生斯民也不能自治必生聖人焉而以斯道畀之聖人者道之所寄而代天以終其事者也斯道之傳由孔子而上可考而知也孔子固嘗祖述堯舜矣憲章文武矣又曰行夏時乘殷輅矣至其夢寐所感獨於周公乎見之何哉蓋聖人之道未嘗不同而時之所值不能無异道之行也亦隨其時而已矣是故其在伊尹也樂堯舜之道焉堯舜而上非無聖人也而去伊尹則遠矣其在周公也思兼三王之道焉三王而上非無聖人也而去周公則遠矣夫周公之志猶伊尹也而孔子之志獨异於周公乎况夫堯舜之道傳之三王而周公則兼之其所以相成王治天下者經之綸之綱之紀之若設官分職辨方正位體國經野博大纖悉靡不畢具故一時教化大行刑措不用行葦歌其忠厚既醉嘉其太平而三代之禮至是而大備是堯舜三王之道統會於周公而行周公之道者即所以行堯舜三王之道也且堯舜三王君也周公臣也孔子亦臣也舍周公其誰與歸故曰周監於二代郁郁乎文哉吾從周夫文者道之顯者也周公之文文之至也周公既没道不在孔子乎故曰天之將喪斯文也後死者不得與於斯文也天之未喪斯文也匡人其如予何蓋孔子以天自處有不可得而辭者矣孔子之時何時也周室東遷黍離既降文武之政不及於天下久矣苟有周公者出而相焉布在方策者猶可舉也而若宰咺祭伯祭公渠伯皆有周公之位者顧壞法亂紀身親爲之欲望下國之式化其誰與我

故齊則作内政矣晋則作爰居矣鄭則作封洫鑄刑書矣彼管仲子産之徒所以佐其君者吾無咎焉而魯之丘甲税畝亦且效尤列國謂之何哉孔子誠不忍周禮之一朝墜也故曰天下有道則禮樂征伐自天子出其所望於東周之君者不已厚乎何也天子者天下之主也位之所在道易行焉苟得如成王者而相之則成周之治復見於天下而吾其爲周公矣况夫周道雖衰而文武之澤未盡斬天之意猶在周也觀賢者不得志而思盛際之顯王也則曰云誰之思西方美人大夫顧瞻周道而吊於心也則曰誰將西歸懷之好音小國困斃思撥亂以治也則曰愾我寤嘆念彼周京雖以秦風之武悍而驪山之役猶不失同仇之誼則民心未始忘周而天意可知矣苟有用我者吾將建之六官分之庶職疆之侯甸采衛以定其域統之比閭族黨以屬其民疏之溝洫涂澮以井其田制之伍兩卒旅以治其師通之朝聘會同燕饗以協其情列之車旗圭璧服物采章以辨其等凡周公之所已試者吾皆舉而措之天下無難矣此固夫子之志所以惓惓而不能自已者乎充斯志也寶玉大弓必不欲其入於盗臣之手樹旅反坫必不欲其陳於大夫之庭朱干玉戚雉門兩觀必不欲其設於諸侯之國使禮樂征伐一出於天子而僭竊者不得肆聖人憂世之心其少釋乎奈之何東周之君不足與有爲於是退而欲試於魯焉自其宰中都以至攝相事羔豚不飾價男女别於途一變至道蓋已微露其機而歸侵田却萊夷墮三都誅少正卯居然周公之典刑也當是時兆足以行矣未幾而女樂之餽卒以沮之及其告老也聞陳恒之變猶沐浴而請討蓋欲以天子之權與周公之後而魯之君臣又不能盡如其意於是正名則欲行諸衛君君臣臣父父子子則欲行諸齊甚者公山佛肸之召亦欲往焉至於轍環天下雖削迹而不避見厄而不沮取譏於荷蕢丈人之徒而不恤其心何若是急乎誠以周公之道不可一日不行於天下也周流列國蓋庶幾一遇焉而卒未得也於是歸與之思作而行道之志窮矣雖然孔子亦安能遂忘周公哉周公之道具載周禮而周禮之在魯也則君子嘗因易象春秋而知之矣故取易象而贊之謂足以明天道矣見諸行事則未也取春秋而修之繫王於天而予以天命貶以天討謂足以紹周公之志矣而猶未也叙國風也終豳風之什考尚書也録文侯之命夫曹檜之後去豳風遠矣亂極思治故以豳風終焉思周公也文侯之功其去周公又遠矣而迹則似之思周公而不見見似周公者猶有取焉其寤寐周公之志蓋隨感而輒見也及其衰也已無復可覬矣而猶有不夢之嘆焉誠有一息尚存此志不容少懈者矣於乎此其心之相感豈世之先後身之窮達所得

而拘耶大抵聖人之道一而已矣周公在上而道行孔子在下而道不行固有易地皆然者周公之幸而不爲孔子與孔子之不幸而不爲周公皆天也聖人何容心哉繼孔子者有孟子焉以王政勸齊梁之君而井田學校告文公者惓惓不置其欲行孔子之道猶孔子之於周公也故嘗自信以爲天欲平治天下舍我其誰而其叙道統之傳曰然而無有乎爾則亦無有乎爾此其以天自處亦有不可得而辭者乎是故知孟子之志則孔子之志益可見矣

表

擬唐中書侍郎顔師古進王會圖表（貞觀三年）

朱大韶

同考試官教諭蔡批（模寫華夷一統氣象宛然在目）

同考試官學正王批（造語精緻有法度蓋四六之擅場者）

考試官右中允閔批（宏麗莊重）

考試官侍讀華批（典則）

伏以聖人握中國之樞八方通道天子正明堂之位九譯來朝駿業流輝鴻圖尚象臣師古誠惶誠恐稽首頓首竊惟華在内夷在外山川限區域之分來不拒去不追帝王擴包含之度故格苗著於虞夏臣所未臣若會戎紀於春秋治以不治然窺隙之心叵測而跳梁之性難馴蕞爾鬼方殷武致三年之伐蠢兹玁狁周師勤六月之征秦漢以還倔强滋甚築崇墉於玄塞地脉空殘出奇計於白登國威徒損大漠之金繒歲益甘泉之烽燧時明爰逮建元之朝遂逞窮兵之憤戰功雖獲勞費略當未有悉百蠻而獻琛仰一人以歸極者也兹蓋伏遇英才拔萃睿略通神首秉朱旗懋建晋陽之績再麾黄鉞弘收關朔之勛擒頡利而犂庭掃陰山之積霧馘高昌以釁鼓澄弱水之恒流皇靈雷動於寰中聖武風行乎徼外渤海罽賓之長革面革心思摩鐵勒之酋驟山驟水入朝萬國款塞千群睢盱集於槁街不期而會傴僂趨於魏闕以類而從嘉篚貢之悃誠示房烝之慈惠來同喜溢和鳴效魯國之鴞既醉恩深率舞偕虞廷之獸顧此遐荒之臣伏實惟純德之懷柔啓府庫以韜干戈治成一統毁邊亭而罷尉侯守在四夷粤稽自古以來僅見成周之世肇圖王會丕闡朝儀於昭聖代之隆克配前王之烈謬干宸聽遽荷綸俞開廣局以鳩良工拂輕綃而運巧思比物醜類發揮曲盡於丹青辨族居方規畫分明於白黑髽首文身之异習貫胸反趾之殊形以至石砮象齒之珍與夫卉服氊裘之飾紛然在列爛矣盈圖雖僸休兜離非濡毫之能狀而蠻夷戎狄將舉目而可知玉軸焜煌琅函璀璨用作監觀之具匪崇粉飾之文陳之紫殿朱堂足表天朝之無外藏之金匱石室庶俾國史之有徵彼竇憲銘碑功業祇誇於

漠北而馬援建柱威聲但震於滇南豈若明時合胡越爲一家之盛惟玆偉制同乾坤育萬物之仁伏願舞羽兩階益廣敷文之化垂衣五位恒存愼德之心宜至治於日中永丕基於天保臣無任瞻天仰聖激切屏營之至謹以所繪王會圖隨表上進以聞

第三場

策（五道）

第一問

曹三暘

同考試官學正周批（自古敬天法祖能盡其道者莫如我聖祖與皇上此治化之隆所以不可及也子能揚厲無遺其善鳴國家之盛者歟高薦何忝）

考試官右中允閔批（我聖祖與皇上敬天法祖之實對揚殆盡末復以上下交修之道責之在廷臣工他自以道事君可豫占矣）

考試官侍讀華批（敬天法祖本非二道子能敷陳詳備忠愛之意藹然可掬豈徒窮經稽古者耶入對大廷於子有厚望焉）

聖王之敬天也以實不以文而其法祖也以心不以迹夫天之於君非遠也大命相爲往來者也祖之於孫非遠也一德相爲後先者也是故敬天者非徒殷燔柴羞牲帛以具其文已也必有聰明時憲之實克對越而無忝焉法祖者非徒踐寶位修常度以循其迹已也必有世德作求之心克對揚而罔越焉若彼泰畤甘泉卒累於多欲東封西祀不免於黷神是飾虛文而乏實政於天道遠矣謹守制度者治道則雜奉行仁厚者武功則衰是泥古迹而昧時宜於祖德遠矣何足以語敬天法祖之道哉洪惟我太祖高皇帝誕膺天命掃滅裔夷惇叙彝倫修明禮樂闢乾坤於再造揭日月於重明巍巍乎則天之業也伏睹即位之初告祀南郊戒飭百官執事有曰人以一心對越上帝毫髮不誠怠心必乘其機瞬息不敬私欲必投其隙夫動天地感鬼神惟誠與敬耳天雖高所鑒甚邇鬼神雖幽所臨則顯能知天人之理不二則吾心之誠敬自不容於少忽矣斯言也顧諟之功聖修之極而受命之本也故輔臣傅瓛稱之曰陛下修德省愆憂形於色居高聽卑天寔鑒之是敬天之實徵於色也宋濂稱之曰上欽畏天地一動一静森若神明在上是敬天之實存於心也又曰陛下法天啓運乾乾終日不遑暇食是敬天之實見於事也所謂敬天以實不以文者在當時諸臣固已見知之矣書曰天難諶命靡常常厥德保厥位聖祖有焉故耿光弘大易覲也訓言理順易循也王度昭燦易則也遠猷允塞易由也先聖垂

憲之謨非後聖取法之要乎我皇上天縱聖明制兼述作三禮咸備百度惟貞建郊廟以舉三代之上儀立明堂以紹百王之絶業皇皇哉繼序之典也比者恭上皇天上帝泰號乃於大祀慶成之日敕諭群臣有曰知所尊以尊尊焉凡一言一動以至於賞刑則不敢私一己之欲知所親以親親焉凡出入語默以及於民物則不敢作纖毫之惡無過與不及之患乃盡事天如父之道是謂之天子斯言也昭事之原宥密之學而繼述之孝也故遵皇矣之大訓去昊天之偏名定皇祖所未定也曰皇天以示尊尊之義曰上帝以示親親之義發皇祖所未發也祀皇祖於圜丘以配天宗皇考於明堂以配帝備皇祖所未備也所謂法祖以心不以迹者在今日諸臣固已欽承之矣書曰至治馨香感於神明黍稷非馨明德惟馨皇上有焉故抑畏履盈慎德也丕承謨訓極孝也緝熙光明基命也敕幾申戒交修也一德感通之地非萬世佑啓之基乎蓋嘗論之王者之治求端於天繼體之術取法於祖非二道也是故有天德然後可以行天道有心法然後可以成治法推而極之則自深宫以及大廷所以陟降厥士者在是矣自燕閑以及幾務所以著存不忘者在是矣制節謹度則曰是天物也吾祖宗之所遺也輕徭薄賦則曰是天民也吾祖宗之所愛也張官置吏則曰是天工也親君子遠小人吾祖宗所以興隆也慶賞刑威則曰是天命天討也賞必當功罰必當罪吾祖宗所以治天下也夫然後吾之心即祖宗之心天之道即吾之道陰陽和風雨時灾害不生民無夭扎享靈長之祚成光裕之業人君之道斯其至矣昔禹益之陳謨也言吉凶影響而必曰罔失法度焉傅説之納誨也言奉若天道而必曰允協成德焉其欲法祖以懋敬天之實乎伊尹之作訓也稱烈祖成德而必曰上帝不常焉周公之進戒也稱太王王季而必曰克自抑畏焉其欲敬天以成法祖之功乎故以言其理則一貫矣以言其事則相須矣今日在廷諸臣固皆有禹益伊傅周公之責者方其供相祀之職奉宣諭之音其必惕然而感奮然而興乎上下交而德業成愚何幸身親見之

第二問

尤瑛

同考試官教諭陳批（書史二事雖涉文爲而實有關治道故我聖祖深致意焉此策不惟具悉始末而復各有以處之真可爲聖天子繼述之一助也）

同考試官教諭陳批（書史一策前代故實與我朝令典學者罕知子能因問條對而又斷以己意必有養之士也）

考試官右中允閔批（此策於書史二者既隨事敷陳而復取衷先達之論識見卓邁不徒文之佳而已也）

考試官侍讀華批（博古通今具見學識讀之令人起敬）

載千古之道存乎書書欲其備則典之者貴得其人紀一代之事存乎史史欲其善則作之者貴盡其職夫書以載道天下之大經大法寓焉苟有未備則文獻無徵何以考前王而不繆史以紀事天下之公是公非繫焉苟有未善則勸懲無裨何以俟後聖而不惑此所以典之者不可不得其人而作之者不可不盡其職也我聖祖之在當時固嘗留意於此而今日聖天子繼述之孝豈容緩歟請因明問而敬陳之古者内史掌邦國之志外史掌三皇五帝之書國之圖籍各有司存至漢則藏書之策建於武帝求書之詔下於孝成固世之盛舉也其後若唐有四庫之目宋有三館之儲雖所蓄未必皆精然其用意搜輯使千古之典籍賴以不墜亦可謂有功矣古者左史紀動右史紀言事之美惡無不備書至漢則西京之起居注設於禁廷東都之起居注作於宮掖亦古之遺意也其後若時政記則始於姚璹日曆則始於韋執誼雖其意未必盡公然其及時記録使一代之事迹賴以不泯亦未爲無補矣洪惟我聖祖開基當至元丙午之歲即下令以求遺書及洪武癸丑之秋復命官以修日曆當是時大業甫定軍國務殷日不暇給而乃從事乎此所謂急先務者非即執事謂可以占聖謨之弘遠誠哉言矣愚嘗伏讀我憲宗之續通鑑綱目其載聖祖諭詹同有曰二帝三王之書不盡傳於今漢武帝購求遺書六經始出其闡聖賢之學有功於後世繹斯言也則知其注意於典籍者至矣於時天禄石渠之藏胪分類别燦然完備何至有散逸之虞又嘗竊觀學士宋濂之文其序日曆有曰自上起臨濠以踐天位事迹莫不具載顧帝德難名度越前王者不可一二識今之所書頗得其實而無愧推此意也則其用心於紀載者悉矣於時金匱石室之編文核事詳爛焉昭著何至有疏略之患百七十年來因成法而紹前休宜其日加盛焉而或未能盡如其故者何哉雖微執事之問而愚也固竊有疑於中矣以藏書言之自祕書之官既罷凡諸文籍皆歸内閣而無别儲遺失者不聞有所購求闕略者不聞有所修補而司筦籥者未必擅校讎之能矧禁署深嚴外臣莫窺則先王之遺訓累世之珍藏殘逸無統安能免乎往年大臣嘗請繙校内閣之書固有見也然愚以爲書不可以徒校也亦惟典之者得其人而已矣必也極一時之選以充掌故之職如漢西京之制外則太史博士内則延閣祕室分别以儲而奇秘罕傳者復訂正而刊布焉凡成一家之書無不羅而致之如此則典籍具存有以爲朝夕考求之助庶幾聖祖之盛心可繼矣以史職言之自記注之銜既廢所謂史官者徒有具員而無定業廟堂之謀議絶不與聞宮省之言動邈不相及而司撰述者惟知據案牘之文則政事之興革人

才之舉錯是非失實安能免乎往年廷臣嘗請仍設起居之官非無意也然愚以爲官不必更設也亦惟居之者盡其職而已矣必也求三長之士以勝載筆之任如唐貞觀之規進則立於螭坳退則集於虎觀隨事紀之而諸司所行者復按日而采録焉凡載片言之楮無不斂而藏之如此則史文詳贍可以爲异日筆削之資庶幾聖祖之初意不失矣抑愚也嘗側聞先達之緒言而有感焉丘文莊之論曰經籍者聖賢垂世立教之言載道爲治之具傳之數千百年以至我使由我而廢墜放失後之人能不歸咎於今日哉楊文貞之論曰天下萬世事當以天下萬世之心處之不然無論巨細皆當獲罪神明是則文莊之心真知書之爲重而欲典之者必得其人矣文貞之心真知史之爲重而欲作之者必盡其職矣故必以二公之心爲心而後可以舉其事盡其道而無忝也否則欲不爲後人之所咎神明之所罪得乎狂斐之言如此幸轉而聞之於上或可爲聖孝繼述萬一之助云

第三問

袁福徵

同考試官教諭陳批（徑傳之義至深且賾近世時文之習勝而士之究心者鮮矣子能剖析詳明不惑衆論而憂深慮遠復爲衛道之計所謂豪杰之士者非耶）

同考試官教諭陳批（稽古之學折衷之論策場似此者絶少録之以破群疑）

考試官右中允閔批（詳説反約確有定論使程朱復起必以子爲能得其心矣）

考試官侍讀華批（揚確衆論悉中肯綮是究心理學者録之）

釋經者取言之有契於道而不惟其人與人者取其學之可進於道而不惟其世夫道之在人心古今一而已矣是故或著論於道學未明之先與大儒之説不相謀而自相合者取之可也或著論於道學既明之後與大儒之説若相反而寔相成者取之亦可也君子惟求其是而已矣而何人與世之可拘哉慨自孔子没而微言絶七十子喪而大義乖百家殊方指意不同經傳之微詞奥義或幾乎隱矣至宋程朱大儒出而始闡明之其有功於吾道夫人而知之也然天下之理有開必先而造道之言無往不合是故先程朱而出者如表中庸以明道統之傳可謂知道矣然仕蕭梁而述其義於士林之館者則有如賀琛指清心以爲出治之本可謂識治矣然相宇文周而著其義於六條之書者則有如蘇綽敬之一言百聖心法也而徐幹已詳論於法象之篇權之一字千

載絶學也而陸贄已極論於易鎮之疏性情義利之辨漢昭嘗敕東平傅相矣而君子謂此等語有所自來優柔厭飫之語杜預嘗序左氏春秋矣而君子謂循其言可以入道至於專經之家若劉歆圖書經緯之言孔穎達陰陽九六之義鄭玄五聲六律十二管還相爲宫之説皆卓然有可稱述者是豈無所本乎蓋其去古未遠淵源所自或有得於聖門之緒論耳鄉使數君子生於程朱之時而相與講明乎正學則反博歸約其所成就寧止是耶後程朱而出者如論大學格致之傳本無所闕知止知至之文即其錯簡董矩堂車清臣之説也論周禮冬官之文初未嘗亡五官各屬之中其實錯見俞庭椿王次點之説也謂詩之二南相配各十一篇甘棠何彼襛矣野有死麕三詩皆他篇之誤入此論出於王魯齊也而所著讀易記諸書尤多發明謂易之諸卦各有文言而亡之今大傳中釋卦爻之辭皆其散逸而僅存此論出於熊朋來也而所著五經説一編亦多辨正日抄著於黄東發論天地定位一章必非先天之卦位而疑邵子之圖未可盡從通考作於馬端臨論鄭衛諸詩必非淫者所自作而疑小序之説難以盡廢至於本朝諸名公若楊文懿之私抄王端毅之意見程學士之詩考皆確然有以自信者是豈無所見乎蓋其反求諸心有所未安而不苟同於先儒之成説耳鄉使數君子游程朱之門而相與上下其議論則去短集長其所造詣詎可量耶大抵斯理之在人心未嘗不同惟其學之所造有深淺故其論之所及有偏全耳且程朱之解經固未嘗盡廢前人之説藉令其聞後儒之論而有當於心寧不欣然取之也彼諱而攻之直流俗之見耳惡足以知大賢君子至公無我之心哉今國家以經術造士濂洛關閩之書夫人習焉而所謂古注疏者特視爲長物而猥以不誦絶之此有志於存古者所爲大息也盍思所以表章之乎夫近世二三君子願爲程朱之忠臣如執事所稱者其所辨論不過文義之間小小出入而已至其大體則詎容或議而可輕訾之乎今世乃有肆然以道學自任欲蔑弃程朱之傳注而盡用其私説天下之學者厭常喜新方靡然從之末流之弊殆未知其底止矣愚也重爲吾道憂之孟子曰能言距楊墨者聖人之徒也韓昌黎曰障百川而東之迴狂瀾於既倒竊於執事有望焉

第四問

朱大韶

同考試官教諭蔡批（唐書宋史本學者所當涉獵而場中作者類不能知子獨條舉無遺謂非博洽之士可乎允宜首選）

同考試官學正王批（剖析二書得失如指諸掌而終篇所謂四事五志

三科尤爲有見敬服敬服）

考試官右中允閔批（通篇議論要而不繁使子載筆吾知其爲良史矣）

考試官侍讀華批（五策詳贍而此爲更優禄之以例其餘）

史之所繫亦大矣所以紀言述事褒善貶惡存既往之迹垂將來之鑒者也是故其事貴詳而其文貴簡簡而無法則事關要領者或約以數言而始末不具詳而無法則文涉猥瑣者或積之累牘而纖悉雜陳其於筆削之旨背戾甚矣何足以爲博聞洽見之資而使後世之勸懲哉此所以舊唐書宋史之必假於更正不容已也請因明問而陳之紀傳書志之體前世未有也其肇於司馬遷乎遷之史起於軒轅迄於漢武采摭經傳馳騁古今上下數千載固非一代之史也至於班固乃遵其軌轍加之檃括究西都之終始窮劉氏之廢興苞舉一代以國名書而其制遂定後之作者遞相沿襲莫能改焉然而世异風移質文互變人品高下著作亦殊故操觚藝苑雖非一家而追蹤史漢卒未多得良有以也今自唐書言之唐之設兵近古而制屢變更其末也則壞而爲禁軍此亂之所由也可以弗志乎藩鎮專地而力相并吞其甚也則起而弱王室此變之最大者可以無表乎悉心奉國如長孫無忌當代之功臣也顧與奸諛之敬宗并書起衰濟溺如韓退之振古之豪杰也顧與浮誕之禹錫同傳以文苑目劉蕡是略其鯁直之操以外戚例吴溆似没其卓异之行此皆其失之較著者若其他抵牾疏略不可爲訓又未易悉數也曾公亮之言有曰叙次無法詳略失中文采不著事實零落誠確論矣此其故何也蓋是書之作其時則石晋也其人則劉昫也干戈搶攘篡逆相仍文運之衰甚矣而劉昫身事二朝禮義之閑尚自逾越豈可責以褒貶之公乎宋祖開基右文崇道至於慶曆嘉祐之間人才輩出文章爾雅仁宗乃命歐陽脩宋祁相與討論舊文厘正義例綱羅放失潤色宏辭續成四志撰立四表删其傳六十有一而益之以三百三十有一然後有唐三百年之間明君碩輔國典朝章民風吏事之殊安危治亂之故粲然畢具可得而觀焉所謂事則增於前文則省於舊蓋言有大而非誇也於是新書既出海内尊信而舊書遂廢人不復覽矣吁歐宋之功豈可少哉以宋史言之其本紀所以述天子之大經大法也而乃委曲泛濫兼收細行甚或下及於臣事列傳所以録臣子之嘉謨嘉猷也而乃綴緝叢委誇詡爵寵遂使猥同於家乘紀典禮而拜俯之臚贊屢書載儀衛而名物之瑣細迭見道學儒林一途也而别爲兩目未必人物之皆當忠孝隱逸殊行也而采及百人未必名實之相符此皆其失之尤大者若其間煩章冗句不知所裁又未易遍舉也阿魯圖之言有曰先理致而後文詞崇道德而黜功利書法以之而矜式彝倫賴

是而匡扶殆虚語耳此其故何也蓋是史之作其時則胡元也其人則脱脱也夷狄爲王風俗大壞文氣之衰久矣而脱脱位居元宰政事之才雖其優裕安能兼彼文史之任乎洪惟我國家敷揚道化經緯人文不特表章六經而已綱目有續編通鑑有纂要胡元有全史述作咸備文章焕焉而獨於宋史未及刊正是誠有待於今日者也我皇上萬幾之暇慨然念此面諭輔臣亟加修纂天下綴文之士拭目以俟其成久矣愚何人斯而能贊一辭哉竊惟自古作史者莫良於遷固然史記叙三千年事五十萬言漢書叙二百四十年事八十萬言而張輔著論優遷劣固則作史之煩省得失可知矣明問所謂删繁舉要者豈非今日之要務哉然其詳其簡各有法焉非徒嚴於裁削而後謂之簡工於纂組而後謂之詳也觀班固之稱史記曰辨而不華質而不俚范曄之稱漢書曰贍而不穢詳而有體則史法之在遷固者可知也等而上之孔子嘗删書矣嘗修春秋矣而孔安國稱之曰芟夷煩亂翦截浮辭舉其宏綱撮其機要則删繁舉要之指不但合遷固之法而已蓋與孔子之道相符契焉歐宋又何足言耶矧今名卿巨儒良史直筆充衍館閣超邁漢唐誠取宋史而修之則一揮翰之間蕪穢洗而華藻生義意周而篇章約可以新一代之書備九重之覽矣雖然愚復有説焉賢如歐宋其立例修辭可謂審矣然削去詔令使一代王言之無徵好用奇字使後世讀者之易厭故劉元城謂事增文省正爲新書之病而司馬温公作通鑑獨於舊書有取焉吁二公尚然可弗慎歟故愚以爲今日上之任夫人也貴行乎四事而下之任其職也貴稽乎五志而參以三科何謂四事曰重委任不以他務亂其心思也曰假歲月不以速成致其率略也曰專職業雖有選擢不令輒去也曰訪遺書凡有著述無不搜羅也舉是以課史職則意嚮篤而在上之道盡矣何謂五志曰達道義曰彰法戒曰通古今曰著功勛曰表賢能此荀悦之論也而于寶釋之以爲若體國經野之言也用兵征伐之權也忠孝貞烈之節也文告專對之詞也才力伎藝之殊异也則書之何謂三科曰叙沿革曰明罪惡曰旌怪异此劉知幾之論也而知幾釋之以爲若禮儀用捨節文升降也君臣邪僻國家喪亂也幽明感應禍福萌兆也則書之執是以例宋史則筆削嚴而在下之道盡矣上下各盡其道而宋史之成有不盡善者愚未之信也管見如此幸進而教之

第五問

錢用商

同考試官教諭王批（安攘之道足兵足食二端而已此策陳説利害鑿鑿可行子其識時務者歟宜冠本房）

考試官右中允閔批（談時務如燭照數計且文詞雅健佳士也）

考試官侍讀華批（安攘一策正以觀諸士之才識子能敷對詳明如此豈可以經生目之耶）

欲嚴天下之大防當先天下之大計夫夷狄不可以亂華天下之大防也兵食足而後可以制變天下之大計也善爲國者惟求其利而興之察其害而去之操必欲成之心以振大有爲之勇則群策舉邊備修而措斯世於久安長治矣尚何有疆圉弗靖之患哉執事發策以兵食爲問固以先憂之志望承學也雖非其人敢不掇拾以對夫胡虜桀黠密邇邊鄙窺我虚實去來靡常其天性也故往歲嘗犯大同矣已而寇忻代矣已而又長驅三晋矣使方其入也堅壁清野以困之及其歸也秣馬厲兵以擊之則殲其醜類折其驕氣彼且畏而遁矣奈之何弗能也而使其得志以去是雖主帥之庸瑣無策偏裨之怯懦不前而兵食耗匱未嘗豫爲之所亦當有分其責者乎我皇上居中制外宵旰不遑屢詔求言欲圖後備意誠勤矣然則司兵食者將泄泄如往時乎亦亟爲之圖以副皇上之意乎誠圖之則所以足兵足食者不可以不講矣故以足兵之道言之西北之地風氣剛勁多强悍好武之人而議者欲下招募之令非無見也但尺籍之缺動逾十萬補葺之效責成旦夕竊恐勇者未必得也而游手之徒已魚貫而附矣紀律不閑而衣糧虚費前此京師之募士不可鑒乎未若團結之制其效易得舉而行之可也故必合鄉邑之丁壯什伍相結上下相聯乘力田之暇立長以教之而給以利器復其他徭時校其藝之上下而獎賚焉則人皆知上德之保我非苦我以兵也樂於講武而軍政成於鄉人人皆兵招募可弗用矣然此特救敝之一利耳而其害兵者猶未去也我國初之制收天下精兵以分置邊鎮聲勢聯屬可謂盛矣而列聖相承注意拊循誠宜其兵之日加多也而今顧有不然者何歟蓋必有所以害之者矣苟究其害之之原而剗除之則逋竄者不可不嚴清勾之法也私役者不可不申鬻放之律也流離者不可不施還定之恩也庶尺伍之舊其可復乎而又習民於團結焉則本末兼舉而猛士霧集鋭氣雲蒸何憂乎兵之不足哉以是兵而禦敵將焚庭擣穴有膚功之來獻矣若夫客兵之設雖爲諸路之援而緩急之際暫徵以張掎角之势則可耳若以之爲常吾恐師老財費寧無他變耶以足食之道言之山澤之間鹽貨繁興乃天地自然之利而議者欲廣鬻鹽之法誠有見也然常股之制行之已久餘鹽之課括之已盡但於商人稍優恤之而中納之徒即飆舉以赴矣令不比更而利自有餘邇者淮浙之歲辦不可驗乎顧惟屯田之政其壞已極變而通之可也故必籍邊郡之屯地檢其隱占辨其瘠肥授可耕之人盡力

以甸之而優以番休寬其征税時稽其業之勤惰而勸相焉則人皆知上德之育我非勞我以屯也勤於務本而地利廣於邊在在皆穀鹽政亦有資矣然此特補偏之一利耳而其害食者猶未去也我國初之制計諸省常賦以分餽邊士轉輸絡繹可謂當矣而列聖相承多方培植誠宜其食之日加豐也而今顧有不然者何歟亦必有所以害之者矣苟求其害之之故而厘正之則倚奸而負者不得不責辦於撫臣也遇灾而蠲者不得不取償於司徒也張虚數而掊剋者不得不致刑於將領也庶餽饟之舊其可復乎而又致穀於鹽法屯田焉則源流并浚而居有積倉行有裹糧何患乎食之不足哉以是食而養兵將投石超乘有餘勇之可賈矣若夫内帑之儲雖爲軍國之用而師旅之興暫發以備賞賚之需則可耳若以之爲常吾恐外重内輕寧無後悔耶雖然是數者任之得其人則愚之所言皆要言也不得其人則愚之所言皆費辭也觀諸昔人之迹益信矣如晁錯議徙民於漢而塞下實常清募驍勇於唐而武牢敗商鞅以什伍相收而秦國强安石以保丁番上而宋民怨伐菹伐煮海肇於管仲而桓公用伯榷鹽官糴昉於平叔而韓愈致譏留屯金城充國務蓄積而取勝置務襄州耿望借耨夫而生擾嗚呼均之爲招募也團結也鹽法也屯田也惟其人用之不同而成敗頓殊得失懸判如此是誠在人不在法也可弗慎歟夫得人之説似爲常談而於足食足兵之務至爲要切雖聖賢復起莫之能易矣然而今日之所少者則非人也搢紳之士議論相高介胄之流磨厲待用顧在上者所以駕馭何如耳朱子嘗論禦夷有曰其具不在兵食而在紀綱紀綱者何辨賢否以定上下之分也核功罪以公賞罰之施也惟九重之上振其紀綱以駕馭斯世則一舉措而内外惕息以從焉一號令而大小踴躍以趨焉智者盡其謀勇者竭其力懦者鼓其氣僞者獻其誠事無不集而功無不成中國常尊而四夷來王矣區區小醜又何足言哉一得之愚如此執事倘采而用之未比無補於安攘之道也

應天府鄉試録後序

皇上御極以來恢弘祖業夙夜兢兢惟賢俊是任治功大彰然賢俊之任其初進也羅以科目而始終鄉鄉之貢之也第其文而舉錯之量其地之産而多寡焉此我國家制也是歲秋臣察臣如霖恭承簡命來主應天試事士之操觚挾牘而進者四千五百有奇三試之閲其文可取者殆數浮於制乎而制不

能逾也嗚呼皇上作人之效盛矣哉夫自古天眷興隆之運而人才乃生上有躬行之化而人才乃成成而盛者非化久而入人深弗能也備是三者其惟文王乎故思齊之詩歌咏文王之德交神人居宫廟處險夷至詳且悉而必以古之人無斁譽髦斯士終焉夫無斁敬之謂也文王所以敷宣萬化表儀四方者咸本於敬而又引之以壽考其承休而興者烏可量耶成人有德小子有造有由然也文王既没道化之隆不在今日乎皇上握符凝命履中興之運修己治民惟敬惟一而又著爲箴訓以示天下聖澤之所浸潤淳風之所嘘拂於兹二紀誠與文王先後一揆矣是以徼外之夷猶知回面慕義遐陬之人無不竦企而談詩書而况於南畿根本之地乎乃今績學之士思躡風雲之會若是乎其多也固宜然臣之所取特以文耳其德與造詎亦有與文不相協者乎臣聞之文者心之經緯也孝弟者其詞温剛毅者其詞雄直亮者其詞切通敏者其詞辯廉介者其詞潔夫温而有理也雄而不肆也切而不訐也辯而不騁也潔而不傲也則其中之持敬又必然矣諸士之文夫孰不類於此乎臣於是因其文徵其德與造益慶其遭時奮庸而無遺伏之嘆也雖然臣復竊有慮焉昔者子夏孔門之高第也悦夫子之道已深一旦出見紛華而心動焉甚矣執德之難也諸士行將試春闈對大廷登於庶位有禄秩之榮使遷於外物以變其初豈所望於諸士哉其尚恒思聖訓而以敬一相勵翼演之文者勤而行之以昭其德造全其譽髦而顯庸其勛業則不惟弼成太平有道之長以副皇上任賢俊之意而主司亦與有光矣諸士勉乎哉

右春坊右中允兼翰林院修撰閔如霖謹序

嘉靖二十五年應天府鄉試録

應天府鄉試録序

皇上臨御之二十有五年維鄉貢之期應天府臣以例請上命侍讀臣朴右中允臣陞往典試事至則同考學正臣謐臣來鳳臣民重臣自然教諭臣守道臣文澤臣廷桂臣嘉績偕集提調則府尹臣應奎府丞臣鏞監試則御史臣丕顯臣一右諸執事咸循典以充綜畫既密防範惟嚴乃合諸曹六館暨提學御史臣馮天馭所選士三試之登其雋及文之式者成録以獻臣朴宜序諸簡端用告于多士夫才賢之生不偶然也關諸氣運之昌隆發于山川之靈秀成於教化之潤漬惟我皇朝驅胡蕩氛闢夏立極寔當天啓之期清淑醇麗之氣凝萃翕閟者悉宣融而暢達肆人文昭朗品彙嘉遂媲古熙和其氣運不既昌隆矣乎維南畿爲今豐芑之遺古所稱帝王之宅者也龍蟠虎踞孕靈而發祥北聯兖豫南控楚越江山環匯沃衍千里苞篚舟車之貢甲天下其山川不既靈秀矣乎惟祖宗弘文右儒先後一揆遐陬僻壤德一俗同我皇上道隆君師制兼述作闡敬一秩典禮菁莪棫樸之化覃洽海宇黌序俊髦咸彬彬郁郁稱先王而遵古昔其教化不既潤積矣乎夫運言乎其際也靈言乎其毓也化言乎其被也三者會而才賢之生於斯爲盛矣乃今典試猶夙夜惴惴恒以弗得才賢莫能仰稱德意是懼何也譬諸木焉蒲楊樸樕非不蔚然茂也匠氏過而弗視干霄合抱之材則皇皇是求陟高歷險弗憚且止者爲其直大而適于用也多士行將登諸用矣盍以直大者自期乎古稱人之不朽固曰立德立功立言矣夫德必當世而章功宜乘時而顯言乃功德之餘也方今聖主當陽群賢彙征矢謨宣力懋庸樹勛真千載一時也多士兹以文薦亦事謂良于言矣其圖務德與功乎庶幾楨王國棟明堂如干霄合抱用遂其直且大者其於昌期靈秀神化不益有明徵也哉主司期待于多士者若此多士其勖諸

翰林院侍讀郭朴謹序

嘉靖二十五年應天府鄉試

提調官

應天府府尹蔣應奎（文焕山西行都司馬邑守禦千户所人　丙戌進士）

中順大夫應天府府丞李鏞（伯音山西曲沃縣人　丙戌進士）

考試官

翰林院侍讀郭朴（質夫河南安陽縣人　乙未進士）

右春坊右中允孫陞（志高錦衣衛籍浙江餘姚縣人　乙未進士）

同考試官

直隸真定府趙州儒學學正黄謐（靖卿河南汝陽縣人　庚子貢士）

山東東昌府高唐州儒學學正吴來鳳（儀舜江西盧陵縣人　甲午貢士）

四川瀘州儒學學正蘇民重（望之雲南石屏州人　庚子貢士）

廣東肇慶府德慶州儒學學正陳自然（明本福建莆田縣人　丁酉貢士）

江西建昌府南豐縣儒學教諭鄭守道（鳳行福建懷安縣人　戊子貢士）

福建福州府懷安縣儒學教諭潘文澤（元裕廣東番禺縣人　丁酉貢士）

湖廣武昌府崇陽縣儒學教諭張廷桂（子秀江西浮梁縣人　庚子貢士）

山西太原府河曲縣儒學教諭楊嘉績（伯常河南衛輝守禦千户所人　甲午貢士）

監試官

文林郎南京山西道監察御史李丕顯（憲文福建長樂縣人　乙未進士）

文林郎南京廣東道監察御史韓一右（汝弼山東青城縣人　戊戌進士）

收掌試卷官

承德郎應天府通判龐嵩（振卿廣東南海縣人　甲午貢士）

印卷官

奉政大夫應天府治中葉遇春（體仁直隸太倉州人　戊戌進士）

儒林郎應天府推官錢兖（仲貞直隸常熟縣人　辛卯貢士）

受卷官

應天府句容縣知縣徐九思（子慎江西貴溪縣人　乙酉貢士）

應天府江浦縣知縣張峯（子奇江西泰和縣人　戊子貢士）

彌封官

應天府溧水縣知縣鄧巍（惟成湖廣瀏陽縣人　辛丑進士）

應天府六合縣知縣邵漳（子清浙江餘姚縣人　甲辰進士）

謄録官

應天府上元縣知縣景鸞（一和陝西岐山縣人　乙酉貢士）

應天府溧陽縣知縣蔡揚金（子礪河南衛輝守禦千户所人　甲辰進士）

江陰衛經歷司經歷趙泮（源化山西曲沃縣人　監生）

廣洋衛經歷司經歷翁文淵（宗翰湖廣黄陂縣人　監生）

對讀官

應天府江寧縣知縣祝朝用（尚賓四川儀衛司人　乙酉貢士）

應天府高淳縣知縣胡儒（原真廣西儀衛司籍浙江慶元縣人　乙酉貢士）

瀋陽左衛經歷司經歷馮景穆（汝文直隸清苑縣人　監生）

應天府照磨所檢校戴景賢（思齊江西金谿縣人　監生）

巡綽官

懷遠將軍新安衛指揮同知張紳（佩之宣府人）

懷遠將軍安慶衛指揮同知劉焌（子明山西平遥縣人）

搜檢官

武德將軍留守中衛正千户張純（一夫山東德州人）

武德將軍留守後衛正千户劉霆（迅卿直隸香河縣人）

昭信校尉留守前衛百户陳經（大倫直隸丹徒縣人）

昭信校尉留守左衛百户周京（大本直隸懷寧縣人）

供給官

應天府經歷司經歷張鶴（鳴皋山西安邑縣人　監生）

應天府經歷司知事秦環（君佩山西忻州人　監生）

應天府照磨所照磨王偉（修儀山西太原縣人　監生）

府軍衛經歷司經歷陳敦（天秩浙江平陽縣人　吏員）

應天府上元縣縣丞黎良（汝善廣東浦羅縣人　吏員）

應天府江寧縣縣丞曹炳（汝文直隸太平縣人　監生）

應天府上元縣主簿王嘉譽（子實山西高平縣人　監生）

應天府江寧縣主簿趙循秀（邦秀浙江臨海縣人　監生）

應天府溧陽縣主簿韓翭（横霄山東清平縣人　監生）

應天府溧水縣主簿劉潤（叔滋山東高密縣人　監生）

應天府高淳縣主簿袁昂（本中直隸東明縣人　監生）

應天府上元縣典史周敬中（景容福建莆田縣人　吏員）

應天府江寧縣典史毛綢（文堅浙江餘姚縣人　吏員）
應天府溧陽縣典史錢廷瓚（世美浙江新城縣人　吏員）
應天府高淳縣典史張環（仲朝浙江太平縣人　吏員）
應天府江東宣課司大使陳僑（惟升浙江仁和縣人　吏員）
應天府龍江宣課司大使劉模（廷範江西豐城縣人　知印）
應天府聚寶門宣課司大使翁暉（子彰浙江臨安縣人　吏員）
應天府龍江驛驛丞任文棟（天材山西沁源縣人　承差）
應天府東葛城驛驛丞鄭鈇（以誠福建莆田縣人　承差）

第一場

四書

孝者所以事君也　周監于二代郁郁乎文哉吾從周　學問之道無他求其放心而已矣

易

復其見天地之心乎　君子之光其暉吉也　與天地相似故不違知周乎萬物而道濟天下故不過旁行而不流樂天知命故不憂安土敦乎仁故能愛　説萬物者莫説乎澤潤萬物者莫潤乎水

書

咨汝二十有二人欽哉惟時亮天功　説拜稽首曰敢對揚天子之休命天惟純佑命則商實百姓王人罔不秉德明恤小臣屏侯甸矧咸奔走　寬而有制從容以和

詩

鳲鳩在桑其子七兮淑人君子其儀一兮其儀一兮心如結兮　之屏之翰百辟爲憲不戢不難受福不那　勉勉我王綱紀四方　匪且有且匪今斯今振古如兹

春秋

秋八月壬午大閲（桓公六年）　夏齊人伐我北鄙（僖公二十有六年）夏公會齊侯于夾谷公至自夾谷（定公十年）　夏四月辛巳晋人及姜戎敗秦于殽（僖公三十有三年）春王二月晋侯及秦師戰于彭衙秦師敗績冬晋人宋人陳人鄭人伐秦（俱文公二年）秦人伐晋（文公三年）　春王二月季孫斯叔孫州仇可仲孫何忌帥師伐邾取漷東田及沂西田癸巳叔

孫州仇仲孫何忌及邾子盟于句繹（哀公二年）

禮記

命典禮考時月定日同律禮樂制度衣服正之　當其可之謂時　大樂與天地同和大禮與天地同節和故百物不失節故祀天祭地明則有禮樂幽則有鬼神　禮之先幣帛也欲民之先事而後禄也

第二場

論

聖人之心與天合一

詔誥表（内科一道）

擬漢議可以佐百姓者詔（文帝後元年）　擬唐以郭子儀爲關内河東副元帥河是節度使誥地（廣德二年）　擬崇祀先聖先師於永明後殿群臣賀表

判語五條

同僚代判署文案　見任官輒自立碑　牧養畜産不如法　應捕人追捕罪人　聞有恩赦而故犯

第三場

策（五道）

問　古昔帝王之興必握正統以臨天下改正朔以一人心載在簡編班班可考正統正朔之名果何所昉與歐陽脩著正統論而蘇軾祖其説葉時著正朔解而蔡沈祖其説可得聞與作通鑑綱目者進蜀漢黜曹魏爲得尊王之義然君子有遺論焉傳春秋者斷以夏時冠周月乃學者不能無疑抑又何故與昔人謂正統之説本乎春秋正朔之善質諸孔子然與否與我太祖高皇帝奮迹淮甸再造中華酌用夏時永貽典則正統正朔比隆于唐虞三代而漢唐宋不足論矣肆我皇上以元聖之資撫中興之運鴻功峻德莫可名言至若撤祀胡元翼統以扶人紀册稱上帝崇朔以立天常寔振古所希聞皇祖所未備也爾諸生涵濡聖化亦既有年其鋪張而揚厲之以彰我國家之盛

問　古今言治理之術恒曰安内攘外不知所謂安攘者其道亦相湏否與夫安内莫重乎教養攘外不出乎戰守今其法固在也而民生未遂疆宇弗寧其故何與議者曰安内在擇吏吏良則教養舉攘外在擇將將良則戰守得然與否與我國家慎守令之選重將帥之任内布郡縣莫非吏也外列邊鎮莫

非將也而吏治未臻武功未建有將吏之名而鮮將吏之實求如古渤海潁川南陽蜀郡之良雲中湟中上郡上谷之杰會不多見豈古今人才之不盡同與抑諸司綜厲之未得其方與兹欲責守令以惠民瘼責將帥以作士氣果可以盡安攘之實與諸士睹時慨衷諒處之有道矣幸肆言之毋讓

問　士之建立於世莫大於學術事功學必以孔孟爲師功必以伊周爲準秦漢而後上下千載豈無其人而何後世之多議也兹即史册傳記之昭著者與諸士評之潜心大業而罷黜百家隱居教授而言準洙泗攘斥异端而推尊孟氏不可謂非學術矣其於孔孟之宗亦庶幾否耶運籌决勝而佐成帝業隱臥應聘而志匡王室潜授豪賢而卒正主器不可謂非事功矣其於伊周之軌果無戾否耶夫數子者翼聖輔世亦足以稱矣而世儒每有訾言抑又何耶諸士素藴學術而以事功自期者必嘗詳考而明辨之願聞至當之論

問　學以際天人爲大故天道雖幽遠高深不可不求其實傳稱天文有二十一家四百四十五卷其概可得聞與天包於外地凝於内以分至啓閉定歲以晦朔弦望定月以晨昏出没定日名察度數别清濁起五部建氣物紛錯理茫籍浩曷究其因至謂七性殊恒星體静三垣中宅列宿四垂經星可以象占緯星可以數測常名可名應官應事微星奚啻千萬核往占來歷示休咎又曷鉤致其法象也古者后王君公時憲鋭若復端於始舉正於中歸餘於終垂鴻號於無極學士大夫豈可假托以爲讖術廢黜而不講乎請拆衷經史所載詳著于篇非惟驗達天之學且因以見事天之道

問　教化風俗爲治之大務也先王之世德一俗同渾樸之化邈乎鮮儷後世教化不明風俗不正雖欲言治皆苟而已聖祖乘運奮興蕩滌夷穢惇叙彝倫維時革心敏德四國大同列聖纘承通變不倦至我皇上中興厲精弘化明倫盡制萬民承休視昔有加但循習既久風俗少异於初舉其大者官箴漸弛而職業疏學術多岐而士行僻編氓舍僭逾而亡等閭閻聚會奢侈而靡財吏胥緣法以營私奸黠構訟以罔利日蔓月延漸不可長豈習俗之相沿未易變與抑臣下奉行德意之未至與挽之以復乎舊必何施而後可盍究言之兹固當事者所急欲聞也

中式舉人一百三十五名

第一名　袁洪愈　吴縣學附學生　易

第二名　查光述　常熟縣學生　詩

第三名　馬濂　無錫縣學增廣生　書
第四名　胡應徵　淮安府學生　禮記
第五名　劉璞　長洲縣學生　春秋
第六名　江一麟　徽州府學生　書
第七名　解明瑞　太平府學生　詩
第八名　聞應龍　太倉州學附學生　易
第九名　張翰翔　溧陽縣學生　詩
第十名　方弘静　徽州府學生　易
第十一名　錢復初　青浦縣學生　春秋
第十二名　蔣曉　徽州府學增廣生　詩
第十三名　俞文遷　婺源縣學生　書
第十四名　劉泮　揚州府學生　易
第十五名　孫樓　常熟縣學生　書
第十六名　陳思武　淮安府學生　禮記
第十七名　顧相　蘇州府學附學生　易
第十八名　陳完　通州學增廣生　詩
第十九名　汪朝京　黟縣學生　春秋
第二十名　張邦重　江西餘干縣人監生　書
第二十一名　陳瓚　常熟縣學增廣生　詩
第二十二名　吴可行　武進縣學附學生　易
第二十三名　汪鎰　南陵縣學生　詩
第二十四名　朱觀光　松江府學增廣生　禮記
第二十五名　林樹德　華亭縣學附學生　書
第二十六名　徐君楫　長洲縣學附學生　易
第二十七名　王朴　句容縣學增廣生　詩
第二十八名　唐汝迪　寧國府學生　書
第二十九名　張道光　松江府學附學生　詩
第三十名　顧章志　太倉州學附學生　春秋
第三十一名　冉性　鎮江府學生　易
第三十二名　莊堯民　華亭縣學生　詩
第三十三名　曹大章　金壇縣人監生　書
第三十四名　毛之龍　太倉州學生　易

第三十五名　陳添祥　祁門縣學附學生　詩
第三十六名　張勉學　長洲縣學生　禮記
第三十七名　李叔和　祁門縣學生　書
第三十八名　查絳　涇縣學增廣生　詩
第三十九名　程金　歙縣學附學生　易
第四十名　張諧　六安州學生　書
第四十一名　程大賓　歙縣人監生　詩
第四十二名　范惟丕　華亭縣學增廣生　易
第四十三名　燕仲義　吴縣學附學生　春秋
第四十四名　張元中　浙江浦江縣人監生　詩
第四十五名　任臨　崑山縣學生　易
第四十六名　侯朴　潛山縣學生　詩
第四十七名　鄒懋昭　長洲縣學附學生　書
第四十八名　章文叙　涇縣學增廣生　詩
第四十九名　萬木　丹徒縣學生　春秋
第五十名　劉畿　蘇州府學生　易
第五十一名　張金衡　婺源縣學附學生　書
第五十二名　聞樟　常熟縣學增廣生　詩
第五十三名　李九鼎　湖廣京山縣人監生　易
第五十四名　魯嵿　和州學生　詩
第五十五名　王燧　丹徒縣學生　禮記
第五十六名　張應登　江都縣學增廣生　書
第五十七名　孫輔　南陵縣學生　詩
第五十八名　謝中立　江西吉水縣人監生　易
第五十九名　吴文光　婺源縣學生　書
第六十名　郁迪　常熟縣學增廣生　詩
第六十一名　戴邦治　上海縣學附學生　易
第六十二名　程宗洛　婺源縣學生　春秋
第六十三名　宋浚明　太湖縣學生　詩
第六十四名　朱賢　江浦縣學生　書
第六十五名　薛鳴謙　長洲縣學附學生　易
第六十六名　項維楨　休寧縣人監生　詩

第六十七名　王樵　金壇縣學增廣生　書
第六十八名　戴愬　天長縣學生　易
第六十九名　姜寶　丹陽縣學生　春秋
第七十名　吴嶔　丹徒縣學增廣生　詩
第七十一名　吴木　蘇州府學附學生　易
第七十二名　鄒察　長洲縣學增廣生　詩
第七十三名　史綸　穎州人監生　書
第七十四名　沈一貫　無錫縣學附學生　詩
第七十五名　楊守誠　揚州府學生　易
第七十六名　盧守約　淮安府學增廣生　禮記
第七十七名　李清　寧國府學增廣生　詩
第七十八名　金傑　浙江湯溪縣人監生　易
第七十九名　邢舜祥　浙江嵊縣人監生　書
第八十名　張邦直　江浦縣學生　詩
第八十一名　朱鍜　涇縣學增廣生　易
第八十二名　王杰　浙江烏程縣人監生　春秋
第八十三名　李開　廣東定安縣人監生　詩
第八十四名　陳甲　常州府學增廣生　易
第八十五名　謝乾　當塗縣學生　書
第八十六名　王堦　武進縣學生　詩
第八十七名　吴國賓　無爲州學生　易
第八十八名　汪汝達　無錫縣學附學生　書
第八十九名　周渤　太倉州學附學生　詩
第九十名　汪道昆　徽州府學增廣生　禮記
第九十一名　石璽　滁州學生　易
第九十二名　張淳　泰州學生　詩
第九十三名　沈奎　江陰縣學附學生　書
第九十四名　梁楹　府軍後衛人監生　詩
第九十五名　曾三省　儀直縣人監生　易
第九十六名　袁巍　泰州學生　春秋
第九十七名　劉守約　宿松縣學生　詩
第九十八名　邵德　無錫縣學生　易

第九十九名　宋敬　鹽城縣學增廣生　詩
第一百名　袁世榮　松江府學生　書
第一百一名　徐學孟　廬江縣學增廣生　詩
第一百二名　徐鎰　廬江縣學生　易
第一百三名　李庭桂　海門縣學生　春秋
第一百四名　繆垓　泰州學附學生　詩
第一百五名　丁以彬　浙江仁和縣人監生　易
第一百六名　楊仲遠　建德縣人監生　詩
第一百七名　蔡鋭　留守左衛人監生　易
第一百八名　汪惟一　休寧縣人監生　詩
第一百九名　巫繼咸　廣德州學生　禮記
第一百十名　張仲謙　上海縣學附學生　詩
第一百十一名　徐師曾　吴江縣學增廣生　易
第一百十二名　徐栻　常熟縣人監生　詩
第一百十三名　黄錝　守禦嘉興千户所人監生　書
第一百十四名　華文甫　無錫縣人監生　詩
第一百十五名　王天爵　蘇州府學附學生　春秋
第一百十六名　沈陽　上海縣學附學生　易
第一百十七名　金誥　鹽城縣學生　詩
第一百十八名　景仲賢　崑山縣學附學生　易
第一百十九名　陳震　淮安衛人監生　詩
第一百二十名　潘鵠　應天府學生　易
第一百二十一名　羅必達　歙縣學生　春秋
第一百二十二名　洪度　常熟縣學增廣生　詩
第一百二十三名　吴深　寧國縣人監生　書
第一百二十四名　李心學　臨淮縣學生　詩
第一百二十五名　葉恭焕　崑山縣人監生　易
第一百二十六名　葉茂吉　婺源縣人監生　禮記
第一百二十七名　李种　應天府學生　詩
第一百二十八名　金鴻　六合縣學生　易
第一百二十九名　唐元憲　華亭縣人監生　詩
第一百三十名　王可立　滁州學生　易

第一百三十一名　史鍾慶　金壇縣人監生　春秋
第一百三十二名　薛盤　應天府學生　詩
第一百三十三名　蔣山　應天府學生　書
第一百三十四名　劉安節　江寧縣人監生　易
第一百三十五名　錢庶　常熟縣人監生　詩

第一場

四書

孝者所以事君也

袁洪愈

同考試官教諭鄭批（闡明子臣一道甚真切有關世教取之不獨以其文也）

同考試官學正蘇批（發揮家國一理之意殆盡）

考試官右中允孫批（忠孝之意藹然）

考試官侍讀郭批（純雅明暢）

傳者論子道通於臣道見家國之教同也夫道一而已矣在子則爲孝在臣則爲忠豈以家國而有异教也哉大學傳之九章釋齊家治國至此蓋謂天下之不一者勢也其未始不一者理也君子治國必觀于家亦惟以理之一耳何則子之於親有孝道焉致愛致慤以敦一本之恩用力用勞以昭罔極之德孰不曰此人子事親之職無與於君也殊不知内則父子外則君臣人紀天經均之爲不可易之分邇之事父遠之事君凝承敬順均之有不容已之情明發不寐之懷即夙夜匪懈之念也移孝於忠乃同體而异用竭盡其力之誠即委質其身之義也溯忠於孝寔因事而殊名能祗服以事親者必能靖共以事君舉此心之真切者而周旋焉濟世安民之略在是矣能論親以從道者必能引君於當道由一念之惻怛者而時措焉責能陳善之謨在是矣是何也父母者家之嚴君大君者民之父母勢無間隔理寔相通世未有孝而後其君亦未有忠而遺其親者也謂之曰孝者所以事君亶其然乎事長之弟使衆之慈蓋可以類推者而君子以是立教於家則國之觀感自有不容已矣抑考克諧之聖乃言底可績而翼翼服事亦惟一日朝問安視膳者能之傳曰求忠於孝諒哉然立身行道揚名於後世又孝之終也學者知孝所以爲忠則事親不容於不至知忠所以爲孝則於事君可不益盡其誠乎交修而深造焉斯無愧於大學

之道矣

周監于二代郁郁乎文哉吾從周

馬官

同考試官教諭張批（理明而格正詞雅而意新蓋時文之郁郁者）

同考試官學正陳批（善發夫子從周之意）

考試官右中允孫批（渾厚）

考試官侍讀郭批（温粹）

王制稽古而大備聖人之所不能違也夫稽古而損益之王制之所爲備也聖人之從之也有以哉想其意若曰聖王之治天下也不可變者道也而不相沿者禮也夏之尚忠商之尚質皆嘗卓然爲一代之憲矣至於我周文武具明聖之德周公當制作之權是故監于有夏監于有商本經綸之迹以盡折衷之詳而立乎當代之良法損其太過補其不及因風氣之開以繼先王之志而集乎典禮之大成愿而慤者有文以濟之品式章程至詳至備達天下於昭明之觀也朴而略者有文以飾之道德風俗大順大同協天下於亨嘉之會也郁郁乎何其盛哉丘也生值其時會逢其適固不能舍周以他從矣念典刑之不遠是則是效循循然納於軌物之中幸謨烈之猶存是訓是行亹亹然式於範圍之内慮自外於大一統之治法而出入起居將由之以終身也雖曰夏商之禮能言吾豈弃此以趨彼乎求無悖於大聖人之作爲而動容周旋皆資之以寡過也即使杞宋之後足徵吾豈襲舊以拂經乎夫贊其文盛者所以表制作之隆決其從周者所以明憲章之志是可以見夫子之得統於文武周公而文在於兹矣考昔帝王之興罔不制禮以飾政至周而制作始備人事與氣化交贊者也爲下不倍夫子之夙心惟王盡制又其所嘉尚而尊信焉者而况周禮在魯乎周公之夢東周之想夫子蓋惓惓焉故曰吾從周又曰舍魯何適噫周官之法度具在簡編得其意不泥其迹固可行之萬世而無弊也

學問之道無他求其放心而已矣

查光述

同考試官教諭楊批（精確縝密得孟子立言之意）

同考試官教諭潘批（詞意淵弘蓋有得於心學者）

考試官右中允孫批（春容爾雅）

考試官侍讀郭批（簡明）

大賢舉爲學之要而歸諸存心欲人之求仁也夫人之弗仁以心之放也反而求之則仁矣爲學之道孰有要於此者哉孟子之意謂夫天下之理不假於外求君子之學莫貴於知要吾獨慨學之靡要而仁之日遠也今夫人之於學也擴多聞之識而學以聚之勉勉焉以勵其進致精義之功而問以辨之亹亹焉以嚮于成斯固下學之事也要之學問之道精切而易簡者豈有他哉求其放心而已矣蓋心至微而神者也虚靈不昧而感通之妙具焉出入無時而存亡之幾忽焉物交之引時或失於外馳不遠之復功惟亟于善反是故操存勿忘於有事而齊戒神明務復乎明覺之體防檢弗間於隱顯而洗心藏密務還乎湛一之真約其逸而存其良使有主而虚不牿於物欲之害也制於外以養其内使無欲而静不撓於攻取之私也心存則仁存而學問之功畢矣信乎一心之外無餘仁而求放心之外無餘學也不然則昏昧縱逸心日放而仁日遠不亦重可慨哉抑論學問之道騖于博者固汗漫而罔功耽夫寂者亦杳冥而靡據其遠於道均也何也蓋心應物之宰而仁乃所具之理也理固不假於外求而操存涵養之善則學之力也子思之言曰君子尊德性而道問學其斯爲交養之全功乎孟子求放心之言其子思之意與學者合而觀之可以識思孟子傳矣

易

復其見天地之心乎

袁洪愈

同考試官教諭鄭批（詞健格高時義中之有古意者）

同考試官學正蘇批（天地生物之心原無止息聖人有感於復故言見心是作得之宜録以式）

考試官右中允孫批（説心字透徹）

考試官侍讀郭批（奇而法）

觀一陽之動而造化生物之心著矣蓋造化以生物爲心者也於一陽之動而觀之不有以見其心乎夫子傳復之彖至此意曰化生萬物怕久而不已者天地之心也流行四時變易而靡常者造化之迹也心固無時乎改移者而迹則遷焉消於剥盡於坤天地之心若幾乎息矣惟此一陽來復則挽元氣於方回既晦而萌有以肇發生之漸斡神功於默運由闔而闢有以啓化育之機往者既屈而來者於是乎獲伸是伸也天地之心也太虚之中若有所存而不可亂也静者既終而動者於是乎更始是始也天地之心也冲漠之表若有所主而不可淆也收斂歸藏此心竟何屬耶重陰閟結之後有不容泯滅者而乃

相值焉歸根復命此心竟何之耶氣至滋息之初有不容遏塞者而乃相遇焉貞元交際油然而生易簡幾微盎然可掬無極之真機太和之精蘊於兹泄矣由是而充之爲出震爲顯仁其用無窮其心固已見於此也大哉復乎仁哉天地之心乎是故善觀天地者必求其心善觀天地之必者必求諸復嗚呼微矣哉嘗謂天地之心生萬物而止矣然物非震蕩堅固則不得生故雷以震之風以蕩之冰凝霜砭以堅固之無非生也然則何在非天地之心何在不可以見之而謂心於復蓋惟聖人與天地合德有以默識其心下此則固懵懵焉弗之知矣見必之云夫亦慮斯民滯迹以憾天地而覺之爾乎是故冒天下之道而開物成務者易之爲也

與天地相似故不違知周乎萬物而道濟天下故不過旁行而不流樂天知命故不憂安土敦乎仁故能愛

聞應龍

同考試官教諭鄭批（説也聖人合德天地之意精確而無餘語可以占才識矣）

同考試官學正蘇批（作此題者類之收斂兼昧分析精簡純正無逾此篇）

考試官右中允孫批（是善言易者）

考試官侍讀郭批（義精詞整）

聖人所以與天地參者亦惟兼體乎知仁而已蓋知仁者天地之道而性之德也盡其性則與天地參矣豈非聖人之能事也哉大傳之意蓋謂易也者聖學之資也匪直窮理爲然至於盡性亦以之何則天地生人均有恒性昧者失之始與天地不相似矣不相似則相違矣聖人盡道其間建之而不悖是以成位乎中參之而不違是何也天地之道知仁而已知及之矣而仁或不達其知不已過乎今也通微之睿周萬物於無遺而容保之恩濟天下於無外可知也亦可行也君子以爲不過也苟行權矣而正或不守於仁不已病乎今也識見旁通遷就於一時之變而機宜妙合不失乎萬世之常雖權也未嘗流也君子以爲猶經也凡知之未深者累於物未必無憂聖人則樂乎天理而已矣知有天命而已矣性通於氣之外而遇不足以戕之是故無憂無憂其知不益深與凡仁之未篤者滯於私未必能愛聖人則隨所處而皆安矣隨所安而皆仁矣心體乎物之中而迹不足以格之是故能愛能愛其仁不益篤與夫仁知性也具之而不憂形之而能愛達之而通事變推之而濟天下廓之而配天地非天下之至聖其孰能與於此嗚呼易冒天下之道絪緼相蕩動静相感浮沉聚

散屈伸無非教也故曰陰陽合一存乎道自夫仁者見之謂之仁知者見之謂之知而君子之道鮮矣故曰仁知合一存乎聖聖人因誠致明因明致誠至學而可以成德得天而未始遺人乃所謂相似不違者也故曰性與天道合一存乎誠

書

咨汝二十有二人欽哉惟時亮天功

愈文遷

同考試官教諭張批（深得虞廷命官本意子殆异日亮功之臣與）

同考試官學正陳批（詞雅意渾作典謨義當如此）

考試官右中允孫批（宛然虞廷氣象）

考試官侍讀郭批（莊重典雅）

聖若總命乎群臣亦惟盡人以奉天而已矣蓋臣職之當盡者人也而莫非天也其可以不敬乎聖君總命群臣之意如此若曰天下之治以一人理之則壅故不得分於臣天下之事以易心乘之則隳故不可不本於敬咨汝四岳也九官也十二牧也總之爲二十有二人位有崇卑職有内外事有大小若是乎其不齊矣然敬也者所以合崇卑内外大小而一之者也是必念付托之維艱所以居乎其位者有嚴有翼共效夫精白之心思凝承之不易所以業乎其官者無怠無荒各勵其靖共之節蓋今日之事非予一人之所私也天命之君而君命之臣其功寔天功也則寅亮之職有不可以盡者矣亦非汝諸臣之所私也臣受於君而君受於天其事皆天事也則欽若之責有不容於他諉者矣夙夜匪懈期於一德以相成凡彌綸參贊之化莫不承天而時行可也若斯須之不敬是爲褻天豈予所望於汝諸臣者哉朝夕惟寅期於同心而共濟凡裁成輔相之道莫不代天以有終可也若日奏於罔功是爲怠命豈諸臣所以副予之望者哉夫勵之以敬而溯之於天帝舜所以訓迪乎群臣者詞不繁而意獨至矣抑論舜曰惟時亮天功既以天而命其臣皋陶陳謨曰天工人其代之復以天而贊其君君臣交相儆戒以勵克艱之心以盡事天之道此有虞之治所以爲盛也與蓋人君事天如事父人臣事君如事天其義一也噫是可以爲圖治者之鑒矣

天惟純佑命則商實百姓王人罔不秉德明恤小臣屏侯甸矧咸奔走

江一麟

同考試官教諭張批（詞理兼到書義如此者甚少）

同考試官學正陳批（簡而文婉而切真杰作也取之）

考試官右中允孫批（造理之言）

考試官侍讀郭批（詞意明爽）

大臣表商得天眷之隆而有多賢之助焉夫國家以賢才爲盛衰也有商得天眷而獲多賢之助是豈偶然也哉周公勉留召公及此若曰世之治也恒由于賢而賢之生也寔本于天人皆知商之多賢矣抑孰知天之眷商乎彼其靡常之命惟德是與也而天休滋至以保佑乎商者純一而不雜匪諶之妙克敬惟親也而申命用休以寵綏乎商者孔固而無貳由是篤生衆哲而思皇之士萃于王國庶明收勵翼之功也降此才賢而藹吉之人列于庶位家國靡空虚之患也商不於是而實乎是故以言乎其内也由百官著姓下逮王官之微位固有尊卑矣罔不秉持其德而懷忠貞之誠明致其恤而篤靖共之節其在内也不既有人矣乎以言乎其外也自凡百執事上至屏侯甸之重職固有小大矣矧皆駿奔王命而宣力之惟勤趨走王事而鞠瘁之匪懈其在外也不既有人矣乎是皆商實之徵純佑之命也而諸臣輔德之功曷可少哉君奭其求匹美于商臣可也豈可以盛滿爲懼而果於求去也耶抑觀周公稱商受天之命得賢之益所以留召公者意誠委曲而切至矣夫天之生賢實畀之輔世之責而不容以自逸賢之去就則又有時中之道而不可苟者召公之欲老進退之義守道之常也周公之勉留休戚之重體國之忠也皆可爲後世法者也千載而下讀其書者猶可以想見當時之盛

詩

鳲鳩在桑其子七兮淑人君子其儀一兮其儀一兮心如結兮

解明瑞

同考試官教諭楊批（説儀一至如結處獨异諸作）

同考試官教諭潘批（旨明而辭暢文瑩而思深佳士也宜置高等）

考試官右中允孫批（可諷可咏）

考試官侍讀郭批（典確）

詩人興君子儀之有常而著心之純焉夫儀德之符也君子儀之有常而心之純一者彰矣詩人表而美之其好懿德者乎鳲鳩之詩美君子用心均平專一而作也其托興之意蓋曰天下之物弗以微而可略天下之理每因物而有徵相彼鳲鳩爰集于桑而居止之有常厥子有七而飼養之如一是其所性之恒而得夫均一之端者矣物且然况淑人君子乎藴純粹之懿而行臻夫可欲備美大之實而德底于有成見于一身者雖不同也而淑慎之止咸納于範

圜可觀可度久暫其一致乎動乎四體者雖不一也而柔嘉之則允協夫中正中規中矩始終其不渝乎其儀之一如此豈致飾于貌而弗由于衷者耶以言乎其心也端凝静之體而收斂維主宰之中存專確而不雜也秉堅厲之操而貞固有恒神明之内藴純一而不貳也有如物之固結而不可解焉其心之純如此謂非儀一之本哉是知儀一則表肅心純則志貞内外交養君子之德其至矣乎大抵心者萬物之原治亂之本也唐虞三代茂矣後世秉心塞淵者振衰頹之業思無邪者獲富庶之效皆此道也曹俗玩細如而忘遠圖鳲鳩詩人歌淑人焉其悼世變而植民表之志耶有民位之寄者宜知所鑒矣

勉勉我王綱紀四方

查光述

同考試官教諭楊批（詞理精確善發文王之藴取之）

同考試官教諭潘批（純而雅婉而有則足以式浮蔓矣）

考試官右中允孫批（善説詩）

考試官侍讀郭批（以純字講勉勉良是）

詩人咏聖人以純德而統治其嘆慕之意至矣夫德治之本也況文德之純而所以綱紀四方者不已至耶詩人發之咏歌見儀刑之有在也豈不曰聖之至者其心愈下而德之盛者其化必神人見文王得人而造周矣是豈偶然之故哉維我文王至誠無息緝熙體維天之命純亦不已小心纘聖敬之躋雖曰性與天合非有所勉也而憂勤惕厲之心日昃不遑者其天行之健矣乎雖曰優入聖域無待於爲也而兢業强勉之志維日不足者其恒久之貞矣乎勉勉我王所以達之治理者何如耶志意之孚足以繫方國之心精神之運足以周天下之故綱焉斯張範圍之而不過也四方之廣合其焕而萃其離者一誠冒之而無外矣紀焉斯理曲成之而不遺也億兆之衆聯其异而比其同者一心用之而有餘矣兹文德之純而人心自不能外也使有間焉則不足以爲德而何綱紀之足云噫此文王之所以爲文而周之所以爲周也聖德神化庸非后王之矩乎抑文王之聖至矣詩人稱述之者不過曰亹亹緝熙翼翼勉勉云爾豈生知安行之聖猶待於矜飭懋進也耶噫此善發聖人之藴者也亹緝翼勉固文王所以聖也若但要其所造之域而不本其存主之心則豈善言聖德者哉孟子有言文王視民如傷望道而未之見其亦詩人之旨乎周之德其可謂至德也已矣

春秋

秋八月壬午大閱（桓公六年）

錢復初

同考試官學正吴批（重時嚴分詞義凛然且達於經國之旨是有録出）

考試官右中允孫批（有斷制）

考試官侍讀郭批（明整）

春秋於望國講武而譏其時制之失示經國之道也蓋經國之道存乎豫也望國講武而時制胥失焉春秋譏之其以是哉且克詰戎兵先王之訓也用戒戎作侯國之度也魯之大閱蓋亦祗若先王之訓虔修列侯之度耳春秋譏之者何夫君子之舉事有時焉以酌緩急之序逆則厲民有制焉以辨上下之等紊則逾禮是故先王之治寓軍政于四時之田纘武功于農務之隙以順時也核軍實于衆寡之數别軍容于旂鼓之辨以明制也魯也懼鄭忽之訴畏齊兵之加乃當秋月而簡車徒以侯邦而用大閱雖曰用戒不虞難以常法拘也不思妨務病農使稼穡有汙萊之嘆重於用民者肯如是乎雖曰利用禦寇難以舊制泥也不思侵上敗度使行伍易紀律之常堅於秉禮者固如斯乎矧善爲國者非外侮之患而惟内治之修四時之田其務周也何至倉卒之舉而違時以動衆耶非禍變之虞而恃防杜之術千乘之具其飭豫也何至張皇之甚而逾禮以作事耶觀此則魯桓之失不可掩而聖人重農嚴分之戒經國豫事之訓不亦著明也哉抑論桓之爲國固無足言矣魯能秉禮以周班而次鄭君子猶有取焉以其不失先王之典也忽之怒齊之伐于魯何咎乎使魯能充其類經國奠民咸取則於周禮其庶幾爲東周乎惜也知以禮處鄭而不知以禮自處馴致後世公室弱而家私家强君子於此不能不爲之深慨也

夏齊人伐我北鄙（僖公二十有六年）夏公會齊侯于夾谷公至自夾谷（定公十年）

劉璞

同考試官學正吴批（義悉而詞精末重任賢尤有見）

考試官右中允孫批（得謹嚴體）

考試官侍讀郭批（以辭禮立説有關鍵）

觀聖賢之却敵有授以諭之者有秉禮以服之者此展禽退北鄙之師仲尼相夾谷之會而見辭與禮之效大也爲國者其可忽諸昔齊之孝公憤僖黨衛伐魯北鄙時則室如縣罄野無青草魯蓋恐恐乎危矣不有君子其何能國

幸而有賢如展子者爲之諶王焉犒師之辭授于展喜是故夾輔勞賜之盟用昭先王之命弃命廢職之諭諷其嗣世之愆義正詞嚴雖驕悍如齊能不繹思而悔禍耶卒之班師以還使魯境免於侵暴之慘者展子片言之力也不賢而能之乎君子曰辭之不可以已也其謂是與及齊之景公要我魯侯會于夾谷時則犁彌獻讒萊人肆侮定蓋岌岌乎殆矣不有哲人其曷能免幸而有聖如孔子者寔相會事焉歷階之對斥乎萊人是故裔夷華夏之辨正其干逼之奸神人德義之常動其愆失之悔理直氣壯雖强暴如景能不感悟而服義耶卒之謝過以質使魯君免於刼制之辱者孔子俄頃之助也非聖人而能若是乎君子曰禮之可以爲國也不其然與是知辭足以諭敵則命之爲也不可苟禮足以服敵則禮之執也不可忽若乃不信仁賢而使國空虚謂非爲國之大患哉大抵仁賢者邦國之衛也用舍者盛衰之幾也春秋之時鄭以蕞爾之國而任子産諸賢猶能禮修命交睦諸侯争承毀垣申義强晋况魯國之大而有展禽之賢孔子之聖乎惜乎魯君罔知任用使柳下厄于三黜夾谷僅于一試噫此魯之所以終於不競也與

禮記

大樂與天地同和大禮與天地同節和故百物不失節故祀天祭地明則有禮樂幽則有鬼神

胡應徵

同考試官學正黄批（嚴整渾融非深於禮樂者不能道）

考試官右中允孫批（和而莊）

考試官侍讀郭批（理明詞暢）

觀禮樂有合乎造化可見其一理也蓋禮樂與造化相流通者也名雖以迹而异而其理豈有不一也哉且禮者聖人之所制樂者聖人之所作也制作出於聖人若與天地不相關矣然其始也明於天地而興禮樂則其成功寧無吻合者乎何則聖人之大樂情不可變至和也天地有自然之和而樂寔與之同其和焉聖人之大禮理不可易至節也天地有自然之節而禮寔與之同其節焉夫惟其和也故能順氣而敦和凡物之親上者若其性凡物之親下者遂其生而天地之化不過矣大樂之作不有以贊之耶夫惟其節也故能達數而别宜祀圓丘所以報乎天祭方澤所以報乎地而天地之德已昭矣大禮之制不有以贊之耶由是觀之禮樂鬼神非判然爲二物者也自明而言則謂之禮樂禮之制也以飾天下之治樂之作也以宣天下之功蓋闡無於有見聖人之成能焉耳自幽而言則謂之鬼神陰之屈也凝其氣以爲收斂陽之伸也舒其

氣以爲發生蓋藏有於無妙造化之功用焉耳其實禮樂也鬼神也一理也是故樂之敦和者率神而從天禮之别宜者居鬼而從地豈可以差殊觀也哉吁天人合其和節事理通於幽明知乎此則可與同民心而出治道矣嘗考樂由天作禮以地制天地者禮樂之本也聖王馭世其始也法天地以爲禮樂其終也以禮樂而贊天地要之與道爲一故形之制作無有乎弗合後世拘拘器數而不求端於天地豈先王之意哉故曰不聞性與天道而能制禮作樂者未矣

禮之先幣帛也欲民之先事而後禄也

陳思武

同考試官學正黄批（雅健精醇記義之最優者）

考試官右中允孫批（其詞達）

考試官侍讀郭批（充蔚可誦）

君子盡乎交道者所以示民盡乎臣道也夫先事後禄臣道之所當盡也君子盡交道以示之其善牖民者乎坊記引夫子之言至此意謂世教衰而民不興行義利之不明也久矣非君子力爲之坊其流弊曷既焉何則君子之相接必有禮以致其敬亦必有幣帛以達其誠禮也幣帛也貴於知所先後也後乎禮則徑情直行其失也簡先乎幣帛則儀不及物其失也虚是故恭敬以植其本而愿慤之意豫立於酬應之先儀文以嘉其會而筐篚之陳斯行於辭讓之後禮因物而將其將也爲中節物因禮而飾其飾也爲合宜若此者豈直隆於交際而已哉意指所在夫固廣義以教民焉耳夫禮者事之象幣帛者禄之象君子先乎禮者蓋以先事之教示天下使之效力宣猷惟汲汲於所當爲也後乎幣帛者蓋以後禄之教示天下使之屏私防欲不規規於所當得也敬爾有官亂爾有政黽勉以奉其職而已矣若夫大言受大禄小言受小禄固君之所以待臣焉者而豈可以預期乎進思盡忠退思補過靖共以舉其分而已矣若夫士而代耕大夫而食邑固上之所以厚下焉者而豈可以預計乎是則先禮後物本出於賓主酬應之常先事後禄因示乎義利重輕之辨上執其機以教民如此民其庶幾從欲以治也哉大抵君人馭衆肅之以令則難齊道之以德則易格考昔明王之世人多秉義而尚廉要之由於上之所作禮先幣帛作於上矣民豈不蒸蒸然應於下耶然必無所爲而爲斯可以言義使或有意其間雖公亦私觀人者察其微焉爾已

第二場

論

聖人之心與天合一

方弘静

同考試官教諭鄭批（善發聖人制禮合天之意而氣格風骨動中古人矩矱奇隽之士也敬羡敬羡）

同考試官學正蘇批（修詞古雅析義精嚴是達禮者録之）

考試官右中允孫批（事核而意周非苟作者）

考試官侍讀郭批（格高詞古學博氣昌宜録之以式多士）

聖人之坊世也以禮而其制禮也以天天其禮之原乎高下散殊不害不悖亦既燦然示矣而夫人弗知也是故坊世之功不能不賴於聖人聖人者出謂天以坊世之責畀之也於是陳其軌物稽其度數驅天下之民約之於禮讓之域人莫不曰禮者聖人所制而不知其本出於天也使聖人外天以爲禮外禮以爲坊則無以服天下而其心幾於不白矣朱子曰與天合一其知聖人之心者乎今夫天之始生人也蓁蓁狉狉顓蒙頑悍而不可制而聖人者清明在躬爲天之所獨厚是故制禮坊世之責必畀於聖人聖人自知爲天民先覺有不得而辭其責者是故皇皇焉制禮坊世以求合於天此禮之所由起也書曰天叙有典敕我五典五惇哉天秩有禮自我五禮有庸哉夫叙曰天叙秩曰天秩聖人惇庸焉耳矣本非有所加於天也是故達之乎朝廷之上布之乎海宇之廣釋回增美措正施行君令而不違臣共而不貳父慈而教子孝而箴兄愛而友弟敬而順夫和而義妻柔而正稠人衆庶固不孚協於極是禮之統體所謂人道經緯萬端無所不貫者也爲之旂旍鸞纓以繁其飾爲之火龍黼黻以著其章爲之朱弦疏越以節其情爲之奎璧羔雁以通其信進退有度登降有儀文物以紀之聲名以發之是禮之散殊所謂房皇周浹曲直得次第者也自天而言則其統體如太和元氣運於冲漠有散殊如五氣順布四時錯行百嘉暢遂萬物蕃育也至於時極勢窮人情不安其故不得已而通變損益以作新之亦莫非禮猶之冬微暄夏微肅鼓亭毒以妙化機而莫非天也蓋聖人心與天一道與天侔是故履之而禮得制之而禮行先天而天弗違後天而奉天時故太史公曰美哉洋洋乎宰制萬物役使群動豈人力也哉曰非人力以見其合天也昔者齊桓晋文取威定霸挾天子令諸侯然且下拜而不受請隧而不許以共扶典禮於不墜韓宣子見周禮在魯則知周所以王齊仲孫湫見魯秉周禮則知魯不可動左氏釋經之例指某人某事曰禮也某人某事曰非禮也

古之人惴惴焉惟恐犯禮豈非視禮等於天乎如以禮爲聖人私智所出則聖人亦人耳況春秋之世凌慢縱恣無所不至何至於敬畏若此若此孔子稱君子畏天命畏聖人之言夫畏天命固也至稱畏聖言無异天命則聖人制禮坊世與天合一孔子蓋深識其心矣老子詆禮爲忠信之薄荀卿詆聖人爲化性起僞宋儒蘇洵乃云聖人制禮徒欲輕去其舊樂就其法無故而使之事君事父謂有術焉以厭服其心噫豈知禮者哉豈知聖人之心者哉故繩墨誠陳不可欺以曲直權衡誠縣不可欺以輕重規矩誠設不可欺以方圓聖人審於禮不可欺以詐僞故不法禮不足禮者謂之無方之民法禮足禮者謂之有方之民乃若以禮爲聖人所獨擅古今所難興牽於繁文拘於小説一有毫毛之差即終身格而不行則又自絶於聖人自弃其天者也嗚呼禮國之幹而民之紀也榦立則昌紀正則治載在簡册歷歷可稽君人者必秉先王之禮因時達宜劑量損益教化浹洽民用和睦以爲下則順以爲上則安天地以奠日月以明江河以流萬物以育禮豈不至矣哉是之謂善希聖是之謂善法天

表

擬崇祀先聖先師於永明後殿群臣賀表

張翰翔

同考試官教諭楊批（駢麗秀整燦然耀目佳士佳士）

同考試官教諭潘批（融會經典組織有法深得表體）

考試官右中允孫批（含英咀華表之佳者）

考試官侍讀郭批（典而麗）

伏以黄道天開海宇被文明之化紫宸地切聖師增俎豆之光舉曠典於千年修上儀於一代聲馳遐邇喜溢臣工臣等誠歡誠忭稽首頓首竊似大道無爲必因人而寄統聖人有作務傳道以覺民懿軌弗磨芳圖歷紀羲農制器寔成天地之能黄帝垂衣蓋取乾坤之象唐堯一中授受式開道學之原虞舜四語丁寧益闡淵微之旨勤儉允賢乎大禹寬仁用贊於成湯丕顯文謨易象之陳具在丕承武烈丹書之戒猶存典禮修明姬旦思兼三聖斯文未喪宣尼道載六經垂世教而淑人心植天經而扶地紀是皆可模可範足稱先聖先師宜隆崇報之儀乃溯源流之正慨自淳麗既散意指漸乖尚功利者殊隔藩籬騁詞華者未窺閫奥心法不洽於大統治理僅見其小康墜緒無傳昌期有待恭惟皇帝陛下乾剛天賦離照日升建皇極以叙彝倫觀會通而行典禮淵衷敬一演注五箴睿性聰明旁搜群籍掀揭丕昭乎功業經緯焕發於文章萬方仰敷錫之休八表囿雍熙之俗是蓋誕膺峻命真傳遠契帝王祇踐先猷正學

同符周孔心神曠世而相感情文因舊以加詳龍闕東南地爲中禁鳳池密邇殿曰永明睹縟典於告成閱精禋於有楚虹霓散彩上干霄漢之清虚金碧交輝下燭户庭之偉麗一脉永聯於今古四府不紊乎君臣近接史宬石室圖書之府前瞻宗廟金輿陟降之區歲時嚴釋奠之將朔望重輔臣之遣羨墻有見嚮慕彌勤此我皇上制作超百王而風聲示四海者也臣等清班久列寵澤均需幸吾道之泰來慶斯文之鼎重奎光定現聯東壁之星躔勝事當書秉左㘬之史筆心寔顒於頌述詞莫罄於揄揚伏願世教休明人文宣朗道已至而益至德日新而又新作之君作之師紹統系於群聖得其名得其壽延曆數於萬年臣等無任瞻天仰聖激切屏營之至謹奉表稱賀以聞

第三場

策（五道）

第一問

胡應徵

同考試官學正黄批（我國家正統正朔真足以媲美唐虞三代是作援經據典贊述詳明宜録以獻）

考試官右中允孫批（善敷颺我皇祖創業之隆皇上中興之盛其涵濡治化獨深者與）

考試官侍讀郭批（統朔自三代後未有如我國家之正而功德尤盛焉此策據古陳詞敷揚精確必有學有識之士也）

自天下有正統而後人君之位尊自天下有正朔而後朝廷之政一蓋正也者所以正天下之不正也繫統於正則定是非示褒貶以伸一王之法而假名僭號者舉不得以紊真矣繫朔於正則明好尚新耳目以定一代之制而竊據偏安者舉不得以干紀矣然正統一也有能用夏變夷闢邪崇正建不拔之殊勛則扶植彝倫爲萬代所瞻仰正朔一也有能應時之正順令之善立不易之常道則劑量今古爲百世所遵行此我太祖高皇帝暨我皇上神功聖德祖古帝王有光而漢唐宋皆莫之及也與請敬陳之三代以上禪授征伐或以至公或以大義皆得天下之正然未嘗有正統之名唐虞之世觀文察變日中星鳥以殷仲春寔得人時之正然未嘗有正朔之名厥後王室衰微朝綱解紐諸侯强背治道日湮是故由不正與不一而正統正朔之名始立於天下矣正統之説本乎春秋春秋曰春王正月又凡下聘出狩皆冠之曰天王夫於正必書王於王必稱天僭竊之邦則降而書人書子即世所未明者闡之不亦微矣乎

由周以降君天下而得附於正統者有漢唐宋焉漢取其誅無道秦唐取其平隋亂宋取其混一五季致治有功保治無失君子所以皆與之統歐陽脩著正統論其大致謂堯舜以來統三絶而三續自周亡迄于顯德可疑之際有三以合天下於一者皆與之統而獨黜三國南北朝及五代蘇軾祖其説發爲貴賤賢不肖之喻帝王人氏之辯所以闢章子之説之非以輔歐陽氏正統之論惟朱熹作綱目進昭烈黜曹魏爲得尊王之義然周秦晋漢隋唐皆以正統與之後世有遺論焉傳曰天下有正統亦有變統所謂變統才取之不以仁義如晋齊梁之君即使混一區宇亦不得爲正守之不以仁義如秦如隋即使傳世數百亦不得爲正夫變統之名立則正統之説明而予奪勸戒之道厘然可見矣是故歴代之統當以五帝三王爲正而漢唐宋次之假名僭號者舉不足以紊真至若胡元之亂華羶膻我宇宙犬羊我人民謂之無統可也况得上附於先王之正統也哉正朔之善質諸孔子孔子曰行夏之時又曰吾得夏時焉蓋以夏正建寅盛德在木爲生物之始爲改歲之端即人所共見者用之不亦善矣乎由夏以降君天下而迭建乎正朔者有商周焉商以丑月爲歲首周以子月爲歲首天開於子地闢於丑聖王所以皆建之朔葉時著正朔解其大致謂三代歲首不同而夏時紀月則一引商書元祀三祀之文周禮太史馮相氏之職反覆辯論周以子月爲正則四時錯亂曆數何由而定日月星辰何由而驗蔡沈祖其説亦曰周人建子但以十月爲歲首其時與月皆仍夏舊惟胡安國傳春秋斷以夏時冠周月爲酌諸説之中然孔子周人也嘗曰吾從周若無其位而改周之正朔其何以訓天下學者有深惑焉傳曰昭二十年春正月己丑日南至僖五年正月辛亥日南至夫日行南至在夏之冬十一月而乃言春正月則周正改時改月之義曉然可知矣是故歴代之朔當以夏正建寅爲正而商周次之竊據偏安者舉不足以干紀至若嬴秦之建亥則氣已閉塞而成冬時乃開始而名春謂之無朔可也豈得上附於前代之正朔也哉我太祖高皇帝救民伐罪用夏變夷建開闢所未有之功還帝王所自立之地三綱既墜而復振九法既斁而復修所謂取以仁義守以仁義者也永清禹甸以繫四海之人心酌用夏時以示一代之觀聽是其得統之正上繼先王頒朔之善下垂後世功德隆盛邈乎無以尚之矣列聖相承引而弗替治平之業基於無窮肆我皇上以元聖之資撫中興之運圖維治理二十五年于兹一德以格天三重以立極祀郊以明禮尊親以盡倫憫農以恤灾飭兵以備患洽化以同俗弘業以垂休凡所以陋前代而遵皇祖者種種善政不可殫述至若撤祀胡元以扶人紀則翼統之功大册稱上帝以立天常則崇朔之義存是誠振古所希聞皇祖所

未備有待於今日者也紹統之長與天無極奉朔之國與在無疆愚何幸躬逢其盛謹對

第二問

馬濂

同考試官教諭張批（淹貫之學經濟之才具見）

同考試官學正陳批（論議切當鑿鑿可行其殆有希文之志者與可敬可敬）

考試官右中允孫批（書生能陳安攘之策如此）

考試官侍讀郭批（論事明悉遣詞通暢取之）

執事以安攘之策下詢承學欲聞經國之訏謨熙世之上計也愚也草茅賤士烏足以識此然言及之而不言可乎請粗陳其略夫建非常之勛者必達通變之宜締不拔之業者必思經久之術慕高遠之略而忽酌時之務不可以言變襲故常之迹而無敦本之實不可以言久故酌時者達幾者也敦本者審勢者也此忠臣謀佐所宜日夜孜孜集衆思而廣忠益以殿邦永治者也於乎三代之迹邈矣後世近古者其兩漢之治乎上下之經畫史册之紀載吏治武功之外無异説也是故良吏爲盛而名將輩出唐宋鮮儷焉國家創法定制濊澤深仁匹三代而軼兩漢百有七十餘年生齒蕃茂邊圉寧謐稱治安矣邇來田野賦税荒逋日甚徵役煩多財力告匱夷虜驕而頻肆蹂掠士馬罷而扞禦靡績内之安養外之經畫視昔富强不無少遜焉執事亦思而得其故乎内地之政名實相眩更張太易而人鮮定守□教養之名而無教養之實無惑乎民生□□未遂也邊方之政文法是縻玩愒成習而警備頗疏有戰守之具而無戰守之實無惑乎武功之弗振也夫内外相須久矣内不安則無以奮攘外之威外不攘則無以底安内之績謀國者重内而忽外固不可急外而略内尤不可也愚嘗論今日之勢矣内如扶弱補羸所宜安頤休息而奔突勞頓則悖也外如拯溺救焚所宜攘袂奮臂而紓徐退遜則後也中外奉法之臣救偏葺敝幾幸目前而乏真確久遠之圖守故襲常攘譽嫁咎而無協恭弘濟之實豈不繆哉議者曰安内在擇吏是也今郡縣之官豈無廉平豈弟如龔遂之在渤海黄霸之在潁川召信臣之在南陽文翁之在蜀郡者乎有之未必盡陟而貪鄙苟且飾虚譽格實惠者或得以昌遷而規黜此吏治之所以弗勸也是故復久任以固其志精考課以稽其政嚴舉刺以甄其類公黜陟以示之典其馭吏之要務乎而良吏可得矣議者曰攘外在擇將是也今邊鄙之將豈無知仁謀勇如魏尚之在雲中趙充國之在湟中李廣之在上郡衛青之在上谷者乎有之

未必盡用而暗懦鮮耻張虚捷隱實蔑者或得以要賞而逭罰此士氣之所以弗勵也是故精選舉以拔其才倡勇敢以作其氣授便宜以盡其能辨功罪以正其度其馭將之要務乎而良將可得矣夫天下未嘗無才而致治未嘗借才于异代謂才不如古者舛也振厲綜察之術在加之意而已雖然治莫急于厚本幾莫切于酌時化莫要于審勢今時勢日趨于文而轉移莫急於本夫民之所賴曰財與力貴慎節而休逸之也雖歲值凶荒時當多事能以盡蠲而煩征羡役不有可省者乎兵之所資曰芻與餉貴預處而充足之也雖屯鹽久弛庾帑時匱難以必充而積貯冗冒不有可講者乎舍此不務而欲吏之惠政及于民將之恩信結乎士雖日從事于勸懲賞罰之間終亦文而已矣方今聖天子在上百辟承式弘猷淵筭諒籌之審矣又何假于芻蕘之言然葑菲之采固亦集思廣益之道也惟進而教之幸甚

第三問

劉璞

同考試官學正吴批（揚確古人學術事功若鑒懸衡持可以爲儒矣）

考試官右中允孫批（引援今昔評騭不苟其識見素定者耶）

考試官侍讀郭批（品藻明確非漫然隨衆者）

士生千載之下而論人于千載之上亦曰揆諸聖以折其衷權其時以盡其變而已矣夫聖道之準也時事之因也弗揆諸聖則醇疵優劣之雜何以折諸衷弗權其時則盛衰難易之遭何以極其變察于此庶乎藻鑒明而權衡審可以評騭古今而訂確异論矣夫景附而聲和者哲人之所羞也瘢索而疵求者拘士之所執也慨自光岳氣分世無全才聖遠言湮士鮮實學伊周之事業孔孟之學術戰國而後追蹤振嚮者固稱鮮矣然近似者尚可續如綫之傳而暗合者猶能楊餘光之耀烏可以世降時移而遽謂懸异也耶是故以學術言之于漢吾得一人焉曰董江都于隋吾得一人焉曰王仲淹于唐吾得一人焉曰韓昌黎夫潛心大業而天人三策淵乎格君之謨罷黜百家而道誼數言亶哉拯世之論舒固一代醇儒也灾异事應未免拘泥之過要亦有見而然爾程子稱其度越諸子而真氏稱其有功學者其品藻之公乎兩相驕主正身率物秦漢而下豈有出其右者哉邦欲昌則獻策以匡時庶幾東周之心時弗庸則隱居以授學卓乎卷懷之志通寔一時杰儒也續經中説雖未免擬聖之迹要非漫然而爲者朱子譏其妄也而至比以吴楚僭王無乃誅絶之甚乎醇詞典訓多所發明晋隋之際其罕若人之儔哉若夫昌黎當士風波靡之時衆言淆亂之後原道一篇文起八代之衰佛骨一表道濟天下之溺闢邪翼正彷佛孟

氏家法也浮華之習利達之求君子譏焉固也夫學以自得爲真行以大節爲尚取其美而略其疵則昌黎之學蓋已識其大者韓其振世之豪杰也乎以事功言之于漢吾得一人焉曰張留侯于三國吾得一人焉曰諸葛武侯于唐吾得一人焉曰狄梁公夫運籌帷幄而潛伸爲韓之謀困事納忠而佐成炎漢之業子房之功大矣四皓之招納約自牖之忠也赤松之游明哲保身之智也南軒稱其有儒者氣象誠非溢美世徒迹其始終爲韓也而專以智術目之淺矣哉隆中三顧得出處之中行出師二表明漢賊之大義孔明之事偉矣開誠布公蹇蹇匪躬之節也寧静致遠禮樂可興之具也程子稱其有王佐才誠爲篤論世徒因其志决身殲也而即以成敗較之末矣哉若夫梁公當唐祚既移之際虐焰才熾之期委蛇艱險終持主器之重潛授才賢卒收夾日之功謀猷論議庶幾聖賢作用也委質周朝屈身女主世俗議焉非也夫道以達幾爲權功以識時爲智周其仕而唐其心梁公之所遭蓋有獨當其難者狄其濟變之大忠也乎嗚呼衆蔽而獨明之也難群倡而往和之也易處常而順應也易當變而克濟也難數子者蓋當其難而值其變者也後人不察而概訾之曰三代以下人物未聞道也無乃决衡之論與然此即執事所問者言之耳若夫濂洛關閩之學獨得其宗韓范司馬之勛輝映于策而明問弗之及者豈非以一當道學大明之時一當君臣相與之盛無俟于論述也耶微顯而闡幽執事之意深矣夫論事貴盡而取人貴恕盡則人識中正之極而弗畫於小成恕則人勵偏長之善而弗甘於自弃古今之通義也然時之所值則有不可强者此杰人志士恒以爲難而每興慨嘆也夫苟遭時之盛矣而不能振拔以圖建立于世自弃孰甚焉此固執事未發之意承學竊有志而未能者也不識執事有取於愚言否乎

第四問

袁洪愈

同考試官教諭鄭批（是作博極星學諸書折衷經史獨究授時察變分職之義辨而有紀約而甚章殆所謂知曆理者豈徒推驗之文而已哉）

同考試官學正蘇批（考數而根理推天而驗人其深知象緯之學者與）

考試官右中允孫批（象數悉陳而重於法序分職儒者達天之學問如此）

考試官侍讀郭批（談天文事核義精無如此有）

君子之事天也三義焉以授時者步其數以察變者觀其文以分職者法其序數不步則候氣測景之法不明推驗失真時何以授文不觀則正儀立度之經不考宿離乖次變何以察序不法則順令舉事之常不飭天有异感職何

以分故堯典之曆象言授時也而周官之馮相寔掌之舜典之璣衡言察變也而周官之保章寔掌之洪範之庶徵言分職也而周官之司會寔掌之順以舉職職以應變變以從時時以合天君子之事天也夫豈易言哉昔在先王將步天路用定靈軌尋緒本原是故履端立極體其元布政考績因其歳禮動樂和正其朔五行九伐順其氣庶政修明從其日月顥顥乎稱爲有道之世王室衰微諸侯力政史不紀時君不告朔是以疇人分散薦致葘祲由此觀之達天明數有關於治亂之大豈可假托以爲讖術廢黜而不講乎漢藝文志所載天文二十一家自泰壹星子經至圖書祕記凡四百四十五卷眇含高遠總括幽玄其在度數之推者則三百六十五日四分日之一日與天會以分至啓閉定四時是爲一歳之紀二十九日六辰有奇月與日會以晦朔弦望定大小是爲一月之紀十二辰繞地一匝以晨昏出没定脩短是爲一日之紀日臨卯酉謂之分日正子午謂之至北至以後消其積縮謂之啓南至以後消其積盈謂之閉日舒月速當其同謂之合朔以速及舒光盡體伏謂之晦舒先速後近一遠三謂之弦相與爲衡分天之中謂之望日氣修短播爲刻分以節晨昏以驗出没此所謂步數以授時者也事天之道也其在法象之著者則日行天一日一周月行天一月一周歳星之周天常以十二年填星以二十八年熒惑以二年惟辰星太白附日而行或速則先日晨見於東或遲則後日昏見於西故亦歳一周天此七政之大經也紫微爲皇極之居太微爲五帝之座天市爲下元之宫是曰三垣東方之宿蒼龍連蜷於左西方之宿白虎雄踞於右南方之宿朱雀奮翼於前北方之宿靈龜圏首於後是曰二十八舍中外之官常明者百有二十可名者三百二十爲星二千五百微星萬一千五百二十庶物蠢動咸得繫節經星因出没以象占之緯星隨遲速以數測之主客伏見凌守羸縮核往占來歴示休咎此所謂觀文以察變者也事天之道也其在職事之符者仲春之月平秩東作厥民析則知日月會於降婁而爲奎婁之次仲夏之月平秩南訛厥民因則知日月會於鶉首而爲井鬼之次仲秋之月平秩西成厥民夷則知日月會於壽星而爲角亢之次仲冬之月平在朔易厥民隩則知日月會於星紀而爲斗牛之次故歴代后王尚之夏有少正周有時訓秦漢唐宋皆有月令所以順時宜而督民務也詩曰定之方中作于楚宫又有三星在天在隅在户之候春秋傳曰啓蟄而交龍見而雩又曰土功水昏正而栽又曰凡馬日中而出日中而入所以視列宿而行國政也此所謂法序以分職者也事天之道也是故時無弗明以積天數數則有準矣變無弗紀以應天文文則有昭矣職無弗舉以循天序序則有定矣上古太史之官察機祥記政令慎擇一人任之

欽崇寅奉罔有愆違乃後占候紀載析而爲二隳廢離隔不相爲謀縑素委闐昏明交錯説者謂昆吾史佚梓謹卜偃裨竈子韋唐昧尹皋諸所稱述不如巫咸甘德石申雅善名數爲後代所宗蓋三國時陳卓以三家星官著於圖録一時崇尚云爾何以稱焉故太史公曰皋唐甘石因時務論書傳凌雜米鹽寔爲確議要之演籌占候代有其人即今郭守敬之遺迹亦稱吻合但諳曆理如楊雄不可多得況又不爲楊雄者乎信乎非湛密□弗能由非明王弗能服聽學士大夫必□三五終始古今明時貞度斯謂經贊之績斯於古者修德修救之道昭融符契矣

第五問

查光述

同考試官教諭楊批（詞雄識高深切時務奇士也高薦何忝）

同考試官教諭潘批（議論亹亹不窮悉中肯綮是經世之略也録之）

考試官右中允孫批（抑揚頓挫音節鏗然當是作者）

考試官侍讀郭批（敷答詳明文詞充暢可以占所養矣）

善天下之俗者端其習而已矣謹天下之坊者守其法而已矣夫習之陂也其始若無害而其積也則勢重而不可反法之立也其始未嘗不行而其久也則怠弛而不能振圖治者豈可使習陂而法弛也哉□操感化之機者端習者也嚴振飭之節者守法者也習端則善俗興法守則僞行戢其明教化正風俗之要乎夫懷經久之圖者廣忠益之謨抱先憂之志者不諱激切之論執事以教化風俗發策下詢愚也伏迹草野有感于衷久矣請爲執事誦之夫教化者自上而率乎下者也風俗者成于下而應乎上者也教化修而風俗正二者恒相依焉昔聖王之世修六禮以節民性明七教以興民德齊八政以防淫一道德以同俗上賢以崇德簡不肖以絀惡當是時風氣淳樸人心質直官共其職民安其業士無衷行國無游民有不率者戮於有司屏之裔土勿溷齊民故人皆懷仁樂義重自愛而耻犯法唐虞三代之盛邈乎不可尚已周衰以降王迹熄而伯興風氣漓而俗敝其後英君誼辟雖號圖治化民未合古則教化之衰其來遠矣我皇祖乘運奮興驅逐胡孽蕩彼穢氛陳我夏□禮教焕章法制大備是時兵革之餘開創之際風氣反朴而還淳人心直實而畏法生齒未蕃奸僞不作列聖纘承通變宜民端拱弘化然承平既久人心玩愒法令益繁奸僞日滋聖主中興深燭弊源益崇化本箴敬一以誡臣民秩郊廟以正典禮嚴選課之法重經術之科冠服有製奢侈有禁修條例以厘弊治誣訐以安民惇大之裕明作之功真足追隆古而復祖宗之舊矣夫上有弘化之君而下無宣

化之臣非良臣也上有錫極之聖而下無保極之民非良民也此中外臣民所宜精白仰承而同躋化域者也頃歲以來漸亦少异於初忠賢之臣奉公恪職約□愛民者固衆矣而懷貪鄙之心濟溪壑之欲巧於彌縫而逭罰甘於褫秩而罔愧者亦未爲少也豪杰之士誦法聖哲潜心經術者固有矣而工艱靡之文以追浮華之習剽禪寤之緒以創師心之論言不符行而用鮮實效者亦未爲無也服舍之制所以别貴賤辨上下也閭閻之居擬于申第冠服之濫下及編氓甚者詭异之製充於衢路日盛月新禁不能止非所以重等威一制度也頻年水旱荒歉甚矣而閭閻争以侈靡相高富者欲過貧者欲及殫室糜財莫之知恤民之所以益貧乏也中外行事多以簿書期會獵虚聲而忘實政文案充積則官不能稽奸吏得緣法而遂私求四方狡僞之衆飾浮詞以聳聽聞廣牽摭以戕善良群附黨和冀售其欺因以行罔利之術此奸黠之風不可長也夫聖明在上乾剛之德日照月臨巽命之行雷動飈發而風俗若兹者良以沿襲之過奉行德意之未至耳竊見邇來士習以容忍姑息爲德以疏通變譎爲才病謹禮爲木札謂守正爲滯著察瑣節而昧大體崇虚譽而略實行此非所以揚熙皞之風廣敦厚之化也嚴黜陟矣而幸塗漏網尚存也振風紀矣而舉刺未盡協乎激揚之實也重經術矣而未能黜浮崇雅也禁异服革奢侈懲訐訟矣而申飭者之作輟也至於吏弊愈遏愈滋付之慨嘆而已所以致今日之風俗可謂無其故乎是在端揆風紀奉法任事之臣協心同德力挽而亟還之耳是故操感化之機嚴振飭之節以宣德意以明舊章以變近時之積習此急務也布公道倡清議以正其趨獎廉節重循良以堅其守崇經學黜浮詭以辨其志躬節儉嚴等威以導其從明職掌省繁文以核其實厲法禁公聽察以遏其源嚴貪吏之罰重風教之官用守法之吏本之以公協之以誠行之以信持之以久則風俗庶幾其可正乎不此之務而顧諉曰積習之難革風俗之難正則非愚之所及知也狂瞽之言不識忌諱惟執事擇焉

應天府鄉試録後序

嘉靖丙午秋臣朴臣陞祗奉明命主南畿試事陛辭而出浮天津瞻帝闕巍然居于北極而太行以東岱宗以西諸名川交合縈紆以委于海乃相與嘆曰於壯哉此文皇帝定卜之業所謂强幹弱枝隆上都而觀萬國者也已而遵長淮之流越大江之塹東南形勝會于金陵鍾阜石城龍蟠虎踞乃嘆曰嘻巨麗哉此高

皇帝肇造之基所謂九州之上腴天地之隩區也詩曰維岳降神生甫及申蓋於是豫占人才之所融萃矣比入棘院合多士三試之掄次其文類能發性命之藴通古今之宜盡人情物理之變其詞閎以衍其氣昌以大其思浩以深言顯旨微協于典則乃又嘆曰猗休哉此聖天子作人之功所謂思皇多士生此王國者也然山川亦與有助焉若此北畿首善所及靈异所鍾文士彬彬焉盛可知矣昔班固作兩都賦矜誇朝市之美保界河山之固稱説財賦之殷歸于言語侍從雍容揄揚謂足以潤色鴻業至述輔弼之臣功勒鼎彝澤敷黎庶垂休問于無窮我國家運值全盛并峙二京輿圖方物超軼前代百有七十餘年文明至治炳然與三代同風其間佐命贊理諸賢宣國猷而熙帝載者後先相望映簡編豈直如班固所賦已哉矧斯域也寔豐芑之遺視外服先被焉者也固宜有雄才异等如甫申者出乎其間乃今校文維公維慎矢心以夙夜得若而人俾他日晋于有位以共成我皇上中興之治則主司者藉有光榮而山川亦爲之增勝矣臣陞以職事序諸末簡厚望于多士多士其懋敬之哉

右春坊右中允孫陞謹序

嘉靖二十八年應天府鄉試録

應天府鄉試録序

皇上即位二十有八年四海九州□縫之士與偕計者蓋九歌鹿鳴矣乃今己酉復當大比應天府鄉試臣銑與臣廷用祇以上命往典兹比至而同考試官學正臣欽臣齡高臣朝憲教諭臣桂臣鏄臣志臣子充臣汝魁臣啓初皆至提調府丞臣鰲監試御史臣順臣鑒咸共恣飭以待臣等於是合提學御史臣胡植所簡士暨六館諸生凡四千五百有奇鎖院而三試之以制登其雋百三十五人乃録其姓氏并文之粹者獻于上臣銑以職事序曰臣聞才者禀於地者殊其質孚於化者一其趨自昔人材之盛靡不由之嘗觀成周之世岐豐之間孕靈鍾和以生賢俊而文武成康之化相紹淪洽而成就之故菁莪棫樸咏之在詩此非獨地靈固神化使然哉今留都國家之岐豐也山川龐秀甲諸天下蓋南方諸山宗於衡岳蟺蜿萬里峙爲鍾山江淮之水西盡于海所謂中州清淑之氣於是焉窮者我高皇帝受天明命定鼎于斯肇修文德實首先被服迨我皇上承八世之業撫中興之運右文閎化德惠攸長海内敬應罔不翕然矧兹畿甸得之最深而又最易士生其間暢懋英乂郁郁彬彬冠弁天下固不可專歸諸山川之孕毓也臣今讀其文有温而理冲而邃於思穆乎清廟之奏者焉有疏而暢達而不滯於指涣乎水上之風行者焉有馳驟古今抑揚變化渢渢乎若風檣陣馬錯發而迅至者焉臣以爲温而理冲而邃於思其士之淵懿者邪此可以共謨弼矣疏而暢達而不滯於指其士之膚敏者邪此可以備亮采矣馳驟古今抑揚變化其士之長材英略而可以投諸艱難應務無窮矣試使諸士子執是以往其遂能謨明弼諧祇若于上焉其遂能亮采惠疇於世焉其遂能不避艱難而應變無窮焉則諸士子之産於畿甸者真足以當昭代文明之會裨萬世隆平之治山川之委和國家之神化庶幾無負而主司亦與有榮哉始臣奉命而南也蚤夜圖惟究所以拔厥雋者亟用爲憂既得雋臣二人暨諸執事相與慶曰斯可以藉手報聖天子矣則亟以爲喜而又恐諸雋行或弗嗣其言也將或弗若其今也乃咎臣等于弗明則復以爲懼故諄諄告焉

翰林院侍讀承直郎敖銑謹序

嘉靖二十八年應天府鄉試

提調官

應天府府丞何鰲（巨卿浙江□□□□　丁丑進士）

考試官

翰林院侍讀承直郎敖銑（純之江西高安縣人　乙未進士）

翰林院修撰儒林郎黄廷用（汝行福建莆田縣人　乙未進士）

同考試官

山東東昌府高唐州儒學學正周欽（允恭福建閩縣人　丙午貢士）

山東兖州府曹州儒學學正李齡高（崇卿廣西桂林□□全州人　丁酉貢士）

四川瀘州儒學學正張朝憲（子度雲南蒙化衛籍直隸通州人　癸卯貢士）

福建泉州府晋江縣儒學教諭黄桂（元馨廣東英德縣人　丙午貢士）

福建漳州府詔安縣儒學教諭趙鏄（俶載江西上高縣人　庚子貢士）

湖廣黄州府黄□□□學教諭康志（求道江西泰和縣人　庚子貢士）

江西吉安府泰和縣儒學教諭楊子充（復初福建福清縣人　甲午貢士）

河南南陽府唐縣儒學教諭梁汝魁（思文湖廣鄖西縣籍江西泰和縣人　癸卯貢士）

廣東潮州府揭陽縣儒學教諭黄啓初（知白福建莆田縣人　癸卯貢士）

監試官

文林郎南京福建道監察御史楊順（子備直隸德州衛籍山東文登縣人　辛丑進士）

南京浙江道試監察御史張鑑（□□四川□□□□　甲□進士）

收掌試卷管

應天府治中龐嵩（□□廣東南海縣人　甲□貢士）

印卷官

應天府通判桂載（伯坤江西安仁縣人　官生）

應天府推官錢兑（仲□直隸常熟縣人　辛卯貢士）

受卷官

應天府上元縣袁鑑（慶昭廣東揭陽縣人　乙酉貢士）

南京金吾後衛經歷司經歷蘇藻（德□四川□□縣人　監生）

彌封官
應天府句容縣知縣徐九思（子慎江西貴溪縣人　乙酉貢士）
南京龍虎衛經歷司經歷胡應忱（士誠直隸永年縣人　監生）
謄録官
應天府江寧縣知縣祝朝用（尚賓四川儀衛司人　乙酉貢士）
應天府溧水縣知縣包桐（子同浙江鄞縣人　戊子貢士）
對讀官
應天府高淳縣知縣黄餘慶（子積江西安義縣人　壬午貢士）
南京龍江左衛經歷司經歷盧堯亮（惟時浙江東陽縣人　監生）
巡綽官
懷遠將軍新安衛指揮同知張紳（佩之宣府人）
明威將軍安慶衛指揮僉事朱紅（正色直隸舒城縣人）
搜檢官
武德將軍南京留守中衛正千户夏勳（功柱直隸當塗縣人）
武德將軍南京留守前衛正千户李本（汝立江西南城縣人）
昭信校尉南京留守右衛百户沙釜（良器直隸泰州人）
昭信校尉南京留守中衛百户李果（進之河南武安縣人）
供給官
應天府經歷司經歷張鶴（鳴臯山西安邑縣人　監生）
應天府經歷司知事秦環（君佩山西忻州人　監生）
應天府照磨所照磨王偉（修儀山西太原縣人　監生）
應天府照磨所檢校張大儉（乘彝陝西米脂縣人　監生）
南京鷹揚衛經歷司經歷□莌（仁卿江西上饒縣人　監生）
應天府上元縣縣丞宋德盛（守謙山東靈山衛人　監生）
應天府江寧縣縣丞曹炳　（汝文直隸太平縣人　監生）
應天府上元縣主簿廖唫（養夫福建龍巖縣人　監生）
應天府上元縣主簿劉鑰（子建四川龍州宣撫司人　監生）
應天府江寧縣主簿趙循秀（邦秀浙江臨海縣人　監生）
應天府句容縣縣丞賈中錫（德承浙江海寧縣人　監生）
應天府高淳縣主簿曾堡（伯安直隸德州衛人　監生）
應天府溧水縣主簿周堂（時升河南鹿邑縣人　監生）
應天府江寧縣典史毛絅（文堅浙江餘姚縣人　吏員）

應天府句容縣典史厲贇（朝相浙江上虞縣人　吏員）
應天府溧水縣典史吴昇（建明江西南昌縣人　吏員）
應天府溧陽縣典史陳謨（器之浙江鄞縣人　吏員）
應天府都税司大使周弼（良用直隷和州人　吏員）
應天府江東驛驛丞袁東光（應賓江西吉水縣人承差）
應天府龍江水馬驛驛丞劉禎（國祥四川潼川州人　承差）
應天府江寧縣江寧馬驛驛丞會達（德夫江西豐城縣人　承差）
應天府江浦縣江淮驛驛丞楊焕（子文江西廬陵縣人　承差）
應天府句容縣雲亭驛驛丞李信成（子立江西玉山縣人　承差）
應天府江浦縣東葛城驛驛丞鄭鈇（以誠福建莆田縣人　承差）

第一場

四書

樊遲問仁子曰愛人問知子曰知人樊遲未達子曰舉直錯諸枉能使枉者直　文武之政布在方策其人存則其政舉　賢者在位能者在職國家閑暇及是時明其政刑

易

九四由豫大有得勿疑朋盍簪　寒泉之食中正也　乾知大始坤作成物乾以易知坤以簡能易則易知簡則易從易知則有親易從則有功有親則可久有功則可大可久則賢人之德可大則賢人之業易簡而天下之理得矣天下之理得而成位乎其中矣　以通神明之德以類萬物之情

書

帝曰咨四岳有能典朕三禮僉曰伯夷帝曰俞咨伯汝作秩宗夙夜惟寅直哉惟清伯拜稽首讓于夔龍帝曰俞往欽哉　惟天聰明惟聖時憲　三后協心同底于道道洽政治　一人有慶兆民賴之其寧惟永

詩

彼茁者葭壹發五豝于嗟乎騶虞彼茁者蓬壹發五豵于嗟乎騶虞　吉甫燕喜既多受祉來歸自鎬我行永久飲御諸友炰鱉膾鯉侯誰在矣張仲孝友　周王壽考遐不作人　不競不絿不剛不柔

春秋

冬鄭公孫夏帥師伐陳（襄公二十有五年）叔孫豹會晋趙武楚公子

圍齊國弱宋向戌衛齊惡陳公子招蔡公孫歸生鄭罕虎許人曹人于虢（昭公元年）叔孫州仇帥師墮郈季孫斯仲孫何忌帥師墮費（俱定公十有二年） 冬十月齊師滅譚譚子奔莒（莊公十年）冬晋人執虞公（僖公五年）春王正月丙午衛侯毁滅刑（僖公二十有五年）秋楚人滅夔以夔子歸（僖公二十有六年） 秋晋荀吴帥師伐鮮虞（昭公十有五年） 五月於越敗吴于檇李（定公十有四年）

禮記

德産之致也精微　是故治世之音安以樂其政和　仁人不過乎物孝子不過乎物是故仁人之事親也如事天事天如事親　君子力此二者以南面而立夫是以天下大平也諸侯朝萬物服體而百官莫敢不承事矣

第二場

論

君子莫大乎與人爲善

詔誥表（内科一道）

擬漢舉賢良文學詔（始元六年） 擬唐以狄仁傑爲侍御史誥（儀鳳元年） 擬平胡回鑾群臣賀表（永樂十二年）

判語（五條）

講讀律令　私借官車船　上書陳言　官馬不調習　官司出入人罪

第三場

策（五道）

問　自古帝王得天下而守之傳諸久後其世可得而詳已若我太祖高皇帝誕膺天命肇造方夏削平四方之僭亂汛掃百年之胡虜自生民以來孰有能并其盛者乎夫自禪授易而放伐興湯武之事詩書蓋多有焉易曰湯武革命順乎天而應乎人或者乃有逆取順守之説何歟儒者言三代而後漢得天下獨正取守之迹必有庶幾湯武者矣夫殷周及漢視我聖祖時殊而迹不遠功德高下得無可指言者歟我祖文皇帝廓清内難建樹長策兼隆取守之道皇上入承大統中興令業赫然觀光二祖治久化成乃若未臻其極小大臣工仰體側席未遑至意永懷二祖法守思精白一心以奉茂緒章鴻德而未得其指要也夫士遜憲先王孰若近識當代休美蓋孔子斟酌前代之禮而未忘

學周也諸士行當進之大廷授之政期以達矣願繹陳之用觀資言成信之獻

問　昔人有言事道其常則變者猶可爲也事值其變則常者不足恃也自黄帝受兵符有涿鹿之戰其後兵家者流各神其説以將顯名于天下者多西北産也元季秕亂皇祖提劍而起掃除天下時則謀臣猛士如雲皆臨濠鄉并所故知好者非遠百里得之視炎劉張韓輩多矣成祖定鼎幽燕北控三鄙南制九區比虜寇侵軼嚴飭防禦苗夷竊發議欲剿滅夫高宗伐鬼方三年克之苗民逆命七旬來格文教威力果二歟聖皇慎德懷遠修内攘外至論將每每拊髀興懷豈治安滋年武非所先邪王制登□數穀數以制國賦自井田廢賦取於民天下之賦盛於東南而蘇吴爲甚蓋自漢唐時已漕東南粟矣然税重繇役繁興民多逋逃轉徙計部吏剋期程督相繼無絶已時一遭水旱爲虐殆有甚焉不知堯湯年曷相胥以生乎聖皇布德敷仁分貧賑窮惠至渥也奈之何江南民力竭矣豈有司奉行不稱上意抑别有故乎京師四方之極所需以軍實國用者不可一日缺者也兹欲使賦足東南將不乏西北以圖萬世之利其策安在

問　皇風沕穆民俗齊壹五帝三王繼而君之所以維世教淑人心亦至矣周平東遷降而春秋戰國孔孟氏明王道以扶人極及嬴秦兼并乃有申韓蘇張者其邪説横潰四出流毒天下漢興巨儒名相即欲尊二氏之言崇六藝之科而於刑名術數以邪干正者一切擯弃不用夫烈焰煨燼經籍晦蝕司馬遷號爲良史乃爲四子傳贊則其説安可窮邪自子夏發明章句嗣是諸儒雖曰承師亦别名家講議多而同异莫辨注疏出而正義益鑿惟折衷群言羽翼六藝者或謂其衛道之功可以繼孟云憂世厭俗若賈誼晁錯史遷蘇轍言各不同子産王吉嚴安徐防范甯輩欲尊道藝崇政體與忠質而抑華靡意又各各异矣自漢以下道德一風俗同不已難乎肆我皇祖汛掃胡元甫戢戈誕嘉尚經術振舉禮教邁上古帝王之盛聖皇中興敬一傳心倫制立極爾多士被服歌咏久矣尚有根極協一之説以振世揚休不徒詞章法令已乎願有聞也

問　自昔攘夷安夏之主功烈侈在詩歌書之史册赫然稱于後者莫如周宣王漢武帝以今考之周至中葉距文武之世甚遠武備既且弛矣當是時王乃一出而四征不庭所至如雷霆震驚莫敢不慴服者何其撥亂反正成中興之功若是其易也漢興六十餘年干戈相尋武略蓋無歲弗講也迨至武帝憤匈奴驁嫚鋭意擊滅命將選卒遠出塞外然虜倏去倏來卒莫以制之何以席高帝之烈乘强利之資而成功又若是難乎即以帝之諸將論之一時鷹揚如衛青李廣霍去病輩其視周之方叔召虎尹吉甫諸人殆相伯仲而難易之

相反乃若此其故何歟卒之武帝老于兵革海内虚耗括鹽鐵筭商車而猶不足以給餽饟之費而宣王之世南征北伐無歲無之不聞其用不足厥道何由夫論政而不稽古猶欲辨貌而揮鑒也我將辨周漢之所失得爾曹其嘗鑒之否也

問　黄河爲患隨地遷徙其間防避之法代有規爲姑勿論即如頃者河決曹邑生民昏墊殆甚有司思患預防乃有安平鎮故事之虞而持議之臣有欲穿趙皮寨者有欲穿孫家渡者其説孰優守土之臣有稱便者有稱不便者其見奚异方今力已困矣猥興莫大之役用已匱矣重以不貲之費而其役其費于時勢又不可已玆且圖之役欲其效力而不怨何以恤之費欲其財出而有功何以理之夫役夫衆多久勞則潰費涉諸州兼取則冒托資奸我將令其役久不潰財用不濫其何道以督之夫衆言淆亂必歸諸一安所便安所便安所不便安可見功捷而不至久役安可少費而成功大無厭其澮説也

中式舉人一百三十五名

第一名　唐一麐　常州府學生　詩
第二名　羅濂　宣城縣學生　書
第三名　顧曾唯　吴江縣學生　易
第四名　徐道遠　常州府學增廣生　禮記
第五名　夏時　松江府學生　春秋
第六名　張弘道　含山縣學生　書
第七名　孫濬　宣城縣學增廣生　詩
第八名　陸象閏　長洲縣學增廣生　易
第九名　張大韶　太滄州學生　詩
第十名　山禹　蘇州府學生　易
第十一名　金幼芥　東流縣學生　書
第十二名　徐汶　江陰縣學生　詩
第十三名　朱景賢　蘇州府學附學生　易
第十四名　朱家相　松江府學附學生　詩
第十五名　雷鳴春　懷寧縣學生　禮記
第十六名　孫友仁　華亭縣學生　書
第十七名　屠寬　上海縣學生　詩

第十八名　邵圭潔　常熟縣學增廣生　春秋
第十九名　丁士美　清河縣學生　易
第二十名　劉坤　安慶府學生　詩
第二十一名　趙科　句容縣學生　書
第二十二名　陸勳　常熟縣學附學生　詩
第二十三名　宗臣　興化縣學生　禮記
第二十四名　章淮　徽州府學附學生　書
第二十五名　杜詩　吴縣學生　易
第二十六名　麻値　宣城縣人監生　詩
第二十七名　程應元　婺源縣學附學生　書
第二十八名　俞璉　應天府學附學生　詩
第二十九名　方良曙　徽州府學附學生　春秋
第三十名　徐元氣　宣城縣學生　易
第三十一名　方新　青陽縣學生　詩
第三十二名　馬天鑒　江西上饒縣人監生　書
第三十三名　巫璋　廣德州人監生　易
第三十四名　揭鴻　福建歸化縣人監生　詩
第三十五名　王問臣　長洲縣學生　禮記
第三十六名　李寅賓　婺源縣學附學生　書
第三十七名　萬鵬　常州府學生　詩
第三十八名　周珊　應天府學生　易
第三十九名　許繼善　華亭縣人監生　書
第四十名　卞曄　揚州府學增廣生　詩
第四十一名　錢有威　常熟縣學生　易
第四十二名　王尚禮　徽州府學附學生　春秋
第四十三名　查鐸　涇縣學增廣生　詩
第四十四名　趙與治　江陰縣學生　書
第四十五名　程大廉　長洲縣學附學生　詩
第四十六名　吴迪　歙縣學附學生　書
第四十七名　俞一貫　婺源縣學附學生　易
第四十八名　張藴　高淳縣學生　詩
第四十九名　汪希武　徽州府學增廣生　易

第五十名　殷旦　無錫縣學生　書
第五十一名　張天馹　天長縣學生　詩
第五十二名　陳冠　長洲縣學附學生　易
第五十三名　曹仕寧　婺源縣學增廣生　詩
第五十四名　汪春時　婺源縣學生　禮記
第五十五名　何體元　松江府學附學生　書
第五十六名　賀爵　贛榆縣學生　詩
第五十七名　甯錝　廣德州學生　易
第五十八名　董傳策　松江府學增廣生　書
第五十九名　瞿寅　上海縣學附學生　詩
第六十名　陸冲　浙江鄞縣人監生　易
第六十一名　王都　南陵縣學生　詩
第六十二名　陳謨　廣東興寧縣人監生　易
第六十三名　金甌　六安州學生　書
第六十四名　孫世禄　建德縣學生　易
第六十五名　趙睿　涇縣學增廣生　詩
第六十六名　鄒崑　吴江縣學生　易
第六十七名　趙宋　興化縣學生　詩
第六十八名　萬鈞　寧國府學增廣生　春秋
第六十九名　翁廷儒　松江府學增廣生　詩
第七十名　鮑宗沂　揚州府學增廣生　易
第七十一名　吴道東　壽州學生　詩
第七十二名　曹菜　貴池縣學生　書
第七十三名　謝教　武進縣學增廣生　詩
第七十四名　徐楠　宣城縣學生　書
第七十五名　江濯之　建德縣學增廣生　易
第七十六名　施陽得　無錫縣學附學生　詩
第七十七名　胡用賓　婺源縣學生　易
第七十八名　王利賓　無錫縣學增廣生　書
第七十九名　曹世龍　青浦縣學增廣生　詩
第八十名　陳志道　崑山縣學增廣生　易
第八十一名　李人臣　華亭縣學生　春秋

第八十二名　何汝健　應天府學附學生　詩
第八十三名　張慕渠　長洲縣學生　易
第八十四名　王鑑　無錫縣學附學生　書
第八十五名　楊有爲　松江府學附學生　詩
第八十六名　梅繼勳　宣城縣學生　易
第八十七名　胡應軫　吴縣學附學生　書
第八十八名　蔡秉中　松江府學增廣生　詩
第八十九名　王忠　婺源縣人監生　禮記
第九十名　皮豹　應天府學生　易
第九十一名　何惟慭　蒙城縣學生　詩
第九十二名　葉可成　吴江縣學生　書
第九十三名　檀良翰　建德縣學生　詩
第九十四名　陳一德　常州府學生　易
第九十五名　楊乾　通州學生　春秋
第九十六名　楊旦　休寧縣學增廣生　詩
第九十七名　徐宗奭　建德縣學生　易
第九十八名　何銑　繁昌縣人監生　詩
第九十九名　盛居晋　松江府學生　書
第一百名　白啓常　武進縣學附學生　詩
第一百一名　端鈛　太平□學生　易
第一百二名　張邦謨　溧水縣學生　春秋
第一百三名　朱潤身　應天府學增廣生　詩
第一百四名　吴一介　桐城縣學生　易
第一百五名　鞠汝爲　靖江縣學生　詩
第一百六名　王一元　太滄州人監生　易
第一百七名　閻恒慄　贑榆縣學生　詩
第一百八名　袁隨　通州學生　禮記
第一百九名　施堯臣　青陽縣學生　詩
第一百十名　張問明　蘇州府學附學生　易
第一百十一名　江文武　徽州府學附學生　詩
第一百十二名　游醇卿　婺源縣學附學生　書
第一百十三名　屠羲英　寧國縣學生　易

第一百十四名　王繼孝　崑山縣學附學生　春秋
第一百十五名　雷寅　湖廣湘潭縣人監生　易
第一百十六名　方懋　青陽縣學生　詩
第一百十七名　宋純仁　蘇州府學生　易
第一百十八名　趙世卿　涇縣人監生　詩
第一百十九名　石應朝　上海縣學增廣生　易
第一百二十名　吕鐸　應天府學生　詩
第一百二十一名　李維德　婺源縣學附學生　書
第一百二十二名　葉大鵬　南陵縣人監生　詩
第一百二十三名　吴承燾　吴江縣學附學生　易
第一百二十四名　李僖　鎮江府學生　□
第一百二十五名　王紳　淮安府學生　詩
第一百二十六名　潘應　宿遷縣學生　易
第一百二十七名　張應亮　高淳縣學增廣生　易
第一百二十八名　殷乾　吴縣學附學生　詩
第一百二十九名　吴邦楨　吴江縣人監生　易
第一百三十名　曹倌　望江縣學增廣生　書
第一百三十一名　張思曾　青陽縣學生　詩
第一百三十二名　王執禮　崑山縣學生　易
第一百三十三名　王亮采　溧陽縣學生　詩
第一百三十四名　張愚　懷寧縣人監生　易
第一百三十五名　吴守蒙　歙縣學生　春秋

第一場

四書

樊遲問仁子曰愛人問知子曰知人樊遲未達子曰舉直錯諸枉能使枉者直

顧曾唯

同考試官教諭康批（意渾融而詞雅健取之以冠多士）

同考試官學正周批（道仁知合一之旨婉曲精緻獨超諸作蓋有得於□學者）

考試官修撰黄批（詞古意圓）

考試官侍讀敖批（簡健）

聖人告賢者仁知之别又言其通于一也夫仁知析之各一其用而仁則無不通也知之爲用豈外此哉昔樊遲有仁之問夫子教之曰仁之道大矣而其施莫先於愛人蓋仁者與天地合德故於人無所不愛人有不愛非所以爲仁矣又有知之問夫子教之曰知之道大矣而其務莫急於知人蓋知者與日月合明故於人無所不知人有不知非所以爲知矣夫愛主於博而知則有辯於人有所愛有所不愛也兹固遲之所未達者夫子又教之曰有人焉直則舉之枉則錯之非好其直而惡其枉乎然一舉錯之間即寓夫轉异爲同之機一觀感之際自敏夫矯枉化直之行方其舉而錯也公是公非何所與焉及其枉而直也自責自修若使之然矣是之謂以所愛及所不愛仁亦在其中矣吁知之用兼乎愛之理則仁之盡必由於知之至使知之弗愛失之察愛之弗知失之煦煦是故仁知合一聖者也夫道一而已教者教此也學者學此也自仁者見之謂之仁知者見之謂之知百姓日用而不知故致一之學鮮矣夫子告樊遲盡矣而遲尚未達也哉

文武之政布在方策其人存則其政舉

唐一麐

同考試官教諭梁批（體裁壯麗辭理冲融是盡黜浮靡而自中矩矱者可以傳矣）

同考試官教諭楊批（語根極思有渾涵蓋中庸文之粹者）

同考試官教諭趙批（簡健懇切得孔子當時勖君子旨）

考試官修撰黄批（得尊周重魯意）

考試官侍讀敖批（古雅）

聖人言王政以人而立望魯君之意至矣夫政至周大備世爲天下法者苟得其人又何難焉且夫子之意以爲魯之先有周公者其當文武之王天下也以明聖之君成述作之能之綱之紀監二代而用中贊天地之仁順風氣之宜有興有則冠百王而獨盛禮樂文章黼黻以飾治垂諸訓誥所以用之朝廷與邦國者可明徵者尚秩秩如也道德風俗經緯以貞度載諸簡編所以傳之天下與後世者其表見者尚章章如也豈若杞宋之不足徵哉上焉者有文武之爲君而君明矣下焉者又有文武之臣而臣良矣精神齊壹而猷念相從禮樂可興文章可著先王經綸之迹息於積習之久者不有作於今乎志意流通

而休美并濟道德以一風俗以同先王謨烈之舊存於既衰之餘者不有光於昔乎是則政不難也所難者人耳有人斯有政而又何求哉抑周公相成王制作禮樂以成先德以保大周業故文武之政公之力多焉魯封邑也孔子魯産也持此以語其君尊周者所以重魯也况周禮在魯舍之將何適焉使得君而臣之豈復東周之思乎他日其君問政對曰君之及此言也百姓之德也欲行周公之道何汲汲哉

賢者在位能者在職國家閑暇及是時明其政刑

羅濂

同考試官教諭黄批（詞意精健作孟義之極佳者録之）

考試官學正張批（語莊正理趣渾雅而警策之意溢於言表宜録以式）

考試官修撰黄批（詞闡題意盡）

考試官侍讀敖批（精確）

國有治人而及時以講治法也夫法未嘗不善以不得其人共理之耳知所務焉則强仁之事莫大於是孟子志於明王道以扶當世若曰仁者榮之所必至而强仁者時之所不可後者也今夫度德定位不比戚近是馮是翼之士章章然置之左右因才授職不弃微遠有猷有爲之人斌斌然布之中外賢者用則野無遺逸而幸位者無所安矣能者使則國不空虚而妨職者無所容矣時乎兵革不試無復境外之虞饑饉弗臻庶幾域中之治斯時可爲而不爲則悖矣乃亹亹焉乘其所可爲而亟其所當爲極深研幾洞觀治化之原善世宜民博稽經綸之迹王風遠矣規制猶存也則詳其倫要所與損益以協中達之天下而可行王迹熄矣典刑尚在也則溯其意緒所與會通以立極俟之後世而不惑蓋所以基命立國者惟日不足敢肆然玩愒自以爲安一息少暇逸哉是則强仁者之所有事也抑豐之六五來章慶譽既濟六四衣袽之戒其義深矣故時者聖人大用而得人圖治又時之所先也軻時諸侯去其籍周室政刑蕩然無餘是軻之所憂也七篇仁義所以嘉尚王道而欲繼治世使當時有舉其説而行之者則軻之志亦爽然釋矣

易

九四由豫大有得勿疑朋盍簪

顧曾唯

同考試官教諭康批（詞雅健而意精確究心於易之緼者）

同考試官學正周批（發揮本爻臣道之善無逾此作）

考試官修撰黄批（嘉暢）

考試官侍讀敖批（明盡）

聖人於豫九四嘉以致治之隆示以待賢之道夫天下之豫致之維其人爾大臣以身任之而誠於待賢非所以保豫乎且豫之九四以一陽受上下之應周公繫其辭曰九四備陽剛之德居大臣之位則是左右有術靖共茂弘毗之休圖揆見用施設著敉寧之績上焉其君之和樂也下焉其民之康乂也故其象爲由豫焉占者如之則從心所欲道可大行所志乎爲上者止于盡吾力矣從欲以治澤可遠施所志乎爲下者止于盡吾功矣寧不大有得乎然賢才所恃以相成者蔽之不用與待之不誠胥疑爾故必虚己而待之誠論道經邦以資明也勿之有惑焉爾委任而信之專奮庸熙載以濟美也勿之有貳焉爾則精神所感聖哲歸心百司庶府寧患乏才邪意氣所孚俊乂協力代理分職寧患寡助邪蓋不召而至不期而同猶髪之盍於簪矣不足以保其豫乎吁四之得應以一人致天下之豫由四之陽剛以一誠萃天下之賢聖人因占設戒以示訓則人臣不貴用一己之長可見矣抑大臣之道以身事君其忠止乎一己以人事君其道公於天下故成王之豫由於周公其才美非不盛也然且吐握不暇汲汲乎恐失天下之賢夫當時之賢豈有能過之者而周公之心非若此則無以成成王之治矣然則勿疑之説乃公所自效者讀其辭庸可以弗思乎

以通神明之德以類萬物之情

陸象閏

同考試官教諭康批（本八卦自有而發之透徹精確迥出諸作）

同考試官學正周批（作者講通類二字多失贊易本旨此篇體認精切詞尤暢達録之）

考試官修撰黄批（精到）

考試官侍讀敖批（得旨）

聖人作易有以順性命而象物宜焉夫至微者德至賾者物易卦皆順而象之聖人作易其至矣乎大傳贊先天之易以見制器尚象之原也昔者庖羲氏之王天下也仰觀俯察遠求近取蓋有得於天地陰陽之數而八卦作矣夫陰陽藴而爲德也主宰群生生而生生者未嘗顯樞紐萬化而化化者未嘗呈是之謂神明之德至微者也八卦成則畫雖至簡立象可以盡意圖雖無文有器可以顯道如健順動止之性一理渾涵所不可見者也爲德不同同于陰陽之精爾聖人原此以作易彌綸無外不亦鈎深而索隱乎陰陽凝而爲物也絪

絪化醇盡性情形體之變各正保合極見象形器之全是之謂萬物之情至賾者也八卦成則法象陳焉而群動以彰奇偶列焉而庶類以明如雷風山澤之象物物各具所不可窮者□爲情不同同于陰陽之迹爾聖人原此以作易擬議不違不亦統同而辨异乎是則神明之德非淪於無也一散之爲萬也萬物之情非滯於有也萬原之於一也齊内外合隱顯易所以神也制器尚象取於此足矣抑易具於吾心先天者也著之爲圖象顯之爲制作縱横錯綜無適不合善學易者求之未有畫之先若既畫之餘皆易之迹也夫天地聖人一而已有伏羲而後有文王有周公孔子者四聖之學相禪不窮所以立心極也以言乎天地之間則備矣

書

惟天聰明惟聖時憲

羅濂

同考試官教諭黄批（旨明辭達杰作也）

同考試官學正張批（説天聰明與憲天盡之矣經學之邃者）

考試官修撰黄批（得説告君意）

考試官侍讀敖批（典雅）

大臣原天爲聖所當法責難之意至矣夫理盡於天而聖則理之盡者天也聖也一而已矣傅説進高宗之意謂夫人君其尊如天非與之以安也聰明憲天君之道係矣今夫天冲穆之氣廣運而不息居雖高而聽則卑矣虚靈之精周流而有常迹雖遠而視則近矣非有心以聽也而聽之理具於無聲故宰制萬物各得其宜聞所聞有聞人所不及聞言聽者莫之能違也□有心以視也而視之理隱於無形故役使群□自足其分見所見有見人所不及見言明者莫之有加也夫天確然示人易矣君所以承天致之臣民者也湛一之體與天而同神中正之用與天而合化聽於無聲而吾心有真聽焉不役役以爲聰萬里之遠幽隱且卑達矣視於無形而吾心有真視焉不察察以爲明九州之廣纖□且畢照矣蓋有我之所偏聽自以爲是矣揆之於天不相似則擴其所聞以及其所不聞耳極其聰謀可作也不有以成天下之務乎有我之所獨見自以爲可矣質之於理有未當則大其所見以及其所不見目極其明哲可作也不有以通天下之故乎是則天位乎上聖人成能其中君道盡臣民有不欽若從乂乎抑皋陶矢謨於舜乃曰天聰明自我民聰明蓋天人君民之理相爲流通者也天立君君奉天無非民者是故人主耳目之用大矣哉達之言動愛憎典□命討皆天也盡天聰明豈能外民耳目哉有純天之德者乃有憲天之

政有格天之治人君可以監哉

三后協心同底于道道洽政治

張弘道

同考試官教諭黄批（闡題旨以政與道原於心蓋迥出時作者宜録之）

同考試官學正張批（三后同心致治正如此此作能發之）

考試官修撰黄批（雄渾）

考試官侍讀敖批（格古）

大臣相繼而化殷心同而治亦同也夫治本於道道本於心三后之治所以不可及者非以此歟康王册命畢公保厘東郊之意謂夫昔我先王以殷迪屢不静惟時遷居洛者命周公嘗撫而緝之□君陳繼之公又繼之矣兹三后者念天命之靡諶憂王業之艱難欲殷人惠心有孚以綏定我冢節性其邁以允升大猷培植根本保大治安則前人之心未始必同於公而公之心亦可以質之不悖故道也者所繇適於治之路以貞志章教者也苟可以毖殷不倦于勤思慮深幾微著鼓舞盡神而行之充然有得者寔惟同歸于道焉爾政也者所損益於道之中以布法軌物者也苟可以宜人不徇於俗樞機密品式具化裁盡利而行之犁然各當者寔惟同歸于治焉爾道之所孚不易民而化政之所施必積久而興作於前者謂之俟我公不惑可也成於今者謂之考前聖不謬可也是則一殷人爾漸漬於三紀更治於三后猶未敢以爲安兹東郊保厘豈其微哉抑殷之七王德澤汪濊而賢人相與翊輔及周之興故殷人思之不置使時無周公躬躬如畏然殆哉至康王時安土樂俗可以觀世矣三后協心同道尊主庇民理有固然者以此望畢公公得不少慰乎所以既心慎事欽成烈休前政將何難焉周之德至矣殷之德抑可少哉

詩

吉甫燕喜既多受祉來歸自鎬我行永久飲御諸友炰鱉膾鯉侯誰在矣張仲孝友

唐一麐

同考試官教諭梁批（是題作者類非本旨此獨能闡掇要領蓋邃心於經學者）

同考試官教諭楊批（詞雅氣象閎綽末復歸重孝友卓哉見乎）

同考試官教諭趙批（格高意古詞麗氣昌宜録以式）

考試官修撰黄批（婉而文）

考試官侍讀敖批（疏暢）

詩人述大將燕功慶之深而優之至焉蓋功成而燕慶莫大矣而又尚賢以崇德則優之也何至哉此詩人所爲美吉甫也意謂大臣謀國能持主之危者則安能祛主之憂者則樂能除天下之患者則受福吉甫戰勝而策勛休兵而飲至嚴翼共武王師有萬全之慶薄伐奏績□□有常勝之尊其登之筵也能無喜乎功在□□天子大一統以爲治策在安攘四方恃一人以無恐其受之祉也不既多乎王國未定其如家何庶其來也則歸自鎬爾王心未寧其如身何我之行也若永且久爾于是飲御之以諸友以燕樂葉炰鱉膾鯉嘉其會而成其享矣獻酬之以張仲以孝友也升降揖讓焕其文而稱其情矣夫燕飲於休兵之餘而歸重於孝友之德亦曰唯孝也可以廣忠唯友也可以廣讓吉甫今日之功其亦有所本乎吁崇德尚功可以觀宣王中興之盛矣考之幽厲之世其間相距不百年而近乃若二子獨不見用於其時何哉是故君子觀榮公石父之用則知幽厲之將亡觀張仲吉甫之出則知宣王之將興雖然千畝喪師大原料民夫二人者豈見幾而作乎於幽厲又何尤焉

周王壽考遐不作人

孫浚

同考試官教諭梁批（辭雅理邃且咏嘆聖化而音節疏暢可式）

同考試官教諭楊批（叙壽考作人意如當日見之）

同考試官教諭趙批（渾厚豐腴得詩人之旨）

考試官修撰黄批（明瑩）

考試官侍讀敖批（簡當）

聖君久於其位而化足以興也夫德積久而後化孰謂壽考如文而民不興起者乎宜詩人歌咏之也意謂君子之德潤諸身徵諸庶民是故積之不深則其得必不固導之不久則其化必易敝惟我文王帝懷其德以王業之未固也則假之年以篤積累之祜以民行之未興業則昌其運以垂敷錫之休緝熙以敬其始者即剛健不息之幾也純一以要其終者即於穆不已之□也故自其一人言之足以裕壽命之源自其一國言之得以盡鼓舞之神機動而作者趨焉豪杰出於凡民也徵諸在廷濟濟乎思皇之士矣神感而觀者應焉譽髦選於有造也徵諸在野藹藹乎王之吉人矣所謂遐不作人者有其德有其壽而又有其位斯可矣此文王所以配天也歟雖然德可爲也壽與位不可爲也是故顔之夭孔孟不能易春秋□□若文王者可謂備道而值其全矣况作之

者王季述之者武王當是時斯人之幸何如也故無憂者其唯文王乎

春秋

冬鄭公孫夏帥師伐陳（襄公二十有五年）叔孫豹會晋趙武楚公子圍齊國弱宋向戌衛齊惡陳公子招蔡公孫歸生鄭罕虎許人曹人于虢（昭公元年）叔孫州仇帥師墮郈季孫斯仲孫何忌帥師墮費（俱定公十有二年）

夏時

同考試官學正李批（仲尼子産應晋楚季叔之言俱□脱成文詞氣精確殊逾他作可爲法經者式）

考試官修撰黄批（見□□□□）

考試官侍讀敖批（禮讓爲國此亦可見）

聖賢於内外之强皆抑之以禮焉此子産用鄭仲尼用魯知禮之可以爲國也鄭自五霸之後晋楚惡而伐之無歲寧矣使時無其人則大國日討將能禦乎幸而子産用子皮實授以政焉以爲晋楚無常惟禮可以當之乃詞命是脩應對無失陳之伐也遣獻俘于盟主而晋不能詰虢之會也却逆女之公子而楚不敢圖蓋自是憑凌之患徵求之煩皆獲免矣噫諸侯之强莫晋楚若也犧牲玉帛鄭方未知所息肩矣而僑能折之於片言之頃非賢而能之乎詩曰樂□君子邦家之基其子産之謂哉魯自三桓以□季叔擅而專之爲日久矣使國無其人則□室日卑將能振乎幸而仲尼用桓子實舉以相□以爲三家專國惟禮可以已之乃陳以古制示之成典以侯犯之舍甲也行乎叔孫而郈墮焉以公山之揚戈也行乎季孫爾費墮焉蓋自是城池之固甲兵之藏無復有矣噫大夫之强莫季叔若也土地人民魯方憂其不屬公矣而仲尼能感之以期月之政非聖人而能若是乎傳曰君子所過者化其夫子之謂哉抑僑之爲政於鄭外當强國内剪强家而鄭卒能自立者得盡其謀也仲尼之聖乃不能墮成何哉蓋得政未專相事攝而女樂饋魯君之志荒矣孔子欲行其道得乎嗚呼於此見聖賢有益人國而任使之間豈其微哉

秋晋荀吴帥師伐鮮虞（昭公十有五年）

邵圭潔

同考試官學正李批（作者類多虚詞獨此衍左氏傳爲詳能説荀吴當時用師意宜録之）

考試官修撰黄批（嚴而正）

考試官侍讀敖批（能融會傳意）

霸臣用兵幾於道春秋所以無貶焉此荀吴圍鼓之兵近正而遠奸於道幾矣春秋怒之也固宜昔荀吴再伐鮮虞而春秋書其名氏得免於貶者何蓋不以鮮虞之伐爲無罪而以圍鼓之兵爲有制耳矣夫兵莫大於得正也三代之兵不可尚已若荀吴圍鼓既久也請以城降而不受且令備之當時有以取城諫者而吴弗聽豈無見耶蓋守國以民使知方君子將以愛其上也鼓未屈而降弗知義所矣苟遂取之寧不貫怠邪是故不受其降愧二心也令其繕守知所務也邑可無取民不可使懷貳示之鼓所以教國人也逮其食竭力盡而後取之吴之事君不爲得乎兵莫大於弭奸也王者之師不可見已若吴加兵圍鼓也有以城叛而不許且令殺之當時有以獲城説者而吴弗從又豈無見邪蓋保國以城不納叛君子將以嚴其分也鼓欲以城叛是乃亂臣矣苟遽納之寧不廢義邪是故始焉弗許惡不正也繼焉必殺勵無節也城可無獲亂不可使有階弭之鼓所以防天下也使其欲城邇奸而苟受焉吴於大分不爲賊乎是則以正加敵非貪忿之兵矣不納叛臣非逋逃之主矣大夫皆若而人則亂賊之禍熄春秋特免其貶宜哉抑鮮虞無罪也徒以地鄰勢蹙晋懷啓疆之心無故而再加之兵荀吴諫止又從而順之何邪蓋弗悖於鼓者乃其初心耳而苟徇於君者則固有所怵而忘其非矣春秋不没人善本忠恕也讀者當自得之

禮記

是故治世之音安以樂其政和

徐道遠

同考試官教諭黄批（治世之音本諸心政言之清雅可誦）

考試官修撰黄批（得旨）

考試官侍讀敖批（典雅）

盛世之音所由和見感人之政所當慎也夫音生於心而通於政者也政和而音有不和哉記者以爲政與音不殊心而得聞其音則知其政矣蓋嘗觀諸太平之世其民熙熙爾其俗渾渾爾應感起物本之情性而聲之爲咏者其至和動蕩不窮乎采詩觀風由之義理而比之爲音者其太和流行不息乎文以五聲優柔平中其在朝廷者猶鄉國也盈耳何洋洋哉諧以八音欣喜歡愛其在臣民者猶王公也和聲何翕如哉此皆治世之音若於政無與焉不知上之爲政也緣人情以飭治規制立焉而動罔不順稽天德以行道府事叙焉而民莫不宜德和於上民和於下湛恩汪濊被服乎人物之庶矣治同於朝俗同於野至仁浹洽充塞乎天地之間矣治世之音豈無自哉故曰先王慎所以感

之者抑舜時德惟善政政在養民故九功叙五聲和八風平節有度守有序聖德之弘也見舞招箾者曰德至哉大矣厥後二而南作而風正矣雅頌作而音和矣風雅變而世可知矣夫子之言其思周之盛乎爲政者可以監哉

君子力此二者以南面而立夫是以天下大平也諸侯朝萬物服禮而百官莫敢不承事矣

雷鳴春

同考試官教諭黄批（禮樂致太平之盛此作發得盡可以興矣）

考試官修撰黄批（詞確）

考試官侍讀敖批（簡明）

君子體道以御世而化行於天下焉夫禮樂之道大矣君子本諸身而達之天下寧有不化乎夫子告子張之意若曰致天下之治禮樂而已矣致禮樂之道言行而已矣是故君子知禮不徒言用壯之勇而率履不越天下之至序在我矣知樂不徒行法乾之健而敦行不怠天下之至和在我矣由是嚮離明之位垂衣裳之治中正以爲觀而大順達焉和平以爲感而大化孚焉蓋至治成於無爲太平昭於有象以言乎諸侯藩屏于一人者也一德咸有莫敢不來享莫敢不來王而化行乎諸侯矣以言乎萬物綱紀于一人者也百度維貞大積而不菀細行而不失而化行乎萬物矣以言乎百官承弼于一人者也大小有位罔不用命夙夜匪懈莫不允諧而化行乎百官矣凡此皆禮樂之道徵於天下有如此者何其大哉抑此豈易言哉非達性命之原通天人之故而能制禮作樂者鮮矣故治定功成必世乃興觀之文武成康之世而周公所制作者具在周禮猶足以致太平君子舉而措之禮樂不有興乎

第二場

論

君子莫大乎與人爲善

夏時

同考試官學正李批（閲論多矣此作氣格高古議論特邁上可媲美諸大家不圖舉業中乃有此等文字胸次學議可知已三復之瞿然爲斂衽）

考試官修撰黄批（古健）

考試官侍讀敖批（聖人成己成物所以爲大此論發揮殆盡而詞意古雅是善於作者）

聖人協人己以成其仁仁斯大矣夫仁與天地萬物同體無非己者無己則盡人矣以己盡性不私欲人以人性盡不殊於己人有善因其所以來擇其所以至舍而從之使自悦之繹而措之使自勸之漸漬同風翔洽遐邇德博而化不爲而成聖人之仁將何加焉今夫天一其德而神其運高其位而下其施藏其形而見其光宰制萬物各正性命跂行喙息蠕動芽萌莫不榮滋嘉暢以生以成化轉而嬗天之仁大哉是天之命也性之善也感物而動性之欲也欲則有我矣夫耳目官不易司舉奉其身一有所好不還爲用言我者肝膽楚越也況人乎於人或失則隘或失則泰隘則尚己泰則卑人之二者交持於中虚美薰心愛憎繆盭人所是者己之所弃也己所欲者己之所取也去仁遠矣故天之所以大與聖人者以與夫人也聖同天者也天下之物無得以累之故本之以謙天下之物無得以外之故含之以虚天下之物無得以窒之故通之以明天下之物無得以私之故持之以公天下猶我故與天下同其欲己猶萬物故與萬物同其心苟有一夫不歸於善則亦吾仁未至焉爾必使天下翕然大順底於同仁則聖人仁天下之心始遂矣大哉堯之爲君德配天矣而舜之重華乃與之協則舜之善無復上矣時則諸人之善又何取焉而舜之心乃忘己者也取人之善忘人者也風動四方人皆去其故悦乎新致行己以悦其上矣何其神哉觀之克諧以孝其家之人烝烝然自乂亦允若矣觀之田歷山歷山之人皆讓畔漁雷澤雷澤上人皆讓居陶河濱作什器於壽丘就時於負夏器不苦窳所聚成都潛達則文明矣觀之歷試諸難五典從矣百揆叙矣四門穆穆矣觀之咨二□有二人以亮天工而在官師皆揖讓矣觀之元愷十六族者世濟其美則使之布五教於四方而元愷内平外成不隕其名矣讓則下濟虚則大受明則協一公則成物窮則善其身非獨也顯則章其道非比也側陋而敦仁非抑也陟庸而大行非加也舜仁天下之心何其大哉而或有不能盡如其心者乃若四族者世憂之遷之四裔有三苗焉分北之有幽明焉三考絀陟則舜於此亦不能與之善而聖人之仁窮矣夫聖世不能無斯人猶陰陽宵晝然聖人之心不敢一日忘之忍弃之者彼庶頑讒説欲并生哉何若是急乎天有所短聖有所否職有所必至勢有所不能故善者與仁也不善者不與亦仁也有憯怛之愛有忠利之教天體物不遺聖體人而曲成仁覆天下皆所以成天之大也夫由喜聞過所以救失也無與於告者禹拜善言所以長善也無與於言者非所以齊人已平物我而成天下之仁然繇之以幾夫舜不難矣舜不可及也禹一饋十起拜皋陶昌言所以通治道而來諫諍子路勇於義無窮令名以師百世後人過不聞善言不至喜則過不貳矣拜則善能行矣禹子路抑

豈小哉

表

擬平胡回鑾群臣賀表（永樂十二年）

徐道遠

同考試官教諭黄批（典而麗有金石聲敷颺我成祖神功尤爲詳悉蓋表學之冠者宜録之）

考試官修撰黄批（純雅切實）

考試官侍讀敖批（典則）

永樂十二年八月初一日具官臣某等伏觀前月詔書已於六月七日大破虜衆于殺胡鎮者臣等誠歡誠忭稽首頓首伏以王者大一統合華夷尊主而配天聖人制五兵用征伐安民而馭世故戡外所以寧内而耀武非以明威傳捷寇平旋師蹕振千載冠百王之盛四方荷萬福之同瀚海澄清臣民歡忭竊惟胡虜爲稱驕子入爲起穢之物污我中原散爲犯畢之妖孛于躔次高皇帝秪膺天命爰舉義兵廓氛沴于河南驅單于于漠北時以洪基肇造大化初孚頓神旅以言旋弃鬼方而弗顧詎意鶚音難變豕性莫馴越狐嶺以長驅狂發射天之矢闖雁門而荐食猖争投地之腥方内不毛野中横骨此天厭人怒之時而報怨復讐之會也恭惟皇帝陛下震宫育德離照縱明鼎定幽燕順三靈而改卜材兼文武張九伐以應圖故西服倔羌南平勁越卬僰上章而願内屬朝鮮稽首而稱東藩獨爾凶渠自干翦滅選徒練甲從萬乘以遐征汗馬塵輪當六月而深入鼓角褫將亡之胡魄風雷助大壯之軍聲甌脱兔奔拂盧鼎潰猶復彎弓三峽犄角六師上乃擐甲先登親督采薇之率分兵合擊遂成破竹之形舞干無待于七旬斬馘蓋數以萬計俘其人而歸漢名其地曰殺胡行遠塞窮北斗回南瞻之目人知天順全軍蔑遺矢之虞昔漢討匈奴得何償失周征獫狁兵未出疆觀今日之膚功信文王之大勇是用書勞太廟勒頌穹崖垂鴻號于萬年貽燕謀于百世臣等伏睹六龍回軫七校奏歌羅拜當車識天顔之有喜舉手加額視聖筭以無疆伏願崇禮樂敦詩書暫罷元戎之講戢干戈櫜弓矢永思懿德之求臣等無任瞻天仰聖歡躍屏營之至謹奉表稱賀以聞

第三場

策（五道）

第一問

顧曾唯

同考試官教諭康批（述時勢人心以見我二祖創定之難篇末所陳歷歷可行皇上保治之道見矣忠悃可嘉）

同考試官學正周批（我二祖取守洪謨皇上中興盛烈鋪張揚厲無遺子能識其大者）

考試官修撰黄批（有天下者觀之時勢人心自三代時已然而三德并用我二祖創守皇上中興率此道耳光烈之盛諸士不能殫述惟此詮次休美獨詳旨哉言乎謹書以獻）

考試官侍讀敖批（取守一道我二祖神謀聖略臣子未易揄揚此策獨能推原所以爲萬世計者在於時勢人心焉爾末復歸重皇上保大圖安之道亦不外兹忠愛之意溢於詞表佳士也）

帝王之有天下也得天下之時而後事可正也得天下之勢而後時可因也得天下之人心而後勢可振也三者備矣是故以取天下則無競之烈建以守天下則不拔之基固此我太祖高皇帝聖德神功配天地以無極鴻謨駿業超今古而獨盛夫觀韶舞而識舜者托箾籥之遺音也睹河流而思禹者感疏鑿之遐迹也矧近被豐芑之深澤浹育棫樸之茂化而不能誦揚帝造推本王業其何以塞執事之問請敬陳之夫自德運衰而五帝之號章禪授息而三王之功著受命之君若湯武非聖人而能之乎然順天應人雖稱於易而逆取順守後世不能無异論者豈非帝王之得天下能備其道而值其全者難邪三代而後雖有漢氏其事固可類推然自生民以來孰有如我聖祖之獨盛者夫得天下之道莫大於時莫重於勢莫要於人心是故時者裁於義也不協天下之義不可與赴時勢者握於智也不集天下之智不可與規勢人心者歸順於仁也不廣厚天下之仁不可以合衆异之人心然或時協矣而義之所裁不能以曲至勢握矣而智之所用不能以周施人心合矣而仁之所流被不能以遍物若是者豈非聖人之難邪惟我聖祖則所謂備道而獨值其全者歷選百王未有能并其盛請推湯武及漢比論之可乎是故以時言之夏之有天下也傳世四百餘年矣中間賢聖之君幾作至於桀而後亂殷之有天下也傳世六百餘年矣中間賢聖之君又幾作至於紂而後亂夫二代先王其德澤入民也深而

民之安之也久湯武雖集天命人心之歸然其先固夏殷建國也一旦以二失道之君而遷其數百年宗社此湯武不能無諱於志也故南□既放猶懷升阸之慚牧野方誓即勤□□之諫則三代而後得國如漢宜其獨稱正矣蓋秦起西戎霸中國奮其虎狼之暴十數世漢出而代之其時已過湯武惟我聖祖誕膺天命肇造方夏其時之所值又有非漢所及者蓋秦雖無道其先猶有大功德及於民豈若元以夷狄據中國左衽牧斯民殄我冠裳人道爲之幾絶壞我彜倫天理爲之寖熄所謂古今未有之大變焉者我聖祖於是陳常□夏揭三極於既淪肇立人紀張九法於□絶故檄諭中原八方之義聲先動詔示即位西海之謳歌已歸期視慰民雲霓之望而拯之乎水火之中功施大小豈可同年語哉所謂得天下之時事舉而義協其至者此乎以勢言之湯之正夏自葛而徂昆吾得諸侯之歸者三千故十一征無敵而有娀氏之墟始入矣武王之伐殷九年而觀兵孟津得諸侯之歸者八百故四方之兵咸會而商郊之白旄始麾矣乃若漢氏經營百戰之間所籍資於群雄因業於亡秦者尤衆泜水之覆垓下之圍豈必皆高帝謀乎惟我聖祖興迹濠泗料兵滁和取太平入集慶得天下形勢之地而定業焉由是西拔勁漢而龍灣之奔康郎之捷遏亂略於方熾敵不知其所攻東殪强吴而長興之據葑門之擣折凶謀於既奪敵不知其所守自此而江淮通道國足糗粻之峙閩越歸命士奮技擊之精故北指大河而瀍洛靈聚不能支其有右扼潼關而殽陝全力不能拒其固中自大都而冀寧洺莫之棋布不能悉其衆所謂得天下之勢智周而謀無不中者此乎以人心言之殷自玄鳥降契宅中土者數十世至湯而布德施仁民之相戴也舊矣周自豳岐積其仁德至武王修文王之政載本主而東西方從之者若崩□矣漢興雖無殷周舊業然當秦魚爛河決之極天下苦於無君所謂勞民之易爲仁也故沛公稍除苛法定三章之約秦父兄已相率不能忘於漢矣惟我聖祖提劍孤起既不階商周之先遺而戡定之難乃有什伯於漢氏者是故腥膻作污孰與夏孽之慆淫犬羊改俗孰若殷墟之頑戾失職之民所至成亂則關西鉏棘之夫山東戍讁之徒不足以喻其衆焉故我聖祖方起則徇定遠之民而推以腹心之托降國用之衆而處以宿衛之親將鉞毋授誅掠必戎天兵所過市肆無易至夫招納賢智雖怨敵而必收褒奬忠良在勝國而不遺歲灾方告租賦并蠲農耕欲勸軍牛先給故中州仰弔伐之師率土興壺漿之願悍卒危民不假防檢而志一名城大邑無恃形險而守固所謂得天下之人心仁洽而衆無不附者此乎蓋聖祖之得天下其始也取之於至難故凡時之變也勢之异也人心之數動也有以深原其利害無常之端其終也成之於不易集故

凡時之會也勢之比也人心之弗失也遂能卒定其離合相保之計此所以芟刈群雄復帝王自有之幅員混一六合成古今無配之功德而湯武及漢有不得順其下風也猗歟盛哉然敬承繼道必得賢聖之才而主器不剛雖皇祖不能忘情社稷天啓有道俾綏再造之家邦我成祖文皇帝自燕翼入靖内難其得天下之時即太祖之時矣故改命定鼎宣威漠北所以强天下之勢也反政由舊加惠方内所以安天下之人心也至其立經陳紀建長策於無窮備邊養民固大業於有永歷世無以逾其則矣明作有功必賴精明之治而正德中孽煽權奸雖匹夫亦爲之飲恨切齒天祐下民欲隆中興之統業我皇上自江漢入紹大統其得天下之時又即二祖之時矣故繩奸削濫政刑上出所以振天下漸弊之勢也廣孝興禮恩德旁流所以合天下欲解之人心也至夫敬天勤民協休祉於上下重祀恤戎飭治理於中外窮年不能誦其美矣執事乃以奉茂緒章鴻德下詢承學庸敢不究其愚夫時者難會而易失者忠智之士所終始爲兢也今聖人作而在位明宰執百司輔理承化二祖所經營大業未有秋毫之墜缺也此其大有爲之時豈非大小臣工遭逢之至難乎精白一心以求指要固不越乎勢與人心加之意而已以今日之勢言之含生布齒咸囿尊親航濤索引悉内貢圖六卿之師上籍於司馬而下不得擅尺兵一卒之用九州之賦内制於掌□而外不得私尺土一民之力小大相維之體可以行之久遠無弊矣然而民苦寇攘而約束或怠吏多酷污而黜罰罔究大虜稍侵則三邊六鎮兵有所不振大役一舉則百司庶府財有所不充此其制勢之失庸非當事者均節審量之未至邪是故虚則實之勞則息之危則固之廢則飭之譬治身者之慎宣攝使榮衛腠理皆得元氣之周流也治家者之重防守使户庭扃鐍皆由主令之督戢也如是則體足以相臨而分足以相制勢何患其不舉乎以人心言之内疆九壄貢篚一心外及百蠻譯獻同志馳咫尺之符則親上死長之人不招而自集傳驛置之命則畢力赴義之衆無約而并至德澤淪浹之久足以使之固結不解矣然而饑寒相迫怨嗟罔恤凶灾所被流逋莫省撫綏既失則以畿輔之近而奸宄莫制其命控御無法則以邊鎮之重而士卒悦於從亂此其拂人心之實庸非長民者勞來撫字之未周邪是故除其所害興其所利審其所欲違其所惡譬慈父之於子飲食寒燠無弗謹其節也農夫之於稼耘芟乾溢無弗勤其治也則治之而争奪息導之而生養遂人心何患其不得乎雖然此特略而論之耳夫勢者可以智合而不可以刑求人心者可以仁感而不可以威服此自古取天下而守之長久之術施於後世由此道也是故智以握勢則知重亟反人心可維之以固仁感人心則本固邦寧勢可因之以

益振二者要相爲成也夫修内以攘外治國中以及天下智仁之道不失而勢與人心豈復有遺慮者乎草茅賤士所不敢以肆言者執事幸推其愚謹對

第二問

羅濂

同考試官教諭黄批（選將治賦場中類能言之此作識見卓越謀猷深遠其經世之才乎）

同考試官學正張批（安攘之計莫有要於兵於食者是作獨能酌輕重之勢審緩急之幾以爲康濟之猷其殆先天下之憂而憂者與）

考試官修撰黄批（簡將積貯治安所先子能仰稽皇祖兵食强足敷釋成文可行今日者用世之志見矣是録之）

考試官侍讀敖批（今日急務兵食而已子獨能思將憂民可謂知所先矣殆究心經國遠猷者乎）

天下有大勢焉順之則昌天下有大幾焉審之則豫勢之所在所不可易也外之不能以獨立幾之所在所不可違者也舍之不可與圖存因其不可易輕重生焉因其不可違緩急見焉達此則操切有道應用不匱協諸義而當其可矣蓄將積貯復何難焉夫自軒轅帝天下上世受玄女兵符與炎帝戰於阪泉令應龍攻蚩尤戰於涿鹿其後列國遞相攻伐兵家者流如吕望孫吴司馬穰苴尉繚子李靖黄石公皆能神其説以制兵列陳其他以善將顯名于天下傳至百十年者多西北産也元季秕亂群雄鼎沸我皇祖提劍臨濠一時豪杰勃起聲應景從相與效謀程勇戮力宣忠克南服取中原殲元憝扶天威匡八極奠九夷摧陷廓清之功掀揭前古永貽昌祚如徐武寧常忠武湯武襄沐忠敬輩王號廟食與國咸休皇祖有言吾以布衣起兵所共事者皆鄉里所居相近遠者不過百里君臣相遇遂成□功甚非偶然夫同里閈疆邑鋤耰錢鎛之夫皆赳赳干城腹心當是時元失其馭草菅勝穀邪枉勝直暴虐殘賊敗法瀆刑上下不覺故仁義之師以一鼓而攻之所向無敵故曰大明發而萬物皆照大義發而萬物皆利大兵發而萬物皆服真主之佐殆天所授非偶合也炎劉起豐沛張良圯上蚤受韜略韓信軍中用法苴武其破秦滅楚安能如聖祖順天應人復帝王所自有中國乎神京北鞏控三邊南制四海聖皇中興慎德懷夷修内攘外軫念邊防慎簡將領每每拊髀興懷賢公卿皇皇然仰體宸謀博采熊羆武勇之士不可必得視明興佐命諸臣取諸鄉足矣何其難哉夫殷高宗編髪來朝者六國惟鬼方遠在荊楚撻彼殷武伐三年克之禹征有苗三旬逆命舜武干羽于兩階有苗之至適當其時夫苗格於舜之文德鬼方憊於高

宗之威力文與武若是遠哉蓋舜文德誕敷非以苗也高宗既濟用剛遠威暴亂易之示戒小人勿用使非有恭默思道之心其不貪兵殘民者幾希文武一道寧内戡外所貴者用惟其時爾今蠢兹夷虜頻歲侵軼如隆慶遼陽往事可見已獸聚鳥散我將士猝然而應兵機方略漫不加省因循歲月覬覦遷叙御之既非其道帥之又不以氣戎功玩愒邊疆將何恃哉故邇者罷交趾之征斥河套之復重夷苗之兵絶通貢之請不欲勤兵於遠非所以慎用武惜民力阜民財乎周制九賦九式廩人倉人皆所以斂財賄節財用辨九穀名物者也故税民什一所以藏富於人不盡利以益上自宣公税畝商鞅廢井田頌聲熄而碩鼠興漢唐以下皆取諸民亦漕之東南粟石六百餘萬矣我黄祖稽古定制以天下之墾田定天下之財賦等其地利期其輸納用奉常陳昧奏司民司録獻民數穀數者郊則陳之圜丘禮成藏之内府所以保黎氓重國計也何其至哉天下之賦盛於東南而蘇吴爲甚如蘇之田額半於淮揚而賦之入則什倍之畿輔八郡田等於松江而賦之入計之不加多然吴人患也久矣時僞吴伏誅其將帥叛臣亦從殲滅田皆没於官斯税所由重也豪家湮没良田存爲己業轉將瘠薄詭爲官税甚至詭曰水坍沙壓田去税存靡敝夷民斯税所由攤也田不可限又不能均貧富綿邈何啻霄淵富人侵陵分田劫假繇役繁興十室九虚一遇水旱則貧者阽危亡逃計部檢課吏相繼程途無絶已時郡邑慕效承望頃刻十催尺布之逋曲以當匹百錢餘税增而爲千竭澤而漁反裘而薪如之何可繼而無敝也是故王制有九年之積而無不足之國堯之時非不洪水也然咨岳俾乂殛鯀興禹行山表木疏决滔陸湯之時非不極旱也然身嬰白茅自責六事易農祀弃發金鑄幣天灾流行國家代有堯湯所以轉灾者至矣比年水旱皇上修德致和與天地合德與堯湯同仁省刑減租發倉賑貧聖恩汪濊有司能致之於民使吾民得沾以爲惠乎惠不沾賦不可省矣官税額重攤税額虚存其虚額使吾民受實禍視古之什之税一不亦過哉積之累歲盡弃其産以益取盈亦不足耳不亡何待減額其可行乎然江南巨姓富人田多飛射影走百爲之計歲運猶舉而兼折抵負苟圖幸免習已成俗官多轉徙吏緣絶爲奸今惟致期邑令徵輸以時第其豐約以次責償其貧乏者聞之監司監司轉聞之天子一切蠲免損上益下其道大光師帥不賢則恩澤不降疏名屏風以擬廢置增秩賜金以章顯績使得行其志而久其治功夫經國有人天不能灾地不能貧人不能困何憂食不足乎論將之道在御之而已御得其道無不可者簡閱嚴而勇怯别賞罰信而勸懲行略其細過雖謗書盈篋不損也專其節制雖賜之鈇鉞不多也今之爲將者虜至以兵寡不敢抗敵以無

詔不敢出師賊既縱掠而歸此乃陳勳告捷士有破敵斬首上功幕府一言不合其賞不行乃有衣輕乘肥俠游都市使其家之人持金塞上遂得拜捷司馬挂名拱衛是何理哉邇者建議之臣乃欲禮官申大閲之義請上歲仲冬一舉所以選車徒而觀軍實示德威而嚴師律蓋治天下有風道焉材官猛士望之則精神鼓舞忠勇激發使之摧堅伏鋭上不制於天下不制於地中不制於人何憂將不足哉邊陲寧謐高拱西北以漕東南之粟猶泰山而四維之也權輕重之勢審緩急之幾惟吾君加之意焉國家億萬年無疆之休在斯矣

第三問

唐一慶

同考試官教諭梁批（崇經術以淑人心治所先者是作陳述百家辨析精嚴博學而知約者）

同考試官教諭楊批（孔孟之道萬世無弊歷漢晋諸子論説乃至朱子大明子能溯流窮源且有憂世之志知所嚮往矣）

同考試官教諭趙批（道明則行幸于今見之子涵儒治化肆而爲文檃栝至要敬羨敬羨）

考試官修撰黄批（有漢唐諸儒之説朱子氏得以集其成而孔孟之道益明懋德建中聖人在天子之位此作折衷群言敷颺聖化學而有獲者）

考試官侍讀敖批（道德一風俗可同此策上下古今抑揚諸子殆志孔孟之學以維持世教者宜録之）

帝王經世以承天建極以立人崇教以同風審尚以宜俗上之所爲而下亦爲之積習既久行者爲安夫惟出於人心之所安而後可以大同於天下天下同以爲是則必合萬世無以爲非雖曲學邪説肆如簧之口横潰四出鼓惑人心亦不能流毒滋患久而不廢蓋恃吾有以制勝之道而彼之道無繇勝正者邪之敵也天者人所不能爲也道者無弊法者追俗爲制□□君子慎天下之防而一天下之維者也夫皇風沕穆帝道誠壹亮采惠疇政非緣飾平章協和俗多仁讓典謨誓誥明徵世變周平東遷政教衰微孔子喟然有志于上古之化論次詩書修起禮樂贊周易明王道托筆麟經自隱迄哀是非二百四十二年之中以爲天下儀表六卿分晋七雄争國捐禮讓而貴戰争弃仁義而用詐譎孟子於威宣述唐虞三代之德所如不合退而潤色夫子之業以授其徒時則申不害以術干韓韓非以法説秦蘇秦張儀馳騁從横轉相慕效遂成并吞周之盛時使天下孝弟修良日入于道德和平之中傳至康昭遺風流澤猶有存者秦之時使天下斬伐割剥日入于戈戟刑憲之中傳至二世

土崩瓦解不可爲已董仲舒漢之大儒言于武帝曰春秋大一統諸不在六藝之科孔子之術者皆絶其道丞相衛綰請取用賢良或治申韓蘇張之言亂國政者皆請罷去夫煨燼之餘士得見全經者鮮矣炎漢建立明經博微儒術齊魯閑於文學雖曰承師亦别名家皆所以扶進微學尊廣道藝百年間天下遺文古事靡不畢集斌斌然盛矣司馬遷號爲良史雖爲四子傳贊斥儀秦皆權變傾危之士悲韓非説難既遒其身乃囚申子卑卑施於名實至曰衛靈周陳孔子不答而去梁惠謀議攻趙孟軻稱太王去邠此豈有意阿世俗苟合已哉則遷之是非不頗謬於聖人也的矣章句發明始於子夏其後諸家分析各有同异石渠講議而説寢煩中元有詔議欲減省徐防以疏取士曰改薄從忠三世常道專精務本儒學所先范甯以咎王何曰滅弃典文幽沉仁義游詞浮説波蕩後生穎達正義剖注九經然多引讖緯文忠猶少詆焉宋治昭明九儒繼出惟朱熹折衷群言羽翼六藝中更學禁晚益自信殆□孔孟不遇乎崇尚表章於今爲烈魏鶴山指衛道之功可以繼孟軻云其他高者超悟爲神卑者濟私爲賢宋治不振有由矣胡元僭竊中國民物胥之爲夷我皇祖殲旃元憝廓清海宇首敕文學之臣尊孔孟之言率三皇而範五帝興禮合樂移風易俗貽休列聖光昭明德惟聖皇赫然中興敬天法祖懋德正學修禮崇化躬行節儉明示好惡政之所施莫知其成時之所在莫知其移物有必至而事之固然者士學於家非不知尊孔氏而黜百家及出而仕僞名背實蔑公棘欲直枉是非各以其意事苟不出於己少有齟齬不合即群起而噪之得不如轍所憂者乎古者計田授氓無職事者罰有常征邇年四方游手浮食觸禁亡貫之徒側肩躡足于京邑巧文詆法有司明知其罪蝥而莫之貶抑此之不去樹德曷滋不有如誼所憂者乎工者矜能於無用商賈通貨於難得操其奇贏日游都市乘時之急積貯倍息亡農夫之苦有什伯之得非錯之所憂者乎上下相冒背本趨末循法守禮者見悔於世奢溢侈僭者謂之顯榮有如司馬氏所憂者乎夫治世微權□傺急務嘉道德以同風俗賢貞介以抑競躁與忠儉以袪泰侈示糾罰以杜奇巧辯等威以齊衆志嚴中詷以削僑人輕末作以重本業慎品節以防僭差誠以行之循而不變則民心同而治道一賈生有言經制定則世世相安矣彼俗吏執簿拘文非所以基太平故王吉以爲憂本之人情爲之立制以和其心志嚴安所以疏漢武鄭子産爲政於鄭崇本質而抑華靡輿人誦之不衰夫世有先後而言治者若持左券皆曰先王有改制之名無易道之實漢唐承秦隋三章六典非不犂然各當而享國傳家邈不逮周周承桀紂後一周官法度即可兼夏殷之歷年乎由之上下勤恤誠民祈天道洽政治永膺多福

延至八百年齊晋强大猶假尊周之義以濟霸國之威此其故何哉培植豐大則枝葉長楙禮教未熄則人心尚存今孔孟之道昭如日星我聖主尊崇服行所以明天道立人極以興民行者日惟不足一哉皇心而倫備矣大哉皇章而制善矣純德軼于京師則王風達于天下愚也涵泳聖化莫知所畔涯者也敬承明問陳其概願采擇焉

第四問

夏時

同考試官學正李批（文教武功道一耳此作酌緩急時宜敷繹確當草茅言當世之務通達若此可嘉可嘉）

考試官修撰黄批（邊事類能言之及致之用則滯矣子能獨究弊原區畫條陳可裨時政宜録之以語籌邊者）

考試官侍讀敖批（安攘國家大計也衡藿之士能究心詳悉切中時弊進而用之易易耳）

人主建中興之業也備經世之德者則王道顯具振世之才者則霸略弘何也德弗足以和邇者難以語王才弗足以威遠者難以定霸于以原治忽之端決安攘之計灼可睹矣此周宣之修行而興師也揚三后之耿光而漢武之雪耻而除凶也乘奕葉之丕烈也歟執事有慨於滑夏之沴而遠感乎周漢之故愚請因明問而陳之可乎昔周自大王避狄遷岐民心敵愾久矣文王有畎夷氏之伐武王遂戎涇洛之北以時入貢名曰荒服厥後穆王征犬戎獲狼鹿以歸自是荒服不至陵夷至於厲王無道綱紀板蕩諸侯不朝國人作難而獫狁内侵逼近涇陽當是時周之宗祀不絶如綫矣宣王崛起憂患之中深惟社稷之計遣吉甫以薄伐帥方叔以徂征勉召虎以□公策皇父以敬戒淮徐之浦執其醜虜追貊之邦獻其貔豹華夷界彼朔方疆理極于南海王靈睿筭有迴然改觀者然考其雲漢見敬修之實也鴻雁見流移之歸也無羊見物産之盛也車攻見王賦之復也而又任孝友之張仲明哲之山甫則内治之功不可誣也漢承秦項兵争之後民苦於戰久矣高祖不報平城之怨高后忍弃嫚書之詬寢兵休卒以紓新造迨至文景之世要盟增幣而棘門霸上猶不忘備加之以中行説爲之謀主教以疏記使之計課其人衆畜物誘以利害使之秋候以騎馳蹂稼穡當是時匈奴爲漢患亦已甚矣武帝藉文景之蓄積爲規拓之長策遣衛青出上谷命李廣出雁門公孫敖出代霍去病出隴西浮西河絶大幕破寘顔襲王庭封狼居胥山禪姑衍臨翰海追奔逐北窮極其地名王貴人虜以百數出奇制勝有曠然獨視者然考其行夏時見天統之正也恤農作見

民事之重也表六經見大道之明也黜百家見邪説之闢也而又優董汲之直諫任霍金之忠仆則内修之實亦不可誣也夫以宣王惕勵内焉順治外焉威嚴會諸侯於東都復文武之境土一時氣勢勃然中興若不可禦者雖牧野之戰盟津之會不過如是胡爲乎黄鳥作黎民有此邦之嘆白駒歌賢者有空谷之返卒之千畝不籍而有敗績姜戎之耻王猶允塞竟安在哉蓋其戰勝攻克出於修復之舉而老師宿將猶有先代之遺況文德之風兵食之制先王之訓尚存也是故當板蕩之餘獨振其興衰撥亂之烈其以此乎惜也漸不克終遂使文武之業終焉已矣東遷之禍曾不旋踵謂非王有以遺之不可也易曰不恒其德或承之羞宣王以之夫以武帝神武將帥猛良財賦充實發舒中華之氣洗除先世之耻一時威靈赫然丕振若無能當者雖昆夷兑矣雖其喙矣不過如是胡爲乎關東轉輸之徒釀亂而竊發繡衣直指之使秉鉞而并出卒之海内虚耗而有晚年輪臺之悔雄才大略竟安在哉蓋其窮兵勤遠已昧夫不戢自焚之灾而好大喜功不免于時詘舉嬴之敝乃筭商車乃税鹽鐵中正之法漸盡矣是故乘强利之資不遂其長駕遠馭之志其以此乎惜也不善謀始庶幾亡秦之績幸而免夫納欵之誠終于漢世謂非帝有以啓之不可也書曰不惟其終終以困窮武帝以之較而論之周宣之命將薄伐盡境而還其視戎狄之侵譬諸蝨蝱之螫驅之而已故天下稱明漢武之深入遠戍雖有克獲胡輒報之暴兵露師三十餘年中國靡敝匈奴亦創艾而天下稱武均之有攘夷匡夏之功未聞無怠無荒之學有闢上開疆之烈未聞守在四夷之道此宣王之不純乎王僅得夫禦戎之中策而武帝卒歸于霸不免於下策也歟我國家深仁厚澤類乎周而一統之盛優于漢神武之所廓清廟謨之所戡定直有以追舜之無干而苗格武之慎德而夷賓者周宣漢武不足言矣奈何承平日久戎備益弛諸邊饋給舊不麗于大倉也今也未嘗勤兵于遠如漢之窮黷焉者何邊鄙之轉給率望于國中之帑藏法曰千里饋糧士有饑色不可不慮矣邊方將官舊不聞其内遷也今也未有禦侮于外如周之興復焉者何平時之簡用莫益于緩急之成敗語曰將不知兵以國予敵不可亡慮矣夫知邊需之未足也不必求輸于鬼神斟酌盈縮在司農加意而已知邊將之匪人也不必借才于异代簡任責成在司馬留意而已是故以廣儲蓄則興鹽利以實塞下之粟治屯田以省轉輸之勞足邊之策此不可不講也以簡將才則明賞罰以制邊臣之命慎委任以專閫外之權任將之策此不可不講也抑愚伏讀明問有感於中一得之見不容終默執事有曰漢將如衛青李廣霍去病其視方叔召虎尹吉甫諸人殆相伯仲夫古今人不甚相遠也特患學術有未正爾宋儒范

仲淹曰議者不知取將之無術□云當今之無將蓋中人之資有所明必有所蔽有所長必有所短而懲於前警於後又其恒情也故吴起忍人也而稱名將陳平貪士也而爲謀臣管仲仇虜也而爲伯主顧上鼓舞駕馭之何如耳故曰用人之仁去其貪用人之智去其詐用人之勇去其愚三代以下將不知學若武帝拔衛青於騎奴用去病於育子至於驃騎出塞塞閲馬十四萬匹而復入塞不滿三萬乃益置大司馬位與大將軍等此其御將何如也愚聞諸道路言矣比年邊寇方興曾不足以辱偏裨而朝廷會舉固已倉皇失措不得已而思其次一二人之外遂無繼之者夫勛裔世胄多紈絝之習武科舉士僅得挽强之才求將於倉卒而又以文法繩之吾知其必不克矣曩者邊關將士以勇悍稱者類以罪過□弃於散地若此者其在平居固不可使□□上至於多事之秋則彼之勇悍誠足用也古人有言使功不如使過豈無謂哉况今之主帥賞罰予奪必稟命於督憲參將游擊莫制其死命其視古推轂之遺專閫之寄大不侔矣如此而望將得其人不已難乎執事有曰武帝括鹽鐵筭商車猶不足以給饋饟之費宣王南征北伐無歲無之不聞其用不足夫生物之豐敗在天用物之多少由人故能節用雖虚必盈否則雖盈必縮宋儒曾鞏曰有約于今而浮于舊者有約于舊而浮于今者浮者必求浮之自而杜之約者必求約之由而從之蓋井田之制一夫百畝十一而征富藏於民矣兵由農出於凡甲兵車馬之屬取給於下國無預焉三代以下賦取於民若武帝歲漕山東粟六百萬石其視高帝時已數十倍矣而猶括鹽鐵筭商車豈盡輸於邊哉愚嘗聞諸道路言矣國初之制近邊郡邑租税轉輸于巨鎮者不少我成祖親率六師三犁虜庭未聞有轉運内帑之費况今承平日久戍卒動以乏食坐困叫號歡呼震撼主帥借曰征調召募費出不貲而出入緣奸所損豈少往者調宣大游擊之兵入而收海口狼山之捷近歲以虜警之故簡團營聽征之卒往屯紫荊諸關之隘若此者謂兵家調發不廢可也豈可以爲常乎其間坐視虜鋒若秦越人不相應援者有之愚以爲客兵之費莫若付之閫外使募死士以當前鋒如李牧椎牛享士市租皆入募府趙充國禦羌亦日饗軍士其後曹彬下江南日頒肉數千斤以給戰士王全斌得以一州之賦爲犒軍之費而軍中不問其出入古之將士心相得類若此兵法亦曰視卒如嬰兒故可與赴深溪視卒如赤子故可與俱死今一錢尺帛必從中覆而三軍之士不厭藜藿持此以闘其敵不亦難乎雖然歐陽脩又曰國家所憂不在於無兵也無將也無財也無禦戎之策也無可任之人也唯在於謹號令之頒明賞罰之施責功效之實而朱熹亦曰其備不在邊境而在朝廷其具不在兵食而在紀綱其本不在威强而在

德業此又探本之論執事廟堂事也謹對

第五問

徐道遠

同考試官教諭黄批（河防持議者衆未聞畫一良圖可行經久惟此策能道古今河患處浚導財力非究心時務之士曷能如此宜録之以冠多士）

考試官修撰黄批（甚矣水之爲利害也先後疏鑿靡敝財力子能道其故條畫其宜申之以節愛皆非經生所習談也是可嘉尚）

考試官侍讀敖批（治河亦今日切務此對究竟源委洞悉利害條畫區處鑿鑿可行可以與司水者言）

天下有不可必興之利亦有不可必去之害夫利害者休戚之原也興衰之機也利有可興而弗知所以興害有可去而弗知所以去仁者不爲也利不可以興而必欲興之害不可以去而必欲去之知者不爲也不必於興利不必於去害知以度之仁以經之盡諸我者足以回天人之心是謂得時方今黄河之害非在所當必去者乎運道之利非在所當必興者乎而執事先生惓惓焉惟是之問無亦欲察利害之原而究其説乎夫河之爲中國患也久矣禹鑿龍門導大伾疏九河而注之海而後懷襄之害息允賴之利成孟子所謂禹之行水水之道也繼禹而治者代不乏人然議論敷奏人持所見經營規度各私其功其於利害之原率未暇致詳也明興洪武初河嘗決雙河口入魚臺已而用兵梁晋間命大將軍徐達開塌場口決耐牢坡引□□河以輸晋梁之粟永樂中運道淤阻輪□不繼乃發河南丁夫命侍郎金純引開封河復開塌場口出穀□北以復故道當是時不徒察利害之原明興去之宜而聖德神功孚契感格亦不可誣自是百餘年間凡七決矣雖嘗命大臣董治其事然亦隨時補葺未聞經久之圖也邇者河折而東決夏邑經曹縣達梁靖接二洪其於運道有賴矣然戊申年河水暴溢曹單之地皆沼渚而濱河之民悉魚鱉蓋不忍言者且弘治五年決張秋也潰自金龍口而其所經之地莫非曹州之境今曹單之野視河水爲甚低而張秋故道又故曹單爲甚邇故曹單一決勢必尋故道而決張秋非徒南旺以北閘座盡廢愚恐山東諸泉悉因之而東奔矣此河患在山東者誠爲至切而運道之在張秋者不可不慮也決上流以殺其勢開支河以分其流今日救患之策宜莫先於此者故總督重臣一則有欲穿趙皮寨之奏一則有欲穿孫家渡之奏夫二河俱上流也而難易殊焉何則孫家渡之開昔嘗因之以塞張秋五十餘年淤積成阜雖經十五挑浚卒罔攸濟趙皮寨之穿以達渦河雖其道里較若稍遠而河身尚存易以成功然自河以南者曰二

河既開則曹縣之患轉而之睢歸亳泗矣夫民患均切也而未然之防亦不可不虞是故決孫家之渡則必由白露西華以入荊山矣而壽春諸王之墳近淮河者可不慮其奔迫邪開趙皮之寨則必經渦河蒙城以達臨淮矣而□陵之在鳳泗者可不憂其蕩齧邪故菑害之及於民者均之可恤而其切於□陵寢者尤可畏也雖然二河誠可鑿也方今財力困矣莫大之役不貲之費將何所取給邪議者謂在山東則有溜淺之夫堤白之夫在大名亦有堤夫在河南亦有河夫堤夫堡夫而歲時定派復有椿草之銀然河南之夫徵銀以爲雇募之值山東之夫役力以備挑浚之用而力與銀又取諸均徭蓋自黄河興役而經費有常所謂輪年之額辦者也而明問則曰役夫衆多久勞則潰財出州郡兼取則冒托資奸者無亦有懲於勝國之已事而爲是憂治時之言乎愚則以爲救灾恤患本非黷武窮兵之事而董理諸臣又非好大喜功之人故尚書宋禮役夫一十六萬以決會通之淤凡七閲月而後成都御史徐有貞役夫五萬八千以塞滎陽之決歷十有八月而後集及決金龍則白康敏役夫二十五萬矣復決張秋則劉忠宣役夫一十二萬矣又皆成功於二年之後當時民不以爲怨者得非説以先民民忘其勞邪兹果欲其役久而不潰愚則曰非姑息之可能也必與之工值以安其心錫之犒賞以作其氣出給有時更休有候而又節其風雨之勞恤其疾苦之私復得仁厚之吏巡行勞來於其間有如李牧魏尚之撫士卒即驅之於必死民且樂於戰矣況徒役其力而已邪果欲其財出而不濫愚則曰非浚削之可恃也必圭地以計其數因數以定其夫測深廣以驗工視濕燥以爲節而又遠邇有程稽考有籍復得廉明之吏敷實經度於其間如孔僅劉晏之善心計即有污吏猾胥無所容器奸矣況用之而得其人邪嗟夫此自一時區處著言之也而利害之原則固有未悉者昔宋欲回河歐陽脩曰凡動大衆必順天時量人力謀於其始審於其終計所利者多乃可無悔劉敞亦曰天有時地有勢今極力於疲病掠財於殘耗上與天争時下與地争勢未見其爲可也方今可憂治害莫切於皇陵必圖之利莫先於漕運乃者河水東行而陵寢無虞接河濟洪而漕挽通利此蓋皇天垂祐地祇效靈國家億萬載無疆之休端有在於此者是豈人謀之能與哉而持議之臣不審其所終自貽無窮之患争時争勢强爲難圖之功誠未見其便者然則爲今之計必何如而後可哉陳堯佐知滑州以西北水壞城築大堤又叠埽于城北護州中居民復置木龍以護岸當時賴焉任伯雨云河流必决者勢也安可以人力制哉爲今之策正宜因其所向寬立堤防約攔水勢使不至大段漫流爾故與其分心於難浚之二河孰若并力於尚完之曹單是故多置方舟疏浚淤澱使河益

深廣足爲容受之地以行賈魯之三法寬立堤防增培卑薄復旁植木龍以當奔突之勢以行賈讓之三策不然則又於崔壩南岸别决小河自賈庄以達梁靖俾水有所分且免他虞是或治河之一道也如是則事捷而役不久功大而費不重矣然草野之臣不識忌諱復有進於此者晋景公時河壅不流召伯尊遇輦者曰君親素縞帥群臣哭之既而祠焉斯流矣如言漢武帝時河决金堤谷永以爲河乃中國之經瀆今潰溢横流漂没陵阜异之大者宜修政以應之至後世三寶之説獻於祖禹崇陽抑陰之疏進諸李綱此愚生所謂得其時焉之意也兹遇聖明在上知周仁備以建中和之極行將見其就下安流出圖書以答皇休矣愚也又何贅焉

應天府鄉試録後序

嘉靖歲己酉秋維七月六日臣銑臣廷用恭奉上命典應天府試事事既竣乃拜手稽首言曰維皇祖受命有此武功于時考卜宅是鍾陽維成祖承烈定鼎燕京兩都并峙萬方拱極山川連亘幾千里相錯如繡比入徐淮瞻濠梁仰惟皇祖當昌運而興順天應人一時佐命元工雷動雲合翼龍以飛鼓舞域中肇進區夏及天下（此處底本殘缺——編者注）

嘉靖三十一年應天府鄉試録

今歲壬子天下復當貢士秋七月丙戌上詔右中允臣臺修撰臣鎜往典應天府鄉試戊子陛辭入舟八月丙辰達府治丁巳遂燕入鎖院内外執事既飭乃按故事進六館諸曹暨提學御史所選士五千三十人有奇如期圍棘三試之臣等率先誓戒凡簾以内諸臣惟嚴惟公惟專精畢志罔懈敬事之義庶式有攸濟比卷匭入臣二人手披□攸悉晝夜檢索之力蓋食寢無敢寧息者二十有二日焉戊寅撤棘循制拔士得其雋一百三十有五人第其氏名并文之優者成録以獻臣臺謹序諸首曰自昔方内雖極治豈能上下晏然一無所事哉是故明君重民必求賢才康乂之夫賢才非因事任無以驗其實用其質具觀於始進亦未易辨識也是故唐虞官人詢事考言成周教士比歲而賓興之當其時鴻水横流人民鮮育得岳牧十數人而天下治後世惟永賴文武之際邦家多難敉寧先後茂弼大勛篤棐恂忱之士偶力焉業衰中世宣王驅淮夷服玁狁作周道而振起之時則方召申吕南吉之輩名世夫賢才受上委擇因事任以攄所用其效蓋章顯如是玆聖王所爲側揚旁招寤寐矻矻若弗及者也科舉求士比於詢考賓興之法雖古今殊宜然因文以察其中之所蓄存凡質具固可概得矣實用之攄事任其究無大相遠者是以歷世遵行其制不可改易焉我高皇帝神武肇興舉義渡江二三儒俊陳説進取特見咨用得金陵形勢基本以成削平混一之大功不可謂無疇訪之益矣於是亟思延召遺佚然恐巖穴搜羅罔遍故禮聘方馳科舉之制即議云是時佐命元勛暨諸文學政事之彦簡列左右擢布中外大抵彬彬多邦畿産也夫天地之氣所潛會聖人之化所首被玆域匹於唐虞冀方成周鎬宅豈非曠千世不幾覯者乎是以賢才隨盛數托始濟濟王國專四方人文之麗美今百八十年間者卿碩輔彪炳相襲庠序之士結衿竦企并期以學隮實用夫固有所開先矣我皇上膺天踐序浚祥江漢之表靈波灑澮滲潤南疆士乘玆顯會沃灌本實濯炫光華宜益月异而歲不同矧豐芑之澤浸施久長無朝夕者邪臣承乏玆役鎜覽諸士之文則皆原本道德恢張治化六藝百氏爛然條貫迹所敷説實用殆居可見焉异時效諸事任翊贊襄毗之質具不寧於是乎載之諸士其尚懋毖之乎

夫高皇帝搆營大業邁迹堙蕻燮伐之勤皇上道備参貳中興作述洪洞暉朗上曜日月文武經緯煥之一心昭焯乎天下燀燀截征之績惡足擬配其一二也昔開國畿士既咸焜樹大烈不愧古岳牧旦奭之徒矣今爾士論世稽德風尚未遠庸可不以周中興諸佐自期奮乎哉夫數君子戴翼休明才德歌述乎二雅厥豈顓顓事任是需者入秉物則偕孝友揉惠直躬明哲出著匡定蕃宣之績猷其微行施之當世鄉士朋友之間百代論記可思也兹非所謂實用之質具邪諸士誠知篤勉於是則敬修之家出可對揚帝廷榮實交茂施聲聞不匱庶幾康乂之效日有見之天下爾臣不佞猥奉明詔惴惴焉惟弗稱任使是懼兹於諸士彙拔之始謂宜有以進勖之也故敢以是終告是舉也提調則府尹臣塾府丞臣珊同考則學正臣遷教諭臣瀹臣昇臣堪臣燦臣世美臣朝賓臣東熙訓導臣萬里監試則御史臣豪臣民其提學則御史臣趙鏜也矢勞在公故事當書謹并書之

右春坊右中允兼翰林院修撰尹臺謹序

嘉靖三十一年應天府鄉試

提調官

通議大夫應天府府尹歐陽塾（崇儒江西泰和縣人　丙戌進士）

中順大夫應天府府丞李珊（敬乎湖廣衡州衛人　戊戌進士）

考試官

右春坊右中允兼翰林院修撰尹臺（崇基江西永新縣人　乙未進士）

翰林院修撰郭鎜（允新山西高平縣人　乙未進士）

同考試官

山東兖州府東平州儒學學正陳遷（于喬廣東南海縣人　丁酉貢士）

福建泉州府永春縣儒學教諭周瀹（通叔廣東□□縣人　癸卯貢士）

福建建寧府崇安縣儒學教諭盧昇（元白廣東東莞縣人　丁酉貢士）

廣東瓊州府澄邁縣儒學教諭林堪（尚乾福建閩縣人　癸卯貢士）

江西贛州府瑞金縣儒學教諭陳燦（孚中福建懷安縣人　癸卯貢士）

湖廣承天府潛江縣儒學教諭譚世美（子充廣西全州人　己酉貢士）

浙江衢州府開化縣儒學教諭鄧朝賓（敬鄉廣西貴縣人　丙午貢士）

四川重慶府合州銅梁縣儒學教諭張東熙（洪鄉廣西臨桂縣人　庚子貢士）

江西饒州府餘干縣儒學訓導林萬里（子升福建莆田縣人　己酉貢士）

監試官

承事郎南京廣東道監察御史金豪（文興浙江蘭谿縣人　甲辰進士）

文林郎南京山西道監察御史王民（皞如山東臨清州人　甲辰進士）

收掌試卷官

應天府治中丘道明（誠之福建上□縣人　監生）

承直郎應天府通判張峯（子奇江西泰和縣人　戊子貢士）

印卷官

應天府通判汪宗之（伯會江西貴谿縣人　辛卯貢士）

承務郎應天府推官羅節卿（貞可廣東順德縣人　辛卯貢士）

受卷官

承直郎應天府上元縣知縣袁鑒（慶昭廣東揭陽縣人　乙酉貢士）

南京虎賁右衛經歷陸人滕（元忠浙江鄞縣人　監生）

彌封官

應天府句容縣知縣況國奇（子常江西奉新縣人　庚子貢士）

南京興武衛經歷施鈇（德威浙江孝豐縣人　監生）

謄録官

應天府溧陽縣知縣鄭一龍（于田福建惠安縣人　庚戌進士）

應天府江浦縣知縣侯國治（平裕廣東南海縣人　甲午貢士）

南京水軍右衛經歷劉宗禮（汝立山東朝城縣人　監生）

封讀官

應天府溧水縣知縣欒尚約（孔原山東膠州人　庚戌進士）

應天府六合縣知縣董邦政（克孚山東陽信縣人　監生）

南京羽林左衛經歷陳萬魁（文選廣西武宜縣人　監生）

巡綽官

懷遠將軍新安衛指揮同知穆珊（廷玉直隸無爲州人）

懷遠將軍安慶衛指揮同知楊舉（伯煮山東歷城縣人）

搜檢官

武略將軍南京留守左衛副千户馬龍（時□山東賓縣人）

武略將軍南京留守前衛副千户劉軻（□□□□□縣人）

昭信校尉南京留守後衛百户王鉞（廷□□天府武清縣人）

昭信校尉南京留守右衛百户袁□（□□思考□新河縣人）

供給官

應天府經歷司經歷□□（□□山東大名縣　監生）

應天府照磨所檢校張大倫（□□陝西□□縣人　監生）

應天府上元縣縣丞張德（□□直隸宿松縣人　監生）

文林郎應天府江寧縣縣丞覃鑾（子和四川萬縣人　監生）

應天府上元縣主簿劉錀（德□四川龍□□□司人　監生）

應天府上元縣主簿張昂（宿夫直隸昌□縣人　監生）

應天府江寧縣主簿張以忠（良臣陝西富平縣人　監生）

應天府句容縣縣丞賈中鍚（德承浙江海寧縣人　監生）

應天府溧水縣主簿姜從周（子載山東即墨縣籍鼇山衛人　監生）

應天府上元縣典史杜漸（子防江西豐城縣人　吏員）

應天府江寧縣典史林得茂（雨清福建上杭縣人　承差）

應天府句容縣典史袁鋐（汝聲浙江慈谿縣人　吏員）

應天府溧陽縣典史陳錢（□之浙江鄞縣人　吏員）

應天府批驗茶引所大使會茂（實卿四川眉州人　吏員）

應天府龍江遞運所大使鄧文爵（良貴湖□□□縣人　吏員）

應天府龍江水馬驛驛丞白雲考（化夫山西平定州人　承差）

應天府江寧縣江寧驛驛丞蔡宗程（汝南江西南昌縣人　承差）

應天府句容縣容亭驛驛丞李信成（子立江西玉山縣人　承差）

應天府句容縣龍潭驛驛丞盧應桂（子秋四川大竹縣人　承差）

第一場

四書

君子不可小知而可大受也　道也者不可須臾離也可離非道也是故君子戒慎乎其所不睹恐懼乎其所不聞莫見乎隱莫顯乎微故君子慎其獨也　奮乎百世之上百世之下聞者莫不興起也非聖人而能若是乎而況於親炙之者乎

易

首出庶物萬國咸寧　大壯利貞大者正也正大而天地之情可見矣是以君子將有爲也將有行也問焉而以言其受命也如嚮无有遠近幽深遂

知來物非天下之至精其孰能與於此參伍以變錯綜其數通其變遂成天地之文極其數遂定天下之象非天下之至變其孰能與於此易无思也无爲也寂然不動感而遂通天下之故非天下之至神其孰能與於此　神而明之存乎其人默而成之不言而信存乎德行

書

淮沂其乂蒙羽其藝大野既豬東原底平　若網在綱有條而不紊若農服田力穡乃亦有秋　王來紹上帝自服于土中旦曰其作大邑其自時配皇天毖祀于上下其自時中乂王厥有成命治民今休　穆穆在上明明在下

詩

豈曰無衣與子同澤王于興師修我矛戟與子偕作　如月之恒如日之升　實方實苞實種實秀實發實秀實堅實好實穎實栗　湯孫奏假綏我思成鞉鼓淵淵嘒嘒管聲既和且平依我磬聲於赫湯孫穆穆厥聲

春秋

元年春王正月（隱公元年）　夏公會齊侯宋公陳侯衛侯曹伯伐鄭圍新城秋楚人圍許諸侯遂救許（僖公六年）夏六月會王人晋人宋人齊人陳人蔡人秦人盟于翟泉（僖公二十有九年）夏狄侵齊晋人秦人圍鄭（俱僖公三十年）　五月癸丑公會晋侯齊侯宋公蔡侯鄭伯衛子莒子盟于踐土（僖公二十有八年）晋侯伐衛（文公元年）公會晋侯宋公衛侯曹伯齊世子光莒子邾子滕子薛伯杞伯小邾子伐鄭秋七月己未同盟于亳城北（襄公十有一年）　三月晋人執宋仲幾于京師（定公元年）

禮記

在朝言禮問禮對以禮　三王之祭川也皆先河而後海或源也或委也此之謂務本　是故清明象天廣大象地終始象四時周還象風雨　夫祭有餕餕者祭之末也不可不知也

第二場

論

禮者聖人之成法

詔誥表（内科一道）

擬漢聽民欲徙寬大地者詔（景帝元年）　擬唐以黄門侍郎褚遂良爲中書令誥（貞觀二十二年）　擬詔遣大將軍徐達左副將軍李文忠帥師平沙漠功成廷臣賀表（洪武三年）

判語（五條）

出使不復命　立嫡子違法　私借官畜産　告狀不受理　因公擅科斂

第三場

策（五道）

問　自古帝王開國建都必據天下之形要所以遺後世久安延統業於不墜也然自唐虞作冀歴夏殷以逮宋氏國邑肇創大抵不出雍豫之墟其故有可推言者與我太祖高皇帝奮迹淮右提單師以蕩群雄定鼎金陵天下莫不曰安籌慮深遠述之□□□江樓記可想已顧昔僭主偏業翼然表四方之極夫何擇以居之而當時有疏請都關中者其論之左安在邪成祖文皇帝肅清内難振長策以馭九有考上燕京天下莫不曰明締構艱棘列之永樂北狩諸詔可睹已顧昔左衽污字巍然定萬世之基夫何取以決之而後此有因事議南遷者其計之誤安歸邪夫并建二京古未之前聞也自周宅鎬營□更漢後襲承罔易焉然表裏崇險計安千萬世孰若二祖之博思遐覩者惟今聖天子中興大業恢弘於累葉覲承之後道久化成周後不足比隆矣兹將舉握幾御要之術令上下承翊迓集大休於無窮其道何繇抑二京形要遠近堅瑕之守孰先焉諸生褎然畿産習理治之變因於傳載得無有獨識其深者乎願敬陳之即將聞上備采擇也

問　古今説理治者衆矣其凡不出紀綱風俗之爲要夫二者非有倫類可指也不求其原則何以爲抑變制弊之道然詩書所稱虞夏之際迄乎周東其升降之效在二道非無睹焉意者紀綱因於國勢風俗成於人心所施用殆昭昭也今舉歴代以明詩書之意儻亦可概乎夫秦患周弱在諸侯弗制於是黜削五等執威强自擅然卒仆孤立漢懲之分王同姓乃復召七國之禍其後宗支抑而外戚横政府虚而閹宦熾晋之八王唐之藩鎮宋之夷狄初皆矯於國勢所畏其極也偏重弗反紀綱之壞莫捄矣周敝於文勝士譎秦諱擯之殺儒生燔載籍一切以法箝下漢除其苛天下訢治然寬厚施而民慕諂風節振而士尚激晋之清談唐之靡文宋之聲容議論初皆飾於人心所徇其後相閦成習風俗之變莫支矣我國家一代之治二祖經謀於始列聖修承於後要多損益三王斟酌百代非一手足之力能及也今治化濡浹百八十餘年紀綱風俗之善雖古遠何過然所務因國勢以制變觀人心以定趨其舉術更化之微安在夫執往事以議今即士所咸能惟言之可必行無謬則固有待於識時變之俊杰矣其明所指述科别之以復毋讓

問　先王以封建疆理天下秦不師古既成混并之業因裂海内郡縣之罷侯置守前制大壞失矣説者乃言封建非聖人意郡縣之公自秦始斯果信然否與漢因其遺設刺史二千石萬户長吏後世遂以郡縣定治更千數百年不攻易豈秦人之法亦有難盡非者邪自是守令之官於治稱要急漢董仲舒謂民之師帥所使承流宣化者也然歷稽前史載循良吏在西漢不過六人東漢不過十二人後此固可推矣何賢而能稱其任者鮮邪乃文帝時吴公治行爲天下第一史或逸其名而其後有稱唐宋一代偉人吏治績能章章聞天下者乃不爲史氏所録何與我國家封建异三代而意實相通郡縣襲秦漢而法則獨詳分土專城寄一方元元之命守令非不重矣聖祖當開國初首列賢者數人舉其行能載之大誥爲天下勸不知此數人者方古循良吏亦可庶幾班并否與夫前此有以五事三欺三事一忍爲當官莅政之要而漢紀推苛刻輕重之足以長亂其言皆於守令事獨切也今天下吏郡縣者科目士十居八九焉蓋孔門以民社爲學此宜儒生所素修明故欲相與一究摧爾

問　農政鹽筴自三代後言足國强本之道必先之我高皇帝創造天下首資其效濟者也考之先王遂師遂大夫教民田稼之務鹽人掌鹽政令以共賓祭百事之用雖咸設有其官然所治爲民不專以佐國計自秦相商鞅變井田静民齊聽管夷吾禁庸煮水擅北海之利二國既迄霸强乃儒者獨諱稱之然上下二千年間家杰興事之臣欲爲其君建久遠績謀不聞有弃二子之術於不用何也豈所施措固有不可盡黜者乎今天下民失本業國詘庶正之共中外復僅僅虞多事皇上慨懷祖烈思振揚中興功茂於罔競頃納廷臣論白先後再設臺憲重臣俾專二政之飭理也夫厚農以歸流徙則民户滋而安内之業振通商以廣開中則邊儲實而攘外之威奮此誠今政最要急者然國初法意久湮失不得不權本末稽其所耗息也不知自管商後歷代君臣相與講求之政有可參施互究損益以行之今與抑但作其敝抏即無變今法國初大效可不更歲月獲也夫法亡常善惟其推行不詭於時順斯興置無弗宜爾有懷實見者盍爲我陳所可行言及之不言則隱矣

問　書載唐虞夷狄侵軼不經見然憂猾夏則獨著明刑之文夫兵非刑之大者邪雖聖人重行之顧於戎狄不能一切止也今北醜匪茹詿禍邊氓耗矣往窺瑕伺間俶擾我邦畿乃數歲益輕悖特中國無與校也搢紳大夫殫志圖議尺寸之效不少睹非得失先計左邪夫祖訓戒胡戎爲患言必選將練兵時謹備之今中外疏列乃不推陳所首要何也蓋古者兵重擇將將得其人閫久君不制之今行師備塞動勤九重之密畫猶然莫副指用意者將不皆擇乎

祖宗制勢握重强本畿衛尺籍幾當天下兵數之半皇上作新戎政益選募以充之幽燕昔號多沉鷙材成祖陣其人横行天下莫攖也今或言京兵難用豈人性盡變易哉則何以振之凡守國者形制先外故事急徵兵稱殆謀今寇未迫境徵牒先馳諸鎮卒托挑衛自驚即其帥弗可治也假令赴敵復能律之使致死邪則何以馴之上兵因粟於敵其次觀敵而動國粟不再傀今延歲積四方之調集枕空甲戟徒手蝟毛争餉於縣官甚者輦京儲佐之弗支也此不近坐蠹邪則何以省之兵重主客勞佚之勢反之即失振今虜數擾我形變勢易故士不戰先惰萎焉互市詭矣虚要以請貢近牧肆矣詐侮以會兵决三衛之藩援矣威劫欲致其叛降佚勢既失主策復背遠近莫相結應同何以格之夫數者少知兵道必不幸以爲安也任事者方懷隱憂不識何以持重計邪諸士於國大事耳目所及必恒概於中矣有志欲抒效勿諱對有司可也

中式舉人一百三十五名

第一名　孫溥　江西豐城縣人監生　易
第二名　許汝　驥寧國府學生　書
第三名　謝師訓　祁門縣學附學生春秋
第四名　顧名　世　上海縣學生　詩
第五名　陸一鳳　常熟縣學生　禮記
第六名　於惟一　安慶府學生　易
第七名　張澍　婺源縣學增廣生　書
第八名　程光甸　太湖縣學生　詩
第九名　宋堯俞　松江府學生　春秋
第十名　朱用賓　嘉定縣學生　易
第十一名　秦嘉楫　上海縣學生　詩
第十二名　邵夢麟　滁州學生　易
第十三名　徐充　青浦縣學增廣生　書
第十四名　王應鯉　建平縣學生　詩
第十五名　楊璧　應天府學生　易
第十六名　唐有　含山縣學生　書
第十七名　陳懿德　青浦縣學附學生　詩
第十八名　許試　祁門縣學附學生　春秋

第十九名　馬汝徯　南京錦衣衛人監生　易
第二十名　林有望　桐城縣學附學生　詩
第二十一名　吴尚文　宣城縣學增廣生　書
第二十二名　顧文陞　華亭縣學生　詩
第二十三名　王京祥　祁門縣學增廣生　禮記
第二十四名　吴思道　吴江縣學生　易
第二十五名　錢鍾義　無錫縣學附學生　書
第二十六名　胡汝嘉　應天府學生　詩
第二十七名　吴世忠　徽州府學生　易
第二十八名　彭時中　石埭縣學生　詩
第二十九名　馮符　蘇州府學增廣生　春秋
第三十名　徐德元　吴江縣學附學生　易
第三十一名　鄭守矩　應天府學生　書
第三十二名　潘轄　華亭縣學附學生　易
第三十三名　李世臣　常州府學生　詩
第三十四名　周有容　宜興縣人監生　易
第三十五名　朱大年　松江府學附學生　詩
第三十六名　胡應嘉　淮安府學生　禮記
第三十七名　潘槐　儀真縣學生　易
第三十八名　沈偉　吴江縣學增廣生　書
第三十九名　何其高　貴池縣學生　詩
第四十名　柳旦　應天府學生　易
第四十一名　杜時登　上海縣人監生　詩
第四十二名　李霽　廬州府學生　書
第四十三名　謝與隆　祁門縣學附學生　春秋
第四十四名　趙灼　上海縣學附學生　詩
第四十五名　薛應徵　江都縣學生　易
第四十六名　吴元誠　績谿縣學附學生　書
第四十七名　秦允亨　崑山縣學附學生　易
第四十八名　唐本堯　上海縣學生　詩
第四十九名　張從律　華亭縣學附學生　書
第五十名　吴希旦　歙縣學增廣生　春秋

第五十一名　程道東　徽州府學生　詩
第五十二名　張明經　長洲縣學增廣生　易
第五十三名　陳壽榮　松江府學增廣生　詩
第五十四名　施顯卿　無錫縣學增廣生　書
第五十五名　徐子英　崑山縣學增廣生　易
第五十六名　俞文榮　青浦縣學生　詩
第五十七名　張節　太倉州學生　書
第五十八名　陳瀾　池州府學生　詩
第五十九名　吴景明　休寧縣學生　易
第六十名　季科　江陰縣學生　書
第六十一名　吕公濟　歙縣人監生　詩
第六十二名　鍾律　吴縣學增廣生　書
第六十三名　王良用　徽州府學增廣生　詩
第六十四名　許成人　鎮江府學生　易
第六十五名　李志學　臨淮縣學增廣生　詩
第六十六名　黄騹　六合縣學生　禮記
第六十七名　陳爾志　壽州學生　易
第六十八名　鄒是訓　無錫縣學附學生　詩
第六十九名　戴文奎　崑山縣學附學生　易
第七十名　楊道亨　浙江秀水縣人監生　詩
第八十九名　鄒京　武進縣學會廣生　禮記
第九十名　朱朝笏　浙江海鹽縣人監生　書
第九十一名　尹繼皋　應天府學生　詩
第九十二名　馬有騅　溧陽縣學生　易
第九十三李孟春　無爲州學增廣生　詩
第九十四名　方應禎　歙縣學附學生　易
第九十五名　金汝礪　高郵州學生　書
第九十六名　葉必中　揚州府學生　易
第九十七名　周點　望江縣學生　詩
第九十八名　金憲楊　松江府學增廣生　春秋
第九十九名　姚韶　高郵州學增廣生　詩
第一百名　徐文山　銅陵縣學生　書

第一百一名　韓孜　高淳縣學生　詩
第一百二名　朱一柏　寧國縣學增廣生　易
第一百三名　解宋　興化縣學生　詩
第一百四名　周大章　吴江縣學生　易
第一百五名　沈宗杲　石埭縣監生　書
第一百六名　唐洪度　泰州學生　禮記
第一百七名　王世光　歙縣學附學生　易
第一百八名　畢近奎　貴池縣學增廣生　詩
第一百九名　殷三聘　揚州府學生　易
第一百十名　賈三策　亳州學生　詩
第一百十一名　杜桐　臨淮縣學生　易
第一百十二名　曹淮　江陰縣學附學生　詩
第一百十三名　鄔仁卿　鎮江府學生　易
第一百十四名　吕一静　池州府學生　詩
第一百十五名　常三省　泗州學生　春秋
第一百十六名　葉清　懷寧縣人監生　詩
第一百十七名　勞遜志　蘇州府學附學生　書
第一百十八名　姚尚賓　□州縣學附學生　易
第一百十九名　徐行道　徐州學生　詩
第一百二十名　戴洪恩　揚州府學附學生　易
第一百二十一名　祝爾介　浙江龍游縣人監生　詩
第一百二十二名　楊道東　松江府學生　禮記
第一百二十三名　沈默　太倉州學附學生　詩
第一百二十四名　劉田　長洲縣學生　易
第一百二十五名　姜湧　蒙城縣人監生　詩
第一百二十六名　曹汝良　貴池縣人監生　春秋
第一百二十七名　周一暘　松江府學附學生　詩
第一百二十八名　張錫剛　太倉州人監生　易
第一百二十九名　顧昊　江浦縣人監生　詩
第一百三十名　薛杲　浙江嘉善縣人監生　書
第一百三十一名　許鼎　福建平和縣人監生　詩
第一百三十二名　李承嗣　浙江鄞縣人監生　易

第一百三十三名　陶鋭　吴江縣人監生　詩
第一百三十四名　劉泉　常熟縣學生　禮記
第一百三十五名　江世卿　婺源縣學附學生　詩

第一場

四書

君子不可小知而可大受也

顧名世

同考試官教諭譚批（小知大受場卷類多牽綴是作理精辭確曲盡觀人之法佳士佳士）

同考試官教諭林批（詞簡意足發明君子才德之用殆盡非苟作者）

同考試官學正陳批（庶幾可語大受矣）

考試官修撰郭批（説出知人體要）

考試官右中允尹批（似非泛然者）

聖人之辨君子不察小而取大焉夫君子所務者大則不能無遺於其小也觀人者不辨乎是惡足與知君子哉此聖人所以深致意也蓋謂人不易知惟其心之所用者難辨耳是故天之降才也有能有不能謀大者或不可兼小矣才之施事也有及有不及專此者或不足通彼矣夫君子所以大過人者豈無所取之哉誠以事之小者衆人所易能也君子宜無不能者而何不可以知之蓋其志存乎務實不襲虚美以要名業期乎致遠匪飾近功以揚已故律以小善多或曲持之弗致而若有歉於成德者也求諸末藝要非片長之可録而疑罔稱乎不器者也苟執是爲擬倫之據則舉所不足失其有餘君子固不逮乎衆人矣曾是足以知之乎事之大者衆人所難任也君子宜亦有不易勝者而何以能獨受之蓋其趨舍中定則投之艱劇既不眩利害先明則立之危變復不懼故平居聲色無動然其節不可奪也有以當天下所不能任者焉臨事從容無擾然其斷不可易也有以持舉世所不敢定者焉苟非操是爲論行之要則指所偏遺忽其獨至衆人皆可以與君子之能矣惡識其不可及邪是則君子才之所施必本其心之所用夫所以大過人者豈存乎小事之優哉自非聖人其孰能辨之雖然下文以小人對舉而互言之何也蓋小人非無才惟其才不□□德故小事往往足觀不可使任大矣君子□不用不惟其才皆德之所用故大事能受之不欲矜察於其小矣先儒以德勝才爲君子才勝德爲小

人其有見於是夫噫此固萬世觀人者所宜鑒也

道也者不可須更離也可離非道也是故君子戒慎乎其所不睹恐懼乎其所不聞莫見乎隱莫顯乎微故君子慎其獨也

孫溥

同考試官教諭張批（此題人人能之然多陳説可厭惟此超然出所自得可式也）

同考試官教諭陳批（説出體道功夫精切簡當知子平日所嘗用力矣）

考試官修撰郭批（識體道真切處）

考試官右中允尹批（語有自見）

中庸指道之在人不可離示人之體道不可間也夫道原諸性合動静而一者也人體之而間斯離矣何以致其實得於已哉子思欲人由教而入道也謂夫道出於天而備於人其體不可離故其功不可間也何則性者道之原也人有是性則有是道賢愚同得無一物之能遺矣教者道之準也人由是教則由是道古今通行無一時之或息矣故言道之在人本無須更之可離者夫使人可離道則爲外物而非道矣是以君子致嚴天人之辨密察動静之端蓋道體無爲其寂然不動者本之所以立也故事物方往無所交於其睹思慮未作無所觸於其聞則感應之迹固冲漠無象之可求矣孰不謂其可忽也而不知天命本體不容一物之雜焉故君子戒慎不睹恐懼不聞使一敬常存以立萬變之主宰則天載之神湛然常養於虚明之中道其不離諸静矣乎人心有覺其昭然不昧者幾之所以形也故言天下之至著者莫過於隱言天下之至顯者莫過於微則善惡之介凡決擇惟已之獨與矣孰不以爲可肆也而不知私欲客感每爲一心之擾焉故君子謹制隱曲密察纖微使邪念先絶以遏衆欲之滋萌則天德之良沛然益充於感通之際道其不離諸動矣乎夫致養於静則動之幾自順致察於動則静之體益純君子動静交修之功極則天人合一之理得矣此道不可離之實有以獨致其全歟雖然動静時也而子思子以别言體道之功何也夫天地之理養於静而效於動萬物所不能違也故人生而静性斯立矣感於物而動則欲之化不可勝窮焉聖人主静以立人極其至乎夫人常失之動由不能嚴諸静也故君子慎動必自其静始斯子思子戒懼之意也

奮乎百世之上百世之下聞者莫不興起也非聖人而能若是乎而况於親炙之者乎

謝師訓

同考試教諭盧批（篇中轉换曲折不費詞而義自瞭然异於騁浮蔓不中理者矣故特録之）

考試官修撰郭批（典雅可式）

考試官右中允尹批（詞簡意明）

大賢言聖人之風動乎遠而因推本其盛也甚矣聖人風之所動必本其德也觀於遠而近者可推矣兹所以爲百世師乎孟子稱夷惠之聖而推本之若此意謂聖人之德無古今人心之神無久近是故伯夷之清也柳下惠之和也特立獨行曠然自奮乎百世之上流風遺澤溢然遐被乎百世之下夫世以百計時之相去也既遠然聞其清之風者頑夫廉而懦夫立則感發之情豈以時而間乎論世至百迹之相違也已久然聞其和之風者薄夫敦而鄙夫寬則振勵之念豈以迹而阻乎故由其事以考其德殆非聖人不能爾蓋大而化之致曲已造乎安全是以風聲感召之能久也向使德不若是則動之有不應况能及乎歷世之遠者故觀聖人之德莫若其興起之效矣而謂不足以知之邪即其遠以推其近在當時者宜獨至爾蓋見而知之景行非得於傳聞是以道化漸靡之尤易也向使近不若是則遠之無所望况能聞焉而無不興起者故被聖人之化莫若其親炙之人矣而豈但若風之所動者已邪是則由親炙之近可以考聖人之德矣由興起之遠可以想聖人之風矣夷惠爲百世師不其信乎雖然孟子獨稱夷惠而不及孔子何哉蓋二子德偏於有迹則企及者易爲力孔子道全乎大化則願學者難爲功此其言固開牖當時之微意邪不然何他日病二子隘與不恭而稱孔子爲生民未有也後之學聖人者能由偏以企全由迹以及化而不自盡其功則天下之能事畢矣

易

大壯利貞大者正也正大而天地之情可見矣

於惟一

同考試官教諭張批（認理真切出詞峻整且發明正大之意尤悉佳作也）

同考試官教諭陳批（就本體説正大詞理朗然一結尤有關繫宜録以式）

考試官修撰郭批（詞意精切）

考試官右中允尹批（瑩潔）

彖傳釋言陽道之本正而因推極於造化焉甚矣陽无不正之理也推之

造化不能違則處壯者其可不致勉於貞哉彖傳釋卦辭如此且震乾合體之卦伏羲名之以大壯矣文王繫其辭曰利貞何哉蓋易之常分凡陽則列大矣卦之定義凡陽則居正矣大壯之卦四陽盛長於内二陰退聽於外是蓋秉乾之剛者柔邪不足以雜之三陽序進乎下將斥群枉而遠屏矣夫豈私昵之得係邪主震之動者回曲不足以撓之一陽首拔乎上將援衆正以彙征矣夫豈淫朋之是比邪言其道則進可以正邦施之政理而无不平康也言其志則出可以匡時措之事業而无不光明也夫大者之正如是固大壯之所由成者然通極於造化則理亦有然人可不知所效法哉誠以易簡示德萬物覆載之無私正孰尚於天地乎凡諸小大各成其道固昭然莫掩矣高厚列位二儀包含之无外大孰加於天地乎凡諸形象散殊其化蓋坱然靡極矣雖曰普物无心然分則一定而不移至正之存主殆秘之益章焉雖曰不言所利然命則流行而不已至大之充積殆遏之愈出焉夫天地之情其見於正大如此則人道固可推矣居大壯之時者无亦深思其正也邪抑斯語也聖人扶陽之心見焉夫盛衰之理相循環雖陽豈能獨違之作易者爲君子謀四陽盛長其可憂防之故豈微哉苟獨任其壯不思以正處之則時過勢窮豈惟盛長難久持將事極而反有不可勝言者矣故文王利貞之戒孔子天地之情之喻其意蓋見於辭矣噫識二聖之意於辭其可語幾也夫

神而明之存乎其人默而成之不言而信存乎德行

孫溥

同考試官教諭張批（題意神德二句正相叶應此作詞義兼至必明心易之士）

同考試官教諭陳批（説神明默成理精而詞暢非深於易者不能到）

考試官修撰郭批（通朗）

考試官右中允尹批（明暢）

大傳論易理妙乎人而必推其實於德也甚矣易理在人非德无以致其實也則所以妙神明之用者孰謂其不本於是哉大傳之義若謂易理備於書固非聖人不能作易書效於用亦非聖人不能神是故操化裁之變以運用乎存主之微則思慮黜而屢遷之妙應焉蓋秘於象者函於其心矣本推行之通以著察乎躬行之顯則推測泯而大明之幾昭焉蓋隱於畫者藏於其智矣夫神而明之如此不存乎其人哉吾知卦爻之精蘊雖具於易而所以鼓其用者易不得與也无爲之理其必成之以有爲之能乎辭占之動應雖闡於書而所

以寓其體者書不得載也无思之道其必通之以有思之感乎是何也道固待人而後行也苟非其人則典禮徒示乎空言法象終歸於陳迹而易殆爲虚器矣欲神明之也得乎然是神明之用要非可以襲取也其必精識達性命之奥心思潛會无假擬議之煩易道自渾融而不違研極得幾深之本志意宴通不俟論説之費易書自妙契而不惑夫默成而信如此不存乎德行哉吾知必充積極其大而知見久徹於高明其无思也然後无不通也非可探索致矣制行造其純而道德既理於和順其不習也然後無不利也非可勉强幾矣是何也德必養盛而自致也苟无其德則至理終滯於見聞妙道將疑於想像而道卒爲虚位矣欲默成之也得乎此可見化裁推行易書有以成聖人之用神明默成聖心有以妙易書之體易與聖人豈不通極而无間哉抑此章言聖人之能事具矣是故其作易也意盡於爻象而指歸不出二畫之乾坤其用易也道散於事業而要約不違一身之德行故曰言乎遠則不禦言乎邇則静而正言乎天地之間則備而聖人皆非求諸外者也後世惟不知此義故鑿之形數索之占衍推之荒唐茫昧之間則楊氏之玄關氏之極司馬氏之虚紛述矣噫世微聖人易道不幾爲天下裂

書

若網在綱有條而不紊若農服田力穡乃亦有秋

許汝驥

同考試官訓道林批（君爲臣綱臣爲民綱諸作往往偏説失經旨惟此得之可取可取）

同考試官教諭鄧批（盤庚開諭臣民正因人情順之不道之威也是作深得其意宜録）

考試官修撰郭批（發揮詳切）

考試官右中允尹批（在綱帶臣民説是）

賢王申戒群臣有喻義之當趨者有喻利之當圖者夫義莫大於趨公利莫遠於圖後也商之群臣蔽是賢王即喻以申戒之也宜哉昔盤庚以群臣多違耿議故喻戒之若此謂夫義有當勉於先而利有當顧於後者皆在汝衆臣之□明也是故耿地圮河予所欲晝遷者蓋謀之心審矣今汝傲上弗從其亦未察於義耳夫以上臨下君固當制其臣而以大使小臣亦當率其民斯義之自然者也盍觀之網首綱之所攬必兼總乎目則統會得所持而其紛然散者挈之可使有合矣目之所麗必制攝於綱則倫要得所歸而其密然聚者振之可使有張矣即汝起信險膚不從君以聽夫綱胥動浮言不率民以振夫目則義之蔑也孰甚焉其

在於網不爲綱條之既紊矣乎此汝之不可無戒者也亳邑適山予所以計徙者蓋稽之卜决矣今汝從康弗適其亦未思夫利耳夫由今視往蕩析之害既可指而計後於今底綏之功亦可究斯利之較然者也盍觀之農乎農之致力孰不望其有秋也使易其田疇而作勞不辭則西成自獲於力本之盡矣秋之報成孰不由於力穡也使藝其黍稷而勤動弗惜則康食自足於人力之至矣即汝便於潟鹵不知惰農之匪安畏其震動每恐作勞之及已則利之弃也孰甚焉其在於農不猶田力之弗服矣乎此汝之不可無勸者也夫觀盤庚訓臣始責之義既不惡人之違已終引之利復不欲已之拂人古賢王所以得上下之情如是豈後世所可及哉大抵舉大事者未有不因人情之順而可成者也夫耿被河害民莫不知遷之爲利而一二世臣大家相動浮言猶足撓其成功則人情之順誠難使盤庚一制以威不反覆求其所順則遷亳之役幾何不致上下之怨悖也故觀於三篇之訓戒後之舉大事者可思矣

王來紹上帝自服于土中旦曰其作大邑其自時配皇天毖祀于上下其自時中乂王厥有成命治民今休

張澍

同考試官訓導林批（召公懇懇責難只在敬德誠民祈天耳此作發明殆盡可爲式矣）

同考試官教諭鄧批（詞詳義盡善發明周召同心責難之義他日以道事君於子有望焉）

考試官修撰郭批（平實）

考試官右中允尹批（質健）

大臣勉賢王以宅洛之務必述所聞而期之效焉蓋宅洛之務莫大乎繼天圖治也大臣以是勉其君復述所聞致期焉其忠愛之心何至哉昔召公營洛告成王之意若謂王者受命其宅中固所以均天下之勢而致治實所以厚天下之基今洛邑告成王之來居乎是匪曰撫盈成自逸爾也其必奉若天道而體元以大居正之義祗承帝命而作極以弘維新之化凡彌綸參贊之道裁成輔相之宜莫非自服土中之有事而用以底格天之績者斯固營洛之初意而亦非予小臣之私言也聞之旦曰大邑之作既宅土中以協天地之靈祥而均四方以示王者之大公矣然豈但據其地形已哉蓋王者君臨天下天之子也神之依而民之主也故天非君弗配則自是可以理陰陽順四時而對越乎上天矣神非類弗歆則自是可以祀郊社假祖廟而饗答乎神祇矣民非主弗

附則自是可以勤教養時子惠而宅中以圖治矣若旦之言固質之吾言不殊焉其紹上帝服土中非王之宜自盡乎由是上有天之成命也上帝雖難忱而明德之實自足以昭受之惟德是輔之命至是其成而不易矣下有治民之休也民心雖難誠而咸和之化自足以康乂之惟惠是懷之念至是其集而常保矣蓋申錫無疆天之命由人心而益固永綏有定民之治因天命而愈周其曰治民今休不信然乎是則營洛之效皆今日王可自致者也紹上帝服土中夫固元子之丕任而得不以自勖哉大抵古之老成謀國未有不篤念夫天命民心以爲迓治之本者卜洛初定周召所以戒勉其君何其不謀而皆合也是故曰配天毖祀即所以紹上帝矣曰自時中乂即所以服行土中矣二公一心無間先後誦其言不可見乎下文又以敬德祈天進引成王以道事君之勤何如哉更相輔弼令周室比盛唐虞非偶然之故矣向使後王後臣皆能用二公佐成王之道□享國久長豈但過其卜歷已邪

詩

如月之恒如日之升

程光甸

同考試官教諭譚批（能融會周臣願君純嘏之意成文所謂詩可興者此邪）

同考試官教諭林批（臣子忠愛無已最難形容是作宛委曲至誠得詩人語意可録）

同考試官學正陳批（形容君福之况天象可謂達詩人善頌禱之義矣）

考試官修撰郭批（得天保祝君意）

考試官右中允尹批（忠愛可誦）

周臣祝君福之進盛必擬天象以况之焉夫君福進盛無已則天下皆蒙其休矣周臣擬天象而爲况其可以見忠愛之深至與天保之詩臣受君燕賜歌以申答者也至此若謂吾君獲天安定既昭受多福矣神之所以詒貺者又何如哉擬諸其福吾有取於日月焉夫月之盛皆言其盈矣抑孰知其生明也不在既盈之際而在方恒之時今吾君本一心以熙光明備百順而融高朗不惟如月而已其諸月之恒者乎蓋哉生于晦睹懸象之幾望載魄于西見貞明之久照是恒不終於恒也由恒而進於盈矣夫月以恒而盈其盈也不可計福以漸而盛其盛也不可窮福不可窮斯福之至乎此祝君於月者不取其盈而取其恒者也日之進皆言其中矣抑孰知其著明也不在既中之餘而在方升之始今吾君撫晋治以大明九有秉離德以繼照四方不徒如日而已其諸日

之升者乎蓋旭日始□而下土顯容光之曜暘谷朝隮而中天揚麗至之暉是升不終於升也由升而至於中矣夫日以升而中其中也莫之禦福以積而備其備也莫之違福莫之違斯福之全乎此祝君於日者不于其中而于其升者也是則卜神厘之有降期君福之無已天保詩人何其忠愛深至若此哉雖然誦必有勸美不忘規人臣事君之首義也兹詩福履并稱顧鮮及其德焉何哉蓋天之福人未有無□而至者而况單厚戩穀之所益群黎百姓之所遍其出之固必有本乎則詩人不告君之微意陳矣後之獻詞忘規者反覆兹詩不猶有勸百風一之思乎

湯孫奏假綏我思成鞉鼓淵淵嘒嘒管聲既和且平依我磬聲於赫湯孫穆穆厥聲

顧名世

同考試官教諭譚批（聲樂假先最難形容是作鋪叙商人作樂感通之事如見宜冠多士）

同考試官教諭林批（簡當質邃寫出樂音功德若有鏗然餘韵杰作也）

同考試官學正陳批（此篇最得那詩深古之體宜録以式）

考試官修撰郭批（詞旨和平）

考試官右中允尹批（形容思成宛然）

商人述時王獻樂以致神必叙其盛而嘆美之焉甚矣樂道感通之易也商之後王以獻祭致神而嘆美形於頌聲則樂可觀其深矣想昔商道尚鬼故禮以祭重尚聲故祭以樂先其宗礼成湯之詩若謂我商王以成湯之孫承烈祖之祭奮豫和聲備廟樂於升薦之始致萃孝享接神明於感格之後以妥以侑盛德自形於俯仰也八音合而洋洋如在其上焉于豆于登豐功既象於綴兆也九奏成而勿勿若饗其位焉著存不忘肅然容聲之有聞因其樂以思其人殆無遠之不衎也薰蒿既昭流矣乎對越有嚴穆然慌惚之與交求諸陽而達諸陰殆無幽之弗致也精意其密徹矣首夫樂道感神之效至是則聲音之美何如哉蓋三闋方舉而鼗鼓之播於革者淵淵乎深以遠焉諸樂始動而管聲之出於竹者嘒嘒乎清以亮焉律吕和鳴抑揚得依永之妙作於衆聲者猶夫其磬聲也宫商相宣清濁適中節之均聞於堂上者獨夫其堂下也於赫哉我成湯之孫子乎尊祖之念惕然齊戒之先存故樂行倫清精神自爲之滌蕩而美不可名言矣先祖是聽寧不既夷懌邪祀先之誠儼然昭假之匪怠故氣召聲比音節自爲之通諧而和無所涊灃矣神保既格豈復有恫怨邪夫湯孫以孝祀而形聲樂之美以薦樂而獲

思成之綏孰謂樂道不本於人心哉抑愚於那頌見商德之不可及矣温恭之誠在心而其微能著於樂和平之聲在樂而其幽能達於神要之一質敬爲之本爾非賢聖之君能之乎此正考父次殷樂章必以那序首而三百篇之肇始義非無所取之也讀三頌者至是可興起矣

春秋

元年春王正月（隱公元年）

謝師訓

同考試官教諭盧批（體元人能言之用寅處率多不明此作發揮聖人微旨詳盡取之）

考試官修撰郭批（得謹嚴體）

考試官右中允尹批（約傳發經甚明）

聖人修經寓王道也述之以明其心作之以明其政夫心與政王道體用之全也春秋紀元用寅義其有取矣乎且王者居正馭物道本於心焉自精一執中之傳泯而心之用湮矣春秋于魯隱即位之初謂一爲元者若曰元即仁也仁不外于心元日元祀典訓之稱在道實一耳聖人準二儀之化其揆之精矣夫乾坤之道必以仁而成資始資生之功王者以仁正心則至純足以周乎理至公足以廣其愛然後正朝廷正百官正萬民其孰非心之用邪上下同流固王道之大本大原也天地之元不在我乎是故祖述焉而不變憲章焉而不違首事表年未嘗鑿智自私而體元之訓將歷萬世無弊也義亦備矣噫三聖授受道之極致也聖人亦志在春秋之意歟王者授時成務法寓於政焉自文武成康之化遠而政之經舛矣春秋于魯隱紀事之始謂周正爲春者若曰時以作事也時莫善于寅建丑建子商周之統在法靡同耳聖人酌三代之禮其從之審矣夫天地之生必以人而建裁成輔相之業王者正始以寅則時得天下之正令得天下之善然後和三光順四時齊士政其孰非人之職邪陰陽各正固王道之大經大法也裁化之道不在兹乎是故斟酌之而盡變損益之而盡神定時紀月不敢賤而自專而建寅之法將更百王不易也旨亦微矣噫爲邦問答治之準繩也聖人亦見諸行事之驗歟夫至是則履端正始之法明開物成務之道備而王道於是乎出焉抑春秋大一統聖人不敢改正朔立制度所以尊君父定大倫蓋百世綱常之由立也周有令主一變而維新之則唐虞之治可幾而文武之耿光大烈庶幾益覲揚焉學者于王正之書尤可以識聖人東周之心

五月癸丑公會晋侯齊侯宋公蔡侯鄭伯衛子莒子盟于踐土（僖公二十有八年）晋侯伐衛（文公元年）公會晋侯宋公衛侯曹伯齊世子光莒子邾子滕子薛伯杞伯小邾子伐鄭秋七月己未同盟于亳城北（襄公十有一年）

宋堯俞

同考試官教諭盧批（檃括諸傳真見聖人於取伯之中寓尊王之義詞復足以發之可以覘子素學矣）

考試官修撰郭批（有忠義氣）

考試官右中允尹批（微而章）

春秋迭予伯主尊奬之義所以重本也蓋義之後先視大倫爲輕重也春秋重本而許晋伯尊奬之義厥旨微矣且夫人綱人紀在親則有倫也敦本厚族在事則有義也倫以天秩而所制有等級之殊義本人爲而所施有先後之序是以葛藟之次楊水之譏詩有明徵焉何晋平徒勤厚母之愛罔知敦族之本其視諸先世之光烈固有成憲可以爲監者也急于城杞何爲者耶晋主夏盟令行中國率五侯九伯之職以伸尊奬王室之義非一日矣如文如襄如悼之業非平之所當嗣守者乎是故文自城濮勝楚之後荷天王下勞之禮而講踐土之盟當是時六飛至止虎賁來三百之錫作官衡雍出入展三覲之誠尊奬之大義昭申于同好之國天子之休命對揚于肆覲之時人謂晋之此盟信也德攻也伯業固造端于此矣嗣是而襄公既祥之後怒衛之不朝且侵虐隣境也乃聲其罪于諸侯而致伐焉其聽且居之言修于温之覲重輕有禮襄固知所本矣於戲忠敬之心達而天威不違于咫尺臣子之分肅而父功克贊于禮文卒之戚田奏績昭子告獲非效尤以長亂者斯□□□□之尤□又若□公因鄭人之反覆不恒也乃大合十二國之諸侯伐之而同盟于亳城北焉其威加四境之後共申尊奬之義終始一德悼亦知所本矣於戲司慎司盟忠愛之念質諸神明而不爽救灾恤患好惡之公率彼同好而無二卒之鄭人恐懼以行成諸侯協心以聽命三駕成而功收二十四年之好者斯不爲伯業之盛乎是則文也襄也悼也皆能尊奬王室以恤宗周之闕而平繼其後獨不能光昭舊業而夏肄是屏輕弃諸姬有愧于先德多矣故春秋書三公之績而美惡之勸戒彰彰也抑平之不競不但是也盟溴梁而贅旒之勢成會沙隨而待下之禮薄甚至從交相見諸侯南向而朝楚宋財一歸縱釋有罪而不討其于夷夏之防輕重之分曾有一於舉乎嗚呼伯道之興王道之衰也況後人之不能守業者邪聖人傷平之顛而嘉文襄悼之功不得已也于是乎見待衰世之意

與望盛世之心

禮記

三王之祭川也皆先河而後海或源也或委也此之謂務本

陸一鳳

同考試官教諭周批（題本明白不難作但場卷多於務本處挑剔欠明惟此篇詞不費而意躍然故録）

考試官修撰郭批（明暢）

考試官右中允尹批（文有氣）

記□申歷代祭川先後之義以見學之貴本也夫祭川先河三王之不後本也學之貴本不居可見乎學記之義如此何則天下之理有本末君子之學有先後試即三王之祭川可推矣是故百川皆天下之名水然必有大川以受衆流之統會則内河外海固九州之紀而幅員所由以亘限者也百神皆天子之當祀然必有沈祭以報□水之功澤則先河後海固三王之典心□□□因以奠陳者也夫河之爲水其大不足擬海矣三王之祭必先之要非無義之存者誠以河居海之上流在川則爲源焉源之所出其祭之所以先乎海之爲物其巨不知凡幾河矣三代之祭必後之殆非反禮之正者誠以海受河之下流在川則爲委焉委之所聚其祭之所以後乎故由先後之祭以求源委之義則河之先祭非私於河也川始於源祭不得不先之也君子觀盈科之進可以見水之本矣而謂學不有似之邪因源委之義以察本末之務則海之後祭非薄於海也焉□□委祭不得不後之也君子務成章之達可□□學之本矣而謂學不有同乎水邪是則祭有先後之倫河海知所分則委大不以加源而祭之道得矣學有緩急之序本末知所辨則末緩不以先本而學之務明矣君子察此庶幾志學之有其端與抑學記一書大抵多明務本之義其古大學教人之遺法邪蓋始教士倫無非求心之要然必以循序漸進爲功則古人之爲學可識矣求諸大學至善之止必始於格物格物之功必要於知本故曰物有本末事有終始知所先後則近道矣兹非其序首後之學者遺本於求心乃欲弃漸進以馳騖乎高遠噫讀此不可少喻也哉

是故清明象天廣大象地終始象四時周還象風雨

王京祥

同考試官教諭周批（樂象造化題旨分貼精確無如此作）

考試官修撰郭批（説有理致）

考試官右中允尹批（整實）

記者詳樂之制而擬諸造化焉夫法象□大□造化也樂□□□□焉其取類不亦大哉□□□□□□謂樂也者本於身之順正者也□□德之光漸氣之和而萬物之理著矣其擬□□造化何如哉是故輕清高明天道之運出樂非天也其聲之清明則象焉吾見純然不雜其諸清通之神皦然不亂猶之昭明之著天以元氣於其化樂以元聲召其和清明非所以象天乎廣博遠大地載之神也樂非地也其體之廣大則象焉吾見凝精粗之體即翕受而能容極情文之備一博厚而兼載地盡其物而無外樂盡其數而無餘廣大非所以象地乎以至起于黄鍾終于什吕樂有所謂終始也條理順布有四時之象焉倡焉而無不通則始也者春夏之象也和焉而無不復則終也者秋冬之象也天以時而成歲樂以順而合倫其异道而同序者乎故曰終始者象四時者也作之以柷止之以敔樂有所謂周旋也律吕宣應有風雨之象焉上下相生之理一陰陽之散潤也迭相爲經之道一風雨之奮蕩也風雨播降之有時樂則聲振之有度其殊氣而同節者乎故曰周還者象風雨者也是則象乎天地與天地合其德矣象乎四時與四時合其序矣象乎風雨與陰陽合其變化矣一舉樂而造化之大胥備焉君子曰樂觀其深信夫大抵樂之道禮所出也先王防僞以禮而民斯中防情以樂而民斯和故制禮法修教化使三綱正九疇叙天下化中然後作樂以宣八風之氣平萬物之情此禮先樂後治道之所由成也君子反情此類修其身而禮樂興則中和在我所以位天地育萬物神化之妙有出乎象器之外者矣漢志曰天子建中和之極兼總條貫金聲而玉振之斯言也庶幾達禮樂之本

第二場

論

禮者聖人之成法

孫溥

同考試官教諭張批（禮之原在心措之天下而治法道法一以貫之惟聖人能然張子立説閎闊令人猝難理會故作者各據一偏造詞失其本旨惟此篇櫽括題要妙意匠於規矩之中出巧法於繩墨之外其可爲文之武已允宜首薦）

同考試官教諭陳批（聖人本體之禮以出成法而時措時中無非是物之用張子所論指義自明場中士子不會其意類多恣騁浮詞使讀者茫然此

作包括題殆盡抑所頓挫不求文而文自著豈非積學有識之士乎取先多士孰曰不宜）

考試官修撰郭批（成法即禮之本自出場中往往失之至有以禮法分言者此作就題發揮而縱横曲折皆有根據豈嘗究心于禮學邪是宜録出）

考試官右中允尹批（近來士子多好馳騖浮説不據理要論場尤甚此於文體之害非小故今録雅馴之作使式焉）

聖人因理以出文協諸時中而天下之極立焉天地萬物莫非理也發育□極莫非文也理内也小天各正禮之大□□□也損益從時禮之用也理以爲質少以□之□措之宜不失其本之自然此謂時中之極禮之□□□禮非理則盧虚之謂無本禮非文則僭僭之謂無用無本不立無用不行聖人全其體而會其用者也定物以裁化協中以盡神因理出文以品節持防夫斯世則百姓與中與能之道在我矣由是斟酌損益通其變以宜乎民協諸時中立萬世常行之極則天下之人心得所守以反其性而入於治也不難矣故曰禮者聖人之成法也子張子其可謂達禮之要乎夫禮者天地之經也人物之紀也治亂存亡之所從出可終身由而不可斯須去身者也道在天地流行乎一氣渾淪磅礴其理一而已理原於一本散於萬殊其所以合天地明日月序四時著星辰行江河峙山岳蕃品物者合而至章動而至神天地之自然禮之體也宰世馭物經紀明時高卑升降之有等遠邇疏戚之有别文質兼施而無過不及經權并用而有變有常天叙天秩井然焕然以成天下之治者萬事之當然禮之用也無體之本出于心成于其性而有用之妙發于本著于□作言行之間協于因時處中之極以辨朝廷以肅宗廟以殿邦國以施鄉黨使天下由其理以不畔循其文以不變立綱陳紀輕重同得後可以垂於無窮禮之品節文章也若夫寒暑愆期四時失序山川崩竭飛植折殀人倫乖亂法紀紛張异説横行强暴交作此禮之大壞極弊動應而不可止也聖人秉天地之中制百姓之常内外持養中和兼致合天地于一體會人物于一身則禮之本既立矣萬象异形而同功古今异時而同理百王异法而同神則禮之用自我出矣盡其精微而不雜兼其文質而不遺極其顯設而泛應曲當則禮之節文自我著矣乘維新之會而弗逆于時通變易之宜而弗矯于化運制作之才而無牽逆阻避之多事則禮之撥衰反正之具自我張施而不匱矣是故位天地育萬物不出堂陛之外而自致夫裁成輔相之功用其所以因革取舍裁制之道完也由是明理以察情遵道以盡變精義入神以制用觀其會通以行典禮根本有據體貌有因嚴而不犯尊而不抗莫非禮之體也財物以爲用貴賤以爲文多少以爲异範圍而不過彌縫而有倫中和之情流通而不間品式之制

詳明而可觀莫非禮之用也其宜隆而弗殺也則繁其文理合其情用而不苟其宜殺而弗隆也則簡其文理省其情用而不過從道而不從其俗任理而不任其情使内外表裏并行而不悖上下四方曲折而盡數英華有質而不蕩光輝有實而不越裕于中而盛于外中立無倚降殺相乘莫非理之品節文章也損之有度而不嗇益之有制而不侈去其太甚而不失其中矜其不能而不盡其情其拯壞救弊莫非禮之協中時措之大權也禮之本聖人植之而益嚴禮之用聖人推之而益廣禮之品節文章聖人裁化之而益當禮之弊且壞聖人割裁拯救之而益善于是乎道法之在于天地萬物者在聖人矣聖人固道之主理之會中之極也天地萬物之命也百行五常之原也治亂存亡之所視其從違以出焉者也故郊社禘禋衮冕宫室大路越席龍旗九旒寢兕持虎蛟韅絲幦彌龍行于朝廷宗廟之上至尊而不可逾者也朝覲會同師田學校燕射冠婚城郭溝池度量權衡服食交親用于邦國鄉黨之間達之天下之大百姓咸由而古今所同然者也征伐四夷誅鋤强暴流放邪淫通于變故不可已而後用之者也是莫非聖人成法之所效也順其軌不見其异由其道不見其同師其意不見其不足盡其法不見其有餘章成物理通行而無牽合僻詖之陋此成法之所以盡善盡美儀訓後世而不可失者也其善者賞之使之周旋而不失依據而不違其惡者繩之使之執守而不犯趨避而不入故能通天之道合地之紀立人之極陰陽順軌山川奠位親義序别信之道明内中國外四夷之防立忠信愛敬篤近舉遠之義備親疏貴賤儀文體貌之理盛至德潜孚至教光被與民守之而不亂安之□不疑天下熙熙然歸之大化之域者禮之所而成也故曰衡懸而輕重□矣繩墨陳而曲高分矣規矩設而方圓辨矣禮法定而邪許阻美盛彰矣夫禮成而民志定者持循之有方也法張而民行制者抑防之有要也持循在則民守之而不忍弃抑防嚴則民畏之而不敢違金科玉條垂諸百世而善者也是道也聖人安焉而有常君子守之而不失百姓由之而不知安焉天道也守之由之人道也天之道自然之中也人之道當然之極也當然者理道之則自然者神化之原是故以道治天下不失聖人之成法亦在乎以人而合諸天

表

擬詔遣大將軍徐達左副將軍李文忠帥師平沙漠功成廷臣賀表（洪武三年）

許汝驥

同考試官訓導林批（二將翊贊開國奇功此爲首最蓋受成胡筭而謀勇兼資者子能發之其南邦俊才邪）

同考試官教諭鄧批（鋪叙宏大敷揚典則可爲表式）

考試官修撰郭批（揄揚□□□攘休美非尋常經生可及宜録）

考試官右中允尹批（讀些猶可想見我□祖攘胡安夏之大烈其善鋪揚若乎）

洪武三年正月日大將軍臣達左副將軍臣文忠奉詔帥師出塞五月沙漠平今月日祗獻成功于郊廟誕告萬方臣某等誠權誠抃稽首頓首稱賀者伏以聖人施夏法以變夷誕振治功於一統王者與義師而戡亂聿昭勝道於萬全羽書馳瀚海以熛傳組甲震天山而電耀命隆專閫皇威蕩朔漠之腥膻捷獻中樞帝績開幽荒之草昧障堠息烽煙於六塞編封混胡越於一家氣暢寰中功標徼外恭惟皇帝陛下神聖首類智勇超倫仗黄钺以麾征爰整滁陽之虎旅握赤符而啓命遂開建業之鴻基禮賢來衆杰之歸心伐暴褫諸雄之僭號摧鋭鋒於勁漢鄱湖飛水上之降旗拔堅壘於强吴震澤失波間之戰艦肆引偏師於右甸載所大旆於中原汴洛觀兵會髳濮三千之卒長英彭舉衆收青齊十二之河山奄臨薊野以旌徑薄燕郊而建鼓士女易三朝之左衽歡迎競載於壺漿川原還萬古之中華羯氣并銷於巷市顧崇墉未伐先聲遽讋其君臣乃窮寇弗追北徙竟全其族類何獸網方辭於解縱忽螳輪已怒於跄跳賊虐忠良蜂蠆未忘乎毒螫寇攘邊鄙豺狼尚呴其貪涎妖群恣竄匿於三方狡穴肆憑陵於一境垂亡醜魄詎堪胡運之百年匪茹遺俘再棘王師之六月元戎啓乘兵出有名將士援綏事非獲已惟紆壽荷廟筭之先成故敵愾效轅門之屢捷威弧旁射三軍義激於同心制钺遥開列校令行於使臂事順足徵乎人助胡驕殆值乎天亡自潼關進搗定西大衆方迎於破竹由狐嶺直驅漠北左師迄振於覆巢風沙飄萬里之軍聲草木動三邊之殺氣高昌抱罜諸酋交頸帛以成擒開平應昌列部馳面車而就縛重器籍先□之公實輕軿駝舊内之姬嬙耻雪百王往代既舒其積憤動乘千古遺黎亦快於前讎豈徒章諸夏之奇功實以遏殘胡之隱禍從此昇平無事必今勞可免後艱固知薄伐有煩將永佚其存兹舉招哉得絶逆除凶之道允矣非窮兵黷武之謀臣某等謬參禁省之末僚莫贊宸幃之密畫虜情如見嘆帝王之自有真師律罔愆欣將吏之皆用命武威揚而諸醜服桓桓績載於無前明德慎而四夷賓烈功昭於有截聊并句臚而率舞恭抒蹈抃以颺言伏願業熾離征功光晋伐定鰲足以成四極梯航來九譯之獻琛掃旄頭以靖八荒椎結效三危之格羽景命焕車書於六服靈圖新歷數於萬年臣等無任瞻天仰聖忻躍屏營之至謹奉表稱賀以聞

第三場

策（五道）

第一問

孫溥

同考試官教諭□批（述場定鼎考卜之弘烈致望纂紹恢振之休美非學足以經用者乎高薦宜也）

同考試官教諭陳批（我二祖開造二京皆有深意讀子策可謂識其大者南畿士知無以逾子矣）

考試官修撰郭批（二京并治聖謨弘遠我國家萬年根本之業斯在也是策能敷述之佳士佳士）

考試官右中允尹批（是作能鋪張我二祖開創之盛皇上繼述之隆末意尤見忠懇必非凡士也取之）

聖人舉天下之事必觀時而勢有不可失者焉建天下之業必察勢而時有不可違者焉觀時者與天不得其勢以輔之則雖順而難成察勢者與地不得其時以協之則雖據而無功舉不失勢可以興事作不違時可以定業□□人所以成久安長治之道遺諸千萬□□墜缺者也昔我太祖高皇帝鼎金陵决策於大勛未集之先蓋觀天下之時不失其勢矣成祖文皇帝考卜燕京績謀於内難既靖之後蓋察天下之勢不違其時矣夫開國建都包四海之形要興事定業兼百王之功美自生民以來孰有能過我二祖之盛者哉執事猥問承學之士敢不究罄臆説以對上古聖人君世宰物其事難述詳已唐虞三代著列詩書凡得天下者有不觀時於天矣乎名都往迹胪陳載記凡守天下者有不察勢於地矣乎平陽蒲阪晋冀是宅亳原豐邑雍豫攸居降自秦漢迄于宋氏舊京錯峙大抵多先王往治之墟也太史公曰三河天地之中王者所更都斯豈惟山川形險是擇哉蓋亦帝王各因其初迹不可迄改焉是故作於殷周之前非多匹夫遜□□侯造邦者邪德之所起豈能獨易其□□辨方經野天下歸之爲安矣興於秦漢之後非多奮績驅攘并統割裂者邪功之所成豈能獨遺其民則扼險守要後世循之爲固矣夫大賈趨四達之利必求居積之所定此言善時者之有資也良虞掩三驅之獲必計搏格之能縱此言善勢者之有順也故取天下於未一之先莫大乎知時然非據勢爲資則得不救失其作難與始也勝不支敗其成難與終也觀順逆之形以决取舍之效非天下至聖其孰能辨之惟我太祖取濠定滁躍馬和陽乘其方張之氣天下可亟取矣乃卷旆偏引南顧而議金陵焉夫當元季俶擾生民罹塗炭之若群雄相噬無

有以吊伐爲心者得聖人而出主之非勞民之易爲仁邪故夫知時之難得而易失不可不圖其勢也於是引舟巢湖舉太平□□慶出入百戰以定養兵息民之計則□天下之資具焉故首殲勁漢通江沔之上游次拔强吴收歐越之全饒兵甲足而糗粻峙整師中原四方不足平爾此非先得乎時而能取勢以爲之輔哉故曰舉事者必觀時然勢不可失也夫長江巨浸不殊三國之天險夋湟危堞不增六代之地利何王業所成相遠也蓋盛衰要於人事昔之僭號一隅者可得而同論邪故聖祖述閲江樓記以爲非古之金陵亦非六朝之建業也蓋先已明此矣乃當時御史胡子祺者特疏請改都關中是其言非無可采然徒知陳説往代推創造基本當擇乎形勢而不知時有不可違者夫古人立國必就功業之所厚以建久治則上不勞而下易集昔漢高帝功始定秦秦人無不願得其王者高帝乃舍之王洛陽焉婁敬諫曰陛下豈欲比□□室哉漢取天下與周异也夫我聖祖興吴不猶漢高之起秦邪况其時關陝承擴廓思齊之亂王澤漬濡未浹也江南貢賦運濟方艱强而議都其能免新造之勞傷乎故子祺疏入不報非諱其言之左也一入其説則事有不可但已者夫利害本末之權惟達於時順之士能明之故舉不失時可以興事而子祺則或未之及也若夫守天下於既定之後莫貴乎審勢然非□時爲順則功毁於易集其立不可久也幽壤於莫制其成不可固也審離合之迹以揆理亂之原非天下至明其孰能察之惟我成祖戡難定邦攘胡絶漠挾其莫侮之勢方内可全制矣乃揚師遠指北狩而考燕京焉夫自中朝失政重地被鋒鏑之慘醜虜伺釁豈嘗一日弃巢窟之思者按舊都而卜□□非先人有以奪其心邪故夫知勢之難合而易離不可不相其時也於是空幕瀚海摧瓦剌抄阿魯張皇六師以振取亂侮亡之威則守天下之業定焉故外增尺籍謹三邊六鎮之扞禦内疏漕輓通四海九州之輸貢廟社正而朝市列握圖上京諸虜不足服爾此非先得乎勢而能揆時以奮其謀哉故曰建業者必察勢然時不可違也夫腥羶穢治衣冠久被其湮淪帝王遺民風俗幾爲之染化何中國世守能存也蓋華夏再新人紀向之左衽百年者可得而忘備邪故我成祖播之永樂諸詔以爲此寇不滅終爲邊患軍民不得其安也蓋先已念此矣乃已已之難侍講徐珵者遂倡爲南遷之説是其謀幾至誤國然徒知藉口乾象以摇惑人心冀遂其身之速進而不思勢有不可失者蓋古者遷國□□上下之無事以興勞役則民可安而□□不隳昔周先王其勤數世至文武而後業定平王因亂舍豐鎬而亟遷成周焉蘇軾非之曰周之失計未有若東遷之謬也夫我成祖定基萬世何啻周文武之勤邪况其時畿輔經也先不花之擾邊鎮防守未輯也西北

戎馬調度弗支委以就遷其能使内患之寧謐乎故理議至今爲貶非以其八廢言之可行也一惑其計則後必有不可復振者夫得失安危之辨惟忠於國慮之臣能計之故作不違進可以定業而理何足與語此也抑嘗考之太祖定鼎金陵固因功德所首起矣然決策於先不以僭主偏業而改四方之極者則實取其道里均而公私利觀之御記可想焉蓋是時西南幅員七千餘里東北如之西北五千餘里東南亦然北際沙漠與南相符故病□□之都偏北勞民擇以正之其諸周人相洛之志邪夫會天下朝貢於土中王者所以昭治化之公也詩曰邦畿千里惟民所止肇域彼四海四海來假斯周召協忠夾輔以圖者也而可無重矣乎成祖考卜燕京固按藩邑所始肇矣乃紆謀於後不以左衽舊宇而易萬世之基者則實取其地勢壯而山川固載之詔言可稽焉蓋兹域西包大行千餘里綿亘北峙東引醫無閭以際乎海會通之水南合足集天下之漕輓焉故殫竭心力經營二十餘年取以定之其諸周人宅鎬之謀邪夫控天下形勢於上游聖人所以遺籌慮之遠也詩曰考卜維王宅是鎬維龜正之武王成之斯成康述業基宥以勤者也而可無念矣乎抑聞先正之論天下財賦出東南而金陵受其會故居之足以擅儲蓄之富而利無與侔者周之洛邑不足比其全也天下戎馬盛西北而燕京奠其樞故動之足以揚震叠之威而勢無與抗者周之鎬京不足侔其壯也夫我二祖博思遐覿計安千萬世弘猷茂烈誠古今所獨見焉今我皇上撫全盛之業厲中興之治舉二京以臨制四海上下數千年間其時無幾值矣夫承平久則人心多弛怠之患豫泰極則物理重盈盛之憂是故東南財賦困於誅求之無藝計臣不聞以爲恤也异時流移失所則煩内帑之揮賑而江淮營田墊溺方艱敕旨屢降副其委托者誰乎上德壅而下澤阻失業轉徙之民欲少復於舊難已夫除其所惡聚其所欲塞其所害道其所利此固任撫綏者之責將安其民胡憚而久不爲邪西北戎馬衰於簡練之不時將臣不聞以爲校也异時邊陲失守則勞天旨之切問而京營將領校惰窳莫更簡命特注稱其任使者誰乎法令弛而士卒玩離次冗散之兵欲稍易於前難已夫備其器械精其技擊謹其節制嚴其部曲此固任閫幕者之事將强其兵胡憚而久不爲邪然則舉二祖初制以作久弛之勢振中外法守以濟大可有爲之時所謂握幾御要迓大休於無窮其道昭然有在也若夫二京遠近堅瑕之守則今日備禦先後形要亦居有可見者焉蓋太祖嘗議以中都爲北京矣慮土氣疏薄之弗稱又詔以大梁爲北京矣思形勢曠遠之難用故獨挈幽燕雄都以授封神武不世出之英嗣是蓋投之以未終之業而委之以欲究之志豈非默有所畀付者與故永樂辛丑之詔稱創建宫室

紹皇考之先志則二祖深思聖子神孫萬葉相承之基必非兹地莫可久當爾然近搤强胡形險既不可獨恃遠制奸宄兵威復不可無振蓋漢立三輔强幹弱支之道得矣今東控山海西扼紫荆皆畿甸近壤設輔郡以列京師之捍蔽而省上番操備之班軍則屏翰成而邊守可强或者其一計乎唐設府兵居重馭輕之勢全矣今内亘順天外環七府皆輦轂重地寓民兵以壯國家之干城而免歲泒科差之雜役則武勇答而畿民可寬或者其一策乎夫二事□朝大臣嘗惓惓列之條議今其説固猶存也然内詆爲闊論弗之行外視爲難事莫與任此深遠久長之謀所以卒抑於衆口之紛呶矣惟今聖天子獨化鈞陶於上賢公卿大夫左右翊贊於下皆足以馳驅域外之議者矧二政固在人舉而行之非難邪草茅暗陋不知所裁幸執事教之

第二問

許汝驥

同考試官訓導林批（是策能因古今之變推出國勢人心施於政教皆今日之可行者豈非適用之才乎敬服敬服）

同考試官教諭鄧批（歷代紀綱風俗之善未有能過我國家者然時久不能無敝子能反覆推求其故而有救處之術殆非經生之見矣宜録）

考試官修撰郭批（援古證今非洞識化理之機者不能道用魁本房）

考試官右中允尹批（能言國勢人心之出於紀綱風俗鑿鑿皆實語他日效用必有所著見録之不獨以文也）

天下之勢非政無以持之然必先察其幾矣天下之志非教無以一之然必先審其尚矣勢之輕重紀綱所由出焉察其幾使不戾於政是故遠近得所持而懸於上者無偏滯不舉之患志之美惡風俗所由成焉審其尚使不拂於教是故剛柔得所一而興於下者無頽靡不振之憂二者咸順其理矣天下庸有不大治乎天紀綱風俗古今論治道者所必舉以爲訓要也執事獨推本於國勢人心以明二者所從出愚讀史觀歷代相承之變知所言有前徵矣請據以對夫紀綱者上之所治乎下也其名訓於詩書然非有物類之可稱者是故欲求治天下之理必先思其故焉苟不於國勢重輕之間得可制之幾以施於政則大無所張如網之不能振其綱小無所理如絲之不能治其紀由是懸於上者遠近無所持而治不得其要矣風俗者下之所化乎上也其説著於易禮然非有事形之可指者是故欲求化天下之道必豫考其原焉苟不於人心懺惡之中得所定之尚以齊於教則漸靡無術其何以相動而爲風導示無方其何以相效而成俗由是興於下者剛柔無所一而化不從其極矣是故古之治

天下者察紀綱之能理然後其政可舉蓋紀綱在天下猶人身之有脉也國勢其元氣矣不察紀綱於國勢是治脉而不先元氣也善醫者爲之乎古之化天下者觀風俗之能同然後其教可立蓋風俗在天下猶田疇之有稼也人心其穀種矣不觀風俗於人心是滋稼而不亟穀種也善耕者爲之乎昔三代治法施之政爲紀綱者粲乎既無弗備至周則監二代以成之故其政自天子至於庶人小大相承而不亂其紀綱載之六典可考也至後世不能舉文武之政國勢弱而莫支陵遲既久諸侯强大天子威令下移紛然莫知所統强力相加以至於亂也此由在上者不察國勢重輕之幾制其政以持之故爾夫豈先王紀綱之失哉秦代周不求其本乃一切削其政而反之隳名城殺豪杰黜除五等滅諸侯之籍自以天下不必紀綱可治矣然奮其詐力不再世卒仆於孤立其視周何如也漢而後雖稍知紀綱不可廢然變制易法大抵多懲已敗之迹而苟且以彌縫之國勢重輕之相縣制之不得其幾則遠近無所持而後之不可因者猶前也故懼孤立而封侯王則僭叛之患無與謀抑外戚而疑功臣則閹竪之禍弗能計其後若晋之八王唐之藩鎮宋之夷狄皆懲之過而不得所矯之善國勢轉移之間無以復制其幾欲紀綱維一代之治是元氣未宣理期脉周一身而皆順必無幾矣此紀綱之出於國勢不可不察者也三代道化成之教爲風俗者粹乎既無弗善至周則積數十世以興之故其教自朝廷以及鄉黨上下相趨以無倦其風俗咏於列國可想也至後王不能施豐鎬之教人心涣而靡合壞裂既極處士横議百家指意殊科雜然各進其説异端競起以入於邪也此由在上者不審人心美惡之尚齊其教以一之故爾夫豈先王風俗之戾哉秦并天下不揆其原乃一時欲并黔首而愚之阬儒生放博士燔毁諸籍屏聖人之經自以天下盡變其風俗可久矣然擅其威用不數十年迄危於怨集其視周何如也漢而下雖或知風俗所當重然徇時詭習不過少更其熟爛之軌而因循以恬安之人心美惡之相辨約之弗定其尚則剛柔無所一而今之不可從者猶昔也故厭苛虐而務寬厚或長諂佞之風薄阿附而崇操節致激標榜之禍其後若晋之清談唐之靡文宋之聲容議論皆承其偏而不得所裁之中人心安定之後無以復易其尚欲風俗成一代之治是穀實未種播求稼藝百畝而皆穫必難幸矣此風俗之成於人心不可不知者也由此觀之紀綱非能自理必政之作於上者有以提挈而振舉之則國勢揚厲而不弛由是朝廷得所持而百官承序萬民順則遠近自無敢戾法者紀綱所以不偏滯也其輕重之持蓋定矣不然雖事事而稽之何益理亂之原邪風俗非能自厚必教之行於下者足以化導而移易之則人心興起而不怠由是邦國得所效

而禮教上行刑罰下清剛柔自無弗協中者風俗所以不頽靡也其美惡之一既審矣不然雖人人而禁之何補治忽之要邪我國家自二祖攘夷變夏振武修文以張無競之國勢故紀綱彪陳譬辰象之正員樞而陰陽寒暑經緯其運以不忒也遠近相維統體不紊政之所持可以推萬世而無弊自古言紀綱之善未有能過之者今大聖踐序撫開創之鴻圖威之所及殊方絶域惕然歸命之恐後以此國勢而振紀綱宜大者張而小者治内外清和咸理彬彬無不舉之政也然綸音屢降莫飭百司之怠理而諸章奏所陳廢缺之當修者更僕未能究其指焉豈政之端使然邪列聖明倫章化崇經表訓以淑不解之人心故風俗齊一譬岳鎮之定方儀而南北高深列辨其宜以不殊也故剛柔化中性情咸則教之所被可以協四海而皆同自古言風俗之美未有及之者今中興建極楊繼述之宏業德之所加群黎百姓昭然敏化以自新宜動乎上而感乎下吏民績理并叙斤斤無弗迪之教也然訓言時敷罔觀四海之協極而諸獄訊所列傷悖之盭化者窮年不能殫其狀焉豈教之效宜□務□天下之大政非壅而不達也上有求治之明下無任治之良雖三王不能以顯功今百司庶府事體紛更靡常弊孔所漏明智弗燭利隙所開峻法莫止當事者不敢專制攝之柄任職者不得盡繩檢之防由是一事之施數煩詔旨一司之掌頻費程督猶恐未得其理也欲紀綱之振難已竊意轉動風采使國勢重輕之幾有所制抑阻伸而幽隱達則諫諍之官法紀之吏其任宜選也必得人如古汲黯鮑宣張綱范滂者倫乎是在作之而已矣蓋名節奮揚之際雖庸人亦可激勉志氣隳靡之餘即豪杰有所不能振起此自然之勢也然則國勢既賴以有制紀綱何患不舉乎故曰先察其幾夫重輕之不可無慎殆較然著邪兆民之衆政非尼而不行也外有更化之名内無興化之實雖五帝不能以施德今殊方异地氣習漸靡相循仁讓之風比閭弗興貪殘之化章縫首競長民者蔑身教之方當塗者乏人倫之表由是進取得規攘袂争赴筐篋可溢褫冠弗顧猶恐未饜其志也欲風俗之善難已竊意建樹儀則使人心美惡之趨有所定頑鈍易而集詬恥則禮教之臣師帥之職其授宜擇也欲得人如古石建疏廣文翁黄霸者比乎亦在重之而已矣蓋往弊相襲之久雖曠日改之而不足上志推隆之專則一二人倡之而有餘此亦必然之效也然則人心既因以有變風俗何憂不厚乎故先審其尚夫孅惡之不可無重蓋昭然明邪雖然二者其道相成其效未始不相應也蓋國勢人心因於上下而不違故紀綱風俗成於政教而不戾其本要必有在爾昔董仲舒言於漢以師异道人异論則上亡以持一統法制數亦下不知所守此言不齊教以一人心則紀綱不可振矣朱熹言於宋

謂賢否上下必辨功罪刑賞必明萬事之統無所缺則天下之人矜奮勸勉各自去惡而從善此言不修政以張國勢則風俗不可善矣是故宫府之政整攝於上國勢得所持而紀綱可振風俗之所以善也庠序之教畫一於下人心得所定而風俗可成紀綱之所以明也詩所謂勉勉我王紀綱四方記所謂一道德以同俗紀綱既正天下大定者皆合二物而究言之者也術之可舉化之可更其事或不出是雖然此皆今日達而有位者之任衡藿賤士又何敢肆説焉

第三問

顧名世

同考試官教諭譚批（封建郡縣古今殊宜此策推考詳核辨析著明且能核説我國家制治重守令之意子非達政體者乎高薦何疑）

同考試官教諭林批（我國家分治守令是專然能不負其任者亦難得是子反覆推説詳歷古今其志可概見矣取冠本房允宜）

同考試官學正陳批（能變通古制推美今法詞意真切若慨然不忘時瘼者必有志之士也）

考試官修撰郭批（守令近民在政最切是子發明實用非區區章句之學者録之）

考試官右中允尹批（守令一問人人能答之據實可行無如此作）

法不必古制之求也在能安其民政不必往法之議也在能任其官是故民苟安其法矣雖變古不足以爲戾官苟任其賢矣雖更法不足以爲擾夫封建者先王公天下之制也然以施今時必不能興治欲求安民古可專尚乎師其意不泥其迹今未嘗不古之從耳郡縣者後世順天下之法也然以稽往代亦無不宜於政不知任官法可徒議乎抑其賢使稱其職政未嘗不人之因耳執事感封建郡邑之變慨然思今守令欲得其人以成天下之理化可謂識制治之先要矣顧非承學所究知者然言及之不敢以默焉夫封建肇自古始黄帝以來厥迹稍列於傳記唐虞三代之制則詩書班班可考已畫野而列其疆域分土而胙之封爵上秉侯度以承天子使一人之職貢無所闕下執藩屏以匡諸夏使四方之變亂有所制在易水比於地先王以建萬國親諸侯蓋王者比民猶地之比水夫比水不以衆川則群流之奔赴無所入比民不以諸侯則萬姓之歸趨無所附矣故曰聖人公天下之制也夫三代相傳至周之始興也諸侯棋列中外猶千八百國焉其後王綱中弛伯强力政列國自相殘滅於是離十二以并於七封建之初制蕩亡矣然則黜除五等放絶先王之制豈獨秦人之始事邪裂諸侯之地而郡縣之蓋亦勢之不得不然者也昔曹冏言於魏

曰三代之君與天下共民故天下同其憂秦王獨制其民故傾危莫之救後儒因謂封建可支變故此亦未明於往勢之説矣夫秦罷侯置守縣統以令其法雖不若先王之公然上下相維亦自可制變遏亂苟其後能持以善政即何至傾危不可救也哉是故漢繼承之設剌史守相二千石萬户長吏郡縣之制後世遂相循莫改易焉柳宗元曰封建非聖人意也勢也郡縣公也公自秦人始其言既偏失難據信至列利害得失之效以爲周自東遷不振大抵皆末大不掉之患秦有叛人無叛吏漢有叛國無叛郡唐有叛將無叛州皆郡縣之計得也夫自上古積數十聖人制爲公天下之法傳之幾千百年無變豈反不若秦人苟且旦夕之爲者邪蓋古者制民之産井田非封建不久立國之疆封建非井田不固彼不原聖人政法相維之深意以爲封建皆屈於勢之弗能去而非其意之所欲從則可爲妄億度爲説者矣夫聖人因時立政如使後秦漢有作則何必獨封建而後治哉故爲曹冏柳宗元之論者皆非明於理亂之故而通於古今之勢者矣我國家自祖宗創制備善全美斟酌三代監裁百王事可變易以宜民雖唐虞有所不襲也矧封建更久遠弗復者乎然盤石之宗百世相維意未始不相通矣法可因承以制世雖秦漢有所不廢也矧郡縣更久遠弗易者乎然方岳之司諸省并轄法未嘗不獨詳矣是故藩國享有爵土不得預政事之權親而貴之愛而富之則敦睦之道得豈若魏制之而傷恩晋縱之而長亂者比邪郡縣明其職守不得肆貪殘之虐量材官之因能任之則選授之典公豈若秦峻其法而□□漢重其職而殃民者比邪蓋天下治統於一政法伸縮在朝廷非下之所敢擅也事舉其大生民利害在郡縣非上之所悉知也是故樹長吏於郡縣則政法可下達而不窒矣寄吾民於守令則利害可上聞而不壅矣漢儒董仲舒之言曰守令民之師帥所使承流宣化者也師帥不賢則主德不宣恩澤不流是安得不重其官邪考之在昔漢當文景之盛君以恭儉成業而紀無可載之事臣以質重效職而傳無可書之功其時郡守有吴公者治行爲天下第一史猶竟失其名他若孟舒魏尚田叔之輩皆斤斤信實治郡之聲聞天下然記録之文不一論著其行能則上下之相勉於實何如也是以郡國幾致刑措民終壽考嬉游若小兒狀乃後武帝以多欲耗天下臣下化之貪殘之風競熾直指剌察之使交道不足易其所漸靡也宣帝起於民間知守令近民於治最要重故慨然思良二千石欲與之共治天下時推擇其賢者引對殿陛問民疾苦而其召賜黄鑫擢拜大司農之殊典亦前此所未有也是以一時守令莫不爭先奮效而循良吏著稱於史彬彬焉今觀班史所列西漢之吏六人則黄霸朱邑王成龔遂文翁召信臣是已而其時若汲黯董仲舒蕭

望之輩則固未嘗一著其賢焉范史所述東漢之吏十二人則衛颯任延王景之秦彭王焕許荆孟當劉寵第五倫童恢劉矩仇覽是已而其時若劉昆魯恭卓茂輩則固未嘗一載其能焉至若唐之吏傳不録狄仁杰宋璟韓愈諸人宋之吏傳不録包拯歐陽脩蘇軾諸人蓋要其大節不卓卓於一事推其全能不沾沾於一郡作史者義例固各有當也而豈一循吏之述足概其平生哉我聖祖高皇帝勤恤民隱深思時艱作大誥以訓天下若陳希文之執法不阿王復春之陳諫不避何敏中李善之歷陳弊政陸鑒之禁刻旗軍皆顯書其行能以示勸臣民當時士大夫之仕有職守者感激聖明之知被則爲之必致其力矜勉訓言之昭獎則居之必竭其能此數人不必著列古循吏之循吏之林而一代誦其治行所得已過漢吴公遠矣今我聖天子敷求迪哲之良慎簡親民之吏屢詔所司申重其選凡布列天下當守令長治之任者科目士十居八九焉夫俊杰之彦撫時以奮功名豈弟之良得位以施仁澤天下元元之蒙被康休者固不少矣乃或特士間出於儔倫中人易□於俗化志行貪殘上阻朝廷之德厚才性暗劣下詒閭閻之若患敢謂今之郡縣無若人矣哉蓋□聞之元儒吴臨川所述有五善三欺之説是雖治民常言然能以五善勉已則無不可行之政三欺馭衆則無不可燭之情推之四方無弗宜矣况一郡縣乎又嘗聞之宋儒吕東萊所持有三事一忍之戒是雖當通律然能以三事慎修則守定而事可周一忍中制則德弘而謀有濟措之百司無弗通矣况一守令乎漢章帝之詔有曰俗吏矯飾外貌以苛爲察以刻爲明以輕爲德以重爲威四者行則下有怨心爲之愈勤亂之愈長嗚呼有味哉其言之也夫四者非古今政人所當通戒者邪是故士誠以澤民利物爲心則一夫不獲危於疾痛之迫身而况吾所分理之民邪學誠以行道濟時爲志則一事失理切於患害之加已而况吾所當治之政邪雖然古語有之清法之國人畏法而不畏吏亂法之國人畏吏而不畏法夫法者聖人所以磨厲天下之具也法不清則才且賢者不得所奮興而頑鄙不肖之人迄莫知顧而畏也夫我國家之制郡縣守令之分治其境也有藩伯以統之則政出於一不得徇一吏之從違有監司以臨之則吏齊乎法不得恣一夫之好惡而内臺撫按之臣取諸衆論以列賢不肖之薦劾太宰專攝其衡柄御史大夫總飭其綱維凡所薦劾近則取决於議覆遠則需定於觀察所爲法既備且詳矣乃今守令有淑慝未盡旌别善惡不盡章癉者則亦法未有以清之之過耳夫頑鄙不肖者之莫知顧畏由贜吏之禁罰未嚴而才賢者之不得所奮興則良吏之未有以振其激勸之具耳蓋祖宗治贜吏之法甚重今洪武永樂初法縱未能皆舉行獨未可嚴治其一二以爲天下之極

懲乎乃若激勸之具則今天下縣令而賢也既得入補臺省銓司之任然獨止於進士之塗耳若夫爲郡守者即有古潁川渤海之政上所以優擢之者亦不過藩臬一佐僚止耳夫漢制部刺史高第即得遷爲郡守郡守高第即得入爲九卿國初在外郡守之良亦往往召入爲部侍郎夫是以人自勉於力善高行殊能之士不能不拔出於群衆人之表也我皇上踐阼初年亦每於大覲時銓司特推郡守之賢者命錫宴部堂以寵之今兹典不可一二間行以爲激勸之微權乎其若縣令之補内職要在人稱其才不當問所出之塗官因其人不宜計所循之資則凡擢臺省銓司之官又何必拘拘進士之流而不及他塗之選抑奇杰跅弛之氣使不得一伸吐於繩尺操制之外邪蘊愚之見抒陳概略不識執事以爲何如

第四問

陸一鳳

同考試官教諭周批（考古而不蔓論今而不迂謂子爲俊杰士非邪）

考試官修撰郭批（我皇上修舉農鹽大政誠恤民濟邊之要務也子能詳悉言之可謂留心于經世矣故録）

考試官右中允尹批（農盛二政我皇上特設憲臣經理蓋欲復聖祖之舊法也是答能達其意且考據明悉有變通之術可謂難矣）

厚民有道抑末以强本民可厚矣利國有道捐近以計遠國無弗利矣本者何民所恃以爲生者是已不知所强則末能害之欲以厚民猶反樹而求茂也遠者何國所資以爲久者是已不知所計則近能阻之欲以利國猶却步而索前也夫三代而上言厚民之本務莫重乎農三代而下言利國之遠計莫大乎鹽古今論政所必首反之者矣聖天子采酌群言修明二政其安内攘外之盛業乎愚生窮居草澤私懷當世之隱慮敢不因明問述所知以對夫農政先王嘗備之官矣遂師遂大夫興田職務治其稼事稼器稼法以辨耕耨種類之施蓋無不效其勤也然是時井田之法爲民制之非專斂其賦以充上者自秦用商鞅之謀開阡陌重賦税决裂疆畝則三代計民授田之業壞由是經界失正勞民勸相之政無所復行民始恣末淫而蹈奇邪其極也秦人令民之術并莫之或舉矣此抑末强本之道欲厚民者不可無重也鹽法先五嘗治之吏矣鹽人掌鹽政令共其若鹽形鹽散鹽以周祭祀賓客之用蓋無不致其察也然是時山澤之利與民公之非私擁其利以佐國者自齊用管仲之計伐菹薪煮海水苛筭鍾釜則三代通無濟有之利塞由是采用有禁因天制地之道無所從施民殆施巧法以罔貨利其弊也齊人權用之資兼無所取效矣此捐近計

遠之策欲利國者不可無究也且夫取應期會不顧萬民之本業者必無救於内散之憂校利尋尺不思百年之遠國者必無制於外削之患此少知治體者所不事而豈厚民利國之經要乎惟我聖祖當創造天下之始戎馬之事方驅騖而首命帥臣興近地之農政是故流移得所招集四方之歸從如市也其時萬民末技無所用何假政令抑之乎本業既强則安内之績所由成其效固著明矣暨平定方内之後邊陲之備正講求而遂按往法定諸司之鹽課是故漕輓賴於開中衆商之趨赴若流水也其時九府羡利無所私何計纖微征之乎邊儲益盛則攘外之威所由振其績可指見矣夫時殊政易三代聖王之施於民者既非後世所能用則足國强本管商二子之告其君者抑豈今日可得而盡弃之哉蓋鞅之謀秦也以三晋磽狹有耕之民無其地關中饒廣有耕之地無其民故誘三晋之人利其力俾復三世無知兵事視所能任不限畝數之多寡由是他國之民耕於内秦地之民戰於外饟餽相資功首相扞秦之富强無敵於天下蓋有以致之是雖首壞井田均民之公然所以治其國中不可謂無術豈若後世縱民於末淫莫知所省憂者邪管仲之相齊也以海王之國正其鹽筴則倍利必歸於止渠展之鹽致其本事則饋食必重於列國故用人數而明以重相推之術因農功而設近海聚庸之禁塞人之利隘其所由出之塗使見予之形不見其所奪之理故言利出一孔者國無敵出二孔者兵不詘九合諸侯一匡天下齊之霸威取定於中國蓋有所成之是雖首失山澤弛利之仁然所以推於天下不可謂無道豈若後巨括利爲私奉不知所節恤者邪蓋秦首開田賦以擅利者後世師其智終莫之能改矣惟漢文景以恭儉承業數下重農之詔故海内庶富幾致刑措後乃耗於武帝之征伐然末年輪臺興悔遂封丞相爲富民侯言方今之務在力農得趙過爲搜粟都尉教代田耦耜之法始行太常三輔既得旁畝多收之效終推居延邊郡益獲省牛并力之便至孝昭時流民稍還田野多蓄積之利其事可想矣今過法列於班史推其意以施行之非長民者所有事乎頃者言官興議皇上鋭然采用山東淮南之間特設都御史充營田招撫之使蓋百數十年始一見者也顧事理叢瑣群臣所議之條雖若詳至乃猶有首利未興舉者則亦當事之臣所宜及時先計之也夫今憲臣經理之地沃野千餘里皆古諸侯所用致富强者昔魏正始中鄧艾嘗即其地導淮潁之水穿渠數百里溉田之利晋世受之故我聖祖因立都水營田司首論兵亂堤防頹圮民廢耕耘專令督興水利使蓄泄得宜而旱潦有備然則營田之務水利莫先焉而疏議乃弗之及何也夫平原廣隰不藉溝洫之利則旱無所瀦嘆焚或極於延望潦無所泄溢流將蕩於無際民之始阽流亡既

由之矣可不思善其終哉今宜以農官掌水利之政課其殿最使會要有所稽成考其開浚使力作有所董正而憲臣謹察田功必以水利爲先要歲月巡歷視其弛爲之指使賞罰信明因其人爲之勸懲由是驅撫復之民俾之樂集南畝而末游之業禁不以妨耕稼則農政庶有興乎故曰抑末以强本民可厚矣非此其先要邪齊重禁鹽利以修富者後世承其術既莫之能廢矣惟漢昭宣以賢良建説間止摧煮之令故利澤流下庶民休息後復罷於元帝之初元然逾年鹽官仍設則禁令迄與古今相終始歷代減弛無幾煮鬻復興至唐乃以劉晏爲鹽鐵使上鹽法輕重之議其始鹽入歲才四十萬緡末乃至六百萬緡幾當天下賦税之半暨大曆末公私充羡軍國資運濟之需其利蓋盛布矣今晏事詳於本傳舉其術而酌參之非司鹺者所當念乎頃者計臣列疏皇上慨然興行兩淮二浙之間特設都御史任整理鹽法之計蓋百數十年不幾遣者也然初法久失計臣所陳之具多按舊故其猶偏失未修舉者則亦司儲之臣所當通變而議之也夫今憲臣所整理之方鹽利數十倍天下古邊郡所全資其飛輓者昔宋雍熙中令商輸芻粟於塞特優其直倍給以江淮之鹽支兵之計宋迄賴之故我聖祖因立轉運提舉司而下令凡開中鹽糧所司先論邊地米直貴賤及道路遠近險易定則例奏聞出榜召商中納然則鹽法之行邊儲之計莫先焉而部議乃不深求其所濟何也夫大荒窮漠不推通變之法則禾黍方獲於秋成粒米無狼戾之惜穀粟稍歉於時詘田野有鼠弃之思兵之先苦匱乏蓋職此矣寧不圖周其後哉今宜於邊方立常平之司主以曹郎使總一鎮芻粟之計屬以有司俾覘四方平踴之直而憲臣首重邊儲并及鹽司之職掌治其正課招商令赴中納之地括其餘鹽解邊分貯常平之庫由是派開中之商各輸芻粟於遠邊而附近之鎮官司自平其市糴則邊儲庶其有濟乎故曰捐近以計遠國無弗利矣非此其當務邪抑二政之修舉咸要而難易則不能無間矣蓋營田興於本業積墜之餘作於人情閲趨之會誠得其人振理之則墾闢有地非强民以所不欲經費在官非括衆以所難致事權無分掣之患則寬徭平征勸之既易集功弊隙無旁出之慮則計財程役施之自鮮敗事故曰其難有間也惟鹽政則非旦夕可議者故非變而通之必不能求濟矣蓋利之所行者遠則弊之所伏者衆法之所治者嚴則奸之所匿者深勢要占計足以困官商之守支而邊儲開中無樂應之人矣豪奸禁戢不先給竈户之工本而場丁煎貿無寄資之地矣常股存積額名互變以相欺代支透派詭迹交隱而難究其最患者邊壞蹙於失守而芻粟鮮羡故糴价歲不能無貴屯田廢於不耕而餉餽益艱故軍儲時不能無匱則鹽法之初政不易復其亦勢所必

至哉此承學所以有常平通變之議也或曰二政興行何以塞管商功利之譏無乃非今聖世所當講邪夫蚩尤作五虐之法唐虞用之而不改重黎辨九野之序夏商因之而不廢苟以帝王公利天下之心行二子與時相推之道孰謂其非王政邪故文帝好黄老猶比賢周之成康孔明慕管樂乃亦庶幾三代之伊吕夫二政誠修明令安内攘外之業有振焉則五三聖人復起知必從之而不變矣

第五問

謝師訓

同考試官教諭盧批（援引國家舊政歷歷如指諸掌且能深明今日廟謨之所急而悉陳之以忠悃得士如比可慰也已宜録）

考試官修撰郭批（條陳安攘要務皆鑿鑿可行子非文事而有武備者耶可以占其用矣）

考試官右中允尹批（書生而能熟國朝之政悉邊陲之務斯已難矣况其志之忠邪取之）

中國之馭戎狄其勝之也必以氣而其制之也必以計氣惰而不作則功無可振矣計忽而不懲則備無可持矣功不振難與言戰備不持難與言守戰守先無所待欲戎狄之爲我馭也不既左乎夫惰氣久積軍士無勇之效也忽計相循將臣不察之過也虜患莫之遏靖其此之繇邪執事策承學以方

今禦虜大務愚非能知之然私嘗概於中矣請先明作氣之説因條近計之不可忽者試詳擇焉夫戎狄之人生於窮漠之壤長於盛陰之地食肉飲酪故饑寒罷若不能侵衣毛寢皮故風雨霜露不能害習搏射便馳騁故輕生好戰去來鳥舉難得而制也然廬帳各私則必興擁護之念財畜相侈則多積顧戀之志其貪嗜不忍弃者豈與華人之情獨异哉惟中國畏其勇悍不敢與相校也故彼得挾所能以相恐動而豪健敢果之氣因索然莫自奮競矣晁錯之言曰戰勝之威民氣百倍敗兵之卒没世不復此言氣之勇怯在所作之殊成也昔秦舉關中地制諸侯可謂九不當一然秦人能用賞罰信其民使樂趨公戰作其挺鬥不折之氣故既并天下稍出餘威遂能却匈奴七百里外奪所牧地爲郡縣其人卒無敢彎弓一報怨者漢自白登之役文景不欲勞民鋒鏑至輸繒結婚不悔武帝赫然怒絶之任用衛霍諸將施兵二十年不休解當是時漢人視踐胡中如行市肆墟里間尚以其人爲足畏也哉故闢疆萬里空漠南之王庭焉夫秦之作民也以信法漢之厲士也以任將法信而民致死將任而十效功此氣之所以益懷不衰也今天下法弊於因循故人皆以寇爲玩將習

於貪懦故法削不可以繩下陵夷相偷是安得氣之作厲而無惰乎夫愚所謂近計之不可忽者蓋讀我高皇帝訓言有以推知之也在昔皇祖出入百戰威行乎殊俗元君屏遁胡孽播竄據其全遺萬世可以蒙安矣然訓垂久後猶極戒胡戎密邇之患言必選將練兵時謹備之思患豫防不因其積衰稍懈此文皇帝所以躬擐戎胄三窮搜磧之師而不厭者也今我皇上虛□獨鑒屈志群策修舉大政期盛撻伐之威臣民孰不願佐下風者顧時視二祖不能無少异而患深百年非一旦夕可袪制焉苟任事者不先圖所慎備徒務爲應文塞具苟幾目前之無患則國家大計誰與終持之乎愚請繹祖訓之深意不敢久遠喻願借先朝爲喻夫訓所謂選將者往正統以前各邊將臣大抵多推拔於老成勛舊之中彼惟勞績久著夷虜素憚其威名故動獲成功然永樂時成祖猶嘆恨淇國公丘福之僨事故弘治火篩之犯本兵馬端肅慨然思邊帥不稱欲起舊將於老廢令佐軍事之詔議也今中外將領孰爲老成耆宿可使折衝敵愾作三軍未振之氣夷虜憚慴動而能成功邪此選將之不可忽者其計在本兵也所謂練兵者往時衛諸兵祖宗特設大營團練之歲久而弊易之以三營又歲久而弊易之以十二營焉夫正統景泰之間京兵遭逆虜殘傷尺籍大耗缺矣大臣議法修政變其偷窳而振揚之時曳將有死綏之志士有超距之能故虜偵其難間則悖計日消阻也兹我皇上痛創内監提督之弊作新京營將兵之制戎政開府設總督協理之官神樞改營增招募收補之籍兵□廷議推用邊將調邊丁以教内士欲其日閑於技擊也今訓練二年不聞少效尺寸顧徒稱京兵難用議調邊鎮易其久惰弱也夫以北驕横之衆置之孤危之鎮聚屯則仰食縣官民不勝其擾患遷徙則煩費邊儲國不堪其耗蠹矧在京不能制其佚氣出塞獨可得其戰力哉然昔人稱幽燕之民沉鷙多材力本弓矢他不能蕩豈今之京兵獨异邪而何其不能强也此練兵之不可忽者其計在諸將也所謂謹備者自古中國守四夷必因徼險爲限塞繕亭堠嚴烽燧歷世所不能廢而邊臣首易視之今宣大邊垣虜詭以易馬盡破壞薊州所修築者逾二年弗克究功虜脱肆孽若上歲即何賴以扼制乎其不可忽者一也天下之勢若提衡平居欲重内以制外一遇警變不得不重外也往也先之變京師震動大臣有奏留邊將衛内者葉文莊疏議曰頃獨石馬或不弃六師何以憂土木紫荆白羊不破虜騎何以伺都城夫守邊鎮所以重京師也後虜果覘外備之固則内犯阻而悔罪歸命之使通矣夫京兵即不習戰隸及籍者尚十數萬衆苟訓教有方其强猶反掌耳豈若諸鎮之單懸弱師與虜持抗者比哉拔其精鋭不顧邊守之難固門户弗禦堂室能晏然乎其不可忽者二也互市之法

自古鮮以施之北狄正統中也先因先朝歸附僞求互市通貢盡窺中國之虚實是以卒起其邪心乃後復詐請和邊臣奏欲假和以緩之也本兵駁議曰虜方以和詐我許之可得其緩邪夫互市之請即虜也先之遺詐也羈縻之説即邊臣許和緩師之逸計也利害往迹昭然著明而可久蹈之乎其不可忽者三也國家屯鹽舊政既不興修諸邊餽饟益乏是故糴運不給至輦京儲佐之然率一鍾不能致一石今調集益廣邊餉益不可支然而其謀卒持也天招勸土兵之令人知其善而鎮臣莫能自行則軍需空於調集之廣耳其不可忽者四也大三衛屬夷我祖宗所建樹爲東北屏蔽者彼其叛服弗常而數攜我之恩德狡險成性而間從虜之向導此夷性難馴之固然使撫馭不失我能潛奪其心則安知彼不效忠若往時乎聞諸道路之言國家誠大舉兵東翦建州北除及顔則虜絶引誘禍可不制自息此固事之宜重者宸慮深遠豈外議所可測邪然二部苟不有以懷之則屏蔽開撤非所以自扞況今既爲彼虜抄困威之欲使叛降則其端大可見矣其不可忽者五也夫謹備五計之不可忽在任事大臣深思而預謀之可也語曰前事之不忘則後事之師也今不懲艾既往以力持天下之大計則非所以爲國家起福無形銷患未萌者矣夫鬼方必克高宗所以盛中興之業玁狁于襄方叔所以著克壯之猷振古殊績是安得不在今日極盛之世邪是故誠思選將之爲要則擇之不可不精求之不可不豫蓄之不可不廣也夫節鉞所授必推天下之杰才事權所與必協天下之美論則擇之精矣明立薦舉作養之法而不需於方急之時博詢智謀勇略之士而不拘於所出之塗則求之能豫蓄之能廣矣由是風聲所招徠意氣所感召得無如古名將者流應類以出也乎思練兵之爲急則制之不可無紀教之不可無法倡之不可無人也夫法律嚴整所出無回亂之人營陣齊一所止無驚擾之衆則制之有紀矣訓練於無事坐作擊刺之咸宜驅率於有警摧鋒陷敵之争先則教之成其法倡之多其人矣由是無攻而不政無守而不固凡古名將所建立者何施而不如志哉思謹備之必時而往怠之當懲也則修築之功雖勞民然所以節時使之力施閱勸之道不可曲爲之處平互市之求雖禁行然所以通間諜之要致招誘之方不可密爲之謀乎鎮兵精鋭可挑矣然勢非懸急京將不得假内衛之名以奪邊臣之所恃京儲輦運可應矣然地本屯種軍士不得因抄寇之援以弃邊實之所資至若三衛屬夷之經略則存乎遼薊鎮臣之壽策耳夫撫之以恩潛消其携貳之隙懾之以威陰制其回易之奸精神折之於先不以一朝細故忘祖宗百年之深慮文告播之於後不以一二人阻化累醜類千百輩之死命則所謂屈戰奪心善之善者在是矣雖然此固不足呫

呫道也要之在將得其人耳聞之論將品者矣有一軍之將攻堅破强所向無前者是也然可爲偏校之良而非邦國之衛有一國之將出奇制勝所應不窮者是也然可爲裨翼之特而非社稷之鎮夫惟天下之將知有國而不知有其家知有君而不知有其身福於己而禍於人則功寧有所不立利於今而害於後則事寧有所不成此則古名世之杰所以施勛業於久遠流聲實於不窮者也以今大聖人睿謀尢物側席勤求安得無若而人者出仰副宵旰之虚伫邪愚戇寡聞不足備對幸執事之財擇焉

應天府鄉試録後序

嘉靖壬子秋八月當鄉試之期應天府臣循制具請上以臣臺臣鑒充考試官欽承祗役願得真才以副明詔求賢致太平之意既取其雋録其文以獻臣鑒謹序于後曰嘗稽古昔帝王興道致治任賢以資化理其取士之法不同而獲士之報亦异唐虞至殷立賢無方惟賢乂政盛莫可匹周之盛時大司徒以鄉三物教萬民而賓興之鄉大夫三年大比考其德行道藝而興賢者能者鄉老及鄉大夫群吏獻賢能之書于王由是於變咸寧之休文武成康之美萬世頌之漢唐而下有明經賢良孝廉博學宏詞茂才异等諸科雖與上世制遠而因人立法各有美意故議者謂二帝三王之世多道德春秋戰國之士多功利兩漢之士多才節隋唐之士多辭藝風聲氣習隨感而應建功立業效各不同固上使也洪惟我祖宗稽古成治養士于學掄才以科目而三載一興之道本唐虞法鑒成周章程品式至爲明備中間英俊彙征彬彬蔚蔚得人之盛比隆上世漢唐俱下風矣我皇上光膺天眷總覽萬機憲天法祖聖學日新序禮和樂制作大備中興文明之運夐哉焕乎士際其盛負文武忠孝之懿者孰不欲吐奇揚英攄用世之志所謂聖作物睹千載一時此其會也夫留都根本重地皇祖定鼎于兹山水奇勝光涵聖化之渥培植非一日矣故元僚碩輔代有顯聞後雋嗣興文雅醖籍匡贊輔翊之效多所弼成我皇上紹列聖之統并治兩京畿内諸士所謂産其地而逢其時者其鼓舞興起必先于四方矣嘗聞文章盛衰與光岳之氣相應士之誦習六經冲養和粹則心術光明然後發之爲文足以表見當世今肆閲諸士之文典而莊者制命之儲也雅而麗者聲歌之則也婉而盡者詞文之軌也簡而重者播告之宗也嚴而辨者論詔之選也磨礱淹貫之質雄渾敦大之氣皆于斯乎發之譬則良冶之蓄型範莫同而爲器則均聖教誕被漸進斯不足徵矣乎諸士藏器待用豈特緣飾辭章規進取而

已平居激烈之懷寧不欲追蹤伊傅周召與之馳逐于百代之上耶得志之後苟于富貴利達遂嘐然喪其平生斯固不足以爲士矣是故國家取士之制之也而用之則行也名也而責之則實也實循則行成行成則名茂而文益顯是謂適用之才彼徒文焉末已諸士誦法古人抗志抱真必有先天下而出者行將進于春官揚之大廷漸鴻振鷺效用四方其翕張世道以宣風殿俗代工成務當與古哲同垂耿光無亦于爾始進乎占之故因卒事致厚望焉

翰林院修撰郭鎜謹序

嘉靖三十七年應天府鄉試録

應天府鄉試録序

聖天子御極之三十有七年戊午秋維大比之期天下士挾策就試者所在雲集應天府府尹臣鏜府丞臣時先期以考試官請迨閏七月戊寅上命侍讀臣景淳臣陞往司試事時臣鏜既晋南京大理寺卿臣時職司提調乃繕垣宇飾供具幣聘四方校官司若教諭臣士宏臣金臣書臣育凱臣宗德臣朝恩臣槐臣守魯俾同考試監試則御史臣堯焕臣宗舜簾内外各務精白率憲度視舊加虔乃合提學御史臣如斗及六館諸曹所選士五千有奇三試之晝夜翻閱遵制額拔士百三十五人并録其文之優者以獻臣景淳謹拜手稽首序其端臣惟帝王之興雖神聖天縱其臣莫及莫不以求士爲先務取士之法雖代不相沿然要在得賢輔治則一而已矣臣初奉命而南下潞河涉大江見大木之浮江而來也翩若游龍則竊嘆曰嗟乎此真隆棟之材其成非一二歲月之積也方其隱於深山伏於遠方非假左右爲之先容然人臣將天子之命不遠數千里求之躬督率而運致焉惟材之適用故木無求于人而人求之也士之大材晚成而耻於求售亦何异于此詩曰周王壽考遐不作人士固有待而興也南畿在今猶周豐鎬鍾山石城龍蟠虎踞巀嶪雲表長江渾浩則西起岷蜀而東達於海形勢之雄風氣之完固人材之藪也我聖天子一德格天壽考之隆且將遠邁周文則多士之生此畿服者寧不足以楨王國與周士匹休哉夫士不求則遺於山林能求則增重廟堂臣故於求大木者有感也既入鎖院閱多士之文明辨者可以觀識深醇者可以觀養雄剛者可以觀才博大者可以觀器則相顧私喜庶幾隆棟之材其在是乎昔人謂拔十得五臣不敢必卽十得一焉亦可以報聖明逭後責矣然臣猶有懼焉竊思一命之士皆勤簿書供職守不敢無事而食以干曠官之罰臣久塵侍從無所短長獨兹校士可藉以報國然力可勉而盡也知人之哲不可强而能也今獨執一日之文以求天下之士臣懼其失之也夫江左自昔多才况今爲首善之地重以聖天子久道之化漸漬洋溢浹於人心士生斯時沉潜六籍馳騁百家咸斐然有帝臣之思

其待舉有司者誠皆一時之良顧器識杰然兼綜文武堪以論思帷幄鎮定疆圉者則代不數人耳國家設科取士垂二百年每三歲輒論士於鄉而賓興之雖兼容博愛一藝并收亦冀有杰然之材出是途可爲社稷之衛也臣今殫竭心力庶幾遇之乃或甄别不明有隆棟之材弃而不收則臣罪大矣臣嘗閲傳記見古來賢士適不逢時雖有輔世之略亦沉淪不克自見輒掩卷太息謂士誠耻於自售縉紳之徒身當其前不克推挽使國家收得士之益賢士慰彙征之望竊位之譏誠不可逭也臣今謬當校士之任實當其前矣乃不克推挽使奇偉倜儻之士不獲進則何以謝天下今多士之獲舉也亦有可以棟明堂而任天下之重者乎記曰夫學官先事士先志今多士方與計偕雖未及試之政事而志之所存不可謂不先定也昔伊尹耕于有莘而堯舜君民之略已定於中此真能尚志者也其次則諸葛孔明之於漢范希文之於宋皆篤於道義卓然不以成敗利鈍貳其心亦伊尹之流亞也今多士豈無志伊尹之志者乎使平居而志不先定臨事而氣隨以奪即才敏過人俾當大任必有棟撓之虞復何取焉臣今校士期於自盡復以定志勗多士庶多士以古人自期則亦不負斯舉也

翰林院侍讀瞿景淳謹序

嘉靖三十七年應天府鄉試

提調官

中順大夫應天府府丞喻時（中甫河南光州籍江西豐城縣人　戊戌進士）

考試官

翰林院侍讀瞿景淳（師道直隸常熟縣人　甲辰進士）

翰林院侍讀陳陞（晋甫浙江餘姚縣人　辛丑進士）

同考試官

河南汝寧府西平縣儒學教諭周士宏（仲仁廣東順德縣人　癸卯貢士）

福建泉州府同安縣儒學教諭吴金（礪伯江西豐城縣人　丙午貢士）

河南開封府通許縣儒學教諭邵書（君誥福建閩縣人　丙午貢士）

山東青州府安丘縣儒學教諭魏育凱（虞卿廣西臨桂縣人　丙午貢士）

江西饒州府浮梁縣儒學教諭陳宗德（伯修湖廣靖州衛官籍攸縣人　壬子貢士）

湖廣寶慶府城步縣儒學教諭戴朝恩（獻忠廣東南海縣人　丙午貢士）
廣東高州府茂名縣儒學教諭潘槐（植卿廣西宣化縣人　丙午貢士）
四川敘州府宜賓縣儒學教諭安守魯（汝確貴州水德江長官司人　壬子貢士）

監試官

南京河南道監察御史祝堯焕（德徵山東灑州人　癸丑進士）
南京湖廣道監察御史王宗舜（用中山西聞喜縣人　癸丑進士）

收掌試卷官

奉議大夫應天府治中余鋐（克用江西鉛山縣人　甲午貢士）

印卷官

承直郎應天府通判馮秉儀（維德浙江慈谿縣人　辛卯貢士）
承務郎應天府推官程學顔（近復湖廣孝感縣人　壬子貢士）

受卷官

應天府照磨所照磨康紹光（大顯山西太原府興縣人　監生）
應天府江浦縣知縣黄晥（寅重浙江浦江縣人　選貢）

彌封官

應天府高淳縣知縣方沂（師魯江西浮梁縣人　丙午貢士）
南京羽林左衛經歷潘木（子繩湖廣黄岡縣人　監生）

謄録官

應天府溧陽縣知縣王諍（子孝湖廣竹山縣籍浙江永嘉縣人　庚戌進士）
應天府溧水縣知縣曾震（汝東四川瀘州合江縣人　癸丑進士）
南京豹韜左衛經歷郭從華（子實浙江諸暨縣人　監生）

對讀官

應天府句容縣知縣孫光（子觀陝西隴西縣人　丁酉貢士）
應天府江寧縣縣丞張中立（仲守江西餘干縣人　監生）
應天府溧水縣主簿陳邦言（司直浙江建德縣人　吏員）

巡綽官

昭勇將軍直隸安慶衛指揮使石中玉（子完山東海豐縣人）
明威將軍直隸新安衛指揮僉事倪宇（悳中直隸合肥縣人）

搜檢官

武略將軍南京留守左衛副山嚴（民瞻湖廣黄梅縣人）

武略將軍南京留守前衛副千户張栢（守之直隸蕪湖縣人）
昭信校尉南京留守前衛百户千繼文（汝魁直隸儀真縣人）
昭信校尉南京留守後衛百户劉壘（克禦山後太興州人）

供給官

應天府經歷司知事霍柱（邦才廣西藤縣人　監生）
應天府照磨所檢校張緯（文夫由山東陽穀縣人　監生）
應天府句容縣縣丞解枚（從吉山東霑化縣人　歲貢）
應天府上元縣主簿程滋（德化直隸徽州府歙縣人　監生）
應天府上元縣主簿陳沛（汝霖廣東德慶州人　歲貢）
應天府江寧縣主簿伍鳳冠（時加湖廣新化縣人　歲貢）
應天府句容縣主簿余意（汝誠四川閬中縣人　歲貢）
應天府溧陽縣主簿孫鶚（志立浙江奉化縣人　監生）
應天府高淳縣主簿劉繼昇（汝晦山東德州人　吏員）
應天府江浦縣主簿丁天章（雲漢山西廣昌縣人　歲貢）
應天府上元縣典史胡廷貴（天寵浙江餘姚縣人　吏員）
應天府江寧縣典史傅傑（英之广西臨桂縣人　吏員）
應天府龍江宣課司大使陳在岡（吾鳴江西萬安縣人　知印）
應天府常平倉大使郭河（如初福建莆田縣人　吏員）

第一場

四書

君子貞而不諒　上天之載無聲無臭至矣　爲人臣者懷仁義以事其君

易

乾始能以美利利天下不言所利大矣哉　觀乎人文以化成天下　天地設位而易行乎其中矣成性存存道義之門　聖人南面而聽天下嚮明而治蓋取諸此也

書

德惟善政政在養民　王懋昭大德建中于民以義制事以禮制心　天子作民父母以爲天下王　几人未見聖若不克見既見聖亦不克□聖

詩

九月築場圃十月納禾稼黍稷重穋禾麻菽麥嗟我農夫我稼既同上入執宮功晝爾于茅宵爾索綯亟其乘屋其始播百穀　他山之石可以攻玉　虎拜稽首天子萬年　命于下國封建厥福

春秋

荆人來聘（莊公二十有三年）冬楚子使椒來聘（文公九年）　夏公會齊侯宋公陳侯衛侯曹伯伐鄭圍新城　秋楚人圍許諸侯遂救許　冬公至自伐鄭（俱僖公六年）　晋欒書帥師救鄭（成公六年）　夏叔孫豹會晋趙武楚屈建蔡公孫歸生衛石惡陳孔奂鄭良霄許人曹人於宋秋七月辛巳豹及諸侯之大夫盟于宋（襄公二十有七年）十有一月公如楚（襄公二十有八年）夏楚子蔡侯陳侯鄭伯許男徐子滕子頓子胡子沈子小邾子宋世子佐淮夷會于申　秋七月楚子蔡侯陳侯許男頓子胡子沈子淮夷伐吴　遂滅賴（俱昭公四年）

禮記

天子之六府曰司土司木司水司草司器司貨典司六職天子之六工曰土工金工石工木工獸工草工典制六材　所以達天道順人情之大竇也　然則先王之爲樂也以法治也善則行象德矣　和寧禮之用也此君臣上下之大義也

第二場

論

孔子登泰山而小天下

詔誥表（内科一道）

擬漢定振窮養老之令詔（文帝元年）　擬唐以姚元之兼紫微令誥（開元二年）　擬大朝門等成群臣賀表

判語（五條）

舉用有過官吏　人户以籍爲定　邊境申索軍需　軍民約會詞訟　修理橋梁道路

第三場

策（五道）

問　堯舜禹湯文武典謨訓誥之文不可尚已嗣是漢唐宋亦多英君誼

辟而以文見稱者何寡也獨唐太宗文至成帙論者乃謂其雕奇鏤怪徒與騷人韵士争巧亦不足尚則文豈易言哉洪惟我太祖高皇帝躬提一旅不十年而成大業其武功固獨高萬古矣然且萬幾之暇親灑宸翰凡大詔令大制敕大樂章大祝辭皆運心神以宣道妙莫不震叠萬國懷柔百神至於記序之文詩歌之什亦莫不根理致極體要而昭垂訓典助宣聲教焉經天緯地之文直與帝王相輝映於千古矣可得而陳其略歟當時詹同樂韶鳳等請而集之劉基宋濂郭傳又從而恭題其後所以贊揚休美者至矣可得而舉其概歟逮我聖上聖神文武駕古帝王而同符聖祖宸章睿藻炳若日星簡册森嚴難以殫述可得而鋪張其一二歟□□嘗論侍臣以人心虚靈操而存之爲難聖上心學之統乃見於敬一之箴何其先後一揆也則文固有本歟頃伏睹聖上拳拳修攘之略文謨武烈於聖祖赫然宣重光矣諸士服膺聖訓有年必能識其大者敬悉心以對

問　記稱禮之所尊尊其義也失其義陳其數祝史之事也然隆古之時禮教明習故雖祝史能知其數後世禮教衰缺禮之義儒者猶能言之數則鮮有知者矣是可以不素講歟今古禮之存於世者惟三禮是孰講而孰傳之歟或謂聖經不亡於秦火而大壞於漢儒然則漢儒傳經之功可盡泯歟宋元諸儒有作古禮經傳通解者有作三禮考注者亦有愈於漢儒否歟漢時有古禮經出於魯淹中漢儒無能傳者班孟堅獨深取之謂愈蒼等推士禮而致於天子然則十七篇皆士禮歟非皆士禮孟堅何以云爾歟作通解者欲取周禮禮記所載有及於天子之事者以備儀禮之闕儻亦孟堅之意歟今之言儀禮者既病其殘闕而疑周禮者爲尤甚惟馬端臨之説差得其中亦謂古今异宜而難行然則諸儒之纂輯亦好古之過歟昔孔子嘗思虞夏之質雖宋儒亦謂後聖有作必不一如古禮之繁則好古者似亦不必徒守其數也然諸儒愛禮之意則深矣幸相與推明之□徒曰當年不能究也

問　作史者論事欲核而立法欲嚴核故足以信後世嚴故足以懲奸慝古之良史未有不慎諸此者也春秋以來世之言正統者何紛紛也正統之論始於歐陽子蘇氏宗之而其論復有异同朱子作資治通鑑綱目蓋宗乎温公而復有异同近世方氏著論復謂朱子猶有未盡亦可舉其説而折衷之歟夫以秦爲閏以梁爲僞私東晋者詆後魏爲虜私後魏者詆東晋爲夷歐陽子嘗辨之矣然進秦續周以周秦漢晋隋唐爲正統則其得國果若是班歟如徒以其一天下而予之則胡元亦將予之否歟朱子之叙正統蓋本之歐陽子不得已而予之者也故雖予之正統而書法之嚴亦有與方氏所論相出入者亦可

舉而言歟夫知方氏之言雖异於朱子而實與朱子相出入則方氏非徒好异矣請言之以觀稽古之學

問　賢才國之所恃以致理也必知之明而後用之當故宋臣事君援劉邵人物志進説蓋以邵之書主於詳察人物於任官擇材之法有可觀焉其言曰人之質量中和最貴中和之質必平淡無味故能調成五材變化應節是故觀人察質必先察其平淡而後求其聰明但天之生人兼材常少而偏材實多今考其志流業十二而其人其任各有專指可得而詳言歟其所謂國體一流果亦同於衆流歟其亦有可指而議者歟其曰偏材之人長於辦一官而短於爲一國又曰能識同體之善而或失异量之美論果當歟否歟其他分英雄於二用混直訐於一塗謂偏材之性不可移轉謂慈而不仁仁而不恤謂觀其感變以知常度謂觀其所短以知所長謂察譽有偏頗之謬謂接物有愛惡之惑言雖不同而同於詳察人物第不知有合於聖賢之論否耶其時散騎侍郎盛稱邵材史臣亦曰邵該覽學籍文質周洽則其論似有足多者然則用才者果可據是歟抑别有其道歟願究言之以備官人之助

問　鹽筴之征非古也蓋自管仲始嗣後若漢之桑弘羊孔僅唐之劉晏皆祖之以裕國更數世而不廢豈其法亦不可廢歟大夫文學之議元勰甄琛之言人持一端將安所取衷歟我國家富有天下鹽筴所入不當常賦百一然法凡幾變而議之者亦凡幾人矣今之餘鹽與正課并行誠非國初之舊也或欲變通鈔法或欲盡復正課議雖美而難行者何歟夫摧山澤之利而可以寬農民之征誠經國之所當講者然君子恒有不盡利之慮不知如之何而可以善其後歟國初之征商蓋甚薄而用常有餘今之征商蓋已厚而用猶不足何歟夫糜財之大者莫大於吏兵之冗自多事以來吏兵之增置者亦多矣不知亦可裁省歟始可裁省而無缺於事則財不可勝用非特鹽筴可寬也願詳著於篇將采而獻焉

中式舉人一百三十五名

第一名　佘毅中　銅陵縣學附學生　詩

第二名　王之翰　祁門縣學生　禮記

第三名　張炳　蘇州府學增廣生　易

第四名　王錫爵　太倉州學生　春秋

第五名　王道立　太倉州學生　書

第六名　顧廷對　泰州學生　詩
第七名　張克家　宣城縣學生　易
第八名　張明正　華亭縣學增廣生　書
第九名　楊于世　浙江秀水縣人監生　春秋
第十名　諸鐈　松江府學生　禮記
第十一名　水思中　吴江縣學生　詩
第十二名　宗傳　如皋縣學生　易
第十三名　金世和　東流縣人監生　書
第十四名　陳正誼　松江府學生　詩
第十五名　李鑌　應天府附學生　易
第十六名　徐廷祼　崑山縣附學生　詩
第十七名　黄金粟　華亭縣增廣生　書
第十八名　蔡桂　沛縣增廣生　易
第十九名　夏宗思　建平縣人監生　詩
第二十名　蔡悉　廬州府學增廣生　書
第二十一名　陳邦彦　池州府學增廣生　詩
第二十二名　金大有　嘉定縣學附學生　易
第二十三名　江以東　全椒縣學生　詩
第二十四名　艾可久　上海縣學附學生　春秋
第二十五名　李秉銓　松江府學生　詩
第二十七名　吴之儒　應天府學生　禮記
第二十八名　崔惟植　太平縣人監生　詩
第二十九名　皇甫汸　吴江縣學附學生　易
第三十名　王之屏　潁州學生　詩
第三十一名　曹澤　徽州府學附學生　書
第三十二名　羅應兆　吴縣學附學生　易
第三十三名　吴嶙　常州府學附學生　詩
第三十四名　劉守恒　宿松縣人監生　易
第三十五名　何鑛　常熟縣學附學生　詩
第三十六名　許天球　婺源縣學生　書
第三十七名　顧堅　吴縣學附學生　詩
第三十八名　韓邦憲　高淳縣學生　易

第三十九名　范伯榮　江都縣學生　詩
第四十名　叢文蔚　應天府學附學生　易
第四十一名　吴仲文　當塗縣學附學生　詩
第四十二名　許兼善　華亭縣學生　書
第四十三名　陸竹　常熟縣學附學生　詩
第四十四名　黄順存　浙江鄞縣人監生　易
第四十五名　吴中立　長洲縣學增廣生　春秋
第四十六名　徐拱　舒城縣人監生　詩
第四十七名　徐得禎　鎮江府學生　易
第四十八名　周圭　宜興縣學附學生　詩
第四十九名　張東曉　淮安府學生　禮記
第五十名　周起鳳　太倉州學附學生　詩
第五十一名　吴佐　吴縣學附學生　易
第五十二名　朱萬邦　武進縣學生　詩
第五十三名　李櫞　江西豐城縣人監生　書
第五十四名　趙邦黍　浙江平湖縣人監生　易
第五十五名　陶九韶　浙江秀水縣人監生　詩
第五十六名　范崙　丹徒縣學生　易
第五十七名　鍾士榮　溧陽縣學附學生　詩
第五十八名　張來鳳　應天府學增廣生　書
第五十九名　周環　蘇州府學附學生　詩
第六十名　余純然　婺源縣學附學生　易
第六十一名　張振之　太倉州學附學生　詩
第六十二名　薛瀚　金壇縣學增廣生　書
第六十三名　費价　全椒縣學生　詩
第六十四名　趙道隆　常州府學附學生　易
第六十五名　鮑尚伊　歙縣學附學生　詩
第六十六名　孫謀　泗州學生　書
第六十七名　唐九思　武進縣學附學生　詩
第六十八名　毛公瑾　長洲縣學生　易
第六十九名　李逢暘　應天府學生　詩
第七十名　朱朝資　松江府學生　書

第七十一名　徐嘉會　婺源縣學附學生　易
第七十二名　賀邦泰　丹陽縣學生　詩
第七十三名　張鳴秋　歙縣學生　易
第七十四名　徐守正　溧水縣學生　詩
第七十五名　汪如海　黟縣學生　易
第七十六名　刑光裕　丹陽縣學增廣生　書
第七十七名　楊重儒　太平府學生　春秋
第七十八名　熊珦　江西南昌縣人監生　易
第七十九名　劉采　桐城縣學生　詩
第八十名　高尚志　泗州學生　書
第八十一名　李從約　上海縣學附學生　詩
第八十二名　趙用賢　常熟縣學增廣生　禮記
第八十三名　錢錫汝　吴江縣學增廣生　易
第八十四名　曹銑　華亭縣人監生　詩
第八十五名　李邦獻　崑山縣學附學生　書
第八十六名　唐楨　無錫縣學附學生　詩
第八十七名　黄尚質　應天府學生　易
第八十八名　吴詔相　宣城縣學增廣生　詩
第八十九名　王一誠　崑山縣人監生　易
第九十名　饒大英　寧國縣學生　書
第九十一名　馬思齊　和州學生　詩
第九十二名　胡良倖　休寧縣學附學生　易
第九十三名　胡潜　無錫縣學附學生　春秋
第九十四名　李校　江西南豐縣人監生　詩
第九十五名　李果　崑山縣學附學生　易
第九十六名　梁子琦　壽州學生　詩
第九十七名　胡岳　浙江崇德縣人監生　易
第九十八名　濮陽棐　廣德州學增廣生　禮記
第九十九名　俞仲瓚　旌德縣人監生　詩
第一百名　潘熙　長洲縣學增廣生　易
第一百一名　張西銘　六安州學生　書
第一百二名　劉繼文　靈璧縣學生　易

第一百三名　顧養謙　通州學附學生　詩
第一百四名　姜浹　貴池縣人監生　易
第一百五名　周式南　吴江縣學生　書
第一百六名　沈人种　嘉定縣學附學生　易
第一百七名　鄭欽　涇縣學生　書
第一百八名　沈廷觀　吴江縣學生　春秋
第一百九名　沈士元　吴江縣學附學生　易
第一百十名　周京　吴江縣人監生　書
第一百十一名　陳舜謨　宜興縣學附學生　詩
第一百十二名　王國賓　宜興縣人監生　禮記
第一百十三名　江雲梯　黟縣人監生　易
第一百十四名　梅一科　寧國府學生　詩
第一百十五名　王鼎　含山縣學生　書
第一百十六名　錢藻　如皋縣學生　易
第一百十七名　杜時騰　松江府學生　詩
第一百十八名　黄承恩　揚州府學增廣生　易
第一百十九名　錢瑞　宜興縣學生　詩
第一百二十名　金昺　江寧縣人監生　易
第一百二十一名　孫玠　溧水縣人監生　書
第一百二十二名　蔣致大　武進縣學附學生　書
第一百二十三名　喻效龍　太平府學生　春秋
第一百二十四名　李陽泰　浙江缙雲縣人監生　易
第一百二十五名　萬振孫　廬州府學生　詩
第一百二十六名　朱雲鸞　江浦縣學附學生　易
第一百二十七名　汪渡　休寧縣學增廣生　詩
第一百二十八名　王之陞　長洲縣學附學生　易
第一百二十九名　曹汝衷　貴池縣人監生　春秋
第一百三十名　沈鳴岐　吴江縣學附學生　易
第一百三十一名　陳大科　通州學生　詩
第一百三十二名　汪準　婺源縣學附學生　禮記
第一百三十三名　黄世厚　浙江蕭山縣人監生　書
第一百三十四名　邵南　吴江縣學附學生　易

第一百三十五名　吴士讓　浙江歸安縣人監生　詩

第一場

四書

君子貞而不諒

余毅中

同考試官教諭潘批（題本難作類多剽竊陳言未見真切此篇獨得語意録之）

同考試官教諭陳批（貞諒二字分别明悉而詞復精雅蔚發佳士也）

考試官侍讀陳批（詞徹意冲）

考試官侍讀瞿批（簡當）

聖人論君子之守惟其正而無容心焉甚矣君子大居正也容心焉則害於正矣亦何貴於守之固哉夫子蓋慮夫執小信者之害道也故曰人之守一也有見於理而守之必固者謂之貞無見於理而守之必固者謂之諒貞雖有似於諒而害貞者必諒也君子之於天下吾見其貞而不諒焉幾微之際辨之已審而所以爲制事之本者恒運之以理而不流素履之往養之已定而所以爲立身之要者恒一之以理而不亂方其有所見而信之篤也蓋有卓乎不回而在外之得失舉不足以易之者矣然惟信以理也未始有成心也時之不齊則將與時偕行以求夫理之所安而又何必焉方其有所得而執之堅也蓋有確乎不拔而在外之榮辱舉不足以奪之者矣然惟執夫理也未始有偏主也勢之不一則將與勢推移以求夫理之至當而又何固焉蓋將自其不變者觀之則堅凝之操未始少渝所以立天下之坊而不至於失已者此也自其至變者觀之則圓神之用未始少滯所以通天下之故而不至於違時者亦此也此君子之固守蓋貞也而非所以爲諒也雖不必於信義以成信而信亦在其中者也若必於諒焉則有非所信而信焉者矣吁此君子之道所以爲無敝歟抑是貞也推其極雖孔子之時中亦不外此孟子所以願學孔子以其無可無不可而□適於道之可也後之君子必明以察之健以决之始可與於居貞否則鮮不流於諒矣春秋之時士多詭隨稍知自好者率硜硜焉矜小信而忽大義然則夫子斯言其有所感也夫其有所警也夫

上天之載無聲無臭至矣

張炳

同考試官教諭吴批（說理精詳而文足以發之中庸義如此作者絶少）

同考試官教諭周批（形容不顯殆盡非淺學所能到録之以式多士）

考試官侍讀陳批（說得題意明盡）

考試官侍讀瞿批（文有思致非苟作者）

中庸引言君子之至德惟天道之神盡之也夫君子與天合其德也然則不顯之妙非天道之神其孰盡之子思自下學立心之始而推極於此示人以聖修之極也蓋曰君子之學始於尚絅之心而馴造於篤恭之盛則其德至矣吾嘗擬之詩而不顯之妙未易言也必也如文王之詩乎詩云上天之載無聲無臭夫物之可以形求者皆顯也微之而至於聲臭則已入於無形聲臭而猶曰無焉則淵乎其淵者也物之可以象求者皆顯也微之而至於聲臭則已入於無象聲臭而猶曰無焉則深乎其深者也詩之言天如此以是言君子不顯篤恭之妙斯其至乎蓋君子之篤恭也由人以合天而一敬之存存者潛會其不言之真盡性以至命而一敬之亹亹者默契其於穆之運存之爲中而大本立焉一天之所以爲神也退藏之密雖未易窺觀天之静而無静而聲臭之俱泯者則可以通其故矣發之爲和而達道行焉一天之所以爲化也精明之致雖未易測觀天之動而無動而聲臭之俱寂者則可以觀其深矣此修德者必達諸天而後有以凝純粹之精語德者必徵諸天而後可以盡淵微之妙也彼所謂不大聲色德輶如毛者則迹猶未融而未免於擬議之粗也惡足以盡君子之不顯哉雖然君子之至此豈有出於尚絅之初心哉蓋始之戒懼慎獨此心也終之不顯篤恭亦此心也自始學至成德雖所造不同其心之不求人知而惟無愧於天則一而已矣昔楊子雲謂仲尼潛心文王顔子潛心仲尼聖賢之道未有不潛而能至者也然則學道者其必自尚絅之心始乎

爲人臣者懷仁義以事其君

王道立

同考試官教諭魏批（讀子之文蓋亦懷仁義之有素者）

同考試官教諭邵批（典則中意味無窮殆由衷之言也）

考試官侍讀陳批（明雅）

考試官侍讀瞿批（忠愛溢出可誦）

人臣思以道而事君其有所感矣夫仁義之道根於心也人臣懷此以事

君謂非有所感而然哉孟子黜宋牼言利而詔以崇王也蓋曰道莫嚴於公私幾莫神於感應是故慎所以感之者牼以仁義游將見爲人臣者向固知有利而不知有仁義也兹則興起之有自而幸致君之有術悦在於仁而仁主於愛愛莫切於愛君則攄忠悃而引君以志仁固其愛之不容已者悦在於義而義主於敬敬莫先於敬君則秉虔恭而輔君以行義乃其敬之不可遏者贊襄啓沃率由中之忱恂凡可用吾之愛者無不爲也祗承左右咸根心之寅畏凡可行吾之敬者無弗至也所居雖不同而惓惓於是以罄允懷之誠者不因位而有异所處雖不一而皇皇於此以達中心之願者殆易地而皆然居仁由義蓋嘗責諸已矣而移此弼成乎君德惟下不負所學已耳豈敢徼榮以貶其守乎戴仁抱義蓋嘗修之家矣而由此對揚於王庭惟上不負吾君已耳豈徒干禄以枉其道乎斯則盡其在我而非由於外假求之在君而非强其不能人臣無弗愛且敬矣不然爲容悦爲象恭皆徇利以事君耳而尚足以言臣哉吁牼也亦有仁義而已矣何必曰利奈其時胥溺於功利而性道不明於天下孟子不得不因宋牼以悟之也然傑士豈必待感而後興哉固有心乎爲君而强於仁義者矣雖然聖學無所爲而爲有所爲而爲即仁義亦利也義利之辨其嚴乎知此庶可語純臣已

易

觀乎人文以化成天下

張克家

同考試官教諭吴批（剖析詳盡而詞藻蔚然可以爲文矣）

同考試官教諭周批（莊重不浮時義中亦得文明以止之意）

考試官侍讀陳批（簡勁）

考試官侍讀瞿批（典雅）

君子有見於人道之賁而因以善天下之治焉蓋文明以止人道之賁也觀於此而化成天下何有哉彖傳言此以盡其藴也意謂賁之爲道究其義固具諸易卦而可稽推其用實達諸天人而無間時變之察有得於天文矣而觀乎人文則豈不足以化成天下哉彼道在天下其燦然者謂之文其截然者謂之止一於文則情勝而無實君子以爲濫矣一於止則志暌而不通君子以爲隘矣惟是人文也先之以離明則盡飾焕天下之文既不蹈夫徑情直行之弊繼之以艮止則至序秩天下之异又不失於越禮犯分之愆雍睦加於體統之嚴和樂而不流固有相濟以弘其化物采章於等威之辨成文而不亂殆有交錯以臻其休以正百官濟濟如也而文陳於朝廷之上焉以正萬民熙熙如也

而文見於邦國之間焉有禮以相接有分以相守文命之誕敷四達而不悖矣合愛以統同立敬以辨异人紀之肇修萬世以爲準矣夫以天下之大而化成之效不外於人文焉吾觀於賁而知王道之易易也抑物不可以苟合故受之以賁尚文非聖人之得已也及其後也僭越生焉歌雍詩舞八佾似於文明之盛可觀而名分之止安在乎故賁之後有剥亦勢之所趨耳其曰白賁無咎則悖本尚素又聖人補偏救弊之善也是故與其文也寧質

天地設位而易行乎其中矣成性存存道義之門

張克家

同考試官教諭吴批（説理明盡而詞復興雅非苟作者）

同考試官教諭周批（發明詳盡殆深於性學者佳士佳士）

考試官侍讀陳批（精邃）

考試官侍讀瞿批（得潔净意）

大傳即造化以明聖學之所至見聖人與造化準也夫易理散於造化而統於吾性者也聖人得之則其用不與造化準耶夫子之意蓋曰易之作也聖人所以盡三才之道而崇德廣業之所必資者也學易而智崇禮卑焉則其用豈微也哉義蓋自卑高陳而天地位易之行乎其中者久矣天以倡乎地而一陰一陽恒相推而不窮不必求之蓍策而確然示人者皆此理之流行也地以和乎天而一剛一柔恒相摩而不已不必求之卦象而隤然示人者皆此理之散見也易之在天地有如此者其在於人成性之所存即道義之所出與天地之易相似者也人惟智之未至而不知存斯無以爲致用之本今智崇如天則思慮未起而凡可以存其未發之真者涵泳之不已矣亦惟禮之未至而不能存斯無以豫時出之原今禮卑如地則物感未交而凡可以存其固有之良者敦篤之不忘矣由是率之斯爲道而所以通天下之故者胥此出焉吉凶消長各以貞勝而莫究其端蓋同歸而殊途也由是行之斯爲義而所以制天下之宜者胥此出焉出處語默各以時行而不可爲典蓋一致而百慮也此則聖人之易與天地之易并行者也語其初則有得於易者深矣易非聖人之听以崇德而廣業者哉雖然易非心外物也成性者即易之太極吾人受之天地以爲心者也天地得之而變化行聖人得之而道義出所謂三極之道天地人之心也聖人之學易亦惟以易之理証吾心耳否則洗心退藏神明其德何爲者哉學易者試思之

書

德惟善政政在養民

張明正

同考試官教諭魏批（此作以德爲善政養民之本蓋知本者録之）

同考試官教諭邵批（講善政養民處甚充蔚可以觀素養矣）

考試官侍讀陳批（精粹）

考試官侍讀瞿批（整贍）

大臣言人君推德於政而當務其大者焉蓋治道莫大於養民也以德行政者盍亦是務乎禹欲帝念益之言而告之及此意謂天之立君以爲民也而所以養民者存乎政所以立政者存乎德故君天下者不徒有其德而已惟當有以善其政焉蓋德者其立本也政者其致用也有其德無其政則經綸之迹無所見而其德亦徒善耳是必以精神心術之藴而施爲裁成輔相之方議諸朝廷而紀法於是昭焉頒諸邦國而制度於是立焉擴仁心于仁政開物成務者一公平正大之體也溢美意于良法因時作則者皆明通公溥之用也是所貴乎德者惟其有善政而已矣不然則亦何取於德哉又不徒善其政而已惟在有以養其民焉蓋德政者其大體也養民者其實用也行其政弗養其民則致理之術有所乖而其政亦徒法耳是必因天地自然之利而布爲生養安全之澤鼓舞盡神而容保無疆焉通變盡利而厚下安宅焉致事用而品式備非以示法也法立而利亦興與民共之者也本德行而區畫詳非以盡制也制定而惠斯溥與民安之者也是所貴乎政者在乎能養民而已矣不然則亦何取於政哉夫養道得而後可以語政善政行而後可以語德要之德者立政之原而養民者行政之實君人者當知所務矣抑禹因伯益陳儆戒無虞而申重於養民寔制治保邦之要道也蓋民者邦之本不養則民散而邦本不固其何以爲國故禹獨以養民爲言而下文復詳六府三事惓惓爲邦本慮也夫亦廣益之旨欲帝深念而保之於無窮乎噫虞帝弗可及也已

天子作民父母以爲天下王

金世如

同考試官教諭魏批（讀子之文蓋亦今之有感於敷言者）

同考試官教諭邵批（講尊親意甚切書義若此亦難得矣）

考試官侍讀陳批（得頌君體）

考試官侍讀瞿批（親切有味）

庶民頌君而親且尊焉敷言之感也甚矣王化感人之妙也民於建極之君而以尊親頌之豈非深得其心者哉昔箕子衍皇極之疇至此蓋曰皇極之理君訓之而民同有之者也民於敷言既訓行以近光矣而所以頌之者何如哉但見涵泳於服習之久而天機爲之發揚踴躍於觀感之深而頌聲以之洋溢莫不曰明明天子其作民父母乎蓋父母之於子善有教不善有沮惟子之克肖焉耳天子敷言之訓使我協於極而不罹於咎則是教之以義方通天下爲一家愛之而知勞視萬民爲一體提撕而警覺焉非徒以正率也念切而保之至也感發而興起焉非徒以言教也心誠而求之篤也是殆父母之而不忍納於邪矣吾何幸而爲之子哉又莫不曰明明天子其爲天下王乎蓋王者之於民善則勸不善則懲惟民之敏德焉耳天子敷言之訓使民戒以私而會歸於極則是約人心以至當不易之理而寵綏已及於四方示天下以大中至正之規而具瞻無愧於元后修道以設教舉一世而甄陶之大君之臨允宜也繼天以立極盡斯民而範圍之帝位之履不疚也是蓋司牧之而勿使失其性矣吾何幸而爲之民哉夫曰父母則親之至矣曰天下王則尊之至矣親之而愛以情通尊之而敬由心立敷言感人之妙一至是夫抑王者之感人豈徒於言語之末哉皇極之建敷錫庶民則化導之本固自有在而敷言之訓特恃此以爲感動之機而已若曰聖人之感人也以言庶民之頌德也亦以言則無本之教不足以率人而豈王者忘言之治至神之化哉噫此固箕子衍疇意也

詩

九月築場圃十月納禾稼黍稷重穋禾麻菽麥嗟我農夫我稼既同上入執宫功晝爾于茅宵爾索綯亟其乘屋其始播百穀

顧廷對

同考試官教諭潘批（通篇力去陳言而意婉詞切蓋深於詩者）

同考試官教諭陳批（寓精彩於冲淡文之佳者録之）

考試官侍讀陳批（雋永）

考試官侍讀瞿批（得旨）

觀邠人于農事之終始可以知憂勤之心矣夫民事不可緩也邠人於其終而即慮其始焉是何其念之深也哉周公作此以諷成王蓋曰國之所恃以立者民民之所賴以生者食王知邠人之于農乎時乎九月而場圃築焉蓋自禾之未納而先爲之所矣時乎十月而禾稼納焉蓋自場之既築而畢爲之登矣有黍稷有重穋而無一之不入昔之于耜舉趾而親其勞者于今得以享其成也有禾麻有菽麥而無一之不備昔之同我婦子而勞于事者于今得以食

其實也夫以三時之勤而享百穀之入雖少休焉亦不爲過維我邠人則相戒以爲我稼之同固吾人之慶而邑居之治亦吾人之事也今可以入都邑而執宫功矣茅所需也爾其晝往取焉綯所需也爾其夜絞治焉夜以繼日各勤其事而亟爲乘屋之圖者非徒戟其欲也蓋居可懷也而時不可失也食所重也而備不可忘也屋今不治而東作届期將復始事于百穀之播而于此不暇矣吾人于農每慮夫日之不給也敢以歲晚而自逸哉夫不以田功之成而忘嗣歲之計不待田畯之督而懷先事之圖此可以知稼穡之艱難與小人之依矣此成王之所當念也雖然以周公之忠豈他無可以告君而惓惓獨以農事爲言者何也王業之本固在此也夫創業之初民情之得達於君也易守成之世民情之得達于君也難其居使之然也使成王能知民事之艱而以先公之心爲心則民之不獲自盡者鮮矣其後成王爲守成令主至今誦德不衰焉則成王之賢與周公輔導之力不皆可見也哉

虎拜稽首天子萬年

水思中

同考試官教諭潘批（臣子受恩對揚之情形容殆盡）

同考試官教諭陳批（讀此召虎忠愛君父之情藹然可掬）

考試官侍讀陳批（警切）

考試官侍讀瞿批（召公之忠愛蓋如此）

大臣敬受乎君賜而因祝以無疆之壽焉夫臣之愛君必圖其久也大臣受君賜而以萬壽祝之忠愛寧有窮乎宣王命召穆公平淮南之夷詩人叙其事以美之至此蓋曰王之有召虎也蓋天之所以資中興也王之策命召虎者至矣虎將何以承之哉思天寵之優渥而抑畏彌深拜稽首者如將弗勝而不敢以紓也仰天威之伊邇而齋栗彌至拜稽首者如將失之而不敢以忽也維時召公所稱以報天子者將何以哉惟願天子之萬年耳蓋臣之願于君者不惟有一時之功而惟其有長裕之澤不惟有一時之治而惟其有不匱之仁其在于今經營之就緒而土宇版章既有以增文武之光烈矣引之萬年而恒逢夫康强之吉則道久化成當益有以奠丕基而垂永世之慶也其在于今疆理之告成而聲教大同既有以紹成康之盛美矣延之萬年而恒荷夫保定之休則道洽政治當益有以利後人而綿卜年之歷也此則召公之願於王者也公之愛王豈其淺哉吁此周之君臣相與所以爲至而共成有道之長也昔周之始興也化行江漢而天下歸是文王之德也而康公實布之者也其中興也威

行江漢而天下服是宣王之烈也而穆公實與有功者也創守异時得臣之助一也然宣王以召祖勉其臣而穆公亦以文德勸其君則所以衍萬年之祚者豈徒在於武功哉詩可以觀其此類矣

春秋

荆人來聘（莊公二十有三年）冬楚子使椒來聘（文公九年）

王錫爵

同考試官教諭戴批（議論精切筆力俊健是公穀之餘也可式）

考試官侍讀陳批（簡嚴）

考試官侍讀瞿批（典則）

春秋于遠人之慕義而漸進之于中國也夫聖人重絶人也楚而慕義不已則可進之于中國矣又何過求之有哉且楚之始見于經敗蔡伐鄭聖人蓋常以夷狄擯之矣其始聘于魯則進而稱人蓋别之于夷狄也及其再聘于魯復進而稱子且名其臣蓋等之于中國也夫别之于夷狄則漸進之矣等之于中國則遂進之矣然則安在其爲謹華夷之辨哉蓋春秋立法之嚴所以存尊王之義而與人之恕所以廣自新之門有如楚人彼之慕我也爲益勤則吾之與彼也當益進雖其前此而剪我諸姬圖我北方猾夏之罪不可縱也今能息其猾夏之謀而爲講信修睦之舉則一念之善亦有可與者矣固不必追其既往也雖其後此而伐我同盟加我兵亂稔禍之罪不可長也今能蓋其稔禍之愆而尋徼福同好之約則一日之善亦有可嘉者矣固不必逆其將來也誠使玉帛之使交乎天下而兵革之禍不及生民則聖人待衰世之心亦慰矣楚固神明之後先王封國非純于夷者亦何過絶之有哉此義明則春秋謹華夷之辨者亦不必攘斥之過矣雖然魯于是時可晏然而遂已乎蓋恤小事大者邦交之常而任賢圖治者自强之道魯之于楚報其聘可也乞師報怨不可也屈千乘之尊而會于宋盟于蜀甚至如楚焉不可也孔子一用而齊人章章歸其侵疆使能終用之又何楚之畏而不能自立乎夫子之進楚蓋與楚之慕中國未及言中國自强之道也嚴于自治而薄于責人固聖人經世之略也

晋欒書帥師救鄭（成公六年）

楊于世

同考試官教諭戴批（善發明經傳本意可以式多士矣）

考試官侍讀陳批（約而盡）

考試官侍讀瞿批（得聖人慎戰意）

春秋于伯臣深予其恤患之善焉夫善師者不以戰爲功也欒書之救鄭有之此春秋所以予之歟且晋楚争鄭久矣夷夏盛衰之幾固决于鄭之向背也自鄭與蟲牢之盟而楚有嬰齊之伐晋欒書之救義之不可已者也在春秋時觀之亦兵争之常耳而君子以書救爲善之者何也蓋寇不可玩而禦之者期于解紛武不可黷而用之者期于靖亂書之帥師也初以謀勝遇繞角而楚師潰既以利進至桑隧而楚師出使徒以幸勝爲常而不以遷戮爲戒其何以稱有制之師乎書也知進知退而不冒昧以幸功能剛能柔而不貪獲以怒敵以持重爲勇而寧避二邑之衆以易夫小者不可與慮敵也以從善爲衆而寧違群帥之言以釁于勇者不可與定功也一舉而鄭人紓圍逼之危晋師免傷夷之□則雖不逭帝王之師而所全亦多矣□□□□世之中而見書此役能無予乎故曰晋欒□□師救鄭若曰慎如欒書庶無負帥師之任矣蓋取節焉者也邲之役群帥多不欲戰荀林父不能斷以從善而奪于先縠遂敗晋師故聖人慎戰以勝不可必而殃民之罪大也此欒武子之所以可予也然鄢陵之役復貪一時之捷而忽范文子内憂之忠言則其智亦末矣噫安得如范文子者而與之謀國乎

禮記

所以達天道順人情之大竇也

王之翰

同考試官教諭安批（以典雅之辭析精微之理其可以式矣）

考試官侍讀陳批（以性情立説良是）

考試官侍讀瞿批（精確）

記者於禮義而喻其甚切於性情焉夫禮義所以通達乎性情也其所係爲甚切者而容可去哉宜記者取譬以示人也蓋謂禮義之用大矣哉以益身心以合幽明而天道人情亦不能違之矣彼天道具於人蔽於物欲則湮矣惟禮義擴其未發之中則不息者純其體明覺者昭其用成性存存而胥此立天下之有焉是禮義天道所不能免也人情動於内一有乖戾則逆矣惟禮義養其中節之和則未應之先無取必既感之後無凝滯物至知知而胥此通天下之故焉是禮義人情所不能免也禮義從違而天道通塞係之則静虚之地非此無以彰其微猶之竇焉夫人所共由而不可須臾離也其殆達天道之大竇乎禮義用否而人情順逆因之則應感之常非此無以得其正猶之竇焉夫人所共履而不可頃刻違也其殆順人情之大竇乎是天道不自達也而所以達者禮義之功不容誣也人情不自順也而所以順者禮義之用不可掩也蓋未有人而不由夫竇則亦未有達天道順人情而不以禮義者矣不然猶欲其出

入而塞之竇也噫誰能出入而不由竇哉至於禮義獨昧之是故舍之而不由者衆也唯聖人全備乎此有以建中和之極性由此立情由此出而萬事萬化舉不外是焉故致中和則天地位萬物育而達順之實亦惟禮義焉盡之信非人之大端矣乎是聖人之能事也

然則先王之爲樂也以法治也善則行象德矣

諸鐈

同考試官教諭安批（紓徐容與即其文亦深於樂者）

考試官侍讀陳批（明潔）

考試官侍讀瞿批（醇雅）

記者原先王作樂有本而因以感乎人也夫民行象德則樂化之感人亦深矣非本於天地而能然哉今夫天人异形而同理君民有感而即應治無所法者固傷世無功矣然則先王之爲樂也何如哉廣樂以成教而教非强爲也蓋取諸寒暑焉因事以作樂而事非任智也蓋取諸風雨焉求端於不已而治功之旁達一化工之默運所以立之學等而作新天下者殆體其撰而不過冥會於合同而有心之成能實無心之妙用所以比諸節奏而垂範斯民者殆玩其樂而不違夫然則教焉以時而鼓舞自妙於宜民事焉以節而推行適協於當可是惟天下至德能之而治莫善於此矣民之行不有以象君之德哉蓋君民之分不同而從善之心則一樂行而感既以啓其好德之情機觸而應自能神其敏德之化下土孚式而則君自治者近天子之光矣四國攸順而觀化自淑者歸維皇之極矣奚有於教之傷世而事之無功也耶是則法天地而樂之本所由立感人心而樂之化所由行先王作樂之善孰有加於此哉抑季札觀樂於魯而曰如天地之無不覆載蓋與此章之旨互相發明然寒暑有時而愆候風雨有時而失節則參贊之責固有攸在是以聖人必先法天地之和以作樂及樂作而天地之和應焉此天人相須之妙裁成輔相之功不容誣者樂之爲用大矣哉噫吾心一天地也必豫養聲氣之元而後可

第二場

論

孔子登泰山而小天下

余毅中

同考試官教諭潘批（認理真切而議論筆力醇雅雄勁讀之令人竦然）

同考試官教諭陳批（理學精邃而詞藻蔚然殆擅場之作）

考試官侍讀陳批（得孟子狀聖道本意）

考試官侍讀瞿批（説理之文）

聖人之道非有加於天下也人自小之而聖人之道始大於天下矣夫道之在天下非小也自人之學焉者各因其性之所近得其一偏一曲而不適於道之全是故見其小也聖人之道雖非有异于人而獨會其全造其極故聖人自視亦惟自盡吾道自人望之則見聖人之道大而天下之言道術者皆小而不足爲矣然則求道者固以聖爲至而聖道亦豈有加于天下哉孔子登泰山而小天下夫天下非小物也往哲之所經綸後賢之所稱述其爲道術非小數也而謂孔子小之者孟子非徒尊孔子蓋示人以吾道之至使之不安于偏而异端之徒亦不得以小吾道也夫物各有至道亦有至太山者高之至也聖人者道之至也人惟無見于泰山則步仞之丘亦足以爲高觀太山而後知吾所履之卑也人惟無見于聖人則一善之得亦足以爲多觀聖人而後知吾所得之狹也此孟子覺天下之意也易曰地中有山謙夫以山之高而蘊于地之卑此山之所以安其基也聖人雖道高天下豈知其所至之若此哉故有卑以自牧而已矣未始自尚其事而居天下于卑也有小心翼翼而已矣未始自多其能而居天下于狹也然心愈卑而道愈高心彌小而道彌大此孔子所以超乎天下而天下之言道術者皆小也夫孔子之道亦天下共由之道猶之泰山然人皆得登之而未始沮人之進也然人之不至于道者其失有二志之不立也功之不繼也志之不立者則以聖道爲不可幾及而自弃不爲猶之畏泰山之高却立而不肯登者也功之不繼者雖知聖道之可及少有得焉而自畫不進猶之慕泰山之高登之而不果至者也由志之不立功之不繼而吾道之至始獨歸于聖人故孔子之小天下非真優入聖域者不足以與知也今夫泰山有登其麓者矣有至其半者矣有至其巔者矣登其麓者視人之在平地者所見則有間矣而未遠也至其半則加遠矣至其巔則又遠矣夫所履益進則所至益高所至益高則所見益遠所見益遠則視下益小孔子之小天下蓋至爲實至見爲實見非可以料想測度求也吾獨于孔子之學不厭者而觀其深也夫道之全人得其一偏一曲猶挾之以自多而孔子猶學之不厭不倦此殆其所以造道之至而天下之道術不足以爲大者也夫吾道之體廣大配天地變通配四時未始有偏也而仁者得之以爲仁智者得之以爲智清者得之以爲清和者得之以爲和任者得之以爲任又其次則禮樂名物儀文度數亦皆執之以成名辨之以爲博非不皆有得于道然自孔子之集大成而時出之者觀之

蓋不啻泰山之于丘垤矣孔子之聖亦非有離于智也由志學以至耳順蓋智之至而非一偏之智也亦非有離于仁也由志學以至從心蓋仁之至而非一偏之仁也時清而清則清其所兼而非一偏之清也時和而和則和其所兼而非一偏之和也時任而任則任其所兼而非一偏之任也祖述堯舜則兼堯舜憲章文武則兼文武上律下襲則兼天地至如老聃之于禮師襄之于琴剡子之于官無不兼而識之由是知孔子之道其高如天而偏焉者皆不免于自卑也由是知孔子之道其廣如地而偏焉者皆不免于自小也由是知孔子之道變通如四時而偏焉者猶四時之各一其氣而不能相通也夫是之謂孔子登泰山而小天下其所至者固宜有以小之也然豈孔子有加于吾性哉吾性本全孔子特全之耳夫泰山雖至高亦土壤之積也孔子雖至聖亦衆善之積也人各安于一偏一曲自卑自小以裂吾道而不睹天地之全則孟子之尊孔子以尊吾道豈容已哉戰國之時佛老未興而楊墨之徒則已鼓邪説以惑世彼見吾儒之執其一偏一曲則曰儒之道小也爲吾儒之徒者習見其然則亦曰吾儒之道誠小也孟子憂之是故尊孔子以立極蓋孔子之道尊則异端之説息亦其衛道之心不得已者也不然孔子于仁聖自謂未能孟子之賢豈不知孔子之心而顧爲是以尊之哉然則求孔子之道當奈何書曰若升高必自下言至之以漸也曰無自廣以□人言受之以虚也虚以受之漸以至之而志必立焉功必繼焉則庶有可及固孟子之所謂成章後達者也不然則猶徒慕太山之高而未始一舉足者耳豈所以爲善學孔子

表

擬大朝門等工成群臣賀表

王道立

同考試官教諭魏批（駢麗中有忠愛意可録）

同考試官教諭邵批（帝業之新天下想望而子克揄揚盛美渢渢可誦宜録以式）

考試官侍讀陳批（華贍典則）

考試官侍讀瞿批（整嚴）

嘉靖三十七年　月　日恭遇大朝門等成臣某等誠歡誠忭稽首頓首稱賀者伏以鼎觀增崇聿啓萬年之運晋臨赫奕茂延五位之禧玄穹申錫於無疆華闕焕新於有象懽騰朝野喜溢臣民恭惟皇帝陛下紹統承基明倫建極心涵太始道格重玄操三重以宅尊秉一敬而作則文經武緯妙陰陽闔闢之機仁育義裁配乾坤覆載之德舉世荷帡幪於無外群生樂怙冒以多年乃當

丁巳之秋再卜大工之建荷上天之仁愛祇切仰承監文祖之規模載恢堂構治欲宅中而圖大制惟因舊以爲新庶民子來遐邇争先趨事百神響答川谷競爾效奇玉石出自帝畿楩楠貢於侯服乃使公輸削墨爰命奚斯董成測用土圭營以城矩文礎屹立盤厚地以奠基畫棟高騫摩層霄而承宇開閶闔于天上聳閣道于雲中兩觀崔嵬門闕遂來乎賢士五城縹緲樓居夙好於仙人璇題切紫極以峥嶸朱栱并廣寒而掩映雕文有燦九龍獻彩於承明綺翼斯飛五鳳騰輝於景福雖令申勿亟念每切於紓民而説以忘勞功遂成於不日際二百載承平之後新億兆人心目之觀矧當萬壽之期誕受四方之賀人心永戴儼衆拱於北辰天眷益申表上壽於南極金莖承九霄之露玉液調萬年之觴衣冠序列於兩階玉帛錯陳於萬國瑞圖啓聖集滎河温洛之符重譯來朝紛貢獒獻雉之侣聽簫韶而率同獸舞委環佩而共效嵩呼濟濟蹌蹌興三千之禮樂明明赫赫壯百二之山河陳王會而展國容肅官聯而聽吏治日臨仙掌九重遥醉春桃雲近蓬萊五色常浮曉仗治隆一統慶洽萬方效三祝於華封欣欣相告納八荒於壽域蕩蕩難名寔宗社無疆之休神人永賴之慶也臣某等職多瘝曠仰荷大造之容事屬經營愧乏微勞之效幸值告成之日恭逢誕聖之辰功與運成百禮斯洽事與時并萬福攸同傾葵心而莫罄名言效雀躍而祇勤頌禱伏願繁祉駢集景運彌昌寶曆流光天錫維新之祚金歐鞏固人歌有道之長駿烈遠并乎舞干鴻恩覃被於比屋參三才而尊居四大履百順而慶集一人日升月恒茂衍箕疇之斂福天長地久永邁周室之卜年臣某等無任瞻天仰聖忻躍慶戴之至謹奉表稱賀以聞

第三場

策（五道）

第一問

余毅中

同考試官教諭潘批（聖製一策正欲觀士子誦法之素此作具悉聖祖聖上謨訓之大蓋仰聖文之郁郁而觀其深者録之）

同考試官教諭陳批（聖祖□□□作之盛天地爲昭誠非下土所能遍睹而子能識其大异日紀載盛美以備金匱石室之藏當有望也）

考試官侍讀陳批（初場二場俱精練五策博洽此篇尤詳整可觀殆服習聖訓而有概於中者乎）

考試官侍讀瞿批（五策俱該洽此作尤鋪張得體録此猶崑山積玉探

得一焉亦知其爲珍异也）

帝王之文所以經緯天地光昭後先者豈有他哉本之於心則大德立焉垂之於訓則大業廣焉施之於邦國被之於後世則大化神焉夫是以凝性命之精闡經綸之秘動天地感鬼神諧民人孚遠近天下萬世悉囿於文明之治而不知其由也然則我聖祖之與聖上文之炳焕與天地爲昭者豈易測哉夫天地之心不可得而見觀天地之文則天地之心於穆不已者可識矣帝王之心不可得而見觀帝王之文則帝王之心純粹以精者亦可識矣堯之文思舜之文明禹之文命文王之所以爲文皆是物也自今觀之典謨訓誥之書垂之於經以憲萬世曷故哉亦惟精一執中之傳列聖授受以爲心法本之也漢祖起泗上以開基唐宗興晋陽而化國宋祖由陳橋以踐祚皆能削除群雄混一四海卓哉武矣然而漢黜治於詩書宋慚德於禪受故樸而不文有以也唐太宗雖鋭情經術刻意詞章然沿六朝之風競四聲之巧而乏帝王之象則太宗之穢德實爲之矣洪惟我太祖高皇帝以天縱之資當群雄之禍不忍民之無主徐起而應之兼僞國而收其驅除迸殘胡而還之沙漠取帝王所自立之地而版章之拯腥膻所舊染之民而洗滌之怙冒極玄黄所覆載照臨同日月所出入保大定功之武自開闢以來所未有也然且干戈倥偬之時而不忘講藝幾務經綸之暇而時發爲文矜恤黎元而德音布匡敕臣隣而大戒昭綏徠裔夷而文告行精禋大祀而樂章奏奠告百神而祝辭具敷宣理道而雜文述發攄性情而詩歌作獨運睿藻親灑奎翰一揮而數千百言立就代言之臣譽服而登諸玉板紀言之史贊述而藏諸金匱其見於詹同樂韶鳳之所集與後臣之所續者可伏睹矣猗歟盛哉敬陳其略即位有詔求言有詔赫宥輕重有詔農桑學校有□□夏税秋糧有詔而税糧之免蓋十餘舉而不靳仁恩覃布至誠感孚而天下之民煦嫗以有生安善良而革頑梗漢氏下山東之詔不得而擬焉答御殿上壽有制除授百官有敕中書政務有敕天下有司有敕欲群臣務公去私有敕枚舉其凡更僕未可盡也著之話言引之藝極而天下之臣莫不奔走率職無敢曠越以速戾宋氏謹刑訓廉之頒不得而擬焉詔諭暹羅國王而賜之印詔諭安南國王而使之息兵養民詔諭高麗國王而郤其美貢書諭占城國王而使之修睦於安南詔諭琉球國王而使之息戰育民聖武布昭天聲不殺邊方夷徼莫不輸琛奉藩席稿歸命無敢干度以犯順者漢文賜南粤尉佗之書不得而擬焉祀天地則爲之樂府侑之以九奏申之以九歌而社稷帝王咸備焉肅雍和鳴情文兼至足以降天神出地祇而禮人鬼矣於神則二儀三光岳鎮海瀆宗廟諸神有奠告之文於人則勝國之君與其舊臣與

元勛死事之臣皆諭祭之有文禮虔辭肅義深情至足以使百神受職而衆工咸勸矣至于雜文之作率多關於世教是故觀七曜天體循環之論而知天道之常也觀堯湯水旱之説而知天人之際也觀設喻文而知好善惡惡之情也觀省頑文而知修德善終之理也其詞嚴其義正其博喻也曲而有章君君臣臣之道盡於此矣至於詩賦之作尤有關於性情是故賦鶯囀皇州而感大化之循環賦四瀆潦水而感二氣之姤和咏東風而有春滿乾坤之句咏濟時而有寰中擊壤之情達於天同於物其爲思也止乎禮義樂樂利利之休盡於此矣故當時文學之臣得於親炙者亦止能形容其天葩睿藻之妙而已誠意伯劉基曰雄深宏偉言雅而旨遠至于詔諭遐方明燭萬里若洞見其肺肝真所謂天生神明可望而不可及者矣學士宋濂曰建中于民寤寐弗忘則有虞阜財解慍之歌也夙夜修省常如神明森列左右則湯武盤杅几杖之銘也殷彝周鼎未足喻其古也泰山喬岳未足喻其高也風霆流形未足喻其變化也起居注郭傅曰去浮靡之華惇淳古之本爛乎與日星同其耀也風雲同其變也河岳同其高深也大章韶濩同其奏也浩乎與江漢同其波汗漫汪溢莫能窺其涯涘也冲乎與陽春同其和煦而草木得以遂其生也可謂模寫得其似矣要其所自則我太祖之全德寔本之見於存心省躬精誠禄者可考而知也故宋濂又曰天德粹純無聲色之好無游畋耽樂之從聚精會神凝思至道形於心聲功同造化非言語形容可盡也郭傅又曰天才英邁聖體純穆涵養冲素蓄之厚者施必溥源之澄者流必清故其發於外者光明正大有如此恭惟我聖上聖神文武駕古帝王而同符聖祖宸章睿藻簡册森嚴固非草茅賤士所能窺測也然於節頒中外珍藏秘館者則嘗竊讀而仰識皇極之敷言矣謹拜手稽首鋪張其一二可乎夫改元一詔則重瞻日月之光明倫再宣則復睹綱常之紀灾變寬恤則氣含雨潤之滋祀儀厘正則族嚴夷夏之辨謹時巡則大狩龍飛有録重農事則無逸幽風有頌廣聖謨則表尚書之三要揚祖德則疏遺治之五事續念農詩而成先志答賀雪吟而追喜起郊禋有咏妙達於天人也平臺有詞泰交於上下也顯陵渡河之作以志感也御製歡雨小賦以志喜也其諸欽天有頌翊學有詩五箴有解七陵有述除夕有作莊誦聖製豈能遍觀而盡識哉日星燦爛雲漢昭回誠與典謨訓誥同體而媲美聖祖經天緯地之文有非漢唐宋諸君所能彷彿其萬一者何也蓋由其有心法以爲之木耳聖祖嘗諭侍臣曰人心虚靈乘氣機出入操而存之爲難聖上亦嘗與輔臣討論理道作敬一箴以自儆心學之純聖上與聖祖後先一揆也聖上之敬一即聖祖之操存皆統於精一者也心同則道同道同則文同此明聖兼盛而作述

并隆歟然愚嘗謂創業者惟患其文之不足守成者惟恐其武之未振我聖祖偃武而復綏之以文今聖上敷文而且拳拳於修攘之略蓋文武兼備帝王之全用也識其勢而緩急之帝王之所以善其用也屬者南夷北虜尚未蕩平則嚴武備而敷文德寧不上廑宵旰之憂乎雖然以堯舜之世而尚不免於三苗猾夏則玆又何足爲盛世累哉昔湯之造商也制事制心乃能代夏而成允殖之功數傳而有高宗内服諸侯外平荆楚故商道燦然復興衍而爲六百年之商武王之造周也敬勝義勝乃能代商而成永清之治數傳而有宣王北伐玁狁南定蠻荆故周道燦然復興衍而爲八百年之周我聖上中興之盛視高宗宣王爲遠邁焉持敬一之心運諸上惟見人文化成太和洋溢四夷率俾蠢玆夷虜亦何足慮哉文謨武烈於聖祖赫然宣重光矣書曰以覲文王之耿光以揚武王之大烈愚敢借是爲聖上頌

第二問

張炳

同考試官教諭吴批（好古而不泥蓋究心于禮而得其本者）

同考試官教諭周批（讀此作則古禮之不可無與諸儒纂輯之功犁然具見且言以時爲大雖三代損益不過如此可謂達禮之本矣）

考試官侍讀陳批（足爲議禮斷案）

考試官侍讀瞿批（窮本知變蓋達禮者）

先王之禮有本焉有文焉本也者義也古今之所相沿而不能以少异者也文也者數也古今之所損益而不能以必同者也人見古之禮日趨于密今之禮日趨于簡則謂古禮若無用于今者不知聖人所以承天道治人情而立群動之紀者萬世不可易也綢繆其制度繁縟其文章皆有精義存其間非苟以爲密也後之君子先求禮之本于吾心至文之所在與其過而弃之寧過而存之并爲肄習以爲議禮之資則其有益于人治夫豈小哉執事發策以三禮爲問蓋有感于古禮之僅存而欲求夫情文之衷也愚何足以知之昔歐陽子嘗曰三代而上治出于一而禮樂達于天下三代而下治出于二而禮樂徒爲虚文夫古之所謂禮者非特宗伯所掌已也自其辨方正位體國經野設官分職皆所以習民于禮約之等級度數以潜消其慢易之心故民皆曉然知禮之不可逾而凌犯不生淫佚不作後之所謂禮者其制度已非三代这舊然惟藏之禮官肄之太常朝會饗祀時一陳之以爲觀美而已故雖博士弟子亦有不識其名物度數者况望其達于閭巷漸于海隅共興揖讓之治乎此論者所以有思于古禮也執事謂古之祝史猶能知禮之數後之儒者顧有不知非智有

不迨蓋時有升降禮有廢興誠不素講之過也今古禮之存于世者三禮而已士所習儀禮周禮禮記者是也儀禮之獲傳也蓋自高堂生始也后蒼明之戴氏慶氏繹之鄭玄傳小戴之學而始爲之注是儀禮之所以至今不泯也周禮之獲傳也蓋自劉歆始也杜子春受之馬融繹之鄭玄傳馬融之學而復爲之注是周禮之所以至今不泯也禮記之獲傳也蓋自二戴始也劉向所校繁矣大戴删之爲篇八十五小戴復删之爲篇四十六至馬融益之以月令明堂位樂記爲四十九篇是禮記之所以至今不泯也鄭夾漈乃曰秦火焚書而書存漢儒窮經而經絶噫古禮之存于今者多康成之功而可輕訾之哉惟康成以讖緯之書而釋經以秦漢之事而□三代天帝之辨緯書之荒誕也對禪之議秦漢之侈心也而以釋郊祀明堂之禮升中于天之義則亦不得爲無舛此所以遺譏後世也至宋儒朱子作古禮經傳通解則以儀禮爲經禮記爲傳如冠禮之與冠義昏禮之與昏義各以類從而盡削夫迂僻蔓衍之説使學者不弃經而信傳不忘本而逐末蓋以救康成之失然非朱子一人之私書也黄幹楊復相繼討論蓋實共成之者也元儒吴澄作三禮考注則欲以周官之全正周禮之誤且謂冬官之文未嘗亡而實散見于五官之中使學者緣文尋意以考之參諸經籍以證之蓋以辨考工記之不類然非吴澄一人之私言也俞庭椿王次點丘葵各有論者蓋有所受之者也自今觀之誠有愈于漢儒矣然創始者難爲力而潤色者易爲工漢之諸儒以籍去經焚之餘而先後肄習使後世獲見先王之遺文後儒得有所據以考訂焉則其功亦多矣惡可以夾漈之言而少之哉昔王通氏之續經朱子嘗病其僭今通解之作所編邦國王朝禮多取周禮禮記所載天子之禮以備儀禮之闕非誠若王通氏之擬經也特曰禮之義疏云耳漢時有古禮經出于魯淹中漢儒無能傳之者班固志藝文獨深取之謂多天子諸侯卿大夫之制雖不能備猶愈蒼等推士禮而致于天子自今觀之士一也天子之士與諸侯之士不同上大夫與下大夫不同等而上之信有可推者然十七篇非皆士禮也冠昏喪祭士禮也猶待于推也燕射朝聘非士禮也無待于推也孟堅之意蓋慮儀禮之未備而幸互見于古經當并肄而存之也今淹中所出已不可考而周禮禮記所載有明及于天子之制不待于推而致之者以類編輯以便觀覽以備天子議禮之資則固無嫌于僭逾者孟堅在漢不得爲純儒猶惓惓以古禮經爲意可以吾儒而孟堅之不如哉此朱子之勤惓纂輯復付之黄楊二子以畢其志者也后之議禮者吾惑焉不以儀禮爲殘缺不可考之書則以周禮爲瀆亂不經之書而疑周禮者爲尤甚噫吾方憫古禮之幾泯于天下而僅見于三禮之存也猶幸古禮之未泯于天下

而時見于三禮之存也世之好議者何言之易也鄭衛迭奏而僅聞韶濩之音瓦缶并陳而忽睹敦彝之器見者以非今所尚必欲掊擊而弃之亦過矣昔韓退之嘗若儀禮難讀然又以文武周公之制幸在于是而親爲注釋且恨不得揖讓進退其間則退之亦知其可以正人心而厚風俗也唐太宗嘗嘆周禮真聖人作後雖不行然以世業授民以府衛治兵則亦周禮之遺意太宗亦知其足以經邦國而治萬民也昔人有言周禮一書不徒弼亮天地和洽神人而盟詛仇伐所以待衰世者無不備不徒檢柅君身防絶禍患而米鹽絲枲所以任賤役者無不及則惡在其爲瀆亂而可廢也其言古禮也粗在應對進退之間精在道德性命之要始于童幼之習而終于聖人之歸則惡在其爲殘闕而可弃也且儀禮誠不備今以其殘闕而拜廢之則先王之彝章典則必盡亡滅而後可也自秦不師古禮法蕩弃更漢世而箕踞誶語之習猶多秦風此賈誼董仲舒所爲惓惓于更化也欲更化善治則古禮之復其要也是尚可以輕議而弃之乎後之君子疑周禮之煩瑣而難行者若林孝存氏何休氏蘇穎濱氏胡五峰氏皆疑其非聖人之書惟馬端臨氏之言差得其中亦謂古今异宜而難行大意謂自周以前封建制行人皆私土子人故教養之法貴密而人不以爲擾自秦以後郡縣制行守令遷代不常故教養之法貴簡而人更以爲適然則古禮果無用于今而諸儒之纂輯亦好古之過哉蓋禮有義有數而以時爲大故先王之禮有得與時變革者禮之數也有不得與時變革者禮之義也數之所在雖古之帝王不相沿襲義之所在則遞相守之以爲經不可易也如周之教民先德行而後文藝故士多賢能周之養民授之産而薄其征故人多富庶此其精義寓于良法之中豈以古今异時而不可用哉好古君子誠師其意而用之則六官之遺文十七篇之遺制皆後世修政立教之資在善擇而用之耳昔孔子嘗曰虞夏之文不勝其質殷周之質不勝其文又曰虞夏之道寡怨于民殷周之道不勝其弊則孔子之心固欲損周之文以從虞夏之質矣朱子之論祭禮亦謂後世有作必不一如古禮之繁則朱子之好古亦豈徒慎守其數不敢損益以持王公如荀卿氏之言哉然則學禮者當奈何亦曰自吾心始吾心之恭儉莊敬爲禮之所自出猶之規矩準繩爲方圓平直之所自出也先王之遺文蓋亦方圓平直之迹非所以爲方圓平直也故學禮者始于習其數終于達其義以心會義則先王之遺文并存之以詔後可也損益之以趨時可也雖先王未之有以義起焉亦可也此之謂得禮之本而文有不拘者也此非愚之言也記曰忠信之人可以學禮宋儒張子亦曰禮儀三百威儀三千無一事而非仁也皆言禮之本于心也若無得于心而徒曰數易陳也義難知也數不

必習也則吾恐其如晋之縱清談而蔑禮教是禮之賊也不知執事以爲何如

第三問

張盟

同考試官教諭魏批（正統之説觀之春秋已有定論子能以折群疑且知朱子書法之嚴已具引而不發之意不使方氏蒙好异之疑讀之灑然矣）

同考試官教諭邵批（評騭衆論而折以春秋蓋深於史學者）

考試官侍讀陳批（明切）

考試官侍讀瞿批（精確）

明於春秋之義而後可與言正統明于正統之義而後可與言史法夫事有常變故史法有正例有變例正例者所以經夫事之常也變例者所以揆夫事之變也事莫大于國統之離合絶續而正不正恒存乎其間如不明乎春秋之義徒以其一天下而謂之正統則得之正而常者謂之統之正可也得之不正而變者謂之統之正不可也雖其事之核足以信天下亦何以懲奸慝垂世戒哉執事以正統之論人人殊而求折衷之論此非末學所及也雖然亦嘗聞之矣論正統于三代之上則其論易定論正統于三代之下則其論難一三代而上唐虞之受禪天下之大公也湯武之放伐天下之大義也其爲正統雖三尺童子能决之以其爲天下萬世之所共予也三代而下欺孤寡而奪之位猶假名於受禪奪詐力而簒其國猶假名于放伐其爲正統雖宗工巨儒猶難之以其僞定一時而非天下萬世之所共予也如執事所稱諸説之同异是也然則孰從而定之語曰衆言淆亂折諸聖請折之春秋則其得失可知也春秋之時周室微諸侯横周天子特寄空名于六合之上當時吴楚皆已稱王觀兵諸侯威震上國如以其稱王而王之則何以爲訓故春秋于周王必稱天王于歲首必書春王正月于吴楚則稱人稱子甚或舉其號以從夷狄之例春秋非故没吴楚之實而虚加周天子以正統之名也凡以立勸戒爲世道計也正之所在即其勢之微且弱如東周而君子之所予者恒在焉則人知正之可貴而庶其有勸也不正之所在即其勢之强且大如吴楚而君子之所奪者恒在焉則人知不正之可賤而庶其有懲也此春秋之義例非聖人不惟修觀春秋則正統之論可定也歐陽子之言曰正者所以正天下之不正也統者所以合天下之不一也由不正與不一而後正統之論作此論之正也又曰居天下之正合天下于一斯正統矣堯舜周秦漢唐是也始雖不得其正終合天下于一以其合天下而共君之斯亦正統矣晋隋是也此論之不得已者也夫以晋隋之得國非正而復予之則正不正之説窮有以啓章子霸統之説而無以折之于是

蘇子乃爲之説曰正統云者特有天下之名云爾賢不肖之辨非所以施之此也輕以與人貴而重以與人賢則雖晋隨與之正統不爲嫌而堯舜三代之得國亦不嫌于美惡之同辭嗚呼使正統之名而可輕予則春秋之于吴楚將進而王之矣且歐陽子之論正統猶重與之名故于秦則進之于梁則斥之若如蘇子之説則凡强大而得志于當時如曹魏如元魏如朱梁皆將進之矣是何見與歐陽子异哉夫蘇子之論無復評矣司馬温公作資治通鑑朱子因之作通鑑綱目其立例間有异同非朱子之求异也綱目爲萬世修義所未安固不嫌于少异也温公帝曹魏而寇蜀漢朱子則以昭烈紹漢統以昭烈帝室之胄曹魏固不得而加之也温公帝朱梁而寇河東朱子則正河東爲敵國以河東亦角立之惟朱梁固不得而臣之也且秦嘗一天下矣晋隋亦嘗一天下矣曹魏朱梁未嘗一天下則帝魏者魏之臣子可矣固不可强天下而帝魏也帝梁者亦梁之臣子可矣固不可强天下而帝梁也且當時人心猶不肯帝魏帝梁何后世乃忽于魯仲連之義而輕帝之也哉此朱子之立義雖少异于温公而不以爲嫌也獨其以周秦漢晋隋唐爲正統未一天下者爲無統蓋本歐陽子之説近世方氏乃謂天下有正統有變統正統之説立而後人君之位尊變統之名立而後正統之義明如方氏之説其未合天下于一者不論也即合天下于一而得之不以正皆當歸之變統而不得與正統并噫博雅如歐陽子亦無以尚矣精義如朱子亦無可議矣而方氏猶置辨不已者豈好异哉方氏固憂天下之變將日甚思嚴其法以懲之也且歐陽子言正統之絶續其可疑者有三一曰周秦之際二曰東晋後魏之際三曰五代之際謂後之作史者溺于非聖之學五運之説故其論曲而不公夫五運之説起于鄒衍非帝王之所以受命君子不道也然仁暴之迹逆順之辨人心是非之公不容掩焉則人之以秦爲閏以梁爲僞或有微意未可知也東晋雖偏安猶正朔之餘後魏雖强盛乃夷狄之雄也固不當如南北史之相詆自君子觀之其去取亦當有辨也歐陽子進秦續周且謂秦之得國其初無异湯武則湯武果利天下而殘酷不仁者哉此以正統予秦方氏終不敢以爲安也秦不可以爲正統則晋隋可知也朱子之叙正統蓋亦沿歐陽子之説不得已而予秦晋隋耳方氏之言變統有三曰簒奪也女后也夷狄也書法所加必嚴加貶絶而不得與正統并今觀朱子于魏晋之受禪而書其自立所以討簒賊也于武后之光宅而削其紀年所以絶女后也于克用之舉兵而著其沙陀所以别夷狄也雖合天下于一如秦人天下有惡其暴而首事者不以爲叛而以爲起兵其書法之嚴亦猶方氏之意則方氏變統之説亦朱子之意亦歐陽子正不正之意也特其憂之也切故其

辨之也詳不嫌于少异耳由周以來國統之離合絶續不常而不正之徒恒以智力攘奪其間民生其時者何不幸也晋也隋也皆篡奪之賊也後魏也後唐也皆夷狄之雄也使篡奪而可以與正統則人之負恩于紀者將益奔走矣使夷狄而可以與正統則夷之亂夷猾夏者將益充斥矣夫其智力可以僞定一時而終不能奪萬世是非之公庶後世之人猶知所畏而不敢肆也可徒以其一天下而概予之乎且晋隋雖得之不正然猶中國也后魏后唐雖夷狄然猶未一天下也變猶未甚也至胡元之入主中國舉中國之衣冠而左衽之舉中國之俎豆而腥膻之且遲遲于百年之久將胥天下而爲禽獸之歸變未有甚于此者也尚可以其一天下而予之乎如其不予則吾予晋隋而不予元彼將有辭如其予之則何以謹華夷之辨此方氏之言固將爲萬世之坊而非苟以爲异也史法爲萬世是非之公非一家之私言于義苟安雖异于先哲亦先哲之所許也况方氏之言又與朱子相出入者哉我國家受天明命驅逐胡元復古帝王所自立之土宇叙古帝王所世守之彝倫日月于是乎貞明乾坤于是乎再闢得國之正雖湯武之放伐有慚德焉真有以陋漢唐宋于不居而秦晋隋不足言矣天下臣民沐浴膏澤歌咏道化未嘗不幸生斯時也若夫保一統□面綿無疆之曆則聖天子方與□□公卿默運于鈞陶之上草莽賤臣又何能測焉

第四問

王之翰

同考試官教諭安批（人物一志甚有助於觀人擇材之法子能詳究而復加折衷其亦稽古而有得者耶）

考試官侍讀陳批（明確）

考試官侍讀瞿批（蓋亦懷潞公之忠者）

人君以用賢爲急而用賢以知人爲要天生人而賦之性性無不一而材固不得而强同也君擇人而任之事事雖不一而人則有難於求備也天之生材有偏全而君之任用有小大用各適宜則天下無不可用之材材各勝任則天下無不可成之事顧在人君知人何如耳知此則劉邵人物志雖其中□意少疵而鑒别之當計□之詳固有足多者請得而復明問可乎且天以是理賦於人而人得之以爲性無智愚賢不肖一也特發見而爲才有偏有全若是其不同矣惟至哲爲能隨材而授任因人以器使故尚書序堯舜命官之美自禹稷益契以降所命典司不逾一職譬之創大厦者棟梁榱桷之材所畢集成大車者輪轅衡軏之用無所遺鑒别於始授不責之以不能委任於既用不撓之

以所守事極其理人盡其材功焯當時名施後世迨其失也取舍違則好惡乖正使人不量其器與人不由其誠或付任逾涯而不思其所不及或責望過高而不恕其所不能職日以曠而治因以舛自古理亂之由犂然可考矣魏明帝時詔博求衆賢散騎侍郎夏侯惠薦劉邵曰深忠篤思體周於數凡所錯綜源流弘遠群材大小咸取所同而斟酌焉史臣陳壽亦曰邵該覽學籍文質周洽故宋臣文彦博於熙寧之時援劉邵人物志進説蓋以邵之書主於詳察人物於任官擇材之法有可觀焉其言曰人之質量中和最貴中和之質必平淡無味故能調成五材變化應節是以觀人察質必先察其平淡而後求其聰明此觀物之則也但天之生人兼材常少而偏材實多故主治於上者非兼材則無以獨運分任於下者雖偏材亦各有所長今考其志人流之業十二有清節家有法家有術家有國體有器能有臧否有伎倆有智意有文章有儒學有口辨有雄杰論其人則延陵晏嬰爲清節家管仲商鞅爲法家范蠡張良爲術家伊尹吕望爲國體子産西門豹爲器能子夏之徒爲臧否張敞趙廣漢爲伎倆陳平韓安國爲智意司馬遷班固爲文章毛公貫公爲儒學樂毅曹丘生爲口辨白起韓信爲驍雄論其任則清節之德師氏之任也法家之材司寇之任也術家之材三孤之任也三材純備三公之任也三材而微冢宰之任也□□之材師氏之佐也智意之材冢宰之佐也伎倆之材司空之任也儒學之材安民之任也文章之材國史之任也辨給之材行人之任也驍雄之材將帥之任也凡此十二材分爲十二任皆人臣之責也主德不與焉主德者聰明平淡總達衆材而不以事自任者也是謂主道得而臣道序官不易方而太平用成矣邵之意蓋以流有十二則人材無不盡任有十二則官職無不備即古人之已行而分指爲專家見用當其材而事無不舉於任官擇材之法誠有可觀者今夫偏材之人皆一味之美故長於辦一官而短於爲一國何者一官之任以一味協五味一國之政以無味和五味故偏材治小則相稱以之統大則非宜蓋任有小大材有偏全不可得而强也偏材之人皆一流之材故能識同體之善而或失异量之美何者一流之人能識一流之善二流之人能識二流之美故取同體也則接論而相得取异體也雖歷久而不知蓋以我觀物而不以物觀物惡在其知人也是故用人者必量材授任不强其所不能觀人者必以物觀物不執已以自是邵之論似亦當矣然亦竊有可疑者焉以彊國富人爲法家則桑孔言利之徒不必鄙矣以遭變用權爲智意則蘇張縱横之術不必非矣謂能傳聖人之業而不能幹事施政爲儒學則吾儒顧有無用之學乎謂辯不入道而應對資給爲口辯則佞者顧在所取乎英爲智而雄爲膽則英雄兼備爲豪

杰而曰英可以爲相雄可以爲將豈可分爲二用乎惡訐以爲直則訐直迹同而實异而曰直者亦訐訐者亦訐豈可混爲一塗乎孔子謂上智與下愚不移而偏材則非下愚也顧謂性不可轉移耶孟子謂仁者無不愛而慈仁自無不愛也顧有不仁不恤耶其合於聖賢之論則有矣觀其感變以知常度即誠中形外而由外可以識中也觀其所短以知所長則人各有短有長取其所長而舍其所短也衆惡必察衆好必察信耳而不信目是不審於毁譽者也而察譽有偏頗之謬矣同弗與异弗非疏善而善非是以已爲愛惡者也而接物有愛惡之惑矣自漢以來儒者聞道甚鮮劉邵崛起於魏固一時之選也然於聖賢之論亦未悉聞故其言不能無純駁惟其意而不惟其言取其大旨而略其小疵則邵之論亦不可以盡少也今夫用材貴恕知人貴精用天下之材必先知天下之人然知人亦難矣聽言未可信其行觀貌未必察其心矯飾或疑於清節詭秘或疑於術家張大或疑於國體權謀或疑於器能譏刺或疑於臧否奇巧或疑於伎倆游詞或疑於文章剛暴或疑於驍雄是非判於幾微情僞伏於微曖苟非在我權度精切鮮有不惑於此者是以人君用人必廣詢獨見詳察慎擇非其人也則絶之必嚴無幸進之弊如其才也則舉之不疑得彙征之吉事君者度德量力重於始進而不自炫以求售用人者因能授事審於任用而不責備以過刻故曰臣以自任爲能君以用人爲能臣以能言爲能君以能聽爲能臣以能行爲能君以能賞罰爲能君臣各盡其能而治功所由以成世道所由以泰也昔宋神宗時君子小人雜進文彦博欲其鑒前古治忽之由於人物更加詳察故援邵志以進説耳蓋人材不一各有短長兼收并録乃克有濟是以人主不可偏好而必貴平淡之道以任材人有小才飾身干進非無小忠小利以自效也然小忠爲大忠之賊小利爲大利之殘是以人主必當哲於早辨而務去小以取大愚甚有取於劉邵聰明平淡之説焉曰聰明即書所謂克知灼見曰平淡即書所謂休休有容蓋賢才之不用每始於不知而見忌惟不知也故賢才多遺佚之患惟見忌也故賢才多沮抑之虞必聖人公明兼主者乃克遍舉而恕用焉伊訓曰與人不求備斯言寔用賢之要是以伊尹雖列於國體而國體實兼乎衆流得伊尹則衆流皆可以器使也蓋嘗聞之人君勞於求賢而逸於任人然豈能人人而任之哉誠得伊尹者而專之則求賢之勞責諸彼而得賢之逸享於上將見偏材皆得以效用而野無隱伏登崇不及於匪人而朝無幸濫賢才輔而天下治邪正辨而泰道隆自古堯舜所以致雍熙之盛者亦不外此要之致治之道莫先用□而材有不一惟學可以成材而復性不然是中人而小有才者也不幾於幸進而蠹治乎惟能以材索性而詳察邪

正於未任之先由是因人授職而咸茂熙績於既用之後精於鑒别而恕於任用寔聖人聰明平淡兼備其材者乃克與能此伊尹所以爲國體而人君不可不求若人而任之以總其成也是劉邵序流業之本意故彦博援之以進説於熙寧固以見愛君之念抑以見取善之公蓋人臣之事君苟可以獻納不必善之皆自已出也或掩美以上蔽或掠美以自飾其□□博處心何如也即此足以嘉彦博之忠而況立朝所可稱者又未易悉數哉故用人者當以邵志折衷而愛君者當以彦博取法謹對

第五問

王錫爵

同考試官教諭戴批（鹽法一策具悉群□建議始末且能斟酌經制蓋亦留心時務者録之非徒以其辭之文也）

考試官侍讀陳批（其策可行殆亦識時務之俊杰歟）

考試官侍讀瞿批（義論該洽區畫亦審佳士也）

古今善理財者非能求財而益之也能去其所以害財者而已矣夫民之生財也有限而事之害財者無窮以無窮之用而責諸民則民匱而國亦匱節無窮之用而寬諸民則民足而國亦足故善計國者必慮其始終權其取予寧去夫事之害財者而不敢過爲操切之計非重于爲民而輕于爲國也藏富于民固富國之大者也又何慮夫財之不足而弊弊焉以求之哉執事憂吏兵之難瞻因有感于鹽法之變而求善後之策此其念亦深矣愚請先陳鹽法之始末而徐及于經制之略可乎夫鹽筴之征非古也在夏有鹽絺之貢在周有鹽人之官未始征之以爲利也征之蓋自管仲始后世若漢之桑弘羊孔僅唐之劉晏皆祖之以裕國至于今不廢亦其法之不可廢也蓋古之時其事簡其用易足故有田賦而無山澤之税後之時其事煩其用難供故有田賦而復有征権之利後世既不能如太古之無事則取諸商賈之饒以寬三農之征亦時義之不可已者也在漢之賢良文學魏之甄琛則以鹽利爲不可権是以公利爲心志乎古者也漢之大夫魏之元勰則以鹽利爲不可罷是以足用爲心急乎今者也惟胡寅氏折衷之曰盡捐之民則縱末作資游惰盡收之官則奪民日用不若官爲厲禁俾民取之而裁取其税嗚呼胡寅之言其萬世言鹽法者之所必稽乎我國家富有天鹽筴之利不當常賦百一在兩淮者則特甲天下蓋劉晏所資以濟唐中興者也自國初以來法凡三變而議之者凡幾人矣其在國初令人輸粟于邊給之引目以次支給是謂常股法之正也後以邊儲告急商人困于守支不樂飛輓乃别儲以待開中是謂存積法之變也最後屯政廢

弛芻粟踊貴商人難于中納乃乞中餘鹽不輸粟而輸金則變之又變也自餘鹽興而正課微矣正課微而邊儲匱矣議者欲變通鈔法使流行如初則可以厚貧竈而收餘鹽一利權而息私販是眩于名也欲盡復正課使輸粟如故則可以省度支轉輸之勞增邊人飽歌之氣是暗于時也且鈔法之難行久矣漢之平準蓋執以取泉貨猶有本而易售今之鈔法直執以爲泉貨則無本而難施在正統時蓋有給米之令矣不議行此而惟欲變通鈔法吾恐無以惠貧竈而處之終于無術也屯政之廢弛久矣當烽堠希警田穀布野輕變而折銀誠罪也今邊城書閉地多不耕乃强而輸粟非情也以所輸之銀歸常平爲糴本亦可得芻粟之用今不議此而欲盡復正課吾恐正課不可必復而坐失餘鹽之利也今之鹽法正課與餘鹽相權而并行其始議曰多不爲功少不爲嫌無抑勒以取盈蓋亦知今之餘鹽非真山海之藏有盈溢特恐妨鹽法之正而姑爲之名使上不失國初實邊之意而下亦從商人之便耳然事有召釁而法有啓奸宋人之初刺義勇也約以不守邊未幾而發之守邊且涅其手矣宋人之初置義倉也約以不輸郡未幾而發之輸郡且恣鞭撻矣今法正課與餘鹽并行安知後之人不以多爲功而抑勒以取盈乎此則草茅之所深慮也且國初之優竈户者至矣給鈔給米之令可考也優商人者至矣每引輸銀八分之令可考也惟時正課蓋三十萬引耳後變爲七十萬則倍之矣今餘鹽至三百餘萬則數倍矣竈户之采辦日益多而不恤其私商人之中納日益難而不償其直雖嚴刑督之安能使課入之必充哉昔劉晏理財以養民爲先此晏之賢所以异于桑孔也自有海寇以來商人困于焚掠竈户逼于屠戮失業者不知其幾矣愚謂今之鹽法當以優恤商竈爲先優恤既至則人知所歸异日課入之充羡雖日倍于昔如晏之在兩淮可也此鹽法始末之可議者也愚嘗思之司計之臣所爲皇皇焉日憂夫財之不足者非不知愛民也凡以夷狄盗賊之憂無以處之也蓋自殘胡雲擾于西北倭夷飆發于東南守臣不足以制變于是有員外之置額兵不足以禁暴于是有□發之兵經費之領于司農者始皇皇無以爲計矣愚則以爲固國之本在恤民恤民之實在省賦省賦之實在治軍治軍之實在擇吏今之置吏溢于舊額者多矣不惟其賢而惟其多則官多衹以爲擾也今之置兵溢于舊額者亦多矣不惟其精而惟其多則兵多衹以階亂也且賊之入寇也或近在百里之内而我之調兵也乃望救于千里之外是衹以勤民而何及于事也賊之深入也各持必死之志而我之禦之也多嬰以内顧之民是衹以資賊而何益于守禦也故曰養兵十萬則五萬之費可去也屯兵十年則五年之費可去也此今財用之所以詘而事不立也爲今之計亦

惟稍假督撫以事權俾之訓練士兵爲持久不可動之計而已矣自有寇盜以來練兵之令數下而奉行鮮有效者亦以兵未易練而敵患已逼故不得不倚夫調發之兵也愚以爲士兵之當練者有二在武衛之世襲則有專任而練之也易在郡縣之数遷則無常任而練之也難今郡邑之練兵既恪于守令之數遷而武衛之舉行者亦鹵莽甚矣誠嚴比試之法如國初使武衛皆得其人乃使聯其什伍而肄之以戰陣之法督撫時閱其精否而行賞罰有不精者則罰必行嚴贓吏之法如國初使守令皆得其人乃使擇民壯勇而肄之以都試之法督撫時閱其精否而行賞罰有不精者則罰必行仍撫之以恩愛而饑寒困苦有必恤示之以節制而亂行失伍有必誅使所練之兵無事則樂耕而和于國有事則樂戰而和于軍而督撫之勤于事者時特褒奬增秩賜金久任以責其成則兵不外借財不外出即有夷狄盜賊之憂亦可坐制而無横決之患夫然後財賦之節省可議也昔人謂害財之大者莫大于冗吏冗兵國初之征商甚薄而用常有餘者亦以其設官制兵之有節而無浮冗之蠹耳今之財用誠急矣獨不可求國初之故而調停消息以處夫吏兵之冗乎誠使擇吏必賢而任職者皆牧民馭衆之才則員外之置可漸省也員外之置省則廪禄之省當不止一二也練兵必精而在營者皆有勇知方之士則調發之兵可漸省也調發之兵省則餽餉之省當亦不止一二也費出有經則賦可寬征歛有藝則民可裕民心欣悦則邦本益固夷狄盜賊之憂必且消弭而不足以勤執政之慮太倉之儲亦且貫朽粟陳不可勝用而鹽筴之多寡固有不足言者矣此則經制之略昔人所謂萬世之計者是也如使二冗不去惟財用之急而抑勒以取盈雖使管仲爲之亦難以善其後矣仲之相齊也進賢有賞蔽明有罰一時所與若高傒鮑叔寗戚之徒皆齊國之良則仲之設官亦有節不多取庸懦以充位也其作内政也居則相親戰則相赴三軍之衆可使相爲用如左右手故能以三萬人而方行天下則仲之制兵亦有節不多取老弱以充數也夫是以吏易禄兵易贍而齊稱富疆也鹽筴之征仲亦不專恃之以爲國也今之經國者顧可出管仲之下哉愚也溺所聞而昧時務然效忠之意亦耿耿久矣敢陳固陋若言之可采與否則未敢知也惟執事教焉

應天府鄉試録後序

嘉靖戊午秋八月天下復當選士於鄉應天府臣循例預請上命臣景淳臣陞往曲試事既取士如式疏名梓文以獻臣陞職宜有序臣嘗讀菁莪棫樸

成周孕毓賢俊在於岐豐而綱紀作人實惟壽考以基之則知今日南畿才賢之盛是高皇帝開先文教而聖天子久道作人之功也維兹聖祖肇迹一時佐命元勛雲蒸風從多出其地嗣是諸儒碩亦彬彬然後先相望故人士視海内獨繁殆豐芑之遺也我皇上統真斯文嘉惠庠序每廑明詔崇雅黜浮士忻忻軼于古即疏逖阻深猶祗承德意悉耀光明矧是畿甸首善拭觀向邇者乎甄陶鼓鑄已逾三紀于兹淪入浸漬含生之類莫不革心矧於多士乎夫周南化始西北漸於江漢維時兔置之士尚任干城腹心况此由來衣被文教比皇上垂意留都根本裁成樂育每先列服士游歌鼓舞遷善不知其道化所涵濡固有行誼文學之彦出而翊贊宸謨若神武明作則必有隨世建義之隽駢然并出爲國家宣力效勞奮庸熙載樹屏翰寄對疆以輸忠於内外者始臣膺□□來謂兹才賢之藪庶幾得人□副聖明疇咨至意而陞偲偲然恐無以稱塞任使亦或藉此少紓萬一乃與同事者胥飭胥毖夙夜殫竭心力縱觀多士之文類能深晰并包誦説稱引閎而肆淵而達彪曄而有則渢渢洋洋天下之鉅麗備焉正如鍾山石城多雄偉峭拔之狀而青冥秀鬱不可攬結又如長江大海渾溢浩蕩而驚濤迅湍下上掩抑令人望而却焉臣於是竦嘆曰猗休哉信人文之炳蔚矣然臣猶有懼焉文與質迭爲興廢昔先王之制治以質文相救但自質而趨文也易自文而復質也難吴故文盛之地而惟恐質之不勝也力變而歸質兹非其時乎邇島夷滋蔓於吴武備日嚴而文不加少固將啓多士以收蕩平耆定之功耳夫文武交資而成能是以吉甫功焯當時聲施後世誠得若人而舉之天下之真士也第今所據者文而已孰能預卜他日之真似哉彼惑於似士者而失於真士是黎丘丈人之（此處底本缺頁——編者注）

嘉靖四十三年應天府鄉試録

應天府鄉試録序

聖天子秉籙御天握樞臨極維兹四十有三年適甲子更新之候實文明昌熾之期也歲當大比士於鄉上命左諭德臣鏜往主應天試事秋七月丙午陛辭就道乃八月乙亥達府治丙子遂入鎖院百執事罔不毖飭同考則郎中臣國珍臣軒署郎中臣應峰臣鏡臣啓原署員外郎臣三益主事臣焯教授臣宗慶教諭臣紀臣弘迪臣守約舊凡兩京分校之役率領諸學官以爲常頃因臣下建議乃參置省署之臣我皇上加志賢科特俞所請而懋簡詳延法意益精密矣維時提調則府尹臣自强府丞臣嘉賓監試則御史臣潤臣官伏念臣鏜經術淺薄行能無异仰荷皇上作養旋授史秩兩以職事分校禮闈往叨寵命署篆留院今春特賜召還至是校士復蒙任使之榮渥恩殊遇無以爲報乃惟竭其心力得士焉以備他日之用庶幾仰酬鴻造於萬一於是矢心誓衆合提學御史臣耿定向暨諸曹六館所取士三千三百七十五人三試之遵制額登俊者一百三十有五人并録其文之優者以獻臣鏜濫竽文柄當序諸首簡惟國家養士於學校而羅俊异於科目士生今時苟有志於用世雖皋夔稷契之賢舍此無以自見然科目以文程士也諸士竭三日之力而欲盡攄所藴主司持一人之見而欲概其平生固亦難矣夫文根於心而成於言者也取士以文固欲因其言而究其心也故有仁義之德者其言渾厚典則也有中和之德者其言雄深奥衍也有剛毅之德者其言明白剴切也閎於中而肆於外猶夫金藏於淵而川媚玉産於石而山潤也反是則神理不超之謂凡矣肉好不匀之謂舛矣音律不諧之謂乖矣是皆詭於道而匿其真也諺曰玉卮無當雖寶非用侈言無驗雖麗非經主司執此以求之而實可稽已雖然臣猶有懼也夫求金於沙斂而揚之求玉於石剖而別之然金玉至寶也其得之也常難而沙與石則比比是也臣恐金與沙而并收玉與石而兼取也然此猶可言也若弃其金而惟沙礫之是收弃其玉而惟碔砆之是取人將謂何臣之罪抑有甚焉臣竊有大懼也於是祗率同事者次第翻閱窮日夜罔懈已乃得其文取盈其數而以額遺者尚衆乃相顧喜曰始之懼也庶可少釋乎既而思之掩卷嘆曰

得無沙礫之混其真碔砆之疑於似者乎復取而詳校之至再至三第見諸士之文咸能咀嚼英華充飫道德其典厚者不失之於凡瑣其深奥者不失之於舛雜其明切者不失之於乖忤若至寶之陳於前使人心駭目眩應接不暇文之美者粲然具是矣於惟休哉臣因是以驗人才之生恒孕毓於靈粹而其成也則道化之所漸濡南畿爲我聖祖定鼎之區山川磅礴風雨時會才美之出宜非他比矧當時明良之盛相與贊謀弼治賡歌揖讓於斯其遺風餘烈耿耿猶在也諸士生長其地并四方所至游息其間有不聞風而興起者乎我皇上稟神聖之資總君師之任惇叙彝倫敷析箴訓所以培植豐芑之仁振育菁莪之化者益隆弗替士之翔洽淳風涵泳膏澤而奮然有作者固宜斌斌其盛如此也且國初科目之行未有定制在昔洪武甲子重議條格至於今遵守不廢文明之運所由啓矣今歲甲子我皇上復加裁定乃正文體汰冗濫革弊習嚴防範慎擇百執事諸所厝舉犁然精當足以垂諸久遠則文運更新之會誠與氣運相爲感通是以德意所嚮莫不争自淬礪期以無負明時而英賢輩出彪炳璀璨真足以敷賁典彝涣揚國華者今諸士之卷具在可披覽而得也然則皇上久道化成之效壽考作人之功信有明徵而太平之應不偶然矣諸士既舉於有司將展對大廷敷布有位使能樹列勛庸表著風節舉今日之所言者而次第酬之則臣等庶幾體國薦賢足以副陛下側席之懷若徒以其言徼利禄於一時而視所學如弁髦使人指之曰此沙礫珷玞之儔也是主司之耻也則臣之懼也終無以釋矣然聖天子威靈之所遐矚德教之所宣暢臣固知其無是也而猶惓惓不能釋者誠慎之至也是爲序

左春坊左諭德兼翰林院侍讀汪鏜謹序

嘉靖四十三年應天府鄉試

提調官

應天府府尹劉自强（體乾河南扶溝縣人　甲辰進士）

中順大夫應天府府丞羅嘉賓（興賢四川宜賓縣人　癸丑進士）

考試官

左春坊左諭德兼翰林院侍讀汪鏜（振宗浙江鄞縣人　丁未進士）

同考試官

南京吏部文選清吏司郎中蔡國珍（汝聘江西奉新縣人　丙辰進士）

奉議大夫南京吏部考功清吏司郎中南軒（叔後陝西渭南縣人　癸

丑進士）

承德郎南京禮部精膳清吏司署郎中事主事劉應峰（少衡湖廣茶陵州人　丙辰進士）

承直郎南京兵部武庫清吏司署郎中事主事牛鏡（公照直隸獻縣人　丙辰進士）

承德郎南京工部屯田清吏司署郎中事主事沈啓原（道卿浙江秀水縣人　己未進士）

承直郎南京户部湖廣清吏司署員外郎事主事蔣三益（子謙四川成都前衛人　己未進士）

承直郎南京刑部浙江清吏司主事吴焯（純伯廣西賓州人　壬戌進士）

山東兖州府儒學教授陳宗慶（崇吉江西金谿縣人　庚子貢士）

廣東廣州府南海縣儒學教諭陳紀（士振福建莆田縣人　乙卯貢士）

河南汝寧府光州息縣儒學教諭周弘迪（元惠湖廣麻城縣人　乙卯貢士）

四川成都府新都縣儒學教諭張守約（希會廣西永福縣人　戊午貢士）

監試官

文林郎南京山東道監察御史林潤（若雨福建莆田縣人　丙辰進士）

承事郎南京浙江道監察御史史官（秉衡山西翼城縣人　丙辰進士）

收掌試卷官

應天府治中李渭（湜之貴州思南府官籍陕西咸寧縣人　甲午貢士）

印卷官

應天府通判李思悦（子傳廣東海陽縣人　丙辰進士）

應天府推官張夢斗（維北福建懷安縣人　壬子貢士）

受卷官

應天府上元縣知縣段有成（可達雲南昆明縣人　丁酉貢士）

南京府軍後衛經歷司經歷范嵩（廷儀福建甌寧縣人　監生）

南京應天衛經歷司經歷黄魁（應元山東武定州人　監生）

彌封官

應天府照磨所檢校李東（子作河南洛陽縣人　監生）

安慶府桐城縣知縣陳于陛（允升順天府遵化縣人　壬戌進士）

謄録官

應天府溧水縣知縣陳文謨（顯卿浙江慈谿縣人　壬戌進士）

應天府江浦縣知縣蕭惟馨（德卿廣西桂林中衛人　乙卯貢士）
太平府當塗縣知縣侯思古（士睿浙江臨海縣人　壬戌進士）

對讀官

應天府溧陽縣知縣趙應元（子貞浙江仁和縣人　壬戌進士）
池州府青陽縣知縣田登年（子登四川忠州人　己未進士）

巡綽官

昭勇將軍安慶衛指揮使石中玉（子完山東武定州人）
明威將軍新安衛指揮僉事李勇（尚義山東賓州人）

搜檢官

武德將軍南京留守後衛正千户劉霆（迅卿順天府香河縣人）
武德將軍南京留守右衛正千户汪文舉（惟士徽州府婺源縣人）
昭信校尉南京留守左衛百户范玉（廷美安慶府太湖縣人）
昭信校尉南京留守前衛百户王應槐（國卿河南獲嘉縣人）

供給官

應天府經歷司經歷許中（允執四川行都司越雋衛人　選貢）
應天府經歷司知事馮樂（大和浙江烏程縣人　監生）
應天府照磨所照磨何忠（汝貞直隸青陽縣人　監生）
應天府江寧縣知縣吴福基（紹□雲南右衛籍直隸休寧縣人　己酉貢士）
應天府江寧縣縣丞李慤（致卿河南祥符縣人　監生）
應天府上元縣主簿李思詔（懋恩直隸河間縣人　監生）
應天府江寧縣主簿王嘉相（汝弼直隸邯鄲縣人　監生）
應天府溧水縣主簿劉洓（汝朝湖廣麻城縣人　監生）
應天府上元縣典史鄭葹（士盛福建莆田縣人　吏員）
應天府江東宣課司大使應椁（時濟浙江東陽縣人　吏員）
應天府龍江宣課司大使張壯（行甫浙江餘姚縣人　知印）
應天府都税司大使劉孔訓（道宗江西宜春縣人　知印）
應天府龍江關大使何璋（世魁廣東高要縣人　吏員）
應天府江淮巡檢司巡檢王麟（國瑞浙江山陰縣人　知印）
應天府江浦縣浦子口税課局大使黄嘉（汝亨江西會昌縣人　吏員）
應天府江浦縣東葛城驛驛丞王大道（行之直隸邢臺縣人　吏員）

第一場

四書

子曰參乎吾道一以貫之曾子曰唯　肫肫其仁淵淵其淵浩浩其天　我非堯舜之道不敢以陳於王前

易

大哉乾乎剛健中正純粹精也六爻發揮旁通情也時乘六龍以御天也雲行雨施天下平也　利有攸往中正有慶　範圍天地之化而不過曲成萬物而不遺　窮神知化德之盛也

書

惟動丕應徯志以昭受上帝天其申命用休　山川鬼神亦莫不寧暨鳥獸魚鱉咸若　四五紀一曰歲二曰月三曰日四曰星辰五曰曆數　乃用三有宅克即宅曰三有俊克即俊嚴惟丕式

詩

交韔二弓竹閉緄縢　鶴鳴于九皋聲聞于野魚潛在淵或在于渚樂彼之園爰有樹檀其下維蘀他山之石可以爲錯　君子萬年介爾景福　莫敢不來享莫敢不來王

春秋

夏公及宋公遇于清（隱公四年）夏齊侯衛侯胥命于蒲（桓公三年）冬公次于滑（莊公三年）春王正月公會齊侯宋公陳侯衛侯鄭伯許男曹伯侵蔡蔡潰遂伐楚次于陘（僖公四年）　秦人伐晋（文公三年）晋侯伐秦（文公四年）晋師白狄伐秦（宣公八年）秦人白狄伐晋（成公九年）大搜于昌間（昭公二十有二年）

禮記

凡在天下九州之民者無不咸獻其力以共皇天上帝社稷寢廟山林名川之祀　善問者如攻堅木先其易者後其節目及其久也相説以解　君子之聽音非聽其鏗鏘而已也彼亦有所合之也　貴其不已如日月東西相從而不已也是天道也不閉其久是天道也無爲而物成是天道也已成而明是天道也

第二場

論

聖人在天子之位

詔誥表（内科一道）

擬漢令禮官勸學詔（元朔五年）　擬唐以張説兼集賢院學士誥（開元十六年）　擬海南諸國各遣使獻麒麟凡四群臣賀表（宣德八年）

判語（五條）

官員襲蔭　功臣田土　鄉飲酒禮　優恤軍屬　修理倉庫

第三場

策（五道）

問　自古帝王保艱大之業隆懿爍之治者必有上下交儆之益焉其明良相遇一德一心若時幾之勅祇敬之規無逸之警見於詩書所稱者不一而足也可得而論述之歟我太祖高皇帝成祖文皇帝咸以首出之資應圖啓運我皇上以聖神之德建極紹天峻德巍功弘覽踔識真有以超越三五而非臣下所能仰跂其萬一者雖欲輸忠納誨以效一得之愚其道無繇也然聖不自聖而兢業保治之心敷揚於問答彪炳於宸章固中外之臣所諷誦而傳習者可得而揚厲之歟然究觀其指於古昔明良孚契之美德業交修之助其亦有所异同歟漢鼂錯言五帝神聖其臣莫及可謂善窺聖人之藴者夫曰神聖矣而尚有俟於交儆者豈别有説歟至宋儒程氏之意謂唐虞交儆而夏商之後未盡然者何歟諸士子漸濡聖化必思所以引揚德業以鳴我國家之盛者幸詳著於篇

問　帝王治世隆樸茂之風成愿愨之俗非教刑迭用致之無繇也然其所以爲教爲刑俾可世守不變者今能稱説之歟嬴氏以來文軌頓异代所爲治史册可徵而終未帝王若者何豈時漸澆漓古不可復而致理君子姑一切聽其所自至歟昔匡衡崔寔有慨於時作爲疏論以警動當世今其言在也可撮其樞要爲致理者諷諭歟夫衡之疏班固録焉以其能明政治得失也寔之論范曄録焉以其指切時要言辯而確也即考究疏論中則二子造意迥相反矣而皆稱爲善得歟緊皆有關於教若刑也否歟國初風醇俗厚媲美帝王其在於今殆不與類毋亦有如衡寔所慨者歟聖天子崇德化肅法紀致四十餘年太平而返醇還厚之意無一歲不形諸綸旨也乃有司奉行未臻實效何歟爾諸士目擊其然必勃興致理之志試陳他日所能爲俾我執爲左券焉可矣

問　上古之世載籍未具至周始備焉然當時傳播未廣士之獲睹全經者或鮮迨遭秦火之後殘闕殆甚漢興始表章六經諸儒競起而補葺之於是六籍復全其功偉矣然皆各守師説乃有五經家法之號五經師法之名何歟

或議其伐异黨同穿鑿附會不能無失焉然諸儒訓詁之盛簡帙浩繁其視成周之世奚啻百倍果能羽翼聖經否歟有宋諸儒考定傳注粹然一出於正可謂有補於經學然非漢儒訓釋之遺則將安所折衷耶或謂漢儒網羅放失能存之於博而宋儒妙契宗旨能反之於約信歟然朱子亦謂當時解經者有三而深不滿於蘇陳張子韶輩其視漢儒訓詁之失又何如也且上古之世六籍未具而士皆篤於自修何今之時簡帙大備而士之所學寢不及古豈所謂徒求之於博而不能反之於約歟我國家尊崇儒術甄育多士皇上闡揚經傳陶鑄群材諸士生當其盛其於通經學古之道博聞反約之功有概於中久矣其悉言之以觀所藴

問　古帝王而降禦戎無上策矣乃論議之臣憤時自效若晁錯陸贄范仲淹言皆班然史册也果鑿鑿協時宜裨戰守耶今天下敉寧視古帝王時何讓第郊圻千里内胡率獢虔東薊遼西宣大無歲撤烽燧不警也而論議之臣競出其畫詣闕下獻豈盡協時宜裨戰守如晁陸范三子耶夫談守者是守矣然不計而守即守不堅守胡爲耶談戰者是戰矣然不教而戰即戰不克戰胡爲耶懲守之失者曰分境乘垣外多弃野不如裒旅而應戎有惴心也守顧已耶懲戰之失者曰摧鋒挫鋭内鮮良材不如據險而須戎無騁足也戰顧已耶守非一事執要者堅戰非一途握機者克機要可豫定耶閫鉞之臣任在疆埸身所經略非料想者同也而罕著殊勛勢固不獲自盡耶主上神聖超軼古帝王得邊臣一疏至即夜分詔樞筦臣行矣而謂不獲自盡也信耶諸士經濟石畫無愧晁陸范三子試吐之占後效焉毋但摇筆端飾文辭相眩也

問　兵之所重者將將之所握者機故慮周計遠道出萬全此非識權達變者何以與此然其要總之曰得天者勝得地者勝得人者勝三者一闕北矣任宏論次兵書而有陰陽形勝權謀技巧之説非是之謂耶乃若孫武始計之篇吕望龍韜之書固言之詳矣可得而聞其指歟試舉古事一二評之歲星南見而東晋昌月行掩昂而蠕蠕破歲在庚午不利西行之師熒惑退舍卒克渭橋之難此非得天時者勝歟據北山之險而秦兵解得水草之便而諸羌遁移軍河陽而敵兵阻襲取固軍而北鄙寧此非得地形者勝歟仁賢任用而蜀漢興隆智士效謀而赤壁奏捷忘身徇國者乃再造唐室推誠待士者卒計擒元濟此非得人謀者勝歟即三者筭計見效其章明較著若此可一闕歟至其輕重緩急之辨則又不可執一論者後世淫巫瞽史舍人而談天驕將惰卒乃恃險而廢謀則胥失之矣諸士必有定見也其試言之毋諉曰未之學也

中式舉人一百三十五名

第一名　沈位　吴江縣學增廣生　書
第二名　葉初春　蘇州府學增廣生　禮記
第三名　俞指南　休寧縣學生　易
第四名　陳子忠　常熟縣學生　詩
第五名　湯聘尹　蘇州府學生　春秋
第六名　李國士　亳州學生　詩
第七名　汪文輝　婺源縣學附學生　易
第八名　吴自新　應天府學生　書
第九名　張大雅　浙江平湖縣人監生　春秋
第十名　徐三錫　蘇州府學附學生　禮記
第十一名　張然　泰興縣學生　詩
第十二名　陳王道　吴江縣學附學生　易
第十三名　盛當時　華亭縣學生　書
第十四名　俞霑　宜興縣學附學生　詩
第十五名　章潤　揚州府學生　易
第十六名　李繼美　鳳陽縣學生　詩
第十七名　鄭準　吴縣學生　書
第十八名　薛道生　吴縣學增廣生　易
第十九名　王部　如皋縣學生　詩
第二十名　汪謨　婺源縣學附學生　書
第二十一名　林曜　泰州學增廣生　詩
第二十二名　袁舜臣　江陰縣學增廣生　易
第二十三名　戴大登　上海縣學附學生　詩
第二十四名　毛圖南　吴江縣學生　春秋
第二十五名　潘應文　無錫縣學生　詩
第二十六名　李子成　興化縣學增廣生　易
第二十七名　方範　崑山縣學附學生　禮記
第二十八名　顧梁材　長洲縣學生　詩
第二十九名　黄學顔　吴縣學生　易
第三十名　陳文　鎮江府學生　詩

第三十一名　余懋學　婺源縣學附學生　書
第三十二名　宋堯明　華亭縣學附學生　易
第三十三名　江東之　歙縣學附學生　詩
第三十四名　陳宣　太平縣學附學生　易
第三十五名　楊一麟　江西新建縣人監生　詩
第三十六名　吴汝任　常州府學增廣生　書
第三十七名　徐常吉　武進縣學生　詩
第三十八名　張鳳翼　長洲縣人監生　易
第三十九名　江來岷　徽州府學附學生　詩
第四十名　曹慎　丹徒縣學生　易
第四十一名　夏舜臣　鳳陽府學生　詩
第四十二名　孫濟遠　太平府學生　書
第四十三名　陸從平　華亭縣學附學生　詩
第四十四名　錢春沂　嘉定縣學生　易
第四十五名　徐汝翼　上海縣學生　春秋
第四十六名　彭汝孝　松江府學生　詩
第四十七名　俞頤吉　宜興縣學附學生　易
第四十八名　蔣鳴琅　江陰縣學生　詩
第四十九名　許夢熊　南陵縣學生　禮記
第五十名　陳善　溧陽縣學生　詩
第五十一名　章太望　青陽縣學生　易
第五十二名　陸萬鍾　松江府學增廣生　詩
第五十三名　焦竑　應天府學生　書
第五十四名　宋行可　來安縣學生　易
第五十五名　蔣士元　宜興縣學附學生　詩
第五十六名　吴希周　江都縣人監生　易
第五十七名　唐繼賢　上海縣學附學生　詩
第五十八名　俞利用　婺源縣學附學生　書
第五十九名　許天贈　黟縣學生　詩
第六十名　姚嘉穀　宣城縣學附學生　易
第六十一名　楊允儁　華亭縣人監生　詩
第六十二名　胡滓　無錫縣學附學生　書

第六十三名　董志毅　贛榆縣學生　詩
第六十四名　盧鍔　長洲縣學附學生　易
第六十五名　馮暘　宣城縣學生　詩
第六十六名　方洵　桐城縣人監生　書
第六十七名　蔣科　泰州學生　詩
第六十八名　周書　常熟縣學附學生　易
第六十九名　程道克　徽州府學附學生　詩
第七十名　施策　無錫縣學附學生　書
第七十一名　劉瑊　吴縣學生　易
第七十二名　趙卿　泗州學生　詩
第七十三名　仇一卿　歙縣學附學生　易
第七十四名　章有成　常熟縣學生　詩
第七十五名　武尚賓　溧水縣人監生　易
第七十六名　朱禹臣　吴縣學增廣生　書
第七十七名　馮汝騏　金壇縣學附學生　春秋
第七十八名　金應徵　長洲縣學增廣生　易
第七十九名　蔣如京　常州府學附學生　詩
第八十名　秦燿　無錫縣人監生　書
第八十一名　尹貞度　浙江龍游縣人監生　詩
第八十二名　顧褒　浙江餘姚縣人監生　禮記
第八十三名　陳其詩　嘉定縣學增廣生　易
第八十四名　桂木　貴池縣人監生　詩
第八十五名　李夢相　應天府學生　書
第八十六名　徐大任　宣城縣學生　詩
第八十七名　許榜　休寧縣學附學生　易
第八十八名　唐喬　無錫縣學附學生　詩
第八十九名　陳金　浙江上虞縣人監生　易
第九十名　喬懋敬　上海縣學生　書
第九十一名　侯全爵　應天府學生　詩
第九十二名　王懋　蕪湖縣學生　易
第九十三名　黄雲龍　徽州府學生　春秋
第九十四名　余孟麟　應天府學生　書

第九十五名　趙經　應天府學附學生　易
第九十六名　李顯　湖廣枝江縣人監生　詩
第九十七名　施廷佐　浙江縉雲縣人監生　易
第九十八名　李得陽　廣德州學增廣生　禮記
第九十九名　戚杰　泗州學生　詩
第一百名　張燕翼　長洲縣人監生　易
第一百一名　龔勉　無錫縣學生　書
第一百二名　沈文淵　鎮江府學增廣生　易
第一百三名　繆元亨　常熟縣學生　詩
第一百四名　李生威　浙江鄞縣人監生　易
第一百五名　韓國禎　蘇州府學增廣生　書
第一百六名　詹仰庇　福建安溪縣人監生　易
第一百七名　潘志伊　吴江縣學生　書
第一百八名　錢順德　蘇州府學增廣生　春秋
第一百九名　朱一松　寧國縣學生　易
第一百十名　羅曇　合肥縣學增廣生　書
第一百十一名　馬一化　沛縣學生　詩
第一百十二名　王圻　上海縣學生　禮記
第一百十三名　湯欽聞　蘇州府學生　易
第一百十四名　姚�　華亭縣人監生　詩
第一百十五名　方維藩　婺源縣學附學生　書
第一百十六名　劉堯錫　休寧縣學生　易
第一百十七名　陳純　通州學生　詩
第一百十八名　崔子肖　寧國府學附學生　易
第一百十九名　甘一鳳　江西南昌縣人監生　詩
第一百二十名　朱衣　應天府學生　易
第一百二十一名　張植　浙江東陽縣人監生　書
第一百二十二名　王敬之　武進縣學生　詩
第一百二十三名　朱正裕　靖江縣學生　春秋
第一百二十四名　林萬春　浙江錢塘縣人監生　易
第一百二十五名　康一韓　福建莆田縣人監生　詩
第一百二十六名　王家麟　潁州學生　易

第一百二十七名　宋啓文　泰州學增廣生　詩
第一百二十八名　閔宗舜　休寧縣學附學生　易
第一百二十九名　王鼎爵　太倉州人監生　春秋
第一百三十名　范　涞　徽州府學增廣生　易
第一百三十一名　吴撝謙　武進縣人監生　詩
第一百三十二名　董守緒　應天府學附學生　易
第一百三十三名　張聘夫　婺源縣人監生　書
第一百三十四名　魯崇賢　蕪湖縣學生　易
第一百三十五名　張顯仁　武進縣學附學生　詩

第一場

四書

子曰參乎吾道一以貫之曾子曰唯

李國士

同考試官教諭張批（講甚明暢而於唯字尤善發揮）

同考試官署郎中牛批（深得聖賢授受口氣）

同考試官郎中蔡批（不費詞説理趣躍如）

考試官左諭德汪批（語有意見）

聖人之傳道以心而大賢之悟道亦以心也夫一貫之旨聖人傳心之要法也非大賢深契其妙安能感悟之速若此哉昔夫子以爲學莫貴於知要道不可以易傳若參也察識之精已博觀其用而真積之久將默會其原故特舉而示之曰天下之道雖散見於事物而實根抵於吾心吾惟本此心之一致以效天下之動而成性之中存者有以達諸萬化而不匱由吾心之一理以應天下之事而淵泉之内蓄者有以通諸萬變而不窮蓋合萬爲一而綱維衆動之原已豫吾内則一實萬分而酬酢百爲之妙自利吾外吾之道如是而已此夫子當可之教固有以投其所欲聞而曾子造詣之純實有以發其所深省故不復有所疑而直應之曰唯以爲參也向嘗隨在省察固疑其不足以立本也今聞夫子之言果知天下之道管於吾心而泛觀博識者之爲勞也向嘗即事持循固疑其不足以守要也今聞夫子之言果知萬事之原統於吾性而强探力索者之爲遠也蓋由博而歸之約則致一之功自足由體而達之用則應務之地有餘非夫子之善教安知至道之妙一如此哉噫觀聖門授受之旨而道統

之傳有所托矣抑夫子嘗以是道語子貢矣子貢之疑信相參固不若曾子之脱然有悟何也蓋曾子之學得之於踐履篤實而子貢則求之於博聞强識故悟道之淺深不同如此此可見知行雖合一而輕重本末又有等焉善學者當自得之

肫肫其仁淵淵其淵浩浩其天

汪文輝

同考試官教授陳批（措詞精確中庸義如此者最難得）

同考試官署郎中劉批（至誠天道最難形容獨此作發得心源透徹且詞語精潔無疵非淺學可易到者）

同考試官郎中南批（至誠功用之盛發明殆盡且文詞莊重簡潔可以式矣）

考試官左諭德汪批（講意透徹）

中庸於至誠之功用而極贊其爲至焉蓋功用者以誠而發者也誠至而功用亦至矣此中庸所以極致其贊歟且其意若謂理之在人其用爲道其體爲性其原爲命也至誠無所倚而渾全之矣而功用一何至耶今夫道也者天下之大經也而能經綸焉其心之仁殆不得而間已吾知惇厚以叙人倫而德意爲之融徹懇惻以和民紀而愛心自爾流通其辨异也非其私爲之分也其統同也非其私爲之合也肫肫乎其仁焉爾矣至哉其盡道乎性也者天下之大本也而能立焉其心之淵殆不得而窺已吾知無欲而静萬變悉具於深微有主而虚萬化悉涵於宥密無所感也澄其源而不淆也有所感也沛其用而不滯也淵淵乎其淵焉爾矣至哉其盡性乎命也者天地之化育而性道所從以出者也於此而能知焉其心之天殆不得而限量已吾知妙陰陽於無始而形器不能拘會動静於無端而法象不能囿道天道也即推行有漸者焉性天性也即合一不測者焉浩浩乎其天焉爾矣至哉其至於命乎夫道盡而心極於和矣性盡而心極於中矣命至而心極於理之大原矣聖人天道之極致也如此夫雖然此非有加於吾心也吾心之初一仁也淵也天也欲以蔽之則純者漓深者窒而廣大者隘至誠非有加於吾心也不失其初焉耳學者反諸其初而不疚於動以履道焉不愧於静以存性焉不顯而孚於天載以復命焉則所謂其仁其淵其天者咸在我矣

我非堯舜之道不敢以陳於王前

沈位

同考試官教諭陳批（説孟子敬君之意藹然溢於言表）

同考試官署郎中沈批（發孟子語意剴切明到意必自重之士）

考試官左諭德汪批（明暢）

大賢以法古之治期其君敬其君者也蓋治法堯舜治之至也大賢以是而望其君其异乎世俗之事君者矣昔孟子曉景丑氏之意若曰言聖者必以堯舜爲準而言治者必以唐虞爲極故後王舍是無以爲法人臣舍是無以告君者矣何則大哉堯也治隆於千古而蕩乎民莫能名君哉舜也功盛於百王而巍乎世莫能及我則以堯舜之聖爲可必至而所以敷陳於左右者必稽其用中之迹以唐虞之治爲可必復而所以納誨於朝夕者必本其協和之化固嘗告以養民之道矣而所以分田制畝以遂其生者非堯舜育民之仁乎外此寧默焉而不敢盡其言也固嘗啓以教民之道矣而所以立學明倫以復其性者非堯舜正民之義乎外此寧訥焉而不敢畢其説也是將舉明主於二帝之隆而不牽於流俗之見躋斯世於雍熙之盛而不徇於駁雜之言我之所以事君者如是而已彼狃於近功而昧格心之要旨規於小利而忘經國之遠猷者則安敢以是售吾之説而瀆君之聽哉是蓋以堯舜期其君而不以世俗待其君敬君之大何以加此彼齊人之事君徒以貌而不以心者亦獨何哉大抵孟子之言所以發明性善之旨初無二説蓋堯舜之性本與人同而仁義之道皆其所固有也他日遏惠王之言利對滕君之論性率由此道固其平日所自許者故歷聘諸侯而卒未嘗變也噫若孟子者可謂有功於堯舜矣

易

利有攸往中正有慶

俞指南

同考試官教授陳批（敷衍明白而語有照應益卦之旨無餘藴矣）

同考試官署郎中劉批（講中正切當深得益卦之義）

同考試官郎中南批（理致精到體格莊嚴易義之最佳者）

考試官左諭德汪批（簡潔得體）

彖傳釋益民之利而推本於君臣同德焉甚矣上下交而德業成也益之二五咸有一德則卦辭攸往之利有由然哉夫子彖傳之意若謂君子之立政也固以厚下之澤爲先而尤以中正之德爲本繫益之辭而曰利有攸往者蓋言德施普於無方而駿惠之所流者初無疆域之殊膏澤濡於廣運而宏恩之

所究者初無彼此之間至德深入於人心而无疆之説於此乎得之蓋有推無不準動無不化者矣聲教旁達於九圍而大光之道於此乎基之蓋有近則不遺遠則不禦者矣卦辭之宜於益民如此果何修而獲此哉蓋益之爲卦也五以中正應二得君道焉二以中正應五得臣道焉是君臣同德而所以綏猷出治者莫非大中至正之矩上下一心而所以敕法和民者悉皆無偏無黨之政則精神孚契而謀慮相從建中之治由此出焉而仁恩之布自交慶於四方也情意感通而休美并濟表正之化由此洽焉而福慶之隆自覃敷於無外也如是而往其利也寧有窮乎蓋有是君臣故有是政教有是中正之德具於心故有是中正之治及於民也否則其體不立無以爲出治之本而欲其益民也難矣抑天道無私聖人體之以益天下故存之而爲天德達之而爲王道其致一也使有一毫私曲存乎其間則與天道不相似而所謂益民者不過驩虞小惠而已故曰有天德便可語王道此又益民之大旨也圖治者於此求之始得

範圍天地之化而不過曲成萬物而不遺

汪文糨

同考試官教授陳批（説至命之義甚親切必邃養之士）

同考試官署郎中劉批（詞不費而理自足亦易義之精潔者宜録以式）

同考試官郎中南批（以中和位育發明聖人以易至命之妙殆非淺學可及者）

考試官左諭德汪批（發揮詳盡）

聖人用易而贊化育則與命爲一矣蓋化育者命所在也聖人以易贊之謂一於命也非歟今夫命者理性之原也運於天地通於萬物而具於聖人之心者也聖人心用乎易而窮理盡性矣容有間於命耶彼天地之化以氣而行氣無窮其化亦無窮何以盡協於中也聖人即易體天地之撰者而範圍焉仰觀陰陽之變節宣文而弗偏俯察剛柔之常裁畫之而弗紊推焉測焉其度明也疆焉理焉其紀正也而範圍所施無或過矣非範圍於吾也範圍於易也聖人不能外易以爲中天地不能外易以爲位易其聖人所以參天地者乎萬物之育以氣而順氣弗齊其育亦弗齊何以盡協於和也聖人即易類萬物之情者而曲成焉緣人以治人而教養之制備因物以付物而保愛之道周樂樂利利得其所也形形色色遂其生也而曲成所及無或遺矣非曲成於吾也曲成於易也聖人不能外易以爲和萬物不能外易以爲育易其聖人所以宰萬物者乎夫參天地則命在天地者自我而流行也宰萬物則命在萬物者自我而

賦予也聖人以易至命如此易之大也信哉雖然易易也聖人之心亦易也是故統而天地散而萬物一理也心所囿也大而範圍小而曲成一事也心所爲也窮理盡性之極也非窮理盡性外有所謂至命也人惟自小其心乃謂命不可至宜乎以卜筮視易也

書

山川鬼神亦莫不寧暨鳥獸魚鱉咸若

沈位

同考試官教諭陳批（以豐腴之詞抒寫盛世功化之美非積學之士不能）

同考試官署郎中沈批（措語雅醇而意復融暢盛世太平氣象宛然可睹經義之最佳者）

考試官左諭德汪批（典雅之作）

大臣叙聖世之休徵望時王以懋德也甚矣惟德動天也德懋而天休應矣此有夏之盛而伊尹爲太甲望歟意曰治化以得天而隆治道以法古而善觀夏后之得天而商知所法矣且天地之氣無大不包山川得之融結鬼神得之變通而人得之以參贊者也惟德不足以格天則乖氣相乘胥失其位矣夏德之懋也不惟時罔有灾已爾吾知明與山川同其動静而至精所達安流峙之常幽與鬼神合其吉凶而至誠所孚協屈伸之正剛柔不易其道恒也陰陽不測其機運也蓋莫有不寧者焉非自寧也氣之和寧之也參贊之德其至乎天地之氣無微不徹鳥獸得之升降魚鱉得之浮沉而人得之以茂育者也惟德不足以格天則沴氣相薄胥枉其生矣夏德之懋也不惟時罔弗寧已爾吾知保合周於上下而爲飛爲動適自然之情曲成溥於洪纖而或躍或潛順本然之命以群而分無相瀆也以類而聚無相凌也蓋莫有不若者焉非自若也氣之和若之也茂育之德其至乎夫山川鬼神寧則萬邦咸寧可推鳥獸魚鼈若則萬姓咸若可驗天眷夏德以此厥嗣不然商斯興矣王其懋德哉雖然湯之得天無愧夏后而尹訓太甲首及之者何抑以夏之微也祖德不可常恃也即夏以例而殷鑒不遠矣周公戒成王也諄諄於儀刑文王而殷配上帝之語亦互發焉意固尹之意歟誦其詩讀其書乃知商周之世誠不可無伊周也

四五紀一曰歲二曰月三曰日四曰星辰五曰曆數

吴自新

同考試官教諭陳批（説出以人合天之意鋪叙有體必佳士也禄之）

同考試官署郎中沈批（洪範一義經生類未體究故詞涉影響此作獨

能精核以人合天之旨可與語曆理矣取之）

考試官左諭德汪批（平順）

君子衍五紀之疇而第其目所以合天道也夫天道有自然之運也君子於五紀之疇而衍之欽崇天道之意至矣哉昔箕子之告武王若曰天之示人也隱於無形而人之合天也顯於有象大禹於洛書之次四固以協用五紀配之矣夫所謂紀者統體相聯序則不紊也綱維相貫度則不忒也彼夫歲之成於上也五氣順布而四時行焉是陰陽消息之候也則爲之歲以紀之而分至啓閉有所屬而不亂也歲則無所不統也故居一焉月之運於天也載魄終魄而一月成焉是虧盈遲速之度也則爲之月以紀之而晦朔弦望有所北而不乖矣月則統於歲者也故居二焉日與天會其躔度未易窺也於是稽其出入之晷定其甲乙之次而測景之術於是盡焉矣日次於三者非以其統於月乎星辰之森布其次舍未易窮也於是辨其分野之章別其經緯之等而推筭之方於是至焉矣星辰次之於四者非以其爲日月之經行乎夫歲之行也其迹難求日月星辰之布也其端難見苟無曆數以紀之則何以辨其早晚究其順逆而使民不惑哉故立數以步之因其常而常也錯綜以占之因其變而變也至此則歲月日星辰咸有所統會而終始常變一以貫之而無遺矣曆數非居於五者乎此可見治曆明時爲王政之首務而惟聖人爲能行此也抑天人之理本無二致而聖人之道亦惟盡人以合天蓋皇極之建彝倫之叙莫非天道之流行君人者能慎厥身修以爲曆象之本故出入造化範圍天地而功用之大與之相似而不違也彼德不足以合天而區區於象數之求抑末矣

詩

君子萬年介爾景福

陳子忠

同考試官教諭張批（發出詩人忠愛之旨不費詞説而意義自周文之最優者）

同考試官署郎中牛批（詞旨冲和而情意切至是有詩人忠愛之實者）

同考試官郎中蔡批（詞意温粹而忠愛溢於言表所謂善頌禱者正如此）

考試官左諭德汪批（詞簡淨而意雋永）

周人祝君惟欲久享乎大福焉夫福之大者難乎其久也而君人享之非其臣之所至願乎周父兄荅行葦也意曰優於睦親者上之仁篤於戴君者下之義吾人之荷天寵也而能爲報耶維此君子居離正以化天下夫既當其盛已然不惟盛也而益迓續於靈長向豐大以保日中夫既際其隆已然不惟隆

也而益緝熙於悠久其主乎神必萬年焉而神之所歆固福之所相矣其主乎人必萬年焉而人之所附固福之所將矣福莫大於延國命也於爾助之以覲文光以揚武烈而曆數是膺不得以盡其紀焉福莫大於固國本也於爾助之以衍文昭以蕃武穆而統緒是守不得以限其傳焉承廟祭也無斁則其錫純嘏也亦無斁宗祝相襲而示之厘匪直過於所卜之年爾而謂非有秩之祜矣乎舉寢燕也不窮則其綏後禄也亦不窮宗人相繼而歸之慶匪直過於所卜之世爾而謂非無疆之休矣乎夫期之者久心若不能已其忱冀之者大辭若不能盡其旨周父兄之於王也誠忠愛有餘者矣抑記有言福者備也而漢儒孔氏則謂既醉備五福焉夫萬年壽也天禄富也室家之壺康寧也孝威儀好德也令終有俶考終命也五者備矣是謂景福而以祝成王焉非致盛治之主其何能備諸故曰既醉太平也

莫敢不來享莫敢不來王

李國士

同考試官教諭張批（題本正大而作者類多浮泛獨此篇莊重得頌體宜録以式）

同考試官署郎中牛批（不事浮誇而體統自尊不厲聲色而人心自懾文告中之得體者）

同考試官郎中蔡批（詞義嚴正得文告之體頌義中之佳者）

考試官左諭德汪批（善體貼）

商王追叙遠夷之貢覲所以責畔也夫貢覲者先王一天下之制也遠遵而近違焉高宗得不甚楚之罪歟此後人祀之而述其言也蓋曰帝王之主華夷也大統正遠近不得以异同大義昭今古不得以損益爾荆楚畔矣不聞遠夷之在昔乎維我烈祖受共而盡有土賓服者享已凡若氐羌亦以疆宇既錫於王朝而産殖不登於天府難乎令國人之我奉也而限於遐逖侈然境内也奚宜故必辨其名品而供之以告虔修其庭實而獻之以將問所無者不强圖也所有者不私擅也雖不寳异物聖王則然而以方物自專皆夷心所不敢矣豈獨慮征討之備爾耶受球而盡有爵荒服者王已凡若氐羌亦以位號當襲於先人而封策不由於天子難乎令國人之我戴也而諉於險僻偃然民上也奚可故必依士服以請命而繼序爲安秉臣禮以承休而稱名爲正其在彼也上臨下也其在此也卑事尊也雖不勤遠略聖王則然而以遠方自恕皆夷心所不敢矣豈獨慮文告之辭爾耶夫昔而遠者貢矣今不能域亳南之地昔而

遠者覲矣今不能臣亳南之人吾何以爲湯孫也而免於兵爾荆楚乎吁高宗服畔以此世世祀也宜矣抑高宗相説之言曰台恐德弗類曰迪我高后蓋專以肖湯爲心則荆楚之伐必援氐羌之事責之有以也今誦其言意猶凛凛必深折荆楚之心毋亦於干戈省躬之戒有得歟説曰王忱不艱允協於先王成德嗚呼信哉

春秋

冬公次于滑（莊公三年）春王正月公會齊侯宋公陳侯衛侯鄭伯許男曹伯侵蔡蔡潰遂伐楚次于陘（僖公四年）

湯聘尹

同考試官教諭周批（謹嚴得體春秋義正如此）

同考試官署員外郎蔣批（健暢典雅得聖人用兵之意）

考試官左諭德汪批（得夫子予奪意）

恤患而怯于進兵者春秋譏之討罪而慎于用兵者春秋予之此見兵一也用之恤患討罪不同焉春秋予奪齊魯也有以哉我莊于滑之次以救紀也安知非慎兵者而經以爲譏何謙之六五利用侵伐蓋兵固有不當怯者紀婚姻也而虐于仇讎之齊莊也救之孰不曰存紀抑齊在此一舉乎夫何莊也不以救患分灾爲急而滑次焉敵怨當修也顧有畏而不前鄰難孔棘也乃當速而故緩故雖以三萬之徒而竟爲遷延之役也卒之紀侯之去翦焉傾覆大國之控君子未嘗不爲魯咎也謙之六五莊其昧之矣故經以次書傳曰救而次其次爲譏是已齊桓于陘之次以討楚也安知非畏敵者而經以爲予何師之六四左次无咎蓋兵固有不當勇者楚蠻夷也而爲諸姬之憂桓也討之孰不曰取威定霸于是乎在耶幸而桓也不以好攻樂殺爲心而陘次焉有嚴有翼不亟戰以疲民既敬既戒惟修辭以柔遠故雖以八國之衆而不肆其震疊之威也卒之屈完之盟帖然效順遠人之來君子未嘗不爲齊善也師之六四桓其以之矣故經以次書傳曰伐而次其次爲善是已由是而觀則知兵可進而進而不嫌于勇可退而退而不嫌於怯顧義之何如耳抑論兵者春秋之所甚重必不得已而後用之故恤患則惡乎緩師而伐國則戒乎亟戰蓋欲救民水火之中不忍以兵刃相接也奈何當時諸侯知德者鮮不惟纓冠之義無聞而殘民以逞干戈且日尋于天下矣噫此春秋所以有取於齊桓

秦人伐晋（文公三年）晋侯伐秦（文公四年）晋師白狄伐秦（宣公八年）秦人白狄伐晋（成公九年）

張大雅

同考試官教諭周批（語明意盡不事浮華取之）

同考試官署員外郎蔣批（其旨瑩其詞文）

考試官左諭德汪批（叙事核而有條）

春秋惡二國之修怨而甚其資於夷焉夫秦晋諸夏也以怨相攻即非義矣而况資兵於狄哉慨自淆函釁開秦晋怨構秦也濟河伐晋報四國之師晋也忘親伐秦報王官之役求成而焦邑圍晋所憾也復連白狄伐秦焉失信而諸侯貳秦所窺也亦連白狄伐晋焉數役也而一無善者乎曰以夏伐夏不義同也以夷伐夏不義甚也吾聞秦晋矣爵膺侯伯之榮世繫姬嬴之貴功輝策命内史爲辭蕃王室也而治兵相毒將同心翊戴也何存名并載書司盟爲質協友邦也而弃好相□將合志輯綏也何在始也襄之伐秦其虐弗戢矣乃嗣人不以偶狄爲嫌又與之汧渭是擾也始也穆之伐晋其過弗悛矣乃嗣人不以儕狄爲辱又與之汾絳是荼也度晋之意謂狄我婚可親之以藉其援爾顧秦之當親甚於狄焉昵异類而傷同類成之罪不較襄爲最耶揆秦之謀謂狄我讎可結之以釋其怨爾顧晋之當結甚於狄焉黨夷族而圮華族桓之罪不視穆爲浮耶是故講信修睦王道爾也而復怨不已固無以還信睦之風安内攘外王道爾也而資夷不已尤無以望安攘之烈春秋比事以志而貶之輕重自昭爲世道慮也遠矣抑秦晋交争七十二載而經以用狄爲大咎懼中國而夷也乃後世易之矣是故以夏親狄執臣下禮賈誼憂焉以狄朝夏位侯王上荀悦嘆焉狄夏雜居出入無制江統豫謀焉三子者明春秋之義者也可不爲鑒哉

禮記

君子之聽音非聽其鏗鏘而已也彼亦有所合之也

葉初春

同考試官主事吴批（聽音本上五者之音説作者類多纏繞反晦正意獨此篇認題真切造語精醇而意尤周匝録之以爲業禮者式）

考試官左諭德汪批（詞確而意周）

論君子之聽音不泥於迹而有契於心也夫音各有所寓之義也君子各沿其類而有所思焉其性術之所流通者不既深乎昔樂記之意蓋謂君子之聽樂也聞之器數者乃其節奏之常而契之心思者則其感通之妙也今夫金

石絲竹鼓鼙者其器也鏗鏘者其聲也异器殊聲樂之作也有不同矣然莫不各有所存之義焉异音殊調聲之發也有不齊矣然莫不有所示之象焉是以君子非徒究其高下之節於考擊之餘已也至理默契於中而機之所遇者神非徒審其清濁之倫於播被之間已也音響潛孚於内而心之所通者遠聽鐘聲而思武臣也聽石聲而思封疆之臣也聽絲聲而思志義之臣也聲與心而相投故有觸斯應其亦情所不容已者乎聽竹聲而思畜聚之臣也聽鼓鼙之聲而思將帥之臣也音與心而相合故有感即通其亦志之所必至者乎是非强之使同也蓋得之於耳而會之於心得之於心而凝之於思其機也若或啓之矣亦非偶有所合也蓋未聞之先而理已具既聞之後而意自融其思也若或相之矣至此則樂不在器而在我聽不以耳而以心也若徒習其鏗鏘之音而無補於治理之道則亦何取於樂哉雖然此非徒思已也思其人必舉而加諸位使得行其志而修其業庶足以慰吾之思也此聲音之道所以與政相通而審音知政又君子之所不廢也彼聽古樂而恐卧聞新聲而忘食者吾不知其能有所思否

貴其不已如日月東西相從而不已也是天道也不閉其久是天道也無爲而物成是天道也已成而明是天道也

徐三錫

同考試官主事吴批（發君子資天道意明瑩可誦蓋深於禮者）

考試官左諭德汪批（剖析詳明）

聖人答時君以天道之可貴必歷言其爲用之妙也蓋天道者吾身之實理也其爲用之妙如此君子之貴之也有以夫昔孔子答魯君之問意謂天下之理存之而爲實德發之而爲事功非有二也君子貴之也而豈徒哉自其明智之用言之則虚靈之運有以敷賁乎天下而不息者神其機明哲之妙有以繼照於四方而不匱者溥其化猶夫日月焉相從於東西而未嘗間斷循環於晝夜而無有終窮也此非天道之可貴者乎自其神應之妙言之則隨事順理而不滯於固我之私因時制宜而不膠於適莫之累窮而能變終焉有始也變而能通塞焉不極也此非天道之可貴者乎以至莫難於物之成也况出於無爲乎今則不假於法制之煩而自喻於德無俟於聲色之大而咸仰其休未施信而民信也未施威而民畏也是天道有以極化成之妙也而君子貴之不亦宜哉然成物既不易矣能致其已成而明乎今則德教之孚焕而爲無疆之業章程之定奕而爲不世之規爲法於天下而非止於一處也可傳於後世而非

止於一時也是天道有以神久遠之業也而君子貴之有由然哉此其爲用之妙皆出於實理之所爲而盛德大業斯其至矣抑此言也即中庸所謂誠者天之道也誠故不息而高明博厚悠久之化可馴致焉是以有合天之實德而後有配天之治功故中庸之旨本於存誠而此章之義歸於成身其致一也學者合而觀之始得

第二場

論

聖人在天子之位

俞指南

同考試官教授陳批（題本正大而場中士子作論類多浮泛獨此卷精純切實取之）

同考試官署郎中劉批（布置有體裁議論有氣脉且筆力老健語句精確必讀古文而有得者宜録）

同考試官郎中南批（立意正大措詞雅健且步驟不失尺寸而氣象自是宏闊非凡士也敬服敬服）

考試官左諭德汪批（就題發揮而意義自足）

聖王操制作之權以臨天下亦惟法天而不私焉耳夫天生聖人爲斯道寄也其培植之也厚而其付托之也重德曰天德位曰天位天之所以寄其權於聖人而使之得行其道也聖人承天之命以有立然後法天之道以有爲而所以端軌協極殊位别號比象昭飾陳藝列□□爲禮樂以新天下之耳目而一其心志莫□□天之道以爲因革損益而不以一毫己私參焉也是以民皆遵其彝典而不犯迪其志行而不違守其法制而不變庶幾定一代之章程弘百王之懿範而聖人法天之治於是爲至焉矣彼時未可爲而先時以强爲時可以爲而後時而不爲者皆所謂任私而非所以法天也今夫天下之廣兆民之衆勢難一而情易涣也夫執其難一之勢而參之易涣之情苟無道法以維持之於是驕奢陵競之端興而循讓恭敬之習淺暴慢恣睢之俗勝而整齊寧一之功微紛争潰亂之患滋而中正和平之化遠故不得已制爲禮樂以化誨之束縛之而使之合於中趨於一斤斤焉唯吾之治是聽此固聖人曲爲天下之慮也使聖人徒爲天下慮而不能自爲之慮既不度其身又不度其時而惟飾意以裁物徇情以强世而欲禮樂之制皆自我出人將起而議我者紛然矣此所謂妄也僭也其爲逆天而任私也莫甚焉是何以率天下之人而使之趨

吾約束遵吾教令哉聖人蓋嘗慮之矣以爲禮樂大器也制禮作樂大權也無本不立無勢不行故道在而位不在焉則勢有所格民將侮之而不吾尊矣位在而道不在焉則本有不端民將玩之而不吾信矣不信不尊而灾且及焉此世之所大懼也聖人豈得以其身自試於灾咎之地哉今夫精誠不雜純一無妄者聖人之德也宅中圖大握符凝命者聖人之位也有其德矣則德性宏大足以敷和典則學問精密足以刊定章程而因革損益其具在我而禮樂之本有不立焉者乎有其位矣則名號位序足以鼓舞人心威命靈爽足以奔走天下而操縱予奪其權在我而禮樂之用有不行焉者乎是德與位皆天之所以命我者也而聖人膺天之命以位於民物之上豈得不以天之心爲心乎聖人以天之心爲心而萬民有不以君之心爲心者乎夫聖人之道有德而信有位而尊信之而不可廢尊之而不敢廢聖人知吾民之必信且尊也然後制禮作樂立權度考文章改正朔易服色殊徽號异器械别衣服因革損益與時推遷質文隆污隨俗變化於以宰制萬物役使群動總壹海内整齊萬民通其變而不倦神其道而不窮使天下相生相養相敬相讓止乎禮義遠於罪惡而莫知誰之所爲也使民貴賤有等親疏有序事使之相安上下之相維而不至於相瀆也使民遵道遵路是彝是訓允協維皇之極而不敢自外也於戲聖人之道禮樂可謂盛矣然是禮樂也作於聖人而非始於聖人也天高地下萬物散殊而禮制行矣流而不息合同而化而樂興焉此天地自然之禮樂也聖人法之以出治而不以一毫私意參焉故協之軌極則道揆一矣殊之位號則等威辨矣昭之象飾則品節詳矣列之藝采則文章著矣是所謂道法兼舉政教并敷一體用該本末出乎身加乎民通極於幽明合德於先聖後聖者也豈徒致飾於周旋揖遜之容弦歌干戚之末而後謂之禮謂之樂哉是禮樂作於聖人而本於天道如此故天下之人以爲聖人之德天德也位天位也而其制作又皆法天以有爲也故莫不以其所以尊信乎天者而尊信之用其禮以節吾之行而不敢悖也用其樂以合吾之情而不敢逾也由是驕奢陵競之端入焉而嗛暴慢恣睢之態入焉而沮紛争潰亂之私入焉而墜也由是推無不準動無不化而道德可一風俗可同也由是博厚高明之治自我而致參贊位育之功自我而成而聖神功化之極至此無以復加也由是則有以承籍天命而天之所以付托者不孤吻合天道而我之所以事天者爲無忝矣否則無本之治徒言之訓雖日令而月申家喻而户曉安能强之使從而聖人禮樂之制祇取紛更之議而已亦何益哉故曰聖人之慮天下也大而其自爲慮也深夫其慮天下也大則知禮樂之制不可無其自爲慮也深則知禮樂之制不可强矣雖然吾

夫子生當周末未嘗有位而欲斟酌四代之禮樂以定一王之大法何也夫子懼當時之僭禮易樂而已則爲之何以責天下噫夫子之言托之空言也位不在夫子而道在焉故不得已而以言示訓也夫子托魯史之文而成春秋其意猶是也故曰聖人之生達而在上其道行窮而在下其道明所乘所遇之不同耳聖人亦何心哉然堯舜禹湯文武德位兼隆而獨吾夫子有德無位豈春秋氣運之否使吾夫子之道竟不一試耶蓋堯舜而下以身行道者也吾夫子以言明道者也以身行道者法有時而敝以言明道者言愈遠而彰然則夫子之禮樂雖不遇於一時而終遇於萬世也此又制禮作樂者不可不知

表

擬海南諸國各遣使獻麒麟凡四群臣賀表（宣德八年）

葉初春

同考試官主事吴批（粹而和麗而則鋪張我國家道化感召之盛若鳴韶濩而忠愛之情溢於言外子當必以文學名家者）

考試官左諭德汪批（鋪叙休美典則可觀）

宣德八年閏八月某日海南諸蕃國各遣使獻麒麟凡四臣等謹表賀者伏以聖德凝和神化旁通於外域天心助順元禎會薦於中朝九重迓萬載之禧四瑞萃一時之盛洪仁有象景貺無倫臣等誠忭誠懽歡稽首頓首竊惟至誠與天地參故協氣融而貞符應元后作華夷主故惠風暢而上贊修機默契於幽明理昭孚於遠邇爰稽古昔式驗興隆自卦爻取鳥獸之文肆簡牘重麒麟之瑞木行稟氣蒼然青震成姿土德分精郁爾黄離錯彩步趨擇地折中矩而周中規音吐應時陰從吕而陽從律是具振振之德寔生皡皡之期治類華胥感軒皇而在藪功成丹水際祁帝以游郊王道咏於周詩肇開天統神理詮於魯史聿闡人文有道斯臻非時不見九真來而入賦班固摛辭五時獲而升歌終軍釋義唐傳梓郡燁然畫史之圖宋紀嵐州炳若宰臣之訓威刑久戢則氣醞而不乖聲教遐同則效彰而靡忒歷觀往代咸著榮稱載覿昌辰尤徵顯道恭惟皇帝陛下纂大承華綏猷立極心游鴻造囿萬國於甄陶量廓鯤溟納四夷於涵育周同肅肅化被山林商綱恢恢恩沾飛走太和在於宇宙至治感於神明純嘏備膺嘉珍叠現兹者歲星毓秀元精分質於南垂機曜呈祥殊彩全輝於北極諸邦耆耇占知中國聖人際海蕃王祝獻太平天子覘風涉險重譯相通就日輪誠殊塗并至率兹百獸駓騃嚮虞帝之庭首彼四靈蹢躅企文王之囿一禎已异繼又三見其禎一國云奇時乃各出其國昭聯异爲同之象四表均光渾變夷即夏之風百蠻盡服蠷蠕化爲琛賮雕卉易爲衣冠不後不

先届兑秋而告吉如謀如約乘泰道以標祺踆踆近象闕以歸依躍躍傍鑾輿而擁翊闗雎叶應總揚雍肅之休威鳯偕儀競耀熙明之景乾坤開闢而後罕適其逢皇王禪繼以來獨當其盛是宜登諸郊廟上達馨香銘諸鼎彝永傳懿美者也臣等質漸駑品官綴鵷班睹方物而喜賓夷欲贊貢燅之治辨軿車而知服遠何裨獻雉之朝愛戴徒深宣揚莫既伏願鰲圖益固駿業彌昌六月斂旂旐之容功歌赫赫七旬泯羽干之迹德頌巍巍綿曆數於萬年天長地久焕車書於一統内順外嚴臣等無任瞻天仰聖忻幸踴躍之至謹奉表稱賀以聞

第三場

策（五道）

第一問

湯聘尹

同考試官教諭周批（我皇祖皇上德業之盛視古帝王交儆之旨真有以超軼而遠過焉者子能誦述休美而以敷腴之詞發之具見忠愛之悃也高薦允宜）

同考試官署員外郎蔣批（宣揚盛世明良之盛典則具敷忠愛藹然是必以良臣自願者録之以獻）

考試官左諭德汪批（我國家明良喜起之盛太平德業之休子能敬述而揚厲之其涵濡聖化而有得者宜録以式）

帝王成駿烈而保盛治也蓋必有上下相孚之益焉有德業交儆之助焉何則人君之尊猶天也天以元神運旋於上而四時五行之吏佐理宣攝於下則歲功成焉人君以聖德主治於上而公卿輔弼之臣贊襄協助於下則治功成焉天不以道之尊而廢其節調之令王者不以世之治而忘其夾輔之功是以君必儆其臣以圖久安長治之術臣必輔其君以成高明博厚之化則休美相濟而道協於一心德業光昭而治隆於千載有由然矣知此則我國家明良慶會之盛藹然都俞吁咈之風而太和之氣象有不復見於今日哉請因明問而敬陳之易曰天地交而萬物通也上下交而其志同也蓋氣交而物通者天地之泰也心交而志同者人事之泰也故知天地之道則知君臣之道矣自昔言治之盛者曰唐虞三代其在當時交儆之言曰予違汝弼汝無面從曰敕天之命維時維幾曰各守爾典以承天休其所以勉飭乎臣者何至哉曰儆戒無虞罔失法度曰夙夜罔或不勤曰王敬作所不可不敬德其所以規警乎君者何切哉君有以信乎其下臣有以説乎其上形迹相忘油然如家人父子精神

貫徹歡然如手足腹心由是禮備樂和而萬事皆得其宜道洽政治而萬物各止其所至德達於神明宏業敷於海宇和氣薰蒸而休徵協應至順洋溢而災沴潛消治效之隆粹乎無以復加也裔是而降此道寖微其間英君賢佐雖知勉於治業之修而志睽情離終阻於勢分之隔概以賡歌勸相之風則藐乎其不相及也彼賈生在漢嘗策治安以進於帝矣魏徵在唐嘗疏十漸以戒其主矣司馬光在宋嘗規五事以勸其君矣然宣室之召未幾而竟厄於梁藩之行弦韋之喻雖切而未釋於停婚之謗入相之任雖隆而卒遂其乞閑之請要之上之遇其下也非有一體之誠而臣之事其君也非有一德之感耳漢晁錯曰五帝神聖其臣莫及夫不以神聖而忘其交儆之助豈非望道之心不自滿假歟此古帝王致太和之盛者此也宋儒程氏曰唐虞之世君臣交儆其後則多臣戒君耳非謂賡歌之風漸不及古歟此漢唐而下治止於小康者此也洪惟我太祖高皇帝稟剛明純懿之資體仁義中正之德功闢渾淪治恢熙皞至矣盛矣而其保邦圖治之心兢惕不已其與諸臣交相儆戒者可得而言也如醉學士歌則恩義流通而心膂之寄何重也君臣同游之言則勢分脱略而勸勉之意一何深也與許好問論祈天永命之道則以上下交修爲格天之本與傅瓛論水旱災异之警則以君臣一體爲回天之道與徐達言紀綱法度而欲交任其責與劉基論堯舜憂虞而思益致其警其更相淬礪一德一心雖唐虞君臣之盛何以加此成祖文皇帝神智出於天授至德冠乎百王武功耆定函夏謐寧至矣盛矣而其持盈守成之念栗栗不忘其與諸臣交相儆戒者可得而知也今觀訓言所載則明創業守成之難而矻矻於君臣交儆以成天下之治聖學心法所著則言經歷艱難之迹而惓惓於勤學敬天以示正心之要諭大臣以晡時奏納而勉以勤勵之言命楊士奇編輯奏議而訓以盡忠之説他如諭朱能以刑賞之要則以徇私爲戒諭武臣以君臣相與之道則以蓄疑爲戒其更相警飭上孚下契雖三代君臣之盛何以异此列聖相承率循無間迨我皇上神功聖德益有以覲揚而光大之雖道崇業廣物阜民康治化之極無以復加然德已盛而心愈虚治已至而功益密君唱臣和而從容於燕咏之間濟美交歡而感孚於奏對之頃芳猷偉迹固難畢數姑舉其大者言之如著欽天記以示敕天之戒答賀雪吟以啓臣鄰之勸見於敬一之箴則有省躬察咎儆戒無虞行顧其言終如其始之訓見於五箴之注則有觀邪正諳故實謹號令戒妄動之防無非所以儆戒臣工也無非所以勉修德業也如平臺之咏則有君臣一德庶政惟和地天交泰民物平康之句如衍義之講則有匪徒知之實欲行之尚賴竭誠協恭輔導朕躬之諭其賜輔臣除夕之詩則有革夙愆興新

德交修不怠斯實朕望之語若此者無非所以儆戒臣工也無非所以勉修德業也不特此也稽勤衆任而綸音屢下於臣鄰裁決萬幾而札諭日頒於宰輔嘉猷入告則有造膝之陳召對從容則有燕閑之賜虚心清問邪謀不得而間之温顔聽納群議不得而沮之諸臣之條疏罔不敷答四方之類奏罔不躬省且歲時之燕賚有加出入之慰勞特至仁恩優洽情意感通善無微而不録言無小而或忘德懋於交修而功勤於儆戒雖虞廷賡載之歌周室卷阿之咏無以逾此是不有以媲德二聖而邁迹古帝王也哉夫有謙冲祇畏之念故其德純曜而益彰有兢惕勤厲之心故其治悠久而不替一時中外之臣仰窺虚抑之懷佩服交修之訓咸知祓濯心志聚會精神奔走率職無敢曠越慎於夙夜以明協恭和衷之義謹於幾微以盡惠疇亮采之責然而至德難名神功莫及思欲敷賁謀猷恢張治術而聖德淵微之妙聖學緝熙之純與夫洪龐峻偉之業昌明熙皥之化固有非諸臣所能仰贊其萬一者也猗歟盛矣抑愚復有聞焉如日中天唐虞之治極矣而不忘時幾之敕平成允殖夏商之治至矣而尤嚴祇敬之規景命郅隆周室之治盛矣而益勤無逸之警蓋古之帝王兢兢業業恒以保天下之治爲難而艱危其思慮貞固其施爲而爲之臣者張而相之翼而成之酌可否以濟之啓乃心以沃之則庶幾明良相慶上下同德始終憂勤終於逸樂施之廟堂而澤溥九垓行之一時而福流萬世也愚生蜷伏草茅涵濡聖化久矣區區芹曝之忱無由自達敢以古帝王德業之盛爲明時獻焉

第二問

陳子忠

同考試官教諭張批（教刑异用而隨時救弊則一是篇條析明白區畫精當施之厝理裕如矣）

同考試官署郎中牛批（政教雖迭相爲用而亦不爲本末輕重之殊執此以酌今定古非通達治體者不能也）

同考試官郎中蔡批（條答明悉議論純正且本末輕重卓有定見非留意時務者不能）

考試官左諭德汪批（説惇大明作之意甚切當通達治體者）

聖王之治天下爲之教以防民僞於將然也而非徒文也爲之刑以禁民僞於已然也而非徒令也蓋民習之敝待教而端而教也者所以飭民之行也實也非以其文焉而已民僞之滋待刑而禁而刑也者所以懲民之奸也實也非以其令焉而已以教之實飭諸始既潛沮其不自制之情以刑之實懲諸終又深懾其不自抑之氣而民遷善而民遠罪而聖王之治成矣世嘗病聖王之

教之過詳也而不知其飭民者周也是故以陰禮陽禮教焉以祀禮樂禮教焉以俗以誓以度以事教焉而未也州長各屬其州之民而讀法黨正各屬其黨之民而讀法族師閭師各屬其族閭之民而讀法教備矣而倡之自上焉師氏詔王以三德三行教國子也保氏詔王以六儀六藝教國子也倡之也不徒文也而後天下相率而趨吾教又嘗病聖王之刑之過詳也而不知其懲民者周也是故悖於孝弟睦姻任恤者刑焉析言破律亂名改作者刑焉行僞而堅言僞而辨學非而博順非而澤者刑焉而未也鄉士掌其鄉之民數而糾戒遂士掌其遂之民數而糾戒縣士方士掌其縣方之民而糾戒刑備矣而慎之自上焉諸侯之獄訟以邦典定之也卿大夫之獄訟以邦法斷之也慎之也不徒令也而後天下相戒而避吾刑惟相率而趨吾教也而吾之刑可省也是成其民無自殘之命而遂吾不殘民命之心者教爲之也惟相戒而避吾刑也而吾之教可達也是成其民無自鑿之性而遂吾不鑿民性之心者刑爲之也民不殘命相與樂生而已矣民不鑿性相與式化而已矣夫是謂樸茂之風是謂愿慤之俗自夫禮教廢而民無則游吉所以諭趙鞅也而至於焚經典除謚法并教之文而捐焉者敝又不可勝言矣自夫刑制議而民無忌叔向所以非鄭僑也而至於寵法吏誅忠言并刑之令而謬焉者敝又不可勝言矣甚哉嬴秦之厲天下也亟矣不以民之理理民而惟民是尤焉不以古昔之道道民而惟古人是陋焉而教與刑胥失之也漢西京之治肇自高帝而成於文景識者稱其有惇大之體數傳而至永光漸失其舊矣匡衡以爲屢赦之後奸邪不止非陳之以德義示之以好惡刑未易簡也故欲曠然大變其俗而爲疏以獻焉今究所指徇勢利也而廉耻忘逞忮害也而仁讓弃眈聲色也而邪僻日恣競侈靡也而僭逾日勝誠救其弊舍德教曷以哉於是爲鄭伯好勇之證爲秦穆貴信之證爲陳國尚巫晋國尚儉之證正見德教之行倡之在上不徒文焉而已此衡之疏所以能明政治見録於班固也昔當時不從而惇大之治日以替焉東京之治致自光武而成於明章識者稱其有明作之功數傳而至元嘉漸异其初矣崔寔以爲久弱之餘縱弛不一非御之以賞罰檢之以法制教未易孚也故欲奮然扶植其傾而爲論以諷焉今究所指語法令也而垢玩叢語上下也而怠懈積語習俗也而凋敝日增語人庶也而巧僞日益誠救其弊舍刑罰曷以哉於是爲結繩舞干之喻爲延曆續骨之喻爲藥石養生粱肉治疾之喻誠見刑罰之舉慎之在上不徒令焉而已此寔之論所以能達時變見録於范曄也惜當時不悟而明作之治日以衰焉夫西京之日替也非獨失教也抑其刑失也刑失教所繇不行也而衡專以教言彼其時教急於刑爾王吉時政之疏失

衡而言者非是歟東京之日衰也非獨失刑也抑其教失也教失刑所繇不中也而實專以刑言彼其時刑急於教爾王符述赦之篇先實而言者非是歟是故民心不容一日而肆則教典不容一日而隳民習不容一日而邪則刑典不容一日而墜教所不加刑所必加矣刑所不及教所必及矣終其身出入於教刑之内而不能兩釋以爲生者民也惟知所出入焉即謂之良民終其任重輕於教刑之間而不能兩釋以爲治者吏也惟知所重輕焉即謂之良吏曾以世既太平也而可置此不講耶我聖祖開創之始加意教刑製通訓以率善良編大誥以繩頑僻天下回心嚮道垂二百年其在於今漸至玩愒西漢之敝風雖無也而識微者耿衡之思東漢之頹俗雖無也而炳幾者抱寔之慮則夫教刑二典誠不得不重加申飭矣皇上弘敷道化昭布法紀惇大明作之意無歲不播於綸音正宜海内清和教洽而刑措也而容未盡然得非百爾臣工奉行罔實之故歟愚請得而繹言之夫教不足以動民非教也文也一轉移而文皆實矣今惟推衡之意以實行焉崇廉退之風惇忠厚之行防邪僻之患革僭逾之習謹禮以示民厚防以止欲庶幾綱紀振肅法度修明毀譽不行善惡不眩民有可封之俗世有安瀾之美而惇大之治不再見於今時耶刑不足以防民非刑也令也一轉移而令皆實矣今惟推寔之意以實求焉洗其垢玩之弊懲其怠緩之私反其凋敝之俗止其巧僞之奸觸禁者刑變易者流庶幾淳風可挽僞習可端淫僻者化而善良者起科條備而不犯五刑具而不試而明作之功不復睹於今世耶夫制禮所以止刑而明刑所以弼教二者實相資以有成者也今惟端本以核實而無俟乎虚文推誠以孚化而不專於法令則教洽刑措風移俗易而於復古之治誠易易也是使衡寔二子復生何容置喙哉謹對

第三問

沈位

同考試官教諭陳批（窮經一策士子類能言之漫無歸束子獨考核精詳準裁不謬豈有得於博約之訓者乎）

同考試官署郎中沈批（漢去古未遠崇尚經術故通經之士家相授受羽翼之功殆不可泯第訓詁繁而實得鮮至宋儒始考定折衷一準諸理耳其説固未盡廢也此作能根極理要灼見指歸而於漢儒亦存而不□使諸賢可作亦當心服不獨裁核之精爾已）

考試官左諭德汪批（考究儒先之得失而折衷於博約之旨深有意見）

聖賢之道散見於載籍而統會於吾心非博無以廣學也非約無以致精也然徒博者溺於汗漫而徑約者淪於空虚君子於是有兼體不累之功有交

養互發之妙玩索於言意之表而默識以通其藴反覆於簡帙之繁而冥會以盡其微庶幾聖賢之道不在經傳而在吾心也夫上古之世六籍未備其所謂書者不過墳典丘索之類而已至成周之時而制作始盛若周官外史之所掌小行人之所達皇覽詳而國典著聖謨具而至道彰易以道化長於變矣詩以達意長於風矣書以道事長於政矣春秋以道義長於治人矣禮以節人長於行矣樂以合情長於和矣道之所在因言以泄事之所寓因文以顯是文之所載者博而意之所該者約也然是時六籍雖著而傳播未廣故易與春秋具亦以韓宣子之賢也適魯然後見易象與春秋詩具矣以吴季札之博雅也聘於上國乃始聞風雅頌之音書具矣惟楚之左史倚相能讀三墳五典八索九丘之書禮具矣惟周柱下史聃以知禮名樂具矣惟魯萇弘以知樂名士生斯時獲睹全經而以閎辯名家者亦難矣噫此非以見古人會之於約而無事於博耶周衰放弃道德奔逐功利五帝三王之文飄淪散軼漫不省識繼以秦政不經坑焚肆虐芟滅先王之道屏絶百家之言雖好古君子心誦腹藏壁扃岩鐍其能濟秦之險以通於漢繹古之緒而垂之今者曽幾何人是以漢承秦後上視三代如更晝夜夢覺有識之士所爲憤嘆而不能已也奈何高帝從事干戈未遑庠序之事文景不任儒術本好黄老之言其後挾書之律雖除然因循舊俗未有尚者博士之名雖設然具官待問未有進者至建元元狩之間廢黜百家尊崇儒術傍求蠧簡博訪殘編創甲乙之科擢賢良之士而先王載籍或得之於名山壞宅或傳之於耆儒夙彦文學彬彬始進詩書往往間出矣當時言易自淄川田生言書自濟南伏生言詩則韓太傅申培公轅固生言禮則高堂生言春秋則董仲舒胡母生辨析於疑難增煩於訓詁而典籍之傳博矣然專門命氏以顯其家學故爲傳訓者皆言氏而不言名於是有五經家法之號儒者各以指意相爲授受而弟子轉相傳習守而不變於是有五經師法之名射策決科則有明經通義之目屏居教授則有編牒著録之稱夫學有統宗而不紛於异議尊尚師説而不淆於衆言漢之儒者誠知篤信好學矣然守之太拘而不能精思明辨以究异同之指考中折衷以綜致一之的豈得爲至當之論哉卒之專已黨同轍殊牖别是非錯謬準裁靡定而復惑以纖緯術數之學雜以申韓釋老之言妄生穿鑿破碎大道亦已甚矣安能闡繹道真探索聖藴激昂情性之變窮研坎井之奥而使六經之道復明於世哉雖劉向之博綜群籍馬融之剖析疑義尚有餘譏焉他可知已夫六籍先王所以正天道明人心致至治之成法也使高明超卓之士一覽可以得其閫奥奚必過求巧鑿窮搜遠引贅以支離之説文以艱深之辭耶昔秦延君以十餘萬言明堯典可謂知要

乎朱普以三十餘萬言解尚書可謂致一乎於戲此漢儒務博而不能歸約之病也雖然綜核遺編網羅放失抱遺經於千載之上而使後之諸儒得有所考據而聖賢之學不至湮滅者此又漢儒務博之功也可盡誣哉迨於有宋真儒輩出理學大明覃思於義訓之表妙契於性命之微若周子太極圖之作而陰陽動静之理著張子西銘之撰而理一分殊之義彰程子之爲易傳而卦畫爻象之意悉朱子之注釋經書而聖賢傳授之旨明蔡沈之作書傳以闡典謨訓詁之義胡安國之作春秋傳以定褒貶是非之準根極領要發千古不傳之秘分析毫芒祛前人不決之惑而使六經之道粲然復明於世其用功亦勤矣故曰漢儒之學得其梗概能務博也宋儒之學得其精華能反約也斯言也不信然哉雖然間有可疑者朱子蓋嘗别而言之矣夫濂洛關閩闡明經傳敷析疑義是爲儒者之經蘇軾陳少南輩攻習艱靡馳鶩詞華是爲文人之經張子韶輩耽寂悟空談心見性是爲禪者之經夫儒者之經尚矣若文詞之患溺人於淺近而禪悟之病蔽人於高明此又不可不明辨而詳審也蓋漢儒之學務工考索而不免徒博之患宋儒之學務窮根本而遂有徑約之弊窮經者又當考其所自矣夫君子之學不求之於博無以爲反約之地不歸之於約無以收博學之功由是以身體之以心驗之從容默會於幽閒静一之中超然自得於書言象意之外使義理融通足以爲進德之助見聞該洽足以成致一之功則以之解經可也不爲支離之病治經可也不爲師心之謬下此而詞章可也不爲藻繪之談而説家紛紛之議舉不足以惑之矣雖然三代而上載籍未具而士皆篤於自修三代而下簡帙詳矣而士之所學寖不及古誠有如明問所疑者蓋古人之學不求之於篇籍而考之於身心不資之於記誦而反之於行業故達而在上則昌言嘉謨足爲熙載亮工之具窮而在下則令德令儀足爲維世淑人之本是六經未出而經在吾心求之於約也乃今之人尋行數墨以爲工獵异標奇以自炫始焉逐迹喪真徒爲利禄之媒終焉入耳出口不啻弁髦之弃是六經雖具徒爲陳迹耳雖博亦何益哉此又古今學術之辨而亦世道升降之機所由係也明興首建學校訪求載籍纂修群書頒賜中外使聖賢之道既晦而復明斯文之緒既墜而復振皇上建中立極惇化厲賢邃敬一之學紹道統之傳表尚書三要以續聖訓而帝王之治績益彰建皇史宬以收圖籍而列聖之謨烈有光邇者防大典之散軼而弘開史局翻録副本念皇澤之久湮而簡命儒臣考修興志其所以加意於典章羽翼於經傳闡揚國華陶鑄人文者至矣盛矣士生斯世一何幸耶然漸濡既久涵泳益深不有通經學古之士反約致一之儒上接先賢之統而下啓來學之傳者出於其間乎愚生諷誦陳

□徒有志焉而未逮也姑述此爲明問復

第四問

陳王道

同考試官教授陳批（指陳戰守機宜歷歷有證雖生長邊陲者不能道其詳如是識時務者非其人歟敬服）

同考試官署郎中劉批（邊務大略類能指陳求其計慮精密區畫確當可措諸實用者獨得此篇非素抱經濟者不能宜録以式）

同考試官郎中南批（戰守之略經生多不能諳是篇獨詳酌機宜悉有成畫蓋留心經濟之學者宜録以式）

考試官左諭德汪批（禦戎之策無過戰守二端是篇能較計利害而措之區畫一一可行真杰士也録之）

執事憤胡虜鷙悍慨然爲戰守之詢將需才於諸生也愚生鄙陋無以復明問妄圖其機要誠在静而防之動而懾之爾夫自古建立都邑率在北土蓋不止我朝而我朝近胡爲甚且如漢襲秦舊都關中匈奴入寇烽火輒至甘泉唐襲隋舊亦都關中吐蕃入寇輒至渭橋宋襲周舊都汴西無靈夏北無燕雲其去元昊爲遠達契丹界直浹旬耳景德之役亦輒至澶淵三治朝幅員蓋廣矣而定都若此者何制胡便也我朝定鼎燕京東北去遼陽尚可數日去漁陽百里爾西北去雲中尚可數日去上谷亦僅倍漁陽爾近敵甚則常時封殖者尤勤常時勤則一旦規畫措置也尤亟是故去虜之近制虜之便莫有如今日者也昔漢文帝朝晁錯有實塞分戍臨陣合刃諸説而文帝取焉唐德宗朝陸贄有險以固邦國兵以服凶獷諸説而德宗取焉宋仁宗朝范仲淹有守兵聚散多寡戰兵主客勞逸諸説而仁宗亦取焉今其言載在三史中班班也而豈非經時石畫哉然而漢卒患匈奴唐卒患吐蕃宋卒患契丹西夏何也所行與所談悖也今之論議毋亦類是乎夫分境畫疆秉持厄塞可謂確矣然外有弃野所傷實多是移其禍而以异壤當之也於此不得以忘戰也驅兵策馬衝擊郊原可謂雄矣然内無良材所損非細是積其弱而以异日當之也於此不得以忘守也守乃可戰而守之弊未去守可得乎戰乃可守而戰之弊未去戰可得乎然則竟如之何愚嘗悉其守之弊而思以易之有五議焉元帝時單于願保塞罷亭障侯應不可以耳目有賴也今燧墩時被虜毁而亦時加修葺矣如令不行何令凡候卒丐閒者罪守吏放役者罪虜入不知知而不傳者罪而未之然也可恃爲耳目歟故嚴亭障者一議也武帝時主父偃請城朔方從之乃其地可守以屏蔽有資也今民堡被虜毁幾盡而戍城尚錯峙矣如法不振何

法凡陷一寨者刑陷一堡者刑陷一戍城者重刑而未之然也可恃爲屏蔽歟故慎城墉者一議也光武時罷邊郡車騎材官與民休息隨有夷虜伍其民補置之民不以爲厲也今里社中豈無智勇願格虜者乎而不以自試慮上之人羈縛之耳其著爲令俾團結自衛寬其他徭或名某甲或名某保無敵相守望有敵相救助能奪虜所驅者予之得虜首者官之能守一區者顯擢之有不輕生喜赴敵者鮮矣故置保伍者一議也趙李牧守北邊多用間諜知匈奴入急入收保邊固無亡失也今覘邏之卒豈無智勇能入賊壘者乎而不以自效緣上之人未嘗優厚之耳其定爲式務令以夜爲日察得其情而法不爲禁其在行日倍常日衣廩之虜入無喪失旌酬之有功亦準級而爵之不幸而埸虜取其家贍養之有不毅然請行的知虜動静者鮮矣故任間諜者一議也建武中烏桓郝旦等朝貢留居塞上令爲偵候識者以爲自詒之戚也今處屬夷非其遺意乎而不敢遽圖懼速釁耳其與爲約能歲致虜不寇者賞能誘致虜使敗者賞委曲以縻之俾不我叛從容以引之俾不彼從久之亦且有濟矣故解黨與者一議也是五議者其所爲守而静以防之之道乎愚又嘗悉其戰之弊而思以易之亦有五議焉趙奢爲韓敵秦軍中候進言斬之乃許歷進言不斬更兩用其説解閼與圍計慮不可徇亦不可專也今軍中有以非計進斷而誅之者乎有以善計進斷而予之者乎徇人者北自專者北無與言功矣故審計慮者一議也田單守即墨致燕人劓齊軍掘齊軍先墓齊軍皆奮泣出戰遂敗燕師心志不可携亦不可懈也今有能激其衆使皆奮泣乎使皆願戰而不能止乎心携者北心懈者北無與言功矣故齊心志者一議也孫權之於周泰也以其身被多矢即撤所張蓋賜之泰感而自效成三分漢鼎之功今能爲權乎有勞不知反朘削之有功不録反掩取之其誰德我而忘生爲也故鼓精强者一議也李光弼之於郝廷玉懷恩也以其少自退却即下令取其首矣二人奮而死戰成再造唐室之烈今能爲光弼乎或奸旗鼓不敢即刑或避鋒鏑不敢即刑其誰憚我而忘死爲也故懲怯懦者一議也漢伐右渠兩將軍不協朝鮮幾威而唐之賀蘭不以兵進則睢陽陷矣今能知同仇之義乎地壤邇甚聞若罔聞營壁邇甚見若罔見非所以戮力公家也而可無以示誠歟故明救援者一議也是五議者其所爲戰而動以慴之之道乎夫守有要也比見守者據堂奥弃門户失要甚矣借重地而自飾擁重兵而自全他所不恤也而何以爲守乎戰有機也比見戰者縱虜入縱虜歸失機甚矣掩實衄而避誅張僞捷而徼寵他所不恤也而何以爲戰乎是故守失其要非守矣而得要者又必以戰爲守焉戰失其機非戰矣而得機者又必以守爲戰焉何謂以戰爲守蓋因戰而勝

敵常懼也懼則視我之瑕且以爲堅而況於堅乎視我之虚且以爲實而況於實乎至是則我便於制敵敵不便於制我彼安能久持境上必待吾衰而入之耶是戰也益以固吾不可奪之勢者也何謂以守爲戰蓋因守而固敵常疑也疑則進不能前慮吾前之而鋭氣消退不能後慮吾後之而惰氣長至是則我利於襲敵敵不利於襲我彼安能久居塞内必伺吾隙而乘之耶是守也益以伸吾不可加之威者也守矣而戰不專於守戰矣而守不專於戰能闔能闢能卷能舒變化轉移應用不滯其斯爲疆場之臣乎大抵疆場之臣防虜在智懾虜在勇靖虜在忠頃者簡任諸臣固謂素具乎此也乃未見卓樹奇績當主上心毋亦有待耶主上思建萬世長策輒假其人便宜之權無事而聽其封殖不從中制也有事而聽其規畫不從中制也一有請疏即夜分必下樞筦臣以行不從中制也而績尚有待耶愚知疆場之臣無一時自寧於心矣夫全寧徙患叢於遼左漁陽矣今處遼左漁陽也得不以全寧爲鑒乎開平興和遷患叢於上谷矣今處上谷也得不以開平興和爲鑒乎東勝移患叢於雲中矣今處雲中也得不以東勝爲鑒乎愚故知疆場之臣無一時自寧於心也夫心不自寧即大智大勇大忠胥由之出而萬世長策從此建矣愚生未履疆場暗於大計竊欲此晁陸范諸人故不覺論議至此執事取之或可禆幕中一畫云

第五問

葉初春

同考試官主事吴批（指陳往迹鑿鑿有見且文詞高古議論精核非但可以經生目之也允宜首録）

考試官左諭德汪批（區畫有條而敷答詳盡子其能握長勝之筭者歟）

善用兵者以全取勝故順天時也因地利也盡人謀也三者具而制勝之略盡焉矣天時者何配時日於孤虚察精祲於玄象而趨避之機存焉地利者何核虚實向背之形辨勞逸險易之勢而控制之方寓焉人謀者何明審法令揣摩彼己訓練士卒繕齊器械而折衝禦侮之術備焉故上觀天道下察地理中酌物情三者賢豪之士明智之將所不廢也雖然其輕重有等先後有倫則又不可得而昧者故兵法曰先修人事次盡地利後觀天時則萬舉而萬全身安而國盛也其不然乎請因明問而復之夫兵凶器也戰逆道也呼吸异宜勝負分焉瞬息异用存亡决焉兵可易言乎自夫兵家者流以生克爲勝負以陰陽爲變化而天時之説準焉矣計遠近險厄以待敵爲鈎連曲折以盡數而地利之説準焉矣講武治兵以作六師明法飭備以除戎器而人謀之説準焉矣不特此也以星宿孤虚列爲天陣以山川向背布爲地陣以編伍彌縫著爲人

陣而取象效法無不具焉矣三者其可一闕乎今夫兵之少勝多敗者不能知此三者也時勝時敗者知之而不能全也全此三者故無不勝矣昔漢任宏論次兵書別爲四種其所謂陰陽者即綜天時以盡變也形勢者審地形以盡利也權謀技巧者修人事以盡謀也宏之言非所謂决機握筭善言兵者歟然此非宏之言也孫武子蓋嘗言之矣其見於始計之篇曰天地孰得則有以通乎上下矣其曰兵衆孰强則有以該乎物情矣武之著論非所謂察微通變者耶亦非武之言也太公望蓋言之詳矣其曰星暦風氣非天時之謂耶遠近險易非地利之謂乎行事成敗非人謀之謂耶此非識權達化明於三才之道妙於機宜之術者何以與此試以往事徵之而知其説矣何則天有顯象吉凶著焉故歲星南見非晋之分野所屬乎而謝玄淝水之捷有以適逢其會矣月行掩昂非旄頭之國所當乎而崔浩北伐之請有以豫識其幾矣薛仁貴之擊吐蕃也謂歲在庚午西行者敗非逆之而凶者乎李晟之平奉天也謂熒惑退舍用兵者昌非順之而吉者乎夫象緯見於上而事幾應於下不可誣也雖然有宋武之紀律則時日之背不計也有孝恭之忠勇則杯酒之變不卹也蓋禁疑去祥轉禍爲福此又識微知著者能之耳安可以一端盡哉地有險易强弱分焉彼趙奢納許歷之計先據北山而秦軍破卒著救韓之功矣馬援奪水草之利絶山依谷而諸酋遁卒樹定羌之績矣賊兵乘勝勢何熾也光弼移軍河陽北阻澤潞使驕賊睥睨而不敢窺者非所謂批亢擣虚形格勢禁則自爲解者耶虜騎侵軼力難支矣潘美襲取固軍奪其要害使黠胡逡巡而不敢近者非所謂主客勞逸倐忽變易能制其命者耶夫險易既分安危懸絶惡可不審也雖然有淮陰奇詭之謀自能蹂轢疆陣而陷之亡地可也有韓世忠必勝之策自能遏禦奔衝而塞之歸路可也蓋隨宜設變因地制形此所論於方略之外者耳安可執一求哉至於盡人謀修軍政摧敵制勝攻取守固此古今論兵者必先以得人爲之本故秦楚之技擊不足以當桓文之節制桓文之節制不足以當湯武之仁義言之較然不待辨也昔孔明負王佐之才昭烈舉國而聽之任將擇才練兵選士故能恢復漢室定鼎三分掎角群雄樹勛當代焉周瑜具豪邁之識孫權悉計而從之請兵拒敵力排群議故能擊走强魏易如拉朽開闢荆土勢若轉圜焉子儀平安史之亂却吐蕃之侵再造王室厥勛茂矣而稽其功實非以賞罰明而威信著耶李愬靖蔡州之難擒元濟之奸安民保衆厥功偉矣而綜其行事非以計慮周而誠信孚耶故將苟知兵則整齊和附士卒樂用何堅之不可瑕何釁之不可批哉若馬謖之守正而無救於街亭之敗房琯之談兵而卒致陳濤之潰失律僨師罪莫甚焉惡在其能修人事耶於戲帝王

之師以全取勝故三者廢一不可也後世兵家者流縱横闔闢出奇效詭雖變化不窮而卒莫能舍此三者故良將慎擇而善應之以爲全師保勝之道世儒不權輕重猥云德化乃執拘攣之説而忘善事之圖明於此而闇於彼得其一而遺其二者又惡足以與於三軍之權也哉雖然三者重矣而人和要焉故曰任時不如任法任法不如任人彼舍人而談天者則撤藩資寇其不爲墨翟之守者幾希據險而廢謀者則憑陵自恃其不爲旅焚之圖者幾希是以握機決勝之士諰諰焉務盡人謀以合天心修德政以固形勢其慮之也周守之也密而動之也慎布恩威明賞罰以至公而服其心謹號令責功實以嚴明而濟其用審主客計虚實以全力而制其敝而又倡之勇敢以作其氣齊之禮義以示其方節之坐作進退以習其法熟之金鼓旗物以便其趨而使兵識將意將識士情庶幾以攻則取以守則固雖使之蹈水火赴鼎鑊無不可者豈不足爲王室屏翰公侯腹心矣乎故國之强弱不在於兵而在於將昔荀卿氏曰上不隆禮則兵弱下不愛民則兵弱已諾不信則兵弱賞罰不漸則兵弱此非言積弱之有由乎隨武子曰夫兵觀釁而動視竭而進德刑政事典禮不易不可敵也此非言致强之有本乎蓋紀綱既振威令自申强之道也法弛而偷卒驕而惰弱之道也夫由荀卿之言而凡其所以弱由武子之言而求其所以强則人謀既盡而握機決勝之道在我外此而支干遁甲之占谿山關隘之守抑其次矣謹對

應天府鄉試録後序

嘉靖甲子秋當京省鄉試士先是憲臣以重選舉爲請首先慎簡試官及以在京部寺等官分任試事事下禮部禮部酌議以上上允之屆期乃命左諭德臣鏜主試事臣國珍等猥以職事充同考之任臣惟選舉之典重矣躬逢新命濫與校閲不亦榮乎顧兹重典臣眇焉以淺陋當之又惴惴焉唯辱任使是懼夫榮且懼必將竭愚忠以效報稱則所以懋忠其職者固非倍萬於常時不已也既竣事成録以獻臣復當承乏序諸末簡謹拜手稽首颺言曰臣唯我明取士之法取諸周若鄉試則周大比賓興之遺也或乃謂古以德藝而賓興賢能今徒以其文宜若有未盡者不知時代雖殊降才不异顧所尚何如耳尚德藝則士以德藝見尚文辭則士以文辭見故今時所取士有文辭而無德藝者有之求其德藝兼修以翊贊國家彪炳之化則未有外文辭而得之者矧天地元精帝王神化其涵育般流固靡所壅閼若畿甸之士得之尤先且厚故文王

思皇之楨取諸王國而萬邦以孚其機固有然者耳乃應天我皇祖根本之地嘗以洪武甲子頒今科舉條格遵行三閲甲子矣我負於明時庶幾以對揚聖天子之寵命

南京吏部文選清吏司郎中蔡國珍謹序

隆慶元年應天府鄉試録

應天府鄉試録序

隆慶元年丁卯應天當鄉試實我皇上御極之第一科也先期府臣以請上命臣希烈暨臣鋌并輟講事來司文柄臣愧謭薄嘗再分校禮闈一典會武乃今責愈加隆而此心益惟不稱任使是惟既陛辭兼程以南比至内外執事咸集同考試則推官臣梗知州臣誥臣惟喬知縣臣家卿臣慎修教授臣奮臣大中教諭臣侯度臣元倬監試則御史臣賁臣烈提調寔府臣掌之乃府尹臣譚大初以晋陟工部右侍郎且行而府丞臣應總其事偕入鎖院臣僭申告之曰聖天子踐序履元萬物快睹百度惟貞設科求賢兹惟首舉兩畿又首善地也頃俞言官之請厘正文體精核考校以須直材吾儕其何以仰稱德意于時更相戒飭而後即事合提學御史臣耿定向暨六館諸曹所選士凡四千有奇三試之遵制拔其尤者百三十五人并文之可式者以獻告成事也臣聞賢才鍾於地靈符乎氣運而其盛也必肇於畿邑昔周宅岐豐多士生於王國暨後佐中興大業其名世之材輩出故宣王策命召虎必于岐周重本始也我高皇帝啓運東南定鼎金陵以當王氣無論岐豐一時震起雲從爲開國元臣類産江淮間不忝王國之多士嗣以科目進者明道德佐勛業繫綱常以翊戴聖朝斌斌甲海内化所從來二百餘年于兹已今皇上纘列聖大統際熙洽宣朗之運登極一詔罷冗費蠲逋賦停額外征徭與民更始而又廣開言路拔忠義正直之士於摧廢中以風示天下即遐陬絶域自别天凡民者咸思致身顯名矧江淮諸郡爲豐芑之所詒者乎然則諸士附景光躡風雲膺兹龍飛首舉誠千載一時矣易曰觀乎人文以化成天下文者道之顯也人才之盛衰觀焉者也臣既慶多士之遭而觀于其文言人人殊類皆根極理要發抒性真舊習浮靡掃除殆盡至其綜貫天人揚搉今古治亂興衰之原邪正得失之辨鑿鑿如指諸掌間有畏天悲人憂時憤事感概於中而義形於詞者臣覽之輒斂衽嘆曰兹非忠義正直之幹庶幾明詔之所獎拔者乎聖天子作新化理轉移人才其速如互竊伏自慶謂有士若斯庶其少自稱塞矣乎雖然士篤守一經覽載籍見古人事憤悱於心思以自見操觚談當世務即節士才人何讓焉乃其所樹

立或至悖謬不類臣竊懼焉夫學以明諸心也言發於心今兹之言其心之誠然否耶逆其非心之誠然而測其未至是誣士也然而其所樹立异者則弗學之過耳夫學無時可已也孟子曰學問之道無他求其放心而已夫人未有學問而心不存者未有弗學弗問而心不放者心苟存矣雖一命之士必有所立况其上者乎心苟放矣雖勛極宦成罔以自戢况其下者乎諸士今録於鄉幼學可徵已由此薦春官對大廷策名效用其學之爲行業何如耶記曰玉不琢不成器人不學不知道諸士南國之良産誠玉也亦既剖之俾出璞矣學者所以琢爲圭璋瑚璉之器以需用於清廟明堂者也是諸士自愛耳弗自追琢輕用其寳而失其所爲良亦何以爲賢科重哉臣猥守章句遭際聖明罔效尺寸學焉而未逮也乃告語諸士相與切磨且因以自勖云

左春坊左諭德兼翰林院侍讀王希烈謹序

隆慶元年應天府鄉試

提調官

中順大夫應天府府丞徐應（順叔浙江蘭谿縣人　庚戌進士）

考試官

左春坊左諭德兼翰林院侍讀王希烈（子忠江西南昌縣籍臨川縣人　癸丑進士）

左春坊左中允兼翰林院編修孫鋌（文和錦衣衛籍浙江餘姚縣人　癸丑進士）

同考試官

直隸鳳陽府推官沈楩（材叔浙江仁和縣人　乙丑進士）

直隸鳳陽府潁川知州陳誥（守巽福建莆田縣人　乙丑進士）

直隸鳳陽府壽州知州楊惟喬（紉植四川富順縣人　乙丑進士）

直隸廬州府舒城縣知縣王家卿（應忠河南南陽衛官籍　乙丑進士）

直隸淮安府鹽城縣知縣趙慎修（敬思山東膠州人　乙丑進士）

浙江温州府儒學教授趙奮（庸卿福建閩縣人　乙丑進士）

福建福州府儒學教授梁大中（希權廣東新會縣人　丙午貢士）

湖廣衡州府安仁縣儒學教諭侯度（朝藩廣東順德縣人　壬子貢士）

江西贛州府寧都縣儒學教諭蔣元倬（天昭廣西北流縣人　甲子貢士）

監試官

承事郎南京江西道監察御史賀賁（懋文河南靈寶縣人　丙辰進士）

南京四川道監察御史陳烈（思紹福建建安縣人　壬戌進士）

收掌試卷官

奉議大夫應天府治中孫克弘（允執直隸華亭縣人　官生）

廬州府推官余希周（思兼浙江仁和縣人　乙丑進士）

印卷官

應天府通判羅鳳翔（志會山西蒲州人　癸卯貢士）

應天府推官文階（克升四川南充縣人　庚戌進士）

受卷官

應天府上元縣知縣袁伯雅（宗正江西豐城縣人　己酉進士）

南京羽林前衛經歷司經歷徐尚禮（亨之湖廣黄岡縣人　儒士）

彌封官

應天府江寧縣知縣李一鶚（時薦山西應州人　乙卯貢士）

南京神策衛經歷司經歷馬朴（崇文河南裕州人　監生）

謄録官

應天府溧陽縣知縣盧漸（伯貞浙江鄞縣人　乙丑進士）

應天府溧水縣知縣賀一桂（秋芳江西盧陵縣人　乙丑進士）

應天府六合縣知縣章世禎（克昌江西餘干縣人　癸卯貢士）

對讀官

應天府江浦縣知縣李大瀾（觀甫福建晋江縣人　乙丑進士）

應天府溧水縣縣丞王之綱（素張湖廣夷陵州人　戊午貢士）

巡綽官

明威將軍新安衛指揮僉事李勇（尚義山東濱州人）

昭勇將軍安慶衛指揮使石一乾（汝清山東武定州人）

搜檢官

武德將軍南京留守後衛正千户傅繼芳（文華山西應州人）

武德將軍南京留守中衛副千户董文（子章山東莒州人）

昭信校尉南京留守前衛百户陳第（汝登直隸懷寧縣人）

照信校尉南京留守左衛百户李主敬（德興河南陳留縣人）

供給官

應天府經歷司知事于棨（德載山東禹城縣人　監生）

應天府照磨所照磨任鴻儒（子正山西汾西縣人　監生）
應天府照磨所檢校白豸（公服直隸滄州南陵縣人　監生）
應天府上元縣縣丞馬廷臣（直卿直隸元城縣人　監生）
文林郎應天府地江寧縣縣丞李慤（致卿河南祥符縣人　監生）
應天府句容縣縣丞彭大亨（順天四川龍安府人監生）
應天府句容縣主簿花俶（端甫江西弋陽縣人　監生）
應天府溧水縣主簿劉浃（汝朝湖廣麻城縣人　監生）
應天府江浦縣主簿陳有孚（誠是浙江餘姚縣人　監生）
應天府上元縣典史鄭蒰（士盛福建莆田縣人　吏員）
應天府江寧縣典史李廷榮（公際湖廣石首縣人　吏員）
將仕郎應天府都稅司大使劉孔訓（宗道江西宜春縣人　知印）
將仕郎應天府江東宣課司大使沈杰（時望浙江錢塘縣人　知印）
應天府龍江宣課司大使魯鴻（克達浙江仁和縣人　吏員）
應天府批驗茶引所大使蔣繼先（伯孝山東茌平縣人　吏員）
應天府六合縣稅課局大使嚴工（惟良浙江餘姚縣人　吏員）
將仕郎應天府江淮巡檢司巡檢劉佐（吉甫直隸新城縣人　知印）
應天府龍江驛驛丞張良儒（國賢湖廣黄岡縣人　吏員）
應天府江浦縣江淮驛驛丞陳上（國選湖廣羅田縣人　承差）

第一場

四書

子貢問政子曰足食足兵民信之矣　知所以修身則知所以治人知所以治人則知所以治天下國家矣凡爲天下國家有九經曰修身也　人性之善也猶水之就下也人無有不善水無有不下

易

九五飛龍在天利見大人　利貞剛柔正而位當也　擬之而後言議之而後動擬議以成其變化鳴鶴在陰其子和之我有好爵吾與爾靡之子曰君子居其室出其言善則千里之外應之况其邇者乎居其室出其言不善則千里之外違之况其邇者乎言出乎身加乎民行發乎邇見乎遠言行君子之樞機樞機之發榮辱之主也言行君子之所以動天地也可不慎乎　乾坤其易之門耶

書

嘉言罔攸伏野無遺賢萬邦咸寧　賁若草木兆民允殖　我聞曰昔以殷王中宗嚴恭寅畏天命自度治民祗懼不敢荒寧肆中宗之享國七十有五年政貴有恒辭尚體要不惟好异

詩

羔裘豹飾孔武有力彼其之子邦之司直民之質矣日用飲食　天生烝民有物有則民之秉彝好是懿德天監有周昭假于下保兹天子生仲山甫　載見辟王曰求厥章龍旗陽陽和鈴央央鞗革有鶬休有烈光率見昭考以孝以享以介眉壽永言保之思皇多祜烈文辟公綏以多福俾緝熙于純嘏

春秋

春公觀魚於棠（隱公五年）夏公如齊觀社（莊公二十有三年）　許叔入於許（桓公十有五年）秋八月蔡季自陳歸于蔡（桓公十有七年）　夏秦伯之弟鍼出奔晋（昭公元年）宋公之弟辰暨仲佗石彄出奔陳（定公十年）　春王正月叔孫得臣會晋人宋人陳人衛人鄭人伐沈沈潰（文公三年）　初税畝（宣公十有五年）三月作丘甲（成公元年）春用田賦（哀公十有二年）

禮記

頌而無諂諫而無驕　天高地下萬物散殊而禮制行矣流而不息合同而化而樂興焉春作夏長仁也秋斂冬藏義也仁近於樂義近於禮樂者敦和率神而從天禮者别宜居鬼而從地故聖人作樂以應天制禮以配地禮樂明備天地官矣　夫孝置之而塞乎天地溥之而横乎四海施諸後世而無朝夕推而放諸東海而凖推而放諸西海而凖推而放諸南海而凖推而放諸北海而凖　明其義者君也

第二場

論

聖神繼天立極

詔誥表（内科一道）

擬漢明帝幸辟雍行大射養老禮詔（永平二年）　擬唐以韓愈爲京兆尹誥（長慶三年）　擬宋輯尚書所載事作敬天圖成輔臣賀表（乾道七年）

判語（五條）

上書奏事犯諱　監臨勢要中鹽　關防内使出入　赦前斷罪不當　織造違禁定

第三場

策（五道）

問　書曰兢兢業業一日二日萬幾又曰學于古訓乃有獲自古帝王之治天下必以勤政務學爲本田堯舜至周成王可考而知也三代而下政與學爲二事然亦有齊居决事日昃罷朝詢問政事夜以繼日者有几杖執業更日侍讀首召大儒説書崇政者其於古帝王之政之學何如耶洪惟我太祖高皇帝成祖文皇帝創業垂統致帝王之治功崇文體道紹帝王之心學間嘗敷爲□□諭答諸臣直與典謨相表裏也可得而鋪張其盛與我皇上嗣承大統恭己臨朝虚懷納諫開講筵以陳治道視太學以重師儒孜孜勤政務學之念蓋與二祖同一揆者天下固拭目以仰維新之化矣然舜禹大聖諸臣矢謨儆戒交至誠忠愛無已也即今侍從論思之臣期所以爲聖政聖學之助其道安在爾諸士必有概於中者其敷陳之將以轉聞於上

問　史記曰謚者行之迹行出於己名生於人語謚法也前所未有周公創之宋儒有言春秋孔子之刑書語書法也前所未有孔子任之兩聖立法不同各有主謂也諸士學周孔之學嘗深繹其旨與後周公者爲謚至十有五家後孔子者爲書至二十有一史若此非守畧所能悉數也亦可得而指其概與説者謂後之謚與書互有得失信乎否與將明其説必証以事試舉一二可疑辨者若臧孫辰管夷吾賈充許敬宗人各有謚董宣諸葛亮李義甫柳宗元事見於書其得失安在也辨乎此即一可知百矣無亦諸人之外可雜舉而互評之與夫謚以尊名得之爲榮書以紀績録之爲美乃古人之言曰周公作謚法而孝子慈孫不能改孔子作書法而亂臣賊子不得肆則凛之乎其可畏也已夫善惡定於心行謚書徵諸久遠溯往昔千百年之故以垂後來千百年之鑒當事者將持此兩端風世願相與求立法之原其悉著于篇毋剿陳言而可

問　序氣成物助流政教昭德象功樂之爲用莫大焉英莖之制美哉邈矣術家制尺較黍之類言近繁瑣姑舉其六者評之宋儒有言寓器以聲當求之聲而不當求之器者有言審音之難不在於聲而在於律不在於宫而在於黄鍾者可指而言與黄鍾之長九寸其説何所昉與其損益相生可得聞與其果然與又有謂黄鍾爲三寸九分者亦有所本與其損益相生之論視黄鍾九

寸者同與否與其清濁之辨多少之數果孰爲當與彼作爲通解鍾律律吕新書者其中亦有相發明者與在昔有得牛鐸而知爲黄鍾之宫得王磬而識爲黄鍾之缺者豈以明盛之世而顧無神解其人乎此固主司者所欲聞也

問　古之君子以一身任天下之重則視天下事若叢然委於身而不容辭其規畫劑量爲計慮深遠矣不必俟其位遇隆而職任及也唐陸宣公嘗以五術八計三科四賦六德五要説黜陟使者而宋范文正公亦嘗以朝政得失民間利病爲萬言書上宰相于時二公所居職末矣而志慮弘遠若此可得而其概與二公訖爲唐宋名相其居位所建白質言成信固未易更僕數也若宣公所陳馭吏恤民備邊之三疏及文正公對天章閣後所上之十事磊磊皆深言至計不知與前所論亦出一揆與夫以二公之才之節三代而下可謂純臣當其柄用君心之所虚佇天下之所想望何如也乃竟不得允於其位以盡行其言何與今其言炳炳具在後之經世者取資焉不知其學亦有所本與古今人非不相及諸士抱藝而來志於用世豈無有以天下自任鄉先哲二公者乎願相與究析之評古有徵即施於政者可知也

問　學者明體貴適用適用貴濟時諸士學成而待用者也如或用爾則何以哉今聖天子御極際中興之動執更化之權君子滿朝圖惟治理欲置民以安固有日不暇給者而議者猶以爲民未安也豈法制之初令行未遍民未受其賜與何天灾之不常而水火盗賊之數數見也司農告匱國用不充必取充於民乎且民何以自給也語曰開財源節流莫民事爲急也無乃宂食者耗之與富與教兩者不相離今時士風所尚有害於農者否與治民者吏也今之吏治亦既振飭乃其弊猶有存而未袪何者爲最甚也夫政繁則民亂當必有易簡之道運于法制之外者兹欲收人心彌天灾足國儲修兵政厘士習核吏治而使天下之民舉安願悉陳其實求其要歸以觀作用如何諸士其明以復我

中式舉人一百三十五名

第一名　周汝礪　蘇州府學增廣生　易

第二名　唐鶴徵　常州府學增廣生　詩

第三名　曹樓　歙縣學附學生　禮記

第四名　吴達聰　宜興縣學附學生　書

第五名　胡文衢　揚州府學生　春秋

第六名　施近臣　青陽縣學增廣生　詩

第七名　胡宥　休寧縣學增廣生　易
第八名　郁逕　蘇州府學附學生　詩
第九名　姚純臣　蘇州府學附學生　書
第十名　支可大　崑山縣學附學生　易
第十一名　蘇鄺　太倉州學生　詩
第十二名　陸承憲　松江府學生　書
第十三名　方復乾　徽州府學生　春秋
第十四名　詹洲　徽州府學生　詩
第十五名　李天植　廣德州學生　禮記
第十六名　華叔陽　無錫縣學附學生　易
第十七名　賈應璧　無錫縣學附學生　書
第十八名　顧允元　崑山縣學增廣生　詩
第十九名　姚文芳　應天府學附學生　詩
第二十名　董傳史　華亭縣學增廣生　書
第二十一名　張應元　休寧縣學附學生　詩
第二十二名　陳允升　崑山縣學生　易
第二十三名　蔣以忠　常熟縣學附學生　詩
第二十四名　孫桴　貴池縣學生　春秋
第二十五名　謝宗倫　祁門縣學生　詩
第二十六名　許承周　崑山縣學生　易
第二十七名　李大化　揚州府學附學生　禮記
第二十八名　史繼志　溧陽縣學附學生　詩
第二十九名　臧繼華　浙江長興縣人監生　易
第三十名　朱維藩　山陽縣學生　詩
第三十一名　王宗本　休寧縣學附學生　書
第三十二名　詹沂　宣城縣學生　易
第三十三名　朱正色　松江府學附學生　詩
第三十四名　顧大典　吴江縣學附學生　易
第三十五名　羅應鶴　徽州府學附學生　詩
第三十六名　汪嘉成　徽州府學附學生　書
第三十七名　徐三重　松江府學附學生　詩
第三十八名　程子侃　徽州府學附學生　易

第三十九名　董旦　涇縣學生　詩
第四十名　詹景鳳　休寧縣學附學生　易
第四十一名　俞汝爲　松江府學附學生　詩
第四十二名　聶文賢　松江府學附學生　書
第四十三名　喬萬里　松江府學增廣生　詩
第四十四名　俞良史　吴縣學增廣生　易
第四十五名　胡昉　徽州府學生　春秋
第四十六名　趙子貞　武進縣學附學生　詩
第四十七名　黄學思　吴縣學附學生　易
第四十八名　蔣以化　常熟縣學附學生　詩
第四十九名　夏良心　廣德州學生　禮記
第五十名　李一中　建德縣學增廣生　詩
第五十一名　闞成章　長洲縣學生　易
第五十二名　錢普　無錫縣學增廣生　詩
第五十三名　鮑治　無錫縣學附學生　書
第五十四名　卜履吉　應天府學附學生　易
第五十五名　宋堯武　松江府學增廣生　詩
第五十六名　張新　太倉州學生　易
第五十七名　姜克昌　鎮江府學生　詩
第五十八名　華峰　鳳陽府學生　書
第五十九名　趙健　涇縣學附學生　詩
第六十名　祁汝東　浙江山陰縣人監生　易
第六十一名　鮑良守　歙縣學附學生　詩
第六十二名　路九同　應天府學增廣生　書
第六十三名　韓世能　蘇州府學生　詩
第六十四名　步希武　廣德州學附學生　易
第六十五名　蕭彦　涇縣學生　詩
第六十六名　鄭鋭　涇縣學增廣生　書
第六十七名　王之臣　徽州府學附學生　詩
第六十八名　陳禹謨　宜興縣學附學生　易
第六十九名　黄門　常熟縣學附學生　詩
第七十名　方可畏　江都縣學生　書

第七十一名　阮時行　鎮江府學生　易
第七十二名　袁九皋　通州學附學生　詩
第七十三名　徐一鳳　溧水縣學生　易
第七十四名　查志文　浙江海寧縣人監生　詩
第七十五名　余啓元　婺源縣學生　易
第七十六名　張明化　華亭縣人監生　書
第七十七名　郝經　潁州學生　春秋
第七十八名　袁一虯　蘇州府學增廣生　易
第七十九名　錢岱　常熟縣學生　詩
第八十名　周應照　吴縣學附學生　書
第八十一名　張履中　武進縣學附學生　詩
第八十二名　章應奎　石埭縣學生　禮記
第八十三名　褚九皋　長洲縣學生　易
第八十四名　陳宗寶　福建大田縣人監生　詩
第八十五名　葉重光　吴江縣學附學生　書
第八十六名　梅淳　太平府學生　詩
第八十七名　吴仲污　桐城縣學增廣生　易
第八十八名　劉時雍　泰州學增廣生　詩
第八十九名　朱一梓　寧國縣學生　易
第九十名　黄道年　合肥縣學增廣生　書
第九十一名　徐士亢　上海縣學附學生　詩
第九十二名　徐顯卿　長洲縣學生　易
第九十三名　施學會　吴江縣學附學生　春秋
第九十四名　黄四科　江浦縣學生　書
第九十五名　宋存德　應天府學生　易
第九十六名　施天麟　青陽縣學生　詩
第九十七名　沈夢龍　吴江縣學附學生　易
第九十八名　劉倬　蘇州府學增廣生　禮記
第九十九名　黄應坤　徽州府學生　詩
第一百名　崔允升　海門縣學增廣生　易
第一百一名　嵇應科　常州府學增廣生　書
第一百二名　高世臣　崑山縣學增廣生　易

第一百三名　俞震元　婺源縣學附學生　詩
第一百四名　馮時雨　長洲縣學生　易
第一百五名　柴賡元　浙江鄞縣人監生　書
第一百六名　汪尚功　黟縣學生　易
第一百七名　王裔　合肥縣學生　書
第一百八名　馮笏　蘇州府學附學生　春秋
第一百九名　黄堯臣　歙縣學增廣生　易
第一百十名　金大綬　休寧縣學附學生　書
第一百十一名　趙仲　涇縣學生　詩
第一百十二名　馬洛　如皋縣學生　禮記
第一百十三名　劉玉成　長洲縣學附學生　易
第一百十四名　英鳴道　建德縣學生　詩
第一百十五名　汪在前　歙縣學生　書
第一百十六名　王玄齡　吴縣學附學生　易
第一百十七名　張淳　桐城縣學生　詩
第一百十八名　沈懋學　宣城縣學增廣生　易
第一百十九名　張令德　上海縣學附學生　詩
第一百二十名　游�開　婺源縣學增廣生　易
第一百二十一名　顧九德　應天府學附學生　書
第一百二十二名　潘子奇　金壇縣學增廣生　詩
第一百二十三名　黄日新　祁門縣學生　春秋
第一百二十四名　周紹　太倉州學增廣生　易
第一百二十五名　唐大卿　常州府學增廣生　詩
第一百二十六名　曹誥　休寧縣學附學生　易
第一百二十七名　陳允德　松江府學增廣生　詩
第一百二十八名　葉時新　休寧縣學附學生　易
第一百二十九名　蔣茂才　長洲縣學附學生　春秋
第一百三十名　金元初　應天府學增廣生　易
第一百三十一名　周丕顯　華亭縣學附學生　詩
第一百三十二名　徐學易　歙縣人監生　易
第一百三十三名　曹司宰　宜興縣學附學生　書
第一百三十四名　伊景禹　崑山縣學附學生　易

第一百三十五名　張厚德　崑山縣人監生　詩

第一場

四書

子貢問政子曰足食足兵民信之矣

周汝礪

同考試官教諭楊批（體格高古辭氣冲雅可以見經世之略矣録之）

同考試官推官沈批（體格雄渾筆力峻古辭意精鑿不當以時□□之宜録爲式）

同考試官左中允孫批（是實知政體者）

考試官左諭德王批（詞理精確宜冠多士）

聖人與賢者言政皆庇民之實也夫政因乎民者也其端有三而以爲民庇則均焉王道之全蓋如此且夫學而入政聖賢濟世之本心政在庇民王人經國之大務子貢之材達乎政矣乃問於孔子豈非以今之從政者舉失其道而夫子之得邦家當必有見諸行事者耶孔子曰民之生聚於斯而仰給乎上者謂可恃以無饑也食不足則無恒心矣故必因民之利制國之用使其三年耕有一年之蓄九年耕有三年之蓄而豐歉胥賴焉此先王養民之政所宜行也民之安處於斯而仰藉乎上者謂可恃以無恐也兵不足則固志矣故必乘國之暇修民之備使其無事爲比閭族黨之人有事爲伍兩卒旅之衆而緩急胥賴焉此先王衛民之政所宜行也若夫彰信兆民先王之大政寓兵食之間者也既富矣因加之以教有勇矣且使之知方居常而粟米力役之征莫不用情焉信之結於衷也遇變而饑饉師旅之加莫不用命焉信之積於素也使兵食足而不施信於民則雖有粟惡得而食有兵其誰與守哉賜欲行政修此三者故全也吁孔子語子貢王政之常而通變宜民之權可知所辨矣從政乎何有嘗謂論治有要識體爲先行政有經信心爲上兵食信三者至足矣然非小信爲也在有庇民之實心而晋之伐原秦之徙木不與焉不然列國之政務在富强孰不假信爲名而何離叛之民之不可止耶傳曰信國之寶也民之所庇也諒矣

知所以修身則知所以治人知所以治人則知所以治天下國家矣凡爲天下國家有九經曰修身也

吴達聰

同考試官教諭蔣批（修身爲用人行政之本孔子通章要指結上起下正在數語此文精義貫徹而詞復粹古他作無與并者）

同考試官知州楊批（格古詞精發題修身之意最爲明盡誦之惕然深省非徒以其文者宜録以傳）

考試官左中允孫批（有忠愛意）

考試官左諭德王批（以古文發時義非凡作也）

聖人望君以身治天下而因指其爲先務焉蓋治天下有本身之謂也人君所當務孰有先於此哉此孔子對魯君一篇之大指也意曰爲政之事多端求治之則不遠吾謂以人立政而不可以不修身者君之身道德之宗天下國家之主也信能知德之所從入而先明諸心體道之所以行而慎厥身修矣由是而治人人亦身也其分雖殊其所以治之者在我德可使入道可使行因此通彼舉而加之無難也由是而治天下國家天下國家皆人也其勢雖渙其所以治之者則同德與俱入道與俱行以一觀萬推而廣之無异也夫身脩而天下國家治則君立而政舉矣若此者非始望於今日也主治之大凡也非直施於一時也保治之常經也其目有九其一維何不遽曰天下國家也天下觀於國而觀於家而觀於身責有所必歸此其揆事宰物之本非不曰天下國家也由身及於家以及於國以及於天下務有所當急此其求端用力之方道率人性之同而身蹈之斯爲道天地立君以來未之有改也德主天下之善而身得之斯爲德帝王致治之盛由此其選也使不先修其身而他務之是亟不知其一焉知其九惡能治天下國家抑此萬世法祖之訓也周文武之所修其身者曰敬止曰敬勝至於不顯不聞亢致謹焉不猶所云齊明盛服非禮不動者與能法乎此而舉方册之政魯其東周矣固孔子憲章之初心也後世乃有謂祖宗法不足守者何可與共政哉

人性之善也猶水之就下也人無有不善水無有不下

唐鶴徵

同考試官教授梁批（意精到而詞古雅可以式矣）

同考試官官教授趙批（發明性善之旨精徹是有功於孟子者）

同考試官知州陳批（以水喻性乃孟子因告子之所明而折之是作發

揮精透場中絶少）

考試官左中允孫批（莊雅明潔不類衆作）

考試官左諭德王批（説性善意親切）

大賢即喻以明人性之善而决其無不善焉甚矣人性之本善也觀於水之必下而性善不亦□乎告子以水喻性孟子就而折之曰夫水無分於東西者其勢也而必分於上下者其性也故知水之性則知人之性矣吾謂人性之善者正以猶夫水之下耳蓋原其降衷之初則天之所繼我者惟善而已至純而無雜也猶夫水曰潤下其流而不息者性之自得耳夫孰决之而後行哉本懿德之好則心之所同然者此善而已至順而無强也猶夫水之就下其沛然莫禦者性之自適耳夫孰挽之而可上哉使天下或有不下之水則人亦容有不善之性矣今合二者觀之均是人則均是善而純粹以精者天下之性舉相似焉聖人固此善也凡民亦此善也蓋性命於天本有善而無惡謂之曰人未有不本乎天者也而豈有不善者哉均是水則均是下而盈科以進者天下之水舉相似焉河海固此下也川澮亦此下也蓋水因乎地本宜下而不宜上謂之曰水未有不行乎地者也而豈有不下者哉夫知水之無不下則知性之無不善斯二者之取類固甚明也而告子乃謂無分於善不善豈知性之定體固有不可易者哉大抵水性本下充其下不放乎海不止也人性本善充其善不至於聖不止也書叙禹治水惟導之一言謂順其性也順水之性則九河皆可使至於海率人之性則人皆可以爲堯舜萬世而下知人之性有善無不善自孟子始故曰孟子功之在禹下

易

九五飛龍在天利見大人

周汝礪

同考試官教諭楊批（命意精深措詞峻雅非淺學可到佳士佳士）

同考試官推官沈批（發利見意明切宛然盛世氣象録之）

考試官左中允孫批（以時字發爻義得旨）

考試官左諭德王批（雄古大作）

聖人在天子之位而天下仰治者賴焉蓋天子者天下所觀也聖人出而人皆仰之非乾九五其孰能當此哉且夫德之在人天所與也大莫大於聖人位以行乎德亦天所與也尊莫尊於天子兼此二者則爲在上之大人而未之數見焉時之爲也其唯乾爻乎何也時固有聖不得位者矣乾之九聖德也而居於五焉亦有君不修德者矣乾之五君位也而以九居焉統禮樂征伐之權

一日萬幾惟健以行之妙神化之用於天下操慶賞刑威之柄群臣百隆惟剛以王之啓風雲之會於域中擬諸其象不猶龍之飛而在天者乎此何時也大人首出萬物所快睹也占遇之者仕爲人臣固大義之無所逃也而有君如此今一見之則立聖人之朝以對揚天子之命巍乎乘龍御天之功將於是樂觀其成矣何不利之有哉生爲斯民固大統之不能外也而有君如此今一見之則近天子之光以幸爲聖人之氓沛乎雲行雨施之澤將於是親被其休矣何不利之有哉夫觀象於九五乾之顯道至隆也而諸爻類於龍德者咸統於尊玩占於九五乾之美利至廣也而他卦之取義於利見者盡出其下矣周公繫易至此其其深慶矣夫抑周公之時何時也文武之德主治於上而身任家相之責教化大行以能保子孫臣庶其利溥哉溯而上之時雍風動平成輯寧之世聖君代作後先符合孰非所嘉樂而思兼之者乎然則著之乾爻蓋將以興堯舜之道三王之功也意深遠矣

擬之而後言議之而後勤擬議以成其變化鳴鶴在陰其子和之我有好爵吾與爾靡之子曰君子居其室出其言善則千里之外應之况其邇者乎居其室出其言不善則千里之外違之况其邇者乎言出乎身加乎民行發乎邇見乎遠言行君子之樞機樞機之發榮辱之主也言行君子之所以動天地也可不慎乎

胡宥

同考試官教諭楊批（長題詞能約意且整然有法易義之最佳者宜録之以式多士）

同考試官推官沈批（善收拾善提掇而語意峻潔條理精密足占邃養）

考試官左中允孫批（簡而有法）

考試官左諭德王批（是善作長題者）

君子之言動學易即乎爻而當知所謹矣夫易之理在人而言動其着也明於乎爻之義可不謹與且聖人作易本稽實以待虚君子用易在隨事而通感故自立卦生爻之後而寓辭占象變之中有言焉言可爲則也必擬而求之以資其所發言者有動焉動可與謀也必議而求之以效其所順動者非易之言不敢言即夫變易告人之旨而善通之隨宜妙應話言無非教矣非易之動不敢動即夫變通趨時之權而善用之順事推行踐履皆是易矣擬議維何中孚九二曰鳴鶴在陰其子和之我有好爵吾與爾靡之此其義何取於聲應爾我聞也而因可識言動感通之大矣君子居室至邇也出一言而期之應不可

若是其幾千里之外至遠也從其善而莫之違又復何限於近其不善者异是矣夫言非外出也自身以加民行猶之言也由邇以及遠故善否纔一念之微如樞斯闢如機斯張罔不在初而從違決千里之外從之則榮違之則辱惟其所召豈人力也哉天德自我民聽一言善而天地昭格焉不善不可言也天視自我民視一動善而天地覽歆焉不善不可行也夫民心至神而天道不遠如此君子可不慎所感之者哉大傳首舉爲擬議法他若語默出處皆之動也可例推矣雖然謂擬議者心占之易乎變化云爲易在吾心即此感通之義聖人於中孚發之中之爲言心也孚誠也天地之道一誠盡之况於人乎苟爲不誠而徒期應於言動間曰予善矣而顧予違也不占而已矣

書

嘉言罔攸伏野無遺萬邦咸寧

姚純臣

同考試官教諭蔣批（見理明透措辭醇雅盛世致治之隆宛然在目殆精於經學者取之以式多士）

同考試官知州楊批（本題推言效之大正見其克艱處此作獨能闡揚而句復清切可録）

考試官左中允孫批（善形容盛治氣象）

考試官左諭德王批（説理明凈取之）

聖君推言克艱之效皆致治之全功也夫集善致賢而天下舉安其於治效大矣所以致此者豈易能哉此帝舜感禹謨而推廣之也意曰君臣者治化之原也惟患不能克艱耳誠盡其道焉則其效豈小補哉夫治以求言爲急常患其伏而未盡達也今則衆思畢集而獻納有階嘉謀嘉猷之入告非直在朝者然也風聲所樹人懷自獻之誠知無不言言無不盡四海之内皆將輕千里而告之善矣寧復以言爲諱哉治以用賢爲務常患其遺而未盡舉也今則衆正□征而登庸有地三德六德之咸事非直在位者然也表極所端人懷嚮用之志見無不舉無不先天下之士皆閲而願立于其朝矣寧復以隱爲高哉治以安民爲功常患萬邦之未盡寧也今則明良道合而治化覃敷群黎百姓之舉安非直一方爲然也太平無虞人蒙至治之澤咸若於于政咸敏于千德萬邦之民無一夫不獲其所矣寧復其咨千下哉夫言罔伏則一總章之日也賢罔遺則一明揚之始也萬邦寧則一時雍之盛也效之所臻固不止於政乂民化而所以保文命之敷者益無終窮矣君臣相與之際可不戒哉抑考有虞之治克艱之效皆舜之能事也然且不以自居至皋陶陳謨雖帝堯猶謂其難焉

盡不以治爲已足者君之克艱也不以君之治爲已足者臣之克艱也惟其心之益虚此治之所以益盛歟彼誕之聲拒人千里而倡豐亨豫大之説以自多者無惑乎治之不古□也

我聞曰昔在殷王中宗嚴恭寅畏天命自度治民祗懼不敢荒寧肆中宗之享國七十有五年

吴達聰

同考試官教諭蔣批（理明辭暢善於鋪叙以敬字意最精透經學如此蓋難得者宜冠本房）

同考試官知州楊批（敬則自能無逸乃周公告君之大旨此作得之）

考試官左中允孫批（發敬爲無逸意明）

考試官左諭德王批（説敬字透徹深得周公忠愛之意）

商王敬德通于天人宜獲福之永也夫敬者人君所以奉天而治由此出也商王享國長永其敬德不衰之徵與周公欲成王之無逸而以有商繼體之君告之曰人君之有國也天命之所歸人心之胥戴也謹之罔不在初而其保天命繫人心也約之怕存乎敬我所謂無逸者於商王中宗有聞矣外貌無斯須之不敬何其嚴也而常守之以謙抑又甚恭焉中心無斯須之不敬何其寅也而常謹之以戒懼又甚畏焉是蓋不以天位之尊爲安惟以天命之理自度内不逸於心儼上帝之足臨也外不逸於身凛在帝之左右也誠有命以爲防而事天守身毋不敬焉者矣既以天之命我者自持不以我之治人者可忽懼民艱未軫何敢以怠荒乘之懼民務未修何敢以安寧處之誠有理以貞度而修己治有毋不敬焉者矣中宗克盡無逸之實如此敬無間於天人固弗謹此而失彼敬不殊於久近要非勤始而怠終故考其時則商道中興也坐享太平已底治功之盛而紀其年則七十有五也朋歷年所益引國祚之長謂非天命永保人心求繫者乎此可見敬也者君德所以成始而成終也不敬則荒寧則逸其亦异乎我所聞矣抑考益戒舜曰罔游于逸而舜授禹曰敬修其可願敬與逸對故逸之不可以有也周公勉成王至矣然敬之實必於治人徵之修己而百姓安篤恭而天下平二帝三王胥此道也不然侮慢自賢速戾多矣而狎侮小人其於天命去留何如耶爲人上者奈何不敬

詩

天生烝民有物有則民之秉彝好是懿德天監有周昭假于下保兹天子生仲山甫

唐鶴徵

同考試官教授梁批（詞温粹而意雋永宜録以式）

同考試官教授趙批（天生賢以佐一代中興之盛此作發之殆盡佳士也録之）

同考試官官知州陳批（發出周家中興氣象且詞旨雋永可嘉）

考試官左中允孫批（温雅可誦）

考試官左諭德王批（能發天生賢之意）

詩人原天命之善而因表其生賢之意焉蓋天命之性本皆善也况山甫之生出於天之佑命者豈猶夫人而已哉昔王命仲山甫築城於齊尹吉甫作詩以之蓋謂賢才之生不偶然也吾嘗求端於天而知山甫之异于人矣何則天之生斯民也氣以成形而理亦賦焉物則之良徵諸庶民有同秉者是以民之秉此彝也情之所感而善斯形焉懿德之好達之天下有同然者夫知天下無不善之情則知天下無不善之性此所以論於凡民者然耳而况天之昭臨於上有貞觀焉不可得而誣也謂我周之感格於下有明德焉乃其所簡在也故天心仁愛吾君以爲中興之令主則所以扶持而安全者必將使其得賢以自輔也于是間氣鍾而山甫生焉眷之篤斯畀之隆殆與文之四友而媲德矣物則之良夫豈常人之可及哉帝命寵綏我后以爲昭代之賢王則所以撥亂而興衰者必不使其有君而無臣也于是良弼賚而山甫出焉任之重斯賦之全殆與武之九人而繼美矣懿德之備夫豈凡民之可班哉是則觀天之生民可以見性善之同焉觀天之生賢可以見周祐之篤焉吉甫爲詩其知道乎大抵有一代之君必有一代之臣斯二者交相成也宣王側身修行上格乎天故天錫賢才以爲之佐山甫不恃其在天者而式古訓力威儀以益懋於學故能明哲保身忠勤事上以成佐命之功周道之中興其在是歟

載見辟王曰求厥章龍旂陽陽和鈴央央鞗革有鶬休有烈光率見昭考以孝以享以介眉壽永言保之思皇多祜烈文辟公綏以多福俾緝熙于純嘏

施近臣

同考試官教授梁批（氣格雄健詞理精到擅場之作）

同考試官教授趙批（善發周室君臣忠孝之德且詞意温厚深得頌體者）

同考試官知州陳批（詞不費而意自足佳作也）

考試官左中允孫批（説仁孝意好且以來朝見廟作二大比立格正大可録）

考試官左諭德王批（體格純正詩義之優者）

周王美諸侯來朝以助祭而因歸其錫福之功焉夫朝而助祭諸侯之常職也王者乃以錫福之功歸之不可以見仁孝之至乎此諸侯助祭于武王廟之詩蓋謂先王以覲禮同邦國以祀禮萃人心予今有以得此於諸侯矣方其載見也以爲天王紀法之宗也人臣紀法之守也於是稟受乎王章而來朝之儀修焉以龍旗則陽陽精白之誠昭於物采矣以和鈴則央央以鞗革則有鶬德音之秩宣於輿衛矣一時見聞之盛不有以顯邦家之光乎迨其既見也以爲土地昭考所封也人心昭考所屬也於是率之以廟見而助祭之禮舉焉以虔對越而内盡其志合天下以爲孝矣以薦廣牡而外盡其物合天下以爲享矣一時萃涣之誠不有以致皇考之假乎由是介之眉壽以永其承藉之基申之多祜以隆其保艾之慶是豈我之能自致哉蓋由烈文辟公盡感格之誠而綏我以多福之備故俾予一人藉皇考之休而緝熙于純嘏之全耳予一人其敢忘所自哉夫成王基命宥密昭假於先王素矣而世廟之釐猶讓而不敢居焉非其仁孝之獨至乎抑天子有事於宗廟諸侯各以其職來祭禮也而人心之附屬天命之去留寔繫焉是故周王重之清廟之歌惟顯相多士之美而此詩及烈文皆歸功於諸侯上下之情交相忠愛所以培植固結乎此耳後世菀柳興歌包茅責貢周道衰矣而天命人心猶附屬焉非文武成康之德未泯歟

春秋

春公觀魚於棠（隱公五年）夏公如齊觀社（莊公二十有三年）

胡文衢

同考試官知縣王批（簡而文嚴而有體春秋義若此者不多見也）

考試官左中允孫批（得謹嚴體）

考試官左諭德王批（文整而健）

内君舉動之非禮法者春秋兩致譏焉夫舉動人君之大節不以禮法自處不可也隱之觀魚莊之觀社均爲春秋所譏固以此且夫觀魚于棠隱以略地行而春秋譏之者何蓋君人之巡行當必以王事民事爲重也外此則慢政逸游爾棠之魚非公所當觀也歷年享國未爲能君今又遠出以觀魚焉不思一人之身表率臣民者也動不於禮其何以彰之軌物乎于時僖伯之諫謂納民於亂政者公知其非而不能以自克也名爲略地而往實則陳魚而觀公於

是爲遂非爲縱欲矣君子曰棠魚之觀易而述職省耕可也宜特書觀魚以譏之觀社于齊莊以會祀往而春秋譏之者何蓋君人之會祀當必有受命受事之辨也紊此則非法輕舉爾齊之社非我所當會也因社觀民已非故業今又輕出而往觀焉不思一時之爲垂法後來者也舉而非法其何以著之儀刑乎于時曹劌之諫謂示後以何觀者公聞其非而不能以不往也以周公之貴胄供齊國之末事公於是爲輕舉爲妄説矣君子曰齊社之觀易而于周受命可也宜直書如齊觀社以譏之是知一舉動而非禮法二君之過也謂遊春秋必書後世有遺譏焉可不慎歟抑論僖伯之忠隱能知之有加禮於其身後而不能用其言於身前可慨也莊也制命於母乃父讐之忍忘而又請婚姻焉悖亦甚矣丹楹刻桷御孫指爲大惡而劌以非法諍若小失然吁隱能知其臣而莊不能知乃拒諫則等爾然則劌其猶在公子驅之後乎

初税畝（宣公十有五年）三月作丘甲（成公元年）春用田賦（哀公十有二年）

方復乾

同考試官知縣王批（格整而義盡經文之可式者）

考試官左中允孫批（主三傳意叙斷良是）

考試官左諭德王批（語有斷制可取）

内君屢變取民之制春秋各指其失也甚矣民不可過取也先王之法魯其三變矣春秋書之曰初曰作曰用詞不一而所以示貶者則三致意云昔先王之爲田制也有助有徹取之于民皆什一其分爾我宣變之爲税畝則廢公田而履畝逾成法而倍入矣誠何心也謂資民以富國雖取之不爲虐豈知損下即以損上欲厚於公獨不恤其私乎曰初者初失其故示不可以有初也先王之爲兵制也哉丘或甸寓之於農僅五七其人爾我成變之爲丘甲則備一甲於一丘合百人於一甸矣誠何心也謂益兵以禦敵雖加之不爲過豈知役兵即以役民欲實於外寧不虚其中乎曰作者作法於貪示不可以有作也至田以出粟賦以出車先王弛力薄征之制未之有改也我哀變之爲田賦則軍旅之征在田商賈之賦皆農矣誠何心也謂年饑用匱猶望於取二之外也豈知百姓不足以憂已形諸有若之對而三家聚斂之謀顧勝於周公之法耶日用者用衆困農示不可以有用也要之法可無變也民不可不恤也法變而國是日非宣猶之成成猶之哀矣民貧而國勢浸弱哀之弊基于成成之弊基于宣矣魯之不競坐此春秋烏得而諱之耶嘗考書曰鑒于成憲其永無愆詩曰

誰生厲階至今爲梗魯宣不得辭其責矣然宣之意主在加稅而成哀乃在益兵則孰使之然耶當時諸侯益兵自齊桓内政始而晋惠州兵次之以故丘甲田賦不書初貶魯而罪齊晋之旨寓矣胡氏有言文見於此起義在彼明春秋者辨之

禮記

頌而無諂諫而無驕

曹樓

同考試官知縣趙批（措詞精邃命意剴切將必事君而不失其正者）

考試官左中允孫批（忠愛之意藹然）

考試官左諭德王批（是能無謟無驕者）

臣之進言於君者有將順之忠有匡救之忠蓋臣以實心事君爲忠也不然非爲禄即爲名矣亦何取於進言哉記少儀者之意豈不以爲臣者之上交於君也進言各因乎事人人殊矣因言可以知心而忠否别焉其致一也是故吾嘗有見于頌君者矣君位乎天地之中一人有道四海無虞宗社靈長所基也不可弗頌也曰行帝道而帝行王道而王誠頌之矣君聞而善之宜也然而深慶之餘不可無厚望之意或者勤于初而有怠于後即頌言啓之耳臣之懼也而可諂乎諂何心也忠臣不若是也故頌而無諂斯可矣又嘗有見于諫君者矣君處乎臣民之上一念有差庶事或舛國家安危所關也不可以弗諫也曰過有所當改闕有所當補誠諫之矣君聞而從之幸也然而謀國之際不可有自爲之圖或者間其政而未格其心即諫言徒焉耳臣之懼也而可驕乎驕何心也忠臣不若是也故諫而無驕斯可矣要之頌以成美諫以救過其義各殊均之不能無也諂以要君驕以自矜其失各殊均之不可有也人君聽言其亦知所辨哉抑君臣之義大矣一命以上修職奉公俾吾君增美而鮮過保治安于長永臣之心也何發諂且驕爲耶自堂陛之分既懸其勢易諂而驕心生於好名故競爲矯拂之行過則歸君功則自居其於忠愛之實何如哉故曰爲名譽而爲善則其善必不誠爲利禄而效忠則其忠必不盡噫此非獨進言者責也

夫孝置之而塞乎天地溥之而横乎四海施諸後世而無朝夕推而放諸東海而準推而放諸西海而準推而放諸南海而準推而放諸北海而準

李夫植

同考試官知縣趙批（格致畯雅而意復融暢讀之興孝之意躍然）

考試官左中允孫批（以人心明孝道意味雋永）

考試官左諭德王批（粹古之文）

孝道通於無間即人心之同可見矣甚矣孝道之大也天地之經而人是則焉其孰有外之者哉曾子自得之學因述之以教人也意曰天下之道有五父子之親居一孝以事親子道則然耳是道也根諸性命之微著爲倫理之顯故置之而塞乎天地焉天高地下合覆載之所有至大而無垠上蟠下際極愛敬之充周亦大而無外矣又溥之而横乎四海焉四海至遠也孝之道遠而必届有不可以方所限者又施諸後世而無朝夕焉後世至久也孝之道久而不已有不可以朝夕計者夫若此盈宇宙間皆孝之寓矣何其大也然而天地不可窮後世不可即自其横乎四海者言之天機之流動若或推而使行人心之統同隨所放而必至故放之乎極東海之地則凖之者盡東海之人矣而西海猶之東也東海猶之西也北海猶之南也此疆彼界地不同而人則同有非父母之生者乎内夏外夷人不同而心必同者有不知父子之親者乎天經地義四海一家等也即人可以窮天地矣合敬同愛刑于四海可也即今可以徵後世矣大哉孝乎其三極之所以立而萬世之所以永者乎抑曾子斯言言乎道耳未及其人也故復見之經自天子至於庶人悉舉其義合而觀之交相發矣夫孔子論弟子之職先孝其所答問若游夏諸賢多矣然以孝名者不數而曾子之傳乃發其藴以教寓萬世惟其有之故能言之是豈聲音笑貌爲哉故曰孝德之本也教之所由生也

第二場

論

聖神繼天立極

唐鶴徵

同考試官教授梁批（天生堯舜以開萬世道統之傳立萬世人極之凖一中盡之此篇深極精奥而筆力雄健丁雅淵宏脱去時格高薦允宜）

同考試官教授趙批（題本正大作者類多浮泛此作獨深探本原發千古聖神傳心之要且格高詞古學識兼到之士宜録以式）

同考試官知州陳批（此題論聖人得統於天而立萬世之人極不外一中子獨推究本原且布置有體裁議論有氣脉擅場之作也敬服敬服）

考試官左中允孫批（説執中即是立極處語有根據而抑揚開闔通篇一氣呵成足稱論手矣）

考試官左諭德王批（説堯舜之心處雋永有味宜冠多士）

聖人肇斯道之傳而天下萬世之人極立焉謂非得統於天不可也夫道在天下未嘗一日息也其統之有宗其會之有元其繼而承之有自也故絶而復續仆而旋起亘千萬年如一日夫固聖賢承傳之緒可灼睹矣乃若原其始之所肇端一元初分大道方隱聖人者崛起其間亦何所繼且承哉而獨闡斯道之秘以開萬世之傳斯非繼天而有作者乎故原道統之傳者必溯於聖人原聖人之道統者怕溯於天語天而道之大原見矣子朱子序中庸而推本上古聖神繼天立極可謂善原道者歟夫道統之説尚矣孟子叙堯舜以至孔子韓愈氏叙堯舜以至孟子皆道肇於堯舜而未溯其原也至董子則曰道之大原出於在而宋儒稱堯亦謂其得統於天則子朱之之説也請申之夫窮天地亘古今而常存不息者此道也道之窮天地亘古今而傳之無弊者此中也中也者道之極也天地所以位也日月所以明也四時所以行也人倫所以叙也物則所以著也禮樂刑政所由以生天下國家所由以理也其理各足於吾性而其原則命於天不觀之易乎易卦肇自龍馬之圖以五生數統五成數而虚五與十於中其名曰太極不觀之書乎箕疇肇自神龜之書以五奇數統四偶數而實五於中其名曰皇極合易與書觀之是極之云者天然自有之中至極而無以加也加之毫末則太過太過非中矣亦無以損也損之毫末則不及不及非中矣然其初也呈於圖象已爾隱於卦畫已爾兆於混兮闢兮之天含於未雕未斫之人不識不知已爾上古之世伏羲神農黄帝氏代作非不由之而忘於言者時之未至聖人不欲以鑿其真也至堯之時黎民有待于變則固已有偏黨失中過與不及者矣堯蓋有憂之曰弗立之凖天下曷趨焉弗泄其秘萬世曷傳焉於是揭執中之旨而授之舜非徒以授舜也所以授之天下萬世以立斯道之極也有虞之末民生睢盱感物而動人心危而道心微矣故舜之授禹復益以精一之言非徒以授禹也所以授之天下萬世以開心學之源也予讀二典至此有以仰窺堯舜至公無我之心焉蓋中者堯舜所受於天之道也堯舜用是道以治唐虞這天下至足矣参□汲汲於天下萬世之傳也或曰將以天下與人不得不拜傳其治之之法是則然矣而堯舜之心則不盡於是也其心蓋曰道行于身則澤被於天下道傳於人則功施於萬世初於天下者有盡施於萬世者無窮故吾用吾中以親睦九族平章百姓協和萬邦豈若使萬世之家齊國治而天下平也吾用吾中以在璿璣玉衡以封山浚川以若于上下草木鳥獸豈若使萬世之天地位而萬物育也吾用吾中而考中星以正日置閏法以定時豈若使萬世之日月行而四時序也吾用吾中以播百穀五教豈若使萬世之民生厚而彝倫叙也吾用吾中以典三禮諧八音明五刑豈

若使萬世之禮樂明備而刑協于中也吾用吾中以舉元凱誅四凶豈若使萬世這君子進而小人退也於是揭而授之二聖以傳之無窮庶幾萬世而下有堯舜者出焉則今日之治猶可復見而道不至吾身而遂止此堯舜之心也故孔子删書断自唐虞而詳其授受之旨明上古之道於是始開萬世之人極於是始立也是極也即易所謂太極書所謂皇極者也建之則君道修否則盩繇之則天下治否則亂中衡之於輕重然重者過之輕之者不及也故衡誠縣不可欺以輕重如準之於高下然高者過之下之者不及也故準誠設不可欺以高下堯舜之道天下萬世之衡準也不可易也無堯舜之心無窮而其道又不可易如此是故由堯舜以前繼天以立極者堯舜也由堯舜以後繼堯舜以保極者猶夫堯舜也禹之安汝止惟幾惟康者此極也湯之建中于民以義制事以禮制心有者此極也文之緝熙敬止武之敬勝義勝此極也禹湯文武用堯舜之中以成夏商周之治舉千九百年之天下而納之時雍風動之域者謂非堯舜繼天立極之功乎周衰道亡天下分爲列國孔子大聖不得位而繼往開來之責有不可辭者於是祖述堯舜之道授之門弟子一貫以傳曾子是堯之中也博約以不顔子是舜之精一也而子思復以所受於曾子者作爲中庸一書首言天命之性以見大道之原繼言中爲天下之大本而復明以君子之時中與智愚不肖之失中而徵之費隱極之天人其於堯舜執中精一之旨有所發明宜其與典謨并傳也嘗統論之堯舜者繼天立極這聖也得禹湯文武而其道行孔子者繼往開來之聖也得顔曾思孟而其道明秦漢而下治統道統不能合一世道升降之機則然耳嗚呼古今一天也萬世而下有堯舜者出焉舉而措之則堯舜繼天立極這功雖謂之至今存焉可也

表

擬宋輯尚書所載事作敬天圖成輔臣賀表（乾道七年）

周汝礪

同考試官教諭楊批（駢麗中有典則得宋表體非但工於四六而已録之）

同考試官推官沈批（通篇不離尚書發明人君敬天之道殆盡且句法蒼古不徒以組織爲工而規度自在宜式多士）

考試官左中允孫批（頌中有規表體之正者）

考試官左諭德王批（詞典則而旨微婉可以式矣）

乾道七年月日具官臣虞允文等恭遇御製以偶觀無逸一篇有得因取尚書所載敬天事輯爲兩圖朝夕省覽名曰敬天圖者皇穹眷命一人體龍德之純聖敬傳心五位睹鴻圖這赫作範遠稽乎墳典成象上契於高明精萃瑶編光生

黼座臣等誠懽誠忭稽首頓首竊以惟乾稱父寵綏心篤於大君惟辟奉天祇敬宜嚴於宗子欽明啓運在精一以執中文命承休惟幾康而弼直六事救桑林之旱顧諟斯存七日弭祥穀之灾荒寧是懼自我聰明自我明畏鑒觀常切於下民及爾游衍及爾出王陟降如臨於上帝理非茫渺本先天而不違書有明徵俟後聖而無惑淳風既遠實德寖微玩人時以不修昧三正五行之軌忽天戒而弗謹乖兩儀四氣之和間有所爲而爲寔非所敬而敬郊丘有常祀胡爲東禪西封昊極無加隆奚取稱名進號天不容僞人亦誰欺命緣是以靡常時於今而有待兹蓋伏遇則天立極主敬存神履位思危續心源於藝祖遇灾知懼勤手札於臣工重道崇儒咨訪特隆乎書接研經玩史誦習每至於夜分謂載籍記言記事以來惟尚書大經大法具在若稽古堯若稽古舜仰帝德之克明鑒於有夏鑒於有殷謹天命之自度頃緣覽觀獨得悟周公無逸之篇用是采輯全書萃列聖敬天之旨彙成一帙猶思披閱之煩爰製兩圖庶取對瞻之便列在左右揭日月干丹青擬諸形容呈圖書於河洛彌文匪尚事實悉陳自授曆明時及春夏秋冬四仲之用本察機觀象兼日月星辰七政之宜賴平治於功成時水時旱之著其故占庥嘉於類應好風好雨之示其徵乃若有典有禮有服有刑表欽崇之實政罔敢于游于田于觀于逸存儆戒之微言持此臨兆民凛凛如馭朽索推之警庶位栗栗若隕深淵蓋古今一天尚論虞夏商周之世而帝王合敬會通典謨訓誥之文寓於目即契於心按諸圖如指諸掌豈曰人道邇天道遠質之無形而不能名寔則作之聖述之明儼乎有儀而可爲像也臣等職叨丞弼愧啓沃之未能誼切臣鄰視贊襄乎何補由觀今之圖以觀古見千載於羹墻體敬天之意以敬君合群情于怙冒敢不修其可願一念期與天知慎乃攸司九德共熙帝載伏願惟敬作所能自得師事天以實不以文法古在心不在迹思曰睿睿作聖無怠無荒慮以動動惟時其難其慎納誨常資于朝夕典學罔間於始終治享垂衣尤廑思艱圖易之念功收舞羽益宣有備無患之猷則帝騭王弛備箕疇之斂福而天長地久過周曆之卜年臣等無任瞻天仰聖激切屏營之至謹奉表稱賀以聞

第三場

策（五道）

第一問

唐鶴徵

同考試官教授梁批（惟高皇文皇勤政務學遠追帝王之懿範我皇上嗣統紹休覲揚光烈非淺學所能仰窺萬一此作鋪張揄揚鏗鈞金石蓋豪杰

士也）

同考試官教授趙批（三代以下治法心學媲美帝王未有如我二祖者皇上嗣承大統勤政務學與二祖同心此策能揄揚其盛末復有惓惓忠悃之懷焉録以登獻豈但爲文也耶）

同考試官知州陳批（我二祖勤政務學與帝王同符而正心爲本皇上嗣承大統政學又與二祖有同符此策獨能揄揚而贊翊之其識逺其志忠矣宜録以獻）

考試官左中允孫批（凡我臣子恭遇聖皇嗣統勵治之初勤於政學遠邁百王近符二祖均切仰戴子備極揄揚末復進正心之論可謂頌而無諂矣）

考試官左諭德王批（我皇上勤政務學法乎二祖此作能揄揚之而末所敷陳尤見忠悃是不負所學者）

政者其帝王治天下之具乎學者其帝王出治之本乎夫天下亦大矣四海之廣兆民之衆咸求治於人君之一身使非政以運之何以兼統而無外天下之政亦大矣萬幾之裁庶務之理咸取足於人君之一心使非學以主之何以善應而不窮故齊衆軌物政之善經也非學無以裕其基崇志廣業學之懿則也非政無以達其用是二者固相須也而皆管攝于一心心也者又政之樞紐而學之本原也知乎此可以論古帝王之政之學而我二祖之所以匹休帝王與皇上之作求世德以光揚于祖烈者可得而敷張其盛矣粤自三五而上聖神代作道化渾淪君臣之告誡皆心學之精朝堂之頒布即大道之要故堯之告舜曰允執厥中舜之告禹曰人心惟危道心惟微惟精惟一允執厥中堯舜之所以事其心者如是而已務學之名未前聞也當時史臣之贊曰元首明哉股肱良哉庶事康哉孔子亦曰無爲而治恭已正南面而已勤政之名未前聞也至皋陶之戒禹曰兢兢業業一日二日萬幾後之言勤政者昉焉然其克勤克儉之政即惟幾惟康之學是純王之政也若湯之昧爽丕顯文之不遑暇食非與禹一揆者耶傅説之告高宗曰學于古訓乃有獲後之言務學者昉焉然以恭默思道之學爲不僭不濫之政是純王之學也若中宗之嚴恭寅畏成王之緝熙光明非與高宗一揆者耶秦不師古先王之政之學蕩然滅矣漢興以來有志於治者非不勵精政務然漢宣帝齊居决事而所尚者刑名唐太宗日昃罷朝而所漸者内德宋真宗詢問政事夜以繼日而封禪禱祀不免侈心是政焉而不本於學非帝王之所謂政也亦有志於學者非不崇尚儒術然明帝几杖執業而所師者桓榮玄宗更日侍讀而所親者馬褚哲宗首召大儒説書崇政而正心誠意不免厭聞是學焉而無俾於政非帝王之所謂學也洪惟

我太祖高皇帝開天創業邁三五之治功成祖文皇帝靖内定基奠萬年之洪業其憂勤庶政闡揚至理而敷諸聖訓諭答諸臣直與典謨相表裏者太祖嘗謂學士宋濂曰之爲君上畏天地下畏兆民兢業業不敢自逸又謂侍臣曰人君日理萬幾怠心一生則庶務雍滯其貽患不可勝言而又置尚書洪範於座右而親爲注釋揭大學衍義兩廡而時令講析此其勤政務學之心何如也成祖嘗荅侍臣曰朕在禁中周思庶事或一事未行或行之未善即不寐至旦嘗謂學士解縉曰朕退朝默坐未嘗不思管束此心但於宫室車馬服食玩好無所增加則天下自然無事矣而又作聖學心法以會百王之要領解經書性理以集諸儒之大全此其勤政務學之心何如也列聖本承以及世宗肅皇帝政秉勵精學傳敬一享祚長久致治昇平乃篤啓我皇上以神聖之資紹帝王之統自登極之初首發德音與民更始聖政之寛仁固天下所共戴者而又節用愛人儉符夏禹遇灾省己誠切殷湯臨朝遵昧爽之規納諫存包荒之量一念勤政之心揆之二祖豈异耶自藩邸之年日親儒彦論道陳經聖學之資深固天下所共仰者而又詔開經筵敷陳治理躬勤日講啓决乃心視學隆師儒之禮賜賚及聖賢之裔一念務學之心揆之二祖豈异耶夫務學則道揆明于上勤政則膏澤下于民天下之人延頸跂踵思見德化之成此誠宗社無疆之慶太平有象之徵矣然勤始而慮終者明君之盛節也憂治而危明者蓋臣之良圖也故益之戒舜曰罔夫法度罔游于逸罔淫于樂皋陶之戒禹曰無教逸欲有邦夫舜禹大聖豈有游樂之事逸欲之教乎而二臣言之者誠以有一於此荒政廢學之端也故戒之不可不預耳他若漢之文帝賢君也敦朴勤儉一無嗜欲偶好射獵而賈誼切諫誼責帝之備者誠愛帝之全也皇上今之舜禹無論漢文而執事進策諸生猶咨以論思之助是即伯益皋陶之心也愚生賤且遠敢附於賈生之義僭陳其愚密謂政事以實不以文學問貴恒不貴暫夫堂陛森嚴而上下之情不交百司庶府代天工而分理者容月奏牘所不能悉而請對無階者乎宸旒咫尺而咨訪之音不啓左右侍從陳經史而勸講者容有獻納所不能盡而待問未已者乎封事可否悉付中書天下仰朝廷之公矣然必參之以獨斷所以收明作之功諸司建白并荷含容天下仰朝廷之明矣然必繼之以允蹈所以彰納諫之實程伯淳謂大臣之職惟在輔養君德今也召見無聞論道奚自將何以爲輔養之資然則祖宗顧問之舊所當復乎司馬光謂人君之職不當詳覽細務今也章疏填委省覽爲勞將何以爲易簡之要然則宋臣貼黄之規所可循乎學無顯隱宥密之地必有以爲基命之本者故出入起居罔有不臧所以謹獨也道有張弛清燕之□必有以爲適情之資者故

左右贊御罔非正人所以慎動也是數者所謂政之樞紐學之本原而皆求諸心者也程子曰聖學以正心爲要孟子曰唯大人爲能格君心之非是在聖君賢相相與以有成者草茅賤士何幸躬逢其盛

第二問

胡文衢

同考試官知縣王批（謚書二法聖人作之以風世子能綜核始未評品心迹深知周孔立法之原且歸之參衆論核往牒鑿鑿可行非徒空言無當者佳士佳士）

考試官左中允孫批（聖人以公心垂遠慮無逾謚書二者子能深究法原在欲使人有所畏而不爲不善誠教善之微權也是可録矣）

考試官左諭德王批（發明二聖教天下之心精詳懇到而詞復高古殆非凡士）

聖人教天下之心甚無已也故有謚法以定當人之稱名而榮辱判有書法以紀當世之事實而勸戒昭聖人何心也聖人教天下以善而天下率焉至願也顧乃有不盡然者於是不得已而有慶與刑然慶與刑或有所不及況行之一時未能明白暴著於萬世也於是不得已而有謚與書故謚以定稱名别榮辱非爲一世設也而考之書益詳書以紀事實垂勸戒非爲一人設也而參之謚益驗蓋使人爲善者不直慶之已也謚美之書褒之萬世之慶也爲不善者不直刑之已也謚非之書貶之萬世之刑也嗚呼善否一朝慶刑萬世豈可以私爲哉執事發策以書謚之法詢書生非書生事也然聞其略矣六經載道未及謚法也肇自周公之載籍書以記言未及書法也肇自孔子之春秋此兩者豈聖人好立名號以别白天下後世人哉聖人非得已也民俗日漓直道浸失善惡無别毁譽混淆傳世千百沿爲口説即古之仁賢不得受爲善之利而悖德者且盗名而有之其害非淺鮮也則所以定古之名垂今之鑒誅死於前懼生於後者豈容假借於一字一詞間哉自兩法立而世儒祖之者有春秋謚法有廣謚有世本有獨斷其後散之爲十五家之謚人各有見釋古名而附以己意乃其得失互异不盡合古也蓋有説矣有吴越春秋有楚漢春秋有晋春秋有唐春秋其後累之爲二十一史之書代各有史紀時事而裁以古制乃其得失互异不皆良史也蓋有説矣聖人之爲天下用法也公而後世或參以私聖人之爲天下慮患也遠而後世所見者近何也謚法之立法非不疑於議前人之妍蚩也而周公創之亦曰合人心之同而奉君父之尊以天道焉耳善善惡惡定爲世守雖幽焉不能掩其短況他人乎使此法守之不變則古道至今

存也奈何妄鼓唇吻上下其議者臧孫辰之縱祀何取於慈惠愛民也魯人謚之以文管夷吾之祟奢何取於夙夜儆戒也齊人謚之以敬賈充逆黨也稱荒幸矣而易之曰武許敬宗佞夫也稱謬宜矣而易之曰恭若此者何可以一二數也夫謚以像人譬則畫史之寫照惟肖可也弗肖若父則非若父弗肖若祖則非若祖豈亦以前人之妍蚩不足議乎謚而若是無謚可矣愚生之見以爲聖人之慮遠故公而後之慮近故私也聖人之法在榮善辱不善乃其心常生於辱不善故曰周公作謚法而孝子慈孫不能改夫孝子慈孫所以不能改者必不善之辱也不善者辱而善益榮矣自秦人欲除謚法曰臣不得議君子不得議父此其慮在掩護於身歿未爲天下慮也乃後有鄭樵者撰謚三卷謂謚以易名不可加之以惡夫君所云則舉世皆善人矣不有辱而有榮誰則舍不善而勉於善乎非聖人意也書法之立非不疑於行天子之賞罰也而孔子任之亦曰因周公之後而以南面之權與魯國焉耳筆筆削削斷自聖心雖游夏不能贊其詞况他人乎使此法守之不變則古史不專美也奈何輕摇筆端出入其詞者董宣之在漢搏擊豪右其職也范曄抑以爲酷吏諸葛亮在蜀圖列行陣其長也陳壽誣以非將才李義甫之憸壬而舊唐書躋與長孫無忌爲伍柳宗元之朋比而新唐書引與韓愈同傳若此者何可以巨細舉也夫書以徵事譬則律家之斷獄惟當可也非者是之孰當其非是者非之孰當其是豈亦以天子之賞罰不足行乎書而若是無書可矣愚生之見以爲聖人之慮遠故公而後之慮近故私也聖人之法在勸善戒不善乃其心常主於戒不善故曰孔子作書法而亂臣賊子不得肆夫亂臣賊子所以不得肆者必不善之戒也不善者戒而善益勸矣自唐主欲自觀史曰知前日之失爲後來之戒此其慮在飾美於目前未爲天下慮也乃後有李昉者建言記注必先以進御然後付之所司夫若所爲則當世皆善事矣不有戒而有勸誰則去不善而就於善乎非聖人意也愚嘗統而論之善惡公評在人心古今定論在萬世前之立謚法以教天下而心通乎書周公所以傳孔子也後之立書法以教天下而心通乎謚孔子所以思周公也是故能誣于謚不能不取証于書過之小者不以謚美而失真臧孫辰管夷吾是已罪之大者不以逃惡而他贖賈充許敬宗是已之數人者祇足彰謚之者失耳而於法無損也能誣于書不能不取証于謚信無過舉貶之不能抑董宣諸葛亮是已苟有疵行蓋之不能藏李義甫柳宗元是已之數事者祇足貽書之者之譏耳而於法無損也然則宜如何由人心之公求聖人之法因聖人之法師聖人之意欲嚴謚法榮辱并舉可也要主參衆論而請乞者不得行欲嚴書法勸戒兩設可也要和核往牒而傳訛者不足信何

也夫謚定於身後以一字概百年之行亦既難矣而爲之後者生慕榮位歿慕榮名得之則幸不得不足以取辱無惑乎請乞之接迹也其參衆論乎參衆論云何辨其人夷考其行善得善謚惡得惡謚善惡半者亦如魏謚鄭義以文靈唐謚蕭瑀以貞褊瑕瑜不相掩則人不敢背公而徼私恩矣其庶幾榮辱天下之法乎夫書成於世遠以一詞括往事之詳亦即難矣而爲之黨者以無爲有以非爲是録之則幸不録不足以示戒無惑乎傳訛之盈耳也其核往牒乎核往牒云何據其事深察其心善則書善惡則書惡善惡半得亦如晋孫盛之書桓温唐吴兢之書張説功過略相當則人不敢蔑實而騰虚譽矣其庶幾勸戒天下之法乎噫愚于是益信聖人之爲天下慮何其遠而用法何其公也此書生之言也

第三問

曹樓

同考試官知縣趙批（此題場中作者率多浮泛而子獨考核精詳究極指歸是得聲氣本原之妙者）

考試官左中允孫批（正樂失傳士子言樂者剿述舊聞無所發明此對考索精詳博而有見因元數以求元聲能審音知樂者耶）

考試官左諭德王批（是作不膠固舊見有所發明録之）

有作樂之本有作樂之具何謂本參之造化發之性情達之倫理驗之風俗以還隆古之盛治者是也何謂具長短之辨多少之差清濁之判高下之節以求太音之希聲者是也明於其本矣而不審於其具吾見音韵之難諧也規度之未備也太和雖存何以成導和之用至順雖協何以收達順之功哉世之論樂者往往究心於中和之理致詳於神化之精而於鍾律諸家之説漫置之不辨曰此器數之小也此節目之微也聽其言其非不美矣大矣而實則不然夫金石不調后夔無以施其智律吕不具師曠無所寄其聰故雖聖如仲尼賢如季札使非樂聲之親接於耳何以學之而忘味聆之而審音邪昔漢有制氏世掌樂官然但能紀其音律而不能言其義君子固深惜之自漢以後通經學古之士類能因文以求其義而音律之製載籍亡傳則知之者蓋鮮矣是以爲論愈多爲法愈□雖以和峴胡瑗司馬光范鎮諸賢亦不能以相一也况其他乎古稱議禮之家名爲聚訟彼議樂者何獨不然在宋徐復氏有言曰聖人寓器以聲不先求其聲而更求其器其可用乎此言制律當先審音也朱子曰審音之難不在於聲而在於律不在於宫而在於黄鍾此言審音當先求諸黄鍾也世爲黄鍾之説者曰置一而九二之以爲法實如法得長一寸凡得九寸命

曰黄鍾之宫各因而三之上生者益一分下生者損一分自是朱子因之以爲清濁之辨曰五聲之序宫最大而獨濁羽最細而獨清商之大次宫徵之細次羽而角居四者之中見於通解鍾律者然也是司馬遷之説也蔡氏因之以爲多少之辨曰黄鍾長九寸空圍九分積八百一十分天地之數始於一終於十其一三五七九爲陽九者陽之成也其二四六八十爲陰十者陰之成也見於律吕新書者然也是亦司馬遷之説也按戴記宫爲君商爲臣角爲民徵爲事羽爲物而貴賤因以判焉信如朱子之言也則是濁者貴而清者賤乎按易傳一生二二生四四生八八生六十四以至於萬所謂太極也信如蔡氏之言也則是多者貴而少者賤乎愚生於此蓋不能無疑矣且以黄鍾九寸上下相生互爲損益者筭之其增減之數少自二分多至於四寸三分差池不齊夫律曆一道也曆家二十四氣每氣筭之不差毫厘若一氣短二分奇文又一氣短三分四分奇又一氣短五分六分奇又一氣短四寸三分奇則月之大者過於三十月之小者不及二十九日不惟無以成歲而律管侯氣亦不可用矣况陽氣自冬至以漸而升而律反減則氣有餘而管不足陽氣自夏至以漸□□而律反增則氣不足而管有餘擬之數而不齊求其説而不得於是有半律子聲之議出焉委曲以相符變遷以相就其辨雖工恐非造化自然之妙也愚嘗求之諸書於通鑑外紀得劉恕之言焉曰黄帝命伶倫造律吕自大夏之西阮隃之陰取竹於嶰溪之谷斷兩節間長三寸九分而吹之以爲黄鍾之宫於隋志得長孫無忌之言焉曰傳稱黄帝命伶倫斷竹長三寸九分而吹之以爲黄鍾之宫近世儒家因取是説以爲元聲而以次推之升陽漸益至於蕤賓得九寸歸陽漸損至於黄鍾得三寸九分所謂三分損益者以左右對待言之隔八相生者以正徵言之雖未必果有得於天地之元聲然其措意也勤用心也密矣徒以异於先儒之説也并劉恕長孫無忌之言舉不之信焉不知君子之論惟其理而已求之理未必是也雖言之出於聖賢不敢以苟同也求之理未必非也雖□之不出於聖賢不敢以不异也今姑就劉恕長孫無忌所謂三寸九分者筭之由黄鍾至大吕增六分由大吕至寺簇由大簇至夾鍾由夾鍾至姑洗由姑洗至仲吕由仲吕至蕤賓并增九分由夷則至南吕由南吕至無射由無射至應鍾由應鍾復至黄鍾并減九分蓋大吕當五陰之盛一陽始生則陽雖進而尚弱林鍾當五陽之盛一陰始生則陽雖退而尚强固宜其增減僅得三分之二也驗之清濁焉斯黄鍾極清者也大簇以下以漸而濁至蕤賓而極大吕次清者也夾鍾以下以漸而濁至林鍾而極極則以漸而清轉爲黄鍾斯不亦清者貴而濁者賤乎驗之多少焉則宫聲極清者也黄鍾爲正宫其數極少

故爲君臣數多於君故商爲臣民數多於臣故角爲民事多於民故徵爲事物多於事故羽爲物不亦少者貴而多者賤乎是故通於清濁多少之辨明於貴賤尊卑之義而黄鍾之律可得而言矣然則司馬遷黄鍾九寸之説非乎曰九寸者蓋黄鍾之終益之極而爲蕤賓之管也非愚之私言也九寸黄鍾之變革昭嘗言之矣非特韋昭言之也司馬遷亦曰細若氣微若聲然聖人因神而存之雖妙必效是遷亦未敢自以爲神而必有待於聖也朱子亦曰古聲既不可考姑存之以見聲之彷彿以俟後之知樂者是朱子亦未敢自以爲知而必有俟於後也今試取所謂九寸與所謂三寸九分者并試之築室布灰以候其氣截竹爲管以求其聲而孰爲正也較之龠合以均其量實之秬黍以參其度而孰爲準也然後以之比歌聲以之齊簫聲以之定十六聲其是其非必當有相形而不可掩者故程子曰律取黄鍾黄鍾之聲亦不難定世有知音者舉上下聲考之自得其正真知言哉雖然所謂作樂之本者是天地之元聲也作樂之具者是天地之元數也元數者律吕長短損益之義雖難言也而夫人固可能也元聲者乃黄鍾律吕之原雖易言也而非聖人莫之能也記曰作者之謂聖述者之謂明今世古制弗存明者何述然而至樂之在天地間固不容以一日息也竊意聖明之世必將有后夔者出焉神解於曠世之後以成鳳儀獸舞之化彼區區得牛鐸而知爲黄鍾之宫得王磬而識爲黄鍾之缺如荀勖張文收者蓋不足言已書生之見管窺蠡測蓄疑於中久矣謹因明問而質之

第四問

吴達聰

同考試官教諭蔣批（二公以素養之具而操始終不渝之節卓然稱唐宋名臣使千載之下讀史者無不興尚友遐思焉是策議論詳悉又能原其仁義忠孝本於性命者他日立朝必無愧於二公矣）

同考試官知州楊批（仁義忠孝二公之學術甚正此作獨見要領而議論周匝格調俊整可以爲尚論之斷案矣子豈其匹耶）

考試官左中允孫批（宣公文正公才節素定而仁義忠孝寔其大致子能因言和知人敷答詳確其生二公之鄉志二公之志者耶試占他日）

考試官左諭德王批（子於古人能論其世而得其心且詞多感概可以觀志矣）

君子之用世也必有經世之具而後其志定必有礪世之節而後其道隆何謂具學通帝王之略才周文武之用任之以事而隨試輒效者是已何謂節器識恢乎遠圖行誼拔乎流俗持之以正而始終不渝□是已其具在我故其

始也慨然以天下□己任而非以爲名也其節不可奪故其終也屹然任天下之重而不以苟合也愚生嘗執此以覽鏡往昔品□名流三代而下瑰奇絶特之士負才略而顯功名者何限乃若全才偉節卓然爲一代純臣者吾於唐得陸宣公贄其人焉於宋得范文正公仲淹其人焉夫宣公年十八第進士署渭南簿天下之大計未嘗責於身也當時所遣黜陟使者十一輩非有納交之素也而公汲汲焉以策説之豈以采榮於世哉蓋使者之職莫先於省風俗聽吏治登雋乂經財賦保罷瘵簡官事而所以舉其職者不出乎五術八計三科四賦六德五要之外其具在我其權在使者况德宗即位之初遣使巡行天下正世道一新之會也使吾言朝行而天下夕蒙其惠矣奚必其功之自己出哉文正公以節度推官宅憂解任天下之大計亦未嘗責於身也當時宰執四五輩非有平生之素也而公汲汲焉以書上之豈以徼名於時哉蓋當世之務莫急於固邦本厚民力重名器備戎狄杜奸雄明國聽而所以行之者誠不外乎舉縣令擇郡守復游散去冗僭慎選舉敦教育儲將材實邊郡補君過弭民怨保直臣斥佞人其具在我而其權在宰執况仁宗誠心愛民而一時大臣號稱賢者正世道向泰之占也苟吾之言行而道亦行矣奚必於身親爲之哉此其經天下之具素定於中而其公天下之心不私于己故視天下之事猶一身而視天下之人莫非我君子於此可以觀二公之大矣記曰事君先資其言而拜自獻以成其信二公舉進士登博學宏詞科其言不傳而此二書乃其莁仕之初志即所謂先資自獻者也厥後宣公受知德宗召爲翰林學士奉天之幸艱難扈從掞翰裁詔動中機宜卒能彌縫主闕以感動人心一時定難之功固歸之文德腹心之助矣非其文武才猷之素具何以能敏贍若是邪迨其晚躋政府竭節盡知智無不言不异於待從獻納之日諸所建白即便僕未易數也乃若馭吏恤民備邊之三疏尤其設施之大者竊計囊所屬於使臣者公可自見之行矣今試合而觀之其馭吏之三術即前八計聽吏治三科登雋乂之約也其均節財賦以恤百姓之六條即前四賦經財實六德保罷瘵之實也其論沿邊守備之六失好前五要簡官事之推也幼學壯行後先一揆雖群奸沮撓豈肯少貶以隨時哉使德宗盡用其言則用人行政治邊馭將咸正罔缺貞元之治當與貞觀比隆矣奈何延齡進而君志惑公以去就争之而忠州之命且繼下矣豈天未欲平治唐之天下歟文正公以晏殊薦擢爲集賢校理而伏閣之争四論之忤公身再黜而用於西陲卒能經制内地鞭笞外夷一時戰守之績固徵之西賊破膽之謡矣非其文武才猷之素具何以能踔絶如是耶迨其晚貳台司直言勁氣百折不回無异於諫垣京兆之日諸所建白即更僕未易數也

乃若召對天章隨上十事此尤其設施之大者竊計曩所望於宰執者公可身親行之矣今試合而觀之其曰擇長官精貢舉抑僥幸即所謂固邦本重名器者也其曰均公田厚農桑減徭役修武備即所謂厚民力備戎狄者也其曰明黜陟推恩信重命令即所謂明國聽杜奸雄者也質言成信始終不渝雖群邪震撼豈肯少降以徇人哉使仁宗盡行其言則紀綱日振國勢日强二虜就服而慶曆之治不遽變爲熙寧紹聖之紛紛矣奈何夏竦謀而飛謗集公且引避丐外而邠州之命竟下矣豈天未欲平治宋之天下歟蓋愚於是而益嘆君子遇合之難焉夫士之用世莫大於得君莫重於得公論此獲上信友聖人所以者爲訓也宣公於德宗蚤膺簡眷寄以心膂可謂不得於君乎然格心之言日切而逆耳之聽愈疏於是諂佞日進而孤立之勢成矣則得君固不足恃耶文正在宋朝直節正氣率先士類可謂不得於公論乎然譽者之言日至而忌者之意愈堅於是正士激昂而朋黨之謗興矣則公論固不足恃耶天直言極諫蓋臣之偉節而多欲者之所讎建政立事志士之宏猷而循習者之所駭故宣公之言重於奉天播遷之日而輕於貞元無事之時豈智於前而愚於後哉猜忌之君可與共患難而不可與共安樂此范蠡之所以扁舟五湖也文正之策用於西事經洛之年而沮於政府設施之日豈利於外而舛於内哉固寵之臣遠之則樂于用人之長近之則忌於形已之短此賈誼之所以厄於長沙也雖然君子能素豫吾才不能使世之必我用能素立吾節不能必世之不我撓用之則達吾之才以經世而立業撓之則伸吾之節以礪世而明道此於世道有重輕而君子固無所加損也故宣公嘗曰吾上不負天子下不負所學不恤其他文正亦曰爲之自我當如是其成與否有不在我者雖聖賢不能必此諸葛武侯不計成敗利鈍之心也二公之道光明俊偉此可以識其大矣然愚生又有説焉夫才者天之所生必的以充拓之而後其挾持者始大節者人之所立必有以培植之而後其負荷者始宏此所謂誠與才合者也故觀二公之大者又當深探其本焉歐陽永叔謂宣公之言相於仁義吕本中謂文正之學本於忠孝夫仁義忠孝之道通極於性命而置之可以塞乎天地根柢於綱常而施之可以貫乎金名是則二公之所存也彼徒負豪杰之才而不本聖賢之學者或激於意氣之偏而不得其正或墮於功利之私而不底於純其視二公之作爲何啻霄壤也耶愚生幸生二公之鄉景行先哲而誦其遺言竊有志於當時之務久矣然曰以天下自任則非所敢承也謹述二公之概以爲明問復而士之尚志亦因以自見云

第五問

周汝礪

同考試官教諭楊批（更化安民乃圖治首務此作能以獨得之見開席節時政鑿鑿可行且滚滚數千餘言悉秦漢人語足占博雅之學經濟之才矣宜録之以傳不朽云）

同考試官推官沈批（談時務者類多剿襲陳言無裨實用此策獨能敷陳閭閻疾痛廓廟隱憂筆端如畫而長慮卓識直與董賈相伯仲蓋誠通達國體者謂爲俊杰非耶是用録之俟當寧采焉）

考試官左中允孫批（書生能言民間利病詳且實而惓惓匡時之抱吐之衷懷非徒工於文者）

考試官左諭德王批（以史漢語而談當世務真有痛哭流涕長太息之意子其今之賈生耶）

愚竊聞更化者莫病於重懲乎既往而不虞其遺後求之患安民者莫病於過與以厚望而不察其藏不測之憂夫所語更化者何也傳曰更化善治譬諸琴瑟不調必解而更張之蓋法未有歲久不弊者一旦掃除其舊而與之以新天下之民延頸望治何其幸也顧前人之法不皆不善而今之法未有甚過於前舊弊未袪新患叢生令有所不行民無時休息譬諸調琴瑟者鼓之成聲可使人聽而瓮缶箏髀雜進并奏則聽之者不知其爲美而且惑矣夫琴瑟以易人之聽乃致人之惑法制以令人之喜乃失人之望此其患甚切而其憂益以長不可不察也且今天下號極治矣天子仁儉性成令聞方昭公卿大夫百執事布列在位陳謨獻計者畢智之士也采議集事者竭忠之臣也愚生伏在南陬無所聽睹乃亦竊有聞方其詔令初下鄉人父老扶杖往聽感極而涕何异漢詔之下山東唐令之下河朔也思慕德化幸見今日莫不説喜何啻恒饑之子之食大旱之苗之雨也乃後則日异矣又後則月异矣大人之情望之過而實不至則怨生焉今時之民未怨也其勢則然耳愚生之見以爲安民莫如慎事更化莫如救患今天下民貧妨饑寒切身十人而九流亡轉徙十地而五疾痛煢若之狀啼號之聲不可聞且見也往者賦斂無時費出不經奉行恐後士大夫扼腕而游談者以爲非盡有司之過乃今則誰使之然也詔許内供之費減矣而浸漁之弊數倍也詔許加派之令止矣而科擾之弊滋甚也江南財賦之窟久固徵輸江北河流之衝積苦氾濫日望官庾嗷嗷待哺未之至也一旦司農告匱持斧之使四出遠邇小民聞者群然嚙指而相視曰此何以爲也夫撫之則親親則安威之則慑慑則惑小民之常度也即督責逋負諸路分部

盡使職矣如必假之以權則天下之使在外秉憲者豈少耶官衆則出令者多權分則任事者鮮州郡趨承昏夜靡遑坊里供具膏血盡竭傳曰鳥窮則啄獸窮則攫馬窮則佚此善喻也故民不可擾也民擾則不寧居不寧居則失其故業漢文帝時最號富庶乃進言者曰方今之務莫若使民務農而已夫農者天下之本也粢盛之所出財用之

隆慶四年應天府鄉試録

應天府鄉試録序

隆慶庚午秋天下復當鄉試應天府臣預疏請上命臣自强臣大臨往典試事翌日陛辭上賜之酒饌臣自惟庸下往三分校禮闈今荷皇上拔之經延列之史局兹又承乏輶講纂膺是役視昔益專以重懼無以稱任使也行則相與栗栗然既至見同考知縣臣世武臣戴臣成位學正臣祥麟教諭臣啓明臣肇梓臣用懋臣學成臣秉商臣日宣臣良貴翼翼然提調府丞臣有崑兢兢然監試御史臣嘉賓臣寵肅肅然百執事秩秩然臣則又率簾以内諸臣誓竭公慎而奉例增設防檢於外御史臣王謡臣余一龍恖恖然蓋罔不精白祗事云先是皇上御極命天下拔士之秀者府二人衛州縣各一人貢之太學曰恩貢至是青衿之士充滿賢關又俞禮部尚書臣殷士儋覆國子監祭酒臣孫鋌之請兩京增額各十五人蓋一時特典也於是諸曹六館所選士加昔暨提學御史臣鍾繼英所選士合之共四千三百有奇三試之乃復嚴加校閲遵恩制録俊者百五十人并其文之優者以獻臣當録之成而且獻也與諸同事喜而嘆曰於休哉東南之勝鍾阜龍蟠石頭虎踞山若彼其奇也江淮外連湖海内控水若彼其秀也其精英所鍾毓與所興感多士之文如雲擁山間風行水上又若此其麗也而臣等得以縱觀其間收山水之精英暨四方精英之來萃者爲主上獻東南之大觀備而涓埃之微效伸矣斯不亦有厚幸乎雖然臣尤有欲言者臣竊惟金陵爲聖祖定鼎之地開科取士實兹焉始乃其制監于前代罷博學宏詞詩賦諸科以爲虚文不足以得士而純用經術于其時制録所録率沉浸經旨意顯語質如太羹玄酒疏越朱弦味若音固有不盡者存也漸涵百餘年以迄弘治正德之間質文并茂發奥衍之英華含精光於渾厚郁郁彬彬盛矣夷考其人多嚅咀道真敦行彝教淹貫深而藴藉厚故其發爲文詞則美文詞隨所任使則勝任使如此而謂經術取士勝於博學宏詞賦諸科也不亶其然乎惟我世宗皇帝入纘鴻圖作人化久我皇上嗣承熙運文教維新宜士之應化教而興者益雲烝霞變也顧文勝之極其勢必至於没質其間豪杰之士以明道立言自許者固有而溺於記誦徇枝葉而忘本根者尤往往見之甚

且崇飾詖淫闊略踐履雖正文體端士習之德意屢廑而黌校之陋風猶故也夫康莊坦夷而人争趨徑者貪其捷也正學淵源而士争剿説者利其便也彼博學宏詞詩賦誠虚文由後世觀之猶不失爲學之博也詞之宏也詩詩而賦賦也今之舉業半支詞蔓語耳在今日且敝帚視之後世謂何故臣校諸士之文於據理敷章氣偉而采奇者亟取之其次則詞約而精者其次則情辨以澤者而支蔓叛經即湊泊爛錦弗顧矣誠欲因文占藴取學有本源者以追復弘正之風也顧一日之長詎敢以盡信其行乎期得其近似者而相與勉之焉耳夫修詞之與修行其難易未可同語也何者文雖末技胥發性靈其爲之也必收視反聽馳精於輪扁所不能語耽思於鬼神所或可通務淵岳其心求麟鳳其采至於含毫損神輟篇驚夢然而工拙竟判於才殊若此者難乎易耶至於行則道在日用易知簡能實心事父則爲孝子實心事君則爲忠臣實不取則爲廉士實能愛則爲仁人故行堯則堯爲舜則舜百鈞能舉即烏獲同稱矣若此者易乎難耶乃士顧爲彼不爲此此臣所未解者也夫惟能爲也而不爲不爲也而世罕可見之行是以曰非言之艱行之惟艱矣而行豈誠艱哉蓋艱在不爲也今觀多士之文於難而勞心苦思者亦既習而能之矣於易而可心怡日休者顧難之耶是故臣願與多士勉之也矧豐芑舊邦文獻淵藪四方操觚者且望風思效矣而謂正文體端士習不當自兹地始乎多士文已入式誠於其所言者而實心行之以措諸事業以要諸久遠使今日東南山川之勝不徒爲虚文之鍾毓興感豈惟復還弘正之風即古之所稱不朽者可媲美矣多士皆以豪杰自期待豪杰之士雖無聖人猶興況聖人在上而臣猶亹亹者慮多士之興於文而未盡興於行也夫順風而呼則其聲加疾而及者遠金陵首善之地固曩時聲教之所由四達者也故臣以此風多士冀多士之嚮風也且因之以風四方云

奉訓大夫司經局洗馬兼翰林院侍講馬自強謹序

隆慶四年應天府鄉試

提調官

應天府府丞丘有嵒（孔觀福建晋江縣人　癸丑進士）

考試官

奉訓大夫司經局洗馬兼翰林院侍講馬自强（體乾陝西同州人　癸丑進士）

翰林院侍讀陶大臨（虞臣浙江會稽縣人　丙辰進士）

同考試官

直隸滁州全椒縣知縣洪世武（國定福建閩縣人　丙午貢士）

直隸揚州府高郵州興化縣知縣李戴（仁夫河南延津縣人　戊辰進士）

直隸揚州府高郵寶應縣知縣徐成位（惟得湖廣景陵縣人　戊辰進士）

四川保寧府劍州儒學學正徐祥麟（鳴瑞湖廣廣濟縣人　戊午貢士）

江西饒州府德興縣儒學教諭張啓明（子誠湖廣武昌護衛籍江夏縣人　甲子貢士）

湖廣寶慶府武岡州新寧縣儒學教諭葉肇梓（汝材廣西蒼梧縣人　甲子貢士）

河南懷慶府武陟縣儒學教諭郭用懋（行暢江西泰和縣人　乙卯貢士）

湖廣黄州府羅田縣儒學教諭蔣學成（敬輿廣西桂平縣人　辛酉貢士）

山西遼州和順縣儒學教諭劉秉商（崇質貴州普定衛籍陝西乾州人　丁卯貢士）

山東東昌府冠縣儒學教諭蔡日宣（君弼福建晋江縣人　辛酉貢士）

陝西西安府乾州永壽縣儒學教諭崔良貴（德卿直隸安平縣人　甲子貢士）

監試官

文林郎南京河南道監察御史王嘉賓（國光山東滕縣人　壬戌進士）

文林郎南京廣東道監察御史傅寵（君錫四川巴縣人　乙丑進士）

收掌試卷官

應天府治中包大爟（舉之浙江鄞縣人　己未進士）

印卷官

應天府通判陳治安（超誼貴州宣慰司籍直隸崑山縣人　庚戌進士）

應天府推官朱大年（景仁直隸華亭縣人　壬子貢士）

受卷官

承直郎應天府上元縣知縣王誥（汝榮江西清江縣人　壬子貢士）

徵仕郎南京留守左衛經歷司經歷朱正朔（孔時浙江嘉興縣人　儒士）

彌封官

承德郎應天府江寧縣知縣李一鶚（時薦山西應州人　乙卯貢士）

徵仕郎南京金吾前衛經歷司經歷黄炤（克亮江西臨川縣人　儒士）

謄録官
應天府句容縣知縣張道充（叔學河南商丘縣籍杞縣人　戊辰進士）
應天府溧水縣知縣劉應雷（汝豫江西萬安縣人　戊辰進士）
應天府江浦縣知縣王之綱（素張湖廣夷陵州人　戊午貢士）
對讀官
應天府溧陽縣知縣鄒學柱（國材浙江滁□縣人　戊辰進士）
應天府六合縣知縣董潤（濟時山東濟寧州人　癸卯貢士）
巡綽官
昭勇將軍直隸安慶衛指揮使石一乾（汝清山東海豊縣人）
明威將軍直隸新安衛指揮僉事李勇（尚義山東濱州人）
搜檢官
武德將軍南京留守前衛正千户王珍（玉卿直隸東安縣人）
武略將軍南京留守中衛副千户董文（子章山東日照縣人）
昭信校尉南京留守左衛百户朱文舉（子賢直隸當塗縣人）
昭信校尉南京留守後衛百户湯相（時行直隸監城縣人）
供給官
徵仕郎應天府經歷司經歷陳漢（天章山西馬邑縣人　歲貢）
修職佐郎應天府經歷司知事于棨（德載山東禹城縣人　歲貢）
登仕佐郎應天府照磨所照磨任鴻儒（子正山西汾西縣人　監生）
應天府照磨所檢校朱家相（調元湖廣黄陂縣人　儒士）
應天府上元縣丞陳儒相（孟弼山東濟寧州人　監生）
應天府江寧縣縣丞侯翰（國禎山西汾西縣人　選貢）
應天府溧陽縣縣丞蕭桐（養吾直隸涿州人　歲貢）
應天府高淳縣縣丞王伯璡（宗器江西永豐縣人　吏員）
修職郎應天府上元縣主簿盧學詩（佁興直隸南宫縣人　監生）
修職郎應天府江寧縣主簿廖應元（顯仁雲南河陽縣人　歲貢）
應天府高淳縣主簿段以中（立夫山東陽穀縣人　監生）
應天府上元縣典史楊守仁（存德雲南建水州人　吏員）
應天府江寧縣典史范鈿（子堅福建松溪縣人吏員）
應天府溧水縣典史王墱（君石山東新城縣人　吏員）
將仕郎應天府聚寶門宣課司大使賈燿（汝章浙江仁和縣人　知印）
應天府龍江宣課司大使趙鑰（憲之雲南泰和縣人　吏員）

登仕佐郎應天府上元縣淳化鎮巡檢司巡檢孫宗仁（愛之山東掖縣人　吏員）

應天府句容縣龍潭巡檢司巡檢唐噩（文廣浙江餘姚縣人　吏員）

應天府句容縣雲亭驛驛丞楊成璧（文烋福建龍溪縣人　吏員）

第一場

四書

君子謀道不謀食耕也餒在其中矣學也禄在其中矣君子憂道不憂貧　道也者不可須臾離也可離非道也是故君子戒慎乎其所不睹恐懼乎其所不聞　責難於君謂之恭陳善閉邪謂之敬

易

以祉元吉中以行願也　九五甘節吉往有尚象曰甘節之吉居位中也　夫乾其静也專其動也直是以大生焉　潤萬物者莫潤乎水

書

克明俊德以親九族九族既睦平章百姓百姓昭明協和萬邦黎民於變時雍　導河積石至于龍門南至于華陰東至于底柱又東至于孟津東過洛汭至于大伾北過洚水至于大陸又北播爲九河同爲逆河入于海　所寳惟賢則邇人安　哲人惟刑無疆之辭屬于五極咸中有慶

詩

蠶月條桑取彼斧斨以伐遠楊猗彼女桑七月鳴鵙八月載績載玄載黄我朱孔陽爲公子裳四月秀葽五月鳴蜩八月其穫十月隕蘀一之日于貉取彼狐狸爲公子裘　彼交匪紓天子所予　其詩孔碩其風肆好　龍旂十乘大糦是承邦畿千里維民所止肇域彼四海四海來假來假祈祈景員維河

春秋

六月齊侯來獻戎捷（莊公三十有一年）五月癸丑公會晋侯齊侯宋公蔡侯鄭伯衛子莒子盟于踐土（僖公二十有八年）六月癸酉季孫行父臧孫許叔孫僑如公孫嬰齊帥師會晋郤克衛孫良夫曹公子首及齊侯戰于鞌齊師敗績（成公二年）　冬十月不雨（僖公二年）春王正月不雨夏四月不雨六月雨（僖公三年）　夏五月公自京師遂會晋侯齊侯宋公衛侯鄭伯曹伯邾人滕人伐秦（成公十有三年）　冬楚公子結帥師伐陳吴救陳（哀公十年）

禮記

知其義而敬守之天子之所以治天下也　天下大定然後正六律和五聲弦歌詩頌此之謂德音之謂樂　百官得其宜萬事得其序　温良者仁之本也敬慎者仁之地也寬裕者仁之作也孫接者仁之能也禮節者仁之貌也言談者仁之文也歌樂者仁之和也分散者仁之施也儒皆兼此而有之猶且不敢言仁也其尊讓有如此者

第二場

論

堯舜其心至今在

詔誥表（内科一道）

擬漢定振窮養老之令詔（文帝元年）　擬唐以許敬宗爲侍中杜正倫爲中書令誥（顯慶二年）　擬唐幸國子監觀釋奠命祭酒孔穎達講孝經廷臣賀表（貞觀十四年）

判語（五條）

官員赴任過限　人户以籍爲定　懸帶關防牌面　縱放軍人歇役　官司出入人罪

第三場

策（五道）

問　易稱主器者莫若長子而記著禁於未發之謂豫之文三代所以有道之長以其豫建元良諭教於早焉爾於稽其制莫備於周公所以教成王者可得而言其詳歟漢臣賈誼嘗以周制爲文帝告見采納矣乃以景方成終有慚德何也嗣是若帝範若戒子篇若承華要略諸書代有作者不知與周之制誼之言有相契合發明者否歟我太祖高皇帝締造鴻業首建大本堂以爲東宫育德之所成祖文皇帝則又輯古之嘉言善行爲文華寶鑒一書以授皇太子二祖所以垂裕後昆意至深遠矣至于敷言貽訓見于諭太子及諭宫臣梁賢解縉蹇義等之詞與夫建極叙倫章之爲身教者皆足爲聖子神孫萬世楷式亦可得而揚厲之歟我皇上踐祚之二年即崇建儲宫以定大本聖度宏曠超越前代帝王遠甚兹睿齡漸茂四海之内日喁喁徯其出閣開講筵也則二祖燕翼弘規正今所當繹思而率由矣不知所以爲儲宫燕閑緝熙之助者尚有可言者歟此天下之大計臣子深願所汲汲也諸生誠有賈生之見有司者

將藉以轉聞焉

問　孔子曰邦有道危言危行宋儒朱氏釋之曰危高峻也夫君子之行之高峻固無時而改矣言與行宜相顧者也奚獨至有道之時始危其言乎且既曰有道則君明臣良靡可指議士生其時鋪張盛美可矣言又何危耶古稱有道若舜禹湯武盛矣其繼體之君莫若太甲高宗成王考之當時諸臣之所告戒類皆警怠荒而憂危亂即中才之主所不足慮而乃以言於明聖之君極治之世何歟自漢而下固不得比於三代方其盛時亦庶幾乎有道矣乃賈誼魏徵張昇輩其言憂憤激切若過於事情而其君用之不以爲怪及其後也治日以不逮而憂憤激切之言卒不得聞然則有道之世危言固不可少歟抑言之危乃所以成其有道歟夫願治之君孰不欲聽言以自廣也顧言有當不當耳即未盡當亦可謂之危言歟抑所謂危言者必期於當而進言者固自有道也諸生幸生有道之時行將以言揚矣其明著于篇毋讓

問　經術者學問之本原節義者士人之高蹈教若無尚於此矣古之教莫備於周考其制顧無所謂經術節義之名稱何歟後世漢去周最近或以經術節義歸之矣又皆卒不免訾議豈周之教有尚於此者而漢未之及歟不然何若是謬戾也我朝聖相承敦崇教化於學校至加意矣百餘年間士罔不殫力稽古雅志好修以經術節義著見如萃於名臣録者概可睹識類多兼長而尤有袖然特出者過兩漢遠甚可謂盛矣何漸至於今又多不類經術則安於淺陋節義則流於萎靡豈氣化之不逮前歟抑士之所以自待者卑歟宋李復劉光祖嘗疏於政和紹熙間矣不知其說於今有足鏡者否歟夫經術以適治節義以維風關於世道非眇小矣而流弊若兹識治者能無憂乎兹欲使黌序之間易淺陋爲博綜化萎靡爲耿介而德一俗同厥道何在幸諸士究言之且將觀所以自養者

問　明體所以適用學術事功自昔相表裏矣先儒乃謂志伊尹之志學顔子之學若岐而言之何歟考其所志與其所學同乎否歟後世有志於事功者或日夜興致太平或決策以安社稷或萬口稱賢相或田野知姓名雖不得比隆伊尹乃其樹立亦卓然偉矣而不以理學稱豈無得於學而能然歟抑亦有所本歟其潛心於理學者或會道有元或聞道甚早或學本至誠或精思力踐或窮理以致知反躬以踐實亦庶幾從事於顔子之學矣乃用之不果究焉豈其所學不適於用歟抑固有遇不遇歟孟子論伊尹慎取與於一介孔子語顔淵非禮勿視聽言動焉則進德修業不可以泛求而諸君子之事功學術亦必有要矣諸士景行往哲將何所實用其力歟願質言之毋徒以空辭相眩爲也

問　陸贄有言克敵之要在乎將得其人馭將之方在乎操得其柄夫被廬之謀帥蘭陵之論將以禮樂仁義爲尚乃後世有雅歌臨戎輕裘布信者亦有夷都坑降見雄料敵吹簫販繒起佐興運者主在得人固不能盡如晋楚所云無容議矣至於馭將之方盡嘗歷覽古昔求所謂操得其柄者竊有惑焉試與諸生商之爵以正功也亡於治粟都尉者因漢中片語而登壇倚爲北道主人者待床下數言而佩印何遲速之不等歟罰以正法也戮債帥於一敗者欲以謝幒之老用纍臣於于再衄者卒以啓西戎之霸何操縱之殊科歟大將拜於入塞明天寵也乃有克敵斬使相之授者不幾於有司歟矙將斬於河陽肅軍令也乃有臨陣徇司隸之請者不幾於無紀歟同於被訟也或責其人而諭之改或送其人而令之誅何待之异歟均於屯邊也或士卒大樂乎簡易或軍吏殊苦其擾煩何用之同歟若是乎馭之無定術也果孰爲操得其柄耶夫執古可以御今今南北多虞時務所急宜莫如馭將者故願諸生以往事明之也

中式舉人一百五十名

第一名　吴汝倫　無錫縣學生　書
第二名　陸檄　蘇州府學生　易
第三名　武尚耕　溧水縣人監生　詩
第四名　陳有則　蘇州府學增廣生　春秋
第五名　魏良静　江西寧都縣人監生　禮記
第六名　吴中英　全椒縣學生　詩
第七名　王守素　溧水縣學附學生　易
第八名　甘一驥　江西南昌縣人監生　詩
第九名　葉汝華　太倉州學附學生　書
第十名　夏思　廣德州人監生　易
第十一名　金從洋　華亭縣學附學生　詩
第十二名　方楊　歙縣學生　書
第十三名　江有源　太倉州學生　春秋
第十四名　王應乾　東流縣人監生　詩
第十五名　曹司勳　宜興縣學附學生　禮記
第十六名　王炳璿　崑山縣學生　易
第十七名　王日就　涇縣學附學生　書

第十八名　顧夢鶴　崑山縣學附學生　易
第十九名　顧其志　長洲縣人監生　詩
第二十名　秦丹　高郵州人監生　書
第二十一名　劉尚志　懷寧縣學生　詩
第二十二名　唐應元　崑山縣學附學生　易
第二十三名　范允謙　華亭縣學附學生　詩
第二十四名　錢學弘　浙江嘉善縣人監生　春秋
第二十五名　薛維翰　溧水縣學生　詩
第二十六名　陸科　吴縣學附學生　易
第二十七名　張鶴鳴　徐州學生　禮記
第二十八名　潘伯翀松　江府學附學生　詩
第二十九名　周鳳翔　桐城縣學生　易
第三十名　馮時可　華亭縣人監生　詩
第三十一名　潘士藻　婺源縣學附學生　書
第三十二名　顧時化　蘇州府學增廣生　易
第三十三名　吴文梓　青陽縣人監生　詩
第三十四名　陳嘉謨　寧國府學生　易
第三十五名　丘沆　武進縣學附學生　詩
第三十六名　袁表　浙江嘉善縣人監生　書
第三十七名　曹繩武　太倉州人監生　詩
第三十八名　楊維新　丹徒縣學生　易
第三十九名　錢一本　常州府學附學生　詩
第四十名　邢振雷　嘉定縣學附學生　易
第四十一名　楊德　武進縣學生　詩
第四十二名　梅國光　江陰縣學生　書
第四十三名　尤可仕　吴縣學附學生　詩
第四十四名　毛有爲　吴縣學附學生　易
第四十五名　彭大翱　海門縣學生　春秋
第四十六名　史載德　潛山縣學生　詩
第四十七名　朱默　溧陽縣學增廣生　易
第四十八名　汪敬脩　徽州府學生　書
第四十九名　邵明德　宜興縣學增廣生　詩

第五十名　武尚嚴　溧水縣學生　禮記
第五十一名　王錫命　長洲縣學附學生　易
第五十二名　姜師閔　江西進賢縣人監生　詩
第五十三名　儲佶　穎州學生　易
第五十四名　馮應元　東流縣學生　詩
第五十五名　吴際可　徽州府學附學生　書
第五十六名　管志道　太倉州人監生　易
第五十七名　陳湝　浙江分水縣人監生　詩
第五十八名　姚時策　休寧縣學附學生　易
第五十九名　諸純臣　華亭縣人監生　詩
第六十名　李大謙　揚州府學附學生　書
第六十一名　周植　湖廣長沙衛人監生　易
第六十二名　張雲門　松江府學生　詩
第六十三名　張雲漢　鎮江府學生　易
第六十四名　凌堯倫　歙縣學附學生　詩
第六十五名　盧堯詢　浙江東陽縣人監生　書
第六十六名　陸從高　華亭縣人監生　詩
第六十七名　蕭應宫　常熟縣學生　易
第六十八名　祝永壽　江西臨川縣人監生　詩
第六十九名　孫學詩　當塗縣學生　春秋
第七十名　張明孺　江陰縣學增廣生　書
第七十一名　梁仲仁　淮安府學生　詩
第七十二名　徐春　興化縣學生　易
第七十三名　謝裘　當塗縣人監生　詩
第七十四名　陸檑　浙江鄞縣人監生　易
第七十五名　俞文道　徽州府學附學生　書
第七十六名　顔素　懷寧縣學增廣生　易
第七十七名　趙士登　涇縣學附學生　詩
第七十八名　尤錫類　蘇州府學增廣生　易
第七十九名　楊士元　太倉州學生　詩
第八十名　衛之教　蘇州府學附學生　易
第八十一名　顧九思　蘇州府學生　書

第八十二名　梅守相　宣城縣人監生　易
第八十三名　沈汝真　吴江縣學生　春秋
第八十四名　吴一本　浙江蘭溪縣人監生　易
第八十五名　陳瀚　福建政和縣人監生　詩
第八十六名　馬之龍　松江府學生　書
第八十七名　朱孔泉　繁昌縣學生　詩
第八十八名　張汝思　蘇州府學附學生　禮記
第八十九名　湯執中　寶應縣學增廣生　易
第九十名　章廷訓　涇縣學增廣生　詩
第九十一名　徐萬仞　福建浦城縣人監生　書
第九十二名　汪一躍　霍丘縣學增廣生　詩
第九十三名　馬玉麟　崑山縣學生　易
第九十四名　周必孝　泰興縣學附學生　詩
第九十五名　丁盛世　揚州府學增廣生　易
第九十六名　朱來遠　廬江縣學生　書
第九十七名　楊名　湖廣隨州人監生　易
第九十八名　曾守誠　太倉州學附學生　詩
第九十九名　張光宇　吴縣學附學生　易
第一百名　陸業　長洲縣學附學生　春秋
第一百一名　魯恂　湖廣孝感縣人監生　書
第一百二名　卜鎧　應天府學附學生　易
第一百三名　吴伯誠　應天府學生　詩
第一百四名　楊大軌　湖廣廣濟縣人監生　易
第一百五名　葛邦弼　常熟縣學生　禮記
第一百六名　王橋　應天府學生　詩
第一百七名　熊文燧　吴縣人監生　易
第一百八名　錢美中　溧陽縣學生　書
第一百九名　汪天宋　建德縣學增廣生　易
第一百十名　李伯春　上海縣人監生　詩
第一百十一名　舒九思　浙江奉化縣人監生　易
第一百十二名　程端容　婺源縣學生　書
第一百十三名　王思賢　寶應縣學增廣生　易

第一百十四名　于廷爕　金壇縣人監生　書
第一百十五名　王文昌　崑山縣學增廣生　春秋
第一百十六名　陸德望　浙江烏程縣人監生　易
第一百十七名　黄元敬　績溪縣學增廣生　書
第一百十八名　嚴丕承　江浦縣學生　詩
第一百十九名　陳筌　休寧縣學附學生　易
第一百二十名　曾嘉袠　湖廣麻城縣人監生　禮記
第一百二十一名　施廷相　浙江縉雲縣人監生　易
第一百二十二名　馮喃　宣城縣學生　詩
第一百二十三名　田成龍　湖廣沅陵縣人監生　書
第一百二十四名　汪一右　湖廣黄岡縣人監生　易
第一百二十五名　張履和　武進縣學附學生　詩
第一百二十六名　譚禮　江西新淦縣人監生　易
第一百二十七名　丁弘道　泰州學增廣生　詩
第一百二十八名　吴之彦　太倉州學增廣生　易
第一百二十九名　來三聘　浙江蕭山縣人監生　書
第一百三十名　張國輔　應天府學生　詩
第一百三十一名　朱文龍　浙江長興縣人監生　春秋
第一百三十二名　朱衍　崑山縣人監生　易
第一百三十三名　羅賜祥　池州府學生　詩
第一百三十四名　許國忠　寧國府學增廣生　易
第一百三十五名　陸光宅　浙江平湖縣人監生　書
第一百三十六名　李際春　常州府學附學生　詩
第一百三十七名　管九皋　廣德州學附學生　易
第一百三十八名　陳應芳　泰州學生　春秋
第一百三十九名　宋惠　浙江餘姚縣人監生　易
第一百四十名　楊以忠　武進縣學增廣生　詩
第一百四十一名　韓養蒙　蘇州府學附學生　易
第一百四十二名　許樂善　華亭縣學附學生　書
第一百四十三名　孫一俊　浙江長興縣人監生　易
第一百四十四名　吴文音　貴池縣人監生　詩
第一百四十五名　李陽吉　浙江縉雲縣人監生　易

第一百四十六名　孫秉陽　懷遠縣人監生　詩
第一百四十七名　俞文達　徽州府學生　書
第一百四十八名　熊士彦　湖廣雲夢縣人監生　易
第一百四十九名　楊國禎　江西樂平縣人監生　詩
第一百五十名　姚桐　蘇州府學增廣生　易

第一場

四書

君子謀道不謀食耕也餒在其中矣學也禄在其中矣君子憂道不憂貧

陸檄

同考試官教諭蔡批（是題作者多不能貫串此作鎔意鑄詞極爲密緻而且出之自然非邃於養者不能也允宜高薦）

同考試官教諭張（思致精密辭氣冲融末言事君後食意尤善是知所以謀道者矣）

同考試官知縣徐批（體格渾成筆力勁健不當以時調目之宜録以式）

考試官侍讀陶批（體格簡嚴意味雋永）

考試官洗馬馬批（語意圓融）

聖人論君子造道之學一無所爲之心焉蓋君子學以致其道也雖可以得禄而其心豈爲是哉宜夫子言之以爲干禄者警也若謂學莫先於義利之辨君子之學所以异於人者正惟有得乎此而已何則君子以明道自期吾見其孳孳以求道之能知矣乃若食雖養所必資何嘗或計焉以行道自任吾見其汲汲以求道之能體矣乃若食雖人所同欲何嘗或圖焉夫君子固不謀食矣其究未必不得食也如以食爲謀者其究又未必得食也農夫之耕非志於求食者乎然而餒在其中求之有不得矣君子之學固惟以謀道焉耳然而禄在其中不求可自致矣是君子雖謀道也而食未嘗不寓者也顧其志道之初心則又不若是其幾也惟以道不能知吾憂之道知而憂斯釋矣豈其貧之不能安也而假此以爲謀利之階哉道不能體吾憂之道體而憂斯釋矣豈其貧之不能樂也而藉此以爲欲富之地哉故禄之得也若固有之也即未之得也若將終身也蓋所憂者非貧也觀其憂不憂而其謀不謀益可知矣君子之學蓋如此此其所以不可及乎抑道高矣遠矣君子必有深造之者乃夫子獨言其不謀食何蓋義利之辨不明則體用之間悉謬窮無真儒達無善治皆此之

由也故夫子垂訓不爲高遠之論語爲學惟曰謀道不謀食他日語事君亦惟曰敬事後其食其詞近其旨深矣噫事君後其食惟爲學不謀食者能之

道也者不可須臾離也可離非道也是故君子戒慎乎其所不睹恐懼乎其所不聞

同考試官教諭崔批（題理淵奥場中作者類多冗浮可厭此作理精詞雅非邃養不能敬服敬服）

武尚耕

同考試官教諭劉批（認理精確詞復雅潔録式多士允宜）

同考試官學正徐批（道不可須臾離處義最渾涵難言是作發揮明透而詞復蒼雅録之）

同考試官知縣李批（體制莊嚴辭理明粹冠場之作也宜録以式）

考試官侍讀陶批（體認親切）

考試官洗馬馬批（冲粹古雅之作）

中庸甚言道不可離而示人以敬畏之密焉夫道率諸性本不可須臾離也然則君子之敬畏豈以不睹不聞而遂忽哉子思示人之意若曰夫人之或離乎道也其亦未知斯道之甚切乎夫道曰率性而性命於天則是道也者根本於天命人心之正而貫徹於日用常行之間語其統體無物不有自吾心之所具以至吾身之所接須臾離之不得其理矣不可也語其流行無時不然自思慮之未起以至應感之無窮須臾離之不得其理矣不可也使或可離於須臾而無所關於得失則是外鑠之物耳而豈率性之謂哉君子知其不可離如此是故欽翼之忱常存於宥密寅畏之念無間於斯須固嘗嚴乎其所睹矣雖時乎不睹而尤深致其戒慎焉蓋誠慮夫至静之中一息少懈則一息或離乎道而惺惺者罔敢懈也不睹尚爾又焉往而不戒慎哉固嘗謹乎其所聞矣雖時乎不聞而尤深致其恐懼焉蓋誠慮夫無感之際一念少弛則一念或離乎道而兢兢者罔敢弛也不聞尚爾又焉往而不恐懼哉吁君子之敬畏若此此其心之所以常存性之所以常定而不至離道於須臾也由教入道者其亦是務哉抑論中庸首章首言斯道之大原終言神化之極致而其用功之密乃在於戒慎恐懼則戒慎恐懼固性命所由盡而聖神功化所由始歟時雍風動本於兢業之懷而小心翼翼實所以事上帝而受方國也有志於位育之化者不可不知

責難於君謂之恭陳善閉邪謂之敬

吴汝倫

同考試官教諭蔣批（此題作者上下纏擾殊無分析此篇語意超脱發明曲盡宜録以式）

同考試官教諭郭批（矩矱蒼嚴詞華奇古大方家之作也敬服敬服）

考試官侍讀陶批（筆力高古不類衆作）

考試官洗馬馬批（理貫而詞析）

大賢指言事君之恭敬所以立臣極也夫恭敬者人臣事君之道也而知所謂恭敬者鮮矣宜孟子指責難陳善以示之極乎意豈不曰君之於臣所需者甚殷臣之事君所務者貴大是故爲君以堯舜爲極至事莫難焉而爲之則是顧人臣無以責之耳誠知古今無不同之道責君以爲堯爲舜之事使奮然自勵於有爲即道不易盡而左右夾輔必欲曠世匹休焉若此者何以謂之恭蓋望君不至者薄待其君者也慢孰甚焉以難責君雖投之艱也實尊以聖也其期之大有爲皆其心不敢以不足與爲待之者此其輔相之志與皋夔稷契之贊襄者同矣不謂之恭而何哉堯舜以仁政成治平道莫善焉而非是則邪顧人臣無以格之耳誠知理欲有互勝之機啓君以仁心仁政之説使默然自閉其不仁即機不相入而委曲開導必欲昭德塞違焉若此者何以謂之敬蓋從君之欲者陷君於過者也欺孰甚焉以善格君雖拂其情也實引之道也其入而盡所言皆其心不敢以不足與言視之者此其匡救之意與皋夔稷契之謨弼者同矣不謂之敬而何哉吁人臣而知此可以語事君矣雖然尤貴於君之知之也君知此之爲恭敬也則樂於嘉納而恭敬行矣不然將不以爲苦難逆耳者乎伊尹遇從諫弗咈之聖始遂堯舜其君之心教其臣皁之無甚高論焉斯漢之所以雜霸矣故曰俊士俟明主以顯其德明主者明此者也

易

以祉元吉以行願也

陸檄

同考試官教諭蔡批（老成莊重詞復自然深得純心任賢意可以式矣）

同考試官教諭張批（發明人主下賢保泰之旨多用木色語而精切懇到迥异衆作蓋深於易學者宜録以式）

同考試官知縣徐批（識精句雅無假雕鏤而理自明暢積學之士也）

考試官侍讀陶批（明粹可式）

考試官洗馬馬批（詞簡而意足録之）

象傳於保泰之主而表其下賢之心焉蓋賢者邦國之楨也人君純心以下賢兹固泰之所由保與夫子小象之意若謂王者之御世也集維新之命者易爲力而保盈成之運者難爲功顧兹卦而曰泰治之盛也爻而至五時之極也物盛則衰時過必返吾方慮其悔咎之不終無矣乃周公繫其辭曰以祉元吉則又若不虞其往復之常期而直許以于食之有福者五果何修而得此哉亦惟中以行願焉耳蓋得賢臣以弘功業人主孰無此願也第德有未中則淵微所存既無以端其取人之本而頗僻是累又無以致其信任之專願之不獲自遂者多矣兹惟六五柔中虚已下應九二則是帝德罔愆而任賢爲之弗貳凡名言允出一皆念其邁種之懿也皇極克協而俊民由之用章凡貨色讒邪不能摇其貴德之誠也由是包荒馮河之嘉猷既敷施于有政而輔相裁成之耿烈將永保於無疆矣辭之所謂以祉元吉不以是耶是可見保泰非難而得賢爲難得賢非難而能純其心以任賢之爲難也人主欲守至治而綏景福其尚求之心乎嗚呼人君一心萬化之原也其大端惟在於用人所謂中者惟心無偏倚云爾人主心無偏倚則知人哲舉措當萬化得其理而祉與元吉固其所自至者一有偏倚則用非所用心愈專治愈遠去祉吉千里矣然則治心之道奈何亦曰惟精惟一而已

夫乾其静也專其動也直是以大生焉

王守素

同考試官教諭蔡批（意義精密文辭典雅善闡天道之奥足占素養矣）

同考試官教諭張批（通篇整潔純粹而講乾道專直之理更是精練宜録以式）

同考試官知縣徐批（構思精微造語雅健沛然之中有成法蓋邃於易道者矣）

考試官侍讀陶批（説理明順）

考試官洗馬馬批（是善言乾之大者）

大傳即乾道之至健而推其所以大焉蓋專一直遂天下之至健也乾道之動静以之而其所以大也謂不在是乎大傳之意若曰易書之藴固極於廣大而廣大之理實本於乾坤今夫乾其數則一得乎陽之純也其體則實全乎德之易也方其静與坤别而造化之用以藏斯時也氣之斂者醇而固理之凝者粹而精蓋至善之體渾然涵於寂而未有所分也何其專歟及其動與坤交而造化之仁以顯斯時也斂者以之而發育凝者以之而流行蓋至健之用沛

然妙於感而莫之能禦也何其直歟夫其静也正以豫乎其所動其直也又以出乎其所専乾道之健如此而大不生於是乎吾見畜之専一則起知也易而有以宰充周不窮之化發之直遂則施及也弘而有以成生物不測之功萬物由之以知始人知乾之大無所不覆矣而不知其所以覆乎物者惟此健爲之也無方之神豈物之所得而逾哉坤道承之以時行人知乾之大無所不統矣而不知其所以統乎坤者惟此健爲之也無涯之氣豈形之所得而限哉吁觀乾之大而坤之廣從可知矣易固模寫乎乾坤者也其爲廣大當何如哉抑嘗論之乾天也其道君道也天之道發見於動而其機則始於静夫君道亦猶是耳是故聖人立仁義中正之極必曰主静而中和位育之效必自不睹不聞始此又憲天者之所當知也

書

克明俊德以親九族九族既睦平章百姓百姓昭明協和萬邦黎民於變時雍

吴汝倫

同考試官教諭蔣批（帝德感應人所易言而功之所至未易形容此作發明精透且援應有體必潛心經學而有得者）

同考試官教諭郭批（此題要見勳之放處感與序意俱非所重此作獨得肯綮而詞復精明瑩徹足以爲多士式矣）

考試官侍讀陶批（莊重雅潔）

考試官洗馬馬批（庶幾得放勳氣象者）

史臣詳聖人盛德所及之廣以見放勛之實也蓋化本於德者也堯之德極其盛矣而化之所及有不廣者乎史臣贊堯之意若曰大哉堯之爲君也吾固謂其放勛矣而何以見之彼堯也欽明文思之安安也恭讓之允克也則心法之虚明者湛然太極之内融身法之著明者昭然皇極之外焕其俊也囿家國天下以爲體而其明也先家國天下以作則矣俊德之克明如此而推之有不準者乎故言乎其家有九族也以是德而親之欲合异分而同情也則見九族反乎其薄歸乎其厚而藹然自效於親之篤也舉一家而在帝德聯屬之内矣有不既睦者乎言乎其國有百姓也以是德而平章之欲均异人而同德也則見百姓去乎其舊即乎其新而熙然自敏於光之近也舉一國而在帝德照臨之下矣有不昭明者乎至於天下有萬邦也以是德而協和之欲通异地而同風也則見黎民於變易乎其惡也相忘於不識不知之天遷乎其善也咸和於大順大化之世舉天下而在帝德陶鎔之中矣有不時雍者乎夫家國天下

盡乎地與人也而皆堯德之所及四表被上下格矣所謂放勛蓋如此抑堯之及人者曰睦曰明曰雍雖若不同其實皆明其德耳是之謂明明德於天下而皆俊德分内事也必如是而後謂俊德之克明也猶天之覆育萬物而始盡乎其天也故曰惟天爲大惟堯則之而其要則又在欽之一言法堯圖治者其亦知所以崇敬哉

所寶惟賢則邇人安

葉汝華

同考試官教諭蔣批（講寶賢安民處精切有味録之不徒以其文也）

同考試官教諭郭批（好尚得其正故能安民此作發明親切而詞復簡雅一洗浮冗之敝矣宜録以式）

考試官侍讀陶批（得旨）

考試官洗馬馬批（明雅）

大臣勉聖君欲其重賢以成内治也夫君之所與共治者賢也惟是之重而邇人之安於治也宜哉召公欲武王無受獒而以此戒勉之若曰人君之好尚天下之安危繫焉不可不慎也不寶遠物固遠人所由格矣近而求之果何所寶哉彼國之有賢可以尊主可以庇民寶莫尚焉者也誠能忘勢而專於樂道不萌夫狎侮之私賤貨而一於貴德不奪於耳目之玩内之所篤好曰惟賢也行其諫焉聽其言焉真見其可以輔吾德而信之罔或貳也外之所崇尚曰惟賢也隆其禮焉厚其養焉真見其可以裨吾治而任之罔或忽也如是則好尚克端既有以澄萬化之本而能邇之政已立賢才畢輔又有以致庶績之熙而篤近之效自臻以謨謀於廟堂則於道無違也臣不拂於將順而凡安其位以自靖者將和樂於清明之朝矣以敷布于邦國則於事無擾也民不困於征求而凡安其業以自力者將順適於寧謐之世矣邇人其有不安者哉吁一致寶賢之誠遂獲安人之效天下之寶信無尚於此矣抑論易曰聖人之大寶曰位而召公乃曰所寶惟賢蓋寶賢固所以寶位也夫武王之世亂臣十人曷常不寶天下大悦奚止於安即受獒於貢似無損也而召公拳拳戒之何哉慮夫漸之或長而防之預也武王惟能用之賢才益附而民益安矣噫此萬世君臣之龜鑒也

詩

蠶月條桑取彼斧斨以伐遠楊猗彼女桑七月鳴鵙八月載績載玄載黄我朱孔陽爲公子裳四月秀葽五月鳴蜩八月其穫十月隕蘀一之日于貉取彼狐狸爲公子裘

武尚耕

同考試官教諭崔批（詞約而意有含蓄得周公諷君體）

同考試官教諭劉批（整齊明潔而言意微婉風義之最優者）

同考試官學正徐批（豳人衣褐是預擬來歲者正忠愛無已之心是作獨晰此義且意精詞雅真究心詩學者敬服敬服）

同考試官知縣李批（豳人忠愛之意原于預上見之而隔歲尤其預者子獨發出且結構周匝優柔冲淡可以爲式矣）

考試官侍讀陶批（意周而詞婉）

考試官洗馬馬批（得豳人忠愛深遠之意）

豳民預擬因時備服而皆以奉乎上焉夫民以好義爲難也豳民預擬得爲裳爲裘者而皆以奉乎上非篤於義者能然哉周公告成王之意若曰天下之治觀風俗風俗之美在淳厚不於我豳民見之乎彼以衣取諸蠶績其事貴預今歲雖幸成矣而來歲又所當慮也故思於來歲治蠶之月桑可供蠶則采而兼取乎大小七月八月鵙鳴麻熟則績而就緒於杼軸於是或爲之玄或爲之黄而朱則尤極其鮮明焉若此者亦甚勞矣乃身任其勞也而不以自愛皆獻之以爲公子裳焉雖裳在公子非無之也而持美欲效固其忠愛之不容自已者耳蓋必如是而後有衣卒歲之心其慰矣乎又以褐取諸狩獵其事亦貴預蠶績雖有備矣而禦寒猶恐未周也故思夫四月葽斯秀五月蜩斯鳴而一陰起純陽之後八月早禾穫十月草木落而純陰近大寒之期於是當一陽之月爲于貉之行而狐狸皆其所利執焉若此者亦甚力矣然力出於身也而不必爲己皆獻之以爲公子裘焉雖裘在公子容有之也而獲嘉思奉固其忠愛之所欲自盡者耳蓋必如是而後有褐卒歲之意其寧矣乎吁備不忘於隔歲而義必急乎公家豳俗之厚有如此夫抑於是而知周公告成王之微意也觀民俗之厚則先公之德化可知亦可以見民性之未嘗不善也苟有仇予則非獨民之過而君亦與有責焉矣知先公之化又知民之性成王之卒爲有周令主也有以哉

龍旂十乘大糦是承邦畿千里維民所止肇域彼四海四海來假來假祈祈景員維河

吴中英

同考試官教諭崔批（題意前後重疊而是作聯絡有法詞復俊雅宜録以式）

同考試官教諭劉批（修詞古雅析義精瑩是爲善説詩者允宜高薦）

同考試官學正徐批（鋪叙有體而意味優揚深得詩人之旨）

同考試官知縣李批（理趣精鑿詞華粹雅而高古之調殆不可以時義日之者宜用爲式）

考試官侍讀陶批（善言高宗中興氣象）

考試官洗馬馬批（俊□可誦）

商人美賢王一統之業而復表其盛焉夫天下一統賢王中興之業盛矣宜商人頌美之無已歟想其歌於廟祀者若謂武丁之興也其德既視湯而無愧其業亦繼湯而有光是故方命之初諸侯固咸湯之統御也自表正風微而或不免於涣矣今則建龍旂以昭物采聿遵歲事之修而承大糦以潔粢盛用效精禋之薦王祭所供其罔後也奄有初疆理固盡湯之版圖也自撫綏道缺而或不免於析矣今則邦畿之所止雖儉於千里之規而疆域之所肇實極乎四海之遠王封所及其罔外也吾于龍旂承糦有以見人心之齊焉孝享助於一人歡心萃於萬國四海之内莫非王臣而同軌畢至祈祈乎載道之光矣今之人心其翕然方命之人心乎吾于邦畿肇域有以見土宇之固焉表景山以爲鎮環大河以爲疆千里之外莫非王土而丕基光宅翼翼乎四方之極矣今之土宇其居然奄有之土宇乎吁武丁之朝諸侯而有天下如此振中葉之衰纘先后之緒信乎德之盛而業之隆矣登歌于廟其可繹思也夫自昔繼世之君撫有成業以人心土宇爲可恃而不思其本至於日寢離析又狃於因循而莫之圖也不知玉宇之聯屬在人人心之維繫在德或以震疊之威經營天下則豈武丁之所以爲武者哉殷武曰不僭不濫不敢怠遑噫其武德固如此

春秋

冬十月不雨（僖公二年）春王正月不雨夏四月不雨六月雨（僖公三年）

陳有則

同考試官教諭葉批（同憂同樂俱本詩推見得旨且詞有操縱通篇明粹讀之灑然可以爲經生式矣）

考試官侍讀陶批（意精而詞健）

考試官洗馬馬批（明切）

春秋紀天澤之逆順嘉内君以民事係憂樂也甚矣君當以民心爲心也僖公閔雨喜雨無不與民同者此春秋所以嘉之歟僖公二年嘗三時不雨矣迨六月而雨焉此亦天不可必之常耳春秋每書不雨又特書雨以爲見僖公與民同憂樂者何蓋詩稱僖公儉用愛民務農重穀其賢有足徵者若夫三時不雨則穀有不滋農無所賴而國用民生俱困矣公也能無憂乎吾知當不雨之歷三時也必不以饑之在民者諉諸天而惟以灾之自天者責諸已其修省以回天意有不勝靡瞻靡顧者觀於詩可推也夫雨之愆期農夫之憂也乃公不以爲農夫憂而自憂非所謂憂民之憂者乎故每時必書志勤也嘉公之與民同憂也至於六月雨則穀且終播農庶有秋而用絀民病可蘇矣公也能無樂乎吾知當雨之及六月也必不以民之沃膏者爲適然而惟以天之垂貺者爲國幸其歡欣以承天休有不啻既沾既足者推諸詩可見也夫霖之濟旱農夫之慶也乃公不以爲農夫慶而自慶非所謂樂民之樂者乎故雨必特書志喜也嘉公之與民同樂也夫與民同憂民斯得以解其憂與民同樂民斯得以遂其樂僖公之賢其春秋之僅見者乎雖然同樂又本於同憂也蓋憂所以致其樂未有不同憂而能同樂者僖公飭過求已理冤放佞庶幾雲漢桑林矣而六月之雨要自憂勤感召中來也嗚呼春秋豈直爲魯僖書哉示天下後世以君國子民之道固如此

夏五月公自京師遂會晋侯齊侯宋公衛侯鄭伯曹伯邾人滕人伐秦（成公十有三年）

江有源

同考試官教諭葉批（重在書法上發揮甚是而會傳周悉用意深遠尤非淺學可到）

考試官侍讀陶批（善發聖人存臣禮意）

考試官洗馬馬批（其詞雅其思深）

春秋紀諸侯之用兵而特存尊王之禮焉蓋臣禮以尊王爲重也春秋以伐秦爲遂事者非以此哉昔魯成及列國將會晋以伐秦因過周而入覲乃自周往伐焉夫伐秦者其本謀也覲周者其繼事也春秋乃以伐秦爲繼事者何蓋人臣之禮莫大於尊王尊王之禮莫重於朝覲諸侯侵伐之出多矣而朝禮則罔修也天王聘使之遣屢矣而覲禮則弗舉也僅此如京之行又以過都之

便朝覲之典蓋幾於廢矣人臣之禮將何能存乎聖人修經至此蓋有深爲之懼者矣使惟據事直書則紀實之信雖傳而苟簡之儀何以示天下不恭之罪固著而陵替之俗何以訓方來故書公自京師遂會伐秦若曰車馬之勤本爲周而集干戈之動特自周而行耳蓋意在修怨而不在修禮固其實也去其實以全名使見者於是而有感焉必以朝禮爲重而叔世之墜典庶幾其可復興乎先於王事而後於伯事祇其名耳正其名以統實使聞者因是而有思焉必以王事爲大而曠時之遺禮庶幾其不終廢乎此義行則水木敦本源之懷而侯度聿修於百辟江漢會朝宗之勢而王靈丕振於四方天理存人欲消而大倫正矣噫聖人愛禮之意何至哉抑於是而見周劉子成子之罪焉禮樂征伐自天子出者也諸侯擅興甲兵而敢於過都此其罪又不止朝禮之失也而可弗問乎宣伯禮而獻子賄乃舍其大者而問受脤之惰則將焉用彼相耶是故二子在會削而不書讀經者宜自得之矣

禮記

知其義而敬守之天子之所以治天下也

魏良静

同考試官知縣洪批（體裁俊潔詞意精純是文之優者宜録以爲多士式）

考試官侍讀陶批（明爽）

考試官洗馬馬批（以知義敬守爲尊禮良是）

即尊禮之達於治而禮之當尊可知矣甚矣禮之可以爲國也知義而敬守則禮尊矣而措之於治有不裕如者乎記禮者之意蓋謂禮之尊也尊其義也義難知也而不可不知也此固非祝史之所及矣爲人君者誠能學於古訓於所以非强世者而悉其精微之藴考諸先王於所以不相襲者而洞其制作之原有見於天道之不容不然者禮也翼翼是持凡其加身而錯前者一皆不越於率履有見於人情之不可不然者禮也而兢有執凡其體常而盡變者莫不奉之以周旋如此則於禮也可謂尊之矣而所以治天下者豈外是哉吾知有禮以治躬則君身端於中正之履而不顯之德以裕有禮以達分則民志定於上下之辨而不争之俗由興義之知也會作述之精而明聖於我備矣天下之事有知之不明處之不當者乎禮之舉也通參贊之道而天地將爲昭矣天下之治有推之不準動之不化者乎蓋禮讓之於爲國也無難而明義之於天下也甚易耳故曰天子之所以治天下也夫禮之所關其大如此若之何而不敬以尊也有天下者其無忽諸大抵禮者聖人所以爲國而樹之坊者也周之興也其坊固也其衰也大夫僭諸侯諸侯僭天子坊之壞也所由來漸矣是知

禮興則國與興禮衰則國亦因之人君之尊禮其所以自尊乎然非敬則不獨數爲粗迹而義亦微茫何執乎記者不徒曰知其義而必曰敬守之其旨深矣

百官得其宜萬事得其序

曹司勳

同考試官知縣洪批（宜序二字發揮殆盡而人君德盛養純意藹然溢於言表必佳士也録之）

考試官侍讀陶批（整潔）

考試官洗馬馬批（莊雅）

人君德化之成有徵於官正者有徵於事治者蓋德盛而化斯神也官正事治非至德其孰能如此乎且天子者百官之表也萬事之綱也君道既得故以之照臨百官於是乎得其宜焉□百官不齊皆受命於君者況有明君訓廸之但見德必稱乎位而左右惟人罔不同心以匡乃辟才必稱乎職而夙夜匪懈咸知勠力以欽攸司大臣法焉貴而不敢驕矣小臣廉焉賤而不敢侈矣雖在百官各有當然之宜乃所以宜之者則元首惟明斯股肱爲之自良耳天下未有有君而無臣者也以之經營萬事於是乎得序焉夫萬事至賾皆制命於君者況得賢臣分理之殆見化裁以盡變而庶績咸熙井然有理而不亂推行以盡通而萬物服體秩然有條而不紊大綱以正而經緯其有章矣衆目以張而幾微其悉著矣雖在萬事各有自然之序乃所以序之者則明良相遇斯庶事爲之自康耳天下未有有治人而無治法者也吁官以立事宜則於事無債事必任官序則於官無曠然皆本於君德焉夫豈幸致哉嘗論君心萬化之原也苟治心之未至則用人行政將多失其當然者欲序且宜也得乎故曰正心以正朝廷百官而萬民一於正焉此知本之説也噫昔虞庭當賡歌之日而時幾率作之念尤交儆焉即已宜已序可遽足耶是故帝王貴純心也

第二場

論

堯舜其心至今在

吴汝倫

同考試官教諭崔批（一論滚滚數千言發攄胸中無限藴蓄而縱横曲折反覆悠揚模寫堯舜之心以道爲體讀之如身游唐虞之庭面受二帝心法者敬仰敬仰）

同考試官教諭劉批（學識淵宏議論精到是必從事心學而上契堯舜之心源者録以爲式）

同考試官學正徐批（體格宏大而圓詞氣俊逸而古寫出堯舜之心宛然如在殆可以式今傳後者乎）

同考試官知縣李批（堯舜之心萬世常存不外一道子獨以此立論而曲折抑揚闡發殆盡且義趣淵深詞調高古有學有養之士也敬服敬服）

考試官侍讀陶批（立論正大而宏博之學足以發之讀此則堯舜之心真可見矣當是作家）

考試官洗馬馬批（議論亹亹似亦能知堯舜之心者）

聖人之心歷萬世而常存焉其以道爲體者乎蓋聖人之心道之會也非獨聖人之心也所以爲天地立心者也聖人會道之全體以其心爲天地立心天地不息道亦不息道不息聖人之心亦不息夫固不依形而立不待生而存者也謂聖人既歿而其心遂與其形之化者同耶是殆觀聖人之心以形而不知觀聖人之心以道道不與形爲存亡心亦不隨形而化故後之人無志乎聖人之心則已有志乎聖人之心有不思思則得之有不求求則可見由千百載之後而可以會聖人之精於千百載之前一道體爲之感通焉耳程子謂堯舜數千年矣而其心至今在非心堯舜之心者其能創爲此説乎且聖人何以爲天地立心也天地生民物凡可以爲之所者無不欲爲也而其勢不能也於是乎生聖人而畀之以道而寄之以心聖人以道存之而爲心又以其心運之而爲治以盡民物之性以成天地之能是天地無心以聖人之心爲心聖人有心而實體天地以爲心是心也以道爲體者也至公至正至虚至明至神至大者也蓋得之天地之本然而又與天地古今相爲流通者也故能爲天地立心也或曰聖人在以其心爲天地立心固也聖人不在則與其不可傳者往矣即二典三謨皆糟魄也而謂堯舜之心至今在不幾於玄虚其説而欺天下後世矣乎曰以形觀聖人則不特虞之時已無堯夏之時已無舜自穀林蒼梧之既掩而堯舜之迹無一存者矣而況至於今乎以道求聖人之心則其以道爲體者乘天地之正御六氣之變以游乎無窮官天地府萬物直寓六骸而未嘗泯者歷萬世可常存也而何但於今日夫典謨豈盡糟魄也哉吾嘗即典謨而窺堯舜之心矣舉元凱誅四凶舍子而與賢殛鯀而興禹不可以見其心之至公乎考中星正日同律度量衡封山浚川類帝禋宗敷教明刑典禮諧音堲讒説殄行不可以見其心之至正乎稽衆舍己好問好察用其中於民不可以見其心之至虚乎欽明浚哲闢門明目達聰不可以見其心之至明乎德之廣運至於被四表治之從欲至於動四方不可以見其心之至神乎其

仁如天其德好生自九族之睦以至萬邦之雍自三苗之格以至上下草木鳥獸咸若巍巍蕩蕩而視如浮雲不可以見其心之至大乎然可以見其心也而非其心之所在也以爲在典謨也當堯舜存時則何在也以爲在堯舜也比堯舜既殁則又何在也蓋以道爲體者也得之天地之本然而流行於天地古今者也是故堯舜在則存其至公正至虚至明至神至大者以運天下之治而爲唐爲虞堯舜殁則其至公至正至虚至明至神至大者常在天地間有能繼之者可以爲萬世之唐虞而無能繼者亦不絶於世之非唐非虞何者以道爲體者也道無所謂息也心亦無所謂息也論道統者有自源而達流謂堯舜以是傳之禹湯文武周公孔子孟子者矣所傳者何傳此心也又有泝流而窮源謂孟子孔子周公文武禹湯得統於堯舜者矣所得者何得此心也夫曠世而前可以傳後可以得是堯舜之心流行於天地古今寓於禹湯文武周公孔孟之間而亦不盡於禹湯文武周公孔孟之間是故自禹得之以治夏謂禹之心爲禹之心可也謂禹之心爲堯舜之心亦可也堯舜之心不在於夏乎自湯得之以治殷謂湯之心爲湯之心可也謂湯之心爲堯舜之心亦可也堯舜之心不在於殷乎自文武周公得之以治周謂文武周公之心爲文武周公之心可也謂文武周公之心爲堯舜之心亦可也堯舜之心不在於周乎自孔孟得之以教於春秋戰國謂孔孟之心爲孔孟之心可也謂孔孟之心爲堯舜之心亦可也堯舜之心不在於春秋戰國乎而何間於漢耶唐耶宋耶是故東海有聖人出焉此心同也西海南海北海有聖人出焉此心同也前乎千萬世之既往後乎千萬世之方來有聖人出焉此心同也何者千聖一心也千聖一心者何萬古一道也萬古一道者何道之大原出於天天一而已矣而道有二乎哉道一而已矣而心有二乎哉道在天下萬世故堯舜之心亦常在天下萬世也此豈依形而立者耶待生而存者耶若夫桀紂之心與物相刃相靡即其生之日而心已亡矣矧既殁之後而可以語存乎是心也堯舜與桀紂與衆人同具者也但堯舜得之而爲堯舜桀紂喪之而爲桀紂衆人失之而爲衆人耳禹稱堯舜之民皆以堯舜之心爲心夫民何以能心堯舜之心也以其所具者同也同具而不能自盡得堯舜於變而其本體可概見也此可見堯舜之心在當時即無所不在也何獨至後世而疑之民且能以其心爲心也而况遠過於民者乎而後世卒鮮能爲堯舜者皆失其同具之真心也真心之失機心害之也故曰機心存則純白不備純白不備則神生不定神生不定者道之所不載也堯舜之心則純白備者也純白備故其神定也神定故其道載也道載故其存久也蓋堯舜爲天地所立之心以道爲體而流行於天下後世天下後世有能存堯舜以道爲體之心即可以其心繼堯舜而復爲天地立心是故其心能無一毫之私焉

則堯舜之心之公者在我也能無一毫之邪焉則堯舜之心之正者在我也能無一毫之壅蔽滯□焉則堯舜之心之虚之明之神之大者在我也而純白備矣純白備而神定而道載矣道體所在原無所爲异也又安得不同也以道體而存之爲堯舜之心以堯舜之心而措之爲堯舜之治由是出其心之公則舉罔弗當罪罔弗服矣出其心之正則軌度典章靡弗齊一而百工允厘庶績其凝矣出其心之虚則納天下之善以爲善而善與人同矣出其心之明則不必遍物而百志惟熙矣出其心之神則廣運之德從欲之治無遠弗届矣出其心之大則彌綸造化博濟群生而有天下而不與矣而唐虞不再見於今日乎至是則不惟堯舜之心在雖謂堯舜至今存可也雖然先堯舜而聖者有矣後堯舜而聖者亦有矣而何獨堯舜之心至今在乎心學之源自堯舜啓也堯之告舜曰允執厥中舜之告禹曰人心惟危道心惟微惟精惟一允執厥中是萬世心學之源也堯舜開萬世心學之源故堯舜之心在萬世尤章章著也况群聖之心即堯舜之心舉堯舜而群聖在其中矣然則吾人求見堯舜之心於何處見之曰舜嘗見堯於羹墻矣夫羹墻安得有堯也是舜之心有堯耳舜之心有堯故食則見堯於羹坐則見堯於墻豈惟羹墻將無往而非堯之所在亦無在而非舜之所見矣即舜之見堯而後舜者之見堯與舜不可知耶故爲之説曰堯舜之心至今在何在曰在天地間天地之間何在曰在吾人之心有精一之學則其心可見無精一之學則其心不可見程子涵養須用敬進學在致知得精一之傳者也其爲此言非空言也誠有見於堯舜之心今真在也顧窮而在下者得堯舜之心而惟其道明心達而在上者得堯舜之心而後其道行有天下者其念之哉

表

擬唐幸國子監觀釋尊命祭酒孔穎達講孝經廷臣賀表（貞觀十四年）

陸檄

同考試官教諭蔡批（粹而融麗而則大雅之音也宜録以式多士）

同考試官教諭張批（場中作者類多浮泛此篇體格莊嚴詞華典雅非工於四六者不能也）

同考試官知縣徐批（藻詞駢麗雅韵鏗鏘且渾然天成是表之佳者）

考試官侍讀陶批（語不織麗可取）

考試官洗馬馬批（明雅足式）

貞觀十四年某月某日恭遇聖駕幸國子監觀釋奠命祭酒孔穎達講孝經臣某等謹稱賀者伏以臨雍展禮式昭重道之風啓幄談經茂緝右文之治盛節肇行于聖主微言闡悉於儒臣光被宫墻歡騰海宇臣等誠歡誠忭稽首

頓首竊惟太學爲賢士所關教化伊始孔子自生民未有經籍斯存在昔願治之君皆尚隆師之典大祀首聞於闕里曠儀再舉於永平顧馬上成功未睹詩書之效而座前致問徒矜講習之名豈如昭代之弘規益邁前王之彝軌事應有待文乃在兹恭惟仁孝性成知勇天錫德符明聖兼述作以造丕基道備君師總治教而建皇極除暴有光於湯武致理無忝於唐虞合胡越爲一家偃兵戈而修禮樂齊功德於三代謹庠序而正彝倫館闢弘文念多士未窺於閫奥經傳正義恐衆言僅得其筌蹄乃筮日以登鑾亶齋心而視奠華旗聳觀蛟豹蔚乎交輝紫蓋遥臨風雲護其至止凝旒肅穆執暢粹清神孚未薦之誠化動無言之格祗瞻廟貌皜皜乎江漢秋陽遍作軒縣洋洋乎金聲玉振甫畢鼓徵於雅奏載鳴鐸響于遺編謂師氏設自周官繫諸生之共仰而孝經藏於顔氏與六籍而并傳爰命耆儒用彰古訓授經侍講進聖裔之雲仍賜坐颺言述孔門之問答指陳樞要辨析精微推百行之原歸於至德列五孝之道及於庶人因性以牖之明使莫不致其嚴致其樂致其敬即心以錫夫類俾皆可移於君移於長移於官豈惟昭爍懿于太平實以普淳流于大化蓋辟雍爲申教之本考諸虞學夏學殷學周學而咸符而順德乃作忠之基推諸東海西海南海北海而皆準士心興起奚啻面命而耳提民俗和雍允矣家齊而國治臣等章縫末品佔畢陋資俎豆常聞宫墻徒望與駿奔于文廟既叨有事之榮近龍衮於經幃更快無前之美遭逢不偶慶幸何深聆先聖之法言將愛敬以加百姓奉天子之德教誓夙夜以事人伏願嚴事心師懋敦身教天之經地之義肫肫見諸躬行日有就月有將亹亹期於自得皇圖永固萬年垂無斁之休文教誕敷四表仰不嚴之治臣某等無任瞻天仰聖激切屏營之至謹奉表稱賀以聞

第三場

策（五道）

第一問

武尚耕

同考試官教諭崔批（培養）（元良繫）（國家重計經生罕有能言其概者是作準古酌今敷陳一一可采雖賈生之見不是過矣）

同考試官教諭劉批（此策義明詞雅敷陳儲宫緝熙之務皆切當可行其素蓄靖獻之忠者歟）

同考試官學正徐批（我祖宗注意儲宫之教備矣子能論楊之而所陳尤見忠悃必不負所學者）

同考試官知縣李批（敷對詳明格調俊整足備儲宮燕閑之助者也宜録以獻）

考試官侍讀陶批（敷陳有據多可采行蓋抑知我皇上重儲之意而思效其忠愛者也宜録）

考試官洗馬馬批（我二祖之言教身教我皇上已兼總而顯於昭示矣篇中揄揚殆盡末尤寓惓惓忠愛之忱是知天下大計者）

天下之事有言之若涉於太早而實不可以或後焉者此不可不察也是本之所在也蓋經本之所在不豫圖之其始若無甚害及其幾微既著固有用力百倍其初而獲效僅得其二三者矣何者後時故也豫圖之雖若太早而素定夙成其有爲也不期而自端也即有偏也不遠而自復也視夫禁于已發者力半而功倍矣何者及時故也是以大學之教莫先于豫而建國之要當正其本則夫輔養儲宮諭教於早者謂非宗社萬年之計不可以或後者哉夫太子之教所從來遠矣在夏商周其教之之事代各有之而莫備於周之教成王在漢唐宋其教之之説亦代各有之而莫詳於賈誼之告文帝周之教成王也當成王之猶□□襁抗世子法於伯禽太公爲太師周公爲太傅召公爲太保又置三少與之燕居至於僕御侍從前後左右皆選孝弟端良之士使之日見正事聞正言故心愉而體安道明而德盛也周之法不止此而此其大端矣誼之告文帝也曰天下之命懸於太子太子之善在於早諭教與選左右夫心未濫而先諭教則化易成也開於道術智誼之指則教之力也誼之言不止此而此其大端矣周之教成王成王盡奉以周旋故成王天資亦中才而克終有道爲周令主其教道行也誼之告文帝文帝不能盡用其言故景帝天資甚美僅免禍亂而遠愧成王則以其教道徒明而已自是以降如帝範戒子篇承華要略諸書雖代有作也要皆不外周之所教與誼之所言而增飾之顧規制雖舉而不能及其豫典章雖備而莫能踐其實均之無足取焉耳矣洪惟我太祖高皇帝肇闢中華御圖膺命即位之後□建大本堂取古今圖籍充其中延四方名儒以教皇太子意至惓惓矣而尤廑宮僚之戒諭梁賢等曰範金礱玉所以成器尊師重傅所以成德朕命卿等輔導太子使進於高明積久以化他日爲政自然合道諭宮臣曰重器不在商彝周鼎而在太子汝等日輔太子講論誦説之時必導之以正使其道明德立才器充廣庶幾他日克勝重任猶未也至於太子又諭之尊賢樂善以廣聰明焉又敕之修德進賢以遠貨佞焉然豈徒言教已哉示以持身之道則曰吾修身謹行汝輩所親見吾平日無優伶暬近之狎無酣歌夜飲之娱正宮無自縱之權妃嬪無寵幸之昵言無偏聽政無阿私

以此自持猶恐不及與爾等言之使知持身之道巍哉聖軌其所以示當時而垂後世者何其盡善而無遺也耶我成祖文皇帝廓清内難繼體守文即位之後即命史臣輯自古以來嘉言善行有益於太子者爲書名文華寶鑒以授皇太子意至懇懇矣而不忘宫臣之警諭解縉等曰宏材之建必由匠石之功圭瓚之成必由琢磨之力卿等皆茂簡德乂宜協心同志輔導於成推廣仁義道德之源開陳二帝三王之治諭蹇義等曰國之儲副天下大本簡爾等輔導期有裨益使天下之人仰望其風采猶未也至於太子又諭以帝王之道貴於知要焉又敕之誠心求益虚已納言焉然亦豈徒言教已哉却祥瑞之賀服澣濯之衣推誠待下罔間於諛讒嚴肅宫壼不事乎姑息勤奉先祇謁之禮欲爲頽俗作倡與侍臣論政之久不以簡默爲然總攬權綱無專擅之臣愛重名爵無輕畀之賞持身之道雖未形之面語而昭然在臣下睹記懿哉聖範其所以示當時而垂後世者何其咸正而無缺也耶是以我列聖嗣統雖生而神明得之天者本异而長而仁聖資之教者實多熙洽之化二百餘年豈無自哉恭惟我皇上見高千古謀裕萬年登極之二年即崇建儲宫以定天下之大本天下莫不欣欣然仰之行且出閣講學以養天下之令德天下莫不喁喁然望之其所以輔翼之具豈必遠有所慕哉本祖宗之言教以訓之體祖宗之身教以先之在皇上洽聞於疇昔而昭示於今日有餘裕矣而執事更欲效其可以爲儲宫緝熙之助者豈非亦急天下之本忠愛之心有不容自已者乎愚生何知焉然亦嘗竊有芹曝之私懷矣則以爲教貴在豫豫貴在實實貴在恒恒貴在密也自今言之大而師保皆碩德鉅卿宫僚亦必選端謹文學之臣矣内而僕御侍從前後左右不擇其人可乎蓋師保宫僚之進見者少而僕御侍從前後左右之狎習者多彼難以詩書道義求也但稍擇端慤者將不導之非而安于静外難誘中難遷矣不然一齊人傅之衆楚人咻之吾未見其能齊也周公嘗以鮑魚不登俎戒成王今則非師保任矣而事之類鮑魚者又不知其幾也若之何而不擇愿慤之人也司馬光嘗曰前後左右選小心端慤之人專委一人提舉覺察若有邪佞讒巧之人誘導爲非即令糾斥無使在側此其説在今日不可采而行之乎外而師保足感格化導宫僚亦皆陳詩書德義之説矣然而問安侍膳燕閑清適不繼之訓可乎蓋在外聽陳説詩書之時少而在内問安侍膳及燕閑清適之時多且内無堂陛森嚴隔也果隨時有訓焉將不覺其入而信之深非易格德易成矣不然一日暴之十日寒之吾未見其能生也皇祖嘗指宫中隙地以示儉此則隨處爲誨者至於問所講何書而見於論辯者又不知其幾也若之何而可使游息無養也昔張昭欲使太子一日之中止記一事一

歲之内所記漸多每月終令師傅具録奏聞或太子上謁之時更令侍臣面問十中得五爲益良多此其説在今日不可采而行之乎今臣下屢有出閣講學之請而皇上每從姑待無亦慮其勞乎然今日之勞正以成他日之逸蓋體以動而堅也事以習而練也所謂愛之能勿勞乎者也況進講有期其地甚邇其時無幾而可不使爲習勤術耶又無已以其尚在冲年乎然今日之蒙正以成他日之聖蓋理未淆而存可與性成也欲未見而禁可與天定所謂蒙以養正聖功者也況情竇漸開日之斯征月之斯邁而可不重爲分陰惜耶誠及其豫也修其實也務其恒也要其密也則凡華麗之飾優諧之聲珍奇之玩皆不得見而爲之也禮樂之習詩書之訓忠直道德之言皆其所習聞也他日血氣既定游息既安雖有放心快己之事日陳於前不能奪已成之習已定之心矣而於天下國家也何有夫培木者不於其末於其根而根之培也尤貴於早根培之早則末之敷也必益茂浚水者不於其流於其源而源之浚也尤貴於勤源浚之勤則流之達也必愈清此小之可以喻大者也愚生草茅之見如此不知執事可轉聞于上否

第二問

陸檄

同考試官教諭蔡批（當太平無事之時獨懷久安長治之慮不以頌而以規實臣子忠愛無已之心也末論進言處尤見卓識其深得匡弼之義者與）

同考試官教諭張批（古昔聖君以兢業致盛治而其時諸臣復以此進規實久安長治之本也是作發明殆盡録之）

同考試官知縣徐批（出入經史綽有根據且善發古人忠懇其身處有道之世而實有是心者乎可取）

考試官侍讀陶批（古人遇明聖之主而以箴規爲務所以益成其有道也是作得之）

考試官洗馬馬批（進言一策敷對詳明而要之於合道是稽古而有得者）

古人遭時之幸而得以效其匡弼之誠者其爲慮甚遠而望於君甚厚也故雖天下已安已治而猶日陳兢惕之言俾其君日懷兢惕之念以益謹其欽崇永保之道然後治以長治而安可以久安此自靖之嘉猷而致主之先務也然非願治之君虚懷于上則兢惕之言又豈易聞哉此危言必有道之時而惟有危言乃所以益成其有道也請因明問而竟其説孔子之論言行屢矣大要欲人之謹於言未嘗有所謂危言也至論邦有道乃獨曰危言亦未嘗指其所謂危也而朱子以高峻釋之夫言如何而高峻也即邦之有道可推矣有道之

時君明臣良政修事立其氣象之盛可想也士生當其時涵濡其澤鋪張而揚厲之自慶其遭逢可矣乃治而憂其未治安而憂其未安語君德則必欲其法乾健之運而不安於未逮語治化則必欲其繼唐虞之盛而不安於小康一舉動之細懼或爲盛德之累而急於匡救即事無所失而所以防於未著者恒預也一好尚之微慮或貽天下之憂而急於箴規即好無所偏而所以杜於未然者恒預也斯其言不已高峻乎所謂危言者大都若此矣而獨於有道時者則以有道之時其君之望治誠急也望治誠急則惟恐言之不得聞與聞之或未盡也使徒贊美頌述而不以危言儆戒焉不上負其君乎蓋頌述之言徒悦聽聞而無所裨於政儆戒之言有裨於政而若逆於聽聞顧人之所尚何如也今夫人未寒也而或憂其寒因勸爲之衣未饑也而或憂其饑因勸儲之粟此其言若可緩也然未寒而爲之衣斯無寒矣未饑而儲之粟斯無饑矣儆戒之言亦若是也是故明君之所尚與純臣之所務也蓋嘗考之若大舜大禹成湯武王非有道之君乎其德極盛其治極隆矣乃禹之告舜則曰惠迪吉從逆凶惟影響也益之戒舜則曰罔失法度罔游于逸罔淫于樂罔違道以干譽罔咈百姓以從欲也益之戒禹則曰滿招損謙受益也仲虺之告成湯則曰謂人莫己若者亡自用則小曰慎厥終惟其始殖有禮覆昏暴也召公之告成王則曰不作無益害有益不貴异物賤用物曰不矜細行終累大德也夫舜禹湯武天下萬世仰之以爲不可企及矣當其時豈復有足慮若此哉而伯益諸臣拳拳焉固必有所取也繼體之君若太甲高宗成王非有道之君乎其德克紹其治重熙矣乃伊尹之告太甲則曰惟不德罔大墜厥宗曰與亂同事罔不亡曰無輕民事惟難無安厥位惟危也傅説之告高宗則曰有其善喪厥善矜其能喪厥功曰無啓寵納侮無耻過作非也召公之告成王則曰不可不監于有夏不可不監于有殷惟不敬厥德乃早墜厥命也周公之告成王則曰嗣王則其無淫于觀于逸于游于田以萬民惟正之供也夫太甲高宗成王天下萬世仰之以爲難於庶幾矣當其時豈復有足慮若此哉而伊傅周召拳拳焉亦必有所取也蓋天下之治忽係於君德之盛衰而君德之盛衰係於君心之敬怠雖上不智能無人心人心之萌隱微潜伏其初也甚微而莫爲之制則其勢將至於漸長而所以制之者不外於敬畏儆戒之言則所以崇敬畏而勝怠肆者也是故上而天命之靡常下而人心之難馭前而既往之轍後而未然之幾慮之深而言之切靡所顧避忌諱而聽之者不以爲過遑遑焉相與圖惟于一堂之上求所以爲持恒保泰之道其臣不曰厥后克聖而遂可弗戒也其君不曰厥德罔缺而遂可或懈也蓋其德愈盛其治愈隆而儆戒之意愈切儆戒之意愈切而

德益愈盛治益愈隆此虞夏商周之道所以爲天下烈也使狃於目前而不爲之慮則即此一念之弛而機之所伏漸之所至有難言者矣胡可忽耶故其時非不亦有所頌述也乃儆戒之意常多也其所頌述亦非當其身爲之也堯典之頌堯蓋虞書也周詩之頌文蓋武王後所作也他皆可推也頌述者示後世法而儆戒者爲當世慮義各有攸當也三代而下此義浸微然方其盛時蓋亦有知此者矣若漢孝文非漢有道時乎則有賈誼袁盎賈山張釋之輩之危言而孝文納之也若唐太宗非唐有道時乎則有魏徵戴冑馬周張玄素輩之危言而太宗納之也若宋仁宗非宋有道時乎則有張昪孫奭歐陽脩司馬光輩之危言而仁宗納之也夫誼之言至流涕太息徵之言至鬱結長嘆昪之言至謂帝孤立其他皆此類也無亦忠憤激切之過乎而三君皆納之且或示勸焉此孝文所以海内殷富幾至刑措太宗所以致治之美庶幾成康仁宗所以社稷長久終必賴之而漢唐宋之治三君爲稱首也乃其後世德或罔修矣治或不逮矣而忠憤激切之言卒不得聞非其時遂無忠憤激切之士出乎其間也所以培之者弗預勸之者弗至也則孫言以自全耳而事機之所伏國勢之所趨孰從而言之故危言非有道之時不可得聞而惟有危言乃所以益成其有道惟有危言乃所以益見其有道歟明君知其然是故設敢諫之鼓懸誹謗之木瞽獻典史獻書近臣盡規庶人傳語所以求之者靡弗盡也旌以爵秩錫以金繒置几案列屏幛止輦而受賜書而答所以勸之者靡弗至也誠見其有裨吾德有補吾治而利於天下國家甚大也然敢於置身者有矣而或難於識體忠於謀國者有矣而或難於宜時告君宜顯也或艱深其辭或支蔓其説即虚受之懷能不困之少阻耶慮事宜周也或疏略易窮或推行弗驗即廣詢之意能不因之漸斁耶觀之往昔蓋每每然矣則將焉所取衷哉夫君之道天道也天道主於并包則凡天之所覆或坦夷或高峻皆其所并包也故君之於臣無所不容也言不必盡當也取其危焉吾裁之中而已夫臣之道地道也地道主於順承則凡地之爲體或高峻或坦夷皆所以順承也故臣之於君無所不效也言不必皆危也求共當焉吾盡其誠而已魏徵曰百司奏事常數日思之及至上前三分不能道一況諫者拂意觸忌非假之辭色豈敢盡其情哉此聽言者所當察也羅從彦曰立朝以正直忠厚爲本一於忠厚而不正直則流入於懦一於正直而不忠厚則漸入於刻此進言者所當知也草茅賤士不識忌諱幸生有道之世敢直述所聞如此蓋亦竊附於危言也

第三問

吴汝倫

同考試官教諭蔣批（天下之治賴人才人才之出本學校學校之教在經術節義而歸本於道德古然而後世或未然弊也久矣子條陳所以起弊維風者滚滚不匱鑿鑿可行其今之賈生耶）

同考試官教諭郭批（經術節義本非二意子能發明之而論學校之弊及效弊之方尤爲剴切且篇中鋪叙有體步驟不凡真杰作也敬服敬服）

考試官侍讀陶批（以高古之文發精確之見子非有經術節義者耶録此可以風士）

考試官洗馬馬批（經術節義今日學校中誠有可憂者子能激昂言之可以觀志矣）

天下有機焉是移易風俗之要而上之所握者也欲振士風之敝非在上者持其機而倡之不可矣夫下之所學則上之所教也上之求乎下固欲其如此也下之應上之求也而卒又如彼此其責則在下而作而倡之使其不如彼卒如此其機則在上何者溺濡染之俗者每難於反迹神鼓舞之術者斯敏於迴趨故必上之人持其機而倡焉斯下翕然而嚮風矣不然雖日諄諄然告諭之也彼有舍所好而從令者哉執事有感於經術節義之日偷而求所以化導之方甚盛心也愚生請先言道德之一而後及經術節義之失者以就正可乎夫天下道德而已矣經術者明此者也節義者守此者也有經術而無節義則所明者糟魄耳有節義而無經術則所負者血氣耳而要之必歸於道德此周漢之士之得失皆於乎辨而今日之弊則亦有可言者矣嘗考周制而見先王所以教民之詳也六禮以節之七教以興之八政以防之三物以賓之賢之上也有秀選之升俊造之進焉不肖之簡也有鄉遂之移棘寄之屏焉凡以一道德以同俗而已矣春秋禮樂冬夏詩書非不有墳典之讀也而不以經術名在位者咸節儉正直非不有羔羊之節也而不以節義名蓋經術不過道德之所以資明而節義要亦道德之見於自立者耳此周之教所以隆而士之所以貴也漢武當嬴奏坑焚之餘表章六經於是多專門名家之學而節義之靡則高帝之惡儒靡之雖亦有節士也而窮經者衆斯經術之名歸焉耳光武承西京頑鈍之後雅尚隱逸於是多危言激行之士而經術之沮亦世祖之好讖沮之之雖亦有經生也而慕義者多斯節義之名歸焉耳然均之德教未先是以尚經術者不免於徇榮崇節義者終歸於激禍而不能如成周之士之淳矣雖然自西京有經術而後世之挾策者考古有足據自東京有節義而當時之窺鼎者終漢無敢恣漢之經術節義亦豈可盡訾也乎我列聖相承敦崇德教内而國學有明堂辟雍之制外而郡縣學備庠序黌校之儀百餘年間稽古好修之

士以經術節義名世者如國史之所紀載志傳之所稱述豈能盡睹即見於名臣録者亦更僕未易數也舍軍旅而論俎豆孰非淵淵之經術乎亦孰非侃侃之節義乎至於學以復性爲本而粹然不雜志以守道自任而浩然不屈如薛文清公者則又諸公之所揖讓者矣要皆奮迹千載之下方軌三代之英豈兩漢諸子各得其一偏而又不免於流弊者所可及哉嗚呼盛矣奈之何數十年來科舉之習漸奪其窮理之志功利之鶩潛消其慕義之心士習之謬也則道路之岐也愈遠愈失也士氣之卑也則江河之流也愈趨愈下也何也儒先之所闡發六經之旨昭如日星與西漢承煨燼者不同宜人人自托於名家也乃業經者惟枝葉之務尚記者多而窮理者寡以漁獵爲學問以緝綴爲文章非謂天下之士盡如此也而如此者過半矣夫士譬之醫也必讀黄帝神農之書察脉理識藥性然後可以隨病而立方此盧扁之所以扶危而起廢也今之士記方書者耳遇難識之疾有不索然窮者乎宋李復於政和間嘗言之矣以爲學者平日惟編類義題傳集海語剽竊以應有司之試終身之學止於如此甚至所專之經句讀音切有不識者苟中選入試平生所學皆無可用斯言也雖以砭政和也亦今日之藥石也累朝之所褒嘉節義之美高如山斗與東漢遭禁錮者不同宜人人自附於名流也乃修義者惟脂韋之事尚通者多而守正者寡以奔競進取爲能以恬静自守爲拙非謂天下之士皆若是也而不若是者無幾矣夫士譬之兵也必明尊君親上之義養其直氣作其忠勇然後可以臨敵而决戰此韓白之所以摧鋒而陷陳也今之士飾戎服者耳遇難勝之敵有不靡然披者乎宋劉光祖嘗於紹熙間言之矣以爲比年以來士不慕廉静而慕奔競不尊名節而尊爵禄不樂公正而樂軟美既安習以成風謂苟得爲至計正論益衰士風不競斯言也雖以刺紹熙也亦今日之灼艾也夫天子所興共天下之治者天下之人才也天下之人才皆羅之於科貢科貢之選皆取之於學校學校之所教誦習者皆他日所需敷陳嘉謨稽古弘化者也其責之修行者皆他日所需正色立朝宣力四方者也而學與行皆爾爾國家何賴焉憂其風之日偷也而亟反之非在上者加意以倡之可幾乎今夫學校之模範在師儒師儒之表率在督學此所當首加之意者也必也重師儒之選不徒擁之以耄年慎督學之求尤必拔之於群寀皆取行爲人表經任人師者爲之俾其有所傳習且有所觀法於是復加秩之制行久任之法而隆其倡之之官誘掖其經術鼓舞其節義陶鎔之以道德而修其倡之之事一學之中豈無二三潛心大業下帷發憤真如古人者乎於是而賞之賞之不足而又進之進之不足而又優厚之於曠業者則必罰焉明示以所好在此而所惡在彼也士有不

興而自勵於學者乎又豈無二三甘心若節而以謁見爲自鬻真如古人者乎於是而嘉之嘉之不足而又拔之拔之不足而又薦揚之於不類者則必懲焉明示以所貴在此而所賤在彼也士有不興而自勵於行者乎又必試固先之經義也而尤重以經濟之通否爲進黜使之有所博習而通也志固厲之氣節也而尤示以規矩之中正爲標準防其有所凌傲而悖也重德行之察而不爲詐僞所欺則不必復鄉舉里選之制而得其意矣嚴不肖之黜而不爲姑息所容則不必復移屏郊棘之法而通其方矣夫雙劍之節貴而飛白之俗成挾琴之客飾而赴曲之和作由是黌序之間積之數年當必多業成通經之士應蒸髦之選廣持正秉義之操預充庭之貢者矣而成均之間又從而甄别之至於廟堂之上舉措之際尤加意焉使卓然經明行修之士參錯立朝而不然者無得溷厠於其間則李復所謂取士之法劉光祖所謂封殖人才之策畢舉矣其倡愈大其化愈遠不庶幾乎道德一風俗同布之庶位緩急有賴邁漢匹周而無愧於前修矣乎或曰士亦貴自養也獨上之倡也乎哉曰成周尚德教士無不趨德教矣西漢尚經術士無不趨經術矣東漢尚節義士無不趨節義矣此前事之已效者也且中才之士未可一朝而遽化爲君子也乃其心猶趨進之心也彼見博綜者進而淺陋者退也即反其反爲淺陋者而務博綜其博綜也又待於責乎乃其心猶慕名之心也彼見耿介者榮而萎靡者辱也則毁其所爲萎靡者而務耿介其耿介也又俟於勸乎夫上智不待倡而養中人可以善可以不善而必待於倡倡則養不倡則不養故愚生主於倡之説竊有見於風草之喻孟水之譬舜與湯舉皋陶伊尹以遠天下之不仁其道蓋如此也

第四問

陳有則

同考試教諭葉批（明體適用之學場中類能言之獨此作衍釋詳明議論正大而歸諸實德實行蓋知務學之要者是可以薦矣）

考試官侍讀陶批（古人進德修業皆有實用其力處子能懇懇言之似非空言相眩者録之）

考試官洗馬馬批（學問本體用一源子能據古人之德業究析明盡可以占所養矣）

君子之學所以成已也而成物者已具君子之用所以成物也而成已者始全故知所以學而用在是矣知所以用而學在是矣然非實德是務則何以盡成已之功而非實行是勵又何以基及物之化哉則古人之學與用當必有要而不可以泛求矣執事以古人學術事功爲問且以詢諸士所實用其力者

愚生何足以語此哉然竊有聞焉而未能也敢無辭以復今夫天之生人也賦之形賦之性矣則踐形盡性固吾分也而凡同有是形同有是性者皆吾同胞不可恝然視也是故大學語明德必繼之新民而釋新民必本之明德無二道也易大傳曰精義入神以致用也利用安身以崇德也又曰藏器于身待時而動非謂是耶奈之何此義之不明也於是有果於獨善而忘世者焉彼其孤踪長往獨行高蹈將自謂於俗無累也而一體者垂矣則成己之分固未盡也於是有期於兼善而忘已者焉彼其乘時遘會趨事赴功將自謂於世有補也而立本者鮮矣則成物之用又曷施耶周子蓋憂之故示人曰志伊尹之所志學顔子之所學夫伊尹之志紀於書傳人能言之矣堯舜其君堯舜其民也一夫不獲引以爲辜也先知覺後知先覺覺後覺也斯其志誠偉矣然非徒任以天下而不先其本也蓋元聖之德既著矣不然耕野之夫成湯何遽加以三聘之禮哉觀其自重以堯舜之道其學不可知耶顔子之學稱於孔子人能言之矣怒則不遷過則不貳也三月不違仁也屢空而不憂簞瓢而能樂也其學誠純矣然非徒自善其身而無與於世也蓋王佐之才既具矣不然爲邦之問夫子何遂語以四代禮樂哉觀夫孟子擬諸禹稷之事其用又不可知耶蓋方伊尹之未聘其所自樂即顔子之樂使顔子而遇即伊尹矣故黄直卿氏曰聖賢無一偏之學顔子是明德伊尹是新民言之若岐而其道曷常不一也於乎幡然一出而造有商表正之業不違如愚而三千之徒莫得擬焉伊之志顔之學可多見耶後世有志於事功者以天下爲己任日夜興致太平則有若范文正仲淹再決大策以安社稷則有若韓忠獻琦萬口一詞稱爲賢相則有若富文忠弼田夫野老皆知姓氏則有若司馬文正光之數君子者固不得上擬伊尹然志存社稷身係重輕植偉節於當時流芳聞於後世伊尹而下此非其卓犖者乎有潜心理學者會道有元上接洙泗則有若周元公敦頤聞道甚早明物察倫則有若程明道顥學本至誠動不爲矯則有若程伊川頤窮神知化精思力踐則有若張横渠載窮理以致知反躬以踐實則有若朱文公熹之數君子者雖未必盡如顔子然窮極藴奥闡發性靈明聖學於將湮綿道脉於不絶顔子而下此非其流亞矣乎夫韓范諸人樹立偉矣而不以理學稱者非無得於學也蓋嘗考其素矣富貴貧賤處之若一而毁譽忻戚不以動心者文正之所本也事君盡力知無不爲而成敗利鈍一聽之天者魏公之所本也惻怛至誠充溢内外慷慨大節莫之屈撓非富公之所本乎自少至老未嘗妄語平生所作咸可對人非司馬公之所本乎則韓范諸公之所學可知矣不然諸公之所值其足以動吾中而移吾守者多矣豈能始終一節若此耶夫周程諸儒造詣

深矣而不以功業顯者非不適於用也蓋嘗考其故矣清獻之薦未上而廬山之迹已虚濂溪之所遭也宗正之召未行而士夫之望已缺明道之所遭也伊川才堪大事指顧可集矣經幃憚其方嚴而簾中慮其不靖將能行乎横渠政先善俗召對且用矣新政拒於求助而宿德疏於獻囚能無歸乎若夫筮仕歷五十年而立朝僅四十日又文公所以終蹇也則周程諸儒之不究可知矣不然諸儒之所具其足以濟斯世而澤斯民者豫矣豈其施用弗究若此耶合而觀之可以見用之必資於學學之必適於用矣夫用不可必也學可自致也孟子論伊尹自萬鍾千駟之辭受以至一介之取予非道義不苟也然後其節完其心足以自信而天下事惟其所任業之所由建也韓范諸公其卓行固不可殫述蓋亦有去任貧至徒步行已不受微塵者矣諸君子之砥厲若此又非其植立之要乎夫工師之爲室也其制不必同乃其址必固垣必堅則靡弗同也不然雖崇構麗飾其傾也速矣夫君子之業亦若是也人見夫弛弛之士或不羈而致功名遂以爲細行不必拘也甚至目謹恪爲局曲謂不足以任事然則一介之慎非耶噫此業之所以鮮植也孔子語顔淵以爲仁之要必克已復禮其目必非禮勿視聽言動也然後其功密其力得有所施而外誘不得以投其隙學之所由純也周程諸儒其格言固不可殫述蓋莫非嚴畏以直其内省察以防其間者矣諸大儒之精密若此又非其造詣之要乎夫農夫之力田也其種不必同乃若耕必深耨必易則靡弗同也不然雖沃壤奥區其獲也鮮矣夫君子之學亦若是也人見夫才辯之士或過高而似超脱遂以爲問學不必事也甚至目防檢爲沾滯謂不足以入道然則四勿之訓非耶噫此學之所以罕造也田斯以觀而實用其力者可知矣必自一介之微以至於無所不慎而其守斯固非逐於小也立其大固兼乎小矜其細所以全其大也必由四勿之旨以至於無所不察而其養斯純非事於外也由乎中以應乎外制乎外所以養其中也遇則以之立業而非無本不遇則以明道而非無用學術事功隨所卷舒而明德新民之學可幾矣此固儒生之常談也惟以爲常而弗談而用力者鮮矣乃求所以用其力則舍此不可也故不敢以爲常而弗談也不識執事以爲何如

第五問

魏良静

同考試官知縣洪批（以六事論馭將之失切中今時之弊而末復以不御馭能將又深得將將之道者經略如斯其胸中真有數萬甲兵矣豈但可以經生目之耶敬羡敬羡）

考試官侍讀陶批（援古証今高文卓識將將之術宜無出此子其有文事武備者歟可爲得人慶矣）

考試官洗馬馬批（天下未嘗無將顧無以馭之耳子能以往事明之其留心時務者耶）

方今爲中國患者北則有胡寇時窺亭障犯封略南則閩廣之間苦於倭擾山海萑蒲之孽因而延蔓以天下全勝之力經營之歷歲矣厚屯集廣召募峙芻糧穀器械凡威敵制勝之策亦既悉舉而烽燧猶驚虜功未奏議者謂患在於無將昔趙以李牧守代邊匈奴遠徙吴以步騭守交州百蠻震服彼皆區區偏安一隅猶有人焉若此矧國家兼統覆載受鉞分閫旌壘相望豈翳無人將由任用不重措置失理責成弗專文法太煩恩信未孚聲實莫辨凡此六者皆足以解豪杰之體窒立功之路陸敬輿云勝敵之要在乎將得其人馭將之方在乎操得其柄今日之患不在無將正坐不得馭將之方而已其方安在則執事所詢往古之事備具之矣請得而繹陳之昔晋搜於被廬以謀中軍之帥郤縠以悦禮樂而敦詩書見舉荀卿與臨武君論將亦拳拳乎六術五權三至之目而歸本於仁義蓋其時雖列國兵争去古未遠吊伐遺矩猶有存者將之所重可知矣後世若祭征虜之雅歌臨戎羊叔子之輕裘布信庶幾有仁義禮樂餘風者然安可多得而王剪白起之流夷都邑坑已降則不可語仁義周勃樊噲之輩起身吹簫販繒問又安睹所謂禮樂而或拓地千里擅料敵之神横身百戰佐炎興之業彼足以辦吾事者又安得不用之也執事謂主在得人不能盡如晋楚所云是矣而今日之將豈無其人乎惟是古者推轂授鉞跪而遣將使無天於上無地於下振起其慷慨自效之氣然後可以暢耿烈而集大勛而用之遲速稍間則未足以遇不遇言也韓信亡於治粟都尉高帝素未之奇矣當蕭何之追還乃人心欲散之時也漢中片語即與登壇帝諒何非輕許可者未見其謀而壇已登其借此以聳觀聽乎耿弇稱爲北道主人世祖久加恩慰矣當更始之敕罷兵則人心危疑之際也床下數言乃與佩印帝知弇足任大事者必見其謀而印始佩其累此以服偏裨乎此异才柄用之準也今也握鈐仗鉞尊矣練技與偏校分行閫警與參游并騖分殊也而禮猶卑名异也而事猶等身莫使臂手不應心以致徒擁空銜難成偉績其無乃任用不重矣乎選甲簡卒誓而出師使心有進死志無退生以齊其奮迅直前之勇然後可以固已勢而蹙堅敵而兵之勝負互見則又當以幸不幸論也楚誅子玉於一敗以謝申息之老説者以再敗咎楚成矣然剛而無禮違命僨師此而不誅何以爲國耶秦宥孟明於再衄以啓西戎之霸論者以采蘗美秦穆矣然勞師襲遠

不聽蹇叔穆實尸之孟明何罪耶此討罪宥過之準也今也列城屯戍均矣守圉不分夷險當虜不分强弱情异也而迹則同罪一也而罰則异巽庸正典奸黠逃誅以致法紀弗彰遇敵輒潰其無乃措置失理矣乎衛青出高闕走右賢俘裨王鹵人畜功固偉矣漢帝命使者持大將印即軍中拜之曹彬總舟師下江南降李煜封府庫功亦不細矣宋祖初以使相見命終復靳之以宋祖視漢帝雖若少吝然漢帝以滅胡之事爲青期而宋祖以太原之下爲彬望故一則施大恩以寵之於立功之始一則留峻階以俟之於成功之後緩急异用而責成之意均也今也左右推遷前後踵繼謀方立而權任忽分事未究而業已見代十羊九牧去徒興嗟又安得永肩一心有遠計以裨社稷乎此責成不專之弊也李光弼之代郭子儀也張用濟謀以精鋭入東都光弼執而斬之以部將代領其衆王猛之伐慕容暐也鄧羌堅卧請司隸景略馳往許之然後運矛赴敵以景略視光弼雖若少徇然光弼以用濟不斬令不肅而景略以鄧羌不往燕不平故一則旌旗改色而思明衄一則奮兵長驅而鄴城破剛深异用而應變之機一也今也檄符旁午奏牒絡繹首功繩於幕府之法軍租制於守藏之吏一室率尖動疑有觸又安能展布四體有遂事以利國家乎此文法太煩之弊也李漢超在關南民有訟强娶其女不償其錢者然關南賴超故陽責其人遣之以安其心而陰諭之改不然長惡不悛當如後患何法固寓於愛之中矣此漢超之所以感泣而修政焉郭進守西山軍校有訟進不法者然其事誣進故執其人送進令殺之以快其意然天子所賜豈有竟殺者仁固行乎法之外矣此其人所以踴躍而立功焉宋祖之待二將皆厚之以誠也不然因人言而稍存其迹則漢超將以有罪自疑而進亦以不白懷慮矣何以慰爲將之心而鼓其敵愾之勇哉今日之待將大率類此故曰恩信未孚也李廣爲未央衛尉其屯邊也無部伍行陣不擊刀斗不事文籍就善水草屯止軍中有簡易之稱矣然廣之略遠常運於紀律之外虜且以飛將畏之况敢犯乎有將如此簡何嫌耶程不識爲長樂衛尉其屯邊也正部伍行陣擊刁斗治軍簿至明不得休息軍中有煩擾之苦矣然不識之慮周常嚴乎紀律之中自言虜不得犯我况遇害乎有將如此嚴何嫌耶漢武之用二將皆察乎其實也不然聽虚聲而不究其實則廣當以不遵兵法弃而不識且以不知大體黜矣何以盡爲將之才而收其折衝之效哉今日之論大率類此故曰聲實莫辨也夫以古人克敵馭將之機班班若彼而今時之弊動與古人相反又往往若此則夫邊烽所以未熄海波所以不靖信非無將之患而不得馭將之方之爲患矣誠能按古人之成法參時事之通變破拘攣之陋談振因循之積弊權不分於衆則任用重罰

必麗於情則措置當專責成以致卓犖之用寛文法以容跅弛之才厚恩信以感其心辨聲實以作其效將見精神折衝風聲鼓舞四方負奇不羈之士必望風景從思自表見立方功名於疆埸之上古今人不甚相遠安知無昔時犂老上之庭係尉陀之頸者出其間乎故愚謂今南北之寇舉不足患所可患者馭將不得其方而已雖然此因執事之問而論馭將之方也抑猶有不御之説焉蓋兵機天下之至速者也岐路躊躇坐失千里矣變生呼吸間不一髮矣而可從中覆乎且既以爲能而用之矣又恐其不足以濟吾事是不推心而置腹也既以重權畀之矣又令其受制於人是欲掣肘而學書也故兵法曰將能而君不御者勝蓋謂此也夫馭御一也而言者之意則微有辨陸贄之所謂馭者駕馭之謂也是鼓舞豪杰者也兵法之所謂不御者羈御之謂也是束縛若牛馬者也是故可以馭可以無御而中持衡焉其斯爲人君之善將將乎愚生不知兵姑掇拾所聞如此惟執事進而教之幸甚

應天府鄉試録後序

我皇上御曆之四年爲隆慶庚午天下當再試士于鄉臣自强臣大臨奉欽命來典應天府試事臣竊伏自念臣學術淺陋濫塵侍從竊禄有年愧未能效萬分一乃今承乏校文賢才所由進厥惟重任大懼不敏或甄别弗當無能稱任使罪益滋甚蓋自聞命以迄于兹日夜兢惕若有神焉鑒臨于上于左右不容頃刻懈也事竣録成臣大臨猥以職事謹申言于簡末曰自昔世道關於人才人才係於學術故學術不可不慎也我聖祖奮起淮右甫入金陵遂建禮賢之館聘劉基宋濂輩論經史訪治道當是時疆宇未拓也而辨學術審好尚已先衆務舉矣比定制取士一本於聖賢之學而又拳拳以文質得中名實相稱爲諭焉誠見夫士非此不可以學而用人圖治者非此不可以用也列聖相承率由斯道名卿碩輔焜耀後先用能裨翼洪庥流澤無際非學術正而得人盛之明效歟比年以來文盛勝質士習稍漓有識者深用爲慮蓋自先帝晚祀已欲挽其敝而歸之中矣肆我皇上潛心聖學興起斯文登極之歲即幸太學祀孔子以身示天下且申飭有司端士習正文體益諄諄加意焉夫上之所向下之所趨也即疏遐阻僻凡聲教所可暨罔不忻忻嚮風祇若彝訓矧兹畿甸重地我聖祖開先文教化所由始者乎又矧兹六館諸曹皆四方贇序之彦既承我皇上恩意掄選而至者乎故今觀其所爲文雖神采异齊裁致各别類皆原本經傳闡發性真崇雅黜浮敷華茂實體要得而粹美備矣以臣心目所寓

合式者誠衆即恩制所增廣弗能盡録也於戲盛哉此非所謂文質得中名實相稱者耶非士習端而文體正耶非夫王國之禎與夫四方之彥培養深而蘊藉厚者能然耶庶幾哉可藉是以復主上矣雖然臣尤不能無懼也夫士今日之爲言也并包廣博究析精微其文固彬彬然正矣然所以務此者其幾有二又不可不辨也以求道爲務則并包究析入於目會於心者皆道也亦文也得其本而該其末也聖賢之學也以縟文爲務則入於目會於心者皆文也非道也徇其末而遺其本也舉子之業也今諸士果皆聖賢之學乎臣未敢必也抑舉子之業已乎則其言固聖賢也爲其言之聖賢也而取之而或不以聖賢之學自務非欺乎取士而或售其欺是臣所大懼也臣願諸士無忘今日之言而實以聖賢之學自務也士實以聖賢自務業不必改習也即今日之言一反諸身心焉而聖賢在是矣而或不然者有以移之也卑者悦紛華逐聲利知耻者所弗屑無足深論高者搜奇炫异以翰墨爲勛業而無與於身心或從事身心矣又脱略於存養省察謂可頓而卒乖於實用才知之士或往往然也而聖賢之學湮矣則士習何如耶是臣之所大懼也臣故願諸士無忘今日之言而一反諸身心也昔伊尹之出也有幡然之數語傅説之出也則對揚之三篇言於前而信於後若符契不爽也今諸士出矣行將試南宫對大廷布列有位乃先資自獻之言固在异日者執是以律諸士誠聖賢之學自務誠見之實用則習誠端名實誠稱無忝我聖朝所崇尚無負我皇上興起申飭至意則豈惟諸士有休聞哉而臣之懼始釋矣諸士其勉哉諸士其勉哉

翰林院侍讀陶大臨謹序

萬曆元年應天府鄉試録

應天府鄉試録序

皇上紀元之歲爲萬曆癸酉維時百度聿新諸司据法守正吏治蒸蒸各臻于理乃秋八月會天下當舉士于鄉先期應天府臣循制以請上命臣應期臣洛文往典試事臣應期伏自惟省臣嘗兩佐辟廱忝預造士經學行能罔可楷式恒日惴惴懼也不自意過被簡命膺校士之役夫以臣之寡昧輒不自量囊思與六館生徒考厲志業以不負聖朝育才至意而逡巡歲月靡效涓埃私心誠竊愧之矧兹搜羅群材限以三日之試冀所登進足備任使豈臣之愚所能稱塞故臣自受詔陛辭匝月而始達境寤寐食飲時時若有神鑒不啻蹐岱臨淵而懼顛隕也既入棘則偕同事諸臣胥誓胥戒而後即事乃合提學御史臣謝廷傑暨諸曹六館所選士四千五百有奇三試之遵制額舉百三十有五人鐫其名氏與其所爲文二十篇成禄以獻臣始進多士語之曰是舉也我皇上紹帝臨君籲俊率典之一初也諸所舉皆産畿服育成均所謂豐芑之詒乘時翼運者也爾諸士亦知所感遇思奮乎昔我皇祖定鼎金陵綏猷彰軌南都稱首善地爾諸士游息長養被化宜深矧兹躡昌明之景際聖作之期不有瑰瑋英特之彦先四方而充貢籍其自待之謂何我皇上秉籙御天作新萬國遐方殊族慕德嚮風矧多士發藻周南首被掄薦即碌碌無可表見曷以倡郡國士邪臣聞之堯舜之世臣主俱聖合謀相輔乃其時黎獻共臣九德翕受故能師師敬應後先相承古今稱綦治者蔑加焉今天子神智天授豫欽明浚哲之資講學勤政無間寒暑孳孳欲爲堯舜者所謂作民明辟寔維其始也爾諸士席珍有年一旦離奥渫而躡風雲之會即异時銜命服官建夷夔臯禼之業亦必自今日始方今廟廊之上濟濟多賢昭德弼違非帝道弗舉既足以對揚新命光輔鴻圖矣而臣於諸士之始進也顧驟而期之若是豈不謂明良啓運千載一時興賢與能宜先定志士方通籍弗首以帝臣之道相勸勉致令臣主异趣而後先不相及是臣之罪也臣猥以凡流幸際勛華交會之盛深惟謭劣既不能以心所竊慶者自效諸身獨幸承乏兹役期得真才以報明主而準瘝曠之咎因與諸同事專精翕慮慎選旁搜求古所稱俊乂之儔而薦之上庶不辱

聖明首舉將他日熙載亮工之用或少裨焉然臣所爲竭力披校者藝焉己爾南金東箭爛然溢睫其行業固無自見也諸士行且上南宫奉制對程行計功有日矣天子垂意至寧思臻古道試令就列安所自效邪夫竭精發憤期以致用士之夙心也遇主遭時俾獲自見士之所大幸也爾諸士觀光盛際挾筴清朝主德前徽章章較著從違趣舍惟在一心正如登高順風其呼易也誠及是時明正始之道端向往之的砥節礪行秉德持操而又閑邪于幽獨程行于前修善有法惡有懲毋忽真而崇僞毋弃實以鈎名居則學求爲己出則志存立功即見用操兹往焉臣所謂帝臣者道若是止爾斯何計材具長短名迹顯晦所以應昌期揚厤命者實在於兹臣籍是可幸無責脱或不然而徒剽儒以梯榮執空文以自見即他時躋列崇要衆見謂踔絶便敏識者且唾訾之將謂科目不足以得人藝文奚取于寔用都人士不足爲萬民望也斯不負聖天子文治維新之一會哉若是者無論諸士不容于堯舜之世臣業已舉之安所傳其罪也爾諸士其勖諸是役也 提調則府尹臣承學府丞臣標同考則推官臣大倫臣宗武臣垓知縣臣蘭臣一檟教授臣益純臣從教臣志才學正臣大年教諭臣希孟臣東昌監試則御史臣堂臣□德寔相與祗事而奉例防檢于外者御史臣石檟臣王宣化也於法得并書云

左春坊左中允兼翰林院編修范應期謹序

萬曆元年應天府鄉試

提調官

嘉議大夫應天府府尹陶承學（子述浙江會稽縣人　丁未進士）

中憲大夫應天府府丞楊標（廷瞻江西清江縣人　丙辰進士）

考試官

左春坊左中允兼翰林院編修范應期（伯楨浙江烏程縣人　乙丑進士）

右春坊右中允兼翰林院編修何洛文（啓圖河南信陽州人　乙丑進士）

同考試官

直隸淮安府推官諸大倫（仁夫浙江餘姚縣人　辛未進士）

直隸蘇州府推官龍宗武（身之江西泰和縣人　辛未進士）

直隸太平府推官劉垓（達可湖廣潛江縣籍江西安福縣人　辛未進士）

應天府溧陽縣知縣帥蘭（同甫湖廣江陵縣籍江夏縣人　辛未進士）

直隸寧國府寧國縣知縣徐一檟（汝材浙江西安縣人　辛未進士）

浙江温州府儒學教授黄益純（伯乾福建永定縣人　戊午貢士）
山西潞安府儒學教授孫從教（汝賢陝西韓城縣人　辛酉貢士）
廣東高州府儒學教授區志才（肇佐廣東順德縣人　壬子貢士）
湖廣寶慶府武岡州儒學學正黄大年（君禾福建崇安縣人　辛酉貢士）
湖廣襄陽府襄陽縣儒學教諭蔣希孟（國仰廣西全州人庚午貢士）
四川順慶府蓬州營山縣儒學教諭丘東昌（紹先貴州新添衛籍山東即墨縣人　丁卯貢士）

監試官

文林郎南京湖廣道監察御史陳堂（明佐廣東南海縣籍番禺縣人戊辰進士）
南京江西道監察御史何玉德（彦貴直隸雄縣人　乙丑進士）

收掌試卷官

奉議大夫應天府治中潘子雨（潤甫山東德府君牧所籍山西蔚州人癸卯貢士）
承德郎應天府通判趙鉞（可虔福建長汀縣人　丙午貢士）

印卷官

承德郎應天府通判譚文顯（汝謨直隸太平縣人　乙卯貢士）
儒林郎應天府推官周恪（有之直隸太平縣人　乙卯貢士）

受卷官

直隸鳳陽府推官王致祥（德徵萬全都司籍山西忻州人　辛未進士）
直隸松江府推官陳薦（君庸湖廣祁陽縣人　辛未進士）
直隸常州府推官于有年（時泰山東臨清州人　戊辰進士）

彌封官

承德郎應天府江寧縣知縣李爵（子修湖廣長陽縣人　丁卯貢士）
應天府江浦縣知縣周一經（子明江西貴溪縣人　戊辰進士）
徵仕郎南京龍江左衛經歷司經歷張文浩（惟養浙江龍游縣人　監生）

謄録官

應天府高淳縣知縣夏大勳（謙甫廣東饒平縣人　丙午貢士）
徵仕郎南京廣洋衛經歷司經歷龔元龍（陽仲江西新昌縣人　監生）

封讀官

應天府六合縣知縣李箴（訓之浙江臨海縣人　壬子貢士）
直隸太平府蕪湖縣知縣倪湯（德遠山東館陶縣人　辛未進士）

巡綽官

懷遠將軍直隸新安衛指揮同知翟鳳翔（國禎河南永城縣人）

明威將軍直隸安慶衛指揮僉事紀功（敏之直隸含山縣人）

搜檢官

武德將軍南京留守中衛正千户張時萬（汝極河南固始縣人）

武略將軍南京留守後衛副千户王之賢（德孚順天府通州人）

昭信校尉南京留守右衛百户袁恩（寵之河南新鄉縣人）

昭信校尉南京留守左衛百户楊應龍（子雲山東膠州人）

供給官

徵仕郎應天府經歷司經歷郭與志（子尚直隸元城縣人　歲貢）

應天府經歷司知事盧定（克静河南湯陰縣人　監生）

應天府照磨所照磨陳嘉猷（爾告山東昌邑縣人　監生）

應天府照磨所檢校吴儲（惟英直隸宜興縣人　儒士）

應天府上元縣縣丞葛釜（義之湖廣施州衛人　歲貢）

文林郎應天府江寧縣縣丞周冕（嘉服直隸舒城縣人　歲貢）

應天府句容縣縣丞諸民式（見德湖廣江陵縣人　監生）

應天府上元縣主簿杜漸（子晉陝西鎮安縣人　歲貢）

迪功郎應天府江寧縣主簿黄傑（良德浙江餘姚縣人　知印）

應天府溧水縣主簿鄧霈（民化浙江仁和縣人　監生）

應天府上元縣典史李珂（世鳴直隸潛山縣人　吏員）

應天府江寧縣典史范鈿（子堅福建松溪縣人　吏員）

應天府溧陽縣典史陽軻（敬夫湖廣湘潭縣人　吏員）

將仕佐郎應天府都稅司大使楊時泰（仲鄂直隸歙縣人　吏員）

應天府常平倉大使張自明（子德直隸華亭縣人　吏員）

應天府龍江水馬驛驛丞劉軾（君憑浙江定海縣人　承差）

應天府江寧縣江寧馬驛驛丞倪瀛（本洲直隸懷遠縣人　吏員）

應天府常平倉大使楊瀚（溥之直隸山陽縣人　吏員）

應天府龍江遞運所大使駱廷禧（徵孫浙江山陰縣人　吏員）

第一場

四書

子張問政子曰居之無倦行之以忠　修身則道立尊賢則不惑　君仁莫不仁君義莫不義君正莫不正一正君而國定矣

易

直其正也方其義也君子敬以直内義以方外　彖曰益損上益下民説无疆自上下下其道大光利有攸往中正有慶利涉大川木道乃行益動而巽日進无疆天施地生其益无方凡益之道與時偕行　乾以易知坤以簡能齊也者言萬物之潔齊也

書

惟德動天無遠弗届滿招損謙受益時乃天道　終始慎厥與惟明明后先王惟時懋敬厥德克配上帝今王嗣有令緒尚監兹哉若升高必自下若陟遐必自邇無輕民事惟難無安厥位惟危慎終于始有言逆于汝心必求諸道有言遜于汝志必求諸非道嗚呼弗慮胡獲弗爲胡成一人元良萬邦以貞小大之臣咸懷忠良其侍御僕從罔匪正人以旦夕承弼厥辟　昭升于上敷聞在下

詩

寬兮綽兮猗重較兮　天保定爾亦孔之固　有馮有翼有孝有德以引以翼豈弟君子四方爲則顒顒卬卬如圭如璋令聞令望豈弟君子四方爲綱　於乎皇考永世克孝念兹皇祖陟降庭止

春秋

荆人來聘（莊公二十有三年）楚人伐鄭（僖公元年）　春王正月城楚丘（僖公二年）夏叔詣會晉趙鞅宋樂大心衛北宫喜鄭游吉曹人邾人滕人薛人小邾人于黄父（昭公二十有五年）　冬十月甲午叔孫得臣敗狄于鹹（文公十有一年）　楚人及吴戰于長岸（昭公十有七年）

禮記

君子曰大德不官大道不器大信不約大時不齊察於此四者可以有志於本矣三王之祭川也皆先河而後海或源也或委也此之謂務本　王者功成作樂治定制禮其功大者其樂備其治辯者其禮具　是故明君在上則諸臣服從　儒有席上之珍以待聘夙夜强學以待問懷忠信以待舉力行以待取其自立有如此者

第二場

論

人君先於虚己

詔誥表（内科一道）

擬漢令禮官勸學詔（元朔五年）　擬唐命馬懷素褚無量更日侍讀誥（開元三年）　擬宋王曾詮録古先聖賢六十事繪圖以獻上降詔褒美命禁署月進二十軸仍鏤版印賜近臣謝表（天聖元年）

判語（五條）

官吏給由　收支留難　禁止迎送　優恤軍屬　盗决河防

第三場

策（五道）

問　人君之治天下其必由學乎然在昔帝王或中身受命而後學或弱齡繼統而始學若幼即好學非大聖人不能也古有生而神靈弱而能言者有静淵疏通欽明文思者有冲年明于庶物兒時志如巨人者有身應律度生有聖瑞者謂之幼能好學可歟後世亦有十歲通春秋英年向儒術者矣有少即機穎幼稱聰睿者矣亦可若是班歟惟我皇上之生靈明夐异十齡出閣英穎妙悟登極後即開講筵精勤卓邁曠世僅見種種可述中外臣民快睹傳誦蓋亦久矣其視上古數聖人抑有同歟或謂主上盛年得此至難然此天資粹美耳若必紹千聖之道統開萬世之太平則聖學固無津涯尤有當務者在也其信然歟諸士績學有日固爲致君而來也尚明言之用爲啓沃者助

問　易曰天垂象見吉凶而書曰先王克謹天戒觀箕範之備庶徵春秋之紀灾异可考已宋儒有言灾者被于物而可知异者不可知其所以然者也然則灾异固不同歟其説果何本歟漢劉向五行傳論其言旁引曲證冀寤君心不知當時能用其言亦可轉灾爲祥歟乃宋儒特爲譏駁抑又何歟後世五行有志天文有考要皆祖循其説質以時變乃其中有合有不合何歟有謂反常爲妖而謬以爲祥者有謂其德不稱而反以致亂者又何指歟我太祖高皇帝熟知乾象敬忌天威當其時求言有詔中書有敕所以修德省愆者有可指陳其説歟世宗肅皇帝聖敬日躋欽崇天道當其時有星變之敕納樂護之言其所以敬天怒承天休者何若是之兢兢歟我皇上嗣服方新厲精圖治頃因客星示异露禱宫廷又復申飭臣工痛加修省畏天一念光于祖宗數月之間

旋見銷滅矣而雨澤或至愆期灾祲屢形奏牘議者謂臣下不能奉行德教所致其盡然歟抑或修弭之術當上下各任其責歟願究言之執事者將轉聞于上也

問　天下元元之命係于守令爲其職近民而惠易及人也三代而下言治民者莫盛于漢如班固范曄所傳兩漢循吏可考已間有一二廉幹之士撥劇整亂奉公而不顧私斯亦吏治之踔絶者今試舉其事言之有免京兆而三老訟其功守東郡而吏民壯其節者有視事馮翊而贓吏解去奏更二令而兩邑皆治者有閉閤自責而吏不忍欺有擢用長者而郡中歡愛有以三异徵奇有以五絝咏德者迄今道之猶令人擊節豔慕而不得與循吏并傳何歟豈二史之所稱述專於奉法循理而嚴威非所尚歟當西漢時僞增蒙賞神爵見褒議者謂宣帝雖稱綜核而任法太過其上下并行僞貌致然歟又謂建武轉易守長吏治刻深人皆餙詐以干虚譽然歟否歟我國家軫切民瘼慎重守宰二百年來比多良牧不知有可比迹兩漢者歟方今廟廊之上作意撫綏議論科條視昔加密乃吏道靡然具文罔臻實效何歟説者謂當議久任度曠格明按部嚴剌舉剗煩苛核功實重貪殘之禁兹數者時之所急也誠欲飭吏治而裨化理果以何者爲要歟願正言之以觀用世之學

問　士君子所以垂世不朽者曰理學政事節義文章四者恒相須也南畿地靈甲天下人文炳耀自昔韙之當春秋時才近伯夷者具宏覽博物之稱名列文學者著武城弦歌之治固彰彰在人睹記矣自兹以降代不乏人姑舉一二最著者與諸士評之有學務躬行集諸儒大成之統有身任師道繼河汾正脉之傳其於理學著矣較之號雙湖而著易學啓蒙翼傳謚文通而述四書辨疑者其有功于後學孰多有教民立學成蜀君鄒魯之風有才負王佐輔奉天艱難之業其于政事顯矣較之召對天章而條上十事勸帝親政而手陳八事者其有裨于時政孰大有正色以叱從亂六館之士無受污者有托疾而辭印綬以事二姓爲耻者視之太學生伏闕上書而言極憤切左丞相從君海濱而力竭以殉其節義之優劣何以殊有學擅明經著新序而人稱其最爲近古有援筆成賦美詞翰而人稱其文深以思者視之兄弟齊名而文章蚤能冠世爲文瓌麗而典策多出其手其文章之高下何以辨夫四者稱名雖异而理本合一不知其在諸賢果能兼乎否耶我昭代氣隆化洽培養薰蒸之澤涵濡厚矣應運開國諸臣姑置無論其間名卿碩儒後先輝映縉紳長老歷歷道之諸士生于其鄉景慕先哲久矣可概指其人與所謂理學政事節義文章具載名臣録者可稽也庶幾與前代諸賢有相合歟夫考古以準今論人以律己兹所

願學者何在歟其究言之以觀尚友之志

問　策士起於漢其時用對策顯者更僕未易數而晁董公孫爲稱首今綜三子觀之錯他所論建利害甚悉及對策則謂五帝神聖其臣莫及又稱文帝大功數十豈應直言極諫者當爾耶弘策不無可采至認智爲術以湯旱爲桀餘烈其旨不有戾耶仲舒三策粹然一出于正乃武帝猶病其條貫靡竟統紀未終何也夫三子以彼其才尚猶若是甚矣其難也我國家每賓興士終試則策之固漢法已諸士即有晁董公孫其人慮不免遺論脱猶未也賓興之謂何今即不暇與諸士緩頰姑舉二三時事商之教化有國之大務也乃士風民俗尚多浮僞何以挽之宗藩本支所宜厚也乃賦税邸禄并苦不給何以足之經費非寡也安所裕大農之匱書缺有間矣安所充秘府之藏章程所據者會典也顧久未刊定罔所折衷豈畫一之法乎刑獄所準者大明律也顧意或未晰例日增繁豈慎罰之旨乎自振武悍卒未盡伏辜故脱巾大譟者往往而起軍政何以肅之今九邊營田稍聞加墾而内地積壞者比比如故屯政何以修之史以公萬世之是非而起居注失其職樂以興一代之制作而律吕逸其傳方漕河未治海運行之有效矣兹何以復報罷歟往虜衆跳梁熟夷恃以黠横矣兹何故猶未戢歟使晁董公孫而在計必憂之而具以成畫進也爾諸士生明聖之世意所藴結豈遽不若三子其悉吐胸中之奇著于篇主司將徵其言以需大對焉

中式舉人一百三十五名

第一名　江文明　徽州府學附學生　書

第二名　方應選　華亭縣學生　易

第三名　汪冀立　南陵縣學生　詩

第四名　袁應陽　常熟縣學生　禮記

第五名　錢達道　常熟縣學附學生　春秋

第六名　蔡立身　浙江平陽縣人監生　書

第七名　蔡惟亨　常州府學生　詩

第八名　顧曾璘　吴江縣學附學生　易

第九名　陳一簡　繁昌縣學增廣生　詩

第十名　陳榛　句容縣學生　易

第十一名　潘元和　華亭縣學附學生　詩

第十二名　王堯封　金壇縣學生　書
第十三名　顧起淹　吴縣學附學生　春秋
第十四名　毛在　太倉州學生　易
第十五名　陳燁　吴縣學生　禮記
第十六名　馬貫　吴江縣學增廣生　易
第十七名　沈璟　吴江縣學生　書
第十八名　周策　吴江縣人監生　易
第十九名　汪應蛟　婺源縣學附學生　詩
第二十名　陳幼學　無錫縣學生　書
第二十一名　陳國華　常熟縣學生　詩
第二十二名　薛應和　應天府學附學生　易
第二十三名　顧雲程　常熟縣學附學生　詩
第二十四名　李端明　祁門縣學附學生　春秋
第二十五名　夏應星　鹽城縣學生　詩
第二十六名　顧夢鯉　崑山縣學增廣生　易
第二十七名　褚國賢　武進縣學生　禮記
第二十八名　焦鎬　太平府學生　詩
第二十九名　吴時驥　浙江僊居縣人監生　易
第三十名　劉輜　太平府學生　詩
第三十一名　莊文龍　金壇縣學生　書
第三十二名　羅應辰　蕪湖縣學增廣生　易
第三十三名　陸經　長洲縣學生　詩
第三十四名　昝學易　安慶府學生　易
第三十五名　鍾宇淳　華亭縣學附學生　詩
第三十六名　許成器　寧國縣學附學生　書
第三十七名　程子説　徽州府學附學生　詩
第三十八名　陳汝鳳　江西樂安縣人監生　易
第三十九名　李梲　儀真縣學生　詩
第四十名　柳鳳梧　浙江建德縣人監生　易
第四十一名　王國賓　武進縣人監生　詩
第四十二名　孫繼皐　無錫縣學生　書
第四十三名　吴之城　武進縣學增廣生　詩

第四十四名　張文奇　長洲縣學生　易
第四十五名　吕道炯　太倉州學生　春秋
第四十六名　殷都　嘉定縣學生　詩
第四十七名　吴安國　蘇州府學生　易
第四十八名　吴大駿　池州府學生　詩
第四十九名　王久章　淮安府學生　禮記
第五十名　周子文　蘇州府學附學生　詩
第五十一名　姜祖吕　華亭縣學生　易
第五十二名　李應祥　無錫縣學增廣生　詩
第五十三名　鄒迪光　無錫縣學附學生　書
第五十四名　王問卿　無錫縣學附學生　易
第五十五名　朱應麒　松江府學增廣生　詩
第五十六名　方萬山　歙縣學增廣生　易
第五十七名　湯有光　常熟縣學生　詩
第五十八名　于文熙　金壇縣人監生　書
第五十九名　路雲龍　宜興縣學生　詩
第六十名　劉際可　丹徒縣人監生　易
第六十一名　黄履建　上海縣學附學生　詩
第六十二名　卜以學　宜興縣學增廣生　書
第六十三名　吕時泰　武進縣學生　詩
第六十四名　儲純臣　吴江縣學生　易
第六十五名　丘漸　武進縣學生　詩
第六十六名　錢如瑜　常州府學附學生　書
第六十七名　徐鳴陽　浙江建德縣人監生　詩
第六十八名　周道行　崑山縣學增廣生　易
第六十九名　張貞觀　沛縣學生　詩
第七十名　鄒龍光　蘇州府學生　書
第七十一名　周嗣哲　蘇州府學生　易
第七十二名　程子諫　歙縣人監生　詩
第七十三名　董道醇　浙江烏程縣人監生　易
第七十四名　龔道立　武進縣學附學生　詩
第七十五名　卞茺　江都縣學附學生　易

第七十六名　笪守心　桐城縣學生　書
第七十七名　陸汴　長洲縣學生　春秋
第七十八名　時偕行　嘉定縣學附學生　易
第七十九名　蔡鼎　寧國府學附學生　詩
第八十名　張國禮　金壇縣學附學生　書
第八十一名　容若玉　懷寧縣人監生　易
第八十二名　楊伯柯　淮安府學附學生　禮記
第八十三名　范思正　應天府學生　易
第八十四名　湯轂　寧國府學生　詩
第八十五名　王廷舉　徽州府學增廣生　書
第八十六名　康直　池州府學生　詩
第八十七名　李同芳　崑山縣人監生　易
第八十八名　吕明倫　建平縣學附學生　詩
第八十九名　龔錫爵　嘉定縣學附學生　易
第九十名　沈中起　松江府學附學生　書
第九十一名　蔣立敬　溧陽縣學生　詩
第九十二名　吴應宿　桐城縣人監生　易
第九十三名　沈元壯　浙江烏程縣人監生　春秋
第九十四名　鄒明良　無錫縣學附學生　書
第九十五名　黄鍾　長洲縣學生　易
第九十六名　何䋶　泰興縣學生　詩
第九十七名　趙允明　吴江縣學增廣生　易
第九十八名　李衷毅　浙江秀水縣人監生　禮記
第九十九名　張汝聰　上海縣學附學生　詩
第一百名　劉弘道　吴縣學附學生　易
第一百一名　盛世翼　桐城縣人監生　書
第一百二名　王有功　吴縣學附學生　易
第一百三名　范志仁　長洲縣學附學生　詩
第一百四名　吴敦復　宜興縣學附學生　易
第一百五名　朱萬齡　無錫縣學附學生　書
第一百六名　林若企　湖廣漢川縣人監生　易
第一百七名　陸世勣　邳州學生　書

第一百八名　何金聲　泰州學生　春秋
第一百九名　傅之德　吴縣學生　易
第一百十名　錢焜　宜興縣學附學生　書
第一百十一名　浦湛如　無錫縣學生　詩
第一百十二名　陸懋繩　華亭縣學附學生　禮記
第一百十三名　黄用賢　常熟縣學附學生　易
第一百十四名　吴之鵬　武進縣學生　詩
第一百十五名　吴達可　宜興縣學生　書
第一百十六名　陸仁　長洲縣人監生　易
第一百十七名　貢靖國　寧國府學生　詩
第一百十八名　俞咨禹　福建晉江縣人監生　易
第一百十九名　黄時雨　常熟縣學附學生　詩
第一百二十名　陳源湛　福建永安縣人監生　易
第一百二十一名　萬象春　無錫縣學附學生　書
第一百二十二名　薛畋　江陰縣學增廣生　詩
第一百二十三名　程有守　徽州府學附學生　春秋
第一百二十四名　董肇胤　應天府學增廣生　易
第一百二十五名　陸士鱒　長洲縣人監生　詩
第一百二十六名　彭烊　江西南昌縣人監生　易
第一百二十七名　鄧尚選　湖廣郴州人監生　詩
第一百二十八名　邵燕　休寧縣學增廣生　易
第一百二十九名　陳光祖　長洲縣學附學生　春秋
第一百三十名　吴志道　吴江縣人監生　易
第一百三十一名　單應雷　通州人監生　詩
第一百三十二名　鄭漢　浙江西安縣人監生　易
第一百三十三名　張弘吉　浙江山陰縣人監生　書
第一百三十四名　高科　宣城縣人監生　易
第一百三十五名　王邦基　湖廣臨湘縣人監生　詩

第一場

四書

子張問政子曰居之無倦行之以忠

方應選

同考試官教授區批（作此題者類襲靡語是篇刊浮崇雅最得文體之正宜式多士）

同考試官推官諸批（命意渾融措詞精鍊純心立政之義發揮殆盡宜録以式）

同考試官推官龍批（體格正大詞理渾融）

考試官右中允何批（平正透徹）

考試官左中允范批（醇正莊雅）

聖人與賢者論政在存之有常而出之有本也夫政合始終内外而一之者也存之有常而出之有本於爲政乎何有且夫久道足以宜民而誠心斯可出治子張問政蓋志非不鋭於初而意在得行於外者夫子因告之曰政也者心之著也以心勤民而居之一或有間是倦也倦勤一起而欲民生之永賴得乎必思斯世斯民無一日不待治於我而始之終之無一日不加志于民凡其悦安之慮强教之懷居之莅政之初即爲久安長治之計而吾之永肩一心者與至治相爲無窮斯已焉否則一息少懈即美意漸荒此其所關于治體何如者而可或倦耶心也者政之本也言舉斯心而行之一或未盡非忠也忠非前定而欲實惠之及民得乎必其章程所布本吾懇切爲民之實心禁令所頒根諸勤恤民隱之至意雖其惻怛之愛忠利之教行之黎庶之上不無紀綱法度之施而吾之式敷民德者與吾心相爲流貫斯已焉否則一念弗誠即良法徒具此其所係于治功何如者而可弗忠耶夫恒以居之則終始一而行益純忠以行之則内外孚而居益永爲政之道曷以尚兹抑斯道也不越乎誠而已誠則不雜不雜則久而徵爲博厚高明悠遠之治所謂王道本于誠意者此也夫子藴帝王之略而不得試故因子張之問以發之蓋一言而内聖外王之道備矣豈非爲萬世開太平者哉

修身則道立尊賢則不惑

江文明

同考試官學正黄批（發清新於平淡之中藏古雅於追琢之外而道立不惑處宛然在目殆非時調所能到者敬服敬服）

同考試官教授孫批（精明古雅中庸義之絶佳者録之以範多士）

考試官右中允何批（有發揮有關係録之）

考試官左中允范批（明整可録）

中庸首舉九經之效建皇極而成明后也夫皇極建而居上明斯可爲政于天下矣然非修身尊賢曷致是哉夫子以王道望魯君而期之以此若謂治有常經政有先務顧人君之力行何如爾彼君身出政之本修之固以道矣而道本諸身所以立人之極者也身果能修焉則懋德建中而物軌所彰樹儀刑於下國體元居正而道揆所著植表正於斯民協和丕式之治胥此豫其基也平章惇睦之化胥此端其準也蓋始焉以道而自修既焉以身而範物立于此形于彼所謂近取諸身其則不遠者是己修身之效蓋如此賢人爲政之輔尊之固有等矣而后賢相得所以資君之明者也賢果能尊焉則衆賢和朝而密勿之論思昭晰乎經綸之藴庶明勵翼而廟堂之風議闡悉乎道化之微近而齊治之理相與講明之不蔽也遠而均平之道相與考究之不疑也蓋人君好善以忘勢則賢人論道以經邦啓乃心沃乃心所謂聰明睿智足以有臨者是己尊賢之效蓋如此吁修身要矣尊賢急焉君子修此二者而推類以盡其餘於爲政乎何有雖然非有二也修身者修其所以取人之則而賢人之所與共明者即此道也緝熙敬勝其克知灼見之本乎容德義德非丕顯執兢之助乎此固文武致治之規帝王相傳之要而夫子蓋以東周望魯矣人君率而行之周道其有興乎

君仁莫不仁君義莫不義君正莫不正一正君而國定矣

汪冀立

同考試官教諭丘批（命意精深搆詞剴切）

同考試官教諭蔣批（場中多騁浮冗獨此作詞意詳盡宜録以式）

同考試官教授黄批（正君定國處發揮明切録之）

同考試官知縣帥批（提掇峻偉氣象莊嚴）

考試官右中允何批（明白痛快）

考試官左中允范批（簡當）

觀大臣格君之極功而臣道無餘藴矣夫君心萬化之原也大人格之以仁義而一于正焉國其有不定乎孟子以此立臣極也若曰所謂大臣者以一身係一國之安危者也人政之失不足計而格心之功何如哉彼上臣之所以望君者爲其仁足以容義足以執中正爲觀而以一人定國焉爾今惟格其不

仁之非以歸之仁則君心一廣居也而非仁無爲矣格其不義之非以歸之義則君心一大道也而非義弗由矣居仁由義而弗納于邪則君心一正位也而非正弗履矣夫非心一格而以莫不正信乎君心所係之大也故大人者事君無多術而純心其所急焉一純其心則所用皆正人賢才輔而天下治所以繫國祚于苞桑者此也而格心之益何其大哉致主非泛圖而端本其最切焉一端其本則所行皆善政庶政和而萬國寧所以奠邦家于磐石者此也而正君之功豈其微哉吁此其所以爲大臣也抑斯道也惟伊周足以當之蓋其元聖之資明光之德所謂正己物正之大人也故其師保棐迪不必規規於告語而允德篤敘君心有默化焉所以定商周不拔之基而臣主同光於萬世者孰非自精神心術中來耶後世欲建伊周光輔之烈者當求諸伊周純一之心

易

直其正也方其義也君子敬以直内義以方外

方應選

同考試官教授區批（命詞古雅用意周匝）

同考試官推官諸批（通篇整潔純粹而講敬義之功更是精透足占所養矣）

同考試官推官龍批（認題精確措詞整齊）

考試官右中允何批（得旨）

考試官左中允范批（平正）

文言釋直方之義而表君子學以成之焉夫直之爲正方之爲義皆心之德也非君子制心制事之學何以成之哉坤六二之文言意謂天下皆有秉彝之德君子能懋成德之功六二之動直以方矣所謂直方者何蓋直者言乎人心本體之正也五性未鑿而内邪之不起七情未流而外邪之不撓無偏陂則無委曲也直非正而何方者言乎人心裁制之義也百爲异勢而裁成之有法萬化殊時而宰制之有方有矩度則無圓融也方非義而何此至德也人皆有之人自失之耳君子則以内之不可不直也是德之幹也而直之以敬焉儼神明之臨而在室無屋漏之愧敕時幾之戒而在輿有倚衡之瞻必使敬常勝怠無回互隱伏之私而歸于正直斯已也敬以直内而所以利外者不已豫哉又以外之不可不方也是德之制也而方之以義焉動與矩合而不縱情于燕僻之私事與道謀而不溺志於詭常之失必使義常勝欲有均齊方正之美而蹈乎大方斯已也義以方外而所以資内者不益深哉吁學而至是則直可中繩久之將不繩而直也方可中矩久之將不矩而方也不孤之大不從此出乎抑

論乾道尚舒兼言仁禮坤道尚縮獨稱義正蓋君子檢身惟患不嚴嚴矣猶恐以弛繼之而況敢自爲寬耶故敬義二言丹書之教誡周公之家範也然二者敬尤其本孔子告仲弓出門如見大賓使民如承大祭説者以爲坤道信矣

乾以易知坤以簡能

顧曾璘

同考試官教授區批（善發揚造化之妙者）

同考試官推官諸批（題理淵奥而此作發揮明徹允宜高薦）

同考試官推官龍批（格正調高意新詞練）

考試官右中允何批（發易知簡能意出）

考試官左中允范批（精確可式）

大傳論造化之生成一出於無心也蓋天地之所以大者其機神也知始作成一易簡而已何庸心哉夫子言此欲人法易簡也蓋曰大易之理備于天地人知天地之化大而亦知其化之神乎今夫功莫難於創始非若循襲者之易爲力也乾知大始吾意物之仰於天者衆而天之生之亦難矣不知乾健而動者也剛决之性當機則發而觸之者橐籥自開陽生之意遇時則行而迎之者機緘自動物莫能禦故始萬品之物易猶一物也時莫能窮故始萬古之物易猶一時也雖乾知其始而不自知所以始其造化之良知乎事莫煩於代終非若造端者之執其要也坤作成物吾意物之始於天者衆而地之成之亦煩矣孰知坤順而静者也虚受以爲常不待更張而有生之朕兆已顯順從以爲職無所專遂而衆動之肧胎自呈代天有終則萬物之生咸若矣無繁賾也承天時行則萬古之物如斯矣無猥瑣也雖坤能作成而不自知所以成其造化之良能乎吁總天下之物類而歸之乾坤總乾坤之生成而歸之易簡然則天地之道果一言而可盡也與抑論曰易曰簡就乾坤而立名名雖二實則一也所謂無心是也然聖賢法天地猶曰有心而無爲何哉聖賢雖有心而與太虚同體無自私用智之擾而有順應不滯之便是亦無心而已矣是故心貴虚實則道無所居心貴一兩則道無所適此聖賢所以貴易簡之學也

書

惟德動天無遠弗屆滿招損謙受益時乃天道

江文明

同考試官學正黄批（此題難處在於聯屬場中作者殊不相應是篇理意圓融而詞復曲盡非邃於養者未能也宜録以式四方）

同考試官教授孫批（識高理邃發透天人感應之妙非徒以其文已也敬服敬服）

考試官右中允何批（明暢警策）

考試官左中允范批（文有關鍵可録）

大臣極言德感乎天而因明諸天道也夫德之感通無間于天之遠也滿損謙益天且弗違而況於人乎伯益以是贊禹也若謂至德者感應之原盈虚者屈伸之理苗民未服盍亦反其在我而求端於天乎彼頑弗即工是威不可制也勤兵無益是力不足恃也惟夫昭德之至者非特感人已也馨香上通于於穆雖天體至遠而精神之昭格方所不能爲之拘非若威之有所至有所不至矣任德之純者非特動物已也精華上達於貞觀雖天本廣遠而神化之感乎形迹不能爲之間非若力之有所及有所不及矣夫觀其所以動天者而人可知也不觀天之所以爲天乎蓋天道不外乎陰陽而進退相乘于不已自其進而得夫既生之數者謂之滿滿不期損也而哀多之節若或招之上天虧盈之道本如是也否則進者日進而氣化不幾于紊乎自其退而得夫未生之數者謂之謙謙非求益也而滋至之幾若或受之上天益謙之道本如是也否則退者日退而造化不幾於息乎夫觀德之動天則知感化有機而修德不可緩矣觀天之福謙則知天人一理而滿假不可形矣吁益之贊禹固以祇承于帝也然而罔愆之德舍己之謙帝豈待贊而後有邪蓋聖不自聖帝德之益隆也責難無己帝臣之交儆也卒之干羽舞而有苗格則修德之言爲可驗而受謙之福非虚語矣此來王率服之化萬世爲獨盛也哉

小大之臣咸懷忠良其侍御僕從罔匪正人以旦夕承弼厥辟

蔡立身

同考試官學正黄批（整齊峻潔講侍御承弼處尤多雋永可以一洗浮冗之習矣）

同考試官教授孫批（氣象優裕詞旨懇到聖世得人之盛宛然可想）

考試官右中允何批（明爽剴切深得題意）

考試官左中允范批（詞旨精到）

賢王舉先世得人之盛而猶多助于近臣焉夫君德係于所養也得人如文武而猶賴近臣之助況後世乎穆王之命伯冏若謂輔德以擇人爲先正君以邇臣爲要聰明齊聖文武之德盛矣使其德雖天縱而臣不皆賢猶曰有君而無臣也惟時小大之臣列爵雖不同矣而篤棐之心則同凡進思盡忠以助

成王之德顯者不獨小臣爲然而大者胥爲之倡也受任雖不一矣而精白之忱則一凡願爲良臣以輔厥后之惟明者不特大臣爲然而小者罔不同心也夫臣無分于小大而德悉秉乎忠良上下道同宜無待于近習之助矣乃當時之爲侍御僕從者又皆遴選于知恤之嚴而迪簡乎庶常之吉志慮端方邪僻非所間也而以此朝夕乎王宫美則承而違則弼蓋無時無處而非薰陶之所矣是其心即濟濟多士之心也而其功不尤要哉言行亮直便佞非所與也而以此出入乎禁闥順其正而匡其邪蓋一動一息而皆漸染之機矣是其選即藹藹吉人之選也而其助不愈密哉吁此文武之德化所由益盛也穆王舉以告伯冏其望之一何至邪抑考左右僕御古慎其選故書叙綴衣虎賁與三事并詩録膳夫趣馬爲六卿屬而必擇正人以充之三代而上培養君德恃有此具也自此意不明而儇敏是用故明諍顯諫于大廷而潜滋默誘于深宫者往往是矣後世欲致君爲文武者當三復于伯冏之篇

詩

有馮有翼有孝有德以引以翼豈弟君子四方爲則顒顒卬卬如圭如璋令聞令望豈弟君子四方爲綱

汪冀立

同考試官教諭丘批（爲則爲綱處全本得賢自輔上來題意最難貫徹獨此作得之）

同考試官教諭蔣批（體格整飭而脉絡過接處渾無痕迹此邃養之作）

同考試官教授黄批（發告君用賢意忠愛藹然）

同考試官知縣帥批（約題有體命詞尤工）

考試官右中允何批（温厚含蓄）

考試官左中允范批（純雅醖藉宜録以式）

大臣告君有言德之輔而法天下者有言德之成而統天下者甚矣君德有關於天下也然必得所輔而後成則親賢之益何大哉昔召公納誨于王既因卷阿游咏之暇而歆以壽考福禄之盛矣此乃言其所由致也若曰天下之屬望在君德君德之成就在賢才今也師表王國多老成端亮之倫而爲馮爲翼者有之布列王朝皆慈祥篤實之選而爲孝爲德者有之誠以引焉以翼焉或疑承于後先或弼輔于左右夫德之有輔如此將見涵養深而居與之化言惟作令也趨嚮正而習與之成動惟作式也豈弟君子四方不爲則乎何也君者民所則而馮翼孝德之助固君德之所由成也是故語德範則大觀在上而顒卬昭度何尊嚴也語德器則清明在躬而圭璋比質何純潔也且令聞焉令

望焉德音起明明之頌德容示穆穆之光夫德之有成如此將見修身以建其極而慕德者悉入於範圍罔不承令矣恭己以握其樞而仰德者咸歸於怙冒罔不承式矣豈弟君子四方不爲綱乎何也君者民之綱而顒卬圭璋之德固民心之所由屬也夫如是則人與之天與之而壽考福禄亦在其中矣王誠有意于斯則任賢修德可不是務乎抑觀戴記保傅篇其言四輔之設詳矣而召公猶惓惓焉豈不以君子易疏小人易親其成也衆君子輔之而不足其敗也一小人雜之而有餘故此詩歷數馮翼孝德而要其成於豈弟以見任賢專而養德純人臣之所以格君心者固無用才敏辯給爲也慎簡引翼之士宜於此察之

於乎皇考永世克孝念兹皇祖陟降庭止

蔡惟亨

同考試官教諭丘批（成王追慕之意發之真切而體貼孝永陟降等語尤覺明透）

同考試官教諭蔣批（聖孝純切處最難形容此獨發揮懇至非凡作者）

同考試官教授黄批（聖孝永言之思模寫殆盡）

同考試官知縣帥批（咏嘆得體精於詩者）

考試官右中允何批（形容念祖處宛然）

考試官左中允范批（簡潔精邃）

嘆先生之純乎孝以先王之心乎親夫作求世德天子之孝也故知先王思親之心則知其所以爲孝矣此成王始朝于廟而歌之也謂夫予今纘皇考之緒固當率皇考之道於乎我皇考也大烈丕承既昭嗣服之休大孝不匱復篤終身之慕配鎬京而禋清廟人知其爲孝矣然非一時之孝乃永世之孝也成王孚而式下土人知其孝之永矣然非徒孝之文乃克孝之實也何以言之蓋皇考克念厥紹恒没世而不忘故皇祖於昭于天雖异世而如見思其所志則精誠之極與之相流通一陟一降若或履其位焉宛乎亹亹穆穆之儀刑也而所以善繼之者豈敢忽乎思其所事則著存之感與之相對越當宁當扆若或臨其庭焉恍乎肅肅雍雍之軌度也而所以善述之者豈敢違乎是蓋目所常接固可見其孝心之誠而心所常存又可見其孝思之永然則今日之念皇考亦猶當時之念皇祖也紹庭上下予何敢忘皇考之孝哉嗟乎自古國家肇造鴻業其祖考身歷艱難意慮深遠定典法以貽後人乃其子孫弗念或狹小其制度而紛更之國家遂以多事故周公陳戒曰無忝爾祖而成王於朝廟亦

首言之不獨承考之孝蓋兢兢然有法祖之思焉嗚呼此所以能保文武成業而垂休無疆也

春秋

春王正月城楚丘（僖公二年）夏叔詣會晉趙鞅宋樂大心衛北宫喜鄭游吉曹人邾人滕人薛人小邾人于黄父（昭公二十有五年）

錢達道

同考試官推官劉批（發聖人以正待人意最爲明透且融貫左史飾以新詞真文之佳者録之）

考試官右中允何批（善發傳意）

考試官左中允范批（詞整意足録之）

春秋以正待人于封國勤王之功而皆無美焉此楚丘之城則專大權黄父之會則修常職也宜經均無美歟楚丘曷城也渡河廬野而許人有載馳之賦衛國已亡矣桓也遷其地以封之是得興滅之仁者而經顧無美詞何蓋衛祀可封也自伯者而封之則權其專矣獨不聞設黼扆作策命乃天子馭貴之典乎今也惠將徼于康叔命不請于周王戍以甲士焉歸其祭服焉無虧一遣而衛以忘亡功則誠大矣然憫人之亡而再造焉是敢建諸侯也而可以訓乎噫木瓜之頌固德齊之深也彼竊作福之權而樹恩攘善奚足道之故經于楚丘而深没其迹以此黄父曷會也攻瑕及杏而大叔懷瓶罄之羞王室則蠢矣頃也申其會以謀之是得尊王之義者而經亦無美詞何蓋王事宜勤也以諸侯而勤之則職之常矣獨不聞彤弓一彤矢百有天王捍艱之寄乎今也憂方感于鄭臣會即徵于列國輸其王粟焉具以戍人焉簡子一言而衆無异議事則已勤矣然急君之難而宣力焉殆非异人任也而敢謂勞乎噫嫠婦之微尚憂周之闕也苟守維藩之職而弃義懷安將焉用之故經于黄父而獨免于貶以此吁此春秋以正待人之體也然嘗諦觀之春秋之世烏可無桓耶楚丘即專已召伯一命投袂興師其匡王何急也比朝之亂且數敗王師晉弗之省而今始諰諰于一會何爲也哉頃也暗弱無桓之明范獻諸臣非仲匹耳宜其不復振歟故爲國惟修身之要而圖治以用賢爲先

冬十月甲午叔孫得臣敗狄于鹹（文公十有一年）

顧起淹

同考試官推官劉批（春秋正名全爲修攘而設此作獨能發出而鋪叙謹嚴才思峻潔不當一時義中求之可以式矣）

考試官右中允何批（詞典意正）

考試官左中允范批（簡嚴得體）

春秋因事以正狄之名其爲慮深矣此見一敗狄之書而經致嚴于族類之辨其潛示夫修攘之旨乎昔文之世狄敢侵齊俄又伐魯得臣將而敗諸鹹傳曰敗者長狄僑如矣而經獨曰狄于此而深感于聖人之意焉夫自畫疆以明限也而夷之防以嚴怙强以亂華其窺伺之常也自類族以別生也而夷之種以辨考系以審情則制禦之本也此殷憂之在中國者而胡可紊之玆得臣之所敗何狄也職方所圖非漆姓之奸乎系牒所載非防風之裔乎蓋繇今以溯稽諸古也皆稱狄而未名爲長也雖喉以戈揞尸維畝計特所獲者偶然耳可遂名其國耶於乎入春秋狄之名或曰白或曰赤矣今之狄乃其佚宕以内侵者也其强且寖長乎而烏可以忽之乃其瓦石不能害者也一敗肯竟己乎而寧弗爲慮之故特正其名焉曰斯所敗者狄也後之人因其名而得以考焉考之而習險易之形明强弱之勢其來也將利禦于門庭其不來也則豫徹乎桑土此聖人之意也若不別而書後將何考患之生無日矣抑是豈聖人有慨于時而書之耶狄自箕之役且四年畏縮而不敢動豈非以晉襄故哉使能修攘斥之業以安中華庶幾哉光嗣伯之烈乃坐緩事機而區區與秦構末矣靈也冲暗復何能爲則其敢于侵伐大國而無忌憚也晉則啓之耳公羊謂大魯之敗烏能掩晉之罪歟

禮記

王者功成作樂治定制禮其功大者其樂備其治辯者其禮具

袁應陽

同考試官知縣徐批（詞意精新純雅粹然天成非究心制作之原者不能作）

考試官右中允何批（詞理精到）

考試官左中允范批（思精詞雅一洗浮華可式）

知聖王制作之原則知其所由盛矣蓋禮樂原于治功也然非功大而治辯其可以言盛哉且夫王者以聖人而在天子之位先天下而操制作之權故樂以和民之聲非徒作也蓋聖王中天而興其建之爲功業者有凝成之美矣于是乎立樂以昭吾之功于不窮雖文采節奏錯然异變也孰非光烈之揄揚者乎禮以節民之心非强制也蓋聖王嚮明而治其敷之爲化理者有底定之休矣于是乎立禮以維吾之治于有常雖制度文爲燦然异宜也孰非經綸之顯設者乎由是觀之樂者功之象也功有未大樂難乎備矣必也宏勛之掀揭

者巍巍乎冠百代而獨隆夫然後九叙歌焉九成舞焉情文具舉美善該矣金玉相宣條理貫矣蓋所以感天地和神人者在是而廣業崇功之氣象可挹也何弗備之有哉禮者治之飾也治有未辯禮難乎具矣必也神化之滲漉者蕩蕩乎措萬國于咸寧夫然後五典敦焉五禮庸焉質文交濟品式詳矣經緯有章幾微著矣蓋所以法天下傳後世者在是而太平極治之規模可想也何弗具之有哉吁觀先王有非常之治功而後有不世之制作禮樂之道豈可以僞爲乎抑治功急矣道德尤要焉故觀簫招者思舜德論周官之法度者必推本于關雎麟趾之意蓋禮樂之大原在乎此彼焕焉可述者特其迹耳魯兩生謂禮樂積德百年而後興漢臣亦曰天子建中和之極旨哉言乎有志于制作者不可不深長思也

是故明君在上則諸臣服從

陳燁

同考試官知縣徐批（雄健之詞淵溢之趣一洗繁冗而題意焕然文之絶佳者）

考試官右中允何批（親切有味）

考試官左中允范批（詞意精瑩必深于禮者）

上有知臨之主而尊君之教達焉夫臣則君以自治者也况乎明君臨之于上孰有不服從者哉見于祭統者若曰教之立也有本而其從也以身今君子之教外焉欲尊其君矣然豈徒責之臣哉蓋必在上者亶聰明以作后而沉幾獨運允協夫大君之宜全勇智以撫邦而峻德懋昭克建夫維皇之極以熙庶績而浚哲之用昭禮自我序焉樂自我和焉尊臨于五位而識周乎萬微所以爲群辟之儀刑者此也以康四海而文明之化溥德自我命焉罪自我討焉深居乎九重而照加于萬里所以爲庶工之軌式者此也有君如此而諸臣之服從也何如哉蓋其履崇高之位在朝宁本有常尊而離照方中益堅夫靖共之志當紀法之宗在臣下本有共仰而大觀在上益動其翊戴之忱睹禮樂之明備則曰吾君其日月乎何道之光也相與是訓是行帖然祇奉之不暇非有所迫也惟聖憲天固惟臣之所以欽若耳見命討之公平則曰吾君其神明乎何燭之審也相與爲廉爲法肅然敬應之不遑非有所强也元首惟明固股肱之所以咸良耳夫以君之至明也待臣之術既盡而臣之服從也尊君之教遂生然則立教者可不知所本乎嘗觀堯舜在上則九官十二牧咸聚于朝文武爲之君則四友十亂相與輔之當時贊君德者曰知人則哲曰克知灼見可見

君者臣之標準明者君之要德此道也萬世所當法也而祭獨具之故曰祭之爲物大矣

第二場

論

人君先於虚己

江文明

同考試官學正黄批（場中作者類多浮冗此篇發虚己納諫之義明白懇切而體格正大辭意古雅是大有裨于君道者録之不特以其文而已）

同考試官教授孫批（人臣進言之時往往以觸忌爲懼君人能曲體之則其心必虚而言用矣子能以此立論深中肯綮而開闔抑揚精思古調讀之爽然允宜高薦）

考試官右中允何批（發虚己爲受言之地懇切明盡可占忠愛矣）

考試官左中允范批（發人君納諫之本意甚剴切而詞復朗健真可以式矣）

人君所以能受天下之言者無他不以有己累其心而已矣蓋所謂受言者非受之耳受之心也心之弗虚言何繇入是故人君之心方翹然有以自是而諫者顧矯其所是以明其非則違矣方訢然有以自便而諫者顧奪其所甚便而投之以其所甚畏則拂矣何則有己之私足以拒之也然則人君之德固莫盛於納諫而所以爲納諫之本者又孰先於虚己哉請因羅豫章之説而申之書不云乎嘉言罔攸伏而繼之曰稽于衆舍己從人蓋人君之心必至於不耻稽衆不難舍己而後嘉言有所自進苟惟己是賢雖有嘉言將安用之在易有之山上有澤咸君子以虚受人夫山澤之高下其勢邈然懸矣而澤顧得以通氣於山者則山之虚受之也然則人君處至尊之位而能盡下以開其言非虚其誰受之夫心猶器然器虚而注之則挹滿則吐矣是故明主必虚其心明主之心何心也無我無人無内無外無左右無將迎無貴賤無戚疏無衆寡無哲愚曠兮其若谷儼兮其若客兢兮其若隊卑兮其若抑能足以高一世而不敢以能矜智足以鏡萬物而不敢以智炫威足以震百辟而不敢以威逞勢足以極衆娱而不敢以勢縱内而省躬則曰無逸志與外而考政則曰無失節與億萬人至衆吾何以自奠安之億萬里至遠吾何以自睹聽之欿然常有以自下聳然常恐天下之不吾告此明主之心也由是則不恃盛滿以忘規不諱危亡以嫉諫矣由是則懇惻之論即能察其誠危激之談即能感其慮矣由是則

師保得以詔過卿士得以矯失工虞瞽史何事非箴商旅庶人何言非法矣由是則假之顔色猶恐其弗申厲之爵賞猶恐其弗奮矣何哉蓋其心方切於求言而諫者之言與其心適相契焉則其欣而受之也如渴者之於飲饑者之於食也其悕而寤之也如矇者而濟之視踐遠者而指之途也其奬直而貸其狂嘉忠而寬其忤也如病者負痛於鍼石而不以爲醫讓也如此則何言之不可擇何諫之不可受乎蓋古之稱受言者莫過於禹一饋十起建鼓縣鐸以求天下之言而一聞昌言則亟拜焉當是時群臣之賢豈有可補於禹乃詘己受言恒若弗逮胡若是急也及觀史氏之紀其德也曰不矜曰不伐曰不自滿假其會同也則問於諸侯曰諸侯以寡人爲驕乎其朔日朝也則問於士曰諸大夫以寡人爲怯乎蓋其虚己之心如此然後知禹之所以能受言者是心爲之也微獨大禹昔者軒轅氏之有天下也受學於王屋諏道於崆峒登具茨而師大隗隮岱宗而奉中黄推步咨力牧占候詢山稽舜命九官各比其職明目達聰詢岳咨牧又何若是汲汲也夫軒轅氏生而能言即役使百靈有虞氏握璣衡懷神珠史稱浚哲文明其道豈在山稽力牧之下而智顧不若二十有二人哉誠懼夫心之不虚則無以捐蹠戾之知而建會通之節撤懩忮之明以躋昭曠之路爾故曰天道虧盈而益謙地道變盈而流謙謙者虚也虚者盈之反也夫人君之所居至尊貴也所享至愉佚也況其心有所未虚而以自矜自用之意概於其中則又何取於諫者之説而彊受之故與之論大道則見以爲闊事情與之謫細過則見以爲彰主失拙訥其辭則見以爲淺略而寡智廣肆其説則見以爲草野而倨侮於是有惡聞乎强諍如尢左儒之别君者矣有耻屈於正論如憾魏徵之辱己者矣有騁辯以折人之言如發十策以難弘者矣有役智以逆人之情如揣公輔爲賣直者矣夫德宗之猜愎姑置勿論乃三君者皆有絶人之賢高世之智而猶若是直其心自賢智爾人主一有自賢智之心則恃長矜己雖周旦召奭無所售其悃矣彊遂而辯雖孔丘孟軻無所殫其論矣設爲叵測以赫然臨之雖龍逄比干無所關其忠矣若然則讜議不聞而國是日非是自賢智之過也彼賢智之君當其矯情以從善也諫者亦得以伸其説及其私意溺而本真露也則往往咈諫之失見焉何也其心盈也盈則實實則中距者堅中距者堅則外傅者解體矣夫心有虚實則言有聽距此在明君然矣而况餘主哉故曰納諫要矣虚己急焉此之謂也然不獨納諫之本於虚己也而欲開諫者路也亦莫切乎是蓋人君之心群臣之所伺以爲避就者也矧諫争之事觸忌以申詞蒙死而竭智爲臣者義之所激無不欲犯顔苦口爲主上一言而迴思却慮其閉喙而休投牘而廢者多矣人君方師心自任而以訑訑

示天下則彼亦何樂於冒主上之所不願聽者而賈其罪也故上有少嚴之色則下萌順旨之心上有微譴之辭則下起避辜之念意指一异而觀望者衆矣人君可不思虚己以導之邪是以古之明君懸旒蔽目垂纊塞耳而其臨群臣也自稱寡德不穀蓋懼聰明才智之或見而人之有聰明才智者皆退焉莫敢爲我盡也嗚呼其知來諫之道也哉

表

擬宋王曾詮録古先聖賢六十事繪圖以獻上降詔褒美命禁署月進二十軸仍鏤版印賜近臣謝表（天聖元年）

方應選

同考試官教授區批（此題見當時賢相效忠英主納善相與之盛卓然可紀場中作者類多剿襲浮泛是作獨能該貫明切且文辭典麗新警發臣子忠愛之意殆盡詎獨四六之工己邪可式）

同考試官推官諸批（鋪叙明切忠愛藹然非徒工於騈麗而已允宜高薦）

同考試官推官龍批（莊重典則匪徒工字句者宜録以式）

考試官右中允何批（詳宛懇切非止四六之工而已取之）

考試官左中允范批（騈麗典則忠愛之意藹然宜冠多士）

天聖元年某月某日具官臣王曾恭遇皇上冲年御寓竊效愚忠詮録古先聖賢事迹凡六十事繪圖以獻伏蒙聖明嘉納降詔褒美命禁署月進二十軸仍鏤版摹印遍賜近臣臣曾誠歡誠忭稽首頓首稱謝者聖垂懿範恭依繪事以陳謨帝受昌言寵被綸音而示奬玉檢程分于禁禦琅函侈錫于臣隣徵畜德之日新宜豫鳴之雷動祈而且謝頌敢忘規竊惟聖賢爲道法之宗人王建皇彝之極心以鑒而知古德由盤而可新故夫圖畫之興亦與簡書并遠史皇作而盡物象軒后受以紀人倫亳宮攡九主之儀式著保衡之訓周廟絢四墉之狀爰昭篤棐之猷蓋書難盡意盡言故章施是設而事以不尊不信則聖哲爲徵獻忠比于韋弦懋德資其斧藻托契攸在振古如斯若乃宋弘座障之規義存好德班伯畫屏之諫志在繩愆璟摹無逸于内庭文續尚書于太液彼雖洵美終乏兼資臣初誦讀之時竊有聖賢之志矢奉賡歌之末非堯舜何敢敷陳苟惟温飽之謀撻市朝可勝愧恥何期齒録遂見身親玆蓋伏遇禹湯勤儉堯舜寬仁茂禀英姿備天地中和之極光膺實籙纘祖宗功德之隆穆穆而宜君宜王克邁率由之訓明明而有典有則丕承貽厥之思屬玆乾元建始之初已信令德守文之主然匪進則退者學可無夙夜之勤矧難得易失者時宜及春秋之富而臣職叨三事忠罔寸裨涉文字以來之書粗能成誦憶聖賢未

墜之事謂必可師是以采其較明審厥象肖君如虞夏商周之盛臣若皐夔伊傅之良周公思而四事兼孔子作而六藝備先聖後聖比肩于毫素之間大賢次賢接武于蟬綃之上璀璨乎宗彝藻火粉米黼黻絺綉之文具在依稀乎几席盤盂觴豆户牖弓劍之戒如存玉質金相儼當年之有覿尸居淵默同在日之無情目擊而不容聲卷開而大有益條爲六十若玄黄之體分德罔二三蓋純白之道備人于今而游古物有假而助真纂輯忻成函封敬上絲綸字貴驚傳華衮之褒組繪心勞頓喜垂旒之賞申命清嚴之署月分進覽之程虞拜陶歌不數從寬問一漢稱賈語無論使俊陳三尚期流布于薦紳特詔鍥鎸于文梓錦章緹帙炯披七曜之圖寶笈牙籤爛發五神之檢賜出尚方之副榮增進侍之光蓋聖心冥契于百王責臣等交修夫一德師能自得善與人同敢不仰體睠懷俯修舊植學于古乃有獲將助多聞所求君而未能敢忘自責必正己而物正斯爲臣而盡臣伏願日月就將念終始典于學夙宵祇懼於緝熙殫厥心悟彼蒼黄五入而五色之絲隨化契兹符節千里與千歲之聖非遥察臣意不在丹青無漸移于山水覽臣圖异於物色無遽委于塵埃乘兹蒙養之初益勵乾行之健士希賢賢希聖聖賢伍而綏猷人法地地法天天地參而建極臣無任瞻天仰聖激切屏營之至謹奉表稱謝以聞

第三場

策（五道）

第一問

潘元和

同考試官教諭丘批（古帝王靈敏之資勤誠之學敷對詳悉而望我聖天子法古懋學之意尤爲懇至是有裨於理道者）

同考試官教諭蔣批（我皇上天縱聰明鋭精向道真邁古帝王者是作揄揚頗悉而於務學處尤惓惓致意具見忠愛之篤）

同考試官教授黄批（敷揚聖學具中肯綮且體正而大詞峻而新尤徵素養）

同考試官知縣帥批（敷對詳明已徵博洽而亹亹規言尤悉忠愛之悃）

考試官右中允何批（我皇上天縱神解英年好學軼蹤近代儷美皇王子能發之而備舉聖修深寓規勸真可爲啓沃助矣）

考試官左中允范批（古帝王沖年御寓致治無疆雖其明哲天縱而聖學淵源具在訓典子能撮其綱要晝一以陳而意本忠誠辭復懇惻殆有志於

正□定國之學者可爲聖朝得士慶矣）

帝王有所難得者高世之資而尤有所急務者聖修之學生縱諸天不待年而裕者高世之資也習成諸人恒與日而新者聖修之學也兹二者莫尚乎相兼而常患乎不相發君人者靡任其可恃而力勖其所可爲故資之局而學克以充猶爲一時之英辟若天者迥而人益以至非振古之明后不足與此也執事以帝王生稟學術下詢蓋以端本格心之猷啓承學意甚盛也愚也繪天測海何足以復明問哉雖然敢略陳之書曰人求多聞時惟建事學於古訓乃有獲是學之爲王者事其已久矣然有謂壯而好學如日中之光老而好學如炳燭之明弗若少而好學如日出之陽夫王者統三才而育萬有作君師以興治教休命雖隆艱大亦集矧震出也獨早豈離照之遽融且閲理也未深難少成而若性昔武丁致中興矣然舊學甘盤則明哲之作則有基漢宣崇儒術矣然長自民間則石渠之談經稍暮若是乎功可積而崇穎不可强而夙也周成襁褓踐阼矣以有周公等四聖維之故事無過舉漢昭八齡纘緒矣以得韋賢等諸儒傅之故德用平成若是乎養可慎而豫道不可徑而悟也粤稽上古軒轅高辛生而神靈弱而能言而有大真栢招之學顓頊唐堯静淵疏通欽明文思而有緑圖尹壽之學舜在冲年則明于庶物弃自兒時則志如巨人身應律度者禹也而其德不違其仁可親其言可信所謂神而明之者非耶生有聖瑞者文王也而在母不憂在傅不勤處師不煩所謂默而成之者非耶是數聖人者皆卓絶瓌奇立于才品形器之中通乎耳目心思之外或先天以開人或垂世而立極猶兩儀之有日月不得則不奠四序之有寒暑不得則不成五氣之有陰陽不得則不運人物之有造化不得則不蕃知周乎萬類而不遺道濟乎天下而不過雖無岐于幼壯無假于修習而幼而好學者必兹其選矣三代而下即僅有之亦瞠乎哉漢明帝十歲通春秋而好學隆師後世鮮儷章帝英年向儒術而白虎議奏前烈有光少即機穎神明爽發讀書七行俱下者宋孝武也幼稱聰睿屬文立成讀書一覽十行者梁簡文也所謂幼敏而好學四君若亦其人歟然或治沿雜霸業阻偏安者何也性天之道未弘則學莫識其大經綸之志有溺則才弗拓其資可不惜哉天啓休明誕開太平于億萬世肆我皇上乃應運而篤生焉弱齒含元岐嶷神授十齡出閣温文日新固已繫天下之望歸四海之心矣及正位宸極玄德愈光進道不需于歲時講學靡間乎寒暑任輔弼則隆舟楫鹽梅之托親儒臣則厚晉接蕃庶之恩嘉納帝鑒圖説而披覽不倦一金匱丹書之契也命書四箴六箴而顧諟常存一盤銘几杖之警也尊養極于兩宫而舜之大孝著周澤渥于四表而堯之至仁溥潛心體道而嗜

好不萌非清明之在躬乎虚懷從善而嘉言罔伏非志氣之如神乎易稱首出庶物萬國咸寧傳表聰明睿智足以有臨端於今日見之信乎帝王之禀與衆庶异我皇上之生尤與近古帝王异謂前有軒轅數聖人今有明天子豈爲過哉雖然竊聞古昔聖人所以爲聖爲神者非徒以其至虚至明無所不知無所不能也正以其好問好察不敢高天下以能矜天下以知也是故兢兢業業其存誠也精一執中其傳心也稽衆舍己詢岳牧拜昌言其受人也祖識宣序糾虔無怠朝怠夕其勵精也夫以五帝三王神聖若彼其好學不厭若此此其故可推矣自古聖主臨政願治身致太平未有一事不由于學况御極之始不以講學爲先可乎自古聖主進德修業終身而行未嘗一日敢忘于學况春秋方盛不以務學爲急可乎且帝王之學非韋布之所謂學也固將舉而措之以治天下國家者也若彼日進太平御覽三卷者末矣作典論三篇者浮矣雅好文辭才藻甚美者荒矣故曰上學以神中學以心下學以耳今主上信神聖愚以爲高世之資殆可有而不可恃也聖修之學當以神而弗以耳也是故其定志貴堅其析理貴精其養德貴純其體道貴恒何言乎堅也萬化之原起乎君心心猶水也清之終日乃見眉睫不過一撓莫矚方圓故在明主獨觀而允執之往聖爲的至善爲歸不雜不移允迪可期易曰正其本萬事理是已何言乎精也今經筵講讀可謂密矣然非從容降接則無以盡臣下之情非往復研究則無以見聖人之奥請於進講之時意有未喻即詳爲諮問必至洞徹乃已其諸六曹職掌今時要務如財用匱乏閭閻疾苦武備積隳士風日卑一切吏弊國蠹靡不纖析而縷舉之則訏謨至理日達睿聽奚必升九天之上而後知日月星辰履八極之遥而後知山川謡俗與鴻濛盤古之人游而後識因革治亂哉何言乎純也舜德罔愆怠荒是戒聖齡冲茂輔養宜周必也寡欲以培其真主静以立其極戒慎恐懼以謹其獨居深宫燕閑之中肅乎若大廷廣衆之地接左右近習之際儼乎若親近君子之時處聲色貨利之交湛然若夜氣清明之境或如光武之講論經理夜分乃寐或如成湯之昧爽丕顯懋敬厥德要使引諭之音不絶于耳開悟之説時溉于心罔一暴而十寒務月將而日就則純乎純矣何言乎恒也善始者貴令終進鋭者慮退速故高大成于積小光明生乎緝熙惟不息體乾之健不已法文之純而後可也書曰念終始典于學厥德修罔覺其謂是乎夫順風而呼聲非加疾而聽者自遠登高而望目非加明而見者自晰今主上當鼎盛之年躬不世出之資蓋謂順呼而高望之時非歟誠操軒皇以來心印而研究躬行之是堯舜之主也推此心以允升大猷是黄虞之世也士生斯時而獲效用是翼爲明聽之遇也兆姓得沐浴于德化之成是含

哺擊壤之適也若然則不特赫然爲一代務學之明君且將卓然爲萬世帝王之標準是在聖明深加之意而己愚也請拭目以俟

第二問

陳榛

同考試官教授區批（灾异之説自古有之而其要在於修省此作敷陳往事博洽無遺而望我皇上及相臣百執事交警感召之道尤惓惓焉真有憂治危明之忠者是宜録）

同考試官推官諸批（我祖宗克謹天戒恒惓惓於修德省躬我皇上敬天之實後先相繼子能闡悉而尤切交警是抱忠愛之忱者）

同考試官推官龍批（談古今灾异事甚悉而修彌之論尤中肯綮非徒工於詞藝者）

考試官右中允何批（修德格天君道首務我皇上敬天實心光于祖宗是作獨能發揚而尤以上下交儆爲望殆真懷忠以待舉者可録以獻矣）

考試官左中允范批（我皇上畏天實意視我皇祖世宗後先一揆是作闡揚明悉而歸重于君臣交儆忠愛之意藹然宜録以獻）

執事以往者玄象示异致廑主上之憂圖所以明感召之端而盡修弭之道慮至深也顧愚生何足以知之夫天人相與之際至難言也何也天道遠人道邇其幾甚微非意想測度之所能及也和氣致祥乖氣致戾其理甚著不待聖知而後能辨也愚嘗博稽載籍諸家之説紛紛矣今案事考變則有湛溺象數之譏指妄闢妖則有蒙諱諂諛之失參稽往牒比物連引則見以爲述而無倫規切主聽慮事廣肆則見以爲迂而無當然則欲建必然之畫而紓當宁之憂必君臣各任其責儻可少裨萬一乎易曰天垂象見吉凶而震之象曰君子以恐懼修省夫荐雷成象而君子慎之以此見君之所畏者天而畏天即所以事天也書曰先王克謹天戒而繼之曰臣人克有常憲百官修輔夫聖王畏天而必資于臣下之輔以此見君之所助者臣而同寅協恭以交修也箕子陳洪範以五事配五行而推極于庶徵之感應王與卿士師尹之交省豈不謂天人一理即呼吸動静皆有所關而不可不謹者乎又豈不謂君臣一體即尊卑大小若有不同而孰非當謹者乎孔子作春秋書灾异而不書事應然其上揆天道下質人情亦欲使天下後世之爲人君爲人臣者知天之所以譴告恐懼修省而已矣若推其應而有合有不合將不視爲漠然而無所用省耶噫夫子之意深矣歐陽脩曰灾者被于物而可知水旱螟蝗之類是己异者不可知其所以然者也日食星孛之類是已此非修之言也董仲舒曰天心仁愛人君故出

灾害以譴告之不知自省又出怪异以警懼之然則有其异者尤加謹焉可也漢儒言灾异者亡慮十餘家京房翼奉李尋之徒其言窮極灾祥緣傳經義博而寡要幻而無稽勿論已劉向激目時灾繫心王室著爲洪範五行傳論奏之天子雖其推迹行事連傳禍福牽附多端瑕瑜莫掩然其規切時政感動君心一念精忠世主見諒使當時能用其言未必不轉灾爲祥也乃蘇洵氏譏其五失鄭夾漈指爲妖妄不已過乎後之儒者祖循其説代有論著如所謂五行志天文考者其言具在乃其占候之端類多舛合有其占者如元封之星孛于河戍永平之慧出于天船也無其應者如本始之熒惑守房初元之客星犯斗也若天寶之五星聚箕尾非所謂其德不稱而反以致亂者乎紹聖之流星出壁室非所謂反常爲妖而謬以爲祥者乎大抵導諛者謂天本無心而陳規者謂天若有意謂天不足畏者王安石之所以熒惑君心也謂旱爲餘烈者公孫子之所以曲學阿世也魏相輔政輒白四方异聞富鄭公雜著洪範春秋灾异之故以爲鑒戒彼二人者皆所謂貞臣碩輔也而猶若是然則有其變者曷可視爲適然而漫不加省也哉洪惟我太祖高皇帝久在兵間熟知乾象七政紊常行則下求言之詔熒惑犯輿鬼則有中書之敕觀其所謂殃咎在君惶惶無措省不覺之過改故爲之愆者何其敬畏之深也世宗肅皇帝應運中興敬天法祖五星聚而開誠以受樂護之言妖星見而虚懷以降星變之敕觀其指陳禍福嘉納無遺文武臣工訓迪甚備又何其敬畏之至也我皇上君臨萬邦新服厥命嚴恭寅畏克享天心頃因客星見于壁宿之次赤光指于東北之方我皇上遇灾而懼既以露禱于宫廷親發德音又飭交修於臣下畏天一念質諸太祖世宗爲有光矣然猶未能導迎善氣茂著休祥雨澤或至于愆期灾祲屢形于奏牘執事謂聖德已修而大小臣工未能奉行德教所致是固然矣然豈可以專責之臣而已哉明明在下赫赫在上言天人之機一也惟聖時憲惟臣欽若言君臣之責均也堯欽曆象而百工厘舜在璣衡而五辰撫格皇天者在宅俊之登庸祈永命者由上下之勤恤此位育參贊之能爕理寅亮之道也而執事欲詢今日感召之端以爲我皇上格天之助則愚將何辭以對乎竊以爲人君所居者天位所治者天民而臣也者承君命以代天工佐元后以事上帝者也天心示警適聖皇臨御之初而主德靡寧正臣工兢惕之日是故君省于上不必下詔罪己如建始停樂減膳如貞觀避殿露禱如熙寧也思天心之仁愛既形則顧民情之岩險可畏念皇天之付托甚重則思元子之責任惟艱耳目所用必自省曰果能憲天之聰明乎命令所宣必自省曰果能代天之綸綍乎乾剛所運必自省曰果能奉天之明畏乎宸衷所發必自省曰果能敕天之時

幾乎天有叙秩懼吾之惇庸者或有未至也天有命討懼吾之賞罰者或有未公也輔弼之臣稽謀自天者也召對之典可弗常歟諫諍之臣迪知天威者也逆耳之言可弗受歟近習之蔽上干天和者也佞幸之門可弗塞歟而又端好尚以合天心防壅蔽以廣天聽慎威儀以定天則辯忠邪以昭天監恤民隱以霈天澤飭邊圉以固天險至于深宫獨行之中常若上帝之臨汝服食居處之際恒如日監之在兹必如是而後君德罔愆天心降鑒既形之變猶可弭而將來之患可無萌矣上之所以自修者豈外是道耶臣省於下不必捃摭規議如京房攻訐主過如谷永連引禍福如更生也知偶王之在亶而兢兢乎分猷念以相從懼天命之難諶而栗栗乎秉德意以明恤三公以論道爲責則思己之贊襄密勿者何以調爕愆伏乎六卿以若時爲治則思己之分職率屬者何以撫扆凝績乎庶官以服采爲職則思己之靖共有位者何以寅亮天工乎臺諫之臣誠務匡弼所以格君亦所以消祲也司牧之臣誠務輯寧所以宣化亦所以導和也封疆之臣誠務安攘所以建威亦所以銷萌也而又心無隱忠事不避難身無擇便義無私交不順比滑澤以阿主之好也不納權廋惡以蔽主之聰也不巽蠕觀望以弊主之行也不衒直沽名以揚主之過也虚心以待令隨事以納規上答之不敢以疑上不答不敢以諂翼翼乎勉吾君以畏天之實政而吾亦事君如事天焉必如是而後臣主同德泰道以交人事之既盡而天意有可回矣臣之交修于下者豈外是道耶夫君能自修是格天之本也然必下有謇諤之臣而後能剔釁孽之萌始臣能交修是格天之助也然必上有兢業之君而後能延却慮之長策故諮商鑒夏蓋臣之所以靖獻也旅議庶謗明主之所以廣達也方今主聖臣賢厲精化理所以睹事于無見而弭變于未萌者當必有道矣愚生何足以知之姑以復執事之問云爾

第三問

王堯封

同考試官學正黄批（古今吏治臧否條答甚悉而經畫切當又皆有裨於實用者殆可采而行之矣）

同考試官教授孫批（陳吏治者若久任等法談之熟矣乃籌度精確超於常談之外而可飭官常可裨民瘼者孰與此篇是宜録）

考試官右中允何批（條答吏治污隆鑿鑿有據而歸本綜核明悉確當是識時務者）

考試官左中允范批（談説吏治人人能矣至效實則難焉是策持論甚確而區畫鑿鑿可行殆留心民瘼而有概于中者邪宜録以備采擇）

善理民者明乎設官之意而後無負乎司牧之責善審官者取其爲民之實而後可責乎吏治之成夫設官凡以爲民也人臣自一命以上孰不有承君治民之責而惟守令之職最爲親民然於民爲近於君爲遠也苟任職者徒以其自遠于君也遑遑焉一心以爲民而又一心以媚上則其澤必有所壅閼而不流主爵者不思其爲民以設也屑屑焉拘之以文法而亂之以譽毁則其情必有所隔閡而難盡澤壅則主德不宣情隔則臣工懈體何惑乎民生日瘁治效罔聞終無以復隆古之盛哉是故選用循良推心委任采實而不采名者作新吏治之要術也謹身帥先居以廉平不嚴而民從化者德讓君子之遺風也明乎此而郡邑著綏柔之績海宇有寧謐之休唐虞三代之治不難致矣何論兩漢哉愚嘗俯仰今昔見守令之所關重矣自京師達于方外郡有守縣有令凡四方之甲兵錢穀夷險要害吏弊民隱營建徵發天子宰相之所度地而居民者守令之所得相宜而從事者也凡一方之所以興賢表善均賦平刑崇祀恤煢宣幽達滯監司制使之所糾正而參决者守令之所得控制而罷行者也朝而議政夕下於民矣夕而申令不俟終朝矣漢宣帝曰使庶民安其田里而亡嘆息怨恨之心者其惟良二千石乎漢明帝曰郎官出宰百里苟非其人民受其殃言守令之甚重也後世吏綱日密人情輕外至有羡内徙若登僊視守官如傳舍者此其故不知守令之重爾三代而降惟漢世重良吏故其時得人爲多愚嘗讀班固循吏傳如蜀守文翁而下凡六人史稱其所居民富所去見思吏治之盛于西漢者夫固班班可考也若王尊薛宣皆所謂身兼數器具謀王斷國之材者也而固獨遺之尊嘗爲京兆矣又嘗守東郡矣觀其拊循貧弱鉏鋱豪强盡節勞心夙夜畏職見于公乘興之所訟述者其精敏何如也河溢金堤老弱奔走身當水衝以安衆志至爲吏民之所嘉壯者其勇節何如也宣之守臨淮也教化大行徙陳留也盗賊禁止矣及其入爲馮翊也高陵令陽湛櫟陽令謝游故所稱貪滑不遜者也宣始視事而兩人者輒解印綬以去頻陽令薛恭粟邑令尹賞彼二人材指互异也宣一奏更不數月而兩邑皆治夫以二子之表見若此而不得與六人者并傳則是固之所録未盡也又嘗讀范曄循吏傳如衛颯任延而下几十二人史稱其居官如家視民如子吏治之盛于東漢者夫亦彷彿西京也若吴祐延篤魯恭廉范之徒要皆負器宏遠有牧民御衆之材者也而曄獨遺之祐之相膠東也政先仁簡篤之尹京兆也政用寬仁一則民有争隙閉閤訟思一則擢用長者與參政理卒之怨訟息而三輔平則二子之居官可紀也宰中牟而表三异者恭之察舉于肥親也守成都而歌五絝者民之見懷乎叔度也一則螟不犯境馴雉應而豎子興仁一則聽民夜

作厲禁削而百姓爲便觀其因俗制宜均足感人而動物則廉魯之政績何如也夫以數子之治效若此而不獲與颯延等并稱則是曄之所采未當也蓋古人之所謂循吏者與俗吏异要皆被服道德明習世務緣經飾吏體立而致用不偏奉職循理身修而諸務不亂非徒敢悍精敏表异見奇如世所稱一切辨給之能可同語也王尊薛宣皆起佐史躋卿執所在而治爲世吏師斯足奇者然皆以苛察失名視道德齊禮之化何相懸也然則固之傳循吏而不及二子也豈無見耶延吴廉魯皆本世儒富經術殊聞顯迹有可稱談斯足尚者然或陰踵趙張故智視鳴琴不下堂之治又何殊也然則曄之傳循吏而不及四子也豈無謂耶王成以僞增户口蒙顯賞無論已乃若力行教化如黄霸而不免于張敞之詆譏是使寬和愛利之政不見于天下也漢宣以操切過制淆名實無論已乃若表用循良如建武而猶病其吏治之刻深是使綜核勵精之治罔顯于後世也通乎此而吏道之失得兩漢之所由盛不既章章著明也哉我國家加惠元元慎重守宰其間名臣碩輔勒勛旂常固有筮仕郡邑著聲循良者矣擬諸兩漢奚啻相及已哉今天下吏弊日滋民生日瘁當宁之所眷懷鈞衡之所籌畫欲得良牧而拊循之甚於濟川之望舟楫欲已疾者之急倉公也乃其間議論雖多而推行似窒科條雖密而實效罔臻誠有如執事之所慮者説者歸咎于久任之未行資格之太限是固一説也不知久任議而積薪之嘆興曠格度而兢進之門啓法固有可言而不可行者而况守宰非秩滿不遷今時未盡更也即有超登不離凡品安所示勸耶愚以今之牧民者未能深惟乎設官之意而今之課吏者不皆專責其爲民之功是以名實混淆而治效罔顯有繇然爾兹欲飭吏治而佐元元之急其所當議者有五而久任超格不與焉明按部一也嚴舉剌二也刬煩苛三也核功實四也重貪殘之禁五也夫今之爲民牧者譬則牧牛羊然爲主人者視其牛羊之羸茁而已矣不必煩爲之驅而多爲之監也今以一守令而大吏十數人制于其上彼督撫巡察之權非不軒然重也而參以監司臨以制使亦足廣風厲示激揚矣乃一切持斧之使皆得以計禮數而持短長凡吏之勤苦焦勞日夜以承伺其上者無餘間也何暇爲民耶此按部之所當明者也古者進賢受上賞誣善有常刑所以防欺蔽專責成也部使者區别群吏而論奏之即鈞衡視之以進退公論因之以重輕者也今或愛憎殊情臧否任意薦賢以昭德而附下罔上者無辜擊剌以揚權而深文巧詆者弗論非所以示大公絶欺詐之路也此舉剌之所當嚴者也夫急轡御者非千里之節也察淵魚者非含弘之象也故蓋公相齊無擾獄市汲直守淮陽其治責大指而已此皆清净守法無所變更之明效也今吏道率務精敏

尚操切建白易置日取當世之約束而紛更之不知政令旁午奸宄滋彰民且囂然喪其樂生之心而國之元氣亦索矣此煩苛之所當劾者也夫以名行賞則天下飾名以求功以文行罰則天下巧文以逃罪弊所繇來非一日矣今薦剡交上于公車訾毀頻移於月旦籍令僞聲軼而功罪淆吾恐害不止于民生而且移之國是也此功實之所當核者也夫十金之法至重也殘夫之爲民害至酷烈也污者視民如外府而刻者操下若濕薪至于竭膏髓裂頭腦而不顧則其罪奚止于削籍也今者一或論罷輒務姑息追呼案驗一切寢行此浮慕長者之名而不顧凡民之慦者也語曰信于令則令行敢于不善人則善人安此貪殘之禁之所當重也今誠專督察之權慎侵官之令臨以撫按矣而臺臣之各有專敕者勿概橈焉參之藩臬矣而諸司之各有分土者勿遥制焉由是而有所舉也舉必當賢而徇私者有罰有所刺也刺必當罪而賊善者有刑法守畫一能者罔以炫其奇治行有稽僞者無所容其巧用刑次骨者與傷人者同科簠簋不飭者同主盜者抵罪則振刷有條而上之所爲責成者皆爲民之實意綜理有要而下之所以展布者皆爲民之實功由是而績用有叙則任可久如漢之增秩賜金以俟其成者間一行之而不爲滯也治效异等則格可超如漢之表爲列卿以示其勸者間一行之而不爲過也政何以不若古人治何以不臻實效兩漢之循吏不足多而况執事之所下詢者直能吏爾何足道哉

第四問

錢達道

同考試官推官劉批（理學政事節義文章四者貴根極于道此作崇論先哲而以道折衷之不惟品藻之當而且有得于尚友之深者）

考試官右中允何批（考訂詳核品騭精當而一權衡乎朱子是知所準的者）

考試官左中允范批（考據精詳議論閎博而秉復折衷於朱子尤見趨向之正取之）

尚論前修者豈無所準哉亦準乎道而已夫士生于前垂休光而照後世士生于後享大名而顯當時其所以負天下之望而建不朽之業者謂其理學統承乎先聖政事澤潤乎生民文章闡六藝之菁華節義扶兩間之正氣而道也者所以爲立德立功立言之本者也君子而有得于道矣雖其事功學術迥不相謀植節修辭稱名亦异要皆充其量之所極以各得其性之所近而均可以爲後人法焉不然而徒支離于訓詁馳鶩于功名溺志于浮華甘心于局曲其去道也遠矣何足爲君子齒哉執事發策而以鄉之先哲下詢甚盛心也愚

敢無詞以對粤自三代而上風氣醇凝教化隆洽士皆沉涵學問漸漬道德蓄殖宏深而其施爲也必大義理微密而其持守也必堅識見精明而其論著也必當古之聖賢固未始局迹拘方以專攻其所事亦不以偏才薄技特見其所長要之一本于道而天下之能事畢矣降及叔世風會日流聖遠言湮莫救道術之蒙晦王綱解紐寧辭法意之漸荒以至名檢毁裂而軼縱則廉隅盡忘性術暗汚而卑渫則丹素莫辨於是後之儒者始有以自得之見求聖人之心於千載之下而傳經載道以理學著稱者焉始有以幹濟之材爲國家建必然之畫而芘民尊主以政事名世者焉有獨行高節挺身于威武利禄之衝而以節義流光于史册者矣有揚芬振藻騖精于四科五色之兼而以文章擅美于一時者矣夫是四者雖各因其所著以得名未必其皆交修而儷至然立言垂訓者繼絶學而統聖真策勛樹庸者經邦家而綏社稷或以植綱常于偷懦頽决之際或以潤鴻業于阻深暗汚之中固不必渾融齊一如古初猶或能振世作人于無已特其於道有聞有未聞故其業之所就因之而人品高下于其間矣請以是而品隲先正可乎夫南畿隸江左右畫長江大湖以爲國方地千餘里林麓川澤之美殆不可計而光岳冲粹之氣蔚爲人文之盛者固有後先相繼更僕難數者焉姑即明問所及者言之公子札宏覽博物輕千乘之國而不居康節氏謂其才近伯夷所以易諸樊斷髮之俗者至于今爲烈也言偃身通六藝以禮樂之教而化民當其時以文學見稱所謂南方之精華得斯人而爲之盡發者固其素所蓄積也嗣是厥後代不乏人朱考亭學務躬行集諸儒大成之統胡安定身任師道繼河汾正脉之傳固一代理學之宗盟矣至若號雙湖而著易學啓蒙翼傳者胡一桂也謚文通而述四書辨疑者胡炳文也二胡淵源於朱子而各有所發明不皆有功于後學者乎文翁教民興學變蜀郡僻陋之風敬輿才負王佐輔奉天艱難之業固漢唐政事之首出矣若希文召對天章而上十事以厘弊夷簡勸帝親政而手八事以匡時雖其建置或殊而經濟則一不皆有裨於時政者乎若其以節義著聲者漢有龔勝唐有何蕃宋有陳東陸秀夫也夫勝諫議秀夫宰臣也奸雄竊鼎則托疾以辭徵聘之臨胡運乘華則蹈海以全殉君之節若二人者幾于守死善道矣蕃東太學生爾蕃以書生而正色以遏六館之邪謀東以布衣而昌言以排六賊之奸諛英風義烈不可與日月争光乎以文章鳴盛者若漢之劉向魏之曹植晉之機雲宋之王珪皆是也夫向本名儒植負异質一則明經有行著新序而曾鞏氏稱其最爲近古一則登臺作賦美詞翰而王通氏稱其文深以思若二人者可謂藝苑之英矣機雲兄弟齊名稱爲雲間二陸而文章蚤能冠世王珪閎侈瓌麗爲文自成

一家而典策多出其手鴻裁艷製不可以伯仲曹劉乎夫是四者析之而各一其稱合之而同歸於道得則體用相須而靡施之弗當失則氣質任事而致用之或偏士君子所以垂世不朽者恃有此道而已矣自今言之厲志聖賢者篤愛君憂國之誠教授蘇湖者有稽古愛民之實文正志在匡時而泛通六經學者多從質問宣公才本王佐而力辭萬鎰交者願附忘年何蕃有學成行尊之譽龔勝兼明經孝廉之科更生以忠直見褒寧論著述子建以天下爲讓詎止文詞然則諸賢之得名各自其著者言之而非謂其不能相兼也若文靖之剛愎妨賢少陽之危言召禍忠節之不能存宋機雲之駢首就戮夫亦其賦質之偏遭時之厄固有不容例論者律之以道而才品之優劣不既章章較著也哉我國家道化隆茂超軼千古無論開國翼運忠賢萃合即其間哲士貞臣詞人碩輔固有炳炳烺烺所在挺生者矣矧南畿地靈人傑甲于寰宇愚生生齒其鄉景行前哲豈無可以復執事之問者乎試言其著則吴文恪之古道古心王文恪之明理克己邵文莊之定性書説夏正夫之三惜名言張莊簡之力學篤行莊定山之持身有法皆無愧于明理反躬之實學矣而夷考其華國之文經時之政立朝之節則數君子之成名自博也而端靖淵穆如文定清和恭靖如忠安瀟灑絶俗如虞謙潛心性命如薛蕙非更生敬輿之流亞乎倪文毅之留心世務葉文莊之忠言遠識年恭定之廉靖朴忠徐武功之訏謨贊畫韓襄毅之决策應機陳僖敏之寬平簡易皆庶幾乎先憂後樂之襟期矣而締觀其材猷之顯風節之高著述之富則數君子之取數自多也而聞薦不怡如文恭臨敵無怖如節閔執法抗論如陳祚慷慨論事如練綱非君賓少陽之等埒乎夫吴自季札迄于今上下數千百年而聞其風者猶使人竦意振奮意者諸賢之在當時其興感未必無自也矧皇明獻實獨盛于吴楚之郊若與其氣運山川交流互發以垂懿範于末艾愚生讀國寶之編閱琬琰之集嘗躍然而興則效之思矣而執事猶欲審所願學以對愚以爲挾册而談往哲者其持論貴公程行而稽衆美者其擇術貴審論焉而不凖諸道譬諸鍾石雜陳而宫商莫辨也學焉而不定其趨譬諸滄流渺泛而津涯莫從也國朝諸君子弗論已朱子學兼總乎周程張氏之説而獨接乎千載不傳之統觀其平生所得敷對必盡莅職勤敏纖悉必親致君澤民之猷雖不能盡行其志而亦可以無愧于心難進易退之節雖未嘗矯以爲名而實未嘗貶以求售語其博即天文地志律曆兵機亦皆洞究其精微論其文即騷人才士疲精竭神而常病其難至蓋學已會其大原而道則無所不貫真可謂百世之師矣今天下兼材奇節誠不乏人所慮者學術不明爾是故自漢以下之諸賢雖皆以卓絶之標流光奕世而宋之

仲淹尤爲人物第一吾非不愛之慕之欲起斯人而親炙之乃所願則學朱子而已矣非謂政事文章節義之不必兼也理學既明而餘者可推也非謂諸賢之不足學也學貴專一而志有所在也由朱子之訓以力探乎六經語孟之旨充性命之學以竊附乎聖賢道統之傳出則行道濟時而功加上下居則明道淑人而身係綱常愚之志如斯而已夫山川阻深聲教隔閡特起而自曜于光明者哲人之逸軌也炳靈發祥前徽在望有所緣而興起者孟軻氏之所謂凡民也愚也生長于斯日聞休懿即志獲竟成猶然非杰矧甘于自弃即凡民弗若哉惟執事進而教之幸甚

第五問

袁應陽

同考試官知縣徐批（古今稱策士類各攄所見陳時談事不一而足而其真有裨於理道之猷者亦屈指可數焉是作條陳時務鑿鑿可見之行至其所自折衷又不欲以公孫諸流自安尤徵趨向之正）

考試官右中允何批（經生抵掌而談當世求不詭于道術時變者絶少子能纚纚剖析咸中肯綮是嘗究心經濟者）

考試官左中允范批（策士之制經濟是詢非欲其鈎隱抉微炫才騁博已也是作條對精詳爲國家畫便事如指掌非其抱負恢奇明習世務者曷以有此第令晁董公孫復生今日必且當子之言矣允宜首録以式多士）

執事發策終篇誘進諸生以晁董公孫之故使畢其愚厚矣其望之也夫三子居策士之林猶鷙鳥之有鶚驥群之有騄耳喬林之有豫章由漢以來人代亡慮十數無不有以自下者愚生安所挾持而希蹤若是雖然泯泯沁沁居無一物亦士所深耻也矧方胠篋以來敢誰讓乎且策士何昉哉其法始于漢文則晁錯爲之冠其事盛于武帝則董仲舒公孫弘擅其雄故文中子曰洋洋乎晁董公孫之對蓋取之矣就而論之錯之得者在貴粟諸篇失者在賢良一對何也三王計安天下本乎人情是矣然帝所優爲也其□王帝神聖其臣莫及非邪説乎曰文帝大功數十非諛詞乎帝以直言極諫求錯以邪説諛詞應可罪哉弘之醇者弗足以致主駁者適足以借資何也禮義刑罰之端道在素行是矣然非其主論也其曰智者術之原果常理乎曰湯旱桀之餘烈果天戒乎帝詢以道術治體弘導以悖理忽天曲學哉夫惟仲舒三策吾取焉所明者微言所陳者王道而帝也侈心方萌見以爲迂即嘗因之興太學表六經黜百家舉孝廉豈爲盡其用哉雖然道有淺深學有陂正吾不能爲三子諱乃其言即可行學即可用鑿鑿非後世比也今諸生者所謂明枯竹守空言耳授之握

筭未知縱横試之當塗或昧軌轍何以究切當世之務歷歷不詭于事情耶蓋聞之明主不借才于异代天下事豈异人任乎語曰吹竽滿庭孰辨其美一一聽之乃識其音愚生請嘗試言之執事請嘗試聽之教化行然後風俗美今士風尚漓民俗尚愉猶謂有教化乎是故勵躬行則表率端崇廉讓則勸沮明興禮俗則邪滛去皆不可緩也厚禄位所以勸親親今宗患禄窘民困財殫長此欲安極乎是故限封爵以正倫分弛禁例以廣德厚裁恩數以節浮冗咸所當議也斂財無餘術宜制用有奇羨矣乃計往歲出浮于入且百五十萬今内之度支外之供億雖漸以裁度可紓目前耳所謂國有九年之蓄積于不涸之倉者猶未也是在天子躬行節儉罷宣索慎賚予止興作精搜核則浮費冗食庶其大省乎承平利右文宜經籍盈册府矣乃考先朝東壁之藏散逸略盡今文昭所貯内閣所儲蓋僅可數十才存二三耳視諸天禄石渠之富三館四庫之多者無幾也是在當宁垂情圖史或遣購或詔求俾各以遺書來上而録其副則奇文奥帙庶其間出乎考制度審憲章一稽諸會典然因革漸岐增損互异所當刊定者多矣而未有成書今何所守後何所鑒哉謂宜参訂而葺布之使典則昭垂較若日月顧不韙歟明刑辟服情罪一麗諸律然疑文隱義比部廷尉争若聚訟者有矣而例益加多傳予曷依趨避曷措哉謂宜講明而齊一之使科條纖悉判若白黑顧不懿歟天下之漸最不可長者在兵不畏法而易動自振武稱變渠魁未盡殄戮故時復驕蹇而四方效尤日者衛兵訌安慶運卒箠侍臣若是屢見告矣平居如奉驕子緩急責以用命其將能乎計莫若明約束以絶鼓扇正統馭以起凌替嚴紀律以警姑息審調補以携黨與恩威允濟而法令必行如是而軍政不肅未之有矣積隳之弊亟當振舉者在營田久弛而弗理往虜勢猖獗士難解甲就耕即乘間而耕亦秪秣虜馬乃者虜衆既悔旤戰士方息肩邊屯稍加墾矣絶徼尚可闢治内地乃務因循不大舛乎計莫若嚴兼并之法正侵隱之罪辨肥瘠之等催逋負之科任得其人而責成不變如是而屯政不修未之有矣得失一朝榮辱千載孰重于史乎然古之史也掌載有專官言動有記注故核實而傳信今之史也於一世之終而追筆乎數十年之事見聞鮮核奏疏是憑職不可謂舉矣請復祖制特簡史官俾領其任凡九重之起居臣工之論列大政事之因革弛張大臣僚之陞降拜罷皆隨時紀録據事直書將必有如董狐之書法不隱南史之執簡以往者矣今之史非古之史哉平心宣化崇德象功孰大于樂乎然古之樂也八音諧其節律吕和其聲故召和而鳴盛今之樂也器數既己久亡而神理因之弗著太常樂部尚襲舊物制不可謂備矣請設樂學擇審音文臣專掌其事按元定之書求后夔之

意習節奏之變審聲氣之元且假以歲年俟其自得將必有如師曠州鳩之神解竇常令言之妙悟者矣今之樂非古之樂哉國家所以廢海運者以會通河也然自河漕沮而復求海運以濟飛輓蓋一險一勞等耳今捷而效矣乃不兩利俱存而屢章請罷何以説也愚以爲河雖安矣而勢難永利海雖險矣而道貴常通要于未事之先爲意外之慮則方其無事也河爲常而海亦暫脱其有事也彼不至而此必來矣如是則其罷也奚便國家所以懷熟夷者以屏蔽虜也然每市外交而恐喝疆埸之臣以要賞益貨在虜方不靖可耳今虜輸款矣乃不俯服于我而撓邊如故何以説也愚以爲戒之不悛則固求其人罪之罪之不得則潛出鋭師剿之要以不傷國重不起禍階則三衛常爲我司門之猘而不至爲我附頸之癭矣如是則其戢也奚難夫執事所詢類皆朝廷之大制作大機宜大經濟草莽之士有當年不能窮累世不能殫者而師心質言若是蓋方用經術世務進即意慺慺希古人亦願爲董江都不願爲鼂大夫公孫丞相何也哆口無驗而詭道以阿世亦執事之所羞耳若擘畫未審而研究弗精則經生之陋也雖然猶有説焉自我祖宗以來立國規模綱目不啻備矣非有極重不可反大壞不可救者特恢弘治理潤色鴻業存乎其人焉耳若講求靡至是未操刀之割也議論徒多是築道旁之舍也更張罔漸是改己調之瑟也皆不如其己者也今明良合德千載一時誠上下勤恤焕然勵精則一爲而一成百爲而百成無弗奏功者苟爲不然將朝作而莫隳昔行而今罷何以爲屈群策之本哉執事倘與其進願執此以往

應天府鄉試録後序

聖天子萬曆初元天下適當賓興士於鄉應天府臣以請上命臣應期臣洛文往典試事録成臣洛文宜序諸末簡臣竊自惟學術行能淺鮮無异荷先帝簡掄侍上青宫繼值上位宸極臣復日奉講讀兩蒙拔擢以至今官方竭誠效愚罔裨萬一乃兹被命校士遭自經幄任使過隆豈非殊常遘遇哉已復思留都寔聖世鎬京士生且游其間有山川之秀發而豐芑詒育所從來久蓋已幸矣矧今天子龍飛伊始聖神立極文教聿新且外賓内寧士得一意被服儒術湛涵道德人文興起愈斌斌焉不尤幸歟夫士幸會昌期乃無名世者應運響臻士之耻也誠有之而臣弗克知遺諸所舉之外殊遇之謂何故自受命以來夙夜祗惕比入院偕諸執事矢公盡慎己而閲諸士文蒿目焦思程以尺度而準諸理奥若辨淄澠窮滅没必彬彬質有其文者乃收之念且獻諸天府輒竦然曰才誠在是庶幾哉

其惟吉士進而在列斯足光輔帝德在宥而理萬方矣乎雖然是曷敢知昔孔子卜而不取于賁惡離真也士苟修詞措躬較若左券璚而璚珉而珉朱而朱紫而紫雅音而連謱即雅音而連謱無或爽者則臣茲可信得士异時徵諸實用足圖萬一之報矣脱或本末謬盭初終岐判雖言澤道德十不一讎徒挾經術以爲取世之資直優孟之抵掌耳是安所貴才矣即柄文者覃精品鏡慮且儀毛而失牆儀髮而易貌殆寶鄭璞而瑞昭明等耳人亦有言試而得人若博之中呼也試而失人若博之遭負也何也非有參驗之詳而觀察之可賴也是故録成而臣滋惴惴焉以懼然竊聞之求玉于崑岡不乏瓌寶求驥于冀野不乏逸足夫南都亦士之崑岡冀野也而患無連城與千里者是臣之計過也且夫世平主聖俊乂將自至雲從物睹機有固然今堯舜在上典學勤政進賢興理德意所嚮即遐陬殊類當靡然顧化矧都人士感會首善者邪抑昔之誦不朽者雖左言而右功然虞以言揚周用藝興庸可廢諸千載而下窺尹旦經綸之心者以尹旦之文溯尼軻計道之心者以尼軻之文慕賈董康濟之心者以賈董之文諸士蓋誦法伊周孔孟不第以賈董自許者臣方選才盛世匪言是徵先資其奚以焉顧臣所能者校士以經術世務中程而後取之如是止耳脱猶不副所舉即臣無所逃責然可若何矣乃士既録行

萬曆四年應天府鄉試

應天府鄉試録序

皇上御極之四年爲萬曆丙子復當鄉試之期秋七月五日上命臣洵臣思育往典應天府試事翌日陛辭乘傳行以八月六日至應天府入院時府尹臣嗣功府丞臣樹德御史臣堂臣秉性及例增御史臣林應訓臣于應昌相與飭防儲具甚備乃進提學御史臣褚鈇及諸曹館所選士凡四千四百餘人三試之而與同考試官推官臣元熙教授臣一桂教諭臣來賓臣佑臣譽臣資瀾臣伯椿臣一清臣養賢臣守廉臣維翰等謹校閲得百三十五人將録其文以獻臣宜叙諸首簡臣竊惟國家設科取士將以藉其用也取士而試之文欲驗所學以得其可用之實也故士非可用者勿學非素所學者勿言居學之應試而言之臨事任而用之若合質券然有必不可爽者記曰事君先資其言拜自獻其身以成其信故士之應試也亦士之先資他日所考成而取信者也應天我國家興王地淑氣所鍾獨爲深厚士以實學用於世者後先相望乃至於今而文章號爲極盛矣文日盛則實漸微學不務其實而競於奇則其用有不必根於學而其言有不必適於用者然則將安所成其信哉市井細人之相要約也一不售猶且羞之設令以市井命士則怫然怒矣顧恬然習謾不思售莫以爲怪此識者所爲慮也臣自受命以來日夕思所少回士習不宜先示好奇之端諸所命題皆明白正大不復摘抉隱僻以難諸士而諸所取士必根理要中典則其有不本經術或稱引諸百氏家艱深語以見其奇者悉弃不取蓋心正則其言簡以重心誠則其言切以醇核玄虚者荒其思盛藻繢者淫其志此自然之徵有非誣者若苟見言語之奇而取之庸悦一時之耳目則可耳非所以任國家之重也臣爲國家取士而以苟悦耳目者充之臣之罪可逭哉此臣之愚所以寧取此不取彼也雖然論篤是與聖人戒焉其或言若近正而實則鹵莽於身心闊疏於措置者亦豈無哉以此用之則闒茸頹靡其不能取效將反爲衒奇者所笑此尤臣之所慮也而非臣之所能逆睹也夫庸者用則事不舉而奇者用則事壞與其壞也無寧不舉也此在上用士者之慮也若士惟假諸言以干進既進而即委之若土苴焉則雖原本於經術與譁鶩於百家者其爲自欺且欺上則等耳此非士所當自爲慮哉士不苟言要以適用

士不苟用要以酬君今聖天子作新天下方崇責實之效諸士今日之文固質券也他日將必於爾乎取償焉雖欲復爲謾也得乎哉爾多士其熟慮之毋終爲負券之夫也

左春坊左中允兼翰林院編修戴洵謹序

萬曆四年應天府鄉試

提調官

應天府府尹程嗣功（汝懋直隸歙縣人　丁未進士）

應天府府丞陸樹德（與成直隸華亭縣人　乙丑進士）

考試官

左春坊左中允兼翰林院編修戴洵汝（誠士浙江奉化縣人　乙丑進士）

右春坊右贊善兼翰林院檢討陳思育（仁甫湖廣武陵縣人　乙丑進士）

同考試官

直隸寧國府推官史元熙（良明浙江餘姚縣人　甲戌進士）

浙江寧波府儒學教授黄一桂（馨甫福建南安縣人　乙卯貢士）

湖廣武昌府崇陽縣儒學教諭王來賓（汝敬浙江慈谿縣人　辛酉貢士）

浙江台州府黄巖縣儒學教諭鄧佑（淑吉江西宜黄縣人　甲子貢士）

河南南陽府裕州舞陽縣儒學教諭李譽（望夫湖廣江陵縣籍潛江縣人　戊午貢士）

廣東廣州府連州陽山縣儒學教諭林資瀾（學文福建福清縣人　甲子貢士）

福建興化府仙游縣儒學教諭伍伯椿（汝壽廣西全州人　丁卯貢士）

湖廣辰州府沅州黔陽縣儒學教諭蔣一清（元明廣西宜化縣人　丁卯貢士）

直隸保定府祁州束鹿縣儒學教諭王養賢（及民陜西高陵縣人　庚午貢士）

江西九江府彭澤縣儒學教諭汪守廉（克辨湖廣黄岡縣人　丁卯貢士）

四川夔州府雲陽縣儒學教諭伍維翰（宗卿貴州安莊衛籍江西臨桂縣人　丁卯貢士）

監試官

文林郎南京湖廣道監察御史陳堂（明佐廣東南海縣籍番禺縣人

戊辰進士）

文林郎南京山東道監察御史胡秉性（汝成河南信陽州人辛酉貢士）

收掌試卷官

奉議大夫應天府治中黄喬棟（以藩福建晉江縣人　官生）

印卷官

應天府通判秦致恭（率禮廣西靈川縣人　戊辰進士）

承務郎應天府推官詹世用（汝賓江西弋陽縣人　戊辰進士）

受卷官

直隷鳳陽府推官王致祥（德徵萬全都司籍山西忻州人　辛未進士）

直隷太平府推官劉垓（達可湖廣潛江縣籍江西安福縣人　辛未進士）

直隷安慶府推官葉遵（子憲浙江餘姚縣人　甲戌進士）

彌封官

承直郎應天府上元縣知縣林大黼（朝介福建莆田縣人　壬子貢士）

直隷廬州府合肥縣知縣胡時化（惟權浙江餘姚縣人　辛未進士）

直隷鎮江府丹陽縣知縣尹良任（志伊湖廣漢川縣人　辛未進士）

謄録官

應天府句容縣知縣丁賓（禮原浙江嘉善縣人　辛未進士）

應天府溧陽縣知縣帥蘭（同甫湖廣江陵縣人　辛未進士）

應天府溧水縣知縣吴仕詮（公擇浙江歸安縣人　甲戌進士）

對讀官

應天府江浦縣知縣沈孟化（叔順福建永定縣人　甲戌進士）

應天府六合縣知縣邵廷臣（藎夫福建侯官縣籍福清縣人　甲子貢士）

應天府高淳縣知縣王體升（惟允浙江錢塘縣人　辛酉貢士）

巡綽官

明威將軍直隷安慶衛指揮僉事孟宗德（汝成山東章丘縣人）

明威將軍直隷新安衛指揮僉事高可學（行之山東歷城縣人）

搜檢官

武略將軍南京留守前衛副千户蔣應春（君時直隷宜興縣人）

武略將軍南京留守後衛副千户王之賢（德孚順天府通州人）

昭信校尉南京留守左衛百户楊應龍（子雲山東膠州人）

昭信校尉南京留守前衛百户劉思壽（德徵順天府薊州人）

供給官

應天府經歷司經歷劉存業（志修福建同安縣人　監生）

應天府照磨所檢校李時雨（甫下江西龍泉縣人　儒士）

應天府上元縣縣丞范燧（允時江西南城縣人　恩貢）

應天府江寧縣縣丞甯鸞（子雝廣東靈山縣人　歲貢）

應天府溧水縣縣丞張涵（子泳浙江仁和縣人　儒士）

應天府溧水縣縣丞胡行謙（汝力湖廣蘄水縣人　恩貢）

應天府江寧縣主簿郭祺（子吉直隸萬全都司人　歲貢）

應天府上元縣典史李珂（世鳴直隸潛山縣人　吏員）

應天府溧陽縣典史李尚璣（文美浙江遂昌縣人　吏員）

應天府高淳縣典史謝鵠（啓用福建海澄縣人　吏員）

應天府都稅司大使鄭恩（汝錫湖廣當陽縣人　吏員）

應天府江東宣課司大使謝一德（子仁浙江會稽縣人　吏員）

應天府常平倉大使周憲（子成浙江諸暨縣人　吏員）

應天府秣陵鎮巡檢司巡檢李子秀（麗卿江西廬陵縣人　吏員）

應天府上元縣淳化鎮巡檢司巡檢汪時選（景科山東曹縣人　吏員）

應天府江東馬驛驛丞孫釪（文清浙江餘姚縣人　承差）

應天府江浦縣江淮驛驛丞蔣承芳（仕聯廣西平樂縣人　承差）

第一場

四書

子曰道千乘之國敬事而信節用而愛人使民以時　誠者自成也而道自道也誠者物之終始不誠無物是故君子誠之爲貴誠者非自成己而已也所以成物也成己仁也成物知也性之德也合外内之道也故時措之宜也　舉舜而敷治焉舜使益掌火益烈山澤而焚之禽獸逃匿禹疏九河瀹濟漯而注諸海決汝漢排淮泗而注之江然後中國可得而食也當是時也禹八年於外三過其門而不入雖欲耕得乎后稷教民稼穡樹藝五穀五穀熟而民人育人之有道也飽食暖衣逸居而無教則近於禽獸聖人有憂之使契爲司徒教以人倫父子有親君臣有義夫婦有別長幼有序朋友有信放勛曰勞之來之匡之直之輔之翼之使自得之又從而振德之聖人之憂民如此而暇耕乎堯以不得舜爲己憂舜以不得禹皋陶爲己憂夫以百畝之不易爲己憂者農夫也

易

安貞之吉應地無疆　天地相遇品物咸章也剛遇中正天下大行也　夫易聖人之所以極深而研幾也唯深也故能通天下之志唯幾也故能成天下之務唯神也故不疾而速不行而至子曰易有聖人之道四焉者此之謂也　象也者像此者也

書

一日二日萬幾　非知之艱行之惟艱王忱不艱允協于先王成德惟説不言有厥咎　若作梓材既勤樸斵惟其塗丹雘　其爾典常作之師

詩

關關雎鳩在河之洲窈窕淑女君子好逑　視民不恌君子是則是效　其軍三單度其隰原徹田爲糧　如何新畬於皇來牟將受厥明

春秋

冬城向（桓公十有六年）齊師宋師曹師城邢（僖公元年）　三月作丘甲（成公元年）二月辛巳立武宫（成公六年）　遂城虎牢（襄公二年）戍鄭虎牢（襄公十年）　六月癸卯晉師滅赤狄潞氏以潞子嬰兒歸（宣公十有五年）春王正月晉有滅赤狄甲氏及留吁（宣公十有六年）八月晉荀吳帥師滅陸渾之戎（昭公十有七年）

禮記

五行以爲質故事可復也　此六者德音之音也　唯有德之君爲能行此明足以見之仁足以與之　叩之其聲清越以長其終詘然樂也

第二場

論

世之所以治安

詔誥表（内科一道）

擬漢今百官各貢忠誠詔（永平十八年）　擬唐以房玄齡杜如晦爲僕射誥（貞觀三年）　擬宋命蔡襄寫尚書無逸篇于邇英延義閣屏群臣賀表（景祐二年）

判語（五條）

信牌　私茶　越城　夜禁　違令

第三場

策（五道）

問　古昔帝王之學動息有養盤盂几席皆著箴銘心畫遺文亦略可自漢以下英君慕古間摛藻翰而臣下時沾賚焉有細書一札十行以風吏治者有手墨大字數函以勵將臣者或以飛白賜侍臣而需舟楫之用者或以孝經易千文而明教化之理者蓋皆流誦當時貽芳來葉矣其果足爲勸誡否歟我太祖高皇帝經綸草昧他未遑務也嘗揭大學衍義於壁間書洪範九疇於座右又以其暇親製聯句以賜謀臣賦楚辭以賜侍臣天文睿藻照耀今古豈前代之所侔歟我皇上冲齡英邁他無嗜好也嘗親揭書序要語於殿額書十二事當省戒者於宮中又以其暇大書徑尺字以賜輔臣宸章奎翰儷美祖孫誠萬世之所希遘矣乃心學之純又有出於藝文之外者爾諸士亦能揚其休歟夫難究者學難持者心儻更據嘉謨爲聖修助執事者固願采之以獻也

問　古者設左右史以紀言動蓋裨君德而垂治鑒也所從來尚矣成周時金縢史祝雖畢召不得與聞蓋其密也後世乃有每月奏御者有欲當朝顯言其狀後付史館者是遵何道哉漢有禁中起居注有太史令唐有起居郎舍人制宜善矣乃建武貞觀開元間其故可考而鏡也果於君治能裨益否歟宋則有時政記有起居注有日曆有實録又有邇英延義記注法綦詳矣然當時諸臣有言史官欲書而不得書與不敢書者安在有言記注之失有四又有欲設四類以求之者可得聞歟皇上申明祖制復修史職蓋曠典也今御朝有書禁中起居得與聞乎諸司供報其情狀始末可得核其實歟夫宮禁嚴邃聽睹靡真紀載瀚繁搜訪難悉或者尚議及焉抑果然歟茲欲據事直書信今傳後必何術而可諸生樂觀盛典久矣儻有裨史職萬一者幸悉意陳之執事者甚願與聞也

問　學古有獲自昔記之矣士未有識達治理而不藉于學者乃古人所爲學犖然獨著于世何歟伊尹誦讀于畎畝矣异日者即以其君民而堯舜之太公磻谿釣叟耳後車一載起爲王者師豈功業固自有本抑誦讀外别有學歟後之士或有不盡然者焉姑舉數子評之詔對賢良者見斥于轅生號通經書者失身于王氏自負稽古之力而誇榮車馬能震關西之名而溺情聲伎群書博極矣何爲著美新之文經術經世矣何爲釀新法之變之數子者非當時所稱宏覽博學士乎事功類鄙屑若此矣君子有遺譏焉豈學固不足以致用抑所以爲學者尚未實歟明興敦崇實學百餘年間士大夫罔不雅志好修翊戴景運彬彬盛焉迨後操觚者溺浮詞議政者鮮實迹論者猶或惜之抑流弊

則有然歟夫今之士養之學校而用之科目者其法稱善矣乃流弊若此豈成法固在而行者寖失其意遂致是歟兹欲抑浮詞而臻實迹庶幾哉古所謂學必何術而可蓋有司所以來爲求士也士則不振拔于學竊愧之其酌所聞以復我

問　古今譚濟理者衆矣大凡不出飭吏治云夫吏治在辨於名實其有以先實後名或循名責實爲言者於治體亦有識焉否歟自昔明聖之朝治效鮮儷此載往籍可睹也豈諸臣勵翼之實固有賴歟叔世而下初治稍足嘉尚後乃益陵夷也或謂漢猶近古唐次之宋逾不逮當時且有議焉其故何歟明興以來熙平餘二百年試觀國初時政教修明莅官者惟守法奉公以玷清議是懼故吏治赫然稱盛其後良法美意固在也較曩昔若少衰焉識者竊謂治襲久而玩愒生則然矣抑有可指言者歟今天子踐阼痛懲時弊明詔屢下崇實黜虚蓋可謂惓切矣諸司固多感激砥修以圖稱塞者而尚未盡復諸舊豈奉行德意者未至抑士習不易遽變歟夫吏治振飭誠在士大夫之責今士習何若乃亦可言其概歟兹欲挽回故習名與實稱庶幾治古必有説焉諸士其究言之此當事者所急欲聞也

問　所謂俊杰者豈非以識時務哉顧時有緩急務有先後非可以嘗試而臆説者以今所宜務何先也或謂北虜款矣而互市之欲難厭南兵練矣而驕養之習難馴河渠歲决而漕糧患不通鹽法日壞而邊儲患不實數者皆國家重務計無先於此者然歟否歟抑所謂關天下之安危而爲社稷至計者猶有出於此歟或又謂天下安否在紀綱風俗紀綱誠振風俗誠正即他無足慮者其信然歟今日之紀綱風俗果何如歟何道可以振而正之也諸士憂先天下必籌之熟矣願究言之庸以觀俊杰之志焉

中式舉人一百三十五名

第一名　顧憲成　無錫縣學生　書

第二名　史繼辰　溧陽縣人監生　易

第三名　陳所藴　上海縣學增廣生　詩

第四名　陸起龍　太倉州學增廣生　禮記

第五名　程懋德　休寧縣學增廣生　春秋

第六名　丁奇逢　松江府學附學生　易

第七名　張後甲　應天府學附學生　詩

第八名　蔣瑞卿　宜興縣學生　書
第九名　吴三畏　興化縣學附學生　詩
第十名　徐申　長洲縣學生　易
第十一名　吕重慶　溧陽縣學附學生　詩
第十二名　汪可進　婺源縣學附學生　書
第十三名　楊繼美　松江府學增廣生　禮記
第十四名　彭夢祖　全椒縣人監生　易
第十五名　熊懋官　江西石城縣人監生　詩
第十六名　顧紹芳　太倉州學生　春秋
第十七名　徐尚文　歙縣學附學生　詩
第十八名　沈鳳翔　應天府學附學生　書
第十九名　方大美　桐城縣學生　易
第二十名　何鯉　常州府學生　詩
第二十一名　余懋進　婺源縣學附學生　易
第二十二名　汪可進　休寧縣學附學生　書
第二十三名　徐堯莘　潛山縣學生　詩
第二十四名　丘度　山陽縣學生　禮記
第二十五名　陸枝　常熟縣學附學生　詩
第二十六名　盛世承　桐城縣學生　書
第二十七名　潘良　懷遠縣學增廣生　春秋
第二十八名　施沛如　寧國府學生　詩
第二十九名　沈瑞臨　浙江仁和縣人監生　易
第三十名　馮曜　寧國府學附學生　詩
第三十一名　鄭一元　涇縣人監生　易
第三十二名　甯三聘　青陽縣學生　詩
第三十三名　楊嘉猷　懷遠縣學生　易
第三十四名　王與德　安東縣學生　詩
第三十五名　葉重第　吴江縣學附學生　書
第三十六名　姜志禮　丹陽縣學生　詩
第三十七名　毛文煒　吴縣學附學生　易
第三十八名　陸進階　徐州學附學生　禮記
第三十九名　章甫詔　溧水縣學生　詩

第四十名　許聞造　浙江海鹽縣人監生　書
第四十一名　蔡逢時　寧國府學附學生　詩
第四十二名　徐壽朋　浙江海寧縣人監生　易
第四十三名　焦尚宏　寧國府學生　詩
第四十四名　周佐　長洲縣學生　易
第四十五名　袁萃　長洲縣學生　春秋
第四十六名　蔣良鼎　武進縣學生　詩
第四十七名　葉煒　宣城縣學生　易
第四十八名　吴夢熊　宜興縣學生　書
第四十九名　郭宗堯　當塗縣學增廣生　詩
第五十名　羅應鴻　徽州府學生　易
第五十一名　汪時躍　徽州府學附學生　詩
第五十二名　胡守忠　祁門縣學附學生　書
第五十三名　華廷詔　無錫縣學生　詩
第五十四名　戴思聰　泰興縣人監生　易
第五十五名　朱士貴　浙江餘姚縣人監生　禮記
第五十六名　泰國士　淞江府學附學生　詩
第五十七名　李一陽　鎮江府學生　書
第五十八名　程文　歙縣人監生　春秋
第五十九名　張棟　崑山縣學附學生　詩
第六十名　汪會海　蕪湖縣學增廣生　易
第六十一名　張明卿　無錫縣學附學生　書
第六十二名　周迪　湖廣蘄水縣人監生　易
第六十三名　吴時中　寧國府學增廣生　詩
第六十四名　朱光先　揚州府學生　易
第六十五名　徐有存　江陰府學附學生　書
第六十六名　唐元偉　上海縣學增廣生　易
第六十七名　王明時　華亭縣學附學生　詩
第六十八名　張仲孝　常熟縣學附學生　禮記
第六十九名　鄒雲鵬　吴江縣學生　易
第七十名　丁應時　常熟縣學附學生　書
第七十一名　褚紹科　揚州府學增廣生　易

第七十二名　朱應奎　江西餘干縣人監生　詩
第七十三名　方之綱　桐城縣學附學生　易
第七十四名　曹漢　六合縣學生　春秋
第七十五名　吾從周　長洲縣學增廣生　易
第七十六名　郁文周　江陰府學附學生　詩
第七十七名　李士榮　嘉定縣學附學生　易
第七十八名　談經　邳州學生　書
第七十九名　袁年　吴縣人監生　易
第八十名　季官　六合縣學生　詩
第八十一名　盛廷效　廣德州學附學生　易
第八十二名　汪禧　蘇州府學生　書
第八十三名　徐言　句容縣學生　詩
第八十四名　程德新　江都縣人監生　書
第八十五名　劉一臨　山陽縣學附學生　禮記
第八十六名　鄒學曾　常州府學附學生　詩
第八十七名　李尚衮　上海縣人監生　易
第八十八名　王之麟　無錫縣人監生　詩
第八十九名　張斗　沛縣學生　易
第九十名　趙一鵬　吴縣學附學生　書
第九十一名　褚國祥　武進縣學附學生　詩
第九十二名　褚效忠　華亭縣學生　書
第九十三名　任可容　安慶縣學生　易
第九十四名　蕭士純　上海縣學附學生　書
第九十五名　查志標　長洲縣人監生　易
第九十六名　袁世科　泰州學附學生　詩
第九十七名　王典　淮安衛人監生　易
第九十八名　茅崇本　丹徒縣人監生　詩
第九十九名　管橘　南陵縣學生　易
第一百名　陸承　蘇州府學附學生　春秋
第一百一名　何湛之　應天府學附學生　詩
第一百二名　郭師古　如皐縣學生　易
第一百三名　魏袿　湖廣蒲圻縣人監生　詩

第一百四名　楊大潤　長洲縣學附學生　書
第一百五名　華國榮　無錫縣學附學生　詩
第一百六名　王鍵　鎮江府學生　書
第一百七名　楊一奇　寧國府學增廣生　易
第一百八名　汪應嶽　宿松縣學生　詩
第一百九名　蔡惟忠　浙江秀水縣人監生　書
第一百十名　唐卿　績溪縣學生　易
第一百十一名　程奎　歙縣學附學生　詩
第一百十二名　黄廷价　寧國縣學生　書
第一百十三名　梅守極　宣城縣人監生　易
第一百十四名　楊紹程　武進縣學附學生　詩
第一百十五名　羅文安　歙縣人監生　書
第一百十六名　吴嶽秀　懷寧縣學生　易
第一百十七名　徐承武　海州學增廣生　詩
第一百十八名　方岱　太平府學附學生　易
第一百十九名　鄧秀實　福建光澤縣人監生　書
第一百二十名　劉誦　吴縣學附學生　禮記
第一百二十一名　李應裕　婺源縣學生　易
第一百二十二名　吴來庭　無爲州學增廣生　詩
第一百二十三名　成心學　常州府學附學生　書
第一百二十四名　王希曾　懷寧縣學生　易
第一百二十五名　何淳之　無錫縣學附學生　詩
第一百二十六名　沈修　浙江仁和縣人監生　易
第一百二十七名　楊同善　泰興縣學增廣生　詩
第一百二十八名　汪可覺　歙縣學附學生　書
第一百二十九名　程克顯　婺源縣學生　易
第一百三十名　華道任　無錫縣學附學生　詩
第一百三十一名　黄鶴鳴　應天府學生　易
第一百三十二名　李廷栢　望江縣學生　詩
第一百三十三名　查大期　涇縣人監生　易
第一百三十四名　張繼茂　泰州學附學生　詩
第一百三十五名　曹孝述　句容縣學生　春秋

第一場

四書

子曰道千乘之國敬事而信節用而愛人使民以時

史繼辰

同考試官教諭王批（清楚矯健迥出凡流允足爲崇雅之範）

同考試官教諭伍批（體裁純雅詞旨舂容佳士佳士）

同考試官教諭李批（削蔓剔浮獨標理奥録之以式多士）

考試官右贊善陳批（詞不費而意足宜録以式）

考試官左中允戴批（簡當得體）

聖人揭治國之要皆心乎民而已蓋民者國之本也治國而一以民爲心焉兹其所以爲有要歟夫子示萬世治道之準也蓋謂千乘之國大國也道之者將使各得其理也是豈可把持於法制之末乎又豈可粉飾於文爲之具乎蓋有要焉不能無事而一不敬或貽害於民矣必兢業爲防而細微之動亦若有所於警戒者况大事乎且一念之誠確謹於前不改於後而常如金石之堅固也紛更以滋擾者又其所不爲也已不能無用而一不節或多取於民矣必量入爲出而經常之費亦若有所於限制者况冗費乎且一念之惻怛愛其人惟恐其傷而常如天地之好生也苛刻而寡恩者又其所不忍也已至若國有興作不能不使乎民而非其時則民務妨矣又必於農隙之際而後敢以動大衆起大役焉可曰國事之當急也而遂以民事爲可緩乎夫敬信也節愛也使以時也心無一而不爲乎民則事也用也人民也國無一而不得其理於千乘之治乎何有大抵治本於道道本於心心乎爲民則雖文法未備而上無失道民有受其惠者心乎爲己則法度文章之施將或違道以干譽而實意彌衰實惠彌寡矣是故敬者所以持其心而適於道者也此夫子所以首言之也

誠者自成也而道自道也誠者物之終始不誠無物是故君子誠之爲貴誠者非自成己而已也所以成物也成己仁也成物知也性之德也合外内之道也故時措之宜也

顧憲成

同考試官教諭蔣批（詞意圓融格調莊整而脉絡過接處渾無痕迹中庸義之最佳者可録以式）

同考試官教授黄批（見理精密措詞簡當以誠自成句總括一章大旨自道所以自成意躍然言表非淺學可到）

考試官右贊善陳批（説理之文自是精切）

考試官左中允戴批（圓融周足）

中庸原誠切于人而君子能體其全也夫誠成天下之性而時措之則道也君子存誠而成已成物之道統是矣且人之一心萬物咸備者焉自物理具于心而真實無妄者謂之誠誠即道之體而物所自成也自物理見于行而時措咸宜者謂之道道即誠之用而人當自道也何言乎蓋一始一終者物之成而始之終之者誠之爲苟無是誠則無是物矣是故君子知物非誠不立必存誠以求物與之原以誠非道不行當體道以爲誠身之實斯固以自成耳然誠而自成非虚也即成其與物爲體者也誠之而自道非已也即道其所以成物者蓋成己爲仁成物爲知德同出于所性而仁非有内知非有外道實合于一原故一誠立而性盡矣性盡而仁智之道備矣以之成己者即以之成物而神應不窮由此裕内者亦由此利外而時出不匱是措之爲道信乎自道也而孰非以自成哉此君子必以誠爲貴也嗟夫誠無人己道無内外君子盡人盡物而參贊化育皆以自成非爲物也聖賢每對舉以言豈誠有先後次第哉蓋即已即物而成物者正所以成己耳無對待亦無先後故總謂曰誠者自成此子思善于立言歟

舉舜而敷治焉舜使益掌火益烈山澤而焚之禽獸逃匿禹疏九河瀹濟漯而注諸海决汝漢排淮泗而注之江然後中國可得而食也當是時也禹八年於外三過其門而不入雖欲耕得乎后稷教民稼穡樹藝五穀五穀熟而民人育人之有道也飽食暖衣逸居而無教則近於禽獸聖人有憂之使契爲司徒教以人倫父子有親君臣有義夫婦有别長幼有序朋友有信放勛曰勞之來之匡之直之輔之翼之使自得之又從而振德之聖人之憂民如此而暇耕乎堯以不得舜爲己憂舜以不得禹皋陶爲己憂夫以百畝之不易爲己憂者農夫也

陳所藴

同考試官教諭林批（體格峻整詞華高雅不惟工於長題而且灼見堯舜用心者佳士也）

同考試官教諭汪批（體裁簡當詞調高古最得作長題之法者宜録以式）

同考試官教諭鄧批（布置有倫而且辭氣馴雅長題之最優者允可以録矣）

同考試官教諭王批（場中作者類牽涉上文殊非題意此篇就題發揮

精切簡當可爲作長題者式）

考試官右贊善陳批（詞理簡明）

考試官左中允戴批（以人己立説得旨）

大賢叙聖人之任諸人者表聖人之責諸己者蓋已不可以遍爲也聖人先任人而已之責塞矣何以耕爲哉孟子所以闢許行也意謂聖人之憂天下無窮聖人之爲天下有要使與民并耕而爲賢宜莫如堯舜矣然吾觀堯之爲君也不自爲也側陋揚而登庸之命屬於舜焉百揆納而俾乂之司屬於舜焉蓋方任一相以爲之總理也而他無暇也舜之爲相也亦不自爲也以烈山使益而禹乃治水雖門之三過弗顧焉以樹藝使稷而契乃明倫雖民之自得未已焉蓋方任庶官以爲之分理也而他無暇也此可見堯之心非不憂民之憂也而不皆以責之己也已之憂惟不得舜耳舜得而民之可憂者舜代之矣已可無憂矣舜之心非不憂堯之憂也而不皆以責之己也己之憂惟不得禹臯陶耳禹臯陶得而堯之所憂者禹臯陶代之矣已可無憂矣蓋君相之體統治道之先務有如此者若乃受百畆之常業而憂百畆之不治此獨爲農夫者則然耳彼庶官且不宜爾也而況於君相乎哉然則許行之説之妄也果矣大抵治貴識體事當知務務得其體則綱舉而目隨事逸而功倍矣否則君行臣事相執有司文會愈煩而墮惰愈甚雖堯舜且不能爲理者此孟氏所以深憂而力辨也

易

安貞之吉應地無疆

史繼辰

同考試官教諭王批（此題作者往往多襲套殊爲厭觀獨此刊落浮言一敦本實佳哉）

同考試官教諭伍批（詞簡意周是亦法坤而有得者宜録以式）

同考試官教諭李批（意匠語精非邃於易者不能作録之）

考試官右贊善陳批（詞旨簡實）

考試官左中允戴批（整潔可式）

君子順健之善爲能配地焉夫立地之道順而健也君子得坤道之純則何間然之有象傳舉而贊之謂夫道有造化得之成形而吾人得之成德者順健是也吾嘗合而觀之彼坤之居後也往西南也皆貞也而君子安焉則是循分之所宜退讓以堅其守率素之所履久道以立其方知天下不可先也而後之安吾居後之正而得常之善以致矣知天下以類聚也而從之安吾西南之

正而得朋之慶以集矣是謂安貞之吉而有不足以應地之无疆蓋坤厚載物地之德本无疆也至柔而剛地之无疆以順健也今惟安而貞焉是安常自守適合乎柔静無爲之體而其道即坤之道强毅有執默契乎剛柔成質之懿而其德即坤之德地無成而代有終也君子居後而無先倡也順以應物與順以承天者固相肖不離矣坤居西南而致役也君子往西南而得朋也簡而易從與簡而成能者固合一無間矣蓋始焉法地之道以體諸身終焉以吾之道而配諸地此君子所以與造化爲徒而協大中之矩者也欲合德于坤者夫亦求端於易簡而已大抵天地之道陰陽盡之矣人心之德亦陰陽盡之矣陰陽即順健也地道人道相爲流通者也是故順健之理得而參天地贊化育坤維且賴之以奠故曰苟非其人道不虚行

夫易聖人之所以極深而研幾也唯深也故能通天下之志唯幾也故能成天下之務唯神也故不疾而速不行而至子曰易有聖人之道四焉者此之謂也

丁奇逢

同考試官教諭王批（擺脱時套會文切理深於易見者也可式可式）

同考試官教諭伍批（净洗支蔓一歸雅正杰搆也録之）

同考試官教諭李批（脱去塵套獨存風骨可爲浮靡者式）

考試官右贊善陳批（語意精到）

考試官左中允戴批（詞簡而意足）

即易用之所以神而知其道歸諸聖矣蓋易非聖人不能作也然所以神用於天下者具是焉其斯爲聖道與且夫辭占象變固易道之至神矣今乃以歸諸聖者謂何蓋來物之理隱於未形何深也自聖人有辭占而深者從兹顯矣易非聖人之所以極深乎動静之端涵於莫測何幾也自聖人有象變而幾者從兹著矣易非聖人之所以研幾乎深極於辭占則辭占即深而神矣幾研於象變則象變即幾而神矣唯深故或吉凶無昏民焉而天下之志以通唯幾故以趨以避無僨事焉而天下之務以成唯神故通若啓之成若相之而疾不待速行不待至矣是辭占雖具於易而實因聖之心精以泄則神於通志謂非聖人之至精耶象變雖具於易而實困聖心之變以顯則神於成務者謂非聖人之至變耶信乎易有聖人之道四焉者此之謂矣體易致用者其知聖人作易之功哉雖然易非聖不能用亦非聖不能用蓋作以洗心退藏用以齋戒神明非徒索之卦爻象數者此道所以神而天下賴之寡過也彼太玄潛虚之易

視聖人爲何如

書

非知之艱行之惟艱王忱不艱允協于先王成德惟説不言有厥咎

顧憲成

同考試官教諭蔣批（思致精深詞調醇雅奇士也敬服敬服）

同考試官教授黄批（詞温意旨深得人臣告君之體觀此作足覘所藴矣）

考試官右贊善陳批（發揮明切）

考試官左中允戴批（詞意婉曲明潤録之）

大臣期賢王力行之實而以言自信焉夫君德協于先王此惟力行能之也大臣猶以不言爲已咎斯責難之深意歟想其復于高宗蓋謂憲天爲治臣言之而王以爲可行此可謂知矣然知之者或不足于行知非所以爲難也行之者必欲踐其知行始所以爲難也王誠以知爲不可恃無徒激于所聞則定力與定志兼該將足以上符乎先德之盛以言爲必可行不欲安于所易則實意與實功并懋自可以遠追乎世德之隆先王固有配天之至敬王能有法天之大公先後其一揆也在先王能顧天之明命王亦憲天之聰明創守爲一道也如是則王信能知其所知矣惟説也不命其承固夙所自許者敢不盡攄所聞以罄生平之願知之或不言也是有君亦負之矣祇承于命正時之恐後者敢不悉敷所得以答明主之知言之或不盡也是遭時莫之效矣説何所辭其咎耶夫説之進言寔賴王知言以啓之則力行以協德誠不容已矣可但責言于臣哉抑納誨輔德説豈後言者必德成始引爲已咎不亦明乎是不然人主嘗感激于聽言而忽意于實行古今大氐然也高宗稱明哲矣當不至是説惓惓猶望之蓋益成其德業爲已進言之地耳噫此有商令主賢臣世世頌之不衰歟

其爾典常作之師

蔣瑞卿

同考試官教諭蔣批（此題作者類能言之非冗則略此篇盡刊陳言獨悉本意宛然周家之典常誠可爲多士式也）

同考試官教授黄批（氣清詞雅字字句句皆不浮經義之可傳者）

考試官右贊善陳批（詞整意足）

考試官左中允戴批（渾雅可録）

賢王訓官欲其遵王之制也夫周之典常王制也於此師之而莅官之道

有弗盡哉成王訓百官之意謂大王者之經世以法臣子之守法以時學古而必議以制者非時也乃若周之典常謨烈本于文武而丕顯丕承制作成于周公而盡善盡美監古昔大猷之盛開萬年啓佑之功此則宜于今而可師者也爾惟思典刑之具在而是則是效法其不易之規仰彝典之大明而不愆不忘遵爲畫一之守朝有道揆則論道者師之參贊謨謀一因乎成憲而聰明非所用也國有法守則奉法者師之阜成宣力悉考其舊章而沿襲非所嫌也政固有以俗革者而文武之政蓋酌風會氣化之流而通變以宜民者也世方賴之以致治而守其成規不可永制于未亂耶法固有以時變者而周公之法正觀人情物理之極而更化以趨時者也國方賴之以乂安而稽其故實不可常保于不危耶如是則趨向以端官常以肅欽司慎令莫是過矣爾其懋哉嘗聞之有治人無治法得其人則準今可也不徇今亦可也非其人則師心非也師法亦非也不然周禮一書非不詳且備也而如歆如石卒不能用以致治何哉此周禮周官相爲表裏而志勤恭儉之戒成王所以深致意于用法之人也

詩

關關雎鳩在河之洲窈窕淑女君子好逑

張後甲

同考試官教諭林批（太姒以德配德意發揮婉曲透麗深得風人之旨）

同考試官教諭汪批（好逑意發得盡而且詞氣温厚句法鏗鏘宜式多士）

同考試官教諭鄧批（發好逑處無一閑字贅語一結尤知大義是邃于經學者）

同考試官教諭王批（太姒和敬之德形容委盡善體宫人好德之意者）

考試官右贊善陳批（春容可誦）

考試官左中允戴批（温雅得旨）

詩人興淑女之德克配乎君子焉蓋和敬閨門之全德也淑女有焉其斯以爲君子之善偶乎詩人托興以美后妃者意謂人倫莫先於妃匹而人道惟在於和敬吾兹於雎鳩而有感焉雄鳴於前而雌則應之關關然於水中之洲其并游者若見其情之至而又未常狎也雌鳴於後而雄則倡之關關然於河洲之上其定偶者若見其類之别而又未嘗離也吾故觀雎鳩而知物之有善偶也况我淑女窈窕然其幽深而情欲之感無所動於中窕然其閑雅而宴私之意無所形於外徽柔如君子而以窈窕者承之則雍雍乎其和者其情固足以相親也蓋和勝或近於嫚而淑女則無之矣懿恭如君子而以窈窕者承之則肅肅乎其敬者其禮又足以相别也蓋敬勝或近於離而淑女則無之矣吾

不圖君子而得斯淑女也吾又不圖淑女而得配君子也豈非好逑也哉然則方未得而思之切及既得而樂之深者吾自不容已矣抑於是而知王化之所由始也君之與后猶陽之與陰相須而後成者陰陽必和而後生意暢又心陰陽順序而後和故和敬者所以闡陰陽之秘而理萬物之宜者也和敬始於閨門而達之於朝廷於邦國於天下而禮樂可興矣故曰有關雎之意然後可以行周官之法度信矣哉

視民不恌君子是則是效

吴三畏

同考試官教諭林批（發周王體教之意宛然如見且格高詞雅杰作也）

同考試官教諭汪批（體認真切措詞古雅乃文之有關世教者宜録）

同考試官教諭鄧批（佳賓身教之意發揮透徹古雅可以式多士矣允宜于録）

同考試官教諭王批（莊重典雅老成之作也宜録以式）

考試官右贊善陳批（意渾詞雅）

考試官左中允戴批（簡潔）

周王美嘉賓能善乎俗而足法於人焉夫下之爲俗由一所示也嘉賓之德能使民俗歸厚焉君子之法之也固宜周王燕饗賓客而美之如此蓋曰惟民生厚者其性也惟民從上者其習也惟上無德以示民則民始有趨於偷薄而恌焉者耳今我嘉賓之德音既甚明矣夫是以表儀樹而民知所觀自變其澆漓之舊觀感新而民知所向自返乎淳朴之真示之以篤人倫而凡率履於下者皆去其僞以從乎誠也示之以敦物軌而凡服習於下者皆去其華以從乎質也蓋自我有嘉賓而民之偷薄者遠矣凡爾君子同居長民之位者也位同則德不容於或异同有道民之責者也責同則化不可以或殊固當則而象之以其所以自治者而治吾身焉使德之孔昭者亦如嘉賓之足示乎民也效而法之以其所以感人者而感吾民焉使俗之不恌者亦如民之觀化於嘉賓也夫然則不惟下之民俗以定而上之士範亦端嘉賓之所以示我者豈在言語之末哉抑於是而知周之治非尚文也鹿鳴之盛宴饗求大道也而要其歸惟曰示民不恌天保之祝多福頌盛德也而極其化惟曰民之質矣然則尚文豈周家意哉蓋至於文尚成而大道隱至德微矣讀詩者其尚知所戒焉

春秋

三月作丘甲（成公元年）二月辛巳立武宫（成公六年）

程懋德

同考試官教諭伍批（平正之格春容之詞且體認兵制廟制更清切經義之優者可以式矣）

考試官右贊善陳批（辭義嚴整）

考試官左中允戴批（得謹嚴體）

春秋紀望國之戎祀而困民越禮之罪見矣夫戎祀國之大事也丘甲作則民困武宫立則禮越春秋皆譏之也宜哉且國之立也以衛民者莫大乎戎以孝先者莫大乎祀而皆有先王之禮制存焉者也故大國三軍制也不可加也魯固大國耳胡乃懼齊難之至而丘甲作焉則新籍大盈於舊額殊亂乎司馬之法向之一丘十有八人者今則二十五人矣向之一甸七十二人者今則百人矣計三甸而增一乘每一乘而增一甲魯之民力能堪耶故春秋特書曰作言前所無者今不宜作也而困民之罪彰矣諸侯五廟禮也不可過也魯亦諸侯耳胡乃侈戰鞌之功而武宫立焉則毁廟更創爲新規殊紊乎宗伯之辨以其主則奉祧已久而今復班於祖考矣以其祭則去墠已久而今復列於饗嘗矣親既盡而情猶及世既遠而祀猶隆魯之秉禮宜爾耶故春秋特書曰立言前所遷者今不宜立也而越禮之罪昭矣吁聖人之重民而謹禮也如此哉雖然聖人又有誅其心者在焉季孫始懼齊人之侮而思益兵以雪耻是憤也既因齊師之敗而遂廣祀以侈功是驕也驕憤一萌而下疲民力上違王禮不顧焉然則又將何所忌憚哉嗚呼此季孫之所以日横而公室愈卑有由也

六月癸卯晉師滅赤狄潞氏以潞子嬰兒歸（宣公十有五年）春王正月晉人滅赤狄甲氏及留吁（宣公十有六年）八月晉荀吴帥師滅陸渾之戎（昭公十有七年）

顧紹芳

同考試官教諭伍批（語意渾融深得春秋安攘之大旨允宜録出）

考試官右贊善陳批（意婉而詞峻）

考試官左中允戴批（明暢可録）

春秋三紀伯兵而獨於靖華無貶焉此見陸渾之滅而靖王圻不與滅潞甲之圖闢地等也且戎狄與中華畫疆而國何代無之然王者馭之有道矣兼覆謂仁彼安土而殄之過也別生謂義彼亂華而縱之亦過也晉嘗三事于戎

狄矣潞氏之滅也不曰釋娣之憾乎即有召兵之繇而罪以一人可已矣剪焉而糞除之何遽忍如是甲氏之滅也不曰遷潞之怒乎始無侵疆之罪而亡其一族已暴矣忿焉而波及之何太甚如是夫滅者非以亂華也信滅之者難言靖華也宜經貶之若陸渾之滅則异是何也陸渾之雜處伊川而密邇王室豈若潞氏甲氏之列在遠服無煩戒嚴哉地臨象闕而异害與居防其潰矣人負狼心而圻甸與比禍其釀矣噫若此者胡可弗圖之是役也詩楚之睦而甘鹿奔無論造意何如自今戎馬不牧于王郊一代剥膚之患庶其除之也告周以祭而棘津涉無論舉事何如自今神州不染于戎俗百年胥溺之憂庶其拯之也彼林父士會以土地故而再勤兵者可與同日道哉故經于荀吴獨無貶焉或稱師或稱人或稱名氏而聖人仁義之權衡章章著矣雖然陸渾固晉所遷而來也今之討徒楚故耳豈誠有靖華意哉夫子慨戎索不修而幸雒無陸渾故于吴特恐恕之非爲吴也恐後世有兵舉于靖華而人亦以徼功生事底訾之也以此爲坊猶有浸淫爲晉氏之事者

禮記

五行以爲質故事可復也

陸起龍

同考試官推官史批（聖人法五行以作則其義甚精是作發得明透可以式矣）

考試官右贊善陳批（結構精密）

考試官左中允戴批（醇雅之作）

聖人法氣運以經政而其用不窮焉蓋終則必始者五行之運也事正於此而皆可復矣夫焉有所窮哉禮運君子若曰聖人之所以率作其民者事也民之所以作而不倦者事之可復也而何以得之蓋自陽變陰合而五行出焉本無往而不復也作則者以之爲質則是玩氣機之代謝而遵爲立政之經乘時令之推遷而率爲成務之準順而有常者其序也而事從取正焉亦不敢紊其序矣流而不息者其運也而事皆就正焉亦不敢悖其運矣如是而何不可復哉吾知要終所以原始而循環無端嗣後所以承前而周旋不匱寒暑晝夜運而事與之移要之皆從其期者也今歲之所就緒固可推之來歲而復然矣其亦如五行之有常也哉春秋冬夏交而事隨以禪要之必由其舊者也來歲之所繼興固有仍之今歲而不改矣其亦如五行之不息也哉可見五行之動天地所不能違也事之可復聖人所不能易也聖人之善作則如此夫大抵帝王之政莫大於法天授時齊政皆此質也然觀圖紀修悖之説疇衍從逆之旨

又有不純任乎天者乃知體天心者盡人謀而已不然下召上應皆以爲事之可復而又安足恃哉故曰吾之氣順天地之氣亦順聖人參贊之功可睹也夫

唯有德之君爲能行此明足以見之仁足以與之

楊繼美

同考試官推官史批（體裁整飭詞意渾融結歸重于明尤有見）

考試官右贊善陳批（義精詞達）

考試官左中允戴批（典雅精切）

賢君之能公惠以其德之備也夫德所以行乎惠也明仁兼體而君德備矣於公惠乎何有記者獨表之意曰人君之爲治德所以立其本也惠所以達其用也祭之有畀固爲惠下之道矣而其孰能行之惟君之有德者爲能存心天下而溥以兼利之恩加志窮民而錫以均沾之澤德意旁流則自上逮下斯不病於屯而不施也德施宏濟則由近及遠自不患於偏而不舉也而其德如何蓋君之於民無見於惠之當與者惟其未明也知其當與而不與者惟其未仁也惟有德則明矣聰明睿知皆由此出而不以一毫私意自蔽彼其察於民故真有若一體者焉而灼識夫惠之不可重積矣明不足以見之乎有德則仁矣豈弟慈祥皆胥此具而不以一毫私意自累彼其軫於民隱真有若恫瘝者焉而弗靳於惠之所當下流矣仁不足以與之乎有明而仁之所欲與者無不决有仁而明之所及見者無不行惠之逮於下也信惟有德者能之哉抑此仁智之旨也而要以明爲本蓋民之於君也遠非聰明懸照則閭閻疾苦不徹九重此屯膏之所以可慮而議貸之令不屢下也然明豈易言哉堯之欽明舜之文明至矣而博施濟衆猶然病之君人者可省也

第二場

論

世之所以治安

顧憲成

同考試官教諭蔣批（場中作者類牽引浮詞殊失本旨讀之可厭是篇論君民一體發養民惟恐不足意極爲透徹且格高調古思玄氣勁是能力黜虛浮而敦崇大雅者可式）

同考試官教授黄批（以古雅之調發剴切之思蓋有裨於理道者不徒文之工已也佳士佳士）

考試官右贊善陳批（有議論有操縱發人君養民治安之意婉曲詳盡宜録以式）

考試官左中允戴批（得旨而格自昌大氣更悠揚）

人君通天下爲一身也是故爲天下急於爲身而天下之治成焉天下之於君身其相去亦甚懸者而何至以急於身也君愛其身而天下之人亦各自愛其身君養己而不先養人則彼將競起而各求所爲養焉而天下之事始紛然矣夫惟不以民視民而視民猶吾身於是愛身必先於愛民而養民尤急於養身則天下之民始無有不得其所者夫然後舉天下之民皆委命於其君而天下可以晏然而無事然則愛民者固所以自愛而養民者正所以養吾身者歟胡氏曰養民惟恐不足此世之所以治安也請申其旨天下大矣天下之民衆矣士農工賈不同業而皆營貴富賤貧不同勢而皆聘智愚巧拙不同心而皆慮勇怯利鈍不同力而皆用彼其所以林然立總然聚役役然奔逐於日夜無休時者何也有是身而欲養之也養是身而恐其不足也而君人者履無上之位據無外之勢儻亦欲私其身而猶夫天下之民之心則錦衣玉食以爲奉密房廣厦以爲居管弦金石以爲娱佳冶窈窕以爲御何不給者顧君之養將於民乎取之也取之民也多則民之養也必闕闕民之養以自奉而天下始有不均之患矣甚不均則貧甚貧則無以聊生而欺紿爲奸争奪爲梗之釁作矣君人者孰不以治世安民爲志也而卒使之至於此何也以爲君至尊也民至卑也君至貴也民至賤也尊貴其身卑賤其民而不思其有相爲一體者在也何也蓋有天下而後可以附吾國有一國而後或可以附吾家有一家而後可以附吾身是家國天下者君身之所寄也無之是無所寄吾身也然則君與民其庸其二乎譬之身焉君其元首也家人其肺腑也國人其胸腹也天下之人其四肢也以其勢則相須而不可離以其用則相待而不可缺是故君與民猶一體也養之不可不急也且民又何賴於君之養也凡養之具不能無待於物而凡物之用不能無待於所以制之者顧民之愚而智不知所以制也民之卑而力不能爲之制也惟爲之君者其聰明神聖既足以調劑物性之所宜而盡其制而崇高隆重之勢又足以役使群動而使之莫敢不聽其制君制其所以養之之方而後民得守其制以安於其養譬之身焉其臟腑胸腹四肢具在而所恃以得其養者正以元首在上目視而耳聽鼻調其嘘吸而口善其吐納也而况乎天下之財生之甚難而靡之甚易三時疾耕僅免於饑終歲勤織僅免於寒而水旱癘札寇賊之虞又嘗出於不意儲稍不豫即索然匱矣譬之身焉一日不哺則腹爲之枵而或寒暑燥濕之變一月不調即疾痛生焉然則養民

又如之何其有足時也君人者知民之不可一日失養而養之之本在農也是以重其事不奪其時寬其役不竭其力薄其斂不匱其有田里之既授而郵表坊庸之具亦無不修播種之既戒而耘耔刈獲之時亦無不省倉廩之既登而祈穀祈年之祀亦無不豫九年之既積而不足非國之戒亦不敢忘生齒之既繁而冗食冗費之端亦不敢啓而又老疾有餼貧乏有賑逐末有罰淫巧有刑大侵則蠲其賦租大灾則施其厲禁蓋其君臣日夜之所講求政事大小之所施措無一非爲養民之計恐恐然常懼有一人之不得保其性命而一日之不得安其生理者夫然後爲之民者得以不遷於异物而不起夫奸萌安其心於本業而畢其力於南畝由是穀乃豐登年乃順成而積貯日富矣由是老者以養幼者以長而婦子日寧矣由是財勝其賦力勝其役而國用日充矣由是廉耻日長禮義日生而教化可行矣由是協氣充塞瑞應駢臻而禮樂興光矣由是端拱穆清揖讓群后而爲君者可以恭已無爲矣譬之身焉氣充於臟腑而神爽發於面目脉暢於四肢而華澤溢於顔表故曰民富而國富民安而君安也蓋自古治安之道必考信於詩書而詩書所稱繼世之盛莫如周成王然無逸一篇惟諄切於稼穡之艱難七月之咏其於耕夫工女之事至纖悉矣而制度文章之事不與焉蓋誠以爲養民者致治之本而制度文章皆所以維持其爲養之具也故成之王世刑措不用者數十年逮漢文景勸農之詔數下而三老力田之勞賜相望於歲時至於賜民田租之半或遂除焉於是國以殷富獄以空虚幾與成王比隆蓋務養民之明效有如此者自時厥後不思所以養之而惟務所以取之取之而不能繼於是一切苟且之術畢用而民生日蹙世事日非矣譬猶剔决體膚以滋口吻其存能幾何也嗚呼天下之物必有所生而後可用必有所積而後可資其積之也厚則資之也愈久不先其所生積而資與用焉之是急以此求治毋亦倒行而逆計也哉然則人君欲養其民當何如主之以成王之無逸而持之以文景之節儉其可也此養民之本也

表

擬宋命蔡襄寫尚書無逸篇于邇英延義閣屏群臣賀表（景祐二年）

陳所藴

同考試官教諭林批（闡無逸意莊雅駢麗且忠懇之心藹然四六之名家也）

同考試官教諭汪批（體格渾融詞華駢麗是善發無逸之旨者非徒四六之工而已）

同考試官教諭鄧批（詞章富麗音律鏗鏘尚書無逸闡揚盡矣表學之

工者録之）

同考試官教諭王批（駢麗有則寫出無逸情狀宛然如見善體周公忠愛之心者）

考試官右贊善陳批（詞典則而旨微婉可以式矣）

考試官左中允戴批（典雅可式）

景祐二年正月癸丑日臣某等恭睹上命蔡襄寫尚書無逸篇于邇英延義閣屏臣等誠懽誠忭稽首頓首稱賀者伏惟王業勤民爰示顯哉之訓聖心勵政允資顧諟之明治不可以忘危道莫尚於師古簡編存鑒黼扆生輝竊惟哲后嗣興必儆盈成之象老臣謀國能多微漸之心故總章衢室之風于今尚挹户楹鋁鐸之屬從古有銘昔成王踐位于冲齡方向日中之運周公矢忠以匡辟獨先天下之憂思聖學之始終克由抑畏而王業之根本起自艱難首陳無逸之章歷述先朝之迹凡稼穡田功之疾苦既極形容若壽年國祚之短長尤加反覆迪哲稱四人之治恒寓夫箴規傳心法三后之賢無嫌于忌諱咏嘆再三而語彌切更端有七而慮愈深顧載籍雖遺號右文者弗研于往牒淵源斯遠誦微言者竟襲于空談非藉熙朝曷昭彝典玆蓋伏遇資由神授德與性生暑御經帷仰文心之翼翼禮隆慈幄敦舜孝之夔夔却异物以念遇天灾而策士西疇刈麥憫小民之無依私館説書受直言之如渴頃因萬幾之暇用規二閣之成偉制聿新嘉名載錫式爲鑒往匪曰榮觀謂周公事君萬世之所當法而無逸進誡一言可以興邦但奥義具夫精微允宜燕閑之頻接全經托諸簡册限於講讀之有時乃取孫奭之圖更屬蔡襄之筆探奇珍於孔壁大揮便殿之素屏昉遺軌于殷盤特借尚方之彤管文畢陳其上下豈謂無徵義備録夫後先是求有益書成左右絢王函石室之藏翰灑清華晃寶構躔題之宇治源亂本無勞竹素之旁搜主德民情時睹羹墻之有在昔皇祖興崇文于内院懿範猶傳暨真考萃群書于禁林芳規未泯矧逢今日更衍前庥法從遥臨宛若呈圖書於河労簪裾儼集恍然悟心畫於丹青非備一時文獻之詳侈博綜而鶩粉飾寔究二代典刑之故鏡美惡而照興衰入以省出以觀炳炳皆景行哲王之地感而思思而懼時時爲游心邃古之資彼石渠天禄之設徒聞疑關未闢緊長夜太液之箴雖善蒙牖猶扃未若抒私典于緗緗户綴丹書之藻列徽猷于鉛槧案披紫府之文儻陟降不違非比韋弦之小助方儀形如見詎云明鑒之有功信英君誼辟之宏摹而聖子神孫之世寶也臣等躬逢盛事秖驚麗翰之昭回忝列清班仰侍黈旒之瞻對敢不竭保惠教誨之大義少罄揄揚服危明戒盛之訏謨上酬顧問伏願典學有獲主善惟師知帝王之道在憂勤

創守仰稽乎千聖念閭閻之狀多隱伏怠荒時敕于九重旰食不遑省終日于盤之失恫瘝在念以庶邦惟正之供則君德罔愆不假彌文之迹而天命自度信媲有道之隆臣無任瞻天仰聖忻躍屏營之至謹奉表稱賀以聞

第三場

策（五道）

第一問

史繼辰

同考試官教諭王批（我聖上以冲齡得心學之純奎章宸翰媲休哉皇祖者信不常之彝典萬世之希遘也是作不獨闡發懿美詳盡且忠悃之念懇懇可録爲聖修之助）

同考試官教諭伍批（古帝王務學爲急我皇上宸翰焕發書以載道誠上紹隆古而同符太祖者此作不惟敷揚盛美而復以法祖規之忠愛之意溢於言表録之）

同考試官教諭李批（我皇上精一天啓問學日新真同符太祖而陋漢唐宋於不足言者子敷楊懿焕頌以規豈懷忠而思獻者乎）

考試官右贊善陳批（我皇上英年嗜學真出天縱子闡揚能識其大而終篇惓惓以法祖爲今日望具見忠悃録之不特以文也）

考試官左中允戴批（此作敷揚我皇上聖學甚悉而末復以法祖爲聖修助忠愛溢乎辭矣宜録以三蓋聞上右帝軒刻輿几以弼遠大禹獻）

聖人有主敬之實心達顯微而無間有體物之實學貫道藝而具存夫聖人之心運量天地綜緯萬機有一息之停乎然怡情於游息亦所以培昭曠之原聖人之學綸絡古今統承千聖豈一物之察乎然習勤於藻翰亦所以爲燕閑之助故大廷非顯也深宫非隱也惟於幽獨之中而不忘古訓之式則知微之顯而其心爲益純道固成而上也藝非成而下也惟於玩物之會而不忘儆戒之思則貫道於藝而其功爲益密知此則一張一弛莫非聖修之存而一點一畫亦皆養德之具矣請因明問而敬之蓋聞上古帝軒刻輿几以弼違大禹勒筍簴以招諫成湯著日新之戒武王服敬勝之規其文傳其器朽矣然因其遺文想其至意則單言隻詞之存固有宛若羹墻之見者是以後世慕古之君又以□盂未足以廣心燕溺必至於廢學於是或息肩於藝苑或税駕於墨池習之雖曰奪時爲之愈於弈日程子曰寫字時甚敬只此是學柳氏曰運筆在心心正則筆正孰謂藝文之末非心學之寓也哉自漢以降宸翰奎章代有合

作或用以當嚬笑或寓以代瞽矇於是紙落人間重於彝鼎矣試舉執事所及者漢光武賜郡國手書一札十行皆細書成文而天下風其節儉唐文皇賜衛公手墨大字數函皆談兵問疾而將帥效於鼓鼙戴至德爲西臺侍郎而唐高宗手書飛白賜之曰泛洪源俟舟楫蓋倚毗之殷也李至勒御書千文而宋真宗改書孝經賜之曰有資教化莫若孝經蓋敦本之致也之數君者意非不勤矣然或玩之以溺志終非主敬之實心書非不工矣然或侈之以競長終非體物之實學本之則無蓋亦藝焉耳已非真足以補身心裨化理也洪惟我太祖高皇帝當天造草昧之初日進儒臣咨詢治道於是揭大學衍義於壁間而時爲睇觀書洪範九疇於座右而親爲注釋則參前倚衡莫非古訓固不啻輿几筍簴之在御矣乃又親攄睿藻製聯句以賜陶安則謀略文章增輝於漢杰也賦楚辭以賜宋濂則君臣同樂媲美於卷阿也雖當時佐命之儔被寵渥者固不止此而優禮文儒之意尤有獨至者矣其爲二臣重也豈直家藏飛白之倫哉我皇上當天啓文明之會日御講筵參決政事於是書學二帝三王治天下之大經大法於殿額以存顧諟書謹天戒任賢能親賢臣遠嬖佞明賞罰慎出入慎起居節飲食收放心存敬畏納忠言撙節用十二事於宫中以代韋弦則前朝後寢罔非法語之陳固不啻几席盤盂之在列矣乃又親灑宸翰大書徑尺以賜輔臣有曰汝作舟楫爾惟鹽梅蓋期以商巖調濟之功也有曰同心夾輔一德和衷蓋望以虞廷協恭之義也雖一時卿侍之列被沾灑者亦各有當而尊禮師傅之心尤有獨先者矣其諸臣感也豈直刻石秘書之比哉要之聖心精一之所蘊矢口而成言言之所寓者理也蓋溢乎辭矣聖心英華之所發肆筆而成書書之所載者道也蓋進乎藝矣此固上紹乎軒禹湯武之傳而非近代帝王之所及也執事乃猶欲據嘉謨以助聖修豈臣愚所及乎無亦法祖而已矣詩曰宣昭義問有虞殷自天言天之當敬也此我皇上之十二事所以必首夫謹天戒也詩又曰上天之載無聲無臭儀刑文王萬邦作孚言天不可知而祖德之所在即天也然則我皇上之所以敬天者舍我太祖其安法哉夫其不階尺土而創大業不越數載而致昇平艱難情僞既已備諳帝範王猷亦皆洞達宜若可自暇者而乃兢業益深如我皇上所謂十二事無一敢忽也試言其實如星雷變而罪已求言水旱聞而蠲租議賑謹天戒也弓旌遍訪於巖阿圭組布列於中外任賢能也朝堂臨決庶政必謀於公卿親賢臣也内寺供給使令罔干乎事柄遠嬖佞也薛顯屢立戰功而專擅有罪則封以侯爵而又謫之海南明賞罰也星存而出日晡而入動止必占常懷警備慎出入慎起居也金華進香米則却之太原進葡萄酒則却之非大宴不設豐饌節飲食也知

人心虚靈乘氣機也入而操存靡怠收放心也欽畏天地一動一静儼若神明存敬畏也廣耳目不偏聽自有位以及蒭蕘咸得叩赤墀而陳説納忠言也無離宮别館之營無奇衺環詭之好無銅山金穴之賜撙節用也蓋揭廡書壁非徒托之虚文而潛思力踐無不見之實爭事此所以創萬世之安而垂無疆之緒也今我皇上冲齡踐阼閲歷未深聖慮憂勤似宜有倍焉者誠以十二事之所戒而仰質於太祖之所行一陟一降必奉以周旋一動一言常恐其判涣則放心自收而同符乎祖德敬畏自存而克當乎天意二帝三王之大經大法不俟他求而舟楫鹽梅夾輔和衷之助亦克有終矣夫然後四海永清而萬機多暇雖淵嘿無爲以養天和可也雖泳游翰墨以適天趣亦可也宋儒有言放意則荒取妍則惑必有事焉神明其德則書亦有所當敬者宋臣有言願篤志學問皆如好書益進道德皆如游藝則學又有進於書者愚敢以是爲今日獻

第二問

顧憲成

同考試官教諭蔣批（考據精詳議論宏博末後條陳我國家所當修復事宜尤中肯綮他日秉筆直史館可以稱良矣健羡健羡）

同考試官教授黄批（史者萬世是非攸係固以垂觀鑒而昭勸戒且朝寧舉措亦藉此爲自省之助顧識之者誠難此策條悉歷代廢興與我今日所當修復者議尤詳妥非陳言無補者比也异日敷對大廷商確時事子奚讓焉宜録之以式）

考試官右贊善陳批（條答史職廢興明切可誦有考據有規畫末復寓忠讜于言表宜録）

考試官左中允戴批（歷代史職廢興條對詳核而結意深寓規諷足覘靖獻之志矣）

甚哉史之難言也非史之難能稱其職之難也非吾稱之難所以使之能稱其職之難也夫史者權衡是非贊揚治理一日不可廢矣顧微文刺譏挺言紀過則見以爲訕華語崇褒厞辭飾闕則見以爲僞此何以稱焉逖稽往古史職之興也則在明良交會之朝而廢也嘗于上下猜疑之日何者時當至治顯謨鴻業史不勝書若此者非溢美也藉以爲鑒也而君德以之益修治道以之益振矣世際陵夷疵德厲政史不勝書不然者則諛詞也懼其賈禍也而君德以之日昏治道以之日替矣職有廢興而善敗昭治亂判焉乃可不慎歟邇者詔復起居史職誠千載一時也愚生墨守章句未窺承明著作之庭而執事舉以策士敢無詞以復蓋聞之有一時之榮辱有萬世之榮辱爵賞刑威一時之

榮辱也其權總于人主簡册紀哉萬世之榮辱也其事責之史官然刑賞失實不過爽一時之勸懲紀録失實則將改萬世之觀聽史職所繫顧不重邪是故先王之世朝有二史以司言動則左史書之動則右史書之在周官者可睹也惟職司言動凡上自王朝下逮士庶臧否成敗咸謹書備録昭示無極夫美惡之號不隱咨故實者可稽得失之載具明徵往事者可鏡君無過舉臣無回守恒必繇之矣嘗考之古焉孔甲盤盂藏在册府而金縢史祝非風雷啓變雖畢召不得與聞古史之密如此以故法戒烱然而垂世不磨耳後之論史者吾惑之柳蚪欲當朝顯言其狀後付史館不知史者闕後來之遠鑒非止張一時之公論况不能顯言者其何以昭直筆乎李昉欲先奏御後付有司不知史者非徒表善以彰美寔欲紀過以垂戒儻有不敢不諱者幾何而不爲諛書乎夫任天下萬世之事宜以天下萬世之心處之故據事直書猶懼不足以示鑒况迂其辭以諱其寔天下後世其誰信之蚪與昉之論非史之訓矣漢武帝設禁中起居而太史公位在丞相上制亦重矣然當時筭商告緡猶故也征伐禱祀猶故也史果足爲鑒乎未幾龍門腐刑蓋欲滅史籍而非專爲李陵也漢之史可知矣唐初以給諫兼知起居每仗下議事起居郎執簡紀録立法善矣然當時禁門喋血不諱也帷簿貽羞不諱也史果可爲鑒乎至永徽間宰相奏請多畏人知而文宗欲自觀史唐之史可知矣宋以宰相監修學士修撰又兩府記政三館之士注起居總而論之書榻前議論有時政記録柱下見聞有起居注書經筵言動有邇英延義記注類而次之謂日曆修而成之謂寔録制亦詳矣然員具而象闕未箴職廢而著作無當其所撰述特據供報故事關大體史官欲書而不得撰述既成録本進御故事多避諱史官能書而不敢如歐陽脩所議者安在其爲史哉隆興中胡銓奏記注之失有四一進史不當二立非其地三前殿不立四奏不直前夫奏御侍立歐陽脩言之矣宋初史官直前奏事朝政與議有史諫之意嗣後不預牒不奏不列班不奏而直前之議遂寢此銓所爲嘆惜也汪藻修日曆欲設四類以求之一年表二官閥三政迹四凡例蓋歲爲旁通以定時日人爲累歷以傳始終事爲源流以稽始末至謂有一月之例一季之例一年三年之例亦修史者所不廢也總而論之三代以上是非之權直寄于史官故世有良史三代以下是非之權陰陽于人主故史鮮直筆創業之主憂勤惕厲欲子孫知締造之艱難故其政多美而史也恒詳守成之主侈汏易生恐貽譏于汗簡故其政多疵而史也嘗諱則其大較也已我明稽古爲治慎重是任嘗考高皇帝定鼎之初即設起居注而以宋濂輩充之日侍帷幄即周置左右史遺意也漢唐宋莫能及矣後易爲修撰等官列屬翰院以紀載事

重故設官加詳非所罷廢自職名更定之後遂謂累朝史文闕略而言者屢爲請矣今上聰明馭極百度聿新頃俞輔臣之請令史官知起居注仰稽成憲參酌時宜寖詳且善此大聖之遠舉熙朝之極事矣愚將何以爲獻乎伏睹今上朝講不輟盛德也躬親大祀至仁也信任元輔至明也臨雍重道大典也奉事兩宫純孝也苞舉藝文上睿也四年之間嘉言懿政煌煌哉難縷述焉至其御平臺獎計吏親銓選此數端者皆最高前古之事而上冲齡如政毅然舉之繇此日臨群臣日明習國家事聖智愈光有史不絶書者矣議者猶謂法宫嚴邃非外庭疏逖與聞朝政萬幾非一時闕訪能悉此豈過計而迂説邪今之詔旨批答殿庭宣御顯然載册籍矣若燕閑螻濩之間能無睿想德音爲臣民莊誦者乎不得而睹矣府部議覆疏牘陳請燦然收館局矣但時政沿革之故豈無秘謨隱狀非議疏概見者乎不得而核矣况事以時移則尋繹鮮據見隨人异則軒輊莫憑迹涉風聞則疑似互執情托微渺則鈎質無端嗟乎勢必至此矣曩時史職未飭尚可諉也今職掌所裁定甚明矣异日者儻一言註誤一事漏佚何所逃責邪愚竊有説焉講官記注起居即宋邇英延義意也然大臣宣對不常盛典未備况事機有難外泄者則造膝密語誰其效之請自文華講讀外不時召見政務人才咸興商確使從容獻替垂聽而施行之書之史氏琬琰增輝矣况又先朝已試之效乎是故宣對宜勤也分曹紀録有專職矣惟按諸司供報耳如書吏部陞黜某官不聞功罪何若其他錢穀甲兵禮刑營務諸類委曲寧盡知邪請擇文學司官專知其事即以日記堂稿一一據實以報史官仍悉心博訪不獨紀事并情狀得之使後來讀者如親睹其事乃不大舛訛耳是故考核宜詳也古史如諸志表傳皆遷固諸人檃括時事以成自實録專行紀志殆廢亦史家缺典也遂使創置典禮諸重大之事非片言能具者亦散入紀年能無複語贅書乎若於一事終始預令聯絡其辭首尾貫串仿古傳記爲之寧詳毋略佗日纂修采掇尤便矣古列國有史掌記時事采風而獻之王朝今諸省遐陬僻邑其間孝子弟弟順孫貞婦及灾祥風俗諸所沿廢之類湮滅不傳者亡限也請責成督學官所在遍訪歲終類報以備考訂庶隱行微迹不格于上聞矣雖然凡兹所陳亦頃緣史職更定謬效其愚若此耳大都迂疏之見無能裨史事萬一者然帝王所以恢鴻業而垂芳規者豈惟其一掌書一列史之爲兢兢哉夫亦蓄德論道而令終之是圖也往古之君其朝未嘗無載筆執簡之臣也其側未嘗無記注垂戒之書也然而不隆于治焉此亡佗以虚員徒備而實鑒不存耳假令備員而無取于鑒則史無异乎路説而官無异乎木主也即董狐南史安所稱良哉是故纂猷述烈以勒今昔之訓者古史之大義也

端本澄源以鑒聖哲之規者明后之偉節也异時蘭臺麟閣之彦且頌盛美而難爲詞矣草莽愚生拭目望焉

第三問

陳所藴

同考試官教諭林批（學術係于世重矣是作立意純正屬詞奇邁救弊補偏動中肯綮關世教文字也）

同考試官教諭汪批（闡明學術而救弊振作之方鑿鑿可行必邃養之士）

同考試官教諭鄧批（古今學術之异剖析詳明是有裨世道者允宜于録）

同考試官教諭王批（敷對詳明議論正大學術淵源足徵所自而經世事業亦可想見矣敬服敬服）

考試官右贊善陳批（學術流弊敷陳甚悉而末以興起之術在振舉成法足爲確論）

考試官左中允戴批（論興起學術而歸之養士用士亦有見）

夫崇炳德業懋實學而翊昌期者純儒之芳軌也陶冶才賢敦化原而起末俗者明王之大計也上古之士勛名垂諸無窮學皆究於實用其後士之所學非無以宏博自號而皆未稱于古乃所謂敝焉耳則學術者非上倡之不可矣不爲之倡而徒取具于旦夕循襲于耳目以故爲士者枝葉徒師飾而本始之義虧蓄殖弗深而濟理之誠塞即圭組軒符日授于人何治安之有邪是故豫養于未用者以示趨向之的也精察于已用者以操鼓舞之機也率是以往庶哉興起之一道矣夫學術所關于世可不謂重哉書曰學于古訓乃有獲此傅説訓高宗者言學不可已也第古人所爲學大都與世學异焉闡明王伯剖晰義利非以干禄也綜理丘索品藻名物非以循象也俯仰賢聖嘉述上下非以炫博也綢繆禮樂推合陰陽非以譁衆也矢陳謀猷砥礪行業非以賈譽也上之以爲主寧邦下之以拯民扶世内之潤帝猷而恢王議外之遏亂略而捍疆圉皆本諸身心而措諸事業兹學之有裨于實用者邪昔伊尹佐佑商王格于皇天不有謂出于詩書者乎其告太甲曰德無常師主善爲師信斯言也則元聖之德非誦讀所能盡矣太公作師襁褓表兹東海不有疑其爲陰謀者乎其告武王曰敬勝者吉怠勝者滅信斯言也則鷹揚之略非陰謀所可疑矣繇斯以繹古人之學雖誦詩讀書不盡廢其所業而不以偏才薄技特見其所長故學之犖然獨著于世恒必繇之矣嗟乎士生三代之後先王之教日以湮滅不存各就其資之所近以爲學既無所賴于上而上之人又安其習尚不爲之所夫寡聞謏識無論矣即有振者其事功概不免于議焉古之實學蓋難言之

矣姑以明問所及者而評之公孫弘應詔賢良宜敷陳不愧于仲舒矣乃假堯湯水旱之説以文其奸弘真曲學者哉谷永博通典籍宜直言不忝于更生矣何諛王鳳申伯之忠以固其寵永其竊位者哉桓榮敷奏經書致位少傅遇亦偶矣輜車乘馬以會勉諸生稽古果若是邪馬融典校秘書名震關西才誠博矣教授生徒而後列女樂範物宜固爾耶博極群書楊雄之學優矣乃撰劇秦美新之論則博聞强記秖以資獵華躡要之階乎經術經世安石之論似矣乃倡三不足畏之説則苦心力學特以濟强辨執拗之計乎之數子者其在當時皆褎然稱文學之士矣顧奸詐如弘阿諛如永卑瑣侈奢如榮如融彼哉無以議爲也子雲以著述稱奇荊國以才名出世似有過人者焉一則明哲不能保身一則紛更徒以召亂總之沉溺于詞章之習支離於聞見之偏視古之實學者邈不相及矣是故品騭古今之學以通於振作之治而學術有不可舉者哉明興以來崇尚儒治海内章縫之士類能學務醇明乘時翼運更僕未易悉數愚竊聞而景慕之非漢宋諸子不免訾議者可同日語矣今天子踐阼申飭學政頃復責貢舉之精禁援納之濫异得實學者用之意義甚盛而議者尚惜其不盡如古焉則奚以故哉今之士口誦而目睹固先聖遺訓也視盈咫而趨引繩外亦與與然都也即與三代之英絜功比德何以讓焉而實不盡然者愚伏思之矣六經之旨闡明于賢聖孰非以資德業也乃譚經者藻飾章句而不體會于身心尋行數墨以爲工獵异標奇以自炫特藉爲進身干譽之途而舊業且弁髦弃之矣雖上智類多興起然如此者不盡無也夫士譬則射也必視正鵠之設運其巧力審其度括乃可以撥弦而激矢此由基所以百發皆中也今之士弗審鵠者耳即投之弧矢能貫百步之外而不爽乎待銓之士罔羅于科目孰非以供任使也乃莅官者馳騁臆見而鮮諳達于世務尚通競進以爲能生事邀功以眩俗非真有匡時定難之心而公家將傳舍視之矣雖豪杰固多樹建然若此者亦無幾也夫士譬則御也必明越燕之途識其山川熟其風土乃可以嚮方而適國此造父所以一日千里也今之士直置行者耳即授之驂乘能驅南北之途而不迷乎執事以爲溺浮詞而鮮實迹者是矣是矣夫今所與共治者即天下之人才而人才則關乎學術學術之污隆即人才盛衰以之人才之盛衰即治化興替以之所繫非淺尠者乃學術大較若斯矣非盛世事也愚竊謂此士習之繆而浸尋不覺以至是則始於行法者重失其意焉何也國家稽古定制損益百王其養士用士之法悉本虞周之意無以議爲矣顧今興起實學之難者則學校選舉之間有以養之而未預有以用之而未精也所云積漸之弊致然者非耶夫古謂養士者非以給稟餼絺章句已也將群多士

而涵育之俾其經明德成以應有司之求也古謂用士者非以積資序慎繩墨已也將弊群材而責成之俾其累伐績功以效敷施之實也今學宮未嘗不設而養士之道漸微科目未嘗不廣而用士之道漸失士之不能自勵于學夫亦有自矣今因其敝而振作之則慎師儒之選明本實之訓公辟薦之典核考課之迹者所宜講也語曰峙高一丈築堵八尺言人以模成也今士所督率非師長乎學官多懈于群居憲臣未悉其平日何以示則也必擇堪師表者任之倡以德誼不專于文詞勵以賞罰尤嚴于進退則師道立而士所觀磨激發者衆矣杞梓之材匠氏操引顧之以其具足棟明堂耳士執空文而草略登仕最大患也則課以經術必校其躬行習以世務必求其實用如胡瑗經義治事者後官書其績歲考其成庶异日所使即今日所教而學皆可用矣十步之内必有豐草所求貴博也環宇内之大豈無一二潛心大業如古人者乎令所司稽實疏名以聞真爲特异之學間一薦拔之而冒濫者有罰此風士勵俗之助亦先朝故事也吹竽滿庭一一聽之乃識其音耳士不核治行誰則信之如錢穀甲兵法律河渠必各擇材器所宜以授之職而久任責成之徐察其治理何若果稽古準今積有成效必幹濟之學講籌平日者至熟也夫數者皆法所已試往者得士之效罔不繇此第洽襲既久視爲故説迂圖漫不加意而爲士者亦狃習于俗之所趨以故下不得其養而上亦不得其用學術所以不及于古也兹不必更易成法取所已試者振舉于上務求實效使培植有方不才者不得幸進綜核有法幸進者不得苟容積之數年養士用士之中默寓鼓之飭之之術意嚮所及風行海流士皆知無實之學不足以待用將必以浮詞爲愧而茂迹是期所謂實學之士亦庶乎可拔十得五矣興學造士筴無出此者雖然振勵學術機在上也其自振于學者事在士也故曰豪杰之士雖無文王猶興况聖人在上教化大明之日愚生甄陶樂育可謂厚幸矣上知養士而士不知自養上知用士而士不知自用固執事所耻而愚生竊鄙者也

第四問

程懋德

同考試官教諭伍批（吏治有裨於世以黜虚名崇實效耳子獨能闡發而復以辨析之責歸諸上是常留心於天下者宜録以式）

考試官右贊善陳批（吏治不飭以眩於名實也子指陳弊端歷歷明甚且區畫精詳議論剴切他日爲實用之士可預占矣）

考試官左中允戴批（辨名實以正士習而飭吏治此當今切要之論子敷對確然可行必書生而負經世之略者録之）

今天下有勢焉是時所共趨而治之繇敝也欲振吏治之敝非因勢以輕重之不可矣夫治之始也無有不盛而行之既久或至于敝則世襲泰寧瑕類潛長人心怠弛名實失真勢必至此也勢之所在時競趨之而經世者務一切因循曰吾以鎮俗而養量將敝且日甚釀爲大患必察天下之勢辨名實以挽之則治之所倡時之耳目化焉風之所劑世之習尚移焉上以實辨下下以實應上而振作吏治之良筴當不外是矣執事慨吏治日偷而以名實之辨下詢末學此憂世之盛心也愚生有激于衷久矣竊觀古今之議每不取務名之士而論治者類以抑浮名崇實效爲言此何以故哉蓋實者名之主名者實之賓實立而名從之未有亡其實而徒享其名者也故天下之患莫大於名實之不相蒙此先實後名固上世之令圖而循名責實尤救時之要論矣昔唐虞三代之間非所稱明盛之朝乎君以實德在上而五臣十二牧九官十人又師師濟濟披心腹而貢忠誠一以純然無僞之心注爲實政樹爲實功以故皇澤豐霈宇内安瀾今睹詩書所稱曰百工惟時撫于五辰曰疏附後先奔走禦侮是上世郅隆之業所藉于數臣之力非鮮淺矣自玆以往上鮮躬行之德下亡精白之誠始亦小康而卒尋于亂漢去古未遠唐猶近漢虚名爲害大氐已然而責實之説紛紛矣宋以忠厚立國法制議論似非二代所及而國勢愈弱人心多變積弊之久君臣思建議倡之志何偉也返不逮焉蓋法制太勝而愈滋奸僞之風議論徒多而無救積衰之勢當時崇實之論司馬光胡寅已諄諄言之故終宋之世而成功少也名實不核難以善治前事可徵矣此可不辨耶明興以來列聖相承政教大備度越千古今熙平餘二百年矣愚生跧伏草野嘗覽睹國史所紀述見洪武永樂間法令尚嚴居官者日惟惴惴奉法守職總之顧清議而重公家務正直而耻浮薄争以行業相高聲與華未露也是時上以實求而下以實應故一時政善民殷吏治炳炳然盛焉入弘正嘉隆之季習凡幾變其間策勛竪名之士固多照耀于世然長老則喁喁争言國初時矣非以承平日久而實有不足則然與何也一代之初天造草昧風氣返朴而還淳人心直實而畏法聲容弗侈茂僕未漓天下之事日入于實渢渢乎古風已迨其久也浸尋以滋于敝則承襲熙恬群情懈弛之故識者之所竊憂非有概于此邪姑舉往事一二言之有司約己愛民者固衆矣而其間務甘言以巧宦術飭初政以希薦剡亦不爲少焉甚至溪壑可盈即褫冠不愧矣而徒據文飾以爲殿最何以精考核也賦有常額而費多出于無經加以私囊之乾没豪猾之蠶食故所在蕭條矣有司又取盈焉民柰何不窮且盗也縉紳之士務爲容飾習爲選耎案積牘朽官不能稽而巧僞百出矣此何以效靖共塞奸竇也讞獄有詔而

拘成牒者憚於改駁涉隱情者畏於詳鞫往往糾察細過而庾巨蠹非詰慝之要也議事者工詞説而不察成憲據臆見而弗持大體制令始出譁然盈庭即轂下爾爾矣此輕獻替而玩詔令也其佗名存實亡當不止此皆曩者吏治之弊也豈一朝夕之故哉語云琴瑟不調更張乃鼓是之謂矣今上鋭意隆古深燭弊源去文崇實屢廑聖諭端揆之臣恭寅以倡之非明良一時者哉顧申令雖勤實效罔獲論者謂玩愒之久世恬然安之而猝與更始猶移江河而行之山也嗟乎此不然矣董子曰下之從上如泥在器惟甄所爲如金在鎔惟治所鑄真善喻也今上有求治之君而下無咸熙之績内有承式之臣而外無允厘之效咎將誰執邪愚以爲寔今士大夫之責試觀今日之域中方宇寧謐無賦車藉馬之警也品式具備有運臂使指之便也非可謂清明之世哉海内之士翕然嚮用求稱上意凡蒿目而譚世持籌而畫計地豈少邪顧其習大都在喜功立名耳功名者藎臣執以獻忱明主操以礪世兩必藉焉一切驟禁而概抑之將忠讜者避嫌宴安者藉口非計之得也但天下之事成于好名而嘗敗于好虚名起于喜功而多敝于無實功不爲蚤辨情僞伏于微曖是非亂于疑似其弊且以張大托之經世滑稽托之應變儇利托之通權矯激托之勵節始以名溷實終也實不可見并其名而掩之以此從事譬綵敝舟而上惡之非不可觀而試之江湖則甚危矣此所惡於虚名之士也當今之計起而維之非概責功名之士爲不可亦豈令天下盡逃于功名之外哉天下方競名以眩實吾然後據實以核名名實辨而吏治飭矣是故迹之著者既顯後優之矣而其心果實則雖不試之以身而事幾未露豫有指授之功者不可没也迹涉可疑冒群誹以爲之而計安社稷者尤當諒也劈畫于此收功于彼而己不有其名者不以掩也倡言獻議非有希覬即未能收後來之效勿詰也大節無玷雖細過瑕疵可原也口不言功獨任事積勞者即瑣職下僚宜拔也如此而實者有不辨乎業之廢者固顯然黜之矣而心或非實則炫才喜俠張虚聲而弗肩巨遠者可勿用也指陳世故若出于公而意在譸張以濟己私者當遠也知難不救待既變而收之以邀己功者不足尚也崇論閎議高自標榜而卒墮行詈詈者不可據也利在一時非萬全之計而得失不相償者勿用也假恬退鎮静之名而實遷延觀望者可厭也如此則不實者有不辨乎愚所陳責實之務輕重于今日之勢者大較蓋不出此矣顧惟係上之所倡焉譬之音鼓宮而宮應鼓角而角應者也夫天下豪賢固不少而中才嘗多蓋窺上意嚮以爲轉移者非聖人南面而立鏡覽燭照握其柄而默化之則賢否一區真贋一途無論中才即豪賢者且將還就于其間矣此愚所云辨之不可不蚤也辨之蚤則凡天下之以

名至者知吾必察其實惟恐名聞于上以蹈虛浮之罰而競功營職不暇矣一意念所及則以正士習何習不正以飭吏治何治不飭而挽回今日之勢者是或一道矣乎不此之務泄泄然承舛襲訛謂可毋擾或朝議法而暮改制以駭愕聽睹者則非愚生所及知也

第五問

陸起龍

同考試官推官史批（條答時務纚纚數百千言悉中肯綮且謂振紀綱在先正風俗尤知要之論子所謂俊杰若非耶録之）

考試官右贊善陳批（經生搦管譚時務而論議剴切若此蓋亦夙抱忠讜者）

考試官左中允戴批（剖答時務甚當必究心經濟之士也宜録）

治天下若理身然身之偶失其理也有發於支體徵於顔色者顯而易見者也所謂標也有運於氣候行於脉理者隱而難知者了所謂本也善醫者固不敢以迂緩之見而遺其標亦不敢以欲速之心而傷其本故藥石鍼砭固所必用而調和保護尤有獨重者夫是以標與本皆理而身隨以安也通於此説者可以語時務矣生也草野跧伏徒操筴習爲章句耳而執事以俊杰期之非所敢承也然亦豈敢虛明問而不一陳其愚乎夫北虜貪暴無親舊矣乃一旦稱臣求市自我中國視之亦聖人之所謂無故者也豺狼之欲稍不愜能保其不沸唇相譙乎唐尚結贊之紿馬燧渾瑊可監也漁陽突騎稱勁於天下久矣且與虜甚習而何至取辦於南兵乎遠調南兵則不得不厚其禀食以少慰其意而欲得虜情則凡偵視間諜衝鋒斷後諸勞役又不得不用北兵之習於邊者吾恐南兵日驕而北兵日憤矣唐涇原戍卒見神策衣糧而愠曰人給五十千而不識戰鬬彼何人耶常額衣資不給而前冒白刃此何人耶雖以李光顔之忠義爲之將而幾不能定可監也國家財賦悉仰東南而漕渠阻則都市有脱巾之虞邊儲專藉鹽課而鹽法壞則塞下無可積之粟是數者誠當今之急務夫人而知慮之也而愚猶以爲天下之安危未盡在此何者我國家之德澤深於殷周而威靈過於漢唐北虜之不能難我中國也固天時亦人事然也今業已通市矣誠堅彼之信約而又峻我之堤防則吾自有以待之而虜之叛服不足計也昔東南之有事也嘗調發燕趙之兵矣卒所以成殄賊之功者南兵也然則北邊之備又豈獨藉於南哉誠選塞下之驍鋭而以養南兵之費養之則北兵自足以禦虜而南兵固可旦夕罷也若漕渠之阻特當事者因循歲月不早浚其流於未淤之先而又畏難苟且不務約其流於既漫之後耳即

河竟難治而漕遂阻也如漢唐之都長安漕不經砥柱險乎宋之都汴梁不三倉轉運而江船不入淮淮船不入江乎何必如今日之一水達都邑而後可以爲國也鹽法一壞於輸粟之改銀再壞於課价之日增今改者既不可復而增者又不可減則理鹽固以無善策矣即鹽利之失贏也不見文景之恭儉即未榷鹽而國用饒武帝之侈肆即榷鹽而海内耗乎何必邊儲之遂無以爲計也愚所竊憂者十數年來法度之修改弊壞之搜剔幾無纖芥之遺固求以富吾民耳而民猶未見其加富也然諸言厘弊者猶未已則民之日趣於窮也固未知其所極也自古天潢之派未有如我朝之盛者亦未有如我朝之無事而坐食者今歲禄不支而待哺嗷嗷者亦既久矣且其間豈無奇杰之才欲如士民之效用者哉既無所用其才而又無以資其生竊懼其一旦而有不可言者也乃不此之慮而惟彼之憂蓋虞臂股之病腫而忘疽之將發於背也至於紀綱風俗則尤有難於言者夫張其大統之謂綱理其小目之謂紀上之所以使乎下而民臂指之勢者此也上行下效謂之風衆心安定謂之俗下之所以戴乎上而成膠結之理者此也自古有國家者其治未有不由紀綱之振而風俗淳其亂亦未有不由紀綱頽而風俗壞然惟紀綱不振而後風俗漸壞亦由風俗既壞而紀綱愈以不振二者固交相病也方今朝廷之政部院下之司府下之州縣無不承也謂紀綱之不整肅可乎顧上下之所以相應者特在簿書之間爲名而已矣上有所建置而姑待下之融通下有所奉行而徐俟上之定議於是展轉支吾而稽核奏報粲然無惑蓋往往功罪已明賞罰已舉而究其國事之利病則猶夫故耳方今天下之俗家慕乎章縫而人習乎弦誦無不勸也謂風俗之不齊一也可乎顧上下之所以相化者特在言貌之末爲文而已矣上以道教而不愧其身之不能先下以道學而不羞其心之不能副於是因緣附會而贊揚指摘翕然無二蓋往往優劣已昭臧否已定而究其人品之賢不肖則猶夫故耳夫是二者皆無弊壞之形而陰有弊壞之漸故愚以爲前數者之可憂所謂發於支體而徵於顔色人所共見也此二者之可慮所謂運於氣候而行於脉理人所未覺也不憂其所共見則歲侵月削或至難支而不先理其所未覺則潜消默耗可憂者將日以愈甚也然今明天子獨攬乾綱密勿之臣悉忠而謀斷政柄非有移也而紀綱猶未甚肅者正以風俗爲之累耳愚以爲欲正今之風俗必塞其功利之門而後可也夫國家設官分職而豐禄以養之豈直使之無所事事哉而在位諸臣薄著勞勩即小者望遷秩大者望叙蔭矣是以諸言興革者紛紜未已彼非誠能爲生民憂社稷計也大抵欲樹己之顯名而食其厚利也故筮仕之初猶多修謹而既位通顯即生平故態或暴露不

諱彼其功利之欲已塞而無所復覬也今宜明示朝廷德意務在與民休息謹守舊法不爲煩擾諸上章言事者一切報罷使人不復得以窺其好惡之端而諸非有奇偉殊功僅免瘝曠者舉不得議功而論賞則庶乎幸進者寢謀而釣名飾貌之僞漸衰夫然後衆皆安官樂職莫敢有苟且之意而紀綱可得而舉也蓋功利息則衆知義衆知義則必慮久遠而官職舉官職舉則朝政行而諸可憂者次第修之無難矣猶人身脉調氣暢而諸疾自平也昔漢王嘉言漢家故事尚書爲希下章煩擾百姓宋李沆言中外所陳利害或徇其請輕行一事即所傷多矣嗚呼此漢文景宋真仁所以培數百年國脉也哉愚生草茅之見未知大體執事進而教之則幸矣

應天府鄉試録後序

臣不佞載筆史署伏睹詔旨求賢責實歲且屢下夫以寓内之大士鱗集輦轂者無限何致重廑宸慮若此竊咨咨嘆焉今者猥承上命校士南畿畀以網羅英俊之寄則幸殊遘矣臣伏自念顧安得盡賢士實與華稱也者而獻之備上所驅策哉誠有其人而臣弗克知遺于所舉之外如報塞何故自受命以來亦惟與共事之臣夙夜兢惕思竭其駑下仰副上意及握士所爲文讀之言若人人殊類能發抒其所素蓄以不詭于六經之旨臣盱衡擊節不可勝收庶哉賢士若明詔獎拔者當在兹矣臣曩冀圖報塞或可藉手萬一敢不甚幸然臣又悚意大懼焉昔唐虞敷言擇士尤必明試以功其法始備堯舜不能以言盡人且如此今所校士與士之應乎上者皆文也文則取以敷陳乎道斯已焉耳若行業之修于家而效于時者能懸度而逆睹之乎异日脱有行弗逮言文不適用者爲盛世累人且群起而訾詆之主司者何所逃責邪此臣所爲懼者大也已復思之干霄之木不生步仞之丘明月之珍不産蹄涔之水所植者厚則材大所毓者深則物奇也南畿山川秀發自古記之而汲被聖化最先且久寔首善這之地焉詩不云乎王國克生維周之楨則士出其間華與實稱以登名兹録者豈少哉臣之言必是之過計而厚望者蓋有所感矣嘗觀國朝先達名臣大抵朴茂堅特若無他技能至發爲論議則經政宰物即此而在以故德業獨犖然蓋世云臣每想見其爲人則忻然願爲之執鞭可謂文有其實者非邪近世挾鉛槧者流其稱引先王譚説仁義在所斌然矣而往往鰲于當世之務投之鮮效識者遂議文之盛實之衰也文不宜過盛夫所貴文者將華實并茂以用世而不爲徒盛臣所忻慕於先達者是矣若一于文而無益世用直刻

脂鏤冰者等耳朝廷待士之厚及士所平時稱説者意安在也而若此則奚取于士哉今海内文日盛而南畿尤勝諸士以文舉矣尚砥行竪業求濟實用以無忝前聞矣乎况主上茂齡登阼日明習國事方寐寐真賢爲新政助而諸士尤四方攸式宜褎然以興者敢以是望之願諸士無忘斯言務期實用也務實者豈必改習故業即今所言持以效之他日言孝子忠臣實竭力致身言仁人貞士實能愛能守是今日之文乃先資以成信者耳諸士勉焉使後閲兹録者指其名而稱之曰東南之才不徒以文盛則無負聖化而增美山川矣顧不重歟嗟乎士之未遇常患不用既用矣人益求其所以用則可患者尤大焉夫求而得臣與有榮否則不惟士自貽厥患而臣之大懼終不可釋敢以自幸故今于諸士始進臣惓惓以文實之辨叙論于末冀有所先入諸士勿謂臣言無亦虚文也哉

右春坊右贊善兼翰林院檢討陳思育謹序

萬曆七年應天府鄉試録

應天府鄉試録序

皇上嗣登寶位之七年是爲萬曆己卯天下復當大比士届期應天府府尹臣武卿府丞臣自修職在提調以例請上命中允臣啓愚侍讀臣萬化往典試事先是禮官數條議科指大抵以正文體端士習爲務而其要在慎簡校録者既荷綸俞令四方行之矣兹復申飭所司奉揚祗事視昔加嚴臣乃惕然思曰士習之漸於風靡文體之競於俗尚猶江河之流愈趨愈變也乃所以正之端之者皆將於舉者求多焉斯不已重乎脱有不能稱明詔謂任使何矧臣學術淺薄才至不肖而濫竽兹役寔惴惴乎有餘懼矣已復念以人事君人臣之大義儻藉是勉竭其愚或得一二士足以樹尺寸於他日則臣銜報高厚之私庶可萬一少圖塞又得不踊躍奮厲思所自效乎比至其地維時府臣飭具既備而御史臣應訓臣一鯤暨臣楊際熙臣張友舜相與申約束譏防闑内外唯謹乃進諸曹六館及先後提學御史臣郭莊臣李學詩臣李時成所選士凡四千六百有奇三試之而與同考試官推官臣邦儒教諭臣士弘臣善臣稑臣曰仁臣萃臣來鳳臣三省訓導臣茂魁臣世美臣然胥晢胥戒窮日夜肆力校閲拔携者百三十五人并録其文以獻遵制也臣因諗諸衆曰自昔人才之生繄由地之所鐘迨其出而昌國也則獨盛于休明熙洽之日我聖祖甫入金陵即建禮賢館徵青田劉基輩與論經史治道既定鼎廿餘載睹奎壁間黑祲消滅乃慶文運之當興蓋在肇造初而國家億萬載儒術之隆文明之熾固可預卜矣列聖代作振新文教益紹明而光大之肆我皇上亶浚哲之資履君師之位聖德天縱帝學日新七載于兹道化殷流内寧外謐而尤夙夜孜孜籲俊登彦用丕隆治理士伏巖穴者即遐陬萬里外罔不思見其才美以幸際聖明矧都人士身躡禮賢之地仰奎壁之輝而鎬京辟廱之化又得躬被其盛意必有卓然名世者感奮興起于其間而無從覯之也兹得縱觀諸士所爲文言即人人殊類皆抒性靈之真闡皇王之緒而辨晳理道敷暢化猷弗以奇邪險僻相衒貿文不幾近於正乎而緣是以覘諸士之習若握贄以徵禮采言以貢俗臣亦可據而知其弗頗也顧臣於此則猶悚意大懼焉何也蓋臣之盱衡擊節於

諸士者文也諸士异日之標者於行業者則質而不徒以其文也文非不可行遠而每忌其太盛文太盛則質易漓而世道人心攸繫之矣昔帝王質文相變以濟天下質敝則佐之以文文敝則復之以質蓋爲世道人心計者然也乃其潛移默運之機則自求賢加之意焉耳我朝設科之始唯以文質相稱爲諭故其時最稱得人自是以後人文漸以宣朗而敦厚純朴之風不能不隨時而少變今天子纂圖立極日嘉惠四方士嘗廣厲學官著在功令一切崇雅黜浮期得真才需實效毅然欲挽斯世之文而盡歸于質聖意所嚮指蓋可仰窺矣兹諸士應里選而來業己考言見收于舉者行且續食赴公車用備主上驅使果能振衣彈冠力修其行業以見于世而不至庯違先資之言斯爲質與文稱庶幾哉不負今日之所求固臣之願也其或情奪於聲利而志眩於紛華將在璞者雕出蒙者汩而鞶帨雖工第以弁髦視之耳於上意則奚當焉此臣之懼所以諰諰無己也臣又聞之龍嘘致雲雷震起蟄是故正鵠表中兩耦決拾枹鼓當壘三軍奮臂誠捷於所從也昔董仲舒啓武帝以損周之文用夏之忠夫忠則進乎質而渾然者也董生當射策初尚未識帝之意爲何如而惓惓以此説進則其用世之略固可知己爾諸士抱經術負賢良視董生當不少遜也矧上以質求蓋既示之以意而猶不以質應之耶矧諸士被化首善振奮而起既有徵於其文顧不能副之以質耶臣固信諸士之必不如是而臣之懼亦自量其終可釋也詩不云乎王國克生維周之楨又云行歸于周萬民所望夫士幸生王國而且能周其行以爲民望俾後之按是録而稱願然曰某良士某良士則司校録者之與諸士不均有無窮之聞哉

右春坊右中允兼翰林院編修高啓愚謹序

萬曆七年應天府鄉試

提調官

應天府府尹陰武卿（定夫四川内江縣人　丙辰進士）

應天府府丞辛自修（子吉河南襄城縣人　丙辰進士）

考試官

右春坊右中允兼翰林院編修高啓愚（敏甫四川銅梁縣人　乙丑進士）

翰林院侍讀羅萬化（一甫浙江會稽縣人　戊辰進士）

同考試官

直隸徽州府推官舒邦儒（真卿江西餘干縣人　甲戌進士）

湖廣武昌府通城縣儒學教諭曾士弘（重可四川瀘州人　壬子貢士）
河南河南府洛陽縣儒學教諭范善（達甫浙江餘杭縣人　甲子貢士）
福建建寧府建陽縣儒學教諭向稑（叔敏浙江慈谿縣人　丁卯貢士）
江西撫州金谿縣儒學教諭潘曰仁（子愛浙江餘姚縣人　丁卯貢士）
廣東南雄府始興縣儒學教諭朱萃（以正廣西陽朔縣人　癸酉貢士）
陝西漢中府西鄉縣儒學教諭李來鳳（瑞黄四川綿竹縣人　庚午貢士）
四川成都府内江縣儒學教諭程三省（師曾四川富順縣人　庚午貢士）
廣東惠州府博羅縣儒學訓導李茂魁（春卿廣東番禺縣人　戊午貢士）
山西平陽府解州安邑縣儒學訓導張世美（顯卿陝西咸寧縣人　辛酉貢士）
直隸真定府儒學訓導郭然（用可陝西咸陽縣人　庚午貢士）

監試官

文林郎南京廣東道監察御史林應訓（子啓福建懷安縣人　辛未進士）
文林郎南京江西道監察御史張一鯤（伯大四川定遠縣人　辛未進士）

收掌試卷官

應天府治中張照（克臨直隸華亭縣人　官生）

印卷官

承德郎應天府通判莊希益（舜卿廣東海陽縣人　甲子貢士）
儒林郎應天府推官羅繡藻（章甫貴州思南府籍江西盧陵縣人　辛酉貢士）

受卷官

直隸池州府推官吴㶁（文涣江西金谿縣人　甲戌進士）
直隸安慶府推官葉遵（子憲浙江餘姚縣人　甲戌進士）

彌封官

承德郎應天府上元縣知縣陳文（載道江西靖安縣人　辛酉貢士）
應天府句容縣知縣丁賓（禮原浙江嘉善縣人　辛未進士）
直隸鎮江府丹徒縣知縣楊廷相（君贊福建晉江縣人　甲戌進士）

謄録官

應天府溧陽縣知縣魏良臣（以忠福建甌寧縣人　辛未進士）
應天府溧水縣知縣吴仕詮（公檡浙江歸安縣人　甲戌進士）
直隸鎮江府金壇縣知縣劉美（懋實四川成都縣人　甲戌進士）

對讀官

承直郎應天府江寧縣知縣賈廷聘（希尹四川潼川州人　癸卯貢士）

直隸滁州來安縣知縣林鵬飛（希翰福建漳浦縣人　辛未進士）

直隸滁州全椒縣知縣田梴（廷幹福建晉江縣人　戊午貢士）

巡綽官

明威將軍直隸安慶衛指揮僉事孟宗德（汝成山東章丘縣人）

明威將軍直隸新安衛指揮僉事高可學（行之山東歷城縣人）

搜檢官

武德將軍南京留守後衛正千户周宗禮（從周直隸高郵州人）

武略將軍南京留守中衛副千户張庶（子衆順天府寧雲縣人）

昭信校尉南京留守左衛百户楊應龍（子雲山東膠州人）

昭信校尉南京留守右衛百户袁恩（寵之河南新鄉縣人）

供給官

修職佐郎應天府經歷司知事鄒鉉（廷舉直隸吴縣人　知印）

應天府照磨所檢校仲春（元卿浙江秀水縣人　儒士）

應天府江寧縣縣丞馬世茬（子和河南禹州人　監生）

應天府上元縣主簿鐘大濩（湯和貴州都勾衛籍江西萍鄉縣人　恩貢）

應天府江寧縣主簿彭藩（汝价江西盧陵縣人　監生）

應天府句容縣主簿劉圻（惟一順天府大興縣人　恩貢）

應天府溧水縣主簿婁愛（子仁浙江會稽縣人　監生）應天府上元縣典史朱梯（應升浙江富陽縣人　吏員）

應天府江寧縣典史俞文亮（明夫江西永豐縣人　吏員）

應天府句容縣典史王文炤（君明福建莆田縣人　吏員）

應天府高淳縣典史翁伯欽（敬夫廣西臨桂縣人　吏員）

應天府六合縣典史陸朝忠（懋相浙江仁和縣人　承差）

應天府都税司大使曹純（尚文湖廣京山縣人　吏員）

應天府聚寶門宣課司大使河添倖（國禄湖廣新寧縣人　吏員）

應天府江東巡檢司巡檢夏標（汝準浙江餘姚縣人　知印）

應天府江寧縣馬驛驛丞俞時懋（惟敬浙江鄞縣人　承差）

應天府江寧縣大勝驛驛丞胡文渚（德深浙江麗水縣人　承差）

應天府句容縣龍潭水馬驛驛丞冉賓（國重四川奉節縣人　吏員）

第一場

四書

舜亦以命禹　凡事豫則立不豫則廢言前定則不跲事前定則不困行前定則不疚道前定則不窮在下位不獲乎上民不可得而治矣獲乎上有道不信乎朋友不獲乎上矣信乎朋友有道不順乎親不信乎朋友矣順乎親有道反諸身不誠不順乎親矣誠身有道不明乎善不誠乎身矣　惻隱之心仁之端也羞惡之心義之端也辭讓之心禮之端也是非之心智之端也人之有是四端也猶其有四體也

易

象曰火在天上大有君子以遏惡揚善順天休命　柔在内而剛得中初六藉用白茅无咎子曰苟錯諸地而可矣藉之用茅何咎之有慎之至也夫茅之爲物薄而用可重也慎斯術也以往其無所失矣　立人之道曰仁與義

書

禹曰都帝慎乃在位帝曰俞　惟王不邇聲色不殖貨利德懋懋官功懋懋賞用人惟己改過不吝克寬克仁彰信兆民　曰皇極之敷言是彝是訓于帝其训凡厥庶民极之敷言是训是行以近天子之光曰天子作民父母以爲天下王　文王卑服即康功田功徽柔懿恭懷保小民惠鮮鰥寡自朝至于日中昃不遑暇食用咸和萬民文王不敢盤于游田以庶邦惟正之供

詩

騏騮是中騧驪是驂　彼交匪紓天子所予樂只君子天子命之樂只君子福禄申之　瑟彼王瓚黄流在中豈弟君子福禄攸降鳶飛戾天魚躍于淵豈弟君子遐不作人　嗟嗟臣工敬爾在公王厘爾成來咨來茹

春秋

三月鄭伯使宛來歸祊（隱公八年）　夏六月公會齊侯宋公陳侯鄭伯同盟于幽（莊公二十有七年）六月公會宋公陳侯衛侯鄭伯許男曹伯晉趙盾癸酉同盟于新城（文公十有四年）　冬十月公會晉侯宋公衛侯鄭伯曹伯莒子邾子滕子薛伯杞伯小邾子同圍齊（襄公十有八年）公至自伐齊（襄公十有九年）　宋公陳侯衛侯曹伯會晉師于棐林伐鄭（宣公元年）公會晉師于瓦（定公八年）

禮記

大臣法小臣廉　是故清明象天廣大象地終始象四時周還象風雨五色成文而不亂八風從律而不奸百度得數而有常小大相成終始相生倡和

清濁迭相爲經　其親也慤其行也趨趨以數　孔子曰安上治民莫善於禮此之謂也

第二場

論

人主恭己於上

詔誥表（内科一道）

擬漢舉賢良方正直言極諫之士詔（建元元年）　擬唐以房玄齡杜如晦爲僕射誥（貞觀三年）　擬輔臣恭撰進雝肅殿箴表

判語（五條）

官員襲蔭　舶商匿貨　御賜衣物　行宫營門　詐爲制書

第三場

策（五道）

問　祀典莫大乎郊自昔帝王皆隆之乃禮家之指則黎然殊云主合祀者本虞書肆類之文主分祀者宗周禮司樂之制孰爲得歟漢氏而降分合之議紛如不一所遵用者孰多歟尊祖祀天之禮有奉始祖者有奉受命之君者有天帝各配者有祖宗并配者將何所折衷乎洪惟我太祖高皇帝初定天下即建南北郊分祀天地後乃改而合祀列聖祗循百六十餘年至世宗肅皇帝又改而分祀當時議禮之臣固壹以周禮爲準果盡符合否國家自仁廟而後皆奉太祖及文皇帝配天而嘉靖間始獨以太祖配有其舉之一朝而更又何所見歟我皇上寅御大寶肇舉郊禋輔臣恭進圖説典章沿革考據明悉至欲復合祀并配之舊真善體世宗之心以光太祖之定制上業已欣然嘉納有待而行矣然飭巨典者貴協于衆稽曠禮者不厭其詳諸士有能博研經義參酌古今以佐大議之萬一固廟堂所樂聞也願相與懋明之其毋曰以俟君子

問　治曆明時自古重之三代以前職在太史顧其詳不可得聞已漢初法制疏闊於是不愛禄爵益廣徵募言象數之士浸浸衆矣歷代以還其法屢變而其説亦逾精載在史册甚具也可得聞其概與我國家大統曆采諸授時行之二百餘年司候靡□蓋法制之善卓邁百王矣曩正嘉間交食分秒雖稍有不符然親前代之先後天者相去遠甚更定曆元之議無庸陳已頃者星官失職訛舛易常則有大駭聽睹者夫獨是莫曉獨非莫知此古人所以論律曆也今之司其事者將無狃於是説與萬一訛舛有甚於斯者可漫爾不爲之計

與夫法久則玩玩則必飭諸士試陳所以振飭之術詳著于篇俟執事者采焉

問　學莫大乎與人同善夫與人同善斯兼善矣舜自耕稼以至帝天下皆用此道也而孟子乃曰窮則獨善達則兼善窮與達果二施歟伯夷柳下惠所遭遇不可謂達矣乃其風能使百世興起焉要非止於獨善者孟氏顧猶少之而願學孔子其所以异者安孔子生春秋寧削迹絶糧而不忍於忘世洙泗之濵群弟子蓋三千焉其汲汲於兼善如此豈顧不安於窮歟伊尹身任天下之重謂之兼善宜也乃顔子終身陋巷耳孟氏至稱其賢與禹稷并其所以同者又安在楊氏爲我以忘世爲高而孟氏斥之猶易辨也墨翟之名至與孔子并稱彼其説主於兼相愛交相利則與兼善又何以异且當其時异端之説紛紛矣孟氏顧不此之攻而唯楊墨之深闢抑又何歟夫學術之辨不明則趨嚮不正似是之防有不得不嚴者爾諸士皆以兼善來也幸相與殫其説主司將以是徵所養焉

問　今用人之要以治郡邑在吏以靖疆圉在將昔人傳循吏者惟曰經術潤飾乃謀置帥者必先禮樂詩書無亦以士之明經爲國家用而用莫急於兹二者歟而或謂人之材情運量固有不能盡同焉則又安所爲倚也試即漢世數人相與評之立學成都者齊魯比風平盜渤海者刀劍易俗子視密人者下詔褒名德理中牟者按掾推异斯明經吏也而以鉦箭虎穴爲能者何亦與之并其稱歟矯制徵兵者郅支授首持節傳諭者莎車就戮大樹著號者立破赤眉北道可主者卒降劇虜斯皆明經將也他若拔於亡卒人奴者亦赫然成功何歟我朝設文武科羅天下俊杰而又參之以貢舉之途騎射之技宜其得人斌斌盛矣而緩急之際猶未盡適於用者其故何也夫天下未嘗無才計國家每進之士不啻什伯漢世乃事業聲稱則少遜焉豈責實者容有未至歟今欲吏咸加理將不失職以共成清寧悠遠之治則何道而可

問　水之大而爲中國患者莫如河則治河之役宜急今日之務也乃往往屈群策卒未聞以一奇見者何哉昔者禹抑洪水用乂諸夏詩書所稱於今爲烈焉其故法可參綜而行之歟嗣後議者紛紛總之不離塞與不塞兩説將技止此矣抑或有一道而見偶未之及歟河自砱礫既徙惟西京受害特甚當文武盛時則力主於塞其效蓋有可睹者豈塞猶食於不塞歟夫法與時宜因勢導揆今時勢謀於塞不塞間而用之果孰爲便歟比歲河決不治致堇上慮特爲置督府使董其事唯是聖德格天百靈效職業已漸底于績矣然思患貴防於初作事當善其後乃議者或謂黄河之故道宜復或謂宜别開一河以備非常是歟否歟兹欲於斯二者外别求所謂萬全長策爲國計民生永賴之也

則將安出歟住代嘗博徵能浚治者莫有應書執事者差之爾諸士抱業而來寧無有概於中耶其各裁所見以對

中式舉人一百三十五名

第一名　陸大成　太倉州學生　易
第二名　石崑玉　湖廣黄梅縣人監生　詩
第三名　甯瑞鯉　廣德州學生　書
第四名　史懋文　金壇縣學附學生　春秋
第五名　閻士選　江都縣學生　禮記
第六名　顧龍禎　無錫縣學生　詩
第七名　曹良貴　鎮江府學生　易
第八名　湯以栢　宣城縣學生　春秋
第九名　吴應明　歙縣人監生　易
第十名　錢大復　華亭縣學生　書
第十一名　詹軫光　婺源縣學附學生　詩
第十二名　吴棐　山陽縣學生　禮記
第十三名　湯日昭　丹陽縣學生　書
第十四名　湯熙載　揚州府學增廣生　易
第十五名　盧文勛　常州府學附學生　詩
第十六名　沈昌期　太倉州學生　易
第十七名　張修德　江陰縣學生　書
第十八名　馮大受　松江府學生　詩
第十九名　包大智　涇縣學附學生　易
第二十名　楊于庭　全椒縣學生　詩
第二十一名　張恒　上海縣學增廣生　易
第二十二名　佘承蘭　吴縣學附學生　春秋
第二十三名　范廷言　松江府學生　詩
第二十四名　郁伯純　華亭縣人監生　書
第二十五名　張履謙　常州府學生　詩
第二十六名　聞大道　常熟縣學附學生　易
第二十七名　張思明　浙江嘉善縣人監生　書

第二十八名　姚光胄　蘇州府學生　易
第二十九名　吴堯臣　休寧縣學增廣生　詩
第三十名　顧秉謙　崑山縣學增廣生　易
第三十一名　王肯堂　金壇縣學生　書
第三十二名　劉伯輝　懷寧縣人監生　禮記
第三十三名　史邦載　江陰縣學附學生　詩
第三十四名　姚尚德　長洲縣學增廣生　易
第三十五名　錢士元　吴縣學增廣生　詩
第三十六名　潘大行　蘇州府學附學生　易
第三十七名　馬震述　溧陽縣學附學生　書
第三十八名　趙士喬　涇縣學生　詩
第三十九名　周鐸　江西南昌縣人監生　易
第四十名　章士雅　蘇州府學生　詩
第四十一名　諸壽賢　崑山縣學附學生　易
第四十二名　姜士昌　丹陽縣學增廣生　春秋
第四十三名　高承祚　華亭縣學生　書
第四十四名　詹洪相　福建閩清縣人監生　詩
第四十五名　徐惟濂　崑山縣學附學生　易
第四十六名　張齊顔　松江府學附學生　詩
第四十七名　錢濬　應天府學增廣生　易
第四十八名　韓文　無錫縣學附學生　書
第四十九名　李安祥　上海縣人監生　詩
第五十名　包郊　崑山縣學生　易
第五十一名　賀學易　丹陽縣人監生　詩
第五十二名　程邦達　休寧縣學增廣生　禮記
第五十三名　吴之龍　常州府學生　詩
第五十四名　胡允文　長洲縣學增廣生　書
第五十五名　沈有嚴　宣城縣人監生　易
第五十六名　侯先春　無錫縣學附學生　詩
第五十七名　來士賓　浙江蕭山縣人監生　易
第五十八名　張肇　丹陽縣學附學生　書
第五十九名　陳來儀　吴江縣學附學生　易

第六十名　趙上辛　武進縣學附學生　詩
第六十一名　孫拱辰　六合縣學生　易
第六十二名　邵鍪　常熟縣學附學生　春秋
第六十三名　許堯咨　句容縣學生　易
第六十四名　陳一揚　池州府學生　詩
第六十五名　徐熙載　長洲縣人監生　易
第六十六名　沈國興　石埭縣學生　書
第六十七名　胡篤卿　太平縣學生　易
第六十八名　戴士琳　上海縣學生　詩
第六十九名　張輔之　太倉州學附學生　易
第七十名　黄道月　合肥縣學生　書
第七十一名　袁應辰　興化縣人監生　易
第七十二名　汪夢説　池州府學生　禮記
第七十三名　許有節　宜興縣學增廣生　詩
第七十四名　薛履祥　常州府學增廣生　書
第七十五名　江騰蛟　揚州府學增廣生　詩
第七十六名　宋希張　江西分宜縣人監生　易
第七十七名　戴維城　溧陽縣學附學生　書
第七十八名　王嘉賓　滁州學生　易
第七十九名　蔡汝信　松江府學生　詩
第八十名　許天叙　上元縣人監生　書
第八十一名　蕭雍　涇縣學生　詩
第八十二名　陳應亮　蘇州府學附學生　春秋
第八十三名　齊韶　江西鄱陽縣人監生　易
第八十四名　王焯　松江府學增廣生　詩
第八十五名　沈國振　常州府學附學生　書
第八十六名　蔡模　常州府學生　詩
第八十七名　陸應芳　吴縣學附學生　易
第八十八名　陳舜仁　應天府學生　詩
第八十九名　孫成名　浙江平湖縣人監生　書
第九十名　劉邦徵　江陰縣學附學生　詩
第九十一名　盧洪遠　浙江東陽縣人監生　易

第九十二名　楊繼禮　華亭縣學增廣生　禮記
第九十三名　張可選　太平府學生　詩
第九十四名　黄從學　歙縣學生　易
第九十五名　顧允成　常州府學附學生　書
第九十六名　陳善　福建莆田縣人監生　詩
第九十七名　李元佐　太倉州學生　易
第九十八名　盧泮　無爲州學增廣生　詩
第九十九名　羅尚賓　福建長汀縣人監生　易
第一百名　湯有光　應天府學增廣生　詩
第一百一名　吴之佳　蘇州府學附學生　易
第一百二名　顧天埈　崑山縣學附學生　春秋
第一百三名　汪諧　婺源縣學生　書
第一百四名　俞士章　宜興縣學附學生　詩
第一百五名　夏元魁　蕪湖縣學生　易
第一百六名　翟廷招　涇縣學增廣生　詩
第一百七名　錢守魯　浙江會稽縣人監生　易
第一百八名　胡廉伯　浙江海寧縣人監生　詩
第一百九名　吴民洪　吴縣學附學生　易
第一百十名　汪秉節　婺源縣人監生　書
第一百十一名　張國棟　上海縣學增廣生　易
第一百十二名　顧成忠　太倉州學附學生　禮記
第一百十三名　倪伯鯕　當塗縣學生　詩
第一百十四名　張槎　青浦縣學增廣生　易
第一百十五名　陸雲龍　常熟縣學附學生　書
第一百十六名　潘世榮　常熟縣學附學生　詩
第一百十七名　盛稔　儀真縣人監生　易
第一百十八名　張養性　穎州學生　詩
第一百十九名　張一陽　浙江仁和縣人監生　易
第一百二十名　曹楷　句容縣學生　詩
第一百二十一名　孫詩　浙江平湖縣人監生　書
第一百二十二名　劉壽康　江西安福縣人監生　春秋
第一百二十三名　王邦梓　浙江建德縣人監生　詩

第一百二十四名　陸府修　吴江縣學附學生　易
第一百二十五名　光文謨　徽州府學附學生　書
第一百二十六名　姚世光　通州學生　詩
第一百二十七名　葉隆光　懷寧縣學生　易
第一百二十八名　田炯　松江府學附學生　禮記
第一百二十九名　馬鳳　常熟縣學附學生　書
第一百三十名　吴愉　無錫縣學附學生　詩
第一百三十一名　郭振民　浙江太平縣人監生　易
第一百三十二名　王思聰　金壇縣學附學生　書
第一百三十三名　李蔚　貴池縣學生　詩
第一百三十四名　江一蔚　徽州府學附學生　書
第一百三十五名　楊應聘　懷遠縣學生　春秋

第一場

四書

舜亦以命禹

陸大成

同考試官訓導郭批（精瑩温粹振雅還醇之作）
同考試官訓導張批（闡明道統宛然虞庭之授受）
同考試官教諭范批（莊嚴典雅迥异塵筌）
考試官侍讀羅批（純正莊雅）
考試官右中允高批（明實爾雅）

虞聖之傳心以其所受者授之而已蓋帝王之道本於心也則於授受之際惡容有异哉且夫帝王相承之序有治統焉有道統焉由堯舜而後禹蓋得其統矣彼繼舜而有天下者禹也爲天下而得禹者舜也治之所在舜既以堯之授者授諸禹而寄聖神以立極道之所在舜亦以堯之命者命諸禹而率彝訓以傳心原曆數而揭執中之旨堯之肇開于舜者然也兹於禹命之而協帝者因爲祗承之則語執中而嚴永終之戒舜之首聞於堯者然也兹命禹以之而造虞者因爲啓夏之謨上奉神明之依天意固有攸歸矣乃命以祈天之本不過即放勛之咨者一叮嚀焉道雖始於堯而其傳固在舜也下撫有衆之戴人心固有攸屬矣乃命以安人之要不過即文祖之受者一重申焉道雖托之

禹而其責實在舜也是非不能易也帝王大經大法本於是堯可語舜舜不可語禹乎亦非不敢加也天下萬事萬物原於是舜可紹堯禹不可紹舜乎由是禹起而光大之千聖相傳之法不亦衍於無窮哉吁此三聖相授而守一道也與嘗論中者天下命也執其中者天心也命同則心同而舜益以微危精一云者何哉堯舜心與天一而克勤克儉不矜不伐非人道幾希間乎乃精一交致蓋執焉者事也故曰禹見而知之至是而禹亦堯舜矣亦天矣誰謂入聖域而未優

凡事豫則立不豫則廢言前定則不跲事前定則不困行前定則不疚道前定則不窮在下位不獲乎上民不可得而治矣獲乎上有道不信乎朋友不獲乎上矣信乎朋友有道不順乎親不信乎朋友矣順乎親有道反諸身不誠不順乎親矣誠身有道不明乎善不誠乎身矣

甯瑞鯉

同考試官教諭李批（簡練醇確非邃養者不能到）

同考試官教諭潘批（體裁純正而詡復典雅可式）

考試官侍讀羅批（明順）

考試官右中允高批（豫定意善發）

中庸究言事之當豫而益推明其意焉夫豫之於事也尚矣由言事行道及在下位推之而事之當豫不益明乎中庸若曰天下無常事吾心有常誠亦存乎豫而已何則自達道達德以至九經之屬凡事也凡誠之所行也唯勿二勿三素豫吾内則事以有本而立有不爲爲斯成矣使一時一事襲取於外則事以無本而廢有不動動斯僨矣何以明其然也出身加民之謂言而措諸天下者事也必前定焉則言無不順而事以時舉也不然跲且困隨之矣發邇見遠之謂行而率諸吾性者道也必前定焉則行無不慊而道以時出也不然疚且窮隨之矣斯非獨居上然也至在下位未嘗不欲治其民者然能治民未嘗不先獲乎上者以獲上道在信友非信而譽命弗逮矣以信友道在順親非順而志行弗孚矣順親之道誠身其本也不誠未有能順者也誠身之道明善其要也不明未有能誠者也蓋自治民而推極於身則無不豫必誠身而達順於治斯無不立下位且然況凡事耶信乎誠而不豫猶爲無誠而道德九經悉妄也已豫之義大矣哉而君人者可以思矣抑此聖學也文之緝熙武之敬義胥此焉在故當其時道德純明而周官之法度燦然大備無廢而不立者矣不然雖周禮具文耳而豫可弗講耶豫之何如曰明善誠身無上下一也

惻隱之心仁之端也羞惡之心義之端也辭讓之心禮之端也是非之心

智之端也人之有是四端也猶其有四體也

閻士選

同考試官教諭曾批（精切明暢誦之豁然）

考試官侍讀羅批（體認真切）

考試官右中允高批（縝密整雅）

大賢論良心原其各出於性明其必有於人夫性乃心之理而情則性之用也此良心之所以必有也與孟子意謂人得天地之心心妙性情之德是心也何以人而皆有也蓋不忍之心出之即惻隱而若羞惡若辭讓若是非皆是心之所發也不忍之心斂之即仁而曰義曰禮曰智皆是心之所存也愛心感而惻隱生乃仁之露其端也羞惡之萌於有耻則爲義之端矣敬心感而辭讓著乃禮之呈其端也是非之形於有别則爲智之端矣有是情悉根是性得之非自外也有是性斯顯是情主之常在中也然則人之有四端也非即其有四體乎吾知所存乎人者豈無仁義之心哉仁必有惻隱義必有羞惡是惟無感感斯通矣豈無禮智之心哉禮必有辭讓智必有是非是惟無觸觸斯應矣非獨先王爲然也苟未至物欲陷溺者皆有之四端充足於心不猶四體各足於身乎非獨乍見爲然也苟未至旦晝牿亡者皆有之四端具而爲人不猶四體備而成形乎夫使四端非人之所有是必不出於性者也焉有情而離性乎哉雖然良心人固同具而聖凡卒至相遠者何耶蓋心體雖大而其端實微先王有之而天下運掌者察而充也衆人有之而自賊與賊人者弗察而充也他日破三品之説復致詳焉而乃歸于不能盡其才噫有才而不盡伊誰之咎與

易

象曰火在天上大有君子以遏惡揚善順天休命

陸大成

同考試官訓導郭批（古雅精純説保有意更諄切）

同考試官訓導張批（發治有意明悉可誦）

同考試官教諭范批（典雅剀切易義之勝者）

考試官侍讀羅批（雅當）

考試官右中允高批（典重質雅）

象傳申有義世有大而君子治之以天也甚矣天命無私也君子遏惡揚善以順天而以治有也何有哉象傳蓋謂世不常有有不常大而奉無私以保世滋大王者之責也吾於大有得茲義焉彼離象火也乾象天也卦唯離在乾上則是天懸象而著明無私照矣火麗天而普照無遺物矣有大之象也斯其

爲大有己而君子何以治之夫有之大可喜也亦可虞也有善而無惡者天之休命所以助順之原章善而癉惡者君之微權所以奉天之本五刑五罰不同用而同以遏天下之惡無使友道悖德者或竊發而滋長焉蓋天討所誅吾順而屏絶之耳而容有一毫作惡以乖其命耶五服五章不同施而同以揚天下之善無使迪德履道者或幽潛而未耀焉蓋帝心所簡吾順而顯庸之耳而寧有一毫作好以奸其命耶威福之柄擅之我而不潛不濫聰明之實憲乎天而克類克君此君子所以命自我出而永孚于也使賞罰滋章而賢否倒置逆天甚矣而能必釁蘖之不萌哉吁治有者可觀象於斯矣抑有本焉吾心之天洞若觀火羞惡消長之際而天命之逆順決矣此危微精一之訓所以尤諄諄於帝舜也不然當紹堯之治天下之有大矣而四凶之誅十六族之舉何遽而能以服天下耶故曰有天德然後可語王道信夫

立人之道曰仁與義

曹良貴

同考試官訓導郭批（說理精詳措辭温雅）

同考試官訓導張批（以心學發性命之奧明盡可式）

同考試官教諭范批（渾融精潔非邃養者不能作）

考試官侍讀羅批（典實不浮）

考試官右中允高批（潔净雅稱易義）

說卦論人道之所由立而知易理之原焉夫人之有道也仁義而已矣人道之所由立不在是哉此性命之理具於人而聖人作易之原也蓋曰三才不同其理一也故陰陽備而天道立於上矣剛柔備而地道立於下矣至於人也者天生之地成之而肖形其内者不囿於器之小崇效天卑法地而成位其中者必具乎道之全果何以立耶曰仁與義而已蓋天之陽地之剛在人則仁也天之陰地之柔在人則爲義也寬裕温柔仁足以容也而有義以裁其過心之德與心之制合而謂人之靈於物者靈以此也發强剛毅義足以執也而有仁以濟其偏物之宜與物之愛協而謂人之貴於己者貴以此也繼之者善而善非仁義不備以舒以慘之命自維皇之降衷則然矣成之者性而性非仁義不全克寬克嚴之德自生民之受衷則然矣蓋猶天之有陰陽也地之有剛柔也而人之所以并立爲三者由此道具耳借曰有仁而無義有義而無仁人道或幾乎毁矣而何以立哉性命之理具於人蓋如此抑是仁義也對而言之則爲二合而言之一道而已蓋道爲虚位仁與義爲定名虚者一之神定者兩之化

一不可知兩不可執此天地之至妙也而況人乎聖人兼兩以作易而三才之道管是矣謂易爲性命之書非哉

書

禹曰都帝愼乃在位帝曰俞

甯瑞鯉

同考試官教諭李批（思精詞雅發明愼位之旨警切）

同考試官教諭潘批（理精調古深得君臣交儆之義）

考試官侍讀羅批（發明懇切可式）

考試官右中允高批（聖世君臣氣象宛然）

聖君得大臣謹位之謨而然之一保治之心也夫愼位所以保治也臣謨之而君契焉此其都俞之盛哉且治忽有相乘之幾而君位非得肆之地禹之孜孜固保治意也而未已也乃嘆美而告帝曰帝位天下之至尊也亦知爲天下之至艱乎故必享粒食之成罔游于逸也常若懷襄未平而不能自安于其上撫作乂之盛罔淫于樂也常若昏墊未復而不敢晏處乎其尊一念不愼且有深憂守以克艱可也一日不愼且有隱患持以儆戒可也否則君心狃于治安而世變生于所忽能保其終哉然愼乃有位本帝舜之心也遂答曰俞焉意以履帝位者以圖終爲至理而論君道者以敬愼爲大原民雖粒食矣豈其使一人肆于民上而位可逸哉汝之言誠持盈之要道也可不兢業以居之耶邦雖作乂矣豈其以一人奄有萬邦而位可樂哉汝之言誠保泰之良規也可或怠荒以失之耶吁禹惟愛君無已故位已安而不忘乎矢謨帝惟求治無窮故履位不疚而尤勤于納諫此都俞之風不可及歟然敬修可願舜嘗受之堯矣豈待禹言而愼邪蓋臣恐君自足而危言儆之君恐臣不言而虚懷契之聖世君臣之心固如此風降而堂陛疏則不陳治安疏十漸而不終納者故人君先于虚己斯責難者不爲空言矣夫

曰皇極之敷言是彝是訓于帝其训凡厥庶民极之敷言是训是行以近天子之光曰天子作民父母以爲天下王

錢大復

同考試官教諭李批（天人意具見卓識而文更爽健）

同考試官教諭潘批（簡潔圓融足爲崇雅之式）

考試官侍讀羅批（醇雅不浮）

考試官右中允高批（冲粹可誦）

君子著敷言之訓通乎天人者也蓋極本天人合一之理也由同天之妙以觀感人之深而敷言豈可已哉箕子告武王意謂人君繼天以立極必代天以立言所以通吾心于民心者其道繇之也吾觀皇極之敷言根乎天常而易簡得天下之理其民秉之彝乎示乎物則而一言盡天下之道其淑世之訓乎理曰常理則理出乎天一帝命之有赫也訓曰大訓則言純乎天一帝則之孔昭也敷言之妙如此皇極之君所以宣著其光輝而長育乎天下者恃有此耳而所感何如哉凡厥庶民誦諸口者非彝訓弗道也措諸躬者非彝訓弗履也則本至德以敷言在天子固光昭于無外由訓行以入德在庶民亦相近而不違蓋至是而情分之所屬者益切矣乃頌之曰天子作民父母焉感帝訓之勤而知生我成我者有同親也又頌之曰天子爲天下王焉仰帝訓之嚴而知治我教我者有常尊也會歸合而造就純錫保深而淫朋化斯皇極之民也哉吁上以昭達天之妙而下以孚民心之天信乎敷言之不容已矣大抵以人感人難以天感人易禹謨之勸以九歌箕疇之敷以彝訓一天之相爲感也故言易入而其化神然君心之天乃萬化所從出者心則不純而强民以訓無乃己疏乎日監在兹順帝之則言純心事天也建極者尚求端焉

詩

瑟彼玉瓚黄流在中豈弟君子福禄攸降鳶飛戾天魚躍于淵豈弟君子遐不作人

石崑玉

同考試官訓導李批（發詩旨明徹雅蔚宜冠多士）

同考試官教諭程批（聖德必應之理精透融徹）

同考試官教諭朱批（格莊詞雅迥异時作）

同考試官教諭向批（天人協應正見文王之德旨哉）

考試官侍讀羅批（理明詞順）

考試官右中允高批（詞氣敷達）

詩人兩興聖德之純而天人之協應也蓋德本流通於上下者也自非豈弟之聖德烏能得天化人之如是哉詩人咏歌之意若謂人君一身天心視爲向背人心視爲從違而其本在德者也吾於文王稽其盛矣彼瑟然玉瓚則黄流在其中注寶器以珍味固物理之相須也况君子豈弟中涵正天之所篤厚者有不足以獲福乎但見太和默感而維皇眷祐多福壽考之駢臻也至順潛孚而上帝寵綏明命方國之畢受也蓋雖非預爲徼福之地然以易簡之天德迓申錫之天庥自將不期而至矣君子何容心哉鳶飛魚躍則戾天而在淵率

化機以自適固物性之相忘也况君子豈弟内藴正人之所則效者有不足以作人乎但見中和以建極而化導旁敷盡在野在朝而丕變也平易以近民而薰陶覃被合有德有造而兼成也蓋雖未嘗强斯民之從然以吾心之先得感人心之同然自將不戒而孚矣而君子何庸力哉夫一德格於上下而丕應協於天人如此文王之德其可謂至德也已矣雖然文王敢以是自足哉推其心方且翼翼昭事而已視民如傷而已使後人能世其軌則蒼姬之曆可衍於無窮奈之何顛覆厥德而卒貽昊天降戾無自立辟之刺也嗚呼自古基命之主未有不本於格天導民者而守成業者恒失之讀此詩可以知所監矣

嗟嗟臣工敬爾在公王釐爾成來咨來茹

顧龍禎

同考試官訓導李批（詞宛意盡得周家重農之旨）

同考試官教訓程批（詞語諄切發重農之意殆盡）

同考試官教諭朱批（發周王訓戒之意諄切可誦）

同考試官教諭向批（格調典雅文詞懇切佳士也）

考試官侍讀羅批（渾融明爽）

考試官右中允高批（頌義莊而和）

王者戒農官以盡職亦惟王章之求而已夫人臣必敬乃在位也而况成法有當遵者可不圖以講求之乎昔成王以重農爲心而知農官乃其專責也故進而戒之曰國家設官分職而稼穡之政爾實司之所以重民天亦以厚國本也嗟爾臣工尚其敬之哉無怠無荒者陳力之常而爾以勞民勸相爲任祇慎尤所宜先也有嚴有翼者奉公之度而爾以率作興事爲務儆惕尤所宜切也以其身爲國家濟康阜則王事不容以緩圖匪敬而瘝曠之咎至矣以其職爲百姓導安養則民命不可以漫視匪敬而玩愒之患萌矣且今廟堂之經畫在一王有成憲焉凡其諄諄爲畎畝言者爾當來咨之而延訪以博其見也訓典之宣布在群工有明賜焉凡其孳孳爲粒食計者爾當來茹之而參度以究其故也稟已行之紀法而曲盡夫特循之方務使無負宵旰之慮斯已耳率不易之章程而殫效夫考據之力務使無失小民之依斯已耳此求爾法者正所以敬爾公也而爾可不惕然以省哉抑人主深居九重而王食萬方非若開創之君躬親稼穡之艱難也乃今在廷之訓戒顧凛凛于閭閻之憂何其勤民之切哉然必上以真實操法令而後下以敬畏奉法守否則日懸象魏而申飭之猶空文也願治者其審諸

春秋

夏六月公會齊侯宋公陳侯鄭伯同盟于幽（莊公二十有七年）六月公會宋公陳侯衛侯鄭伯許男曹伯晉趙盾癸酉同盟于新城（文公十有四年）

史懋文

同考試官推官舒批（義正辭嚴最得聖人尊王之旨）

考試官侍讀羅批（嚴整可式）

考試官右中允高批（發書同意殆盡）

二伯協尊攘之信經皆志其同欲也此見春秋不可無伯亦不可無從伯之諸侯于幽新城之盟君子爲世道幸矣蓋昔黍離之賦天下傷之自伯圖肇興王綱攸賴聖人於會盟離合之間每致意焉是故我莊之世創伯者齊也維時侯度無統東向之轅未堅伯業其難以濟矣乃今之盟于幽也安攘之勢既成觀望之情漸一雖反覆如鄭亦受盟壇坫而帖然聽命之不遑焉即一鄭而衆志可知已北杏倡會以來玆非其獨盛者哉噫夾輔之風邈矣修世勛以獎王室微齊桓將誰與歸也則多助之人心豈其所可少者經故特書曰同幸諸侯之從齊耳我文之世嗣伯者晉也維時晉君方少北圖之釁日殷中國且胥爲夷矣乃今之盟新城也推戴之念惟均攘却之謀允協雖從楚如三國亦承奉齊犠而幡然改圖之恐後焉即三國而衆志可知已于扈要盟以來玆不爲猶愈乎哉噫糾逖之功遐矣振先列以翼宗周于晉靈尚有厚望也則偕好之友邦亦足倚爲重者經故特書曰同幸諸侯之從晉耳夫聖人於齊晉奚私哉蓋爲周室慮至惓惓也然自此而伐楚封衛一介不遺桓亦幾於改物矣楚之争鄭憑華竟與晉靈之伯相爲終始同盟之諸侯將安用之嗟乎伯業盛則天下以空名事王伯業衰則天下以空名事伯亦其勢然也故春秋不得已而予齊桓

冬十月公會晉侯宋公衛侯鄭伯曹伯莒子邾子滕子薛伯杞伯小邾子同圍齊（襄公十有八年）公至自伐齊（襄公十有九年）

湯以栢

同考試官推官舒批（發春秋抑强之意明盡可録）

考試官侍讀羅批（詞旨嚴正）

考試官右中允高批（事核詞直）

春秋曲全諸侯討罪之兵而受兵者之惡著矣夫國必自伐而後人伐之春秋之罪齊也亦抑强暴之意與自魯濟有會圍齊之兵所爲合也逮乎沂上

還師而我公告至焉夫合黨凌人非春秋所禁乎而奚以罪齊蓋聞之曰君子無始禍無怙亂禍福之至靡弗自己求之者列國之圍齊豈無故而加之兵哉良田由齊也弃盟好而日尋干戈肆凌虐而數伐鄰國其稔惡非一朝夕矣以故佳兵好還出爾有反爾之報重怒難任不戢有自焚之灾圻父之歌鴻雁之賦仇齊者一魯耳乃同仇之義概翕然不戒以自孚涉河而誓沉玉而禱首事者一晉耳乃共事之人心群然不謀而自協平陰入而二臣獲齊之禍深矣而其受之也非不幸雍門次而四郭焚諸侯之憤浅矣而其加之也非爲暴何者今而後得反之也向使齊無可加之釁則世胙大師股肱之烈未泯纂乃祖考天王之命方新晉魯諸國相率而親睦之恐後奚至剪爲仇讎若此哉經故書同圍齊以見其公書公至自伐齊以大其事圍齊者無罪則見伐者之惡豈容掩哉雖然晉亦未爲得也自于温之宴歌詩弗類荀偃一怒而高厚逃歸晉之欲甘心于齊舊矣故特假鳩魯之名以逞其私而主之者則又荀偃也天討之義馭下之權兩者胥失焉晉伯之日趨於不競也宜哉

禮記

是故清明象天廣大象地終始象四時周還象風雨五色成文而不亂八風從律而不奸百度得數而有常小大相成終始相生倡和清濁迭相爲經

閻士選

同考試官教諭曾批（冲雅明瑩櫽括得體録之）

考試官侍讀羅批（説理融洽）

考試官右中允高批（縟節中有條貫）

論大樂之作極其法之善焉蓋先王作樂之有方也準造化而兼常變其法之善何如哉樂記若謂先王之樂會本文之全昭功用之大樂之所觀者深矣抑知其作盡善乎是故天以清明之氣上浮而樂有聲皆氣之爲也其皦然清明者崇則效乎天地以廣大之質下凝而樂有體皆質之具也其熙然廣大者卑則法乎地終始運而樂之條理生矣則與四時之推遷者合其序周還交而樂之變化見矣則與風雨之散潤者符其節樂法造化如此其妙豈一端所能盡哉語乎其常五聲配五行之色節奏合以成文而何亂八音配八卦之風氣候協以從律而何奸度出於律數起於度由一度之衍至百度之繁參兩之而倚數也又何失其常乎語乎其變以律小大而宫羽之稱交錯以相成以比終始而鐘吕之序循環以相生倡和生於變清濁從乎體以清濁之聲主倡和之應纍纍乎如貫珠也又非迭相爲經乎吁樂法造化則達之常變而自宜樂兼常變則參之造化而愈合由是而效之獲也夫豈强致哉抑此特制作之迹

耳要之樂以章德德盛而樂斯備也君子反情比類預立乎樂之本而後器數從之則始焉法造化終且贊乎造化而體常盡變之間無非裁成輔相之用矣否則將如樂何而矧於功化之妙乎是故不聞性與天道而欲議樂者末也

孔子曰安上治民莫善於禮此之謂也

吴棨

同考試官教諭曾批（發明安治之義古雅無一長語）

考試官侍讀羅批（典雅明暢）

考試官右中允高批（文亦典確）

觀聖人之言則知禮之爲用大矣夫禮者物之致也由聖言觀之則其用之大不益明乎且夫敬讓行而達之無往不順禮誠軌世之善物也而非無徵也昔孔子嘗曰安上治民莫善於禮蓋言上之道揆雖非一然有禮則安而藏身之固庸禮之外無他事也下之法守雖非一然得禮則治而民分之定達禮之餘無多術也孔子之言如此其斯敬讓盡道而無入不得之謂乎夫自孔子言之若謂禮之切於上下云爾然禮者嘉之會也由上下推之是故無物而不在禮矣謂禮之繫於治安云爾然禮者衆之紀也由治安推之是故禮周流無不遍矣宗廟朝廷上下寓焉敬讓以行此而在廟極敬在朝極辨所以通乎幽明之交者何安且治也然則孔子之極言禮也非此之謂與室家鄉裏上下寓焉敬讓以行此而内和於室外理於鄉所以稱乎親疏之情者何安且治也然則我之聞禮於孔子也非此之謂與夫上以禮安則爲上而不知謹禮者非也民以禮治則爲民而不知守禮者亦非也然則隆由之功其可或已哉大抵治安之善信莫如禮乃其道之所繇者何噫言之矣不曰修己以敬而安人乎不曰以禮讓爲國乎惟敬則篤恭之治神讓則太和之化洽此體信達順之功唐虞三代之極致也獨有方士乎哉然語聖學之要則尤在主敬秉禮者尚懋諸

第二場

論

人主恭己於上

石崑玉

同考試官訓導李批（詞古意盡末重主敬親賢尤切要之論宜録之以式多士）

同考試官教諭程批（議論古雅才識宏邃發明恭己之由在信任宰執

臺諫剴切明盡而末復歸之主敬親賢足占忠愛矣）

同考試官教諭朱批（議論雄渾結構嚴密發揮綱紀風俗最得肯綮蓋有裨于治理者録之非徒以其文也）

同考試官教諭向批（高古之識雄偉之才正大之情具見此篇束尾歸之主敬親賢尤爲知本之論）

考試官侍讀羅批（氣格渾融議論詳確允矣經世之文也宜録以式）

考試官右中允高批（亹亹數百言極論君心爲本得朱子告君之意）

人君以其心運天下而不以其身徇天下夫心者治之所從出也人君之御天下固將盡囿於範圍之内而以四海之廣兆民之衆人情習尚若是其异齊苟徒以巍然者寄於上而無所以治之之具則天下將狃于情之所嚮習之所便浸淫至于極敝而人君又不能以一人之身殫精畢力日役役焉爲天下用於是握其機之大且要者與天下賢士共圖之而吾惟以一心超然獨運於天下是故君享其逸臣任其勞而無爲之治成此哲后之上務皇王之業也昔朱子論善治在振綱紀然必資宰執之秉持臺諫之補察而堆本於人主以大公至正之心恭己於上而臨之蓋識體之説也請申其意蓋天爲民而作之君將以治之安之也顧以天下之大而民生於其間智者思以還巧處其利而愚者亦有所謀勇者思以雄桀重其權而怯者亦有所逐以至衆寡小大莫不哄然於好惡之异情相與競騖而弗已則民生有欲而各求所以遂之也夫以民各有必欲遂之私而勢又不可以自致則不能無求於上求而無度量分界於是將紛紛籍籍訖無底定而吾既以身任天下之責固不可聽其紛籍而莫爲之所而又不獲人人而白之以吾志之所欲非操其綱紀以總攝整齊之何以使之銷意劘私而盡就吾之條理哉是故善治天下者不視天下之安危察綱紀之理亂而已夫天下之事未有不由綱紀而理者綱者猶綱之有綱紀者猶絲之有紀綱舉其大紀張其小也朝廷之綱紀亦多端矣而語其大且要者則莫如辯賢否以定上下之分核功罪以公賞罰之施是二者帝王所以維持天下之制繫乎國脉關乎運數而爲天下風俗之所由成其幾動於至微其變效於至速其秉持補察在宰執與臺諫而其本在於人主之一心人主之心何心也大公至正也惟大公乃可以絶天下之私惟至正乃可以息天下之邪故能爲天地民物之主百官之表而綱紀之所自出也夫一家有一家之綱紀一國有一國之綱紀人主之所振者則天下之綱紀也振天下之綱紀非以天下之心處之不可而天下之心則大公至正之心也蓋嘗觀天下之人至弗齊矣其迪哲俊乂累行砥名足陟于上者有之寧無奇邪險側澳涊浮沉可抑之使下

乎其鎮撫敉寧鴻熙勛伐足懋其賞者有之寧無昏墨殘賊淫湎毁常可威之以刑乎夫人主之心豈不樂天下之皆賢而鮮不肖皆無罪而有功而勢之所在固難必責其盡如吾意而勢不能盡如吾意又甚非吾蕩平正直之道於是立爲綱紀以明示天下如此而陟如此而黜如此而賞如此而刑持于上者有一定之軌而承于下者有一定之式使天下皆屈體扶伏以待榮辱生殺於我斯人主之命常尊而天下之勢統於一考之周禮八柄曰爵馭貴禄馭富予馭幸置馭行生馭福奪馭貧廢馭罪誅馭過是綱紀之所布也而又有作威作福之權焉有衆共衆弃之典焉蓋威福之權固人主之所獨攬而必以之與衆則人主亦不敢以自專也而况爲吾之宰執臺諫乎坐廟堂而與相可否者宰執也立殿陛而與争是非者臺諫也宰執者政本之重而臺諫則關遺之司故人主爲天下進一賢退一不肖也宰執曰可臺諫亦曰可然後黜陟行焉黜陟以宰執以臺諫也吾心無作好作惡也間有异同吾從而察之而後黜陟之亦此心也爲天下旌一功罰一罪也宰執曰可臺諫亦曰可然後刑賞加焉刑賞以宰執以臺諫也吾心無溢喜溢怒也間有异同吾從而察之而後刑賞之亦此心也是知綱紀者天下之綱紀宰執可行之臺諫可言之而君心者尤綱紀之綱紀用宰執臺諫而不有也唯明主獨觀化原既挈天下之綱紀付之賢宰執又令二三臺諫得言之百司庶府罔不循令而從事按法而業官而吾心直以其公平正大者宰之譬之鑒焉炯然無私而天下之妍媸弗能遁也譬之衡焉戞然不摇而天下之輕重弗可欺也乃所以握是鑒與衡者匪惟天下不得而知即人主不得而自知也此豈以無心忘天下哉恭己於無爲而心運於有爲也夫人主一心而天下則億萬心也天下雖億萬心而賢之欲陟否之欲黜功之欲賞罪之欲刑則億萬者皆同是心也人主不自役其智力於天下而惟以天下之所同欲者經緯於虚明空湛之中以求當乎天下之人心是以端冕凝旒於南面目不煩視耳不煩聽手不煩揮而能使天下之人無不憬而悟趯而趨争相勸勉奮厲思所以去惡而從善冀得吾之陟與賞而不至爲黜罰之所加是故綱維立而衆赴之如流水風行而天下承之疾若偃草則以運之心者神也噫此人主之所以恭己也自昔帝王稱盛治者莫如堯舜觀其九德之采四凶之誅元凱之舉渾沌三族之去蓋惟聽舜禹皋陶爲之而獨以其兢業之懷允恭温恭之度日臨于上而未嘗自用其勞故曰垂衣裳而天下治者此也後世非不欲振綱紀以維持天下然或闇於體要之崇而悦乎煩苛之習忽於倚毗之任而信乎耳目之專乃其意固與聖人遠矣又奚怪其治之不古若哉雖然君心亦未易言也虚靈之中理欲相爲貞勝而矧四方之聲色玩好日爲

吾蠹者又雜然交於其前是故貴有以養之而養之之功則莫要於主敬夫惟戒謹於燕閑之暇緝熙於宥密之衷使此心純然天理一毫物欲不得以累之而又親賢臣遠小人于以講明乎義理之歸而閉塞其私邪之路故不勞而庶緝熙無爲而天下治也此又恭己之本也

表

擬輔臣恭撰進雝肅殿箴表

陸大成

同考試官訓導郭批（詞藻豐贍體裁典重又多因文以抒忠愛）

同考試官訓導張批（體莊而雅辭典而麗悃悃忠忱溢於言表）

同考試官教諭范批（以莊雅之詞抒忠悃之素旨哉）

考試官侍讀羅批（莊重典雅尤得大臣箴規之義録之）

考試官右中允高批（語質直而意忠款進規表之有則者）

萬曆七年某月某日臣某等恭撰雝肅殿箴進呈者伏以聰明作後九重益儆於銘盤曚瞍奏公一得粗申于納牖帝治撫泰交之運聖心廑乾惕之圖職忝疑丞美宜將順臣某等誠惶誠恐頓首頓首上言王者宅中圖大功先宥密之嚴人臣憂治危明忠殫謀猷之告故堯兢舜業咨永戒於危微而益贊皋謨矢颺言于喜起交儆之風如在維新之命若開帝謂文王予懷明德亦臨亦保而畏天之威不識不知以順帝之則肆閨門肇基風化藹雝雝而在宫乃鬼神常享克誠凛肅肅其在廟罔時恫罔時怨禋祀允惠於宗公御于家御于邦儀刑遍乎乎下國令聞浹而亹亹景福序其皇皇自純德既遐而徽猷遂邈密房邃寢忘嗜欲之滑和瓊室瑶臺甘逸豫以滅德自非聖以繼聖孰能防之又防兹蓋恭遇皇帝陛下天啓神明日新德業宫闈體正睹協氣之横流廟祀躬虔歌孝思之維則九族既睦尚獨觀和順之原萬國咸賓猶深切怠荒之戒乃聿新乎堯室爰特表以周謨出入斯欽憲章益邇自是緝熙聖域功不越乎户庭因而垂拱明堂化遂彌于海宇臣等學寡淵源勤獻納惟深宫幽獨之地真明命鑒觀之時雖聖哲圖存方顯陳於講幄而隱微幾著宜邃養于淵居謹隨事以納忠輒因經而演訓勿作好勿作惡懋建極於中和無荒色無荒禽慎防微于豫怠處玄默若萬幾之臨在燕閒同四國之正琴瑟未御而德靡悔允矣身修家齊黍稷匪馨而福不回祇哉神鑒民悦敬勝義勝敢云繼響於微言惟時惟幾竊欲揚休于烱誡詞兼得失義舉艱危接自帝心容備芻蕘之擇屏之御座庶方鞀鐸之陳昔大寶敷言徒蒙恩於奬拔洎丹扆納誨未救患於荒游緊上下之一心實古今之希覯亶勉勉而望道式弘未見之懷於穆穆以熙文

允洽有聲之聞咸而受益敬乃日躋有以思謙順惟天祐伏願無然援羨適求寧成冲和養威履平康之周道殷憂起聖見敬止之文王陟降不違基命於無聲無臭左右有赫凝神乎不諫不聞惟心和則氣和囿六合同春之化未施敬而民敬昭四方拱極之神臣等無任瞻天仰聖激切屏營之至謹以所撰雝肅殿箴隨表上進以聞

第三場

策（五道）

第一問

陸大成

同考試官教諭李批（郊丘合祀二祖并配此我皇上嘉納輔臣以定萬世不刊之盛典也是策博綜遠覽條答精詳援引斷議確有歸指且仁孝之論深爲知本是士之具實用者宜録）

同考試官教諭潘批（我皇祖郊祀一制垂憲百王乃今議欲舉行我聖上虚懷嘉納誠萬世之希覯也是作不獨闡明分合异同之義而末復括以仁孝之實忠悃溢於言表尤足爲聖修之助）

考試官侍讀羅批（郊丘合祀確有定見而綜覽考據至詳且明末復申之仁孝之説是足裨廟謨矣敬録之爲當寧獻）

考試官右中允高批（郊丘合祀并配我祖宗睿謨裁畫永垂不刊之典我皇上嗣大曆服制倫兼盡方欲仰承前烈而舉行之子能詳古質今折衷允當首録之以備采擇）

明於天之道者禮其可以興乎通於聖之撰者禮其可以言乎盡傳稱帝王之事莫大乎承天之序承天之序莫重於郊祀而孝經云孝莫大於嚴父嚴父莫大於配天斯二禮者所以接天人之奥極仁孝之情非聖神莫能與也故曰毋輕議禮而况昭代之制裁成于太祖紹遵于列聖而飭新于世宗尤未易惜措論其間者也往者皇上御極肇舉郊禋維時輔臣考據彝間列爲圖説以獻曠然欲復合祀并配之舊折衷至當莫之能易矣而執事猶欲愚生博研經義參酌古今以佐大議之末斯豈管闚所及哉請先述郊丘分合所繇而後論配享之同异焉蓋虞書言類上帝禋六宗望遍山川群神而獨不及地祇類者萃合之名也祀上帝則地祇必在焉不稱地祇者所以尊上帝也以後世言合祀者所繇昉與周禮大司樂冬日至地上圜丘之制曰禮天神夏日至澤中方丘之制曰禮地祇此言分祀者所繇昉與夫周頌昊天有成命小序以爲郊祀

天地周周禮大宗伯以禋祀祀昊天上帝而不及地祇則周家固亦合祀矣若乃蒼璧黄琮四圭兩圭之類特其禮神之器數施於天地者不同而未可據爲分祀之證也後世所稱引者僅大司樂數語而胡宏吴徵己謂其剌繆非知禮之言矣又可深泥之哉漢氏而降大都主合祀者什六七而主分祀者什二三漢高增泰畤爲五祀五帝自武帝以來并效見泰畤于甘泉武帝又因幸汾陰立後土祠脽上然甘泉脽并在遠非者邑之郊也祀泰畤以正月後土以三月非二至之期也成帝建始中罷甘泉汾陰定南北郊于長安劉向深以爲不可至光武竟采元始故事合祀天地于南郊漢志稱爲圓壇八陛中又爲重壇天地位其上皆南鄉西上是也唐開元禮皇地祇于南郊合祭宋自建隆以來皆合祭元豐一議元祐再議紹聖三議訖主于合蓋分而不合者惟魏太和周建德隋開皇唐先天宋元豐六年凡五見耳愚嘗究覽禮家聚訟之談主合祀者曰天包乎地地不可與天抗也曰天地如父母同牢而食不可以异位也主分祀者曰順陰陽辨時位各依象類以求之其指各有攸當愚以爲禮非從天降非從地出由人心生者也易不云乎乾稱乎父坤稱乎母王者君天下而爲之子崇母以抗父而判列爲二非人道之經也使父母隔室而處邈焉南北非人情之順也揆之禮義合祀其正矣烏可局守類求之説猥云黷亂龎雜非事天地明察之道而訾之哉洪惟我太祖高皇帝誕膺寶命爲神靈主有天下之初即建圜丘于鐘山之陽方丘于鐘山之陰每歲分祀天地行之數年雨陽未若洪應愆休乃斷自宸衷定爲合祀之制以十二年春肇行于大祀殿其夕天宇澄霽星緯昭焕祥飈慶雲光彩燁煜若有響答於是親製樂歌以著明貺爲夫天地并祀有合食之親無分抗之迹行其順矣首春上辛先庶事而舉又三陽之月地天交泰得其時矣六宗山川群神各爲壇以從祀合乎有虞肆類之典矣立兆國陽爲屋而祭蓋兼用周家泰壇明堂之制而不盡拘司樂之文矣於卓哉精當明備丕天之大律也列聖祇循之百六十餘年上帝鑒歆萬靈嘉饗休徵具斂祉福業臻有由然哉迨我世宗肅皇帝中興建極擅百王禮樂之宗于時諸臣争言新易制度以順上指遂改建南北郊分祀天地圜丘方丘之制掃地露拜之儀冬夏二至之期壹遵周禮典章文物燦然改觀焉然周家以建子月爲歲首祀天至午月乃祀地尚云適先後之宜我朝用夏正自夏徂冬則地先天祭越次而食矣且郊者祀天之名地不得而干也故兆於南郊禮文載之北郊之名乃匡衡輩緣飾緯書以對南郊非周禮所有也豈得盡爲符合也哉蓋建議之臣泥司樂之隻辭而不察虞周之備典信建始之曲學而不考歷代之通行知聖祖初制當遵而不知分而復合是神謨淵識所裁爲定禮而不

可改也知存心録備載儀章爲可據而不知大祀文之訓明白嚴正不可忽也蓋世宗雖建立二郊而中世以後第行祈穀大饗于内殿圜方之祭竟不親舉豈非聖心亦有所未安俟後聖之更定者耶至于尊祖配天之禮古有以始祖配者周之后稷是也有以受命之君配者漢之高祖是也夫配天以功德而功德孰大于開創者則周之祀稷固明德光靈之遠也而漢之祀高祖非以崛起在位爲帝者首乎有天帝各配者周以稷配郊又以文王配明堂漢以高祖配郊又以光武配明堂是也有祖宗并配者唐垂拱開元以高祖太宗配昊天宋至道以太祖太宗配圜丘是也夫廟壓于祖昭穆對向非嫌也郊壓于天祖宗序列非嫌也然則天帝各配者固章别之道也而祖宗并配亦何可以連衽接席議其非禮乎我太祖之始建郊以仁祖配是周祀後稷溯本祥源意也而成祖以太祖配則如漢奉高祖崇功德之特起矣仁宗時以二祖配是唐宋所己行稱情而合禮者也世宗乃獨奉太祖配南北郊其祈穀之祭以成祖同配尋亦不行蓋始猶稍采郊祀宗祀之遺而終竟以父子相并爲嫌矣夫成祖再造區夏奠鼎燕京駿德豐功實同肇創而推舉未至非褒揚前烈之禮也配享百餘年一朝而罷之非孔安是若之義也且今祈穀之祭厘正己久而郊丘配位未復非闕典甚者哉善乎輔臣之獻議曰歲一舉合祀而奉二祖并配遵太祖更定之制率列聖世守之規體世宗未安之情協時宜順人心合禮典應經義上固已虚懷嘉納久矣惟霈然下明昭諭中外博參之輿論而昭告之靈祇不過一潤色恢定間而可以迓睠顧之休隆繼述之績闡帝王之緒垂宇宙之摹甚大美也何疑而不爲乎抑愚猶有獻焉蓋聞議禮者當核其文秉禮者貴探其本夫莫尊于天地而合祀之誠父天母地而致親之極也莫親于祖宗而并配之郊誠天其祖宗而致尊之極也故曰事天如事親至仁也事親如事天至孝也仁不在乎合祀之文昊天曰明及爾出王昊天曰旦及爾游衍精神思慮渾乎孚通之不隔者親之之實也孝不在乎崇配之文食則見于羹坐則見于墻陟降上下懔乎保明之不怠者尊之之實也斯道也上聖性己得之益加之聖心焉而憲天法祖之本立矣執其本以賁飾其文所謂建中和之極兼總條貫金聲而玉振之煌煌乎萬世之基不繇今其永垂哉

第二問

石崑玉

同考試官訓導李批（曆法甚關治具古今未有協一之論是對究極天人理數之奥歷可稽宜有俾於璣衡者故録）

同考試官教諭程批（談古今曆法甚悉而舛訛之由延訪之論尤中肯

紫蓋嘗闚象數而有得者）

同考試官教諭朱批（曆法差忒由星官失職所致此作辨訛訂舛考據甚悉是究心天文之學者宜録之俟治曆者觀焉）

同考試官教諭向批（曆法深渺難言獨此策考據辨析至極分秒允足是爲占天迎日者準故録）

考試官侍讀羅批（曆法甚玄關繫最大是策考據歷代得失折衷以廣招募精考校修舉星官之職是知政所先者録之不徒以文也）

考試官右中允高批（今司天鮮究其術往往推筴多失經紀見是作能不悚然）

曆法之難言也尚矣書曰在璿璣玉衡以齊七政易曰澤火革君子以治曆明時夫七政之運盈縮疏密逆順進退至雜揉靡定也而奚以使之齊曆象之法考古校今積算推步宜有術可操也而奚以取諸革蓋起數於微渺測驗於星躔其運行者有常而其員機者不滯至一也而至不一也三才之妙管是矣夫惟沉幾熟慮經緯化裁兩戒之外無微不窺四游之内靡神不洽乃可以與於此然則司其事者詎不甚重乎哉在昔顓頊氏有重黎唐虞有羲和夏有昆吾商有巫咸周有萇弘各司其官以資調變故晦朔弦望適其節分至啓閉協其期欽若敬授之化終將賴焉嗣是而秦漢之間史官喪紀疇人失業故其詳不可得聞一時言曆象者舉溺其職矣張蒼本五勝而詘於論著公孫卿射姓輩議造漢曆而不諳算法張盛景防等署弦望月食而不通曆元持衡相仗握算依違太常奉詔雜議迄無所据太史明知錯謬而不能更握乾者憂之乃始不愛禄爵廣延宣問挾技殫慮之士福湊并進而自獻於前雜候鉤校則張壽王徐禹各呈其效先大先小則編訢衛崇各鬪其捷太初四分之用則亶誦張衡各恣其辨得失更迭劇於聚訟雖紛呶莫决而爲説浸詳歷代以還法制斯備或起於鐘律或起於蓍策或起於晷景此推驗之法以漸而變矣劉洪悟月行有遲疾劉倬悟日行有盈縮何承天悟測景以定氣序姜岌悟以月行所衝之宿爲日所在之度祖冲之始悟歲差張子信悟月行有交道表裏五星有見伏向背李淳風悟定朔之制并氣朔閏餘皆同一術此推驗之法以漸而精矣惟勝國之授時曆出於許衡郭守敬所定參别同异酌取中數積日積年之算悉屏不用以之考古則增歲餘而損歲差以之推來則增歲差而損歲餘當時稱其法者謂能發順天求合之徵證前人附會之失自古及今未有逮者也我太祖高皇帝太統曆稍采授時之舊設官則并合華夏占候則參綜古今儀式精詳神機妙運即使大撓執役隸首布算奚足以方焉以故用之至今晝一

靡□視彼漢唐以後未數歲而輒差者其粗密固已相懸即正嘉間之交食時刻分秒起復方位稍與推驗不協然比之永平永元之際先後背馳日月乖异者又奚啻徑庭哉繇斯以譚雖俟諸萬世無敝可也乃頃者星官失職乖舛易常遠邇傳聞以爲駭异夫數出於秒忽以成毫厘毫厘積累遂成分寸初行生分積分成度此於法至玄矣乃若躔度儀式粲然可睹即卜祝以辯之而輒已違舛若兹曲算旁占安所復望萬一閏餘失次交食靡驗有能如楊岑之先識宗紺之獻言者乎宜乎厪執事之問也愚生管窺蠡測何足與知顧嘗竊聞之前人曰天道無端惟理可以推其幾天道至妙因數可以窮其理理緣數顯數從理出故班孟堅言治曆之所當急者三謂傳門之裔明理之儒精算之士均之不可缺一也昔元封間下詔徵募而鄧平都閎諸人出焉延光之曆聚而議者百餘人今占天之書雖國法所禁而治曆之科徵募得無有未廣乎馮光郭香之争詔下三府與儒林明道者詳議務得道真司馬遷雖號博雅而所言歲次閏朔猶多與經傳不相符合今儒者弃去曆象不講即有論篹疑涉齊諧明理之儒將安所得而用之乎太史之官自古隆之我太祖高皇帝得諸儒龔斆等拜爲春夏官至置爲四輔告于太廟以重其事今任用之法得無太輕即有耆碩之士將無擬步前却者乎夫天下之事務於紛更則矯枉而過正徇於積習則踵敝而承訛矧治曆明時典莫重焉時以作事事以厚生自古帝王所以厘百工而熙庶績若五紀而備庶徵者咸不能違詎可泛焉不爲之所哉方今聖明在上百度惟貞攝提順紀曆數得序固無庸輕有所修改以滋恫擾之端唯是二三疇人僅挾一技史所謂陰陽家耳顧欽若敬授之巨典悉揭而畀之其事則重其學則末此歐陽脩氏所慨嘆也且其訛舛相襲漫無校證昔人謂獨非莫知獨是莫曉其旨正與此類彼又何所憚而不玩且弛耶故先臣大學士丘濬請詔求天下通星曆者以任考驗之責講究之方禮部主事鄭善夫請擇海内儒術中有究心天人之學使得盡觀秘書加以歲月俾上按往古下訂來今而疇人金鐘慨司候之弛業亦請歲會月試甄别去留大計之期并嚴黜陟事有似緩而實急者此類是也今誠仿此意行之自世業子弟至於草澤布衣博加延訪論定後官如漢人署職課候核其中否以爲上下又如魏人命高堂隆楊偉輩推校天文更相劾奏俟其積有勞勩即顯陟隋之則術業浸興人心競奮庶幾有深明曆理如楊雄善立差法如邵雍沉潜智巧如許衡郭守敬者以應當寧之求而于敬天勤民之務未必無少補矣或謂中和位育無關於器數此迂儒之闊論非明問意也愚何敢贅陳焉

第三問

甯瑞鯉

同考試官訓導郭批（以聖賢之奥藴攄漢魏之英葩可誦可傳）

同考試官訓導張批（古聖賢兼善獨善是能立德立業者玆作善發其藴且格調語詞皆在秦漢之上其立言者與敬録）

同考試官教諭范批（獨善兼善之旨發揮明盡且叙事斷制種種臻妙殆非炎祚以後文字可以傳矣）

考試官侍讀羅批（善無窮達此聖學也是策品騭精確發揮明盡必有養之士宜録以式）

考試官右中允高批（此一策道術人心所關子乃辨析幾微論議激切非具卓識者不能宜録）

天下之善無定名凡公於人者是已天下之不善亦無定名凡私於己者是已故善不至於忘己雖善猶私也學不至於公天下之善非聖人之學也聖人之視天下猶一身然目不能以兼聽而耳之所觸目不轉睫而矚之足不能以兼握而手之所探足不旋踵而赴之蓋其五臟六腑四肢百骸相爲聯絡流貫以成一身之用而有不然者則且以爲□螯挺解而鍼砭隨之矣聖人之於天下猶是耳聖人不以天下視天下而以吾身視天下故不以一己之善爲善而以天下之善爲善蓋常疑於孟氏之言曰窮則獨善其身達則兼善天下夫達而兼善固也即窮矣亦安得而獨善乎哉人之生也無一日不與斯世斯人相酬酢内而父子兄弟夫婦外而吾臣朋友人或我施此可彼應其誰能離之而孑然孤立者乎不能以孤立而不可以獨善也亦明矣故必曰修身見於世然後知善吾身乃所以善天下而天下之兼善始吾身之善完也不然則爲忘世爲徇物而异端之害紛紛矣胡善之足云哉古之與人爲善者莫大乎舜當舜之徵庸在位朝四岳二十有二牧而帝天下也史稱其重華協帝四方風動善之所及何其遠也然夷考其素陶河濱漁雷澤异地而同化耕讓畔行讓道异人而同知夫非畎畝未發之迹乎孟氏謂自耕稼以至爲帝無非取諸人者安在其達而後兼也吾夫子轍環天下席不暇暖至削迹接淅干七十二君而不一遇其窮何如也然群弟子洙泗之濱聞道者蓋三千人幾遍域中矣而删詩書作春秋直紹百王而憲萬世故宰我賢孔子於堯舜而孟氏猶願學焉謂夫子之窮而止於獨善豈其然乎夫舜與孔子其至者也伊尹五就湯五就桀而身任天下之重信汲汲於兼善也然誦詩讀書以樂堯舜之道其修爲於有莘者果何物哉彼得成湯爲之後先故行而益遠矣而善非有加也孟氏稱其聖之任諒矣顔子簞食瓢飲終身陋巷而不改其樂謂之獨善誰曰不宜乃問

仁問爲邦内聖外王之學宛然天下爲度也彼方進德於夫子之門故潛而未見耳而善非有損也孟氏稱其賢與禹稷并其知顔子哉夫伊尹顔子其次者也伯夷矯節於首陽而風之激也至廉頑起懦百世師清焉柳下惠蒙耻於三黜而風之淳也至敦薄銷鄙百世師和焉夫曰師百世則當時可推矣二子之不遇也如此而善之及人也如彼謂窮之必獨善可乎直其心固曰不善足以浼我吾拒之云耳不善不足以浼我吾玩之云耳而猶不免於形骸爾我之隔故孟氏謂其隘與不恭而不由也夫夷下惠又其次者也迨後楊朱氏則倡爲爲我之説墨翟氏則倡爲兼愛之説楊氏不取悉天下以奉一身不與損一毛以利天下主於尊生捐死離世絶俗以爲義故曰人人不損一毛人人不利天下則天下平矣夫一毛不爲我天下不爲人故孟氏斥之以爲無君無足怪也至墨氏言崇儉則茅茨土階也言尚同則協恭和衷也言上賢則尊賢使能也言明鬼則尊尊親親也吾是堯舜彼亦是堯舜吾非桀紂彼亦非桀紂韓愈氏且稱孔子必用墨子故後世往往以孔墨并稱而孟氏至斥其無父之禍同於楊子而不少貸何也且當孟氏時處士横議异説紛拏玄虚家則有若老莊氏法律家則有若申商氏縱横家則有若蘇張氏堅白异同家則有若公孫龍氏誕漫汪洋押闔變化至不可窮詰而其説之足以禍天下及後世宜亦不減於二氏而孟氏斥絶之猶不數數然至老莊公孫則略不道矣不此之少攻而唯彼之深闢何也蓋吾夫子惡似是而非彼公孫龍之誕妄即鄒衍已勝之矣老莊蔑弃仁義掊擊聖王説若高虚而易聽亦激於一時憤世之言而未必行事之實也至申商之刑名蘇張之功利大抵皆枉尋直尺希世取寵之事在鄉黨自好者猶羞稱之矣惟楊氏爲我似獨善而實非獨善墨氏兼愛似善而實非兼善窮而鼓其喙猶足以陷人心妨政事使達而行其教其不胥天下而無父無君不止矣故孟氏至比其害於洪水夷狄猛獸而猶曰能言距楊墨者聖人之徒也蓋至是而孟氏兼善之志見矣繇斯以譚洪鐘之在簴小叩小鳴大叩大鳴聲出於叩而不在叩也寳劍之在匣陸斷犀兕水斷蛟龍利出於斷而不在斷也聖人之於窮達猶種劍之於叩斷耳而其本則在吾心矣聖人之心何心也無窮達無人我夫可無不可渾然萬物一體者也果其爲一體萬物之心雖窮如孔顔且不得以獨善名之而况進此者乎少有私一己之心雖如夷惠且以隘與不恭病之而况异此者乎蓋惟聖人以天下爲一身故精神血脉流暢而無滯而不爲遺世者之忍以吾身視天下故貴賤小大較然其有辨而不爲尚同者之愚夫如是則烏睹乎吾身之爲小而天下之爲大耶又烏睹乎兼善之爲達而獨善之爲窮耶借曰必達而後爲兼善則孔子不足大顔淵不足

仁夷惠不足師而墨氏之説滋矣窮而即爲獨善則虞舜不必聞於側陋伊尹不必樂於莘野而楊氏之説横矣然則學聖人者宜何如舜與夫子尚矣其次則顔子伊尹乎顔子學在克己複禮而極其效於下歸仁之遠吾窮取之以善吾身而莫非兼也伊尹志在堯舜君民而植其節於一介取予之嚴吾達取之以善乎天下而莫非獨也是要使吾萬物一體之心盎然充乎中而溢乎外如元氣之周於一身而耳聽目視手持足行無入而不自得然後無忝於聖人之學而聖人之心在我矣彼异端者吾烏乎攻之

第四問

史懋文

同考試官推官舒批（論治者先吏將今每以乏才爲請蓋選任之未盡也子援古証今切中時弊而末復歸重守令之選尤知時務之要者録之）

考試官侍讀羅批（吏循將良盛世事也而本諸課馭得其本矣兼以雄偉之文推古今之變是博通文武者録之）

考試官右中允高批（選置吏將乃攘要務子以采實立説篇末尤歸本得民蓋通達治體者）

聖王所以安内攘外分猷共理者非吏與將哉然未得其人則擇之不可不精也既得其人則任之不可不至也蓋以天下之大非盡乏才也譬之杶幹栝栢隨地而生必大匠操繩引以求之而後可收以充梁柱夫擇人者亦猶是矣人才之出非盡無適於用也譬之御騕褭之馬者非驅策之有方必不得使之服銜勒而至千里夫任人者亦猶是矣擇之精則所得者皆良任之至則所用者畢效由是以之安内以之攘外而帝王順治威嚴之績不可坐而致哉蓋聞之昔人云守令者民之本言吏重也乃史遷之傳循吏必取經術潤飾吏事者何耶蓋吏不尚夫能而尚夫循彼藝識趫敏懼或流於詐丰棱踔厲懼或入於暴修姱廉隅懼或失於矯詗擿伏匿懼或傷於譎藉令一能吏足辦之矣惟用經術者乃有以鏡作牧之理而弘學道之用然後悶悶於政事泯泯於聲聞其質惇也寧爲保障不爲繭絲寧爲鸞鳳不爲鷹鸇其惠流也循行阡陌與民興利教之以孝弟禮義之性其澤究也夫此則非循吏不能也史遷其知言哉又云將者國之輔言將重也乃晉人之謀元帥必取説禮樂而敦詩書者何耶蓋將不以才勝而以賢勝彼鴞張虎視不足逞其雄鷹搏猿射不足程其技六化四厢不足藏其智三書八符不足沉其幾藉令一才將足勝之矣惟習詩禮者乃有以審公私之分而軌德義之途然後受命忘家援枹鼓忘身以節殉也泰山崩而不變麋鹿興而不瞬以氣定也戰如守守如戰有功如幸以志攝也

夫此則非賢將不能也晉人殆聞道哉愚嘗俯仰今昔吏之稱良者惟漢世爲盛夷考其人通春秋而守成都者非文翁乎修學宫以造士蜀地比齊魯之風舉明經而守渤海者非龔遂乎散盜賊以歸農齊民易刀劍之俗卓茂以習禮聞密令而視民如子詔有名寇天下之褒魯恭以習詩著宰中牟而用德爲理掾有三异還白之狀所謂經術潤飾者玆非極選與不然何以純任教化如此也若乃鉐筩投書趙廣漢之在潁川非不流威名也然傳厲蜂氣卒以此賈敗矣虎穴按獄尹賞之在長安非不入高等也然率務殘賊卒以此坐免矣吾姑取其能可耳而經術則何知焉將之稱良者亦惟漢世爲盛夷考其人陳湯好書博達嘗副西域都護因矯制徵兵遂斬郅支之首馮奉世涉春秋大義嘗送大宛諸客因持節傳諭竟誅莎車之王號大樹將軍者則通左氏之馮异也時赤眉煽亂乃奮翼破之於澠池稱北道主人者則尚經學之耿弇也時劇虜倡狂乃振旅降之於淄水所謂敦説禮樂詩書者玆非流亞與不然何以義急國事如此也若乃韓信登於亡卒而名成垓下功烈非不偉也獨以勇略震主而於謀身亦既疏矣衛青起於人奴而威振狼胥勛伐非不茂也獨以和柔媚上而於天下固無稱矣吾第取其才可耳而詩書則何觀焉夫論績效之遲速則德禮之化或謝於武健之操第恐法令滋章者終不若弦頌入人之尤深矣論扞禦之勇怯則文墨之士或殿於介胄之夫第恐一劍爲任者終不若樽俎折衝之尤易矣然則議置吏將者雖不必拘之以方問之以類而誠得經明之士於民社封疆不尚有利哉我國家以六合元元之命係于守令於是除之於科目拔之於鄉貢循資以注銓量材以授職諸不在執經之列者必弗與其選焉蓋庶幾哉烝烝之治矣顧今臧否渾淆習緣墮窳其能者不自激發而徒興乎約結之嘆不能者益以怠廢而自甘于闒茸之歸吏而能揚其職者或尠其人也又以三軍存亡之道係於將帥於是進之以武舉試之以騎射購方略之伎而攬智勇之英即不皆治經之儒亦豈無博習古今者焉蓋庶幾哉桓桓之武矣顧今柄置乖刺競攫粱肥以弓馬得者不過挽强引重矜尚蹶張之能以策試中者亦猶塵飯塗羹無當韜鈐之用將而克稱其舉者亦鮮乎聞也夫賢人志士欲有所樹立以著不朽於後世者甚於人君之求才玆求之者非不勤而應之者亦非不至乃一當緩急則無异試割於鉛刀求濟於土檝者此何故也患在名實之相冒而已有名而實不副則飾名之術益工有實而名不彰則敦實之志不固故今吏與將之所務皆名也騖遠以自旌托之乎卓异株守以累日托之乎循理藻績以博譽托之乎恢張詘附以弭謗托之乎謹畏甚至涇薪操下愁疾閭閻漁獵取盈殫空杼柚而亦得以善狀聞焉幸有矯俗修破觚斵

琱之意則其形無足以飾目聲無足以飾耳且曹起而議其無能將不久而去之矣此吏之所以日靡於名也攘腕而先登見謂猛以敢閉壘而自固見謂安以重馳突而颺舉見謂疾以速虛聲而遮邀見謂戚以備甚至牧馬屯牛鞠爲椎剽嗇夫樵婦罄作俘囚而亦得以中律稱焉幸有伉節者欲厲死綏任咎之志則其肘爲之所掣足爲之所維且從中而疑其傳制將觀釁而危之矣此將之所以日靡於名也然則欲挽今日之弊奚繇哉亦惟知人善任而責以實焉可也夫即墨以積毁受封而王成以僞增賜爵則課吏難也必也嚴綜核之法慎會計之典行業勤修下璽書以示勸功庸竟緒增爵秩以致褒治有异等之迹雖超遷而不爲驟民有服習之美寧久任而不爲淹如是則吏修實效即甘棠之咏不足多矣寧文翁諸人道哉夫趙括撓敗於知書而孟明立功於屢衄則馭將難也必也先察其行能申校其聲實便宜可假則假之而命不從中制肝膽可托則托之而讒不得外揺勝敵者賞即有薄罪而亦貰没軍者誅或有微功而亦録如是則將崇實功即江漢之歌不足致矣寧陳湯諸人可語哉蓋世之競名猶水之赴壑固不可禦也而下之從上猶景之隨表必不能違也上精吏治則天下多廪廪德讓之流上徵將能則天下富赳赳腹心之士聖王所以轉移變動鼓舞一世之才賢者固如此愚又聞之傳曰視民如嬰兒故可與赴深溪愛民如赤子故可與俱死是故民爲上出死力擊虜不可禁則魏尚雲中之化也檄屬縣講兵肄射輸租以給軍則寇恂河内之治也斯可見制敵尤本得民而守令之選固急於將帥也在執計者辨之而已

第五問

閻士選

同考試官教諭曾批（從來治河無奇策此作獨能熟數往迹之利害備舉善後之遠謨非通方之士越拘攣之見者不能經濟才也）

考試官侍讀羅批（河難治也亦難言也是策洞晰源委較計失得要歸之預防善後其知言哉而勁筆雄詞混混百折不迴之勢有學有識士也録之允宜）

考試官右中允高批（策治河獨主塞是濟變之論而善後諸議俱鑿鑿可行取之）

執事以河防策諸士夫河大患也治河大事也議事以制患大計也敢不一抒愚臆以復蓋聞河之害中國所從來久矣自昔君臣相與蒿目嘔心未聞有稱善治者河也以治之之者誠難也河源自星宿逾崑侖己折而趨積石乃會雍浮汴以達于淮夫以萬里奔騰之勢無重岡巨磵以闌之故常衝决而不

可禁此一難也河有出有過有逕有合有分有屈有注有入何多變也乃其行則至悍猛而不安爲順豈緩急能釃其流而殺其怒此二難也河之性善下斯得其平而不争今亘齊梁之野曠衍如砥而以洪濤洄洑于其間卒有方數千里之水欲其建瓴於地中也得乎此三難也河雜灩沙游泥非有迅流常滌之則勢必益墊而其身歹鬱起而高於岸夫堆出于岸流自湍之況霖潦百川復爲之灌集與此四難也夫誠難其治也而遂委之于不治則非也治之己難也而使不得其所治之道則尤難也蓋上世惟陶唐時鴻水沸出民人升降移徙崎嶇而不安禹起而治之乃行山表木灑沈澹菑故道河自積石下砥柱歷盟津积雒汭至于大伾乃廝爲二渠過洚水至大陆又播爲九河夫由大伾以上地形高而水峻急易瀉合乎其所不得不合也由大伾以下地形卑而土輕脆善潰分乎其所不得不分也故曰禹之治水水之道也此禹所以通其法也嗣後殫石畫之思者發盈庭之論逞奇譎之慮者競作舍之謀故有欲以人力勝者則曰塞之便愚以爲是鄣之也有惟諉于天事勝者則曰不塞便愚以爲是猶滋蔓也何也水氣之導也過爲防壅終必盈溢焉能築垣而久居水乎然蟻孔之變禍且不測而欲徐觀其所自定又惡可得也眉山氏曰不塞泛濫不止塞之則水未必聽是塞與不塞皆非所以永持至安之長策也夫使其决也而幸不至戎毒可且勿塞脱或溢皋汩陸將有間殫爲河之患固莫若隨决隨塞即不能保其勿壞尚足支數十載寬近憂歐陽氏曰治水本無奇策相地勢謹堤防而已是塞也者猶爲猝可倚救敗術也胡不引漢事觀之乎蓋自周定王時河徒砩礫禹之故道無可求者故迄於西京而其爲害益綿綿而不絶孝文時嘗决酸棗矣乃大興東郡卒塞之故金堤之潰旋復而白馬之波不揚終帝之世瀕河民不識濡足之患孝武時再决瓠子矣乃自臨河湛璧焉扈從將軍己下皆負薪使二卿將卒置决口已而築宫宣防侈其盛由是而觀用塞之效可睹已夫孝文海内富庶非不足修禹之業而計卒出于塞且僅再傳而復决武以雄才大略猶然長歌悲感既徼靈于河祇窮數年之力而始塞蓋即一塞且不易如此甚矣河之難治也我朝歲漕淮取濟黄流宋之疏汴元之引汶皆所倚爲用焉利盡東南半天下之賦由此以進若人之咽喉然繫至重矣然惟南行則利漕或東决則害漕今之言治者正利害相持之際也乃欲盡去其害而獨資其利則難之難矣蓋嘗概水患而測之河非汴不得合于淮故漕之憂常在汴猶之内關之疾也假令汴可無憂矣則虞其轉而危我之汶泗汶泗定又虞其盤而危我之清濟清濟定又虞其越而危我之豐沛即幸底定俱勿割又虞其畔而不南重爲運道之□然則奈何其治之易哉往事不具論比者河

失其行决于崔鎮潰池其縣邑魚鱉其人民行河使以菑告上喟然南顧特爲置督府假以事權令一切理水形便於是改邑起蕭縣之溺布揵堙崔鎮之洪絚葦埽高隁之壩隤石襯清口之堤一日之内四役并興諸使蔯胝無胈庶工膚革不毛而朝廷重憫被灾之地首詔賜民租又爲出司農錢巨萬以哺諸堤繇使鱗集并河而爲之作吏有謀撓其計者即褫厥官或媮墮僨事輒收逮之不貰乃今天心叶順川靈效職水得所壑而緒業漸用即功夫新顛水之邑非徙民當衝之上策乎闐滅决口非疏塞并舉之故智乎捲諸埽治遥堤又非圖上請行之遺謀乎蓋昔人焦心銷志殫數百年錯出之奇顧卒崇空語者而盡施行于今日此曠世之業也乃議者猶謂河有故道宜及時恢圖興復兹過計也河流既久走沙漸淤水沉滯難行自不得不弃而他徙兹欲奪新河之所必趨强斡而回注于已滅難明之故道非所以察形也往者孫渡之役不有覆轍耶或又謂當别開一河以備運道艱阻兹又過計也遠圖不可幸致將糈糒傭作必倚辦縣官勞費且什伯卒未有能濟而乃設不必然之慮以徼難竟之功非所以軌事也近日膠洳之役不苦□盭耶揆今之計亦曰慎預防之術規善後之宜而已是故長堤遠護非不可約欄水勢然東强西傷之語未必妄也則畚鍤之工可弗常飭與隋崇填閼非不可抑遏浚流然止啼塞口之喻未必誣也則柵落之具可弗時集與歲當夏秋信水既漲而忽之非時之客水乘之則其潰也必暴故平準之候人宜議選也地居河壖寸壤方齧而即數百丈之息壤因之則其陷也必廣故巡視之番卒宜議補也上流不暢斯騰涌而爲灾水之由泗入者不可漸以浚之乎下流不疾斯羨漫而爲害水之收徐入者不可漸以疏之乎而又于青兖冀豫可田之處各正溝洫以引水之溉而披其勢則治田亦以治河也衛博徐邳經漕之所多開月河以伺水之横而折其猛則漕通亦河之通也夫飭畚鍤而集柵落則成業保矣選候人而補番卒則警備嚴矣上流浚而下流疏則原委導矣溝洫正而月河開則水利廣矣所謂預防而善後者或以斯乎昔管子論備害之道首請置水官故其要尤在以擇官爲本謂宜妙簡經明禹貢之士俾領河堤而又博求習水者分置其屬使之共行視圖方略得便宜經理則職任傅而事功自立嘗聞江河在天地間猶脉絡在人身中然則河之爲患非即脉絡之病乎而擇官之説則良醫之求也由前數説則鍼砭湯熨之法也誠采而行之河之患庶其有瘳乎語云智則謀不肖則頓愚之爲此言者不過剿曲士迂談而私畫以爲時事之可行者無使於此若夫洞利害之故究名數之分以謀萬載之大計則非愚生所可及也

應天府鄉試録後序

臣萬化常稽古虞周之盛道德隆洽洽教休明維時九德宅俊之士敬應而出者皆足以翊贊帝業黼黻王猷詩書蓋不勝載焉此微獨聖作物睹稱千載曠遇已也良繇古人學爲實學用爲實用故出入不悖如此我國家設科取士傳尚經術夫亦欲士務實學以爲世用庶幾帝臣王佐出其間耳二百年來士繇斯軌以佐太平者史不絶書斌斌盛矣暨我皇上以冲聖御極懋學右文廣厲官師益崇雅道誠虞周載睹而士敬應之時也乃南者才藪爲聖世鎬京涵濡景曜最先郡國而諸挾策游成均者又四方所稱英俊之儔誠以彼才具而遇若此有不純然雅化遵道德之途循仁義之軌者耶臣萬化猥以凡庸被命偕中允臣啓愚典試事獲與觀文才之盛而竊附於以人事君之義臣幸厚矣然臣嘗論之士之致用者學也而所爲學者以適用也學不在詞章之末技用不在揮霍之虚聲處則析義窮理以慎厥修出則肩巨謀大以楨王國夫然故士重上亦重士而於世道有攸賴已今士所屈首受業者非六經孔孟乎易言時書言事詩言志禮樂言和敬春秋言名分孔孟言仁義士童而習居而求此物此志也至其抒而爲文章建而爲功業亦此物此志也豈其空取聖賢之訓誦讀之入耳而出口以希世取寵不其然矣夫學而不適於用是飾轅也用而遂舍所學是委弁也飾轅者不可與行遠委弁者不可與守貞斯二者非所望於聖世之士亦非士所以自待也故臣兹校多士無徒櫛字比句顓顓於繁縟崛奇之求也第其詞平正通達氣渾厚爾雅遠之不詭於先民之程近之能詳乎當世之務而器識之宏遠心術之端亮曉然若可望而知者輒亟收之蓋曰因文徵學因學徵用即未敢謂拔十得十亦庶幾氣求神遇可藉手報萬分一耳然此豈臣之明能遽必哉异日諸士果學易者誠知變化學書者誠審因革學詩者誠敦温厚學禮樂者誠會中和學春秋者誠嚴法戒佩服孔孟體仁集義肫肫然弃華修實與九德宅俊之士相後先焉乃可謂體用一原之學不負虞周之時矣脱一有不售是静言庸違而無所容於聖世者也詎惟多士喪厥重即臣且蒙不任之罰可弗戒耶夫期千里者慎跬步累層臺者先正基多士往矣行且隨牒詣闕下駸駸乎嚮用期矣詩曰京邑翼翼四方之極又曰彼都人士萬民之望其立極四方也唯爾多士固始今日其□萬民之望也唯爾多士亦始今日臣重言之矣尚相與重圖之其往可哉

翰林院侍讀羅萬化謹序

萬曆十年應天府鄉試録

應天府鄉試録序

皇上御宇之十年壬午秋八月應天府復當鄉試士于是提學御史臣李時成臣姚士觀暨諸曹六館所簡士四千九百有奇濟濟咸集矣府尹臣劉庠府丞臣曹大埜先期以請上命贊善臣鯉修撰臣懋孝典試事得乘傳以往是時上方深詔執事之臣取士純用經術崇雅道毋得以恢虚奇誕之士進視昔加飭厲焉而臣遣自講幄奉明詔詔士于數千里外有如士風文體不廓然一變人心學術不從化以還則將何藉而還報且此都人士國家豐鎬所樂育四方士所視前茅而改行易趨者也臣早夜瞿瞿與臣懋孝相毖勉計何以默回雅道鎔範人文且令四方士有則焉比至内外執事咸在同考則推官臣民式教授臣懋循臣樌學正臣眉壽臣學醇教諭臣相臣行知臣民紀臣準臣修賢訓導臣義對而御史臣應訓臣一鯤暨臣于有年臣郭惟賢嚴稽闈内外府尹臣季勳府丞臣已職提調惟謹肅臣等以入鎖院三試士掄其可者遵制取百三十五人將竣事臣乃以士文視諸臣而告之曰士猶有恢虚奇誕詭于經術者乎澄汰不盡者乎僉曰無之文體近雅正乎曰可矣乃次士名氏録其文之可者以獻謹拜手言曰今日之士他日之公卿百執事也公卿百執事天下之治所繇出也其心實其學正文必象其人温醇而博大發之事業悠遠而光明文之恢虚心不誠也文之奇誕學不正也不端不慤何以事君臣猶及見長老稱説弘治以前士大夫純尚經義訓發講解至白首不倦即納事還里中猶日課習五經性理諸書訓其後生蓋孜孜畜德而無他娱焉士之老於儒者即不仕不弃故業其人皆重彝倫守規度後生望而嚴事之進而有名位于朝者莫不崇禮義懷忠信不苟得于富貴士稍逾閑越檢㦬挂清議不齒鄉黨有甚乎刑戮矣至乎諸子百家二氏淆雜之書父兄訓子弟輒以爲記家不儲市不鬻也爾諸士聽鹿鳴而至也鄉之長老有誦説如所聞者乎蓋自近世二三才俊斫觚剖樸雅道淪矣有新奇之道德竊佛老而附于儒者有新奇之事功拾管韓而緣以儒者有新奇之文章摽綴秦漢句字而厭薄儒言以爲不足稱述者其才力文辭皆足鼓動當世操觚士靡然豔慕之上之所禁俗之所尚責其

實而愈虚求其純而彌詭此其故歟夫士方未遇時稍誦非聖書已足毁成法抗公論規度之内迂而不信也他日爲公卿大夫將何如此風起于數十年間而關繫世道人心其害且見於數十年之後有識屢嘆之臣所以欲令四方士視此舉有則焉蓋不敢不以斯文爲己責也頃者德音一下都人士斐然嚮風在所收者似一日而改觀焉豈臣等心思才力所及哉臣以此仰嘆祖宗德化積累深涵上之風教捷于桴鼓埏埴而士不知也若以化耳目爲精神轉移心術還之大雅事在有漸而已爾諸士自今以往益務正心實行以經術爲師毋惑于諸子百家二氏之説夫文之更也不旬月行之成也以終身其毋易視焉雖然臣言多矣力行不在多言願與諸士共勖之

左春坊左贊善兼翰林院檢討沈鯉謹序

萬曆十年應天府鄉試

提調官

應天府府尹游季勳（懋甫江西豐城縣人　壬戌進士）

應天府府丞李已（懋推河南磁州人　乙丑進士）

考試官

左春坊左贊善兼翰林院檢討沈鯉（仲化河南商丘縣籍歸德衛人　乙丑進士）

翰林院修撰沈懋孝（幼真浙江平湖縣人　戊辰進士）

同考試官

直隸漆松江府推官徐民式（用敬福建浦城縣人　庚辰進士）

湖廣荆州府儒學教授臧懋循（晉叔浙江長興縣人　庚辰進士）

江西南昌府儒學教授錢櫝（仲美浙江會稽縣籍山陰縣人　庚辰進士）

河南開封府鄭州儒學學正祝眉壽（介卿江西德興縣人　甲子貢士）

廣西梧州府鬱林州儒學學正鄭學醇（承孟廣東順德縣人　丁卯貢士）

陝西西安府盩厔縣儒學教諭曹相（子良山西太平縣人　丁卯貢士）

河南開封府杞縣儒學教諭從行知（光大湖廣鍾祥縣人　甲子貢士）

浙江杭州府於潛縣儒學教諭萬民紀（時振江西南城縣人　辛酉貢士）

山西平陽府絳州稷山縣儒學教諭王準（平甫陝西同州人　辛酉貢士）

廣東潮州府普寧縣儒學教諭鄧脩賢（忠父廣東南海縣人　甲子貢士）

順天府通州寶坻縣儒學訓導王義對（獻可直隸棗强縣人　丁卯貢士）

監試官

文林郎南京廣東道監察御史林應訓（子啓福建侯官縣人　辛未進士）

文林郎南京江西道監察御史張一鯤（伯大四川定遠縣人　辛未進士）

收掌試卷官

奉政大夫應天府治中張邦伊（孺覺浙江鄞縣人　官生）

奉直大夫直隸松江府同知郝字（子育四川宜賓縣人　乙卯貢士）

印卷官

承德郎應天府通判莊希益（舜卿廣東海陽縣人　甲子貢士）

儒林郎應天府推官羅繡藻（章甫貴州思南府籍江西廬陵縣人　辛酉貢士）

受卷官

直隸淮安府推官余懋中（德懋浙江西安縣人　庚辰進士）

直隸鎮江府推官左之宜（用善山東萊陽縣人　庚辰進士）

直隸徽州府推官龍膺（君善湖廣武陵縣人　庚辰進士）

文林郎直隸寧國府推官黄師顔（有發福建南安縣人　甲戌進士）

彌封官

承德郎應天府上元縣知縣余相（允安浙江會稽縣人　戊午貢士）

承德郎應天府江寧縣知縣賈廷聘（希尹四川潼川州人　癸卯貢士）

應天府溧陽縣知縣王應麟（仁卿福建龍溪縣人　庚辰進士）

謄録官

直隸鳳陽府壽州知州黄克纘（紹夫福建晉江縣人　庚辰進士）

直隸揚州府高郵州知州邵夢弼（仲良浙江餘姚縣人　庚辰進士）

應天府溧水縣知縣陳子貞（以成江西南昌縣人　庚辰進士）

對讀官

應天府江浦縣知縣孔祖堯（仁伯廣西桂林右衛籍臨桂縣人　庚午貢士）

應天府六合縣知縣陳載春（子元山東歷城縣人　庚辰進士）

直隸徽州府祁門縣知縣張季思（以誠四川内江縣人　庚辰進士）

巡綽官

昭勇將軍南京留守後衛指揮使姜山秀（子静直隸江都縣人）

明威將軍南京鷹揚衛指揮僉事戴希文（紹謨直隸宿州人）

搜檢官

武德將軍南京鷹揚衛正千户李光榮（縉卿山東滕縣人）

武略將軍南京留守後衛副千户楊準（平卿山東武定州人）

昭信校尉南京虎賁左衛百户張守恩（君寵山東舘陶縣人）

昭信校尉南京興武衛百户王啓（天啓河南温縣人）

供給官

徵仕郎應天府經歷司經歷吴蘭（道馨山東朝城縣人　歲貢）

應天府照磨所檢校燕朴（應文四川渠縣人　監生）

應天府上元縣縣丞段衮（以補直隸寧國縣人　恩貢）

應天府江寧縣縣丞謝天眷（德卿貴陽前衛官籍直隸興化縣人　恩貢）

應天府句容縣主簿徐文炤（晦之浙江永康縣人　監生）

應天府溧陽縣主簿顔益潤（道文福建晉江縣人　監生）

應天府上元縣典史朱梯（應升浙江事陽縣人　吏員）

應天府江寧縣典史俞文亮（明夫江西永豊縣人　吏員）

應天府溧陽縣典史李栢（子秀湖廣漢川縣人　吏員）

應天府溧水縣典史錢應山（叔仁浙江餘姚縣人　吏員）

應天府都税司大使曹純（尚文湖廣京山縣人　吏員）

應天府江東巡檢司巡檢楊時茂（子春江西浮梁縣人　知印）

應天府龍江河泊所所官張汝松（持節河南河陰縣人　吏員）

應天府江寧縣大勝驛驛丞賈謙（克光直隸舒城縣人　吏員）

應天府江寧縣江寧驛驛丞周制（汝備直隸靈壁縣人　承差）

應天府江浦縣江淮驛驛丞鄭枝（汝茂直隸合肥縣人　承差）

第一場

四書

賢賢易色事父毋能竭其力事君能致其身與朋友交言而有信雖曰未學吾必謂之學矣　道之不行也我知之矣知者過之愚者不及也道之不明也我知之矣賢者過之不肖者不及也人莫不飲食也鮮能知味也　以善服人者未有能服人者也以善養人然後能服天下天下不心服而王者未之有也

易

彖曰泰小往大來吉亨則是天地交而萬物通也上下交而其志同也内

陽而外陰内健而外順内君子而外小人君子道長小人道消也象曰天地交泰後以財成天地之道輔相天地之宜以左右民　上九鴻漸于陸其羽可用爲儀吉　易則易知簡則易從　是故君子安而不忘危存而不忘亡治而不忘亂是以身安而國家可保也

書

帝曰俞允若兹嘉言罔攸伏野無遺賢萬邦咸寧稽于衆舍己從人不虐無告不廢困窮惟帝時克　無輕民事惟難無安厥位惟危　王敬作所不可不敬德我不可不監于有夏亦不可不監于有殷　我聞曰至治馨香感于神明黍稷非馨明德惟馨爾尚式時周公之猷訓惟日孜孜無敢逸豫凡人未見聖若不克見既見聖亦不克由聖爾其戒哉爾惟風下民惟草

詩

星言夙駕説于桑田　菁菁者莪在彼中陵既見君子錫我百朋　無怨無惡率由群匹　濬哲維商長發其祥洪水芒芒禹敷下土方外大國是疆幅隕既長有娀方將帝立子生商玄王桓撥受小國是達受大國是達率履不越遂視既發相土烈烈海外有截帝命不違至于湯齊湯降不遲聖敬日躋昭假遲遲上帝是祗帝命式于九圍

春秋

秋公會衛侯于桃丘弗遇（桓公十年）　八月公會齊侯宋公鄭伯曹伯邾人于檉（僖公元年）　晉侯伐衛（文公元年）晉陽處父帥師伐楚以救江（文公三年）　公會晉侯宋公陳侯衛侯鄭伯曹伯莒子邾子滕子薛伯齊世子光吴人鄫人于戚（襄公五年）春公會晉侯宋公衛侯曹伯莒子邾子滕子薛伯杞伯小邾子齊世子光會吴于柤（襄公十年）

禮記

命大師陳詩以觀民風命市納賈以觀民之所好惡　詩云肅雝和鳴先祖是聽夫肅肅敬也雍雍和也夫敬以何事不行爲人君者謹其所好惡而已矣君好之則臣爲之上行之則民從之詩云誘民孔易此之謂也　天子有善讓德於天　射之爲言者繹也或曰舍也

第二場

論

王道本乎人情

詔誥表（内科一道）

擬漢下州郡檢核墾田户口詔（建武十五年）　擬唐以韓愈爲京兆尹誥（長慶三年）　擬宋御邇英閣講讀寳訓尚書左僕射吕大防等上御書解釋請置于座右并緝乾興以來四十一事可爲勸戒者名聖學以進表（元祐四年）

判語（五條）

舉用有過官吏　踏勘灾傷田糧　致祭祀典神祇　邊境申索軍需　修理橋梁道路

第三場

策（五道）

問　自昔哲王守成業致盛治者率皆祗遹先猷動遵成憲所以弘繼序而紹前休也商周令主克終允德學有緝熙考之訓誥所陳蓋得之視乃烈祖覲揚光烈者爲多商周以上古帝王豈無可法者而近法厥祖義乃何居唐宋間有進讀十卷政要者有編進三朝寳訓者有願以故事爲楷模者有見實録欣慕不能釋卷者有讀正法謹罰篇而太息者有讀正心剛斷篇而悦服者唐宋又非商周比也亦各近述其先豈所稱法後王者便歟仰惟我二祖開基列聖纘緒奎章睿謨載在寳訓神功駿烈紀之寳録金匱石室所藏炳若日星輝映天地真足登函三五超邁近代而貽聖子神孫萬年之法守者也猗歟盛矣恭惟我皇上問學日新明習政體自講讀經史裁决章奏外復俞輔臣所請屬儒臣編輯累朝訓録進講于文華後殿垂神竦慕孜孜如有不及即商周令主何加焉爾多士欣逢盛事對揚國美亦嘗獲聞類編所列四十事者而能言其概乎夫賢者識其大試言訓録中大要安在用裨法祖之治于萬一言果當也執事者將采擇以獻

問　天人相與之際微矣自周武訪雒書于箕子乃陳洪範庶徵後世言五行者宗焉兩漢書各本範意作五行志言六沴之應以五事爲配雜采前古及漢已事著必信之徵其説與範合歟然觀漢世日食地震水旱等詔魏相丙吉鮑昱丁鴻諸大臣所言與儒者董仲舒劉向之徒之論彼其君臣未嘗不以五行五事爲重而精言之也豈漢去古未遠自有此學作史者特志之歟然宋儒研理乃稱孔子作春秋不著事應漢儒著事應者無當于春秋其確論歟姑無論六沴之説即箕子言五事配五行休咎以類至其文明甚視夫應惟影響賁若草木之指何如昔有告其君以天變不足懼第當修人以應之此與公孫

僑晏嬰之論何以异而世乃以爲譏吾以謂言天不言人誣也知人不知天陋也儒者宜通天人各以所學著其義于篇

問　法者古聖王陶冶人群之術故弗容廢也假令法廢則所以整齊約束之者失其具兹所係非輕鮮矣或乃云法僅馭中材耳豪杰之士不專藉於此其言將有所據歟往古亡論已三季以來有以征伐托重謗書至盈篋弗視者有以權指寄心捐金恣所出弗問者有矯制發粟不惟不罪反以爲賢者有堅意留田即三違璽書不顧卒能成功者此宜非令甲所有矣而昉之數子果皆豪杰其人歟惟我國家當經綸創造之初風烈響臻魁奇泉涌垂鴻熙而樹駿茂者彪炳鼎彝無不人人豪杰也乃其時上下一心推誠屬任鼓舞之道亦有出繩約之外而遠軼前代者歟方今聖明在御瑩精太平文武吏士奮炎揚懿率斤斤效職惟謹毋敢逾寸趾于檢柙之外斯亦斌濟之盛際已然稍遇緩急輒稱乏人何以故或謂奉法于外者未熟悉德意致綰結太嚴使瓌俊韜美議欲少寬文法間舉漢魏故事偶一行之不識可當於事機否夫法與人固交用以治也偏任人則上失其御其弊也肆偏任法則人無以展其能其弊也枸兹欲以人行法不以法圉人而人又不敢肆于法何道而可諸士脱穎在兹其尚評閲品倫銓裁要極悉著于篇以補直用材之缺即他日所自用可知也

問　方今東南諸郡稱墺區沃壤歲漕帑輸半出其間此國家根本地也比年所在灾傷上廑宸慮特霈渥恩爲發儲行賑蠲積逋以巨萬計東南之民仰戴聖德曠然若更生焉及此時也奉宣主恩求民疾苦思以厚根本者安在夫昔所病民説者謂墨吏之罰不嚴也郵傳之供太濫也囊屬軍興額加者未盡去也豪右齮齕吾民而賦役不平也數年來法紀肅如郵傳兵廩至有司額外一切歲歲議裁節且盡賦役并均豪右無敢冒濫以逞數者去矣則民宜肥乃瘠更甚邑里蕭條盗掠多有所以致此曷故焉將奉行失指上意不宣歟病民之政有在焉者歟主司者蒿目民艱然不若諸生之習第爲具本末言之毋以文辭

問　立政之要蓋莫急於官人矣國家三歲而舉士士之入官者率三歲而計功養之豫而察之詳斯二者交重以佐治也逖稽隆古人才沛艾而起無盛虞周然其立法似有可言者虞廷奏績必加三考乃學校造士自司徒典樂之外未可詳焉何養之者略而求之者備也周以六德六行貢士于鄉歷試而後詔王授之爵秩至其肆朝之典僅見于六計弊群吏察之之略而舉之之詳又曷故焉將無互有詳略係其時歟抑自有交重而不偏者歟周以後法以世殊漢之三目六條唐之三由四善九等二十七最宋之貢舉制科相兼審官考

課并設視古即不逮然其沿革之概有可考鏡者歟抑亦互有詳略否歟夫師虞憲周損益近代以求真才需時用則今制稱大備已其詳可稱述歟説者猶謂人才漸不逮古百執事未盡得人將今之法亦有稍异于古歟抑行之久而失實也兹欲養士者皆爲可用得士者皆籍其實用則奚施而可士且舉于有司任事有日試酌古儀今言舉士課吏之道俾官人者有稽焉此亦士所挾持而欲展也

中式舉人一百三十五名

第一名　王士騏　蘇州府學生　易
第二名　陸化淳　常熟縣學生　詩
第三名　沈學　無錫縣學生　書
第四名　梅守峻　寧國府學生　禮記
第五名　方嶽　吴縣學增廣生　春秋
第六名　沈天啓　應天府學生　易
第七名　華鈺　丹徒縣學生　詩
第八名　王廷賓　江陰縣學生　書
第九名　史孟麟　宜興縣學生　詩
第十名　嚴佩環　嘉定縣學附學生　易
第十一名　陳鵬　松江府學生　詩
第十二名　黄夢麟　應天府學生　易
第十三名　吴中明　歙縣學生　書
第十四名　張文暉　應天府學生　易
第十五名　王之鼎　湖廣夷陵州人監生　禮記
第十六名　金兆登　嘉定縣學增廣生　易
第十七名　馮體乾　金壇縣學生　書
第十八名　朱崇時　上海縣學增廣生　詩
第十九名　湯一龍　長洲縣學附學生　春秋
第二十名　姜志稷　丹陽縣學生　詩
第二十一名　袁一驥　江陰縣學附學生　易
第二十二名　梅曆祚　宣城縣學附學生　禮記
第二十三名　周良情　望江縣學生　詩

第二十四名　婁希亮　無錫縣學生　書
第二十五名　劉廷試　儀真縣學附學生　詩
第二十六名　史載道　鎮江府學生　易
第二十七名　狄獻明　溧陽縣人監生　書
第二十八名　吴默　吴江縣學生　易
第二十九名　馮若吕　浙江慈谿縣人監生　詩
第三十名　汪國瑞　黟縣學生　易
第三十一名　陳君策　桐城縣學生　書
第三十二名　潘大復　浙江烏程縣人監生　春秋
第三十三名　諸一志　武進縣學附學生　詩
第三十四名　徐天寵　江都縣學增廣生　易
第三十五名　何必麟　太湖縣學生　詩
第三十六名　劉汝芳　寧國府學附學生　易
第三十七名　鍾鳴陛　丹陽縣學增廣生　書
第三十八名　唐有家　華亭縣學附學生　詩
第三十九名　吴尚伯　高淳縣學增廣生　易
第四十名　陳一道　崇明縣學生　詩
第四十一名　潘誼　太平府學附學生　易
第四十二名　宋資　松江府學生　春秋
第四十三名　黄一騰　寧國縣學附學生　書
第四十四名　顧允貞　上海縣學附學生　詩
第四十五名　褚大忠　長洲縣學附學生　易
第四十六名　葉盛　寧國府學生　詩
第四十七名　方大鎮　桐城縣學生　易
第四十八名　吴翼　吴江縣人監生　書
第四十九名　錢良輔　青浦縣學生　詩
第五十名　沈麟祥　蘇州府學生　易
第五十一名　胡輅　全椒縣人監生　詩
第五十二名　袁應春　常熟縣學生　禮記
第五十三名　儲昌祚　宜興縣人監生　詩
第五十四名　洪佐聖　歙縣學附學生　書
第五十五名　丁周　浙江德清縣人監生　易

第五十六名　唐儆純　武進縣人監生　詩
第五十七名　汪懷德　婺源縣學附學生　易
第五十八名　洪大德　歙縣學附學生　書
第五十九名　王亮臣　崑山縣人監生　易
第六十名　崔廷健　太平縣學生　詩
第六十一名　顧允升　吴江縣學生　易
第六十二名　劉朝宰　蘇州府學生　春秋
第六十三名　凌子任　歙縣學增廣生　易
第六十四名　浦士衡　蘇州府學生　詩
第六十五名　汪文璧　休寧縣學增廣生　易
第六十六名　蔡淑逵　合肥縣學生　書
第六十七名　梅鶚祚　宣城縣學生　易
第六十八名　汪道亨　懷寧縣學生　詩
第六十九名　朱世芳　崑山縣學附學生　易
第七十名　胡燈　績溪縣學增廣生　書
第七十一名　蔣錡　長洲縣人監生　易
第七十二名　王尚行　松江府學增廣生　禮記
第七十三名　高薦　湖廣孝感縣人監生　詩
第七十四名　文從龍　長洲縣學生　書
第七十五名　唐仲賢　上海縣學附學生　詩
第七十六名　蔣國器　長洲縣學附學生　易
第七十七名　程慶遠　徽州府學附學生　書
第七十八名　邵庶　休寧縣學生　易
第七十九名　吴與點　池州府學附學生　詩
第八十名　黄如松　徽州府學附學生　書
第八十一名　華仁夫　無錫縣學附學生　詩
第八十二名　譚好善　邳州學生　春秋
第八十三名　黄建中　興化縣學附學生　易
第八十四名　姚孟景　繁昌縣學生　詩
第八十五名　陳良模　吴江縣學附學生　書
第八十六名　江時中　池州府學生　詩
第八十七名　葉繼龍　婺源縣學附學生　易

第八十八名　顔文選　寧國府學生　詩
第八十九名　劉陞　蘇州府學生　書
第九十名　張應楊　休寧縣學附學生　詩
第九十一名　錢龍禎　長州縣學附學生　易
第九十二名　項際明　歙縣學附學生　禮記
第九十三名　麻溶　宣城縣學增廣生　詩
第九十四名　顧允諧　崑山縣學增廣生　易
第九十五名　陳文龍　無錫縣學附學生　書
第九十六名　胡汝諒　上海縣學附學生　詩
第九十七名　任守瀚　旌德縣學生　易
第九十八名　趙士際　涇縣人監生　詩
第九十九名　葛懷德　丹陽縣學附學生　易
第一百名　張繼東　鎮江府學生　詩
第一百一名　劉士理　江西安福縣人監生　易
第一百二名　夏之臣　亳州學生　春秋
第一百三名　洪文衡　歙縣學生　書
第一百四名　徐夢麟　宣城縣學附學生　詩
第一百五名　韓光曙　蘇州府學附學生　易
第一百六名　徐來儀　興化縣學增廣生　詩
第一百七名　徐家慶　宣城縣人監生　易
第一百八名　蔣應震　宜興縣學增廣生　詩
第一百九名　徐應聘　崑山縣學增廣生　易
第一百十名　游顯烈　婺源縣學附學生　書
第一百十一名　黄文奎　福建古田縣人監生　易
第一百十二名　倪魯　淮安府學生　禮記
第一百十三名　張應槐　浙江浦江縣人監生　詩
第一百十四名　江起鵬　婺源縣學生　易
第一百十五名　楊武烈　歙縣學附學生　書
第一百十六名　陳汝麟　徐州學生　詩
第一百十七名　顧允杰　崑山縣學增廣生　易
第一百十八名　郭有翼　當塗縣學生　詩
第一百十九名　張邦憲　松江府學附學生　易

第一百二十名　程家相　徽州府學增廣生　詩
第一百二址一名　戴大槐　福建平海衛人監生　書
第一百二十二名　江有功　蘇州府學生　春秋
第一百二十三名　張應泰　涇縣人監生　詩
第一百二十四名　吕克家　丹徒縣人監生　易
第一百二十五名　高攀龍　無錫縣學附學生　書
第一百二十六名　周宗邠　武進縣學生　詩
第一百二十七名　金士衡　長洲縣人監生　易
第一百二十八名　顧陟　浙江餘姚縣人監生　禮記
第一百二十九名　包文熠　浙江秀水縣人監生　書
第一百三十名　錢兆閩　通州人監生　詩
第一百三十一名　魏尚賢　崑山縣人監生　易
第一百三十二名　沈應明　浙江秀水縣人監生　書
第一百三十三名　賀學禮　丹陽縣人監生　詩
第一百三十四名　于玉立　鎮江府學生　書
第一百三十五名　李先芳　嘉定縣人監生　春秋

第一場

四書

賢賢易色事父母能竭其力事君能致其身與朋友交言而有信雖曰未學吾必謂之學矣

陸化淳

同考試官教諭曹批（刊盡華言獨存本實是黜浮還朴之文也佳士）

同考試官學正祝批（發揮務本敦倫意宛得題旨非有實學者不能也録之）

同考試官教授錢批（文體渾厚力追大雅）

考試官修撰沈批（典雅可式）

考試官左贊善沈批（能體會語意）

賢者論學與其有實學者也夫盡倫而誠學之以實勝者也如是而與其爲學也夫何疑子夏以爲世之學者貴聞見而人之論學者亦曰多聞焉學矣多見焉學矣自我言之學非徒聞見之謂也謂其明人倫而實有諸已也有能

賢人之賢而易其好色之心親吾之親而竭其得爲之力其事君惟知有君不知有身也其處友相示以情弗載以僞也斯人也即吾所謂學者也蓋人紀克修則學識其大君子之誦詩讀書以求不愧于人者如是焉而已其多聞與否弗論也躬行已至則道有諸身君子之日就月將以求盡乎所性者如是焉而已其多見與否弗論也故見其學也未見其行也人謂之學吾不敢遽以爲學也見其行也因論其學也雖曰未學吾必謂之學矣彼有學其所學者豈吾所謂學也歟此子夏示學者以務實也然亦非子夏之言也三代之學以明人倫夫子曰躬行君子吾未有得蓋本之此也子夏以文學名豈廢學者而以此立訓其亦古尚行之意歟夫有博文約禮會倫之精以立人極者又不但可謂之學吾以爲學之至也斯子夏不言之意也

道之不行也我知之矣知者過之愚者不及也道之不明也我知之矣賢者過之不肖者不及也人莫不飲食也鮮能知味也

王士騏

同考試官教諭鄧批（結構自然詞理兼到後半篇尤得本旨誦之躍然）

同考試官教諭王批（體認真切詞復雅粹取之）

同考試官教諭從批（發題旨精透而氣度冲雅紆徐蓋士之知道者）

同考試官學正鄭批（洗濯鉛華直攄性素録之示多士以還淳也）

考試官修撰沈批（簡淡）

考試官左贊善沈批（大雅）

道之弊於人也由其不察焉夫道無過不及也人以不察而失之寧獨其稟之偏乎中庸述夫子之言曰人受天命之中以生而率之爲道焉自此中鮮能于民而道之不明不行久矣亦知其故乎蓋力行常始于能知而真知尤得于能行道之不行非獨失之行也我知其由于知之過不及焉知者窮高視道無足行者而愚者識卑又不知所當行也各持其所見道何待而行乎道之不明非獨失之知也我知其由于行之過不及焉賢者抗行視道無足知者而不肖者才弱又不求所當知也各溺于所守道何待而明乎是人也均之離乎道矣而道豈離於人哉故夫道者日用飲食也人不得無以生也道之有中是飲食中之味也人鮮能察而知也精微寓於平淡之中而過求者常失真易簡自有無窮之味而循習者多不著此其所以過不及也夫道亦何難明與行之有吁試一反求則習而察矣中固渾然在焉而知與行合矣大抵世所取常在賢知而騁其才智害道乃滋甚聖人至與愚不肖同類而譏非過也然賢知常欲

出聖人上聖人自視每出衆人下故菽粟尚其用大羹尚其真至味無异味焉夫聖人之用中亦以此

以善服人者未有能服人者也以善養人然後能服天下天下不心服而王者未之有也

方嶽

同考試官訓導王批（王霸之辨始諸立心此作獨能剖晰幾微善形容王道氣象是以録之）

考試官修撰沈批（遒健老成不費辭而意透佳作也）

考試官左贊善沈批（明順）

人君服天下而王惟其公天下以善也蓋以善養人則其心公故能服天下而王也而謂私己者能乎哉孟子意曰人知力之不足以服人也而用善以服之以爲惟善足以屈人不善也然而不能也存一私己之心人且病吾之私也有能服人者否也存一上人之心人亦争處其上也有能服人者否也必也以善養人者則不但服人也而能服天下又不但服力也而能服其心閔人之不善而汲汲引翼之若父毋于子也亦何意服之也而至公所感天下歸心焉有不自爲德而民遍德者斯王業之所由一統乎樂人之有善而孳孳成就之若天地于物也亦何意服之也而一念所孚群心丕應焉有不自爲大能成其大者斯王道之所爲無外乎借曰天下不心服而王者未之有也夫服人而至于心服而後爲服人之深善能使天下心服而後滿吾善之量此惟公善者能之而私者不能也公私之辨豈獨力與善之間哉雖然太上知有之次親之譽之人親譽我者我投以迹也無意則忘忘則人亦忘我焉而天下化斯治古之極而養之至乎然在所自養矣

易

彖曰泰小往大來吉亨則是天地交而萬物通也上下交而其志同也内陽而外陰内健而外順内君子而外小人君子道長小人道消也象曰天地交泰後以財成天地之道輔相天地之宜以左右民

王士騏

同考試官教諭曹批（簡而莊無一剩語）

同考試官學正祝批（雄渾典雅治世之文）

同考試官教授錢批（格莊詞雅想見泰和氣象）

考試官修撰沈批（聯絡得體）

考試官左贊善沈批（健朗）

觀泰之彖象而見天人之相成焉夫泰之時天人之盛際也元后有贊化之治而泰其賴以成乎嘗謂天地開聖人之先聖人終天地之功此世所爲稱隆也吾於泰之彖象見焉彖則謂夫卦以乾坤交而爲泰是二氣訢合泰和在宇宙矣君相同心泰和在廟堂矣由是陽者健者君子者其道常得以自伸浸隆浸昌胥爲君子可也陰者順者小人者其道不得以自肆浸消浸亡盡無小人可也此以謂之小往大來而吉亨也然天非人不成人非天不因故象又謂當此泰交之會元后者宜握其權而致太平焉天地交矣不有沕穆未開者乎裁成其道以制所不能辨而民志以啓萬物通矣不有生養未周者乎輔相其宜以補所不能爲而民用以利斯時也上下所爲同心君子所稱道長者要以贊化育而安民生耳然則天下之泰豈不在一人也哉故合觀彖象而知泰運者天啓人泰治者人成天天人交相成也蓋唐虞三代泰相仍也至後世而無泰豈乏時哉人鮮裁成輔相之能而補苴以爲日天無如人何也上志娛樂下志寵利有一念在天地生民乎故秦漢以下邪正互消長天亦否泰半矣

是故君子安而不忘危存而不忘亡治而不忘亂是以身安而國家可保也

沈天啓

同考試官教諭曹批（苞桑之戒得是作而益明）

同考試官學正祝批（語意警策是有關繫文字）

同考試官教授錢批（切直之言思深之旨）

考試官修撰沈批（善言保治意）

考試官左贊善沈批（俊拔）

君子所以保業者以其戒心勝也甚矣先事之戒不可忘也能戒則患不及身而國家其可保矣夫子觀於否泰之際以爲治道不遠治心實難心有所不忘則制否泰在我矣今夫安危存亡治亂之間每同途而迭變此心爲之樞焉是故君子知危生于安常居安而慮危不忘危焉知存或可亡常處存而念亡不忘亡焉知亂伏于治常當治而憂亂不忘亂焉身在尊安也而畏天難諶憂勤常廑于夙宵不敢一日諱式微之事國家泰寧也而畏命難保禍敗若起於旦夕不敢須更弛儆惕之防君子之心如此是以祗畏之誠格乎上下足以祈天而保民倚伏之慮精于幾微足以銷萌而杜隙殷憂故無憂而德福萃于厥躬身其安矣無逸乃能逸而基緒綿於奕世國家可保矣然則安其位者以不忘危也保其存者以不忘亡也有其治者以不忘亂也易戒苞桑不忘之謂

也歟大抵天下神器未嘗暫静聖賢比之朽索馭馬蹈虎尾涉春冰危亦至矣昔秦隋皆極盛之天下一朝而解何也失在恃恃則忘而不測者乘之故知明君之慮在衆所易忘而曰其亡其亡乃善言久安極治者也

書

帝曰俞允若兹嘉言罔攸伏野無遺賢萬邦咸寧稽于衆舍己從人不虐無告不廢困窮惟帝時克

沈學

同考試官教諭萬批（詞意精暢深得克艱之旨）

同考試官推官徐批（體裁莊重語意峻潔）

考試官修撰沈批（老成）

考試官左贊善沈批（精約）

聖君廣克艱之道而歸之前聖焉蓋惟聖人爲能不自易也克艱之道而可易言哉帝舜有契於禹謨故言曰君臣乃萬化之原艱難爲政理之本旨哉克艱之謨信能此道矣特政乂民化已乎吾見聽納宏而群策兼收有揚而無伏焉官使公而黎獻共臣有用而無遺焉政教同而萬民得所有安而無危焉朝廷邦國泰道熙然其一新而效固若斯之大也然言非苟聽之而已必樂取如自己出而後嘉猷可達焉民非苟仁之而已必哀矜切于窮民而後群生可安焉賢非苟用之而已必求賢逮乎側陋而後衆正可集焉人已士庶精誠渾然其悉貫而事豈可以易言也爲其事獲其效艱者乃克矣其惟帝乎恭讓夙成每懷乎若時若采之益哲惠兼至不病於知人安民之難此真所謂克艱厥后者哉吁舜不自謂能也而歸美于堯克艱之實亦可想矣抑世常有願治之君而賢人不親民生寡遂其人主不自知難讜言不進而以天下娱也帝堯稽衆舍己有如不及誠念官材民隱非通言路不可耳噫斯又克艱之本歟

王敬作所不可不敬德我不可不監于有夏亦不可不監于有殷

王廷賓

同考試官教諭萬批（格正調高旨融詞練）

同考試官推官徐批（發居敬監古意明徹）

考試官修撰沈批（詞意蒼然）

考試官左贊善沈批（爽健）

大臣惕王之敬德而示以所當監焉夫君德以敬爲本也監於夏殷而益知敬之不可以已也召公告成王之意曰天下之治在君身人君之德大居敬

王何以責臣爲哉亦有居敬而已大國不敢言侈而無逸以宅其基元子不敢言尊而有嚴以立其極臨御事如其所以對皇天而兢兢乎與俱焉斯須之不敬乘之而大觀虧矣不可也撫庶殷如其所以毖上下而翼翼乎與游焉幾微之不敬參之而化原塞矣不可也王亦何所監乎先我而王者夏也殷所代也我之一監也不監則胡所戒而玩心以生我亦夏矣我不可不監於有夏焉先我而王者殷也周所代也我之又一監也不監則胡所懲而懼心以息我亦殷矣我不可不監於有殷焉有所惕然深省於理亂興亡之際斯有所惺然常存於起居動静之間不可不監于二代其可以不敬德乎吁望王敬德諴民之意至矣抑召公誥王言敬言監言夏殷必再三其説人主冲年未諳往事游佚淫樂不知可憂監往徵來存法戒焉嗚呼自有宇宙非一代也人主柰何弗敬哉

詩

無怨無惡率由群匹

陸化淳

同考試官教諭鄧批（造意清深摛文爾雅）

同考試官教諭王批（發純心任賢意盡矣）

同考試官教諭從批（明融雅健殆非經生語）

同考試官學正鄭批（莊雅純粹聲詩之優者）

考試官修撰沈批（俊潔）

考試官左贊善沈批（明整）

詩人願君嗣之用賢不以己與之也夫怨惡而有己則私矣忘之以用賢斯德其至乎詩人以是答鳧鷖有以也且人君之所與共治者惟賢而其所以用賢者惟心爲王嫡嗣者其必崇假樂之範而興賢宅俊不以徇一己之私守宜人之法而開誠布公于以弘大君之度怨不以天下之公者爲私怨私怨起則任使之際有顛錯而拂經者非所以率由群匹也當秩秩抑抑之隆將正大之情通乎天地而豈其有是乎惡不以天下之公者爲私惡私惡起則堂陛之間有隔閡而弗通者非所以率由群匹也當穆穆皇皇之時將泰交之美同乎天地而豈其有是乎位有小大而慶讓黜陟惟其公焉雖毁言日至而無所容心見有异同而都俞吁咈惟其當焉雖逆耳日聞而不以介意蓋群匹所共者天位吾奉天以率由之而已矣所治者民事吾爲民以率由之而已矣夫奚怨惡之有哉此弼德凝命之道而假樂詩人所以爲王嗣願也雖然是道也養之貴豫不自今始也其在儲貳之際乎道之以德義則德義道之以法律則法律幾固不可不慎也古人之述君德曰其爲太子也朝于嬰齊而夕于側也有味

乎其言之此無怨無惡率由群匹之本也

濬哲維商長發其祥洪水芒芒禹敷下土方外大國是疆幅隕既長有娀方將帝立子生商玄王桓撥受小國是達受大國是達率履不越遂視既發相土烈烈海外有截帝命不違至于湯齊湯降不遲聖敬日躋昭假遲遲上帝是祇帝命式于九圍

華鈺

同考試官教諭鄧批（規摹宏壯語意超然）

同考試官教諭王批（詞簡意足殆難復加）

同考試官教諭從批（體格平雅思致縝密）

同考試官學正鄭批（宏深簡古頌義鮮儔）

考試官修撰沈批（善作長題者）

考試官左贊善沈批（簡勁）

有商以德受命歷觀三后可知也夫德者凝命之本也觀三后之受命而世德之祥遠矣哉此祫祭之所以歌也且一代天命非至德不承非厚積不發我商則太和以萃世有濬哲之君景命攸屬久兆興王之業成之者湯不自湯也傳之者相土不自相土也蓋自禹甸既平之餘有娀方將之際商室已造而玄王立矣玄王以桓桓之德而著爲身教則小國大國罔不敬應焉帝命之所以基也相土以烈烈之武而布之四方則薄海内外罔不齊一焉帝命之所以延也至乎成湯則生當聖作之期而天眷之有常者適合維新之會德極昭格之至而聖敬之日懋者益孚簡在之心實始作君師而式九圍焉帝命之所以集其成也夫由湯而上則濬哲之德奕世有光由契而下則長發之祥保世滋大登歌之際敢忘所自哉雖然是詩也非徒侈祖德而已也亦以垂後王之鑒焉蓋廟貌一啓則承糦者四方執玉帛者萬國於斯之際主暢受厘易生侈心矣祖德之頌其亦著累世之艱難見天命之不易乎故曰亦以垂後王之鑒也

春秋

八月公會齊侯宋公鄭伯曹伯邾人于檉（僖公元年）

方嶽

同考試官訓導王批（發振威意明悉殆盡）

考試官修撰沈批（筆勁格莊）

考試官左贊善沈批（嚴整）

伯主勤貳以振威其念之深可予也蓋威不振則安攘之勢不張齊伯之

念及此其成功也宜哉且夫鄭中國之樞也南向則楚重東向則齊重楚之敢于争鄭者以華風之弗競而伯威之未伸也桓公識明管仲多才其籌兹也審矣用是因楚人伐鄭而于檉之會講焉糾合列辟共爲勤恤之圖倡率友邦咸切簡書之畏謂門庭之寇方亟不可以莫之禦也則思所以摧其鋒而壇坫之間有勝筭謂懿親之禍方殷不可以莫之拯也則思所以縫其闕而帷幄之内有壯猷蓋所謀者雖止於一鄭而隱然有奪人之聲所合者雖止於五國而赫然有難犯之勢不待陘亭厚集苞茅致詰而後知之矣噫于幽萃冠裳之好志非不同也而積衰之風未奮純門遁襲仇之師義非弗著也而華夏之氣未舒豈若兹會也謀協於同仇而威振於外攘其事爲尤偉也哉以桓仲君臣之經營於始者其念之深若是顧伐陳之役又何其罔念耶良由量淺而器不宏也嘗觀管仲之言曰功成者隳名成者虧至其告桓公也亦拳拳於持盈守成之道乃三歸之侈躬自蹈之又奚以匡其君帖楚之後震矜萌而叛者九國固其所也故曰王道之外無坦途舉皆荆棘仁義之外無功利舉皆險戲諒哉

晉侯伐衛（文公三年）晉陽處父帥師伐楚以救江（文公三年）

湯一龍

同考試官訓導王批（莊嚴典古經學無逾此者）

考試官修撰沈批（文有斷制）

考試官左贊善沈批（古雅）

春秋紀事有明君重於師者有明將等於師者夫君實有國而將與師皆所以衛之者也春秋之立法有定衡已吾聞唐虞授受必稱元后爲先蓋崇君道也夫子祖述之而於國君親將示法焉彼當晉侯之伐衛也故絳之師從公于邁豈有國者所可忽哉顧赫赫千乘之尊方躬臨乎戰陣其操縱左右惟一人是瞻而師非所論矣雖曰國保於民師固有時爲貴然自其分之一定者言之則尊而象天卑而象地固有不容僭差者使君將而方帥師是冠履無别其何以訓天下故獨稱晉侯不以師并之也又聞周室遣帥必與戍役同歌兼重師將也夫子憲章之而於大夫帥師示法焉彼當處父之救江也斧鉞之權專制閫外豈士卒之所敢望哉顧詵詵征夫之衆方共事乎戎行其安危休戚殆一體相關而將不得獨重矣雖曰師統於帥其分固有常尊然自其情之聯屬者言之則曰公侯腹心曰王之爪牙未有能軒輊之者使重將而輕師是將卒异心其奚以臨大敵故并書于策明將與師等也吁此可見春秋王道之權衡矣乃至棐林之會則止言晉師而不書趙盾此其意豈异哉不使臣疑於君者

亦重君之意也不使將掩乎師者是又重衆之義也惟此義不明而僭逼凌上取民有衆者踵踵矣孔子爲此懼作春秋也防之得無嚴乎

禮記

命大師陳詩以觀民風命市納賈以觀民之所好惡

梅守峻

同考試官教授臧批（簡切精當無一長語）

考試官修撰沈批（明净有體）

考試官左贊善沈批（副暢）

王者命官凡以觀民而已夫民風民情與政通矣此王者命官而先其所以觀之者且先王衆建萬國以爲民也則其時巡萬國宜莫先於觀民矣彼上有教化民感之而風成而詩則風之咏于言也詩而不陳民風隱矣而侯政之得失吾將奚觀故聲詩之采大師掌之而命之陳焉里巷以歌其志朝廷以貢其俗詩之和矣風之穆矣而政得可知也詩之靡矣風之漓矣而政失可知也蓋民既有風不能以無聲惟即其聲歌所播者一諷咏之而斯國之教化觀其深矣上有趨向民感之而好惡著而價則好惡之徵于物也價而不納民情隱矣而侯政之好惡吾將奚觀故市價之平司市掌之而命之納焉低昂别於日中欲惡徵於俗尚用物貴與是民之奢也其國奢而示以奢者也侈物貴與是民之儉也其國儉而示以儉者也蓋民既有情不能以無形惟即其好尚所形者一獻納之而斯國之趨向觀其概矣夫民風觀而諸侯謹於風之自民之好惡觀而諸侯慎於好惡之原故曰一游一觀爲諸侯度也抑王者有天下者也天下之化必自王者始王化弗端而求治於侯國難已然則省方其先自省乎觀民其先自觀乎樹之風聲明之好惡而天下化之矣嗟乎必如是而後可以觀哉

天子有善讓德於天

王之鼎

同考試官教授臧批（發讓德之意精暢可録）

考試官修撰沈批（粹雅中有格力）

考試官左贊善沈批（精鍊）

王者善則稱天可以觀順天之至矣夫天子體天弘化者也有善而必讓諸天其順天也一何至哉且夫今之言天子者尊無二上矣宜無所於讓矣不知天子受命于天者也是故位極天下而不敢以言尊善蓋天下而不敢以自

尚皇之不德懼其有愧于天矣幸而善自我積而四海稱明后則非予一人之能也昊天有成命吾特爲之靈承耳已予之無良懼其有負於天矣幸而善自吾全而斯世稱聖主則非予小子之良也唯天有明命吾特爲之奉若耳已聰明照臨於萬國而天子弗居推而讓之于天曰其天作之乎而歸美之誠著矣豈謂宸聰自啓也顧無所與於天哉智勇表正於萬邦而天子弗任舉而讓之于天曰其天錫之乎而推戴之志昭矣豈謂乾綱獨斷也顧於天無與哉故自天下而視天子其典之敦禮之庸德罪之命討而善罔不備者咸以爲我后之德自天子而自視其曰天叙曰天秩曰天命天討而德罔不臧者則以爲帝降之休吁其順天也至矣書云有其善喪厥善天子唯於天讓善則其心無所有矣無所有乃能無所喪而德益格于皇天彼沾沾一善者居之不疑輒自以爲兼三皇超五帝而不知其心侈志盈天且弃之善於何有於乎唯舜文其不可及也與

第二場

論

王道本乎人情

梅守峻

同考試官教諭萬批（此論作者類多剽襲陳言而於本題之旨漫不相涉子獨根據無偏無黨之義發揮明悉議論醇正深得純王之心且格局冠裳意調高古氣度冲和才識兼到之士也高薦允宜）

同考試官推官徐批（題意甚大説理者易窮入事者多冗場中作者難展所長獨此卷議論反覆千餘言皆根極經訓檃栝情精徹宏暢深得王道蕩平氣象是必達於治體者録之以式多士宜也）

考試官修撰沈批（立意正大開闔有度不事奇詭而綱條粲然精理自著至説人情處有味哉）

考試官左贊善沈批（曲盡人情）

王道之所以爲大者在因人心之自然而無所自用於天下所謂人心之自然者何也則天下之情是也夫天下之人亦夥矣離而聽之棼乎芒乎若難盡徇其欲者是一人之私也非其合而公者也其合而公者則至平也而同乎天至涣也而統乎道愚不可欺弱不可攖久遠循習而不可易此以明其出於自然也聖人知其然其爲道也不任己之情而常本於人之情不本一人之情而本天下之人之情天下之所欲吾爲導達節制其間而未始以己逆之天下

所不欲吾爲區處禁禦遠其患害而未始以己强之如是則天下之情得而天下之心通其久也上下交相凝固莫知其然此謂純王之道非伯者可及也然則聖人者道德粹清一出于公豈其才智之不足以治天下哉亦深察夫人情而已宋儒程顥氏明王霸之辨爲神宗告曰王道如砥本乎人情惟本乎人情此王道所以如砥也夫王道之説何昉焉箕子之陳洪範曰無偏無黨王道蕩蕩無黨無偏王道平平無反無側王道正直所謂蕩平正直者何也人情之謂也天下之人各受天之明命以爲性其見乎情者必有大公至正之極焉建極於上則爲王道歸極於下則爲人情人情爲王道之本所從來久蓋二帝三王不能易也且夫帝王者履太上制六合姑無論天下之人頫首以聽吾所欲爲苟出其獨智求治于天下而縱横操切之亦奚不可乃孜孜俯徇天下惟恐一夫不獲其情者此曷故哉蓋天之與人亦遠矣天生聖人宅之君師予之聰明睿知使之通乎天與人之間以達其情而代天以司平于天下其道固若懸衡虚至之中付之善權者進退焉但不令爽一銖不以指握加輕重如是焉耳矣然五權之變不可勝窮低昂俯仰日有百變天下之情之難平也亦若是耳是故奠九宇以爲安錯之在覆盂焉而梲杌反側羅其中矣環四海以爲帶保之在襁屬焉而暗黯垢汶藪其間矣包萬彙以爲家寧之在堂序焉而棼拏瑣劇宅其所矣生殊禀則殊心土殊風則殊氣謡俗嗜好被服器械殊宜則殊習均是人也九譯不能通焉而聖人者欲以方寸而周環海以宥密而灼豐蔀以瞬息而垂永世其智必有不周其勢必有不遍則天下之情曷由以盡而聖人之治或幾乎窮夫使聖人者果煦煦焉日求天下之情而徇之而悦之誠有所不可繼然而聖人之所謂本人情者不然也一人之情億兆人之情是也億兆人之情一人之情是也瞑吾之目而天下之共見在焉傾吾之耳而天下之共聞通焉潛吾之思而天下之是非欲惡無不備焉人情有公是非根于秉彝之正而不可以勢奪也人情有同欲惡起于生養之際而不可以力强也聖人者將有動乎其慮必觀天下之公是非而無敢以己之適莫與之將有加乎其民必察天下之同欲惡而無敢以己之愛憎參之本其公是而是之天下莫不與焉本其公非而非之天下莫能違焉本其同欲而趨之鼓舞者不終日焉本其同惡而避之欣戴者不逾時焉冬日之陽夏日之陰莫之召而人争趨之者得其必至之情故也群飛之歸茂林也群游之歸深瀨也孰招之而孰强之夫非天機之自然耶昔者皇王之世開天統而治人情若耒耜衣裳車馬宫室儷皮衣薪之屬既漸因夫物情之所宜而創爲之而五禮六樂八政五教九伐五刑之屬又皆因世而推移殊時而不相襲則以後世之情竇日開日巧聖人代作教

之加切防之加密處之加備亦莫不因人情之自然者各有建置于天下而一慶賞一誅罰一明揚一顯黜與夫一興革動止靡弗覩人情而出之故安之者固情也有所勞而逸之者亦情也養之者固情也有所節而愛之者亦情也順之者固情也有所禁而衛之者亦情也生之者固情也有所殺而全之者亦情也聖人者操予奪生殺于萬民之上必順人情之自然而應之聖人固曰吾何情哉吾司平于天下猶牧者本牛之情御者本馬之情樹者本木之情舟者本水之情然則治人者不本人之情而何也嗟乎天下之情之不可勝窮也所求遂於聖人者至殷繁也聖人所以本人之情者豈易言哉其虛中以求之是慈毋之撫嬰子扣以心而不以言也其致忠愛悉聰明以察之是扶傷救溺詔聾而導瞽弗盡誠弗止也其順而導之也是注物于流水之源其變而通之也是曦曜于寒林之谷其優游以俟之是浸潤沃灌温乎不以旦夕迫也聖人者端拱穆清神動天隨不煩指而自喻不戒令而自肅勞民而民忘勞使民而民忘死戴之如日月拱之如北辰豈待發徵期會哉天下熙熙欲得其情而來天下蕩蕩各厭其情而往天下之人各得其情而民已治矣化理畢矣故人情者聖人治天下之大本也蓋其始也緣法以順人之情其中也經綸以盡人之情其終也纏綿固結乎人情上下相忘游于大庭之天如野鹿標枝同歸無情而已故曰心普萬物而無心不自用其心也情順萬事而無情不自用其情也此王道之所以爲大歟古今稱王道之備無如成周乃惟曰有關雎麟趾之意以行周官之法度又曰平易近民民必歸之其治内治外之道蓋莫詳于詩於伐木則道及乾餱釃羜之微于四牡則體其將父將毋之念于采薇則叙其室家啓處饑渴寒暑之情而東征一詩細及於往來感遇町畽蠨蛸聚樂離合之思即家人父子相爲慰勞者罔弗宣其意而代言之抑何愛人之深而本人情之周乎維時品式詳明精意流貫所爲聯絡一世者若出其一身閭師黨正以歲時鄉射讀法握手而告語之朝覲會同集天下卿士大夫宴樂綢繆以盡其懽揚旌揭鼓徇鐸振鞀自士民輿瞽靡不得陳所懷來悉所欲言天下之情既已無不遂矣而約己裕人之念尤不弛銘于几席觀風采謡之吏尤不絶迹于海澨慮天下或有難吐之情必使宣暢於兩間無復壅淤而後已其間雍容欵曲上下訢合自有愛恤保養之深意入人心而人不知者一切束縛刻核懲膚及體之政惻然有所不忍施故誦其詩者嘆曰先王以人道使人曰太和在成周宇宙則周之道一本于人情故也及周之衰而伯圖興王道幾乎熄矣民生其時有情而不得伸鬱而後發天下遂一散而不收則秦之季是已蓋嘗論之伯之術尚詭貴所不知不見籠罩一世而自專利焉王道則否皎如白日朗朗洞洞

人情而已伯之術尚巧逶迤宛轉與時上下屈于所甚屈伸于所甚伸王道則否直如引墨正正平平人情而已伯之術尚捷令行禁止急於駭電王道則否舒如遲日容容徐徐人情而已世未有愚人情而人不知拂人情而人不怨人情和而不安人情怨而不危者而俗乃謂王道迂遲伯圖敏速則何不引周秦之故觀之乎故曰誠心而王則王矣假之而伯則伯矣吁本人情言王道乃其所謂本于誠意者歟雖然人之情每奮於作新靡於無事約於始造泰於末流是以亂伏於治危倚於安則以持情無道履盛而不知戒也聖人既本人情以治天下而又修禮以耕之陳義以種之講學以耨之本仁以聚之播樂以安之置天下于仁義禮樂而常申之以教學以節制人情使之不至於極如田工有畔一日不敢忘鋤治焉乃能久于其道而天下之治成故曰人情者聖王之田也是王道之極也謹論

表

擬宋御邇英閣講讀寶訓尚書左僕射吕大防等上御書解釋請置于座右并緝乾興以來四十一事可爲勸戒者名聖學以進表（元祐四年）

王士騏

同考試官教授臧批（題中條緒曲折類難整贍獨是作檃括典故發以忠愛之辭足備黼座炯鑒且布格莊雅摛字精確不藻而麗不斷而工佳士佳士）

考試官修撰沈批（文辭委婉有則取之）

考試官左贊善沈批（舂容詳雅宜録以式）

伏以聖聖相承茂衍萬齡之緒明明在御重宣百疊之光宸文并大訓以俱懸炯戒與芳規而交著對揚鴻烈是乃彝章陳説燕清時惟帝學臣大防等欣忭欣忭頓首頓首上言英辟肇基詒孫謨而慮遠哲王嗣服繼治世者道同苟懿範之如存諒前圖之足紹聿懷成德宅師祗戒阿衡永念先王立政陳規姬父監成憲而殷邦郅隆述遺風而周道中粲蓋源流可接命脉相孚誠故久而必徵美則傳之斯遠凡在守成之世宜以典則爲師於惟本朝邁踪往昔陳綱常以立國積忠厚而開源粤自藝祖締搆以來逮我仁宗重熙之會詒來昆而覆懿爍真如堯授舜舜授禹褒前緒而加光明宛若成法武武法文百十餘年四聖一道生民特盛近古所希耿訓昭文圖書燦星華之府定寶章瑶版縹緗燿玉斗之墟布方册以有徵率舊章其奚過兹蓋伏遇神靈御極睿哲紹天膺龍叙之圖而謙光下濟撫駿隆之運而泰德方新長樂中安泄泄融融以交慶玄旃紫幄孜孜業業以勤求兹踐祚四年丁孝昭辨上官之歲維孟冬吉朔還寶元解左傳之儀玉輅晨興望迎陽而東駐緹帷晝啓對延義以高譚謂當天聖之中嘗允王曾之請仿十卷

唐書而起例纂三朝實録以成編啓日曆于金縢已備六十年之事采起居于恭館曾成三十卷之文瑶席弘開乃萃耆儒以闡繹丹書在側令宣美意以敷陳先讀首編而政體治原犁然掌上接觀末簡而虜情邊備炳在目前披皇圖稽帝文騰休明於典謨之右揚洪輝播考烈凝孝思于几牘之間香篆隨風或夜分其未已花磚度影殆日昃以靡遑蓋事稽往貫者藉旁求而法在當年者無遠慕視彼宣和左闕衍易卦以窮神與夫崇政西廡陳箕疇以建極方斯盛舉孰忝前休然仁宗臨御閲歲滋深而先帝纘楊在位日淺御書之藏于邃閣者未就編摩故事之副在有司者尚多遺軼并宜裒集簡續琳琅仰贊緝熙功劘日月臣大防等識慚窺管職列參衡誠戴負於高深欲攄陳其萬一竊謂中興配天之烈遠過漢文而盛德入人之深庶幾周后乃掇四十餘年之治分爲四十一款之文赫赫憲章拜包宏略煌煌御墨浚發微詞自祖訓恪遵至小瑕必録臣若問安視膳細如愛物存羊關大體者悉在旁羅垂來裔者盡從采輯事事無虧王度言言有補聖修昔在乾興之初旭日方曦而雲簾半捲迨夫嘉祐以後中天朗曜而太阿獨持故龍德正中雖已粹清無議而龜圖兼總似當本末粗陳比政要于唐英繁簡差异參帝學于祖禹勸戒兩存謹齋心而奏于法筵敢拜手而置諸黻座陟降在其左右朝夕賜之覽觀儻蒙比金鏡以重明受緑圖而祗若日御邇英勸講之地神交無逸載屏之心耳目精神彌近而師摹愈切語言政事并列而法監斯昭則群后在天共慰式詒于罔缺而千官對御咸忻繼述之兼隆損益四代其可知禮樂百年而大備此臣等所爲圖繪化工輸流溟渤者也伏願新之又新聖不自聖慎始終之好尚晰治忽於轉移念令典成規戒紛更而務修復思人心德澤動摇易而培植難讀其訓解其書洋洋祖考之來格善可從違可弼昭昭永監之在兹桑土貴未然寧恃百年無事薰蕕本异味難令兩立爲朋惟精惟一中道以凝作則作求下土斯式秉靈樞而非泰王道遐均握荃宰以有爲淳流旁洽體堯蹈舜布馨烈于無疆遵業楊功綿蘿圖于有永臣等無任瞻天仰聖欣忭激切之至謹以所緝書分上下篇隨表上進以聞

第三場

策（五道）

第一問

王士騏

同考試官教諭萬批（我祖宗駿烈具在訓録聖子神孫所宜世守者我

皇上鋭意紹述輯其大者陳請法筵豈直闡發休懿且將丕式而光大之矣此作敷對詳明思模雅頌末復歸重于思艱勵精二語尤見忠讜其素懷伊周之志者耶）

同考試官推官徐批（我列祖寶訓寶録創守相承功德備美真足以禔休萬祀者而我皇上惓惓編述進講輝映屏几法祖保泰之盛心蓋後先爲烈矣是策體義閎偉闡楊獨悉末所敷陳尤極忠款宜録以式）

考試官修撰沈批（我列聖致治大經大法載在訓録皇上繼序纘述此巨典也是作對揚詳盡末復歸之艱難勵精尤見忠愛是涵泳聖化而有得者宜録之用裨法祖之助）

考試官左贊善沈批（草茅之士能敷揚列聖謨訓暨我皇上法祖圖治之意甚悉而篇末二語尤有卓見亦可謂識其大者宜采之以獻矣）

大哉帝王之道觀於創守述作之際則粲然矣先天而創大業者將垂啓佑于萬世必有萬世之訏謨焉後天而守丕圖者將致熙平于一代必有一代之法守焉作之于前屬統垂業動思可繼非聖人弗能也述之于後紹光襲明兼綜前美又非聖人弗能也夫惟茂明極哲乃知舊章之無愆稟之若規繩而奉之若律度夫惟弘仁達孝乃信世德之有賴道若列楹牖而見若在羹墻故其神凝精注既臨格之在前而心一道同將感孚之無間思其志也所以慕愛其言見其心也是以樂循其事知其慮始之難守之惟恐失墜服其斟酌之盡遵之如將不及古昔哲王能繩祖武罔敢自用者豈徒迹其已事哉其中有所契合而然也是知創守非殊途而述作非异軌也得創者之道以守而守斯善焉會作者之意以述而述斯善焉以此深思成德萬世之訏謨紹矣以此仰參巨典一代之法守陳矣然則茂烈光美鴻名顯爍焯乎與日月俱懸也不亦宜乎執事發策以我二祖列聖寶訓寶録編輯進御者下詢承學令其陳獻大義爲我皇上思艱保大之助于萬一生也固陋何能及此竊聞自唐虞夏三聖相禪面受微言始開精一執中之傳自夏后氏六合爲家世握大寶乃有典則貽謀之事成湯之興典刑肅如也而太甲在冲齡維時伊尹明言烈祖之德以訓于王載在伊訓一德諸篇太甲以能率祖攸行克終允德爲商賢宗有商一代之家法在乎此矣文武之興謨烈炳如也而成王在襁褓維時周公推言文武之德以訓于王載在無逸立政諸篇成王以能覲揚文武緝熙光明爲周令主有周一代之家法在乎此矣夫湯以前堯舜固皆可師也而商之孫子乃未若湯之家法爲易遵周以前禹湯非無足法也而周之後王尤不若文武之家法爲可守則嘗論其義焉人主至尊然必畏天而嚴祖臨之以尊極聳之以神靈

雖在宴偷戲豫有不矍然起而易容者乎是故稱祖以作敬焉世綿邈則仿仰無繇道伊邇而音容如接其慕悦者彌切其型摹也彌真是故稱祖以明親焉治九有若治大器亦各一家之法耳易器治之捍格難操保成循習事半功百是故稱祖以示守焉國體民宜久更乃備創圖托始意念精矣非鏡前規何以待後事乎是故稱祖以廣志焉有斯四美此以貴明聖故曰明聖者述作之謂也漢唐及宋代有厥詒誼辟英君并稱作者維時繼體之主追復振興則小康汔濟變易廢墜則喪亂荐臻雖道之粹精者或遠謝夫三五而法之畫一者自爲憲于當年貞觀懿政昈列御屏宰臣令狐綯一爲進讀宣宗以之端拱正容蓋哲性之所孚也三朝寶書并參記注宰臣吕夷簡一爲進御仁宗命於便殿觀覽亦彝訓之所迪也他若陸贄奏故事而德宗比之楷模史館進實録而憲宗不能釋卷真宗誦正法謹罰之篇而嘆深文之非政體孝宗覽正心剛斷之篇而知君道之貴有爲自古有天下者曷嘗不纂圖弘業皇皇于繼序之思乎仰惟我二祖握乾符造函夏張三綱紘五典而萬世丕天之大律啓焉我列聖昭休明篤麗固統萬方總群略而一代彌綸之大象搆焉神功駿烈被格天壤勒諸瑶函小大畢載是爲累朝之寶録蕩蕩巍巍欽爲帝極緘在麟臺之上天下曾莫得而名也明謨睿藻焜燿星日傳諸金簡精微特陳是爲累朝之寶训燦燦爛爛奉爲堯言扃乎册府之墟天下曾莫得而窺也恭惟我皇上明德日新聖學日就講讀無間于燠寒疏擬日陳于宵旰久矣猶夙夜孜孜慮明習之不易而思保守之爲艱謂古先哲王之事既遠稽而則效矣曷若近述我祖宗之成憲尤咸正而易循乎古先哲王之訓既逖考而得師矣曷若誦法我祖宗之訓典尤炳朗而易知乎顧以訓録浩繁時幾不暇乃俞輔臣所請特屬儒臣檢詳故事分類編摩總其大凡爲四十事首以創業艱難繼以勵精圖治修之躬也有曰勤學敬天法祖端好戒佚節儉起居儆戒之屬焉施之家也有曰崇孝謹祭睦親宫闈儲貳之屬焉次之以親賢遠奸納諫守法務實紀綱近習外戚賞罰詔令名分貢獻賞賚而行乎朝廷者靡弗具次之以保民審官重農理財久任守令興教褒德慎刑异端飭武御夷而推諸宇夏者靡弗詳事歸其目則一編一簡創守咸陳代列其事則明例成規訓録具在雖提要纂玄未足盡乾坤之浩大然治天下之大經大法幾乎備矣蓋我二祖列聖之有天下也既櫛霜沐兩躬擐介冑而有之又竭心殫慮求寧耆定而守之禹域之跋涉區分不劬于此矣既經天條地苞桑緝户以圖之又著憲申令丁寧儆戒以詒之豳風之拮据勤閔不惄於此矣宅八荒以爲大故其規摹弘以遠更數世而潤色故其意義精以深參古今而垂範故其樞機周以慎備經制以宜民故其品式

詳以明于是焉悉搴其精并書其粹宏綱巨目次第就編若以銘軒几鏤禹玉遂成一代之寶書此真萬年之朗鑒也昔我太祖高皇帝嘗自述創業之艱製祖訓一書凡十三章丁寧諄復以爲百世而下雖有聖人一字不可易至宣宗皇帝仰思盛美遡溯淵源製述祖德之詩凡九章迨我皇祖世宗皇帝褒揚功德丕闡光華製和續祖德之詩凡十四章今我皇上又類編訓録四十事進講于便殿祖宗之德于焉益顯祖宗之訓于焉益光將與大明長發共炳天壤而耀無窮然則修德致治豈徒爲企慕陳説之文哉儻於進講之際超然自得于言外興一念惕乎思艱大之在躬垂一問凛乎知作法之不易□謨承烈見聞洽矣而以注措爲精神謨明弼諧勸講勤矣而以規模爲運量撫萬全之輿圖如見削平統一之難焉今所爲式固而奠安之者盍思其永休乎陳大定之紀綱如見參稽建始之難焉今所爲執守而振揚之者盍思其易壞乎察久固之人心如見安集長養之難焉今所爲培溉而固結之者盍思其易涣乎覽不移之國勢如見尊全鎮定之難焉今所爲鞏固而增廓之者盍思其彌茂乎人才士習視昔孰淳孰盛教化風俗視昔孰美孰隆德澤恩施視昔孰閎孰廣民生國用視昔孰厚孰充疆圉甲馬視昔孰强孰練議論法紀視昔孰明孰行事事以祖宗爲法睹委而推其源念念以祖宗爲師考迹而求其意以皇上之睿明試一加聖心焉將得其精一而萬善可兼也睹其全書而萬微可貫也日思之而日習矣歲習之而歲更矣寧獨四十事者足備旃厦之陳與所稱四美者足盡繩武之道已乎生也仰瞻巨典莊捧無階何辭以置對儻所謂擇言于四十事之中掇其大者必也創業艱難乎必也勵精圖治乎知艱難則必不自逸矣能勵精則必知難矣斯二者相須焉今夫履高危則不見下久娱樂則不聞憂自非蚤夜皇皇專精治理夫孰知創業者之果艱難乎如欲知創業之果難豈必在觀圖鑒史間臨淵而知懼履冰而知危群情庶事大有類此其必自親事而後知也今夫多能小技聖人弗留聰明庶慎繁儀聖人弗兼問察自非深識艱難安危注念夫孰知勵精神于所當用乎如欲勵精神于所當用豈必在夕稽晝考問挈罟者振綱挈衣者持領馭衆裁幾大有類此亦必知其真難而後能也芹獻杞憂過計若是儻可稱萬分之一乎虞箴夏鐸將不廢之矣昔孔子告君以文武之政在方册人存則政舉三德以修身九經以治天下所以行之者一也而宋臣司馬光惓惓於保業惜時首之以仁明武終之以務實猶之乎孔子之意焉皇上法祖思艱勵精保大守成法持大體謹任人本之以至誠發之以聰明神武堯舜之治可幾而睹也已謹對

第二問

陸化淳

同考試官教諭鄧批（天人感應甚微是策獨持論折衷明必然之理非淺識可及）

同考試官教諭王批（休咎不虚惟人所召言天乃以著人事也文辭博贍蔚焉可觀必有識者）

同考試官教諭從批（攄奇闡奥以健筆而運宏詞是究心於天人者）

同考試官學正鄭批（天人窅矣書事則泥譚理則虚是能洞悉幽微著爲定論邃養邃養）

考試官修撰沈批（知天固儒者事即子言庶幾近之董生對天人爲舉首甚有望焉）

考試官左贊善沈批（天人之際茫昧難言子能斷之以理卓有定見足以破諸説紛紛矣）

夫天人之際蓋若交與然豈不灼然甚近哉而説者謂天道遠人道邇天人一耳遠者不得獨言天也邇者不得獨言人也獨言天不言人其弊之乎幽渺虚曠與人不相徵象其法使人拘而易怠獨言人不言天其弊之乎習玩具文與天不相符契其法使人誕而無忌故天動于上而人應之者不甚切以爲直言其理未必遽有其應也人應于下而天監之者亦若甚藐則人之神明不足達其際而天亦未可以虚文動也古聖人通天人一性命後世言天言人皆眇説耳烏足以幾燮理代天之義中和參贊之指乎昔之言天者以爲盛衰之數人實召之故曰我不敢知及其人事一定曰應惟影響曰賁若草木如此其捷也及爾出王上帝臨汝帝命與人直在爾汝間親亦至矣不愧屋漏神鬼察焉一酗酒淫刑威怒加焉孰云人近天遠耶故璣衡七政堯實欽若在察之虞典以爲第一義孔子稱堯則天焉後乃屬之星官曆師耳禆竈梓慎以天可禳衣而弭則亦可諂而得殆非若天之指矣公孫僑晏嬰斥之以爲人主宜修德正事務民之義云耳博達如二子要非不知天也至宋王安石著洪範五行傳論一切以天行歸之氣數及其論對遂以天變爲不足畏水旱爲不足恤當時有識者嘆焉然則洪範庶徵之學亦君子所宜紹其遠緒而使之弗墜者也蓋自天錫禹以洪範叙爲九疇武王首訪于箕子惟庶徵之疇言之蓋詳其休徵曰肅之時雨乂之時暘哲之時燠謀之時寒聖之時風以類若之其咎徵曰狂之恒雨僭之恒暘豫之恒燠急之恒寒蒙之恒風亦以類若之其文未嘗牽合不明也而儒者乃多諱言事應夫使盡如卜祝之譚固不足道使盡如箕子本

意一一自吾五事者而考稽修省則雖精言之奚不可焉故嘗妄論之曰八卦九疇吐於天地之苞符含有神理後世皆神而明之設曰貌言視聽思之配金木水火土而未必然也則乾首坤腹離目坎耳之屬非乎設曰肅乂哲謀聖之配雨暘燠寒風而未必然也則震雷巽風離日坎雨之屬非乎設曰五徵僅言天人之理非必一事配一行一事得失配一休咎也則一爻配一象一象配一占一占應一事非乎故八卦之配德也五行之配事也曆師之配應也蓍龜之配占也其揆一也有是氣則有是應應不應合不合法之密疏則學之精粗爲之天地間實理自然豈得謂盡無也孔子作春秋書灾异至衆矣而不書事應寧與洪範异指哉洪範明道之書故推天人之際爲甚精春秋紀事獨可載其灾异耳或天降灾于前人事應于後或人事失于前天降灾于後近者旬月遠者數十年聖人以事繫日月安得牽連而書之既屬其辭比其事必曰某事致某灾某灾應某事也豈春秋之體哉故春秋事皆於傳中發之非特不著灾應也洪範事應乃箕子明言之又非漢儒之妄也其法則兩漢之史略具矣班固氏本劉向之意作五行志五卷范曄氏踵固之例作五行志六卷而司馬彪成之皆以五行之沴繫之五事以五事之應合之五行雜采左國世本兩漢近事發明庶徵要歸人主一心起處動止靡不有應蘇軾以歆向父子所言互异又以八政五紀强附于庶徵謂其牽合而譏之未嘗盡以爲非也夫二子之學雜而不貫則誠有之乃一代所崇重與春秋洪範之遺法往往而在夫安得而盡廢之如稱田獵不宿飲食不饗之屬致木不曲直而貌之不恭厥極惡時則金沴木好攻戰飾城郭之屬致金不從革而言之不從厥極憂時則木沴金弃法律逐功臣之屬致火不炎上而視之不明厥極疾時則水沴火簡宗廟廢祭祀之屬致水不潤下而聽之不聰厥極貧時則火沴水治宫室犯親戚之屬致稼穡不成而思之不睿厥極凶時則金木水火沴土極之不建厥咎眊厥罰恒陰厥極弱時則有日月星辰孛薄之异其説如此人惟視五行爲虚位爕理爲空言于是曲學者有堯湯水旱之對尚通者有行期適會之言而訑端見矣夫當盛漢君臣之際不然也文帝日食之詔務省繇費以便民水旱疾疫命列侯議可佐百姓者宣帝以地震博問經學士律令有可蠲除者上之光武自以適見日月令有司修職遵度章帝以方春生養詔罪非殊死且勿案驗當是時人主祇慎天戒責躬思咎曷嘗不兢兢五行之應乎陳平言相職當輔人主理陰陽順四時丙吉不問道傍死人乃問牛喘魏相條奏明堂月令請立四時之官各舉其事謂法天順時爲安宗廟之大禮鮑昱菑眚之對以一人吁嗟王政爲虧丁鴻請改正匡失以塞天意楊震以地震戊辰日厥位在中爲近幸持權之象

當是時大臣寅恭贊化省愆進善曷嘗不兢兢五行之應乎時之學士大夫守其師説精析玄微則董仲舒劉向爲之冠舒治公羊春秋始推洪範爲儒者宗其言曰天心仁愛出灾害以譴告之又出怪异以儆懼之向治穀梁春秋著五行傳論其言曰和氣致祥垂氣致异祥多者國安异衆者國危要以究極天人感動人主二子博極群書爲漢儒宗皆學春秋言春秋中灾异烏得以其言灾异也而遽剽剥之他若涌水爲灾京房懼極陰生陽翼奉憂寒陰過節郎顗諫東萊黑龍谷永疏三朝日食孔光徵風雷數發蔡邕對論者不詳擇其言猥以圖纖術數之流皮傅而弁髦之亦過甚已哉故嘗謂漢近古有洪範春秋之緒學上自詔制下而疏議皆有以識達天人知灾祲所自來君臣咨咨動色以爲戒所謂處巖廊之上而慮四方視千古之前而鏡當代蓋不出户知天道猶有此學在焉易曰天垂象見吉凶聖人象之又曰觀乎天文以察時變故夫三才之道未易言也其神理乘虚而相通靈氣旋轉而相薄人居天地之中如龍在天徹内外無非天也者如魚在水徹内外無非水也者有動必應有兆必著其幾甚微其效甚徑神明之事可以智巧得乎聲以同應氣以類感蜀鍾鳴而銅山崩瑶樞散而地維裂柔風至而酒盈蠶絲含而弦絶物之相物焉可誣也陽燧在掌太陽火方珠運握少陰水太白暉而雞夜號介驅動而鼃鳴野精之相應無所待也瞽師奏音風雨暴至庶女籲天雷電下擊拊摽而炎霜飛揮戈而義馭迴專精厲意上通于天也五雲之變可望豐成八風之朝可考吉祥天臺玉策之占農師賈竪之智其於觀天行一也古之大聖精神燭萬物動静諧陰陽與天地參光鬼神齊靈察幾明物不失纖微况於人乎是故傳圖書以示重襲龜策以待事樹靈臺以觀象陳嶰管以測氣聆鳴弦以審聲順八紘以聽政夫孰非以燮調在我旁稽于五事之徵哉傳曰春秋舉往以明來視天下有物與之同其比者通倫類以貫其理則國家之事粲然可知又曰王者尊天地重陰陽知王治之象名之曰經考見天心則詩書易春秋禮樂皆是物也故洚水懷山堯舜疇咨桑穀生庭太戊修德鼎耳雉雊高宗正事大風作而成以出郊旱魃甚而宣以側身古人未發詞陳令天心顧懷者由天人之際素明炳而精與之一也儻不其然湯之六事六言纔脱於口四方之風湊千里之雨至宋侯片善出乎身妖躔退伏出三言獲三賞星退三舍子韋得一一預知之然則天人之際亦不遠矣古之人于陰陽五行必有學矣奈何其諱言之也宋儒陸九淵蔡沈二子以謂讖緯小技不足知天道適以啓邪説亂常經故言春秋不著事應洪範五行不必一一求其配蓋以杜後世之惑耳陳誼甚正非書生敢議竊聞之惟天至虚森列萬靈惟大君大聖尤與萬靈相接精液所朝夕氣息所

呼吸天帝所鑒觀而神響所豐融也焉有一動静而不關天鑒者乎焉有一譩告而不由治象者乎昔之儒者憂其鑿吾猶慮夫不知天而不畏也故易之卦氣如閉關施誥作樂育物之屬無不與天和參配月令之説蓋宗之春秋所書即一飛烏昆蟲之异謹而録之以明王事詩書言天無時可離無事不應尤詳於君德若色脉徵而五臟之虚盈無謬焉若呈貌畫相而鑒中之影先至焉經義之應明白甚矣世儒言天則曰仁愛人主言灾應則拱手稱玄遠而不敢知邵氏之皇極蔡氏之洪範則醇之箕子之庶徵則疑之漢史漢儒之論則藩而外之然則天在有無之間耶人主宜何從焉今夫孝子事親起敬起孝不敢問喜怒所由此自誠理宜爾也及其怒也必曰我罪伊何曰於我何哉君事天亦子道耳則夫怒所由起安可不知所從而修之而弭之乎人主誠覽大易之吉凶察洪範之休咎探春秋之灾异考詩書之天道深惟仁愛之心法古懼思之意原兩漢君臣之際對時順令以應經義一切政刑非時苛紊傷陰陽之和狀萬物之性者宜以類求而去之使敬天一念不爲減膳撤樂之文而實有燮和補救之政庶徵福極可使還至立效也雖然禆竈梓慎之術世以爲禁生何敢與聞事乃丙魏事君惓惓之義竊以謂後世儒者所未及而願有言焉

第三問

沈學

同考試官教諭曹批（用法之弊與用人之道是策條對無遺鑿鑿有據不獨其文之美也）

同考試官學正祝批（譚時務如指掌而調復高古得人若子知不肆於法者國家有賴矣）

同考試官教授錢批（用人乃國家第一急務而世每以拘攣之見限格才俊致有結束之患篇中欲稍寬文法使人人得以自見是留心於用人者且文更整贍有體録之）

考試官修撰沈批（用人者爲文法所拘此以有才難之嘆也是策援据精核亦復敢言豈所謂識時務者哉）

考試官左贊善沈批（敷對詳明似嘗留心世務者録之）

天下之材不同而上之所以任之者亦异夫世有中材有豪杰豪杰之性安於善則無務以法繩之法太急則英鋭萎索而約結之嘆起中材之性善惡混則必務以法閑之法太弛則精略厭倦而競勸之意微二者雖殊其不足以得人均也夫何以稱之曰豪杰也蓋其裁慮足以理糾棼强忍足以投艱大應卒則談唉指麾而迹不膠居成則收名斂筴而善不伐煦乎有拯溺噓枯之仁

浩乎有并包囊括之量此品之上已下此則畜德未深晰幾未朗工於爲謀而或拙於立斷明於記憶而或暗於設施守一寄則有餘兼衆委則不足持文墨則雍容運韜鈐則鹵莽斯則性有所偏才有所滯善用之可以成不善用可以敗成則展其能以見於世而上之法行敗則壞其能以弃於世而下之情阻故馭中材與豪杰异而用人者不可不察也古之陶冶人群者以所當加之法而嚴之於循常襲故之流以所不必加之意而寬之於環瑋卓犖之士其用之也夢卜師相屠販公卿一切恩仇疏戚不少芥蒂於中非簡節也以非法之所能揖搏也其核之也辨以八法正以六叙使百司庶府弭耳抑心鰓鰓然奉上之奔走而不敢肆非厚防也以非法不足以縮結之也故天下有法内之材廢法不可也有法外之材徒法不可也而操縱張弛之權吾因人以酌之而已夫三代以前遐哉邈乎無容贅矣姑以晚近言之則魏漢數君不猶可考而鏡乎昔樂羊爲魏文侯將三年始拔中山文侯封之靈壽樂羊跪而辭曰臣攻中山有謗臣於大王者謗書盈篋大王終不信之故臣得拔中山此乃大王之功非臣之功也若文侯者可謂能信賢矣陳平事漢於傾側擾攘之際請捐黄金行反間高祖乃出四萬斤與之恣所爲不問出入後果數設秘計斃范亡項走狄禽韓佐勃誅吕爲漢伊周若高祖者可謂能用智矣汲黯在武帝時爲謁者上使往視河内火還報曰家人失火比屋延燒不足憂臣過河内貧人傷水旱萬餘家或父子相食臣謹以便宜持節發河内倉粟以賑貧民請歸節伏矯制罪上賢而釋之若武帝者可謂能行義矣趙充國受宣帝命亟擊先零充國計在招降令諸豪瓦解遂罷騎兵上留田十二事即璽書三問堅持不顧廷議皆以後將軍言是可用卒之羌虜破壞坐收全勝之功若宣帝者可謂能任計矣夫積毁至危機也捐金不計出入至難明也矯制涉於擅至抗上也留田疑於懦至玩敵也向使四臣無深知之主而據迹者復以三尺隨其後安知玩敵不從李法抗上不下廷尉乎捐數萬金不疑乾没積毁不中奇禍乎蓋古人謀必裨之於國而不計一身之安危治必要之於終而不恤一時之謗議故形迹可疑而嫌釁常略也豪杰之士所以名成而不墮功立而不毁者大都若此矣洪惟我太祖高皇帝以一旅渡江而闢乾坤於再位成祖文皇帝以偏師南指而滌日月於重明當是時英彦景從异能雲集將經百戰之餘士奇千載之遇而二祖又能綜鑒人倫區較材品飴荼别於嘗試利鈍審於劓裁破拘攣之綱而獎奇俊批雌黄之口而表樸椎解牽制之紲而掖跅弛樹勸駕之幟而旌嚮往以故良駑不并羈勇怯不混縶而得人之盛馭士之法信有非漢魏數君所能彷彿其萬一者矣然歷世既久操用人之柄者間或有乏才之嘆又何以故哉愚念

此至熟已蓋國步初夷則規創必密甲令已定則事體素安迨其弊也朝廷守積常之勢而厭厘更官司狃苟且之風而習窳惰人窮於法而巵詞粃事者興矣法束其才而瓦全韋護者出矣由是上之用下多據趨舍以任見聞下之罔上每徇耳目以匿形迹衆違而獨從之輒嫌懟忮而息喙衆可而獨否之率愢媢嫉而引躬期會苟失蝮吏設阱待之矣得無惴乎端緒方成簧口從旁議之矣能無撓乎顯譽不可以屢邀人將吹洗其瘢疵而排之孰與寧失譽而全身膚功不可以屢奏人又枝蔓其細瑣而蔽之孰與寧弃功而免患無惑乎宵人負告而營窟局士信節以守株盲者處暗而譚離婁之明躄者端坐而矜許少之捷貌羊質以虎皮飾鴞鳴以鳳采本體愈不可識而沉痼益以眩人上下相貿豪杰何由而顯乎所謂草昧之初恒多賢熙洽之後常乏才者語不誣也明興列聖重光治化汪濊我皇上以冲睿繼統用人行政鋭意興修二祖之軌頃憂士習稍媮治理踳駁特申禁令飭學校嚴評汰復久任精核之政瑩然烈於往古而疆圉介胄能乘障破敵抵掌籌邊旋起徒步建大將一時德意所敷薄海風靡文武吏士莫不盱衡而肩當世之務投筆而修羽檄之功豈患乏才哉第愚竊有异焉夫天下之人其墨而眊酷而不檢者亡論已至如勃勃嶷嶷號爲有材者百一耳而材之中又超逸絶倫號爲豪杰者萬一耳豪杰不數見而中材比比也顧欲進中材而上之非法莫由矣請以馬喻夫馬之有騏驥亦猶豪杰之於人至寥鮮也使庸人御之即騏驥亦困不前已惟王良則整齊其銜勒而調適其步趨雖駑劣下乘將不化而騏驥哉當其驥而困也尾湛膚潰負棘悲號抑何鈍也及其駑而化也行安性得一息千里又何捷也此無他蓋良能正法以馳驟之而他人不然耳繇斯以談馭中材之法惡容以無講乎是故度才德之品究聲華之實削身格之限塞告訏之門行激勸之典此五者法之所貴也何以明之夫湛盧不可以刈禾犀象不可以秉耜言殊用也今程事者兼數職於一人任鴻巨於委瑣譬之負蚉以山試蛙以轍也受之者不自量是拳而舂黍躄而逾嶮也均失其當矣誠能録長弃短取瑜掩瑕河渠之使不責以米鹽法比之家不勞以兵革則人必争襮其所能而無隱賢蔽善之失此才德之品所宜度也驪牛之黄肖虎幽莠之生類穀似惑之也夫人才亦猶是耳今目蕩檢爲恢弘虛憍爲豪杰詞督爲高明騷屑爲果敢將何以經方致遠甄物成化乎誠能敦純慤則叓軼歛容重沉潛則銜霍頫首即凡哆經綸於唇吻迷本真於面目者亦皆攄忱畢愫而不忍欺矣此聲華之實所宜究也蛟龍獲制於螻螘鯨鰲取困於牛涔限於地也兹國家所選士自三途外故無增耳假令魁人喆士一屈於詞場則終身不齒於縉紳故博士以頹齡喪守而持券規

財點世弗恤矣掾史以下局摧心而舞文府利漗涹足羞矣不知古有皓首而爲帝師以文無害而登閎相業左驗甚明也而可拘谫以域才乎此身格之限所宜削也語云衆煦漂山叢輕折軸見物偏積則勢自移所以喻讒也故夫市之無虎井之無人非孺子所明邪蓦然倡之輒哄然信之往往因形吠聲以一成百不至於改易睹聽不止今譎佞者以養交獵譽則其實必浮樸茂者以忤俗招尤則其毁必誕此朝跖暮夷貝錦易侈甲清乙濁蒼蠅易汙而隻字之紙一夫之頰顧安足以爲據乎此告訐之門所宜塞也傳有之有功不賞有罪不罰雖唐虞不能以化天下何者令之所驅固民之所向也是故越淵谷者奔千金之利則先趨畏猛虎之逼則後至閭里素封藿肉布緼役貧拔窘則厮輿爲之用烏合白徒怒齞瞋目喑嗚咄嗟則草澤爲之傾矧操黜陟之柄握生殺之權者乎誠能懸不測之賞使天下有所跂焉而時動其慷慨奮厲之懷施不測之罰使天下有所慴焉而陰耗其私邪叫囂之氣庶被賞者愈砥節首公悉謀力以自效而蒙罰者益懲尤寡悔競濯磨以自新矣此激勸之典所宜行也夫五法舉則中材質行在上者皆銓别而器使之得以揚著所長補重國家起沮傷之風振閒䆿之吏是馭才之要機而興賢之至術也又安有挾僻飾文試身冒法甘底弗類而不化爲豪杰者乎愚往聞皇上臨御之初嘗大計來朝之吏而拔其治效异等者召見於庭寵錫勞勉逮貪暴之尤者以法斯所謂不測之賞罰也即今文武諸臣及以事展覲者或紹舉兹典時一召問别其材品雷霆雨露人豈能測乎蓋五法之中此爲至要愚生所惓惓引領者也雖然此直論於法之内耳若夫豪杰殆無法而勸者也彼不事吾法而吾法之與中材等此不羈之士所以扼腕憤胸掉臂解體而終不顧於世也有由然矣是故士誠豪杰已任誠有所必專已即如謗書盈篋弗視不爲縱捐金恣所出弗問不爲疎如武之不罪矯制而不謂之失紀宣之不阻留田而不謂之老師要以披肝膈釋嫌隙恢文罔假便宜而不以區區之法縛束其所爲誠優之也任豪杰不當如是邪噫法内法也法之外而能鼓舞豪杰亦法也蓋法之内固與法之外交相資焉耳天下豈有廢法而登諸理者哉此又用豪杰者不可不察也

第四問

潘大復

同考試官訓導王批（東南重地民困未蘇非細故也是作究極病源及所爲佐元元之急者可稱切中是有用之學也宜録以式）

考試官修撰沈批（書生言閭里事即涉過激然意獨在生民耳草茅之語可以佐治殆謂是耶）

考試官左贊善沈批（説東南民瘼及所以寬恤之政析如指掌似嘗抱先憂之志者是以録之）

執事惘然念東南民力策所振救之方諸生念此至熟也即不問願有所關説且東南之事非難明也民之疾苦至可憂也肯一加心易爲力也弦急者乖號悲者嗄執事略其狂試垂聽焉蓋審於天下之勢可以知畏矣明於治世之道可以廣德矣持之磐石揺之累碁萬世不爲久一旦不爲驟是天下之勢也安可不知畏望腹而易其饑挾纊而易其寒衽席而易其危引考而易其札瘥夭厲是治世之道也安可不廣德知畏先於結人心人心悦天下之勢固矣廣德先於恤窮民窮民遂治世之道得矣執道以極世先勢而底寧明君之畫也何可不察焉國家財賦仰給東南我太祖當創業之初經費甚繁所爲愛養休息民力者無不加之意慎擇長吏嚴察不才以時逐去尤重欺蔽不恤民之罰蠲除之詔間歲一下或并蠲或蠲其半或減重額尤加意于東南諸郡蓋在位三十餘載而東南被蠲除厚渥者幾二十詔焉豈不念財賦之藪而令民徼恩澤哉蓋寡取於民撙節用之自可不詘念民力一竭不可復振力竭不振則無以爲生無以爲生則不能給公家有無聊之心急之易動煽之易揺故不若寬之使有餘此遠猷遜慮繫人心而垂不拔之基者也我皇上紹熙洽之業寰宇殷富清和咸理東南之民乃日以困比歲灾傷室若懸磬鬻妻弃稚有不得顧取木皮野蕪以爲糧甚或群哄而椎摽死亡流離相望于路所在嗷嗷民心不寧非獨淮鳳蘇松也若是者無异故焉惟是小大臣工不能奉宣德意之過也先是建議者慮衆志愉綖而治隳稍稍控名責實意非不美而有司一切持禄位不以民爲意民既無年不能完歲課拜責其積逋追呼滿道雞犬騷然重掠治之往往而斃愁怨之氣上干天和灾眚無時盗賊多有曾無振業之方而催徵之急有加於舊彼豈不知民之糜骨不足以供哉苟欲以明其廑絛職而逃罪責耳有馬於此使人牧之束縛鞭箠防其齕草飲水之性使窮而斃也豈不甚哉皇上愴然動念行賑恤蠲積逋民欣欣有更生之望愚生在涸轍中未敢賀無恙也東南固若瘵尫然視其起居食飲謂恙未甚力竭而不支久矣不能自言所苦一顛仆乃知耳今所爲議賑者豈非爲民不能自食而食之自食且不能曷能出賦税他日之積逋方未已也歲積一歲有司能不并督如前時乎即幸赦之民已困矣所傷多矣竊觀訓律所載但被灾之處所司早爲報聞勘蠲本年之糧税不聞其必積逋也何則其時之爲有司者度民不能辦即爲請免不俟爲積逋也有不爲民請者誅罰且隨之不至民窮且怨也今日急務意者亦望仰法聖祖自今以後或於被灾特甚之地儻垂膏澤即量蠲本年歲

額之輸令煢煢赤子沾恩速而得生近方之賑濟蠲逋功實百焉何者待饑而與之食食且不周不若與之令自食也待積逋而除之民且甚困不若令逋不積也千金之子慷慨喜施猶能出餘積匡救困煢折券弃責以收人心發名譽况以配地之富言脱口而仁恩翔者乎此所謂肯一加心易爲力也説者必曰恐黠杰之衆故逋而徼恩嗟乎上以誠心愛民未有不以誠心應者年穀順成而逋賦彼將何執焉生見上甚畏天閔民而有司者無能憂民所苦先時以請遂使德惠不宣民不蒙對比睹詔旨已曉然洞燭之矣夫蠲與賑豈不減公儲哉特與之後時惠雖渥民不飽所以妄謂東南之瘵尩未愈者此也雖然微獨此矣語有之峻嶺無葳蕤之木駛流無掉尾之鱗政煩無逸樂之民故足温而心平人佚而國寧刑罰者民之寒暑也不可不適也教令者民之風雨也不可不節也蓼菜成行簡絲數米可以治三畝之宫非治天下之體也聖王臨下以簡平易近民非簡不可以治大非易不可以合衆易故能天簡故能地宜其爲天下往也生觀前代能休養其民者漢稱文景唐稱太宗宋稱真仁寧獨躬儉德哉上意在養民不必盡行法法以安民耳法不宜民寧使法漏毋因困民故其時多獎用寬和木訥之吏斥遠刻深操切之人吏固阿保也阿保非其人不誠心以求多防奚以爲哉今者有司奉法不如令譴責立有之民即不堪吏且博榮聲赫赫目前以去誰爲民言者政令所出自部院撫按司道而下之有司止矣有司何以應上哉上流急者下流决至於民而上之所約束峻急一切受之無可言矣東南財賦地政令特煩且先苛擾百出民曾不得寧處托足焉即如積穀備荒美意也計令嚴必及數妄加銖罰以充之是積穀病民也捕盗安民美意也計令嚴在必獲踪迹無辜者名之以謾上是捕盗又病民也丈田清額美意也計額盈者率得褒與妄益名田以應令是丈田又病民也鍰贖清解矣而饋遺養交日以甚名廉巧奪不如其明也使者按部每歲議裁節下里曾不沾銖兩民能握筭與有司操嬴羡乎裁此盈彼且數倍矣歲漕帑輸誠有程期諸所留積賦不可少緩時日乎一切朘徵趣辦以便已事隴穗未登課目已報箠楚所求助歲爲虐如此數年宜其竭也自昔海波不靖加賦餉兵其後司道有司歲有增辦數年前建行條鞭法盡舉而入秋糧之額即今歲辦賦視嘉靖初加倍焉譬之貧家之壤耝銍交加密若魚鱗民不謂至急乎而何黠桀也淵魚戒太察獄市以兼容今之食於官府與供事郵傳者盡從革削不知此輩能秉耒耜耕乎抑黄馘牖下甘心不爲不義也數年以來大都政過察而令必行愚民不能自存奸民無所容納而怨讟易起有司視司道以緩急司道視撫按以轉移撫按之臣所寄一方之重者亦若不能自必所嚮背其間自有苛細

嚴刻之風仰流承指無翼而飛不由郵置不書公牘不數日而行乎天下若神符然其所及處髓骨咸灌玉石罔分天下竟莫能名其病也即如有荒不報曰懼不樂聞不敢也宜賑宜蠲懦濡者不請曰恐以爲罪也言官業已上其狀矣東南去輦下遐遠諸所不敢聞不敢請者何限一切以蔽欺苛擾從事何可勝道薛宣所謂政教煩碎郡縣相迫促以苛爲高故曰民宜肥而吏瘠則此風猶在也伏惟赫然下明詔令有司知上意所在一滌向來慘磽繳繞之習以慈祥撫循其衆吏有寬和知大體者亟爲褒顯以風天下民如是即大安耳霍然病已一七之效也夫聖人之畏天憂民也景運郅隆若墜淵焉今既降灾矣室家殷富若痌瘝焉今既枵腹矣海宇寧謐若阽危焉今既多故矣所以致此人争言治安無賈生之發憤也乃者浙直屢變人人言東南民困矣及今圖之不爲蚤計矣天下民情多有似此當事者夫亦孳孳保民是務毋復後時哉謹對

第五問

袁應春

同考試官教授臧批（反覆數于言深中治體宜録之以券子他日事業）

考試官修撰沈批（言選舉考課深識治體不爲竅言而博洽足以發之必偉士也）

考試官左贊善沈批（經生談時務亦多可采是不爲章句之學者用録之以風士習）

今天下要務有切於官人者乎官人要務有切於養士課吏者乎趨向之邪正而世道盛衰民生休戚國家之理亂關焉是胡可忽焉而莫之察也文具而實亡則文且滋害狃於故常而安其便則堅不可破極知其挽之當力而莫敢爲天下先則末流益濫而不可救是胡可諉焉而莫之振也杶幹栝栢皆美木也拱把而岐之則不爲匠石所材惟士之當素教也亦然黄芐青黏皆良藥也野葛而參之則必爲倉公所弃惟吏之當慎擇也亦然始之以無術之教終之以不擇之用趨向既邪而欲世道隆民生遂國家之久安長治即二帝三王不能而何怪乎後世之治之不古若也愚聞之養士課吏莫善于虞周矣考之舜典以九德命官三載考績三考黜陟幽明似矣然猶不遽爾也又於正月元日詢於四門咨於十有二牧戒於二十二人斤斤乎爲聰明之達者一至於此蓋其詳哉乃若造士之法僅見於命夔典樂教冑子而鄉校之設士民之辨無聞焉非略也其所以察之者其所以養之者也考之周禮以鄉三物教萬民一曰六德二曰六行似矣然猶不遽爾也又于正歲會集黨正讀法族卿讀法歷書其德行道藝而後詔王授之爵禄繩繩乎爲賓興之重一至於此蓋其詳哉

若乃肆朝之典僅見於六計弊群吏而大計誅賞省方黜陟不數焉非略也其所以養之者其所以察之者也然五品命契蘄於振德不必聯之師儒也六卿率屬各敬爾官不必歲爲黜汰也是虞周之法又兼重而不偏也當其時萬邦黎獻共惟帝臣多士思皇咸有疏附得人致治之盛超軼千古者夫非此物此志歟漢之取士其目有三曰賢良方正也孝廉也博士弟子也蓋鄉舉遺意猶有存者唐之三由雖學舘州縣與天子自詔制各不同而以辭賦爲重固舉業濫觴之始也若宋之貢舉制科諸格愈詳而去古愈遠矣漢之察吏其條有六始於制豪强終於通貨賄也蓋式序遺法猶有存者唐之四喜二十七最如德義清謹與獻可替否等類各不同而以最善勘定九等則分職程能之實也若宋之審官考課二院權重而耳目益壅矣我朝官人之法斟酌虞周損益近代崇以經術非有玄儒文史之科也拔以科目鄉貢非由斜封之濫也注以銓選而功罪之考總之冢宰糾之臺諫非若膠東增户昌邑空圄之情相溷也以故士修其學吏能其官雲蒸飈起以應天子之求雖詩書所稱曷讓哉而邇來有大謬不然者以士言之率三歲而舉舉之者額非詘也斯豈不稱才乎然大雅之風微晚襀之習錮姱節修名曰迂儒也不則指爲僞學即所推名士不過襲筌蹄競風露以舉子業自雄耳吾恐官師之所督非舉業謂也夫今之弁絲而騏帶者盡他日所使爲吏治者也而竟若此此得無與塵飯塗羹類歟以吏言之率三歲而一考考之者轂相擊也斯豈皆無良乎然寅緣之俗成悃愊之致眇焦心强項曰拙吏也不則中以蜚語即所稱良吏不過急催科謹期會惟榮名是競耳吾恐師帥之重任非榮名謂也夫今之握篆綰綬者盡昔日所訓爲賢士者也而竟若此此得無與魚珠燕石類歟□乎人之情習之既久一旦而更張之□□□□□之則又害治兹欲人才復古□□□事□□得其人愚以爲舍責實無可講□養士之實亡也力當挽之以端趨向之路請取程頤所詳學制稍色潤焉以孝弟忠信爲表而廣之諸科俾各業其資之所近師儒月試之曰某良士其善行有幾其業所精有幾長令時試之復然學大夫歲試之臺察三歲而大比之又復然其試也間對經史意見數十條問經國籌時數事比雜藝一二家苟得於身心而可措（此處底本缺頁——編者注）